KURZLEHRBÜCHER
FÜR DAS JURISTISCHE STUDIUM

de Wall/Muckel
Kirchenrecht

Kirchenrecht

EIN STUDIENBUCH

von

Dr. Heinrich de Wall

o. Professor an der Universität Erlangen-Nürnberg

und

Dr. Stefan Muckel

o. Professor an der Universität zu Köln

Verlag C. H. Beck München 2009

Es haben bearbeitet:
Teile 1 und 4: Professor Dr. Heinrich de Wall
Teile 2 und 3: Professor Dr. Stefan Muckel

Verlag C. H. Beck im Internet:
beck.de

ISBN 978 3 406 54304 3

© 2009 Verlag C. H. Beck oHG
Wilhelmstraße 9, 80801 München
Druck und Bindung: Nomos Verlagsgesellschaft
In den Lissen 12, 76547 Sinzheim

Satz: Reemers Publishing Services GmbH, Krefeld

Gedruckt auf säurefreiem, alterungsbeständigem Papier
(hergestellt aus chlorfrei gebleichtem Zellstoff)

Vorwort

Das Kirchenrecht ist im Rahmen der jüngsten Reform der Juristenausbildung an einer Reihe juristischer Fakultäten in die Schwerpunktbereiche aufgenommen worden und hat so einen neuen Standort in der universitären Lehre erhalten. Damit ist der Stellenwert dieses traditionsreichen Faches unterstrichen worden. Ein an den Bedürfnissen der Studierenden der Rechtswissenschaft orientiertes Lehrbuch auf aktuellem Stand fehlte aber bisher. Diese Lücke soll durch den vorliegenden Band geschlossen werden. Dem Anliegen der akademischen Ausbildung gemäß sind neben dem geltenden katholischen und evangelischen Kirchenrecht auch die geschichtlichen Grundlagen und die Einbettung des Kirchenrechts in das Staatskirchenrecht einbezogen worden. Für vertiefte Informationen zu diesen Bereichen stehen ausführlichere Darstellungen zur Verfügung. Insbesondere kann auf die Kurz-Lehrbücher „Kirchliche Rechtsgeschichte" von Christoph Link (2009) und „Staatskirchenrecht" von Axel Frhr. v. Campenhausen und Heinrich de Wall (4. Aufl. 2006) verwiesen werden, die in der selben Reihe erschienen sind.

Dass evangelisches und katholisches Kirchenrecht in einem Buch gemeinsam dargestellt werden, ist nicht die Regel. Die Verfasser möchten damit nicht nur den Bedürfnissen der Juristenausbildung entgegenkommen, sondern auch dem Geist der Ökumene Ausdruck verleihen, wie er dem Verhältnis der christlichen Konfessionen angemessen ist. Die Verfasser haben ihre jeweiligen Teile eigenverantwortlich bearbeitet, und zwar Stefan Muckel den 2. Teil (Staatskirchenrecht) und den 3. Teil (katholisches Kirchenrecht) und Heinrich de Wall den 1. Teil (kirchliche Rechtsgeschichte) und den 4. Teil (evangelisches Kirchenrecht). Es würde uns freuen, wenn dieser Band nicht nur für sein Zielpublikum, sondern auch für andere am Kirchenrecht Interessierte nützlich wäre. Für Verbesserungsvorschläge und Anregungen sind wir dankbar.

Zu danken haben wir all unseren Mitarbeitern, die bei der Entstehung mitgewirkt haben. Am Kölner Institut für Kirchenrecht hat Herr Rechtsanwalt *Peter Janßen* in seiner Funktion als wissenschaftliche Hilfskraft konstruktiv und zuverlässig im kanonischen Recht mitgearbeitet. Herr *Philipp Gilbert*, ebenfalls wissenschaftliche Hilfskraft, hat die Kölner Abschnitte des Buches mit großer Sorgfalt redaktionell betreut. Unter den Mitarbeitern des Hans-Liermann-Instituts für Kirchenrecht der Friedrich-Alexander-Universität Erlangen-Nürnberg, denen allen für die tatkräftige Hilfe gedankt sei, soll Frau Akad. Rätin *Renate Penßel*, die die Teile zur kirchlichen Rechtsgeschichte und zum evangelischen Kirchenrecht umsichtig und kritisch gegengelesen hat, besonders hervorgehoben werden.

Köln und Erlangen, im Januar 2009
Stefan Muckel
Heinrich de Wall

Inhaltsverzeichnis

Abkürzungsverzeichnis XVII
Literatur XXIII

1. Teil. Gegenstand und Geschichte des Kirchenrechts
1. Abschnitt. Einführung

§ 1. Begriff, Gegenstand und Bedeutung des Kirchenrechts 1
    I. Der Begriff des Kirchenrechts 1
    II. Kirchenrecht und staatliches Recht 2
    III. Regelungsgegenstände des Kirchenrechts 4
    IV. Die praktische Bedeutung des Kirchenrechts 5

2. Abschnitt. Geschichte des Kirchenrechts

§ 2. Entstehung und Entwicklung der Kirche und ihres Rechts in der Antike   7
    I. Die Entwicklung der Kirche und ihrer Ämter in den ersten Jahrhunderten 7
    II. Die Kirche und das Römische Imperium 10
    III. Die Kirche im Westteil und im Ostteil des Römischen Reiches 12
    IV. Das Mönchstum 13
§ 3. Kirche und Kirchenrecht im Mittelalter 14
    I. Eigenkirchenwesen, Reichskirchensystem, Investiturstreit 14
    II. Das klassische Kanonische Recht und das Corpus Juris Canonici 17
    III. Krise des Papsttums und Konziliarismus im 14. und 15. Jahrhundert 21
§ 4. Reformation und konfessionelles Zeitalter
    (16. und frühes 17. Jahrhundert) 23
    I. Die Reformation 24
        1. Das Kirchen- und Rechtsverständnis der Reformation 24
        2. Die „Zweite Reformation" 27
        3. Der Augsburger Religionsfrieden 28
        4. Die Entstehung des Landesherrlichen Kirchenregiments 29
        5. Das Konzil von Trient und das Katholische Kirchenrecht ... 31
§ 5. Staat, Kirche und Kirchenrecht im 17. und 18. Jahrhundert 33
    I. Der Westfälische Frieden 33
    II. Staat und Kirche im Zeitalter von Naturrecht und Aufklärung 34
        1. Evangelisches Kirchenrecht und landesherrliches Kirchenregiment im 17. und 18. Jahrhundert 34
        2. Katholische Kirche und katholische Territorien 36
§ 6. Das 19. Jahrhundert 38
    I. Reichsdeputationshauptschluss und Säkularisation – das Ende der Reichskirche 39
    II. Soziale und politische Entwicklungen des 19. Jahrhunderts ... 40
    III. Die Evangelischen Kirchen im 19. Jahrhundert 42

VIII *Inhaltsverzeichnis*

    IV. Die Katholische Kirche von 1848 bis 1918: 1. Vatikanisches Konzil, Kulturkampf, Codex Iuris Canonici 44
§ 7. Das 20. Jahrhundert 47
    I. Staat und Kirchen in der Weimarer Republik – Der Kulturkompromiss von Weimar 48
    II. Die Evangelischen Kirchen in der Weimarer Republik: Konstitutionalisierung unter neu gewonnener Autonomie 49
    III. Die Kirchen unter dem Nationalsozialismus 50
    IV. Staat und Kirchen in der Bundesrepublik Deutschland 52
        1. Staat und Kirchen in der Nachkriegszeit 52
        2. Die Evangelischen Kirchen in der Nachkriegszeit 53
    V. Das Zweite Vatikanische Konzil und der Codex Iuris Canonici von 1983 54
    VI. Staat und Kirchen in der DDR und nach der Wiedervereinigung .. 56
    VII. Die Kirchen in der Phase der religiös-kulturellen Pluralisierung und der europäischen Integration 57

2. Teil. Staatskirchenrecht – Rechtlicher Rahmen und Grundlage des Kirchenrechts

§ 8. Einführung 59
    I. Staatskirchenrecht als Grundlage für kirchliches Wirken 59
    II. „Staatskirchenrecht" und „Religionsverfassungsrecht" 60
§ 9. Quellen des Staatskirchenrechts 62
§ 10. Religionsfreiheit nach Art. 4 Abs. 1 und 2 GG 64
    I. Religionsfreiheit als einheitliches und umfassendes Grundrecht in der Rechtsprechung des Bundesverfassungsgerichts 65
    II. Schwierigkeiten der Rechtsprechung bei der Anwendung von Art. 4 GG 67
    III. Einzelne Garantien religiöser Freiheit unter den Schranken der allgemeinen Gesetze 69
        1. Verschiedene Tatbestände religiöser Freiheit in Art. 4 GG 69
        2. Schranken religiöser Freiheit nach Art. 4 Abs. 1 und 2 GG 72
§ 11. Das Selbstbestimmungsrecht der Religionsgemeinschaften 74
    I. Schutz selbstbestimmten Wirkens der Religionsgemeinschaften 74
    II. Die Schranke des für alle geltenden Gesetzes 76
§ 12. Freiheit und Selbstbestimmung der Kirchen in besonderen Bereichen .. 78
§ 13. Die Trennung von Staat und Kirche 79
§ 14. Religionsgemeinschaften als Körperschaften des öffentlichen Rechts 84
    I. Aspekte der Entstehungsgeschichte 85
    II. Die Vorteile des Körperschaftsstatus für Religionsgemeinschaften 85
    III. Der staatskirchenrechtliche Sinn des Körperschaftsstatus 86
    IV. Die Verleihung der Körperschaftsrechte an Religionsgemeinschaften 87
§ 15. Verträge zwischen Staat und Kirchen 89

3. Teil. Katholisches Kirchenrecht
1. Abschnitt. Grundlagen des katholischen Kirchenrecht

§ 16. Gegenstand und Quellen des kanonischen Rechts 92
    I. Zum Begriff des kanonischen Rechts 92

II. Gegenstand und theologische Grundlegung des kanonischen Rechts	94
1. Die Kirche als Gegenstand des kanonischen Rechts	94
2. Theologische Begründung und Funktion von Recht in der Kirche	97
III. Quellen des kanonischen Rechts	100
1. Göttliches und menschliches Recht	101
2. Die Gesetzbücher und die sonstigen äußeren Rechtsquellen	103
§ 17. Verfassungsrecht der katholischen Kirche	105
I. Das kirchliche Verfassungsrecht	105
II. Die Kirchengliedschaft	106
1. Die Zugehörigkeit zur katholischen Kirche	106
a) Ekklesiologische Grundlagen	106
b) Die Regelungen im CIC	107
2. Die christlichen Rechte und Pflichten	110
a) Die Rechte- und Pflichtenkataloge	110
b) Beschränkungen in der Ausübung der Rechte und Pflichten	111
3. Kleriker und Laien	113
4. Die Leitungsvollmacht in der Kirche	114
a) Rechtstheologische Grundlagen	114
b) Leitungsgewalt für Laien?	116
5. Der Austritt aus der katholischen Kirche	118
§ 18. Die hierarchische Organisationsstruktur der römisch-katholischen Kirche	122
I. Universalität und Partikularität in der römisch-katholischen Kirche	122
II. Die höchste Autorität der Kirche	124
1. Der Papst und das Bischofskollegium	124
a) Der Papst	124
b) Das Bischofskollegium	127
2. Personelle und institutionelle Hilfen bei der Ausübung des päpstlichen Amtes	128
a) Die Bischofssynode	128
b) Die Kardinäle	129
c) Die römische Kurie	129
d) Gesandte des Papstes	132
III. Die Teilkirchen und ihre Autorität	132
1. Diözesen und Bischöfe	132
2. Die innere Ordnung der Teilkirchen	134
a) Die Diözesansynode	134
b) Die Diözesankurie	135
c) Weitere Beratungsgremien	136
d) Die Pfarreien	137
3. Die Teilkirchenverbände	140
IV. Kirchliche Vereinigungen	142

2. Abschnitt. Recht nach der Lehre der Kirche

§ 19. Rechtsetzung und Rechtsanwendung im kanonischen Recht	145
I. Die kirchliche Gesetzgebung	145
1. Kennzeichen und Entstehung eines kirchlichen Gesetzes	145
2. Erscheinungsformen kirchlicher Gesetze	149

3. Die Verpflichtungskraft von Gesetzen 150
    a) Geltungsbereiche kirchlicher Gesetze 150
    b) Folgen der Missachtung kirchlicher Gesetze 150
    c) Zweifel, Irrtum, Unkenntnis über Gesetze 152
    d) Die Epikie 153
    e) Das Ende der Verpflichtungskraft von Gesetzen 153
4. Die Auslegung von Gesetzen im kanonischen Recht 154
    a) Allgemeines 154
    b) Authentische Auslegung von Gesetzen durch den
       Gesetzgeber 155
    c) Aequitas canonica – kanonische Billigkeit 156
II. Das Gewohnheitsrecht 156
III. Konkordate und weltliches Recht in der Kirche 157
  1. Verträge zwischen Kirche und Staat 158
  2. Die Geltung weltlicher Gesetze in der Kirche 160
IV. Kirchliche Verwaltung 161
  1. Formen kirchlichen Verwaltungshandelns 162
  2. Der Verwaltungsakt für den Einzelfall 163
  3. Das Verwaltungsverfahren 163
V. Kirchliche Rechtsprechung 164
  1. Kirchliche Gerichte 164
    a) Kirchliche Gerichte nach dem CIC 164
    b) Kirchliche Arbeitsgerichte 166
  2. Verfahrensgegenstände 167

§ 20. Verbindliches Lehren in der katholischen Kirche 169
I. Grundlagen 170
II. Verbindliches Lehren und Gehorsam der Gläubigen 171
  1. Träger des Lehramts 171
  2. Unfehlbares Lehramt und geschuldeter Gehorsam der
     Gläubigen 172
    a) Träger des unfehlbaren Lehramtes und Eigenheiten
       unfehlbarer Lehräußerungen 172
    b) Gegenstände unfehlbarer Lehraussagen 175

3. Abschnitt. Besondere Bereiche des geltenden Kirchenrechts

§ 21. Die rechtliche Ordnung der Sakramente 177
I. Heiligungsdienst, Liturgie und Sakramente 177
II. Die rechtlichen Vorgaben des CIC für die einzelnen Sakramente 180
  1. Allgemeine Regelungen 180
    a) Allgemeine Gültigkeits- und Erlaubtheitsbedingungen 180
    b) Das Recht auf Empfang und die Pflicht zur Spendung der
       Sakramente 182
    c) Interkonfessionelle Sakramentendisziplin 183
  2. Die Taufe 183
  3. Die Firmung 185
  4. Die Eucharistie 186
  5. Die Buße 191
  6. Die Krankensalbung 192
  7. Die Weihe 193

Inhaltsverzeichnis

8. Die Ehe	195
a) Grundlagen des kanonischen Eherechts	195
b) Die Gültigkeit der kirchlichen Ehe	198
aa) Grundsätzliches	198
bb) Die trennenden Hindernisse	198
cc) Die Konsensmängel	199
dd) Die Eheschließungsform	201
c) Konfessionsverschiedene und religionsverschiedene Ehe	202
d) Die Trennung der Ehegatten trotz gültiger Ehe	203
e) Die Gültigmachung einer ungültigen Ehe	205
f) Überblick über die kirchlichen Eheverfahren	206
§ 22. Das kirchliche Strafrecht	209
§ 23. Das kirchliche Vermögensrecht	212

4. Teil. Evangelisches Kirchenrecht
1. Abschnitt. Grundlagen des evangelischen Kirchenrechts

§ 24. Das evangelische Kirchenrecht und seine Grundlagenproblematik	216
I. Der Begriff der Kirche	218
II. Die Kirche und die Kirchen	220
III. Der Begriff des Rechts	220
1. Die Lehre von den Zwei Reichen und Regimenten	221
2. Der Standort des Kirchenrechts in der Zwei-Reiche/Zwei Regimenten-Lehre	223
3. Monistisches oder dualistisches Kirchenrechtsverständnis	224
IV. Kirchenleitung nach evangelischem Verständnis	225
V. Recht und Bekenntnis	227
1. Der Begriff des Bekenntnisses und die Bekenntnisschriften	227
2. Auswirkungen des Bekenntnisses auf das Kirchenrecht	228
3. Die unterschiedlichen Bekenntnisstände der Gliedkirchen der EKD	230
§ 25. Quellen und Methoden des Kirchenrechts	234
I. Allgemeines	234
II. Die Verfassungen der evangelischen Kirchen	235
III. Besonderheiten der Kirchenverfassungen – Grundrechte in der Kirche?	235
IV. Die Kirchengesetze	237
V. Untergesetzliche Rechtsquellen	239
VI. Die Lebensordnungen	240
VII. Die Veröffentlichung des Kirchenrechts	240
VIII. Die Methoden des Kirchenrechts	241
1. Subsumtion und Auslegung im Kirchenrecht	241
2. Die Bedeutung theologischer und historischer Aspekte	242
IX. Studienliteratur zum evangelischen Kirchenrecht	243
§ 26. Das Mitgliedschaftsrecht der evangelischen Kirchen	244
I. Gliedschaft und Mitgliedschaft	245
II. Das kirchliche Mitgliedschaftsrecht als Gegenstand kirchenrechtlicher und staatskirchenrechtlicher Regelungen	245
III. Grundsätze: Taufe – Wohnsitz – Bekenntnis	246
IV. Erwerb der Mitgliedschaft	247

1. Der Erwerb der Mitgliedschaft durch die Taufe	247
2. Aufnahme, Wiederaufnahme und Übertritt	247
V. Der Umzug von Kirchenmitgliedern	248
VI. Mitgliedschaft Evangelischer bei Zuzug aus dem Ausland	249
VII. Das Ende der Mitgliedschaft	251
VIII. Sonderfälle	252
IX. Rechte und Pflichten der Kirchenmitglieder	253

2. Abschnitt. Die Gemeinde

A. Allgemeines 254

§ 27. Die Kirchengemeinde – Begriff und Bedeutung	254
I. Gemeinde und Kirchengemeinde	254
II. Die Kirchengemeinde als Grundeinheit des kirchlichen Lebens und der Kirchenverfassung	255
III. Der Rechtsstatus der Kirchengemeinden	257
IV. Nicht örtlich bestimmte Kirchengemeinden, andere Gemeindeformen und sonstige kirchliche Gemeinschaften	257
V. Die Zusammenarbeit von Kirchengemeinden	258
§ 28. Gemeinde und Amt	259
I. Das Verhältnis von Gemeinde und Predigtamt	259
II. Das Predigtamt und die anderen Dienste der Kirche	261

B. Organe und Personen in der Kirchengemeinde 262

§ 29. Das Leitungsorgan der Kirchengemeinde: Kirchenvorstand, Kirchengemeinderat, Presbyterium	262
I. Bedeutung und Funktion	262
II. Aufgaben des gemeindlichen Leitungsorgans	263
III. Zusammensetzung, Geschäftsführung und Amtszeit	264
§ 30. Das Recht der Pfarrer	265
I. Die Stellung des Pfarrers in der Kirchengemeinde	266
1. Predigtamt – Kanzelrecht – Dimissoriale und Zession	266
2. Die Verwaltungsaufgaben des Pfarrers und das Pfarramt	267
II. Das Dienstverhältnis des Pfarrers in der Kirche	267
1. Das Pfarrdienstverhältnis als öffentlich-rechtliches Dienst- und Treueverhältnis	267
2. Voraussetzungen für die Berufung in das Pfarrdienstverhältnis	268
3. Die Bedeutung der Ordination	269
4. Die Pflicht des Pfarrers zur Wahrnehmung des Predigtamtes und seine Lehrfreiheit	270
5. Rechte und Pflichten des Pfarrers im öffentlich-rechtlichen Dienstverhältnis	270
6. Insbesondere: Beicht- und Seelsorgegeheimnis – Amtsverschwiegenheit	273
7. Disziplinarrecht, Disziplinarverfahren und Lehrbeanstandung	274
8. Dienstaufsicht, Visitation	275
9. Veränderungen und Beendigung des Dienstverhältnisses, der Wartestand	277
10. Rechtsschutz für Pfarrer	278

§ 31. Die anderen Mitarbeiter in der Kirche	279
I. Privatrechtliche Beschäftigungsverhältnisse – kirchliches Arbeitsrecht	280
II. Öffentlich-rechtliche Dienstverhältnisse – Pfarrer und Kirchenbeamte	281
III. Das Diakonenamt	282
IV. Das Ehrenamt	283

C. Das Leben in der Kirchengemeinde ... 283

§ 32. Das Recht des Gottesdienstes	283
I. Das ius liturgicum	283
II. Der Ablauf und die Ordnung des Gottesdienstes	285
III. Die mit der Feier des Gottesdienstes beauftragten Amtsträger – Pfarrer, Prädikanten, Lektoren	286
IV. Das Recht des Abendmahls	287
§ 33. Amtshandlungen (Kasualien)	289
I. Die Taufe und das Patenamt	290
II. Die Konfirmation	292
III. Die kirchliche Trauung	293
IV. Die Bestattung	295
§ 34. Weitere Tätigkeitsbereiche der Kirchengemeinden	296
§ 35. Vermögensverwaltung und Haushaltswesen	297
§ 36. Gemeindeaufsicht und Visitation	298

3. Abschnitt. Die Landeskirche

§ 37. Das Landeskirchentum in Deutschland	300
I. Die landeskirchliche Organisation, ihre Entwicklung und ihre Probleme	300
II. Landeskirche, Provinzialkirche, Gliedkirche	301
III. Gemeinsamkeiten und Grundstrukturen der evangelischen Kirchenverfassungen	303
§ 38. Die Synoden	305
I. Allgemeines	305
II. Zusammensetzung, Aufgaben und Arbeitsweise	306
III. Die Synode als „Kirchenparlament"?	308
IV. Die Synodalausschüsse – Das Verhältnis der Synoden zu anderen kirchenleitenden Organen	308
§ 39. Das personale Leitungsamt – Bischof, Präses, Präsident	309
I. Einleitung	309
II. Das Bischofsamt nach evangelischem Verständnis	310
1. Die kirchenverfassungsrechtliche Stellung der Bischöfe – Aufgaben und Funktionen	311
2. Wahl und Amtszeit	312
3. Das Verhältnis des Bischofs zu den anderen Organen – das synodale Bischofsamt und die „apostolische Sukzession"	313
4. Weitere Träger eines bischöflichen Amtes	314
III. Die leitenden Pfarrer in den Landeskirchen ohne Bischofsamt – Präses und Kirchenpräsident	315

§ 40. Kirchenleitung und -verwaltung 316
    I. Das Verhältnis von Kirchenleitung und Kirchenverwaltung 317
    II. Die Organe der kirchlichen Verwaltung (Konsistorien) 318
        1. Zusammensetzung 319
        2. Aufgaben und Stellung der kirchlichen Verwaltungsorgane 320
        3. Das Verhältnis der Konsistorien zu anderen Organen 321
    III. Die Organe der institutionellen Kirchenleitung (Kirchenregierung) 321
        1. Episkopalbehördliche und synodale Kirchenleitungen 322
        2. Gemischte Kirchenleitungen 322
        3. Zusammensetzung und Wahl der Kirchenleitungen 323
        4. Aufgaben und Kompetenzen 323
§ 41. Die Gerichte der evangelischen Kirchen 324
    I. Die Gerichtsbarkeit der evangelischen Kirche 325
        1. Gerichte für mitarbeitervertretungsrechtliche Streitigkeiten 326
        2. Disziplinargerichte 327
        3. Allgemeine Verwaltungsgerichtsbarkeit 327
        4. Verfassungsgerichtsbarkeit 328
    II. Die Zusammensetzung der Gerichte und das Gerichtsverfahren 328
    III. Das Lehrbeanstandungsverfahren 330
§ 42. Die kirchliche Mittelstufe 330
    I. Aufgaben und Bedeutung der kirchlichen Mittelstufe 330
    II. Organe der kirchlichen Mittelstufe, insbes. die Superintendenten 333
§ 43. Kirchliche Werke und Einrichtungen – die Diakonie 334
    I. Allgemeines zu den kirchlichen Werken und Einrichtungen und
       zur Diakonie 334
    II. Die staatskirchenrechtliche Bedeutung der Zuordnung der
       Diakonie und anderer rechtlich selbständiger Einrichtungen und
       Werke zur Kirche 335
    III. Rechtliche Regelungen zur Verbindung der selbständigen Träger
       kirchlicher Einrichtungen und Werke mit der Kirche 336

4. Abschnitt. Die EKD und die Zusammenschlüsse von Kirchen

§ 44. Die Evangelische Kirche in Deutschland (EKD) 338
    I. Die EKD als Gemeinschaft ihrer Gliedkirchen 338
    II. Aufgaben und Tätigkeitsbereiche der EKD 339
    III. Die Organe der EKD und das Kirchenamt 341
        1. Die Synode der EKD 341
        2. Die Kirchenkonferenz 343
        3. Der Rat der EKD und sein Vorsitzender 343
        4. Das Kirchenamt der EKD und andere Einrichtungen 344
    IV. Die Gesetzgebung der EKD 345
§ 45. Zusammenschlüsse von Gliedkirchen der EKD 347
    I. Die Vereinigte Evangelisch-Lutherische Kirche Deutschlands
       (VELKD) 348
        1. Allgemeines 348
        2. Organe der VELKD 349
    II. Die Union Evangelischer Kirchen in der EKD (UEK) und die
       Evangelische Kirche der Union (EKU) 350

	1. Allgemeines	350
	2. Organe der UEK	352
	III. Die Integration von VELKD und UEK in die EKD – das Verbindungsmodell	353
	IV. Der Reformierte Bund und die Konföderation evangelischer Kirchen in Niedersachsen	354
§ 46.	Weiter Zusammenschlüsse und kirchliche Organisationen	354

Sachverzeichnis 357

Abkürzungsverzeichnis

1 Petr	Der 1. Brief des Petrus
1 Kor	Der 1. Brief des Paulus an die Korinther
2 Kor	Der 2. Brief des Paulus an die Korinther
1 Tim	Der 1. Brief des Paulus an Timotheus
2 Tim	Der 2. Brief des Paulus an Timotheus
a. A.	anderer Ansicht
a. E.	am Ende
AA	II. Vatikanisches Konzil, Dekret über das Laienapostolat „Apostolicam actuositatem", AAS 58 (1966), S. 837 ff.; abgedr. in dt. Übersetzung bei: *Rahner/Vorgrimler,* Kleines Konzilskompendium^{30}, S. 389 ff. (zit. nach Abschnitten, z. B. AA 20)
AAS	Acta Apostolicae Sedis, Band 1 (1909) ff.
abgedr.	abgedruckt
ABl	Amtsblatt
Abs.	Absatz
ACK	Arbeitsgemeinschaft Christlicher Kirchen
AfkKR	Archiv für katholisches Kirchenrecht, Band 1 (1857) ff.
AK	Apostolische Konstitution
AKf	Arnoldshainer Konferenz
Anm.	Anmerkung
ALR	Preußisches Allgemeines Landrecht vom 1. 6. 1794
AöR	Archiv des Öffentlichen Rechts
Apg	Apostelgeschichte
AR	Augsburger Religionsfrieden
arg.	argumentum
Art.	Artikel
Aufl.	Auflage
Bd, Bde	Band, Bände
BFH	Bundesfinanzhof
BGB	Bürgerliches Gesetzbuch
BremEKi	Bremische Evangelische Kirche
BVerfG	Bundesverfassungsgericht
BVerfGE	Entscheidungen des Bundesverfassungsgerichts
BVerwG	Bundesverwaltungsgericht
bzw.	beziehungsweise
c.	canon
CA	Confessio Augustana (Das Augsburger Bekenntnis)
cc.	canones
CCEO	Codex Canonum Ecclesiarum Orientalium
CD	II. Vatikanisches Konzil, Dekret über die Hirtenaufgabe der Bischöfe in der Kirche „Christus Dominus", AAS 58 (1966), S. 673 ff.; abgedr. in dt. Übersetzung bei: *Rahner/Vorgrimler,* Kleines Konzilskompendium^{30}, S. 257 ff. (zit. nach Abschnitten, also z. B. CD 27)
CIC	Codex Iuris Canonici von 1983
CIC/1917	Codex Iuris Canonici von 1917
Communicationes	Communicationes, hrsg. v. Pontificia Commissio Codici Iuris Canonici Recognoscendo, Typ. Pol. Vat. 1969 ff.
CorpIC	Corpus Iuris Canonici

d. h.	das heißt
DBK	Deutsche Bischofskonferenz
DC	Instruktion „Dignitas Connubii" des Päpstlichen Rates zur Interpretation von Gesetzestexten vom 25. 1. 2005, Communicationes 37 (2005), S. 11 ff.; dt. Übersetzung bei: *Lüdicke*, Dignitas Connubii. Die Eheprozessordnung der katholischen Kirche. Text und Kommentar, 2005.
DDC	Dictionnaire de Droit Canonique
DEKB	Deutscher Evangelischer Kirchenbund
ders./dies.	derselbe/dieselbe
dgl.	dergleichen
DH	II. Vatikanisches Konzil, Erklärung über die Religionsfreiheit „Dignitatis humanae", AAS 58 (1966), S. 929 ff.; abgedr. in dt. Übersetzung bei: *Rahner/Vorgrimler*, Kleines Konzilskompendium^{30}, S. 661 ff. (zit. nach Abschnitten, also z. B. DH 7)
DiakG	Kirchengesetz über das Amt, die Ausbildung und die Anstellung der Diakonninnen und Diakone in der Evangelischen Kirche der Union vom 5. Juni 1993
DirOec/1993	Päpstlicher Rat zur Förderung der Einheit der Christen, „Direktorium zur Ausführung der Prinzipien und Normen über den Ökumenismus" vom 25. 3. 1993, AAS 85 (1993), S. 1039 ff.; dt. Übersetzung in VAS Heft 110 (zit. nach Abschnitten, also z. B. DirOec 90)
DPM	De Processibus matrimonialibus. Fachzeitschrift zu Fragen des kanonischen Ehe- und Prozessrechts, Bd. 1 (1994) ff.
dt.	deutsch, deutsche
Dtn	Das Buch Deuteronomium
DV	II. Vatikanisches Konzil, dogmatische Konstitution über die göttliche Offenbarung „Dei Verbum", AAS 58 (1966), S. 817 ff.; abgedr. in dt. Übersetzung bei: *Rahner/Vorgrimler*, Kleines Konzilskompendium^{30}, S. 367 ff. (zit. nach Abschnitten, also z. B. DV 7)
ebd.	Ebenda
EKBO	Evangelische Kirche Berlin-Brandenburg-schlesische Oberlausitz
EKD	Evangelische Kirche in Deutschland
EKHN	Evangelischen Kirche in Hessen und Nassau
EKiAnh	Evangelische Landeskirche Anhalts
EKiBa	Evangelische Landeskirche in Baden
EKiPf	Evangelische Kirche der Pfalz (Protestantische Kirche)
EKiR	Evangelische Kirche im Rheinland
EKKW	Evangelische Kirche von Kurhessen-Waldeck
EKM	Evangelische Kirche in Mitteldeutschland
EKU	Evangelische Kirche der Union
EKvW	Evangelische Kirche von Westfalen
ELKiBay	Evangelisch-Lutherische Kirche in Bayern
ELKiBswg	Evangelisch-lutherische Landeskirche in Braunschweig
ELKiHan	Evangelisch-lutherische Landeskirche Hannover
ELKiOldbg	Evangelisch-Lutherische Kirche in Oldenburg
ELKiSa	Evangelisch-Lutherische Landeskirche Sachsens
ELKiSLi	Evangelisch-Lutherische Landeskirche Schaumburg Lippe
ELKiWü	Evangelische Landeskirche in Württemberg
ELM	Evangelisch-Lutherische Landeskirche Mecklenburgs
epd	Evangelischer Pressedienst
Eph	Der Brief an die Epheser
ERK	Evangelisch-reformierte Kirche
EssG	Essener Gespräche zum Thema Staat und Kirche (Essener Gespräche), Bd. 1–42, Münster (1969–2008), jetzt hrsg. v. *B. Kämper* und *H.-W. Thönnes*
etc.	et cetera
ev.	evangelisch

EvStL	Evangelisches Staatslexikon, 3. Aufl. 1987, hrsg. v. *R.Herzog u.a.*; 4. Aufl. 2006, hrsg. von *Werner Heun u.a.*
Ex	Das Buch Exodus
f.	für
f./ff.	die folgende/folgenden Seite(n)
F.A.Z.	Frankfurter Allgemeine Zeitung
FC	Apostolisches Schreiben „Familiaris Consortio" von Papst *Johannes Paul II.* an die Bischöfe, Priester und Gläubigen der ganzen Kirche über die Aufgaben der christlichen Familie in der Welt von heute, 22. 11. 1981, AAS 74 (1982), S. 81 ff.; dt. Übersetzung in VAS Heft 33 (zit. nach Abschnitten, also z.B. FC 68)
FN	Fußnote
FS	Festschrift, Festgabe
FzK	Forschungen zur Kirchenrechtswissenschaft, Bd. 1 (1986) ff.
GEKE	Gemeinschaft Evangelischer Kirchen in Europa
Gen	Das Buch Genesis
ges.	gesammelte
GG	Grundgesetz für die Bundesrepublik Deutschland vom 23. 5. 1948
ggf.	gegebenenfalls
gGmbH	gemeinnützige Gesellschaft mit beschränkter Haftung
GO	Grundordnung
GrO	Grundordnung des kirchlichen Dienstes im Rahmen kirchlicher Arbeitsverhältnisse v. 22. 9. 1993, abgedr. u.a. in: NZA 1994, 112 ff.
Gotteslob	Katholisches Gebet- und Gesangbuch, hrsg. von den Bischöfen Deutschlands und Österreichs und der Bistümer Bozen-Brixen und Lüttich, 1975 (Neuauflage 1996)
GS	II. Vatikanisches Konzil, pastorale Konstitution über die Kirche in der Welt von heute „Gaudium et spes", AAS 58 (1966), S. 1025 ff.; abgedr. in dt. Übersetzung bei: *Rahner/Vorgrimler*, Kleines Konzilskompendium^{30}, S. 449 ff. (zit. nach Abschnitten, also z.B. GS 48)
Halbb.	Halbband
Halbs.	Halbsatz
HdbKathKR^2	Handbuch des katholischen Kirchenrechts, hrsg. von *Joseph Listl/Heribert Schmitz*, 2. Aufl. 1999
HdbStKirchR^2	Handbuch des Staatskirchenrechts der Bundesrepublik Deutschland, hrsg. von *Joseph Listl/Dietrich Pirson*, 2 Bde, 2. Aufl. 1994, 1995
HK	Herder-Korrespondenz, Bd. 1 (1946) ff.
Hrsg./hrsg.	Herausgeber/herausgegeben
HStR	Handbuch des Staatsrechts, hrsg. v. *J. Isensee/P. Kirchhoff*, Bd. I–X, 1. Aufl. 1987–2000; I–VI, 3. Aufl. 2003–2008
i.ü.	im übrigen
i.S.v.	im Sinne von
i.V.m.	in Verbindung mit
insbes.	insbesondere
IPO	Instrumentum Pacis Osnabrugense = Osnabrücker Friedensvertrag vom 14./24. 10. 1648
Jer	Das Buch Jeremia
Jes	Das Buch Jesaja
Joh	Das Evangelium nach Johannes
JZ	Juristenzeitung
KABl	Kirchliches Amtsblatt
KAGO	Kirchliche Arbeitsgerichtsordnung vom 1. 7. 2005
KanR	Kanonisches Recht
KBG.EKD	Kirchenbeamtengesetz der EKD
KEK	Konferenz Europäischer Kirchen

KGO	Kirchengemeindeordnung
KGStrukG	Kirchengemeindestrukturgesetz
KiAustrG	Kirchenaustrittsgesetz
KiGG.EKD	Kirchengerichtsgesetz der Evangelischen Kirche in Deutschland
KirchE	Entscheidungen in Kirchensachen
KKK	Katechismus der katholischen Kirche. Catechismus Ecclesiae Catholicae, editio latina typica, 1997 (vgl. das Apostolische Schreiben „Laetamur Magnopere" Papst *Johannes Pauls II.* anlässlich der Approbation und Veröffentlichung der lateinischen „Editio Typica" des Katechismus der katholischen Kirche vom 15. 8. 1997, abgedr. in: AAS 89 [1997] S. 819 ff.). Lateinischer Urtext des KKK über die Hompepage des Vaticans abrufbar (www.vatican.va); dt. Neuübersetzung aufgrund der Editio Typica Latina von 1997, erschienen im R. Oldenbourg Verlag, München 2003. (zit. nach Nummern, also z.B. KKK 20)
KMitglG EKD	Kirchengesetz der EKD über die Kirchenmitgliedschaft, das kirchliche Meldewesen und den Schutz der Daten der Kirchenmitglieder vom 10. November 1976
KNA	Katholische Nachrichtenagentur
KO	Kirchenordnung
Kol	Der Brief an die Kolosser
KuR	Kirche und Recht, Bd. 1 (1995) ff. (zit. nach Jahreszahl und Seite, also z.B KuR 2001, S. 12 und nach Ordnungsnummer mit Seitenzahl, also z. B. Nr. 270, S. 123)
Kverf	Kirchenverfassung
lat.	lateinisch
LG	II. Vatikanisches Konzil, dogmatischen Konstitution über die Kirche „Lumen Gentium", AAS 57 (1965), S. 5 ff.; abgedr. in dt. Übersetzung bei: *Rahner/Vorgrimler,* Kleines Konzilskompendium[30], S. 123 ff. (zit. nach Abschnitten, also z. B. LG 25)
Lit.	Literatur
Lk	Das Evangelium nach Lukas
LKL VELKD	Leitlinien kirchlichen Lebens der VELKD
LKStKR	Lexikon für Kirchen- und Staatskirchenrecht, hrsg. von *A. v. Campenhausen/I. Riedel-Spangenberger/R. Sebott,* 3 Bde., 2000–2004
LThK[3]	Lexikon für Theologie und Kirche, hrsg. von *Walter Kasper u.a.,* 10 Bde. und ein Nachtrags- und Registerband, 3.Auflage 1993 ff.
LWB	Lutherischer Weltbund
m.a.W.	mit anderen Worten
m. w. N.	mit weiteren Nachweisen
MAVO	Mitarbeitervertretungsordnung
Mk	Das Evangelium nach Markus
MK	Münsterischer Kommentar zum Codex Iuris Canonici unter besonderer Berücksichtigung der Rechtslage in Deutschland, Österreich und der Schweiz, hrsg. von *Klaus Lüdicke,* Loseblattwerk, Essen seit 1985
Mt	Das Evangelium nach Matthäus
MVG.EKD	Kirchengesetz über Mitarbeitervertretungen in der Evangelischen Kirche in Deutschland
NEK	Nordelbische Evangelisch-Lutherische Kirche
Neudr.	Neudruck
NJW	Neue Juristische Wochenschrift
NKD	Nachkonziliare Dokumentation, Bd. 1–58 (1967–77)
Nr./Nrn.	Nummer/Nummern
NRW	Nordrhein-Westfalen
NVwZ	Neue Zeitschrift für Verwaltungsrecht
NWVBl.	Nordrhein-Westfälische Verwaltungsblätter
NZA	Neue Zeitschrift für Arbeitsrecht

o.	oder
o.ä.	oder ähnliches
ÖAKR	Österreichisches Archiv für Kirchenrecht, Bde. 1–45 (1950–1998), fortgesetzt ab Bd. 46 als ÖARR
ÖARR	Österreichisches Archiv für Recht und Religion Bd. 46 (1999) ff. Bis Bd. 45 als ÖAKR geführt
OE	II. Vatikanisches Konzil, Dekret über die katholischen Ostkirchen „Orientalium Ecclesiarum", AAS 57 (1965), S. 76 ff.; in dt. Übersetzung abgedr. bei: *Rahner/Vorgrimler*, Kleines Konzilskompendium[30], S. 205 ff. (zit. nach Abschnitten, also z. B. OE 3)
OKL EKU	Ordnung kirchlichen Lebens der EKU
Orientierung	Orientierung. Katholische Blätter für weltanschauliche Informationen, hrsg. vom Institut für weltanschauliche Fragen
ÖRK	Ökumenischer Rat der Kirchen
pass.	passim (lat.: da und dort, überall)
PastBon	Apostolische Konstitution „Pastor Bonus"
PCI	Pontificium Consilium de Legum Textibus Interpretandis (Päpstlicher Rat zur Interpretation von Gesetzestexten)
PfDG	Pfarrdienstgesetz
Phil	Der Brief des Paulus an die Philipper
PO	II. Vatikanisches Konzil, Dekret über Dienst und Leben der Priester „Presbyterium ordinis", AAS 58 (1966), S. 991 ff.; abgedr. in dt. Übersetzung bei: *Rahner/Vorgrimler*, Kleines Konzilskompendium[30], S. 561 ff. (zit. nach Abschnitten, also z. B. PO 7)
PomEK	Pommersche Evangelische Kirche
PStG	Personenstandsgesetz
RdA	Recht der Arbeit
RGG[4]	Religion in Geschichte und Gegenwart. Handwörterbuch für Theologie und Religionswissenschaften, hrsg. von *H. D. Betz/D. S. Browning/B. Janowski/E. Jüngel*, 8 Bde und Registerband, 4. Aufl. 1998–2007
RK	Reichskonkordat, abgedr. u.a. bei: *Listl* (Hrsg.), Die Konkordate und Kirchenverträge in der Bundesrepublik Deutschland, Bd. I, S. 34 ff.
RKEG	Gesetz über die religiöse Kindererziehung vom 15. 7. 1921
Rn.	Randnummer
Röm	Der Brief an die Römer
s./S.	siehe/Seite
SC	II. Vatikanisches Konzil, dogmatische Konstitution über die heilige Liturgie „Sacrosanctum Concilium", AAS 56 (1964), S. 97 ff.; abgedr. in dt. Übersetzung bei: *Rahner/Vorgrimler*, Kleines Konzilskompendium[30], S. 51 ff. (zit. nach Abschnitten, also z. B. SC 10)
SGB	Sozialgesetzbuch
s. o.	siehe oben
sog.	sogenannt
Sp.	Spalte
St.	Sankt
StAG	Staatsangehörigkeitsgesetz
StGB	Strafgesetzbuch
StPO	Strafprozessordnung
s. u.	siehe unten
ThGl	Theologie und Glaube 1 (1909) ff.
TRE	Theologische Realenzyklopädie, hrsg. von *G. Krause/S. Schwertner/G. Müller*, Bd. 1–36 + 2 Bd. Gesamtregister, 1977–2007
Typ. Pol. Vat.	Typis Polyglottis Vaticanis
u. a.	und andere/unter anderem

UEK	Union Evangelischer Kirchen in der EKD
u. U.	unter Umständen
Una Sancta	Una Sancta. Zeitschrift für ökumenische Begegnung
UR	II. Vatikanisches Konzil, Dekret über den Ökumenismus „Unitatis redintegratio", AAS 57 (1965), S. 90 ff.; abgedr. in dt. Übersetzung bei: *Rahner/Vorgrimler,* Kleines Konzilskompendium[30], S. 229 ff. (zit. nach Abschnitten, also z. B. UR 3)
VAS	Verlautbarungen des Apostolischen Stuhls, hrsg. vom Sekretariat der Deutschen Bischofskonferenz. Auch im Internet abrufbar unter der Internetadresse der Deutschen Bischofskonferenz (www.dbk.de).
VDD	Verband der Diözesen Deutschlands
VELKD	Vereinigte Evangelisch-Lutherische Kirche Deutschlands
vgl.	vergleiche
VI°	Liber sextus von Bonifatius VIII.
WA	Weimarer Ausgabe der Werke Martin Luthers, 120 Bde, 1883–2005
WRV	Die Verfassung des Deutschen Reiches vom 11. 8. 1919 (Weimarer Reichsverfassung)
z. B.	zum Beispiel
z. T.	zum Teil
ZdK	Zentralkomitee der deutschen Katholiken
ZevKR	Zeitschrift für evangelisches Kirchenrecht, Bd. 1 (1951) ff.
ZMV	Die Mitarbeitervertretung. Zeitschrift für die Praxis der Mitarbeitervertretung in den Einrichtungen der katholischen und evangelischen Kirche
ZPO	Zivilprozessordnung
ZRG Kan. Abt.	Zeitschrift der Savigny-Stiftung für Rechtsgeschichte. Kanonistische Abteilung, seit 1911
ZThK	Zeitschrift für Theologie und Kirche
ZTR	Zeitschrift für Tarif-, Arbeits- und Sozialrecht des öffentlichen Dienstes

Literatur

Ahlers, R.: Artikel „Taufe", in: Lexikon des Kirchenrechts, hrsg. von Stephan Haering/Heribert Schmitz, 2004, Sp. 936 f.
Ahlers, R.: Communio Eucharistica. Eine kirchenrechtliche Untersuchung zur Eucharistielehre im Codex Iuris Canonici, 1990
Ahlers, R.: Die gesetzliche Befreiung von der Eheschließungsform. Praktische Probleme mit c. 1117 CIC, in: DPM 6 (1999), S. 11 ff.
Aland, K.: Geschichte der Christenheit, 2 Bde., 1980/82
Albrecht, D.: (Hrsg.): Katholische Kirche im Dritten Reich, 1976
Althaus, R.: Aktuelle Probleme der Kirchenfinanzierung in der Bundesrepublik Deutschland, in: Standpunkte des Kirchen- und Staatskirchenrechts. Ergebnisse eines interdisziplinären Seminars, hrsg. von Christoph Grabenwarter/Norbert Lüdecke, 2002, FzK Bd. 33, S. 9 ff.
Althaus, R.: Die vielen Räte in der Kirche – Hilfe oder Hindernis?, in: ThGl 92 (2002), S. 14 ff.
Amann, T.: Artikel „Verwaltung, kirchliche Verwaltung", in: Lexikon des Kirchenrechts, hrsg. von Stephan Haering/Heribert Schmitz, 2004, Sp. 988
Amann, T.: Laien als Träger von Leitungsgewalt? Eine Untersuchung aufgrund des Codex Iuris Canonici, 1995
Andelewski, U. A./Küfner-Schmitt, I./Schmitt, J.: Berliner Kommentar zum Mitarbeitervertretungsgesetz der EKD, 2007
Anke, H. U.: Die Stellung der Kirchenverträge im evangelischen Kirchenrecht, in: *Mückl, S.* (Hrsg.), Das Recht der Staatskirchenverträge, Colloquium aus Anlass des 75. Geburtstags von Alexander Hollerbach, 2007, S. 59 ff.
Anke, H.-U.: Die Neubestimmung des Staat-Kirche-Verhältnisses in den neuen Ländern durch Staatskirchenverträge. Zu den Möglichkeiten und Grenzen des staatskirchenvertraglichen Gestaltungsinstruments, 2000
Asheim, I./Gold, V. R.: Kirchenpräsident oder Bischof?, 1968
Assenmacher, G.: Nichtigerklärung, Auflösung und Trennung der Ehe, in: HdbKathKR, hrsg. von Joseph Listl/Heribert Schmitz, 2. Aufl. 1999, § 90
Augustinus, Aurelius: Vom Gottesstaat (De civitate Dei (413–426)), übers. v. V. Thimme, Bd. 2, 1978
Aymans, W./Mörsdorf, K.: Kanonisches Recht. Lehrbuch aufgrund des Codex Iuris Canonici, 3 Bde. 1991, 1997, 2007.
Aymans, W.: Artikel „Bischofskollegium", in: Lexikon des Kirchenrechts, hrsg. von Stephan Haering/Heribert Schmitz, 2004, Sp. 113 ff.
Aymans, W.: Artikel „Communio" in: Lexikon des Kirchenrechts, hrsg. von Stephan Haering/Heribert Schmitz, 2004, Sp. 163
Aymans, W.: Artikel „Gesetz", in: Lexikon des Kirchenrechts, hrsg. von Stephan Haering/Heribert Schmitz, 2004, Sp. 351 ff.
Aymans, W.: Artikel „Ius divinum – Ius humanum", in Lexikon des Kirchenrechts, hrsg. von Stephan Haering/Heribert Schmitz, 2004, Sp. 436–437
Aymans, W.: Artikel „Kirchenrecht" in: Lexikon des Kirchenrechts, hrsg. von Stephan Haering/Heribert Schmitz, 2004, Sp. 515
Aymans, W.: Artikel „Sohm, Rudolph" in: Lexikon des Kirchenrechts, hrsg. von Stephan Haering/Heribert Schmitz, 2004, Sp. 1159–1160
Aymans, W.: Begriff, Aufgabe und Träger des Lehramtes, in: HdbKathKR, hrsg. von Joseph Listl/Heribert Schmitz, 2. Auf. 1999, § 63
Aymans, W.: Die Kirche – Das Recht im Mysterium Kirche, in: HdbKathKR, hrsg. von Joseph Listl/Heribert Schmitz, 2. Aufl. 1999, § 1
Aymans, W.: Gliederungs- und Organisationsprinzipien, in: HdbKathKR, hrsg. von Joseph Listl/Heribert Schmitz, 2. Aufl. 1999, § 26
Aymans, W.: Kanonistische Erwägungen zu dem Apostolischen Schreiben „Ordinatio sacerdotalis" im Lichte des Motu proprio „Ad tuendam fidem", AfkKR 167 (1998), S. 368 ff.
Barth, H./Thiele, C.: Artikel „Evangelische Kirche in Deutschland", in: EvStL, Neuausgabe 2006, Sp. 525 ff.

Barth, H-M./Ishida, Y.: Artikel „Gesetz und Evangelium", in: TRE Bd. 13 (1984), S. 126 ff.
Barth, K.: Rechtfertigung und Recht, 3. Aufl. 1948
Barth, Th.: Artikel „Kirchenleitung", in: RGG⁴, Bd. 4 (2001), Sp. 1207–1208
Barth, Th.: Artikel „Konsistorium", in: RGG⁴, Bd. 4 (2001), Sp. 1617
Barth, Th.: Elemente und Typen landeskirchlicher Leitung, 1995
Bartmann, P.: Artikel „Diakonie", in: EvStL, Neuausgabe 2006, Sp. 368–374
Bartmann, P.: Artikel „Diakonisches Werk", in: EvStL, Neuausgabe 2006, Sp. 374–378
Barton, P. (Hrsg.): Im Zeichen der Toleranz, 1981
Barwig, G.: Die Geltung der Grundrechte im kirchlichen Bereich, 2004
Basdekis, A./Voß, K.-P. (Hrsg.): Kirchenwechsel – ein Tabuthema der Ökumene? 2004
Bauer, Th.: Die GmbH als Rechtsform karitativer Einrichtungen der Kirche, 2003
Bauer-Tornack, G.: Sozialgestalt und Recht der Kirche. Eine Untersuchung zum Verhältnis von Karl Barth und Erik Wolf, 1996
Becker, H. J.: Der Untergang der Reichskirche im Jahre 1803 und die Chancen eines Neubeginns im Staatskirchenrecht, in: *de Wall, H./Germann, M.* (Hrsg.), Bürgerliche Freiheit und Christliche Verantwortung. Festschrift für Ch. Link, 2003, S. 547 ff.
Becker, H. J.: Spuren des kanonischen Rechts im Bürgerlichen Gesetzbuch, in: *Zimmermann, R.* (Hrsg.), Rechtsgeschichte und Rechtsdogmatik, 1999, S. 159 ff.
Becker, M.: Corpus Evangelicorum und Corpus Catholicorum, ZRG Kan. Abt. 95 (2009), (im Erscheinen)
Beermann, H./Gundlach, T.: Artikel „Synode (Th)", in: EvStL, Neuausgabe 2006, Sp. 2436–2439
Belstler, U.: Die Stellung des Corpus Evangelicorum in der Reichsverfassung, 1968
Benedikt XVI.: s. Ratzinger, Joseph
Berman, H.: Law and Revolution II, 2003
Berman, H.: Recht und Revolution, 1995
Bernard, F.: Grundkurs Kirchenrecht. Die wichtigsten Bestimmungen des Codex Iuris Canonici. Eine Veröffentlichung der KNA, 1997
Besier, G./Lessing, E. (Hrsg.): Die Geschichte der EKU, Bd. 3, 1999
Besier, G.: Der SED-Staat und die Kirche, 3 Bde, 1993–95
Besier, G.: Die Kirchen und das Dritte Reich, Bd. 3, 2001
Besier, G.: Preußische Kirchenpolitik in der Bismarckära, 1980, S. 13 ff.
Besier, G.: Religion – Nation – Kultur, Die Geschichte der Kirchen in den gesellschaftlichen Umbrüchen des 19. Jahrhunderts, 1992
Betz, H. D./Browning, D. S./Jankowski, B./Jüngel, E. (Hrsg.): Religion in Geschichte und Gegenwart (RGG), 4. Aufl., 8 Bde., 1998–2005
Beykirch, U.: Artikel „Katechumenat", in: Lexikon des Kirchenrechts, hrsg. von Stephan Haering/Heribert Schmitz, 2004, Sp. 485
Bielitz, K.: Probleme heutiger Synodalpraxis, in: *Rau, G./Reuter, H.-R./Schlaich, K.* (Hrsg.), Das Recht der Kirche, Bd. III, 1994, S. 349–369
Bier, G.: Abfall von der Kirche – „Kirchenaustritt" – Schisma, in: Althaus/Lüdicke/Pulte (Hrsg.), Kirchenrecht und Theologie im Leben der Kirche. FS f. Heinrich J.F. Reinhardt zur Vollendung seines 65. Lebensjahres, 2007, S. 73 ff.
Bier, G.: Die Rechtsstellung des Diözesanbischofs nach dem Codex Iuris Canonici von 1983, FzK Bd. 32, 2001
Bier, G.: Kirchliche Findung und staatliche Mitwirkung bei der Bestellung des Diözesanbischofs, in: Standpunkte im Kirchen- und Staatskirchenrecht. Ergebnisse eines interdisziplinären Seminars, hrsg. von Christoph Grabenwarter/Norbert Lüdecke, 2002, FzK Bd. 33, S. 30 ff.
Blaschke, K.: Artikel „Konsistorium", in: LKStKR, Bd. 2, 2002, S. 625–626
Blaschke, K.: Artikel „Superintendent", in: LKStKR, Bd. 3, 2004, S. 638–639
Blaschke, K.: In Zukunft Direktwahlen zur Nordelbischen Synode, ZevKR 49 (2004), S. 109–119
Blickle, P.: Die Reformation im Reich, 3. Aufl. 2000
Bock, W.: Artikel „Visitation (J)", in: EvStL, Neuausgabe 2006, Sp. 2636–2638
Bock, W.: Der Begriff der Kirche in juristischer Sicht, in: *Rau, G./Reuter, H.-R./Schlaich, K.* (Hrsg.), Das Recht der Kirche, Bd. I, 1997, S. 126–168
Bock, W.: Fragen des kirchlichen Mitgliedschaftsrechts, ZevKR 42 (1997) S. 319 ff.
Böckenförde, E.-W.: Geschichte der Rechts- und Staatsphilosophie, 2006
Boese, Th.: Die Entwicklung des Staatskirchenrechts in der DDR von 1945–1989, 1994
Bohatec, J.: Calvins Lehre von Staat und Kirche, 1937 (Neudr. 1968)
Böhmer, J. H.: „Ius Ecclesiasticum Protestantium Usum Hodiernum Iuris Canonici Iuxta Seriem Decretalium Ostendens et Ipsis Rerum Argumentis Illustrans", 5 Bde, Halle 1714–1737
Böttcher, H.: Artikel „Patronat", in: LKStKR, Bd.3, 2004, S. 178 f.
Bredt, J.-V.: Neues evangelisches Kirchenrecht für Preußen, Bd. 1, 1921

Brundage, J.: Medieval Canon Law, 2. Aufl. 1996
Brunotte, H.: Die Evangelische Kirche in Deutschland. Geschichte, Organisation und Gestalt der EKD, 1964
Brunotte, H.: Die Grundordnung der Evangelischen Kirche in Deutschland, ihre Entstehung und ihre Probleme, 1954
Brunotte, H.: Die Grundordnung der Evangelischen Kirche in Deutschland, 1954
Burger, G. (Hrsg.): Staatskirchenrecht in den neuen Bundesländern. Textsammlung mit einem Anhang zum Staatskirchenrecht in Polen, Tschechien und Ungarn, 2000
Burgsmüller, A.: Rechtliche Bindungen kirchlicher Praxis und Tendenzen ihrer Entwicklung, ZevKR 28 (1983), S. 125–160
Burkhardt, J.: Der Dreißigjährige Krieg, 1992
Buttler, G.: Artikel „Kirchliche Berufe", in: TRE Bd. 19, 1990, S. 191–213
v. Campenhausen, A./de Wall, H.: Staatskirchenrecht. Eine systematische Darstellung des Religionsverfassungsrechts in Deutschland und Europa, 4. Aufl. 2006
v. Campenhausen, A./Erhardt, H.-J.: Kirche, Staat, Diakonie, 1982
v. Campenhausen, A./Riedel-Spangenberger, I./Sebott, R. (Hrsg.): Lexikon für Kirchen- und Staatskirchenrecht (LKStKR), 3 Bde., 2000–2004
v. Campenhausen, A./Thiele, C.: Zum Kirchenmitgliedschaftsrecht bei zuziehenden Ausländern, in: *v. Campenhausen, A.*, Göttinger Gutachten II, 2002
v. Campenhausen, A./Wiessner, G.: Kirchenrecht – Religionswissenschaft, 1994
v. Campenhausen, A.: Der Austritt aus den Kirchen und Religionsgemeinschaften, in: HdbStKirchR I, 2. Aufl. 1994, S. 777 ff.
v. Campenhausen, A.: Der staatliche Rechtsschutz im kirchlichen Bereich, AöR 112 (1987), S. 623 ff.
v. Campenhausen, A.: Die staatskirchenrechtliche Bedeutung der Kirchenmitgliedschaft, in: HdbStKirchR I, 2. Aufl. 1994, S. 755 ff.
v. Campenhausen, A.: Entstehung und Funktionen des bischöflichen Amtes in den evangelischen Kirchen in Deutschland, in: *ders.*, Gesammelte Schriften, 1995 S. 8–26.
v. Campenhausen, A.: Entwicklungstendenzen im kirchlichen Gliedschaftsrecht, ZevKR 41 (1996), S. 129 ff.
v. Campenhausen, A.: Evangelisches Bischofsamt und apostolische Sukzession in Deutschland, in: *Kästner, K.-H.* (Hrsg.): Festschrift für Martin Heckel zum siebzigsten Geburtstag, 1999, S. 37 ff.
v. Campenhausen, A.: Fragen der Kirchenmitgliedschaft, in: *ders.*, Gesammelte Schriften, 1995, S. 89 ff.
v. Campenhausen, A.: Gesammelte Schriften, 1995
v. Campenhausen, A.: Kirchenleitung, in: *ders.*, Gesammelte Schriften, 1995, S. 27–49
v. Campenhausen, A.: Kirchenleitung, ZevKR 29 (1984), S. 1 ff.
v. Campenhausen, A.: Neues zum staatlichen Rechtsschutz im kirchlichen Bereich, ZevKR 45 (2000), S. 622 ff.
v. Campenhausen, A.: Religionsfreiheit, in: HStR, Bd. VI, 2. Aufl. 1989, § 136
v. Campenhausen, A.: Staatskirchenrecht in den neuen Ländern, in: HStR, Bd. IX, 2. Aufl.1997, § 207
v. Campenhausen, A.: Synoden in der evangelischen Kirche, in: *ders.*, Gesammelte Schriften, 1995, S. 50–55
v. Campenhausen, A.: Tradition und Leben – Kräfte der Kirchengeschichte – Aufsätze und Vorträge, 1960, S. 157 ff.
v. Campenhausen, A.: Die Kirchenmitgliedschaft nach dem Recht der evangelischen Kirche, in: HdbStKirchR I, 1. Aufl. 1974, S. 635 ff.
v Campenhausen, H.: Kirchliches Amt und geistliche Vollmacht in den ersten drei Jahrhunderten, 2. Aufl. 1963
v. Campenhausen, O.: Die Organisationsstruktur der evangelischen Kirche, in: HdbStKirchR I, 2. Aufl. 1994, S. 383 ff.
v. Castell, E.: Der „Kirchenübertritt" aus römisch-katholischer Sicht, in: *Basdekis, A./Voß, K.-P.* (Hrsg.): Kirchenwechsel – ein Tabuthema der Ökumene? 2004, S. 74 ff.
Christoph, J. E.: Artikel „Synode (J)", in: EvStL, Neuausgabe 2006, Sp. 2432–2436
Christoph, J. E.: Artikel „Vereinigte Evangelisch-lutherische Kirche Deutschlands (J)", in: EvStL, Neuausgabe 2006, Sp. 2536–2538
Christoph, J. E.: Das Werkegesetz der VELKD, in: *de Wall, H./Germann, M.* (Hrsg.): Bürgerliche Freiheit und Christliche Verantwortung, Festschrift für Chr. Link, 2003, S. 67–87
Christoph, J. E.: Kirchliche Rechtsetzung im diakonischen Bereich, ZevKR 34 (1989), S. 406 ff.
Claessen, H.: Die Grundordnung der Evangelischen Kirche in Deutschland, 2007

Cleve, J.: Die Interpretation von c. 915 CIC im Kontext der fundamentalen Pflichten und Rechte aller Gläubigen, in: Heinrich J. F. Reinhardt (Hrsg.), Theologia et Ius Canonicum. Festgabe für Heribert Heinemann zur Vollendung seines 70. Lebensjahres, 1995, S. 385
Conway, J. S.: Die nationalsozialistische Kirchenpolitik 1933–1945, 1969
Courth, F.: Die Sakramente. Ein Lehrbuch für Studium und Praxis der Theologie, 1995
de Wall, H.: Artikel „Bischof, III. Dogmatisch-kirchenrechtlich, 3. Evangelisch", in: RGG⁴, Bd. 1 (1998), Sp. 1621–1623
de Wall, H.: Artikel „Böhmer, Justus Henning (1674–1749)", in: Handwörterbuch zur Deutschen Rechtsgeschichte, 2. Aufl., Bd. 1, 2008, Sp. 640 f.
de Wall, H.: Artikel „Caesaropapismus", in: RGG⁴, Bd. 2 (1999), Sp. 7
de Wall, H.: Artikel „Gesetz, kirchliches", in: LKStKR Bd. 2, 2002, S. 103–105
de Wall, H.: Artikel „Gesetzgeber", in: LKStKR Bd. 2, 2002, S. 117–118
de Wall, H.: Artikel „Gewohnheitsrecht", in: LKStKR Bd. 2, 2002, S. 142
de Wall, H.: Artikel „Kirchenzucht (J)", in: EvStL, Neuausgabe 2006, Sp. 1248–1251
de Wall, H.: Artikel „Synode (ev.)", in: LKStKR Bd. 3, 2004, S. 644–647
de Wall, H.: Der „Typenzwang" im kirchlichen Dienstrecht und die Teildienstverhältnisse bei Pfarrern, ZevKR 49 (2004), S. 369–384.
de Wall, H.: Der Schutz des Seelsorgegeheimnisses (nicht nur) im Strafverfahren, NJW 2007, S. 1856–1859
de Wall, H.: Die Änderung der Grundartikel evangelischer Kirchenverfassungen – Zum Urteil des Kirchlichen Verfassungs- und Verwaltungsgerichts der Evangelischen Kirche in Hessen und Nassau vom 1. März 1993, ZevKR 39 (1994), S. 249–270
de Wall, H.: Die Verselbständigung der evangelischen Konsistorien in Preußen und Bayern im 19. Jahrhundert, Jahrbuch für europäische Verwaltungsgeschichte Bd. 14, 2002, S. 151 ff.
de Wall, H.: Einheit im Bekenntnis und Territorialer Partikularismus – Staatskirchenrechtliche Aspekte der Einheit der Evangelischen Kirche, in: *H. Marré/D. Schümmelfeder/B. Kämper* (Hrsg.), Universalität und Partikularität der Kirche, Essener Gespräche Bd. 37 (2003), S. 123–136
de Wall, H.: Kirchengewalt und Kirchenleitung nach lutherischem Verständnis, ZevKR 47 (2002), S. 149–162
de Wall, H.: Ordination und Pfarrerdienstverhältnis im evangelischen Kirchenrecht, in: *I. Mildenberger* (Hrsg.), Ordinationsverständnis und Ordinationsliturgien – ökumenische Einblicke, 2007, S. 41–67
de Wall, H.: Rechtliche Rahmenbedingungen der Visitation, in: *Grünwaldt, K./Hahn, U.* (Hrsg.): Visitation, 2006, S. 29–50
de Wall, H.: Spannungen und Paradoxien im rationalen Territorialismus, ZRG Kan. Abt. 92 (2006), S. 554 ff.
de Wall, H.: Zum kirchenrechtlichen Werk Justus Henning Böhmers, ZRG Kan. Abt. 87 (2001), S. 455–472
Decot, R.: (Hrsg.), Säkularisation der Reichskirche, 2002
Decot, R.: (Hrsg.): Kontinuität und Innovation um 1803, 2005
Decot, R.: Kleine Geschichte der Reformation in Deutschland, 2005
Deflers, I.: Lex und ordo. Eine rechtshistorische Untersuchung der Rechtsauffassung Melanchthons, 2005
Dehnen, D.: Kirchenverfassung und Kirchengesetz. in: *G. Rau/H.-R. Reuter/K. Schlaich* (Hrsg.), Das Recht der Kirche, Bd. I, 1997, S. 448–473
Demandt, A.: Die Spätantike, 1989
Demel, S.: Artikel „Pfarrgemeinderat", in: Lexikon des Kirchenrechts, hrsg. von Stephan Haering/Heribert Schmitz, 2004, Sp. 757 f.
Demel, S.: Die Aktion der „Priesterinnenweihe" und ihre rechtlichen Folgen, ÖARR 2004, 1 ff.
Denzinger, H.: Enchiridion symbolorum, definitionum et declarationum de rebus fidei et morum. Kompendium der Glaubensbekenntnisse und kirchlichen Lehrentscheidungen. Lateinisch-deutsch, übersetzt und hrsg. von P. Hünermann, 40. Aufl. 2005. (zitiert nach Nummern, also z. B. Denzinger/Hünermann 3074)
Denzler, G.: Widerstand ist nicht das richtige Wort. Katholische Priester, Bischöfe und Theologen im Dritten Reich, 2003
Deutsche Bischofskonferenz/Rat der EKD (Hrsg.), Gemeinsame Feier der kirchlichen Trauung. Ordnung der kirchlichen Trauung für konfessionsverschiedene Paare unter Beteiligung der zur Trauung Berechtigten beider Kirchen, 3. Aufl. 2005.
Dickmann, F.: Der Westfälische Frieden, 7. Aufl. 1998
Dienst, K./Neidhart, W.: Artikel „Konfirmation I, II", in: TRE Bd. 19, 1990, S. 437–451
Dietrich, H.-E.: Die Versetzung von Pfarrern in der protestantischen Tradition und die Einführung des Wartestandes, ZevKR 53 (2008), S. 141 ff.

Dombois, H.: Das Recht der Gnade, 3 Bde., 1961, 1974 u. 1983
Dreier, R.: Das kirchliche Amt, 1972
Dreier, R.: Der Rechtsbegriff des Kirchenrechts in juristisch-rechtstheoretischer Sicht, in: *G. Rau/ H.-R. Reuter/K. Schlaich* (Hrsg.), Das Recht der Kirche, Bd. I, 1997, S. 171–198
Dreier, R.: Methodenprobleme der Kirchenrechtslehre, ZevKR 23 (1978), S. 343–367
Droege, M.: Zur Einheit im deutschen Protestantismus – Kirchliche Zusammenschlüsse in der Strukturreform, KuR 2007, S. 10 ff.
Ebers, G. J.: Staat und Kirche im neuen Deutschland, 1930
Eder, J.: Kirchliche Arbeitsgerichte in der katholischen Kirche, ZTR 2005, S. 350 ff.
Eder, J.: Gerichtlicher Schutz im kirchlichen Arbeitsrecht, in: DPM 9 (2002), S. 211 ff.
Eder, J.: Individualverfahren vor kirchlichen Gerichten, ZMV 1999, S. 120 ff.
Ehlers, D.: Kommentierung zu Art. 140/Art. 137 WRV, in: *M. Sachs* (Hrsg.), Grundgesetz. Kommentar, 4. Aufl. 2007
Ehlers, D.: Rechtsfragen der Vollstreckung kirchlicher Gerichtsentscheidungen, ZevKR 49 (2004) S. 496–518
Ehnes, H.: Grundrechte in der Kirche, in: *G. Rau/H.-R. Reuter/K. Schlaich* (Hrsg.), Das Recht der Kirche Bd. I, 1997, S. 545–568
Eicholt, B.: Das Remonstrationsrecht der Diözesanbischöfe im katholischen Kirchenrecht, in: KuR 2001, S. 139 ff. (= Nr. 130, S. 63)
Eicholt, B.: Geltung und Durchbrechungen des Grundsatzes „Nullum crimen nulla poena sine lege" im kanonischen Recht, insbesondere in c. 1399 CIC/1983, 2006
Elgeti, A.: Rechtsprobleme bei Kindergärten in kirchlicher Trägerschaft, ZevKR 34 (1989), S. 144 ff.
Emsbach, H.: Rechte und Pflichten des Kirchenvorstandes. Eine Einführung in das Recht des Kirchenvermögens und seiner Verwaltung in den Bistümern des ehemals preußischen Staatsgebiets, 9. Aufl. 2006
Engelhardt, H.: Kirchenmitgliedschaft im kirchlichen und staatlichen Recht, ZevKR 41 (1996), S. 142 ff.
Ennuschat, J.: Evangelische Christen anderer Sprache oder Herkunft, ZevKR 52 (2007), S. 162 ff.
Ennuschat, J.: Gedeihliches Wirken und Inamovibilität der Pfarrer, ZevKR 53 (2008), S. 113 ff.
Epping, V.: in: *K. Ipsen/H. Fischer/Gloria/Heintschel v. Heinegg/Heintze*, Völkerrecht, 4. Aufl. 1999
Erdö, P.: Die Kirche als rechtlich verfasstes Volk Gottes, in: HdbKathKR, hrsg. von Joseph Listl/Heribert Schmitz, 2. Aufl. 1999, § 2
Erdö, P.: Die Quellen des Kirchenrechts. Eine geschichtliche Einführung, 2002
Erdö, P.: Theologie des kanonischen Rechts. Ein systematisch-historischer Versuch, hrsg. und mit einer Einleitung versehen von Libero Gerosa, 1999
Erdö, P.: Theologische Grundlegung des Kirchenrechts, in: HdbKathKR, hrsg. von Joseph Listl/ Heribert Schmitz, 2. Aufl. 1999, § 3
Erdö, P.:Geschichte der Wissenschaft vom kanonischen Recht. Eine Einführung, dt. Ausgabe, hg. v. L. Müller, 2006
Erler, A.: Kirchenrecht, 5. Aufl. 1983
Essener Gespräche zum Thema Staat und Kirche (Essener Gespräche), Bd. 1–42, 1969–2008, jetzt hrsg. v. *B. Kämper* und *H.-W. Thönnes*
Evans, G. R.: Law and Theology in the Middle Ages, 2001
Faber, E.-M.: Einführung in die katholische Sakramentenlehre, 2002
Fahrnberger, G.: Nichtigerklärung der Weihe, in: HdbKathKR, hrsg. von Joseph Listl/Heribert Schmitz, 2. Aufl. 1999, § 82
Feine, H. E.: Kirchliche Rechtsgeschichte – Die katholische Kirche, 5. Aufl. 1972
Feist, M.: Die rechtliche Situation der Evangelischen Studentengemeinden, 1982
Fleischmann-Bisten, W.: Artikel „Bischofsamt (Th)", in: EvStL, Neuausgabe 2006, Sp. 236–240
Folkers, H.: Das Recht der Kirchenmitgliedschaft, 1982
Folkers, H.: Der Begriff der Kirche in philosophischer Sicht, in: *G. Rau/H.-R. Reuter/K. Schlaich* (Hrsg.), Das Recht der Kirche, Bd. I, 1997, S. 76–125
Frank, J.: Grundsätze des Dienst- und Arbeitsrechts der Evangelischen Kirche, Essener Gespräche, Bd. 10, 1976
Frank, K. S.: Geschichte des christlichen Mönchtums, 5. Aufl. 1993
Frank, W.: Die Entstehungsgeschichte der Kirchlichen Arbeitsgerichtsordnung (KAGO) von 1992 bis 1998, in: Dominik Schwaderlapp (Hrsg.), Aus der Praxis des Arbeitsrechts und Personalwesens in den deutschen Bistümern, 2006, S. 102 ff.
Frank, W.: Hintergründe und Interpretationen zur Kirchlichen Arbeitsgerichtsordnung der deutschen Bischofskonferenz, ZMV 2006, S. 6 ff. und 64 ff.

Franzke, H.-G.: Die Bestellung von Diözesanbischöfen in Nordrhein-Westfalen, NWVBl. 2002, S. 459 ff.
Frassek, R.: „Diese Meinung ist recht" – Die Konstituierung eines evangelischen Eherechts in Kursachsen, in: *C. Strohm/H. de Wall* (Hrsg.), Konfession und Jurisprudenz in der Frühen Neuzeit, 2009, S. 47–67
Frassek, R.: Eherecht und Ehegerichtsbarkeit in der Reformationszeit (Jus Ecclesiasticum, Bd. 78), 2005
Freitag, J.: Artikel „Jurisdiktionsprimat", in: Lexikon des Kirchenrechts, hrsg. von Stephan Haering/Heribert Schmitz, 2004, Sp. 443 ff.
Frerk, C.: Finanzen und Vermögen der Kirchen in Deutschland, 2002
Friedberg, E.: Das geltende Verfassungsrecht der evangelischen deutschen Landeskirchen, 1888
Friedberg, E.: Lehrbuch des kath. und ev. Kirchenrechts, 6. Aufl. 1909
Friedrich, M.: Kirche im gesellschaftlichen Umbruch, 2006
Friedrich, O.: Der evangelische Kirchenvertrag mit dem Freistaat Baden, 1933
Friedrich, O.: Einführung in das Kirchenrecht, 2. Aufl., 1978
Frisch, M.: Das Restitutionsedikt Kaiser Ferdinands II. vom 6. März 1629, 1993
Frost, H.: Das Ältestenamt im deutschen evangelischen Kirchenrecht, in: *ders.*, Ausgewählte Schriften zum Staats- und Kirchenrecht, hg. v. *M. Baldus/M. Heckel/S. Muckel*, 2001, S. 276–290
Frost, H.: Das Diakonenamt im evangelischen Kirchenrecht, in: *ders.*, Ausgewählte Schriften zum Staats- und Kirchenrecht, hg. v. *M. Baldus/M. Heckel/S. Muckel*, 2001, S. 291–301
Frost, H.: Die Mitglieder von Landessynoden (1995), in: *ders.*, Ausgewählte Schriften zum Staats- und Kirchenrecht, hg. v. *M. Baldus/M. Heckel/S. Muckel*, 2001, S. 302–311
Frost, H.: Gedanken über das reformierte Kirchenverfassungsrecht am Niederrhein zwischen Emden (1571) und Duisburg (1610), in: *ders.*, Ausgewählte Schriften zum Staats- und Kirchenrecht, hg. v. *M. Baldus/M. Heckel/S. Muckel*, 2001, S. 116–173
Frost, H.: Gedanken über das reformierte Kirchenverfassungsrecht am Niederrhein (1974), in: *ders.*, Ausgewählte Schriften zum Staats- und Kirchenrecht, hg. v. *M. Baldus/M. Heckel/S. Muckel*, 2001, S. 116–173
Frost, H.: Strukturprobleme evangelischer Kirchenverfassung, 1972
Frost, H.: Zur Methodenproblematik des evangelischen Kirchenrechts, in: Ausgewählte Schriften zum Staats- und Kirchenrecht/Herbert Frost, hrsg. von Manfred Baldus/Martin Heckel/Stefan Muckel, (Ius Ecclesiasticum Bd. 65), S. 260 ff.
Fuchs, C.: Das Staatskirchenrecht der neuen Bundesländer, 1999
Fuhrmann, H.: Die Päpste, 1998
Fürst, C. G.: Die Bischofssynode, in: HdbKathKR, hrsg. Joseph Listl/Heribert Schmitz, 2. Aufl. 1999, § 30
Fürst, C. G.: Ecclesia vivit lege Romana?, ZRG Kan. Abt. 61 (1975) S. 17 ff.
Gäbler, U., u.a (Hrsg.): Kirchengeschichte in Einzeldarstellungen, 36 Bde, 1985 ff.
Gaedke, J.: Handbuch des Friedhofs- und Bestattungsrechts, 2004
Gänswein, G.: Kirchengliedschaft – Vom Zweiten Vatikanischen Konzil zum Codex Iuris Canonici; die Rezeption der konziliaren Aussagen über die Kirchenzugehörigkeit in das nachkonziliare Gesetzbuch der lateinischen Kirche, 1995
Gaudemet, J.: L'église dans l'empire Romain, 2. Aufl 1989
Gebhard, R.: Artikel „Kirchenleitung (Th)", in: EvStL, Neuausgabe 2006, Sp. 1177–1183
Gebhard, R.: Artikel „Landeskirche (Th)", in: EvStL, Neuausgabe 2006, S. 1389–1394
Gergen, T.: Die Bischofsbestellung nach katholischem Kirchenrecht und deutschem Staatskirchenvertragsrecht – Verlauf und Probleme des Zusammenspiels zweier Rechtsquellen, ÖARR 2005, S. 38 ff.
Gerhards, A.: Der Geist der Liturgie, in: HK 2000, 263 ff.
Geringer, K.-T.: Artikel „Codex Iuris Canonici", in Lexikon des Kirchenrechts, hrsg. von Stephan Haering/Heribert Schmitz, 2004, Sp. 155 ff.
Geringer, K.-T.: Das Dekanat, in: HdbKathKR, hrsg. von Joseph Listl/Heribert Schmitz, 2. Aufl. 1999, § 44
Gerlitz, P., u. a.: Artikel „Taufe I – VIII", in: TRE Bd. 32, 2001, S. 659–741
Germann, M.: Artikel „Dekan/Dekanat", in: RGG[4], Bd. 2 (1999), Sp. 634
Germann, M.: Artikel „Gerichtsbarkeit (kirchliche)", Evangelische Kirche, in: RGG[4], Bd. 3 (2000), Sp. 740–741
Germann, M.: Artikel „Kirchenverträge", in: RGG[4], Bd. 4 (I-K), 2001
Germann, M.: Artikel „Pfarramt (J)", in: EvStL, Neuausgabe 2006, Sp. 1780–1783
Germann, M.: Artikel „Presbyter, Presbyterialverfassung (J)", in: EvStL, Neuausgabe 2006, Sp. 1817–1820

Germann, M.: Der Status der Grundlagendiskussion in der evangelischen Kirchenrechtswissenschaft, ZevKR 53 (2008), S. 375–403
Germann, M.: Die Gerichtsbarkeit der evangelischen Kirche, Habilitationsschrift, 2001 (Druck in Vorbereitung)
Germann, M.: Die Staatskirchenverträge der Neuen Bundesländer: Eine dritte Generation im Vertragsstaatskirchenrecht, in: Stefan Mückl (Hrsg.), Das Recht der Staatskirchenverträge. Colloqium aus Anlaß des 75. Geburtstages von Alexander Hollerbach, 2007, S. 91 ff.
Germann, M.: Kriterien für die Gestaltung einer evangelischen Kirchenverfassung, epd 49/2006, S. 24 ff.
Germann, M.: Was heißt es juristisch „zur Kirche zu gehören"? in: *VELKD* (Hrsg.), Konsultation zu Fragen der Kirchenmitgliedschaft, 2004, S. 23–40
Gerosa, L.: Das Recht der Kirche, 1995
Gerosa, L.: Die Träger der obersten Leitungsvollmacht, in: HdbKathKR, hrsg. von Joseph Listl/Heribert Schmitz, 2. Aufl. 1999, § 27
Giese, F./Hosemann, J.: Die Verfassungen der Deutschen Evangelischen Landeskirchen, 2 Bde., 1927
Glawatz, A.-R.: Die Zuordnung der Diakonie zur Kirche, ZevKR 51 (2006), S. 352–373
Glawatz, A.-R.: Die Zuordnung privatrechtlich organisierter Diakonie zur evangelischen Kirche, 2003
Göbel, G.: Das Verhältnis von Kirche und Staat nach dem Codex Iuris Canonici des Jahres 1983, 1993
Göbell, W.: Die Entwicklung der ev. Kirchenverfassung vom 18. bis zum 20. Jahrhundert, 1966
Goeters, J. R./Mau, R. (Hrsg.): Die Geschichte der Evangelischen Kirche der Union, Bd. 1, 1992
Goez, W.: Kirchenreform und Investiturstreit 910–1122, 2000
Görisch, C.: Artikel „Landeskirche", in: RGG⁴, Bd. 5 (2002), Sp. 59–61
Gotthard, A.: Der Augsburger Religionsfrieden, 2005
Gotto, K./Repgen, K. (Hrsg.): Kirchen, Katholiken und Nationalsozialismus, 2. Aufl. 1990
Graf, F. W.: Moses Vermächtnis. Über göttliche und menschliche Gesetze, 2006
Graf, F. W.: Artikel „Gesetz VI. Neuzeit", in: TRE Bd. 13 (1984), S. 90 ff.
Grethlein, G./Böttcher, H./Hofmann, W./Hübner, H.-P.: Evangelisches Kirchenrecht in Bayern, 1994
Grossmann, T.: Artikel „Zentralkomitee der deutschen Katholiken", in: Lexikon des Kirchenrechts, hrsg. von Stephan Haering/Heribert Schmitz, 2004, Sp. 1019 ff.
Grundmann, S.: Abhandlungen zum Kirchenrecht, 1969
Grundmann, S.: Artikel „Kirchenrecht, C. Die rechtstheologischen Grundlagenentwürfe", in: EvStL, 3. Aufl. 1987, Bd. 1, Sp. 1657–1676
Grundmann, S.: Artikel „Kirchenrecht", in: EvStL, 2. Aufl. 1975, Sp. 1208 ff.
Grundmann, S.: Das evangelische Kirchenrecht von Rudolph Sohm bis zur Gegenwart, Österreichisches Archiv für Kirchenrecht, 1965, S. 276–309
Grundmann, S.: Das Gesetz als Kirchenrechtliches Problem, in: *ders.*, Abhandlungen zum Kirchenrecht, 1969, S. 53–67
Grundmann, S.: Der Lutherische Weltbund, 1957
Grünwaldt, K.: Artikel „Vereinigte Evangelisch-lutherische Kirche Deutschlands (Th)", in: EvStL, Neuausgabe 2006, Sp. 2538–2542
Guntau, B.: Artikel „Bischofsamt (J)", in: EvStL, Neuausgabe 2006, Sp. 233–236
Guntau, B.: Artikel „Evangelische Kirche in Deutschland", in: LKStKR Bd.1, 2000, S. 645–648
Guntau, B.: Artikel „Kirchenleitung (J)", in: EvStL, Neuausgabe 2006, Sp. 1173–1177
Guntau, B.: Artikel „Union evangelischer Kirchen (UEK) (J)", in: EvStL, Neuausgabe 2006, Sp. 2503–2506
Guntau, B.: Das (neue) Gesetzgebungsrecht in der GO, ZevKR 47 (2002), S. 639 ff.
Guntau, B.: Die Neuordnung der Rechtspflege in der EKD durch das KiGG.EKD, ZevKR 51 (2006), S. 327–351
Guyot, P./Klein, R.: Das frühe Christentum bis zum Ende der Verfolgungen, 2 Bde, Neudr. 1997
Haering, St.: Artikel „Rota", in: Lexikon des Kirchenrechts, hrsg. von Stephan Haering/Heribert Schmitz, 2004, Sp. 863 ff.
Haering, St.: Mitwirkung von Domkapiteln an der Bischofsbestellung in Deutschland, in: Recht in Kirche und Staat, FS für J. Listl zum 75. Geburtstag, hrsg. von W. Rees, 2004, S. 163 ff.
Haering, St.: Rezeption weltlichen Rechts im kanonischen Recht. Studien zur kanonistischen Rezeption, Anerkennung und Berücksichtigung des weltlichen Rechts im kirchlichen Rechtsbereich aufgrund des Codex Iuris Canonici von 1983, 1998
Hägele, J.: Das Geschäftsordnungsrecht der Synoden der evangelischen Landeskirchen und gesamtkirchlichen Zusammenschlüsse, 1973
Hageneder, O.: Il sole e la luna, 2000

Haldon, J.: Das Byzantinische Reich, dt. Ausg. 2002
Hallermann, H.: Artikel „Weihespendung", in: v. Campenhausen/Riedel-Spangenberger/Sebott (Hrsg.), Lexikon für Kirchen- und Staatskirchenrecht, Bd. 3, 2004, S. 871 ff.
Hallermann, H.: Bischofskonferenzen, in: Leitungsstrukturen der katholischen Kirche. Kirchenrechtliche Grundlagen und Reformbedarf, hrsg. von Ilona Riedel-Spangenberger, 2002, S. 209 ff.
Hallermann, H.: Die Funktion des Rechts in der Communio, AfkKR 166 (1997), S. 453 ff.
Hallermann, H.: Die rechtliche Vereinigung von Pfarreien, Kirchengemeinden und Kirchenstiftungen, KuR 2005, S. 145 ff.
Hallermann, H.: Die Vereinigungen im Verfassungsgefüge der lateinischen Kirche, 1999
Hamm, B.: Zwinglis Reformation der Freiheit, 1988
Hammer, F.: Artikel „Kirchenvermögen", in: EvStL, Neuausgabe 2006, Sp. 1245–1248
Hammer, F.: Rechtsfragen der Kirchensteuer, 2002
Hammer, U.: Kirchliches Arbeitsrecht, Handbuch, 2002
Hammer, W.: Die EKD und die Zusammenschlüsse ihrer Gliedkirchen – Chancen und Probleme, in: Wägen und Wahren. Festschrift für Werner Hofmann, 1981, S. 101 ff.
Hammer, W.: Die Organisationsstruktur der evangelischen Kirche, in: HdbStKirchR I, 1. Aufl. 1974, Sp. 327–340
Handbuch des katholischen Kirchenrechts, hrsg. von Joseph Listl und Heribert Schmitz, 2. Aufl., Regensburg 1999
Handbuch des Staatskirchenrechts der Bundesrepublik Deutschland (HdbStKirchR), hrsg. von J. Listl/D. Pirson, 2 Bde, 2. Aufl. 1994, 1995; 1. Aufl. 1974, 1975
Handbuch des Staatsrechts (HStR), hrsg. v. *J. Isensee/P. Kirchhof*, , 3. Aufl. 2003–2008, Bd. I-VI; 2. Aufl. 1987–2000, Bd. I-X
Hansch, K.: Die Disziplinargerichtsbarkeit in der evangelischen Kirche, 1961
Härle, W./Leipold, H. (Hrsg.): Lehrfreiheit und Lehrbeanstandung, 2 voll., 1985
Harnack, A. (v.): Entstehung und Entwicklung der Kirchenverfassung und des Kirchenrechts in den zwei ersten Jahrhunderten, 1910, Neudr. 1967
Hartelt, K.: Artikel „Diözesanpastoralrat", in: Lexikon des Kirchenrechts, hrsg. von Stephan Haering/Heribert Schmitz, 2004, Sp. 195 f.
Hartelt, K.: Artikel „Diözesanrat", in: Lexikon des Kirchenrechts, hrsg. von Stephan Haering/Heribert Schmitz, 2004, Sp. 196 f.
Hartelt, K.: Das Ökumenische Konzil, in: HdbKathKR, hrsg. von Joseph Listl/Heribert Schmitz, 2. Aufl. 1999, § 29
Hartmann, S., u. a.: Artikel „Amt/Ämter/Amtsverständnis I-VIII", in: TRE Bd. 2, 1978, S. 500–622
Hartmann, W.: Der Investiturstreit, 2. Aufl. 1996
Haß, M.: Der Erwerb der Kirchenmitgliedschaft nach evangelischem und katholischem Kirchenrecht, 1997
Hauck, F./Schwinge, G.: Theologisches Fach- und Fremdwörterbuch, 9. Aufl. 2002
Hauschild, D.: Artikel „EKD", in: TRE Bd. 10, 1982, S. 656–677
Hauschild, W.-D./Brandt, R./Germann, M.: Artikel „Synode", in: RGG⁴, Bd. 7 (2004), Sp. 1970–1976
Hauschild, W.-D.: Lehrbuch der Kirchen- und Dogmengeschichte, 2 Bde, 2. Aufl. 2000/01
Hauschildt, E./Pohl-Patalong, U.: Artikel „Gemeinde", in: EvStL, Neuausgabe 2006, Sp. 696 ff.
Hauschildt, F./Hahn, U. (Hrsg.): Bekenntnis und Profil, Auftrag und Aufgaben der VELKD, 2003
Hauschildt, F.: Zum Impulspapier des Rates der EKD „Kirche der Freiheit" – Ein Versuch, diesen Impuls kritisch weiterzudenken, ZevKR 53 (2008), S. 28 ff.
Heckel, C.: Die aktuelle Strukturreform der Evangelischen Kirche in Deutschland und ihre Vorgeschichte, ZRG Kan. Abt. 92 (2006), S. 603–628
Heckel, C.: Die Kirchengemeinschaft in der evangelischen Kirche in Deutschland, 1995
Heckel, J.: Der Vertrag des Freistaats Preußen mit den evangelischen Landeskirchen vom 11. Mai 1931, in: *ders.*, Das blinde undeutliche Wort „Kirche", Gesammelte Aufsätze, 1964, S. 572–589
Heckel, J.: Die Entstehung des brandenburg-preußischen Summepiskopats, in: *ders.*, Das blinde undeutliche Wort „Kirche", Gesammelte Aufsätze, 1964, S. 371–386
Heckel, J.: Kirche und Kirchenrecht nach der Zwei-Reiche-Lehre, ZRG Kan. Abt. 79 (1962), S. 222 ff.
Heckel, J.: Lex charitatis. Eine juristische Untersuchung über das Recht in der Theologie Martin Luthers, 1953; 2. Aufl. 1973
Heckel, M.: Artikel „Bekenntnis, VI. Rechtlich", in: RGG⁴, Bd. 1 (1998), Sp. 1265–1267
Heckel, M.: Deutschland im konfessionellen Zeitalter, 2. Aufl. 2001, S. 100 ff.
Heckel, M.: Die Neubestimmung des Verhältnisses von Staat und Kirche im 19. Jahrhundert, in: *ders.*, Gesammelte Schriften, Bd. 3, 1997, S. 441 ff.
Heckel, M.: Die theologischen Fakultäten im weltlichen Verfassungsstaat, 1986

Heckel, M.: Die Vereinigung der evangelischen Kirchen in Deutschland, 1990
Heckel, M.: Gesammelte Schriften, 5 Bde., 1989–2004
Heckel, M.: Kulturkampfaspekte. Der Kulturkampf als Lehrstück des modernen Staatskirchenrecht, in: *ders.*, Gesammelte Schriften, Bd. 3, 1997, S. 471 ff.
Heckel, M.: Rechtstheologie Luthers, in: *ders.*, Gesammelte Schriften, Bd. 1., 1989, S. 324–365
Heckel, M.: Säkularisierung. Staatskirchenrechtliche Aspekte einer umstrittenen Kategorie, in: *ders.*, Gesammelte Schriften, Bd. 2, 1989, S. 773 ff.
Heckel, M.: Staat und Kirche nach den Lehren der evangelischen Juristen Deutschlands in der ersten Hälfte des 17. Jahrhunderts, 1968
Heiler, F.: Altkirchliche Autonomie und päpstlicher Zentralismus, 1941
Heimerl, H./Pree, H.: Kirchenrecht. Allgemeine Normen und Eherecht, 1983
Heimerl, H/Pree, H.: Handbuch des Vermögensrechts der katholischen Kirche unter besonderer Berücksichtigung der Rechtsverhältnisse in Bayern und Österreich, 1993
Heinemann, H.: Artikel „Rekonziliation", in: Lexikon des Kirchenrechts, hrsg. von Stephan Haering/Heribert Schmitz, 2004, Sp. 831 f.
Heinemann, H.: Die Mitarbeiter und Mitarbeiterinnen des Pfarrers, in: HdbKathKR, hrsg. von Joseph Listl/Heribert Schmitz, 2. Aufl. 1999, § 47
Heinrich, G./Blaschke, K.: Die Taufe, das Brot und das Evangelium – Grundlinien für das kirchliche Handeln, 1992, S. 131 ff.
Hell, S./Lies, L. (Hrsg.), Papstamt. Hoffnung, Chance, Ärgernis. Ökumenische Diskussion in einer globalisierten Welt, 2000
Hense, A.: Staatskirchenrecht oder Religionsverfassungsrecht: mehr als ein Streit um Begriffe?, in: *Haratsch, A. u. a.* (Hrsg.), Religion und Weltanschauung im säkularen Staat, 2001, S. 9 ff.
Henseler, R.: Der Ablaß, in: HdbKathKR, hrsg. von Joseph Listl/Heribert Schmitz, 2. Aufl. 1999, § 79
Heppe, H.: Die Dogmatik der evangelisch-reformierten Kirche, 2. Aufl. 1958
Herbert, K.: Kirche zwischen Aufbruch und Tradition. Entscheidungsjahre nach 1945, 1989
Hermelink, J.: Praktische Theologie der Kirchenmitgliedschaft, 2000
Herms, E.: Theologische Ethik und Rechtsbegründung, in: *ders.*, Politik und Recht im Pluralismus, 2008, S. 285–316
Herrmann, E.: Ecclesia in re publica, 1980
Herrmann, F.: Die rechtliche Organisation international tätiger kirchlicher Hilfswerke, 2006
Hesse, K.: Das Selbstbestimmungsrecht der Kirchen und Religionsgemeinschaften, in: HdbStKirchR I, 2. Aufl. 1994, S. 521–560
Hessler, H.-D./Strauß, W.: Kirchliche Finanzwirtschaft, 1990
Heun, W.: Artikel „Konsistorium", in: TRE Bd. 19, 1990, S. 483–488
Heun, W.: Das Gesetz in Staat und Kirche, ZevKR 49 (2004) S. 443–464
Hierold, A.: Gesamtkirche und Autonomie der Teilkirchenverbände, in: Essener Gespräche zum Thema Staat und Kirche (EssGespr.), Bd. 37 (2003), hrsg. von Heiner Marré/Dieter Schümmelfeder/Burkhard Kämper, S. 5 ff.
Hierold, A.: Taufe und Firmung, in: HdbKathKR, hrsg. von Joseph Listl/Heribert Schmitz, 2. Aufl. 1999, § 76
Hinschius, P.: Die preußischen Kirchengesetze des Jahres 1873, 1873
Hinschius, P.: Die preußischen Kirchengesetze…v. 21. Mai 1886 und 29. April 1887, 1886/87
Hinschius, P.: System des Katholischen Kirchenrechts, 5 Bde, 1869–1895
Hintze, O.: Die Epochen des evangelischen Kirchenregiments in Preußen, in: *ders.*, Gesammelte Abhandlungen, Bd. 3, 2. Aufl. 1967
Hirnsperger, J.: Artikel „Weihesakrament", in: Lexikon des Kircherechts, hrsg. von Stephan Haering/Heribert Schmitz, 2004, Sp. 1005 ff.
Höffner, J.: Christliche Gesellschaftslehre, Neuausgabe 1997, hrsg., bearbeitet und ergänzt von Lothar Roos
Hollerbach, A.: Grundlagen des Staatskirchenrechts, HStR, Bd. VI, 2. Aufl. 1989, § 138
Hollerbach, A.: Artikel „Ius divinum. II. Kanonisches Recht", in: Evangelisches Staatslexikon, hrsgg. v. R. Herzog, H. Kunst, W. Schneemelcher, 3. Aufl., 1987, Bd. I, Sp. 1414; auch veröffentlicht in: A. Hollerbach, Ausgewählte Schriften. In Verbindung mit J. Bohnert, C. Gramm, U. Kindhäuser, J. Lege, A. Rinken, hrsg. v. G. Robbers, 2006, S. 196
Hollerbach, A.: Die vertragsrechtlichen Grundlagen des Staatskirchenrechts, in: HdbStKirchR, Bd. I, hrsg. Von Joseph Listl/Dietrich Pirson, 2. Aufl. 1994, S. 253 ff.
Hollerbach, A.: Göttliches und Menschliches in der Ordnung der Kirche, in: Mensch und Recht. Festschrift für Erik Wolf zum 70. Geburtstag, hrsgg. v. A. Hollerbach, W. Maihofer, T. Würtenberger, 1972, S. 212; auch veröffentlicht in: A. Hollerbach, Ausgewählte Schriften. In Verbindung mit J. Bohnert, C. Gramm, U. Kindhäuser, J. Lege, A. Rinken, hrsgg. v. G. Robbers, 2006, S. 177

Hollerbach, A.: Kirchensteuer und Kirchenbeitrag, in: HdbKathKR, hrsg. von Joseph Listl/Heribert Schmitz, 2. Aufl. 1999, § 101
Hollerbach, A.: Verträge zwischen Staat und Kirche in der Bundesrepublik Deutschland, 1965
Holstein, G.: Die Grundlagen des evangelischen Kirchenrechts, 1928
Hömig, K. D.: Der Reichsdeputationshauptschluß vom 25. Februar 1803 und seine Bedeutung für Staat und Kirche, 1969
Hommens, M.: Artikel „Priesterrat", in: Lexikon des Kirchenrechts, hrsg. von Stephan Haering/ Heribert Schmitz, 2004, Sp. 785 f.
Honecker, M.: Artikel „Kirchenrecht II. Evangelische Kirchen", in: TRE Bd. 18, 1989, S. 724–749
Honecker, M.: Cura religionis magistratus Christiani, 1968
Honecker, M.: Recht in der Kirche des Evangeliums, 2008
Höpfl, H.: The Christian Polity of John Calvin, 1982
Huber, C.: Die Ehe, in: Ecclesia a sacramentis. Theologische Erwägungen zum Kirchenrecht, hrsg. von Reinhild Ahlers/Libero Gerosa/Ludger Müller, 1992
Huber, E. R./Huber, W.: Staat und Kirche im 19. und 20. Jahrhundert, 4 Bde, 1973 ff.
Huber, E. R.: Deutsche Verfassungsgeschichte seit 1789, 7 Bde, 1957 ff.
Huber, W./Waldhoff, C./Di Fabio, U.: Die Verfassungsordnung für Religion und Kirche in Anfechtung und Bewährung, Essener Gespräche Bd. 42, 2008
Huber, W.: Gerechtigkeit und Recht, 3. Aufl. 2006
Huber, W.: Grundrechte in der Kirche, in: *G. Rau/H.-R. Reuter/K. Schlaich* (Hrsg.), Das Recht der Kirche, Bd. I, 1997, S. 518–544
Huber, W.: Lehrbeanstandung in der Kirche der Lehrfreiheit, in: *Rau, G./Reuter, H.-R./Schlaich, K.* (Hrsg.), Das Recht der Kirche, Bd. III, 1994, S. 118 ff.
Huber, W.: Synoden und Konziliarität, in: *Rau, G./Reuter, H.-R./Schlaich, K.* (Hrsg.), Das Recht der Kirche, Bd. III, 1994, S. 319–348
Hübner, H.-P.: Artikel „Amtshandlungen", in: LKStKR, Bd. 1, 2000, S. 88–90
Hüffmeier, W.: Artikel „Union Evangelischer Kirchen (Th)", in: EvStL, Neuausgabe 2006, Sp. 2506–2508
Jacke, J.: Kirche zwischen Monarchie und Republik. Der preußische Protestantismus nach dem Zusammenbruch 1918, 1976
Jeand'Heur, B./Korioth, St.: Grundzüge des Staatskirchenrechts, 2000
Jedin, H./Repgen, K (Hrsg.): Handbuch der Kirchengeschichte, 7 Bde, 1962 ff.
Jedin, H.: Geschichte des Konzils von Trient, 4. Bde., 1949–1975
Jestaedt, M.: Auslegung nach kanonischem Recht, in: Standpunkte im Kirchen- und Staatskirchenrecht. Ergebnisse eines interdisziplinären Seminars, hrsg. von Christoph Grabenwarter/Norbert Lüdecke, 2002, FzK Bd. 33 , S. 100 ff.
Jung, M. H.: Der Protestantismus in Deutschland von 1815 bis 1870, 2000
Jung, M. H.: Der Protestantismus in Deutschland von 1870 bis 1945, 2002
Junghans, H.: Artikel „Superintendent", in: TRE Bd. 32, 2001, S. 463–467
Kaiser J.-C., u. a.: Artikel „Diakonie", in: RGG⁴, Bd. 2 (1999), Sp. 792–801
Kalb, H.: Grundriss der Liturgik, 3. Aufl. 1985
Kalb, H.: Verwaltungsakt und Verwaltungsverfahren, in: HdbKathKR, hrsg. von Joseph Listl/Heribert Schmitz, 2. Aufl. 1999, § 9
Kalde, F.: Diözesane und quasidiözesane Teilkirchen, in: HdbKathKR, hrsg. von Joseph Listl/ Heribert Schmitz, 2. Aufl. 1999, § 37
Kalde, F.: Pfarrgemeinderat und Pfarrvermögensverwaltungsrat, in: HdbKathKR, hrsg. von Joseph Listl/Heribert Schmitz, 2. Aufl. 1999, § 48
Kämper, B.: Artikel „Bischof", in: LKStKR, Bd. 1, 2000, S. 266
Kämper, B.: Artikel „Kindergarten", in: LKStKR, Bd. 2, 2002, S. 412–413
Kämper, B.: Kindergärten in kirchlicher Trägerschaft, 1991
Kämper, B.: Kirche im Umbruch – rechtliche Anfragen an kirchliche Umstrukturierungsprozesse, in: Grote u. a. (Hrsg.), Die Ordnung der Freiheit. FS f. Starck, 2007, S. 1129 ff.
Karle, I.: Artikel „Supervision", in: RGG⁴, Bd. 7 (2004), Sp. 1905
Kasper, W. (Hrsg.): Lexikon für Theologie und Kirche (LThK), 3. Aufl., 10 Bde. 1993–2001
Kasper, W.: Artikel „Kirche. III. Systematisch-theologisch", in: Kasper u. a. (Hrsg.), Lexikon für Theologie und Kirche, Bd. 5, 3. Aufl. 1996, Sp. 1465 ff.
Kästner, K.-H.: Entscheidungsmaßstäbe und Prüfungsbefugnis kirchlicher Gerichte in den evangelischen Kirchen, in: *Muckel, S.* (Hrsg.): Festschrift für W. Rüfner, 2003, S. 423–441
Kästner, K.-H.: Evangelische Kirchengerichtsbarkeit zwischen Selbstbehauptung und Selbstüberschätzung, ZevKR 49 (2004), S. 171–190
Kästner, K.-H.: Staatliche Justizhoheit und religiöse Freiheit, 1991

Kästner, K.-H.: Zur Funktion kirchlicher Gerichte im Bereich der evangelischen Kirchen, in: *Weiß A./Ihli, S.* (Hrsg.), Festschrift für R. Puza, 2003, S. 539–553
Kehrer, G., u.a.: Artikel „Amt", in: RGG^4, Bd. 1 (1998), Sp. 422–440
Kehrer, G., u. a.: Artikel „Gemeinde", in: RGG^4, Bd. 3 (2000), Sp. 610–622
Keil, G.: Gedanken zur Visitation, ZevKR 30 (1985), S. 317–331
Keller, H.: Ottonische Königsherrschaft, 2002
Kienitz, A.: Das Verhältnis der kirchenleitenden Organe zueinander nach lutherischem Verständnis, KuR 4 (1998), S. 9 ff.
Kimminich, O./Hobe, St.: Einführung in das Völkerrecht, 7. Aufl. 2000
Kirchenleitung der VELKD: Die Ehe als Leitbild christlicher Orientierung, ZevKR 42 (1997), S. 183 ff.
Kisch, G.: Melanchthons Rechts- und Soziallehre, 1967
Klausnitzer, W.: Der Primat des Bischofs von Rom, 2004
Klein, R.: Diözesansynode – Forum- Pastoralgespräch. Strukturen der Mitverantwortung in der Kirche im Wandel, in: Kirchliches Recht als Freiheitsordnung, 1997, FzK Bd. 27, S. 117 ff.
Klostermann, G.: Artikel „Presbyter, Presbyterialverfassung (Th)", in: EvStL, Neuausgabe 2006, Sp.1820–1825
Klueting, H. (Hrsg.), Katholische Aufklärung, 1993
Klueting, H. (Hrsg.): Josephinismus, 1995
Klueting, H.: Das konfessionelle Zeitalter 1525–1648, 1989
Kohnle, A.: Reichstag und Reformation, 2001
Koller, P.: Lebensführung und Pfarrerdienstrecht aus der Sicht eines Theologen, in: *Rau, G./Reuter, H.-R./Schlaich, K.* (Hrsg.), Das Recht der Kirche, Bd. III, 1994, S. 153 ff.
Kommission für Zeitgeschichte (Hrsg.), Das Reichskonkordat 1933, 2007
Korioth, S.: Die Entwicklung des Staatskirchenrechts in Deutschland seit der Reformation, in: *Heinig, H. M./Walter, C.* (Hrsg.), Staatskirchenrecht oder Religionsverfassungsrecht?, 2007
Kovács, E. (Hrsg.): Katholische Aufklärung und Josephinismus, 1979
Krämer, B. M.: Der Westfälische Friede in der Deutung der Aufklärung, 1989
Krämer, P./Paarhammer, H.: Artikel „Pfarrei", in: Lexikon des Kirchenrechts, hrsg. von Stephan Haering/Heribert Schmitz, 2004, Sp. 743 ff.
Krämer, P.: Artikel „Christenrechte – Christenpflichten", in: Lexikon des Kirchenrechts, hrsg. von Stephan Haering/Heribert Schmitz, 2004, Sp. 148 ff.
Krämer, P.: Artikel „Kirchenverfassung", in: Lexikon des Kirchenrechts, hrsg. von Stephan Haering/Heribert Schmitz, 2004, Sp. 544 ff.
Krämer, P.: Artikel „Lex Ecclesiae fundamentalis", in: Lexikon des Kirchenrechts, hrsg. von Stephan Haering/Heribert Schmitz, 2004, Sp. 641 ff.
Krämer, P.: Artikel „Päpstliche Titularien", in: Lexikon des Kirchenrechts, hrsg. von Stephan Haering/Heribert Schmitz, 2004, Sp. 715 ff.
Krämer, P.: Artikel „Papstwahl", in: Lexikon des Kirchenrechts, hrsg. von Stephan Haering/Heribert Schmitz, 2004, Sp. 719 ff.
Krämer, P.: Der Pfarrverband, in: HdbKathKR, hrsg. von Joseph Listl/Heribert Schmitz, 2. Aufl. 1999, § 49
Krämer, P.: Die geistliche Vollmacht, in: HdbKathKR, hrsg. von Joseph Listl/Heribert Schmitz, 2. Aufl. 1999, § 11
Krämer, P.: Kirchenrecht, 2 Bde., 1992, 1993
Krämer, P.: Menschenrecht – Christenrechte. Das neue Krchenrecht auf dem Prüfstand in: Ministerium Iustitiae, FS für H. Heinemann zur Vollendung des 60. Lebensjahres, hrsg. von A. Gabriels/Heinrich J. F. Reinhardt, 1985, S. 169 ff.
Kraus, D.: Die Verfassungen der evangelischen Kirchen in Deutschland (Textsammlung), 2001
Krause, G./Müller, G. (Hrsg.): Theologische Realenzyklopädie (TRE), 36 Bde., 1976–2004
Kremser, H.: Der Rechtsstatus der evangelischen Kirchen in der DDR und die neue Einheit der EKD, 1993
Kümmerling, R.: Rechtsprobleme kirchlicher Friedhöfe, 1997
Künzel, H.: Apostolatsrat und Diözesanpastoralrat. Geschichte, kodikarische Vorgaben und Ausgestaltung in Deutschland, 2002
Kunzler, M.: Die „Tridentinische" Messe. Aufbruch oder Rückschritt, 2008
Kupke, A.: Die Entwicklung des deutschen „Religionsverfassungsrechts" nach der Wiedervereinigung, 2004
Kuttner, St. Studies in the History of Medieval Canon Law, 1990
Kuttner, St.: Gratian and the Schools of Law, 2 Aufl. 1994
Kuttner, St.: Repertorium der Kanonistik, 1937

Lanczkowski, G., u.a.: Artikel „Gottesdienst", TRE Bd. 14, 1985, S. 1–97
Landau, P., Artikel „Eigenkirchenwesen", TRE 9, 1982, S. 399 ff.
Landau, P., Der Einfluß des kanonischen Rechts auf die europäische Rechtskultur, in: *Schulze, R.* (Hrsg.), Europäische Rechts- und Verfassungsgeschichte, 1991, S. 39 ff.
Landau, P., Kanonistischer Pietismus bei Justus Henning Böhmer, in: *Brieskorn, N. u. a.* (Hrsg.), Vom mittelalterlichen Recht zur neuzeitlichen Rechtswissenschaft, Festschrift für Winfried Trusen, 1994, 317–333
Landau, P.: Artikel „Böhmer, Justus Henning (1674–1749)", in: *Stolleis, M.* (Hrsg.), Juristen. Ein biographisches Lexikon. Von der Antike bis zum 20. Jahrhundert, 2. Aufl. 2001, S. 93
Landau, P.: Artikel „Kirchenverfassung", TRE 19, 1990, S. 110 ff.
Landau, P.: Das Kirchenrecht des Allgemeinen Landrechts für die Preußischen Staaten im 19. Jahrhundert, in: *Dölemeyer, B./Mohnhaupt, H.* (Hrsg.), 200 Jahre Allgemeines Landrecht für die Preußischen Staaten, 1995, S. 145 ff.
Landau, P.: Der Rechtsbegriff des Kirchenrechts in philosophisch-historischer Sicht, in: *G. Rau/ H.-R. Reuter/K. Schlaich* (Hrsg.), Das Recht der Kirche, Bd. I, 1997, S. 199–235
Landau, P.: Die Kölner Kanonistik des 12. Jahrhunderts, 2008
Landau, P.: Evangelische Kirchenrechtswissenschaft im 19. Jahrhundert, ZevKR 48 (2003), S. 1 ff.
Landau, P.: Jus Patronatus, 1975
Landau, P.: Kanones und Dekretalen, 1997
Landau, P.: Sakramentalität und Jurisdiktion, in: *G. Rau/H.-R. Reuter/K. Schlaich* (Hrsg.), Das Recht der Kirche, Bd. II, 1995, S. 58 ff.
Landau, P.: Zu den geistigen Grundlagen des Toleranzpatents Josephs II., ÖAKR 32 (1981), S. 187 ff.
Landé, W.: Die Schule in der Reichsverfassung, 1929
Lange, D: Zur theologischen Begründung des Kirchenrechts, ZevKR 50 (2005), S. 1 ff.
Langner, A.: (Hrsg.), Säkularisation und Säkularisierung im 19. Jahrhundert, 1978
Laufen, R.: Ist die Eucharistie ein Opfer der Kirche? Auf dem Weg zu einer unmissverständlichen Liturgiesprache, in: Pastoralblatt 2000, 163 ff.
Laukemper-Isermann, B.: Zur Mitarbeit von Laien in der bischöflichen Verwaltung. Rechtliche Möglichkeiten der Anwendung des can. 129 § 2 CIC, 1996
LeBras, G: L'Age classique. Sources et théorie du droit, 1965
Leisching, P.: Die Kardinäle, in: HdbKathKR, hrsg. von Joseph Listl/Heribert Schmitz, 2. Aufl. 1999, § 31
Lexikon des Kirchenrechts. Lexikon für Theologie und Kirche kompakt, hrsg. von Stephan Haering u. Heribert Schmitz, Freiburg im Breisgau 2004.
Lexikon für Kirchen- und Staatskirchenrecht (LKStKR), hrsg. von *A. von Campenhausen/I. Riedel-Spangenberger/R. Sebott*, 3 Bde., 2000–2004
Liermann, H.: Der Jurist und die Kirche, in: *Heckel, M./Obermayer, K./Pirson, D.* (Hrsg.), Der Jurist und die Kirche, 1973, S. 159 ff.
Liermann, H.: Deutsches evangelisches Kirchenrecht, 1933
Liermann, H.: Die rechtliche Bedeutung der Bekenntnisschriften, in: *Heckel, M./Obermayer, K./ Pirson, D.* (Hrsg.), Der Jurist und die Kirche, 1973, S. 258 ff.
Lill, R. (Hrsg.): Der Kulturkampf, 1997
Ling, M. A.: Zum gegenwärtigen kirchlichen Strafrecht, JZ 2004, S. 596 ff.
Link, C.: Artikel „Kirchenregiment", Evangelisches Kirchenlexikon, 3. Aufl., Göttingen 1989, Sp. 1176–1181
Link, C.: Herrschaftsordnung und Bürgerliche Freiheit, 1979
Link, C.: Kirchliche Rechtsgeschichte, 2009
Link, C.: Luther und das deutsche Staatsverständnis, JZ 1983, S. 869 ff.
Link, C.: Luther und die Juristen. Die Herausbildung eines evangelischen Kirchenrechts im Gefolge der Wittenberger Reformation, in: *Lück, H./de Wall, H.* (Hrsg.), Wittenberg – ein Zentrum europäischer Rechtsgeschichte und Rechtskultur, 2005
Link, C.: Protestantismus in Österreich, 2007
Link, C.: Rechtstheologische Grundlagen des evangelischen Kirchenrechts, ZevKR 45 (2000), S. 73–88
Link, C.: Ruhestandsversetzung von Pfarrern wegen „nichtgedeihlichen Zusammenwirkens" mit der Gemeinde und kirchliches Selbstbestimmungsrecht, in: *Isensee, J./Rees, W./Rüfner, W.* (Hrsg.), Festschrift für J. Listl, 1999, S. 503–518
Link, C.: Souveränität – Toleranz – evangelische Freiheit. Staatsrechtliche und theologische Aspekte in der „territorialistischen" Begründung staatlicher Kirchenhoheit, ZRG Kan. Abt. 86 (2000), S. 414 ff.
Link, C.: Staat und Kirche in der neueren deutschen Geschichte, 2000

Link, C.: Typen evangelischer Kirchenverfassungen, in: *Boluminski, A.* (Hrsg.), Kirche, Recht und Wissenschaft, Festschrift für A. Stein, 1995, S. 87–117
Listl, J. (Hrsg.): Die Konkordate und Kirchenverträge in der Bundesrepublik Deutschland, 2 Bde, 1987
Listl, J./Kalb, H./Carlen, L.: Artikel „Kirchensteuer", in: Lexikon des Kirchenrechts, hrsg. von Stephan Haering/Heribert Schmitz, 2004, Sp. 533 ff.
Listl, J./Schmitz H. (Hrsg.): Handbuch des katholischen Kirchenrechts, 2. Aufl., Regenburg 1999
Listl, J.: Artikel „Ius Publicum Ecclesiaticum", in: Lexikon des Kirchenrechts, hrsg. von Stephan Haering/Heribert Schmitz, 2004, Sp. 439
Listl, J.: Artikel „Kirchenaustritt, in: Lexikon des Kirchenrechts, hrsg. von Stephan Haering/Heribert Schmitz, 2004, Sp. 499 ff.
Listl, J.: Das Amt in der Kirche, in: *ders.*: Kirche im freiheitlichen Staat – Schriften zum Staatskirchenrecht und Kirchenrecht, 2. Halbbd., 1996, S. 593
Listl, J.: Die „Erklärung der Deutschen Bischofskonferenz zur parteipolitischen Tätigkeit der Priester" vom 27. September 1973 (1975), in: *ders.*, Kirche im freiheitlichen Staat, 2. Halbbd., 1996, S. 600 ff.
Listl, J.: Die Erklärung des Kirchenaustritts, in: HdbKathKR, hrsg. von Joseph Listl/Heribert Schmitz, 2. Aufl. 1999, § 16
Listl, J.: Die Rechtsnormen, in: HdbKathKR, hrsg. von Joseph Listl/Heribert Schmitz, 2. Aufl. 1999, § 8
Listl, J.: Kirche und Staat in der neueren katholischen Kirchenrechtswissenschaft, 1978
Listl, J.: Kirche und Staat in der neueren katholischen Kirchenrechtswissenschaft, 1978
Listl, J.: Plenarkonzil und Bischofskonferenz, in: HdbKathKR, hrsg. von Joseph Listl/Heribert Schmitz, 2. Aufl. 1999, § 35
Löffler, René: Ungestraft aus der Kirche austreten? Der staatliche Kirchenaustritt in kanonistischer Sicht, 2007
Lohse, B.: Askese und Mönchtum in der Antike und in der alten Kirche, 1969
Luchterhandt, O.: Die Gegenwartslage der Evangelischen Kirche in der DDR, 1982
Lüdecke, N.: Das Verständnis des kanonischen Rechts nach dem Codex Iuris Canonici von 1983, in: Standpunkte im Kirchen- und Staatskirchenrecht. Ergebnisse eines interdisziplinären Seminars, hrsg. von Christoph Grabenwarter/Norbert Lüdecke, 2002, FzK Bd. 33, S. 177 ff.
Lüdecke, N.: Die Grundnormen des katholischen Lehrrechts in den päpstlichen Gesetzbüchern und neueren Äußerungen in päpstlicher Autorität, FzK Bd. 28, 1997
Lüdicke, K. (Hrsg.): Münsterischer Kommentar zum Codex Iuris Canonici unter besonderer Berücksichtigung der Rechtslage in Deutschland, Österreich und der Schweiz, Loseblattwerk, Essen seit 1985
Lüdicke, K.: Artikel „Kirchenstrafen", in: Lexikon des Kirchenrechts, hrsg. von Stephan Haering/Heribert Schmitz, 2004, Sp. 541 ff.
Lüdicke, K.: Artikel „Strafe", in: Lexikon des Kirchenrechts, hrsg. von Stephan Haering/Heribert Schmitz, 2004, Sp. 923 f.
Lüdicke, K.: Artikel „Verwaltungsgerichtsbarkeit", in: Lexikon des Kirchenrechts, hrsg. von Stephan Haering/Heribert Schmitz, 2004, Sp. 989 ff.
Lüdicke, K.: Die Beurteilung des Eigenschaftsirrtums nach geltender Rechtslage unter besonderer Berücksichtigung des Irrtums über die Vaterschaft, in: Recht als Heilsdienst, FS für M. Kaiser zum 65. Geburtstag, hrsg. von W. Schulz, 1989, S. 242 ff.
Lüdicke, K.: Die Kirchengliedschaft und die plena communio. Eine Anfrage an die dogmatische Theologie aus der Perspektive des Kirchenrechts, in: Recht im Dienste des Menschen, FS für H. Schwendenwein zum 60. Geburtstag, hrsg. von K. Lüdicke/H. Paarhammer/D. A. Binder, 1986, S. 377 ff.
Lüdicke, K.: Dignitas Connubii. Die Eheprozessordnung der katholischen Kirche. Text und Kommentar, 2005
Lüdicke, K.: Möglichkeit und Notwendigkeit einer partikularrechtlichen kirchlichen Gerichtsbarkeit, in: DPM 6 (1999), S. 55 ff.
Lüdicke, K.: Schutz durch das Recht? Exkommunikation von Frauen aufgrund Empfanges der Priesterweihe, in: Orientierung 66 (2002), S. 178 ff.
Lüdicke, K.: Vereinigungsrecht und Verfassungsrecht. Zur Stellung der Laienräte in der deutschen Kirche, in: HK 57 (2003), S. 425 ff.
Lüdicke, K.: Verwaltungsbeschwerde und Verwaltungsgerichtsbarkeit, in: HdbKathKR, hrsg. von Joseph Listl/Heribert Schmitz, 2. Aufl. 1999, § 114
Luther, M.: Luther Deutsch, Die Werke in neuer Auswahl, hg. v. *K. Aland*, 10 Bde, 1952–1961 ff.
Luther, M.: Weimarer Ausgabe der Werke Martin Luthers, 120 Bde, 1883–2005

Lutz, H.: Demokratie im Zwielicht, Der Weg der deutschen Katholiken aus dem Kaiserreich in die Republik 1914–1925, 1963
Lutz, H.: Reformation und Gegenreformation, 4. Aufl. 1997
Maassen, F.: Geschichte der Quellen und der Literatur des Canonischen Rechts im Abendlande, Bd. 1, 1870 (Neudr. 1956)
Madey, J.: Quellen und Grundzüge des Codex Canonum Ecclesiarum Orientalium, 1999
Maier, H./de Wall, H./Kaufmann, F. X.: Säkularisation und Säkularisierung, Essener Gespräche Bd. 38, 2004
Maier, H.: Kirche und Gesellschaft, 1972
Maier, H.: Revolution und Kirche, 3. Aufl. 1973
Mainusch, R.: Aktuelle kirchenrechtliche und kirchenpolitische Fragestellungen im Pfarrerdienstrecht, ZevKR 47 (2002), S. 1 ff.
Mainusch, R.: Artikel „Friedhofsrecht", EvStL, Neuausgabe 2006, Sp. 680–682
Mangoldt, H.v./Klein, F./Starck, C.: Kommentar zum Grundgesetz, Bd. 3, 5. Aufl. 2005
Mantey, V.: Kirche ohne Recht? Rudolph Sohms Verständnis von Kirche und Recht und Martin Luthers Zwei-Reiche-Lehre, ZevKR 49 (2004), S. 718 ff.
Mantey, V.: Zwei Schwerter – Zwei Reiche, 2005
Maritz, H.: Der Vatikanstaat, in: HdbKathKR, hrsg. von Joseph Listl/Heribert Schmitz, 2. Aufl. 1999, § 34
Marré, H./Jurina, J.: Die Kirchenfinanzierung in Kirche und Staat der Gegenwart, 4. Aufl. 2006
Marré, H.: Das kirchliche Besteuerungsrecht, in: Joseph Listl/Dietrich Pirson (Hrsg.), Handbuch des Staatskirchenrechts, Bd. II, 2. Aufl. 1994, S. 1101 ff.
Mau, R.: Artikel „Gesetz V. Reformationszeit", in: TRE Bd. 13 (1984), S. 82 f.
Maurer, H.: Bestehen für die Lebensführung von Pfarrern und Kirchenbeamten besondere rechtliche Anforderungen? in: *ders.*, Abhandlungen zum Kirchenrecht und Staatskirchenrecht, 1998, S. 75 ff.
Maurer, H.: Die Pflichten des Pfarrers aus Ordination und Dienstverhältnis, in: *ders.*, Abhandlungen zum Kirchenrecht und Staatskirchenrecht, 1998, S. 46 ff.
Maurer, H.: Die Verwaltungsgerichtsbarkeit der evangelischen Kirche, 1958
Maurer, H.: Freiheit und Bindung kirchlicher Amtsträger, in: *ders.*, Abhandlungen zum Kirchenrecht und Staatskirchenrecht, 1998, S. 3 ff.
Maurer, H.: Grundprobleme der kirchlichen Gerichtsbarkeit, in: *ders.*, Abhandlungen zum Kirchenrecht und Staatskirchenrecht, 1998, S. 137–177)
Maurer, H.: Kirchenrechtliche Streitigkeiten vor den allgemeinen Verwaltungsgerichten, in: *ders.*, Abhandlungen zum Kirchenrecht und Staatskirchenrecht, 1998, S. 178–199
Maurer, H.: Staatsrecht I, 5. Aufl. 2007
Maurer, W.: Bekenntnis und Kirchenrecht, 1963
Maurer, W.: Das synodale evangelische Bischofsamt in Deutschland seit 1933, in: *ders.* (Hrsg.): Die Kirche und ihr Recht, 1976, S. 388–448
Maurer, W.: Die Auseinandersetzung zwischen Harnack und Sohm und die Begründung des Evangelischen Kirchenrechts, Kerygma und Dogma 6 (1960), S. 194–213
Maurer, W.: Die Kirche und ihr Recht, Gesammelte Aufsätze, 1976
Maurer, W.: Typen und Formen aus der Geschichte der Synoden (1955), in: *ders.*: Die Kirche und ihr Recht, 1976, S. 76–98
May, G./Egler, A.: Einführung in die kirchenrechtliche Methode, 1986
May, G.: Artikel „Kirchenrechtsquellen I," TRE 19, 1996, S. 1 ff.
May, G.: Das Verhältnis von Gesetz und Gewissen angesichts der kanonischen Rechtsordnung, in: Neue Positionen des Kirchenrechts, hrsg. von K. Lüdicke/H. Paarhammer/D. A. Binder, 1994, S. 49 ff.
May, G.: Das Verhältnis von Papst und Bischöfen auf dem Allgemeinen Konzil nach dem CIC, in: Schriften zum Kirchenrecht. Ausgewählte Aufsätze von Georg May, hrsg. von A. Egler/W. Rees, 2003, S. 237 ff.
May, G.: Das Verhältnis von Pfarrgemeinderat und Pfarrer nach gemeinem Recht und nach Mainzer Diözesanrecht, in: Schriften zum Kirchenrecht. Ausgewählte Aufsätze von Georg May, hrsg. von A. Egler/W. Rees, 2003, S. 301 ff.
May, G.: Die Hochschulen, in: HdbKathKR, hrsg. von Joseph Listl/Heribert Schmitz, 2. Aufl. 1999, § 71
May, G.: Mehrheitsverhältnisses bei Papstwahlen, in: Iudicare Inter Fideles. FS für K.-T. Geringer zum 65. Geburtstag, hrsg. von W. Aymans u. a., 2002, S. 273 ff.
Mayer, A.: Die Eucharistie, in: HdbKathKR, hrsg. von Joseph Listl/Heribert Schmitz, 2. Aufl. 1999, § 77
Mayeur, J. M. u. a. (Hrsg.): Die Geschichte des Christentums, dt. Ausgabe hrsg. v. N. Brox u. a., 14 Bde., 1992–2004

Mayr-Singer, J.: Unheilige Allianz oder segensreiche Partnerschaft. Der Heilige Stuhl und die Vereinten Nationen, in: Vereinte Nationen 2000, 193 ff.
Mehlhausen, J.: Artikel „Presbyterial-synodale Kirchenverfassung", TRE Bd. 27, 1997, S. 331–340
Mehlhausen, J.: Kirchen zwischen Staat und Gesellschaft, in: *G. Rau/H.-R. Reuter/K. Schlaich* (Hrsg.), Das Recht der Kirche, Bd. II, 1995, S. 193 ff.
Mehlhausen, J.: Schrift und Bekenntnis, in: *G. Rau/H.-R. Reuter/K. Schlaich* (Hrsg.), Das Recht der Kirche, Bd. I, 1997, S. 417–447
Meier, K.: Der evangelische Kirchenkampf, 3 Bde., 1976–1984
Meier, K.: Kreuz und Hakenkreuz, 1992
Meyer, C.: Die Vermögensverwaltung und das Stiftungsrecht im Bereich der evangelischen Kirche, in: HdbStKirchR I, 2. Aufl. 1994, S. 907–946
Meyer, H. G.: Personale Seelsorgebereiche und Militärkirchengemeinden, ZevKR 26 (1981), S. 326 ff.
Meyer, H. P.: Die Visitation als Aufsicht mit dem Wort und den Mitteln des Rechts, ZevKR 18 (1973), S. 164–177
Miggelbrink, R.: Einführung in die Lehre von der Kirche, 2003
Mikat, P.: Die päpstlichen Gesandten, in: HdbKathKR, hrsg. von Joseph Listl/Heribert Schmitz, 2. Aufl. 1999, § 33
Mirbt, C. (Hrsg.): Quellen zur Geschichte des Papsttums und des römischen Katholizismus, 4. Aufl., 1924; 6. Aufl., hg. v. *K. Aland*, Bd. 1, 1967
Moeller, B.: Deutschland im Zeitalter der Reformation, 4. Aufl. 1999
Moeller, B.: Reichsstadt und Reformation, 2. Aufl. 1987
Moeller, B.: Spätmittelalter (Die Kirche in ihrer Geschichte), 1966
Molthagen, J.: Der römische Staat und die Christen im 2. und 3. Jahrhundert, 2. Aufl. 1975
Moreau, J.: Die Christenverfolgung im Römischen Reich, 2. Aufl. 1971
Morlok, M.: Kommentierung zu Art. 140/Art. 137 WRV in: *H. Dreier (Hrsg.)*, Grundgesetz, Kommentar, Bd. 3, 2. Aufl. 2008
Mörsdorf, K.: Die Rechtssprache des CIC, 1937
Mörsdorf, K.: Lehrbuch des Kirchenrechts aufgrund des CIC, Bd. I, 11. Aufl. 1964
Morsey, R.: Der Untergang des politischen Katholizismus, 1977
Motschmann, C.: Evangelische Kirche und preußischer Staat in den Anfängen der Weimarer Republik, 1969
Muckel, S. (Hrsg.): Der Islam im öffentlichen Recht des säkularen Verfassungsstaats, 2008
Muckel, S.: Kirchliche Vereine in der staatlichen Rechtsordnung, in: HdbStkirchR, hrsg. von Joseph Listl/Dietrich Pirson, 2. Aufl. 1994, Bd. I, S. 827 ff.
Muckel, S.: Religiöse Freiheit und staatliche Letztentscheidung, 1997
Mückl, S. (Hrsg.), Das Recht der Staatskirchenverträge, Colloquium aus Anlass des 75. Geburtstags von Alexander Hollerbach, 2007
Mückl, S.: Europäisierung des Staatskirchenrechts, 2005
Mückl, S.: Alexander Hollerbach und das Recht der Staatskirchenverträge, in: Stefan Mückl (Hrsg.), Das Recht der Staatskirchenverträge. Colloqium aus Anlaß des 75. Geburtstages von Alexander Hollerbach, 2007, S., S. 11 f.
Mühlsteiger, J.: Kirchenordnungen. Anfänge kirchlicher Rechtsbildung, 2006
Müller, G.: Artikel „Tridentinum", TRE 34, 2002, S. 62 ff.
Müller, G.: Das Bischofsamt – historische und theologische Aspekte, ZevKR 40 (1995) S. 257–279
Müller, H. M.: Artikel „Gottesdienst (ev.)", in: LKStKR Bd. 2, 2002, S. 167–169
Müller, H. M.: Artikel „Landeskirche", in: LKStKR Bd. 2, 2002, S. 682–683
Müller, H. M.: Diakonie in Deutschland, ZevKR 47 (2002), S. 475 ff.
Müller, H. M.: Evangelischer Diakonat als kirchliches Amt, ZevKR 45 (2000), S. 57–72
Müller, H. M.: Luthers Kirchenverständnis und seine Rezeption im deutschen evangelischen Kirchenrecht, in: *ders.*, Bekenntnis-Kirche-Recht, Gesammelte Aufsätze, 2005, S. 144 ff.
Müller, H. M.: Theologische Bemerkungen zum christlichen Eheverständnis, ZevKR 47 (2002); S. 530 ff.
Müller, H. M.: Werden und Wandel evangelischer Pfarrerausbildung, ZevKR 39 (1994), S. 19 ff.
Müller, H.: Artikel „Aequitas canonica", in: Lexikon des Kirchenrechts, hrsg. von Stephan Haering/Heribert Schmitz, 2004, Sp. 24 ff.
Müller, L.: Der Rechtsbegriff im Kirchenrecht. Zur Abgrenzung von Recht und Moral in der deutschsprachigen Kirchenrechtswissenschaft des 19. und 20. Jahrhunderts, 1999
Müller, L.: In quibus et ex quibus – Zum Verhältnis von Ortskirche und Universalkirche, in: Essener Gespräche zum Thema Staat und Kirche (EssGespr.), Bd. 37 (2003), hrsg. von Heiner Marré/Dieter Schümmelfeder/Burkhard Kämper, S. 59 ff.
Müller, P.: Artikel „Diakonie", in: LKStKR Bd. 1, 2000, Sp. 415 ff.
Müller, Th.: Konfirmation – Hochzeit – Taufe – Bestattung, 1988

Müller-Hannemann, H-R. (Hrsg.): Lexikon Friedhofs- und Bestattungsrecht, 2002
Münch, P.: Zucht und Ordnung – Reformierte Kirchenverfassungen im 16. und 17. Jahrhundert, 1978
Munsonius, H.: Das undeutliche Wort „Gemeinde", ZevKR 53 (2008), S. 61
Munsonius, H.: Die Zustimmung der Gliedkirchen zu der Regelung eines Sachgebiets durch Kirchengesetz der EKD nach Art. 10 a Abs. 2 GO EKD, ZevKR 50 (2005), S. 231 ff.
Münsterischer Kommentar zum Codex Iuris Canonici unter besonderer Berücksichtigung der Rechtslage in Deutschland, Österreich und der Schweiz, hrsg. von Klaus Lüdicke (Loseblattsammlung), Essen seit 1985 (zitiert: Bearbeiter, in MK)
Närger, N.: Das Synodalwahlsystem in den deutschen evangelischen Landeskirchen im 19. und 20. Jahrhundert, 1988
Naz, R. (Hrsg.): Dictionnaire de Droit Canonique (DDC), 7 Bde. 1935–1965
Neie, J.: Gestufte Mitgliedschaft in der Evangelischen Kirche, KuR 2008, S. 238 ff.
Neijenhuis, J. (Hrsg.): Evangelisches Gottesdienstbuch und Kirchenrecht, 2002
Nelles, M.: Artikel „Lex irritans, lex inhabilitans", in: Lexikon des Kirchenrechts, hrsg. von Stephan Haering/Heribert Schmitz, 2004, Sp. 643
Nelles, M.: Summum Ius Summa Iniuria? Eine kanonistische Untersuchung zum Verhältnis von Einzelfallgerechtigkeit und Rechtssicherheit im Recht der Kirche, 2004.
Neuhaus, H.: Konfessionalisierung und Territorialstaat, in: *Müller G./Weigelt, H./Zorn W.* (Hrsg.), Handbuch der Geschichte der Evangelischen Kirche in Bayern. Bd. 1, 2002, S. 343 ff.
Nicolaisen, C.: Artikel „Nationalsozialismus I. Geschichtlich und kirchengeschichtlich", in: RGG^4, Bd. 6 (2003) Sp. 79–86
Nipperdey, Th.: Religion im Umbruch, 1988
Nörr, K. W.: Die Entwicklung des Corpus Juris Canonici, in: *Coing, H.* (Hrsg.), Handbuch der Quellen und Literatur der neueren deutschen Privatrechtsgeschichte, Bd. 1, 1973, S. 835 ff.
Nörr, K. W.: Die kanonistische Literatur, in: *Coing, H.* (Hrsg.), Handbuch der Quellen und Literatur der neueren deutschen Privatrechtsgeschichte, Bd. 1, 1973, S. 365 ff.
Nörr, K. W.: Typen von Rechtsquellen und Rechtsliteratur als Kennzeichen kirchenrechtlicher Epochen, ZevKR 13 (1967/68), S. 225–238
Notz, K. v.: Lebensführungspflichten im evangelischen Kirchenrecht, 2003
Nowak, K.: Evangelische Kirche und Weimarer Republik, 1981
Nowak, K.: Geschichte des Christentums in Deutschland, 1995
Obermayer, K.: Der automatische Erwerb der Kirchenmitgliedschaft nach evangelischem Kirchenrecht, NVwZ 1985, S. 77 ff.
Oeldemann, J.: Die Kirchen des christlichen Ostens. Orthodoxe, orientalische und mit Rom verbundene Ostkirchen, 2006
Paarhammer, H.: Artikel „Pate, Patin", in: Lexikon des Kirchenrechts, hrsg. von Stephan Haering/Heribert Schmitz, 2004, Sp. 724 f.
Paarhammer, H.: Die Krankensalbung, in: HdbKathKR, hrsg. von Joseph Listl/Heribert Schmitz, 2. Aufl. 1999, § 80
Pack, H.: Methodik der Rechtsfindung im staatlichen und kanonischen Recht. Relations- und Urteilstechnik im kanonischen Recht, 2004
Pahlmann, B.: Rodolph Sohm, in: Gerd Kleinheyer/Jan Schröder, Deutsche Juristen aus fünf Jahrhunderten. Eine biographische Einführung in die Geschichte der Rechtswissenschaft, 2. Aufl. 1983, S. 247 ff.
Pannenberg, W.: Christliche Rechtsbegründung, in: Handbuch der christlichen Ethik, Bd. 2, 1978, S. 323–338
Pesch, O. H.: Das Zweite Vatikanische Konzil, 1993
Peters, C./Krause, F.: Artikel „Visitation", TRE, Bd. 35, 2003, S. 151–166
Peters, C.: Artikel „Visitation (Th)", EvStL, Neuausgabe 2006, Sp. 2638–2642
Pirson, D.: Artikel „Gesetzgebung, kirchliche", in: RGG^4, Bd. 3 (2000), Sp. 867–869
Pirson, D.: Artikel „Kirchenrecht, II. Gegenwart, 2. Evangelische Kirche", in: RGG^4, Bd. 4 (2001), Sp. 1276–1279
Pirson, D.: Artikel „Kirchenverfassung, V. Gegenwart", in: RGG^4, Bd. 4 (2001), Sp. 1343–1349
Pirson, D.: Artikel „Pfarrer/Pfarrerin", in: RGG^4, Bd. 6 (2003), Sp. 1197–1211
Pirson, D.: Das kircheneigene Dienstrecht der Geistlichen und Kirchenbeamten, in: HdbStKirchR II, 2. Aufl. 1995, S. 845 ff..
Pirson, D.: Die geschichtlichen Wurzeln des deutschen Staatskirchenrechts, in: HdbStKirchR I, 2. Aufl. 1994, S. 3 ff.
Pirson, D.: Gesammelte Beiträge zum Kirchenrecht und Staatskirchenrecht, 2 Bde., 2008
Pirson, D.: Kirchliches Verfassungsrecht, Eigenart und notwendiger Inhalt, ZevKR 45 (2000), S. 89–108

Pirson, D.: Universalität und Partikularität der Kirche, 1965
Platen, P.: Die Ausübung kirchlicher Leitungsgewalt durch Laien. Rechtssystematische Überlegungen aus der Perspektive des „Handelns durch andere", 2008
Plöchl, W. M.: Geschichte des Kirchenrechts, 5 Bde., 1953–1969
Pototschnig, F.: Das Bildungswesen, in: HdbKathKR, hrsg. von Joseph Listl/Heribert Schmitz, 2. Aufl. 1999, § 69
Pototschnig, F.: Rechtspersönlichkeit und rechtserhebliches Geschehen, in: HdbKathKR, hrsg. von Joseph Listl/Heribert Schmitz, 2. Aufl. 1999, § 10
Pottmeyer, H. J.: Unfehlbarkeit und Souveränität, 1975
Potz, R./Synek, E.: Orthodoxes Kirchenrecht, Eine Einführung, 2007
Potz, R.: Der Codex Canonum Ecclesiarum Orientalium, in: HdbKathKR, hrsg. von Joseph Listl/ Heribert Schmitz, 2. Aufl. 1999, § 6
Powell, D.: Artikel „Clemens von Rom", TRE Bd. 8, 1981, S. 113 ff.
Prader, J./Reinhardt, H.J.F.: Das kirchliche Eherecht in der seelsorgerischen Praxis, 4. Aufl. 2001
Pree, H.: Artikel „Kirchenvermögen", in: Lexikon des Kirchenrechts, hrsg. von Stephan Haering/ Heribert Schmitz, 2004, Sp. 545 ff.
Pree, H.: Die Ausübung der Leitungsvollmacht, in: HdbKathKR, hrsg. von Joseph Listl/Heribert Schmitz, 2. Aufl. 1999, § 12
Pree, H.: Die Ausübung der Leitungsvollmacht, in: HdbKathKR, hrsg. von Joseph Listl/Heribert Schmitz, 2. Aufl. 1999, § 12
Pree, H.: Grundfragen kirchlichen Vermögensrechts, in: HdbKathKR, hrsg. von Joseph Listl/Heribert Schmitz, 2. Aufl. 1999, § 99
Pree, H.: Kirchenrektor und Seelsorger für besondere Gemeinschaften, in: HdbKathKR, hrsg. von Joseph Listl/Heribert Schmitz, 2. Aufl. 1999, § 50
Pree, H.: Zur Wandelbarkeit und Unwandelbarkeit des Ius divinum, in: Theologia et Ius canonicum, FS für H. Heinemann zur Vollendung des 70. Lebensjahres, hrsg. von Heinrich J. F. Reinhardt, 1995, S. 111 ff.
Prestwich, M. (Hrsg.): International Calvinism 1541–1715, 1985
Primetshofer, B.: Artikel „Klerus", in: Lexikon des Kirchenrechts, hrsg. von Stephan Haering/ Heribert Schmitz, 2004, Sp. 562 ff.
Primetshofer, B.: Der Ehekonsens, in: HdbKathKR, hrsg. von Joseph Listl/Heribert Schmitz, 2. Aufl. 1999, § 86
Primetshofer, B.: Die Eheschließung, in: HdbKathKR, hrsg. von Joseph Listl/Heribert Schmitz, 2. Aufl. 1999, § 87
Primetshofer, B.: Die Formpflicht des durch formalen Akt von der Kirche abgefallenen Katholiken, in: DPM 6 (1999), S. 93 ff.
Primetshofer, B.: Ordensrecht, 4. Aufl. 2003
Prodi, P./Reinhardt, W. (Hrsg.): Il Concilio di Trento e il moderno, 1996
Prodi, P.: Eine Geschichte der Gerechtigkeit, 2003
Prößdorf, D.: Artikel „Trauung", TRE Bd. 34, 2002, S. 50–56
Puza, R.: Artikel „Apostolische Signatur", in: Lexikon des Kirchenrechts, hrsg. von Stephan Haering/Heribert Schmitz, 2004, Sp. 55 f.
Puza, R.: Die Prüfung fehlerhafter Gesetze im Kirchenrecht. Ein Beitrag zum Problem der Normenkontrolle, in: ÖAKR 26 (1975), S. 90 ff.
Puza, R.: Die Verwaltung des Kirchenvermögens, in: HdbKathKR, hrsg. von Joseph Listl/Heribert Schmitz, 2. Aufl. 1999, § 103
Puza, R.: Katholisches Kirchenrecht, 2. Aufl. 1993
Rabe, H.: Deutsche Geschichte 1500–1600, 1991
Radtke, H.: Artikel „Kirchenvorstand" (ev.), in: LKStKR, Bd. 2, 2002, S. 545–548
Rahner, K./Vorgrimler, H.: Kleines Konzilskompendium, 31. Aufl. 2004
Ratzinger, J.: Der Geist der Liturgie. Eine Einführung, 2000
Ratzinger, J. Benedikt XVI.: Jesus von Nazareth. Erster Teil: Von der Taufe im Jordan bis zur Verklärung, 2007
Rau, G./Reuter, H.-R./Schlaich, K. (Hrsg.): Das Recht der Kirche, 3 Bde., 1994 ff.
Rausch, R.: Die mitgliedschaftliche Erfassung Zuziehender, ZevKR 36 (1991), S. 337 ff.
Rees, W.: Artikel „Exkommunikation", in: Lexikon des Kirchenrechts, hrsg. von Stephan Haering/ Heribert Schmitz, 2004, Sp. 277 f.
Rees, W.: Der Religionsunterricht, in: HdbKathKR, hrsg. von Joseph Listl/Heribert Schmitz, 2. Aufl. 1999, § 70
Rees, W.: Die Strafgewalt der Kirche. Das geltende kirchliche Strafrecht – dargestellt auf der Grundlage seiner Entwicklungsgeschichte, 1993

Rees, W.: Grundlagen des kirchlichen Strafrechts, in: HdbKathKR, hrsg. von Joseph Listl/Heribert Schmitz, 2. Aufl. 1999, § 105
Reinalter, H. (Hrsg.): Der Josephinismus, 1993
Reingrabner, G.: Das ius liturgicum und die Frage der Verbindlichkeit von Agenden. in: *J. Neijenhuis* (Hrsg.) Evangelisches Gottesdienstbuch und Kirchenrecht, 2002, S. 93–115
Reinhard, W. (Hrsg.): Bekenntnis und Geschichte. Die Confessio Augustana im historischen Zusammenhang, 1981
Reinhard, W.: Die Verwaltung der Kirche, in: *Jeserich, K./Pohl, H./v. Unruh, G.-C.*(Hrsg.): Deutsche Verwaltungsgeschichte, Bd. 1, 1983, S. 143 ff.
Reinhardt, H.J.F.: Artikel „Kirchengliedschaft" in: Lexikon des Kirchenrechts, hrsg. von Stephan Haering/Heribert Schmitz, 2004, Sp. 508 ff.
Reinhardt, H.J.F.: Artikel „Sakramentalien", in: Lexikon des Kirchenrechts, hrsg. von Stephan Haering/Heribert Schmitz, 2004, Sp. 873
Reinhardt, H.J.F.: Die Sakramentalien, in: HdbKathKR, hrsg. von Joseph Listl/Heribert Schmitz, 2. Aufl. 1999, § 92
Reinhardt, H.J.F/Mette, N.: Artikel „Laie", in: Lexikon des Kirchenrechts, hrsg. von Stephan Haering/Heribert Schmitz, 2004, Sp. 616 ff.
Religion in Geschichte und Gegenwart (RGG), hrsg. v. *H. D. Betz/D. S. Browning/B. Janowski/ E. Jüngel*, 4. Aufl. 8 Bde, 1998–2005
Repgen, K.: Dreißigjähriger Krieg und Westfälischer Frieden, 1998
Reuter, H.-R.: Der Begriff der Kirche in theologischer Sicht, in: *Rau, G./Reuter, H.-R./Schlaich, K.* (Hrsg.): Das Recht der Kirche, Bd. I, 1997, S. 23–75
Reuter, H.-R.: Der Rechtsbegriff des Kirchenrechts in systematisch-theologischer Sicht, in: *Rau, G./Reuter, H.-R./Schlaich, K.* (Hrsg.): Das Recht der Kirche, Bd. I, 1997, S. 236–286
Reuter, H.-R.: Rechtsethik in theologischer Perspektive, 1996
Richardi, R.: Arbeitsrecht in der Kirche, 5. Aufl. 2008
Richardi, R.: Kirchliche Arbeitsgerichtsordnung für die Bistümer der katholischen Kirche, NJW 2005, S. 2744 ff.
Richter, Ae. L./Dove, R./Kahl, W.: Lehrbuch des katholischen und evangelischen Kirchenrechts, 8. Aufl. 1886
Richter, Ae. L.: Geschichte der evangelischen Kirchenverfassung, 1851
Richter, L.: Kirche und Schule in den Beratungen der Weimarer Nationalversammlung, 1996
Riedel-Spangenberger, I. (Hrsg.): Leitungsstrukturen der katholischen Kirche. Kirchenrechtliche Grundlagen und Reformbedarf, 2002
Riedel-Spangenberger, I.: Artikel „Apostolische Pöntentiarie", in: Lexikon des Kirchenrechts, hrsg. von Stephan Haering/Heribert Schmitz, 2004, Sp. 54 f.
Riedel-Spangenberger, I.: Artikel „Communicatio in sacris", in: Lexikon des Kirchenrechts, hrsg. von Stephan Haering/Heribert Schmitz, 2004, Sp. 160 ff.
Riedel-Spangenberger, I.: Artikel „Firmung", in: Lexikon des Kirchenrechts, hrsg. von Stephan Haering/Heribert Schmitz, 2004, Sp. 298 f.
Riedel-Spangenberger, I.: Artikel „Lehramt, kirchliches Lehramt", in: Lexikon des Kirchenrechts, hrsg. von Stephan Haering/Heribert Schmitz, 2004, Sp. 632 ff.
Riedel-Spangenberger, I.: Artikel „Verkündigung", in: Lexikon des Kirchenrechts, hrsg. von Stephan Haering/Heribert Schmitz, 2004, Sp. 977 ff.
Riedel-Spangenberger, I.: Der Jurisdiktions- und Lehrprimat des Papstes in der Diskussion, AfkKR 165 (1996), S. 25 ff.
Riedel-Spangenberger, I.: Gottesrecht und Menschenrecht, in: Theologia et Ius Canonicum, FS für H. Heinemann zur Vollendung des 70. Lebensjahres, hrsg. von Heinrich J. F. Reinhardt, 1995, S. 99 ff.
Riedel-Spangenberger, I.: Grundbegriffe des Kirchenrechts, 1992
Riedel-Spangenberger, I.: Grundrechte und Grundpflichten der Gläubigen in der katholischen Kirche, in: Una Sancta 55 (2000), S. 155 ff.
Riedel-Spangenberger, I.: Papst und Bischofskollegium, in: Leitungsstrukturen der katholischen Kirche, hrsg. von *ders.*, 2002, S. 23 ff.
Riedel-Spangenberger, I.: Verkündigungsdienst und Lehrautorität der Kirche, in: Iuri Canonico Promovendo. FS für H. Schmitz zum 65. Geburtstag, hrsg. von W. Aymans/K.-Th. Geringer unter Mitwirkung von Peter Krämer und Ilona Riedel-Spangenberger, 1994, S. 153 ff.
Riedl, G.: Die Laien, in: HdbKathKR, hrsg. von Joseph Listl/Heribert Schmitz, 2. Aufl. 1999, § 18
Rieker, K.: Die rechtliche Stellung der evangelischen Kirche Deutschlands in ihrer geschichtlichen Entwicklung bis zur Gegenwart, 1893
Ris, G.: Der „kirchliche Konstitutionalismus", 1988
Robbers, G.: Ehe und Familie in evangelischer Sicht, Essener Gespräche Bd. 35 (2001), S. 81 ff.

Robbers, G.: Grundsatzfragen der heutigen Rechtstheologie, ZevKR 37 (1992), S. 230 ff.
Robbers, G.: Kirchenrecht. Einführende Bemerkungen und Hinweise zum Studium, Jura 1990, S. 567 ff.
Robbers, G.: Lehrfreiheit und Lehrbeanstandung, in: *Rau, G./Reuter, H.-R./Schlaich, K.* (Hrsg.), Das Recht der Kirche, Bd. 3, 1994, S. 138 ff.
Rogge, J.: Artikel „EKU", TRE Bd. 10, 1982, S. 677 ff.
Rohde, J.: Die Union Evangelischer Kirchen in der EKD, ZevKR 52 (2007), S. 593 ff.
Rosenstock, S.: Die Selbstverwaltung evangelischer Kirchengemeinden, 2000
Rublak, U.: Die Reformation in Europa, 2003
Rüfner, W.: Individualrechtliche Aspekte des kirchlichen Dienst- und Arbeitsrechts, in: HdbStKirchR II, 2. Aufl. 1995, S. 901 ff.
Rüfner, W.: Rechtsschutz gegen kirchliche Rechtshandlungen und Nachprüfung kirchlicher Entscheidungen durch staatliche Gerichte, in: HdbStKirchR I, 1. Aufl. 1974, S. 758 ff.
Ruppel, E.: Die Verwaltungsgerichtsbarkeit in der evangelischen Kirche, Essener Gespräche Bd. 7 (1972), S. 53–69
Ruppert, St.: Kirchenrecht und Kulturkampf, 2002
Sauter, G.: Artikel „Recht", EvStL, 3. Aufl. 1987, Bd. 2, Sp. 2693–2706
Schaefer, B.: Staat und katholische Kirche in der DDR, 1999
Scharbau, F. O.: Artikel „VELKD", TRE Bd. 34, 2002, S. 581–592
Schatz, K.: Der päpstliche Primat, 1990
Schatz, K.: Vatikanum I, 3 Bde., 1992–1994
Scheidhauer, G.: Das Recht der Liturgie, 2001
Scheuner, U.: Grundfragen einer kirchlichen Verwaltungsgerichtsbarkeit, ZevKR 6 (1957/58), S. 337–364
Schick, L.: Artikel „Konzil", in: Lexikon des Kirchenrechts, hrsg. von Stephan Haering/Heribert Schmitz, 2004, Sp. 608 f.
Schick, L.: Die Diözesankurie, in: HdbKathKR, hrsg. von Joseph Listl/Heribert Schmitz, 2. Aufl. 1999, § 41
Schieffer, R./May, G.: Artikel „Benefizium, kirchliches Benefizium", in: Lexikon des Kirchenrechts, hrsg. von Stephan Haering/Heribert Schmitz, 2004, Sp. 99 ff.
Schilberg, A.: Aufbruch bei der kirchlichen Selbstorganisation der Evangelischen Kirche in Deutschland?, ZevKR 52 (2007), S. 198 ff.
Schilberg, A.: Evangelisches Kirchenrecht in Rheinland, Westfalen und Lippe, 2003
Schilberg, A.: Rechtsschutz und Arbeitsrecht in der evangelischen Kirche, 1992
Schilling, H. (Hrsg.): Die reformierte Konfessionalisierung in Deutschland – Das Problem der „Zweiten Reformation", 1986
Schilling, H./Reinhard, W. (Hrsg.): Die katholische Konfessionalisierung 1995
Schilling, H./Smolinsky, H. (Hrsg.): Der Augsburger Religionsfrieden 1555, 2007
Schilling, H.: Aufbruch und Krise. Deutschland 1517–1648, 1988
Schjorring, K./Kumari, P./Hjelm, N. (Hg): Vom Weltbund zur Gemeinschaft. Geschichte des Lutherischen Weltbundes 1947–1997, Hannover o. J.
Schlaich, K.: Artikel „Kirchenrecht, E. Einige Gesichtspunkte zur heutigen Gesprächslage", EvStL[3], 1987, Bd. 1, Sp. 1676–1682
Schlaich, K.: Artikel „Kirchenrechtsquellen II", TRE Bd. 19, 1990, S. 45–51
Schlaich, K.: Das Recht der Papstwahl, JuS 2001, S. 319 ff.
Schlaich, K.: Der rationale Territorialismus, ZRG Kan. Abt. 54 (1968), S. 269 ff.
Schlaich, K.: Die Grundlagendiskussion zum evangelischen Kirchenrecht, Gesammelte Aufsätze, 1997, S. 269–287
Schlaich, K.: Gesammelte Aufsätze, 1997
Schlaich, K.: Kirchenrecht und Kirche, ZevKR 28 (1983), S. 337 ff.
Schlaich, K.: Kirchenrecht und Kirche. Grundfragen einer Verhältnisbestimmung heute, in: *ders.*, Gesammelte Aufsätze, 1997, S. 288–321
Schlaich, K.: Kollegialtheorie. Kirche, Recht und Staat in der Aufklärung, 1969
Schlief, E.: Beamte in der katholischen Kirche, KuR 1999, S. 97 ff. (= Nr. 320, S. 1 ff.)
Schliemann, H.: Die neue Ordnung der Kirchengerichtsbarkeit in der Evangelischen Kirche in Deutschland, NJW 2005, S. 393–396
Schmale, F. J./Schmale-Ott, I.: Quellen zum Investiturstreit, 2. Tle. 1978/1984
Schmidt K. D./ Jacobs, M.: Die katholische Reform und die Gegenreformation, 1975
Schmidt-Rost, R.: Artikel „Pfarramt (Th)", EvStL, Neuausgabe 2006, Sp. 1783–1786
Schmitz, H.: Artikel „Bischofskonferenz", in: Lexikon des Kirchenrechts, hrsg. von Stephan Haering/Heribert Schmitz, 2004, Sp. 116 ff.

Schmitz, H.: Artikel „Bußsakrament", in: Lexikon des Kirchenrechts, hrsg. von Stephan Haering/ Heribert Schmitz, 2004, Sp. 140 ff.
Schmitz, H.: Artikel „Liturgie", in: Lexikon des Kirchenrechts, hrsg. von Stephan Haering/Heribert Schmitz, 2004, Sp. 644 ff.
Schmitz, H.: Der Codex Iuris Canonici von 1983, in: HdbKathKR, hrsg. von Joseph Listl/Heribert Schmitz, 2. Aufl. 1999, § 5
Schmitz, H.: Der Diözesanbischof, in: HdbKathKR, hrsg. von Joseph Listl/Heribert Schmitz, 2. Aufl. 1999, § 38
Schmitz, H.: Die Bestimmungen des can. 1272 CIC zum Benefizialrecht, AfkKR 155 (1986), S. 443 ff.
Schmitz, H.: Die Konsultationsorgane des Diözesanbischofs, in: HdbKathKR, hrsg. von Joseph Listl/Heribert Schmitz, 2. Aufl. 1999, § 40
Schmitz, H.: Die Liturgie-Instruktion Redemptionis Saktamentum von 2004, 2005
Schmitz, H.: Die Römische Kurie, in: HdbKathKR, hrsg. von Joseph Listl/Herbert Schmitz, 2. Aufl. 1999, § 32
Schmitz, H.: Neue Formen für Bischofskonferenzen, AfkKR 169 (2000), S. 30 ff.
Schmitz, H.: Probleme in der Diözesankurie zwischen Verwaltung und Rechtsprechung, in: Iudicare Inter Fideles. FS für K.-T. Geringer zum 65. Geburtstag, hrsg. von W. Aymans/St. Haering/H. Schmitz, 2002, S. 433 ff.
Schmitz, H.: Reform des kirchlichen Gesetzbuches, 1979
Schmitz, H.: Veränderungen der Pfarreienstruktur, AfkKR 174 (2005), S. 417 ff.
Schneider, B. C.: Ius Reformandi, 2001
Schnitzspahn, G.: Artikel „Kindergarten", in: RGG⁴, Bd. 4 (2001), Sp. 977–979
Schoen, P.: Das evangelische Kirchenrecht in Preußen, Bd. 1, 1903 (Neudr. 1967)
Schoen, P.: Die Kirchenregierung nach den neuen evangelischen Kirchenverfassungen, 1922
Scholder, K.: Die Kirchen und das Dritte Reich, Bd. 1/2, 1977/1985; Bd. 3, hg. von *G. Besier*, 2001
Scholler, H. (Hrsg.): Die Bedeutung des kanonischen Rechts für die Entwicklung einheitlicher Rechtsprinzipien, 1996
Schorn-Schütte, L.: Die Reformation -Vorgeschichte, Verlauf, Wirkung, 4. Aufl. 2006
Schröer, H.: Artikel „Glaubensbekenntnis(se) X. Praktisch-theologisch", in: TRE Bd. 13 (1984), S. 441 ff.
Schulte, J. F. v.: Die Geschichte der Quellen und Literatur des canonischen Rechts von Gratian bis auf die Gegenwart, 3 Bde. in 4, 1875–1880 (Neudr. 1956)
Schütz, G.: Der Ablaß. Heilsangebot Jesu Christi und seiner Kirche, in: Pfarramtsblatt 1999, 241 ff.
Schwab, D.: Familienrecht, 14. Aufl. 2006
Schwaiger, G.: Artikel „Papsttum I", TRE, Bd. 25, 1995, S. 647 ff.
Schwarz, H.: Artikel „Glaubensbekenntnis(se) IX. Dogmatisch", in: TRE Bd. 13 (1984), S. 437 ff.
Schwendenwein, H.: Artikel „Beichtgeheimnis", in: Lexikon des Kirchenrechts, hrsg. von Stephan Haering/Heribert Schmitz, 2004, Sp. 94 ff.
Schwendenwein, H.: Der Papst, in: HdbKathKR, hrsg. von Joseph Listl/Heribert Schmitz, 2. Aufl. 1999, § 28
Schwendenwein, H.: Die Katholische Kirche. Aufbau und rechtliche Organisation, 2003
Sebott, R.: Das kirchliche Strafrecht. Kommentar zu den Kanones 1311–1399 des Codex Iuris Canonici, 1992
Sebott, R.: Fundamentalkanonistik. Grund und Grenzen des Kirchenrechts, 1993
Seer, R./Kämper, B.: Bochumer Kirchensteuertag. Grundlagen, Gestaltung und Zukunft der Kirchensteuer, 2004
Sehling, E. (Hrsg.): Die Kirchenordnungen des 16. und 17. Jahrhunderts, 1902 ff.
Sichelschmidt, K.: Recht aus christlicher Liebe oder obrigkeitlicher Gesetzesbefehl? – Juristische Untersuchungen zu den evangelischen Kirchenordnungen des 16. Jahrhunderts, 1995
Skalweit, S.: Reich und Reformation, 1967
Smend, R.: Die Konsistorien in Geschichte und heutiger Bewertung, ZevKR 10 (1963/64), S. 134–143
Smend, R.: Zur neueren Bedeutungsgeschichte der evangelischen Synode, ZevKR 10 (1963/64) S. 248–264
Smith-v. Osten, A., Von Treysa 1945 bis Eisenach 1948, 1980
Soden, H. v.: Die Verfassungen der deutschen evangelischen Landeskirchen 1919–1933, Theol. Rundschau NF 5 (1933), S. 335 ff.
Sohm, R.: Kirchenrecht, Bd. 1, 1892; Bd. 2, 1923
Sohm, R.: Staat und Kirche als Ordnung von Macht und Geist. Ausgewählte Texte zum Verhältnis von Staat und Kirche. Herausgegeben und mit einem Anhang versehen von Hans-Martin Pawlowski, 1996

Sohm, R.: Wesen und Ursprung des Katholizismus, 2. Aufl. 1912
Solte, E.-L.: Artikel „Gerichtsbarkeit, kirchliche", EvStL, Neuausgabe 2006, Sp. 748–754
Sommer, St. A.: Teildienstverhältnisse bei Pfarrern in den Gliedkirchen der Evangelischen Kirche in Deutschland, 2007
Sprengler-Ruppenthal, A.: Gesammelte Aufsätze. Zu den Kirchenordnungen des 16. Jahrhunderts, 2004
Steck, W.: Artikel „Kasualien", TRE Bd. 17, 1988, S. 673–686
Stein, A., u. a.: Das Amt des Pfarrers und der Pfarrerin, in: *Rau, G./Reuter, H.-R./Schlaich, K.*: Das Recht der Kirche, Bd. III, 1995, S. 71–199
Stein, A.: Arükel „Gerichtsbarkeit (kirchliche)", TRE Bd. 12, 1984, S.497 ff.
Stein, A.: Evangelische Lehrordnung als Frage kirchenrechtlicher Verfahrensgestaltung, ZevKR 19 (1974) S. 253–275
Stein, A.: Evangelisches Kirchenrecht, 3. Aufl. 1992
Stein, A.: Inwieweit sind Schrift und Bekenntnis höherrangige Normen gegenüber dem positiven Recht? in: *ders.*: Kirchenrecht in theologischer Verantwortung, 1990, S. 23–39
Stein, A.: Neue Aspekte im Pfarrdienstrecht – Soll der Pfarrer kündbar werden?, in: KuR 3/95, S. 27 ff.
Stein, A.: Neue Entwicklungen im Lehrrecht, ZevKR 22 (1977), S. 413–417
Stein, A.: Ordination, in: *G. Rau/H. R. Reuter/K. Schlaich* (Hrsg.), Das Recht der Kirche, Bd. III, 1994, S. 73 ff.
Stein, A.: Probleme evangelischer Lehrbeanstandung, 1967
Stein, A.: Rechtstheologische Vorbemerkungen zu einer Reform der kirchlichen Amtshandlungen, WPKG 66 (1977), S. 231–244
Stein, A.: Weitere Entwicklungen im Lehrrecht, ZevKR 26 (1981), S. 77–79
Steinmüller, W.: Evangelische Rechtstheologie: Zwei-Reiche-Lehre, Christokratie, Gnadenrecht, 2 Bde. 1968
Stiller, E.: Der Ökumenische Rat der Kirchen, seine Rechtsnatur und seine Rechtsbeziehungen zur Evangelischen Kirche in Deutschland, ZevKR 43 (1998) S. 71 ff.
Stoffel, O.: Der missionarische Auftrag, in: HdbKathKR, hrsg. von Joseph Listl/Heribert Schmitz, 2. Aufl. 1999, § 65
Stoffel, O.: Die Verkündigung in Predigt und Katechese, in: HdbKathKR, hrsg. von Joseph Listl/Heribert Schmitz, 2. Aufl. 1999, § 64
Strietzel, W.: Artikel „Disziplinarrecht", in: RGG⁴, Bd. 2, 1999, Sp. 880–882
Strietzel, W.: Das Disziplinarrecht der deutschen evangelischen Landeskirchen und ihrer Zusammenschlüsse, 1988
Strohm, C.: Calvinismus und Recht, 2008
Strohm, C.: Ius divinum und ius humanum. Reformatorische Begründung des Kirchenrechts, in: *Rau, G./Reuter, H.-R./Schlaich, K.* (Hrsg.): Das Recht der Kirche, Bd. II, 1995, S. 115 ff.
Strohm, Th.: Diakonie zwischen Gemeindepraxis und sozialstaatlicher Wirklichkeit, in: *Rau, G./Reuter, H.-J./Schlaich, K.* (Hrsg.): Das Recht der Kirche, Bd. 3, 1994, S. 203 ff.
Strötz, R.: Der Katholizismus im deutschen Kaiserreich, 2. Bde., 2005
Stumpf, C. A.: Artikel „Kirchen(mit)gliedschaft (J)", EvStL, Neuausgabe 2006, Sp. 1183 ff.
Stutz, U.: Der Geist des Codex Iuris Canonici, 1918
Tempel, I.: Bischofsamt und Kirchenleitung, 1966
Thiel, A.: Kirchliche Arbeitsgerichtsordnung (KAGO) zum 1. Juli 2005 in Kraft gesetzt, ZMV 2005, S. 165 ff.
Thiele, C.: Artikel „Arnoldshainer Konferenz", in: LKStKR Bd. 1, 2000, S. 167–169
Thiele, C.: Artikel „Propst", in: RGG⁴, Bd. 6 (2003), Sp. 1716–1717
Thiele, C.: Artikel „Rat der EKD", in: LKStKR Bd. 3, 2004, S. 326–328
Thiele, C.: Artikel „Vorsitzender des Rates der EKD", in: LKStKR Bd. 3, 2004, S. 851–853
Thiele, C.: Die Arnoldshainer Konferenz, 1997
Thiele, C.: Einigungsbestrebungen im deutschen Protestantismus im 19. und 20. Jahrhundert, ZRG Kan. Abt. 89 (2003), S. 420–465
Thiele, C.: Erste Änderung des Kirchenmitgliedschaftsgesetzes der EKD, ZevKR 47 (2002), S. 79–89
Thüsing, G.: 20 Jahre „Dritter Weg" – Rechtsnatur und Besonderheiten kirchlicher Arbeitsverhältnisse, RdA 1997, 163 ff.
Thüsing, G.: Kirchliches Arbeitsrecht, 2006
Tiling, P. v.: Artikel „Ordination", in: LKStKR Bd. 3, 2004, S. 113–114
Tiling, P. v.: Artikel „Pfarrer", in: LKStKR Bd. 3, 2004, S. 214–215
Tiling, P. v.: Artikel „Pfarrergesetz, Pfarrerrecht", in: LKStKR, Bd. 3, 2004, S. 217–220
Tiling, P. v.: Das Kanzelrecht, ZevKR 40 (1995), S. 418 ff.

Tiling, P. v.: Die karitativen Werke und Einrichtungen im Bereich der evangelischen Kirche, in: HdbStKirchR II , 2. Aufl., 1995, S. 809 ff.
Tiling, P. v.: Die Versetzung von Pfarrern, insbesondere „mangels gedeihlichen Wirkens", ZevKR 43 (1998), S. 55 ff.
Tiling, P. v.: Ehescheidung als Versetzungsgrund, ZevKR 47 (2002), S. 706 ff.
Tillmanns, R.: Der Bund der Deutschen Katholischen Jugend und seine Mitgliedsverbände, 2 Teilbde., 1999
Tillmanns, R.: Die Führung der Bezeichnung „katholisch" nach dem Recht der lateinischen Kirche, in: Recht – Bürge der Freiheit, FS für J. Mühlsteiger zum 80. Geburtstag, hrsg. von K. Breitsching/W. Rees, 2006, S. 699 ff.
Tillmanns, R.: Die Mitgliedschaft von Nichtkatholiken in katholischen Vereinigungen, in: Recht in Kirche und Staat. FS für J. Listl zum 75. Geburtstag, hrsg. von W. Rees, 2004, S. 479 ff.
Tompert, R.: Lebensführung und Pfarrerdienstrecht aus der Sicht eines Juristen, in: *Rau, G./Reuter, H.-R./Schlaich, K.* (Hrsg.), Das Recht der Kirche, Bd. III, 1994, 169 ff.
Tröger, G.: Das Bischofsamt in der evangelisch-lutherischen Kirche, 1966
Tröger, G.: Ein Pfarrerdienstgesetz der EKD?, in: *H. de Wall/M. Germann* (Hrsg.), Festschrift für C. Link, 2003, S. 159–179
Tröger, G.: Überlegungen zu einigen Problemen im kirchlichen Disziplinarrecht, insbesondere im Disziplinargesetz der VELKD, ZevKR 49 (2004), Heft 1 (= Festheft für Axel v. Campenhausen), S. 221 ff.
Uhle, A.: Codex und Konkordat. Die Lehre der katholischen Kirche über das Verhältnis von Staat und Kirche im Spiegel des neueren Vertragsstaatskirchenrechts, in: Stefan Mückl (Hrsg.), Das Recht der Staatskirchenverträge. Colloqium aus Anlaß des 75. Geburtstages von Alexander Hollerbach, 2007, S. 33 ff.
Ullmann, W.: Die Machtstellung des Papstes im Mittelalter, 1960
Unruh, P.: Das Bischofsamt in der Nordelbischen Ev.-Luth. Kirche, in: *A. Göhres/U. Stenzel/ P. Unruh,* Bischöfinnen und Bischöfe in Nordelbien, 2008, S. 41–55
VELKD (Hrsg.), „Unser Glaube – die Bekenntnisschriften der evangelisch-lutherischen Kirche", 4. Aufl. 2000
Vogt, D.: Der „dritte Weg" der evangelischen Kirchen und die Tarifautonomie, 1989
Wächter, L.: Artikel „Kanon" in: Lexikon des Kirchenrechts, hrsg. von Stephan Haering/Heribert Schmitz, 2004, Sp. 447–448
Wächter, L.: Artikel „Motu Proprio", in: Lexikon des Kirchenrechts, hrsg. von Stephan Haering/ Heribert Schmitz, 2004, Sp. 668
Walf, K.: Einführung in das neue katholische Kirchenrecht, 1984
Wallmann, J.: Kirchengeschichte Deutschlands seit der Reformation, 5. Aufl. 2000
Walter, P.: Artikel „Vatikanische Konzilien. B. Vaticanum II", in: Kasper u. a. (Hrsg.), Lexikon für Theologie und Kirche, Bd. 10, 3. Aufl. 2001, Sp. 561
Weber, H.: Bindung der Kirchen an staatliche und innerkirchliche Grundrechte und das Verhältnis der Grundrechtsgewährleistungen zueinander, ZevKR 42 (1997), S. 282 ff.
Weber, H.: Die Rechtsstellung des Pfarrers, insbesondere des Gemeindepfarrers, ZevKR 28 (1983), S. 1 ff.
Weber, M.: Artikel „Privilegium Paulinum, Privilegium Petrinum", in: Lexikon des Kirchenrechts, hrsg. von Stephan Haering/Heribert Schmitz, 2004, Sp. 796 ff.
Weber, W.: Die politische Klausel in den Konkordaten, 1939
Weigand, R.: Artikel „Kanonistik" in: Lexikon des Kirchenrechts, hrsg. von Stephan Haering/ Heribert Schmitz, 2004, Sp. 467–468
Weigand, R.: Artikel „Kirchenrecht", in: Lexikon des Kirchenrechts, hrsg. von Stephan Haering/ Heribert Schmitz, Sp. 519 ff.
Weigand, R.: Das Bußsakrament, in: HdbKathKR, hrsg. von Joseph Listl/Heribert Schmitz, 2. Aufl. 1999, § 78
Weitlauff, M. (Hrsg.): Kirche im 19 Jahrhundert, 1998
Wendebourg, D.: Das Amt und die Ämter, ZevKR 45 (2000), S. 5 ff.
Wendebourg, D.: Das bischöfliche Amt, ZevKR 51 (2006), S. 534 ff.
Wendebourg, D.: Der lange Schatten des Landesherrlichen Kirchenregiments, ZThK 100 (2003), S. 420 ff.
Wendt, G.: Das Diakoniegesetz. Vorgeschichte, Ziel, Aufgabe und Inhalte, in: Auf Dein Wort. Wegstrecken der Diakonie in Baden, 1990, S. 25 ff.
Wengenroth, D.: Die Rechtsnatur der Staatskirchenverträge und ihr Rang im staatlichen Recht, 2001
Wenner, R. (Hrsg.): Beschlüsse der Deutschen Bischofskonferenz, Loseblatt, St. Augustin 1999 ff.
Wenz, G./Hübner, H.-P.: Artikel „Amt, ev.", in: LKStKR, Bd. 1, 2000, S. 74–78
Weymann, V./Hahn, U.: (Hrsg.): Die Superintendentur ist anders, 2005

Wick, V.: Die Trennung von Staat und Kirche. Jüngere Entwicklungen in Frankreich im Vergleich zum deutschen Kooperationsmodell, 2007
Wiedenhofer, S.: Artikel „Societas Perfecta" in: LTK, Bd. 9, Sp. 681 f.
Wilckens, U.: Kirchliches Amt und gemeinsames Priestertum aller Getauften im Blick auf die Kirchenverfassungen der Lutherischen Kirchen, Kerygma und Dogma 52 (2006), S. 25–57.
Willoweit, D.: Das landesherrliche Kirchenregiment, in: *Jeserich, K./Pohl, H./v. Unruh, G.-C.* (Hrsg.): Deutsche Verwaltungsgeschichte, Bd. 1, 1983, S. 361–369
Winkler, E.:.Josephinismus, 2. Aufl. 1962
Winkler, E.: Artikel „Kasualien", in: RGG⁴, Bd. 4 (2001), Sp. 843–844
Winkler, E.: Kirchentheoretische Überlegungen zur Dienstwohnungspflicht der Pfarrer, ZevKR 49 (2004), S. 578 ff.
Winter, J.: Artikel „Diakonisse", in: LKStKR, Bd. 1, 2000, S. 425 ff.
Winter, J.: Artikel „Landeskirche (J)", EvStL, Neuausgabe 2006, Sp. 1386–1389
Winter, J.: Aufgaben und Rechtsformen landeskirchlicher Kooperation, ZevKR 45 (2000), S. 341–355
Winter, J.: Die Kirche und ihr Diakonisches Werk, in: *Rau, G./Reuter, H.-R./Schlaich, K.* (Hrsg.), Das Recht der Kirche, Bd. 3, 1994, S. 238 ff.
Winter, J.: Die neuere Entwicklung des Rechts der Kirchenmitgliedschaft bei Umzug ins Ausland, ZevKR 47 (2002), S. 544–554
Winter, J.: Die Trauung als kirchliche Amtshandlung, Zur Frage der gottesdienstlichen Begleitung gleichgeschlechtlicher Lebenspartnerschaften, ZevKR 47(2002), S. 697 ff.
Winter, J.: Die UEK als Beitrag zur Strukturreform der EKD, ZevKR 49 (2004), S. 239 ff.
Winter, J.: Die Wissenschaft vom Staatskirchenrecht im Dritten Reich, 1979
Winter, J.: Personalgemeinden im Recht der Evangelischen Landeskirche in Baden, in: *de Wall, H./Germann, M.* (Hrsg.): Festschrift für Ch. Link, 2003, S. 181 ff.
Winter, J.: Probleme des Territorialitätsprinzips im Mitgliedschaftsrecht der Ev. Kirche, KuR 1999, S. 1 ff.
Winter, J.: Personalgemeinden im Recht der Evangelischen Landeskirche in Baden, in: de Wall, H./Germann, M. (Hrsg.), Festschrift für Ch. Link, 2003, S. 181 ff.
Winter, J.: Staatskirchenrecht, 2. Aufl. 2008.
Wissmann, H., u.a.: Artikel „Bestattung I – V", TRE Bd. 5, 1980, S. 730–757
Witte, J.: Law and Protestantism, 2002
Wittstadt, K. (Hrsg.): Geschichte des Zweiten Vatikanischen Konzils, 4 Bde., 1997 ff.
Wolf, E.: Das Recht des Nächsten. Ein rechtstheologischer Entwurf, 1958
Wolf, E.: Ordnung der Kirche, Lehr- und Handbuch des Kirchenrechts auf ökumenischer Basis, 2 Bde., 1960 f.
Wolf, E.: Zur Entstehung der Grundordnung der Evangelischen Kirche in Deutschland, ZevKR 4, (1955) S. 1 ff.
Wolf, G. (Hrsg.): Luther und die Obrigkeit, 1972
Wolff, F.: Corpus Evangelicorum und Corpus Catholicorum auf dem Westfälischen Friedenskongreß, 1966
Wolff, R.: Religiöser Verein, in: *Beuthien, V./Gummert, H.* (Hrsg.), Münchener Handbuch des Gesellschaftsrechts, 2009, S. 131 ff.
Wolter, U.: Jus canonicum in jure civili, 1975
Woytowytsch, M.: Papsttum und Konzile von den Anfängen bis zu Leo I., 1981
Wüst, W. (Hrsg.): Geistliche Staaten in Oberdeutschland im Rahmen der Reichsverfassung, 2002
Zapp, H.: Körperschaftsaustritt wegen Kirchensteuern – kein „Kirchenaustritt", KuR 2007, 66 ff.
Zerfaß, R.: Artikel „Laienpredigt", in: Lexikon des Kirchenrechts, hrsg. von Stephan Haering/Heribert Schmitz, 2004, Sp. 620 ff.
Zimmermann, H.: Das Papsttum im Mittelalter, 1981
Zippelius, R.: Staat und Kirche, 1997
Zmijewaski, J.: Artikel „Heiligung", in: LThK, hrsg. von Walter Kasper u. a., 1993–2001
Zotz, B.: Katholisch getauft – katholisch geworden. Kanonistische Kriterien für die Zugehörigkeit zur römischen Kirche, 2002

1. Teil. Gegenstand und Geschichte des Kirchenrechts

1. Abschnitt. Einführung

§ 1. Begriff, Gegenstand und Bedeutung des Kirchenrechts

Literatur: S. die Übersichten vor § 16 und § 24.

I. Der Begriff des Kirchenrechts

Als Kirchenrecht bezeichnet man heute die Gesamtheit der durch eine Kirche kraft ihrer Selbstbestimmung gesetzten Rechtsnormen. Römisch-katholisches Kirchenrecht ist demgemäß das durch die römisch-katholische Kirche, evangelisches Kirchenrecht das durch eine evangelische Kirche gesetzte Recht. Das römisch-katholische Kirchenrecht wird üblicherweise auch mit dem Begriff „kanonisches Recht" bezeichnet[1]. So einfach zunächst diese Begriffsbestimmung erscheint, wird doch bei näherem Hinsehen offenbar, dass die einzelnen Elemente des Begriffs „Kirchenrecht" alles andere als klar zu bestimmen sind. Jeder Jurist weiß, dass das „Recht" und sein Gegenstand schwer zu definieren sind und dass dazu eine Fülle von Definitions- und Erklärungsversuchen konkurrieren. Dass der Begriff „Kirche", der von Martin Luther als „blindes, undeutliches Wort" bezeichnet worden ist, eine Fülle unterschiedlicher Bedeutungen umfasst, kann man sich auch ohne theologische Vorkenntnisse recht einfach vor Augen führen: Als „Kirche" werden zum Beispiel bezeichnet: 1. das Kirchengebäude, das aber natürlich als Subjekt einer selbst bestimmten Rechtssetzung ausscheidet, 2. eine bestimmte unter den zahlreichen konfessionell und territorial unterschiedlichen Kirchen (die römisch-katholische Kirche oder eine evangelische Landeskirche) oder 3. „die" Kirche als Sammelbezeichnung solcher unterschiedlicher Institutionen (beispielsweise in der Gegenüberstellung „Kirche und Staat"). Dies sind nur einige einer großen Vielzahl unterschiedlicher Bedeutungen von „Kirche". Die eingangs genannte Definition von „Kirchenrecht" kann also nur eine vorläufige sein und ist konkretisierungsbedürftig. Das Verständnis des Kirchenrechts und sein Stellenwert im einzelnen unterscheidet sich zwischen den Konfessionen nicht unerheblich. Dies wird deutlich, wenn man die Ausführungen zu den Grundlagen des römisch-katholischen und des evangelischen Kirchenrechts (u. §§ 16 und 24) vergleicht.

1

---

[1] S. dazu u. §§ 3 II und 16.

II. Kirchenrecht und staatliches Recht

2   Für das Verständnis des Kirchenrechts ist sein Verhältnis zur allgemeinen Rechtsordnung wichtig, die heute weitgehend durch den Staat bestimmt wird, also das „weltliche" oder staatliche Recht. Auch das staatliche Recht enthält Vorschriften, die Rechtsverhältnisse der Religionsgemeinschaften im allgemeinen und der Kirchen im besonderen regeln. Diese durch den Staat gesetzten Normen über das Verhältnis des Staates und seiner Rechtsordnung zu den Religionsgemeinschaften und über deren Rechte innerhalb der staatlichen Rechtsordnung werden zusammenfassend mit einem aus dem 19. Jahrhundert stammenden Begriff als „Staatskirchenrecht" bezeichnet.[2]

In jüngerer Zeit setzt sich dafür der Begriff des „Religionsrechts" oder des „Religionsverfassungsrechts" durch, um zu verdeutlichen, dass das Staatskirchenrecht der Bundesrepublik Deutschland nicht exklusiv für die christlichen Kirchen gilt, sondern auch andere Religionsgemeinschaften einschließt. Dabei spielen in Deutschland vor allem muslimische und jüdische Religionsgemeinschaften eine bedeutende Rolle.

Anders als das Kirchenrecht wird also das Staatskirchenrecht (oder Religions(verfassungs)recht) durch den Staat gesetzt. Nun kann dann, wenn sowohl der Staat als auch die Kirche selbst rechtliche Regelungen setzen, die die Kirche betreffen, erhebliches Konfliktpotential im Verhältnis beider Rechtsordnungen liegen. Im Recht der Bundesrepublik Deutschland gibt es aber, von Konflikten in Einzelheiten abgesehen, keine grundlegenden Probleme in Abgrenzung und Zuordnung von Kirchenrecht und staatlichem Recht. Das liegt daran, dass das Grundgesetz die Religionsfreiheit, die auch den Kirchen und Religionsgemeinschaften zusteht, sowie das Selbstbestimmungsrecht der Religionsgemeinschaften umfassend gewährleistet.

3   Namentlich die Anerkennung des Selbstbestimmungsrechts durch den Staat ist Grundlage für die Unabhängigkeit der Kirchen bei der Ordnung ihres Rechtes und damit für ein weitgehend konfliktfreies Mit- und Nebeneinander kirchlicher und staatlicher Rechtsordnung. Nach Art. 137 Abs. 3 WRV i. V. m. Art. 140 GG haben nämlich die Religionsgemeinschaften das Recht, ihre Angelegenheiten in den Schranken des für alle geltenden Gesetzes selbständig zu ordnen und zu verwalten. Im „ordnen und verwalten" enthalten sind die Rechte, eigene Regelungen zu erlassen, sie anzuwenden und zu vollziehen und auch durch rechtsprechende Instanzen im Konfliktfall über die Anwendung des eigenen Rechts zu entscheiden.[3]

Das Selbstbestimmungsrecht bezieht sich auf die Angelegenheiten der Religionsgemeinschaften. Zugrunde liegt also die Unterscheidung zwischen Materien, die „eigene" Angelegenheiten der Religionsgemeinschaften sind, und solchen, die nicht ihre Angelegenheiten sind. Nur auf erstere bezieht sich das Selbstbestimmungsrecht. Da aber der Begriff der „eigenen Angelegenheiten" weit verstanden wird und da bei der Bestimmung dessen, was Angelegenheit der Religionsgemeinschaft ist, das Selbstverständnis der jeweiligen Religionsgemeinschaft zugrunde gelegt wird, haben die Religionsgemeinschaften grundsätzlich die Freiheit, ohne Einfluss des Staates ihre Rechtsordnung zu gestalten. Der Staat kann freilich auch der Tätigkeit der Religionsgemeinschaften Grenzen ziehen, nämlich die des „für alle geltenden Ge-

---

[2] Zur Herkunft des Begriffs s. *A. Hense*, Staatskirchenrecht oder Religionsverfassungsrecht: mehr als ein Streit um Begriffe?, in: *A. Haratsch* u. a. (Hrsg.), Religion und Weltanschauung im säkularen Staat, 2001, S. 9 ff.

[3] Zu den Einzelheiten s. u. §§ 11 und 12 sowie *A. v. Campenhausen/H. de Wall*, Staatskirchenrecht[4], 2006, § 14.

setzes". Damit ist unter anderem die Selbstverständlichkeit ausgesagt, dass auch die Kirchen sich an die allgemeinen Gesetze halten müssen, nicht aus der staatlichen Rechtsordnung herausgenommen sind. Zu den „für alle geltenden Gesetzen" zählt etwa, dass allein der Staat über das Recht verfügt, seine Rechtsordnung notfalls mit Mitteln körperlichen Zwanges durchsetzen zu dürfen. Der Staat besitzt das Gewaltmonopol – was für das Kirchenrecht wiederum bedeutet, dass die Kirchen ihr Recht nicht etwa aus eigener Macht mit Mitteln körperlichen Zwanges vollstrecken dürfen, sondern, sofern eine solche zwangsweise Durchsetzung nötig sein sollte, auf die staatlichen Vollstreckungsorgane angewiesen sind.

Die Formulierung des Selbstbestimmungsrechts „in den Schranken des für alle geltenden Gesetzes" weist auch darauf hin, dass die Kirchen keine grundsätzliche Sonderstellung gegenüber anderen Vereinigungen besitzen: Zwar gibt es speziell auf ihre Besonderheiten und Bedürfnisse zugeschnittene Regeln, dies ist jedoch für andere gesellschaftliche Vereinigungen (beispielsweise Parteien, Gewerkschaften) auch der Fall. Auch ist es nicht unüblich, dass gesellschaftliche Verbände sich eigene Regeln setzen, also ein eigenes Recht erzeugen, was durch den Staat – etwa im Rahmen der Privatautonomie – anerkannt wird. Insofern ist die Existenz eines Kirchenrechts keine grundlegende Besonderheit. Alle Vereinigungen stehen aber dessen ungeachtet in der staatlichen Rechtsordnung, die den Rahmen für ihre Tätigkeit setzt.

Dass der Staat des Grundgesetzes den Kirchen im Rahmen des ihnen zugebilligten Status einer Körperschaft des öffentlichen Rechts (Art. 137 V WRV i. V. m. Art. 140 GG) die Möglichkeit einräumt, von öffentlichrechtlichen Rechtsformen Gebrauch zu machen, die sonst nur ihm zustehen (z. B. beamtenähnliche öffentlichrechtliche Dienstverhältnisse zu begründen, wie dies für die evangelischen Pfarrer geschieht), erweitert deren Selbstbestimmungsrecht und deren Gestaltungsmöglichkeiten für das eigene Recht[4].

Das Spannungsfeld von Freiheit und Selbstbestimmung einerseits und Schranken der Rechtsordnung, innerhalb derer sich auch die Kirche und ihr Recht halten müssen, andererseits, verdeutlicht, dass Kirchenrecht und staatliches Recht sich nicht beziehungslos gegenüber stehen. Zwar gibt es Bereiche, in denen der Staat mangels öffentlichen Interesses keine Grenzen setzen muss und auch nicht setzen darf. Die Gestaltung der Gottesdienste und Andachten ist beispielsweise eine Angelegenheit, an der grundsätzlich kein Interesse des Staates erkennbar ist. Auch insofern ist freilich der einschränkende Zusatz „grundsätzlich" anzubringen – so dürfte etwa der Staat intervenieren, wenn in religiösen Feiern entwürdigende Praktiken geübt oder wenn der Gebrauch offenen Feuers zu untragbaren Brandgefahren führte.

Daneben gibt es aber auch Bereiche, in denen der Staat zum Schutz der Rechte Dritter Regeln setzt, obwohl sie auch Gegenstand des Selbstbestimmungsrechtes der Religionsgemeinschaften sind und von diesen geregelt werden. Dies wird am Mitgliedschaftsrecht besonders deutlich. Grundsätzlich können die Religionsgemeinschaften selbst bestimmen, unter welchen Voraussetzungen eine Person Mitglied werden kann und ob und unter welchen Voraussetzungen sie die Religionsgemeinschaft wieder verlassen kann. Da die Mitgliedschaft in einer Religionsgemeinschaft aber rechtlich relevante Konsequenzen für das Mitglied hat – beispielsweise eine Beitragspflicht auslösen kann, und weil der einzelne auch ein Interesse daran haben kann, nicht als Mitglied einer Religionsgemeinschaft in Anspruch genommen zu

---

[4] Dies wird etwa am Dienstrecht der evangelischen Pfarrer deutlich (u. § 30).

werden bzw. zu gelten, muss das staatliche Recht im Interesse der Religionsfreiheit sicherstellen, dass niemand ohne Rücksicht auf seinen Willen (oder den Willen derjenigen, die für ihn zu sorgen haben) Mitglied einer Religionsgemeinschaft wird und dass er die Mitgliedschaft auch beenden kann. Daher gibt es, obwohl das Mitgliedschaftsrecht Angelegenheit der Religionsgemeinschaften ist, staatliche Kirchenaustrittsgesetze. Das müssen die Kirchen als Schranke des „für alle geltenden Gesetzes" akzeptieren. Das kirchliche Mitgliedschaftsrecht ist das Musterbeispiel einer Rechtsmaterie, in der sich kirchliches und staatliches Recht überlagern.

Der Koordinierung und Verhältnisbestimmung in Einzelfragen kann dabei auch das Instrument des Vertrages zwischen Staat und Kirchen dienen. Die Staatskirchenverträge werden durch staatliches Gesetz für das staatliche Recht und durch kirchliches Gesetz für den kirchlichen Bereich umgesetzt. Auch sie sind Beispiele für das Ineinandergreifen staatlicher und kirchlicher rechtlicher Regeln.

Dessen ungeachtet bildet das kirchliche Recht eine eigenständige Rechtsordnung mit vielen Besonderheiten und mit einem ganz eigenständigen Legitimationsgrund. Die Problematik der staatlichen Grenzziehung kirchlicher Selbstbestimmung ist Gegenstand des Staatskirchenrechts und bildet innerhalb der staatlichen Rechtsordnung den Rahmen für die Kirchen und ihr Recht. Seine Grundlagen werden daher, nach einem geschichtlichen Überblick, im 2. Teil diese Buches zusammengefasst, bevor im 3. Teil das Katholische Kirchenrecht und im 4. Teil das Evangelische Kirchenrecht behandelt werden.

III. Regelungsgegenstände des Kirchenrechts

6   Regelungsgegenstände des Kirchenrechts sind die Angelegenheiten der jeweiligen Kirche. Das ist aus der Sicht des Staatskirchenrechts nach der denkbar weiten Definition des Art. 137 III WRV i. V. m. Art. 140 GG durch das Bundesverfassungsgericht alles, „was materiell, der Natur der Sache oder der Zweckbestimmung nach als eigene Angelegenheit" (BVerfGE 18, 385 (387)) der Kirchen zu verstehen ist. Entscheidend dabei ist, dass bei der Bestimmung dieser Kriterien das Selbstverständnis der jeweiligen Kirche zugrunde gelegt wird.[5] Daher ergeben sich auch bei der Bestimmung dessen, was aus der Sicht der Kirche zu den Gegenständen ihrer Regelungsmacht gehört, keine nennenswerten Abweichungen von dem, was der Staat als Angelegenheiten der Kirchen anerkennt.[6]

Konkret gehört zu den wesentlichen Gegenständen des Kirchenrechts beider Konfessionen die Verfassung der Kirche im weitesten Sinne unter Einschluss der Ordnung der Kirchengemeinden. Dazu ist auch das Recht der kirchlichen Amtsträger und Mitarbeiter zu zählen. Der äußere Rahmen der Sakramente und kirchlicher Amtshandlungen wie Taufe, Erstkommunion oder Konfirmation, Trauung oder Bestattung und allgemein die äußeren Bedingungen von Gottesdienst und Seelsorge gehören ebenfalls zu den Materien des Kirchenrechts. Daneben regelt das Kirchenrecht z. B. die kirchliche Mitgliedschaft, die Pflichten und Rechte der Mitglieder, die Rechtsverhältnisse der kirchlichen Einrichtungen und Werke, die Verwaltung des kirchlichen Vermögens, die kirchliche Gerichtsbarkeit, aber auch

---

[5] Vgl. BVerfGE 70, 138 (165 f.); *A. v. Campenhausen/H. de Wall*, Staatskirchenrecht, 2006, S. 102 f.; *St. Muckel*, Religiöse Freiheit und staatliche Letztentscheidung, 1997, S. 184 ff.; *A. Hollerbach*, HStR VI, § 138, Rdnr. 115 f.; *M. Morlok*, in: *H. Dreier*, GG, Art. 140/Art. 137 WRV Rdnr. 47.

[6] Das war nicht immer so, wie historische Auseinandersetzungen um das Recht der religiösen Kindererziehung, die Zivilehe, die Schulaufsicht etc. zeigen. Die Frage, wie die Kirche und ihr Recht zu reagieren hätten, wenn der Staat weitergehende Regelungsansprüche erhöbe, ist derzeit hypothetisch.

im Anschluss an das staatliche Recht entstandene, neue Materien wie den kirchlichen Datenschutz. Die hier nur beispielhaft aufgezählten Bereiche bilden bei weitem keinen abschließenden Katalog, sondern sollen nur der exemplarischen Verdeutlichung dienen. Das Verständnis darüber, was zu den Angelegenheiten der Kirche und damit zu den Gegenständen des Kirchenrechts gehört, geht zwischen den Kirchen auch auseinander. So kennt das evangelische Kirchenrecht, anders als das römisch-katholische, kein eigenes kirchliches Eherecht. Auch ein evangelisches kirchliches Strafrecht existiert, anders als im römisch-katholischen Kirchenrecht, nicht, wenn man von der praktisch nur noch wenig bedeutsamen sog. Kirchenzucht absieht.[7]

IV. Die praktische Bedeutung des Kirchenrechts

Die Bedeutung des Kirchenrechts ergibt sich zum einen aus der Größe der Kirchen als Organisationen. Die römisch-katholische Kirche hat in Deutschland gut 25 Millionen, die evangelischen Landeskirchen haben zusammen knapp 25 Millionen Mitglieder.[8] Jedes dieser Mitglieder ist mehr oder weniger intensiv von kirchenrechtlichen Regelungen betroffen. In einer auch rechtlich besonders engen Beziehung zu den Kirchen stehen deren Mitarbeiterinnen und Mitarbeiter. Bei den evangelischen Kirchen selbst sind über 225 000 Menschen beruflich beschäftigt – mit einem Frauenanteil von 73,8 %. Davon sind über 19 000 Pfarrerinnen oder Pfarrer. In der römisch-katholischen Kirche stehen gut 26 000 Personen (als Priester, ständige Diakone, Gemeindereferenten, Pastoralreferenten etc.) im pastoralen Dienst, knapp 16 000 davon sind Priester. Bei den rechtlich gegenüber der evangelischen Kirche verselbständigten Einrichtungen der Diakonie, für die ebenfalls kirchenrechtliche Sonderregelungen bestehen, arbeiten beruflich über 430 000 Menschen. Die Zahl der für die katholische Caritas in Deutschland hauptberuflich tätigen Personen beläuft sich auf gut 520 000.

Nicht nur die bloße Größe und Beschäftigtenzahl, auch der Umfang der kirchlichen Aktivitäten verdeutlicht die Bedeutung der Kirchen und ihres Rechtes. Im Jahr 2006 besuchten durchschnittlich 3,6 Millionen Katholiken den wöchentlichen Gottesdienst. Obwohl der Gottesdienstbesuch bei den evangelischen Kirchen relativ gering ist, nehmen an einem normalen Sonntag gut eine Million Menschen an einem evangelischen Gottesdienst teil, am Heiligabend etwa 9 Millionen, zum Erntedankfest 2 Millionen. Jährlich finden über 210 000 evangelische Taufen, 260 000 Konfirmationen, über 50 000 Trauungen und über 300 000 evangelische Bestattungsfeiern statt. Im Bereich der katholischen Kirche werden ca. 190 000 Taufen, mehr als 260 000 Erstkommunionen, 50 000 Trauungen und etwas über 250 000 Bestattungen registriert. Auch wenn nicht verschwiegen werden darf, was bei genauem Hinsehen auf die Zahlen ohnehin evident ist: dass diese Zahlen nämlich ganz erheblich zurückgehen werden (dies ergibt sich aus den Relationen der Zahlen von

---

[7] Dazu s. *H. de Wall*, Art. „Kirchenzucht (J)", EvStL, Neuausgabe 2006, Sp. 1248–1251.
[8] Alle die evangelischen Kirchen betreffenden Zahlen dieses Abschnitts sind gerundet auf der Grundlage der Angaben in der Broschüre „gezählt 2008" der EKD. Diese beruhen meist auf Erhebungen aus dem Jahre 2006. Die aktuelle Ausgabe der Broschüre ist jeweils im Internet abrufbar unter der Adresse: http://www.ekd.de/statistik/zahlen_fakten.html. Die die römisch-katholische Kirche betreffenden Zahlen wurden – ebenfalls gerundet – entnommen aus: „Katholische Kirche in Deutschland, Statistische Daten 2006", herausgegeben vom Sekretariat der Deutschen Bischofskonferenz, 2008, online veröffentlicht unter: www.dbk.de/zahlen_fakten/statistik/index.html; Caritas-Zentralstatistik 2007, in: neue caritas 5/2008, S. 30 ff., im Internet abrufbar unter: www.caritas.de/2246.html.

Bestattungen, Konfirmationen bzw. Erstkommunionen und Taufen), verdeutlichen sie immer noch eindrucksvoll die Bedeutung der Kirchen und damit auch ihres Rechts. Sie relativieren umgekehrt die Bedeutung anderer gesellschaftlicher Organisationen und Aktivitäten, auch wenn diese in Medien und Öffentlichkeit bisweilen größere Aufmerksamkeit finden.

Von den kirchlichen Aktivitäten sind auch keineswegs nur Kirchenmitglieder betroffen bzw. profitieren davon. In Kindertagesstätten (Einrichtungen der katholischen und der evangelischen Kirchen bieten zusammen über 40 % der gesamten in Deutschland verfügbaren Plätze), Alteneinrichtungen (ebenfalls zusammen knapp 40 % der Plätze) oder Einrichtungen für Behinderte (nahezu die Hälfte der Plätze bieten evangelische Einrichtungen, von insgesamt ca. 140 000 Plätzen in vollstationären Einrichtungen stellt die Caritas mehr als 40 000) sowie Krankenhäusern werden selbstverständlich auch Angehörige anderer Kirchen oder Religionsgemeinschaften oder Konfessionslose betreut oder behandelt. Auch kirchliche Friedhöfe stellen einen ganz erheblichen Prozentsatz der gesamten Kapazität zur Verfügung, nicht nur für Kirchenangehörige. Daher besteht eine nicht ganz geringe Wahrscheinlichkeit für jeden Bürger, dass er in der einen oder anderen Weise mit dem Kirchenrecht, das Regelungen für alle diese Bereiche enthält, in Berührung kommt. Das soll nur verdeutlichen, dass das Kirchenrecht eine auch praktisch große Bedeutung besitzt, die in den Juristenausbildungsordnungen freilich nicht überall widergespiegelt wird.[9]

2. Abschnitt. Geschichte des Kirchenrechts

Literatur: Für weiterführende Literatur kann auf die umfangreichen Nachweise im aktuellen Lehrbuch von C. Link verwiesen werden: *C. Link*, Kirchliche Rechtsgeschichte, 2009. Allgemein zur Kirchlichen Rechtsgeschichte: *P. Erdö*, Geschichte der Wissenschaft vom kanonischen Recht. Eine Einführung, dt. Ausgabe, hg. v. L. Müller, 2006, *ders.*, Die Quellen des Kirchenrechts. Eine geschichtliche Einführung, 2002; *H. E. Feine*, Kirchliche Rechtsgeschichte – Die katholische Kirche, 5. Aufl. 1972; *P. Hinschius*, System des Katholischen Kirchenrechts, 5 Bde, 1869–1895; Lexikon für Kirchen- und Staatskirchenrecht (LKStKR), 3 Bde., 2000–2004, hg. v. *A. v. Campenhausen/I. Riedel-Spangenberger/R. Sebott*; Lexikon für Theologie und Kirche (LThK), 3. Aufl., 10 Bde. 1993–2001, hg. v. *W. Kasper*; *C. Mirbt* (Hrsg.), Quellen zur Geschichte des Papsttums und des römischen Katholizismus, 4. Aufl., 1924; 6. Aufl., hg. v. K. Aland, Bd. 1, 1967; *R. Naz* (Hrsg.), Dictionnaire de Droit Canonique (DDC), 7 Bde. 1935–1965; *W. M. Plöchl*, Geschichte des Kirchenrechts, 5 Bde., 1953–1969; *G. Rau/H.-R. Reuter/K. Schlaich* (Hrsg.), Das Recht der Kirche, Bd. 2, 1995; Religion in Geschichte und Gegenwart (RGG), 4. Aufl., 8 Bde., 1998–2005, hg. v. *H. D. Betz/D. S. Browning/B. Jankowski/E. Jüngel*; *J. F. v. Schulte*, Die Geschichte der Quellen und Literatur des canonischen Rechts von Gratian bis auf die Gegenwart, 3 Bde. in 4, 1875–1880 (Neudr. 1956), Theologische Realenzyklopädie (TRE), 36 Bde., 1976–2004, hg. v. *G. Krause und G. Müller*; *R. Zippelius*, Staat und Kirche, 1997. Auch auf die einschlägigen Standardwerke zur Kirchengeschichte kann verwiesen werden. Gesamtdarstellungen z.B. *K. Aland*, Geschichte der Christenheit, 2 Bde., 1980/82; *H. Jedin/K. Repgen* (Hrsg.), Handbuch der Kirchengeschichte, 7 Bde, 1962 ff.; *W.-D. Hauschild*, Lehrbuch der Kirchen- und Dogmengeschichte[2], 2 Bde, 2000/01; *J.-M. Mayeur* et. al. (Hrsg.), Die Geschichte des Christentums, dt. Ausgabe hrsg. v. N. Brox u. a., 14 Bde., 1992–2004; *J. Wallmann*, Kirchengeschichte Deutschlands seit der Reformation, 5. Aufl. 2000; sowie die Reihe: Kirchengeschichte in Einzeldarstellungen, hg. v. *U. Gäbler* u. a.

---

[9] Dieses Schicksal teilt das Kirchenrecht mit anderen wichtigen Rechtsmaterien etwa aus dem kulturellen und Bildungsbereich – wie beispielsweise dem Schulrecht.

§ 2. Entstehung und Entwicklung der Kirche und ihres Rechts in der Antike

Literatur: *C. Link*, Kirchliche Rechtsgeschichte, 2009, §§ 1–4 (Lit.); *P. Erdö*, Geschichte der Wissenschaft vom Kanonischen Recht, 2006, § 1, *ders.*, Die Quellen des Kirchenrechts, 2001, S. 11 ff.; *H.E. Feine*, Kirchliche Rechtsgeschichte[5], 1972, §§ 1–15; *W. M. Plöchl*, Geschichte des Kirchenrechts, Bd. 1, 1953; *R. Zippelius*, Staat und Kirche, 1997, S. 13 ff.
    zu I.: *R. Sohm*, Kirchenrecht, Bd. 1, 1892; Bd. 2, 1923; *ders.*, Wesen und Ursprung des Katholizismus[2], 1912; *A. (v.) Harnack*, Entstehung und Entwicklung der Kirchenverfassung und des Kirchenrechts in den zwei ersten Jahrhunderten, 1910, Neudr. 1967; *H. v. Campenhausen*, Kirchliches Amt und geistliche Vollmacht in den ersten drei Jahrhunderten, 2. Aufl. 1963; *ders.*, Tradition und Leben – Kräfte der Kirchengeschichte – Aufsätze und Vorträge, 1960, S. 157 ff.; *H. Fuhrmann*, Die Päpste, 1998; *G. May*, Art. „Kirchenrechtsquellen I," TRE 19, S. 1 ff.; *P. Landau*, Art. „Kirchenverfassung", TRE 19, S. 110 ff.; *ders.*, Sakramentalität und Jurisdiktion, in: Rau/Reuter/Schlaich, Bd. 2, S. 58 ff.; *J. Mühlsteiger*, Kirchenordnungen. Anfänge kirchlicher Rechtsbildung, 2006.
    zu II.: *J. Gaudemet*, L'église dans l'empire Romain, [2]1989; *C. G. Fürst*, Ecclesia vivit lege Romana?, ZRG Kan. Abt. 61 (1975), S. 17 ff.; *E. Herrmann*, Ecclesia in re publica, 1980; *W. Klausnitzer*, Der Primat des Bischofs von Rom, 2004; *J. Moreau*, Die Christenverfolgung im Römischen Reich, [2]1971; *J. Molthagen*, Der römische Staat und die Christen im 2. und 3. Jahrhundert, [2]1975; *K. Schatz*, Der päpstliche Primat, 1990; *M. Woytowytsch*, Papsttum und Konzile von den Anfängen bis zu Leo I., 1981.
    zu III.: *A. Demandt*, Die Spätantike, 1989; *J. Haldon*, Das Byzantinische Reich, dt. Ausg. 2002; *P. Guyot/R. Klein*, Das frühe Christentum bis zum Ende der Verfolgungen; *F. Heiler*, Altkirchliche Autonomie und päpstlicher Zentralismus, 1941.
    zu IV.: *B. Lohse*, Askese und Mönchtum in der Antike und in der alten Kirche, 1969; *K. S. Frank*, Geschichte des christlichen Mönchtums, [5]1993.

Das Kirchenrecht ist fast so alt wie die Kirche selbst. Seine Geschichte erstreckt sich also über beinahe zweitausend Jahre. Angesichts dieses Zeitraums muss sich eine Einführung im Rahmen dieses Kurz-Lehrbuches nur auf wenige Schlaglichter beschränken und nur ein ganz knapper Überblick über einige wesentliche Daten sein. Dies gilt umso mehr, als jedes der konfessionell oder regional unterschiedenen Kirchentümer neben einer eigenen Kirchengeschichte auch eine eigene Kirchenrechtsgeschichte hat. Dieses Lehrbuch beschränkt sich auf das Recht der römisch-katholischen Kirche und das der deutschen evangelischen Landeskirchen und ihrer Zusammenschlüsse. Der kirchenrechtsgeschichtliche Überblick umfasst damit beinahe 1500 Jahre gemeinsamer und knapp ein halbes Jahrtausend je eigener Geschichte. Da es sein Ziel ist, Verständnis für die geschichtliche Bedingtheit des heute geltenden Kirchenrechts zu wecken, liegt ein Schwergewicht naturgemäß auf den jüngeren Epochen und damit auf der Trennung beider Kirchenrechte, des evangelischen und des römisch-katholischen. Gleichwohl mag die Erinnerung daran, dass drei viertel der Kirchengeschichte und der kirchlichen Rechtsgeschichte für die wichtigsten und kulturprägenden Kirchen in Deutschland eine gemeinsame Geschichte waren, vielleicht das Bewusstsein der Getrenntheit zu relativieren. Bei allen grundlegenden und grundsätzlichen Unterschieden, die die Reformation – gerade im Rechtsverständnis – mit sich gebracht hat: In manchen Instituten und Einzelregelungen des Rechtes lebt die gemeinsame Geschichte fort.

    Für einen detaillierteren Einblick und weitere Hinweise kann auf die Darstellung der kirchlichen Rechtsgeschichte von Christoph Link verwiesen werden, die ebenfalls in der Reihe der Beckschen Kurzlehrbücher erschienen ist.

I. Die Entwicklung der Kirche und ihrer Ämter in den ersten Jahrhunderten

Wenn man den Begriff des Rechtes weit fasst und alle Formen einer Organisation dazu zählt, sofern sie einem Mindestmaß an Regelhaftigkeit folgen und diese verbürgen, dann kann man bereits in der Jerusalemer Urgemeinde, wie sie in der Apostelgeschichte des Lukas (deren Entstehungszeit streitig ist – entweder um 63 oder 80–90 n. Chr.) beschrieben wird, erste Formen einer Rechtsbildung erkennen. Zu nennen ist die Wahl der sieben „Armenpfleger" durch die Gemeinde, die die Apostel vom „Dienst an den Tischen" zugunsten ihres Dienstes am Wort entlasten sollten. Auch ist die Rede von den „Ältesten", die neben den zwölf Aposteln als Leitungsgremium der Gemeinde fungieren (Apg. 11, 30; 15, 2, 22 f.). Die Jerusalemer Gemeinde gibt Verhaltensanweisungen an die Gemeinde in Antiochia und nimmt insofern eine besondere Autorität gegenüber anderen Gemeinden für sich in Anspruch (s. das „Apostoldekret", Apg. 15, 23–29). Ganz im Vordergrund stehen in dieser Frühzeit aber noch die persönliche Autorität der Apostel als persönlicher Zeugen des Wirkens Christi und die Erwartung der baldigen Wiederkunft des Herrn.

Wegen ihrer Reisen und deren Bedeutung für die Ausbreitung des Christentums kommt dabei Petrus und Paulus eine über die Lebenszeit der Apostel in besonderem Maße hinausweisende Rolle zu. Von letzterem wird berichtet, dass er in den von ihm gegründeten bzw. besuchten Gemeinden Älteste (Presbyter) einsetzt (Apg. 14, 23), also für eine organisatorische Verfestigung Sorge trägt. In den Briefen des Paulus wird seine Sorge um das Leben in den Gemeinden und seine Autorität besonders deutlich. Hier tauchen auch Hinweise auf konkrete Ämter mit entsprechenden Amtsbezeichnungen auf, nämlich Gemeindediener (diakonoi) und Aufseher (episkopoi) (Phil 1, 1).

3 Nach dem Tod der Apostel und mit dem Schwinden der Erwartung der baldigen Wiederkunft des Herrn wuchs die Bedeutung organisatorischer Vorkehrungen und fester Ämter für die Festigung und die Ausbreitung des Glaubens. Daher nimmt es wenig Wunder, dass nun die Ämter deutlicher konturiert beschrieben werden, nämlich die der Episkopen, Presbyter und Diakone (1. Tim 3, 1, 8 ff.; 4, 14; 5, 17.). Im 1. Clemensbrief, einer nicht biblischen Quelle[10], der um die erste Jahrhundertwende entstand, wird die Rolle der Presbyter genannt und beschrieben, dass aus deren Mitte durch die Gemeinde Episkopen als Vorsteher gewählt wurden, denen die Verantwortung für die Gottesdienste und die Verwaltung der Gemeinde, aber auch für die Lehre zukam. Aus deren Amt entwickelt sich das Amt des Bischofs (sprachlich hergeleitet aus dem griechischen „episkopos" = Aufseher, Hüter, Leiter) als das Leitungsamt der Gemeinde, dem die Träger der anderen Ämter zu- und zunehmend untergeordnet sind. Freilich ist die Konzentration der Leitungsbefugnisse beim Bischof Ergebnis eines lang dauernden Prozesses. Dabei spielt eine besondere Rolle, dass das Amt der Bischöfe, auch wenn sie durch die Gemeinde gewählt wurden, nicht so sehr aus der Gemeinde heraus legitimiert wurde, sondern dass die Bischöfe ihre Legitimation vor allem in der Nachfolge der Apostel sahen. Daraus konnte auch ein besonderer Anspruch abgeleitet werden, im Fall von Lehrstreitigkeiten, wie sie bei einer jungen und sich erst noch etablierenden Religion unausweichlich waren, als Nachfolger der Apostel zu entscheiden. Sinnfälliger Ausdruck für diese Nachfolge war (und ist) es, dass das Bischofsamt durch andere benachbarte Bischöfe mittels Handauflegung übertragen und damit die Einbindung des Bischofs in die Nachfolge der Apostel versinnbildlicht wird[11]. Bei der Etab-

---

[10] Zum 1. Clemensbrief s. *D. Powell*, Art. Clemens von Rom, TRE Bd. 8, 1981, S. 113 ff.
[11] Noch heute wird die „apostolische Sukzession" der Bischöfe in Form einer ununterbrochen auf die Apostel zurückgehende, durch entsprechende Bischofslisten dokumentierte Kette von Bischofsweihen in der römisch-katholischen und anderen Kirchen zu den wesentlichen Elementen des Bischofsamtes gezählt. Das gilt nicht nur für die römisch-katholische, sondern auch etwa für die anglikanische Kirche. Sogar in einigen lutherischen Kirchen wird die so verstandene „apostolische Sukzession" als Tradition aufrechterhalten und besonders geachtet.

lierung des Bischofsamtes als monarchischem Leitungsamt spielte des weiteren die Verfolgung der Christen, zu deren Märtyrern viele Bischöfe gehörten, eine besondere Rolle. Den Bischöfen wuchs etwa die Aufgabe zu, darüber zu entscheiden, wie mit den „lapsi", d. h. denjenigen, die unter der Drohung der Verfolgung durch den römischen Staat den römischen Göttern gehuldigt und dadurch von der Kirche abgefallen waren, danach aber die Wiederaufnahme in die christliche Gemeinschaft begehrten, zu verfahren war. Sie wuchsen dadurch in eine Richterrolle hinein, die sich auf andere Gemeindeangelegenheiten ausweitete und den Bischof allgemein zum obersten Leiter der Gemeinde machte.

Ihm werden in diesem Organisationsbildungsprozess die anderen Amtsträger, die Presbyter und Diakone, untergeordnet. In Rom amtierten bereits im 2. Jahrhundert etwa 40–50 Presbyter unter der Verantwortung des Bischofs an „Titelkirchen". Die Struktur des Bistums als zentraler Einheit, dem Predigtbezirke von Priestern zugeordnet sind, nimmt das Verhältnis von Pfarrei und Bistum vorweg. Aus den Presbytern entwickelt sich der Priesterstand. Für Verwaltungsaufgaben werden Diakone eingesetzt. Beide, Presbyter und Diakone, sind dem Bischof untergeordnet. Andererseits bilden Bischöfe, Presbyter und Diakone einen Stand der Amtsträger. Dass diese ihre Ämter hauptberuflich ausüben und dafür auch bezahlt werden, trägt dazu bei, dass ihr Stand deutlich von den anderen Gemeindemitgliedern abgehoben ist. Daraus entwickelt sich das Verständnis eines qualitativ von den sonstigen Gemeindemitgliedern, den Laien, unterschiedenen Standes der Kleriker. **4**

So entstehen bereits in den ersten Jahrhunderten der Kirche wesentliche Elemente der rechtlichen Grundstrukturen, die das römisch-katholische Kirchenrecht bis heute prägen: die Existenz eines Standes der Kleriker, der die Leitungsaufgaben in der Kirche wahrnimmt und von den Laien deutlich unterschieden ist einerseits und andererseits innerhalb dieses Klerikerstandes die Konzentration der Leitungsbefugnisse beim Bischof, der den anderen Amtsträgern vorgeordnet ist, die wiederum gleichsam als seine Gehilfen erscheinen. Dabei soll freilich nicht verschwiegen werden, dass dies eine sehr schematische Darstellung einer viel differenzierteren Entwicklung und einer viel komplizierteren und vielfältigen Ämterstruktur ist. **5**

Die Kenntnis von diesen Strukturen und Entwicklungen ist durch eine Reihe von Texten überliefert, die, auch wenn sie bisweilen als frühe „Rechtsquellen" bezeichnet werden, mit der heutigen Rechtsquellenlehre wenig gemein haben. Es handelt sich nicht um verschiedene Arten oder Zusammenstellungen von Rechtsnormen im Sinne von rechtlich verbindlichen, allgemeinen oder gar kodifikatorischen, zwangsweise durchsetzbaren Regeln, sondern um Lehrschreiben, Unterweisungen etc., aus denen die genannten Strukturen ableitbar sind. Dazu gehören die bereits an der Wende zum 2. Jahrhundert entstandene „Didache" und der bereits erwähnte 1. Clemensbrief. Aus dem dritten Jahrhundert stammen die sog. „Traditio Apostolica" des Presbyters Hippolyt, die „Didaskalie", die sog. Apostolischen Kirchenordnungen und die Apostolischen Konstitutionen[12].

Noch nicht berührt ist mit den genannten zwei Elementen der kirchlichen Organisation die Frage nach dem Zusammenhalt und der Leitung der christlichen Kirche insgesamt. Ein bloßes Nebeneinander von Gemeinden unter der Leitung eines Bischofs mit seinem Klerus macht noch keine Gesamtkirche aus. Vielmehr besteht Bedürfnis nach Kommunikation mit Nachbargemeinden und nach der übergreifenden Entscheidung von Lehrfragen, so dass die Einheit der Kirche gewahrt bleibt und sich alle als Glieder an einem Leib verstehen können. Eine Erscheinungsform solcher **6**

---

[12] Dazu mit weiteren Nachw. *C. Link*, Kirchliche Rechtsgeschichte, 2009, S. 13 ff.; Textauszüge bei *C. Mirbt/K. Aland*, Quellen zur Geschichte des Papsttums und des Römischen Katholizismus, Bd. 1, 6. Aufl. 1967, S. 11 f., 18 f.; ausführlich *J. Mühlsteiger*, Kirchenordnungen. Anfänge kirchlicher Rechtsbildung, Berlin 2006.

gemeindeübergreifenden Einheit sind die Synoden bzw. Konzilien – Versammlungen insbesondere der Bischöfe. Besondere Bedeutung erlangten naturgemäß die Konzilien, die auf der Ebene des gesamten (römischen) Reiches bzw. in Ost- und Westkirche abgehalten wurden. Die wichtigsten unter ihnen wurden sowohl in der West- als auch in den orthodoxen Ostkirchen als ökumenische Konzilien (in Nicäa 325 und 787, Konstantinopel 381, 553, 680/81, Ephesos 431 und Chalcedon 451) anerkannt. Sie trafen grundlegende Entscheidungen in dogmatischen, aber auch in rechtlichen Streitfragen. Das zweite Element der Entwicklung einer gesamtkirchlichen Einheit neben diesem kollegialen ist ein monokratisches Element: der Primat des Bischofs von Rom, der sich in der westlichen, lateinischen Kirche vom Ehrenvorrang zum monokratischen Papsttum entwickeln konnte. Obwohl die Anweisungen an die Gemeinde in Korinth, die im bereits erwähnten 1. Clemensbrief enthalten sind, als Bitten bzw. Ratschläge formuliert sind, wird aus ihm abgeleitet, dass die Römische Kirche bereits an der Wende zum zweiten Jahrhundert einen Anspruch auf Vorrang erhoben habe, was jedoch nicht unumstritten ist.

7 Die besondere Stellung der Gemeinde in Rom ließ sich zum einen auf die Eigenschaft Roms als Zentrum des Imperiums gründen, die ab dem 4./5. Jahrhundert freilich nach und nach zur bloßen Erinnerung wird. Zum zweiten befanden sich in Rom die Gräber der Apostel Petrus und Paulus. Der Gedanke der apostolischen Sukzession und seine Eigenschaft als Nachfolger des „Apostelfürsten" Petrus sind die dritte und herausragende Grundlage für einen Anspruch des Bischofs von Rom auf Vorrang. Dabei ließ er es aber nicht bei einem Ehrenvorrang bewenden, der ihm allgemein zugebilligt wurde. Vielmehr erhob er auch einen Führungsanspruch in dogmatischen und rechtlichen Angelegenheiten, der freilich in den Kirchen des östlichen Reichsteils nicht anerkannt wurde. Der Titel „Papst" für den Bischof von Rom, der seinen Primatsanspruch verdeutlicht, wird erstmals in der zweiten Hälfte des 4. Jahrhundert verwandt und mit dem Anspruch auf ein Aufsichts- und Gesetzgebungsrecht verbunden. Innozenz I. (402–417) und Leo I., der Große, (440–461) erweiterten diesen Primatsanspruch zum Anspruch umfassender Leitung der Kirche, wobei letzterer sich dafür auf die Rolle eines „Pontifex Maximus" berief, sich also in die Tradition des vorchristlichen römischen Oberpriesteramtes stellte. Mehr als ein Jahrhundert später bildete dann Gregor I., der Große, (590–604) das Vorbild einer herausragenden Papstpersönlichkeit, der nicht nur als Theologe, sondern auch als Organisator der Kurie und geschickter Politiker die westliche Kirche konsolidierte und die Autorität der Institution des Papsttums festigte.

II. Die Kirche und das Römische Imperium

8 Zu den Entstehungsbedingungen der kirchlichen Ordnung gehören die religiösen und politischen Verhältnisse in der Umgebung des in den ersten Jahrhunderten in einer krassen Minderheitsposition befindlichen, aber rasch anwachsenden Christentums. Diese sind im gesamten Verbreitungsgebiet geprägt vom Imperium Romanum. Während die Stammesreligionen in den durch die Römer eroberten Gebieten im Reich geduldet werden konnten – u.a. da sie auf die jeweiligen Völker beschränkt waren und da die Anhänger dieser meist polytheistischen Kulte ohne weiteres dem Römischen Kaiser huldigen konnten – musste das streng monotheistische Christentum, das als missionierende, auch unter den römischen Bürgern erfolgreich um Anhänger werbende Religion sich dem Kaiserkult verweigerte, gerade auch deshalb als Gefahr für das Imperium erscheinen. Vor diesem Hinter-

grund musste das Christentum in den ersten Jahrhunderten z.T. grausame Verfolgungen im und durch das Römische Reich erleiden. Nach der besonders abstoßenden Verfolgung unter Kaiser Nero (64 n. Chr.) kam es in den folgenden beiden Jahrhunderten immer wieder zu einzelnen Maßnahmen gegen Christen. In der zweiten Hälfte des dritten Jahrhunderts wurden daraus allgemeine und planmäßige Verfolgungen, die nach einer Phase der Duldung seit 260 unter Diokletian (284–305) kulminierten (Verfolgungen 303–311). Diese Verfolgungen konnten das Christentum und die Kirche nicht besiegen. Der Nachfolger Diokletians in der westlichen Reichshälfte, Galerius, erließ 311 ein Toleranzedikt, nach dem das Christentum geduldet wurde, 313 wurde unter Licinius und Konstantin das Mailänder Abkommen geschlossen, das das Christentum den Reichskulten gleichstellte.

Damit war das Christentum noch nicht Staatsreligion. Insofern ist die Redeweise von der „konstantinischen" Verbindung von Staat und Kirche irreführend. Allerdings übernahm Konstantin, der die Einheit des Reiches auch mit Hilfe der Christen festigen wollte, durchaus eine Rolle in und für die Kirche, auch wenn er selbst nicht Christ war. So ließ er Kirchen bauen, berief Synoden ein und entschied Lehrfragen (Konzil von Nicäa).

Zur einzig erlaubten Religion wurde das Christentum zwei Generationen später: 380 erklärten die drei Kaiser Gratian, Valentinian II. und Theodosius I., dass alle Völker, die sie regierten, die Religion annehmen sollten, die der heilige Apostel Petrus den Römern überliefert habe. Theodosius I. machte durch das Verbot aller anderen Kulte in beiden Reichsteilen das Christentum zur alleinigen Staatsreligion. Dabei setzte er auch in den zeitgenössischen Streitigkeiten um den sog. „Arianismus", eine weit verbreitete Glaubensrichtung, die die Göttlichkeit Jesu Christi in Frage stellte, die von ihm favorisierte „orthodoxe" Richtung durch. In dem vom Konzil von Nicäa vorbereiteten und im Konzil von Konstantinopel 381 in einer endgültigen Fassung aufgestellten Glaubensbekenntnis, das bis heute in den meisten christlichen Kirchen geltende Nicäno-Constantipolitanum, wurde eine bis heute gültige Formulierung der göttlichen Natur Jesu gefunden. Die davon abweichenden Arianer wurden mit der Bestrafung als Ketzer bedroht.

Die enge Verbindung der Kirche mit dem Staat äußert sich auch darin, dass die durch Reformen Diokletians und Konstantins im späten 3. und frühen 4. Jahrhundert eingeführte territoriale Verwaltungsgliederung des Reiches auch für die Gliederung der Kirche in Diözesen und Provinzen übernommen wurde. Diese Verwaltungsgliederung, die sich in der Terminologie und in Grundstrukturen bis heute erhalten hat, ist ein Beispiel dafür, dass Recht und Organisation der Kirche das Erbe des Römischen Reiches fortführen. Dies findet in dem für lange Zeit geltenden Merkspruch Ausdruck, wonach die Kirche nach römischem Recht lebt („ecclesia vivit lege Romana"). Territoriale Gliederungen über den Provinzen werden seit der ersten Hälfte des sechsten Jahrhunderts „Patriarchate" genannt: die Patriarchate von Rom, Konstantinopel, Alexandria, Antiochia und Jerusalem (= „Pentarchie"). Unter ihnen genießt der Bischof von Rom, der den Titel eines „Patriarchen des Abendlandes" führt, zwar einen Ehrenvorrang. Einen Vorrang in der Jurisdiktion kann er aber gegenüber den anderen, den Patriarchen der östlichen Hälfte des Römischen Imperiums nicht durchsetzen. Insofern gründet seine Vorrangstellung zunächst auf seiner Eigenschaft als Patriarch und bezieht sich auf den Westen.

III. Die Kirche im Westteil und im Ostteil des Römischen Reiches

10   Der Hinweis auf die beiden Reichsteile verweist darauf, dass der Aufstieg des Christentums zur römischen Staatskirche in die Zeit fällt, in der das Imperium Romanum in einen westlichen und einen östlichen Reichsteil zerfällt. Theodosius I. war der letzte Herrscher über das gesamte Imperium, das nach seinem Tod endgültig geteilt wurde. In beiden Reichsteilen entwickeln sich die Kirche und ihr Verhältnis zum jeweiligen Reichsteil und seinem Herrscher unterschiedlich.

Im östlichen Reichsteil mit seiner Hauptstadt Konstantinopel (Byzanz, heute Istanbul) konnten die Kaiser ihre Macht viel länger und umfangreicher behaupten als in dem durch eindringende germanische Volksstämme stärker bedrohten Westteil des Reiches[13]. Im Osten erhalten die Kaiser in Fortsetzung der von Konstantin und Theodosius geübten Rolle auch eine überragende Rolle in der Kirche: Sie rufen Synoden ein, entscheiden über die Besetzung von Bischofsstühlen, ja auch in dogmatischen Streitigkeiten. Das Verhältnis von Kirche und weltlicher Herrschaft wird als „Symphonie", als Einklang, verstanden, die Rolle des Kaisers bisweilen sogar ins religiös-metaphysische überhöht. Die Kirchenherrschaft des Kaisers, die ihn in der Rolle sowohl des weltlichen Caesaren als auch eines „Papstes" in der Kirche der oströmischen Reichshälfte sieht, ist in späteren Zeiten auch als „Caesaropapismus" bezeichnet und als typische Eigenschaft des byzantinischen Herrschaftssystems bezeichnet worden[14]. Die kritische Seite dieser Herrschaftsform wird mit dem sprichwörtlichen Ausdruck „Byzantinismus" für die religiös oder ideologisch begründete Überhöhung eines politischen Herrschers deutlich. Die überragende Rolle der weltlichen Herrschaft für die Kirche wird auch in den kirchenrechtlichen Regeln des „Corpus Iuris Civilis", der spätantiken Kodifikation des römischen Rechts durch den oströmischen Kaiser Justinian deutlich, die vor allem im Codex Justiniani und in den Novellen enthalten sind. Als Teil des kaiserlichen Rechts sind sie Gegenstand der Rezeption des Römisch-Kanonischen Rechts seit dem 13. Jahrhundert – neben dem im Corpus Juris Canonici gesammelten päpstlichen Recht.

11   Die Differenzen zwischen den Kirchen im westlichen und im östlichen Römischen Reich beschränken sich nicht auf das Verhältnis zur politischen Herrschaft. Hinzu treten Differenzen in der Lehre und Spannungen zwischen dem Suprematsanspruchs des Bischofs von Rom und anderen Patriarchen der Kirche mit dem Patriarchen von Konstantinopel an der Spitze. Zur endgültigen Trennung der Kirchen kommt es zwar erst 1054, aber die Differenzen sind Grundlage für die Auseinanderentwicklung der Christenheit in die großen Gruppen der „orthodoxen" Kirchen als Erben der oströmischen Kirche und die westliche „lateinische" römisch-katholische Kirche. Da Gegenstand dieses Lehrbuches wegen seiner Bedeutung für Deutschland neben dem evangelischen Kirchenrecht allein das Kirchenrecht der römisch-katholischen Kirche ist, soll es bei diesen kurzen Hinweisen zur Entstehung der „orthodoxen" Kirchen bleiben. Für das orthodoxe Kirchenrecht wird im übrigen auf das Lehrbuch von Potz/Synek[15] verwiesen.

---

[13] Das Ende des oströmisch-byzantinischen Reiches datiert erst mit der Eroberung Konstantinopels unter dem osmanischen Sultan Mohammed im Jahr 1453.
[14] In der neueren Forschung wird freilich bestritten, dass der Begriff Caesaropapismus das Verhältnis von kaiserlich-weltlicher Herrschaft und Kirche in Byzanz zutreffend wiedergibt, da die Machtposition byzantinischer Kaiser auch kirchlicherseits immer wieder bestritten worden ist, *H. de Wall*, Art. Caesaropapismus, RGG⁴, Bd. 2, S. 7 m. w. N.
[15] *R. Potz/E. Synek*, Orthodoxes Kirchenrecht, Eine Einführung, 2007.

Im Westen trifft die Kirche auf eine vergleichsweise schwache kaiserliche Herrschaft im zerfallenden weströmischen Reich. Umso mehr kann sich hier innerkirchlich die Entwicklung zum Vorrang des Papsttums sowohl in Glaubens- als auch in rechtlichen Leitungsfragen fortsetzen. Damit werden aber auch die Grundlagen für die Auseinandersetzung zwischen weltlicher und geistlich-kirchlicher Gewalt, zwischen imperium und sacerdotium, die die abendländische Geschichte bis in die frühe Neuzeit prägen, gelegt. Im Verhältnis zur weltlichen Gewalt kommt es nicht zu einer Überordnung der kaiserlichen über die geistliche Gewalt. Vielmehr wird hier in Anlehnung an die von Augustinus entwickelte Lehre von der Unterscheidung der civitas terrena und der civitas dei[16] die Unterscheidung von weltlicher und geistlicher Gewalt und eine Überordnung des Papstes in geistlichen Dingen betont.

Sie wird zur „Zwei-Schwerter-Lehre" fortentwickelt und auf dieser Grundlage dann im Mittelalter sogar die Überordnung der päpstlichen gegenüber der kaiserliche Gewalt postuliert: danach regiere Gott die Welt durch zwei Schwerter – das geistliche und das weltliche. Beide Schwerter seien dem Papst verliehen, der das weltliche Schwert dann auf den Kaiser überträgt. Die Krönung der mittelalterlichen Kaiser durch den Papst konnte auch als Argument im Sinne dieser Verhältnisbestimmung gedeutet werden.

IV. Das Mönchstum

Insgesamt kann die Entwicklung der Kirche in ihrer Frühzeit unter dem Römischen Imperium als ein Prozess der Institutionalisierung und Verrechtlichung bezeichnet werden. Kirche ist nicht mehr die bloße Gemeinde der Christgläubigen, sondern ist eine rechtlich verfasste Institution mit etablierten Leitungsstrukturen, die in vielfältiger Verbindung mit der Obrigkeit des Gemeinwesens steht, in der sie existiert. Die damit unvermeidlich verbundene „Verweltlichung" hat immer wieder in der Kirchengeschichte zu Gegenbewegungen geführt. Immer wieder haben Menschen versucht, in anderer Form und in engeren Gemeinschaften mit anderen ihre Vorstellungen von einem gottgefälligen Leben mehr oder weniger getrennt von der übrigen Welt zu verwirklichen. Neben Formen kontemplativer und weltabgeschiedener Existenz gehörten dazu auch weltzugewandte und auf Wirksamkeit gerade in der Welt ausgerichtete Gemeinschaften. Gerade in der Mission des nördlichen Europas hat das Mönchstum iro-schottischer und angelsächsischer Herkunft, dem der „Apostel der Deutschen" Bonifatius (ca. 675–754) entstammte, bei der Ausbreitung und Etablierung der Kirche fundamentale Leistungen erbracht. Es gehört zu den Leistungen der Kirche und ihres Rechts, dass das Mönchtum nicht nachhaltig außerhalb und gegen die Kirche geblieben und eine Vielzahl von Gegenorganisationen gebildet hat, sondern dass es in den Rechtsraum der Kirche integriert und mit Sonderregeln

---

[16] Dabei darf freilich die Unterscheidung dieser beiden Reiche bei Augustin, die später von Luther aufgenommen wird, nicht mit der Unterscheidung zwischen „Staat" und „Kirche" in eins gesetzt werden. Dass es hier um eine theologische Unterscheidung verschiedener „Herrschafts-" oder Umgangsweisen unter den Menschen, nicht um die Unterscheidung vorhandener Institutionen geht, wird an folgendem Zitat deutlich (Aurelius Augustinus, Vom Gottesstaat (De civitate Dei (413–426)), übers. v. V. Thimme, Bd. 2, München 1978, S. 210): „Demnach wurden die zwei Staaten (besser: „Reiche" oder „civitates", HdW) durch zweierlei Liebe begründet, der irdische durch Selbstliebe, die sich bis zur Gottesverachtung steigert, der himmlische durch Gottesliebe, die sich bis zur Selbstverachtung erhebt. Jener rühmt sich seiner selbst, dieser „rühmt sich des Herrn". Denn jener sucht Ruhm von Menschen, dieser findet seinen höchsten Ruhm in Gott, dem Zeugen des Gewissens. Jener erhebt in Selbstruhm sein Haupt, dieser spricht zu seinem Gott: Du bist mein Ruhm und hebst mein Haupt empor. In jenem werden Fürsten und unterworfene Völker durch Herrschsucht, in diesem leisten Vorgesetzte und Untergebene einander in Fürsorge und Gehorsam liebevollen Dienst…".

für eine rechtlich geordnete Gemeinschaft mit der übrigen Kirche ausgestattet werden konnte. Während das Mönchtum im Osten vor allem in einzelnen Klostergemeinschaften existiert hat und existiert, hat es sich im Westen in übergreifenden Organisationen, den Orden, etabliert. Als Vorbild ist hier besonders der vom Heiligen Benedikt von Nursia (ca. 480–547) gegründete und mit einem vorbildlichen Regelwerk, der Regula Benedicti, ausgestattete Benediktinerorden zu nennen. In der Kirchengeschichte haben Ordensgründungen und Anregungen aus Orden immer wieder besondere Impulse für eine Neuausrichtung der Kirche geliefert, wie nur die sog. „Cluniazensischen Reformen" (s. u.) oder die Beispiele der Zisterzienser, Franziskaner oder Jesuiten zeigen.

§ 3. Kirche und Kirchenrecht im Mittelalter

Literatur: *C. Link*, Kirchliche Rechtsgeschichte, 2009, §§ 5–9 (Lit.); *P. Erdö*, Geschichte der Wissenschaft vom Kanonischen Recht, 2006, § 2, *ders.*, Die Quellen des Kirchenrechts, 2001, S. 105 ff.; *H. E. Feine*, Kirchliche Rechtsgeschichte[5], 1972, §§ 16–38; *W. M. Plöchl*, Geschichte des Kirchenrechts, Bd. 1, 1960, Bd. 2, 1962; *R. Zippelius*, Staat und Kirche, 1997, S. 27 ff.
  zu I.: *H. Berman*, Recht und Revolution, 1995; *W. Goez*, Kirchenreform und Investiturstreit 910–1122, 2000; *W. Hartmann*, Der Investiturstreit[2], 1996; *H. Keller*, Ottonische Königsherrschaft, 2002; *P. Landau*, Jus Patronatus, 1975; *ders.*, Art. „Eigenkirchenwesen", TRE 9, S. 399 ff.; *F. J. Schmale/I. Schmale-Ott*, Quellen zum Investiturstreit, 2. Tle. 1978/1984.
  Zu II.: *J. Brundage*, Medieval Canon Law, [2]1996; *H. Berman*, Recht und Revolution, 1995; *G. R. Evans*, Law and Theology in the Middle Ages, 2001; *St. Kuttner*, Repertorium der Kanonistik, 1937; *ders.* Studies in the History of Medieval Canon Law, 1990; *ders.*, Gratian and the Schools of Law, [2]1994; *P. Landau*, Kanones und Dekretalen, 1997; *ders.*, Der Einfluß des kanonischen Rechts auf die europäische Rechtskultur, in: R. Schulze (Hrsg.), Europäische Rechts- und Verfassungsgeschichte, 1991, S. 39 ff.; *G. LeBras*, L'Age classique. Sources et théorie du droit, 1965; *F. Maassen*, Geschichte der Quellen und der Literatur des Canonischen Rechts im Abendlande, Bd. 1, 1870 (Neudr. 1956); *K. W. Nörr*, Die Entwicklung des Corpus Juris Canonici, in: H. Coing (Hrsg.), Handbuch der Quellen und Literatur der neueren deutschen Privatrechtsgeschichte, Bd. 1, 1973, S. 835 ff.; *ders.*, Die kanonistische Literatur, ebda. S. 365 ff.; *H. Scholler* (Hrsg.), Die Bedeutung des kanonischen Rechts für die Entwicklung einheitlicher Rechtsprinzipien, 1996; *J. F. v. Schulte*, Geschichte der Quellen und Literatur des Canonischen Rechts, Bd. 1, 1875, Bd. 2, 1877; *U. Wolter*, Jus canonicum in jure civili, 1975; *H.-J. Becker*, Spuren des kanonischen Rechts im Bürgerlichen Gesetzbuch, in: R. Zimmermann (Hrsg.), Rechtsgeschichte und Rechtsdogmatik, 1999, S. 159 ff.
  Zu III.: *P. Hinschius*, System des Katholischen Kirchenrechts, Bd. 1, 1869; *O. Hageneder*, Il sole e la luna, 2000; *B. Moeller*, Spätmittelalter (Die Kirche in ihrer Geschichte), 1966; *W. Reinhard*, Die Verwaltung der Kirche, Jeserich7Pohl/v. Unruh (Hrsg.) Dt. Verwaltungsgeschichte, Bd. 1, 1983, S. 143 ff.; *G. Schwaiger*, Art. „Papsttum I", TRE, Bd. 25, S. 647 ff.; *W. Ullmann*, Die Machtstellung des Papstes im Mittelalter, 1960; *H. Zimmermann*, Das Papsttum im Mittelalter, 1981.

I. Eigenkirchenweisen, Reichskirchensystem, Investiturstreit

1   Schon die Entwicklung der Kirche unter dem spätantiken römischen Imperium zeigt die enge Verflochtenheit des kirchlichen Rechts mit der allgemeinen Rechtsordnung. Kirchliche Organisation und kirchliche Rechtsgeschichte sind eingebettet in die allgemeine Rechtgeschichte, die Entwicklung der Kirche abhängig von der weltlichen Rechtsordnung. So nimmt es wenig Wunder, dass die Kirche nach dem Verfall des weströmischen Reiches auch Elemente germanisch-fränkischen Denkens in ihre Organisation und ihr Recht aufgenommen hat. Dazu gehören einerseits das Eigenkirchenwesen, andererseits die Einbeziehung der Bischöfe und anderer kirchlicher Amtsträger in die weltliche Herrschaft.

Das Eigenkirchenwesen beruht auf der besonderen Bedeutung von Grund und Boden für das germanische Rechtsdenken, die auch im Lehnswesens Ausdruck findet. Danach verleiht der oberste Lehnsherr ein Stück des Landes, über das er die Herrschaft gewonnen hat, auf einen Gefolgsmann, der sich daraus versorgen kann, aber auch die Herrschaft im Interesse des Lehnsherrn über das Land ausübt. Dieser kann wiederum seinerseits Teile seines Landes an eigene Gefolgsleute als untergeordnetes Lehen vergeben. Das Land ist in einem solchen System von zentraler Bedeutung als Gegenstand der Herrschaft einerseits und Basis der Versorgung andererseits. In einem solchen System liegt es nahe, auch Kirchen auf dem Grund und Boden eines Belehnten als seiner Herrschaft zugehörig zu betrachten, aber auch die Einkünfte, die damit verbunden sein können, dem Belehnten zuzuordnen. Demgemäß bezeichnet das Eigenkirchenwesen den Umstand, dass dem Eigentümer des Landes auch die darauf errichteten Kirchen mitsamt den Einkünften zustanden, die in Abgaben wie dem „Zehnten" oder Gebühren für kirchliche Amtshandlungen bestehen konnten. Die Errichtung einer Kirche konnte damit eine lohnende Geldanlage sein. Die Kirchen konnten auch zum Gegenstand des Handels werden, etwa veräußert, vererbt oder verpfändet werden. Pflicht des Eigenkirchenherrn war freilich, für den Unterhalt des Pfarrers zu sorgen, was durch Zuweisung eines Stück Landes zur Bewirtschaftung geschehen konnte. Da die Pfarrer solcher Kirchen gleichsam Amtsleute des Eigenkirchenherrn waren, erschöpfte sich deren Einfluss natürlich nicht allein in der Zuweisung von Land und dem Genuss der Einkünfte der Kirche. Vielmehr setzte er auch den Pfarrer in sein Amt ein. Dahinter steht allgemein die Vorstellung, dass der Herr über Grund und Boden in seinem Bereich auch über das religiöse Leben und die kirchlichen Belange zu entscheiden hatte. Das Eigenkirchenwesen beschränkte sich nicht nur auf örtliche Pfarrkirchen, sondern schloss etwa auch Eigenklöster mit ein, was seine wirtschaftliche und politische Bedeutung unterstreicht. Auch wenn die Gründung von Eigenkirchen zur Ausbreitung und Festigung des Christentums nicht unerheblich beigetragen hat, gelangte damit ein Teil der kirchlichen Organisation unter den Einfluss weltlicher Amtsträger, die nicht Kleriker, sondern Laien waren und als Laien kirchliche Amtsträger einsetzten („Laieninvestitur"), und erwuchs der bischöflichen Gewalt über die Kirche Konkurrenz.

Die enge Verknüpfung von weltlicher Herrschaft und Kirche in fränkischer Zeit beschränkte sich nicht auf dieses Phänomen. Vielmehr waren Geistliche sowohl unter den Merowingern als auch unter den karolingischen Herrschern eng in die politische Herrschaft mit einbezogen, wurden mit wichtigen Ämtern betraut, spielten eine bedeutende Rolle am Hof usw. Die fränkischen Herrscher konnten sich die Kirche in ihrem Bereich weitgehend unterwerfen und zu Diensten machen, sie setzten Bischöfe ein etc. Die Kirche vermittelte ihnen aber auch Legitimation. Die Kaiserkrönung Karls des Großen durch den Papst im Jahre 800 und die Vorstellung, dass damit das römische Imperium auf den fränkischen Kaiser übergegangen sei, ist sinnfälliger Ausdruck dafür. Im 10. Jahrhundert setzte sich unter den ottonischen und salischen Herrschern die enge Verwobenheit geistlicher Amtsträger mit der weltlichen Herrschaft fort. Dabei ging es für die ottonisch-salischen Herrscher darum, ein Gegengewicht zu den Stammesherzogtümern zu bilden. Bei Lehen an weltliche Herzöge bestand die Gefahr, dass sie für das Reich und damit das König- bzw. Kaisertum verloren gingen, versuchten doch die weltlichen Herzöge, ihre Machtposition zu erhalten und durch Vererbung ihrer Güter für ihre Dynastie zu sichern. Die Vergabe weltlicher Güter an Geistliche, bei denen mangels Erben keine dynastischen Interessen zu befürchten waren, sicherte sie dagegen für das

Reich. Im sog. ottonisch-salischen Reichskirchensystem wurden Bischöfe und Äbte mit Reichsgut und weltlichen Ämtern ausgestattet zu wichtigen auch weltlichen Herrschern. Ihr geistliches und ihr weltliches Amt verschmolz dabei weitgehend, die Bischöfe übten in ihren Ländern die gleiche Herrschaft aus wie weltliche Herrscher in den ihren und wurden damit zu wichtigen Reichsfürsten. Die mächtigsten von ihnen, die Erzbischöfe von Mainz, Köln und Trier, hatten die höchsten Reichsämter inne und nahmen später wichtige Rollen als Kurfürsten ein. Die geistlichen Fürstentümer haben bis zum Ende des alten Reichs zu Beginn des 19. Jahrhunderts eine wichtige Rolle als Stütze des Reiches gespielt.

Die Kehrseite war freilich ihre Inpflichtnahme und Eingebundenheit in weltliche Angelegenheiten und der Einfluss, der den Königen bzw. Kaisern auf die Besetzung kirchlicher Ämter erwuchs: Denn die Bischöfe und Äbte wurden naturgemäß durch die Könige bzw. Kaiser in ihre Ämter eingesetzt, die ja mit weltlichen Herrschaftsrechten verbunden waren. Insgesamt bedeutete das ottonisch-salische Reichskirchensystem nicht nur eine enge Verwobenheit der Kirche mit der Herrschaft der Könige und Kaiser – sie führte zur Verweltlichung und weitgehenden Inpflichtnahme der Kirche sowie einem ebenso weitgehenden Einfluss der weltlichen Herrscher auf die Kirche und ihre Ämter.

3 Der Ruf nach Reformen und mehr Eigenständigkeit der Kirche blieb nicht aus. Ausgangspunkt der Forderung nach Reformen war das französische Benediktinerkloster Cluny („cluniazensische Reformen"). Es ging aber nicht nur um die Erneuerung der Klöster, sondern allgemein um eine Kirchenreform. Die Kritik richtete sich gegen die Vergabe kirchlicher Ämter gegen materielle Vorteile (Simonie), daneben gegen die verbreitete Erscheinung des Konkubinats bei Klerikern und allgemein gegen den Einfluss von Laien auf die Kirche und die Besetzung ihrer Ämter. Darüber hinaus ging es aber auch um eine Neubestimmung des Verhältnisses von geistlicher und weltlicher Gewalt und der Rolle des Papsttums. Mit der Begründung, dass das ewige Heil dem zeitlichen vorgehe und entsprechend auch die geistliche Gewalt der weltlichen, wurde nicht nur die Unabhängigkeit des Papstes vom Kaiser, sondern sogar die Vorordnung der päpstlichen vor der kaiserlichen Macht gefordert. Die Auseinandersetzung fand nicht nur auf geistiger Ebene statt. Vielmehr mündet sie in den „Investiturstreit", der mit der Auseinandersetzung zwischen Kaiser Heinrich IV. (1056–1106) und Papst Gregor VII. (1073–1085) mit wechselseitigen Versuchen, den jeweils anderen abzusetzen, mit dem berühmten „Gang nach Canossa" Heinrichs IV. (1077) und mit der Kaiserkrönung Heinrichs 1084 durch den von diesem als Gegenpapst unterstützten Clemens III., während Gregor sich in der Engelsburg in Rom verschanzt hielt, zu den markantesten Auseinandersetzungen der mittelalterlichen Geschichte und der Jahrhunderte dauernden Konkurrenz zwischen römisch-deutschem Kaisertum und Papsttum gehört. Der Investiturstreit wurde erst unter Heinrich V. (1106–1125) und Calixtus II. (1119–1124) durch das „Wormser Konkordat" (1122)[17] beigelegt. Im Ergebnis gestand der Kaiser die freie kanonische Wahl der Äbte und die der Bischöfe durch Klerus und Volk der Diözese zu, die im 12. Jahrhundert auf die Domkapitel übergeht. Diese sollte aber im Beisein eines königlichen Abgeordneten durchgeführt werden. Im Anschluss an die Wahl erfolgte die Belehnung des Gewählten mit den weltlichen Ämtern und Gütern durch Verleihung des Szepters, danach die Einsetzung in das kirchliche Amt, die Investitur mit Ring und Bischofsstab, die Heinrich der Kirche zugestehen musste, und die Weihe des Bischofs durch die zuständige

---

[17] Text bei *Mirbt/Aland,* Quellen zur Geschichte des Papsttums (Anm. 12), S. 296.

kirchliche Autorität, den jeweiligen Erzbischof. Diese Reihenfolge sicherte einen Einfluss des weltlichen Herrschers auf die Einsetzung der Bischöfe. Sie war aber auf die deutschen Gebiete der kaiserlichen Herrschaft beschränkt, wohingegen in den italienischen und burgundischen Teilen zuerst die Investitur in das geistliche Amt und erst dann innerhalb von sechs Monaten die Belehnung mit den weltlichen Herrschaftsrechten erfolgen sollte. Damit verlor aber der Kaiser in diesen Gebieten seinen Einfluss auf die Bischofsbesetzungen. Mit diesem Kompromiss wurden im Ergebnis die Unterscheidung und Trennung von geistlicher und weltlicher Gewalt betont, die Eigenständigkeit und die Macht der Kirche und innerhalb der Kirche des Papsttums gestärkt und der Einfluss der kaiserlichen Gewalt zurückgedrängt. Die Unabhängigkeit der Kirche von kaiserlichen Einflüssen sicherte auch die Neuordnung der Papstwahl, die seit dem 3. Laterankonzil 1179 allein dem Kollegium der Kardinäle oblag.

II. Das klassische Kanonische Recht und das Corpus Juris Canonici

Die Zeit nach dem Investiturstreit ist auch die Epoche des klassischen kanonischen Rechts, die durch die großen Sammlungen des kirchlichen Rechts zwischen dem Decretum Gratiani (ca. 1140) und den „Extravaganten" *(1325–1327 bzw. 1500/1503)* und die Gelehrtenschulen markiert wird, die sich mit diesen Sammlungen beschäftigten.

Die Begriffe „Kanonisches Recht" und „Kanonistik" für die zugehörige Wissenschaft leiten sich ab von dem aus dem Griechischen entlehnten Wort „Canon" für „Regel, Norm, Richtschnur". Als „Canones" wurden zunächst Beschlüsse von Synoden und Konzilien bezeichnet, die Entscheidungen des Papstes dagegen als „Dekretalen". In einem allgemeineren Sinn wurde dann „Canon" allgemein als Begriff für kirchliche Normen verwendet und dementsprechend das Kirchenrecht als „Kanonisches Recht" (ius canonicum) bezeichnet. Im heutigen Begriffsgebrauch in Deutschland wird „Kanonisches Recht" und „Kanonistik" für das Recht der römisch-katholischen Kirche bzw. die Wissenschaft des römisch-katholischen Kirchenrechts verwendet.

Das kirchliche Recht konnte zurückgreifen auf die im Corpus Iuris Civilis Justinians enthaltenen Regelungen zur Kirche und auf eine Vielzahl unterschiedlicher Konzilsbeschlüsse und Entscheidungen anderer kirchlicher Autoritäten, insbesondere des Papstes. Dieser Zustand verstreuter und in sich nicht widerspruchsfreier Quellen war unbefriedigend. Zusätzlich bestand ein Bedürfnis, das Recht den Verhältnissen der zunehmend selbständigen und unter der erstarkenden päpstlichen Herrschaft stehenden Kirche anzupassen und ihr eine tragfähige juristische Grundlage zu geben.

Diesen Bedürfnissen kam die Rechtssammlung des Mönches Gratian, von dessen persönlichen Daten und Verhältnissen wenig bekannt ist, entgegen. Der Titel dieses um 1140 entstandenen, in Anlehnung an seinen Autor verkürzt „Decretum Gratiani" genannten Werkes lautet: „Concordantia Discordantium Canonum", also etwa „Übereinstimmung widersprüchlicher Normen". Er verdeutlicht den Charakter des Werkes: ältere Rechtsquellen unterschiedlicher Natur wurden von Gratian nicht nur gesammelt und geordnet. Vielmehr versuchte Gratian auch, durch eigene Kommentare die Widersprüche zwischen den verschiedenen Texten aufzulösen.

Das Decretum Gratiani besteht aus drei Teilen. Der erste Teil enthält das Recht kirchlicher Personen und Ämter sowie allgemeine Rechtslehren. Er ist in 101 Distinktionen gegliedert, die wiederum in Kapitel aufgeteilt sind. Die Zitierweisen haben im Laufe der Zeiten variiert. Man zitiert heute üblicherweise z. B. „D. 3 c. 2" für „Distinctio 3 capitulum 2."

Der zweite Teil enthält Prozess-, Vermögens- Ordens-, Straf- und Eherecht, und zwar auf der Grundlage von 36 fingierten Rechtsfällen (causae). Diese sind in Fragen (Quaestiones), diese wiederum in Capitula untergliedert. Zitiert wird: C. 16 q. 1, c. 23 für „Causa 16 quaestio 1, capitulum 23". Causa 33 Quaestio 3 enthält einen Traktat über die Buße (De Poenitentia), der in Distinctionen eingeteilt ist, die wiederum in capitula unterteilt sind. Dieser wird zitiert z. B. „D. 1, c.1 de poen." für Distinctio 1, capitulum 1 im Traktat ‚De Poenitentia'".

Der Dritte Teil ist betitelt mit „De Consecratione" also „Über die Weihe". Er enthält Rechtstexte zu kirchlichen Orten und Zeiten, zu den Sakramenten der Eucharistie, Taufe und Firmung und zum Fasten. Er ist, wie der erste Teil, in Distinctiones und capitula unterteilt und wird zitiert z. B. „D. 2 c. 72 de cons." für „Distinctio 2 capitulum 72 in ‚de consecratione'". Bei den wiedergegebenen Zitierweisen wird das Decretum Gratiani gar nicht selbst genannt. Dass es zitiert wird, ergibt sich wegen seiner überragenden Bedeutung von selbst dadurch, dass keine (andere) Quelle genannt wird. Welches Buch des Dekrets gemeint ist, ergibt sich aus der jeweiligen Zitierweise.

Das Decretum Gratiani enthält nicht nur authentischen Rechtsstoff. Vielmehr hat Gratian auch Quellen aufgenommen, die sich später als Fälschungen herausgestellt haben. Die berühmteste von ihnen sind die sog. „pseudoisidorischen Dekretalen", die um 850 von einem unbekannten Autor, der sich selbst als „Kaufmann Isidor" bezeichnet, aufgezeichnet wurden und sowohl aus authentischen als auch aus gefälschten Texten bestanden. Sie verfolgten das Ziel, die Stellung der Bischöfe zu untermauern. Darin enthalten ist wiederum das „Constitutum Constantini", ein Dokument, mit dem bewiesen werden sollte, dass der römische Kaiser Konstantin dem Papst die Herrschaft über Rom eingeräumt habe („Konstantinische Schenkung"). Dass diese Dokumente nicht authentisch waren, hat nicht gehindert, dass sie im Investiturstreit ganz erhebliche rechtliche Bedeutung erlangt haben. Sie gelten als die folgenreichsten Fälschungen der mittelalterlichen Geschichte.

6   Das Decretum Gratiani ist eine private Sammlung unterschiedlicher Quellen mit unterschiedlicher rechtlicher Bedeutung und Verpflichtungskraft. Es ist als solches nicht von einem Gesetzgeber erlassen oder approbiert worden. Demgemäß gelten seine rechtlichen Aussagen nur mit der Verpflichtungskraft, die den zitierten Quellen jeweils zukommt. Die Bedeutung des Decretum, das rasch allgemeine Autorität genoss, liegt nicht nur in der wissenschaftlichen Leistung der Sammlung und Systematisierung des uneinheitlichen Rechtsstoffes. Darüber hinaus ist es Ausgangspunkt für eine ganze rechtliche und wissenschaftliche Disziplin geworden, eben die Kanonistik, die ihrerseits die Entwicklung des abendländischen Rechts tief geprägt hat. Die frühen Kanonisten, die sich mit dem Decretum wissenschaftlich beschäftigten, nennt man „Dekretisten". Zu den bedeutendsten von ihnen zählen der Schüler Gratians, Paucapaela, Rolandus Bandinellus (Papst Alexander III.), Rufinus v. Bologna, Stephan v. Tournai und Huguccio. Die Bedeutung, die das kanonische Recht und die Kanonistik nach dem Dekret erlangten, wird dadurch unterstrichen, dass in der zweiten Hälfte des 12. und im 13. Jahrhundert die „Juristenpäpste" Alexander III., Innozenz III., Gregor IX. Innozenz IV. und Bonifaz VIII. regierten, die auch Kanonisten waren.

7   Das Decretum Gratiani enthielt naturgemäß nur kirchliche Rechtsquellen bis zum 2. Laterankonzil, das 1139 stattfand. Mit der gestärkten Position der Päpste nach dem Investiturstreit begann aber eine Epoche päpstlicher Jurisdiktion und Rechtssetzung, die weit über diesen Stand hinausging. Daher entstand das Bedürfnis nach Sammlungen auch dieser Rechtsquellen. Fünf der im späten 12. und frühen 13. Jahrhundert entstandenen Sammlungen, die „quinque compilationes antiquae" (1187–1226) erlangten besondere Bedeutung.

Die erste dieser Sammlungen, auch „Breviarium Extravagantium" genannt, wurde um 1191/1192 von dem Kanonisten Bernardus (Balbus) Papiensis, ab 1198 Bischof von Pavia, angefertigt. Sie war u. a. wegen der sachlichen Einteilung des Rechtsstoffes, die auch der nachfolgenden amtlichen Sammlung von Rechtstexten, dem Liber Extra (dazu sogleich) zugrundegelegt wurde, prägend.

8   Mit den Arbeiten für diese amtliche Sammlung päpstlicher Dekretalen (Entscheidungen, seit dem 13. Jahrhundert zunehmend auch allgemeiner Normen) beauftragte dann Papst Gregor IX. (1227–1241) den spanischen Kanonisten Raimund von

§ 3. Kirche und Kirchenrecht im Mittelalter

Peñaforte. Die von ihm angefertigte Sammlung wird als „Liber Extra" bezeichnet, was als Kurzform für „Liber Decretalium extra Decretum vagantium" steht, also das Buch der außerhalb des Decretum Gratiani verbreiteten Dekretalen. Den darin gesammelten Rechtsstoff, päpstliche Dekretalen nach dem Decretum Gratiani unter Einschluss von Gregors eigenen, hat Peñaforte in 5 Bücher (Libri) systematisiert, die ihrseits in Titel (tituli) und Capitula unterteilt sind. Die Zitierweise ist z. B. „X 1. 1. 1" für „Liber Extra, Buch 1, Titulus 1, Capitulum 1". Das 1. Buch enthält Vorschriften über die kirchliche Rechtssetzung und Ämterverfassung, das zweite das Gerichtsverfassungs- und Prozessrecht, das dritte das Recht der Kleriker mit Vermögensrecht und Regeln über die Sakramente, das vierte Buch das Eherecht und das fünfte schließlich das kirchliche Strafrecht. Diese Systematik fasst der mittelalterliche Merkvers „iudex, iudicium, clerus, connubia (oder: sponsalia), crimen" zusammen.

Der „Liber Extra" wurde mit der päpstlichen Bulle Rex Pacificus 1234 durch Versendung an die Universitäten Paris und Bologna publiziert. Nur diese Sammlung sollte in Unterricht und bei Gerichten verwendet werden. Damit waren in dem erfassten Zeitraum zwischen dem Decretum Gratiani und der Publikationsbulle alle anderen, nicht in die Sammlung aufgenommenen Dekretalen außer Kraft gesetzt. Anders als das Decretum Gratiani ist der Liber Extra also eine amtliche und abschließende Sammlung und gelten die in ihm enthaltenen Dekretalen kraft der Anordnung des Papstes. Darin sind zwei wichtige Elemente modernen Rechtsdenkens angelegt: Zum einen der Gedanke der systematischen und abschließenden Kodifikation eines Rechtsgebietes, zum anderen die Vorstellung, dass der Gesetzgeber durch seine Anordnung früher ergangenes Recht außer Kraft setzen kann.

Auch nach dem Liber Extra bestand das Bedürfnis, die Dekretalen der nachfolgenden Päpste zu sammeln und zu systematisieren. Eine entsprechende Sammlung wurde unter Bonifaz VIII. (1294–1303) angefertigt und 1298 mit der Bulle „Sacrosanctae" publiziert. Sie wurde dem „Liber Extra" als „Liber Sextus" (sechstes Buch) angefügt und folgt intern dem Gliederungsschema und der sachlichen Einteilung des Liber Extra entsprechend dem wiedergegebenen Merkvers. Es wird zitiert z. B. als „VI 1.2.1." für „Liber Sextus, Buch 1 titulus 2 capitulum 1". Am Ende des Liber Sextus ist eine Sammlung von 88 allgemeinen Rechtsregeln angefügt, die aus dem Römischen Recht stammen und keineswegs nur Bedeutung für das kirchliche Recht haben (z. B.:Reg. VI: Nemo potest ad impossibile obligari (Niemand kann auf das Unmögliche verpflichtet werden); Reg. XIII: Ignorantia facti, non juris, excusat (Unkenntnis der Tatsachen entschuldigt, nicht aber Unkenntnis des Rechts)). Wie der Liber Extra stellt auch der Liber Sextus für den Zeitraum, den er umfasst (1234–1298), eine ausschließliche Gesetzessammlung dar. Nur die in ihm aufgenommenen Dekretalen sollten gelten.

Die letzte in den Corpus Juris Canonici aufgenommene amtliche Sammlung päpstlicher Dekretalen wurde von Papst Clemens V. (1305–1314) veranlasst. Sie trägt daher den Namen „Clementinen" und wird als „Clem." zitiert, also beispielsweise Clem. 1. 1. 1. Auch die Clementinen folgen dem Schema des Liber Extra und des Liber Sextus, haben allerdings keinen abschließenden Charakter: Auch Dekretalen des erfassten Zeitraums, die nicht in sie aufgenommen wurden, galten weiter.

In der Zeit nach den Clementinen wurden zwar keine amtlichen Sammlungen des päpstlichen Rechts mehr veranlasst. Allerdings gab es private Sammlungen von späteren Dekretalen. Dazu gehört eine Sammlung von 20 Dekretalen Johannes' XXII, die Zenzelinus de Cassanis 1325 zusammenfasste. In die wichtige, von Jean Chappuis bearbeitete Pariser Druckfassung der hier genannten, wichtigsten Rechtsquellen des Kanonischen Rechts (1500), der er den Namen „Corpus Iuris Canonici" gab, wurden sie in überarbeiteter Form als „Extravagantes Ioannis XXII." aufgenommen. Sie sind in 14 Tituli unterteilt, die in Capitula untergliedert sind (Zitierweise: Extrav. Jo. XXII. 1. 1.). 74 Dekretalen verschiedener Päpste zwischen 1261 und 1484 fügte Chappuis als „Extravagantes Communes" ebenfalls an. Diese folgen wieder dem Schema des Liber Extra, allerdings blieb das 4. Buch (Eherecht) leer. (Zitierweise z. B. „Extrav. Com. 1.8.1", – das ist die Bulle „Unam Sanctam" Bonifaz' VIII, dazu sogleich). Als privaten Arbeiten kommt den beiden Extravagantensammlungen kein amtlicher Charakter und keine über eine Promulgationsbulle vermittelte Geltung zu. Der hier gesammelte Rechtsstoff „galt" daher – wie beim Decretum Gratiani nur mit der Autorität, die den einzelnen zitierten Quellen aus sich heraus zukam.

12 Der Name „Corpus Juris Canonici" hatte sich schon eingebürgert, bevor eine amtliche Ausgabe aus den hier erläuterten Teilen – dem Decretum Gratiani, dem Liber Extra, dem Liber Sextus, den Clementinen, den Extravagenten Johannes XXII. und den Extravagantes Communes – angefertigt wurde. Zu deren Redaktion wurde 1566 eine päpstliche Kommission eingesetzt, die „Correctores Romani". Der von dieser erarbeitete Text wurde 1582 als amtliche Ausgabe unter eben dem Titel „Corpus Iuris Canonici" publiziert. Bis 1918, als eine Kodifizierung des römisch-katholischen Kirchenrechts, der Codex Iuris Canonici, in Kraft trat, waren die im CorpIC gesammelten Rechtsquellen die wichtigste Grundlage des Kirchenrechts. Auch in den evangelischen Kirchen hatte das CorpIC als Rechtsquelle Bedeutung. Dort gilt es bis heute subsidiär, wenn auch ohne große praktische Relevanz, als Rechtsquelle weiter, wohingegen es für die römisch-katholische Kirche 1918 außer Kraft gesetzt wurde.

13 Auch nach der amtlichen Ausgabe von 1582 wurde der Text der im CorpIC enthaltenen Rechtsquellen neu zu ediert. Wichtige Ausgaben wurden von Protestanten besorgt, nämlich die von Justus Henning Böhmer 1747, Aemilius Ludwig Richter 1839 und Emil Friedberg (1879–1881). Letztere Ausgabe ist die heute gebräuchliche des Corpus Iuris Canonici. Friedberg (wie z. T. auch die Editoren vorher) hat versucht, den Originaltext der Quellen herauszuarbeiten. Eine neue kritische Ausgabe bleibt ein Desiderat.

14 Nicht nur das Decretum Gratiani, auch das spätere Dekretalenrecht ist Grundlage der wissenschaftlichen Beschäftigung mit dem kanonischen Recht und damit der Disziplin der Kanonistik geworden. Diejenigen Kanonisten, die sich mit den Dekretalen befassten, nennt man „Dekretalisten". Insgesamt erreichte die Kanonistik zwischen dem 13. und 15. Jahrhundert eine Blüte. Wie für die Wissenschaft vom Römischen Recht waren auch für die Kanonistik die Universitäten von Paris und vor allem Bologna die wichtigsten Stätten[18]. Gemäß der damals auch in der Legistik (der Wissenschaft von den „Leges" des Römischen Rechts) üblichen Methode wurden die Rechtstexte durch Glossen kommentiert, Anmerkungen und Kommentare, die um den Text herum angebracht wurden. Für die Bücher des Corpus Juris Canonici wurden von wichtigen Kanonisten solche Glossierungen zu einer „Glossa Ordinaria" zusammengeführt und ergänzt. Die Glossa Ordinaria zum Decretum Gratiani (ca. 1215) stammt von dem in Bologna tätigen Johannes Teutonicus (1180–1245), wie der Name schon sagt ein Kanonist deutscher Herkunft, nämlich aus Halberstadt. Die Glossa Ordinaria zum Liber Extra hat Bernhard von

---

[18] Zur Bedeutung der Kölner Kanonistik *P. Landau*, Die Kölner Kanonistik des 12. Jahrhunderts, 2008.

Parma verfasst. Diejenigen zum Liber Sextus und zu den Clementinen stammen von dem Bologneser Johannes Andreae (ca 1270–1348).[19]

Die Bedeutung des CorpIC beschränkt sich nicht auf das Kirchenrecht. Es enthält Recht auch für Materien, die heute nicht dem Kirchenrecht zuzuordnen sind. Auch in seiner Entstehungs- und Geltungszeit war sein Anspruch nicht auf einen „innerkirchlichen Bereich" beschränkt. Der Einfluss des CorpIC und der Kanonistik auf die Geschichte und Entwicklung des Rechts ist kaum zu überschätzen. Heute besteht weitgehend Einigkeit darüber, dass die Rezeption des Römischen Rechts, die ab dem 12. Jahrhundert Grundlage der Entwicklung des modernen Rechtes und der Rechtswissenschaft wurde (und die mit der Universität Bologna verbunden ist), nicht nur teilweise durch das Kanonische Recht vermittelt wurde, sondern insgesamt eine Rezeption sowohl Römischen als auch Kanonischen Rechts war. Neben dem Römischen ist das Kanonische Recht Teil des „gemeinen Rechtes" gewesen, also des Rechts, das im römisch-deutschen Reich als allgemeines Recht galt, sofern nicht andere besondere Bestimmungen bestanden. Beispiele dafür, wie Elemente modernen Rechtsverständnisses in der Kanonistik vorbereitet wurden, sind oben schon genannt worden. Darüber hinaus liegen Wurzeln weiterer grundlegender moderner Rechtsprinzipien im kanonischen Recht: z. B. das strafrechtliche Schuldprinzip, der Gedanke der Formfreiheit im Vertragsrecht, die Begründung der Verbindlichkeit von Verträgen mit dem Willen der Parteien, die Gründung der Ehe auf den Konsens der Eheleute und die grundsätzliche Unauflösbarkeit der Ehe. Die Aufzählung lässt sich nahezu beliebig erweitern. Wichtigen Einfluss hat das Kanonische Recht auf das Prozessrecht gehabt, man spricht insofern vom römisch-kanonischen Prozess. Kanonisches Recht und Kanonistik sind, auch wenn dies nicht im allgemeinen Bewusstsein verankert ist, grundlegende und unlösbare Bestandteile unserer rechtlichen Tradition. 15

III. Krise des Papsttums und Konziliarismus im 14. und 15. Jahrhundert

Die Zeit des klassischen kanonischen Rechts im 12. und 13. Jahrhundert fällt zusammen mit der Zeit des größten Machtanspruchs des Papsttums. Gregor VII. hatte bereits im Investiturstreit in seinem „Dictatus Papae" (1075) ganz im Sinne der papstfreundlichen Variante der „Zwei-Schwerter Lehre" eine Vorrangstellung gegenüber der kaiserlichen Gewalt formuliert, ohne freilich diese Autorität durchsetzen zu können. Innozenz III. (1198–1216) nahm ein gutes Jahrhundert später bei der umstrittenen Königswahl von 1202 sogar das Recht wahr, „denjenigen, der zum deutschen König gewählt wurde und zum Kaiser zu erheben ist", zu prüfen, d. h. die Wahl zu „approbieren" (formuliert in der Bulle „Venerabilem", 1202). 16

Freilich ließ diese Macht sich nicht lange aufrechterhalten und war der Einfluss des Papstes schon unter der Herrschaft des Stauferkönigs Friedrich II. geschwunden. Mit dem Ende der Staufer nahm aber auch der Einfluss des römisch-deutschen Königs- und Kaisertum ab. Der Versuch des Papstes Bonifaz VIII., die Vorrangstellung des Papstes, gestützt auf die Zwei-Schwerter-Lehre (Bulle Unam Sanctam, 1302) zu behaupten und durchzusetzen, richtete sich dann schon gegen einen neuen Gegner, den französischen König. Anders als im Heiligen Römischen Reich auf heute deutschem Gebiet, wo die königliche bzw. kaiserliche Zentralgewalt in einer 17

---

[19] Weitere bedeutende Dekretalisten sind Sinibaldus Fliscus (Papst Innnozenz IV.), Henricus von Segusia oder Hostiensis, Giulielmus Durantis, Baldus de Ubaldis, der auch einer der bedeutendsten Legisten war, und Nicholas de Tudeschis oder Panormitanus.

spannungsvoller Konkurrenz zur Herrschaft der Reichsfürsten in ihren Territorien verblieb, konnte sich in Frankreich die königliche Macht weitgehend durchsetzen. Hier entstanden auch Ansätze zu einem Nationalkirchentum. Daraus erwuchs beinahe unvermeidlich eine Konkurrenz der französischen Könige zum Papsttum. Den Versuch des Papstes, die Konkurrenz des römisch-deutschen Kaisertums gegen die französische Monarchie zu seinen Gunsten zu nutzen, nahm der französische König zum Anlass, Bonifaz VIII. in Gefangenschaft zu nehmen. Es folgte unter den Nachfolgern Bonifaz die Verlegung der Residenz der Päpste nach Avignon. Dies war ebenso wie die die Abfolge von sieben französischen Päpsten Zeichen für die Abhängigkeit von der französischen Krone, in die das Papsttum geriet. Sie mündete 1378 in das große abendländische Schisma (Spaltung) der Kirche, die Epoche konkurrierender Päpste jeweils französischer und römischer Obödienz.

18   Zur Lösung dieser Konkurrenz wurde der Gedanke der konziliaren Leitung der Kirche belebt, wonach die Leitung der Kirche eben nicht (allein) beim Papst, sondern bei der Versammlung der im Konzil versammelten Bischöfe als Repräsentanten der Gesamtkirche lag. Ein erster Versuch zur Einigung der Kirche unter einen Papst war das Konzil von Pisa 1409, das von den Kardinälen der unterschiedlichen Obödienzien einberufen wurde. Hier wurde mit Alexander V. ein neuer Papst gewählt und die beiden amtierenden Päpste Gregor XII und Benedikt XIII abgesetzt. Freilich konnten sich diese Beschlüsse nicht durchsetzen, so dass nunmehr drei Päpste gegeneinander standen. Überdies wurden die Autorität und Einheit von Kirche und Papsttum durch die Lehren John Wyclifs und Jan Hus' in Frage gestellt. Zur Lösung dieser Fragen, der Einheit der Kirche (causa unionis) und des Glaubens (causa fidei), sowie der Frage der erforderlichen Reformen der Kirche und ihrer Organisation (causa reformationis) wurde 1414 vom deutschen König Sigismund, der damit in der Situation der Spaltung als Schirmherr der Kirche ein Notrecht geltend machte, das Konzil von Konstanz einberufen, das bis 1418 dauern sollte. Am Konzil von Konstanz nahmen nicht nur Bischöfe und sonstige Kleriker, sondern auch Abgesandte der weltlichen Herrscher, Vertreter der Universitäten, theologische und juristische Gelehrte teil. Die Lösung der causa fidei bestand in der Verwerfung der Lehren Wyclifs und Hus', wobei letzterer nach der Verweigerung des Widerrufs entgegen dem ihm zugesicherten Geleit verbrannt wurde. Die causa unionis konnte dadurch gelöst werden, dass die konkurrierenden Päpste zum Rücktritt bewegt bzw. abgesetzt wurden und ein neuer Papst, Martin V. (1417–1431), gewählt wurde. Ungelöst blieb aber die Frage, ob die höchste Leitungsgewalt der Kirche beim Papst oder beim Konzil lag. Im nachfolgenden Konzil von Basel, das sich seinerseits aufspaltete und teils in Ferrara und Florenz tagte, konnte sich, auch durch Unterstützung der französischen Krone und der des deutschen Königs und der deutschen Fürsten, die päpstliche Seite durchsetzen.

19   Diese Unterstützung war nur möglich durch Hinnahme von Konzessionen an national-[20] bzw. territorialkirchliche Entwicklungen. In Deutschland war nicht so sehr das Reich bzw. die Zentralgewalt, sondern waren die Herrscher der einzelnen Territorien, insbesondere die Fürsten der größeren von ihnen, Träger der Entwicklung zu modernen Herrschaftsformen, an deren Ende der moderne Staat steht. Zum Herrschaftsanspruch im jeweiligen Land gehörte auch der Einfluss auf das Kirchen-

---

[20] In Frankreich betonte die Nationalsynode von Bourges 1438 unter Berufung auf die „gallikanischen Freiheiten" nicht nur den Vorrang eines allgemeinen Konzils vor dem Papst, sondern sicherte auch dem König Einfluss auf die Besetzung hoher kirchlicher Ämter. Erst durch die Einigung im Konkordat von Bologna 1516 wurde diese Betonung des Vorrangs eines Konzils aufgehoben.

wesen. Insofern nimmt es kein Wunder, dass die Landesherren Einfluss auf die Einsetzung von Geistlichen und allgemein die Verwaltung der Kirche ihres Landes übten. Daher ist es symptomatisch, dass im Gefolge des Konzils von Basel Konkordate des heiligen Stuhls mit einzelnen Fürsten geschlossen wurden, in denen nicht nur beispielsweise die Wahl der Bischöfe und Äbte durch die Domkapitel (und nicht den Heiligen Stuhl allein) zugestanden, sondern auch z.T. landesherrlicher Einfluss auf die Wahl eingeräumt wurde.[21] Man spricht im Blick auf ihren Einfluss auf die Kirche vom „vorreformatorischen landesherrlichen Kirchenregiment", eine Bezeichnung, die die weitere Entwicklung der landesherrlichen Kirchengewalt als Ergebnis der Reformation in Bezug nimmt, aber auch zeigt, dass dabei an ältere Entwicklungen angeknüpft wurde.

§ 4. Reformation und konfessionelles Zeitalter (16. und frühes 17. Jahrhundert)

Literatur: *C. Link*, Kirchliche Rechtsgeschichte, §§ 10–14 (Lit.).
Zu I: allgemein zur Reformation: *M. Heckel*, Deutschland im konfessionellen Zeitalter, 2. Aufl. 2001; *H. Schilling*, Aufbruch und Krise. Deutschland 1517–1648, 1988; *B. Moeller*, Reichsstadt und Reformation, 2. Aufl. 1987; *ders.*; Deutschland im Zeitalter der Reformation, 4. Aufl. 1999; *H. Rabe*, Deutsche Geschichte 1500–1600, 1991; *H. Lutz*, Reformation und Gegenreformation, 4. Aufl. 1997; *P. Blickle*, Die Reformation im Reich, 3. Aufl. 2000; *U. Rublak*, Die Reformation in Europa, 2003; *R. Decot*, Kleine Geschichte der Reformation in Deutschland, 2005; *L. Schorn-Schütte*, Die Reformation – Vorgeschichte, Verlauf, Wirkung, 4. Aufl. 2006; *St. Skalweit*, Reich und Reformation, 1967; Zum Rechts- und Staatsverständnis der Reformation: *H. Berman*, Law and Revolution II, 2003; *M. Heckel*, Gesammelte Schriften, 5 Bde., 1989–2004; *J. Heckel*, Lex Charitatis, 2. Aufl. 1973; *C. Link*, Luther und das deutsche Staatsverständnis, JZ 1983, S. 869 ff.; *G. Kisch*, Melanchthons Rechts- und Soziallehre, 1967; *I. Deflers*, Lex und ordo. Eine rechtshistorische Untersuchung der Rechtsauffassung Melanchthons, 2005; *A. Kohnle*, Reichstag und Reformation, 2001; *V. Manthey*, Zwei Schwerter – Zwei Reiche, 2005; *H. M. Müller*, Luthers Kirchenverständnis und seine Rezeption im deutschen evangelischen Kirchenrecht, in: Ders., Bekenntnis-Kirche-Recht, Ges. Aufs., 2005, S. 144 ff.; *P. Prodi*, Eine Geschichte der Gerechtigkeit, 2003; *W. Reinhard* (Hrsg.), Bekenntnis und Geschichte. Die Confessio Augustana im historischen Zusammenhang, 1981; *Ch. Strohm*, Ius divinum und ius humanum. Reformatorische Begründung des Kirchenrechts, in: Rau/Reuter/Schlaich, Bd. 2, S. 115 ff.; *J. Witte*, Law and Protestantism, 2002; *G. Wolf* (Hrsg.), Luther und die Obrigkeit, 1972.
Zur „2. Reformation" und zum reformierten Rechtsverständnis: *J. Bohatec*, Calvins Lehre von Staat und Kirche, 1937 (Neudr. 1968); *B. Hamm*, Zwinglis Reformation der Freiheit, 1988; *H. Heppe*, Die Dogmatik der evangelisch-reformierten Kirche, 2. Aufl. 1958; *H. Höpfl*, The Christian Polity of John Calvin, 1982; *P. Münch*, Zucht und Ordnung – Reformierte Kirchenverfassungen im 16. und 17. Jahrhundert, 1978; *M. Prestwich* (Hrsg.), International Calvinism 1541–1715, 1985; *H. Schilling* (Hrsg.), Die reformierte Konfessionalisierung in Deutschland – Das Problem der „Zweiten Reformation", 1986. *Ch. Strohm*, Calvinismus und Recht, 2008; *E. Wolf*, Ordnung der Kirche §§ 47–49, 65, 67 f., 70 f.
Zu II.: zusätzlich zu den unter I. aufgeführten allgemeinen Werken zur Reformationsgeschichte: *A. Gotthard*, Der Augsburger Religionsfrieden, 2005; *H. Schilling/H. Smolinsky* (Hrsg.), Der Augsburger Religionsfrieden 1555, 2007.
Zu III: zusätzlich zu den unter I. aufgeführten Werken: *M. Heckel*, Staat und Kirche nach den Lehren der evangelischen Juristen Deutschlands in der ersten Hälfte des 17. Jahrhunderts, 1968, S. 73 ff.; *J. Heckel*, Die Entstehung des brandenburg-preußischen Summepiskopats, in: Ders., Das blinde undeutliche Wort „Kirche", Ges. Aufsätze, 1964, S. 371 ff.; *M. Honecker*, Cura religionis magistratus Christiani, 1968; *C. Link*, Herrschaftsordnung, und Bürgerliche Freiheit, 1979, S. 222 ff.;

---

[21] Das Wahlrecht der Domkapitel, Konzessionen bei den Abgaben an den Papst und anderes waren zwar auch Gegenstand des Wiener Konkordats, das 1448 zwischen dem Kaiser und dem Heiligen Stuhl abgeschlossen wurde. Die Fürstenkonkordate zeigen aber, dass in Deutschland die Landesherrn eine dominierende Rolle übernahmen.

ders., Staat und Kirche in der neueren Deutschen Geschichte, 2000, S. 16 ff.; *ders.*, Luther und die Juristen. Die Herausbildung eines evangelischen Kirchenrechts im Gefolge der Wittenberger Reformation, in: H. Lück/H. de Wall (Hrsg.), Wittenberg – ein Zentrum europäischer Rechtsgeschichte und Rechtskultur, 2005, S. 63 ff.; *H. Neuhaus*, Konfessionalisierung und Territorialstaat, in: G. Müller/H. Weigelt/W. Zorn (Hrsg.),, Handbuch der Geschichte der Evangelischen Kirche in Bayern. Bd. 1, 2002, S. 343 ff.; *Ae. L. Richter*, Geschichte der evangelischen Kirchenverfassung, 1851; *B. C. Schneider*, Ius Reformandi, 2001; *E. Sehling (Hrsg.)*, Die Kirchenordnungen des 16. und 17. Jahrhunderts, 1902 ff.; *K. Sichelschmidt*, Recht aus christlicher Liebe oder obrigkeitlicher Gesetzesbefehl? – Juristische Untersuchungen zu den evangelischen Kirchenordnungen des 16. Jhds, 1995; *A. Sprengler-Ruppenthal*, Gesammelte Aufsätze. Zu den Kirchenordnungen des 16. Jahrhunderts, 2004; *D. Willoweit*, Das landesherrliche Kirchenregiment, in: Jeserich7Pohl/v. Unruh (Hrsg.), Dt. Verwaltungsgeschichte, Bd. 1, 1983, S. 361 ff.

zu IV: *P. Erdö*, Geschichte der Wissenschaft vom Kanonischen Recht, 2006, § 1, *ders.*, Die Quellen des Kirchenrechts, 2001, S. 139 ff.; *H. E. Feine*, Kirchliche Rechtsgeschichte[5], 1972, §§ 40–43; *H. Jedin*, Geschichte des Konzils von Trient, 4. Bde., 1949–1975; *H. Klueting*, Das konfessionelle Zeitalter 1525–1648, 1989; *G. Müller*, Art „Tridentinum", TRE 34, S. 62 ff.; *W. M. Plöchl*, Geschichte des Kirchenrechts, Bd. 3, 1959; *P. Prodi/W. Reinhardt* (Hrsg.), Il Concilio di Trento e il moderno, 1996; *H. Schilling/W. Reinhard* (Hrsg.), Die katholische Konfessionalisierung 1995; *K. D. Schmidt/M. Jacobs*, Die katholische Reform und die Gegenreformation, 1975.

I. Die Reformation

1. Das Kirchen- und Rechtsverständnis der Reformation

1   Dem späteren 15. Jahrhundert als Zeit des wieder erstarkenden Papsttums folgte im 16. Jahrhundert die Reformation, die – von den Reformatoren nicht intendiert – zu einer Spaltung der Kirche und zur Bildung einer Vielzahl von Kirchen neben der Römisch-katholischen Kirche führte – und damit auch zu einer Vielzahl von Kirchenrechten.

Die Reformation fällt in eine Zeit erheblicher politischer, sozialer, technischer, wissenschaftlicher und geistiger Umbrüche, insofern seien nur die Stichworte: Bevölkerungszuwachs, wachsende Bedeutung der Städte und deren Wirtschaft, Reichsreform, Buchdruck, Entdeckung der Neuen Welt, Renaissance und Türkenkriege genannt. Auch die kirchlichen Streitfragen schwelten weiter – sowohl was abweichende Lehren, als auch was die Organisation der Kirche angeht. Das sprichwörtliche Renaissancepapsttum mit seinen weltlichen Erscheinungsformen und Repräsentationskosten rief weitere Kritik hervor. Die durch all dies verursachte geistige und geistliche Unsicherheit bildet den Hintergrund. Unmittelbarer Auslöser der Reformation war der Streit um den Ablass. Ablass ist der Nachlass zeitlicher Sündenstrafen durch die Kirche. Nach der Auffassung der Zeit konnte der Aufenthalt im Fegefeuer durch Ablass verkürzt werden. Dieser konnte für ein bestimmtes menschliches Verhalten gewährt werden, wie z.B. die Teilnahme an einem Kreuzzug oder andere, auch heute noch als gute Werke anerkannte Taten. Insofern hat der Ablass seinen Platz im Bereich der Bußpraxis. Er war aber auch vor der Reformation umstritten. Zum besonderen Anstoß wurde die Praxis, den Ablass gegen Entgelt zu gewähren und ihn zum Mittel kirchlicher Finanzierung, insbesondere der Kosten der päpstlichen Repräsentation, zu machen. Konfrontiert mit dem Verkauf von Ablassbriefen in der näheren Umgebung, richtete der Wittenberger Theologieprofessor Martin Luther 95 Thesen gegen die Ablasspraxis seiner Zeit. Ob diese Thesen tatsächlich am 31. 10. 1517 an die Schlosskirche zu Wittenberg geheftet wurden, oder lediglich an den Erzbischof von Magdeburg und einige andere gesandt wurden, ist nach wie vor umstritten. Jedenfalls wurden die Thesen, dem jungen Medium des Drucks zu Dank, rasch verbreitet. Offensichtlich trafen sie, wie auch weitere Schriften, mit denen Luther grundsätzlichere und tiefere Kritik an den kirchlichen (und weltlichen) Zuständen seiner Zeit übte[22], auf eine verbreitete Stimmung. Nur so ist der große und – gemessen an den Kommunikationswegen der Zeit – ungeheuer rasche Erfolg seiner Lehre zu erklären.

---

[22] Wichtige Schriften sind z.B. An den christlichen Adel deutscher Nation, 1520, Von der babylonischen Gefangenschaft der Kirche, 1520, Von der Freiheit eines Christenmenschen, 1520, Von weltlicher Obrigkeit, wieweit man ihr Gehorsam schuldig sei, 1523.

§ 4. Reformation und konfessionelles Zeitalter

Dieses kurze Lehrbuch ist nicht der Ort, Gründe, theologische Bedeutung und Verlauf der Reformation näher darzustellen. Unbestritten ist aber, dass die Reformation tiefgehenden Einfluss auf das Kirchenrecht, auf das Verhältnis von Kirche und weltlicher Obrigkeit und auf das Verständnis des Rechts überhaupt hatte. Wichtige Elemente der bisherigen kirchlichen Lehre wurden durch die Reformation in Frage gestellt.

Dazu gehört, für unseren Zusammenhang besonders wichtig, das Verständnis von der Leitung und den Ämtern der Kirche. Nach dem bis zur Reformation allgemein herrschenden Verständnis, wie es im Kern auch der heutigen römisch-katholischen Lehre zugrunde liegt, ist die Leitungsgewalt über die Kirche dem hierarchisch organisierten Klerus mit den Bischöfen (und dem Papst) an der Spitze vorbehalten. Deren Kirchengewalt umfasst die Weihe- und die Hirtengewalt. Erstere bedeutet die Befähigung zu gnadenvermittelndem Handeln, betrifft also rein geistliche Aspekte. Die Hirtengewalt dagegen umfasst die Leitung und Regierung der Kirche, die auch mit den Mitteln des Rechts und des Zwangs ausgeübt werden kann. Beides, sowohl die Existenz der Kirchengewalt in ihren beiden Ausprägungen als auch die hierarchische Struktur der Kirche, ist nach römisch-katholischem Verständnis göttliches Recht[23].

Demgegenüber besteht die Kirchengewalt nach der Lehre der Reformatoren allein in der Verkündigung des Wortes Gottes und der Verwaltung (Handhabung) der Sakramente[24] der Kirche. Sie wird allein durch das Wort, ohne menschlichen Zwang (sine vi sed verbo), ausgeübt[25]. Das Amt der öffentlichen Wortverkündigung und Sakramentsverwaltung ist ein einheitliches, nicht gestuftes Amt. Bischof, Priester bzw. Pastor sind alle Träger eines einheitlichen Amtes. Auch nach der Vorstellung der Reformation kann es freilich in der Kirche kirchenrechtliche Regelungen und dazugehörige Ämter mit rechtlichen Leitungsfunktionen geben. Sie beruhen aber allein auf menschlichem Recht und sind auch keinesfalls Klerikern vorbehalten.

Dieses Amts- und Kirchenverständnis bedeutete ein grundlegende Kritik an der Organisation der zeitgenössischen Kirche und eine Abkehr von deren Grundlagen. Es steht in engem Zusammenhang mit einer zweiten, für unseren Zusammenhang bedeutsamen Lehre, der häufig sog. Zwei Reiche – Lehre (richtiger: Zwei Reiche/ Zwei Regimenten – Lehre). Danach hat Gott die Menschen in zwei Reiche geteilt, das Reich der wahrhaft Glaubenden und das Reich der (sündigen) Welt. Beiden Reichen sind unterschiedliche Regierweisen (Regimente) zugeordnet. Die wahrhaft Glaubenden werden allein durch das Wort Gottes regiert. Sie bedürfen keiner Zwangsgewalt, weil sie aus Liebe zu Gott und den Nächsten den Geboten Gottes folgen und stets das Rechte tun. Dagegen handeln die sündigen Menschen, die nicht diesem Reich angehören, aus Eigennutz, suchen ihren Vorteil etc. Daher bedarf es, damit sie untereinander Frieden halten, der weltlichen, obrigkeitlichen Zwangsgewalt. Beide Reiche sind Gottes Reiche, beide Regimente Arten und Weisen, in der Gott die Welt regiert. Eine wichtige Forderung dieser Lehre besteht darin, dass beide Regierweisen nicht verwechselt werden dürfen. Zum wahren Glauben führt nur das Wort, nicht weltliche Zwangsgewalt. Ein Vorwurf der Reformatoren gegen die Kirche ihrer Zeit ist, dass gerade dagegen verstoßen werde. Die grundlegende

---
[23] S. die dogmatische Konstitution über die Kirche des 2. Vatikanischen Konzils „Lumen Gentium" (LG), 20, 28.
[24] Nach evangelischem Verständnis sind das Taufe und Abendmahl.
[25] CA 28, in: *VELKD* (Hrsg.), „Unser Glaube – die Bekenntnisschriften der evangelisch-lutherischen Kirche", 4. Aufl. 2000, Rdnr. 70.

Bedeutung der Zwei-Reiche/Zwei Regimenten Lehre für das evangelische Kirchenrecht ist im systematischen Zusammenhang näher zu beleuchten (s. u. § 24 Rn. 10 ff.).

4   Auch für das Verständnis des Wesens der Kirche hat die reformatorische Lehre grundlegende Bedeutung. Insofern wird betont, dass zwar die Kirche als Gottes Stiftung allezeit bestehe müsse. Zur Einheit dieser allgemeinen (= im eigentlichen Wortsinn: katholischen) Kirche sei aber lediglich erforderlich, dass das Evangelium im reinen Verständnis gepredigt und die Sakramente dem göttlichen Wort gemäß gereicht werden. Dass darüber hinaus überall die gleichen, von den Menschen eingesetzten Zeremonien eingehalten werden, ist dagegen nicht erforderlich. Es können also durchaus in unterschiedlichen Kirchen unterschiedliche Gebräuche, aber auch unterschiedliche Organisationsformen und rechtliche Ordnungen etc. eingeführt werden, ohne dass dadurch die wahre Einheit der Kirche in Frage gestellt wird. Zu unterscheiden ist also zwischen der einen universalen Kirche, zu deren Einheit nur die genannten Bedingungen erfüllt sein müssen, und den partikularen Kirchen in ihrer jeweils unterschiedlichen organisatorischen Gestalt, mit ihren unterschiedlichen Traditionen usw. Diese Kirchen als Organisation in ihrer jeweiligen historischen Gestalt sind nicht identisch mit der Kirche als Gemeinschaft der wahrhaft Glaubenden. Auch darauf ist in systematischem Zusammenhang noch näher einzugehen.

5   An dieser Stelle ist aber hervorzuheben, dass diese Lehren das Verständnis von der Kirche als einheitlicher hierarchischer Organisation unter der Leitung der Bischöfe und des Papstes in Frage stellten. Damit waren nicht nur rein akademische Streitfragen angesprochen, sondern zum einen grundlegende Dogmen über Gestalt und Recht der Kirche selbst. Der Papst verwarf bekanntlich Luthers Thesen und belegte Luther mit dem kirchlichen Bann. Zum anderen wurde aber auch die politische Ordnung durch die genannten Lehren herausgefordert. Wichtige Institutionen der Verfassung des (seit dem 15. Jahrhundert so genannten) Heiligen Römischen Reiches Deutscher Nation hatten auch Bedeutung und Funktion für die Kirche und umgekehrt – der Kaiser war Schirmherr und Vogt der Kirche, Bischöfe waren zugleich Reichsfürsten, wichtige Reichsämter wurden von den geistlichen Kurfürsten bekleidet.

Der kirchliche Bann gegenüber Luther musste nach Reichsrecht die weltliche Acht nach sich ziehen. Bei seinem Amtsantritt hatte allerdings Kaiser Karl V. in seiner Wahlkapitulation zugesagt, dass es dazu der vorherigen Anhörung des Betreffenden bedurfte. Daher wurde der Fall Luthers zum Gegenstand der Verhandlungen auf dem Reichstag in Worms 1521 gemacht. Als er dort seine Lehren nicht widerrief, wurde dann zwar die Acht verhängt. Da er bereits vorher den Reichtag verlassen hatte und wegen des ihm gewährten freien Geleits wurde sie nicht vollzogen und Luther auf Veranlassung seines Landesfürsten, des Kurfürsten von Sachsen, zum eigenen Schutz auf die Wartburg verbracht.

6   Der Erfolg der reformatorischen Schriften blieb kein rein publizistischer. In vielen Kirchen wurden ihre Lehren aufgenommen und „lutherisch" gepredigt. Für die weitere kirchenpolitische Entwicklung entscheidend war, dass auch Reichsfürsten und freie Reichsstädte die lutherischen Lehren unterstützten, aufnahmen und ihr Kirchenwesen in diesem Sinne zu reformieren begannen. Damit wurde die Reformation vollends zu einer Frage der großen Reichspolitik, der Einheit des Reiches und der Reichsverfassung. Auf dieser Ebene wurde das Anliegen der Reformation durch Reichsstände (Reichsfürsten und freie Reichsstädte) – insbesondere in den Verhandlungen des Reichstages – vertreten. Wichtige Dokumente der Reformation waren Akten des Reichtages, etwa die „Speyerer Protestation" von 1526, Grundlage der Bezeichnung „Protestanten", und vor allem die von evan-

gelischen Reichsständen als Zusammenfassung der reformatorischen Lehren in die Verhandlungen des Reichtages in Augsburg 1530 eingebrachte „Confessio Augustana" oder Augsburgische Konfession (oder Augsburgisches Bekenntnis), die von Philipp Melanchthon mit Zustimmung Luthers verfasst wurde und als gleichsam „amtliche Zusammenfassung" der wichtigsten Lehren zu einer der bedeutendsten Schriften der Reformation wurde.

2. Die „Zweite Reformation"

Ein zweiter Zweig der Reformation breitete sich vom Südosten, aus den damals noch zum Reichsverband gehörenden helvetischen Städten Zürich, Bern und Genf aus. Als Zürcher Reformator betonte Huldrych Zwingli (1484–1531) stärker als die lutherische Lehre die Einheit der christlichen und der bürgerlichen Gemeinde und hat auf dieser Grundlage ein städtisches Kirchenregiment mit deutlich staatskirchlichen Zügen errichtet. Wie Zwingli betonte der Genfer Reformator Johannes Calvin (1509–1564) stärker als Luther die unmittelbare Direktionskraft der Heiligen Schrift und der aus ihr ableitbaren Weisungen für die politische Ordnung, und für die Verfassung der Kirche in ihrer rechtlich geordneten Gestalt. Er entwarf eine Kirchenverfassung auf gegenüber der katholischen bischöflichen aber auch gegenüber der weltlichen Obrigkeit ganz eigenen Grundlagen. Freilich blieb die Verbindung der städtischen bzw. staatlichen Obrigkeit mit der Kirche im Kirchenleitungsgremium des Consistoire, in dem den Pfarrern und Laien die Gemeindeleitung oblag, erhalten, da die Laienvertreter durch den städtischen Rat gewählt werden sollten. Anders als die lutherische Reformation, die das Amt der Wortverkündigung und Sakramentsverwaltung als allein notwendiges kirchliches Amt ansieht und damit die Stellung der Pfarrer betont, entwickelt Calvin eine differenziertere Ämterverfassung, in der den Diakonen, den Lehrern und den Presbytern als Gemeindevorstehern bzw. -ältesten eine bedeutende Rolle zukommt. Zugleich wird, Konsequenz auch der Verwurzelung dieses „reformierten" Zweiges der Reformation in den Städten der Schweiz, die Rolle der Gemeinde bei der Kirchenzucht der Gemeindeglieder betont. Dabei wird die Versammlung der Amtsträger, die Synode oder das Presbyterium, zum tragenden kirchenleitenden Organ.

Als „zweite Reformation" breitete sich die zwinglianische und vor allem die calvinistische Lehre seit der Mitte des 16. Jahrhunderts über viele Städte Oberdeutschlands und im Westen des Reiches (sowie darüber hinaus bspw. in Frankreich und Schottland) aus[26]. Das Bedürfnis nach städteübergreifender Koordination fand Ausdruck in den aus den Vertretern der Presbyterien gebildeten Synoden, unter denen der Weseler Konvent und die Emder Synode für die Grundlegung einer presbyterial-synodalen Verfassung insbesondere für die niederländische Kirche besondere Bedeutung besitzen. In Deutschland waren solche presbyterialen und synodalen Strukturen vor allem für solche reformierten Kirchen kennzeichnend, die als Minderheitenkirchen unter fremdkonfessioneller, insbesondere katholischer Herrschaft überleben mussten. Daneben schlossen sich aber auch wichtige Territorialherrscher, namentlich der Kurfürst der Pfalz, calvinistischen Lehren an. Hier kamen die Kirchenleitungsstrukturen dem landesherrlichen Kirchenregiment lutherischer Prägung (dazu sogleich) nahe.

---

[26] Zur Bedeutung des Calvinismus für das Recht und seine Entwicklung jetzt grundlegend *Ch. Strohm*, Calvinismus und Recht, 2008.

3. Der Augsburger Religionsfrieden

8   Der Erfolg der Reformation war zunächst rasant und umfangreich. Zahlreiche Reichsstände folgten ihr, man spricht davon, dass bis zu 70 % des Reichsgebietes von der Reformation erfasst wurden. Die verwickelten politischen und kriegerischen Konflikte im Zeitalter und im Zusammenhang mit der Reformation können hier nicht dargestellt werden. Neben dem Bauernkrieg (1525) sei hier nur auf den „Schmalkaldischen Krieg" (1546/47) der im gleichnamigen Bund zusammengeschlossenen evangelischen Reichsstände gegen den Kaiser und die sich anschließenden Auseinandersetzungen hingewiesen. Insgesamt konnte sich weder die Reformation überall im Reich durchsetzen noch hatte die auf ihre Rückdrängung zielende Politik des die gesamte Reformationszeit bis zur vorläufigen Klärung der durch sie hervorgerufenen Verfassungskrise regierenden Kaiser Karls V. Erfolg. Diese Klärung brachte der Augsburger Religionsfrieden (AR) von 1555 mit sich, der trotz seines eigentlich gedachten vorläufigen Charakters den Grund für Regelungen legt, die die weitere Geschichte des Reichs bis zu seinem Ende 1806 prägten und deren Auswirkungen noch heute erkennbar sind.

9   Die für die religiösen und kirchlichen Verhältnisse grundlegende Regelung – neben der Anordnung des Friedens zwischen den Religionsparteien – enthält § 20 AR. Danach wurde die geistliche Jurisdiktion der Bischöfe, die mit wenigen Ausnahmen der Reformation nicht gefolgt waren, über die Angehörigen der Augsburgischen Konfession, also die Evangelischen, suspendiert. Das bedeutete unter anderem, dass diese nicht mehr als Ketzer verfolgt wurden. Damit war in der Sache durch das Reichsrecht das Augsburger Bekenntnis als zweite Religion im Reich anerkannt und die konfessionelle Spaltung Deutschlands rechtlich besiegelt. Grundlegend war weiterhin der in §§ 15 und 16 AR zum Ausdruck kommende Grundsatz, dass die Reichsstände, also die Fürsten und die Reichsstädte, über die Konfession in ihrem Land zu entscheiden hatten. Dieses war das „ius reformandi", das später mit der griffigen Formel „cuius regio, eius religio" (wes Land, des Religion) umschrieben wurde[27]. Während also auf der Ebene des Reiches die zwei Konfessionen nebeneinander existieren sollten, waren die einzelnen Territorien des Reiches – z. B. das Kurfürstentum Sachsen oder das Herzogtum Bayern, grundsätzlich auch die Reichsstädte – konfessionell einheitlich, entweder evangelisch oder katholisch. Die Wahl zwischen den beiden Konfessionen hatten also nur die Reichsstände. Das entspricht den Verfassungszuständen der frühen Neuzeit, in denen neben dem König bzw. Kaiser nur die Reichsstände überhaupt Parteien des Verfassungsrechts waren. Den einzelnen Bürgern wurde dagegen diese Freiheit des Religionswechsels nicht eingeräumt. Immerhin aber erhielten auch sie in § 24 AR ein Recht zugestanden, nämlich das Recht, aus Religionsgründen aus einem Reichsterritorium auszuwandern (ius emigrandi).[28]

Nicht ausdrücklich in den Augsburger Religionsfrieden einbezogen waren die Reformierten, wobei ohnehin zum Zeitpunkt des Friedens die beiden evangelischen Bekenntnisstände noch nicht fest abgrenzbar und konsolidiert waren. So ergaben sich in der Folge Zweifel und Streitigkeiten darüber, ob die Reichsstände, die sich calvinistischen Lehren zuwandten, zu den „Anhängern der

---

[27] Diese Formel findet sich in den Rechtstexten nicht: Sie stammt von dem evangelischen Juristen *Joachim Stephani*.
[28] Ob man dies mit Martin Heckel, Deutschland im konfessionellen Zeitalter, 1983, S. 48 als Vorläufer der individuellen Religionsfreiheit einstufen möchte, ist eine Wertungsfrage. Dagegen spricht, dass den Individuen in einem Herrschaftsgebiet ja gerade nicht die Freiheit der Religionswahl zugebilligt wurde.

Augsburgischen Konfession" zu zählen waren. Allen innerevangelischen Kontroversen zum Trotz haben die lutherischen Stände an der politischen Zugehörigkeit der Reformierten zur Augsburgischen Konfession festgehalten, so dass dies auch Grundlage für den – freilich prekären – Schutz der Reformierten im Reichsverband bildete. Erst im westfälischen Frieden wurde die reformierte Konfession als drittes Bekenntnis, allerdings als Teil der Anhänger des „Augsburgischen Konfession" anerkannt.

Von dem Grundsatz des freien Religionswechsels der Reichsstände enthielt der Augsburger Religionsfrieden eine wichtige Ausnahme, nämlich den sog. „geistlichen Vorbehalt". Danach stand das ius reformandi den geistlichen Reichsständen, den Fürstäbten und Fürstbischöfen, zu denen auch die drei geistlichen Kurfürsten von Mainz, Köln und Trier gehörten, nicht zu. Diese konnten zwar persönlich ihre Konfession wechseln, verloren aber ihr Amt und ihre Herrschaft mit den daraus resultierenden Einnahmen. Damit war auch gesichert, dass die Mehrheit der Kurfürsten römisch-katholisch blieb.[29]

Der Augsburger Religionsfrieden hat mit seiner Anerkennung des Augsburger Bekenntnisses und der Aussage, dass die Landesherrn die Wahl zwischen den nunmehr zwei anerkannten Religionen hatten und das Kirchenwesen in ihrem Territorium im Sinne der gewählten Religion einrichten konnten, den vorher bereits eingeschlagenen Weg zur Spaltung des Kirchenwesens rechtlich verfestigt. War es an sich Absicht der Reformatoren gewesen, die eine, nämlich die Kirche alten Glaubens zu reformieren, war das Ergebnis, dass nunmehr zwei Kirchen nebeneinander standen, und zwar Kirchen mit je eigenem Kirchenrecht, das ganz unterschiedlichen Grundsätzen folgte. Der Augsburger Religionsfrieden bedeutete auch die Anerkennung eines zweiten, des evangelischen Kirchenrechts.

Das wohlaustarierte System des Augsburger Religionsfriedens hatte zur Folge, dass in Deutschland zwei unterschiedliche Arten und Weisen, mit religiösen Konflikten rechtlich umzugehen, nebeneinander standen: Religiöse bzw. konfessionelle Geschlossenheit auf der Ebene der Territorien, Koexistenz und Gleichheit zweier verschiedener Konfessionen im Reich. Letzteres wies den Weg in Richtung auf religiöse Freiheit und langfristige Säkularisierung. Ersteres war ein wesentlicher Faktor bei der Entwicklung mancher größerer Territorien in Richtung einer modernen Staatlichkeit insofern, als die landesherrliche Kontrolle über das Kirchenwesen und die damit verbundenen Angelegenheiten, z.B. im Schul- und Fürsorgewesen, erhebliche Bedeutung für die Konsolidierung der Herrschaft des Landesherrn hatte.

4. Die Entstehung des Landesherrlichen Kirchenregiments

Der Begriff „Landesherrliches Kirchenregiment" bezeichnet eben die Herrschaftsgewalt der Landesherrn (insbes. der Reichsfürsten) über die evangelische Kirche ihrer Territorien im Heiligen Römischen Reich Deutscher Nation. Die Epoche des Landesherrlichen Kirchenregiments in Deutschland reichte vom 16. bis zum Beginn des 20. Jahrhunderts. Seine Entwicklung beginnt mit der Notwendigkeit, das entstehende evangelische Kirchenwesen zu ordnen, nachdem sich die Hoffnung, die reformatorischen Forderungen innerhalb der römisch-katholischen Kirche durchzusetzen, nicht verwirklichte. Da die Bischöfe als die Träger der

---

[29] Im Gegenzug zu diesem Vorbehalt, der lediglich als einseitige Anordnung des Kaisers, nicht als übereinstimmender Beschluss des Kaisers und der Reichsstände, in den Frieden aufgenommen wurde (was später zu Auseinandersetzungen über seine Gültigkeit führte), gewährte der vom Kaiser mit den Verhandlungen betraute König Ferdinand, sein Bruder, in der außerhalb des Friedens stehenden sog. „Declaratio Ferdinandea" den evangelischen Ritterschaften, Städte und Kommunen katholischer Landesherrn Schutz ihrer Religionsausübung – auch dies ein Quell rechtlicher Auseinandersetzungen.

Kirchengewalt der Reformation nicht folgten, konnten deren Kirchenleitungsbefugnisse in den entstehenden evangelischen Kirchen nach den politischen Machtverhältnissen nur durch die evangelischen Territorialherren (bzw. die Reichsstädte), übernommen und ausgeübt werden. Dabei war ein erheblicher Einfluss des Fürsten auf die Kirche in ihrem Herrschaftsbereich in der Verfassungsordnung des Reiches nichts Unbekanntes, wie das bereits erwähnte „vorreformatorische landesherrliche Kirchenregiment" zeigt. Nunmehr konnte es bei den evangelischen Landesherrn mit der Suspension der geistlichen Jurisdiktion der katholischen Bischöfe über die Anhänger der Augsburgischen Konfession in § 20 des Augsburger Religionsfriedens und dem in § 15 eingeräumten jus reformandi, dem Recht der Territorialherren zur Bestimmung des Bekenntnisses, begründet werden.

Während das landesherrliche Kirchenregiment in den Territorien evangelischer Reichsfürsten obrigkeitlich-monarchischen Charakter besaß, bildete sich ein anderer Typus in den Reichsstädten, vor allem in Oberdeutschland, heraus. Diese waren reichsunmittelbar, standen also nicht unter einer landesherrlichen Obrigkeit. Hier lag daher die Sorge um das Kirchenwesen in der Hand der durch den Magistrat repräsentierten städtischen Bürgerschaft[30]. Ein Kirchenregiment konnten teilweise auch die Reichsritter ausüben.

14 Schon sehr frühe Rechts- und Organisationsbildungen eines evangelischen Kirchenwesens zeigten Charakterzüge des Landesherrlichen Kirchenregiments. Hier ist an erster Stelle und beispielhaft die kursächsische Visitation (visitatio = lat. für „Besuch"), d. h. die Überprüfung des Kirchenwesens in Kursachsen durch Städte und Dörfer aufsuchende Kommissionen, auf der Grundlage der kurfürstlichen Visitationsinstruktion von 1527 zu nennen. Hier angelegte Merkmale des landesherrlichen Kirchenregiments sind 1. die Tatsache, dass die Visitation als landesherrliche Maßnahme durchgeführt wurde, 2. das Amt des Superintendenten mit seiner Funktion als Visitator und 3. die Tatsache, dass die Visitation gemeinsam durch Theologen und Juristen, d. h. „geistliche" und „weltliche" Amtsträger durchgeführt wurde. Dieses Charakteristikum setzt sich fort in der Besetzung der seit der Mitte des 16. Jahrhunderts eingerichteten Konsistorien mit Theologen und „Politici", d. h. Juristen. Das *Konsistorium*, zunächst vor allem als Gericht in „kirchlichen" Sachen (zu denen z. B. auch Ehesachen gehörten) konzipiert, wird zur ständigen Leitungsbehörde der evangelischen Territorialkirche. Die Konsistorien sind dabei zwar landesherrliche Behörden, aber immerhin spezielle Behörden für das Kirchenwesen und die kirchlichen Angelegenheiten. Die zweite prägende Institution der evangelischen Kirchen unter dem landesherrlichen Kirchenregiment ist das *Amt des Superintendenten* als eines Pfarrers in einem kirchenleitenden Amt. Ausgestattet mit den typisch bischöflichen Funktionen der Ordination und der Visitation steht es an sich für das evangelische Bischofsamt. Allerdings sind die Superintendenten gleichsam Funktionäre des Landesherren, der selbst Träger der bischöflichen Leitungsbefugnisse ist. Er ist insofern der oberste Bischof seines Territoriums – dies kommt in der Bezeichnung des Landesherrn als „Summus Episcopus" und des Landesherrlichen Kirchenregiments als „landesherrliches Summepiskopat" zum Ausdruck. Freilich beschränkt sich dieses „Bischofsamt" auf die äußere Leitung der Kirche. Selbstverständlich haben die evangelischen Landesherrn das geistliche Amt nicht selbst ausgeübt.

15 Die Übernahme von kirchlichen Ordnungsfunktionen durch die Territorialherren konnte von den Reformatoren als legitimer Hilfs- und Notdienst verstanden werden, den der Landesherr nicht als Inhaber der Staatsgewalt, sondern als beson-

---

[30] Freilich war die Fähigkeit, sich am städtischen Magistrat zu beteiligen, vielfach auf eine sehr eingeschränkte Zahl von Bürgern, auf ein Patriziat, beschränkt.

ders vornehmes Glied der Kirche, als praecipuum membrum ecclesiae leistete: weil die kirchlichen Verhältnisse in einer Situation geordnet werden mussten, in der es durch das (aus evangelischer Sicht) Versagen der Bischöfe und die prekäre Situation der evangelischen Kirche nicht anders ging, als dass der Fürst die Ordnung des Kirchenwesens übernahm. Dieses „Notamt" sollte aber bis ins 20. Jahrhundert überdauern. Als Grundlage des landesherrlichen Kirchenregiments wurde die „cura religionis" des Landesherrn verstanden, seine Sorge um die Religion, die eine „custodia utriusque tabulae" beinhaltet, sein Wächteramt über beide Tafeln des Dekalogs: Dies bezieht nicht nur die das Verhältnis unter den Menschen betreffenden Gebote der zweiten Tafel, sondern auch das Wächteramt über die das Verhältnis des Menschen zu Gott betreffenden Gebote der ersten Tafel mit ein, d. h. die Sorge um die Ausbreitung des Evangeliums im rechten Verständnis. Das landesherrliche Kirchenregiment erscheint damit als eine genuin landesherrliche, mit seiner politischen Stellung im Territorium verbundene Aufgabe. Die Berufung auf die durch den Augsburger Religionsfrieden suspendierte geistliche Jurisdiktion der Bischöfe tritt als juristische Begründung dazu.

Das landesherrliche Kirchenregiment umfasste neben und als Teil von jus reformandi und cura religionis u. a. die Berufung der Geistlichen, Vorschriften über deren Amtsführung, die Visitation, die kirchliche Gesetzgebung, die Vermögensverwaltung etc., also weite Teile des kirchlichen Lebens. Die Kirchenordnungen des 16. und 17. Jahrhunderts, die auch und vor allem Vorschriften über die Gottesdienstgestaltung und die christliche Lehre enthielten, wurden dementsprechend zwar von Theologen verfasst, aber durch die Obrigkeit erlassen. Mit der Ausbildung des landesherrlichen Kirchenregiments einher ging auch eine „Verstaatlichung", eine Übernahme bisher allein von der Kirche wahrgenommener Aufgaben in die landesherrliche Sorge – etwa im Bereich des Bildungswesens.

5. Das Konzil von Trient und das Katholische Kirchenrecht

Noch in der Mitte des 16. Jahrhunderts und auch nach dem Augsburger Religionsfrieden gab es Versuche, die konfessionelle Spaltung aufzuhalten. Die Notwendigkeit einer Reform der „alten", der römisch-katholischen Kirche wurde durchaus gesehen und die Forderung nach einem allgemeinen Konzil zur Lösung der religiösen Streitfragen wurde auch von Vertretern des „alten Glaubens" vorgetragen und politisch unter anderem vom Kaiser unterstützt. Das dann einberufene Konzil von Trient, das in mehreren Perioden zwischen 1545 und 1563 tagte, konnte aber die konfessionellen Streitfragen nicht lösen. Nur zeitweise nahmen einige wenige Vertreter des Protestantismus am Konzil teil. Sie wurden auch nicht zur gleichberechtigten Teilnahme zugelassen. So konnte das Konzil von Trient die Spaltung nicht mindern oder abwenden. Es hat aber einige auch für das Kirchenrecht wichtige Entscheidungen getroffen, damit zur Klärung und Festigung der katholischen Position beigetragen und war daher im Ergebnis eher ein Beitrag zur Konfessionalisierung.

Mit dem Begriff „Konfessionalisierung" wird in der Geschichtswissenschaft u. a. versucht, die „Gegenreformation" nicht lediglich als negative Reaktion der katholischen Gesamtkirche auf eine Abspaltung der Protestanten zu sehen, sondern zu betonen, dass im 16. Jahrhundert auf beiden Seiten ein Prozess der Ausbildung und Konsolidierung der eigenen Position stattfand. In der Tat war bis weit in die Mitte des 16. Jahrhunderts hinein und z. T auch darüber hinaus die Unterscheidung von „evangelisch" und „katholisch" und der jeweiligen Organisation keineswegs überall verfestigt, existierten Misch- und Übergangsformen.

Zu den für das Kirchenrecht wichtigen Ergebnissen des Konzils gehört die Festlegung der noch heute gültigen Eheschließungsform, wonach sich die Ehegatten das Sakrament der Ehe in Gegenwart von zwei Zeugen und in Gegenwart eines Priesters spenden. Damit wurde das praktisch wichtige Problem der „klandestinen" (geheimen) Ehen rechtlich gelöst, das auch für die Reformatoren und das entstehende evangelische Eherecht von erheblicher Bedeutung war[31].

Umfassende Reformen betrafen die zentralen Institutionen der Kirche – sie stärkten insbesondere die Rolle des Kardinalskollegiums und die Einrichtungen der zentralen Ämter und Kongregationen. Ferner wurden päpstliche Gesandtschaften (Nuntiaturen) mit der Aufgabe der Durchsetzung der Interessen des Heiligen Stuhls und der kirchenreformerischen Maßnahmen in den einzelnen Ländern bzw. Territorien betraut. In der Verfassung der Diözesen wurde die Stellung der Bischöfe gestärkt, aber auch deren Gehorsam gegenüber dem Heiligen Stuhl betont. Im Recht der Kleriker wurden deren Bindungen und Qualifikationsvoraussetzungen verschärft.

20   Weitere, nicht unmittelbar mit dem Konzil zusammenhängende Maßnahmen, die die katholische Lehre festigen sollten, waren die notorische Errichtung des Index librorum prohibitorum, des Verzeichnisses verbotener Bücher, und die Einrichtung der römischen Inquisition als oberstes päpstliches Glaubensgericht. Dabei muss man sich aber davor hüten, undifferenziert die schreckliche Bilanz der „Inquisition" in manchen Ländern mit dieser Instanz zu identifizieren. Zusammen mit wichtigen Ordensneugründungen, von denen diejenige der Jesuiten die bekannteste ist, werden all diese Maßnahmen zu den wichtigen Bausteinen der „Gegenreformation" gezählt, mit der die römisch-katholische Kirche und die katholischen Herrscher der Ausweitung des Protestantismus entgegenwirkten und dabei erheblichen Erfolg hatte. Dieser den reaktiven Charakter betonende Begriff darf aber nicht verdecken, dass mit den Reformen um die Mitte des 16. Jahrhunderts die katholische Kirche sowohl im Glauben als auch in Organisation und Recht konsolidiert und modernisiert wurde. Die Erarbeitung der amtlichen Edition des CorpJC (s. o. § 3 Rn. 13) darf ebenfalls in diesen Zusammenhang gestellt werden.

In der Folge und als Teil der „Gegenreformation" mussten die Protestanten aber in den katholischen Territorien, namentlich in denen der Habsburger, Unterdrückung und Verfolgung erleiden, so dass sie in solchen Ländern z. T. nur als „Untergrundkirchen" überleben konnten, wenn überhaupt. Die wiederholte Vertreibung österreichischer Protestanten gehört in diesen Zusammenhang.

21   Zu den Ergebnissen des konfessionellen Zeitalters gehört auch im katholischen Bereich die Stärkung der landesherrlichen gegenüber der Reichsebene und – bei aller Konsolidierung der Kirche in der „Gegenreformation – damit einhergehend, wenn auch je nach Territorium mit unterschiedlichem Erfolg und Ausmaß, das damit verbundene Bestreben der Landesherrn, Einfluss auch auf das Kirchenwesen ihres Gebietes zu nehmen. Auch wenn es, u. a. wegen der unangetasteten kirchlichen Gewalt und Jurisdiktion der Bischöfe und der Existenz der Gesamtkirche mit dem Papsttum, kein landesherrliches Kirchenregiment im formellen Sinne über die katholische Kirche gegeben hat, so doch erhebliche, den Zuständen in den protestantischen Territorien z. T. wenig nachstehende Formen landesherrlicher Einflussnahme auf die kirchliche Organisation und die Besetzung ihrer Ämter.

---

[31] *R. Frassek*, Eherecht und Ehegerichtsbarkeit in der Reformationszeit (Jus Ecclesiasticum, Bd. 78), 2005; *ders.* „Diese Meinung ist recht" – Die Konstituierung eines evangelischen Eherechts in Kursachsen, in: *C. Strohm/H. de Wall* (Hrsg.), Konfession und Jurisprudenz in der Frühen Neuzeit, 2009, S. 47–67.

§ 5. Staat, Kirche und Kirchenrecht im 17. und 18. Jahrhundert

Literatur: *M. Heckel*, Deutschland im konfessionellen Zeitalter, 2001², S. 100 ff.; *ders.*, Gesammelte Schriften; *C. Link*, Kirchliche Rechtsgeschichte, 2008, §§ 15 f. (Lit.); *ders.*, Staat und Kirche, 2000, S. 20 ff.; *R. Zippelius*, Staat und Kirche, 1997, S. 86 ff.
Zu I.: *J. Burkhardt*, Der Dreißigjährige Krieg, 1992; *F. Dickmann*, Der Westfälische Frieden, 1998⁷; *M. Frisch*, Das Restitutionsedikt Kaiser Ferdinands II. vom 6. März 1629, 1993; *B. M. Krämer*, Der Westfälische Friede in der Deutung der Aufklärung, 1989; *K. Repgen*, Dreißigjähriger Krieg und Westfälischer Frieden, 1998.
Zu II.1.: *C. Link*, Herrschaftsordnung und Bürgerliche Freiheit, 1979; *ders.*, Souveränität – Toleranz – evangelische Freiheit. Staatsrechtliche und theologische Aspekte in der „territorialistischen" Begründung staatlicher Kirchenhoheit, ZRG Kan. Abt. 86 (2000), S. 414 ff.; *P. Landau*, Das Kirchenrecht des Allgemeinen Landrechts für die Preußischen Staaten im 19. Jahrhundert, in: B. Dölemeyer/H. Mohnhaupt (Hrsg.), 200 Jahre Allgemeines Landrecht für die Preußischen Staaten, 1995, S. 145 ff.; *K. Schlaich*, Kollegialtheorie. Kirche, Recht und Staat in der Aufklärung, 1969; *ders.*, Der rationale Territorialismus, ZRG Kan. Abt. 54 (1968), S. 269 ff.; *H. de Wall*, Spannungen und Paradoxien im rationalen Territorialismus, ZRG Kan. Abt. 92 (2006), S. 554 ff.
Zu II.2: *H. E. Feine*, Kirchliche Rechtsgeschichte⁵, 1972, § 44–46; *P. Barton* (Hrsg.), Im Zeichen der Toleranz, 1981; *H. Klueting* (Hrsg.), Josephinismus, 1995; *ders.* (Hrsg.), Katholische Aufklärung, 1993; *E. Kovács* (Hrsg.), Katholische Aufklärung und Josephinismus, 1979; *P. Landau*, Zu den geistigen Grundlagen des Toleranzpatents Josephs II., ÖAKR 32 (1981), S. 187 ff.; *C. Link*, Protestantismus in Österreich, 2007, S. 24 ff. *W. Reinhard*, Die Verwaltung der Kirche, in Dt. Verw. geschichte, Bd. 1, S. 143 ff. (171 ff.); *E. Winter*, Josephinismus, 1962²; *W. Wüst* (Hrsg.), Geistliche Staaten in Oberdeutschland im Rahmen der Reichsverfassung, 2002.

I. Der Westfälische Frieden

Auch der Augsburger Religionsfrieden hat die konfessionellen Verhältnisse im Reich nicht auf Dauer befrieden können. In den letzten Jahrzehnten des 16. Jahrhunderts verschärften sich erneut konfessionelle Konflikte und Auseinandersetzungen um seine Auslegung, die z. T. zur Lähmung der Reichsorgane führten. Die Konflikte kulminierten schließlich im dreißigjährigen Krieg, womit natürlich nicht behauptet werden soll, dass dieser nur ein Glaubenskrieg gewesen wäre. In ihm bündeln sich Konflikte zwischen Kaiser und Reichsfürsten, zwischen evangelischen und katholischen Ständen und schließlich internationale Konflikte. Das alles kann hier nicht nachgezeichnet werden. Für das Kirchenrecht festzuhalten sind aber einige seiner Ergebnisse, wie sie im Westfälischen Frieden, genauer: dem Osnabrücker Friedensvertrag zwischen Kaiser, Reichsständen und dem schwedischen König (Instrumentum Pacis Osnabrugense, IPO) vom 24. 10. 1648, niedergelegt sind. Zwar wurde der Ausgsburger Religionsfrieden und mit ihm das ius reformandi bestätigt, aber zugleich erheblich durch die „Normaljahresregelung" eingeschränkt. Danach war die Religionsausübung, sofern sie irgendwann im Jahre 1624 rechtmäßig gewesen war, auch weiterhin garantiert. Wenn also an einem Ort im Jahre 1624 die öffentliche Ausübung der Augsburger Konfession erlaubt war, blieb sie auch in Zukunft unter einem katholischen Landesherrn erlaubt. Damit wurde die konfessionelle Landkarte Deutschlands für lange Zeit fixiert. Erst die Bevölkerungswanderungen nach dem zweiten Weltkrieg haben sie nachhaltig verändert. Für die individuelle Religionsfreiheit einen Fortschritt bedeutete es weiterhin, dass Untertanen mit abweichendem (katholischen oder Augsburgischen) Bekenntnis auch in anderskonfessionellen Territorien geduldet, nicht in ihrer „stillen Hausandacht" und nicht am „Auslaufen", d. h. dem Besuch eines Gottesdienstes ihrer Konfession in einem Nachbarterritorium, gehindert werden sollten.

1

2   Die Reichsverfassung kannte drei verschiedene Formen der Religionsausübung mit je unterschiedlichem Schutz: 1. das exercitium publicum, d. h. die volle, öffentlich sichtbare Religionsausübung, 2, das exercitium privatum, z. B. die Feier des Gottesdienstes in einem nicht nach außen als Kirche erkennbaren „privaten" Gebäude und ohne dass durch Glockengeläut o. dgl. dazu öffentlich eingeladen wurde, und 3. die devotio domestica, die „stille" Hausandacht. Stufen der Religionsfreiheit sind noch heute an der Formulierung des Art. 4 I GG „Freiheit des Glaubens, des Bekenntnisses und der Religionsausübung", erkennbar.

3   Die Reformierten wurden nunmehr ausdrücklich in die Regelungen des Friedens einbezogen und damit als dritte Konfession reichsrechtlich anerkannt, freilich als Teil der „Augsburgischen Konfession", Art. VII IPO.

Im IPO wurde als allgemeiner Grundsatz derjenige der „exakten und wechselseitigen Gleichbehandlung der Konfessionen (aequalitas exacta mutuaque), Art. V § 1 IPO fixiert. In Religionsangelegenheiten sollten ferner Mehrheitsbeschlüsse im Reichstag ausgeschlossen werden und Entscheidungen nur durch gütlichen Vergleich (amicabilis compositio) herbeigeführt werden können.

Damit war reichsrechtlich für die Reichsstände der bestmögliche Gewissensschutz erreicht und ein Prinzip verwirklicht, das für Gewissens- und Religionsangelegenheiten heute für jedermann durch die Grundrechte der Glaubens- und Gewissensfreiheit gesichert wird. Auch eine noch so starke Mehrheit findet ihre Schranke im Schutz des Gewissens und des Glaubens der Minderheit, ja eines Einzelnen.

4   Verfahrensrechtlich abgesichert wurde dieser Ausschluss von Mehrheitsentscheidungen durch das Institut der „itio in partes", das in Art. V § 52 IPO vorgesehen war: Danach trat der Reichstag in derlei Fragen zunächst getrennt nach den beiden Konfessionen (hier wirkt sich aus, dass das Reformierte Bekenntnis als Teil der Augsburgischen Konfession behandelt wurde) auseinander um die jeweilige konfessionelle Position festzulegen, danach fand der Versuch der gütlichen Einigung statt. So waren die Reichsstände im Reichstag, quer zu der Gliederung in die Kurien der Kurfürsten, der Fürsten und der Städte, auch in das „Corpus Evangelicorum" und das „Corpus Catholicorum" geteilt. Das Corpus Evangelicorum der evangelischen Minderheit hat dabei besondere Bedeutung für die Koordination der Reichspolitik der evangelischen Stände erlangt.[32]

Der Westfälische Friede hat einen Modus für die Auseinandersetzungen über die Religionsverhältnisse im Reich für die nächsten 150 Jahre gefunden und so die Konflikte des „konfessionellen Zeitalters" befriedet. Er hat ferner die landesherrlichen und städtischen Befugnisse im jeweiligen Kirchenwesen einerseits bestätigt und stabilisiert, andererseits aber auch zugunsten eines gewissen Minderheitenschutzes eingeschränkt. Die Bestätigung der landesherrlichen Rechte in ecclesiasticis steht in Einklang und ist Element der allgemeinen Stärkung der landesherrlichen Territorialgewalt durch und nach dem Westfälischen Frieden.

II. Staat und Kirche im Zeitalter von Naturrecht und Aufklärung

1. Evangelisches Kirchenrecht und landesherrliches Kirchenregiment im 17. und 18. Jahrhundert

5   Diesem Trend entsprechend gelangte das evangelische Kirchenwesen im Verlauf des 17. und 18. Jahrhunderts immer weiter in den Einflussbereich des Landesherren

---

[32] *F. Wolff*, Corpus Evangelicorum und Corpus Catholicorum auf dem Westfälischen Friedenskongreß, 1966; *U. Belstler*, Die Stellung des Corpus Evangelicorum in der Reichsverfassung, 1968; *M. Becker*, Corpus Evangelicorum und Corpus Catholicorum, ZRG Kan. Abt. 95 (2009) (im Erscheinen).

und seines Kirchenregiments. In den evangelischen Territorien hatte das landesherrliche Kirchenregiment einen nicht unwesentlichen Anteil an der Ausbildung und Konsolidierung der landesherrlichen Gewalt und damit der Herausbildung von „Staatlichkeit", die in Deutschland, im Unterschied zu West- und Nordeuropa eben nicht auf der Reichs- oder zentralstaatlichen Ebene, sondern in den größeren Territorien erfolgte.

Zwar wurde im Rahmen der „Drei-Stände-Lehre"[33] versucht, den Landesherrn bei Ausübung seines Kirchenregiments an die Mitwirkung des geistlichen Standes zu binden und damit eine gewisse kirchliche Eigenständigkeit zu bewahren. Jedoch wurde sein Kirchenregiment in der Lehre des 17. und vor allem des 18. Jahrhunderts immer mehr als Teil der territorialen Herrschafts- bzw. Staatsgewalt aufgefasst. Die juristische Begründung des landesherrlichen Kirchenregiments erfolgte dabei nicht mehr auf der Grundlage der reichsrechtlichen Suspendierung der bischöflichen Jurisdiktion in § 20 AR und deren Ausübung durch den Landesherrn („Episkopalsystem"), sondern es wurde als integraler Bestandteil der Territorialgewalt (bzw. der Souveränität) selbst verstanden („Territorialismus"). Darüber hinaus wurde durch die Theoretiker des „Territorialismus" (insbes. *Christian Thomasius* und *Justus Henning Böhmer*, Juristen an der 1694 gegründeten Universität in Halle (Saale)) auch der Umfang der landesherrlichen Befugnisse denkbar ausgeweitet. Die damit verbundene „Verstaatlichung" der evangelischen Kirchen beschränkte sich nicht allein auf die Theorie. So wurden etwa die Konsistorien im 18. Jahrhundert z. T. den Ressorts der allgemeinen staatlichen Verwaltung unterstellt.

Dabei war das Anliegen der „Territorialisten", die der frühen Aufklärung zuzuordnen sind, keinesfalls eine Unterdrückung der religiösen Autonomie der Individuen. Diese sahen sie aber vor allem durch klerikale Tendenzen in den evangelischen Kirchen gefährdet und setzten daher auf den Staat zur Sicherung der – auch innerkirchlichen – Toleranz. Dieser war aber nicht zur Definition und Durchsetzung der religiösen Wahrheit oder Unterdrückung abweichender Lehren o. dgl. befugt. Die Absicht, die Religionsfreiheit des Individuums zu sichern, ging aber einher mit der weitgehenden Beseitigung der Autonomie der Kirche.

Ansätze zu einer stärkeren kirchlichen Eigenständigkeit bot die Theorie des „Kollegialismus" oder „Kollegialsystems", die als Reaktion auf den Territorialismus fast zeitgleich mit diesem im 18. Jahrhundert formuliert wurde. Danach kommt der Kirche wie jedem Zusammenschluss von Menschen eine gewisse Autonomie zu. Kirchen werden hier – jedenfalls soweit es um ihre Einordnung in die Rechtsordnung geht – unabhängig von ihrem Charakter als göttliche Stiftung als Gemeinschaften oder Verbände („collegia") betrachtet wie jeder andere Verband auch. Ihre Besonderheit liegt nur darin, dass sie der Verfolgung religiöser Zwecke dienen. Der Begriff der Religionsgemeinschaft, der auch im Grundgesetz verwendet wird, hat hier seine Wurzel. Nach der Theorie des Kollegialismus können innerkirchliche Leitungsbefugnisse des Landesherrn (iura in sacra), sein Kirchenregiment, nur auf einen innerkirchlichen Rechtstitel gegründet werden, nämlich die Übertragung der kirchlichen „Verbandsgewalt". Davon werden die auf der landesherrlichen Souveränität gegründeten Aufsichtsrechte, die Kirchenhoheit (ius circa sacra) getrennt. Diese Unterscheidung gewann freilich erst im 19. Jahrhundert größere und prakti-

---

[33] Die Drei-Stände-Lehre, für die auf Luther zurückgegriffen werden konnte, unterscheidet den ordo politicus, den ordo ecclesiasticus und den ordo oeconomicus, d.i. der Stand der Hausväter. Für das Kirchenrecht von Bedeutung ist dabei insbesondere, dass der Fürst als Repräsentant des politischen Standes Entscheidungen in Kirchensachen nicht allein treffen, sondern dass er dabei an die Mitwirkung des geistlichen Standes, des ordo ecclesiasticus, gebunden sein sollte. Zur Drei-Stände-Lehre s. *M. Honecker*, Cura religionis, 1968, *M. Heckel*, Staat und Kirche, 1968, insbes. S. 139 ff.

sche Bedeutung. Der Kollegialismus bildete, wie Episkopalsystem und Territorialismus, eine Theorie zur Erklärung und Rechtfertigung des landesherrlichen Kirchenregiments. Alle drei Theorien dürfen dagegen nicht als umfassende evangelische Kirchenrechtssysteme oder -theorien missverstanden werden.

7   Für die evangelische Kirchenrechtswissenschaft und -praxis der frühen Neuzeit ist vielmehr über lange Zeit der Versuch charakteristisch, die Regeln des kanonischen Rechts soweit zu übernehmen und sie ggf. umzuinterpretieren, wie dies mit reformatorischen Grundsätzen vereinbar war. Gegen Luther, der das päpstliche Recht drastisch kritisierte und verwarf, haben schon die frühen evangelischen Kirchenrechtler an der Geltung des Corpus Iuris Canonici festgehalten[34] – aber natürlich nur, soweit seine Regelungen mit dem evangelischen Verständnis in Einklang gebracht werden konnten. Die Frage der Anwendbarkeit des kanonischen Rechts in der evangelischen Kirche hat lange Zeit eine wichtige Rolle gespielt. Charakteristisch dafür ist, dass noch zu Beginn des 18. Jahrhunderts das wohl bedeutendste Werk im Bereich des evangelischen Kirchenrechts, das „Ius Ecclesiasticum Protestantium" des bereits erwähnten Justus Henning Böhmer, am päpstlichen Dekretalenrecht orientiert ist[35]. Vor diesem Hintergrund ist auch verständlich, dass Böhmer, wie bereits erwähnt, eine Neuausgabe des CorpIC vorgelegt hat.

8   Die Tendenz zur „Verstaatlichung" der evangelischen Kirchen ist etwa an den Regelungen des Preußischen Allgemeinen Landrecht von 1794 zu ersehen. Nach § 145 des 11. Titel des 2. Buchs stehen: „Sämtliche Konsistoria der Protestanten (…) unter der Oberdirektion des dazu verordneten Departments des Staatsministerii". Immerhin existieren sie noch als eigenständige Behörden. Auch Ansätze kollegialistischen Gedankenguts sind im ALR zu finden – etwa in der Verwendung des Begriffs der „Religionsgesellschaften", § 10 II 11 ALR.

Das allgemeine Landrecht ist aber im allgemeinen, wie viele andere Dokumente der Zeit auch, vor allem Hinweis auf eine Politik, die auch das Kirchenwesen weitgehender staatlicher Kontrolle unterwirft. Dem Geist der Zeit gemäß sollten Religion und Kirchen für den monarchischen Staat dienstbar gemacht werden. Aufgeklärte Tendenzen werden in dieser Epoche etwa daran deutlich, dass in einzelnen Territorien Glaubensflüchtlinge aufgenommen wurden, und zwar auch im Hinblick auf die wirtschaftlichen Vorteile, die daraus erwuchsen. Weiter ist die in einzelnen Territorien verfolgte Politik der Toleranz religiöser Minderheiten auch über das reichsrechtlich gebotene Minimum hinaus zu nennen. Für beide Tendenzen – Toleranz, aber gleichzeitig Kontrolle über die Religion – ist das nach seinem Verfasser, dem zuständigen Minister benannte „Wöllnersche Religionsedikt" in Preußen (1788) ein Beispiel.[36]

2. Katholische Kirche und katholische Territorien

9   Wichtige Dokumente zeitgenössischer Toleranzpolitik in einem katholischen Territorium sind die Toleranzpatente Josephs II., die den österreichischen Protestanten zur rechtlich gesicherten Duldung verhalfen. Im übrigen ist der Name

---

[34] Dazu z. B. *M. Honecker*, Luther und die Juristen, in: H. Lück/H. de Wall (Hrsg.), Wittenberg – ein Zentrum europäischer Rechtsgeschichte und Rechtskultur, 2005, S. 63 ff.
[35] Sein vollständiger Titel lautet: „Ius Ecclesiaticum Protestantium Usum Hodiernum Iuris Canonici Iuxta Seriem Decretalium Ostendens et Ipsis Rerum Argumentis Illustrans", 5 Bde, Halle 1714–1737; zu Böhmer *P. Landau*, Artikel „Böhmer, Justus Henning (1674–1749)", in: *M. Stolleis* (Hrsg.), Juristen. Ein biographisches Lexikon. Von der Antike bis zum 20. Jahrhundert, 2001², S. 93; *ders.*, Kanonistischer Pietismus bei Justus Henning Böhmer, in: *N. Brieskorn* u.a. (Hrsg.), Vom mittelalterlichen Recht zur neuzeitlichen Rechtswissenschaft, Festschrift für Winfried Trusen, 1994, 317–333; *H. de Wall*, Artikel „Böhmer, Justus Henning (1674–1749)", in: HRG, 2. Aufl., Sp. 640 f.; *ders.*, Zum kirchenrechtlichen Werk Justus Henning Böhmers, ZRG Kan. Abt. 87 (2001), S. 455–472.
[36] S. dazu *C. Link*, Kirchliche Rechtsgeschichte, § 16 Rdnr. 15 (Lit.).

§ 5. 17. und 18. Jahrhundert

Josephs II. mit der nach ihm als „Josephinismus" bezeichneten Kirchenpolitik verbunden[37]. Charakteristisch für sie ist der Versuch, durchaus kräftig in die katholische Kirche hineinzuregieren, und zwar im Sinne eines aufgeklärten Absolutismus mit dem Ziel, die für den Staat nützlichen Elemente von Religion und Kirche zu fördern, die solchen Interessen aber vermeintlich entgegenstehende kirchliche Autonomie zu beschneiden. Beispiele dafür sind Verbote der kontemplativen Orden, d. h. solcher Orden, die sich nicht mit gemeinschaftsnützlichen Tätigkeiten beschäftigen oder die Formulierung von Bildungsvoraussetzungen für Pfarrer. Das eher machtpolitische Kalkül des Josephinismus zeigt sich darin, dass etwa Kontakte der kirchlichen Autoritäten mit ausländischen Mächten, d. h. konkret der österreichischen Bischöfe mit dem Papst, unterbunden werden sollten.

Der Josephinismus hat durchaus parallele Erscheinungen in anderen katholischen Territorien des Reiches gehabt. Zwar hat es ein „landesherrliches Kirchenregiment" unter dieser Bezeichnung über die katholische Kirche nicht gegeben. Die kirchliche Hierarchie ist ja im katholischen Bereich durch die Friedensschlüsse des konfessionellen Zeitalters unangetastet geblieben – die katholische Kirche stand unter dem Regiment der Bischöfe und des Papstes, nicht der Landesherrn. Das hat aber diese nicht daran gehindert, die Kirche in den Dienst ihrer territorialen Herrschaft zu stellen und die kirchliche Organisation unter ihren Einfluss zu bringen. Ein weiteres kommt hinzu: Die Bischöfe im Reich waren zugleich weltliche Herrscher der geistlichen Territorien. Insofern waren hier politische und kirchliche Herrschaft ohnehin verbunden. Dies machte die Kirche und ihre Ämter auch als Grundlage politischer Herrschaft für den Adel interessant. Zudem konnte ein kirchliches Amt als standesgemäße Versorgung für die nachgeborenen Söhne der Herrscherhäuser der Territorialfürsten dienen. Die Geschichte des Erzbistums Köln als zeitweise „Sekundogenitur" der Wittelsbacher steht dafür. Die katholische Kirche im Reich hatte den Charakter einer Adelskirche. 10

Die damit verbundene „Verweltlichung" der kirchlichen Ämter ging soweit, dass die Bischöfe die geistlichen Aspekte ihres Amtes – mangels Vorbildung und der erforderlichen kirchlichen Weihen – gar nicht wahrnehmen konnten, sondern ihnen dafür Weihbischöfe zur Seite standen.

Die Stellung der katholischen Kirche und ihrer Bischöfe in Deutschland war damit von Spannungen geprägt: Als Territorialherren mussten sie sich gegenüber den großen Reichsfürsten behaupten. Hierbei konnte die reichsverfassungsrechtliche Position den Bischöfen eine gewisse Unterstützung verleihen. Die geistlichen Fürsten gehörten damit zu den Stützen des Reiches gegenüber den großen und zur Staatlichkeit strebenden Territorialfürsten. Als politische Herrscher mit eigenständigem Machtanspruch standen sie aber auch innerkirchlich in einer Spannungslage zum Papsttum. Die Position der Bischöfe gegenüber dem Papst blieb daher eine offene Frage im Gefüge der Kirche. Im 18. Jahrhndert wurden demgemäß Tendenzen sichtbar, die bischöfliche Struktur der Kirche zu betonen und die Bischöfe gegenüber dem heiligen Stuhl zu stärken. Auch ihre theoretischen Begründungen werden als „episkopalistisch" bezeichnet – wie der ganz andere Fragen behandelnde evangelische „Episkopalismus" (s. o.). Berühmt geworden ist die unter dem Pseudonym „Justinus Febronius" veröffentlichte Schrift „De statu Ecclesiae et legitima potestate Romani Pontificis" (1763) des Trierer Weihbischofs Nikolaus von Hontheim. Episkopalistische Tendenzen zeigen sich aber auch außerhalb Deutschlands – etwa im Werk des bedeutenden niederländischen Kanonisten Bernhard Zeger van Espen, des Lehrers Hontheims. 11

---

[37] Zum Josephinismus, s. *H. Klueting* (Hrsg.), Der Josephinismus; *H. Reinalter* (Hrsg.), Der Josephinismus, 1993, *C. Link*, Kirchliche Rechtsgeschichte, § 16 Rdnr. 27 ff. (Lit.).

Zum Teil verbinden sich diese Tendenzen mit nationalkirchlichen Bestrebungen, also dem Versuch, gegenüber der Weltkirche und dem Heiligen Stuhl die Position der Kirche in den erstarkenden Nationalstaaten zu betonen.

12   Die katholische Kirchenrechtstheorie sah sich auch durch die territorialistischen und kollegialistischen Lehren im Protestantismus herausgefordert. Dabei knüpfte sie zwar durchaus an das Verständnis der Kirchen als sozialem Verband, als collegium oder societas, an. Allerdings betonte sie, dass der Kirche wie dem Staat alle Mittel eignen, ihre Zwecke durchzusetzen, auch die Straf- und Zwangsgewalt. Sie sei dem Staat als societas perfecta insofern gleichgeordnet – ein Regiment des Staates über die Kirche ausgeschlossen. Besondere politische und juristische Bedeutung entfaltete diese Lehre vom „ius publicum ecclesiasticum" im 19. Jahrhundert.[38]

§ 6. Das 19. Jahrhundert

Literatur: *C. Link,* Kirchliche Rechtsgeschichte, 2009, §§ 17–24 (Lit.);*ders.*, Staat und Kirche, 2000, S. 49 ff. *H. E. Feine,* Kirchliche Rechtsgeschichte[5], 1972, §§ 46–51; *M. Heckel,* Die Neubestimmung des Verhältnisses von Staat und Kirche im 19. Jahrhundert, in: ders., Ges. Schriften, Bd. 3, S. 441 ff.; *E. R. Huber,* Deutsche Verfassungsgeschichte seit 1789, 7 Bde, 1957 ff.; *E. R. Huber/W. Huber,* Staat und Kirche im 19. und 20. Jahrhundert, 4. Bde, 1973 ff. (Quellen); *D. Pirson,* HdbStKirchR[2], Bd. 1, 1994, § 1.
Zu I.: *R. Decot* (Hrsg.), Kontinuität und Innovation um 1803, 2005, S. 5 ff.; *ders.* (Hrsg.), Säkularisation der Reichskirche, 2002; *M. Heckel,* Säkularisierung. Staatskirchenrechtliche Aspekte einer umstrittenen Kategorie, in: Ders., Ges. Schriften, Bd. 2, S. 773 ff.; *K. D. Hömig,* Der Reichsdeputationshauptschluß vom 25. Februar 1803 und seine Bedeutung für Staat und Kirche, 1969; *A. Langner* (Hrsg.), Säkularisation und Säkularisierung im 19. Jahrhundert, 1978; *H. Maier/H. de Wall/F. X. Kaufmann,* Säkularisation und Säkularisierung, Essener Gespräche 38, 2004; *H.-J. Becker,* Der Untergang der Reichskirche im Jahre 1803 und die Chancen eines Neubeginns im Staatskirchenrecht, in: FS für C. Link, 2003, S. 547 ff.
Zu II.: *G. Besier,* Religion – Nation – Kultur, Die Geschichte der Kirchen in den gesellschaftlichen Umbrüchen des 19. Jahrhunderts, 1992; *M. Friedrich,* Kirche im gesellschaftlichen Umbruch, 2006; *H. Maier,* Kirche und Gesellschaft, 1972; *ders.*, Revolution und Kirche, 1973[3]; *K. Nowak,* Geschichte des Christentums in Deutschland, 1995; *Th Nipperdey,* Religion im Umbruch, 1988.
Zu III.: *J.-V. Bredt,* Neues evangelisches Kirchenrecht für Preußen, Bd. 1, 1921; *E. Friedberg,* Das geltende Verfassungsrecht der evangelischen deutschen Landeskirchen, 1888; *J. F. Goeters/R. Mau* (Hrsg.), Die Geschichte der Evangelischen Kirche der Union, Bd. 1, 1992; *O. Hintze,* Die Epochen des evangelischen Kirchenregiments in Preußen, in: Ders., Ges. Abhandl. Bd. 3, 1967[2]; *M. H. Jung,* Der Protestantismus in Deutschland von 1815 bis 1870, 2000; *ders.* Der Protestantismus in Deutschland von 1870 bis 1945, 2002; *P. Landau,* Evangelische Kirchenrechtswissenschaft im 19. Jahrhundert, ZevKR 48 (2003), S. 1 ff.; *J. Mehlhausen,* Kirchen zwischen Staat und Gesellschaft, in: Rau/Reuter/Schlaich, Bd. 2, S. 193 ff.; *K. Rieker,* Die rechtliche Stellung der evangelischen Kirche Deutschlands in ihrer geschichtlichen Entwicklung bis zur Gegenwart, 1893; *G. Ris,* Der „kirchliche Konstitutionalismus", 1988; *P. Schoen,* Das evangelische Kirchenrecht in Preußen, Bd. 1, 1903 (Neudr. 1967); *H. de Wall,* Die Verselbständigung der evangelischen Konsistorien in Preußen und Bayern im 19. Jahrhundert, Jahrb. f. europ. Verwaltungsgeschichte Bd. 14, 2002, S. 151 ff. (Lit).
Zu IV.: *G. Besier,* Preußische Kirchenpolitik in der Bismarckära, 1980 (Lit.); *M. Heckel,* Kulturkampfaspekte. Der Kulturkampf als Lehrstück des modernen Staatskirchenrechts, in: Ders., Ges. Schriften, Bd. 3, S. 471 ff.; *P. Hinschius,* Die preußischen Kirchengesetze des Jahres 1873, 1873; *ders.,* Die preußischen Kirchengesetze…v. 21. Mai 1886 und 29. April 1887, 1886/87; *R. Lill* (Hrsg.), Der Kulturkampf, 1997; *H. Maier,* Kirche und Gesellschaft, 1972; *K. Mörsdorf,* Die Rechtssprache des CIC, 1937; *St. Ruppert,* Kirchenrecht und Kulturkampf, 2002; *W. M. Plöchl,* Geschichte des Kirchenrechts, Bd. 5 (1965); *H. J. Pottmeyer,* Unfehlbarkeit und Souveränität, 1975; *K. Schatz,* Vatikanum I, 3 Bde, 1992–1994; *R. Strötz,* Der Katholizismus im deutschen Kaiserreich, 2. Bde, 2005; *U. Stutz,* Der Geist des Codex Iuris Canonici, 1918; *M. Weitlauff* (Hrsg.), Kirche im 19. Jahrhundert, 1998.

---

[38] S. dazu *J. Listl,* Kirche und Staat in der neueren katholischen Kirchenrechtswissenschaft, 1978.

I. Reichsdeputationshauptschluss und Säkularisation – das Ende der Reichskirche

Die politischen und kulturellen Umbrüche im Zusammenhang mit und im 1
Gefolge der französischen Revolution und der napoleonischen Herrschaft brachten mit dem Ende des Heiligen Römischen Reiches Deutscher Nation und seiner Kirchenverfassung einschneidende Veränderungen sowohl des Verhältnisses von Staat und Kirche als auch der Kirche selbst mit sich. Dies gilt freilich in geringem Maße für die evangelischen Kirchen, viel mehr für die römisch-katholische Kirche.
Diese verlor durch die im „Reichsdeputationshauptschluss" von 1803 angeordneten Säkularisationen mit den geistlichen Fürstentümern ihre besondere Stellung in der Reichsverfassung und zudem bedeutende Teile ihres Kirchengutes.

Der Reichsdeputationshauptschluss diente der Regelung der Entschädigung mit Napoleon verbündeter weltlicher Reichsfürsten für Verluste an Frankreich, die sie in Gebieten links des Rheins erlitten hatten. Dafür wurden die geistlichen Territorien herangezogen. Die geistlichen Reichsfürsten verloren ihre Stellung als Reichsstände und das Herrschaftsrecht über ihr Territorium, das den zu entschädigenden weltlichen Fürsten zugeschlagen wurde. Das damit verbundene Vermögen ging ebenfalls über, wurde also enteignet. Überdies erhielten die Reichsfürsten die Erlaubnis, in ihren Gebieten Kirchengut zu „säkularisieren", d. h. zu enteignen.

Der Fortfall der geistlichen Fürstentümer markiert das Ende der Reichskirche mit ihrer besonderen politischen Stellung im Reichsgefüge. Dies hat für ein neues Verständnis der Rolle der Kirchen und für ihre Unabhängigkeit erhebliche Bedeutung gehabt[39]. Kirchliche Interessen und territoriale, politische Machtinteressen waren nicht mehr unmittelbar miteinander verbunden. Für die innere Verfassung der katholischen Kirche war zudem von Bedeutung, dass die Kirche damit auch für den Adel an Interesse verlor. Die soziale Zusammensetzung des höheren Klerus wandelte sich im Gefolge grundlegend. Zudem stärkte es die Stellung des Heiligen Stuhls, dass die Bischöfe nicht mehr mächtige Reichsfürsten waren. Zusammen mit geistlichen Erneuerungstendenzen führte dies alles dazu, dass die geistliche Funktion der Kirche, ihre Eigenschaft als Religionsgesellschaft, in den Vordergrund treten konnte.

Mit dem Fortfall der geistlichen Fürstentümer und der Einverleibung ihrer 2
Territorien durch die entschädigten Fürsten stellte sich auch die Frage der Organisation der Bistümer, namentlich der Circumskription, d.h. der Festsetzung ihrer territorialen Grenzen. Ein Grund dafür war, dass die Reichs- bzw. seit Gründung des deutschen Bundes souveränen Bundesfürsten bestrebt waren, in ihren neuzugeschnittenen und erstarkten Staaten, denen nach dem Ende des Alten Reiches die Regelung des Staat-Kirche-Verhältnisses auf der staatlichen Seite allein zufiel, auch eine Art katholisches Staatskirchentum zu errichten und somit die Stellung der katholischen Kirche derjenigen der evangelischen Landeskirchen anzunähern. Das setzte aber voraus, dass die Bistumsgrenzen mit den neuen Staatsgrenzen in Einklang gebracht wurden. Dafür benötigte man freilich die Zustimmung des Heiligen Stuhls. Verhandlungspartner für die Neuordnung des Kirchenwesens waren damit die Territorien bzw. Staaten einerseits und der Heilige Stuhl andererseits – ein weiteres Moment für dessen Bedeutungszuwachs. Damit rückten das Institut des Konkordates bzw. von konkordatsähnlichen Vereinbarungen in den Mittelpunkt. Es kam zu einer Reihe konkordatärer Vereinbarungen zwischen Staat und Kirche,

---

[39] S. dazu *K. D. Hömig*, Der Reichsdeputationshauptschluß vom 25. Februar 1803 und seine Bedeutung für Staat und Kirche, 1969, 96–100.

in denen nicht nur die Bistumsgrenzen, sondern auch etwa Fragen der Entschädigung für die Säkularisationen und die staatliche Mitwirkung bei der Bischofsernennung geregelt wurden.

Für Deutschland ist an erster Stelle das Bayerische Konkordat von 1817 zu nennen. Daneben sind aber auch die Bistumsverhältnisse in protestantischen Staaten des Deutschen Bundes auf der Grundlage von Vereinbarungen mit dem Heiligen Stuhl geregelt worden. Sie wurden aber nicht formell durch Konkordate, sondern durch päpstliche Circumskriptionsbullen („De salute animarum" von 1821 für Preußen, „Impensa Romanorum Pontificum" von 1824 für Hannover; „Provida solersque" von 1821 für die Oberrheinische Kirchenprovinz)[40] festgelegt und mit staatlicher „Billigung und Sanktion" umgesetzt, nicht ohne Konflikte und Schwierigkeiten im Einzelfall[41].

II. Soziale und politische Entwicklungen des 19. Jahrhunderts

3 Die vielfältigen sozialen und politischen Umbrüche des 19. Jahrhunderts bedingten auch grundlegende Veränderungen im Verhältnis von Staat und Religion, für die Aufgaben der Kirchen und für deren innere Ordnung.

So brachte das 19. Jahrhundert mit der Forderung und allmählichen Durchsetzung der bürgerlichen Freiheit in Form von durch Verfassungen gesicherten Grundrechten auch neue Impulse für die Religionsfreiheit und die religiöse Gleichheit. Diese gehörten, wenn auch mit deutlicher Bevorzugung der etablierten christlichen Konfessionen, zu den festen Bestandteilen schon der Grundrechtskataloge der Verfassungen des frühen Konstitutionalismus in Deutschland. Die Grundsätze der Religionsfreiheit und der Parität der Religionsgemeinschaften besaßen auch deshalb besondere Bedeutung für viele deutsche Staaten, weil diese im Verlaufe des 18. Jahrhunderts und besonders im Rahmen der territorialen Neuordnung Deutschlands zu Beginn des 19. Jahrhunderts bedeutende anderskonfessionelle Gebietsteile dazu gewonnen hatten[42]. Die Integration der neuen Untertanen erforderte dabei die Respektierung ihrer Religion und die Gleichstellung der jeweiligen Religionsgemeinschaft mit der bisherigen Staatsreligion. Freilich ging auch dieser Prozess nicht ohne Schwierigkeiten und Konflikte im Einzelnen vonstatten. Im Ergebnis wurden aber in den einzelnen Staaten sowohl Religionsfreiheit gewährleistet als auch die römisch-katholische und die evangelischen Kirchen als öffentliche Korporationen gleichgestellt. Diese beiden Großkirchen genossen vielfältige Privilegien gegenüber den kleineren, aber ebenfalls öffentlichrechtlich organisierten Freikirchen. Am Ende der Skala standen die rein privatrechtlich organisierten Religionsgemeinschaften. So bildete sich insgesamt ein Modell aus, das man treffend als „gestufte Parität" der Religionsgemeinschaften bezeichnet hat.

4 Neben die Forderung nach individueller Religionsfreiheit trat zunehmend die nach Selbstbestimmung, also Freiheit nicht nur für den einzelnen Bürger, sondern auch für die Kirchen und anderen Religionsgemeinschaften und damit auch Trennung von Staat und Kirche. Kennzeichnend für diesen Traditionsstrang sind die Religionsartikel der Paulskirchenverfassung von 1849, die die volle Religionsfreiheit, das Verbot der Staatskirche, die innere Autonomie der Kirchen und die vollständige Gleichheit aller Religionsgemeinschaften enthielten. Die Paulskirchenverfassung ist allerdings nie in Kraft getreten. Indes traten auf der einzelstaatlichen

---

[40] Alle wiedergegeben bei *E.-R. Huber/W. Huber*, (Hrsg.), Staat und Kirche im 19. und 20. Jahrhundert, Band I, 1973, S. 170, 204, 246, 299.
[41] *Huber/Huber*, (Anm. 40), Band I, S. 257 ff.
[42] So fielen etwa überwiegend evangelische Teile Frankens an das bis dahin ganz überwiegend katholische Bayern, Preußen erhielt weitere Gebiete mit überwiegend katholischer Bevölkerung.

§ 6. Das 19. Jahrhundert

Ebene zum Teil Verfassungen mit modernen, freiheitlichen staatskirchenrechtlichen Bestimmungen in Kraft. Hier ist namentlich die preußische Verfassung von 1850 zu nennen. Das dort enthaltene kirchliche Selbstbestimmungsrecht stand aus heutiger Sicht in einem deutlichen Kontrast zur Verfassungswirklichkeit, die von der Fortdauer des landesherrlichen Kirchenregiments über die evangelische Kirche und namentlich im berühmten Kulturkampf von staatlichen Maßnahmen geprägt war, die kräftig in den kirchlichen Innenbereich eingriffen.

Mussten die etablierten Staatskirchen und -konfessionen zum Teil ihre bisherigen Privilegien mit der anderen Konfession teilen, galt für beide Kirchen, dass der allgemeine Bevölkerungszuwachs und die zunehmende Verstädterung und Industrialisierung neue Aufgaben mit sich brachte. Insbesondere musste die Seelsorge in den industriellen Gebieten sichergestellt werden, was auch neue Anforderungen an die Finanzierung der Kirchen mit sich brachte. Zugleich verloren die bisherigen Finanzierungsquellen (z. B. Zehnten, Kirchenfronen, Hand- und Spanndienste, örtliche Pfründestiftungen, Gebühren für kirchliche Amtshandlungen („Stolgebühren") im Zuge der wirtschaftlichen Entwicklung und auch wegen des Vermögensverlustes auf Seiten der katholischen Kirche, der durch die als Entschädigung gezahlten Staatsleistungen nicht ausgeglichen werden konnte, an Bedeutung. Dies warf die Frage nach neuen Finanzierungsquellen auf. Für den Staat war es von Interesse, eigene Finanzquellen der Kirchen zu schaffen und die Kirchenangehörigen selbst zur Finanzierung der Kirchen heranzuziehen. Dies ist Hintergrund der allmählichen Einführung der Kirchensteuer ab der Mitte des 19. Jahrhunderts[43] – die Kirchensteuer ist insofern historisch ein Element des Auseinandertretens von Staat und Kirche.

Die im 19. Jahrhundert immer drängender werdende soziale Frage brachte nicht eine gänzlich neue Aufgabe für die Kirche mit sich. Kranken- und Armenpflege gehörten auch vorher schon zu den kirchlichen Tätigkeitsfeldern. Die Arten und Weisen ihrer Erfüllung wandelten sich aber. So mussten nach der Säkularisation vieler Klöster und der Verstaatlichung mildtätiger Stiftungen die durch diese wahrgenommenen Aufgaben der Pflege sozial Bedürftiger neu geregelt werden. Zum Teil gingen sie in die Sorge des Staates über. Zu einem anderen Teil wurden sie durch kirchliche bzw. der Kirche nahe stehende Organisationen übernommen. Im 19. Jahrhundert entstand eine Fülle von Ordensgemeinschaften und anderen Organisationen mit karitativer Ausrichtung. Zu einem erheblichen Teil wurden diese durch christlich gesonnene Bürger gegründet und blieben außerhalb der Verfassungsorganisation der Kirchen. Beispiele sind die Innere Mission der evangelischen Kirche, die heutige Diakonie und auf katholischer Seite viele Vereinigungen, die heute im Verband der Caritas zusammengefasst sind. Dabei beschränkte sich die neue Bedeutung des ehrenamtlichen Engagements von Laien bzw. christlich gesonnenen, der Kirche nahe stehenden Bürgern außerhalb der verfassten Kirche nicht auf den sozialen Bereich, wie das aufblühende konfessionelle Vereinswesen oder die Deutschen Evangelischen Kirchentage und die Deutschen Katholikentage zeigen, die beide ab 1848 als wesentlich, aber nicht nur von „Laien" getragene Veranstaltungen zusammentraten[44].

---

[43] Dazu s. *F. Hammer*, Rechtsfragen der Kirchensteuer, 2002, S. 3 ff.
[44] Die Verbindung von beidem zeigt sich darin, dass auf dem ersten evangelischen Kirchentag, der 1848 in Wittenberg stattfand, Johann Hinrich Wichern eine berühmte Rede hielt, die zur Gründung des Centralausschusses für die Innere Mission, dem Vorläufer des Diakonischen Werkes der Evangelischen Kirche führte.

III. Die Evangelischen Kirchen im 19. Jahrhundert

7   Auf den ersten Blick änderte sich im 19. Jahrhundert an der Stellung der evangelischen Kirchen gegenüber der staatlichen Obrigkeit nichts Grundlegendes. Das Landesherrliche Kirchenregiment blieb als Institution erhalten. Allerdings brachte die territoriale „Flurbereinigung" zu Beginn des 19. Jahrhunderts, durch die die Zahl der Reichsstände bzw. später souveränen Staaten und freien Städte von etwa 300 auf 39 fiel, natürlich auch die Aufgabe mit sich, das Kirchentum der vergrößerten Herrschaftsgebiete neu zu organisieren. So wurde beispielsweise in Bayern eine evangelische Kirche unter einem katholischen Landesherrn als „summus episcopus" neu gebildet und mussten die evangelischen Kirchen in den durch Preußen hinzugewonnenen Gebieten im Westen Deutschlands als Provinzialkirchen neu errichtet und in die Kirchenorganisation eingegliedert werden.

8   Dass die Monarchen der nunmehr im vergleichsweise losen Deutschen Bund zusammengefassten deutschen Staaten und ihre Regierungen in z.T. erheblichem Ausmaß versuchten, kirchliche Angelegenheiten zu regeln, zeigen zahlreiche Auseinandersetzungen. Beispiele für landesherrliche Einflussnahmen sind auch die auf Veranlassung des preußischen Königs Friedrich Wilhelm III. gebildete Union der Preußischen evangelischen Kirchen und der mit der Union im Zusammenhang stehende sog. „preußische Agendenstreit", als der König versuchte, in den evangelischen Kirchen eine einheitliche Gottesdienstordnung durchzusetzen: Es war ein von Friedrich Wilhelm III. mit Nachdruck verfolgtes Ziel, die evangelischen Konfessionen zusammenzuführen. Dass dies für den preußischen König ein besonderes Anliegen war, erklärt sich auch daraus, dass das preußische Herrscherhaus 1613 reformiert geworden, das Territorium aber lutherisch geblieben war. Zudem waren im 18. Jahrhundert hugenottische, also reformierter Glaubensflüchtlinge aus Frankreich in Preußen aufgenommen worden. Im Gefolge bildeten sich neben der lutherischen Landeskirche eine deutsch-reformierte und daneben die französisch-reformierte Kirche der hugenottischen Immigranten[45]. Die Gebietszuwächse Brandenburg-Preußens verfestigten die Existenz der konfessionell unterschiedlichen evangelischen Kirchen. Zunehmend wurde aber die innerprotestantische konfessionelle Spaltung als Ärgernis empfunden. Gleichwohl haben die Versuche Friedrich Wilhelms III., eine Union „von oben" herbeizuführen[46], erheblichen Widerstand gefunden und ihr Ziel nur sehr unvollkommen und langsam erreicht[47]. Eine Vereinigung im Bekenntnis hat es im Ergebnis nicht gegeben, lediglich eine organisatorische Zusammenfassung von Gemeinden mit unterschiedlichem Bekenntnisstand. In anderen Gebieten (Baden, Pfalz) war die Unionsbewegung dagegen erfolgreicher und ist es zu einem gemeinsamen evangelischen Unionsbekenntnis gekommen. Ironischerweise haben aber diese Unionsbestrebungen im Ergebnis nicht zu einer bekenntnismäßigen Einigung des Protestantismus geführt, sondern trat ein drittes, das unierte Bekenntnis neben das lutherische und das reformierte.

9   Aber auch im übrigen wandelten sich die innere Struktur und die Stellung der evangelischen Kirchen im Rahmen des landesherrlichen Kirchenregiments erheb-

---

[45] *J. F. Goeters*, in: *ders./R. Mau* (Hrsg.), Die Geschichte der EKU, Bd. 1, 1992, S.41 ff.
[46] Kabinettsordre König Friedrich Wilhelms III. betreffend die Union der evangelischen Landeskirchen in Preußen vom 27. 9. 1817, abgedr. bei *Huber/Huber* (Anm. 40), Bd. 1 Nr. 259.
[47] S. zur Union nur *Wappler*, *J. F. Goeters/R. Mau* (Hrsg.), Die Geschichte der Evangelischen Kirche der Union, Bd. 1, 1992, S. 93 ff.; *G. Besier*, Preußische Kirchenpolitik in der Bismarckära, 1980, S. 13 ff.

lich. Nachdem zu Beginn des 19. Jahrhunderts in Preußen der Höhepunkt des Staatskirchentums dadurch markiert wurde, dass die Konsistorien vollständig in die staatlichen Ministerien und Verwaltungsbehörden eingegliedert wurden, wurde im Verlaufe des 19. Jahrhunderts die Verklammerung der Kirchenverwaltung mit den Staatbehörden vielfach nach und nach gelockert. Die Konsistorien wurden als landesherrliche, aber nicht staatliche Behörden verselbständigt bzw. neu gebildet (preußischer Evangelischer Oberkirchenrat, 1850). Während der Landesherr bzw. Staat seine äußere Kirchenhoheit (ius circa sacra) über die evangelische wie über die katholische Kirche durch staatliche Behörden ausübte, war die innere Kirchengewalt (ius in sacra) damit speziellen, aus der allgemeinen staatlichen Verwaltung ausgegliederten Behörden übertragen.

Eine größere Eigenständigkeit der evangelischen Kirchen brachte daneben die Einführung von Synoden als kirchlichen Gesetzgebungsorganen mit sich. Anders als in manchen evangelischen Staatskirchen außerhalb Deutschlands übernahmen nicht die staatlichen Parlamente auch die Aufgabe der kirchlichen Gesetzgebung, sondern wurden dafür mit den Synoden eigene, kirchliche Organe gebildet. Die Synoden, die aus Pfarrern, aber auch aus „Laien"[48] bestanden, und deren Mitglieder aus Wahlen hervorgingen, bildeten eine Parallele zu den zu Beginn des 19. Jahrhunderts im Rahmen der konstitutionellen Monarchien eingeführten Parlamente. Es entstand ein Kirchenverfassungstyp, der von einem Dualismus aus landesherrlichem Konsistorium und Synode als kirchlichem Gesetzgebungsorgan geprägt war, ganz ähnlich dem Dualismus von monarchischer Regierung und Mitwirkung des Parlaments bei der Gesetzgebung in den staatlichen Verfassungen des Konstitutionalismus des 19. Jahrhunderts. Man bezeichnet diesen Typ daher auch als „kirchlichen Konstitutionalismus"[49]. Allerdings konnte man nicht nur an das staatliche Vorbild, sondern auch an die presbyterial-synodalen Traditionen der sog. Kirchen unter dem Kreuz anknüpfen (s. o.). Nicht zufällig ist für dieses Modell kirchlicher Verfassung die Rheinisch-Westfälische Kirchenordnung von 1835 für die westlichen Provinzen des preußischen Staates prägend geworden. Es fand aber Verbreitung weit darüber hinaus.

Mit dem Dualismus von Synode und Konsistorium und der Verselbständigung letzterer gegenüber den staatlichen Behörden war der Kern eigener kirchlicher Verfassungsstrukturen auch für die evangelischen Kirchen gebildet. In den wichtigsten Territorien war am Ende des 19. Jahrhunderts die Person des Landesherrn das Bindeglied zwischen staatlicher und kirchlicher Organisation, die ansonsten zunehmende Eigenständigkeit auch in ihrer Verfassungsstruktur gewinnen konnte.

In Parallele zur Frage der Nationalen Einigung wurde im 19. Jahrhundert auch die Frage nach einer Einigung des nach wie vor in viele Landeskirchen zersplitterten deutschen Protestantismus unter einem kirchlichen Dach aufgeworfen. Sie ist bis heute nicht gelungen. Die Einigung war schon das Hauptanliegen des ersten Kirchentages in Wittenberg 1848, der aber darin ohne Erfolg blieb. Erste Ansätze zu einer organisatorischen Annäherung erfolgten durch die Kirchenbehörden, indem diese 1852 die „Konferenz evangelischer Kirchenregierungen" oder „Eisenacher Konferenz" bildeten, einen sehr losen Zusammenschluss. Dagegen ist der 1886 gegründete „Evangelische Bund", wie die Kirchentage, dem evangelischen

---

[48] Nach dem o. beschriebenen evangelischen Amtsbegriff gibt es an sich keine Unterscheidung zwischen Klerikern und Laien, Mit Laien sind diejenigen gemeint, die nicht ordinierte Pfarrer sind.
[49] Dazu s. *G. Ris*, Der „kirchliche Konstitutionalismus", 1988; zu des Synoden und ihren Wahlen *N. Närger*, Das Synodalwahlsystem in den deutschen evangelischen Landeskirchen im 19. und 20. Jahrhundert, 1988.

Vereinswesen zuzuordnen, nicht der verfassten Kirche. Demgegenüber war der durch die Eisenacher Konferenz im Jahre 1903 konstituierte Deutsche Evangelische Kirchenausschuss ein ständiges Organ aller Landeskirchen auf Reichsebene und kann damit als erster Vorgänger der EKD bezeichnet werden. In der Verfassung des Deutschen Evangelischen Kirchenbundes (DEKB), der durch den Deutschen Evangelischen Kirchenausschuss zwischen 1919 und 1921 vorbereitet und 1922 feierlich ins Leben gerufen wurde, sind dann bereits wesentliche Elemente und Merkmale der späteren EKD vorhanden. Er besaß einen Kirchentag als synodales Organ, einen Kirchenbundesrat als Vertretung der Kirchenregierungen und einen Kirchenausschuss als Leitungsorgan, dem eine kirchliche Behörde, das Kirchenbundesamt nachgeordnet war. Der DEKB war aber nicht die höchste Organisationsstufe einer einheitlichen Reichskirche, sondern ein Bund selbständig bleibender Landeskirchen. Er gehört bereits in die nächste Phase der Rechtsgeschichte der evangelischen Kirchen in Deutschland, nicht mehr zu der historischen Epoche des 19. Jahrhunderts, die mit dem Ende des landesherrlichen Kirchenregiments 1918 endet.

IV. Die Katholische Kirche von 1848 bis 1918: 1. Vatikanisches Konzil, Kulturkampf, Codex Iuris Canonici

12   Für die Katholische Kirche stellte sich die Frage einer Einigung verschiedener Kirchentümer naturgemäß nicht. Dass es ein Bedürfnis nach Koordination der kirchlichen Leitung nach innen und der Interessenvertretung nach außen zwischen den Bischöfen in einem Land gab, zeigen aber die Gründungen der Bischofskonferenzen ab der ersten Hälfte des 19. Jahrhunderts. Für Deutschland ist – nach ersten Treffen 1848 – die Konstituierung der Fuldaer Bischofskonferenz der katholischen Bischöfe Preußens und der kleineren deutschen Staaten (1867) und der Freisinger Bischofskonferenz der bayerischen Bischöfe (1850) zu nennen.

Erst nach 1933 treffen sich alle deutschen Bischöfe ständig in einer gemeinsamen Bischofskonferenz, bei Fortbestand der Freisinger Bischofskonferenz. Die österreichischen Bischöfe verbanden sich in der Mitte des 19. Jahrhunderts, der heraufziehenden „kleindeutschen Lösung" der staatlichen Einigung Deutschlands entsprechend, zu einer eigenen Konferenz. Endgültige Anerkennung und Regelung haben die Bischofskonferenzen erst im Gefolge des 2. Vatikanischen Konzils und im Codex Iuris Canonici von 1983 erfahren.

13   Für die römisch-katholische Weltkirche und ihre Verfassung war in der zweiten Hälfte des 19. Jahrhunderts das 1. Vatikanische Konzil unter Papst Pius IX. ein herausragendes Ereignis. Es steht für eine Epoche, in der die katholische Kirche zunehmend zur Weltkirche unter der Führung eines starken, von einer effektiven Organisation in Form der Kurie gestützten Papsttums wurde, andererseits aber auch machtvollen Nationalstaaten gegenübersteht und mit ihnen in Konflikte gerät. Im 1. Vatikanischen Konzil wurde die herausragende Stellung der Päpste in zweierlei Hinsicht gestärkt und rechtlich festgeschrieben. Zum einen wurde die Unfehlbarkeit des Papstes in Glaubens- und Sittenfragen, wenn er seine Entscheidung „ex cathedra" verkündet, zum verbindlichen Glaubenssatz erhoben. Das gleiche gilt – zum anderen – für die volle, oberste, ordentliche und unmittelbare Leitungsgewalt des Papstes, seinen Jurisdiktionsprimat[50]. Die Frage des Verhältnisses von bischöflicher, konziliarer und päpstlicher Leitungsgewalt, die in der

---

[50] Diese Entscheidungen waren im Katholizismus, zumal im deutschsprachigen Bereich, hochumstritten. Sie führten hier zu einer Abspaltung von der römisch-katholischen Kirche, der Altkatholischen bzw. – in der Schweiz – Christkatholischen Kirche.

Kirchenrechtsgeschichte eine so wichtige Rolle gespielt hat, ist seither entschieden – jedenfalls soweit man dies heute absehen kann.

Ein spektakuläres und prägendes Ereignis für die katholische Kirche in Deutschland war der Kulturkampf, der insbesondere im jungen Deutschen Reich und seiner Führungsmacht Preußen geführt wurde. Der Kulturkampf ist freilich nicht die erste Auseinandersetzung zwischen Staat und katholischer Kirche im 19. Jahrhundert. Neben Streitigkeiten um Bischofsernennungen sind besonders die „Kölner Wirren" 1830–41 zu nennen, in denen es um die Frage ging, ob in „Mischehen" zwischen einem evangelischen und einem römisch-katholischen Partner bezüglich der Erziehung von Kindern die Regeln des preußischen staatlichen Rechts oder die des katholischen Kirchenrechts anwendbar sein sollten. In diesem erbittert ausgefochtenen Streit konnte sich letztlich die katholische Seite durchsetzen. Auseinandersetzungen zwischen dem Staat und der römisch-katholischen Kirche waren auch keine deutsche Spezialität. Vielmehr kann es in vielen der z. T. noch jungen Staaten Europas in der zweiten Hälfte des 19. Jahrhunderts zu solchen Konflikten. Darin werden die Spannungen und Zuordnungsprobleme zweier sozialer Organisationen deutlich, die beide von sich behaupten, mit oberster, souveräner Entscheidungsgewalt ausgestattet zu sein. Kirchlicherseits ist dies Konsequenz der Lehre, die Kirche sei – wie der Staat – eine „societas perfecta", des „Ius publicum ecclesiasticum" (s. o.). Der Papst hatte zudem liberale Kräfte im Bürgertum, die eine wichtige Rolle in der Politik des 19. Jahrhunderts spielten, durch den „Syllabus Errorum" (1864) gegen sich aufgebracht, in dem wichtige liberale Forderungen wie Religions-, Wissenschafts- und Meinungsfreiheit, aber auch die staatliche Schulhoheit und die Trennung von Staat und Kirche als Irrtümer verurteilt wurden. Das Unfehlbarkeitsdogma des 1. Vatikanischen Konzils wurde als Anmaßung empfunden und diente dazu, Zweifel an der Loyalität der Katholiken als Staatsdiener und -bürger zu wecken. Die – tatsächliche oder behauptete – „ultramontane", d. h. von den jenseits der Alpen residierenden Päpsten bestimmte Ausrichtung des Katholizismus war in den Augen wichtiger Vertreter der protestantischen und der liberalen Kräfte eine Gefahr für den Staat.

Auf deren Seite war die staatliche Politik geprägt von einem starken Etatismus, dessen Verhältnis zu den Kirchen von der Betonung der Staatskirchenhoheit geprägt war – und insofern gleichsam naturgemäß in einen starken Gegensatz zur katholischen Lehre geriet. Diese etatistische Richtung war auch bei protestantischen Lehrern des Kirchenrechts und des sich entwickelnden Staatskirchenrechts stark vertreten, die erheblichen Einfluss auf die staatliche Politik im Kirchenkampf erlangten. Diese stand für das heutige Verständnis in deutlicher Spannung zum Selbstbestimmungsrecht, das der katholischen wie der evangelischen Kirche in Art. 15 der preußischen Verfassung von 1850 eingeräumt worden war.

Diese Konfliktlagen waren aber selbstverständlich nicht die einzigen Gründe für den Kulturkampf. Zugrunde lag vielmehr auch die politische Interessenlage der 70iger Jahre des 19. Jahrhunderts und deren Einschätzung durch den preußischen Ministerpräsidenten und Reichskanzler Otto v. Bismarck, der sich hier auch die Gegnerschaft der Nationalliberalen gegen das Zentrum, der Partei des politischen Katholizismus, zunutze machte. Entstehung und Geschichte des Kulturkampfes im Einzelnen können hier nicht nachgezeichnet werden. Einige der wichtigsten Maßnahmen, die der Staat im Kulturkampf ergriff, seien aber genannt. Es handelt sich dabei teils um preußische Gesetze, teils auch um Reichsgesetze. Zu nennen sind etwa die Reglementierung der Ausbildung katholischer Priester mit dem Verlangen, diese mögen ein „Kulturexamen" vor einem staatlichen Prüfungsamt ablegen, die Inanspruchnahme eines staatlichen Einspruchsrechts bei der Amtsübernahme eines Priesters, das Verbot des Ordens der Jesuiten und eine Temporaliensperre, d. h. die Verweigerung von Leistungen, zu denen der Staat verpflichtet war. Markant ist weiter die Einführung eines speziellen Straftatbestands für eine den öffentlichen Frieden bedrohende Erörterung staatlicher Angelegenheiten durch Geistliche bei der Ausübung ihres Berufs („Kanzelparagraph"), der erst 1953 aufgehoben wurde. Gegen Ende der siebziger Jahre begann sich das Verhältnis des Staates zur katholischen Kirche zu entspannen, auch dank des Amtantritts von Papst Leo XIII. Aber erst ab 1882 wurden die Kulturkampfgesetze teilweise aufgehoben. Zum Teil blieben deren Regelungen aber auch bestehen. Noch in Geltung sind etwa einzelne Bestimmungen über die Vermögensverwaltung der katholischen Kirche. Auch einige weniger spezielle rechtliche Grundsätze und Normen, die dem Juristen heute selbstverständlich erscheinen, gehen auf den Kulturkampf zurück, so die Beseitigung der geistlichen Schulaufsicht, die staatliche Regelung des Kirchenaustritts und vor allem die Einführung der obligatorischen Zivilehe. Wie namentlich an der staatlichen Schulhoheit und der obligatorischen Zivilehe deutlich wird, fiel der Kulturkampf in eine Epoche, in der Aufgaben, die traditionellerweise von den Kirchen wahrgenommen worden waren, auf den Staat übergingen. Insgesamt hatte der Kulturkampf, der in abgeschwächter Form nicht nur in Preußen, sondern auch in anderen deutschen Staaten stattfand, nicht den staatlicherseits, namentlich von Bismarck gewünschten Erfolg der Schwächung des (politischen) Katholizismus. Er führte vielmehr zur Festigung des Zusammenhalts und damit zur inneren Stärkung des Katholizismus.

16 Einen bedeutenden Einschnitt für die Geschichte des Kanonischen Rechts bildet die Schaffung des Codex Iuris Canonici. Im 19. Jahrhundert beruhte das Kanonische Recht noch auf der Rechtssammlung des Corpus Iuris Canonici (s. o.), ergänzt und überlagert freilich durch vielfältige zwischenzeitliche päpstliche und territoriale Rechtsetzung. Diese Rechtsquellenlage genügte naturgemäß den Bedürfnissen unter den völlig neuen Verhältnissen des 19. und beginnenden 20. Jahrhunderts nicht mehr. Durch Papst Pius X. wurde am 19. 3. 1904 eine Kommission unter Leitung des Kanonisten und Kardinals Pietro Gasparri mit der Vorbereitung der Kodifikation des kanonischen Rechts beauftragt. Der Codex Iuris Canonici wurde von Papst Benedikt XV. am Pfingstfest 1917 (17.5.) promulgiert und zum Pfingstfest des folgenden Jahres (19. 5. 1918) in Kraft gesetzt. Er wird, zur Abgrenzung von dem 1983 in Kraft gesetzten neuen CIC, üblicherweise als CIC/1917 zitiert.

Der CIC/1917 bestand aus fünf Büchern, die wiederum nach Teilen, Sektionen, Titeln, Kapiteln, Artikeln, Canones und Paragraphen untergliedert waren. Da seine Canones aber durchnummeriert waren, wird er einfach nach Canones und, wo vorhanden, Paragraphen zitiert, also z.B. c. 8, § 1 CIC/1917 (= Inkrafttreten der Gesetze durch Promulgation). Das Einteilungsschema der Bücher folgte nicht dem Dekretalenschema (Iudex, Iudicium, Clerus, Sponsalia, Crimen), sondern nahm die Einteilung der Römisch-Rechtlichen Institutionen des Gaius auf, die dem Schema „persona, res, actio" folgten. Demgemäß folgte einem Allgemeinen Teil ein Buch über das Personenrecht, das das Recht der Geistlichen und der kirchlichen Ämter enthielt. Daran schloss sich an ein Buch über die res – also das Sachenrecht. Darin war, neben dem Vermögensrecht, unter anderem das Recht der Sakramente inklusive dem Eherecht geregelt. Es folgte in einem vierten Buch das Prozessrecht. Angehängt war dann als fünftes Buch das kirchliche Strafrecht. Ungeachtet der Frage, ob das Institutionenschema für die kirchlichen Verhältnisse wirklich sachgerecht ist, kann man den für seine dogmatische Stringenz bewunderten CIC/1917 als juristische Vollendung der durch das 1. Vatikanische Konzil gefestigten Stellung der päpstlichen Gewalt bezeichnen.

§ 7. Das 20. Jahrhundert

Literatur: *C. Link*, Kirchliche Rechtsgeschichte, 2009, §§ 25–33 (Lit.); *ders.*, Staat und Kirche, 2000, S. 99 ff.; *E.-R. Huber*, Deutsche Verfassungsgeschichte seit 1789, Bd. 5, 1978, Bd. 6, 1981; *E.-R. Huber/W. Huber*, Staat und Kirche im 19. und 20. Jahrhundert, Bd. 4, 1988 (Quellen), *D. Pirson*, HdbStKirchR I, 1994, § 1.

Zu I.: *G. J. Ebers*, Staat und Kirche im neuen Deutschland, 1930; *A. Hollerbach*, Verträge zwischen Staat und Kirche, 1965; *O. Friedrich*, Der evangelische Kirchenvertrag mit dem Freistaat Baden, 1933; *J. Heckel*, Der Vertrag des Freistaats Preußen mit den evangelischen Landeskirchen vom 11. Mai 1931, in: ders., Das blinde, undeutliche Wort „Kirche", Ges. Aufs., 1964, S. 572 ff.; *W. Landé*, Die Schule in der Reichsverfassung, 1929; *H. Lutz*, Demokratie im Zwielicht, Der Weg der deutschen Katholiken aus dem Kaiserreich in die Republik 1914–1925, 1963; *K. Nowak*, Evangelische Kirche und Weimarer Republik, 1981; *L. Richter*, Kirche und Schule in den Beratungen der Weimarer Nationalversammlung, 1996; *K. Scholder*, Die Kirchen und das Dritte Reich, Bd. 1: Vorgeschichte und Illusionen, 1977; *W. Weber*, Die politische Klausel in den Konkordaten, 1939.

Zu II.: *C. Motschmann*, Evangelische Kirche und preußischer Staat in den Anfängen der Weimarer Republik, 1969; *J. Jacke*, Kirche zwischen Monarchie und Republik. Der preußische Protestantismus nach dem Zusammenbruch 1918, 1976; *F. Giese/J. Hosemann*, Die Verfassungen der Deutschen Evangelischen Landeskirchen, 2 Bde., 1927; *G. Holstein*, Die Grundlagen des evangelischen Kirchenrechts, 1928; *P. Schoen*, Die Kirchenregierung nach den neuen evangelischen Kirchenverfassungen, 1922; *H. Liermann*, Deutsches evangelisches Kirchenrecht, 1933; *H. v. Soden*, Die Verfassungen der deutschen evangelischen Landeskirchen 1919–1933, Theol. Rundschau NF 5 (1933), S. 335 ff.

Zu III.: *D. Albrecht* (Hrsg.), Katholische Kirche im Dritten Reich, 1976; *J. S. Conway*, Die nationalsozialistische Kirchenpolitik 1933–1945, 1969; *G. Denzler*, Widerstand ist nicht das richtige Wort. Katholische Priester, Bischöfe und Theologen im Dritten Reich, 2003; *K. Gotto/K. Repgen* (Hrsg.), Kirchen, Katholiken und Nationalsozialismus, 1990[2]; Kommission für Zeitgeschichte (Hrsg.), Das Reichskonkordat 1933, 2007; *K. Meier*, Der evangelische Kirchenkampf, 3 Bde., 1976–1984; *ders.*, Kreuz und Hakenkreuz, 1992; *R. Morsey*, Der Untergang des politischen Katholizismus, 1977; *C. Nicolaisen*, Art. „Nationalsozialismus I. Geschichtlich und Kirchengeschichtlich", in: RGG[4], Bd. 6, 2003, Sp. 79–86 (Lit.); *J. Winter*, Die Wissenschaft vom Staatskirchenrecht im Dritten Reich, 1979.: *K. Scholder*, Die Kirchen und das Dritte Reich, Bd. 1/2, 1977/1985; Bd. 3 von *G. Besier*, 2001.

Zu. IV.: *H. Brunotte*, Die Grundordnung der Evangelischen Kirche in Deutschland, ihre Entstehung und ihre Probleme, 1954; *H. Claessen*, Grundordnung der EKD, 2007; *J. F. Goeters/G. Besier* (Hrsg.), Die Geschichte der EKU, 3. Bd. 1999.; *M. Heckel*, Die Vereinigung der evangelischen Kirchen in Deutschland, 1990; *Ch. Heckel*, Die Kirchengemeinschaft der Evangelischen Kirche in Deutschland, 1995; *K. Herbert*, Kirche zwischen Aufbruch und Tradition. Entscheidungsjahre nach 1945, 1989; *D. Pirson*, Universalität und Partikularität der Kirche, 1965; *A. Smith-v. Osten*, Von Treysa 1945 bis Eisenach 1948, 1980; *W. Steinmüller*, Evangelische Rechtstheologie: Zwei-Reiche-Lehre, Christokratie, Gnadenrecht, 2 Bde. 1968; *Erik Wolf*, Ordnung der Kirche, 1951.

Zu V.: *P. Erdö*, Geschichte der Wissenschaft vom kanonischen Recht, 2006, § 19; *ders.*, Die Quellen des Kirchenrechts, 2002, S. 153 ff.; *O. H. Pesch*, Das Zweite Vatikanische Konzil, 1993; *K. Rahner/H. Vorgrimler*, Kleines Konzilskompendium, 31. Aufl. 2004; *H. Schmitz*, HdbKathKR[2], § 5; *ders.*, Reform des kirchlichen Gesetzbuches, 1979; § 3; *K. Wittstadt* (Hrsg.), Geschichte des Zweiten Vatikanischen Konzils, 4 Bde., 1997 ff.

Zu VI.: *G. Besier*, Der SED-Staat und die Kirche, 3 Bde, 1993–95; *Th. Boese*, Die Entwicklung des Staatskirchenrechts in der DDR von 1945–1989, 1994, *A. v. Campenhausen*, HdbStR VI, 1997, § 207; *C. Fuchs*, Das Staatskirchenrecht der neuen Bundesländer, 1999; *M. Heckel*, Die Vereinigung der evangelischen Kirchen in Deutschland, 1990; *M. Kremser*, Der Rechtsstatus der evangelischen *Kirchen* in der DDR und die neue Einheit der EKD, 1993; *A. Kupke*, Die Entwicklung des deutschen „Religionsverfassungsrechts" nach der Wiedervereinigung, 2004; *O. Luchterhandt*, Die Gegenwartslage der Evangelischen Kirche in der DDR, 1982; *B. Schaefer*, Staat und katholische Kirche in der DDR, 1999.

Zu VII.: *W. Huber/C. Waldhoff/U. Di Fabio*, Die Verfassungsordnung für Religion und Kirche in Anfechtung und Bewährung, Essener Gespräche Bd. 42, 2008; *S. Muckel* (Hrsg.), Der Islam im öffentlichen Recht des säkularen Verfassungsstaats, 2008; *S. Mückl.*, Europäisierung des Staatskirchenrechts, 2005.

I. Staat und Kirchen in der Weimarer Republik – Der Kulturkompromiss von Weimar

1   Mit dem Ende der Monarchie in Deutschland nach dem ersten Weltkrieg entfiel auch das landesherrliche Kirchenregiment über die evangelische Kirche. Die Weimarer Reichsverfassung gewährleistete die volle Religionsfreiheit und religiöse Gleichheit, verfügte die Trennung von Staat und Kirche und das Recht der Kirchen, ihre Angelegenheiten innerhalb der Schranken des für alle geltenden Gesetzes selbständig zu ordnen (Art. 137 I, III WRV). Weitergehende Forderungen nach einer Verdrängung der Kirchen aus dem Bereich des Öffentlichen Rechts in das Privatrecht hatten keinen Erfolg. Insofern ist das deutsche Staatskirchenrecht nicht dem Beispiel Frankreichs mit seiner Trennungsgesetzgebung von 1905 gefolgt, die vor dem Hintergrund einer das 19. Jahrhundert prägenden Konfrontation zwischen der katholischen Kirche und den republikanischen Kräften zu verstehen ist.

Die Regelungen der Weimarer Reichsverfassung stellen vielmehr einen Kompromiss zwischen strikten Trennungsforderungen und den Traditionen des deutschen Staatskirchenrechts dar, den sogenannten Kulturkompromiss von Weimar. Kennzeichnend dafür ist unter anderem der Status der Kirchen als Körperschaften des öffentlichen Rechts mit dem darin verbundenen Kirchensteuersystem (Art. 137 V, VI WRV), aber auch die Möglichkeit der Seelsorge in staatlichen Anstalten (Art. 140, 141 WRV), die Garantie der theologischen Fakultäten an staatlichen Hochschulen (Art. 149 III WRV) und nicht zuletzt die Garantie des Religionsunterrichts an öffentlichen Schulen (Art. 149 I, II WRV). Dies alles zeigt, dass die Trennung nicht gegen die Kirchen gerichtet war, sondern ihrer freien Entfaltung auch im öffentlichen Bereich dienen sollte und – weil die staatskirchenrechtlichen Regelungen der Weimarer Verfassung weitgehend immer noch gelten – weiterhin dienen. Einzelheiten dieses Kompromisses im heutigen Verständnis sind, da es sich um fortgeltendes Recht handelt, im zweiten Abschnitt über die staatskirchenrechtlichen Grundlagen beschrieben. Dass das neue freiheitliche Staatskirchenrecht zu Beginn durchaus Unsicherheiten in der Rechtsanwendung hervorrief, zeigt die zunächst herrschende, sog. „Korelatentheorie": Trotz des Selbstbestimmungsrechts in den Schranken des „für alle geltenden Gesetzes" (Art. 137 III WRV) wurde von einer besonderen Staatsaufsicht gegenüber den Kirchen als Korrelat ihres Status' als Körperschaft des öffentlichen Rechts ausgegangen – gleichsam eine Reminiszenz an die früheren Zustände. Diese Ansicht wurde erst später mit Hilfe der Wissenschaft überwunden[51].

2   In diesem Zusammenhang sei auf zwei für beide großen Konfessionen in Deutschland wichtige Themen aus der Weimarer Zeit hingewiesen. Das eine ist die ungeklärte, gerade in der Frühzeit der Weimarer Republik hochumstrittene Frage, ob die in Art. 146 I WRV enthaltene Anordnung einer „für alle gemeinsamen Volksschule" konfessionellen Grundschulen entgegenstand. Diese Frage blieb, weil das in Art. 146 II WRV vorgesehene Reichsgesetz nicht zustande kam, ungeklärt und das konfessionelle Grundschulwesen in den Ländern mit entsprechender Tradition erhalten. Die Schulfrage war indes Anlass erheblicher Streitigkeiten und von Massenprotesten in der frühen Weimarer Republik gewesen und hat mit dazu beigetragen, dass die Kirchen die Republik nicht etwa wegen der durch das Selbstbestimmungsrecht und die anderen Regelungen der Verfassung gewonnenen Freiheitschancen freudig begrüßt haben, sondern ihr z. T. mit Skepsis gegenüberstanden.

---

[51] Zu sog. „Korrelatentheorie" s. *C. Link*, Staat und Kirche, 2000, S. 107 f.; *A. v. Campenhausen/H. de Wall*, Staatskirchenrecht[4], 2006, S. 33.

Das zweite Thema sind die Konkordate und Kirchenverträge. Konkordatäre Vereinbarungen zwischen Staat und römisch-katholischer Kirche waren, wie bereits gesehen, ein traditionsreiches Instrument zur Regelung der beiderseitigen Beziehungen. Für die evangelischen Kirchen waren Verträge mit dem Staat allerdings etwas Neues. Unter dem landesherrlichen Kirchenregiment war dafür schon deshalb kein Raum, weil der Landesherr als weltliches Haupt der Kirche gleichsam einen Vertrag mit sich selbst als Staatsoberhaupt hätte schließen müssen. Die Trennung von Staat und evangelischer Kirche durch Art. 137 I WRV hat daher die Voraussetzungen für vertragliche Vereinbarungen des Staates mit den evangelischen Kirchen geschaffen. Die neue rechtliche Situation unter der Weimarer Reichsverfassung und den neuen Länderverfassungen schuf nun vielfältigen Regelungsbedarf in zahlreichen Einzelfragen, etwa auf den Gebieten der finanziellen Zuwendungen durch den Staat oder im Schul- und Hochschulwesen. Dieser Regelungsbedarf wurde in einigen der größten deutschen Länder durch Vereinbarungen zwischen Staat und Kirchen befriedigt. Für die katholische Kirche konnte hier an die Tradition der Konkordate angeknüpft werden, die zu Beginn des 19. Jahrhunderts geschlossen worden waren. Nunmehr wurden in den Konkordaten mit Bayern (1924), Preußen (1929) und Baden (1932) die verfassungsrechtlichen Garantien vertraglich untermauert und die Einzelheiten des Staat-Kirche-Verhältnisses umfassend vereinbart. Entsprechende Staatskirchenverträge wurden vor dem neuen rechtlichen Hintergrund mit den evangelischen Landeskirchen in diesen Ländern (Bayern 1924, Preußen 1931, Baden 1932) geschlossen. Nicht mehr in der Zeit der Weimarer Republik konnte das Projekt eines Konkordats zwischen dem Heiligen Stuhl und dem Reich verwirklicht werden, das namentlich durch den Päpstlichen Nuntius in Deutschland bzw., ab 1930 als Kardinalstaatssekretär gleichsam „Außenminister" des Heiligen Stuhls, Eugenio Pacelli, dem späteren Papst Pius XII., verfolgt wurde.

Für die Rechtslage der römisch-katholischen Weltkirche von besonderer und grundlegender Bedeutung war es, dass durch den Abschluss der „Lateranverträge" im Jahre 1929 das Verhältnis des Heiligen Stuhls zum italienischen Staat geregelt wurde, das insbesondere dadurch belastet war, dass die nationale Einigung Italiens mit der Eingliederung des Kirchenstaates in den italienischen Staat einherging. Neben den auch in Konkordaten mit anderen Staaten geregelten Fragen wurde durch die Vereinbarung der Bildung des „Staates der Vatikanstadt" die Unabhängigkeit des Heiligen Stuhles gesichert.

II. Die Evangelischen Kirchen in der Weimarer Republik: Konstitutionalisierung unter neu gewonnener Autonomie

Mit dem Ende der Monarchie in Deutschland nach dem ersten Weltkrieg entfiel auch das landesherrliche Kirchenregiment über die evangelischen Landeskirchen. Dies wurde, nach frühen Versuchen sozialistischer Übergangsregierungen in den Ländern, sich der Kirchenorganisation zu bemächtigen, durch Art. 137 I WRV endgültig rechtlich besiegelt. Für die evangelischen Landeskirchen war dies ein tiefer Einschnitt: Sie verloren ihre weltlichen Oberhäupter. Gemeinsam mit dem Selbstbestimmungsrecht gem. Art. 137 III WRV brachte dies auch die Aufgabe mit sich, die Rechtsordnung und die Verfassung der Kirche neu zu gestalten, und zwar eigenständig, nach eigenen Maßstäben und Grundsätzen. Erst seit der Weimarer Zeit kann man insofern von einem eigenständigen, durch die Kirche selbst gesetzten evangelischen Kirchenrecht in Deutschland sprechen.

Auch nach dem Ende des landesherrlichen Kirchenregiments blieb das Landeskirchentum bestehen. Die territoriale Gliederung knüpfte an die alten Verhältnisse an, nur in Thüringen kam es, parallel zur Bildung des Freistaates aus zahlreichen kleinen Fürstentümern, zum Zusammenschluss von Landeskirchen. Die Einigung des deutschen Protestantismus ging über die Bildung des Deutschen Evangelischen Kirchenbund (DEKB) als Bund selbständiger Landeskirchen nicht hinaus (s. o.).

Die in den zwanziger Jahren geschaffenen Kirchenverfassungen ließen zum Teil die anfänglichen Unsicherheiten, die durch die neue Aufgabe eigenständiger Rechtsetzung entstanden, erkennen, indem sie sich recht deutlich an staatlichen Vorbildern orientierten[52]. So wurde z. T. die Rolle der Synoden sehr weitgehend derjenigen der Parlamente im Staat nachgebildet einschließlich der Möglichkeit, andere Kirchenleitungsorgane abzuwählen. In den Verfassungen der Weimarer Zeit sind aber die Grundstrukturen evangelischer Kirchenverfassungen vorgeprägt, die auch das heutige evangelische Kirchenverfassungsrecht prägen. Neben die überall eingeführten Synoden als Gesetzgebungsorgane und die Konsistorien als nunmehr rein kirchliche Verwaltungsorgane trat nun ein personales Leitungsamt. Darüber, ob man einen Bischof oder einen Kirchenpräsidenten als Inhaber eines solchen personalen Leitungsamtes vorsehen solle[53] und ob die Schaffung des Bischofsamtes unevangelisch sei, wurde kontrovers und mit unterschiedlichem Ergebnis diskutiert. In zahlreichen Landeskirchen wurde neben diesen drei Organen noch ein Leitungs- bzw. Regierungsorgan (Kirchenleitung, Kirchensenat o.ä.) geschaffen, das aus Vertretern der drei anderen Organe gebildet wurde.

III. Die Kirchen unter dem Nationalsozialismus

6   Der Nationalsozialismus hatte unter den Kirchenmitgliedern – evangelischen und römisch-katholischen – trotz der unchristlichen und antikirchlichen Elemente seiner Ideologie erhebliche Anhängerschaft[54]. Dazu mag beigetragen haben, dass die NSDAP nach ihrem Parteiprogramm den Standpunkt eines „positiven Christentums" einnahm und die Freiheit des religiösen Bekenntnisses proklamierte. Die Politik der nationalsozialistischen Führung sprach dieser Aussage freilich Hohn. Ihre Zielrichtung auf eine Ideologisierung und Gleichschaltung aller Lebensbereiche mit den Zielen der Partei widersprach beidem. Folgerichtig versuchte die nationalsozialistische Politik, Religion und Kirchen aus dem öffentlichen Leben zu verbannen – beispielsweise durch die Bekämpfung von konfessionellen Schulen, Religionsunterricht, Behinderung der karitativen und diakonischen Organisationen usw. Dass die unsäglichen Verbrechen des Nationalsozialismus zutiefst unchristlich waren, bedarf ebenso wenig der Begründung wie die Feststellung, dass Christen dadurch, dass sie sich an diesen Verbrechen beteiligten oder ihnen nicht widerstanden, Schuld auf sich geladen haben, wie das die Kirchen beider Konfessionen nach dem Ende des „Dritten Reiches" bekannt haben.

---

[52] *C. Link*, Staat und Kirche, 2000 (Anm. 51), S.117.
[53] *G. Tröger*, Das Bischofsamt in der Evangelisch-lutherischen Kirche, 1966, S. 90 ff.; *A. v. Campenhausen*, Entstehung und Funktionen des bischöflichen Amtes in den evangelischen Kirchen in Deutschland, Gesammelte Schriften, 1995, S. 8 ff. (17 ff.).
[54] Die Literatur zur Kirche im Nationalsozialismus ist reich. Neben dem Werk von *K. Scholder*, Die Kirchen und das Dritte Reich, Bd. 1/2, 1977/1985 und *G. Besier*, Die Kirchen und das Dritte Reich, Bd. 3, 2001, sei hier verwiesen auf die knappen Zusammenfassungen bei *Link*, Staat und Kirche, 2000.; *A. v. Campenhausen/H. de Wall*, Staatskirchenrecht, S. 34 ff., sowie von *C. Nicolaisen*, Stw.: „Nationalsozialismus I. Geschichtlich und Kirchengeschichtlich", RGG[4], Bd. 6, 2003, Sp. 79–86 m. Nachw.

§ 7. Das 20. Jahrhundert

In die Anfangszeit der nationalsozialistischen Herrschaft fallen Ereignisse, die zunächst auf eine für die Kirchen nicht ungünstige Entwicklung hoffen ließen – Hoffnungen freilich, die sich sehr schnell als trügerisch erweisen sollten.

Für die römisch katholische Kirche erfüllte sich zunächst der Wunsch nach einem Reichskonkordat. Es wurde am 20. Juli 1933 unterzeichnet und stellte auch einen außenpolitischen Prestigeerfolg Hitlers dar. An für die Kirche wichtigen Zugeständnissen enthält es Garantien der Bekenntnisschulen, für den Religionsunterricht, die theologischen Fakultäten, die Militär- und Anstaltsseelsorge und für die Arbeit kirchlicher Vereinigungen und Verbände nicht-politischer Ausrichtung. Erkauft werden mussten diese staatlichen Zugeständnisse damit, dass die Mitarbeit von Geistlichen und Ordensleuten in politischen Parteien unterbunden wurde – und damit dem politischen Katholizismus und seiner Partei, dem Zentrum, eine wichtige Stütze entzogen wurde. Freilich war das Zentrum im Zeitpunkt des Inkrafttretens des Reichskonkordates bereits aufgelöst – inwiefern zwischen diesen Ereignissen ein Zusammenhang besteht, ist umstritten. Das Konkordat hat das NS-Regime nicht daran gehindert, seine Politik der Verdrängung der kirchlichen Tätigkeit zu verfolgen. 7

In größerem Maße als die römisch-katholische Kirche erwies sich die Organisation der evangelischen Kirchen als anfällig gegenüber nationalsozialistischen Einflussnahmen. Wichtiges Instrument dafür war die „Glaubensbewegung Deutsche Christen" (DC), die als „Kirchenpartei" der Nationalsozialisten u. a. über die Wahl zu den Synoden Einfluss auf die die kirchliche Organisation einschließlich der Kirchenleitungen gewinnen konnte. Eine der Forderungen der DC, bei der sie Unterstützung weiterer kirchlicher Kreise gewinnen konnte, war die Bildung einer evangelischen Reichskirche unter einem einheitlichen organisatorischen Dach anstelle des DEKB. Über die Verfassung der „Deutschen Evangelischen Kirche" und die Person des zu wählenden Reichsbischofs kam es zu erheblichen Auseinandersetzungen zwischen den DC und von der DC noch nicht unterwanderten Kirchenleitungen. Die Verfassung der DEK von 11. 7. 1933 stellte insbesondere mit der nach dem „Führerprinzip" stark ausgeprägten Stellung des Reichsbischofs einen Erfolg der DC und ihrer Politik dar. Die DC konnten bei der Wahl zur Reichssynode am 23. 7. 1933 eine Zweidrittelmehrheit gewinnen. Auch bei der Wahl des Reichsbischofs errangen sie einen Erfolg. Der von den Kirchenleitungen nominierte, allseits anerkannte Friedrich v. Bodelschwingh hatte nach massiver Agitation gegen seine Person seine Kandidatur zurückgezogen. Die Synode wählte den Kandidaten der DC, den Wehrkreispfarrer Pfarrer Ludwig Müller, einen überzeugten Nationalsozialisten, zum Reichsbischof. 8

Der Siegeszug der „Glaubensbewegung Deutsche Christen" (DC) geriet dann ins Stocken. Zum einen desavouierte sich im „Sportpalastskandal" im November 1933 ihre Führung durch Aussagen über die „Sündenbock- und Minderwertigkeitstheologie des Rabbiners Paulus" selbst. Zum anderen bildete sich innerkirchlich, namentlich in der Pfarrerschaft, Widerstand gegen die nationalsozialistische Übernahme der evangelischen Kirche. Anlass für die Bildung des „Pfarrernotbundes" war die Übernahme des „Arierparagraphen" des staatlichen Beamtenrechts, wonach Beamte nicht-arischer Abstammung in den Ruhestand zu versetzen waren, in das kirchliche Recht. Gegen die Übernahme der Leitungsgewalt in den Landeskirchen durch die DC und gegen das Vorgehen der von den DC beherrschten Kirchenleitungen gegen kirchliche Opposition entzündete sich weiterer Widerstand. Er führte zur Bildung der „Bekennenden Kirche" als Gegenorganisation gegen die DC-beherrschten Kirchenleitungen. In der „Bekenntnissynode von Barmen" wurde mit der „Barmer Theologischen Erklärung" vom 31. 5. 1934 eine grundlegende Stel- 9 lungnahme gegen die nationalsozialistische Kirchenpolitik abgegeben, die zu einer Besinnung über die Grundlagen des Evangelischen Kirchenwesens und des Evangelischen Kirchenrechts mit bis heute reichenden Auswirkungen geführt hat[55]. Auf der nachfolgenden Bekenntnissynode von Dahlem wurde dann der Anspruch der BK formuliert, legitime evangelische Kirchenorganisation zu sein. Die nachfolgende Zeit ist von Auseinandersetzungen zwischen den DC-geführten Kirchenleitungen und der BK geprägt, die sich ihrerseits spaltete. Die Kirchenpolitik der DC war jedenfalls gescheitert, den evangelischen Kirchen in Deutschland freilich ihrerseits ein Erbe ungelöster innerer Konflikte hinterlassen. Die Zeit der Auseinandersetzungen zwischen den „Deutschen Christen" und ihren Gegnern um die Führung in den evangelischen Kirchen wird als „Kirchenkampf" bezeichnet.

Die spätere Zeit der nationalsozialistischen Herrschaft ist von der immer größeren Brutalität der Verfolgung Andersdenkender, des Erbhygiene- und des Rassenwahns sowie ab 1939 vom Krieg geprägt. Trotz aller Bedrängnisse blieben die Kirchen die wichtigsten Organisationen, die nicht nationalsozialistisch gleichgeschaltet wurden. Allerdings standen neben den Stellungnahmen auch aus kirchlichen Kreisen gegen die nationalsozialistischen Verbrechen[56] und neben Beispielen mutigen Widerstands unter Einsatz des eigenen Lebens auch in den Kirchen (zu) viel Anpassung, Beschwichtigung und Schweigen der Kirchen und ihrer Mitglieder – namentlich gegenüber den unsäglichen Verbrechen der Morde an Juden.

IV. Staat und Kirchen in der Bundesrepublik Deutschland

1. Staat und Kirchen in der Nachkriegszeit

10 Die Zeit des Nationalsozialismus hat auf das Staatskirchenrecht keinen nachhaltigen, über den Zeitraum von 1933–45 hinausreichenden Einfluss gehabt. Nach dem Kriege wurden in der Bundesrepublik Deutschland vielmehr die Regelungen der Weimarer Reichsverfassung im wesentlichen in das Grundgesetz übernommen. Sie bilden bis heute die Basis eines Verhältnisses von Staat und Kirchen, in dem das Selbstbestimmungsrecht der Religionsgemeinschaften gewährleistet, ihre Tätigkeit gefördert und ihnen umfassende Entfaltungsmöglichkeiten nach ihrem Selbstverständnis eingeräumt werden.

In Staat und Gesellschaft konnten die Kirchen in der Nachkriegszeit zunächst erheblichen Einfluss gewinnen. Sie waren anders als die meisten anderen Organisationen nicht bzw. nicht vollständig in die Hand der Nationalsozialisten gefallen. Ihnen gelang es durch die Bekenntnisse zur Schuld, auf protestantischer Seite das Stuttgarter Schuldbekenntnis, und über ihre ökumenischen Verbindungen, dass nach der moralischen Katastrophe des Nazi-Regimes wieder Kontakte mit dem Ausland geknüpft werden konnten.

---

[55] Insbesondere die dritte und vierte These der Barmer Theologischen Erklärung bekräftigen die Unabhängigkeit der evangelischen Kirche von staatlichen und allgemein-politischen Vorgaben. So heißt es in der dritten These: „Wir verwerfen die falsche Lehre, als dürfe die Kirche die Gestalt ihrer Botschaft und ihrer Ordnung ihrem Belieben oder dem Wechsel ihrer jeweils herrschenden weltanschaulichen und politischen Überzeugungen überlassen" und in der vierten These: „Wir verwerfen die falsche Lehre, als könne und dürfe sich die Kirche abseits von (ihrem) Dienst besondere, mit Herrschaftsbefugnissen ausgestattete Führer geben und geben lassen". Vgl. *C. Link*, Rechtstheologische Grundlagen des Kirchenrechts, ZevKR 45 (2000), S. 73–88 (73); *A. v. Campenhausen/H. de Wall*, Staatskirchenrecht, S. 37 f.

[56] Genannt seien die Predigten Kardinal Faulhabers in München und die Stellungnahmen des Münsteraner Bischofs Graf Galen und des Landesbischofs Wurm und des Pfarrers Friedrich v. Bodelschwingh gegen den Massenmord an Behinderten.

Die starke Stellung der Kirchen in der Gesellschaft der Bundesrepublik hat in der staatskirchenrechtlichen Lehre insoweit Widerhall gefunden, als die Position der Kirchen im Rahmen der so genannten Koordinationslehre zum Teil überbetont wurde[57], indem von der rechtlichen Gleichordnung von Staat und Kirchen ausgegangen, die Souveränität des Staates auch gegenüber den Kirchen aber hintangestellt wurde. Diese Lehre hat seit den 70er Jahren deutlich an Anhängerschaft verloren.

Die günstige Stellung der Kirchen spiegelt sich auch in den Staatskirchenverträgen der Kirchen mit den Bundesländern wider, in denen etwa der Öffentlichkeitsauftrag der Kirchen, d.h. ihr Anspruch, mit ihren Besonderheiten an der Willensbildung in Staat und Gesellschaft teilzunehmen, ausdrücklich anerkannt und auch sonst die Rechtsposition der Kirchen noch über das durch die Verfassung garantierte Maß hinaus gestärkt worden ist. Für die Verträge zwischen den Kirchen und den Ländern war der Loccumer Vertrag der evangelischen Kirchen mit dem Land Niedersachsen von 1955 prägend.[58]   11

2. Die Evangelischen Kirchen in der Nachkriegszeit

Die Erfahrung des Kirchenkampfes hat auch nach dem Ende des NS-Regimes nicht   12
etwa zur organisatorischen Einigung des Deutschen Protestantismus geführt. Vielmehr standen ganz unterschiedliche Vorstellungen einander gegenüber, etwa die einer Neuorganisation der Kirche auf der Basis der Kirchengemeinden und in Anlehnung an das Konzept der „Bruderräte" (der Leitungsgremien der bekennenden Kirche) auf der einen Seite, der Plan einer das konfessionelle Erbe des Luthertums betonenden Kirche auf der anderen Seite. Vor diesem Hintergrund stellt die Grundordnung der Evangelischen Kirche in Deutschland (EKD) vom 13. Juli 1948, die in Art. 2 I die EKD als einen Bund lutherischer, reformierter und unierter Kirchen beschreibt, eine Lösung dar, die zwar alle konfessionell unterschiedlichen evangelischen Landeskirchen in Deutschland unter einem Dach vereinen konnte, dies aber um den Preis, nur ein mit relativ geringen Kompetenzen ausgestatteter Bund rechtlich selbständiger Gliedkirchen zu bleiben. Im Grundsatz blieb es damit beim überkommenen Landeskirchentum. Freilich kam es auf einer Ebene zwischen den Landeskirchen und der EKD zu Zusammenschlüssen mit erheblicher praktischer Bedeutung für die Rechtsordnungen der Kirche. In der Vereinigten Evangelisch-Lutherischen Kirche Deutschlands (VELKD) schlossen sich die meisten lutherischen Landeskirchen zusammen. Die Evangelische Kirche der Union (EKU) war ein Zusammenschluss der nach dem Fortfall der preußischen Landeskirche selbständig gewordenen ehemaligen preußischen Provinzialkirchen, der sich für nichtpreußische Kirchen öffnete. Die EKU bestand aus unierten Kirchen mit Gemeinden unterschiedlichen Bekenntnisstandes: Lutherischen, reformierten und unierten. Neben dem reformierten Bund als Zusammenschluss reformierter Kirchen, aber auch einzelner Gemeinden und Personen wurde als Zusammenschluss evangelischer Kirchen jenseits konfessioneller Grenzen die Arnoldshainer Konferenz gebildet[59]. Nachdem in der Frühzeit der EKD die innerprotestantischen konfessionellen Unterschiede noch ein wesentliches Hindernis weitergehender Einigung – auch in rechtlicher Hinsicht – darstellten und die Kirchen

---

[57] *S. Korioth*, Die Entwicklung des Staatskirchenrechts in Deutschland seit der Reformation, in: *H. M. Heinig/C. Walter* (Hrsg.), Staatskirchenrecht oder Religionsverfassungsrecht?, 2007, S. 59 ff.
[58] *A. Hollerbach*, Verträge zwischen Staat und Kirche, 1965, S. 20 f.; *A. v. Campenhausen/H. de Wall*, Staatskirchenrecht, S. 45 ff.
[59] Diese ist seit 2003 mit der EKU zur Union Evangelischer Kirchen in der EKD (UEK) verbunden ist. Näheres zu den gliedkirchlichen Zusammenschlüssen, ihren Organen und ihrer Bedeutung und zu den Bemühungen um eine Strukturreform innerhalb der EKD s. u.

untereinander noch keine Kanzel- und Abendmahlsgemeinschaft gewährten, konnten diese Hürden Ende der Sechziger und Anfang der Siebziger Jahre allmählich überwunden werden. Ein markantes Ereignis und wesentliches Dokument hierfür ist die Erklärung der Kirchengemeinschaft durch die „Leuenberger Konkordie" von 1973, die wesentliche Hindernisse für eine Einigung des Protestantismus relativiert hat. Sie beschränkt sich nicht auf die deutschen evangelischen Kirchen, sondern schließt die meisten europäischen evangelischen Kirchen ein. Sie ist insoweit auch ein Beispiel der wachsenden Bedeutung ökumenischer Kontakte der Kirche, in diesem Fall der innerevangelischen Ökumene.

13 Auf der Ebene der Landeskirchen kam es nach dem zweiten Weltkrieg zu einigen strukturellen Änderungen – etwa durch den Fortfall der ehemaligen Preußischen Landeskirche und durch die Fusion der Nassauischen, der Hessischen und der Frankfurter Landeskirche zur Evangelischen Kirche in Hessen und Nassau (EKHN). Bei der Neuordnung der evangelischen Kirchen in den Kirchenordnungen nach dem zweiten Weltkrieg orientierte man sich nicht mehr so sehr an staatlichen Vorbildern wie in Weimar, sondern versuchte eigene Wege zu gehen und betonte dabei, den in der Barmer Theologischen Erklärung niedergelegten Grundlagen entsprechend, die eigenständigen theologischen Grundlagen der kirchlichen Ordnung[60]. Allgemein gilt, dass in den evangelischen Kirchen der Nachkriegszeit das Verfassungswerk, das vor dem Nationalsozialismus begonnen worden war, auf erneuerten Grundlagen fortgeführt wurde.

14 In der Wissenschaft hat die Reflexion der Grundlagen des evangelischen Kirchenrechts zu einer intensiven Grundlagendiskussion geführt, aus der drei „Grundlagenentwürfe" herausragen. In seinem Werk „Lex Charitatis" (1953) versuchte der Münchner Kirchenrechtler Johannes Heckel eine Neu-Aneignung der „Zwei-Reiche-/Zwei-Regimentenlehre" Luthers für die Grundlegung des evangelischen Kirchenrechts, der Freiburger Erik Wolf unternahm in seinem Werk „Ordnung der Kirche" (1961) den Versuch, die Theologie des reformierten Schweizers Karl Barth für das Kirchenrecht weiterzudenken und auf der Grundlage eines Konzeptes der „biblischen Weisung" einen ökumenischen Kirchenrechtsentwurf zu erarbeiten. Beiden gemeinsam ist das Bestreben, die Verbundenheit der Kirche als geistlicher Größe mit der Kirche als rechtlicher Organisation und damit die Bedeutung der theologischen Grundlagen für ihre rechtliche Gestalt herauszuarbeiten. „Das Recht der Gnade" des Heidelberger Hans Dombois schließlich versucht, ebenfalls unter Betonung der ökumenischen Dimension, das kirchliche Handeln umfassend in Parallele und in den Kategorien des Rechts zu begreifen.

Während der Ansatz Dombois' in der Gefahr steht, gegen reformatorische Grundsätze den Stellenwert des Rechts für die Kirche überzubetonen, ist gegen Wolf wie gegen Heckel eingewandt worden, dass beide die Unterschiedlichkeit des kirchlichen vom weltlichen Recht zu stark akzentuieren und damit deren Gemeinsamkeit verkennen.[61]

V. Das Zweite Vatikanische Konzil und der Codex Iuris Canonici von 1983

15 Nicht nur für die römisch-katholische Lehre von der Kirche, ihrer inneren Ordnung und ihrem Recht ist das 2. Vatikanische Konzil, das in vier Sitzungsperioden zwischen dem 11. 10. 1962 und dem 8. 12. 1965 tagte, ein herausragendes Ereignis. Unter Papst Johannes XXIII. einberufen und von seinem Nachfolger Paul

---

[60] Überblick bei C. *Link*, Kirchliche Rechtsgeschichte, 2009 S. 213 f.
[61] Vgl. C. *Link*, Kirchliche Rechtsgeschichte, 2009, § 30 Rn. 15.

VI. fortgeführt, hat es seine Aufgabe des „aggiornamento" auch für die Positionsbestimmung der Kirche in der modernen Welt, zu den anderen Religionen und zur christlichen Ökumene durch richtungsweisende Dekrete erfüllt. Besonders charakteristisch dafür ist die Anerkennung der Religionsfreiheit in der Erklärung „Dignitatis humanae". Für den Zusammenhang des Kirchenrechts sind das Ökumenismusdekret „Unitatis redintegratio", das Dekret „Christus Dominus" über die Aufgabe der Bischöfe und vor allem die dogmatische Konstitution über die Kirche „Lumen Gentium" besonders wichtig, auf deren einzelne Aussagen in den §§ 16 und 17 dieses Lehrbuches hingewiesen wird. Für den kirchenrechtsgeschichtlichen Überblick ist hervorzuheben, dass die römisch-katholische Kirche nicht mehr den Anspruch erhebt, allein mit der Kirche Jesus Christus identisch zu sein, sondern dass Elemente wahrer Kirchlichkeit auch in anderen christlichen Gemeinschaften anerkannt werden. Für die innere Struktur der Kirche wird ihr Charakter als Gemeinschaft, „communio", unter bischöflicher Leitung hervorgehoben und die Bedeutung der Teilkirchen, also v. a. der Diözesen, betont, „in und aus denen" die Kirche besteht. Neben der Autorität des Papstes, die bekräftigt wird, wird die Bedeutung des Bischofskollegiums als Mitinhaber der höchsten kirchlichen Autorität hervorgehoben, das aber in dieser Eigenschaft niemals ohne den Papst handeln kann. Die durch das 1. Vatikanum gefestigte Stellung des Papsttums wird dadurch zwar nicht relativiert, aber um einen kollegialen Aspekt ergänzt.

Bereits bei der Einberufung des 2. Vatikanischen Konzils wurde auch eine **16** Erneuerung des im CIC/1917 kodifizierten Kanonischen Rechts angekündigt. Um die Konzilsbeschlüsse auch im Kirchenrecht umzusetzen, wurde eine Kardinalskommission zur Revision des CIC eingesetzt. Im Juni 1980 legte sie unter Berücksichtigung der umfangreichen und weltweiten Diskussion einen ersten Gesamtentwurf für einen neuen CIC vor. Mit der Apostolischen Konstitution „Sacrae Disciplinae Legis" vom 25. 1. 1983 wurde der neue CIC promulgiert und trat am 27. 11. 1983 in Kraft. Wenn er nicht lediglich als CIC bezeichnet wird, wird er, um ihn vom CIC/1917 zu unterscheiden, als CIC/1983 zitiert. Dabei werden nicht seine Untergliederung in einzelnen Bücher, Titel, Kapitel und Artikel herangezogen, sondern wie beim CIC/1917 die durchnummerierten Canones und ggf. §§ genannt, also z. B. C. 8 § 1 CIC/1983 (= Promulgation von allgemeinen kirchlichen Gesetzen).

Er bezieht sich allein auf die lateinische Kirche. Das Recht der unierten Ostkirchen[62] ist in dem am 1. 10. 1991 in Kraft getretenen der Codex Canonum Ecclesiarum Orientalium (CCEO) geregelt. Das Vorhaben, grundlegende Vorschriften für beide Rechtskreise in einer „Lex Ecclesiae Fundamentalis", einem Grundgesetz der Kirche, zusammenzufassen, wurde nicht verwirklicht.

Der CIC/1983 folgt nicht mehr dem Institutionenschema „personae, res, actiones", sondern schließt, nach einleitenden Bestimmungen und Regelungen über die Rechtsstellung von Laien und Klerikern und der Verfassung der Kirche, die in einem Buch über das „Volk Gottes" zusammengefasst sind, Bücher über den Verkündigungsdienst und den Heiligungsdienst der Kirche an. Darauf folgen Bücher über das Kirchenvermögen, das Strafrecht und das Prozessrecht. Schon die Struktur zeigt, dass der CIC näher am Dienst der Kirche als an tradierten juristischen Kriterien und Abstraktionen orientiert ist. Im Sinne der Ergebnisse des 2. Vatikanischen Konzils ist die Stellung der nichtkatholischen Christen neu geregelt worden, auf die der CIC die Geltung rein kirchlicher Gesetze ausdrücklich nicht mehr erstreckt. Auch im kirchlichen Verfassungsrecht sind die Konsequenzen

---

[62] S. dazu u. § 16 Rn. 2, 26.

aus den Grundentscheidungen des Konzils gezogen und ist die Stellung der Diözesanbischöfe betont worden. Neu in den CIC aufgenommen wurden Bestimmungen über die Bischofskonferenzen, die mit eigenen Rechtssetzungsbefugnissen ausgestattet wurden. Der CIC/1983 enthält freilich nicht das gesamte kirchliche Recht, auch ganz abgesehen davon, dass er Raum für partikulares Kirchenrecht lässt. So sind die Bestimmungen über die Organisation der Kurie[63], über die Papstwahl[64] und über das Selig- und Heiligsprechungsverfahren[65] nicht im CIC enthalten. Seine Regelungen im Einzelnen sind Gegenstand des 3. Abschnittes.

VI. Staat und Kirchen in der DDR und nach der Wiedervereinigung

17   In der Deutschen Demokratischen Republik (1949–1990) war die Situation der Kirchen eine ganz andere als im Westen Deutschlands. Das gilt zum einen für das zahlenmäßige Verhältnis der Kirchen untereinander. Waren evangelische Landeskirchen einerseits und römisch katholische Kirche andererseits im Westen ungefähr gleich groß, bildete die römisch-katholische Kirche in der DDR eine kleine Minderheit, wohingegen die evangelische Kirche zunächst die deutliche Mehrheit der Bevölkerung umfasste, im Gefolge der kirchenfeindlichen Politik des SED-Regimes aber stark an Mitgliedern abnahm und ihrerseits zur Minderheit wurde. In der DDR sahen sich die Kirchen einem der Religion und den Kirchen gegenüber im Grundsatz feindlichen Staat gegenüber. In der Verfassung der DDR von 1949 wurde zwar zunächst ihre verfassungsmäßige Stellung in Anlehnung an die Bestimmungen der Weimarer Reichsverfassung ausgestaltet. Allerdings gab die Verfassung nicht die Realität der staatlichen Politik und der Rechtslage wieder[66]. Bereits vor der Revision der Verfassung der DDR von 1968/70 hat der SED-Staat unter dem Etikett der Trennung von Staat und Kirche in wechselndem Maße, aber im Ziel konsequent und mit nachhaltigem Erfolg versucht, die Bindung der Volkskirche in der Gesellschaft zu beseitigen und auch massiv in die kirchliche Organisation einzugreifen. Ein Beispiel dafür ist die unter dem Druck des Staates erfolgte Trennung der zunächst der EKD angehörenden östlichen Landeskirchen von der EKD, die im Jahre 1969 mit der Gründung des Bundes der Evangelischen Kirchen in der DDR (BEK) vollzogen wurde[67].

Die Notwendigkeit, sich mit dieser kirchenfeindlichen Umgebung zu arrangieren, verdeutlicht das Schlagwort von der „Kirche im Sozialismus", das für die evangelischen Kirchen in der DDR geprägt wurde. Innerhalb der Kirchen gab es aber auch Positionen, die auf eine stärkere Abgrenzung zum Staat drängten. Jedenfalls waren die Kirchen in der DDR eines der wenigen Refugien einer Gegengesellschaft zum SED-Staat.

18   Die Wiedervereinigung hat diese Epoche beendet, den evangelischen Landeskirchen die Möglichkeit der Rückkehr in die EKD verschafft, die 1991 erfolgte,

---

[63] Die Kurienorganisation ist geregelt in der Apostolischen Konstitution „Pastor Bonus" (AK PastBon) vom 28. 6. 1988.
[64] Die Papstwahl ist in der Apostolischen Konstitution „Universi Dominici Gregis" vom 22. 2. 1996 geregelt, die 2007 mit dem Motu proprio „De aliquibus mutationibus in normis de electione Romani Pontificis" modifiziert wurde.
[65] Geregelt in der Apostolischen Konstitution „Divinus Perfectionis Magister" vom 25. Januar 1983.
[66] Einen Überblick über die Entwicklung gibt *A. v. Campenhausen*, Staatskirchenrecht in den Neuen Bundesländern, in: *J. Isensee/P. Kirchhof* (Hrsg.), Handbuch des Staatsrechts, Bd. IX, 1997, § 207.
[67] Dazu *M. Heckel*, Die Vereinigung der evangelischen Kirchen in Deutschland, 1990, S. 18 ff.

und ihnen wie der römisch-katholischen Kirche die Freiheit des Staatskirchenrechts der Bundesrepublik gebracht. Die mit allen östlichen Bundesländern geschlossenen Staatskirchenverträge verdeutlichen das Verhältnis von Distanz und Kooperation mit dem Staat, das diese Freiheit mit sich bringt.

Die Bezeichnung als „Konkordat" wurde für die Vereinbarungen der Bundesländer mit dem Heiligen Stuhl vermieden, weil man auf Seiten des Heiligen Stuhls die Verbindlichkeit des Reichs- und des Preußenkonkordats nicht in Frage stellen wollte.

Die römisch-katholische Kirche hat im Anschluss an die Wiedervereinigung ihre Bistumsstruktur den neuen Verhältnissen angepasst, nachdem sie während der Existenz der DDR trotz der schwierigen Situation, die davon gekennzeichnet war, dass die Gebiete in der DDR meist zu westdeutschen Diözesen gehörten, mit provisorischen Zwischenlösungen vermieden hatte, eine voreilige Entscheidung zu treffen, solange die Frage der Staatsgrenzen und der staatlichen Anerkennung der DDR offen war.

VII. Die Kirchen in der Phase der religiös-kulturellen Pluralisierung und der europäischen Integration

Seit den 70er Jahren haben sich die Kirchen in der Bundesrepublik mit einem Bedeutungsschwund einerseits und mit der religiösen Pluralisierung andererseits auseinanderzusetzen. Die hohe Zahl der Kirchenaustritte seit dieser Zeit und der vor allem in den großen Städten geringe Anteil an Taufen sind Symptome einer zunehmenden Entkirchlichung der Gesellschaft. Durch die Wiedervereinigung ist dieser Trend noch verstärkt worden.

Die religiöse Pluralisierung ist einerseits und zum geringeren Anteil durch neue religiöse Bewegungen verursacht. Bedeutender sind daneben Migrationsvorgänge, durch die bisher nicht oder mit nur geringen Mitgliederzahlen in Deutschland präsente Religionen und Religionsgemeinschaften erhebliche Bedeutung erlangt haben. Das gilt etwa für die Orthodoxen Kirchen, das gilt aber vor allem für den Islam, dessen geringer Organisationsgrad das Religionsrecht der Bundesrepublik, das auf einem Gegenüber von Staat und organisierter Kirchlichkeit beruht, vor erhebliche Herausforderungen stellt. Seine Präsenz hat auch Rückwirkungen auf die Kirchen. Sie sehen sich neuen Gegen- oder Mitspielern im Verhältnis zum Staat gegenüber. Dadurch sind Fragen aufgeworfen worden, die sich früher nicht gestellt haben. Die Zulassung von religiöser Kleidung in den Schulen, der Sonn- und Feiertagsschutz, die Frage des Islam an den Hochschulen und der konfessionelle Religionsunterricht sind Bereiche, in denen aktuelle Herausforderungen deutlich werden[68].

Die durch das Grundgesetz inkorporierten religionsrechtlichen Bestimmungen der Weimarer Verfassung wurden im übrigen insbesondere in der Rechtsprechung des Bundesverfassungsgerichtes im Lichte der immer stärker betonten Religionsfreiheit interpretiert und insoweit auch modifiziert. Sie werden nicht als institutionelle Vergünstigungen der etablierten christlichen Kirchen, sondern als besondere Ausprägungen der Religionsfreiheit und des Selbstbestimmungsrechts der Religionsgemeinschaften interpretiert, die grundsätzlich allen Religionsgemeinschaften offen stehen.

Beide Großkirchen sind in zunehmendem Maße vor die Aufgabe gestellt, ihre Strukturen den gewandelten Verhältnissen anzupassen. Dabei ist die evangelische Kirche sowohl wegen des größeren Mitgliederschwundes als auch wegen des ohnehin in seiner Zeitgemäßheit umstrittenen Landeskirchentums im besonderen Maße herausgefordert. Die Fusion einzelner Landeskirchen, die Strukturreform der

---

[68] *A. v. Campenhausen/H. de Wall*, Staatskirchenrecht, S. 52.

EKD und das Perspektivpapier „Kirche der Freiheit", das der Rat der EKD 2006 zur Diskussion gestellt hat, sind Reaktionen darauf. Aber auch in der katholischen Kirche kommt es zu z. T. schmerzlichen Eingriffen in die bisherigen Strukturen, namentlich im Bereich der einzelnen Pfarreien bzw. Kirchengemeinden. Der Mangel an Priesternachwuchs in Deutschland bedingt hier die Suche nach neuen Formen der Beteiligung von Laien an den Aufgaben der Kirche.

21 Eine neue Entwicklung, deren Auswirkungen seit den neunziger Jahren des zwanzigsten Jahrhunderts deutlicher werden, betrifft beide großen Kirchen gleichermaßen: Neben den Staat ist die Europäische Union als neuer Akteur getreten. Zwar hat das Europarecht bisher wenig direkte Auswirkungen auf das Verhältnis des Staates zu den Kirchen und deren Rechtsordnungen. Freilich haben die Diskussionen über europäische Regelwerke wie beispielsweise die arbeitsrechtliche Gleichstellungsrichtlinie 2000/78/EG, die ein umfassendes Verbot der Diskriminierung aus religiösen Gründen mit Sonderregelungen für kirchliche Arbeitgeber enthält, gezeigt, dass die Kirchen und die anderen Religionsgemeinschaften auch mit dem Europarecht rechnen müssen. In den letzten Jahren hat sich ein Religionsrecht der EU herausgebildet, das Religionsfreiheit und Selbstbestimmung der Kirchen und Religionsgemeinschaften gegenüber den Institutionen der EU ebenso sichert, wie den gegenwärtigen Rechtsstatus der Kirchen und Religionsgemeinschaften in den Mitgliedsstaaten[69]. Die bereits jetzt geltenden Prinzipien des EU-Religionsrechtes, nämlich die Achtung des Rechtsstatus', den die Religionsgemeinschaften nach dem Recht der Mitgliedsstaaten besitzen, die Religionsfreiheit und das Recht der Religionsgemeinschaften auf Selbstbestimmung sowie die religiöse Gleichheit und die Abwehr von Diskriminierungen wegen der Religion, sind im gescheiterten Vertrag über eine Verfassung für Europa ebenso bekräftigt worden wie im Lissaboner Vertrag, über dessen Schicksal als neue Grundlage der EU noch nicht entschieden ist. Der dort ebenfalls angebotene offene und transparente Dialog wird durch Organisationen der Kirchen auf europäischer Ebene wahrgenommen. Hier wie allgemein stellt sich für die Kirchen auch die Aufgabe, vor dem Hintergrund immer enger werdender internationaler Verbindungen die ökumenischen Beziehungen zu den anderen Kirchen auszubauen. Dass diese Aufgabe angenommen wird, zeigen die skizzierten Entwicklungen im evangelischen und katholischen Kirchenrecht, (Leuenberger Konkordie, 2. Vatikanisches Konzil), zeigen aber auch die zahlreichen ökumenischen Prozesse und Organisationen, an denen die Kirchen teilnehmen oder denen sie angehören.

---

[69] *A. v. Campenhausen/H. de Wall*, Staatskirchenrecht, S. 357 ff.; ausführlich *St. Mückl*, Europäisierung des Staatskirchenrechts, 2005.

2. Teil. Staatskirchenrecht – Rechtlicher Rahmen und Grundlage des Kirchenrechts

§ 8. Einführung

Literatur: *A. v. Campenhausen*, Offene Fragen im Verhältnis von Staat und Kirche am Ende des 20. Jahrhunderts, in: Marré/Schümmelfeder/Kämper (Hrsg.), Essener Gespräche zum Thema Staat und Kirche 34 (2000), S. 105 ff.; *ders./H. de Wall*, Staatskirchenrecht. Eine systematische Darstellung des Religionsverfassungsrechts in Deutschland und Europa, 4. Aufl. 2006; *C. D. Classen*, Religionsrecht, 2006; *G. Czermak*, Religions- und Weltanschauungsrecht, 2008; *H. M. Heinig*, Ordnung der Freiheit – das Staatskirchenrecht vor neuen Herausforderungen, ZevKR 53 (2008), S. 235 ff.; *H. M. Heinig/C. Walter* (Hrsg.), Staatskirchenrecht oder Religionsverfassungsrecht?, 2007; *A. Hollerbach*, Grundlagen des Staatskirchenrechts, in: Isensee/Kirchhof (Hrsg.), Handbuch des Staatsrechts, Bd. VI, 1989, S. 471 ff.; *ders.*, Artikel „Staatskirchenrecht", in: LThK, Bd. 9, 3. Aufl., 2000, Sp. 900; *J. Isensee*, Kirche und Staat am Anfang des 21. Jahrhunderts, öarr 2006, 21 ff.; *B. Jeand'Heur/St. Korioth*, Grundzüge des Staatskirchenrechts, 2000; *P. Kirchhof*, Die Freiheit der Religionen und ihr unterschiedlicher Beitrag zu einem freien Gemeinwesen, in: Kämper/Thönnes (Hrsg.), Essener Gespräche zum Thema Staat und Kirche 39 (2005), S. 105 ff.; *J. Listl/D. Pirson* (Hrsg.), Handbuch des Staatskirchenrechts der Bundesrepublik Deutschland, 2 Bde., 1994/95; *St. Mückl*, Trennung und Kooperation – das gegenwärtige Staat-Kirche-Verhältnis in der Bundesrepublik Deutschland, in: Kämper/Thönnes (Hrsg.), Essener Gespräche zum Thema Staat und Kirche 40 (2007), S. 41 ff.; *M. Ogorek*, Geltung und Fortbestand der Verfassungsgarantie staatlichen Religionsunterrichts in den neuen Bundesländern. Ein Beitrag zur Lehre vom sogenannten Verfassungswandel, 2004; *R. Tillmanns*, Grundzüge des Staatskirchenrechts in den neuen Bundesländern, in: P. Neumann/R Tillmanns (Hrsg.), Verfassungsrechtliche Probleme bei der Konstituierung der neuen Bundesländer, 1997, S. 161 ff.; *C. Waldhoff*, Die Zukunft des Staatskirchenrechts, in: Kämper/Thönnes (Hrsg.), Essener Gespräche zum Thema Staat und Kirche 42 (2008), S. 55 ff.; *H. de Wall*, Das Verhältnis der Kirchen und der anderen Religionsgemeinschaften zum Staat in Deutschland (Staatskirchenrecht), in: Klöcker/Tworuschka (Hrsg.), Handbuch der Religionen, 8. Lfg. 2004, I – 6; *C. Walter*, Religionsverfassungsrecht in vergleichender und internationaler Perspektive, 2006; *ders.*, Staatskirchenrecht oder Religionsverfassungsrecht?, in: Grote/Marauhn (Hrsg.), Religionsfreiheit zwischen individueller Selbstbestimmung, Minderheitenschutz und Staatskirchenrecht – Völker- und verfassungsrechtliche Perspektiven, 2001, S. 215 ff.; *V. Wick*, Die Trennung von Staat und Kirche, 2007, S. 3–28; *J. Winter*, Staatskirchenrecht der Bundesrepublik Deutschland. Eine Einführung mit kirchenrechtlichen Exkursen, 2. Aufl. 2008.

I. Staatskirchenrecht als Grundlage für kirchliches Wirken

Kirchenrecht als das von den Kirchen selbst gesetzte Recht benötigt keine staatliche Legitimierung. Die Kirchen schaffen ihr Recht in freier Selbstbestimmung.[1] Die wechselvolle Geschichte der christlichen Kirchen,[2] aber auch die Lage des Christentums in nicht wenigen Ländern der Gegenwart zeigt, dass die Kirche sich auch ohne staatliche Unterstützung und sogar gegen staatliche Repression behaupten kann. Die Geschichte wie auch die Stellung der Kirchen in freiheitlichen Staaten zeigen aber auch, dass es für die Kirchen, ihre Mitglieder und den Staat weit günstiger ist, wenn sie – zum Nutzen der Menschen – zusammenarbeiten, wo gemeinsame Interessen bestehen. Wo das geschieht, braucht die Kirche sich für ihr Wirken nicht auf eine

---

[1] Vgl. die Definition von Kirchenrecht u. § 16 m. Fn. 1.
[2] Dazu *de Wall*, o. im 1. Teil dieses Lehrbuchs.

naturrechtliche Selbstbestimmung zu berufen. Im freiheitlichen, demokratischen Verfassungsstaat ist ihr Selbstbestimmungsrecht – wie das jeder anderen Religionsgemeinschaft – durch staatliches Recht garantiert. In der Bundesrepublik Deutschland erfolgt dies vor allem durch die grundrechtlich verankerte Religionsfreiheit gem. Art. 4 Abs. 1 und 2 GG sowie durch das Selbstbestimmungsrecht der Religionsgemeinschaften nach Art. 140 GG i. V. m. Art. 137 Abs. 3 WRV. Solche Garantien räumen den Kirchen weitreichende Entfaltungsspielräume ein und damit auch die Möglichkeit, unbehelligt von staatlichen Zwängen eigenes Recht, also Kirchenrecht, zu setzen und danach zu wirken. Die durch solche Regelungen begründete Wechselbeziehung von Kirchenrecht und staatlichem Recht legt es nahe, in diesem vornehmlich dem innerkirchlichen Recht gewidmeten Lehrbuch das Recht des Staates kurz zu beleuchten, soweit es sich mit Religion beschäftigt. Eine ausführliche Darstellung dieses Rechtsgebietes findet sich in dem von *Axel von Campenhausen* und *Heinrich de Wall* verfassten Lehrbuch des Staatskirchenrechts.[3]

II. „Staatskirchenrecht" und „Religionsverfassungsrecht"

2   Die herkömmliche Bezeichnung für den Teil der staatlichen Rechtsordnung, der Religion betrifft, ist „Staatskirchenrecht". Auf diesem Gebiet ist seit einiger Zeit vieles umstritten. Das fängt schon mit der Benennung des Rechtsgebietes an. Neuerdings plädieren viele dafür, den traditionellen Begriff des Staatskirchenrechts durch „Religionsverfassungsrecht"[4], oder „Religionsrecht"[5] zu ersetzen. Diese (nicht neue[6]) Diskussion hat verschiedene Facetten.

3   Angesichts der gesellschaftlichen Veränderungen der letzten Jahrzehnte, die u. a. zu einer Pluralisierung des religiösen Lebens geführt haben (das Aufkommen des Islam zeigt dies besonders deutlich), lässt sich mit guten Gründen die Auffassung vertreten, der Begriff „Staatskirchenrecht" sei zu sehr auf das Christentum und die christlichen Kirchen fixiert. Andere Religionen und religiöse Gemeinschaften könnten sich in ihm nicht wiederfinden. Wer so argumentiert und nicht versucht, mit terminologischen Gegenvorschlägen zu „Staatskirchenrecht" antikirchliche oder antichristliche Ideologien zu stützen, wird auf allenfalls geringen Widerspruch stoßen. Denn der Begriff des Staatskirchenrechts ist in der Tat problematisch. Er verleitet zu dem Missverständnis, es gehe um das Recht einer Staatskirche,[7] die aber nach Art. 140 GG i. V. m. Art. 137 Abs. 1 WRV von Verfassungs wegen verboten ist. Er erweckt zu Unrecht den Eindruck, es gehe nur um Kirchen, also religiöse Institutionen, obwohl weite Teile dieses Rechtsgebietes die Rechtsstellung des Einzelnen betreffen, wie schon die grundrechtlichen Garantien religiöser Freiheit

---

[3] *A. v. Campenhausen/H. de Wall*, Staatskirchenrecht. Eine systematische Darstellung des Religionsverfassungsrechts in Deutschland und Europa, 4. Aufl. 2006; zu weiteren Werken vgl. die Literaturübersicht vor § 1.

[4] Zu der Diskussion vgl. vor allem die Beiträge in dem von *C. Walter* und *H. M. Heinig* herausgegebenen Band: Staatskirchenrecht oder Religionsverfassungsrecht, 2007; ferner *A. Hollerbach*, Staatskirchenrecht oder Religionsrecht?, in: Aymans/Geringer (Hrsg.), Iuri Canonico Promovendo. FS f. H. Schmitz, 1994, S. 869 ff.; *A. Hense*, Staatskirchenrecht oder Religionsverfassungsrecht: mehr als ein Streit um Begriffe?, in: Haratsch/Janz/Rademacher/Schmahl/Weiß (Hrsg.), Religion und Weltanschauung im säkularen Staat, 2001, S. 9 ff.; *A. v. Campenhausen/H. de Wall*, Staatskirchenrecht, S. 39 f.; *C. Waldhoff*, EssGespr. 42 (2008), S. 55 (80 ff.), jeweils m. w. N.

[5] *C. D. Classen*, Religionsrecht, Rn. 3; *A. Hense* (o. Fn. 4), S. 42.

[6] *A. v. Campenhausen/H. de Wall*, Staatskirchenrecht, S. 39 f., verweisen mit Recht auf Äußerungen aus den 30er Jahren des 20. Jahrhunderts; vgl. auch *A. Hollerbach*, Staatskirchenrecht oder Religionsrecht?, in: FS f. H. Schmitz, S. 869 ff.; *A. Hense* (o. Fn. 4), S. 12 ff. m. umfangr. Nachw.

[7] Vgl. *P. Häberle*, KuR 1996, 115 (117) = 980, 41 (43).

in Art. 4 Abs. 1 und 2 GG deutlich werden lassen, aber auch andere Verbürgungen wie die Verbote religiöser Diskriminierung in Art. 3 Abs. 3 GG und Art. 33 Abs. 3 GG. Schließlich handelt es sich um ein – für die deutsche Sprache – nicht untypisches Kompositum, dessen semantische Ästhetik durchaus begrenzt ist. Wer nur auf der terminologischen Ebene diskutiert, wird daher den Begriff des Staatskirchenrechts nicht allzu erbittert verteidigen.[8] Er kann offen sein für den Begriff „Religionsverfassungsrecht"[9] (der allerdings auch ungenau ist, weil staatliches Recht zum Religiösen nicht nur Verfassungsrecht ist) oder „staatliches Religionsrecht"[10].

Schwierig wird es, wenn nicht mehr nur um den präzisesten Begriff für das Rechtsgebiet gestritten wird, sondern mit den jeweiligen Vorschlägen „Inhalte transportiert werden"[11]. Verteidiger des „Staatskirchenrechts" treten dann für eine gewisse Vorzugsstellung der Kirchen und des Christentums ein[12] oder zumindest für eine institutionelle Sicht auf dieses Rechtsgebiet,[13] die das rechtliche Gegenüber von Staat und Kirche stärker akzentuiert als die für „Religionsverfassungsrecht" eintretende Gegenmeinung,[14] für die die Rechtsposition des Einzelnen, also vor allem die grundrechtliche Religionsfreiheit, im Vordergrund steht. Staatskirchenrecht umfasst aber seit jeher sowohl die rechtlichen Beziehungen von staatlichen und gesellschaftlichen Institutionen als auch die Rechtsstellung des Individuums in religiösen Angelegenheiten. Seit langem herrscht „die richtige Tendenz vor, ‚Staatskirchenrecht' nicht nur für die Beziehungen der Institutionen von Staat und Religionsgemeinschaften zueinander zu gebrauchen, sondern auch die in der Grundrechtssphäre wurzelnde Rechtsstellung des einzelnen, religiöser Gruppen und der Religionsgemeinschaften selbst einzubeziehen sowie darüber hinaus alle Materien, in denen Kirchliches bzw. Religiöses für die staatliche Rechtsordnung relevant ist."[15] Eine wie auch immer im Einzelnen ausgestaltete Bevorzugung der christlichen Kirchen oder des Christentums insgesamt lässt das Grundgesetz nicht zu.[16] Es ist religiös-weltanschaulich neutral und verlangt Gleichbe-

4

---

[8] So mit Recht *H. Weber*, Diskussionsbeitrag, in: EssGespr. 42 (2008), S. 114.
[9] Vgl. *A. v. Campenhausen/H. de Wall*, Staatskirchenrecht, S. 40.
[10] So schon *P. Mikat*, in: Friesenhahn/Scheuner (Hrsg.), HdbStKirchR I, 1. Aufl. 1974, S. 107, in Anlehnung an einen Vorschlag von *Hans Barion* aus den 40er Jahren des 20. Jahrhunderts; aus jüngerer Zeit: *C. D. Classen*, Religionsrecht, Rn. 3.
[11] *H. Weber* (o. Fn. 8).
[12] *P. Kirchhof*, Die Freiheit der Religionen und ihr unterschiedlicher Beitrag zu einem freien Gemeinwesen, in: Kämper/Thönnes (Hrsg.), Essener Gespräche zum Thema Staat und Kirche 39 (2005), S. 105 (113, 120 Ls. 5, 130 f.).
[13] So etwa *C. Hillgruber*, in: Heinig/Walter (Hrsg.), Staatskirchenrecht oder Religionsverfassungsrecht?, S. 213 ff.; *St. Muckel*, Auf dem Weg zu einem grundrechtlich geprägten Staatskirchenrecht?, in: Stimmen der Zeit 2001, 463 (474 ff.); *ders.*, Körperschaftsrechte für die Zeugen Jehovas?, Jura 2001, 456 (461 f.).
[14] Etwa *H. M. Heinig*, Öffentlich-rechtliche Religionsgesellschaften, 2003, S. 25 Fn. 1, 144, 497; *C. Walter*, Religionsverfassungsrecht in vergleichender und internationaler Perspektive, S. 3, der allerdings nicht nur auf die „Individualisierung religiöser Überzeugungen" (ebd. S. 2) und damit die steigende Bedeutung der grundrechtlichen Religionsfreiheit abstellt, sondern auch auf „Globalisierung" und „Europäisierung" (S. 3) des Rechts zu Religion; ferner *ders.*, Staatskirchenrecht oder Religionsverfassungsrecht?, in: Grote/Marauhn (Hrsg.), Religionsfreiheit zwischen individueller Selbstbestimmung, Minderheitenschutz und Staatskirchenrecht – Völker- und verfassungsrechtliche Perspektiven, S. 215 ff.; *M. Morlok*, Die korporative Religionsfreiheit und das Selbstbestimmungsrecht nach Art. 140 GG/Art. 137 Abs. 3 WRV einschließlich ihrer Schranken, in: Heinig/Walter (Hrsg.), Staatskirchenrecht oder Religionsverfassungsrecht?, 2007, S. 185 (187 ff.).
[15] *A. Hollerbach*, Artikel „Staatskirchenrecht", LThK, Bd. 9, Sp. 900 (901).
[16] Nähere Kritik der Position *P. Kirchhofs* (o. Fn. 12) bei *H. Weber*, Diskussionsbeitrag, in: EssGespr. 39 (2005), S. 125 f.; *ders.*, Diskussionsbeitrag, in: EssGespr. 42 (2008), S. 114 f.; *ders.*, Der öffentlich-rechtliche Körperschaftsstatus, in: Heinig/Walter (Hrsg.), Staatskirchenrecht oder Religionsverfassungsrecht?, S. 229 (246 f.).

handlung in religiösen Angelegenheiten. Da die christlichen Großkirchen, so schmerzlich dies für viele Christen auch sein mag, seit Jahren an gesellschaftlichem Gewicht verlieren und so die individuelle religiöse Überzeugung des Einzelnen zwangsläufig juristisch an Bedeutung gewinnt, da zudem die weitreichende Pluralisierung des religiösen Lebens in Deutschland nicht ausgeblendet werden kann und weil der Begriff „Staatskirchenrecht" Missverständnisse über eine Vorzugsstellung einzelner Religionsgemeinschaften oder des Institutionellen insgesamt nahe legt, sollte der des Religionsverfassungsrechts ihm zumindest gleichgeordnet an die Seite gestellt werden. Ein modernes „Verständnis des Staatskirchenrechts als Religionsverfassungsrecht"[17] erlaubt einen unbefangenen, nicht ideologisch verhärteten[18] Umgang mit den Begriffen. Wie das geht, zeigt neben manchem Lehrbuchtitel[19] das BVerfG. Es hat mit einer Entscheidung vom Dezember 2000 durch seine betont grundrechtliche Deutung des Rechtsstatus von Religionsgemeinschaften als Körperschaften des öffentlichen Rechts[20] maßgeblich dazu beigetragen, dass der Streit um die terminologisch exakte Bezeichnung des staatlichen Rechts zu Religion wiederaufgeflammt ist. Ungeachtet dessen spricht das BVerfG an verschiedenen Stellen genau dieser Entscheidung von „Religions- und Staatskirchenrecht" wie auch nur von „Staatskirchenrecht".[21] Wenn in der vorliegenden Darstellung der Begriff des Staatskirchenrechts in den Vordergrund gestellt wird, dann nur, weil in diesem Lehrbuch des Kirchenrechts ein Überblick über die religionsverfassungsrechtlichen Eckpfeiler der staatlichen Rechtsordnung deutlich machen soll, wie das Staatskirchenrecht als rechtliche Grundlage für kirchliches Wirken und damit auch für Kirchenrecht i.e.S. dienen kann, und dabei zwangsläufig gerade die Kirchen und ihre (Mit-)glieder im Auge hat.

§ 9. Quellen des Staatskirchenrechts

Literatur: *P. Badura*, Das Staatskirchenrecht als Gegenstand des Verfassungsrechts. Die verfassungsrechtlichen Grundlagen des Staatskirchenrechts, in: Listl/Pirson (Hrsg.), HdbStKirchR Bd. I, S. 211 ff.; *A. v. Campenhausen/H. de Wall*, Staatskirchenrecht, S. 40 ff.; *M. Germann*, Die Staatskirchenverträge der Neuen Bundesländer: Eine dritte Generation im Vertragsstaatskirchenrecht, in: Mückl (Hrsg.), Das Recht der Staatskirchenverträge, S. 91 ff.; *ders.*: Artikel „Kirchenverträge", in: RGG, Bd. 4 (I-K), 2001, Sp. 1360 ff.; *A. Hollerbach*, Die vertragsrechtlichen Grundlagen des Staatskirchenrechts, in: Listl/Pirson (Hrsg.), HdbStKirchR Bd. I, S. 253 ff.; *B. Jeand'Heur/St. Korioth*, Grundzüge des Staatskirchenrechts, Rn. 59 ff.; *P. Landau*, Das Gewohnheitsrecht im Staatskirchenrecht, in: Listl/Pirson (Hrsg.), HdbStKirchR Bd. I, S. 333 ff.; *St. Mückl*, Europäisierung des Staatskirchenrechts, 2005; *J. Müller-Volbehr*, Das Staatskirchenrecht als Gegenstand der einfachen Gesetzgebung in Bund und Ländern, in: Listl/Pirson (Hrsg.), HdbStKirchR Bd. I, S. 289 ff.; *G. Robbers*, Europarecht und Kirchen, in: Listl/Pirson (Hrsg.), HdbStKirchR Bd. I, S. 315 ff.; *C. Walter*, Religionsverfassungsrecht in vergleichender und internationaler Perspektive, 2006; *V. Wick*, Die Trennung von Staat und Kirche, 2007, S. 185 ff. (zum Europarecht); *J. Winter*, Staatskirchenrecht, S. 13 ff.

---

[17] *A. v. Campenhausen/H. de Wall*, Staatskirchenrecht, S. 40.
[18] Vgl. *A. Hense* (o. Fn. 4), S. 47; *ders.*, Zwischen Kollektivität und Individualität. Einige geschichtliche Aspekte zur Religionsfreiheit, in: Heinig/Walter (Hrsg.), Staatskirchenrecht oder Religionsverfassungsrecht?, 2007, S. 7 (10 Fn. 15).
[19] *A. v. Campenhausen/H. de Wall*, Staatskirchenrecht. Eine systematische Darstellung des Religionsrechts in Deutschland und Europa, 4. Aufl. 2006.
[20] BVerfGE 102, 370 (386 ff.) sieht den Rechtsstatus von Religionsgemeinschaften als Körperschaften des öffentlichen Rechts (Art. 140 GG i.V.m. Art. 137 Abs. 5 WRV) als „Mittel zur Entfaltung der Religionsfreiheit".
[21] BVerfGE 102, 370 (392 u. 394 bzw. 393).

§ 9. *Quellen des Staatskirchenrechts* 63

Staatskirchenrecht/Religionsverfassungsrecht ergibt sich aus einer Vielzahl von 1
Rechtsquellen. Von wachsender Bedeutung ist zunächst das Recht der Europäischen Gemeinschaft (die als Rechtssubjekt nach dem Reformvertrag von Lissabon durch die Europäische Union abgelöst werden soll[22]). Europarecht betrifft die Kirchen, andere Religionsgemeinschaften und den Einzelnen in religiösen Angelegenheiten meist mittelbar, wenn z. B. Richtlinien ergehen, die den Schutz von Arbeitnehmern bezwecken, im Bereich des kirchlichen Arbeitsrechts zu großen Schwierigkeiten führen. Hier – wie auch im Hinblick auf das staatliche Recht – setzt die Kirche oft ihr Selbstbestimmungsrecht den europäischen Vorgaben entgegen.[23] Es besteht (in durchaus ähnlicher Weise wie im nationalen Recht nach Art. 140 GG i. V. m. Art. 137 Abs. 3 WRV) auch im Europarecht, bisher vor allem als Element der grundrechtlichen Religionsfreiheit nach Art. 6 Abs. 2 EUV und Art. 9 EMRK, nach der Ratifizierung des Vertrages von Lissabon in allen Mitgliedstaaten zusätzlich aufgrund der ebenfalls die Religionsfreiheit schützenden Bestimmung in Art. 10 EU-GRCh (i. V. m. Art. 6 Abs. 1 EUV n. F.) sowie des sog. Kirchenartikels in Art. 17 Abs. 1 AEUV; nach dieser Bestimmung achtet die Union den Status, den Kirchen und religiöse Vereinigungen oder Gemeinschaften in den Mitgliedstaaten nach deren Rechtsvorschriften genießen, und beeinträchtigt ihn nicht[24].

Rechtsquellen für die Beziehungen zwischen Staat und Religion sind sodann vor 2
allem die staatlichen Verfassungen, also das Grundgesetz für die Bundesrepublik Deutschland und die Verfassungen der Bundesländer. Im Grundgesetz finden sich zentrale Verbürgungen schon im Grundrechtsteil, vor allem in Art. 4 Abs. 1 und 2 GG (grundrechtliche Religionsfreiheit), aber auch in Art. 3 Abs. 1 und 3 GG (keine Ungleichbehandlung wegen der Religion) und Art. 7 GG (Religionsunterricht, Privatschulfreiheit). Hinzuweisen ist sodann auf das grundrechtsähnliche Recht in Art. 33 Abs. 3 GG (staatsbürgerliche Gleichbehandlung). Schließlich sind, da der Parlamentarische Rat bei der Schaffung des Grundgesetzes 1948/49 ein neues Staatskirchenrecht nicht zustande gebracht hat, durch Art. 140 GG eine Reihe von Vorschriften des Weimarer Staatskirchenrechts in das Grundgesetz aufgenommen worden: Art. 136, 137, 138, 139, 141 WRV. Aufgrund der durch Art. 140 GG erfolgten, gemeinhin als „Inkorporation" bezeichneten Aufnahme dieser Vorschriften der Weimarer Reichsverfassung von 1919 in das Grundgesetz stellen sie „vollgültiges Verfassungsrecht"[25] dar, das gegenüber den anderen Artikeln der Grundgesetzes nicht auf einer Stufe minderen Ranges steht. Das Landesverfassungsrecht weist inhaltlich meist keine nennenswerten Abweichungen vom Grundgesetz auf, häufig finden sich – entsprechend der verfassungsrechtlichen Kompetenz der Länder für das Bildungswesen[26] – gewisse Akzente für die Stellung von Religion in

---

[22] Art. 1 Abs. 3 Satz 2 EUV i. d. F. des Vertrags v. Lissabon; dazu *R. Streinz*, in: Streinz/Ohler/Herrmann, Der Vertrag von Lissabon zur Reform der EU, 2. Aufl. 2008, S. 32, 36, 149 (Vertragstext); *J. Bergmann*, Bericht aus Europa: Vertrag von Lissabon und aktuelle Rechtsprechung, DÖV 2008, 305 (306).
[23] Näher *A. v. Campenhausen/H. de Wall*, Staatskirchenrecht, S. 357 ff. m. w. N. – auch zum Folgenden.
[24] Text bei *Streinz/Ohler/Herrmann*, Der Vertrag von Lissabon zur Reform der EU (o. Fn. 22), S. 194; zu entspr. Regelungen im bisherigen Recht und im gescheiterten EU-Verfassungsvertrag: *C. Walter*, Religionsverfassungsrecht, S. 403 ff.; *St. Mückl*, Europäisierung des Staatskirchenrechts, S. 409 ff., 427 ff.; *V. Wick*, Trennung von Staat und Kirche, S. 191 ff.; *St. Muckel*, Die Rechtsstellung der Kirchen und Religionsgemeinschaften nach dem Vertrag über eine Verfassung für Europa, DÖV 2005, 191 (195 f.).
[25] BVerfGE 19, 226 (219).
[26] Vgl. nur *N. Niehues/J. Rux*, Schul- und Prüfungsrecht. Bd. 1: Schulrecht, 4. Aufl. 2006, Rn. 90 ff.

Schule und Hochschule, in Nordrhein-Westfalen etwa in Art. 7 Abs. 1, 8 Abs. 4, 12 Abs. 3 bis 6, 13, 14, 15 Satz 3, 16 Abs. 2, 17, 19, 21 bis 23 LVerf NRW. Je nach politischer Ausrichtung der Gremien, die in den Ländern die Verfassungen erarbeitet haben, wird die Trennung von Kirche und Staat mehr oder weniger stark betont.[27] Da aber das Bundesverfassungsrecht des Grundgesetzes dem Landesverfassungsrecht vorgeht (Art. 31, 142 GG), halten sich die praktischen Auswirkungen der Unterschiede im Landesverfassungsrecht in Grenzen.

3 Zu einem beträchtlichen Teil ergibt sich Staatskirchenrecht weiterhin aus Verträgen zwischen dem Staat (dem Bund oder einem Land) einerseits und einer oder mehrerer Religionsgemeinschaften andererseits. Für Verträge zwischen Staat und katholischer Kirche wird traditionell der Begriff „Konkordat" verwendet, Verträge mit einer evangelischen Kirche werden meist nur als „Vertrag" oder „Kirchenvertrag" bezeichnet. Die in großer Zahl bestehenden Verträge[28] bringen besonders deutlich zum Ausdruck, dass in Deutschland rechtliche Regelungen zum Verhältnis von Staat und Religion nicht nur einseitig von staatlicher Seite geschafften werden, sondern in der Zusammenarbeit und Übereinkunft. Das deutsche Staatskirchenrecht ist auf Kooperation angelegt, nicht auf Konfrontation.

4 Schließlich ergibt sich Staatskirchenrecht aus einfachen Gesetzen des Bundes und – vor allem – der Länder. Dabei handelt es sich teilweise um Gesetze, die genuin religiöse Angelegenheiten behandeln und für die der Staat – aus unterschiedlichen Gründen – trotz des Selbstbestimmungsrechts der Religionsgemeinschaften (Art. 140 GG i. V. m. Art. 137 Abs. 3 WRV) zuständig ist, wie etwa die Kirchensteuer- und die Kirchenaustrittsgesetze der Länder. Teilweise geht es um Angelegenheiten, die nur starke Bezüge zum Religiösen aufweisen, aber im Ausgangspunkt Belange betreffen, die dem staatlichen Aufgabenkreis entstammen, z. B. in den Friedhofs- und Bestattungsgesetzen der Länder. Sodann gibt es zahlreiche Gesetze, mit denen der Staat in Gestalt des Bundes oder eines Landes auf die religiösen Interessen von Kirchen und anderen Religionsgemeinschaften, aber auch von Einzelpersonen Rücksicht nimmt. Entsprechende Vorschriften finden sich etwa im Bauplanungsrecht (§§ 1 Abs. 6 Nr. 6, 5 Abs. 2 Nr. 2 BauGB), Versammlungsrecht (§ 17 VersG) sowie Prozessrecht (§§ 383 Abs. 1 Nr. 4 ZPO, 53 Abs. 1 Nr. 1 StPO).[29]

§ 10. Religionsfreiheit nach Art. 4 Abs. 1 und 2 GG

Literatur: *W. Bock*, Die Religionsfreiheit zwischen Skylla und Charybdis, AöR 123 (1998), S. 444 ff.; *M. Borowski*, Die Glaubens- und Gewissensfreiheit des Grundgesetzes, 2006; *A. v. Campenhausen*, Religionsfreiheit, in: Isensee/Kirchhof, Handbuch des Staatsrechts der Bundesrepublik Deutschland, Bd. VI, § 136; *A. v. Campenhausen/H. de Wall*, Staatskirchenrecht, S. 50 ff.; *C. D. Classen*, Religionsfreiheit und Staatskirchenrecht in der Grundrechtsordnung, 2003; *T. Fleischer*, Der Religionsbegriff des GG, 1989; *M. Heckel*, Religionsfreiheit. Eine säkulare Verfassungsgarantie, in: Gesammelte Schriften. Staat, Kirche, Recht, Geschichte, Bd. IV, 1997, S. 647 ff.; *ders.*, Religionsfreiheit und Staatskirchenrecht in der Rechtsprechung des BVerfG, in: Badura/Dreier (Hrsg.), FS 50 Jahre BVerfG, Bd. II, 2001, S. 379 ff.; *J. Hellermann*, Multikulturalität und Grundrechte – am Beispiel der Religionsfreiheit, in: Grabenwarter u. a. (Hrsg.), Allgemeinheit der Grundrechte und Vielfalt der Gesellschaft, 1994, S. 129 ff.; *K.-H. Kästner*, Hypertrophie des Grundrechts auf Religionsfreiheit?, JZ 1999, 974 ff.;

---

[27] Näher *P. Badura*, in: Listl/Pirson (Hrsg.), HdbStKirchR, Bd. I, S. 211 (245 ff. m. w. N.).
[28] Einen Überblick bieten u. a. *A. v. Campenhausen/H. de Wall*, Staatskirchenrecht, S. 45 ff.; *M. Germann*, in: Mückl (Hrsg.), Das Recht der Staatskirchenverträge, S. 91 (92 ff.), jeweils m. umfangr. Nachw.
[29] Näher zum Ganzen *J. Müller-Volbehr*, in: Listl/Pirson (Hrsg.), HdbStKirchR, Bd. I, S. 289 (291 ff.); *B. Jeand'Heur/St. Korioth*, Grundzüge des Staatskirchenrechts, Rn. 66 f.

ders., Das Grundrecht auf Religions- und Weltanschauungsfreiheit in der neueren höchstrichterlichen Rechtsprechung, AöR 123 (1998), S. 408 ff.; *W. Kluth*, Die Grundrechte des Art. 4 GG, Jura 1993, 137 ff.; *B. Jeand'Heur/St. Korioth*, Grundzüge des Staatskirchenrechts, Rn. 73 ff.; *J. Listl*, Glaubens-, Bekenntnis- und Kirchenfreiheit, in: Listl/Pirson (Hrsg.), HdStKirchR, Bd. I, S. 439 ff.; *St. Muckel*, Religiöse Freiheit und staatliche Letztentscheidung, 1997; *M. Ogorek*, Geltung und Fortbestand der Verfassungsgarantie staatlichen Religionsunterrichts in den neuen Bundesländern. Ein Beitrag zur Lehre vom sogenannten Verfassungswandel, 2004; *R. Tillmanns*, Die Religionsfreiheit, Jura 2004, 619 ff.; *U. Vosgerau*, Freiheit des Glaubens und Systematik des Grundgesetzes, 2007; *C. Waldhoff*, Die Zukunft des Staatskirchenrechts, in: Kämper/Thönnes (Hrsg.), Essener Gespräche zum Thema Staat und Kirche 42 (2008), S. 55 (68 ff.); *V. Wick*, Die Trennung von Staat und Kirche, 2007, S. 8 ff.; *J. Winter*, Staatskirchenrecht, S. 105 ff.

I. Religionsfreiheit als einheitliches und umfassendes Grundrecht in der Rechtsprechung des Bundesverfassungsgerichts

Religiöse Selbstbestimmung ist für den Einzelnen wie für Religionsgemeinschaften und andere religiöse Personenzusammenschlüsse (sie alle sind Träger der grundrechtlichen Religionsfreiheit[30]) vor allem durch die grundrechtlichen Garantien in Art. 4 Abs. 1 und 2 GG gewährleistet. Danach ist die Freiheit des Glaubens, des Gewissens und die Freiheit des religiösen und weltanschaulichen Bekenntnisses unverletzlich (Abs. 1). Die ungestörte Religionsausübung wird gewährleistet (Abs. 2). Noch unter dem Eindruck der religions- und kirchenfeindlichen Repressionen des NS-Unrechtsstaates hat das BVerfG schon in frühen Jahren seiner Rechtsprechung eine sehr extensive Interpretation von Art. 4 Abs. 1 und 2 GG vorgenommen und die hier verbürgte Religionsfreiheit weit ausgedehnt. Ungeachtet des differenzierten Wortlauts von Art. 4 GG entnimmt das BVerfG dieser Bestimmung ein einheitliches und umfassendes Grundrecht, das dem Einzelnen das Recht gebe, sein gesamtes Verhalten an den Lehren seines Glaubens auszurichten und seiner Glaubensüberzeugung gemäß zu handeln.[31] Dies gelte nicht nur für imperative Glaubenssätze, sondern auch für solche religiöse Überzeugungen, die ein Verhalten als das zur Bewältigung einer Lebenslage richtige bestimmen.[32] Nach dieser Rechtsprechung, der sich die Literatur weitgehend angeschlossen hat,[33] sind auch an sich neutrale Handlungen vom Schutzbereich der Religionsfreiheit erfasst, sofern sie Ausfluss einer religiösen Überzeugung sind.[34]

1

Beispiel: Eine „Vereinigung katholischer ländlicher Jugend Deutschlands" in der Rechtsform eines nichteingetragenen Vereins veranstaltete 1965 im gesamten Bundesgebiet die „Aktion Rumpelkammer". Sie sammelte gebrauchte Kleidung, Lumpen und Altpapier und verkaufte das gesamte Material an Großabnehmer. Der Erlös, mehrere Millionen Deutsche Mark, war für die Landjugend in unterentwickelten Ländern bestimmt. Da die Vereinigung die Sammlung „aus religiös-karitativen Motiven"[35] veranstaltet habe, zählte das BVerfG sie zur Religionsausübung und sah den Schutzbereich[36] der grundrechtlichen Religionsfreiheit als berührt an. Dazu kam das BVerfG, indem es dem Selbstverständnis (im damaligen Fall dem der katholischen Kirche im Hinblick auf tätige Näch-

2

---

[30] Näher dazu *A. v. Campenhausen/H. de Wall*, Staatskirchenrecht, S. 52 f. m. w. N.
[31] BVerfGE 24, 236 (246); 32, 98 (106); 108, 282 (297) – st. Rspr.
[32] BVerfGE 108, 282 (297) m. w. N.
[33] Vgl. nur *A. v. Campenhausen/H. de Wall*, Staatskirchenrecht, S. 54; *B. Jeand'Heur/St. Korioth*, Grundzüge des Staatskirchenrechts, Rn. 74; *V. Wick*, Die Trennung von Staat und Kirche, S. 8 f., jeweils m. w. N.
[34] Vgl. *J. Hellermann*, in: Grabenwarter u. a. (Hrsg.), Allgemeinheit der Grundrechte und Vielfalt der Gesellschaft, S. 129 (135); *C. Waldhoff*, EssGespr. 42 (2008), S. 55 (72).
[35] BVerfGE 24, 236 (247).
[36] Zur Prüfung von Freiheitsrechten in den drei Schritten „Schutzbereich", „Eingriff" und „verfassungsrechtliche Rechtfertigung" des Eingriffs vgl. nur *F. Hufen*, Staatsrecht II. Grundrechte, 2007, § 6 Rn. 1 ff.; *B. Pieroth/B. Schlink*, Grundrechte. Staatsrecht II, 24. Aufl. 2008, Rn. 195 ff.

stenliebe) entscheidende Bedeutung zuschrieb. Die äußerlich neutrale Handlung einer Altkleider- und Altpapiersammlung wurde von anderen gewerblich durchgeführt. Ein solcher Unternehmer hatte gegen die „Aktion Rumpelkammer" geklagt und vor den Zivilgerichten gewonnen. Gegen diese Entscheidungen erhob die „Vereinigung katholischer ländlicher Jugend Deutschlands" Verfassungsbeschwerde bei dem BVerfG (Art. 93 Abs. 1 Nr. 4 a GG) und hatte Erfolg. Die Entscheidung des BVerfG bildet den Ausgangspunkt seiner extensiven Interpretation von Art. 4 Abs. 1 und 2 GG, an der das Gericht im Kern bis heute festhält.

3   Diese, in ihren Grundzügen gefestigte Judikatur knüpft für die Frage, ob ein Verhalten vom Schutzbereich der Religionsfreiheit aus Art. 4 Abs. 1 und 2 GG erfasst ist, an das Selbstverständnis desjenigen an, der sich auf das Grundrecht beruft. In seiner neueren Rechtsprechung unterzieht das BVerfG das jeweilige Selbstverständnis einer Plausibilitätsprüfung.[37] Dennoch ist es für das BVerfG – im Kern zu Recht – der maßgebliche Gesichtspunkt zur inhaltlichen Konkretisierung der Religionsfreiheit im Einzelfall. Da die christlichen Kirchen und einzelne Gläubige für ein bestimmtes Verhalten regelmäßig leicht ihr Selbstverständnis plausibel darlegen können, räumt Art. 4 Abs. 1 und 2 GG ihnen nach der Rechtsprechung des BVerfG besonders weit reichende Entfaltungsspielräume ein.

4   So hat das BVerfG nicht nur im Fall der „Aktion Rumpelkammer" den Schutzbereich der Religionsfreiheit für ein äußerlich neutrales Verhalten wie eine Altkleidersammlung als berührt angesehen, sondern u. a. auch ein nach weltlichen Maßstäben unverständliches, ja unvernünftiges Verhalten wie den (erfolglosen) Versuch, eine Schwerkranke unter Verzicht auf eine ärztliche Behandlung durch die Kraft des Gebets zu heilen.[38] Auch die Weigerung eines evangelischen Pfarrers, in einem Strafprozess seine Zeugenaussage mit oder ohne Anrufung Gottes zu beeiden, sah das BVerfG als von Art. 4 GG geschützt an.[39]

5   Da die Regelungen in Art. 4 Abs. 1 und 2 GG keinen Schrankenvorbehalt vorsehen, versteht das BVerfG die Religionsfreiheit als vorbehaltlos gewährleistetes Grundrecht.[40] Für ein solches Grundrecht können sich Schranken nur „aus der Verfassung selbst"[41] ergeben, sog. verfassungsimmanente Schranken. In der Rechtsprechung des BVerfG sind dazu „mit Verfassungsrang ausgestattete Gemeinschaftsinteressen oder Grundrechte Dritter"[42] erforderlich. Infolgedessen muss, wer nach einer Schranke für die Religionsfreiheit fragt oder die Zulässigkeit einer Einschränkung überprüft, stets nach einer Verfassungsnorm suchen, deren Anwendung im konkreten Fall der Religionsfreiheit entgegenstehen könnte. In einem abwägenden Vergleich der beiden gegenläufigen verfassungsrechtlichen Positionen muss dann geklärt werden, ob und ggf. inwieweit sich die Religionsfreiheit gegen die kollidierende Verfassungsnorm durchsetzt. Anzustreben ist dabei allerdings keine Entweder-Oder-Entscheidung, sondern eine Situation, in der beiden verfassungsrechtlich geschützten Belangen in möglichst optimaler Weise Rechnung getragen wird. Einen solchen schonendsten Ausgleich zu finden ist Aufgabe der Rechtsfigur von der praktischen Konkordanz.[43]

6 **Beispiel:** Ein muslimisches Mädchen und seine Eltern machen unter (plausibler) Berufung auf den Koran geltend, das Mädchen dürfe aus religiösen Gründen nicht am koedukativ erteilten Sportunter-

---

[37] BVerfGE 108, 282 (299).
[38] BVerfGE 32, 98 (106).
[39] BVerfGE 33, 23 (28 ff.); näher zur Rspr. des BVerfG: *K.-H. Kästner*, AöR 123 (1998), S. 408 ff.
[40] Zur Schrankensystematik der Grundrechte: *F. Hufen* (o. Fn. 36), § 9 Rn. 1 ff., insbes. zu vorbehaltlos gewährleisteten Grundrechten: Rn. 30 ff.; *B. Pieroth/B. Schlink* (o. Fn. 36), Rn. 252 ff.
[41] BVerfGE 93, 1 (21).
[42] BVerfGE 33, 23 (32). Die Formulierung wird in den Entscheidungen des BVerfG nicht immer gleich verwendet, vgl. BVerfGE 108, 282 (297) u. die dortigen Nachw.
[43] Dazu *R. Zippelius/T. Würtenberger*, Deutsches Staatsrecht, § 7 Rn. 35 ff., § 19 Rn. 52 ff.; *F. Hufen* (o. Fn. 36), § 9 Rn. 31; *B. Pieroth/B. Schlink* (o. Fn. 36), Rn. 321, 325 ff., jeweils m. w. N.

richt teilnehmen. Auch in der ihr von der Schulverwaltung zugestandenen weit geschnittenen Kleidung müsse sie befürchten, dass – insbesondere für die anwesenden Jungen – die Konturen ihres Körpers sichtbar würden oder sie ihr Kopftuch verliere. Auch dürfe sie Jungen mit zweckentsprechend knapp geschnittener und eng anliegender Sportkleidung bei ihren Übungen nicht zusehen und müsse körperliche Berührungen mit Jungen vermeiden, was ihr jedoch in einem gemeinsamen Sportunterricht nicht möglich sei. Das BVerwG sah das Begehren des Mädchens als vom Schutzbereich der Religionsfreiheit aus Art. 4 Abs. 1 und 2 GG erfasst an. Als verfassungsimmanente Schranke zog das BVerwG den aus Art. 7 Abs. 1 GG folgenden staatlichen Bildungs- und Erziehungsauftrag heran. Das Gericht stellte praktische Konkordanz her, indem es aufgrund der abwägenden Gegenüberstellung der Religionsfreiheit des Mädchens einerseits und des staatlichen Bildungs- und Erziehungsauftrags andererseits zu dem Ergebnis kam, dass die Schulbehörde einen nach Geschlechtern getrennt erteilten Sportunterricht organisieren müsse. Das Mädchen muss danach zwar grundsätzlich am Sportunterricht teilnehmen, nicht aber soweit er koedukativ erteilt wird.[44]

Das BVerfG sieht (mit der ganz h. M. in der Literatur) auch die sog. negative Seite 7 der Religionsfreiheit als geschützt an. Es geht dabei darum, nicht religiös sein zu müssen, insbesondere kultischen Handlungen eines religiösen Glaubens nicht beiwohnen zu müssen. Allerdings betont das BVerfG, dass der Einzelne kein Recht darauf habe, von fremden Glaubensbekundungen, kultischen Handlungen und religiösen Symbolen verschont zu bleiben.[45]

II. Schwierigkeiten der Rechtsprechung bei der Anwendung von Art. 4 GG

Die im Ansatz durchaus religions- und kirchenfreundliche Rechtsprechung führt 8 seit einiger Zeit zu nicht unerheblichen Schwierigkeiten. Sie sind zunächst rechtssystematischer Art, wenn die verschiedenen grundrechtlichen Gewährleistungen nicht mehr klar gegeneinander abgegrenzt werden können. Das gilt für die Unterscheidung religiöser Freiheit nach Art. 4 GG von anderen Grundrechten, insbesondere der allgemeinen Handlungsfreiheit aus Art. 2 Abs. 1 GG, aber auch für die Abgrenzung verschiedener religiöser Gewährleistungen (sämtlich aus Art. 4 Abs. 1 und 2 GG), wenn sie im Einzelfall gegeneinander stehen. Auf rechtstatsächlicher Ebene sind solche Probleme vor allem eine Folge der weitgehenden Pluralisierung, aber auch Individualisierung des religiösen Lebens in Deutschland.[46] Wenn es weniger um die religiösen Vorstellungen von Institutionen, insbesondere der christlichen Kirchen geht und mehr um vielfältige, inhaltlich variierende, singuläre religiöse oder auch antireligiöse Wünsche von Einzelnen, sind manche Kollisionslagen nur noch schwer lösbar.

So löst die Ankündigung einer muslimischen Organisation, an einer Moschee den Ruf des 9 Muezzin erschallen zu lassen, häufig Abwehrreaktionen einer überwiegend christlich geprägten, teilweise atheistisch eingestellten Nachbarschaft aus. Nach der Rechtsprechung des BVerfG können sich die Muslime, die den Gebetsruf wünschen, auf Art. 4 Abs. 1 und 2 GG berufen. Schranken, die sich aus der Verfassung selbst ergeben, finden sich aber nicht ohne Weiteres. Insbesondere der Einwand der Nachbarn, sie lehnten muslimische Gesänge ab und fühlten sich durch sie in ihren abweichenden Überzeugungen beeinträchtigt, kann kaum in die Überlegungen einbezogen werden. Denn die insoweit in Betracht zu ziehende negative Religionsfreiheit muss in der Umkehrung der positiven gesehen werden. Art. 4 GG schützt danach nicht nur das Recht, Kultushandlungen beiwohnen zu dürfen, sondern auch, dies nicht zu müssen. Wer aber – wie das BVerfG – in Art. 4 GG ein Recht sieht, sein gesamtes Verhalten religiösen Überzeugungen gemäß gestalten zu dürfen, wird für die Umkehrung dieses Rechts im Sinne einer negativen Freiheit keine praktikable Abgrenzung finden. Schon die positive Seite des Rechts gibt ihm möglicherweise einen Anspruch darauf, dass die Muslime den Ruf des Muezzin unterlassen. Das BVerfG vermeidet solche Ergebnisse, wenn es betont, niemand habe ein Recht darauf, von fremden Glaubensbekundungen verschont zu

---

[44] BVerwG NVwZ 1994, 578.
[45] BVerfGE 93, 1 (15 f.); 108, 282 (301 f.).
[46] Vgl. *A. v. Campenhausen/H. de Wall*, Staatskirchenrecht, S. 51 f.

werden.⁴⁷ Eine rechtsdogmatisch abgesicherte Begründung hierfür bleibt das Gericht aber schuldig. Der Fall zeigt im Übrigen, dass sich nach der Rechtsprechung nicht immer Schranken für die Ausübung der Religionsfreiheit finden lassen, obwohl dies im Einzelfall wünschenswert wäre, um zu einem angemessenen, rechtlich vorgezeichneten Abgleich gegenläufiger Interessen zu kommen (hier: der Muslime einerseits und der anders- oder nichtgläubigen Nachbarn⁴⁸ andererseits). Die negative Religionsfreiheit der Nachbarn dürfte im Regelfall ebenso wenig betroffen sein wie ihr Anspruch auf Schutz der Wohnung (Art. 13 GG) oder des Eigentums (Art. 14 GG). Die körperliche Unversehrtheit (Art. 2 Abs. 2 GG) wird nur in Rede stehen, wenn der Ruf zur Nachtzeit ertönen soll.⁴⁹

10   In einer Gesellschaft, die weit mehr als früher vielfältige individuell sehr unterschiedliche religiöse Vorstellungen aufweist, die oft nicht kirchlich rückgebunden und den in der einzelnen Sache entscheidenden Beamten oder Richtern fremd sind, erweist sich zudem die vom BVerfG initiierte, stark selbstverständnisorientierte Deutung der Religionsfreiheit als problematisch. Hier bieten sich für kreativ vortragende Kläger nicht nur Spielräume für anspruchsvolle Argumente, sondern auch Möglichkeiten zum Missbrauch eines Grundrechts.

11   **Beispiele:** (1) In der Entscheidung zum Kreuz in bayerischen Schulräumen hat das BVerfG z. B. das Selbstverständnis eines angeblich anthroposophisch argumentierenden Beschwerdeführers zugrunde gelegt, der geltend gemacht hatte, mit der für ihn und seine Familie maßgeblichen Anthroposophie Rudolf Steiners sei es unvereinbar, wenn seine Kinder in ihren Schulräumen dem Anblick eines christlichen Kreuzes ausgesetzt seien.⁵⁰ Kurz nach der Veröffentlichung der Entscheidung des BVerfG distanzierten sich zumindest einige Anthroposophen von der Deutung des Beschwerdeführers.⁵¹ (2) Der Gründer der „Church of Scientology" wird immer wieder mit folgenden Äußerungen zitiert: „Der einzige Weg, um Leute zu kontrollieren, ist sie anzulügen." „Denken Sie daran, Kirchen werden als Reformgruppen angesehen. Deshalb müssen wir auch auftreten wie eine Reformgruppe."⁵² und: „Mach Geld, mach mehr Geld, hilf anderen dabei, Geld zu machen."⁵³ Trotzdem haben Gerichte die „Church of Scientology" aufgrund ihrer Selbstbezeichnung als „Kirche" und mit Blick auf vorgeblich religiöse Schriften als Religionsgemeinschaft qualifiziert.⁵⁴

12   Gleichwohl wird die Anwendung der grundrechtlichen Religionsfreiheit regelmäßig beim Selbstverständnis des Grundrechtsträgers ansetzen müssen. Was für einen Einzelnen oder eine Gemeinschaft zur Religionsausübung gehört, kann nicht ein staatliches Gericht bestimmen. Das können nur die Betroffenen selbst.⁵⁵

13   Auf die Probleme, die dieser – zutreffende – Ansatz mit sich bringt, hat das BVerfG mit einem obiter dictum in seiner Entscheidung zur rechtlichen Struktur der Religionsgemeinschaft der Bahá'í reagiert: Allein die Behauptung und das Selbstverständnis, eine Gemeinschaft bekenne sich zu einer

---

⁴⁷ O. Fn. 45.
⁴⁸ Das Problem der Grundrechtsgeltung unter Privaten, das in solchen Fällen streng genommen auch noch zu lösen wäre, ist hier außer Betracht geblieben, vgl. dazu *B. Pieroth/B. Schlink* (o. Fn. 36), Rn. 173 ff. m. w. N.
⁴⁹ Die Schwierigkeit, hier verfassungsimmanente Schranken zu finden, wird ungewollt durch die Gegenmeinung belegt, die durchweg pauschal (z. T. sogar ohne nähere Kennzeichnung der einschlägigen Absätze) auf Grundrechte Dritter aus Art. 2 Abs. 2, 4 Abs. 1 und 2, 14 Abs. 1 GG verweist, vgl. *Bamberger*, JA 1999, 213 (217); *B. Guntau*, ZevKR 43 (1998), S. 369 (383).
⁵⁰ BVerfGE 93, 1 (2).
⁵¹ So etwa *H.-J. Bader*, Rhein. Merkur Nr. 33 v. 18. 8. 1995, S. 23; w. Nachw. bei *St. Muckel*, Überkreuz mit dem Kreuz, KuR 1996, 65 (75) = 110, 21 (31).
⁵² Hier zitiert n. F.A.Z. v. 11. 4. 1998, S. 4.
⁵³ Zitiert n. F.A.Z. v. 24. 10. 1997, S. 41.
⁵⁴ *VG Darmstadt*, NJW 1979, 1056 (1057) = KirchE 17, 135 (136); *VG Frankfurt a. M.*, KirchE 18, 239 (242); *LG Hamburg*, NJW 1988, 2617; im Zusammenhang mit dem allg. Persönlichkeitsrecht auch BGHZ 78, 274 (278).
⁵⁵ Vgl. nur *M. Borowski*, Die Glaubens- und Gewissensfreiheit des Grundgesetzes, S. 251 ff.; *St. Muckel*, Religiöse Freiheit und staatliche Letztentscheidung, S. 195; im Hinblick auf einen konkreten Fall *BVerfG*, DÖV 2007, 202 (203), in zu Recht krit. Auseinandersetzung mit *OVG Rh.-Pf.*, KirchE 40, 299 (301), das meinte beurteilen zu können, welche Bedeutung ein Zusammentreffen des Oberhauptes einer Religionsgemeinschaft mit Mitgliedern der Organisation hat.

Religion und sei Religionsgemeinschaft, könne für sich und ihre Mitglieder die Berufung auf die Freiheitsgewährung des Art. 4 Abs. 1 und 2 GG nicht rechtfertigen; vielmehr müsse es sich auch tatsächlich, nach geistigem Gehalt und äußerem Erscheinungsbild, um eine Religion und Religionsgemeinschaft handeln.[56] Das löst aber die Probleme um den weiten Schutzbereich religiöser Freiheit nach der selbstverständnisorientierten Rechtsprechung des BVerfG nicht. Das BVerfG hebt nur hervor, was ohnehin gilt und vor der Bahá'í-Entscheidung von 1991 schon galt, dass nämlich die Darlegungslast für die Erfüllung der Voraussetzungen des grundrechtlichen Schutzes beim Grundrechtsträger liegt[57] und dass – wie das BVerfG in dem erwähnten obiter dictum ausdrücklich ergänzt – die staatlichen Gerichte die verfassungsrechtlichen Begriffe auszulegen und darüber zu entscheiden haben, ob die jeweiligen Voraussetzungen erfüllt sind. Eine substantielle Hilfe bei der Präzisierung der grundrechtlichen Religionsfreiheit aus Art. 4 Abs. 1 und 2 GG bietet die Bahá'í-Entscheidung nicht.

14 Im praktischen Ergebnis findet die Rechtsprechung bei der Anwendung von Art. 4 Abs. 1 und 2 GG häufig tragfähige und ausgewogene Lösungen. Sie erarbeitet das BVerfG aber durchweg nicht auf der Grundlage abstrakter Leitlinien, sondern durch Überlegungen, die an Besonderheiten des jeweiligen Einzelfalls anknüpfen und rechtsdogmatisch nicht überzeugen. Zudem ist nicht klar, wie das BVerfG der vorhin angedeuteten Gefahr des Missbrauchs religiöser Freiheiten begegnen will. Wer – im Ansatz korrekt – das Selbstverständnis des Betroffenen zum Ausgangspunkt der Anwendung von Art. 4 Abs.1 und 2 GG im Einzelfall macht, muss für den damit verbundenen weiten Schutzbereich grundrechtlicher Freiheit effektive Schranken aufzeigen können. Das gelingt dem BVerfG bislang nicht.[58]

III. Einzelne Garantien religiöser Freiheit unter den Schranken der allgemeinen Gesetze

1. Verschiedene Tatbestände religiöser Freiheit in Art. 4 GG

15 Weniger kasuistisch und damit berechenbarer als die Rechtsprechung arbeitet, wer die differenzierten Tatbestände von Art. 4 Abs. 1 und 2 GG mit ihren unterschiedlichen Gewährleistungen ernst nimmt und sich um ein möglichst objektives Verständnis der maßgeblichen Rechtsbegriffe bemüht. Das kann, wie bereits angedeutet, nicht zu einer völligen Objektivierung der Religionsfreiheit führen. Das Selbstverständnis des Grundrechtsträgers muss hier immer eine zentrale Bedeutung haben. Doch lässt sich aus dem Grundgesetz u. a. mit seiner Forderung nach religiös-weltanschaulicher Neutralität staatlicher Stellen und Gleichberechtigung aller in religiösen Angelegenheiten ein Gebot zu *möglichst* objektiver Definition der tatbestandlichen Voraussetzungen religiöser Freiheit entnehmen. Das bedeutet vor allem, dass der staatliche Rechtsanwender in einer Behörde oder einem Gericht nicht vorschnell an das Selbstverständnis des Einzelnen oder einer Gemeinschaft anknüpfen darf. Erst dort, wo die Verfassung selbst auf das Selbstverständnis Bezug nimmt, stößt der Staat an die Grenzen seiner Möglichkeiten zu objektiver Interpretation.[59] Wo genau das der Fall ist, muss mit Blick auf das einzelne Freiheitsrecht geklärt werden.

16 So lässt sich zunächst der für alle religiösen Garantien des Grundgesetzes zentrale Begriff der Religion näher bestimmen. Die verfassungsrechtliche Funktion der Religionsfreiheit besteht darin, dem einzelnen und Personengemeinschaften einen

---

[56] BVerfGE 83, 341 (353).
[57] So mit Recht C. *Waldhoff*, EssGespr. 42 (2008), S. 55 (73).
[58] Dazu bereits St. *Muckel*, Religiöse Freiheit und staatliche Letztentscheidung, S. 16 ff. m. w. N.
[59] Näher St. *Muckel*, Religiöse Freiheit und staatliche Letztentscheidung, S. 28 ff., insbes. S. 122; *ders.*, in: Höfling/Friauf (Hrsg.), GG, Art. 4 Rn. 6 ff., jeweils m. w. N. auch zu gegenteiligen Ansichten.

(insbesondere im Verhältnis zu Art. 5 und Art. 8 GG) besonderen Schutz seiner religiösen bzw. weltanschaulichen Überzeugung zu vermitteln[60]. Der Grund für diese Privilegierung liegt darin, dass Religion bzw. Weltanschauung eine Überzeugung ist, die für den Betroffenen in besonderer Weise verbindlich, mit seiner personalen Identität verknüpft ist[61]. Erhöhte Verbindlichkeit entfaltet eine solche Überzeugung, weil sie Fragen nach Herkunft und Ziel des Daseins, der Stellung des Menschen in der Welt und dem abstrakten Sinn des Lebens zum Gegenstand hat[62]. Diese formale Definition kann ergänzt werden durch negative Kriterien, die an die im Grundgesetz (mit den je verschiedenen Gewährleistungen in Art. 4, 5, 8, 12, 14 GG, aber auch mit der Trennung von Staat und Kirche nach Art. 140 GG i. V. m. Art. 137 Abs. 1 WRV) angelegte Unterscheidung von Religion, Wirtschaft und Politik anknüpfen. Wer etwa – wie die „Church of Scientology"[63] – quasireligiöses Gebaren nur als Vorwand für wirtschaftliche Ziele verwendet, vertritt keine Religion (oder Weltanschauung[64]) i. S. des Grundgesetzes. Das gleiche gilt für eine Lehre, die zur Verschleierung von politischen Zielen dient.

17 Neben dem Begriff der Religion lassen sich die von Art. 4 Abs. 1 und 2 GG geschützten Verhaltensweisen zumindest ein Stück weit präzisieren. So verbürgt die Glaubensfreiheit in Art. 4 Abs. 1 GG die Freiheit der inneren Überzeugung, der Gedanken in Fragen des Glaubens, das forum internum.[65] Dem Staat ist es deshalb verwehrt, auf die Bildung von Glaubensüberzeugungen Einfluss zu nehmen. Die negative Glaubensfreiheit gibt dem Einzelnen das Recht, einen Glauben i. S. von Art. 4 Abs. 1 GG nicht bilden zu müssen.[66]

18 **Beispiel:** Den Schutzbereich der negativen Glaubensfreiheit berührt eine staatliche Anordnung des Inhalts, dass in jedem Klassenraum öffentlicher Schulen ein Kreuz aufzuhängen sei. Denn dadurch können Schüler und Eltern in ihrem Recht beeinträchtigt sein, nicht an Jesus Christus zu glauben.[67]

19 Die Bekenntnisfreiheit in Art. 4 Abs. 1 GG schützt das Verkünden einer religiösen Überzeugung und das Reden über sie[68], auch das Werben für den Glauben, selbst das Abwerben von einem anderen Glauben, solange dies im Wege geistiger Kommunikation erfolgt und nicht durch Anwendung von Gewalt, List oder Drohung.[69]

20 **Beispiel:** Darunter fällt etwa der muslimische Gebetsruf, aber auch das islamische Kopftuch, wenn es getragen wird, um eine religiöse Überzeugung nach außen zu dokumentieren. Ob dies der Fall ist oder ob das Kopftuch etwa nur aufgrund eines Brauchtums getragen wird, bestimmt sich nach dem Selbstverständnis der betreffenden Frau.

21 Die negative Bekenntnisfreiheit ist in Art. 140 GG i. V. m. Art. 136 Abs. 3 WRV eigenständig gewährleistet und gibt jedem das Recht, eine religiöse Überzeugung nicht offenbaren zu müssen. Auch Art. 7 Abs. 3 Satz 3 GG, wonach kein Lehrer

---

[60] Vgl. *T. Fleischer*, Der Religionsbegriff des GG, S. 93.
[61] *T. Fleischer* (o. Fn. 60), S. 96; vgl. auch *W. Kluth*, Jura 1993, 137 (138); *W. Bock*, AöR 123 (1998), S. 444 (458, 461).
[62] Vgl. *T. Fleischer* (o. Fn. 60), S. 141 ff., 166; ähnlich zuvor schon *A. v. Campenhausen*, ZevKR 25 (1980), S. 135 (151); *J. Müller-Volbehr*, JZ 1981, 41 (42), jeweils m. w. N.
[63] Vgl. die Nachw. o. Fn. 52 ff.
[64] Zum hier nicht näher entfalteten gleichen Schutz von Religion u. Weltanschauung durch das GG vgl. *St. Muckel*, Religiöse Freiheit und staatliche Letztentscheidung, S. 135 ff. m. w. N.
[65] Vgl. statt vieler *C. Starck*, in: v. Mangoldt/Klein/Starck, GG, Art. 4 Rn. 34.
[66] Vgl. *Muckel*, in: Friauf/Höfling (Hrsg.), GG Art. 4 Rn. 21 m. w. N. auch zu abw. Ansichten.
[67] Dazu BVerfGE 93, 1 ff.
[68] Vgl. *U. Mager*, in: v. Münch/Kunig, GG, Art. 4 Rn. 33 f.; *J. Kokott*, in: Sachs (Hrsg.), GG, Art. 4 Rn. 30, jeweils m. w. N.
[69] Vgl. *J. Kokott*, in: Sachs (Hrsg.), GG, Art. 4 Rn. 31.

gegen seinen Willen verpflichtet werden darf, Religionsunterricht zu erteilen, ist Ausdruck der negativen Bekenntnisfreiheit.

Die Religionsausübungsfreiheit nach Art. 4 Abs. 2 GG schützt kultische Hand- 22 lungen jedweder Art und jedweder Religion. Ihr Schutzbereich lässt sich aber darauf nicht verengen. Er ist nicht nach objektiven Kriterien a priori abgrenzbar. Der Begriff der Religionsausübung ist insbesondere offen für (in Deutschland) neue Formen religiösen Verhaltens.[70] Für die Frage, ob der Schutzbereich der Religionsausübungsfreiheit berührt ist, bleibt dann nur das Selbstverständnis des Betroffenen, das freilich auf seine Plausibilität zu überprüfen ist.

Beispiel: Darunter fällt etwa der Wunsch muslimischer Schülerinnen, nicht am Sportunterricht, 23 insbesondere Schwimmunterricht, teilnehmen zu müssen. Muslime können unter Berufung auf den Koran darlegen, dass zu ihrer Religionsausübung eine Kleidung gehört, die die Körperkonturen muslimischer Mädchen den Blicken ihrer männlichen Mitschüler entzieht.[71] Auch die Besorgnis einer muslimischen Schülerin, sich bei einer Klassenfahrt nicht so verhalten zu können, wie es ihr Glaube verlangt, kann unter den Schutzbereich der Religionsausübungsfreiheit nach Art. 4 Abs. 2 GG fallen.[72]

Die negative Religionsausübungsfreiheit ist in Art. 140 GG i. V. m. Art. 136 24 Abs. 4 WRV speziell verbürgt. Danach darf niemand zu einer kirchlichen Handlung oder Feierlichkeit oder zur Teilnahme an religiösen Übungen oder zur Benutzung einer religiösen Eidesform gezwungen werden. Für ein weitergehendes Recht, religiöses Verhalten nicht an den Tag legen zu müssen, lässt die Spezialregelung in Art. 140 GG i. V. m. Art. 136 Abs. 4 WRV keinen Raum. Durch die klare tatbestandliche Abgrenzung wird die negative Religionsausübungsfreiheit handhabbar. Die Schwierigkeiten, die die Rechtsprechung des BVerfG mit sich bringt,[73] treten nicht auf.

Schließlich verbürgt Art. 140 GG i. V. m. Art. 137 Abs. 2 WRV nach dem klaren 25 Wortlaut der Vorschrift – nicht wie nach der Rechtsprechung des BVerfG bereits Art. 4 GG[74] – das Recht zur Bildung von Religionsgemeinschaften. Auch die Gründung religiöser Vereine, die im Gegensatz zum umfassenden Tätigkeitsfeld von Religionsgemeinschaften nur einen Ausschnitt des religiösen Lebens ihrer Mitglieder pflegen (z. B. mit Caritas/Diakonie, Mission, Jugendarbeit, aber auch der Aufgabe, Träger einer Schule, eines Krankenhauses u. ä. zu sein), ist nicht durch Art. 4 GG, sondern durch die allgemeine Vereinigungsfreiheit in Art. 9 Abs. 1 GG geschützt. Erst für ihre Tätigkeit können religiöse Organisationen sich auf Art. 4 GG berufen. Religiöse Vereine können daher nach Art. 9 Abs. 2 GG, §§ 1 ff. VereinsG verboten werden. Ob das auch für Religionsgemeinschaften gilt, die ja nicht auf der Grundlage von Art. 9 GG, sondern von Art. 140 GG i. V. m. Art. 137 Abs. 2 WRV gegründet werden, ist umstritten, dürfte aber zu bejahen sein.[75]

---

[70] Restriktiver *K.-H. Kästner*, JZ 1999, 974 (979 f.).
[71] Dazu bereits o. Rn. 6 m. Fn. 44.
[72] Vgl. *St. Rixen*, Krankheit oder Glaubensfreiheit?, NJW 2003, 1712 (1714 f.), in zu Recht krit. Auseinandersetzung mit *OVG NRW*, NJW 2003, 1754, das eine Krankheit angenommen hatte; im dogmatischen Ansatz richtig: *VG Aachen*, NJW 2002, 3191; *N. Coumont*, Muslimische Schüler und Schülerinnen in der öffentlichen Schule, 2008, S. 307 ff.; *dies.*, Islam und Schule, in: Muckel (Hrsg.), Der Islam im öffentlichen Recht des säkularen Verfassungsstaates, 2008, S. 440 (543 ff.). Zu weiteren Anwendungsfällen der Religionsausübungsfreiheit vgl. die Übersicht bei *U. Mager*, in: v. Münch/Kunig, GG, Art. 4 Rn. 65 ff.
[73] Oben Rn. 9 (Fall z. Muezzin).
[74] BVerfGE 83, 341 (354); vgl. auch *J. Listl*, Das Grundrecht der Religionsfreiheit in der Rechtsprechung der Gerichte der Bundesrepublik Deutschland, 1971, S. 371 f.; *St. Magen*, in: Umbach/Clemens (Hrsg.), GG, Art. 140 Rn. 57.
[75] Vgl. *A. v. Campenhausen/H. de Wall*, Staatskirchenrecht, S. 120 f.; *Czermak*, Religions- und Weltanschauungsrecht, Rn. 211, jeweils m. w. N.

26 Nicht zu den religiösen Garantien in einem engeren Sinne zählt die gleichfalls in Art. 4 Abs. 1 GG verbürgte Gewissensfreiheit. Das Gewissen kann im Einzelfall religiöse Ursprünge haben, muss es aber nicht. Die Gewissensfreiheit ist das Grundrecht in Art. 4 GG, das am Stärksten von den subjektiven Anschauungen des Einzelnen abhängig ist. Sein Schutzbereich ist nicht näher eingrenzbar. Als gesichert (auch nach der Rechtsprechung des BVerfG) darf Folgendes gelten: Gewissensentscheidung ist „jede ernste sittliche, d.h. an den Kategorien von ‚gut' und ‚böse' orientierte Entscheidung …, die der Einzelne in einer bestimmten Lage als für sich bindend und unbedingt verpflichtend innerlich erfährt, so dass er gegen sie nicht ohne ernste Gewissensnot handeln könnte"[76]. Dieser formale Gewissensbegriff erfasst diejenigen verinnerlichten Werte und Normen, die für den Grundrechtsträger von identitätstragender Bedeutung sind.[77] Die Gewissensfreiheit ist nicht auf das forum internum beschränkt, sondern erstreckt sich nach h.M. auf die Freiheit, nach den als unbedingt verpflichtend innerlich erfahrenen Geboten des Gewissens handeln zu dürfen.[78] Da ein Verständnis der Gewissensfreiheit als weitreichendes Handlungsrecht aber in der Rechtspraxis mitunter zu kaum lösbaren Problemen führt und der Einzelne sich leicht staatlichen Vorgaben entziehen könnte, wird seit einiger Zeit über eine Eingrenzung der geschützten Gewissensbetätigung nachgedacht. So wird (zu Recht) vorgeschlagen, die Gewissensfreiheit darauf zu begrenzen, Gewissenszwänge abzuwehren, die sich im Einzelfall aus der Anwendung im Übrigen verfassungsgemäßer Gesetze ergeben. Dafür spricht in der Tat die „Funktion der Gewissensfreiheit, im Einzelfall Schutz vor (ansonsten) legalem staatlichen Zwang zu gewähren"[79]. Wer z.B. im Rahmen eines Biologiestudiums Tierversuche aus Gewissensgründen (ohne Folgen für den Studienerfolg) verweigern möchte, muss sich vorhalten lassen, dass er sich durch die Wahl des Faches selbst in diese Lage gebracht hat. Der Gewissenskonflikt wird ihm nicht von staatlicher Seite aufgezwungen. Weitgehend unstr. ist inzwischen, dass nur solche Gewissensentscheidungen von Art. 4 Abs. 1 GG geschützt sind, die einen objektivierbaren Bezug zum persönlichen Verantwortungsbereich des Grundrechtsträgers haben. Deshalb darf der Einzelne z.B. nicht unter Hinweis auf Art. 4 Abs. 1 GG die Zahlung seiner Steuern verweigern, weil es seinem Gewissen widerstreite damit auch militärische Aktivitäten zu finanzieren. Für die Verwendung des Steueraufkommens trägt er nicht die rechtliche Verantwortung (vgl. für den Bund: Art. 110 GG). Die Schranken der Gewissensfreiheit ergeben sich aus kollidierendem Verfassungsrecht, in der klassischen Formulierung des BVerfG aus gegenläufigen „Grundrechten Dritter und anderen mit Verfassungsrang ausgestatteten Rechtswerten"[80].

2. Schranken religiöser Freiheit nach Art. 4 Abs. 1 und 2 GG

27 Nach der Rechtsprechung des BVerfG stehen die von ihm als einheitliches Grundrecht verstandenen[81] Gewährleistungen des Art. 4 Abs. 1 und 2 GG nicht unter einem grundrechtlichen Gesetzesvorbehalt. Das BVerfG sieht in „der" Religionsfreiheit ein vorbehaltloses Grundrecht[82], dessen Schranken sich aus mit Verfassungsrang ausgestatteten Gemeinschaftsinteressen oder Grundrechten Dritter ergeben. Ausdrücklich hat das BVerfG es abgelehnt, die ihrem Wortlaut nach einschlägige Vorschrift des Art. 140 GG i.V.m. Art. 136 Abs. 1 WRV als Gesetzesvorbehalt für die Religionsfreiheit heranzuziehen[83]. In Teilen der Literatur stößt dies seit Jahren auf Ablehnung[84]. In der Tat ist nicht einzusehen, warum der seinem Wortlaut nach einschlägige Gesetzesvorbehalt aus Art. 140 GG i.V.m. Art. 136 Abs. 1 WRV (zu den „staats-

---

[76] BVerfGE 12, 45 (55); *BVerfG*, NJW 1993, 455 – st. Rspr.
[77] *U. Mager*, in: v. Münch/Kunig, GG, Art. 4 Rn. 22.
[78] Vgl. nur *J. Kokott*, in: Sachs (Hrsg.), GG, Art. 4 Rn. 80 m.w.N.
[79] *U. Mager*, in: v. Münch/Kunig, GG, Art. 4 Rn. 24; ähnlich *St. Muckel*, in: Höfling/Friauf (Hrsg.), GG, Art. 4 Rn. 63.
[80] BVerfGE 28, 243 (261).
[81] Oben Rn. 1.
[82] Vgl. BVerfGE 33, 23 (30 f.); 108, 282 (297 m.w.N.) – st. Rspr.
[83] BVerfGE 33, 23 (30 f.).
[84] Vgl. etwa *A. v. Campenhausen*, in: Isensee/Kirchhof (Hrsg.), HStR VI, § 136 Rn. 82; *M. Heckel*, Religionsfreiheit, S. 687; *U. Mager*, in: v. Münch/Kunig, GG, Art. 4 Rn. 48; *Sachs*, Verfassungsrecht II. Grundrechte, 2. Aufl. 2003, B 4 Rn. 22; *St. Muckel*, in: Höfling/Friauf (Hrsg.), GG, Art. 4 Rn. 47, jeweils m.w.N.; auf der Linie des BVerfG liegen etwa *St. Korioth*, in: Maunz/Dürig, GG, Art. 140 GG/Art. 136 WRV Rn. 54; *M. Morlok*, in: Dreier (Hrsg.), Art. 4 Rn. 90; *J. Kokott*, in: Sachs (Hrsg.), GG, Art. 4 Rn. 118.

bürgerlichen Pflichten" i.S. dieser Vorschrift zählt an vorderer Stelle die Gesetzesbefolgungspflicht) nicht anwendbar sein soll. Im Gegenteil: Nicht nur der Wortlaut der Norm, sondern auch die historische Entwicklung des Staatskirchenrechts, einschließlich der Religionsfreiheit, als einheitlichem Regelungskomplex, der nur infolge der besonderen Schwierigkeiten des Parlamentarischen Rates mit dieser Rechtsmaterie, nicht aber aus sachlichen Gründen, im Grundgesetz an verschiedenen Stellen in der Verfassung geregelt ist[85], spricht für eine Deutung von Art. 140 GG i.V.m. Art. 136 Abs. 1 WRV als Gesetzesvorbehalt der Grundrechte aus Art. 4 Abs. 1 und 2 GG. Die Entstehungsgeschichte von Art. 4 GG im Parlamentarischen Rat spricht nicht gegen diese Sicht. Denn der Umstand, dass der Verfassunggeber *bewusst* auf einen Gesetzesvorbehalt in Art. 4 GG verzichtet habe, ist bedeutungslos, weil das heutige Verständnis von einem grundrechtlichen Gesetzesvorbehalt damals noch nicht vorherrschte.[86] Auch verlangt das vom BVerfG selbst betonte Verständnis der durch Art. 140 GG in das Grundgesetz inkorporierten Vorschriften der Weimarer Verfassung als „vollgültiges Verfassungsrecht"[87] und als ein „organisches Ganzes" zusammen mit Art. 4 GG[88] danach, Art. 136 Abs. 1 WRV seinem textlichen Anspruch gemäß ernst zu nehmen und anzuwenden. Schließlich sprechen nicht Sinn und Zweck von Art. 136 Abs. 1 WRV gegen seine Deutung als Gesetzesvorbehalt.[89] Der historische Zweck der Vorschrift mag zwar teilweise in eine andere Richtung weisen.[90] Der historische Kontext der Jahre um 1919 kann aber für die Interpretation des Grundgesetzes 90 Jahre später nicht mehr die entscheidende Rolle spielen. Maßgeblich muss heute der Wortlaut der Verfassung sein, der nun einmal den Gesetzesvorbehalt umfasst. Aber auch das objektvierte telos der Norm, das an den Wortlaut anknüpft, die Gesetzesbefolgungspflicht nicht dem religiösen Belieben des Einzelnen nachordnen will und mit dieser Grundaussage in den heutigen, seit 1919 grundlegend veränderten gesellschaftlichen Verhältnissen bedeutsam geworden ist, legt nahe, Art.136 Abs. 1 WRV als Gesetzesvorbehalt der grundrechtlichen Garantien in Art. 4 Abs. 1 und 2 GG heranzuziehen.

Danach stehen die grundrechtlichen Garantien religiöser Freiheit aus Art. 4 Abs. 1 **28** und 2 GG (nach dem klaren Wortlaut von Art. 136 Abs. 1 WRV allerdings nicht die Gewissensfreiheit) unter dem Vorbehalt der allgemeinen Gesetze. Das sind alle gesetzlichen Vorschriften, die sich nicht gegen die Religionsfreiheit als solche richten, also kein Sonderrecht gegen Glauben, Bekenntnis oder Religionsausübung enthalten.

Darunter fallen z. B. die Vorschriften des Straßen- und Straßenverkehrsrechts über die Benutzung **29** öffentlicher Straßen, das Gewerberecht, das Schulrecht (einschließlich der Vorschriften über die Schulpflicht), das Tierschutzgesetz (das ein grundsätzliches Verbot des Schächtens warmblütiger Tiere vorsieht), das Familienrecht (mit den Vorschriften über die Monogamie), das Immissionsschutzrecht (das etwa in §§ 9, 10 LImSchG NRW Vorgaben für den Ruf des Muezzin, aber auch kirchliches Glockenläuten aufweist) und das Friedhofs- und Bestattungsrecht.

---

[85] Deshalb kann sich die Gegenmeinung auch nicht in überzeugender Weise auf die Systematik des Grundgesetzes berufen, a.A. wohl *Korioth*, in: Maunz/Dürig, GG Art. 140/Art. 136 WRV Rn. 54 Abs. 2.
[86] Näher *A. Uhle*, Die Integration des Islam in das Staatskirchenrecht der Gegenwart, in: Heinig/Walter (Hrsg.), Staatskirchenrecht oder Religionsverfassungsrecht?, S. 299 (311 ff.); *St. Muckel*, Religiöse Freiheit und staatliche Letztentscheidung, S. 227; das gesteht auch *Korioth*, in: Maunz/Dürig, GG Art. 140/Art. 136 WRV Rn. 54 Abs. 2, zu, wenn er auch im Ergebnis der Gegenmeinung folgt; a.A. etwa *W. Heun*, Integration des Islam, in: Heinig/Walter (Hrsg.), Staatskirchenrecht oder Religionsverfassungsrecht?, S. 339 (348); *G. Neureither*, Recht und Freiheit im Staatskirchenrecht, 2002, S. 139.
[87] BVerfGE 19, 206 (219); 53, 366 (400); 66, 1 (22); 70, 138 (167).
[88] BVerfGE 53, 366 (400); 66, 1 (22); 70, 138 (167).
[89] A.A. *Korioth*, in: Maunz/Dürig, GG Art. 140/Art. 136 WRV Rn. 54 Abs. 2.
[90] So *Korioth* (o. Fn. 89).

30   Schrankenziehung mit Hilfe des Gesetzesvorbehaltes aus Art. 140 GG i. V. m. Art. 136 Abs. 1 WRV entbindet den Rechtsanwender von der (nach der Rechtsprechung des BVerfG erforderlichen) Suche nach gegenläufigem Verfassungsrecht. Doch führt der Gesetzesvorbehalt nicht zwangsläufig zu weiter gehenden Einschränkungen, als es beim BVerfG der Fall ist. Stets müssen die gegenläufigen Belange (im Rahmen der Verhältnismäßigkeitsprüfung) abwägend verglichen werden mit dem Ziel, praktische Konkordanz herzustellen.[91] Die Arbeit mit dem Schrankenvorbehalt aus Art. 140 GG i. V. m. Art. 136 Abs. 1 WRV führt also nicht zu unangemessenen Verkürzungen der Religionsfreiheit. Er ist aber geeignet, die oft beschworene Bedeutung allgemeiner Gesetze als rechtliche Instrumente zur Lösung und Steuerung der Probleme, die sich in der religiös pluralistischen Gesellschaft ergeben, rechtlich zu fundieren. Nur auf dieser verfassungsrechtlichen Basis kann auch und gerade gegenüber religiösen Minderheiten wie Muslimen, deren religiöse Vorstellungen nicht ohne Weiteres mit hiesigem Recht vereinbar sind, die Forderung nach Gesetzestreue erhoben werden. Die allgemeinen Gesetze wiederum können nur, wenn sie im Grundsatz befolgt werden müssen, ihr vielbeschworene integrative Wirkung entfalten.[92]

§ 11. Das Selbstbestimmungsrecht der Religionsgemeinschaften

Literatur: *W. Bock*, Das für alle geltende Gesetz und die kirchliche Selbstbestimmung, 1996; *A. v. Campenhausen/H. de Wall*, Staatskirchenrecht, § 14; *C. D. Classen*, Religionsrecht, Rn. 255 ff.; *M. Germann*, Art. „Selbstbestimmung, Selbstbestimmungsrecht, in: Heun u. a. (Hrsg.), EvStL, Sp. 2129 ff.; *K. Hesse*, Das Selbstbestimmungsrecht der Kirchen und Religionsgemeinschaften, in: Listl/Pirson (Hrsg.), Handbuch des Staatskirchenrechts der Bundesrepublik Deutschland, Bd. I, 2. Aufl. 1994, S. 521 ff.; *A. Isak*, Das Selbstverständnis der Kirchen und Religionsgemeinschaften und seine Bedeutung für die Auslegung staatlichen Rechts, 1994; *B. Jeand'Heur/St. Korioth*, Grundzüge des Staatskirchenrechts der Bundesrepublik Deutschland, § 9; *M. Morlok*, Die korporative Religionsfreiheit und das Selbstbestimmungsrecht nach Art. 140 GG/Art. 137 Abs. 3 WRV einschließlich ihrer Schranken, in: Heinig/Walter (Hrsg.), Staatskirchenrecht oder Religionsverfassungsrecht?, 2007, S. 185 ff.; *G. Neureither*, Recht und Freiheit im Staatskirchenrecht. Das Selbstbestimmungsrecht der Religionsgemeinschaften als Grundlage des staatskirchenrechtlichen Systems der Bundesrepublik Deutschland, 2002; *J. Winter*, Staatskirchenrecht der Bundesrepublik Deutschland, S. 167 ff.

I. Schutz selbstbestimmten Wirkens der Religionsgemeinschaften

1   Die verfassungsrechtliche Grundlage für Kirchenrecht wird neben[93] den grundrechtlichen Garantien religiöser Freiheit in Art. 4 Abs. 1 und 2 GG vor allem durch das Selbstbestimmungsrecht der Religionsgemeinschaften[94] nach Art. 140 GG i. V. m. Art. 137 Abs. 3 WRV gebildet. Nach dieser Vorschrift ordnet und verwaltet

---

[91] Dazu o. Rn. 5 m. Fn. 43.
[92] Vgl. statt vieler *E.-W. Böckenförde*, Gesetzestreu im freiheitlichen Staat, in: Kölner Stadtanzeiger v. 5. 7. 2007, S. 22. Näher zu Rechtsproblemen, auf die Muslime im Bereich des öffentlichen Rechts in Deutschland treffen, die Abhandlungen von *K. Baldschun, N. Coumont, P. Janßen, T. Traub*, in: Muckel (Hrsg.), Der Islam im öffentlichen Recht des säkularen Verfassungsstaates, 2008.
[93] Zum – im Einzelnen schwierigen – Verhältnis des Selbstbestimmungsrecht zur grundrechtlichen Religionsfreiheit vgl. *G. Neureither*, Recht und Freiheit im Staatskirchenrecht, S. 130 ff.; *A. v. Campenhausen/H. de Wall*, Staatskirchenrecht, S. 100 f.; *B. Jeand'Heur/St. Korioth*, Grundzüge des Staatskirchenrechts, Rn. 174 ff., jeweils m. w. N.
[94] Für Weltanschauungsgemeinschaften gilt nach Art. 140 GG i. V. m. Art. 137 Abs. 7 WRV nichts anderes. Grundlegend zu ihnen jetzt *C. Mertesdorf*, Weltanschauungsgemeinschaften. Eine verfassungsrechtliche Betrachtung mit Darstellung einzelner Gemeinschaften, 2008.

§ 11. Selbstbestimmungsrecht der Religionsgemeinschaften

jede Religionsgesellschaft – das Grundgesetz spricht in Art. 7 Abs. 3 GG von „Religionsgemeinschaft"[95] – ihre Angelegenheiten selbstständig innerhalb der Schranken des für alle geltenden Gesetzes. Weiter heißt es hier, dass sie ihre Ämter ohne Mitwirkung des Staates oder der bürgerlichen Gemeinde verleiht. Die Bedeutung dieser Gewährleistung für Religionsgemeinschaften kann nicht hoch genug veranschlagt werden. Sie gibt ihnen „nicht eine Art von Selbstverwaltungsrecht, sondern sie erkennt deren Selbstbestimmungsrecht, ihre gänzliche Freiheit von staatlicher Aufsicht und Bevormundung an"[96].

Der eingangs[97] aufgezeigte Zusammenhang zwischen (inner-)kirchlichem Recht und staatlichem Verfassungsrecht ergibt sich besonders deutlich daraus, dass Art. 140 GG i. V. m. Art. 137 Abs. 3 WRV den Religionsgemeinschaften das selbstbestimmte „Ordnen" ihrer Angelegenheiten garantiert. Damit ist die gesamte Rechtsetzung von Religionsgemeinschaften in eigenen Angelegenheiten verfassungsrechtlich geschützt.[98] Da das Grundgesetz die Kirchen als dem Staat vorgegebene Institutionen anerkennt, deren geistlicher Auftrag in keiner Weise vom Staat abgeleitet ist, wäre es ungenau, hier von – staatlich verliehener – „Autonomie" zu sprechen. Treffender ist der Begriff der kirchlichen „Eigenständigkeit". Von autonomem Recht kann allenfalls insoweit gesprochen werden, als die Rechtsetzung der Religionsgemeinschaften unmittelbare Wirksamkeit im staatlichen Recht entfaltet, wie dies etwa in vermögensrechtlichen Angelegenheiten der Fall ist, aber auch bei öffentlich-rechtlichen Dienstverhältnissen kirchlicher Amtsträger.[99] 2

Auf das Selbstbestimmungsrechts aus Art. 140 GG i. V. m. Art. 137 Abs. 3 WRV können sich nach zutreffender, gefestigter Rechtsprechung des BVerfG nicht nur Religionsgemeinschaften, die im Sinne der klassisch gewordenen Definition von *Gerhard Anschütz* Verbände zu allseitiger Erfüllung der durch das gemeinsame Bekenntnis gestellten Aufgaben sind,[100] berufen, sondern auch religiöse Vereine. Bei ihnen handelt es sich um Personenzusammenschlüsse, die den umfassenden Auftrag der Religionsgemeinschaft (meist: der Kirche) nur partiell, im Hinblick auf einen Teilbereich erfüllen, z. B. Caritas bzw. Diakonie.[101] Von praktischer Bedeutung ist das vor allem für kirchliche Krankenhäuser und die vielfältigen Dienste im sozialen Bereich,[102] deren Rechtsträger regelmäßig eingetragene Vereine gem. §§ 21 ff. BGB sind. Da der kirchliche Verein seine besondere verfassungsrechtliche Stellung hier von der Kirche ableitet, muss die Kirche bzw. die anderweitige Religionsgemeinschaft den Verein in formalisierter Weise als zugeordnet anerkannt haben.[103] 3

Die Garantie selbstständigen Ordnen und Verwaltens umfasst alle erforderlichen Wirkungsmöglichkeiten im und Einwirkungsmöglichkeiten auf den öffentlichen Bereich, damit die Kirchen und andere Religionsgemeinschaften ihrem Selbstverständnis gemäß in Freiheit ihre nicht von der Welt stammende Verantwortung wahrnehmen können. Die Begriffe „ordnen" und „verwalten" sind nach heute gefestigter Deutung weit auszulegen. Sie umfassen alles von der Kirchenleitung bis zur näheren Bestimmung der eigenen Organisation.[104] Entscheidend ist in ähnlicher Weise wie bei der Religionsausübungsfreiheit nach Art. 4 Abs. 2 GG[105] das Selbst- 4

---

[95] Zur Begrifflichkeit *St. Korioth*, Die Entwicklung des Staatskirchenrechts seit der Reformation, in: Heinig/Walter (Hrsg.), Staatskirchenrecht oder Religionsverfassungsrecht?, 2007, S. 39 (44 f.).
[96] *A. v. Campenhausen/H. de Wall*, Staatskirchenrecht, S. 99.
[97] O. § 8 Rn. 1.
[98] Vgl. *B. Jeand'Heur/St. Korioth*, Grundzüge des Staatskirchenrechts, Rn. 179.
[99] *A. v. Campenhausen/H. de Wall*, Staatskirchenrecht, S. 102.
[100] *G. Anschütz*, Die Verfassung des Deutschen Reichs v. 11. 8. 1919, 14. Aufl. 1933, Art. 137 Anm. 2.
[101] Vgl. bereits o. § 10 Rn. 25.
[102] *B. Jeand'Heur/St. Korioth*, Grundzüge des Staatskirchenrechts, Rn. 173 m. w. N.
[103] Näher *A. v. Campenhausen/H. de Wall*, Staatskirchenrecht, S. 126.
[104] *A. v. Campenhausen/H. de Wall*, Staatskirchenrecht, S. 101.
[105] O. § 10 Rn. 22.

verständnis des Rechtsträgers, hier also der Religionsgemeinschaft. Alle Versuche einer objektiven Bestimmung der „eigenen Angelegenheiten" i. S. v. Art. 137 Abs. 3 WRV durch Unterscheidung kirchlicher und weltlicher Bereiche (sog. Bereichsscheidung) oder nach Kriterien wie der „Natur der Sache" und der „Zweckbestimmung" der jeweiligen Angelegenheit dürfen heute als gescheitert gelten. Maßgeblich ist das Selbstverständnis der Religionsgemeinschaft, dessen zutreffende Aktualisierung im Einzelfall sowie seine Plausibilität im Streitfall mit den Beweismitteln der jeweiligen Prozessordnung überprüft werden.[106] Nur die Religionsgemeinschaften können bestimmen, was zu „ihren Angelegenheiten" zählt. Der freiheitliche, religiös neutrale Staat hat kein eigenes Wissen von dem, was eine einzelne Religionsgemeinschaft zu ihren Angelegenheiten zählt. Seine säkularen Interessen, die sich von denen der Kirchen und anderen Religionsgemeinschaften in erheblichem Maße unterscheiden können, muss der Staat mit Hilfe der Schranken des Selbstbestimmungsrechts durchsetzen.[107]

5   Das führt mitunter zu Ergebnissen, die auf den ersten Blick überraschen. Das Land Hessen hatte z. B. an einer staatlichen Universität (Frankfurt a. M.) einen Studiengang „Katholische Theologie" eingerichtet. Dagegen klagte die katholische Kirche in Gestalt des Bischofs von Limburg und gewann den Rechtsstreit. Der Bischof konnte mit Hilfe kirchenrechtlicher Vorgaben und unter Hinweis auf die prekäre Lage beim wissenschaftlichen Nachwuchs im Bereich der katholischen Theologie, die durch den neuen Studiengang noch weiter verschärft worden wäre, darlegen, dass katholische Theologie immer, auch an einer staatlichen Universität eine Angelegenheit der Kirche ist. Da dem Land Hessen keine einschlägige gesetzliche Schranke zur Verfügung stand, setzte sich die Kirche letztlich durch.[108]

II. Die Schranke des für alle geltenden Gesetzes

6   Das Selbstbestimmungsrecht der Religionsgemeinschaften steht in Art. 140 GG i. V. m. Art. 137 Abs. 3 WRV unter einem Schrankenvorbehalt. Nach jahrzehntelangem Streit[109] über die nähere Bestimmung der hier statuierten „Schranken des für alle geltenden Gesetzes" besteht heute in den wesentlichen Grundlinien Einigkeit. Für alle geltende Gesetze i. S. v. Art. 137 Abs. 3 WRV sind allgemeine Gesetze, die sich nicht gegen Religionsgemeinschaften oder ihr Selbstbestimmungsrecht richten. Insoweit kommt heute jedwedes staatliche Gesetz als Schranke des Selbstbestimmungsrechts der Religionsgemeinschaften in Betracht, so das ganze Zivilrecht – einschließlich des Arbeitsrechts – und das öffentliche Recht, etwa öffentliches Baurecht, Umweltrecht, Verkehrsrecht, Presserecht, Jugendschutzrecht, Sozialversicherungsrecht.[110]

7   Wie der Schrankenvorbehalt für die grundrechtliche Religionsfreiheit aus Art. 140 GG i. V. m. Art. 136 Abs. 1 WRV,[111] mit dem hier weitreichende inhaltliche Überein-

---

[106] Vgl. *A. Isak*, Das Selbstverständnis der Kirchen und Religionsgemeinschaften, S. 152 ff.; *M. Germann*, Art. „Selbstbestimmung, Selbstbestimmungsrecht", in: Heun u. a. (Hrsg.), EvStL, Sp. 2129 (2134).
[107] Zur Maßgeblichkeit des Selbstverständnisses vgl. nur BVerfGE 66, 1 (19); 70, 138 (165); *B. Jeand'Heur/St. Korioth*, Grundzüge des Staatskirchenrechts, Rn. 184 m. w. N.
[108] *BVerwG*, DVBl. 1996, 1375 ff., dazu Anm. DVBl. 1997, 873 ff.
[109] Dazu *A. v. Campenhausen/H. de Wall*, Staatskirchenrecht, S. 107 ff.; *K. Hesse*, Das Selbstbestimmungsrecht der Kirchen und Religionsgemeinschaften, in: Listl/Pirson (Hrsg.), Handbuch des Staatskirchenrechts der Bundesrepublik Deutschland, Bd. I, 2. Aufl. 1994, S. 521 (544 ff.).
[110] Vgl. *A. v. Campenhausen/H. de Wall*, Staatskirchenrecht, S. 111 f.; *D. Ehlers*, in: Sachs (Hrsg.), GG, Art. 140/Art. 137 WRV Rn. 12 f.; *St. Korioth*, in: Maunz/Dürig, GG Art. 140/Art. 137 WRV Rn. 48 f.; *R. Bergmann*, in: Hömig (Hrsg.), GG, 8. Aufl. 2007, Art. 140 Rn. 15; *St. Magen*, in: Umbach/Clemens (Hrsg.), GG, Art. 140 Rn. 74 ff.
[111] O. § 10 Rn. 28.

stimmung besteht, ermächtigt der Schrankenvorbehalt des für alle geltenden Gesetzes in Art. 140 GG i. V. m. Art. 137 Abs. 3 WRV den Gesetzgeber nicht zu beliebiger Einschränkung des Selbstbestimmungsrechts. Der Gesetzgeber muss vielmehr schon aufgrund des Verhältnismäßigkeitsgrundsatzes eine abwägende Zuordnung des von ihm jeweils verfolgten Interesses mit dem Selbstbestimmungsrecht der Religionsgemeinschaft vornehmen. Zielvorgabe der Abwägung ist wiederum praktische Konkordanz. Alle Belange – die staatlichen wie diejenigen der Religionsgemeinschaft – sollen in möglichst optimaler Weise zur Wirkung kommen.[112]

Beispiele: (1) Gesetzliche Vorgaben zur Organisation von Krankenhäusern (im Hinblick auf die Bildung von Rechenzentren, die Leitung des Krankenhauses und die Beteiligung ärztlicher Mitarbeiter) können die durch Art. 140 GG i. V. m. Art. 137 Abs. 3 WRV geschützte Organisations- und Personalhoheit der Kirchen übermäßig einschränken. Im Falle eines nordrhein-westfälischen Krankenhausgesetzes aus den 70er Jahren sah das BVerfG das Selbstbestimmungsrecht als verletzt an.[113] **8**
(2) In zwei Kündigungsschutzprozessen ging es um die Entlassung eines Assistenzarztes in einem kirchlichen Krankenhaus, der sich an einem öffentlichen Aufruf gegen die Strafbarkeit der Abtreibung beteiligt hatte, bzw. eines kaufmännischen Angestellten in einem kirchlichen Jugendwohnheim, der aus der Kirche ausgetreten war. Beide waren mit ihrer Kündigungsschutzklage bei dem BAG erfolgreich. Auf die Verfassungsbeschwerden der kirchlichen Einrichtungen stellte das BVerfG zunächst klar, dass die rechtliche Ausgestaltung der Dienst- und Arbeitsverhältnisse der Kirche mit ihren Beschäftigten zu ihren eigenen Angelegenheit i. S. v. Art. 140 GG i. V. m. Art. 137 Abs. 3 WRV zählt, und zwar auch, soweit die Kirche ihrem Selbstverständnis entsprechend, aber abweichend von anderen Arbeitgebern das besondere Leitbild einer christlichen Dienstgemeinschaft ihrer Mitarbeiter zugrunde legt.[114] Das staatliche Kündigungsschutzrecht (§§ 1 ff. KSchG, § 626 BGB) zählt zu den für alle geltenden Gesetzen gem. Art. 140 GG i. V. m. Art. 137 Abs. 3 WRV. Im Rahmen der notwendigen Abwägung von kirchlichem Interesse und Schrankenzweck (Kündigungsschutz) sind die kirchlichen Anforderungen an die Loyalität ihrer Mitarbeiter allerdings maßgeblich: „Im Streitfall haben die Arbeitsgerichte die vorgegebenen kirchlichen Maßstäbe für die Bewertung vertraglicher Loyalitätspflichten zugrunde zu legen, ... Es bleibt danach grundsätzlich den verfassten Kirchen überlassen, verbindlich zu bestimmen, was ‚die Glaubwürdigkeit der Kirche und ihrer Verkündigung erfordert', was ‚spezifisch kirchliche Aufgaben' sind, was ‚Nähe' zu ihnen bedeutet, welches die ‚wesentlichen Grundsätze der Glaubens- und Sittenlehre' sind und was als – ggf. schwerer – Verstoß gegen diese anzusehen ist."[115] Die Arbeitsgerichte sind an die kirchlichen Vorgaben gebunden, soweit sie sich nicht in einen Widerspruch zu Grundprinzipien der Rechtsordnung begeben, wie sie im allgemeinen Willkürverbot (Art. 3 Abs. 1 GG), im Begriff der „guten Sitten" (§ 138 Abs. 1 BGB) und dem ordre public (Art. 6 EGBGB) ihren Niederschlag gefunden haben. „Im Übrigen obliegt es den Arbeitsgerichten, den Sachverhalt festzustellen und unter die kirchenrechtsseits vorgegebenen, arbeitsvertraglich abgesicherten Loyalitätsobliegenheiten zu subsumieren."[116] Da die Kirche sowohl das Eintreten für die Abtreibung (vgl. c. 1398 CIC/1983) als auch den „Kirchenaustritt" in plausibler Weise als schwere Verstöße gegen kirchliche Vorgaben darstellen konnte, setzte sie sich mit ihren Kündigungen durch.
(3) Rechtsschutz gegen kirchliche Maßnahmen in den Bereichen der Glaubenslehre, Verkündigung, Liturgie und des Kultus, aber auch der Organisation und Verwaltung, des kirchlichen Prüfungs- und Ämterwesens, des Amts- und Dienstrechts der Geistlichen, einschließlich der vermögensrechtlichen Fragen, haben die staatlichen Gerichte jahrzehntelang den Kirchen selbst – insbs. den kirchlichen Gerichten – überantwortet. Entsprechende Klagen kirchlicher Bediensteter vor staatlichen Gerichten sind stets aufgrund des Selbstbestimmungsrechts der Kirchen nach Art. 140 GG i. V. m. Art. 137 Abs. 3 WRV als unzulässig abgewiesen worden. Diese, im Wesentlichen der überkommenen Bereichsscheidungslehre[117] verpflichtete Sicht ist in den vergangenen Jahren von mehreren obersten

---

[112] Näher *A. v. Campenhausen/H. de Wall*, Staatskirchenrecht, S. 112 f. m. w. N.; *M. Germann*, Art. „Selbstbestimmung, Selbstbestimmungsrecht", in: Heun u. a. (Hrsg.), EvStL, Sp. 2129 (2135).
[113] BVerfGE 53, 366.
[114] BVerfGE 70, 138 (165 ff.) auch zum Folgenden; aus der umfangr. Literatur *W. Rüfner*, Arbeitsverhältnisse im kirchlichen Dienst, in: FS der Rechtswiss. Fakultät zur 600-Jahr-Feier der Universität zu Köln, 1988, S. 797 ff.; *St. Magen*, in: Umbach/Clemens (Hrsg.), GG, Art. 140 Rn. 86 f.; *G. Thüsing*, Kirchliches Arbeitsrecht, 2006.
[115] BVerfGE 70, 138 (167 f.).
[116] BVerfGE 70, 138 (168).
[117] Dazu o. § 10 Rn. 4.

Bundesgerichten aufgegeben worden. Sie haben richtig erkannt, dass Rechtsschutz in innerkirchlichen Streitigkeiten zwar eine eigene Angelegenheit der Kirche i. S. v. Art. 137 Abs. 3 WRV sein kann, dass aber die staatliche Gewährung justiziellen Rechtsschutzes als rechtsstaatliche Forderung aus Art. 20 Abs. 3, 19 Abs. 4 GG auf der Ebene der Schranke des für alle geltenden Gesetzes berücksichtigt werden muss. Das führt zu der gebotenen abwägenden Zuordnung der gegenläufigen Belange mit dem Ziel praktischer Konkordanz. Das wiederum kann dazu führen, dass das staatliche Gericht an Feststellungen und Entscheidungen eines zuvor mit der Sache befassten kirchlichen Gerichts anknüpft und seine eigene Kontrolle reduziert. Ein solches Vorgehen mag in vielen Fällen zur Unbegründetheit der Klage vor dem staatlichen Gericht führen, sie ist aber nicht als von vornherein unzulässig anzusehen.[118]

§ 12. Freiheit und Selbstbestimmung der Kirchen in besonderen Bereichen

Literatur: *M. Baldus*, Kirchliche Hochschulen, in: Listl/Pirson (Hrsg.), Handbuch des Staatskirchenrechts der Bundesrepublik Deutschland, Bd. II, 2. Aufl. 1995, S. 601 ff.; *ders.*, Katholische freie Schulen im staatlichen und kirchlichen Recht. Zwölf Leitsätze. Pädagogik und Freie Schule Heft 58, 2001; *S. Eick-Wildgans*, Anstaltsseelsorge. Möglichkeiten und Grenzen des Zusammenwirkens von Staat und Kirche im Strafvollzug, 1993; *A. Hollerbach*, Theologische Fakultäten und staatliche Pädagogische Hochschulen, in: Listl/Pirson (Hrsg.), Handbuch des Staatskirchenrechts der Bundesrepublik Deutschland, Bd. II, 2. Aufl. 1995, S. 549 ff.; *K.-H. Kästner*, Der Sonntag und die kirchlichen Feiertage, in: Listl/Pirson (Hrsg.), Handbuch des Staatskirchenrechts der Bundesrepublik Deutschland, Bd. II, 2. Aufl. 1995, S. 337 ff.; *H. Lecheler*, in: Listl/Pirson (Hrsg.), Handbuch des Staatskirchenrechts der Bundesrepublik Deutschland, Bd. II, 2. Aufl. 1995, S. 415 ff.; *C. Link*, in: Listl/Pirson (Hrsg.), Handbuch des Staatskirchenrechts der Bundesrepublik Deutschland, Bd. II, 2. Aufl. 1995, S. 439 ff.; *B. Losch*, Erwachsenenbildung und Akademien, in: Listl/Pirson (Hrsg.), Handbuch des Staatskirchenrechts der Bundesrepublik Deutschland, Bd. II, 2. Aufl. 1995, S. 639 ff.; *W. Loschelder*, Kirchen als Schulträger, in: Listl/Pirson (Hrsg.), Handbuch des Staatskirchenrechts der Bundesrepublik Deutschland, Bd. II, 2. Aufl. 1995, S. 511 ff.; *M. Ogorek*, Geltung und Fortbestand der Verfassungsgarantie staatlichen Religionsunterrichts in den neuen Bundesländern. Ein Beitrag zur Lehre vom sogenannten Verfassungswandel, 2004; *G. Robbers*, Förderung der Kirchen durch den Staat, in: Listl/Pirson (Hrsg.), Handbuch des Staatskirchenrechts der Bundesrepublik Deutschland, Bd. II, 2. Aufl. 1995, S. 867 ff.; *R. Seiler*, Seelsorge in Bundeswehr und Bundesgrenzschutz, in: Listl/Pirson (Hrsg.), Handbuch des Staatskirchenrechts der Bundesrepublik Deutschland, Bd. II, 2. Aufl. 1995, S. 961 ff.; *R. Tillmanns*, Die Freiheit der Privatschulen nach dem Grundgesetz. Pädagogik und Freie Schule Heft 62, 2006.

1   Außerhalb der allgemeinen Gewährleistungen religiöser Freiheit in Art. 4 Abs. 1 und 2 GG sowie kirchlicher Selbstbestimmung nach Art. 140 GG i. V. m. Art. 137 Abs. 3 WRV ist kirchliches Wirken durch eigenständige Regelungen für besondere Sachbereiche verfassungsrechtlich geschützt. Die Garantien religiöser Freiheit und kirchlicher Selbstbestimmung können hier nur erwähnt werden. Zum näheren Studium sei erneut auf die Lehrbücher zum Staatskirchenrecht/Religionsverfassungsrecht, insbesondere auf das Werk von *Axel v. Campenhausen* und *Heinrich de Wall* verwiesen.[119]

---

[118] Vgl. dazu – m. Nachw. zur noch nicht ganz einheitlichen Rspr. – *M. Germann*, Staatliche und kirchliche Gerichtsbarkeit, in: Rees (Hrsg.), Recht in Kirche und Staat. FS f. Listl zum 75. Geburtstag, 2004, S. 627 ff.; *A. v. Campenhausen/H. de Wall*, Staatskirchenrecht, S. 309 ff.; grundlegend *K.-H. Kästner*, Staatliche Justizhoheit und religiöse Freiheit, 1991. Der Beschluss der 2. Kammer des Zweiten Senats des BVerfG v. 9. 12. 2008 – 2 BvR 717/08 (in: www.bverfg.de) hat in erster Linie die Frage zum Gegenstand, ob kirchliche Maßnahmen mit einer Verfassungsbeschwerde angegriffen werden können (was die Kammer zutreffend verneint), enthält aber Formulierungen, die darauf schließen lassen, dass die Kammer die staatliche Gerichtsbarkeit über kirchliche Maßnahmen insgesamt ausschließen möchte (ebd., Rn. 6 f.). Dann aber müssten Klagen gegen kirchliche Rechtsakte vor staatlichen Gerichten schon unzulässig sein.

[119] *A. v. Campenhausen/H. de Wall*, Staatskirchenrecht, S. 149 ff., 269 ff.

Im Schulwesen verfügen die Kirchen zum Einen aufgrund der Privatschulfreiheit 2
in Art. 7 Abs. 4 und 5 GG über die Möglichkeit, eigene Schulen zu gründen und zu
unterhalten. Hiervon haben sie bekanntlich in großem Maße Gebrauch gemacht.
Darüber hinaus steht ihnen (wie anderen Religionsgemeinschaften auch) mit dem
Religionsunterricht nach Art. 7 Abs. 3 GG ein Instrument zur Verfügung, um ihre
Glaubenslehren unter den spezifischen Bedingungen eines ordentlichen Lehrfachs
an öffentlichen Schulen jungen Menschen nahe zu bringen. Nach der verfassungsrechtlichen Konstruktion von Art. 7 Abs. 3 Sätze 1 und 2 GG stellt der Staat den
institutionellen und organisatorischen Rahmen für den Religionsunterricht zur
Verfügung und bleibt aufgrund der Stellung des Fachs als ordentliches Lehrfach
letztlich der „Unternehmer" des Unterrichts. Die Religionsgemeinschaften sind
demgegenüber für die Inhalte verantwortlich und auch dafür, dass dieser bekennt-
nisgebundene („konfessionelle") Unterricht von Lehrkräften erteilt wird, die ihrer
Lehre nicht ablehnend gegenüber stehen.

Darüber hinaus steht den Religionsgemeinschaften auf dem Gebiet des Hochschul- 3
wesens aufgrund ihrer Religionsfreiheit (Art. 4 Abs. 1 und 2 GG), ihres Selbstbestimmungsrechts (Art. 140 GG i. V. m. Art. 137 Abs. 3 WRV), der Wissenschaftsfreiheit
(Art. 5 Abs. 3 GG), landesverfassungsrechtlicher Gewährleistungen und aufgrund
vielfältiger vertraglicher Vereinbarungen die Möglichkeit offen, Theologische Fakultäten an staatlichen Universitäten (oder kleinere wissenschaftliche Einheiten wie
Seminare und Institute), Hochschulen in eigener Trägerschaft und Akademien insbesondere zur Erwachsenen- und Weiterbildung zu unterhalten.

Der Entfaltung der Religionsfreiheit Einzelner, aber auch des kirchlichen Wir- 4
kens dienen die Verbürgungen der Sonn- und Feiertagsruhe (Art. 140 GG i. V. m.
Art. 139 WRV) und der Anstalts- sowie Militärseelsorge (Art. 140 GG i. V. m.
Art. 141 WRV), die allerdings auch vertragsrechtlich abgesichert sind.

Der materiellen Absicherung der Kirchen dienen namentlich die Regelung über 5
Staatsleistungen in Art. 140 GG i. V. m. Art. 138 Abs. 1 WRV (die bis zu der bislang
nicht erfolgten Ablösung der historischen Rechtstitel über Staatsleistungen den
Fortbestand der abzulösenden Staatsleistungen verfassungsrechtlich verbürgt) und
die sog. Kirchengutsgarantie in Art. 140 GG i. V. m. Art. 138 Abs. 2 WRV, die für
die Kirchen den verfassungsrechtlichen Schutz ihres Vermögen durch Art. 14 GG
ergänzt und verstärkt.

§ 13. Die Trennung von Staat und Kirche

Literatur: *W. Brugger*, Varianten der Unterscheidung von Staat und Kirche, AöR 132 (2007), S. 4; *A. v. Campenhausen/H. de Wall*, Staatskirchenrecht, § 13 (S. 90 ff.); *C. D. Classen*, Religionsrecht, Rn. 110 ff.; *G. Czermak*, Religions- und Weltanschauungsrecht, 2008, Rn. 141 ff.; *H. de Wall*, Vom Preußischen Allgemeinen Landrecht zum Grundgesetz: Die evangelische Kirche und der Staat im geschichtlichen Wandel, in: Hünermann/Schmiedl (Hrsg.), Der Weg Europas und die öffentliche Aufgabe der Theologien, 2007, S. 79 ff.; *G. J. Ebers*, Staat und Kirche im neuen Deutschland, 1930; *F. Hammer*, Aspekte der Sachgerechtigkeit der Kirchensteuer. Ein Vergleich mit anderen Kirchenfinanzierungsinstrumenten, DÖV 2008, 975; *ders.*, Rechtsfragen der Kirchensteuer, 2002, S. 153 ff.; *B. Jeand'Heur/St. Korioth*, Grundzüge des Staatskirchenrechts, Rn. 157 ff.; *E.-L. Solte*, Artikel „Staatskirchentum", in: v. Campenhausen/Riedel-Spangenberger/Sebott (Hrsg.), Lexikon für Kirchen u. Staatskirchenrecht, Bd. 3, 2004, S. 588; *V. Wick*, Die Trennung von Staat und Kirche. Jüngere Entwicklungen in Frankreich im Vergleich zum deutschen Kooperationsmodell, 2007; *J. Winter*, Staatskirchenrecht, S. 161 ff.

Kirchen und andere Religionsgemeinschaften könnten nicht in freier Selbstbestim- 1
mung eigenes Recht („Kirchenrecht") setzen, wenn sie mit dem Staat verbunden oder

in irgendeiner Weise von ihm abhängig wären. Die Grundvoraussetzung dafür, dass in Deutschland die Religionsgemeinschaften frei, d. h. unbehelligt von staatlichen Zwängen oder gar Repressionen wirken können, ist ihre Unterscheidung und Trennung vom Staat. Ohne dies fehlte für Religionsfreiheit (Art. 4 Abs. 1 und 2 GG) und Selbstbestimmungsrecht der Religionsgemeinschaften (Art. 140 GG i. V. m. Art. 137 Abs. 3 WRV) der maßgebliche verfassungsrechtliche Ausgangspunkt. Freiheit und Selbstbestimmung richten sich gegen einen anderen. Wer von ihm nicht getrennt ist, kann ihm gegenüber weder Freiheitsrechte noch sonstige Rechte geltend machen. Rechtspositionen erfordern ein Gegenüber.

2   „Es besteht keine Staatskirche." Dieser kurze Satz in Art. 140 GG i. V. m. Art. 137 Abs. 1 WRV findet sich – nahezu wortgleich – bereits in der Reichsverfassung der Paulskirche von 1848/49.[120] Die Paulskirchenverfassung trat zwar nicht in Kraft, ihr Anliegen, das Staatskirchentum zu beseitigen (wonach eine oder mehrere Kirchen dem Staat als Landeskirchen organisch eingegliedert, also Staatsanstalten waren und der Landesherr „summus episcopus" – oberster Bischof – für seine Untertanen war[121]) erreichte sie in der Folgezeit dennoch weitgehend. Reste dieses Systems blieben aber erhalten. Dazu zählt das landesherrliche Kirchenregiment, das den Monarchen die evangelische Landeskirche durch Staatsbehörden (Kultusministerien) oder durch besondere Kirchenbehörden (Oberkirchenräte, Konsistorien) leiten und verwalten ließ, deren Mitglieder vom Staat ernannte und besoldete Beamte waren. Da auch das Ende der Monarchie in Deutschland nach dem Ersten Weltkrieg 1918 das landesherrliche Kirchenregiment nicht automatisch beseitigte, übernahm die Weimarer Reichsverfassung von 1919 das Verbot der Staatskirche in Art. 137 Abs. 1 WRV.[122] Auch die Weimarer Verfassung führte mit ihrer, wie *Ulrich Stutz* sie sah, „hinkenden Trennung von Staat und Kirche"[123] und dem Selbstbestimmungsrecht der „Religionsgesellschaften" nach Art. 137 Abs. 3 WRV nicht sogleich zum Wegfall der staatlichen Aufsicht über die Kirchen. Erst mit Erlass des Grundgesetzes, in das der Satz „Es besteht keine Staatskirche" nach Art. 140 GG i. V. m. Art. 137 Abs. 1 WRV abermals aufgenommen wurde, setzte sich auch in der Praxis die Einsicht durch, dass den Kirchen und anderen Religionsgemeinschaften weitreichende Freiräume zustehen. Eine staatliche Aufsicht über Religionsgemeinschaften besteht unter der Geltung des Grundgesetzes nicht mehr.[124]

3   Als Vorschrift des Grundgesetzes zielt Art. 140 GG i. V. m. Art. 137 Abs. 1 WRV daher nicht darauf ab, staatskirchliche Strukturen zu beseitigen. Die Regelung hat darüber hinausweisende Bedeutung. Sie geht – durchaus in der Konsequenz ihrer Geschichte – davon aus, dass der vom Grundgesetz geformte Staat keine allumfassen-

---

[120] Vorschriften der Paulskirchenverfassung sind u. a. abgedruckt in dem GG-Kommentar von v. Münch/Kunig jeweils hinter dem Wortlaut der jeweiligen Vorschrift des GG, zu Art. 140 GG i. V. m. Art. 137 Abs. 1 WRV: v. Münch/Kunig, GG, Bd. 3, 5. Aufl. 2003, Art. 140, vor Rn. 1 (S. 1452) zu § 147 Abs. 2 Halbs. 2 der Paulskirchenverfassung.
[121] Vgl. nur *H.-J. Guth*, Artikel „Summepiskopat", in: LThK, Bd. 9, Sp. 1117 m. w. N.
[122] Zum Ganzen *G. J. Ebers*, Staat und Kirche im neuen Deutschland, S. 120 f. m. w. N.; *H. de Wall*, in: Hünermann/Schmiedl (Hrsg.), Der Weg Europas und die öffentliche Aufgabe der Theologien, S. 79 (81 ff.); *M. Heckel*, Vom Religionskonflikt zur Ausgleichsordnung, 2007, S. 35, 39 f., pass.; *St. Korioth*, Die Entwicklung des Staatskirchenrechts seit der Reformation, in: Heinig/Walter (Hrsg.), Staatskirchenrecht oder Religionsverfassungsrecht?, 2007, S. 39 (44 ff.); *E.-L. Solte*, Artikel „Staatskirchentum", in: v. Campenhausen/Riedel-Spangenberger/Sebott (Hrsg.), Lexikon für Kirchen u. Staatskirchenrecht, Bd. 3, 2004, S. 588 (589); *St. Magen*, in: Umbach/Clemens (Hrsg.), GG, Art. 140 Rn. 54 m. w. N.
[123] *U. Stutz*, Das Studium des Kirchenrechts an den deutschen Universitäten, in: Deutsche Akademische Rundschau, 6. Jahrg., 12. Semester-Folge Nr. 5 v. 15. 12. 1924, S. 1 (2 r.Sp.u.), der auch von einem „Mittelding zwischen dem Bisherigen und der eigentlichen Abschichtung der Kirche" sprach; *ders.*, Die päpstliche Diplomatie unter Leo XIII. nach den Denkwürdigkeiten des Kardinals Domenico Ferrata, 1926, S. 54 Fn. 2. Das Wort von der „hinkenden Trennung" wird nicht selten auch noch zur Charakterisierung des heutigen Verhältnisses von Staat und Kirche verwendet, so etwa *St. Magen*, in: Umbach/Clemens (Hrsg.), GG, Art. 140 Rn. 52 m. w. N.; zu Recht krit. aber *J. Listl*, Staat und Kirche in Deutschland, in: ders., Kirche im freiheitlichen Staat. Schriften zum Staatskirchenrecht und Kirchenrecht, Bd. I, 1996, S. 237 (285 m. w. N.).
[124] Vgl. nur *A. v. Campenhausen/H. de Wall*, Staatskirchenrecht, S. 92, 99 m. Fn. 5, 116 130 m. Fn. 24.

§ 13. Trennung von Staat und Kirche

den Kompetenzen hat. Er ist als säkularer Staat auf weltliche Aufgaben reduziert. Die Pflege von Religion und Weltanschauung ist ihm entzogen. Sie obliegt den Kirchen und anderen Religionsgemeinschaften. Art. 140 GG i. V. m. Art. 137 Abs. 1 WRV schreibt die Säkularität des Staates und die Spiritualisierung der Kirchen verfassungsrechtlich fest.[125] Der säkulare Staat kann keine Staatsreligion haben oder einrichten. Er bekennt sich weder zu einem religiösen Glauben oder weltanschaulichen Bekenntnis, noch legt er religiöse oder weltanschauliche Anschauungen seinem Handeln zugrunde. Er ist in religiöser und weltanschaulicher Hinsicht neutral.

Der schillernde Begriff der religiös-weltanschaulichen Neutralität[126] ist zwar in mancher Hinsicht nach wie vor undeutlich. Weitgehend gesichert ist aber heute, dass aus der verfassungsrechtlichen Neutralität des Staates das Gebot der Nichtidentifikation folgt. Der religiös-weltanschaulich neutrale Staat nimmt in den Wahrheitsfragen zwischen den Konfessionen und Weltanschauungen nicht Partei. Er darf weder eine eigene Verbundenheit mit einer Kirche, Religions- oder Weltanschauungsgemeinschaft noch mit einem bestimmten Glauben oder einer Weltanschauung zum Ausdruck bringen. Nichtidentifikation ist somit auch eine Frage der staatlichen Selbstdarstellung. Dem religiös neutralen Staat ist es deshalb z.B. verwehrt, sich als christlicher oder auch islamischer Staat darzustellen. In der Konsequenz einer so verstandenen staatlichen Neutralität in religiösen Fragen war die Entscheidung des BVerfG zum Kreuz in bayerischen Klassenräumen im Ergebnis richtig.[127] Die Entscheidung der Gesetzgeber in mehreren Bundesländern, die in ihre Schulgesetze ein Verbot des islamischen Kopftuchs für Lehrerinnen aufgenommen haben (z.B. § 57 Abs. 4 u. 6 SchulG NRW v. 15. 2. 2005, zul. geänd. d. Gesetz v. 20. 12. 2007, GV NRW S. 742), war dagegen keine notwendige Folge staatlicher Neutralität in religiösen Dingen. Die bislang ganz überwiegend als für Religion und Weltanschauung offene, sie aus dem staatlichen Bereich nicht abdrängende Neutralität konnte dem Kopftuch der Lehrerin Raum geben. Die so verstandene „offene und übergreifende, die Glaubensfreiheit für alle Bekenntnisse gleichermaßen fördernde"[128] Neutralität vermochte zu erkennen, dass die Lehrerin ihr Kopftuch aus eigenem Antrieb, gestützt auf die grundrechtlich geschützte Religionsfreiheit trägt und dass ihre Entscheidung, ein Kopftuch zu tragen, keine staatliche Identifikation mit dem Islam zu Ausdruck bringt.[129] Das BVerfG, das dem Landesgesetzgeber die Entscheidung über ein Kopftuchverbot (auf der Grundlage einer hinreichend bestimmten gesetzlichen Grundlage) anheim stellte,[130] hat mit vollem Recht darauf hingewiesen, dass mit einem solchen Verbot „der staatlichen Neutralitätspflicht im schulischen Bereich eine striktere und mehr als bisher distanzierende Bedeutung" beigemessen wird.[131] Die Folgerichtigkeit dieser Einschätzung hat sich

---

[125] Näher *A. v. Campenhausen/H. de Wall*, Staatskirchenrecht, S. 89 f. m. w. N.; *M. Heckel*, Gesammelte Schriften, Bd. V, S. 276; ders., Vom Religionskonflikt zur Ausgleichsordnung, S. 41; zur Säkularität des Staates auch *V. Wick*, Die Trennung von Staat und Kirche, S. 14 f. m. w. N.; *E.-W. Böckenförde*, Der säkularisierte Staat. Sein Charakter, seine Rechtfertigung und seine Probleme im 21. Jahrhundert, 2007.

[126] Grundlegend *K. Schlaich*, Neutralität als verfassungsrechtliches Prinzip – vornehmlich im Kulturverfassungs- und Staatskirchenrecht, 1972; *St. Huster*, Die ethische Neutralität des Staates, 2002; ders., Der Grundsatz der religiös-weltanschaulichen Neutralität des Staates – Gehalt und Grenzen, 2004; *K.-H. Ladeur/I. Augsberg*, Der Mythos vom neutralen Staat, JZ 2007, 12 (15 ff.).

[127] BVerfGE 93, 1 (17); dazu bereits *St. Muckel*, KuR 1996, 65 (77 f.) = 110, 21 (33 f.).

[128] BVerfGE 108, 282 (300); vgl. aus der Literatur *V. Wick*, Die Trennung von Staat und Kirche, S. 11 f.

[129] Vgl. *St. Muckel*, Gleicher Zugang zu jedem öffentlichen Amte – auch für muslimische Lehrerinnen mit Kopftuch?, in: de Wall/Germann (Hrsg.), Bürgerliche Freiheit und christliche Verantwortung. FS f. Christoph Link z. 70. Geburtstag, 2003, S. 331 (339 f.); anders die h. M., vgl. nur *A. v. Campenhausen/H. de Wall*, Staatskirchenrecht, S. 72 f. m. w. N.

[130] BVerfGE 108, 282 (309).

[131] BVerfGE 108, 282 (310); bemerkenswert ist, dass das BVerfG a. a. O. ausdrücklich darauf hinwies, dass die Entscheidung des Landesgesetzgebers für ein Kopftuchverbot durchaus verfassungsrechtlich nicht zwingend vorgezeichnet ist: „Die Schule ist der Ort, an dem unterschiedliche religiöse Auffassungen unausweichlich aufeinander treffen und wo sich dieses Nebeneinander in besonders empfindlicher Weise auswirkt. Ein tolerantes Miteinander mit Andersgesinnten könnte hier am nachhaltigsten durch Erziehung geübt werden. Dies müsste nicht die Verleugnung der eigenen Überzeugung bedeuten, sondern böte die Chance zur Erkenntnis und Festigung des eigenen Standpunkts und zu gegenseitiger Toleranz, die sich nicht als nivellierender Ausgleich versteht (vgl. BVerfGE 41, 29 [64]). Es ließen sich deshalb Gründe dafür anführen, die zunehmende religiöse

inzwischen in der Rechtspraxis gezeigt. So hat der baden-württembergische VGH entschieden, dass nach dem neuen baden-württembergischen Schulrecht nicht nur muslimische Lehrerinnen, sondern auch christliche Lehrpersonen auf religiös motivierte Kleidung verzichten müssten. So seien Ordensgewänder christlicher Gemeinschaften Lehrern an öffentlichen Schulen nicht mehr erlaubt.[132]

5   Eine weitere Konsequenz des Verbots der Staatskirche in Art. 140 GG i.V.m. Art. 137 Abs. 1 WRV ist die religionsrechtliche Parität. Der säkulare, nicht mit einer Kirche oder anderen Religionsgemeinschaft verbundene Staat behandelt die verschiedenen Glaubensrichtungen gleich. Der Paritätsgrundsatz verlangt als staatskirchenrechtlicher Gleichheitssatz rechtliche Gleichordnung und tatsächliche Gleichbehandlung aller Staatsbürger (staatsbürgerliche Parität) und der religiösen Gemeinschaften (staatskirchenrechtliche Parität) ohne Rücksicht auf ihr religiöses oder weltanschauliches Bekenntnis[133]. Das allgemeine Gebot zur paritätischen Behandlung der verschiedenen Bekenntnisse und Religionsgemeinschaften hat seinen speziellen Ausdruck gefunden in Art. 3 Abs. 1 u. 3 GG sowie Art. 33 Abs. 3 GG. Doch ist sein vorverfassungsrechtlicher Ausgangspunkt die Trennung von Staat und Kirche. Allerdings bedeutet der Grundsatz der Parität nicht, dass Ungleiches im Religionsverfassungsrecht schematisch gleich zu behandeln wäre.[134]

6   Der säkulare Staat ist zwar von der Kirche institutionell getrennt. Das Grundgesetz hat aber darauf verzichtet, beide für die Menschen grundlegende Institutionen strikt im laizistischen Verständnis zu trennen.[135] Es beschränkt sich auf der Grundlage der Verfassungskompromisse von Weimar 1919 und Bonn 1949 auf eine „Trennung von Staat und Kirche in der Wurzel"[136]. Der Verfassunggeber des Grundgesetzes stand in der Tradition historischer Erfahrungen in Deutschland, die (spätestens) seit dem Investiturstreit[137] gezeigt haben, dass gegenseitige Machtansprüche und Vereinnahmungen zu schwerwiegenden Verwerfungen führen. Das staatliche Recht musste einen Weg finden, um dem Einzelnen, der jahrhundertelang „idem civis et christianus" (zugleich Bürger und Christ) war, angemessen Rechnung zu tragen. Die modernen Staaten haben dazu unterschiedliche Wege beschritten.[138] Sie haben gezeigt, dass Versuche einer absoluten Trennung von Staat und Kirche scheitern. Besonders deutlich ist dies in Ländern mit einem verfassungsrechtlich vorgezeichneten laizistischen oder laikalen Trennungsmodell wie in Frankreich[139] und den USA[140]. Hier zeigt sich im täglichen Leben immer wieder, dass weder ein

---

Vielfalt in der Schule aufzunehmen und als Mittel für die Einübung von gegenseitiger Toleranz zu nutzen, um so einen Beitrag in dem Bemühen um Integration zu leisten." Die später ergangene Entscheidung des HessStGH blendet diesen Aspekt zu Unrecht aus: HessStGH, NVwZ 2008, 199 (201).

[132] VGH BW, Urt. v. 14. 3. 2008 – 4 S 516/07; dazu SZ v. 15. 5. 2008, S. 5; F.A.Z. v. 16. 5. 2008, S. 4.

[133] BVerfGE 19, 1 (8); 19, 206 (216); 24, 236 (246); *A. v. Campenhausen*, in: v. Mangoldt/Klein/Starck (Hrsg.), GG, Bd. 3, 5. Aufl. 2005, Art. 140 Rn. 27 m.w.N.; näher zur Parität *M. Germann*, Art. „Parität", in: Heun u.a. (Hrsg.), EvStL, Sp. 1727 ff.; *M. Heckel*, Die religionsrechtliche Parität, in: Listl/Pirson (Hrsg.), HdbStKirchR, Bd. I, S. 2. Aufl. 1994, S. 589 ff.; *ders.*, Gleichheit oder Privilegien? Der Allgemeine und der Besondere Gleichheitssatz im Staatskirchenrecht, 1993; *V. Wick*, Die Trennung von Staat und Kirche, S. 12 ff. m.w.N.

[134] *A. v. Campenhausen/H. de Wall*, Staatskirchenrecht, S. 91; *C. D. Classen*, Religionsrecht, Rn. 128, jeweils m. näheren Ausführungen zur Parität.

[135] Statt vieler: *St. Magen*, in: Umbach/Clemens (Hrsg.), GG, Art. 140 Rn. 52 m.w.N.

[136] *A. v. Campenhausen/H. de Wall*, Staatskirchenrecht, S. 90.

[137] Dazu nur *A. Franzen*, Kleine Kirchengeschichte, 1988, S. 179 ff.; *R. Fröhlich*, Lebendige Kirchengeschichte, 1990, S. 79 ff.; *C. Andresen/G. Denzler*, Wörterbuch der Kirchengeschichte, 1982, S. 277; *R. Schiefer*, Artikel „Investiturstreit", in: LThK, Bd. 5, Sp. 570 ff. m.w.N.

[138] Näher *A. v. Campenhausen/H. de Wall*, Staatskirchenrecht, S. 338 ff. m.w.N.

[139] *V. Wick*, Die Trennung von Staat und Kirche. Jüngere Entwicklungen in Frankreich im Vergleich zum deutschen Kooperationsmodell, 2007, pass.; *St. Mückl*, Europäisierung des Staatskirchenrechts, S. 143 ff.; *C. Walter*, Religionsverfassungsrecht, S. 162 ff.; *W. Brugger*, Varianten der Unterscheidung von Staat und Kirche, AöR 132 (2007), S. 4 (10 f.).

[140] Vgl. dazu *W. Brugger*, AöR 132 (2007), S. 4 (13 ff.); *C. Walter*, Religionsverfassungsrecht, S. 128 ff.; *U. Fülbier*, Die Religionsfreiheit in der Bundesrepublik Deutschland und den Vereinten

§ 13. Trennung von Staat und Kirche

„wall of separation" noch die Laizität der Republik Berührungspunkte von Staat und Kirche verhindern können. Das ist heute in einer Zeit, in der der Staat sich immer mehr zum sozialen Leistungsstaat entwickelt, ganz unvermeidbar. Im Interesse der Menschen, die für den freiheitlichen demokratischen Verfassungsstaat ebenso im Mittelpunkt stehen wie für die Religionsgemeinschaften, die christlichen Kirchen zumal, ist unvoreingenommene und unbefangene Kooperation des Staates mit den Kirchen und anderen Religionsgemeinschaften geboten.[141] Sie wird durch das Grundgesetz ermöglicht.

Aus Art. 140 GG i. V. m. Art. 137 Abs. 1 WRV ergibt sich nicht ein Grundsatz 7 der Trennung von Staat und Kirche in dem Sinne, dass verfassungsrechtlich vorgesehene Überschneidungen Ausnahmen sind. Schon angesichts der großen Zahl von Berührungspunkten, die das Grundgesetz vorsieht (vor allem: Religionsunterricht als ordentliches Lehrfach an öffentlichen Schulen gem. Art. 7 Abs. 3 GG, Bekenntnisschulen gem. Art. 7 Abs. 4 u. 5 GG, Körperschaftsstatus für Religionsgemeinschaften nach Art. 140 GG i. V. m. Art. 137 Abs. 5 WRV, Anstaltsseelsorge gem. Art. 140 GG i. V. m. Art. 141 WRV), aber auch wegen ihrer erheblichen gesellschaftlichen Bedeutung lässt sich ein Regel-Ausnahme-Verhältnis nicht nachweisen.[142] Die verfassungsrechtlich vorgesehenen Verbindungen von Staat und Religionsgemeinschaften sind nicht Ausnahmen zu Art. 137 Abs. 1 WRV, sondern Bestätigungen der spezifisch grundgesetzlichen, freundlichen Trennung.

Dieses Verständnis hat durchaus praktische Auswirkungen. Wer in dem Verbot der Staatskirche 8 nach Art. 140 GG i. V. m. Art. 137 Abs. 1 WRV einen „Grundsatz" der Trennung von Staat und Kirche und in den angedeuteten Verbindungen zwischen ihnen (rechtfertigungsbedürftige) Ausnahmen für einzelne, eng begrenzte Bereiche zulässiger Kooperation sieht, wird z.B. den Einzug der Kirchensteuer durch die staatlichen Finanzbehörden für verfassungswidrig halten, weil er im Grundgesetz nicht ausdrücklich genannt wird.[143] Wer dagegen – wie hier – das Verhältnis von Staat und Kirchen sowie anderen Religionsgemeinschaften nach dem Grundgesetz als komplexes, historisch eigengeartetes und systematisch nicht in bestimmter Weise durchgeführtes Regelwerk mit Trennendem und Verbindendem außerhalb eines Regel-Ausnahme-Verhältnisses sieht, wird die vertraglich vereinbarte[144] Einziehung der Kirchensteuer durch die staatlichen Finanzämter als verfassungsrechtlich ohne Weiteres zulässig ansehen (und als zweckmäßig sowie kostengünstig zu würdigen wissen).[145]

Staaten von Amerika unter spezieller Berücksichtigung der jeweiligen Methodik der Verfassungsinterpretation, 2003.

[141] *A. v. Campenhausen/H. de Wall*, Staatskirchenrecht, S. 356; vgl. auch *J. Ennuschat*, Militärseelsorge, 1996, S. 221; ders., „Gott" und Grundgesetz, NJW 1998, 953 (955).

[142] Vgl. *F. Hammer*, Rechtsfragen der Kirchensteuer, S. 154; *C. D. Classen*, Religionsrecht, Rn. 120 ff.; a. A.: *G. Czermak*, Religions- und Weltanschauungsrecht, Rn. 148 ff.

[143] So *G. Czermak*, Religions- und Weltanschauungsrecht, Rn. 241 (zu seinem Grundverständnis bereits o. Fn. 142; ferner *J. Wasmuth/G. Schiller*, Verfassungsrechtliche Problematik der Inpflichtnahme von Arbeitnehmern und Arbeitgebern beim Kirchenlohnsteuereinzug, NVwZ 2001, 852 (855); *J. Wasmuth*, Verfassungsrechtliche Grenzen der institutionellen Kooperation von Staat und Religionsgesellschaften, in: Eberle/Ibler/Lorenz (Hrsg.), Der Wandel des Staates vor den Herausforderungen der Gegenwart. FS f. Brohm, 2002, S. 607 (612).

[144] Vgl. z. B. Art. 14 Abs. 1 Satz 3 des Niedersächsischen Konkordats v. 26. 2. 1965, abgedr. u. a. in: Listl (Hrsg.), Die Konkordate und Kirchenverträge in der Bundesrepublik Deutschland, Bd. II, 1987, S. 5 (16); Art. 13 des Vertrags des Landes Niedersachsen mit den Evangelischen Kirchen in Niedersachsen v. 19. 3. 1955, abgedr. ebd., S. 109 (115).

[145] Vgl. nur *H. Marré/J. Jurina*, Die Kirchenfinanzierung in Kirche und Staat der Gegenwart, 4. Aufl. 2006, S. 74 f. m. w. N.; *G. Robbers*, Förderung der Kirchen durch den Staat, in: Listl/Pirson (Hrsg.), HdbStKirchR, Bd. I, S. 867 (871); zur Rspr. *J. Listl*, Das kirchliche Besteuerungsrecht in der neueren Rechtsprechung der Gerichte der Bundesrepublik Deutschland, in: ders., Kirche im freiheitlichen Staat. Schriften zum Staatskirchenrecht und Kirchenrecht, Bd. II, 1996, S. 733 (756 ff.); *F. Hammer*, Aspekte der Sachgerechtigkeit der Kirchensteuer. Ein Vergleich mit anderen Kirchenfinanzierungsinstrumenten, DÖV 2008, 975.

9   Das Grundgesetz stellt organisatorische Trennung und unbefangene Zusammenarbeit von Staat und Religionsgemeinschaften nebeneinander.[146] Die Grundidee bringt der Güstrower Vertrag zwischen dem Land Mecklenburg-Vorpommern und der Evangelisch-Lutherischen Landeskirche Mecklenburgs und der Pommerschen Evangelischen Kirche vom 20. 1. 1994[147] treffend zum Ausdruck, wenn die Vertragspartner in seiner Präambel der Überzeugung Ausdruck geben, „dass die Trennung von Staat und Kirche gleichermaßen Distanz und Kooperation gebietet". Die systematisch schwer zu fassende und kaum auf einen einzigen Begriff zu bringende Zuordnung von Staat und Religionsgemeinschaften in Deutschland hat sich bewährt.[148] Sie sollte gegen politische Einwirkungen „von oben", nicht zuletzt aus Brüssel, ebenso verteidigt werden wie gegen voreilige Änderungsvorschläge aufgrund der (nicht zu leugnenden) gesellschaftlichen Veränderungen „von unten".[149]

§ 14. Religionsgemeinschaften als Körperschaften des öffentlichen Rechts

Literatur: *A. v. Campenhausen/H. de Wall*, Staatskirchenrecht, 4. Aufl. 2006, S. 127 ff., 251 ff.; *C. D. Classen*, Religionsrecht, 2006, Rn. 303 ff.; *G. Czermak*, Religions- und Weltanschauungsrecht, 2008, Rn. 193 ff.; *H. M. Heinig*, Öffentlich-rechtliche Religionsgesellschaften, 2003; *C. Hillgruber*, Der öffentlich-rechtliche Körperschaftsstatus nach Art. 137 Abs. 5 WRV, in: Heinig/Walter (Hrsg.), Staatskirchenrecht oder Religionsverfassungsrecht?, 2007, S. 213 ff.; *B. Jeand'Heur/St. Korioth*, Grundzüge des Staatskirchenrechts, 2000, S. 156 ff.; *J. Jurina*, Der Status von Kirchen und Religionsgemeinschaften als Körperschaft des öffentlichen Rechts im Alltag, in: Muckel (Hrsg.), Kirche und Religion im sozialen Rechtsstaat. FS f. W. Rüfner zum 70. Geburtstag, 2003, S. 381 ff.; *St. Magen*, Körperschaftsstatus und Religionsfreiheit, 2004; *St. Muckel*, Religionsgemeinschaften als Körperschaften des öffentlichen Rechts, in: Der Staat 38 (1999), S. 569 ff.; *R. Röger*, Die Aberkennung des Körperschaftsstatus von Religionsgemeinschaften im Lichte der Schutzpflichtlehre, in: Muckel (Hrsg.), Kirche und Religion im sozialen Rechtsstaat. FS f. W. Rüfner zum 70. Geburtstag, 2003, S. 749 ff.; *H. Weber*, Die „Anerkennung" von Religionsgemeinschaften durch Verleihung von Körperschaftsrechten in Deutschland, in: Muckel (Hrsg.), Kirche und Religion im sozialen Rechtsstaat. FS f. W. Rüfner zum 70. Geburtstag, 2003, S. 959 ff.; *ders.*, Der öffentlich-rechtliche Körperschaftsstatus der Religionsgemeinschaften nach Art. 137 Abs. 5 WRV, in: Heinig/Walter (Hrsg.), Staatskirchenrecht oder Religionsverfassungsrecht?, 2007, S. 229 ff.; *J. Winter*, Staatskirchenrecht der Bundesrepublik Deutschland, 2. Aufl. 2008, S. 224 ff.

1   Kennzeichnend für die Rechtsstellung, die die Kirchen und andere Religionsgemeinschaften nach deutschem Staatskirchenrecht haben, ist auch die Rechtsform der Körperschaft des öffentlichen Rechts. Nach Art. 140 GG i. V. m. Art. 137 Abs. 5 WRV bleiben die Religionsgemeinschaften Körperschaften des öffentlichen Rechts, soweit sie solche bisher waren. Anderen Religionsgemeinschaften sind auf ihren Antrag gleiche Rechte zu gewähren, wenn sie durch ihre Verfassung und die Zahl

---

[146] *B. Jeand'Heur/St. Korioth*, Grundzüge des Staatskirchenrechts, Rn. 161; vgl. auch *J. Winter*, Staatskirchenrecht, S. 163.

[147] GVBl. MV S. 559; abgedruckt auch in: *M. Germann* (Hrsg.), Staatskirchenrecht und Kirchenrecht. Textauswahl. Ausgabe für Köln 2008, S. 128.

[148] Vgl. statt vieler *B. Kämper/H.-W. Thönnes*, Vorwort, in: dies. (Hrsg.), Die Verfassungsordnung für Religion und Kirche in Anfechtung und Bewährung. Essener Gespräche zum Thema Staat und Kirche (42), 2008, S. VII; *W. Huber*, Kirche und Verfassungsordnung, ebd., S. 7 (12).

[149] Zur Zukunftsfähigkeit des deutschen Staatskirchenrechts: *J. Isensee*, Die Zukunftsfähigkeit des deutschen Staatskichenrechts, in: Isensee/Rees/Rüfner (Hrsg.), Dem Staate, was des Staates – der Kirche, was der Kirche ist. FS f. Listl z. 70 Geburtstag, 1999, S. 67; *W. Rüfner*, Staatskirchenrecht und gesellschaftlicher Wandel, KuR 1999, 73 ff.; *P. M. Huber*, Das Staatskirchenrecht. Übergangsordnung oder Zukunftskonzept?, in: Eichenhofer (Hrsg.), 80 Jahre Weimarer Reichsverfassung – Was ist geblieben?, 1999, S. 117 (150 ff.); *C. Waldhoff*, Die Zukunft des Staatskirchenrechts, in: Kämper/Thönnes (Hrsg.), Die Verfassungsordnung für Religion und Kirche in Anfechtung und Bewährung. Essener Gespräche zum Thema Staat und Kirche (42), 2008, S. 55 ff.

ihrer Mitglieder die Gewähr der Dauer bieten. Schon der Wortlaut des ersten Satzes dieser Bestimmung macht deutlich, dass die Weimarer Reichsverfassung 1919 die Rechtsstellung von Religionsgemeinschaften, und zwar vor allem der christlichen Kirchen, vorfand. Schon damals war der Begriff allerdings lebhaft umstritten.[150] Daran hat sich bis heute nichts geändert.

I. Aspekte der Entstehungsgeschichte

Die Rechtsstellung von Religionsgemeinschaften als Körperschaften des öffentlichen Rechts geht zurück auf Ursprünge im Staatskirchenrecht des 17. Jahrhunderts. Sie wurde im Preußischen Allgemeinen Landrecht von 1794 gesetzlich geregelt und – den einschlägigen historischen Forschungen zufolge[151] – im 19. Jahrhundert in den deutschen Ländern im Einzelnen unterschiedlich ausgeformt. Die Weimarer Nationalversammlung fand den Körperschaftsstatus vor und diskutierte kontrovers, ob er Eingang in die Reichsverfassung finden solle. Ungeachtet erheblicher Divergenzen über die Parteigrenzen hinweg einigte man sich auf die in Art. 137 Abs. 5 WRV bis heute maßgebliche Kompromisslinie: Die christlichen Kirchen, die bereits Körperschaften waren, sollten es bleiben; andere Religionsgemeinschaften sollten aber auch die Möglichkeit haben, die Rechtsstellung von Körperschaften des öffentlichen Rechts zu erwerben. Ob aus den Beratungen der Weimarer Nationalversammlung Erkenntnisse über die Bedeutung des Körperschaftsstatus im heutigen Verfassungsrecht zu gewinnen sind und ggf. welche, ist streitig.[152] Die Frage spielt eine Rolle vor allem für Anträge muslimischer Gemeinschaften[153] auf Verleihung der Körperschaftsrechte und der Religionsgemeinschaft der Zeugen Jehovas. Mit einer Entscheidung zu den Zeugen Jehovas hat das BVerfG im Jahr 2000 ein Grundsatzurteil[154] vorgelegt, mit dem jedenfalls für die Rechtspraxis weitere Überlegungen zu historischen Hintergründen des Körperschaftsstatus und ihrer Bedeutung für das geltende Recht obsolet geworden sind.

II. Die Vorteile des Körperschaftsstatus für Religionsgemeinschaften

Die Rechtsform der Körperschaft des öffentlichen Rechts hat für Religionsgemeinschaften erhebliche Vorteile.[155] Er vermittelt ihnen zunächst öffentlich-rechtliche Befugnisse. Obwohl es sich um einen Körperschaftsbegriff sui generis handelt,[156] der nicht mit dem des Allgemeinen Verwaltungsrechts[157] verwechselt werden darf, gibt er den (korporierten) Religionsgemeinschaften hoheitliche, also öffentlich-rechtliche Befugnisse. Das ergibt sich zunächst aus Art. 140 GG i. V. m. Art. 137 Abs. 6 WRV. Danach sind die Religionsgemeinschaften, die Körperschaften des öffentlichen Rechts

---

[150] Vgl. nur *G. Anschütz*, WRV, 14. Aufl. 1933, Art. 137 Anm. 8 (S. 644).
[151] Dazu *H. M. Heinig*, Öffentlich-rechtliche Religionsgesellschaften, S. 87 ff. m. w. N.
[152] Verneinend etwa *C. D. Classen*, Religionsrecht, Rn. 305 f.; *G. Czermak*, Religions- u. Weltanschauungsrecht, Rn. 194; differenzierend *St. Magen*, Körperschaftsstatus und Religionsfreiheit, S. 156 ff., 169; zweifelnd *H. M. Heinig*, Öffentlich-rechtliche Religionsgesellschaften, S. 103, 112; bejahend *St. Muckel*, Der Staat 38 (1999), S. 569 (581 ff.).
[153] Dazu nur *H. Weber*, Muslimische Gemeinschaften als Körperschaften des öffentlichen Rechts unter dem Grundgesetz, in: Oebbecke (Hrsg.), Muslimische Gemeinschaften im deutschen Recht, 2003, S. 85 ff. m. w. N.
[154] BVerfGE 102, 370.
[155] Vgl. die Übersicht in BVerfGE 102, 370 (371 f.).
[156] Vgl. nur *H. M. Heinig*, Öffentlich-rechtliche Religionsgesellschaften, S. 277.
[157] Zu ihm vgl. nur *H. Maurer*, Allgemeines Verwaltungsrecht, 17. Aufl. 2008, § 21 Rn. 8 f., § 23 Rn. 1 ff., 30 ff.

sind, berechtigt, von ihren Mitgliedern Steuern zu erheben (die christlichen Großkirchen machen davon mit ihrer Kirchensteuer[158] Gebrauch). Die mit dem Körperschaftsstatus verbundene Organisationsgewalt berechtigt sie, öffentlich-rechtliche Untergliederungen und andere Institutionen mit Rechtsfähigkeit zu bilden. Sodann ist mit dem Körperschaftsstatus die Dienstherrenfähigkeit verbunden, also die rechtliche Möglichkeit, Beamte zu haben und somit Dienstverhältnisse zu begründen, die nicht dem Arbeitsrecht und dem Sozialversicherungsrecht unterliegen. Sie können eigenes Recht setzen und durch öffentlich-rechtliche Widmung kirchliche öffentliche Sachen (res sacrae) schaffen.[159] Diese Sachen, u. a. auch (Kirchen-) Gebäude, sind mit einer öffentlich-rechtlichen Dienstbarkeit belegt mit der Folge, dass sie – unabhängig von einem Eigentumsübergang – nur im Rahmen ihrer widmungsgemäßen Zweckbestimmung genutzt werden dürfen und eine zweckwidrige Verwendung untersagt ist. Das Parochialrecht[160] gibt der korporierten Religionsgemeinschaft die Befugnis, die Zugehörigkeit eines Mitglieds zu einer Gemeinde allein von der Wohnsitznahme abhängig zu machen. Alle diese Befugnisse sind unmittelbar mit dem Rechtsstatus der Körperschaft des öffentlichen Rechts verbunden.[161] Sie sind also verfassungsrechtlich verankert.

4   Der (einfache) Gesetzgeber hat zudem mit dem Körperschaftsstatus für Religionsgemeinschaften eine Vielzahl von Einzelbegünstigungen verbunden, die mit dem Begriff des „Privilegienbündels" zusammengefasst werden. Zu ihnen gehören Vergünstigungen und Befreiungen im Steuerrecht sowie im Kosten- und Gebührenrecht, Rücksichtnahmepflichten bei der Bauleitplanung (§ 1 Abs. 6 Satz 2 Nr. 6 BauGB) und im Bereich der Sozialhilfe (§ 5 SGB XII) sowie die pauschale Anerkennung der korporierten Religionsgemeinschaften als Träger der freien Jugendhilfe (§ 75 Abs. 3 SGB VIII).

III. Der staatskirchenrechtliche Sinn des Körperschaftsstatus

5   Das BVerfG sieht in dem Rechtsstatus von Religionsgemeinschaften als Körperschaften des öffentlichen Rechts „ein Mittel zur Entfaltung der Religionsfreiheit".[162] Der Körperschaftsstatus soll danach die Eigenständigkeit und Unabhängigkeit der Religionsgemeinschaften unterstützen. Die Religionsgemeinschaften mit öffentlich-rechtlichem Status sind in gleichem Umfang grundrechtsfähig wie Religionsgemeinschaften mit privatrechtlicher Rechtsform. Sie stehen dem Staat als Teile der Gesellschaft gegenüber. Dass sie ihre Tätigkeit frei von staatlicher Bevormundung und Einflussnahme entfalten können, schafft die Voraussetzung und den Rahmen, in dem die Religionsgemeinschaften das Ihre zu den Grundlagen von Staat und Gesellschaft beitragen können. Diese ohne nähere Absicherung nicht zwingende[163] Position des BVerfG ist inzwischen in der Literatur überzeugend begründet wor-

---

[158] Dazu statt vieler *F. Hammer*, Rechtsfragen der Kirchensteuer, 2002; *H. Marré/J. Jurina*, Die Kirchenfinanzierung in Kirche und Staat der Gegenwart, S. 62 ff.; *R. Seer/B. Kämper* (Hrsg.), Bochumer Kirchensteuertag. Grundlagen, Gestaltung und Zukunft der Kirchensteuer, 2004; *A. v. Campenhausen/H. de Wall*, Staatskirchenrecht, S. 226 ff.; *B. Jeand'Heur/St. Korioth*, Grundzüge des Staatskirchenrechts, Rn. 261 ff.; *J. Winter*, Staatskirchenrecht, S. 237 ff.
[159] Krit. zur Herleitung aus d. Körperschaftsstatus *A. Hense*, Glockenläuten und Uhrenschlag, 1998, S. 291 f.; insges. krit. *G. Czermak*, Religions- und Weltanschauungsrecht, Rn. 203 f.
[160] Lat. parochia = Pfarre, Bistum.
[161] Vgl. nur *H. M. Heinig*, Öffentlich-rechtliche Religionsgesellschaften, S. 291; *G. Czermak*, Religions- und Weltanschauungsrecht, Rn. 194.
[162] BVerfGE 102, 370 (387) auch zum Folgenden.
[163] Zur Kritik vgl. *C. Hillgruber*, in: Heinig/Walter (Hrsg.), Staatskirchenrecht oder Religionsverfassungsrecht?, S. 213 ff.; *St. Muckel*, Jura 2001, 456 (458 ff.).

den, indem der Körperschaftsstatus als eine Form des Grundrechtsschutzes durch Organisation gedeutet worden ist.[164] Durch diese Modalität des Grundrechtsschutzes werden die Religionsgemeinschaften organisationsrechtlich in den Stand gesetzt, rechtliche Fähigkeiten zu erhalten bzw. zu erwerben, die sie allein aufgrund der verfassungsrechtlichen Garantien religiöser Freiheit nach Art. 4 Abs. 1 und 2 GG, der Vereinigungsfreiheit gem. Art. 140 GG i. V. m. Art. 137 Abs. 3 WRV und der Vereinigungsfreiheit gem. Art. 140 GG i. V. m. Art. 137 Abs. 2 WRV nicht hätten. Der Körperschaftsstatus ergänzt die grundrechtliche Religionsfreiheit, indem er die Religionsgemeinschaften mit Kompetenzen ausstattet, die es ihnen erlauben, sich eine mit ihrer religiösen Tradition vereinbare Binnenstruktur zu geben.

Die grundrechtliche Deutung des Körperschaftsstatus durch das BVerfG ist zwar nach wie vor nicht unbestritten.[165] Die Gegenmeinung deutet den Körperschaftsstatus institutionell, sieht ihn also nicht oder nicht in erster Linie als Mittel zur Entfaltung der Religionsfreiheit, sondern als verfassungsrechtliches Instrument, um Institutionen, nämlich Staat und Religionsgemeinschaften, in ein rechtlich geordnetes und für beide Seiten sinnvolles Verhältnis zueinander zu bringen. Der Körperschaftsstatus ermögliche die vom deutschen Staatskirchenrecht nahe gelegte Kooperation zwischen Staat und Religionsgemeinschaften in besonderer Weise.[166] Das BVerwG hatte diesen Gedanken aufgegriffen und zusätzlich „Loyalität" der Religionsgemeinschaft, die nach Art. 137 Abs. 5 Satz 2 WRV die Verleihung der Körperschaftsrechte beantragt habe, gefordert.[167] Durch die Entscheidung des BVerfG zu den Zeugen Jehovas ist dieser Streit aber weitgehend bedeutungslos geworden. Die Gegenmeinung ist im Übrigen durch die fortschreitende Säkularisierung, die Individualisierung des religiösen Lebens in Deutschland und die schwindende Bedeutung der christlichen Kirchen im gesellschaftlichen Leben weiter geschwächt worden.[168] Das institutionelle Verständnis des Körperschaftsstatus geht davon aus, dass Religionsgemeinschaften nach ihrer gesellschaftlichen Stellung und mit ihrem Wirken für die Menschen Parallelen zum Staat aufweisen.[169] Das lässt sich angesichts der angedeuteten Veränderungen des religiösen Lebens für die Gegenwart kaum mehr vertreten. Auch erscheint es nicht angängig, eine Verfassungsnorm mit Blick auf gesellschaftliche Verhältnisse früherer Zeiten zu interpretieren und dies zum maßgeblichen Topos auch für die Zukunft zu erheben.

IV. Die Verleihung der Körperschaftsrechte an Religionsgemeinschaften

Neben den nach Art. 140 GG i. V. m. Art. 137 Abs. 5 Satz 1 WRV sog. geborenen Körperschaften haben inzwischen recht viele, auch kleinere Religionsgemeinschaften den Korporationsstatus nach Art. 140 GG i. V. m. Art. 137 Abs. 5 Satz 2 WRV erworben. Zu ihnen gehören etwa die Altkatholische Kirche, der Bund Evangelisch-Freikirchlicher Gemeinden (Baptisten), der Bund freier evangelischer Gemeinden, der Bund freireligiöser Gemeinden, der Bund für Geistesfreiheit in Bayern, die Christengemeinschaft, die Christliche Wissenschaft, die Evangelisch-Methodistische Kirche, die Französische Kirche zu Berlin (Hugenottenkirche), die Gemeinschaft der Siebenten-Tags-Adventisten, die Heilsarmee in Deutschland, die Kirche Jesu

---

[164] So namentlich *St. Magen*, Körperschaftsstatus und Religionsfreiheit, S. 272 f., pass., auch zum Folgenden; vgl. auch *H. M. Heinig*, Öffentlich-rechtliche Religionsgesellschaften, S. 294 f., pass.; *H. Weber*, in: Heinig/Walter (Hrsg.), Staatskirchenrecht oder Religionsverfassungsrecht?, S. 229 (235).
[165] Vgl. etwa den aus jüngerer Zeit stammenden Beitrag von *C. Hillgruber* (o. Fn. 163); ferner *A. Uhle*, Die Integration des Islam in das Staatskirchenrecht der Gegenwart, in: Heinig/Walter (Hrsg.), Staatskirchenrecht oder Religionsverfassungsrecht?, S. 299 (316 ff.); *ders.*, Ein „rätselhafter Ehrentitel"?, in: Depenheuer u. a. (Hrsg.), Staat im Wort. FS f. J. Isensee, 2007, S. 1033 (1035 ff.).
[166] Vgl. *C. Hillgruber* (o. Fn. 163), S. 216 f.; *St. Muckel*, Der Staat 38 (1999), S. 569 (588 ff.).
[167] BVerwGE 105, 117 (Ls., 116); zust. *G. Thüsing*, Kirchenautonomie und Staatsloyalität, DÖV 1998, 25 (27); im Grds. zust., aber krit. gegenüber der Forderung nach „Loyalität" *R. Tillmanns*, Zur Verleihung der Körperschaftsrechte an Religionsgemeinschaften, DÖV 1999, 441 (451); *St. Muckel*, Der Staat 38 (1999), S. 569 (593).
[168] Zu diesen Veränderungen bereits o. § 8 Rn. 3 f.
[169] Vgl. nur BVerwGE 105, 117 (121).

Christi der Heiligen der letzten Tage (Mormonen), die Neuapostolische Kirche, die Vereinigung der Mennoniten-Gemeinden und die Religionsgemeinschaft der Zeugen Jehovas in Deutschland.[170] Eine muslimische Gemeinschaft, die Körperschaft des öffentlichen Rechts ist, besteht bislang nicht.[171]

8   Nach Art. 140 GG i. V. m. Art. 137 Abs. 5 Satz 2 WRV hat eine Religionsgemeinschaft den Anspruch auf Verleihung der Körperschaftsrechte, wenn sie nach ihrer Verfassung (damit ist nicht ein rechtliches Regelwerk, sondern ihr qualitativer Gesamtzustand gemeint) und der Zahl ihrer Mitglieder (die Verleihungspraxis der Länder verlangt meist ein Tausendstel der Einwohner des betreffenden Bundeslandes) die Gewähr der Dauer bietet. Im Grundsatz weitgehend unstreitig ist, dass über den engeren Wortlaut der Vorschrift hinaus weitere, ungeschriebene Verleihungsvoraussetzungen einzuhalten sind. Sie waren bis zu der Entscheidung des BVerfG über den Antrag der Zeugen Jehovas lebhaft umstritten.[172] Dieser Streit soll hier nicht weiterverfolgt werden. Das BVerfG verlangt jedenfalls von einer Religionsgemeinschaft, die Körperschaft des öffentlichen Rechts werden will, dass sie rechtstreu ist.[173] Andernfalls wäre in der Tat zu befürchten, dass die Religionsgemeinschaft ihre hoheitlichen Befugnisse nicht rechtskonform ausüben und die Rechte Dritter verletzen wird. Darüber hinaus muss die Vereinigung in der Sicht des BVerfG die Gewähr dafür bieten, „dass ihr künftiges Verhalten die in Art. 79 Abs. 3 GG umschriebenen fundamentalen Verfassungsprinzipien, die dem staatlichen Schutz anvertrauten Grundrechte Dritter sowie die Grundprinzipien des freiheitlichen Religions- und Staatskirchenrechts des Grundgesetzes nicht gefährdet"[174]. Damit dürfte u. a. die Säkularität des Staates erfasst sein. Von einer Religionsgemeinschaft, die Körperschaft werden möchte, ist daher zu fordern, dass sie den säkularen Staat nicht durch eine theokratische Ordnung ersetzen will.[175] Zudem wird zu fordern sein, dass die Gemeinschaft (zumindest) die Menschenwürde, das Recht auf Leben, die demokratische Ordnung des Staates achtet.

9   Muslimische Gemeinschaften, die die Körperschaftsrechte anstreben (und damit neben Anderem erhebliche Integrationsbereitschaft zum Ausdruck bringen, also islamistisch-fundamentalistischen Strömungen nicht verdächtigt werden müssen), haben in der Regel keine nennenswerten Probleme damit nachzuweisen, dass sie die genannten Voraussetzungen erfüllen. Für sie ergibt sich bisher die große Schwierigkeit, dass sie keine Religionsgemeinschaften im Rechtssinne darstellen. Die Bildung von Religionsgemeinschaften ist dem Islam fremd, weil der Muslim keine Organisationen benötigt. Er hat eine unmittelbare Beziehung zu Gott. Daraus resultieren vielfältige Probleme, wenn aus Rechtsgründen – vor allem mit Blick auf den Körperschaftsstatus, aber auch im Hinblick auf islamischen Religionsunterricht an öffentlichen Schulen nach Art. 7 Abs. 3 GG – eine islamische Religionsgemeinschaft erforderlich ist. Aus dem recht großen Kreis der Probleme, vor denen muslimische Organisationen hier stehen, erscheint gegenwärtig eines als besonders komplex: die Gemeinschaft muss über klare Regelungen zur Mitgliedschaft verfügen.[176] Andernfalls würde sie durch die Verleihung der Körperschaftsrechte in den Stand versetzt, hoheitliche Befugnisse auch gegenüber Nichtmitgliedern auszuüben.

10   Eine Rechtsform, die verliehen wird, kann auch wieder entzogen werden. Diejenigen Religionsgemeinschaften, die nach Art. 140 GG i. V. m. Art. 137 Abs. 5 Satz 2 WRV Körperschaft geworden sind, können nicht ausschließen, dass ihnen dieser

---

[170] Weitergehende Auflistung in BVerfGE 102, 370 (372); ferner SGV NRW 222, abgedruckt auch in der Textsammlung v. Hippel/Rehborn, Gesetze des Landes Nordrhein-Westfalen, Nr. 89 a.
[171] Dazu o. Fn. 153.
[172] Nachw. o. zu III.
[173] BVerfGE 102, 370 (390 ff.).
[174] BVerfGE 102, 370 (392).
[175] BVerfGE 102, 370 (395).
[176] Vgl. *St. Muckel*, Wann ist eine Gemeinschaft Religionsgemeinschaft?, in: Rees (Hrsg.), Recht in Kirche und Staat. FS f. Listl zum 75 Geburtstag, 2004, S. 715 (732 ff.) mit Blick auf Art. 7 Abs. 3 GG.

Status wieder entzogen wird. Unter welchen Voraussetzungen dies geschehen kann, ist bislang ungeklärt. Im Anschluss an eine Entscheidung des BVerfG[177] wird darauf abgestellt, dass die Religionsgemeinschaft grundrechtlich geschützte Rechtsgüter beeinträchtigt und dass in der Folge dessen der Entzug der Körperschaftsrechte durch den Staat als Erfüllung grundrechtlicher Schutzpflichten anzusehen ist, die an ihn gerichtet sind. In jedem Falle ist aber für einen derartigen Eingriff in die Rechtsstellung der Religionsgemeinschaft eine gesetzliche Grundlage erforderlich, in der die Voraussetzungen näher ausgeformt sind.[178]

§ 15. Verträge zwischen Staat und Kirchen

Literatur: *H. U. Anke*, Die Neubestimmung des Staat-Kirche-Verhältnisses in den neuen Ländern durch Staatskirchenverträge, 2000; *A. v. Campenhausen/H. de Wall*, Staatskirchenrecht, S. 45 ff., 141 ff.; *G. Czermak*, Religions- und Weltanschauungsrecht, Rn. 316 ff.; *M. Germann*, Die Staatskirchenverträge der Neuen Bundesländer: Eine dritte Generation im Vertragsstaatskirchenrecht, in: Mückl (Hrsg.), Das Recht der Staatskirchenverträge, S. 91 ff.; *ders.*: Artikel „Kirchenverträge", in: RGG, Bd. 4 (I-K), 2001, Sp. 1360 ff.; *H. M. Heinig*, Öffentlich-rechtliche Religionsgesellschaften, 2003, S. 244 ff., 490 ff.; *A. Hollerbach*, Die vertragsrechtlichen Grundlagen des Staatskirchenrechts, in: Listl/Pirson (Hrsg.), HdbStKirchR, Bd. I, 2. Aufl. 1994, S. 253 ff.; *B. Jeand'Heur/St. Korioth*, Grundzüge des Staatskirchenrechts, Rn. 68 f., 270 ff.; *St. Mückl* (Hrsg.), Das Recht der Staatskirchenverträge, 2007; *R. Tillmanns* (Hrsg.), Staatskirchenverträge im Freistaat Sachsen, 2001; *D. Wengenroth*, Die Rechtsnatur der Staatskirchenverträge und ihr Rang im staatlichen Recht, 2000; *V. Wick*, Die Trennung von Staat und Kirche. Jüngere Entwicklungen in Frankreich im Vergleich zum deutschen Kooperationsmodell, 2007, S. 16 ff.

Die günstigen rechtlichen Möglichkeiten, sich hierzulande zu entfalten und im christlichen Sinne zu wirken, beruhen für die Kirchen auch auf den vielfältigen Verträgen, die sie mit dem Staat – in seinen verschiedenen Erscheinungsformen, zumeist den Bundesländern – geschlossen haben.[179] Das „dichte Netz" von Verträgen zwischen Staat und Kirchen in Deutschland wird als „weltweit einzigartig" beschrieben und darf in der Tat als „Spezifikum" des deutschen Staatskirchenrechts gelten[180]. Im Grundsatz ist das Vertragsrecht heute juristisch nicht mehr umstritten. Selbst Kritiker des kooperativen deutschen Staatskirchenrechts sehen Verträge zwischen Staat und Kirche heute als rechtlich zulässig an.[181] Terminologisch wird traditionell zwischen Konkordaten (die auf Seiten der katholischen Kirche regelmäßig vom Hl. Stuhl als Völkerrechtssubjekt geschlossen werden) und Kirchenverträgen (der evangelischen Kirchen mit dem Staat) unterschieden. Als Oberbegriff ist in jüngerer Zeit die Bezeichnung „Staatskirchenvertrag" gängig geworden.[182]

1

Verträge zwischen Staat und Kirche im modernen Sinne[183] sind möglich, wenn und soweit beide Institutionen voneinander getrennt sind. Das ist in Deutschland

2

---

[177] BVerfG NVwZ 2001, 908.
[178] Näher zum Ganzen *R. Röger*, Die Aberkennung des Körperschaftsstatus von Religionsgemeinschaften im Lichte der Schutzpflichtenlehre, in: Muckel (Hrsg.), Kirche und Religion im sozialen Rechtsstaat. FS f. Rüfner zum 70. Geburtstag, 2003, S. 749 (763 ff. m. w. N.).
[179] Vgl. bereits o. § 9 zu den Rechtsquellen des Staatskirchenrechts.
[180] Alle Zitate: *G. Czermak*, Religions- und Weltanschauungsrecht, Rn. 316.
[181] *G. Czermak*, Religions- und Weltanschauungsrecht, Rn. 316: „Niemand bestreitet ihre grundsätzliche Zulässigkeit."; *L. Renck*, Rechtsstellungsgesetze für Bekenntnisgemeinschaften, ZRP 2006, 87 (88): „Kirchenverträge sind zweifellos zulässig."
[182] Näher *V. Wick*, Die Trennung von Staat und Kirche, S. 17; *D. Wengenroth*, Die Rechtsnatur der Staatskirchenverträge und ihr Rang im staatlichen Recht, S. 13 ff., jeweils m. w. N.
[183] Zur historischen Entwicklungen vgl. nur *D. Wengenroth*, Die Rechtsnatur der Staatskirchenverträge und ihr Rang im staatlichen Recht, S. 25 ff.; *G. Czermak*, Religions- und Weltanschauungsrecht, Rn. 317 ff.

seit 1918 der Fall, als mit dem Ende der Monarchie die letzten Reste des Staatskirchentums beseitigt werden konnten und durch Art. 137 Abs. 1 WRV festgelegt wurde: „Es besteht keine Staatskirche". Schon bis zum Ende der Weimarer Demokratie waren eine ganze Reihe von Konkordaten und Kirchenverträgen geschlossen worden, so in Bayern, Preußen und Baden.[184] Auch das Reichskonkordat vom 20. 7. 1933 muss inhaltlich dieser Epoche zugerechnet werden, wenn es auch auf staatlicher Seite schon vom nationalsozialistischen Regime geschlossen wurde.[185] Aber auch nach Erlass des Grundgesetzes und ein weiteres Mal nach Wiederherstellung der deutschen Einheit 1990 kam es zum Abschluss zahlreicher Verträge zwischen Staat und Kirche. Prognosen zu einem angeblichen Ende der Konkordate und Kirchenverträge haben sich immer wieder als falsch erwiesen.[186] Mit vollem Recht stellen *v. Campenhausen/de Wall* fest: „Der Vertrag zwischen Staat und Kirche hat sich als Instrument des Ausgleichs bewährt und immer neue Bestätigung erfahren."[187] Schon die umfangreiche, mehrbändige Sammlung „Die Konkordate und Kirchenverträge in der Bundesrepublik Deutschland"[188] bestätigt die Richtigkeit dieser Einschätzung. Als rechtliches Regelungsinstrument hat der Staatskirchenvertrag in der Tat eine „Erfolgsgeschichte"[189] durchlaufen, die nach 1990 auf dem Gebiet der früheren DDR noch einmal einen „Aufschwung"[190] erlebt hat.

3   Im Hinblick auf die Inhalte der Verträge muss unterschieden werden zwischen denjenigen Regelwerken, die einzelne Modalitäten spezifischer Gegenstände betreffen (z. B. Militärseelsorge, Theologie an staatlichen Universitäten) und den sog. kodifikatorischen Verträgen, die die Beziehungen zwischen Staat und Kirche grundlegend rechtlich erfassen sollen. Solche Staatskirchenverträge regeln durchweg folgende Gegenstände: Sie wiederholen und bekräftigen verfassungsrechtlich verbürgte Gewährleistungen, insbesondere die der Religionsfreiheit, des kirchlichen Selbstbestimmungsrechts, des Kirchenvermögens, des Körperschaftsstatus, der kirchlichen Schulen und des Religionsunterrichts als ordentliches Lehrfach an öffentlichen Schulen. Darüber hinaus sehen sie Staatsleitungen (finanzielle Zuwendungen des Staates an die Kirchen) vor, regeln Baulasten, verbürgen Theologische Fakultäten an staatlichen Universitäten und sog. Konkordatslehrstühle (Lehrstühle außerhalb der Katholisch-Theologischen Fakultäten, die Nachbardisziplinen der Theologie gewidmet sind, vor allem der Philosophie und der Geschichte, und die sicherstellen sollen, dass auch in diesen Bereichen für die Ausbildung von Theologen Dozenten zur Verfügung stehen, die auf der Grundlage der katholischen Glaubenslehre arbeiten)[191], die Berücksichtigung kirchlicher Interessen im Feiertagsrecht, Stiftungsrecht, Friedhofsrecht, im Rundfunkwesen und auf dem Gebiet des Denkmalschutzes. Auch ist regelmäßig

---

[184] Näher *A. v. Campenhausen/H. de Wall*, Staatskirchenrecht, S. 46 f.
[185] Zum Reichskonkordat näher u. im Abschnitt zum Kath. KirchenR: § 19 Rn. 43 f. Zur staatsrechtlichen Allgemeinbildung von Jurastudenten dürfte zudem das für die föderalistische Kompetenzordnung grundlegende sog. Konkordatsurteil des BVerfG zählen: BVerfGE 6, 309 ff.
[186] Vgl. *A. v. Campenhausen/H. de Wall*, Staatskirchenrecht, S. 46 f.
[187] *A. v. Campenhausen/H. de Wall*, Staatskirchenrecht, S. 47.
[188] In erster Aufl. 1987 herausgegeben von *J. Listl*.
[189] *M. Germann*, Die Staatskirchenverträge der Neuen Bundesländer: Eine dritte Generation im Vertragsstaatskirchenrecht, in: Mückl (Hrsg.), Das Recht der Staatskirchenverträge, S. 91 (101).
[190] *M. Germann*, Die Staatskirchenverträge (o. Fn. 189), S. 98.
[191] Die Konkordatslehrstühle sind seit langem verfassungsrechtlich umstritten, vgl. dazu nur die differenzierende Einschätzung von *A. Hollerbach*, Theologische Fakultäten und staatliche Pädagogische Hochschulen, in: Listl/Pirson (Hrsg.), HdbStKirchR, Bd. II, S. 549 (597), und die insgesamt krit. Bemerkungen von *B. Jeand'Heur/St. Korioth*, Grundzüge des Staatskirchenrechts, Rn. 338 f., jeweils m. w. N. Gegenwärtig sind darüber hinaus verwaltungsgerichtliche Verfahren mehrerer Hochschullehrer zu der Frage anhängig, vgl. Die Tagespost v. 5. 6. 2008, S. 4.

vorgesehen, dass die Vertragsparteien etwa auftretende Meinungsverschiedenheiten über die Auslegung einer Bestimmung des jeweiligen Vertrags auf freundschaftliche Weise beseitigen.[192] Diese sog. Freundschaftsklausel macht in besonderem Maße deutlich, dass die Verträge zwischen Staat und Kirchen dem partnerschaftlichen deutschen Staatskirchenrecht angemessen sind.

Das Verfahren zum Abschluss von Verträgen zwischen Staat und Kirche und ihrer weiteren Inkraftsetzung entspricht weitgehend den Gepflogenheiten des Völkerrechts. Danach bildet der eigentliche Abschluss des Vertrags nur den ersten Schritt. Die Regierung, die den Vertrag mit der Kirche schließt, muss ihn sodann dem Parlament (Landtag bzw. Bundestag) zur Zustimmung zuleiten. Das Parlament stimmt zu in Gesetzesform. Das Zustimmungsgesetz enthält dann als Anlage den Vertrag. Dieses Zustimmungsgesetz wird im Gesetzblatt (des jeweiligen Bundeslandes bzw. im Bundesgesetzblatt) unter Angabe des Tages, an dem es in Kraft tritt, verkündet. Schließlich wird der Vertrag vom Bundespräsidenten oder Bundeskanzler bzw. vom Ministerpräsidenten des vertragsschließenden Bundeslandes ratifiziert; die Ratifikationsurkunden werden ausgetauscht.[193] **4**

Verstößt der Staat später gegen den Staatskirchenvertrag, stellt sich die Frage, welche rechtlichen Folgen das hat. In traditioneller, dem Völkerrecht entlehnter Sicht ist der Staat in seiner Funktion als Gesetzgeber nicht an den Vertrag gebunden. Der Gesetzgeber *darf* zwar kein vertragswidriges Recht setzen, er *kann* es aber rechtlich. Dem Vertrag widersprechende Gesetze sind danach wirksam.[194] Mit beachtlichen Argumenten wird aber insbesondere im jüngeren Schrifttum geltend gemacht, dass das Rechtsstaatsprinzip wie auch das kirchliche Selbstbestimmungsrecht aus Art. 140 GG i. V. m. Art. 137 Abs. 3 WRV für eine Bindung des Gesetzgebers an Vertragsregelungen sprechen.[195] **5**

Verträge mit dem Staat zu schließen ist kein Vorrecht der christlichen Kirchen.[196] Längst sind Verträge mit jüdischen, aber auch anderen Religionsgemeinschaften geschlossen worden. Große Beachtung hat zuletzt der Vertrag zwischen der Bundesrepublik Deutschland und dem Zentralrat der Juden in Deutschland (Körperschaft des öffentlichen Rechts) vom 27. 1. 2003[197] gefunden. In jüngerer Zeit werden auch Verträge mit muslimischen Gemeinschaften diskutiert[198], teilweise in der Praxis bereits geschlossen[199]. **6**

---

[192] Z.B.: Art. 22 Loccumer Vertrag, Art. 19 Niedersachsenkonkordat, abgedruckt u. a. in *M. Germann*, Staatskirchenrecht und Kirchenrecht. Textauswahl. Ausgabe für Köln, 2008, S. 80 (91) bzw. S. 110 (118).
[193] Zum Verfahren *B. Jeand'Heur/St. Korioth*, Grundzüge des Staatskirchenrechts, Rn. 287.
[194] Näher *D. Wengenroth*, Die Rechtsnatur der Staatskirchenverträge und ihr Rang im staatlichen Recht, S. 159 ff.; *St. Muckel*, Der Staatskirchenvertrag als Instrument zur Regelung des Verhältnisses von Staat und Kirche, in: Tillmanns (Hrsg.), Staatskirchenverträge im Freistaat Sachsen, S. 23 (34 f.), jeweils m. w. N.
[195] *M. Germann*, Die Staatskirchenverträge der Neuen Bundesländer: Eine dritte Generation im Vertragsstaatskirchenrecht, in: Mückl (Hrsg.), Das Recht der Staatskirchenverträge, S. 91 (109 f. m. w. N.); ders.: Artikel „Kirchenverträge", in: RGG, Bd. 4, Sp. 1360 (1362 f.).
[196] *A. v. Campenhausen/H. de Wall*, Staatskirchenrecht, S. 49 f.
[197] BGBl. I S. 1597 ff.
[198] Grundlegend *A. Hense*, Staatsverträge mit Muslimen – eine juristische Unmöglichkeit?, in: Mückl (Hrsg.), Das Recht der Staatskirchenverträge, S. 115 ff.
[199] Vgl. die Vereinbarung zur gemeinsamen Förderung der Integration zur Zusammenarbeit, die in Wiesbaden geschlossen worden ist, sog. Wiesbadener Integrationsvereinbarung, abgedruckt bei *M. Germann*, Staatskirchenrecht und Kirchenrecht. Textauswahl. Ausgabe für Köln, 2008, S.135 ff.; dazu F.A.Z. v. 12. 7. 2007, S. 2.

3. Teil. Katholisches Kirchenrecht

1. Abschnitt. Grundlagen des katholischen Kirchenrecht

§ 16. Gegenstand und Quellen des kanonischen Rechts

Literatur: *W. Aymans/K. Mörsdorf*, Kanonisches Recht, 3 Bde., 13. Aufl. 1991, 1997, 2007; *H. Frost*, Zur Methodenproblematik des evangelischen Kirchenrechts, in: Ausgewählte Schriften zum Staats- und Kirchenrecht, 2001; *K.-T. Geringer*, „Codex Iuris Canonici" in: Lexikon des Kirchenrechts, 2004, Sp.155; *G. Göbel*, Das Verhältnis von Staat und Kirche nach dem Codex Iuris Canonici des Jahres 1983, 1993; *H. Heimerl/H. Pree*, Kirchenrecht, 1983; *J. Höffner*, Christliche Gesellschaftslehre, 7 Aufl. 1978; *P. Krämer*, Kirchenrecht, 2 Bde., 1993; *G. May/A. Egler*, Einführung in die kirchenrechtliche Methode, 1986; *R. Miggelbrink*, Einführung in die Lehre von der Kirche, 2003; *L. Müller*, Der Rechtsbegriff im Kirchenrecht, 1999; *R. Puza*, Katholisches Kirchenrecht, 2. Aufl. 1993; *K. Rahner/H. Vorgrimler*, Kleines Konzilskompendium, 31. Aufl. 2004; *W. Rees*, Der Kirchenbegriff in katholischem und evangelischem Verständnis – Verbindendes und Trennendes aus kanonistischer Sicht, in: FS f. Rüfner, 2003, S. 681 ff.; *H. Schmitz*, „Katechismus" in: Lexikon des Kirchenrechts, 2004, Sp. 482; *H. Schwendenwein*, Die Katholische Kirche, 2003; *R. Sohm*, Kirchenrecht, 2 Bde. 1892, 1923; *K. Walf*, Einführung in das neue katholische Kirchenrecht, 1984; *R. Weigand*, „Kanonistik" in: Lexikon des Kirchenrechts, 2004 Sp. 451.

I. Zum Begriff des kanonischen Rechts

1 „Kirchenrecht ist der Inbegriff jenes Rechts, das die Kirche aufgrund der in *Jesus Christus* geschehenen Offenbarung als ihre verbindliche Lebensordnung versteht und entsprechend ihrem Glaubensverständnis in freier Selbstbestimmung ausgestaltet."[1] Das in diesem Sinne in der katholischen Kirche geltende kircheneigene Recht wird traditionell „kanonisches Recht" genannt. Diese Bezeichnung geht zurück auf das alte griechische Wort *Kanon*, das mit den deutschen Worten Richtmaß, Richtschnur, Regel übersetzt werden kann. Der Begriff wurde schon zu sehr früher Zeit für kirchliche Rechtssätze verwendet, die so so von den weltlichen Rechtsätzen unterschieden wurden.[2] Die Terminologie hat sich bis heute erhalten. Mit kanonischem Recht ist nach heute üblichem Sprachgebrauch meist das kircheneigene Recht der römisch-katholischen Kirche gemeint.[3] Zentrales Kennzeichen dieser Kirche ist ihr Oberhaupt, der Papst in Rom in seiner Funktion als Nachfolger des Apostels Petrus und Stellvertreter Christi auf Erden (c. 331 CIC). Vor allem hierin grenzt sich die

---

[1] *Aymans*, Artikel „Kirchenrecht", in: Lexikon des Kirchenrechts, Sp. 515.
[2] Vgl. *A. Glomb*, Sententia plurimorum. Das Mehrheitsprinzip in den Quellen des kanonischen Rechts und im Schrifttum der klassischen Kanonistik, S. 4 f. m. umfangr. Nachw.; ferner *W. Aymans/K. Mörsdorf*, Kanonisches Recht I, § 3 A II; *L. Wächter*, Artikel „Kanon", in: Lexikon des Kirchenrechts, Sp. 447 f.
[3] Zu beachten ist, dass auch die orthodoxen Kirchen sowie die Anglikanische Kirche für ihr eigenes Recht den Begriff „kanonisches Recht" verwenden.

§ 16. Gegenstand und Quellen des kanonischen Rechts

römisch-katholische Kirche von den anderen christlichen Kirchen und Gemeinschaften ab, insbesondere von den Kirchen der Reformation und der orthodoxen Kirche.[4]

Aber auch die römisch-katholische Kirche selbst ist in sich nicht einheitlich, sondern weist historisch bedingt im Hinblick auf Traditionen und Riten, insbesondere in Liturgie, kirchlichem Recht und „geistigem Erbgut"[5], eine große Vielfalt auf. Die römisch-katholische Kirche als Gesamtkirche ist unterteilt in die Lateinische Kirche und die verschiedenen sog. unierten Ostkirchen eigenen Rechts. Sie werden auch katholisch-orientalische Kirchen genannt. Man spricht insofern von den zwei großen Rechtskreisen innerhalb der einen römisch-katholischen Gesamtkirche.[6] Die unierten Ostkirchen sind streng abzugrenzen von den orthodoxen Ostkirchen, die nicht dem Papst unterstehen.[7] Mit der Trennung der Ost- und Westkirche im Jahre 1054, dem morgenländischen Schisma, haben sich die verschiedenen orthodoxen Ostkirchen zu selbstständigen Kirchen mit eigenen Riten entwickelt. Im Laufe der Zeit kehrten Teile der orthodoxen Ostkirchen zur Einheit mit dem Papst in Rom zurück.[8] Sie bewahrten allerdings – trotz Anerkennung des Papstes als Oberhaupt der gesamten katholischen Kirche – ihre eigenen liturgischen und rechtlichen Traditionen.[9] Ein Verzeichnis der unierten Ostkirchen findet sich im jährlich in italienischer Sprache erscheinenden Päpstlichen Jahrbuch (Annuario Pontificio). Derzeit bestehen 22 unierte Ostkirchen. Den im Hinblick auf die Zahl der Gläubigen deutlich größten Teil innerhalb der gesamten römisch-katholischen Kirche macht aber die Lateinische Kirche aus.[10] Sie folgt liturgisch und rechtlich dem römisch-lateinischen Ritus der alten westlichen Kirche. Führende Kirchensprache ist das Latein.[11] Anders als die

---

[4] Zum Verhältnis der römisch-katholischen Kirche zu den anderen christlichen Kirchen und Religionsgemeinschaften aus Sicht der römisch-katholischen Kirche vgl. das Dekret über den Ökumenismus „Unitatis redintegratio" (UR) des II. Vatikanischen Konzils (abgdr. in *K. Rahner/ H. Vorgrimler*, Kleines Konzilskompendium, S. 229 ff.); ferner die Erklärung „Dominus Iesus" der Kongregation für die Glaubenslehre vom 6. 8. 2000, im Original abgdr. in: AAS 92 (2000) S. 742 ff., dt. Übersetzung in: KABl. Köln 2000, 173 ff., und VAS Heft 148. Die Kongregation für die Glaubenslehre hat darüber hinaus unter dem 10. 7. 2007 „Antworten auf Fragen zu einigen Aspekten bezüglich der Lehre über die Kirche" veröffentlicht. Diese Erklärung wird von Evangelischen Kirchen als Rückschlag für die Ökumene bewertet, vgl. epd-Dokumentation 30/07 mit Abdruck der Erklärung in deutscher Sprache auf S. 4 ff.; ferner der nicht von Polemik freie Text von *St. Schaede*, Weshalb die römisch-katholische Kirche auch Kirche genannt werden kann, in: epd-Dokumentation 16/2008, S. 28 ff.; aus kath. Sicht zu dem Problemfeld wiederum *W. Aymans*, Nicht bloß Vereine. Das Konzil und die evangelischen Gemeinschaften, F.A.Z. v. 17. 8. 2007, S. 35; *Kardinal Lehmann*, Selbstverständlich katholisch, F.A.Z. v. 25. 9. 2007, S. 8. In vergleichender Betrachtung: *W. Rees*, Der Kirchenbegriff in katholischem und evangelischem Verständnis – Verbindendes und Trennendes aus kanonistischer Sicht, in: FS f. Rüfner, S. 681 ff.

[5] Das II. Vatikanische Konzil hat sich im Dekret über die katholischen Ostkirchen „Orientalium Ecclesiarum" (OE) mit den unierten Ostkirchen auseinandergesetzt. Zum Begriff „geistiges Erbgut" vgl. OE 3. Das Dekret ist in dt. Übersetzung abgdr. bei *K. Rahner/H. Vorgrimler*, Kleines Konzilskompendium, S. 205 (206).

[6] Vgl. *W. Aymans/K. Mörsdorf*, Kanonisches Recht I, § 7.

[7] Die orthodoxen Ostkirchen können in Abgrenzung zu den unierten Ostkirchen auch als (von der römisch-katholischen Kirche) getrennte Ostkirchen bezeichnet werden.

[8] Vgl. *W. Aymans/K. Mörsdorf*, Kanonisches Recht I, § 7 I.

[9] Näher zu den unierten Ostkirchen: *J. Madey*, Quellen und Grundzüge des Codex Canonum Ecclesiarum Orientalium, 1999; *Oeldemann*, Die Kirchen des christlichen Ostens. Orthodoxe, orientalische und mit Rom unierte Ostkirchen, 2006; *H. Schwendenwein*, Die Katholische Kirche, S. 272 ff.

[10] Vgl. *N. Lüdecke*, Das Verständnis des kanonischen Rechts nach dem Codex Iuris Canonici von 1983, in: Grabenwarter/Lüdecke (Hrsg.), Standpunkte im Kirchen- und Staatskirchenrecht, S. 177.

[11] Vgl. *H. Schwendenwein*, Die Katholische Kirche, S. 283; *W. Aymans/K. Mörsdorf*, Kanonisches Recht I, § 7 I 1.

94   3. Teil. Katholisches Kirchenrecht

verschiedenen unierten Ostkirchen weist die Lateinische Kirche bezüglich Ritus, Recht und Tradition eine sehr große Einheitlichkeit auf.[12]

3   Die nachfolgenden Ausführungen orientieren sich an der Rechtsordnung der Lateinischen Kirche. Verschiedentlich sind Hinweise auf rechtliche Besonderheiten der katholischen Ostkirchen eingearbeitet.

II. Gegenstand und theologische Grundlegung des kanonischen Rechts

4   Das geltende kanonische Recht weist enge Bezüge sowohl zur Theologie als auch zur Rechtswissenschaft auf.[13] Es wird deshalb auch als „Brückenfach" bezeichnet.[14] Papst *Paul VI.* nannte das kanonische Recht im Hinblick auf die Lehren des II. Vatikanischen Konzils eine eigene theologische Wissenschaft und forderte eine spezielle Theologie des Rechts in der Kirche.[15] Die Einordnung des kanonischen Rechts zwischen Theologie und Rechtswissenschaft ist zwar noch nicht endgültig geklärt. Festgehalten werden kann aber, dass das kanonische Recht als verbindliche Lebensordnung der römisch-katholischen Kirche auf Glaubensinhalten basiert, die sich aus anderen theologischen Disziplinen, insbesondere der Dogmatik und der Moraltheologie, ergeben.[16] Auf der Grundlage theologischer Erkenntnis wird sodann mit juristischer Methode gearbeitet.[17] Die enge Verflechtung des kanonischen Rechts mit dem Glauben und der Theologie zeigt sich bereits bei der Frage nach zentralen Gegenständen des kanonischen Rechts, insbesondere bei der Frage danach, was nach römisch-katholischem (Selbst-) Verständnis überhaupt unter der Kirche zu verstehen ist, deren verbindliche Lebensordnung das kanonische Recht sein soll.

1. Die Kirche als Gegenstand des kanonischen Rechts

5   Das Selbstverständnis der katholischen Kirche ist entscheidend geprägt durch das II. Vatikanische Konzil (1962–1965)[18]. Insbesondere in seiner dogmatischen Konstitution über die Kirche „Lumen Gentium" (LG) befasst sich das Konzil eingehend mit der Struktur und dem Wesen der Kirche.[19] Allgemeinverständlich aufgearbeitet und authentisch erläutert werden diese Lehren im „Katechismus der katholischen Kirche".[20] Es ist an dieser Stelle keine auch nur annähernd erschöpfende Darstellung

---

[12] Vgl. *W. Aymans/K. Mörsdorf*, Kanonisches Recht I, § 7 I 1.
[13] Instruktiv: *G. May/A. Egler*, Einführung in die kirchenrechtliche Methode, S. 17.
[14] *R. Weigand*, Artikel „Kanonistik"in: Lexikon des Kirchenrechts, Sp. 467.
[15] Papst *Paul VI.*, Ansprache vom 17. 9. 1973 an die Teilnehmer des II. Kongresses für Kanonisches Recht in Mailand, abgedr. in deutscher Übersetzung in: AfkKR 142 (1973), S. 463 (464, 470).
[16] Papst *Paul VI.*, Ansprache vom 17. 9. 1973 (o. Fn. 15), S. 463 ff.; näher zum Verhältnis der Kirchenrechtswissenschaft zu den übrigen theologischen und nichttheologischen Disziplinen: *G. May/A. Egler*, Einführung in die kirchenrechtliche Methode, S. 22 ff.
[17] So *W. Aymans/K. Mörsdorf*, Kanonisches Recht I, § 5 B I 2. Teilweise werden auch andere Ansätze vertreten, auf die bei *W. Aymans/K. Mörsdorf*, Kanonisches Recht I, § 5 B I hingewiesen wird. Vgl. auch *R. Weigand*, Artikel „Kanonistik", in: Lexikon des Kirchenrechts, Sp. 467 f.
[18] Zum II. Vatikanischen Konzil vgl. nur *K. Rahner/H. Vorgrimler*, Kleines Konzilskompendium, S. 13 ff.; *P. Walter*, Artikel „Vatikanische Konzilien. B. Vaticanum II", in: LThK, Bd. 10, Sp. 561 ff. m. umfangr. Nachw.
[19] Die dogmatische Konstitution „Lumen Gentium" ist in dt. Übersetzung abgedr. in: *K. Rahner/H. Vorgrimler*, Kleines Konzilskompendium, S. 123 ff.
[20] KKK 748 ff. Näher zum Katechismus (KKK) *H. Schmitz*, Artikel „Katechismus", in: Lexikon des Kirchenrechts, Sp. 482 ff. Im Jahre 2005 promulgierte der gerade gewählte Papst *Benedikt XVI.* ein Kompendium des Katechismus. Dieses Kompendium stellt eine Kurzfassung der „Editio Typica Latina" von 1997 dar, die als solche unverändert in Geltung bleibt; instruktiv zur Lehre von der

der Lehren des Konzils über die Kirche möglich. Nur einige für das Grundverständnis wichtige Aspekte können, wenngleich stark vereinfacht, angesprochen werden.

Die Kirche[21] ist im katholischen Glaubensverständnis zunächst eine Gemeinschaft von Menschen und als solche nach außen hin sichtbar. Diese Gemeinschaft hat aber auch eine innere, geistige und damit unsichtbare Seite, die in der spezifischen Beziehung dieser Gemeinschaft zum unsichtbaren Gott verankert ist. In „Lumen Gentium" spricht das Konzil insofern vom „Mysterium" Kirche und umschreibt die Kirche in verschiedenen Bildern, in erster Linie als Volk Gottes, Leib Christi und Tempel des Heiligen Geistes (LG 17). Eine Definition von Kirche bietet das Konzilsdokument nicht. Vielmehr deuten die Umschreibungen an, dass die Kirche für eine „geheimnisvolle, mystische Wirklichkeit" steht, „die nicht adäquat aussagbar ist".[22] Sie versteht sich, wie es in „Lumen Gentium" (LG 8) heißt, als „eine einzige komplexe Wirklichkeit, die aus menschlichem und göttlichem Element zusammenwächst". Als solche ist sie freilich nur durch den Glauben erfassbar.[23] 6

Die katholisch-lehramtliche Ausdeutung der Kirche als Volk Gottes wird im Katechismus der katholischen Kirche dargestellt.[24] Nach dem Glauben der römisch-katholischen Kirche hat Gott die Welt erschaffen und beschlossen, die Menschen an seinem göttlichen Leben teilhaben zu lassen.[25] Nur hierdurch wird der Mensch die Wahrheit und das Glück somit das endgültige Heil finden,[26] denn „Gott ist unendlich gut und alle seine Werke sind gut".[27] Gott schuf den Menschen als sein Abbild.[28] Durch den Sündenfall[29] wurde zwar die Gemeinschaft der Menschen mit Gott und mit den Mitmenschen zerstört.[30] Trotzdem hat Gott den Menschen nicht verlassen. Vielmehr sollen am Ende aller Zeiten alle Menschen auf dieser Erde mit Gott wieder vereinigt[31] sein und in dieser wiederhergestellten Gemeinschaft mit ihm und den Mitmenschen das endgültige Heil erlangen. 7

Im Hinblick auf dieses Ziel beginnt Gott die Sammlung der Menschen im Gottesvolk. Dies geschieht nach kirchlichem Verständnis im Laufe der Menschheitsgeschichte schrittweise[32] zunächst mit der Berufung Abrahams[33] und dann mit der Erwählung Israels als Gottes Volk.[34] Mit Israel schließt Gott den Bund am Sinai.[35] Israel wird von Gott erwählt, um das Zeichen der künftigen Sammlung aller Nationen zu sein.[36] Doch bereits die Propheten kündigen einen neuen und ewigen 8

Kirche (Ekklesiologie) auch *R. Miggelbrink*, Einführung in die Lehre von der Kirche, 2003; *W. Kasper*, Artikel „Kirche. III. Systematisch-theologisch", in: LThK, Bd. 5, Sp. 1465 ff., jeweils m. w. N.

[21] Zum Begriff der Kirche: KKK 751; vgl. auch *W. Aymans/K. Mörsdorf*, Kanonisches Recht I, § 2 B. Danach leitet sich das lateinische Wort für Kirche „ecclesia" vom griechischen Wort „ekkalein" (herausrufen) ab und bedeutet soviel wie „einberufene Volksversammlung". Der deutsche Begriff „Kirche" geht auf das ebenfalls griechische Wort „kyriake" zurück, das Eigentum oder Haus des Herrn bedeutet.

[22] *W. Aymans*, in: HdbKathKR, § 1 I (S. 3).
[23] KKK 770.
[24] KKK 748–870.
[25] LG 2; KKK 760.
[26] KKK 27.
[27] KKK 385.
[28] Gen 1, 27.
[29] Gen 3, 1–24.
[30] KKK 761.
[31] KKK 761.
[32] KKK 759.
[33] Gen 12,2; 15, 5–6; KKK 762.
[34] Ex 19, 1–25; KKK 762.
[35] Ex 20, 1–21.
[36] Jes 2, 2–5; KKK 762.

Bund an.³⁷ Diesen neuen Bund zwischen Gott und den Menschen hat nach dem Glaubensverständnis der römisch-katholischen Kirche *Jesus Christus*³⁸ gestiftet.³⁹ *Jesus Christus* wurde von Gott selbst gesandt, um die Sammlung des neuen Gottesvolkes zu beginnen. *Jesus* mahnte die Menschen zur Umkehr, zu einem Leben nach dem Willen Gottes und lehrte sie eine neue Handlungsweise und ein eigenes Gebet.⁴⁰ Es ging ihm um einen Gesinnungswandel der Menschen und eine Erneuerung der Welt in Bezug auf Gott. In der Person *Jesus Christus* ist nach christlichem Glauben der unsichtbare Gott selbst Mensch geworden (Inkarnation) und hat sich den Menschen gezeigt. In *Jesus Christus* sind Gottheit und Menschsein danach eins. In seiner Gegenwart und in seinen Worten und Werken wird so den Menschen der Wille Gottes und sein Heilsplan, der auf die Wiedervereinigung der Menschen mit Gott und untereinander gerichtet ist, auf dieser Erde endgültig sichtbar.⁴¹

9 *Jesus Christus* machte durch sein Wirken auf Erden den Anfang der Kirche, indem er die Ankunft des Reiches Gottes verkündete.⁴² „Der Keim und Beginn dieses Reiches ist die kleine Herde (Lk 12, 32) derer, die Jesus um sich versammelt hat und deren Hirt er ist. Sie bilden die wahre Familie Jesu".⁴³ Diese innige Gemeinschaft umschreibt das Konzil mit dem Bildbegriff vom „Leib Christi".⁴⁴ Die Kirche ist nicht nur um ihn herum, sondern in ihm, in seinem Leib geeint.⁴⁵ In diesem Bild sind Christus und seine Gemeinschaft ein Ganzes, ein Körper (Leib), für den Christus selbst das göttliche Haupt und die Gläubigen die Glieder sind.

10 Der Eintritt in dieses neue und wahre Volk Gottes geschieht allein durch den Glauben an Christus und die Taufe als sichtbares Zeichen der Umkehr, nicht aber durch leibliche Abstammung oder nationale Zugehörigkeit.⁴⁶ Es sind alle Menschen auf dieser Erde dazu berufen, sich zu *Jesus Christus* zu bekennen und in das neue Gottesvolk einzutreten. Bis zur endgültigen Versammlung und Wiedervereinigung aller Menschen mit Gott wird das Reich Gottes allerdings nicht vollendet sein.⁴⁷ Bis dahin befindet sich das Gottesvolk noch auf der Pilgerschaft dorthin. Kirche und Gottesreich sind also nicht deckungsgleich.⁴⁸ Die Kirche, also die Gemeinschaft derer, die sich zu *Jesus Christus* bekennen, ist aber das im Glauben schon gegenwärtig sichtbare Zeichen für das beginnende Gottesreich auf Erden.⁴⁹ Sie ist, wenngleich noch anfanghaft „in Christus gleichsam Sakrament, d. h. Zeichen und Werkzeug für die innigste Vereinigung mit Gott wie für die Einheit der ganzen Menschheit".⁵⁰ Ihre Sendung besteht darin, den weiteren Aufbau des Gottesreiches im Sinne *Jesu Christi* auf Erden fortzuführen. Die Aufgabe der Kirche ist demnach

---

³⁷ Jer 31, 31–34; Jes 55, 3.
³⁸ *Christus* leitet sich ab vom griechischen Wort „christos". Dies ist eine Übersetzung des hebräischen Wortes „messias" und bedeutet „der Gesalbte" (KKK 436). *Jesus Christus* ist im Glauben aller Christen der schon von den Propheten verheißene Erlöser.
³⁹ LG 9; KKK 762.
⁴⁰ Mt 4, 17 bzw. 6, 9–13; KKK 764.
⁴¹ KKK 763; LG 5.
⁴² Zum Verständnis der Gegenwart Jesu als Beginn des Reiches Gottes vgl. *Joseph Ratzinger. Benedikt XVI.*, Jesus von Nazareth, S. 89 f.
⁴³ KKK 764.
⁴⁴ LG 7; aus kirchenrechtlicher Sicht vgl. dazu nur *W. Aymans*, in: HdbKathKR, § 1 I 2 (S. 6 f.) m. w. N.
⁴⁵ KKK 789.
⁴⁶ KKK 804.
⁴⁷ LG 48.
⁴⁸ Vgl. *W. Aymans/K. Mörsdorf*, Kanonisches Recht I, § 2 B II 3.
⁴⁹ *W. Aymans/K. Mörsdorf*, Kanonisches Recht I, § 2 B II 3.
⁵⁰ LG 1.

§ 16. Gegenstand und Quellen des kanonischen Rechts   97

die weitere Sammlung des Gottesvolkes durch die Verkündigung der Worte *Jesu*, die Verehrung Gottes und den tatsächlichen Dienst am Menschen, so wie es *Jesus* gelehrt hat. Dabei steht der Kirche der Heilige Geist bei, der nach der Himmelfahrt *Jesu* am Pfingsttag gesandt wurde und der in der Kirche und in den Herzen der Gläubigen wie in einem Tempel wohnt.[51] Er führt nach dem christlichen Glauben, wenngleich unsichtbar, das Wirken *Jesu* fort. Er bereitet und lenkt die Kirche durch die verschiedenen hierarchischen und charismatischen Gaben.[52] Diese spezifische Gemeinschaft der Menschen mit Gott wird als „communio" bezeichnet und damit begrifflich von einer rein menschlichen Gemeinschaft („communitas" oder „societas") abgegrenzt.[53] Die communio ist das eigentliche Ziel der Heilsgeschichte.[54] Das Volk Gottes ist auf diese communio ausgerichtet. Communio ist so ein Begriff, der die Kirche *Jesu Christi* bezeichnet und zu der alle Getauften gehören.[55] Es handelt sich um einen Grundbegriff in der Ekklesiologie des II. Vatikanischen Konzils.[56] Der rechtliche Charakter der communio wird vom II. Vatikanischen Konzil in der „Nota explicativa praevia"[57] zu „Lumen Gentium" herausgestellt.

Ursprung und Wesen der Kirche liegen danach allein im Willen Gottes und nicht etwa in einem Vereinigungswillen von Menschen.[58] *Jesus Christus* ist das Haupt dieser Kirche, des Volkes Gottes. Er hat ihr nach katholischem Verständnis auch die ihr eigenen Strukturen gegeben,[59] die bis zur Vollendung des Reiches bleiben werden. Auf dieser Grundlage formt das kanonische Recht die verbindliche Lebensordnung des neuen Gottesvolkes im Sinne und im Rahmen dessen, was *Jesus Christus* seiner Gemeinschaft (communio) aufgegeben hat.

11

2. Theologische Begründung und Funktion von Recht in der Kirche

Die Geltung des kanonischen Rechts ist ein feststehender Umstand, der als solcher nicht bestritten werden kann. Dennoch wird nach wie vor in der Kirchenrechtswissenschaft darüber debattiert, ob und wie das Phänomen „Recht" in der Kirche theologisch zu begründen sowie zu legitimieren ist und worin die Funktion des Rechts in der Kirche besteht. Es geht dabei darum, das Verhältnis der Kirche zu ihrem Recht zu umschreiben. Zentrale Frage ist, ob sich aus theologischer Sicht das Bestehen von Recht in der Kirche mit ihrem Wesen vereinbaren lässt. Damit handelt es sich zumindest auch um ein dogmatisches, genauer ekklesiologisches Problem.[60] Zur theologischen Grundlegung des katholischen Kirchenrechts gehört die Einsicht, dass das kirchliche Recht mehr ist als nur in das Belieben des Menschen gestelltes zwischenmenschliches Recht, das ein geordnetes Miteinander in dieser Welt gewährleisten soll. Es geht vielmehr um den theologischen Nachweis, dass Recht zum

12

---

[51] Apg 2, 1 ff.; 1 Kor 3, 16; 6, 19; LG 4; in diesem Sinne ist auch der Bildbegriff „Tempel des Heiligen Geistes" zu verstehen.
[52] LG 4; KKK 768.
[53] Näher zur kath. Kirche als communio: *W. Aymans/K. Mörsdorf*, Kanonisches Recht I, S. 22 ff.; *Miggelbrink*, Einführung in die Lehre von der Kirche, S. 24 ff.; *L. Gerosa*, Das Recht der Kirche, S. 50 ff.; *P. Krämer*, Kirchenrecht I, S. 29 ff.; *R. Puza*, Katholisches Kirchenrecht, S. 214 ff.
[54] Vgl. *P. Krämer*, Kirchenrecht I, S. 30.
[55] Vgl. *W. Aymans*, Artikel „Communio" in: Lexikon des Kirchenrechts, Sp. 163.
[56] Vgl. *Miggelbrink*, Einführung in die Lehre von der Kirche, S. 25.
[57] In dt. Übersetzung abgedr. bei: *K. Rahner/H. Vorgrimler*, Kleines Konzilskompendium, S. 198 ff. (Erläuternde Vorbemerkung).
[58] Vgl. *W. Aymans/K. Mörsdorf*, Kanonisches Recht I, § 2 B I 1, 2.
[59] Vgl. *W. Aymans*, in: HdbKathKR, § 1 I 2 (S. 7).
[60] Vgl. *P. Erdö*, Theologie des kanonischen Recht, S. 39.

Wesen der Kirche selbst gehört.[61] Nicht zuletzt im Hinblick auf die Wahrnehmung und Akzeptanz des kanonischen Rechts innerhalb der Kirche ist die theologische Legitimation des Kirchenrechts von nicht zu unterschätzender Bedeutung.[62]

13   Die theologische Grundlagendiskussion um das Recht in der Kirche wurde durch den evangelischen Juristen *Rudolph Sohm* (1841–1917)[63] angestoßen[64], der einen unüberwindlichen Widerspruch zwischen dem Wesen des Rechts und dem Wesen der Kirche zu erkennen glaubte.[65] So schrieb er u. a.: „Das Wesen der Kirche ist geistlich, das Wesen des Rechts ist weltlich." Sein vielleicht bekanntester Satz lautet: „Kirchenrecht steht mit dem Wesen der Kirche in Widerspruch."[66] *Rudolph Sohms* Thesen gelten inzwischen auch im evangelischen Bereich als überwunden.[67] Auch hier hat sich die Einsicht durchgesetzt, dass – entgegen *Sohm* – sich der Kirchenbegriff der Reformation nicht auf eine unsichtbare, allein geistige Kirche verengen lässt.[68] Inzwischen wird die grundsätzliche Möglichkeit von Recht in der Kirche weder in der evangelischen noch der katholischen Kirche ernsthaft bestritten.

14   Die Kanonistik orientierte sich früher bei der Frage nach der Begründung des Kirchenrechts weitgehend an der im Rahmen des sog. Ius Publicum Ecclesiasticum[69] entwickelten Vorstellung der Kirche als „societas perfecta", d. h. einer dem Staat vergleichbaren vollkommenen Gesellschaft.[70] Das führte auch zu der schlichten Einsicht: „ubi societas, ibi ius". Wo sich Menschen zusammenschließen, dort bildet sich Recht. Damit lag zwar eine Begründung philosophischer, nach heutiger Bewertung auch soziologischer, nicht aber theologischer Art vor. Sie sollte sich schlicht daraus ergeben, dass *Jesus Christus* die Kirche als „societas perfecta" gewollt habe.[71]

---

[61] Vgl. *W. Aymans/K. Mörsdorf*, Kanonisches Recht I, § 5 B.

[62] Vgl. *P. Erdö*, in: HdbKathKR, § 3 I (S. 20).

[63] Zu Rudolph Sohm statt vieler: *R. Puza*, Katholisches Kirchenrecht, S. 36 ff.; *W. Aymans*, Artikel „Sohm, Rudolph", in: Lexikon des Kirchenrechts, Sp. 1159 f.; *Pahlmann*, in: Kleinheyer/Schröder, Deutsche Juristen aus fünf Jahrhunderten, 2. Aufl. 1983, S, 247 ff.; *L. Müller*, Der Rechtsbegriff im Kirchenrecht, S. 242 ff.; *K. Walf*, Einführung in das neue katholische Kirchenrecht, S. 36 f., 39; knapp und instruktiv zum Kernproblem auch *G. Robbers*, Jura 1990, 567 (569 f.), jeweils m. w. N.

[64] Näher *Nelles*, Summum Ius Summa Iniuria?, S. 147; *L. Müller*, Der Rechtsbegriff im Kirchenrecht, S. 242 ff.

[65] Zu den Publikationen von *Sohm* in den Jahren nach 1872, insbes. zu dem Werk Kirchenrecht I, 1892 (Nachdruck 1923 u. 1970), aber auch zu weiteren Schriften, in denen *Sohm* seine Thesen vertreten hat, vgl. den von Pawlowski herausgegeben Band *Rudolph Sohm*, Staat und Kirche als Ordnung von Macht und Geist. Ausgewählte Texte zum Verhältnis von Staat und Kirche, 1996. Eine eingehende Auseinandersetzung mit *Sohm* aus katholischer Sicht bietet *R. Sebott*, Fundamentalkanonistik. Grund und Grenzen des Kirchenrechts, 1993.

[66] *Sohm*, Kirchenrecht I, S. 1, 459, 471 ff., 700; s. auch *ders.*, Staat und Kirche als Ordnung von Macht und Geist (o. Fn. 65), S. 98.

[67] Vgl. statt vieler: *H. Frost*, Zur Methodenproblematik des evangelischen Kirchenrechts, in: H. Frost, Ausgewählte Schriften zum Staats- und Kirchenrecht, S. 260 (262); aus jüngerer Zeit: *V. Mantey*, Kirche ohne Recht? Rudolph Sohms Verständnis von Kirche und Recht und Martin Luthers Zwei-Reiche-Lehre, ZevKR 49 (2004), S. 719 (737 f.); *Lange*, Zur theologischen Begründung des Kirchenrechts, ZevKR 50 (2005), S. 1 (6).

[68] Vgl. *H. Frost*, Zur Methodenproblematik (o. Fn. 67), S. 262.

[69] Zum „Ius Publicum Ecclesiaticum" vgl. nur *J. Listl*, Kirche und Staat in der neueren katholischen Kirchenrechtswissenschaft, 1978, S. 4 ff., pass.; *Göbel*, Das Verhältnis von Kirche und Staat nach dem Codex Iuris Canonici des Jahres 1983, S. 19 ff.; *Wiedenhofer*, Artikel „Societas Perfecta", in: LThK, Bd. 9, Sp. 681 f. m. w. N.; näher *P. Erdö*, Theologie des kanonischen Rechts, hrsg. von Libero L. Gerosa, S. 48 ff.; *J. Listl*, Artikel „Ius Publicum Ecclesiasticum", in: Lexikon des Kirchenrechts, Sp. 439; *R. Puza*, Katholisches Kirchenrecht, S. 49 ff.

[70] Zum Bild der Kirche als „societas perfecta": *R. Puza*, Katholisches Kirchenrecht, S. 96 ff.; zum Zusammenhang mit dem Ius Publicum Ecclesiasticum statt vieler: *Göbel*, Das Verhältnis von Kirche und Staat nach dem Codex Iuris Canonici des Jahres 1983, S. 21 ff., jeweils m. w. N.

[71] Vgl. *H. Heimerl/H. Pree*, Kirchenrecht, S. 3.

§ 16. *Gegenstand und Quellen des kanonischen Rechts* 99

Die Schule des Ius Publicum Ecclesiasticum beeinflusste bis zum II. Vatikanischen **15**
Konzil das Lehramt der katholischen Kirche.[72] Danach widmete sich die Kanonistik, bedingt durch ein konziliar erneuertes Kirchenverständnis, verstärkt einer spezifisch theologischen Grundlegung des kanonischen Rechts. Nicht nur die Schwächen der bis dahin unternommenen Begründungsversuche legten das nahe. Auch das kirchliche Lehramt forderte dringend eine theologische Grundlegung des Kirchenrechts.[73] Der Blick richtete sich nunmehr vor allem auf das theologische Wesensverständnis der Kirche, insbesondere im Verständnis des II. Vatikanischen Konzils. Es reicht seither nicht mehr aus, das Vorhandensein und die Funktion von Recht in der Kirche damit zu begründen, dass die Kirche auch eine sichtbare Gemeinschaft von Menschen ist, die als soziales Gebilde das Recht zu ihrer inneren Ordnung erfordert. Das religiöse Wesen der Kirche und ihre Zielsetzung erfordern vielmehr nach heute gängiger Sichtweise eine am katholischen Glaubensverständnis selbst orientierte Begründung des Rechts. Es sind deshalb verschiedene theologische Ansätze entwickelt worden, die hier zwar nicht im Einzelnen vorgestellt werden können.[74] Festzuhalten ist aber, dass die Kirche im Sinne der Konzilslehren sowohl aus einem menschlichen als auch aus einem göttlichen Element besteht und deshalb auch ihr Recht immer an beiden Elementen ausgerichtet sein muss. So hat das Recht in der Kirche heute die Aufgabe, die Kirche zu dem zu machen, was sie nach dem Konzil sein will und soll.[75] Das kirchliche Recht ist ein Instrument zur Verwirklichung der Kirche im Sinne des Konzils. Das kommt besonders deutlich zum Ausdruck in der Apostolischen Konstitution „Sacrae disciplinae leges", mit der der neue Codex des kanonischen Rechts 1983 von Papst *Johannes Paul II.* promulgiert wurde:

„Das Instrument, das der Codex ist, entspricht deutlich dem Wesen der Kirche, wie es vor allem **16**
durch das Lehramt des II. Vatikanischen Konzils ganz allgemein und besonders in seiner ekklesiologischen Lehre dargestellt wird. Ja, dieser neue Codex kann gewissermaßen als ein großes Bemühen aufgefasst werden, eben diese Lehre, nämlich die konziliare Ekklesiologie, in die kanonistische Sprache zu übersetzen... Tatsächlich ist der Codex Iuris Canonici für die Kirche unbedingt notwendig. Weil sie auch nach Art eines sozialen und sichtbaren Gefüges gestaltet ist, bedarf sie der Richtlinien, damit ihre hierarchische und organische Struktur sichtbar wird und die Ausübung der ihr von Gott anvertrauten Dienste, insbesondere der geistlichen Gewalt und der Verwaltung der Sakramente ordnungsgemäß geregelt wird, damit die wechselseitigen Beziehungen unter den Gläubigen in einer auf der Liebe beruhenden Gerechtigkeit gestaltet werden, wobei die Rechte der einzelnen sichergestellt und umschrieben werden, damit schließlich die gemeinsamen Vorhaben, die zur Vervollkommnung des christlichen Lebens unternommen werden, durch kanonische Gesetze unterstützt, gestärkt und gefördert werden."[76]

Dem Recht in der Kirche kommt also keine absolute Geltung zu.[77] Das zeigt auch **17**
der oberste Rechtsgrundsatz im kirchlichen Recht, dass nämlich das Heil der Seelen

---

[72] Vgl. *W. Aymans/K. Mörsdorf*, Kanonisches Recht I, § 6 C I m. Fn. 13.
[73] Papst *Paul VI.*, Ansprache v. 17. 9. 1973 an die Teilnehmer des II. Kongresses für Kanonisches Recht in Mailand, abgedr. in dt. Übersetzung in: AfkKR 141 (1973), S. 463 (464, 470).
[74] Dazu *P. Krämer*, Kirchenrecht I, S. 12 ff.; *P. Erdö*, in: HdbKathKR, § 3; *R. Sebott*, Fundamentalkanonistik, 1993; *L. Gerosa*, Das Recht der Kirche, S. 19 ff.; zur Entwicklung von katholischem und evangelischem Kirchenrecht vgl. auch *L. Müller*, Der Rechtsbegriff im Kirchenrecht, 1999; insbesondere im Hinblick auf das kanonische Recht: *Nelles*, Summum Ius Summa Iniuria?, 2004.
[75] Vgl. *H. Hallermann*, Die Funktion des Rechts in der Communio, AfkKR 166 (1997), 453 (462).
[76] AK „Sacrae disciplinae leges", abgedr. in dt. Übersetzung und lateinischer Originalfassung in der deutsch-lateinischen Ausgabe des Codex Iuris Canonici, Verlag Butzon & Bercker, 5. Aufl. 2001, S. XI ff. (XVII f. und XXI); s. auch *M. Germann*, Staatskirchenrecht und Kirchenrecht. Textauswahl. Aufgabe für Köln 2008, Nr. 31 (S. 143 f.).
[77] Vgl. *H. Hallermann*, Die Funktion des Rechts in der Communio, AfkKR 166 (1997), S. 453 (462).

stets das oberste Gesetz sein muss.[78] Die Apostolische Konstitution „Sacrae disciplinae leges" sagt hierzu, „dass es keineswegs der Zweck des Codex sein kann, im Leben der Kirche den Glauben, die Gnade, die Charismen und vor allem die Liebe der Gläubigen zu ersetzen. Im Gegenteil, der Codex zielt vielmehr darauf ab, der kirchlichen Gesellschaft eine Ordnung zu geben, die der Liebe, der Gnade und dem Charisma Vorrang einräumt und gleichzeitig deren geordneten Fortschritt im Leben der kirchlichen Gesellschaft wie auch der einzelnen Menschen, die ihr angehören, erleichtert."[79]

18   Kirchenrecht richtet sich heute vornehmlich auf das Innere des Menschen, das sog. forum internum. Selbst kirchliche Strafen werden nicht ohne Weiteres im äußeren Bereich, im forum externum, erkennbar.[80] Das geistliche Recht der Kirche, das auf das Innere zielt, weist – ganz anders als staatliches Recht – nur in sehr geringem Maße Zwangselemente auf. Im Gegensatz zu früheren Jahrhunderten kann die Kirche heute nicht mehr die weltliche Gewalt (das sog. bracchium saeculare) um Vollzugshilfe bitten. Über effektive Zwangsmittel verfügt die Kirche nur noch gegenüber denjenigen, die in ihren Diensten stehen, also Kleriker und hauptamtliche Mitarbeiter.[81] Deshalb ist immer wieder über die Frage nachgedacht worden, ob Erzwingbarkeit ein Wesenserfordernis des Rechts ist. Richtigerweise hat sich dabei die Einsicht durchgesetzt, dass Erzwingbarkeit kein Begriffsmerkmal von Recht ist, sondern ergänzend hinzutritt.[82] Der Sinn des Rechts liegt in der Aufgabe, im Dienst der Gerechtigkeit und anderer höchster Güter das Zusammenleben der Menschen in einer Gemeinschaft zu ordnen, und zwar mit dem Anspruch auf Verbindlichkeit. Die zeitweilig vertretene Reduktion des Rechtsbegriffs auf ein positivistisches und etatistisches Verständnis darf als überholt gelten.[83] Ungeachtet dessen zählt zu den Charakteristika des Kirchenrechts, dass es nur gegenüber demjenigen vollzogen werden kann, der sich ihm aus freien Stücken unterwirft.[84]

III. Quellen des kanonischen Rechts

19   „Quellen" des kanonischen Rechts sind ganz allgemein die Ergebnisse rechtsetzender Tätigkeit in der Kirche.[85] Im kanonischen Recht werden unterschieden materielle und formelle Quellen. Die materiellen Quellen kennzeichnen den Ursprung der jeweiligen Rechtsetzung. Rechtserzeugung kann in der katholischen Kirche geschehen durch Gott selbst, durch den Menschen in seiner Funktion als kirchlicher Gesetzgeber sowie durch eine vom zuständigen kirchlichen Gesetzgeber gebilligte Gewohnheit der Menschen. Formelle Quellen sind demgegenüber die

---

[78] Vgl. can 1752 CIC. Zu möglichen Fehlinterpretationen dieses Satzes *L. Müller*, Der Rechtsbegriff im Kirchenrecht, S. 328 f.
[79] O. Fn. 76 S. XVII; *M. Germann*, Textauswahl, S. 143.
[80] Vgl. *K. Walf*, Einführung in das neue katholische Kirchenrecht, S. 42.
[81] So mit Recht *K. Walf*, Einführung in das neue katholische Kirchenrecht, S. 41.
[82] Zur Entwicklung hin zu dieser heute h. M. und zu der Diskussion um Recht und Zwang vgl. nur *L. Müller*, Der Rechtsbegriff im Kirchenrecht, S. 115 f., 135 f., 141, 143 f., 150 ff., 164, 167 f., 181, pass.; a. A. aus jüngerer Zeit aber *G. May/A. Egler*, Einführung in die kirchenrechtliche Methode, S. 162. Dazu auch u. § 19 Rn. 13.
[83] Vgl. *A. Hollerbach*, Göttliches und Menschliches in der Ordnung der Kirche, in: FS f. E. Wolf, 1972, S. 212 ff. (n. Fn. 38), jetzt auch in: G. Robbers u. a. (Hrsg.), A. Hollerbach, Ausgewählte Schriften, 2006, S. 177 (185 f.).
[84] Vgl. *K. Walf*, Einführung in das neue katholische Kirchenrecht, S. 41.
[85] Vgl. *R. Weigand*, Artikel „Kirchenrecht", in: Lexikon des Kirchenrechts, Sp. 519 f.

1. Göttliches und menschliches Recht

Ausgehend vom Wesen der Kirche als einer aus menschlichen und göttlichen Elementen zusammengewachsenen sichtbaren Versammlung und geistlichen Gemeinschaft[87] muss nach katholischem Verständnis zwischen göttlichem und rein kirchlichem, also menschlichem Recht unterschieden werden. Unter dem göttlichen Recht (ius divinum) sind all diejenigen rechtlichen Vorgaben zu verstehen, die unmittelbar auf göttlichen Willen zurückgeführt werden.[88] Rein kirchliches bzw. menschliches Recht (ius mere ecclesiasticum, auch: ius humanum) umfasst demgegenüber alle Rechtssätze, die ihren Ursprung im Rechtsetzungswillen eines menschlichen Gesetzgebers in der Kirche oder in der gewohnheitsmäßigen Übung der Menschen unter Zustimmung des Gesetzgebers haben.[89] Göttliches Recht geht davon aus, dass es für die Kirche in Bezug auf Glauben und Sitte unverfügbare Positionen gibt, die von Gott selbst vorgegeben sind. Sie sind nicht durch den Menschen veränderbar.[90]

Das göttliche Recht lässt sich untergliedern in das Naturrecht (ius divinum naturale) und das sog. positive göttliche Recht (ius divinum positivum).[91] Naturrecht in diesem Sinne umfasst die Rechte des Menschen, die mit seiner vom Schöpfer selbst gegebenen Natur als menschliche Person unverlierbar verbunden sind.[92] Dies sind grundlegende, überzeitlich gültige, oberste und allgemeine rechtliche Vorgaben.[93] Sie sind unabhängig von Glauben und Kulturkreis schon durch die dem Menschen eigene Vernunft erkennbar.[94] Dazu gehören z. B. das Recht auf Leben, das Recht auf körperliche Unversehrtheit und das Recht auf Gewissensfreiheit. Im Dekalog, den zehn Geboten des Alten Testaments, ist eine Reihe solcher naturrechtlicher Vorgaben aufgeführt.[95] Nach katholischer Auffassung ist das Naturrecht als Teil des natürlichen Sittengesetzes[96] letztlich im „ewigen Gesetz" (lex aeterna) des Schöpfers begründet und verpflichtet im Gewissen.[97] Nach dem II. Vatikanischen Konzil kommt der

---

[86] Vgl. *R. Weigand*, Artikel „Kirchenrecht", in: Lexikon des Kirchenrechts, Sp. 519 f.; *W. Aymans/ K. Mörsdorf*, Kanonisches Recht I, § 4 A.
[87] Vgl. LG 8.
[88] Zum ius divinum und seiner Abgrenzung vom ius humanum: *W. Aymans*, Artikel „Ius divinum – Ius humanum", in: Lexikon des Kirchenrechts, Sp. 436 ff. m. w. N.; *W. Aymans/K. Mörsdorf*, Kanonisches Recht I, § 3 C I; *I. Riedel-Spangenberger*, Gottesrecht und Menschenrecht, in: FS f. Heinemann, S. 99 ff.; *A. Glomb*, Sententia plurimorum. Das Mehrheitsprinzip in den Quellen des kanonischen Rechts und im Schrifttum der klassischen Kanonistik, S. 6 f., jeweils m. w. N. Zu Grundproblemen *A. Hollerbach*, FS f. E. Wolf z. 70 Geb., S. 212 ff.; auch *ders.*, Artikel „Ius divinum. II. Kanonisches Recht", in: EvStL, Bd. I, Sp. 1414 ff., jeweils m. w. N.; in besonderer Perspektive: *Kuhn*, Kirchenordnung als rechtstheologisches Begründungsmodell, S. 129 ff.; zur Geschichte *Link*, Artikel „Göttliches Recht", in: Jaeger (Hrsg.), Enzyklopädie der Neuzeit, Bd. 4, 2006, Sp. 1056 ff.; krit. etwa *Graf*, Moses Vermächtnis. Über göttliche und menschliche Gesetze, S. 15 f., 22 f., 37 ff.
[89] *W. Aymans/K. Mörsdorf*, Kanonisches Recht I, § 3 C I.
[90] Vgl. nur *H. Pree*, Zur Wandelbarkeit und Unwandelbarkeit des Ius divinum, in: FS f. Heinemann, S. 111 ff.
[91] *W. Aymans*, Artikel „Ius divinum – Ius humanum", in: Lexikon des Kirchenrechts, Sp. 436 f.
[92] Vgl. *Höffner*, Christliche Gesellschaftslehre, S. 63.
[93] Vgl. *Höffner*, Christliche Gesellschaftslehre, S. 74.
[94] Vgl. *W. Aymans/K. Mörsdorf*, Kanonisches Recht I, § 3 C II; *H. Heimerl/H. Pree*, Kirchenrecht, S. 14.
[95] Zum Dekalog (Ex 20, 2–17; Dtn 5, 6–21): KKK 2041 ff.
[96] Dazu KKK 1949 ff.
[97] Vgl. *Höffner*, Christliche Gesellschaftslehre, S. 64.

katholischen Kirche, somit dem kirchlichen Lehramt[98], u. a. die Aufgabe zu, „die Prinzipien der sittlichen Ordnung, die aus dem Wesen des Menschen selbst hervorgehen, autoritativ zu erklären und zu bestätigen"[99].

22 Das positive göttliche Recht leitet sich aus der spezifisch christlichen Offenbarung und der darauf aufbauenden kirchlichen Tradition, der Überlieferung her.[100] Inhaltlich geht es um das von Christus selbst der Kirche anvertraute Glaubensgut (depositum fidei), also das in der Heiligen Schrift geschriebene und kirchenamtlich weitergegebene, d. h. überlieferte Wort Gottes.[101] Das positive göttliche Recht muss als solches erkannt werden. Es ergibt sich anders als das Naturrecht nicht ohne Weiteres aus der menschlichen Vernunft.[102] Nicht alles, was in der Heiligen Schrift steht, ist positiven göttlichen Rechts. Das positive göttliche Recht muss deshalb immer im Kontext der jeweiligen geschichtlichen und gesellschaftlichen Umstände, in denen es tatsächlich zur Anwendung kommt, konkretisiert werden[103], denn diese Umstände ändern sich im Laufe der Zeit. Die Klärung der Frage, was zum positiven göttlichen Recht gehört und damit nicht zur Disposition des kirchlichen Gesetzgebers steht, ist im Einzelfall schwierig und wird in der Kirche z. T. sehr kontrovers diskutiert. Es handelt sich dabei jeweils weniger um eine Frage der Kanonistik als vielmehr um eine Frage der Dogmatik. Die Aufgabe, im Einzelfall eine authentische Klärung des Problems vorzulegen, kommt in der Praxis kraft seiner höchsten lehramtlichen Autorität namentlich dem Papst als Oberhaupt der katholischen Kirche sowie dem Bischofskollegium zusammen mit dem Papst zu.[104] So wird das positive göttliche Recht letztlich erst durch lehramtliche Festlegung und damit durch die kirchliche Tradition (Überlieferung) sichtbar, obwohl es im theoretischen Ansatz schon immer gegolten hat.[105] Nach katholischer Vorstellung steht dem kirchlichen Lehramt dabei der Heilige Geist zur Seite, dessen Wirken Fehldeutungen ausschließt (sog. Charisma der Unfehlbarkeit im Lehramt).[106]

23 Weithin anerkannt als Vorgabe göttlichen Rechts ist z. B. die Unauflöslichkeit der Ehe.[107] Nach wie vor umstritten ist demgegenüber die Frage, ob schon kraft göttlichen Rechts Frauen vom Priesteramt ausgeschlossen sind.[108] Nicht durch göttliches Recht vorgegeben ist demgegenüber z. B. der Zölibat für Kleriker (c. 277 § 1 CIC).[109]

---

[98] Vgl. *Höffner*, Christliche Gesellschaftslehre, S. 78; auch KKK 2036.
[99] DH 14.
[100] Vgl. *H. Heimerl/H. Pree*, Kirchenrecht, S. 14; *W. Aymans*, Artikel „Ius divinum – Ius humanum", in: Lexikon des Kirchenrechts, Sp. 436.
[101] KKK 80–95.
[102] Vgl. *W. Aymans/K. Mörsdorf*, Kanonisches Recht I, § 3 C II.
[103] *W. Aymans/K. Mörsdorf*, Kanonisches Recht I, § 3 C II.
[104] KKK 85; näher u. § 20.
[105] Vgl. *Miggelbrink*, Einführung in die Lehre von der Kirche, S. 129.
[106] Vgl. hierzu KKK 889–892; LG 25; c. 749 CIC. Die Unfehlbarkeit des Papstes geht auf das I. Vatikanische Konzil (1869–1870) zurück. In der dogmatischen Konstitution „Pastor aeternus", abgedr. in lateinischer Originalversion und dt. Übersetzung bei *Denzinger/Hünermann*, 3050 ff. (3074), wurde die Unfehlbarkeit selbst endgültig lehramtlich festgelegt. Zu beachten ist, dass das Charisma der Unfehlbarkeit nur für solche Lehren gilt, die einen Zusammenhang mit der Offenbarung haben. Vgl. auch u. § 20 Rn. 7 ff.
[107] Vgl. nur *K. Lüdicke*, MK, Einl. vor c. 1055 Anm. 14 f.
[108] Allerdings ging Papst *Johannes Paul II.* offenbar davon aus, dass der Ausschluss von Frauen vom Priesteramt durch göttliches Recht vorgegeben sei, vgl. das Apostolische Schreiben über die nur Männern vorbehaltene Priesterweihe „Ordinatio sacerdotalis", abgedruckt u. a. in: KABl. Köln 1994, 109 f.; ferner die Erklärung der deutschen Bischöfe zu diesem Schreiben, abgedruckt u. a. in: KABl. Münster 1994, 139 f.; vgl. auch die Rede Papst *Johannes Pauls II.* vor den deutschen Bischöfen am 18. 11. 1999 (abgedruckt in: F.A.Z. v. 23. 11. 1999, S. 8), wonach „die Kirche keinerlei Vollmacht hat, Frauen die Priesterweihe zu spenden".
[109] Zu ihm *P. Krämer*, Artikel „Zölibat. III. Kirchenrechtlich", in: LThK, Bd. 10, Sp. 1485 f. m. w. N.

§ 16. Gegenstand und Quellen des kanonischen Rechts

Göttliches und menschliches Recht bilden eine einheitliche Rechtsordnung, allerdings mit einem inneren qualitativen Gefälle.[110] Als Recht höchster Ordnung geht das göttliche Recht jeder menschlichen Rechtsetzung, gleich ob durch Gesetz oder durch Gewohnheit, vor. Die menschliche Rechtsetzung wird also durch die Vorgaben des göttlichen Rechts begrenzt und legitimiert.[111] Daher ist auch das menschliche Recht nicht beliebig. Es dient seiner Funktion nach vielmehr dazu, die unverfügbaren göttlichen Weisungen in der Welt wirksam und handhabbar zu machen.[112] Göttliches Recht kann dabei, muss jedoch nicht, in eine menschlich geschaffene Rechtsnorm eingekleidet werden. Insofern muss scharf zwischen dem dogmatischen Inhalt der jeweiligen göttlichen Weisung und seiner Ausformung als sichtbare menschliche Rechtsnorm unterschieden werden. Nur der dogmatische Inhalt, d. h. die hinter der sichtbaren Rechtsnorm stehende göttliche Glaubensweisung, bleibt unverfügbar.[113] Die Einkleidung in eine letztlich vom menschlichen Gesetzgeber geschaffene Rechtsnorm stellt lediglich den Versuch dar, die göttlichen Weisungen in der Praxis umzusetzen.

Die katholische Kirche beruft sich nur in sehr begrenztem Umfang direkt auf göttliches Recht (der Codex Iuris Canonici bringt dies häufig durch entsprechende Formulierungen zum Ausdruck, z. B „ex divina institutione", „ordinatio divina", „institutio divina"[114] etwa in cc. 129, 207, 330, 1008 CIC). Weit überwiegend erfolgt in der Praxis die Rechtsetzung[115] durch den Menschen selbst. Dies geschieht, begrenzt durch das göttliche Recht, in erster Linie durch Erlass von Gesetzen oder durch vom Gesetzgeber gebilligte Gewohnheiten der Menschen.

2. Die Gesetzbücher und die sonstigen äußeren Rechtsquellen

Die (formellen) Hauptquellen des geltenden[116] kanonischen Rechts sind für die Lateinische Kirche der Codex Iuris Canonici (CIC) von 1983[117] und für die unierten Ostkirchen der Codex Canonum Ecclesiarum Orientalium (CCEO).[118] Jeder Rechtskreis hat damit sein eigenes Gesetzbuch.[119] CIC und CCEO sind nur für die Angehörigen des jeweiligen Rechtskreises verbindlich (cc. 1 CIC, 1

---

[110] Vgl. *W. Aymans/K. Mörsdorf*, Kanonisches Recht I, § 3 C I 2.
[111] Vgl. *W. Aymans/K. Mörsdorf*, Kanonisches Recht I, § 3 C III.
[112] Vgl. *W. Aymans/K. Mörsdorf*, Kanonisches Recht I, § 3 C III.
[113] Instruktiv *H. Pree*, Zur Wandelbarkeit und Unwandelbarkeit des Ius divinum, in: FS f. Heinemann, S. 111 ff.
[114] Vgl. die Zusammenstellung bei *F. Bernard*, Grundkurs Kirchenrecht, S. 8.
[115] Rechtsetzung ist begrifflich abzugrenzen von der Rechtspflege, also Verwaltung und Rechtsprechung, vgl. *W. Aymans/K. Mörsdorf*, Kanonisches Recht I, § 3 D II.
[116] Zur Geschichte der Quellen: *R. Weigand*, Artikel „Kirchenrecht", in: Lexikon des Kirchenrechts, Sp. 519 ff.; *P. Erdö*, Die Quellen des Kirchenrechts, 2002.
[117] Der geltende CIC wurde von Papst *Johannes Paul II.* mit der Apostolischen Konstitution „Sacrae Disciplinae Leges" v. 25. 1. 1983 promulgiert, d. h. verkündet, und trat am 27. 11. 1983 in Kraft. Zur Entstehungsgeschichte des CIC: *H. Schmitz*, in: HdbKathKR, § 5; *K.-T. Geringer*, Artikel „Codex Iuris Canonici", in: Lexikon des Kirchenrechts, Sp. 155 ff.; *Göbel*, Das Verhältnis von Kirche und Staat nach dem Codex Iuris Canonici des Jahres 1983, S. 67 ff. m. w. N.
[118] Der CCEO wurde von Papst *Johannes Paul II.* am 18. 10. 1990 mit der Apostolischen Konstitution „Sacri canones" promulgiert und trat am 1. 10. 1991 in Kraft. Näher zum CCEO: *R. Potz*, in: HdbKathKR, § 6.
[119] Zu den Bemühungen nach dem II. Vatikanischen Konzil, für die gesamte katholische Kirche ein gemeinsam geltendes Grundgesetz, eine Lex Ecclesiae Fundamentalis zu schaffen: *W. Aymans/K. Mörsdorf*, Kanonisches Recht I, § 4 C II 3; *P. Krämer*, Artikel „Lex Ecclesiae Fundamentalis", in: Lexikon des Kirchenrechts, Sp. 641 ff.; *Göbel*, Das Verhältnis von Kirche und Staat nach dem Codex Iuris Canonici des Jahres 1983, S. 78 ff. – mit Text und (nicht amtlicher) Übersetzung.

CCEO).[120] Auf der Ebene der Gesamtkirche ist auch die Apostolische Konstitution über die Römische Kurie „Pastor Bonus" hervorzuheben (AK PastBon).[121] Sie regelt die Organisation und die Kompetenzen der Römischen Kurie für die Durchführung der gesamtkirchlichen Aufgaben des Papstes (Art. 1 AK PastBon). Deshalb hat sie gesamtkirchliche Verbindlichkeit, gilt also für beide Rechtskreise.

27   Hinzuweisen ist darauf, dass der CIC, der CCEO und auch die AK PastBon allein in der lateinischen Originalversion rechtsverbindlich sind.[122] Übersetzungen, seien sie auch von der Bischofskonferenz genehmigt oder in Auftrag gegeben, sind nicht das Gesetz selbst, sondern eben nur Übersetzungen. Gleichwohl wird hier auf die im Auftrag der Deutschen Bischofskonferenz erfolgte deutsche Übersetzung in der lateinisch-deutschen Ausgabe des CIC, Verlag Butzon & Bercker, Kevelaer, 5. Auflage 2001, zurückgegriffen, soweit möglich auch auf *Michael Germann*, Staatskirchenrecht und Kirchenrecht. Textauswahl. Aufgabe für Köln 2008. Zum CCEO sei auf die im Bonifatiusverlag erschienene lateinisch-deutsche Ausgabe (hrsgg. v. *Libero Gerosa* und *Peter Krämer*) verwiesen.

28   Der CIC, der CCEO und die AK PastBon stellen die zentralen formellen Rechtsquellen der römisch-katholischen Kirche dar. Darüber hinaus besteht noch eine Vielzahl weiterer formeller Quellen, vor allem die in unterschiedlichster Form und Bezeichnung[123] ergangenen päpstlichen Erlasse, die geltenden Konkordate (Verträge zwische Staat und Kirche) sowie das von den Diözesanbischöfen, Bischofskonferenzen und Partikularkonzilien für ihre jeweiligen Zuständigkeitsbereiche geschaffene sog. Partikularkirchenrecht.

29   Kirchenrecht, das nicht wie die beiden Gesetzbücher CIC und CCEO eigenständig veröffentlicht wird, findet sich in besonderen Publikationsorganen, die teilweise mit den im staatlichen Recht bekannten Gesetz- und Verordnungsblättern (z. B. Bundesgesetzblatt) vergleichbar sind. Vorschriften, die vom Papst selbst oder von anderen gesamtkirchlichen Behörden erlassen wurden, werden zumeist in den Acta Apostolicae Sedis (AAS), dem amtlichen Publikationsorgan des Apostolischen Stuhls, publiziert. Deutsche Übersetzungen dieser i. d. R. in lateinischer Sprache abgefassten Regelwerke sind häufig in den Verlautbarungen des Apostolischen Stuhls (VAS) veröffentlicht, einer Reihe, die von der Deutschen Bischofskonferenz herausgegeben wird, teilweise auch im Archiv für katholisches Kirchenrecht (AfkKR). Zu Regelungen der Deutschen Bischofskonferenz ist auf die von *R. Wenner* herausgegebene Loseblattsammlung „Beschlüsse der Deutschen Bischofskonferenz" hinzuweisen. Teilweise erscheinen solche Vorschriften auch in der von der Deutschen Bischofskonferenz herausgegebenen Reihe „Die deutschen Bischöfe". Bischöfliche Normen finden sich meist in den diözesanen Amtsblättern (z. B. KABl. Köln). Die Konkordate und andere Verträge zwischen Kirche und Staat sind zu einem erheblichen Teil abgedruckt in der von *J. Listl* herausgegebenen Sammlung „Die Konkordate und Kirchenverträge in der Bundesrepublik Deutschland", 2 Bände, Berlin 1987. Für die jüngeren Bundesländer Deutschlands ist die von *G. Burger* herausgegebene Textsammlung „Staatskirchenrecht in den neuen Bundesländern", Leipzig 2000, zu nennen. Nicht zuletzt sei auf das mittlerweile reichhaltige Internetangebot hingewiesen, das neben dem Vatikan, die Deutsche Bischofskonferenz und viele weitere kirchliche, staatliche und private Anbieter zur Verfügung stellen. Hier können vielfach kirchliche Rechtsvorschriften abgerufen werden.

---

[120] C. 1 CIC: „Die Canones dieses Codex betreffen allein die lateinische Kirche". C. 1 CCEO besagt, dass die Canones des Codex (CCEO) allein die katholischen orientalischen Kirchen betreffen, „wenn nicht hinsichtlich der Beziehungen mit der Lateinischen Kirche etwas anderes ausdrücklich bestimmt wird." Diese Klausel des c. 1 CCEO bezieht sich auf folgende zehn Canones des CCEO: cc. 37, 41, 193, 207, 322 § 1, 432, 696, 830 § 1, 916 § 5, 1465 CCEO.
[121] Die AK PastBon wurde am 28. 6. 1988 von Papst *Johannes Paul II.* promulgiert und trat am 1. 3. 1989 in Kraft. Sie ist lateinisch und deutsch abgedruckt in der CIC-Textausgabe des Verlags Butzon & Bercker, 5. Aufl. 2001, S. 771 ff.
[122] Das gilt übrigens für die allermeisten gesamtkirchlichen Normen.
[123] Vgl. hierzu *W. Aymans/K. Mörsdorf*, Kanonisches Recht I, § 4 B I-III.

§ 17. Verfassungsrecht der katholischen Kirche

Literatur: *T. Amann*, Laien als Träger von Leitungsgewalt?, 1996; *W. Aymans*, Das Problem der Defektionsklauseln im kanonischen Eherecht, in: FS f. J. Listl, 1999, S. 797; *W. Aymans/K. Mörsdorf*, Kanonisches Recht, 3 Bde., 13. Aufl. 1991, 1997, 2007; *A. v. Campenhausen/H. de Wall*, Staatskirchenrecht, 4. Aufl. 2006; *F. Casutt v. Batemberg*, Der Rechtsstatus des Laien im katholischen Kirchenrecht, 2007; *S. Demel*, Vom bevormundeten zum mündigen Volk Gottes – und wieder zurück?, in Meier/Platen/Reinhardt/Sander (Hrsg.), Rezeption des zweiten Vatikanischen Konzils in Theologie und Kirchenrecht heute. FS f. Lüdicke, 2008, S. 99 ff. *G. Gänswein*, Kirchengliedschaft, 1995; *M. Graulich*, Ist der *Kirchenaustritt* ein *actus formalis defectionis ab Ecclesia catholica*? – Ein Beitrag zur Diskussion, KuR 2008, 1 ff.; *F. Hammer*, Rechtsfragen der Kirchensteuer, 2002; *P. Krämer*, „Kirchenverfassung" in: Lexikon des Kirchenrechts, 2004, Sp. 544; *J. Listl*, „Kirchenaustritt", in: Lexikon des Kirchenrechts, 2004, Sp. 499 ff.; *K. Lüdicke*, Die Kirchengliedschaft und die plena communio, in: Lüdicke/Paarhammer/Binder (Hrsg.), Recht im Dienste des Menschen. FS f. H. Schwendenwein, 1986, S. 377 ff.; *P. Platen*, Die Ausübung kirchlicher Leitungsgewalt durch Laien. Rechtssystematische Überlegungen aus der Perspektive des „Handelns durch andere", 2008; *H. Pree*, MK, c. 96; *R. Puza*, Katholisches Kirchenrecht, 2. Aufl. 1993; *K. Rahner/H. Vorgrimler*, Kleines Konzilskompendium, 30. Aufl. 2003; *H. J. F. Reinhardt*, „Kirchengliedschaft" in: Lexikon des Kirchenrechts, 2004, Sp. 508; *ders.*, MK c. 204; *G. Riedl*, Die Laien, in: HdbKathKR, § 18; *H. Socha*, MK c. 131; *H. Zapp*, Körperschaftsaustritt wegen Kirchensteuern – kein Kirchenaustritt, KuR 2007, 66; *K. B. Zotz*, Katholisch getauft – katholisch geworden, 2002.

I. Das kirchliche Verfassungsrecht

Das kirchliche Verfassungsrecht hat die rechtliche Struktur der römisch-katholischen Kirche zum Gegenstand.[124] Was im Einzelnen dazu zählt, erschließt sich nicht ohne Weiteres. Anders als die meisten weltlichen Staaten hat die katholische Kirche keine formelle Verfassungsurkunde im Sinne eines übergeordneten Regelwerks, wie z. B. das Grundgesetz für die Bundesrepublik Deutschland.[125] Das Verfassungsrecht der katholischen Kirche ist daher ausschließlich materiell zu bestimmen.[126] Dabei geht es um die Normen göttlichen und menschlichen Rechts, die sich mit der konstitutiven Ein- und Zuordnung des Einzelnen innerhalb der Kirchengemeinschaft, der communio, befassen.[127] Das derzeitige kirchliche Verfassungsrecht umfasst folgende Gegenstände:[128]
– Zugehörigkeit zur katholische Kirche,[129]
– rechtlicher Grundstatus aller Gläubigen in der Kirche,[130]
– Unterscheidung der Kirchenglieder in Kleriker und Laien,[131]
– hierarchische und teilkirchliche Organisation der katholischen Kirche.[132]

Da es an übergeordneten Vorschriften für die Gesamtkirche fehlt, finden sich die entsprechenden Normenkomplexe sowohl im CIC als auch im CCEO. Daneben

1

2

---

[124] Vgl. *W. Aymans/K. Mörsdorf*, Kanonisches Recht II, vor § 48; *P. Krämer*, Artikel „Kirchenverfassung", in: Lexikon des Kirchenrechts, Sp. 544 ff.
[125] Zu dem letztlich gescheiterten Projekt einer „Lex Ecclesiae Fundamentalis" bereits o. § 16 Fn. 119.
[126] Vgl. *W. Aymans/K. Mörsdorf*, Kanonisches Recht II, § 48 B.
[127] Vgl. *P. Krämer*, Artikel „Kirchenverfassung", in: Lexikon des Kirchenrechts, Sp. 544 ff.
[128] Vgl. *W. Aymans/K. Mörsdorf*, Kanonisches Recht II, § 48 B.
[129] Dazu u. Rn. 4 ff.
[130] U. Rn. 14 ff.
[131] U. Rn. 23.
[132] U. § 18.

sind Spezialgesetze zu beachten.[133] Das Verfassungsrecht beruht auf der durch das II. Vatikanische Konzil geprägten Lehre von der Kirche. Die dogmatische Grundlage ist die konziliare Ekklesiologie, wie sie vornehmlich in der Dogmatischen Konstitution über die Kirche „Lumen Gentium" dargestellt ist. Viele Vorschriften des CIC und des CCEO sind dabei wörtlich übernommen aus den Konzilstexten. So zeigt sich auch im Verfassungsrecht die enge Verknüpfung des kanonischen Rechts mit der Theologie.

3   Die folgende Darstellung orientiert sich am CIC, also am Recht der Lateinischen Kirche. Auf elementare Abweichungen im CCEO kann nur hingewiesen werden. Im CIC ist das Verfassungsrecht in erster Linie im Buch II (cc. 204–746 CIC) geregelt.

II. Die Kirchengliedschaft

1. Die Zugehörigkeit zur katholischen Kirche

4   Die Kirche ist nach römisch-katholischer Lehre die Gemeinschaft derer, die sich zu *Jesus Christus* im Glauben und durch die Taufe bekannt haben.[134] Zu dieser Gemeinschaft, der „communio", sind alle Menschen dieser Welt berufen[135] Das Christentum weist allerdings heute, bedingt durch viele Spaltungen, eine große Vielfalt auf. Ganz unterschiedliche Gemeinschaften bekennen sich zu *Jesus Christus*. In den Glaubensinhalten bestehen dabei zum Teil erhebliche Unterschiede. Die katholische Kirche ist vor die Aufgabe gestellt, rechtlich festzulegen, wer zu ihr gehört und wer von ihrer rechtlichen Ordnung erfasst wird.[136] Dabei ist die vom II. Vatikanischen Konzil erarbeitete Verhältnisbestimmung zwischen katholischer Kirche und den anderen christlichen und nichtchristlichen Gemeinschaften von zentraler Bedeutung.[137]

5   **a) Ekklesiologische Grundlagen.** Nach der durch das II. Vatikanische Konzil geprägten Ekklesiologie ist die Kirche Christi (communio) zwar nicht mehr identisch mit der katholischen Kirche, andererseits aber in der katholischen Kirche institutionell voll verwirklicht („subsistit in"). Im hierzu maßgeblichen Text von LG 8 heißt es: „Der einzige Mittler Christus hat seine heilige Kirche, die Gemeinschaft des Glaubens, der Hoffnung und der Liebe, hier auf Erden als sichtbares Gefüge verfasst und trägt sie als solches unablässig… Diese Kirche, in dieser Welt als Gesellschaft verfasst und geordnet, ist verwirklicht in der katholischen Kirche, die vom Nachfolger Petri und von den Bischöfen in Gemeinschaft mit ihm geleitet wird. Dies schließt nicht aus, dass außerhalb ihres Gefüges vielfältige Elemente der Heiligung und der Wahrheit zu finden sind, die als der Kirche Christi eigene Gaben auf die katholische Einheit hindrängen."[138]

---

[133] Z. B. die AK PastBon vom 28. 6. 1988, dazu o. § 16 Fn. 121.
[134] Vgl. o. § 16 Rn. 4 ff.
[135] LG 13; KKK 836; vgl. auch GS 22: „Da nämlich Christus für alle gestorben ist und da es in Wahrheit nur eine letzte Berufung des Menschen gibt, die göttliche, müssen wir feststellen, dass der Heilige Geist allen die Möglichkeit anbietet, diesem österlichen Geheimnis in einer Gott bekannten Weise verbunden zu sein."
[136] Ausführlich hierzu *G. Gänswein*, Kirchengliedschaft, 1995. *G. Gänswein* gibt einen Überblick über die Aussagen des Konzils, die Vorarbeiten zum neuen CIC sowie eine Erläuterung der geltenden Rechtslage. Hierzu auch: *B. Zotz*, Katholisch getauft – katholisch geworden, S. 13 ff.; zur theologiegeschichtlichen Entwicklung der Zugehörigkeit zur Kirche: *P. Krämer*, Kirchenrecht II, S. 12 ff.
[137] Näher *G. Gänswein*, Kirchengliedschaft, S. 15 ff.
[138] LG 8; zu den Konzilstexten vgl. die Publikation *K. Rahner/H. Vorgrimler*, Kleines Konzilskompendium, zuletzt in 31. Aufl.

§ 17. Verfassungsrecht der katholischen Kirche

Im bildhaften Verständnis der Kirche als Leib Christi sind zunächst alle aus katholischer Sicht 6
gültig Getauften, katholisch oder nichtkatholisch, Glieder dieses einen Leibes, dessen Haupt
Christus ist. Die katholische Kirche spricht daher auch von der „Gliedschaft" in der Kirche, nicht
etwa von der Mitgliedschaft des Einzelnen. Wie es allerdings nur einen Leib Christi geben kann, so
kann es nach katholischer Lehre auch nur eine einzige und einheitliche Kirche Christi geben.[139] Im
Hinblick auf die dem Christentum fehlende Einheit nimmt die katholische Kirche für sich in
Anspruch, institutionell die volle Verwirklichung dieser einen und einzigen Kirche Christi darzustellen.[140] Danach entspricht institutionell nur die katholische Kirche in vollem Umfange der
Kirche Christi, wie sie nach katholischer Auffassung zum Heilserwerb letztlich notwendig ist. Das
Konzil hat im Dekret über den Ökumenismus (Unitatis redintegratio – UR 3)[141] dazu ausgeführt:
„Denn nur durch die katholische Kirche Christi, die das allgemeine Hilfsmittel des Heiles ist, kann
man Zutritt zu der ganzen Fülle der Heilsmittel haben. Denn einzig dem Apostelkollegium, an
dessen Spitze Petrus steht, hat der Herr, so glauben wir, alle Güter des neuen Bundes anvertraut, um
den einen Leib Christi auf Erden zu konstituieren, welchem alle völlig eingegliedert werden müssen,
die schon auf irgendeine Weise zum Volke Gottes gehören."[142]

Ungetaufte gehören somit nicht zur Kirche Christi. Die Angehörigen der anderen christlichen 7
Kirchen und kirchlichen Gemeinschaften gehören nach katholischer Auffassung zwar durch die Taufe
der einen Kirche Christi an.[143] Ihre konkreten Gemeinschaften repräsentieren aber nach katholischer
Vorstellung nur partiell die Kirche Christi. In ihnen sind lediglich Elemente der Kirche Christi
vorhanden. Ansonsten sind sie aus katholischer Sicht im Hinblick auf die eine und einzige Kirche
Christi, wenngleich in unterschiedlichem Maße, mit Mängeln behaftet. Nur durch die volle Gemeinschaft
mit der katholischen Kirche können Gläubige nach katholischer Lehre die Fülle des Heils sicher
erlangen. Umgekehrt bedeutet in dieser Hinsicht die fehlende volle Gemeinschaft mit der katholischen
Kirche einen Mangel, der die Erlangung des ewigen Heils gefährdet. Daher muss nach katholischer
Ansicht die volle Gemeinschaft mit der katholischen Kirche gesucht bzw. erhalten werden.

Begrifflich wird demgemäß unterschieden zwischen der „communio plena", d. h. der institutionell 8
vollständig verwirklichten Kirche Christi, und der „communio non plena".[144] Die katholische Kirche
stellt dabei die „communio plena" dar, während die übrigen christlichen Kirchen und kirchlichen
Gemeinschaften aufgrund ihrer aus Sicht der katholischen Kirche vorhandenen Mängel nur die
„communio non plena" herstellen können.[145] Ungetaufte stehen außerhalb der communio.

b) Die Regelungen im CIC. Die ekklesiologischen Vorgaben spiegeln sich im 9
CIC wider. Die zentrale verfassungsrechtliche Norm über die Zugehörigkeit zur
römisch-katholischen Kirche ist c. 96 CIC.[146] Die eigentlichen Regelungen des CIC

---

[139] KKK 813; KKK 866: „Die Kirche ist eine: Sie hat nur einen Herrn, bekennt nur einen Glauben,
geht aus einer einzigen Taufe hervor, bildet nur einen Leib, wird von einem einzigen Geist beseelt
auf eine einzige Hoffnung hin; ist diese einmal erfüllt, dann werden alle Trennungen überwunden
sein."
[140] Vgl. *W. Aymans/K. Mörsdorf*, Kanonisches Recht II, § 49 A.
[141] Zu UR bereits o. § 16 Fn. 4.
[142] Vgl. auch die von der Kongregation für die Glaubenslehre verfasste Erklärung „Dominus
Iesus" vom 6. 8. 2000, Nrn. 16 f., abgedr. in dt. Übersetzung in VAS Heft 148 und KABl. Köln 2000,
173 ff. In dieser Erklärung spricht die Kongregation für die Glaubenslehre von der geschichtlichen,
in der apostolischen Sukzession verwurzelten Kontinuität (vgl. auch LG 20) zwischen der von
Christus gestifteten und der katholischen Kirche. Zu verweisen ist zudem auf die ebenfalls von der
Kongregation für die Glaubenlehre am 10. 7. 2007 veröffentlichten „Antworten auf Fragen zu
einigen Aspekten bezüglich der Lehre von der Kirche", abgedruckt u. a. in epd-Dokumentation
Nr. 30/2007, S. 4 ff., mit Kommentar S. 6 ff. sowie auf S. 11 ff. Reaktionen vornehmlich von evangelischer
Seite, die die ökumenische Irritation widerspiegeln, die das Dokument hervorgerufen hat.
[143] Die vorkonziliare Ekklesiologie betrachtete ausschließlich die katholische Kirche als wahre
Kirche Christi. Danach waren katholische Kirche und Kirche Christi identisch. Nichtkatholiken
standen trotz ihrer Taufe außerhalb dieser wahren Kirche Christi. Vgl. hierzu Papst *Pius XII.* in der
Enzyklika „Mystici Corporis Christi" aus dem Jahre 1943, AAS 35 (1943), S. 193–248. Zu den
Auswirkungen dieser Sichtweise: *W. Aymans/K. Mörsdorf*, Kanonisches Recht II, § 49 A; *P. Krämer*,
Kirchenrecht II, S. 12 ff.
[144] Vgl. *W. Aymans/K. Mörsdorf*, Kanonisches Recht II, § 49 A.
[145] Zu den konziliaren Aussagen zur Kirchenzugehörigkeit auch in ihren Stufungen ausführlich:
G. Gänswein, Kirchengliedschaft, S. 25 ff.
[146] Vgl. *G. Gänswein*, Kirchengliedschaft, S. 213 f.; zum Wortlaut von c. 96 CIC vgl. im Text den
folgenden Absatz.

über die Struktur der communio finden sich sodann im Buch II des CIC, das mit „De Populo Dei" (Volk Gottes) überschrieben ist. C. 204 § 2 CIC übernimmt zunächst die „subsistit in"-Lehre des Konzils (LG 8) fast wörtlich.[147] Unklar ist die Regelung des c. 204 § 1 CIC, in der der Begriff „christifideles" (Gläubige) scheinbar definiert wird[148]: „Gläubige sind jene, die durch die Taufe Christus eingegliedert, zum Volke Gottes gemacht und dadurch auf ihre Weise des priesterlichen, prophetischen und königlichen Amtes Christi teilhaftig geworden sind; sie sind gemäß ihrer je eigenen Stellung zur Ausübung der Sendung berufen, die Gott der Kirche zur Erfüllung in der Welt aufgetragen hat." Diese Umschreibungen der Teilhabe am dreifachen Amt Christi und der Berufung zur Ausübung der kirchlichen Sendung treffen im Sinne der Communio-Ekklesiologie des Konzils eigentlich auf alle Getauften zu. Aus der Verknüpfung mit c. 204 § 2 CIC und auch durch c. 1[149] sowie c. 11 CIC[150] ist jedoch erkennbar, dass mit dem Begriff „christifideles" im CIC die Getauften gemeint sind, die in voller Gemeinschaft mit der katholischen Kirche stehen (communio plena). Wenn also im CIC von „christifideles" (Gläubigen) die Rede ist, dann sind damit nur die Katholiken gemeint.[151] Der CIC versteht sich als Gesetzbuch der römisch-katholischen, genauer der Lateinischen Kirche (c. 1 CIC).

10 Nach c. 96 CIC gilt: „Durch die Taufe wird der Mensch der Kirche Christi eingegliedert und wird in ihr zur Person mit den Pflichten und Rechten, die den Christen unter Beachtung ihrer jeweiligen Stellung eigen sind, soweit sie sich in der kirchlichen Gemeinschaft befinden und wenn nicht eine rechtmäßig verhängte Sanktion entgegensteht."[152] Es wird hier zunächst festgelegt, dass erst durch die gültige Taufe der Mensch als physische Person der Kirche Christi (communio) eingegliedert wird und hierdurch in eben dieser Kirche Christi zur rechtlichen Person, d. h. zum potentiellen Träger von spezifisch christlichen Rechten und Pflichten, wird.[153] Mit der „Kirche Christi" im Sinne des c. 96 CIC ist aber an dieser Stelle nicht die römisch-katholische Kirche gemeint. Vielmehr gehören zur Kirche Christi im Sinne der Communio-Ekklesiologie des II. Vatikanischen Konzils alle Getauften, auch die nichtkatholischen. Sie können somit in dieser Kirche Christi als Rechtssubjekte potentielle Träger von Rechten und Pflichten sein.[154] C. 96 CIC regelt also allgemein die Erlangung der spezifischen Rechtsfähigkeit des Menschen innerhalb der Kirche Christi (communio). Diese durch die Taufe begründete Rechtsfähigkeit wird mitunter mit der Rechtsstellung des Staatsbürgers aufgrund der „Staatsbürgerschaft" verglichen.[155] Dem Juristen liegt der Vergleich

---

[147] In der deutschen Übersetzung lautet c. 204 § 2 CIC: „Die Kirche, in dieser Welt als Gesellschaft verfasst und geordnet, ist in der katholischen Kirche verwirklicht, die von dem Nachfolger Petri und den Bischöfen in Gemeinschaft mit ihm geleitet wird." Lateinisch: „Haec Ecclesia, in hoc mundo ut societas constituta et ordinata, subsistit in Ecclesia catholica, a successore Petri et Episcopis in eius communione gubernata."
[148] Dazu *G. Gänswein*, Kirchengliedschaft, S. 217 ff.
[149] C. 1 CIC: „Die Canones dieses Codex betreffen allein die lateinische Kirche."
[150] C. 11 CIC: „Durch rein kirchliche Gesetze werden diejenigen verpflichtet, die in der katholischen Kirche getauft oder in diese aufgenommen worden sind, hinreichenden Vernunftgebrauch besitzen und, falls nicht ausdrücklich etwas anderes im Recht vorgesehen ist, das siebente Lebensjahr vollendet haben."
[151] Vgl. *P. Krämer*, Kirchenrecht II, S. 14 m. Fn. 4; *G. Gänswein*, Kirchengliedschaft, S. 217.
[152] Im lateinischen Original: „Baptismo homo Ecclesiae Christi incorporatur et in eadem constituitur persona, cum officiis et iuribus quae christianis, attenta quidem eorum condicione, sunt propria, quatenus in ecclesiastica sunt communione et nisi obstet lata legitime sanctio."
[153] Näher zu diesen Rechten und Pflichten u. Rn. 14 ff.
[154] Vgl. *G. Gänswein*, Kirchengliedschaft, S. 214 f.
[155] *F. Pototschnig*, in: HdbKathKR, § 10 I 2 m. w. N.

mit der Rechtsfähigkeit nach § 1 BGB näher. Die kirchliche Rechtsfähigkeit baut auf einer natürlichen Rechtsfähigkeit auf, die allen Menschen, ob getauft oder nicht getauft, schon aufgrund ihrer menschlichen Würde zukommt.[156] So sind selbst Ungetaufte, obwohl keine Glieder in der communio, in ihr nicht völlig rechtlos.[157]

Durch c. 96 CIC wird allerdings lediglich die Zugehörigkeit zur communio als solcher und damit die Abgrenzung zu den Ungetauften geklärt. C. 96 CIC gibt keine Auskunft zu der Frage, ob der Einzelne durch die konkret empfangene Taufe der „communio plena" (katholische Kirche) oder der „communio non plena" (nichtkatholische Kirchen) angehört, wer also katholisch ist und wer nicht. Die praktische Bedeutung dieser Frage lässt sich schon aus c. 96 CIC selbst herleiten, wenn dort ausgeführt wird, dass die Rechte und Pflichten innerhalb der communio auch von dem Maß der kirchlichen Gemeinschaft abhängen. Zudem gelten nach c. 11 CIC die rein kirchlichen Gesetze nur für Katholiken. Nach dem II. Vatikanischen Konzil kommt es für die Einordnung darauf an, in welcher konkreten Kirche oder kirchlichen Gemeinschaft die betreffende Person tatsächlich die Taufe empfangen hat. Hier verwirklicht der Gläubige nämlich seine konkrete christliche Existenz (LG 15). Der päpstliche Rat zur Förderung der Einheit der Christen hat dies nochmals in seinem „Direktorium zur Ausführung der Prinzipien und Normen über den Ökumenismus" vom 25. 3. 1993 herausgestellt (DirOec/1993, Nr. 97).[158] Da aber weder die Konzilsdokumente noch der CIC oder das Direktorium vom 25. 3. 1993 explizite Kriterien für die Frage vorgeben, wann genau von einer Taufe in der katholischen Kirche und wann von einer Taufe in einer nichtkatholischen Kirche gesprochen werden kann, können in der Praxis nicht unerhebliche Probleme entstehen.[159] So kann im Einzelfall durchaus fraglich sein, ob jemand in der katholischen Kirche getauft ist und damit der „communio plena" angehört oder eben nicht. 11

Zu denken ist etwa an den Fall der Taufe eines Kindes konfessionsverschiedener Eltern, die sich über die Konfessionszugehörigkeit des Kindes nicht einigen können, die Taufe dann aber von einem zufällig verfügbaren katholischen Priester vornehmen lassen. Hier könnte eine Analogie zu den gesetzlichen Regelungen der Rituszugehörigkeit (cc. 111, 112 CIC; 28, 29 CCEO) helfen oder – soweit dies möglich ist – auf die Intention des Täuflings abzustellen.[160] 12

Die Taufe vermittelt so neben der allgemeinen Zugehörigkeit zur Kirche Christi immer auch eine korporative Zugehörigkeit zur katholischen Kirche oder zu einer nichtkatholischen Kirche oder kirchlichen Gemeinschaft.[161] Jeder nichtkatholische Christ hat das Recht, aus Gewissensgründen frei zu entscheiden, in die volle Gemeinschaft der katholischen Kirche einzutreten (UR 4; DirOec/1993, Nr. 99). Damit ist die Konversion nach einer gültigen Taufe von einer nichtkatholischen Kirche oder kirchlichen Gemeinschaft hin zur katholischen Kirche immer möglich.[162] Umgekehrt befreit ein Konfessionswechsel von der katholischen Kirche in eine andere Kirche bzw. kirchliche Gemeinschaft allerdings nicht von der katho- 13

---

[156] Vgl. GS 41; *W. Aymans/K. Mörsdorf*, Kanonisches Recht I, § 30 A; *F. Pototschnig*, in: HdbKathKR, § 10 I 1; *H. Pree*, in: MK, c. 96 Rn. 3; *P. Krämer*, Kirchenrecht II, S. 15.

[157] Dazu u. Rn. 16.

[158] Päpstlicher Rat zur Förderung der Einheit der Christen: Direktorium zur Ausführung der Prinzipien und Normen über den Ökumenismus vom 25. 3. 1993, in dt. Übersetzung abgedr. in: VAS Heft 110.

[159] Damit setzt sich ausführlich auseinander: *K. Lüdicke*, Die Kirchengliedschaft und die plena communio, in: FS f. H. Schwendenwein, S. 377 ff.; *B. Zotz*, Katholisch getauft – katholisch geworden, S. 47 ff.

[160] Zu Lösungsansätzen *B. Zotz*, Katholisch getauft – katholisch geworden, S. 83 ff.

[161] Zum Begriff „korporative" Gliedschaft *K. Lüdicke*, Die Kirchengliedschaft (o. Fn. 159), S. 383.

[162] Vgl. auch UR 4; cc. 896–901 CCEO.

lischen Jurisdiktion, da das Gliedsein in der katholischen Kirche am sakramentalen Charakter der Taufe hängt und daher unverlierbar ist.[163]

2. Die christlichen Rechte und Pflichten

14 **a) Die Rechte- und Pflichtenkataloge.** Unabhängig davon, ob jemand katholisch oder nichtkatholisch getauft wurde, erlangt er durch die Taufe die Rechtsfähigkeit innerhalb der Kirche Christi (c. 96 CIC). Er wird damit zum potentiellen Träger von spezifisch christlichen Rechten und Pflichten. Darunter sind all diejenigen subjektiven Rechte und Pflichten zu verstehen, „die sich entweder direkt aus der Taufe ergeben oder vom kirchlichen Gesetzgeber aufgrund der Taufe statuiert werden"[164]. Diese Rechte und Pflichten betreffen nur das Leben in der Kirche als Gemeinschaft der Getauften und finden sich über das ganze Kirchenrecht verstreut.[165]

15 Der Kernbestand dieser Rechte und Pflichten ist in den cc. 208 bis 223 CIC aufgeführt. Diese Vorgaben gelten für alle Gläubigen.[166]
– Gleichheit aller Gläubigen (c. 208 CIC),
– Pflicht der Gläubigen zur Wahrung der Kirchengemeinschaft (c. 209 CIC),
– Pflicht zur Heiligung als gemeinsame Aufgabe (c. 210 CIC),
– Pflicht und Recht zum Beitrag zur universellen Verkündigung (c. 211 CIC),
– Pflicht zu verantwortlichem Gehorsam (c. 212 CIC),
– Recht auf geistlichen Beistand (c. 213 CIC),
– Rechte in Bezug auf den Gottesdienst und auf das geistliche Leben (c. 214 CIC),
– Versammlungs- und Vereinigungsfreiheit (c. 215 CIC),
– Apostolische Unternehmungsfreiheit (c. 216 CIC),
– Recht auf katholische Erziehung (cc. 217, 226 § 2 CIC),
– Theologische Forschungs- und Äußerungsfreiheit (c. 218 CIC),
– Freiheit von Zwang bei der Wahl des Lebensstandes (c. 219 CIC),
– Recht auf Persönlichkeitsschutz (c. 220 CIC),
– Rechtsschutz (c. 221 CIC),
– Beitrags- und Sozialpflicht (c. 222 CIC),
– Gemeinwohlverpflichtung bei der Ausübung der Rechte (c. 223 CIC).

16 Darüber hinaus sind die cc. 224 bis 231 CIC über besondere Rechte und Pflichten der Laien zu beachten.[167] Für die Kleriker gelten zudem die cc. 273 bis 289 CIC (u. a. mit der Regelung über den Zölibat in c. 277 CIC) und für Ordensinstitute und deren Mitglieder die cc. 662–672 CIC. Die einzelnen Kataloge sind allerdings bei Weitem nicht abschließend.[168] Sie umschreiben nur grundlegende Rechte und Pflichten in der Kirche.[169] Teilweise wird im Hinblick auf die Rechte der Gläubigen aus cc. 208 ff. CIC auch von „Grundrechten" gesprochen.[170] Daneben können sich aus jedem kirchlichen Gesetz Rechte und Pflichten für den jeweiligen Adressaten-

---

[163] Vgl. *H. J. F. Reinhardt*, Artikel „Kirchengliedschaft", in: Lexikon des Kirchenrechts, Sp. 509; *G. Gänswein*, Kirchengliedschaft, S. 216.
[164] *H. Pree*, in: MK, c. 96 Rn. 5, auch zum Folgenden.
[165] Allgemein zu den Christenrechten und Christenpflichten: *P. Krämer*, Artikel „Christenrechte – Christenpflichten", in: Lexikon des Kirchenrechts, Sp. 148 f. m. w. N.; *ders.*, Menschenrechte – Christenrechte, in: FS f. Heinemann, S. 169 ff.; *ders.*, Kirchenrecht II, S. 27 ff.; *I. Riedel-Spangenberger*, Grundrechte und Grundpflichten der Gläubigen in der katholischen Kirche, in: Una Sancta 55 (2000), S. 155 ff.
[166] Überblick nach *W. Aymans/K. Mörsdorf*, Kanonisches Recht II, § 54 B.
[167] Vgl. *G. Riedl*, in: HdbKathKR, § 18 II; *W. Aymans/K. Mörsdorf*, Kanonisches Recht II, § 54 C.
[168] Vgl. *W. Aymans/K. Mörsdorf*, Kanonisches Recht II, § 54 C.
[169] Vgl. *P. Krämer*, Kirchenrecht II, S. 27.
[170] Zu dieser Terminologie näher: *H. J. F. Reinhardt*, in: MK, vor c. 208 Rn. 7.

kreis ergeben. Auch stellen die in den Katalogen genannten Rechte und Pflichten kein formal höherrangiges Recht dar. Materiell handelt es sich aber weitgehend um kodifiziertes göttliches Recht.[171] Soweit sie göttlichen Rechts sind, treffen die Rechte und Pflichten grundsätzlich alle Menschen, nicht nur die Getauften oder etwa nur die Katholiken.[172] Umgekehrt verpflichtet rein kirchliches Recht nur Katholiken (c. 11 CIC), soweit der CIC keine anderen Regelungen trifft.

b) Beschränkungen in der Ausübung der Rechte und Pflichten. Bei der Ausübung der christlichen Rechte und Pflichten sieht das kanonische Recht eine Reihe von Beschränkungen vor, von denen Nichtkatholiken wie auch Katholiken betroffen sein können. Darauf weist schon c. 96 CIC hin. Danach hängt die tatsächliche Ausübung der Rechte und Pflichten ab von 17
– der jeweiligen Stellung des Einzelnen („attenta quidem eorum condicione"),
– der kirchlichen Gemeinschaft („quatenus in ecclesiastica sunt communione") sowie
– etwa verhängten Sanktionen („nisi obstet lata legitime sanctio").

Bei den Beschränkungen steht nicht die Aberkennung der durch die Taufe unverlierbar erlangten kirchlichen Rechtsfähigkeit als solcher in Rede.[173] Vielmehr geht es um Schranken für die Ausübung der christlichen Rechte (exercitium iurium) sowie die Frage, ob und ggf. in welchem Maß der Einzelne tatsächlich in der „communio plena" verpflichtet wird. Die Kirchengliedschaft ist insofern dynamisch und weist unterschiedliche Intensitätsgrade bzw. Stufen auf.[174] So erklärt sich das Wort von der „gestuften" Kirchengliedschaft – am Maßstab der „communio plena", in der katholischen Kirche.[175] 18

Es ist danach für die Frage, ob und inwiefern die christlichen Rechte und Pflichten dem Einzelnen auch tatsächlich zustehen bzw. ihn treffen, von entscheidender Bedeutung, in welchem Maße er die Gemeinschaft mit der katholischen Kirche tatsächlich lebt. In c. 205 CIC werden die Umstände aufgeführt, die zur sichtbaren und damit auch rechtlich fassbaren vollen Gemeinschaft mit der katholischen Kirche (communio plena) führen: „Voll in der Gemeinschaft der katholischen Kirche in dieser Welt stehen jene Getauften, die in ihrem sichtbaren Verband mit Christus verbunden sind, und zwar durch die Bande des Glaubensbekenntnisses, der Sakramente und der kirchlichen Leitung." Erst durch diese Elemente, die kumulativ gegeben sein müssen, ist die „volle" Gemeinschaft mit der katholischen Kirche gewahrt. Fehlt umgekehrt auch nur ein Element, so fehlt es auch an der vollen Gemeinschaft mit der katholischen Kirche.[176] C. 96 CIC stellt dabei auf die Theorie der „drei Bande" (tria vincula) ab, die sich aus der dreifachen Sendung der Kirche ergeben.[177] Entscheidend ist danach: 19
– das Bekenntnis des katholischen Glaubens,
– die volle Sakramentengemeinschaft mit der katholischen Kirche sowie
– die Unterordnung unter die kirchliche Leitung.

---

[171] Vgl. *H. J. F. Reinhardt*, in: MK, vor c. 208, Rn. 3.
[172] Vgl. *H. J. F. Reinhardt*, in: MK, vor c. 208, Rn. 3 ff.
[173] Vgl. *F. Pototschnig*, in: HdbKathKR, § 10 II.
[174] Vgl. *P. Krämer*, in: HdbKathKR, § 15 II.
[175] Vgl. *W. Aymans/K. Mörsdorf*, Kanonisches Recht I, § 30 C II 1.
[176] Dazu auch LG 14: „Jene werden der Gemeinschaft der Kirche voll eingegliedert, die, im Besitze des Geistes Christi, ihre ganze Ordnung und alle in ihr eingerichteten Heilsmittel annehmen und in ihrem sichtbaren Verband mit Christus, der sie durch den Papst und die Bischöfe leitet, verbunden sind, und dies durch die Bande des Glaubensbekenntnisses, der Sakramente und der kirchlichen Leitung und Gemeinschaft."
[177] Näher zu den einzelnen Voraussetzungen des c. 205 CIC: *H. J. F. Reinhardt*, in: MK, c. 205 Rn. 1 ff.

20 Da Ungetaufte und Angehörige nichtkatholischer Kirchen und kirchlicher Gemeinschaften diese drei Voraussetzungen nicht erfüllen, treffen die christlichen Rechte und Pflichten diese Personengruppen grundsätzlich nicht bzw. nur eingeschränkt. Die rechtliche Beschränkung wird besonders deutlich in c. 11 CIC[178]: „Durch rein kirchliche Gesetze werden diejenigen verpflichtet, die in der katholischen Kirche getauft oder in sie aufgenommen worden sind, hinreichenden Vernunftgebrauch besitzen und, falls nicht ausdrücklich etwas anderes im Recht vorgesehen ist, das siebente Lebensjahr vollendet haben." Im Hinblick auf c. 1 CIC ist hierbei inhaltlich sogar nur auf die Lateinische Kirche abzustellen. Gerade an dieser Regelung zeigt sich die Veränderung gegenüber der Rechtslage nach dem CIC/1917. Nach c. 12 CIC/1917[179] unterwarf die katholische Kirche alle Getauften, ob katholisch oder nicht, den rein kirchlichen Gesetzen der katholischen Kirche. Das erklärte sich daraus, dass im Verständnis des alten CIC alle Getauften eigentlich Katholiken waren, die aber aus verschiedenen Gründen an der Gemeinschaft mit der katholischen Kirche gehindert waren.[180] Als Folge des II. Vatikanischen Konzils sind nunmehr grundsätzlich nur noch diejenigen Christen an die rein kirchlichen Gesetze der katholischen Kirche gebunden, die in der katholischen Kirche getauft wurden bzw. zu ihr konvertiert sind. Nichtkatholiken sind an diese kirchlichen Gesetze nur noch in dem Umfang gebunden, wie dies ausdrücklich vom Recht vorgesehen ist.[181] An die Normen göttlichen Rechts bleiben in katholischer Sicht aber auch die Nichtkatholiken immer gebunden. Somit ist bei allen christlichen Rechten und Pflichten stets zu überprüfen, ob die konkrete Pflicht oder das konkrete Recht zum ius divinum zählt. Vorgaben des göttlichen Rechts gelten im Gegensatz zu rein kirchlichen Normen (c. 11 CIC) auch für Ungetaufte und Nichtkatholiken.[182] Die sog. Katechumenen, also diejenigen, die zwar noch nicht getauft sind, aber die Taufe begehren (c. 206 CIC), stehen in einer besonderen Stellung.[183]

21 Die Taufe in der katholischen Kirche oder der nachträgliche Übertritt zu ihr bedeutet allein noch nicht das „volle Stehen in der Gemeinschaft mit der katholischen Kirche" i. S. v. c. 205 CIC.[184] Trotz der durch die Taufe begründeten unwiderruflichen Zugehörigkeit zur Kirche müssen auch Katholiken die Anforderungen des c. 205 CIC erfüllen. Viele schaffen das im Alltag nicht. Das zeigt sich insbesondere am (staatskirchenrechtlich möglichen) sog. Kirchenaustritt.[185] Die Kirche behält sich für solche Fälle Sanktionen vor. Das können echte Kirchenstrafen

---

[178] Vgl. c. 1490 CCEO.
[179] C. 12 CIC/1917: „Legibus mere ecclesiasticis non tenentur qui baptismum non receperunt, nec baptizati qui sufficienti rationis usu non gaudent, nec qui, licet rationis usum assecuti, septimum aetatis annum nondum expleverunt, nisi aliud iure expresse caveatur."
[180] Vgl. c. 87 CIC/1917: „Baptismate homo constituitur in Ecclesia Christi persona cum omnibus christianorum iuribus et officiis, nisi, ad iura quod attinet, obstet obex, ecclesiasticae communionis vinculum impediens, vel lata ab Ecclesia censura."
[181] Vgl. *W. Aymans/K. Mörsdorf*, Kanonisches Recht I, § 30 C II 1. Regelungen mit Geltungskraft auch für Nichtkatholiken finden sich z. B. in cc. 1124–1128 CIC (bekenntnisverschiedene Ehen), c. 844 CIC (Sakramentenspendung an und durch Nichtkatholiken). Hier zeigt sich auch die unterschiedliche Nähe der anderen christlichen Kirchen zur katholischen Kirche. Insbesondere stehen die orthodoxen Kirchen der katholischen Kirche im Hinblick auf die in c. 205 CIC postulierten Voraussetzungen näher als etwa die evangelischen Kirchen.
[182] Näher *H. Pree*, in MK, c. 96 Rn. 9.
[183] Vgl. cc. 206, 1170, 1183 § 1 CIC; näher *Beykirch*, Artikel „Katechumenat", in: Lexikon des Kirchenrechts, Sp. 485 m. w. N.
[184] Vgl. *H. Socha*, in: MK, c. 11 Rn. 5.
[185] Dazu näher u. Rn. 39 ff.

oder auch andere Gegenmaßnahmen[186] sein. Weder Kirchenstrafen noch sonstige Maßnahmen bewirken jedoch den Ausschluss aus der katholischen Kirche. Der Betroffene bleibt grundsätzlich den kirchlichen Gesetzen unterworfen. Er wird im rechtlich vorgesehenen Umfang lediglich in der Ausübung seiner Rechte beschränkt. In einigen gesetzlich normierten Fällen ist er zudem von der Einhaltung gesetzlicher Verpflichtungen ausgenommen (ggf. z. B. nach c. 1117 CIC von der Pflicht zur Eheschließung nach den Riten der Kirche).

Die Ausübung von Rechten sowie gesetzliche Verpflichtungen hängen schließlich auch von weiteren persönlichen Bedingungen wie Alter, Geschlecht, geistige Fähigkeit, Verwandtschaft, Wohnsitz und Zugehörigkeit zu einer unierten Ostkirche ab (vgl. cc. 97 ff. CIC).[187]

3. Kleriker und Laien

Die katholische Kirche unterscheidet zwischen Klerikern und Laien. Nach c. 207 § 1 CIC gibt es „kraft göttlicher Weisung" in der Kirche unter den Gläubigen geistliche Amtsträger, die im Recht auch Kleriker genannt werden; „die übrigen dagegen heißen auch Laien". Diese Differenzierung ist für die katholische Kirche von grundlegender Bedeutung. Das gilt sowohl in theologischer als auch in rechtlicher Hinsicht, denn sie bildet die Grundlage der in der römisch-katholischen Kirche herrschenden Autorität. Die gesamte hierarchische Struktur der katholischen Kirche einschließlich der Frage, wer im Einzelnen in ihr hoheitliche Gewalt innehat, lässt sich letztlich nur vor dem Hintergrund der Unterscheidung zwischen Klerikern und Laien verstehen und nachvollziehen.

Zum „minister sacer" (c. 207 § 1 CIC) wird der geistliche Amtsträger durch den gültigen Empfang des Weihesakraments (c. 1008 CIC). Der „minister sacer", der auch Kleriker genannt wird, unterscheidet sich also formalrechtlich vom Laien durch den Empfang des Weihesakraments.[188] Laien sind demgegenüber alle diejenigen Gläubigen, die nicht das Sakrament der Weihe empfangen haben.[189] Die Unterscheidung besteht nach c. 207 § 1 CIC kraft göttlicher Weisung, stellt also nach kirchlicher Auffassung positives göttliches Recht dar.

Nach c. 204 § 1 CIC sind alle Gläubigen berufen, am göttlichen Sendungsauftrag der Kirche mitzuwirken.[190] In der Theologie ist insofern auch vom allgemeinen bzw. gemeinsamen Priestertum aller Gläubigen die Rede (KKK 1539 ff.). Im Hinblick auf diese grundlegende Berufung stehen Kleriker und Laien noch auf einer Ebene, haben also den gleichen Grundstatus. In c. 208 CIC, dem allgemeinen Gleichheitssatz des CIC, deuten sich aber bereits Unterschiede an: „Unter allen Gläubigen besteht, und zwar aufgrund ihrer Wiedergeburt in Christus, eine wahre Gleichheit in ihrer Würde und Tätigkeit, kraft der alle je nach ihrer Stellung und Aufgabe am Aufbau des Leibes Christi mitwirken." Während der Laie in dem allein durch die Taufe begründeten Grundstatus verbleibt, kommt dem Kleriker aufgrund der Weihe ein Sonderstatus zu, der ihm eine besondere Berufung und Bevollmächtigung verleiht. Durch die Weihe erhält der Kleriker die besondere persönliche und unverlierbare Befähigung, im Volke Gottes das unsichtbare Haupt des Leibes

---

[186] Vgl. z. B. cc. 915, 874 § 1 n. 3, 893 § 1 CIC.
[187] Näher F. Pototschnig, in: HdbKathKR, § 10 IV.
[188] Näher zum Klerus B. Primetshofer, Artikel „Klerus", in: Lexikon des Kirchenrechts, Sp. 562 ff. m. w. N.
[189] Näher zu Laien Reinhard/Mette, Artikel „Laie", in: Lexikon des Kirchenrechts, Sp. 616 ff. m. w. N.
[190] Dazu H. J. F. Reinhardt, in: MK, c. 204 Rn. 3.

Christi, d. h. Christus selbst, sichtbar zu vertreten.[191] Der Kleriker wird durch die Weihe befähigt, entsprechend der jeweiligen Weihestufe „in persona Christi" (in der Person Christi) zu handeln (c. 1008 CIC). Zu den Klerikern gehören entsprechend c. 1009 § 1 CIC die Bischöfe, die Priester und die Diakone.[192]

26 Die Unterscheidung zwischen Klerikern und Laien hat ihre theologische Grundlage in der sog. apostolischen Sukzession. Danach hat *Jesus Christus* selbst den Aposteln und ihren Nachfolgern das Amt übertragen, in seinem Namen und in seiner Vollmacht zu lehren, zu heiligen und zu leiten (KKK 873). Dieser von Christus selbst ausgehende Dienst und die entsprechende Vollmacht werden durch das Weihesakrament immer weiter vermittelt. Durch das geweihte Amt wird sichtbar, dass *Jesus Christus* als Haupt der Kirche inmitten der Gemeinschaft der Gläubigen ständig gegenwärtig ist (KKK 1549).[193] Den Klerikern kommt somit die besondere Funktion zu, im Volke Gottes *Jesus Christus* selbst im Hinblick auf die Verkündigung des Evangeliums, die Heiligung und die Leitung[194] der Kirche sichtbar zu repräsentieren und die Verantwortung für die Einhaltung des göttlichen Sendungsauftrages zu tragen (c. 1008 CIC).

4. Die Leitungsvollmacht in der Kirche

27 In der katholischen Kirche besteht nach Maßgabe des II. Vatikanischen Konzils „sacra potestas", d. h. die heilige oder geistliche Vollmacht kirchlicher Amtsträger. Der Codex Iuris Canonici unterscheidet insoweit entsprechend der traditionellen[195] kirchenrechtlichen Begrifflichkeit zwischen Weihevollmacht einerseits und Leitungsvollmacht (auch Leitungsgewalt oder Jurisdiktionsgewalt, c. 129 § 1 CIC) andererseits.[196] Für das Kirchenrecht ist – ungeachtet ihres nicht ganz eindeutigen Verhältnisses zur Weihevollmacht[197] – die Leitungsvollmacht von besonderer Bedeutung.

28 **a) Rechtstheologische Grundlagen.** Grundlage aller Überlegungen im Hinblick auf Leitungsgewalt und Autorität in der katholischen Kirche ist wiederum *Jesus Christus* selbst.[198] Er ist nach kirchlichem Verständnis das alleinige Haupt der Kirche. Als Ursprung der Schöpfung und der Erlösung hat er somit in allem Vorrang, besonders in der Kirche (Kol 1, 18; KKK 792). Daraus folgt, dass aus kirchlicher Sicht ihm in allen das Leben der Kirche betreffenden Dingen auch die alleinige und umfassende Autorität zukommt. Als Inhaber der gesamten kirchlichen

---

[191] Vgl. W. *Aymans/K. Mörsdorf*, Kanonisches Recht II, § 52 B III.
[192] Die Aussage des c. 1008 CIC, dass durch die Weihe „in persona Christi" gehandelt werden kann, ist im Hinblick auf den Diakon allerdings theologisch zweifelhaft. Er ist insbesondere nicht berechtigt, die Eucharistie zu feiern. Vgl. hierzu die von der Kongregation für das katholische Bildungswesen erlassenen Grundnormen für die Ausbildung der Ständigen Diakone v. 22. 2. 1998, Nr. 5, in dt. Übersetzung abgedr. in: VAS Heft 132. Formalrechtlich wird der Empfänger des Sakraments gleichwohl durch die Diakonenweihe zum Kleriker (c. 266 § 1 CIC).
[193] Dazu, auch mit Blick auf die Mitwirkung der Laien am Dienst der Kleriker, vgl. die „Instruktion zu einigen Fragen über die Mitarbeit der Laien am Dienst der Priester" v. 15. 8. 1997. Die vom Hl. Stuhl erlassene Instruktion ist in deutscher Übersetzung abgedruckt in: VAS Heft 129.
[194] Theologisch ergibt sich die Leitung in der Kirche aus dem „königlichen" Amt Jesu Christi (munus regale) mit dem die Autorität von Gott gegenüber dem Menschen dargestellt wird (vgl. Lk 1, 33; Joh 18, 36–37). Zur Teilhabe der Laien an diesem königlichen Amt aus Sicht der Glaubenslehre: KKK 908 ff.
[195] Vgl. *R. Puza*, Katholisches Kirchenrecht, S. 151; *P. Krämer*, Kirchenrecht II, S. 49 m. w. N.
[196] Vgl. *P. Krämer*, Kirchenrecht II, S. 48, näher zur Terminologie S. 50 ff.
[197] Dazu *P. Krämer*, Kirchenrecht II, S. 48 ff.
[198] Vgl. W. *Aymans/K. Mörsdorf*, Kanonisches Recht I, § 38 A.

Autorität übertrug er das Amt, in seinem Namen und in seiner gesamten Vollmacht authentisch zu lehren, zu heiligen und zu leiten, auf die Apostel (Joh 20, 21). Die Apostel bestellten wiederum Nachfolger, an die sie die ihnen von Jesus Christus verliehene Autorität weitergaben. Diese Nachfolger der Apostel sind nach katholischer Lehre die Bischöfe (KKK 861 ff.; LG 20, 24, 27). Die Bischöfe ihrerseits geben die ihnen selbst verliehene Vollmacht und Autorität, wenngleich abgestuft, weiter an ihre Helfer, die Priester und Diakone (LG 28). Sichtbares Zeichen der Bevollmächtigung ist dabei das Handauflegen und das entsprechende Weihegebet (KKK 1538; c. 1009 § 2 CIC). Die Autorität Jesu Christi wird so durch die Weihe, wenn auch in unterschiedlichem Umfang, sakramental weitergegeben. Fraglich ist aber, ob die Vollmacht und Autorität Jesu Christi auch nichtsakramental vermittelt werden kann, so dass auch Laien in den Besitz der Vollmacht Jesu Christi kommen und so hoheitlich im Namen der Kirche handeln können.

Der CIC/1917 unterschied entsprechend einer langen Tradition[199] zwischen der Weihegewalt (potestas ordinis) und der Jurisdiktions- oder Hirtengewalt (potestas iurisdictionis). Die Weihegewalt wurde durch die Ordination, also die Weihe sakramental und unverlierbar übertragen. Demgegenüber wurde die Jurisdiktionsgewalt nichtsakramental und daher wieder verlierbar durch kanonische Sendung (Beauftragung) in der Form der Amtsübertragung oder Delegation verliehen.[200] Mit der Weihe erhielt der Geweihte zwar die grundsätzliche persönliche Befähigung, im Namen Jesu Christi zu lehren, zu heiligen und zu leiten. Zur tatsächlichen amtlichen Ausübung dieser Befähigung im Namen der Kirche bedurfte es jedoch der Übertragung eines bestimmten Amtes bzw. der Delegation durch die kirchliche Autorität.[201] Ohne ein solches Amt bzw. eine solche Delegation konnte der Geweihte zwar privat, aber nicht amtlich im Namen der Kirche handeln. Die Differenzierung zwischen Weihegewalt und Jurisdiktionsgewalt führte bald zu einer Verselbstständigung der Jurisdiktionsgewalt, die sich vom Weihesakrament abtrennte und so eigenen Gesetzmäßigkeiten folgte. Die Weihegewalt bezog sich auf den sakramentalen und kultischen Bereich, insbesondere die Feier der Eucharistie, während die Jurisdiktionsgewalt sich auf die äußere Leitung der Kirche bezog und so auch Laien zugänglich wurde.[202] In der Folge wurde sogar von zwei Gewalten gesprochen, wo ursprünglich aus praktischen Erwägungen nur zwei verschiedene Elemente der einen Gewalt Jesu Christi gemeint waren.[203] Der CIC/1917 klärte das Verhältnis zwischen Weihegewalt und Jurisdiktionsgewalt nicht. Allerdings sah das Gesetzbuch vor, dass die Übertragung von Kirchenämtern im engeren Sinne nur an Kleriker erfolgen durfte (c. 118 i. V. m. c. 145 CIC/1917). Solche Kirchenämter waren dauerhaft eingerichtete Dienste, die zumindest irgendeine Teilhabe an Kirchengewalt mit sich brachten, gleich ob Weihe- oder Jurisdiktionsgewalt (c. 145 § 1 CIC/1917). Damit konnten Laien keine solchen kirchlichen Ämter besetzen. Amtliche Leitungs- oder Hoheitsbefugnisse konnten sie nicht inne haben.

Das II. Vatikanische Konzil vermied die begriffliche Unterscheidung von „Weihegewalt" und „Jurisdiktionsgewalt" und sprach nur von einer auf die Lehre, die Heiligung und die Leitung bezogenen einheitlichen Vollmacht, die als „sacra potestas" (heilige Gewalt, geistliche Vollmacht) bezeichnet wurde.[204] Das Konzil verfolgte dabei das Ziel, die Einheit der Kirchengewalt (Lehre, Heiligung und Leitung) und ihre Rückbindung an die Quelle, nämlich die Sendung Christi, zu unterstreichen.[205] Danach überträgt die Bischofsweihe „seinshaft-unverlierbar" die Amtsaufgaben (munera) des Heiligens, Lehrens und Leitens.[206] Doch hält auch das Konzil an der Unterscheidung zwischen dem Weihesakrament und der kanonischen Sendung bzw. kirchlichen Beauftragung fest.[207] Leider äußert sich das Konzil aber nicht dazu, wie diese Differenzierung im Einzelnen zu verstehen ist.[208]

---

[199] Vgl. *R. Puza*, Katholisches Kirchenrecht, S. 151; *P. Krämer*, Kirchenrecht II, S. 49 m. w. N.; *W. Aymans/K. Mörsdorf*, Kanonisches Recht I, § 38 B, C.
[200] Vgl. *H. Socha*, in: MK, vor c. 129 Rn. 4.
[201] Vgl. *W. Aymans/K. Mörsdorf*, Kanonisches Recht I, § 38 B.
[202] Vgl. *P. Krämer*, in: HdbKathKR, § 11 I.
[203] Vgl. *W. Aymans/K. Mörsdorf*, Kanonisches Recht I, § 38 B.
[204] LG 18 u. 10.
[205] Vgl. *H. Socha*, in: MK, vor c. 129 Rn. 5; *P. Krämer*, in: HdbKathKR, § 11 I.
[206] LG 21 mit der Nota explicativa praevia Nr. 2 zu LG.
[207] PO 7; LG 21 mit Nota explicativa praevia Nr. 2 zu LG.
[208] Vgl. *P. Krämer*, in: HdbKathKR, § 11 I; *H. Socha*, in: MK, vor c. 129 Rn. 5.

31 Im Gegensatz zum Konzil verwendet der CIC von 1983 den Begriff der „sacra potestas" nicht. Das Gesetzbuch greift vielmehr auf die alte Unterscheidung von Weihegewalt und Jurisdiktionsgewalt zurück, wobei es letztere mit einem anderen Begriff, nämlich dem der „potestas regiminis" (Leitungsgewalt), belegt (c. 129 § 1 CIC). Inhaltlich wird die Leitungsgewalt nach verschiedenen Funktionen unterschieden: gesetzgebende, ausführende und richterliche Gewalt (c. 135 § 1 CIC). Auch der CIC/1983 lässt wie schon der CIC/1917 und das Konzil die Frage offen, in welchem Verhältnis Weihegewalt und Leitungsgewalt tatsächlich stehen.

32 Für die Lehre und die Heiligung weist der CIC/1983 zwei eigene Bücher auf, in denen näher geregelt wird, wem bezüglich Lehre und Heiligung welche konkrete Befugnis (facultas) zukommt. Die Leitungsgewalt (potestas regiminis) ist dagegen in den allgemeinen Normen (Buch I: cc. 129 bis 144 CIC) geregelt. Die grundlegende Vorschrift zur Leitungsgewalt findet sich hier in c. 129 CIC. Wegen ihrer weitreichenden Bedeutung sei hier ausnahmsweise im lateinischen Originaltext zitiert: „§ 1. Potestatis regiminis, quae quidem ex divina institutione est in Ecclesia et etiam potestas iurisdictionis vocatur, ad normam praescriptorum iuris, habiles sunt qui ordine sacro sunt insigniti. § 2. In exercitio eiusdem potestatis, christifideles laici ad normam iuris cooperari possunt."[209] Eindeutig ist danach, dass jemand, der das Sakrament der Weihe erhalten hat, zur Leitungsgewalt fähig ist, also Träger von Leitungsgewalt sein kann (c. 129 § 1 CIC – „Potestatis regiminis ... habiles sunt ..."). Das folgt auch aus der allgemeinen Funktion der geistlichen Amtsträger als Stellvertreter Christi.

33 **b) Leitungsgewalt für Laien?** Nicht eindeutig geregelt und umstritten ist die Frage, was mit der Wendung „cooperari possunt" („sie können mitwirken") in c. 129 § 2 CIC tatsächlich gemeint ist. Insbesondere fragt sich, ob danach auch Laien Träger von Leitungsgewalt sein können.[210]

34 Während nach einer Ansicht c. 129 CIC die Leitungsgewalt zwingend an das Weihesakrament bindet und so Laien von ihr ausschließt[211], versteht die gegenteilige Auffassung c. 129 § 2 CIC so, dass Laien von der kirchlichen Autorität durchaus Leitungsvollmacht eingeräumt werden kann.[212] Kern des Meinungsunterschiedes ist dabei die Frage, ob durch die „sacra potestas"-Lehre des Konzils Weihe und Jurisdiktion auf der Basis des ius divinum wirklich untrennbar miteinander verbunden sind. Dem kann hier zwar nicht im Einzelnen nachgegangen werden.[213] Es handelt sich um Fragen der katholischen Dogmatik, genauer der Ekklesiologie. Festgehalten werden kann aber: Nach der Auffassung, die aufgrund von ius divinum die Übertragung von

---

[209] Übersetzung nach der im Auftrag der Deutschen Bischofskonferenz erschienenen Textausgabe des CIC: „§ 1. Zur Übernahme von Leitungsgewalt, die es aufgrund göttlicher Einsetzung in der Kirche gibt und die auch Jurisdiktionsgewalt genannt wird, sind nach Maßgabe der Rechtsvorschriften diejenigen befähigt, die die heilige Weihe empfangen haben. § 2. Bei der Ausübung dieser Gewalt können Laien nach Maßgabe des Rechts mitwirken." Vgl. *M. Germann*, Staatskirchenrecht und Kirchenrecht. Textauswahl. Ausgabe für Köln 2008, S. 163.
[210] Zur Teilhabe von Laien an der Leitungsgewalt: *H. Socha*, in: MK, vor c. 129; *P. Krämer*, in: HdbKathKR, § 11; *W. Aymans/K. Mörsdorf*, Kanonisches Recht I, § 38; *H. Schwendenwein*, Die katholische Kirche, S. 57 ff.; *Amann*, Laien als Träger von Leitungsgewalt?, 1996; *Laukemper-Isermann*, Zur Mitarbeit von Laien in der bischöflichen Verwaltung, 1996.
[211] *W. Aymans/K. Mörsdorf*, Kanonisches Recht I, § 38 E I 5 u. 6; wohl auch *Casutt v. Batemberg*, Der Rechtsstatus des Laien im katholischen Kirchenrecht, S. 116 ff. m. w. N.
[212] *H. Socha*, in: MK, c. 129, Rn. 9 f.; *P. Krämer*, in: HdbKathKR, § 11 III.
[213] Näher zur Lehre von der „sacra potestas" in der kanonistischen Literatur *Laukemper-Isermann*, Zur Mitarbeit von Laien in der bischöflichen Verwaltung, S. 36 ff.; *Platen*, Die Ausübung kirchlicher Leitungsgewalt durch Laien. Rechtssystematische Überlegungen aus der Perspektive des „Handelns durch andere", 2008.

Leitungsgewalt auf Laien ausschließt, können Laien nicht die Vollmacht zu eigener hoheitlicher Rechtsetzung (Gesetzgebung) und Rechtsanwendung (Rechtsprechung und Verwaltung) innehaben. Eine Regelung wie c. 1421 § 2 CIC, wonach ein Laie richterliche Gewalt ausüben kann, ist danach nicht haltbar.[214] Wer dagegen die Ansicht vertritt, ius divinum stehe der Übertragung von Leitungsgewalt auf Laien nicht entgegen, muss schlussfolgern, dass Laien die grundsätzliche Möglichkeit hoheitlicher Rechtsetzung und Rechtsanwendung offensteht.[215] Der Apostolische Stuhl hat sich bislang nicht definitv geäußert. Dafür, dass Rom der zweiten Auffassung folgt und Leistungsgewalt für Laien nicht ausschließt, spricht allerdings die Vorschrift des c. 1421 § 2 CIC. Auch hat der Hl. Stuhl im Jahre 2005 für das Gebiet der Deutschen Bischofskonferenz eine kirchliche Arbeitsgerichtsbarkeit genehmigt und damit die Möglichkeit eröffnet, dass ein Gericht völlig ohne Kleriker auskommen kann.[216]

Besteht die grundsätzliche Möglichkeit der Übertragung von Leitungsgewalt an Laien, stellt sich die weitere Frage, wie und in welchem Umfang ein Laie Träger von Leitungsgewalt wird. Es fragt sich, ob die Vorschriften des CIC de lege lata ein Instrumentarium zur Verfügung stellen, das die Übertragung von Leitungsgewalt auf den Laien überhaupt ermöglicht. Denn die grundsätzliche Möglichkeit der Übertragung von Leitungsgewalt an Laien bedeutet noch nicht, dass das geltende Recht dies auch tatsächlich zulässt. Der Gesetzgeber hat ggf. nur die Möglichkeit zu einer entsprechenden Regelung. 35

Ausgangspunkt für die Beantwortung dieser Frage ist c. 129 § 1 CIC i.V.m. c. 274 § 1 CIC. Nach dem Wortlaut von c. 274 § 1 CIC können allein Kleriker Ämter (cc. 145 ff. CIC)[217] erhalten, zu deren Ausübung Weihegewalt oder kirchliche Leitungsgewalt erforderlich ist.[218] Das Zusammenspiel der beiden Vorschriften legt unter Beachtung der Auslegungskriterien des c. 17 CIC den Schluss nahe, dass der Gesetzgeber Leitungsgewalt grundsätzlich nur Klerikern zukommen lässt, also Leitungsgewalt an das Weihesakrament bindet. Da es sich dabei nach der oben angedeuteten Einschätzung römischer Verlautbarungen nicht um ius divinum, sondern nur um ius mere ecclesiasticum handelt, hat der Gesetzgeber die Möglichkeit, Ausnahmen zu statuieren. Er kann gegenständlich eng begrenzte Ausnahmetatbestände schaffen, wie etwa c. 1421 § 2 CIC. Danach kann auch ein Laie zum Richteramt, welches völlig unstreitig Leitungsgewalt erfordert[219], zugelassen werden.[220] Der Gesetzgeber könnte aber auch generell die Möglichkeit vorsehen, Leitungsgewalt auf Laien zu übertragen. Bisher ist das nicht geschehen. 36

Das Instrument der Delegation (c. 131 § 1 CIC) ändert an diesem Befund nichts. Nach einhelliger Auffassung handelt der Delegierte, im Gegensatz zu einem Stellvertreter, nicht im Namen des ihn Beauftragenden, sondern in eigenem Namen.[221] Danach kann Delegierter nur sein, wer auch das Amt des Delegierenden selbst innehaben könnte. Ansonsten würde der Delegierende mehr Befugnisse vermitteln, als er selbst innehat.[222] Da sich letztlich jede Leitungsgewalt von einem Amt ableitet, das 37

---

[214] W. Aymans/K. Mörsdorf, Kanonisches Recht I, § 38 E I. Zu den drei Funktionen der Leitungsgewalt: c. 135 § 1 CIC.
[215] P. Krämer, in: HdbKathKR, § 11 III.
[216] Vgl. u. § 19 Rn. 64 ff.
[217] Nach c. 145 § 1 CIC ist ein Kirchenamt jedweder Dienst, der durch göttliche oder kirchliche Anordnung auf Dauer eingerichtet ist und der Wahrnehmung eines geistlichen Zweckes dient.
[218] Lateinischer Wortlaut von c. 274 § 1 CIC: „Soli clerici obtinere possunt officia ad quorum exercitium requiritur potestas ordinis aut potestas regiminis ecclesiastici."
[219] Arg. e c. 135 § 3 CIC und c. 1426 § 1 CIC.
[220] Näher R. Puza, Katholisches Kirchenrecht, S. 152 f.
[221] Vgl. statt vieler H. Socha, in: MK, c. 131 Rn. 14.
[222] Vgl. H. Pree, in: HdbKathKR, § 12 III 3 c unter Verweis auf die Regula Iuris 79 in VI°, die lautet: „Nemo potest plus iuris transferre in alium quam sibi ipsi competere diagnoscatur."

Leitungsgewalt voraussetzt, versperrt nach geltendem Recht c. 274 § 1 CIC mit seiner Beschränkung auf Kleriker den Weg über die Delegation.²²³

38 Die kirchliche Praxis steht damit vor dem Problem, dass die geltende Rechtslage keine eindeutige Antwort darauf gibt, ob und in welchem Umfang Laien Leitungsvollmacht innehaben und ausüben können. Das betrifft vor allem den Bereich der kirchlichen Verwaltung. Man denke nur an die vielfältigen Ämter und Stellen in einem Generalvikariat, z. B. in der Rechtsabteilung, der Bauabteilung und der Hochschulabteilung. Diese Teile der kirchlichen Verwaltung sind meist nicht mit Klerikern besetzt. Dennoch stellen ihre Verwaltungsentscheidungen Akte der ausführenden Leitungsgewalt dar. Wer strikt die Auffassung vertritt, dass Laien aus Gründen des ius divinum Leitungsgewalt nicht ausüben können, muss die Verwaltungsakte nach c. 124 CIC²²⁴ als ungültig betrachten. Selbst wenn man aber – wie hier – die grundsätzliche Möglichkeit der Übertragung von Leitungsgewalt auf Laien annimmt, so fehlt es doch im geltenden Recht, abgesehen von wenigen expliziten Vorschriften, an dem rechtlichen Instrumentarium für eine solche Übertragung. Daran ändert auch nichts, dass ggf. in Vertretung oder im Auftrage des Generalvikars oder eines anderen Klerikers gehandelt wird. Die Stellvertretung, die ein Handeln in fremdem Namen ermöglichen würde, steht im CIC (außerhalb des Bereichs der in c. 131 § 2 CIC angesprochenen ordentlichen Leistungsgewalt, die nach c. 131 § 1 CIC mit der Übertragung eines Amts verbunden ist²²⁵ und nach c. 274 § 1 CIC nur Klerikern zustehen kann) nicht zur Verfügung.²²⁶ Nach derzeit geltender Gesetzeslage ist die Kirche bei der Ausübung von Leitungsgewalt auf Kleriker angewiesen. Laien können bei deren Entscheidungen lediglich helfen (c. 129 § 2 CIC), nicht aber eigene Entscheidungen treffen. Solange genügend Kleriker zur Verfügung stehen, erwächst daraus kein Problem. Angesichts der immer knapper werdenden Zahl von Klerikern kommt die kirchliche Praxis jedoch in Schwierigkeiten. Eine Klärung der Frage, ob und inwieweit Laien Träger von Leitungsgewalt sein können, bedarf dringend einer eindeutigen Antwort, die nur in einer gesetzlichen Klarstellung liegen kann.

5. Der Austritt aus der katholischen Kirche

39 Immer wieder entschließen sich Menschen zum „Austritt"²²⁷ aus der katholischen Kirche. Die Gründe dafür sind vielfältig. Manche lehnen die Lehren der Kirche ab

---

²²³ Differenzierend zur Delegation *Laukemper-Isermann*, Zur Mitarbeit von Laien in der bischöflichen Verwaltung, S. 56 ff. m. w. N.
²²⁴ C. 124 § 1 CIC in der dt. Übersetzung im Auftrage der Deutschen Bischofskonferenz: „Zur Gültigkeit einer Rechtshandlung ist erforderlich, dass sie von einer dazu befähigten Person vorgenommen wurde und bei der Handlung gegeben ist, was diese selbst wesentlich ausmacht und was an Rechtsförmlichkeiten und Erfordernissen vom Recht zur Gültigkeit der Handlung verlangt ist."
²²⁵ Z. B. dem des Generalvikars, c. 475 § 1 CIC.
²²⁶ Nach *H. Socha* (in: MK, c. 131 Rn. 17) ist das Schema des c. 131 CIC erschöpfend. Die grundsätzliche Möglichkeit einer ungeschriebenen Befugnis zur Stellvertretung wurde, wenngleich im Ergebnis nicht ganz eindeutig, angesprochen von *Mörsdorf*, Lehrbuch des Kirchenrechts aufgrund des CIC, Bd. I, 1964, S. 221 (ähnlich: *W. Aymans/K. Mörsdorf*, Kanonisches Recht I, § 33 D III). *Mörsdorf* berief sich auf den Grundsatz „potest quis per alium, quod potest facere per seipsum" (Regula Iuris 68 in VI°). Insgesamt dürfte die Annahme, Leitungsgewalt könne übertragen werden durch eine ungeschriebene Befugnis zur Stellvertretung auf der Basis von c. 19 CIC, problematisch sein. Insbesondere stellt sich die Frage, ob überhaupt eine rechtliche Lücke besteht, denn das Zusammenspiel der cc. 129 § 1, 131 § 1 und 274 § 1 CIC spricht für einen anderen gesetzgeberischen Willen.
²²⁷ Näher zum sog. Kirchenaustritt *J. Listl*, in: HdbKathKR, § 16; *ders.*, Artikel „Kirchenaustritt", in: Lexikon des Kirchenrechts, Sp. 499 ff. m. w. N.; *I. Riedel-Spangenberger*, Grundbegriffe des Kirchenrechts, S. 149 ff.

§ 17. Verfassungsrecht der katholischen Kirche   119

und möchten in einer anderen religiösen Gemeinschaft oder atheistisch leben. Nicht wenige stehen Religion und Kirche ganz gleichgültig gegenüber. Andere wiederum flüchten nur vor der Kirchensteuer. Beim „Kirchenaustritt" ist strikt zwischen der staatlichen und der innerkirchlichen Seite zu differenzieren. Der vom Grundgesetz für die Bundesrepublik Deutschland geformte Staat ist religiös neutral. Für ihn ist die Zugehörigkeit des Menschen zu einer religiösen Gemeinschaft grundsätzlich ohne Interesse. Dies ist Ausfluss der staatlich garantierten Religionsfreiheit, deren sog. negative Seite das Recht umfasst, keiner Religion anzuhängen. In bestimmten Bereichen hat die Zugehörigkeit zu einer Religionsgemeinschaft aber auch für den Staat Bedeutung, und zwar dort, wo der Staat bestimmte Rechtsfolgen an die Mitgliedschaft in einer bestimmten Religionsgemeinschaft knüpft. Das ist vor allem bei der Kirchensteuer der Fall, die Folge einer innerkirchlichen Pflicht der Kirchenglieder ist (c. 222 § 1 CIC). Aufgrund entsprechender Festlegung der Bischofskonferenz gem. cc. 1262, 1263 letzter Teils. CIC erfüllen Katholiken in Deutschland diese Beitragspflicht durch Zahlung der Kirchensteuer. Nach c. 222 § 1 CIC sind die Gläubigen verpflichtet, für die Erfordernisse der Kirche Beiträge zu leisten, damit ihr die Mittel zur Verfügung stehen, die für den Gottesdienst, die Werke des Apostolats und der Caritas sowie für einen angemessenen Unterhalt der in ihrem Dienst Stehenden notwendig sind. Die Kirche kann von den Gläubigen diese Mittel auch einfordern. In der Bundesrepublik Deutschland stellt der Staat dabei seine Finanzbehörden den nach Art. 140 GG i. V. m. Art. 137 Abs. 6 WRV steuerberechtigten Religionsgemeinschaften zur Verfügung, die dabei auch den staatlichen Verwaltungszwang nutzen können.[228]

Da auch in diesem Bereich (die negative) Religionsfreiheit gilt, muss der Staat den Bürgern die Möglichkeit bieten, sich von der Zahlungspflicht, die ja eigentlich eine rein religiöse Verpflichtung ist, loszusagen.[229] Deshalb können die Bürger, unabhängig von der jeweiligen Religionsgemeinschaft, gegenüber dem Staat die formale Erklärung abgeben, nicht mehr zu der entsprechenden Religionsgemeinschaft gehören zu wollen („Kirchenaustritt"). Den, der davon Gebrauch macht, treffen ab dem Zeitpunkt der Erklärung all diejenigen Rechtsfolgen nicht mehr, die der Staat an die Zugehörigkeit zu der Religionsgemeinschaft knüpft. Es entfällt insbesondere die Pflicht zur Zahlung von Kirchensteuer. Geregelt wird der „Kirchenaustritt" in Deutschland in den Kirchenaustrittsgesetzen der Bundesländer.[230] 40

Strikt zu trennen davon ist die Frage, welche Folgen eine solche „Austritts"-Erklärung (gegenüber der staatlichen Behörde) im innerkirchlichen Bereich hat. Nach katholischem Verständnis bewirkt die gültige Taufe „durch ein untilgbares Prägemal" (c. 849 CIC) die unwiderrufliche Eingliederung in die Kirche.[231] Nach c. 845 41

---

[228] Zum Kirchensteuerrecht *A. Hollerbach*, in HdbKathKR, § 101 II; *F. Hammer*, Rechtsfragen der Kirchensteuer, 2002; *H. Marré/J. Jurina*, Die Kirchenfinanzierung in Kirche und Staat der Gegenwart, 4. Aufl. 2006.
[229] Grundlegend: BVerfGE 19, 226 (238); näher zur negativen Religionsfreiheit *A. v. Campenhausen/H. de Wall*, Staatskirchenrecht, S. 59 ff.; *Starck*, in: v. Mangoldt/Klein/Starck, GG, Bd. I, Art. 4 Rn. 23 ff.; problematisierend *Mager*, in: v. Münch/Kunig, GG, Bd. I, Art. 4 Rn. 18, 38, 58, jeweils m. w. N.
[230] Für das Land NRW: Gesetz zur Regelung des Kirchenaustritts aus Kirchen, Religionsgemeinschaften und Weltanschauungsgemeinschaften des öffentlichen Rechts (Kirchenaustrittsgesetz – KiAustrG) v. 26. 5. 1981, GV NRW S. 260, auch abgedr. in: v. Hippel/Rehborn, Gesetze des Landes Nordrhein-Westfalen, Nr. 84 b; sowie in: *M. Germann*, Staatskirchenrecht und Kirchenrecht. Textauswahl, Ausgabe für Köln 2008, Nr. 21.
[231] KKK 1272: „Die Taufe bezeichnet den Christen mit einem unauslöschlichen geistlichen Siegel (character), einem Zeichen, dass er Christus angehört. Dieses Zeichen wird durch keine Sünde ausgelöscht, selbst wenn die Sünde die Taufe daran hindert, Früchte des Heils zu tragen."

§ 1 CIC ist das Sakrament der Taufe nicht wiederholbar. Wer demnach einmal gültig in der katholischen Kirche getauft oder zu ihr übergetreten ist, bleibt für immer Angehöriger, „Glied" der Kirche.[232] „Semel catholicus, semper catholicus" („einmal katholisch, immer katholisch"). Einen Austritt aus der katholischen Kirche nach Empfang der Taufe gibt es somit in kirchlicher Sicht nicht.

42 Das bedeutet allerdings nicht, dass die formale Lossagung von der katholischen Kirche kirchenrechtlich ohne Bedeutung ist. Nach c. 209 § 1 CIC sind die Gläubigen immer verpflichtet, die Gemeinschaft mit der Kirche zu wahren. Hiergegen wird mit der formalen Erklärung des „Kirchenaustritts" verstoßen. Er hat zur Folge, dass die volle Gemeinschaft mit der katholischen Kirche im Sinne des c. 205 CIC nicht mehr gewahrt ist. Das wiederum führt zu Sanktionen, die Rechtsbeschränkungen zur Folge haben (c. 96 CIC a. E.), wie die Deutsche Bischofskonferenz mittlerweile klargestellt hat.[233] Danach erfüllt der „Kirchenaustritt" den Tatbestand des Schisma (c. 751 CIC i. V. m. cc. 1364 § 1 und 1331 CIC) und stellt somit eine kirchliche Straftat gegen die Einheit der Kirche und gegen die Religion dar.[234] Der „Kirchenaustritt" führt demgemäß zur Exkommunikation.[235] Auch dies bedeutet keinen Ausschluss aus der Kirche. Dem Betroffenen ist aber u. a. untersagt, sich mit irgendeinem Dienst an der Feier der Eucharistie oder einer anderen gottesdienstlichen Feier zu beteiligen, Sakramente oder Sakramentalien zu spenden oder zu empfangen (c. 1331 CIC). Er darf zudem keine kirchlichen Ämter, Dienste oder Aufgaben ausüben oder Akte der Leitungsgewalt vornehmen (c. 1331 § 1 Nr. 3 CIC). Wer im kirchlichen Dienst angestellt ist, muss, auch wenn es sich nur um eine untergeordnete Stelle handelt, damit rechnen, dass der kirchliche Arbeitgeber das Arbeitsverhältnis kündigt.[236] Der „Kirchenaustritt" bewirkt also aus kirchlicher Sicht nicht, wie landläufig oft angenommen wird, den Verlust der Zugehörigkeit zur katholischen Kirche. Vielmehr wird lediglich die rechtliche Stellung innerhalb der katholischen Kirche verändert.

43 Der aus der Kirche „Ausgetretene" kann allerdings wieder in die volle Gemeinschaft aufgenommen werden.[237] Bei dieser „Rekonziliation" handelt es sich der Sache nach um die Wiederherstellung der vollen Gemeinschaft mit der katholischen Kirche im Sinne von c. 205 CIC, die der Betreffende in einer vorgeschriebenen Form erklären muss.[238] Folge der Rekonziliation ist, dass die christlichen Rechte

---

[232] Vgl. *J. Listl*, in: HdbKathKR, § 16 II 1.
[233] Erklärung der Deutschen Bischofskonferenz vom 24. 4. 2006 zum Austritt aus der katholischen Kirche. Die Erklärung ist abgedr. u. a. im KABl. Köln 2006, S. 109 f.
[234] Vgl. Nr. 1 der Erklärung vom 24. 4. 2006.
[235] Vgl. Nr. 3 der Erklärung vom 24. 4. 2006.
[236] Vgl. Nr. 4 der Erklärung vom 24. 4. 2006 sowie Art. 5 Abs. 5 der „Grundordnung des kirchlichen Dienstes im Rahmen kirchlicher Arbeitsverhältnisse" vom 22. 9. 1993 (abgedr. u. a. in NZA 1994, 112 ff., u. Heft 51 der Schriftenreihe der DBK „Die deutschen Bischöfe"): „Mitarbeiterinnen und Mitarbeiter, die aus der katholischen Kirche austreten, können nicht weiterbeschäftigt werden." Aus kirchlicher Sicht ist der Kirchenaustritt ein absoluter Kündigungsgrund. In Art. 3 Abs. 4 der Grundordnung heißt es zudem: „Für keinen Dienst in der Kirche geeignet ist, wer sich kirchenfeindlich betätigt oder aus der katholischen Kirche ausgetreten ist." Mit solchen Bewerbern darf daher kein Arbeitsvertrag geschlossen werden.
[237] Vgl. Nr. 5 der Erklärung vom 24. 4. 2006 (o. Fn. 233): „Die Exkommunikation ist eine Beugestrafe, die zur Umkehr auffordert. Nach dem Austritt wird sich die Kirche durch den zuständigen Seelsorger um eine Versöhnung mit der betreffenden Person und um eine Wiederherstellung ihrer vollen Gemeinschaft mit der Kirche bemühen."
[238] Vgl. *J. Listl*, in: HdbKathKR, § 16 II 4; *H. Heinemann*, Artikel „Rekonziliation", in: Lexikon des Kirchenrechts, Sp. 831 f. m. w. N.; *I. Riedel-Spangenberger*, Grundbegriffe des Kirchenrechts, S. 198 f.

§ 17. Verfassungsrecht der katholischen Kirche   121

und Pflichten wieder in vollem Umfange bestehen, auch die Pflicht zur Zahlung der Kirchensteuer.[239]

Zu Unstimmigkeiten im Verhältnis von Kirchenrecht und Staatskirchenrecht/Religionsverfassungsrecht haben mit Blick auf c. 1117 CIC[240] Erklärungen der römischen Kurie, insbesondere ein Rundschreiben des Päpstlichen Rates für die Gesetzestexte vom 13. 3. 2006 an die Vorsitzenden der Bischofskonferenzen geführt.[241] Danach liegt in der – nach deutschem Recht in verschiedenen Varianten vorgesehenen – Erklärung des „Kirchenaustritts" gegenüber einer staatlichen Stelle (z. B. dem Amtsgericht) nicht ohne Weiteres ein formaler Akt („actus formalis") des Abfalls von der Kirche („defectio") i. S. v. c. 1117 CIC. Erforderlich sei vielmehr u. a. eine Erklärung gegenüber einer kirchlichen Stelle, die dann zu entscheiden habe, ob der Austretende einen Willensakt im Sinne eines Bruchs der Bande der kirchlichen communio zum Ausdruck bringe. Die Deutsche Bischofskonferenz hat demgegenüber mit ihrer Erklärung am 24. 4. 2006 den „Kirchenaustritt" als Abfall von der Kirche und als Schisma qualifiziert.[242] Dieser Vorgang führt bei manchem Betrachter des Geschehens zu einer „gewissen Ratlosigkeit"[243]. Die Deutsche Bischofskonferenz geht in ihrer Erklärung vom 24. 4. 2006 davon aus, dass das Rundschreiben des Päpstlichen Rates für die Gesetzestexte „nicht die in der deutschen Rechtstradition stehende staatliche Regelung für den ‚Kirchenaustritt'" berühre[244]. Das dürfte schon deshalb zutreffen, weil das Rundschreiben des Päpstlichen Rates für Gesetzestexte nur den actus formalis in c. 1117 CIC, nicht aber den „Kirchenaustritt" nach deutschem Staatskirchenrecht betrifft.[245] Ungeachtet dessen sind eindeutige Lösungen möglich durch Änderung, auch Ergänzung des geltenden Rechts.[246] Für die staatlichen Stellen kommt es in jedem Fall entscheidend auf die religionsverfassungsrechtlichen Vorgaben an. Der Staat blickt darauf, wie die Kirche in

44

---

[239] Vgl. *J. Listl*, in: HdbKathKR, § 16 II 4.

[240] Die Vorschrift lautet: „Die oben vorgeschriebene Eheschließungsform muß unbeschadet der Vorschriften des can. 1127, § 2 eingehalten werden, wenn wenigstens einer der Eheschließenden in der katholischen Kirche getauft oder in sie aufgenommen wurde und nicht durch einen formalen Akt von ihr abgefallen ist."

[241] Dazu *R. Löffler*, Ungestraft aus der Kirche austreten? Der staatliche Kirchenaustritt in kanonistischer Sicht, 2007, S. 17; *H. Zapp*, Körperschaftsaustritt wegen Kirchensteuern – kein „Kirchenaustritt", KuR 2007, 66 ff.; *G. Bier*, Abfall von der Kirche – „Kirchenaustritt" – Schisma, in: R. Althaus/K. Lüdicke/Pulte (Hrsg.), Kirchenrecht und Theologie im Leben der Kirche. FS f. Heinrich J. F. H. J. F. Reinhardt zur Vollendung seines 65. Lebensjahres, 2007, S. 73 ff., *M. Graulich*, Ist der **Kirchenaustritt** ein *actus formalis defectionis ab Ecclesia catholica?* – Ein Beitrag zur Diskussion, KuR 2008, 1 ff., jeweils m. w. N.

[242] O. Fn. 233.

[243] *R. Löffler* (o. Fn. 241), S. 17. Zu dem Rundschreiben des Päpstlichen Rates für die Gesetzestexte, das – soweit ersichtlich – nicht amtlich veröffentlicht worden ist, vgl. auch *M. Graulich*, KuR 2008, 1 ff., *G. Bier*, FS f. H. J. F. Reinhardt, 2007, S. 73 (76 ff.); zum Wortlaut *H. Zapp*, KuR 2007, 66 (74 f.).

[244] KABl. Köln 2006, 109 (vor 1.).

[245] Näher *St. Muckel*, Körperschaftsaustritt oder Kirchenaustritt? Der sog. Kirchenaustritt im Schnittfeld von staatlichem Verfassungsrecht und katholischem Kirchenrecht, JZ 2009, 174 (181 f.); a. A. *G. Bier*, FS f. H. J. F. Reinhardt, 2007, S. 73 (76 ff., 89 ff.).

[246] Vgl. *W. Aymans*, Das Problem der Defektionsklauseln im kanonischen Eherecht, in: Isensee/Rees/Rüfner (Hrsg.), Dem Staate, was des Staates – der Kirche, was der Kirche ist. FS f. J. Listl zum 70. Geburtstag, 1999, S. 797 ff., hat mit guten Gründen schon vor einiger Zeit für die Aufhebung des Tatbestandes eines „actus formalis defectionis ab Ecclesia catholica" in c. 1117 CIC und anderen Vorschriften plädiert; zust. *M. Graulich*, KuR 2008 1(15). Ob es dazu kommt, ist nicht ersichtlich. Für die Kirche in einzelnen Ländern leichter zu realisieren und wegen der nationalen Besonderheiten möglicherweise auch angemessener als eine Änderung des CIC wäre eine partikularrechtliche Lösung. So könnten die deutschen Bischöfe z. B. eine für ihr jeweiliges Bistum geltende Vorschrift erlassen, die es unter Strafe stellt (etwa die Strafe der Exkommunikation, wie sie in c. 1364 CIC auch für das Schisma vorgesehen ist), wenn ein Gläubiger sich der in c. 222 § 1 CIC vorgesehenen Verpflichtung entzieht, für die Erfordernisse der Kirche Beiträge zu leisten. Bisher sieht das kirchliche Recht keine eigenständige Strafbestimmung für den Fall vor, dass jemand sich der Beitragspflicht nach c. 222 § 1 CIC entzieht (allerdings eine ältere Regelung des Erzbistums Köln, die für den Kirchenaustritt die Strafe der Exkommunikation vorsieht, dazu *R. Löffler* [o. Fn. 241], S. 197 ff.). Würde eine eigene Strafbestimmung für den Entzug der Beitragspflicht geschaffen, wäre es unerheblich, ob der „Kirchenaustritt" ein Schisma o. ä. begründet und auch gegenüber wem er erklärt wird. Entscheidend wäre nur, dass jemand sich der Beitragspflicht aus c. 222 § 1 CIC entzieht.

Deutschland, genauer: das jeweilige Bistum, ihr Selbstbestimmungsrecht aus Art. 140 GG i. V. m. Art. 137 Abs. 3 WRV ausübt. Danach bleibt der „Kirchenaustritt" in seiner bisherigen Form der maßgebliche Rechtsakt für die Rechtsfolgen nach staatlichem Recht, insbesondere Kirchensteuerrecht.

§ 18. Die hierarchische Organisationsstruktur der römisch-katholischen Kirche

Literatur: *R. Althaus*, Die vielen Räte in der Kirche, in: ThGl 92 (2002), S. 14 ff.; *W. Aymans*, Die hierarchische Organisationsstruktur der Kirche. Gliederungs-und Organisationsprinzipien, in: HdbKathKR, § 26; *W. Aymans/K. Mörsdorf*, Kanonisches Recht, 3 Bde., 13. Aufl. 1991, 1997, 2007; *G. Bier*, Die Rechtsstellung des Diözesanbischofs nach dem Codex Iuris Canonici von 1983, 2001; *S. Demel*, „Pfarrgemeinderat" in: Lexikon des Kirchenrechts, 2004, Sp. 757; *dies.*, Vom bevormundeten zum mündigen Volk Gottes – und wieder zurück?, in: Meier/Platen/Reinhardt/Sander (Hrsg.), Rezeption des zweiten Vatikanischen Konzils in Theologie und Kirchenrecht heute. FS f. Lüdicke, 2008, S. 99 ff.; *L. Gerosa*, Die Träger der obersten Leitungsvollmacht, in: HdbKathKR, § 27; *A. Glomb*, Sententia plurimorum. Das Mehrheitsprinzip in den Quellen des kanonischen Rechts und im Schrifttum der klassischen Kanonistik, 2008; *K. Hartelt*, „Diözesanpastoralrat", in: Lexikon des Kirchenrechts, 2004, Sp. 195; *A. Hierold*, Gesamtkirche und Autonomie der Teilkirchenverbände, in: Essener Gespräche zum Thema Staat und Kirche, Bd. 37, 2003; *R. Klein*, Diözesansynode – Forum – Patoralgespräch. Strukturen der Mitverantwortung in der Kirche im Wandel, in: Weigand (Hrsg.), Kirchliches Recht als Freiheitsordnung. Gedenkschrift f. Hubert Müller, 1997, S. 117 ff.; *P. Krämer*, „Päpstliche Titulaturen" in: Lexikon des Kirchenrechts, 2004, Sp. 715; *P. Krämer/H. Paarhammer*, „Pfarrei", in: Lexikon des Kirchenrechts, 2004, Sp. Sp. 743; *K. Lüdicke*, Verwaltungsbeschwerde und Verwaltungsgerichtsbarkeit, in: HdbKathKR, § 114; *ders.*, Vereinigungsrecht und Verfassungsrecht. Zur Stellung der Laienräte in der deutschen Kirche, HK 57, 2003, S. 425 ff.; *H. Maritz*, Der Vatikanstaat, in: HdbKathKR, § 34; *G. May*, Mehrheitsverhältnisse bei Papstwahlen, in: Aymans (Hrsg.), Iudicare inter fideles: Festschrift für Karl-Theodor Geringer zum 65. Geburtstag, 2002, S. 273; *G. L. Müller*, in quibus et ex quibus – Zum Verhältnis von Ortskirche und Universalkirche, in: Essener Gespräche zum Thema Staat und Kirche, Bd. 37, 2003. S. 59 ff.; *I. Riedel-Spangenberger*, Papst und Bischofskollegium, in: dies. (Hrsg.), Leitungsstrukturen der katholischen Kirche, 2002, S. 23 ff.; *L. Schick*, Die Diözesankurie, in: HdbKathKR, § 41; *H. Schmitz*, Die Römische Kurie, HdbKathKR, § 32; *H. Schwendenwein*, Die Katholische Kirche, 2003; *ders.*, Der Papst, in: HdbKathKR, § 28; *L. Wächter*, „Motu Proprio", in: Lexikon des Kirchenrechts, 2004, Sp. 668.

I. Universalität und Partikularität in der römisch-katholischen Kirche

1   Die katholische Kirche besteht nach der Lehre des II. Vatikanischen Konzils in und aus Teilkirchen (communio Ecclesiarum).[247] Die römisch-katholische Kirche versteht sich und ihre Sendung notwendig als universal, im Wortsinne als katholisch (umfassend).[248] Alle Menschen sind zur vollen Gemeinschaft mit dem dreifaltigen Gott berufen, um so zum ewigen Heil zu gelangen. Die katholische Kirche konkretisiert sich jedoch nicht nur auf dieser universalen Ebene, sondern mehr noch in den örtlichen Lebensbedingungen. Sie ist demgemäß zunächst eine weltweite „communio plena". *Jesus Christus* sandte seine Apostel aus, um allen Menschen das

---

[247] Vgl. LG 23; ferner c. 368 CIC: „Teilkirchen, in den und aus denen die eine und einzige katholische Kirche besteht, sind vor allem die Diözesen, denen, falls nichts anderes feststeht, die Gebietsprälatur und die Gebietsabtei, das Apostolische Vikariat und die Apostolische Präfektur sowie die für dauernd errichtete Apostolische Administration gleichgestellt sind."
[248] *G. L. Müller*, In quibus et ex quibus – Zum Verhältnis von Ortskirche und Universalkirche, in: H. Marré/D. Schümmelfeder/B. Kämper (Hrsg.), Essener Gespräche zum Thema Staat und Kirche Bd. 37 (2003), S. 59 (63 f.), auch zum Folgenden.

Evangelium zu verkünden und sie durch die Taufe in Gemeinschaft mit Gott zu bringen. Dabei verhieß er ihnen seine ständige Gegenwart bis an das Ende der Welt (Mt 28, 18–20). Die Befugnis bzw. die Vollmacht des Lehrens, des Heiligens und des Leitens in seinem Namen hat *Jesus Christus* den Aposteln übertragen, als deren Nachfolger die Bischöfe gelten.

Jede Orts- oder Teilkirche[249] ist danach ebenfalls „Kirche". Jede Teilkirche repräsentiert die eine und einzige Kirche Christi als „communio plena" unter Berücksichtigung der örtlichen Lebensbedingungen und Traditionen (c. 369 CIC[250]). Die kirchliche Sendung ist in der Teilkirche dieselbe wie in der Universalkirche. Einen universal- oder gesamtkirchlichen Vorbehalt gibt es, bezogen auf den Inhalt der kirchlichen Sendung, nicht. Die Differenzierung zwischen Universal- oder Gesamtkirche einerseits und Orts- oder Teilkirchen andererseits besteht somit nur auf einer formalen Ebene. Die der Gesamtkirche formal vorbehaltenen Aufgaben dienen dazu, die Einheit der Kirche und ihrer Sendung sicherzustellen. Dementsprechend gibt es auf dieser formalen Ebene kirchlicher Autorität auch ein Über- und Unterordnungsverhältnis zwischen Gesamt- und Teilkirche.[251]

Gesamtkirche und Teilkirchen sind jeweils mit hierarchischen Leitungspersonen ausgestattet, die die Bischofsweihe erhalten haben. Erst mit der Bischofsweihe wird die volle apostolische Vollmacht in Bezug auf Lehre, Heiligung und Leitung übertragen.[252] Das betrifft die Autorität in der Gesamtkirche genauso wie in den Orts- bzw. Teilkirchen. Die katholische Kirche ist insofern bischöflich verfasste Kirche.[253] Die Bischöfe sind kraft göttlicher Einsetzung an die Stelle der Apostel getreten und durch den Heiligen Geist zu Hirten bestellt, um auch selbst Lehrer des Glaubens, Priester des heiligen Gottesdienstes und Diener in der Leitung zu sein (c. 375 § 1 CIC).

Teilkirchen in diesem Sinne sind in der Lateinischen Kirche[254] vor allem die Diözesen, die von den Diözesanbischöfen geleitet werden (cc. 368 f. CIC).[255] Die Teilkirchen sind wiederum in Pfarreien gegliedert, denen die Pfarrer vorstehen (c. 374 § 1 CIC). Die Gesamtkirche wird vom Papst geleitet, der von bestimmten Ämtern, Gremien und Behörden unterstützt wird.[256]

---

[249] Zu den Schwierigkeiten um die Terminologie vgl. nur die Diskussionsbeiträge von *A. Hollerbach, A. Hierold* und *G. L. Müller,* in: Essener Gespräche zum Thema Staat und Kirche Bd. 37 (o. Fn. 248), S. 71, 72, 74.

[250] c. 369 CIC: „Eine Diözese ist der Teil des Gottesvolkes, der dem Bischof in Zusammenarbeit mit dem Presbyterium zu weiden anvertraut wird; indem sie ihrem Hirten anhängt und von ihm durch das Evangelium und die Eucharistie im Heiligen Geist zusammengeführt wird, bildet sie eine Teilkirche, in der die eine, heilige, katholische und apostolische Kirche Christi wahrhaftig gegenwärtig ist und wirkt."

[251] Zum Ganzen *W. Aymans/K. Mörsdorf,* Kanonisches Recht II, § 49 B III.

[252] Vgl. LG 21 mit der Nota explicativa praevia Nr. 2 zu LG sowie c. 375 § 2 CIC. Priester und Diakone, die ebenfalls die heilige Weihe erhalten haben, sind demgegenüber nur Gehilfen des Bischofs, die nur eine eingeschränkte Vollmacht besitzen.

[253] Vgl. *W. Aymans,* in: HdbKathKR, § 26 I.

[254] Zur Einordnung der unierten Ostkirchen: *W. Aymans/K. Mörsdorf,* Kanonisches Recht II, § 58 B II u. C.

[255] Gleichgestellt sind: Gebietsprälatur, Gebietsabtei, das Apostolische Vikariat und die Apostolische Präfektur sowie die für dauernd errichtete Apostolische Administration (c. 368 CIC).

[256] Zum Ganzen auch *A. Hierold,* Gesamtkirche und Autonomie der Teilkirchenverbände, in: H. Marré/D. Schümmelfeder/B. Kämper (Hrsg.), Essener Gespräche zum Thema Staat und Kirche Bd. 37 (2003), S. 5 ff. m. w. N.

II. Die höchste Autorität der Kirche

1. Der Papst und das Bischofskollegium

5   Träger der höchsten Autorität in der römisch-katholischen Kirche[257] sind der Papst und das Bischofskollegium. In c. 330 CIC heißt es dazu: „Wie nach der Weisung des Herrn der heilige Petrus und die übrigen Apostel ein einziges Kollegium bilden, so sind in gleicher Weise der Papst als Nachfolger des Petrus und die Bischöfe als Nachfolger der Apostel untereinander verbunden." Während also die Bischöfe nach katholischem Verständnis die Nachfolger der Apostel sind, ist der Papst der Nachfolger des Apostels Petrus. Diese Ämter, Papst und Bischöfe, sind in katholischem Verständnis von Christus selbst eingesetzt. Die Ämter beruhen also auf göttlichem Recht. Der Katechismus der katholischen Kirche (KKK 880) formuliert unter Berufung auf LG 19: „Als Christus die Zwölf bestellte, setzte er sie nach Art eines Kollegiums oder eines beständigen Zusammenschlusses ein, an dessen Spitze er den aus ihrer Mitte erwählten Petrus stellte."

6   **a) Der Papst.** Das Papstamt geht auf die berühmte Stelle im Matthäus-Evangelium (Mt 16, 18–19) zurück:[258] „Ich aber sage dir: Du bist Petrus und auf diesen Felsen werde ich meine Kirche bauen und die Mächte der Unterwelt werden sie nicht überwältigen. Ich werde dir die Schlüssel des Himmelreichs geben; was du auf Erden binden wirst, das wird auch im Himmel gebunden sein, und was du auf Erden lösen wirst, das wird auch im Himmel gelöst sein." Die rechtliche Stellung des Papstes als Inhaber der höchsten Autorität in der Kirche basiert danach auf der Heiligen Schrift und der kirchlichen Tradition. Das I. Vatikanische Konzil (1869–1870) hat in der Dogmatischen Konstitution „Pastor aeternus" die Stellung des Papstes lehramtlich deutlich herausgestellt.[259] In LG 22 bestätigte das II. Vatikanische Konzil diese Lehre und ergänzte sie um die Lehre von der bischöflichen Kollegialität.[260]

7   Nach diesen Vorgaben ist der Papst das Haupt des Bischofskollegiums, Stellvertreter Christi und Hirte der Gesamtkirche auf Erden (cc. 331, 336 CIC).[261] Er verfügt kraft seines Amtes über die höchste, volle, unmittelbare und universale ordentliche Gewalt in der Kirche, die er immer frei ausüben kann (c. 331 CIC, c. 43 CCEO). Diese volle und höchste Gewalt erhält der Papst allerdings erst durch die Annahme der rechtmäßig erfolgten Wahl, wenn er – wie im Regelfall – schon die Bischofsweihe empfangen hat (c. 332 § 1 CIC). Auch der zum Papst Gewählte muss zunächst die Bischofsweihe empfangen haben, um tatsächlich Inhaber der vollen und höchsten Gewalt zu werden. Erst die Bischofweihe verleiht ihm, wie jedem anderen Bischof, Vollmacht im Hinblick auf Lehre, Heiligung und Leitung. Hinsichtlich der Weihevollmacht (-gewalt) steht der Papst zunächst auf einer Stufe mit jedem anderen Bischof. Er ist Bischof und gehört somit dem Bischofskollegium an.

---

[257] Zu Differenzen in der ökumenischen Diskussion vgl. nur die Beiträge in *Hell/Lies* (Hrsg.), Papstamt. Hoffnung, Chance, Ärgernis. Ökumenische Diskussion in einer globalisierten Welt, 2000.
[258] Vgl. KKK 881.
[259] In lateinischer Originalversion und deutscher Übersetzung abgedr. bei *Denzinger/Hünermann*, 3050 ff. (3074).
[260] Vgl. *H. Schwendenwein*, in: HdbKathKR, § 28 I.
[261] Vgl. LG 22 (Abs. 2); ferner: Erklärung der Kongregation für die Glaubenslehre „Der Primat des Nachfolgers Petri im Geheimnis der Kirche" v. 31. 10. 1998, in dt. Sprache u. a. abgedr. in AfkKR 1998, S. 474 ff.; insbes. zur Stellung des Papstes als Stellvertreter Christi *W. Aymans*, Leserbrief, F.A.Z. v. 28. 3. 2000, S. 14.

Der Unterschied zwischen ihm und den übrigen Bischöfen im Kollegium ergibt sich erst auf der Ebene der Leitungsgewalt (sog. päpstlicher Jurisdiktionsprimat).[262]

Durch seine Wahl zum Papst übernimmt er als Nachfolger des Apostels Petrus eine Vorrangstellung im Kollegium der Bischöfe.[263] Er ist dessen Haupt (c. 331 CIC). Beide, Papst und Bischofskollegium, haben inhaltlich dieselbe höchste Autorität. Während aber der Papst als Person kraft seines Amtes allein diese höchste Autorität ausüben kann, ist das Bischofskollegium zwingend an die Mitwirkung des Papstes gebunden, kann also niemals ohne ihn Träger der höchsten Autorität sein (c. 336 CIC). Es ist damit rechtlich nicht möglich, dass das Kollegium der Bischöfe ohne Zustimmung oder gar gegen eine Weisung des Papstes agiert. Umgekehrt kann der Papst sich jederzeit über ein Votum des Bischofskollegiums hinwegsetzen. Zwar steht er bei der Ausübung seines Amtes als oberster Hirte stets in der Gemeinschaft mit den übrigen Bischöfen. Er hat aber das jederzeitige Recht, darüber zu entscheiden, ob er sein Amt allein und persönlich oder im kollegialen Verbund mit den übrigen Bischöfen ausübt (c. 333 § 2 CIC). Der Papst hat die Einheit innerhalb des Bischofskollegiums und der ganzen Kirche hinsichtlich des Glaubens und der äußeren Gemeinschaft sicherzustellen. Er hat dafür zu sorgen, dass der Episkopat selbst eins und ungeteilt ist.[264]

Seine Autorität im Hinblick auf die Sendung der Kirche, also das dreifache Amt des Lehrens, des Heiligens und des Leitens, ist ihm nach katholischer Lehre unmittelbar von Gott übertragen und daher durch keine menschliche Gewalt eingeschränkt.[265] Der Papst untersteht ausschließlich dem göttlichen Recht. Er ist oberster Gesetzgeber, Richter und Verwaltungsherr für die gesamte römisch-katholische Kirche. Seine Entscheidungen bedürfen keiner Bestätigung. Gegen ein Urteil oder ein Dekret des Papstes gibt es weder Berufung noch Beschwerde (c. 333 § 3 CIC). Er kann von niemandem vor Gericht gezogen werden (c. 1404 CIC). Seine Autorität gilt dabei nicht nur im Hinblick auf die Gesamtkirche. Er besitzt auch über alle Teilkirchen und deren Verbände eigenberechtigte, ordentliche und unmittelbare Gewalt (c. 333 § 1 CIC). Der Papst kann daher sowohl gesamtkirchlich als auch in jeder Teilkirche unmittelbar als Gesetzgeber, Richter und Träger ausführender Gewalt tätig werden. Er bedarf nicht der Zustimmung oder gar der Erlaubnis einer anderen Autorität, etwa des Diözesanbischofs. Der Papst ist im Hinblick auf die Glaubens- und Sittenlehre Träger des unfehlbaren Lehramtes (c. 749 § 1 CIC). Bei der Ausübung seines Amtes stehen ihm die Bischöfe, die Kardinäle und andere Personen und Einrichtungen zur Seite, die alle in seinem Auftrag und in seinem Namen handeln (c. 334 CIC).

Die Wahl des Papstes[266] ist in der Apostolischen Konstitution „Universi Dominici Gregis" vom 22. 2. 1996 geregelt.[267] Gewählt wird im „Konklave", das sich vom

---

[262] Vgl. *H. Schwendenwein*, in: HdbKathKR, § 28 I, III m. w. N.; *J. Freitag*, Artikel „Jurisdiktionsprimat", in: Lexikon des Kirchenrechts, Sp. 443 ff. m. w. N.; *I. Riedel-Spangenberger*, Der Jurisdiktions- und Lehrprimat des Papstes in der Diskussion, in: AfkKR 165 (1996), S. 25 ff.

[263] Das Verhältnis zwischen Papst und Bischofskollegium ist noch nicht abschließend geklärt. Zum Problem *L. Gerosa*, in: HdbKathKR, § 27.

[264] Vgl. LG 18.

[265] Vgl. *H. Schwendenwein*, in: HdbKathKR, § 28 I.

[266] Hierzu näher: *P. Krämer*, Artikel „Papstwahl", in: Lexikon des Kirchenrechts, Sp. 719 ff. m. w. N.; *G. May*, Mehrheitsverhältnisse bei Papstwahlen, in: FS f. K.-T. Geringer, S. 273 ff.; *K. S. Schlaich*, Das Recht der Papstwahl, JuS 2001, S. 319 ff.; zur Geschichte vgl. nur *A. G. Glomb*, Sententia plurimorum. Das Mehrheitsprinzip in den Quellen des kanonischen Rechts und im Schrifttum der klassischen Kanonistik, S. 72 ff.; *Goez*, Artikel „Papstwahl", in: LThK, Bd. 7, Sp.1351 f. m. w. N.

[267] AAS 88 (1996), S. 305 ff.; dt. Übersetzung in: L'Osservatore Romano, dt. Ausgabe, 26. Jahrgang, Nr. 9 v. 1. März 1996. Hinsichtlich der für die Wahl erforderlichen Mehrheit hat Papst *Benedikt XVI.* durch Motu Proprio vom 11. 6. 2007 – „De aliquibus mutationibus in normis de

13. Jahrhundert an entwickelt hat und bei dem die Kardinäle solange „cum clave" (mit dem Schlüssel) eingeschlossen werden, bis sie sich auf einen Kandidaten geeinigt haben. Damit soll vor allem äußeren Einflüssen auf die Wahl entgegen gewirkt werden. Das aktive Wahlrecht ist ein Vorrecht der Kardinäle, die am Tage vor dem Tode des früheren Papstes das 80. Lebensjahr noch nicht vollendet haben.[268] Die Konstitution „Universi Dominici Gregis" geht von einer Höchstzahl von 120 aktiven Wählern aus.[269] Hinsichtlich des passiven Wahlrechts gibt es keine rechtlichen Vorgaben. Daher kann prinzipiell jeder Mann (wegen c. 1024 CIC) gewählt werden, der hinreichenden Vernunftgebrauch besitzt und nicht durch göttliches oder kirchliches Gesetz ausgeschlossen ist. Es ist also theoretisch jeder gesunde männliche Laie wählbar. Seit dem 14. Jahrhundert werden allerdings nur Kardinäle gewählt.

11   Der Papst wird auf Lebenszeit gewählt. Er kann vorzeitig auf sein Amt verzichten. Der Verzicht muss frei geschehen und hinreichend kundgemacht werden. Er muss nicht von irgendwem angenommen werden (c. 332 § 2 CIC). Bei Vakanz oder völliger Behinderung des römischen Bischofsstuhls darf in der Leitung der Gesamtkirche nichts geändert werden (c. 335 CIC). Das päpstliche Amt ruht während dieser sog. Sedisvakanz und geht nicht etwa auf das Bischofskollegium über. Gleichwohl ist in dieser Zeit die Leitung der Kirche im Hinblick auf die laufenden Geschäfte dem Kardinalskollegium anvertraut.[270]

12   Der Papst hat verschiedene Amtsbezeichnungen und Titel, die im Päpstlichen Jahrbuch (Annuario Pontificio) aufgeführt werden.[271] Er ist „Bischof von Rom", „Stellvertreter Jesu Christi", „Nachfolger des Fürsten der Apostel", „Höchster Pontifex der Universalkirche", „Primas von Italien", „Erzbischof und Metropolit der römischen Provinz", „Souverän des Vatikanstaates"[272] und „Diener der Diener Gottes".

13   Juristisch genau zu unterscheiden sind „Papst", „Heiliger Stuhl" und „Vatikanstaat". Der „Staat der Vatikanstadt" entstand 1929 aufgrund der Lateranverträge mit dem Königreich Italien. Er ist ein völkerrechtlich anerkannter Staat (der wohl kleinste der Welt) mit einer eigenen Staatsangehörigkeit. Er verfügt über die klassischen Elemente eines Staates: Staatsvolk, Staatsgebiet, Staatsgewalt.[273] Der Vatikanstaat ist ein souveräner Staat und als solcher Völkerrechtssubjekt. Er hat eine eigene Verfassung[274] und stellt, was seine Staatsform angeht, eine absolute Wahlmonarchie dar.[275] Rechtlich

---

electione Romani Pontificis" – (abrufbar auf der Homepage des Vatikans) Änderungen verfügt, insbes. die Notwendigkeit der Zweidrittelmehrheit auch nach 34 ergebnislosen Wahlgängen; dazu St. *Schima*, „De aliquibus mutationibus …" Eine gravierende Änderung des Papstwahlrechts aus dem Jahr 2007, öarr 2007, 291 ff.

[268] Nr. 33 AK Universi Dominici Gregis (o. Fn. 267).
[269] Nr. 33 AK Universi Dominici Gregis (o. Fn. 267).
[270] Näher: Nr. 1–32 Universi Dominici Gregis (o. Fn. 267); zu Denkanstößen für ein anders als bisher zusammengesetztes Konklave: E. v. *Gemmingen*, Wie sollte der Papst gewählt werden? Überlegungen und Denkanstöße, in: HK 62 (2008), S. 428 ff.
[271] Vgl. *P. Krämer*, Artikel „Päpstliche Titularien", in: Lexikon des Kirchenrechts, Sp. 715 ff.; *H. Schwendenwein*, in HdbKathKR, § 28 V m.w.N. Papst *Benedikt XVI.* hat auf den Titel „Patriarch des Abendlandes" verzichtet, vgl. *Raspels*, Kirchenamtsblatt für das Erzbistum Köln v. 31. 3. 2006, S. 16. Demgemäß wird der Titel „Patriarch des Abendlandes" im Annuario Pontificio 2006 nicht mehr aufgeführt.
[272] Zum Vatikanstaat als souveränem Staat und selbstständigem Völkerrechtssubjekt: *H. Maritz*, in: HdbKathKR, § 34, sowie die folgenden Ausführungen im Text.
[273] Zu der auf *G. Jellinek* zurückgehenden Drei-Elemente-Lehre über die Voraussetzungen eines Staates: *O. Kimminich/St. Hobe*, Einführung in das Völkerrecht, S. 74 ff.; mit Blick auf den Vatikanstaat: *J. G. Mayr-Singer*, Unheilige Allianz oder segensreiche Partnerschaft. Der Heilige Stuhl und die Vereinten Nationen, in: Vereinte Nationen 2000, 193 (194), auszugsweise auch in: Frankfurter Rundschau v. 16. 8. 2001, S. 16.
[274] Abgedruckt in dt. Sprache etwa in: Pfarramtsblatt 2001, 66 ff.
[275] Näher zum Vatikanstaat *H. Maritz*, HdbKathKR, § 34 (S. 393 f. m.w.N.); *J. G. Mayr-Singer* (o. Fn. 273), auch zum Folgenden.

§ 18. Hierarchische Organisationsstruktur

streng zu trennen ist davon der „Heilige Stuhl". Er ist im weltlichen Rechtsverkehr, also insbesondere im Völkerrecht, der Vertreter der katholischen Kirche als Religionsgemeinschaft. Daran knüpft das Kirchenrecht mit c. 361 CIC an, indem nicht nur der Papst, sondern auch das Staatssektretariat und andere Einrichtungen der römischen Kurie begrifflich dem Heiligen Stuhl zugeordnet werden. Der Heilige Stuhl ist also kein Staat. Dennoch wird auch er als (sog. traditionelles) Völkerrechtssubjekt angesehen.[276] Sollen Verträge geschlossen werden, handelt der Heilige Stuhl bei Angelegenheiten, die den Heilsauftrag der Kirche betreffen (insbesondere beim Abschluss von Konkordaten). Demgegenüber schließt der Vatikanstaat Verträge mit typisch staatlich-gebietsbezogenen Inhalten, z. B. Abkommen, den Tourismus betreffend, sowie Fernmeldeverträge.[277] Der Papst ist das verfassungsmäßige Oberhaupt des Staates der Vatikanstadt. Zugleich personalisiert er in seiner Eigenschaft als Oberhaupt der römisch-katholischen Kirche nach c. 361 CIC den Heiligen Stuhl.[278]

b) **Das Bischofskollegium.** Wie der Papst ist auch das Bischofskollegium Träger 14 der vollen und höchsten Autorität in der römisch-katholischen Kirche.[279] Es untersteht aber dem Papst insofern, als es allein und ohne dessen zustimmende Mitwirkung nicht agieren kann (c. 336 CIC). Die Zugehörigkeit eines Priesters zum Bischofskollegium setzt gem. c. 336 CIC zweierlei voraus: den Empfang der Bischofsweihe sowie die hierarchische Gemeinschaft mit dem Haupt und den Gliedern des Kollegiums. Beides muss (kumulativ) gegeben sein.[280] Die einmal gültig empfangene Bischofsweihe ist unverlierbar (cc. 845 § 1, 1008 i. V. m. 1009 CIC). Sie verleiht unwiderruflich die höchste Stufe des Weihesakraments und überträgt mit dem Dienst des Heiligens auch die Dienste des Lehrens und des Leitens (c. 375 § 2 CIC; LG 21) im Sinne einer persönlichen Qualifikation. Diese Dienste können die Bischöfe ihrer Natur nach nur in der hierarchischen Gemeinschaft mit dem Haupt und den Gliedern des Kollegiums ausüben (cc. 336, 375 § 2 CIC). Zur Ausübung bzw. zum Vollzug dieser Dienste muss allerdings die kanonische, d. h. rechtliche Bestimmung (determinatio) durch die hierarchische Obrigkeit hinzukommen.[281] Das geschieht durch die Zuweisung eines konkreten Dienstes oder Amtes, z. B. das des Diözesanbischofs.[282] Durch eine solche obrigkeitliche Zuweisung oder Beauftragung wird die hierarchische Gemeinschaft hergestellt. Sie kann der Bischof aber wieder verlieren, was z. B. dann der Fall ist, wenn er exkommuniziert wird.[283] Zum Bischofskollegium gehören alle gültig geweihten Bischöfe der katholischen Kirche und nur diese.

Das Bischofskollegium übt gem. c. 337 CIC die ihm zukommende Aufgabe in 15 zwei möglichen Formen aus, nämlich in feierlicher Weise auf dem Ökumenischen Konzil (c. 337 § 1 CIC)[284] oder außerhalb eines Konzils durch eine vereinte Amtshandlung der auf dem Erdkreis verstreut weilenden Bischöfe, sofern diese Handlung als solche vom Papst in die Wege geleitet oder frei angenommen ist, so dass ein

---

[276] Vgl. *O. Kimminich/St. Hobe*, Einführung in das Völkerrecht, S. 72; *V. Epping*, in: K. Ipsen u. a., Völkerrecht, § 8 Rn. 1.
[277] Näher *V. Epping*, in: K. Ipsen u. a., Völkerrecht, § 8 Rn. 2 f.
[278] Vgl. *V. Epping*, in: K. Ipsen u. a., Völkerrecht, § 8 Rn. 1.
[279] Näher zum Bischofskollegium: *I. Riedel-Spangenberger*, Papst und Bischofskollegium, in: dies. (Hrsg.), Leitungsstrukturen der katholischen Kirche, S. 23 ff.; *W. Aymans*, Artikel „Bischofskollegium", in: Lexikon des Kirchenrechts, Sp. 113 ff. m. w. N.; *H. Schwendenwein*, Die Katholische Kirche, S. 215 ff.
[280] Vgl. *W. Aymans/K. Mörsdorf*, Kanonisches Recht II, § 59 B.
[281] Vgl. Nota explicativa praevis Nr. 2 zu LG.
[282] *H. Schwendenwein*, in: HdbKathKR, § 38 I 1.
[283] *W. Aymans/K. Mörsdorf*, Kanonisches Recht II, § 59 B. Aymans führt dort als weiteren Beispielsfall den Ausschluss aus dem Klerikerstand an (c. 290 CIC).
[284] Näher zum Ökumenischen Konzil: *L. Schick*, Artikel „Konzil", in: Lexikon des Kirchenrechts, Sp. 608 f.; *G. May*, Das Verhältnis von Papst und Bischöfen auf dem Allgemeinen Konzil nach dem CIC, S. 237 ff.; *H. Schwendenwein*, Die katholische Kirche, S. 218 ff. Zur Bedeutung des Begriffs „ökumenisch": *P. Krämer*, Kirchenrecht II, S. 109.

„wirklich kollegialer" Akt zustande kommt (c. 337 § 2 CIC). Es ist dabei Sache des Papstes, die Art und Weise der Tätigkeit des Bischofskollegiums auszuwählen (c. 337 § 3 CIC). Das Ökumenische Konzil ist die Versammlung des gesamten Bischofskollegiums an einem bestimmten Ort und als Nachfolgeorgan des Apostelkollegiums.[285] Es handelt sich um eine Vollversammlung des Kollegiums, in der in feierlicher und förmlicher Weise über Angelegenheiten des Glaubens und der Disziplin der Gesamtkirche beraten und beschlossen wird.[286] Das Bischofskollegium kann aber auch ohne lokale Versammlung tätig werden, nämlich durch einen in Fernverbindung durchgeführten kollegialen Akt (Fern- oder Briefkonzil), wie sich aus cc. 337 §§ 2 und 3, 341 § 2 CIC ergibt.[287] Allein dem Papst steht es zu, ein Ökumenisches Konzil einzuberufen, ihm persönlich oder durch andere Personen vorzusitzen, ebenso das Konzil zu verlegen, zu unterbrechen oder aufzulösen sowie dessen Dekrete zu genehmigen (c. 338 § 1 CIC). Der Papst bestimmt auch die Verhandlungsgegenstände (c. 338 § 2 CIC). Stimmrecht haben ausschließlich die Glieder des Bischofskollegiums, auch wenn daneben nichtbischöfliche Personen zum Konzil berufen werden (c. 339 CIC). Bei Vakanz des Apostolischen Stuhls ist das Konzil unterbrochen, bis der neue Papst es fortführt oder auflöst (c. 340 CIC). Dekrete des Konzils bedürfen zu ihrer Rechtsverbindlichkeit der Genehmigung und Bestätigung des Papstes sowie einer Promulgation auf dessen Anordnung hin (c. 341 § 1 CIC). Der gleichen Bestätigung bedürfen Dekrete des Bischofskollegiums außerhalb eines Ökumenischen Konzils (c. 341 § 2 CIC).

2. Personelle und institutionelle Hilfen bei der Ausübung des päpstlichen Amtes

16 Der Papst übt, trotz der rechtlichen Möglichkeit dazu, sein Amt in der Praxis nicht in jeder Hinsicht persönlich aus. Vielmehr stehen ihm, wie in c. 334 CIC angedeutet, verschiedene Einrichtungen und Gremien zur Verfügung, die ihn einerseits beraten und andererseits die tägliche Arbeit des Papstes in seinem Namen erledigen.

17 **a) Die Bischofssynode.** Die Bischofssynode[288] wurde erst durch das II. Vatikanische Konzil geschaffen, und zwar durch das Motu Proprio[289] „Apostolica sollicitudo" Papst *Pauls VI.* vom 15. 9. 1965.[290] Sie ist nicht zu verwechseln mit dem Bischofskollegium. Die Bischofssynode ist eine Versammlung vorwiegend von Bischöfen, die, aus den verschiedenen Gegenden der Erde ausgewählt, zu bestimmten Zeiten zusammenkommen, um die enge Verbundenheit zwischen Papst und Bischöfen zu fördern und um dem Papst bei Bewahrung und Wachstum von Glaube und Sitte, bei Wahrung und Festigung der kirchlichen Disziplin mit ihrem Rat hilfreich beizustehen und um Fragen bezüglich des Wirkens der Kirche in der Welt zu beraten (c. 342 CIC). Aufgabe der Bischofssynode ist es, über die vom Papst vorgelegten Verhandlungsthemen zu beraten und Wünsche zu äußern, nicht aber Entscheidungen zu treffen und Dekrete, d. h. rechtsverbindliche Entscheidungen jedweder Art zu erlassen, es sei denn, der Papst hat die Synode ausdrücklich dazu ermächtigt (c. 343 CIC).

---

[285] Vgl. *H. Schwendenwein*, Die Katholische Kirche, S. 216.
[286] Vgl. *K. Hartelt*, in: HdbKathKR, § 29 I.
[287] Vgl. *W. Aymans/K. Mörsdorf*, Kanonisches Recht II, § 61 C II.
[288] Vgl. *C. G. Fürst*, in: HdbKathKR, § 30.
[289] Zum Begriff „Motu Proprio" *Wächter*, Artikel „Motu Proprio", in: Lexikon des Kirchenrechts, Sp. 668; vgl. auch u. § 19 Rn. 11.
[290] AAS 57 (1965), 775 ff.

§ 18. Hierarchische Organisationsstruktur

Die Bischofssynode untersteht unmittelbar der Autorität des Papstes (c. 344 CIC). Sie erhielt am 8. 12. 1966 eine eigene Ordnung[291], die am 24. 6. 1969 durch eine revidierte Fassung ersetzt wurde.[292] Am 20. 8. 1971 wurde auch diese Ordnung ergänzt und ein ständiges Sekretariat eingerichtet.[293] 18

b) Die Kardinäle. Eine besondere Funktion kommt den Kardinälen[294] zu, die ein eigenes Kollegium bilden. Der Kardinalat ist als solches kein Kirchenamt, sondern höchste kirchliche Würde.[295] Das Kardinalskollegium wird traditionell in drei Rangklassen gegliedert, nämlich die bischöfliche, priesterliche und diakonische Klasse (c. 350 CIC). Dabei geht es allerdings nur um die Zuweisung bestimmter Ehrentitel.[296] Unabhängig von diesen Rangklassen kommen gem. c. 349 CIC den Kardinälen folgende Aufgaben zu: kollegiale Beratung des Papstes im Konsistorium, kollegiale Wahl des Papstes im Konklave sowie Hilfeleistung für den Papst bei der Leitung der Gesamtkirche durch Ausübung verschiedener Ämter, insbesondere in der Kurie. 19

Die Personen, die zu Kardinälen erhoben werden sollen, werden vom Papst frei ausgewählt. Sie müssen wenigstens die Priesterweihe empfangen haben, sich in Glaube, Sitte, Frömmigkeit sowie durch Klugheit in Verwaltungsangelegenheiten auszeichnen. Soweit sie noch nicht Bischöfe sind, müssen sie die Bischofsweihe empfangen (c. 351 § 1 CIC). Die „Kreierung", also die Ernennung zum Kardinal erfolgt durch Dekret des Papstes, das vor dem gesamten Kardinalskollegium verkündet wird. Erst von diesem Zeitpunkt haben die Kardinäle die ihnen zukommenden Rechte und Pflichten (c. 351 § 3 CIC).[297] Dem Kardinalskollegium steht der Dekan vor, ohne dass er gegenüber den anderen Kardinälen Leitungsgewalt hat (c. 352 § 1 CIC). Die Kardinäle erfüllen ihre kollegialen Aufgaben in erster Linie durch die Konsistorien (Versammlungen), zu denen sie sich auf Anordnung des Papstes und unter seinem Vorsitz versammeln (c. 353 § 1 CIC). Es werden je nach Bedeutung der zu beratenden Fragen ordentliche und außerordentliche Konsistorien unterschieden (c. 353 §§ 2–4 CIC). Bei Vakanz des Apostolischen Stuhls übernimmt das Kardinalskollegium die laufenden Geschäfte.[298] Die Aufgabe der Papstwahl ist in der AK „Universi Dominici Gregis" näher geregelt.[299] 20

c) Die römische Kurie. Durch die Römische Kurie besorgt der Papst die Geschäfte der Gesamtkirche.[300] Die einzelnen Behörden der Kurie handeln dabei im Namen und mit der Autorität des Papstes (c. 360 CIC). Der CIC selbst enthält nur zwei grundlegende Vorschriften zur römischen Kurie und verweist auf ein beson- 21

---

[291] Ordo Synodi Episcoporum celebrandae: AAS 59 (1967), S. 91 ff.
[292] Ordo Synodi Episcoporum celebrandae recognitus et auctus: AAS 61 (1969), S. 525 ff.
[293] Ordo Synodi Episcoporum celebrandae recognitus et auctus nonnullis communtationibus et additamentis perficitur: AAS 63 (1971) S. 702 ff.; vgl. auch c. 348 § 1 CIC zum ständigen Generalsekretariat.
[294] Das Wort leitet sich vom lateinischen „cardo" – Angelpunkt ab, vgl. *R. M. Schmitz*, Artikel „Kardinal", in: LThK, Bd. 5, Sp. 1230. Näher zur Rechtsstellung der Kardinäle *Leisching*, in: HdbKathKR, § 31.
[295] Vgl. *W. Aymans/K. Mörsdorf*, Kanonisches Recht II, § 63.
[296] Zu den Rangklassen: *W. Aymans/K. Mörsdorf*, Kanonisches Recht II, § 63 A 2; *Leisching*, in: HdbKathKR, § 31 I.
[297] Aus gegebenem Anlass kann der Papst trotz Kreierung den Namen eines Kandidaten zunächst für sich behalten und nicht offen legen. Es handelt sich um einen „Cardinalis in pectore", einen „Kardinal im Herzen". Dazu kommt es z. B., wenn der Betreffende durch die Ernennung zum Kardinal in seiner Heimat politischen Repressalien ausgesetzt wäre. In einem solchen Fall treffen ihn solange nicht die Rechte und Pflichten eines Kardinals, bis der Name vom Papst bekannt gemacht worden ist (c. 351 § 3 CIC).
[298] Vgl. c. 359 CIC i. V. m. Nr. 1–6 AK Universi Dominici Gregis (Fundstelle o. Fn. 267).
[299] Vgl. o. § 18 Rn. 10 m. Fn. 267.
[300] Dazu näher *W. Aymans/K. Mörsdorf*, Kanonisches Recht II, §§ 64–67.

deres Gesetz (c. 360 CIC). Dabei handelt es sich um die Apostolische Konstitution „Pastor Bonus", die am 28. 6. 1988 von Papst *Johannes Paul II.* promulgiert wurde und seit dem 1. 3. 1989 rechtsverbindlich ist.[301] Mit dem „Regolamento generale della Curia Romana" vom 30. 4. 1999[302] wurden zudem Ausführungsbestimmungen über Personal und Struktur der Behörden einschließlich des Dienst- und Arbeitsrechts und eine allgemeine Verfahrensordnung erlassen. Die AK „Pastor Bonus" gilt nicht nur für die Lateinische Kirche, sondern auch für die unierten Ostkirchen.

22   C. 361 CIC stellt klar, dass im CIC unter der Bezeichnung Apostolischer Stuhl oder Heiliger Stuhl nicht nur der Papst, sondern auch die einzelnen Einrichtungen der römischen Kurie zu verstehen sind, soweit sich nicht aus der Natur der Sache oder aus dem Kontext etwas anderes ergibt. Nach Art. 1 PastBon (vgl. auch c. 360 CIC) handelt es sich bei der römischen Kurie um die Gesamtheit der Dikasterien und Einrichtungen, die dem Papst bei der Ausübung seines höchsten Hirtendienstes für das Wohl und den Dienst an der Universalkirche und den Teilkirchen hilfreich zur Seite stehen. Die Römische Kurie umfasst demnach die Stellvertretungsorgane des Papstes für die Bereiche Verwaltung und Rechtsprechung.[303]

23   Zu den Dikasterien gehören gem. Art. 2 § 1 PastBon: das Staatssekretariat, die Kongregationen, die Gerichtshöfe, die Päpstlichen Räte sowie die Ämter, d. h. die Apostolische Kammer, die Verwaltung der Güter des Apostolischen Stuhls, die Präfektur für die wirtschaftlichen Angelegenheiten des Heiligen Stuhls. Zu den Einrichtungen der Römischen Kurie gehören gem. Art. 2 § 3 PastBon: die Präfektur des Päpstlichen Hauses sowie das Amt für die liturgischen Feiern des Papstes. In einem weiteren Sinne sind der Kurie gem. Art. 186–193 PastBon angegliedert, ohne dass sie zur Römischen Kurie im eigentlichen Sinne zählen: das Vatikanische Geheimarchiv (Tabularium), die Vatikanische Apostolische Bibliothek und die Päpstlichen Akademien. Alle Kurialbehörden haben eine eigene Geschäftsordnung. Die Amtssprache ist Latein, obwohl die Behörden in jeder gängigen Sprache angegangen werden können (Art. 16 PastBon).

24   Die einzelnen Dikasterien sind untereinander rechtlich gleichgestellt (Art. 2 § 2 PastBon). Es gibt keine rechtliche Über- bzw. Unterordnung. Die Dikasterien werden in der Regel aus einem Kreis von Kardinälen und einigen sonstigen Bischöfen gebildet. Geleitet und rechtlich vertreten werden die Dikasterien von einem Kardinal als Präfekten oder einem Erzbischof als Präsidenten, denen der Sekretär, der regelmäßig ebenfalls ein Bischof ist, zur Seite steht (Art. 3, 4 und 7 PastBon). Teilweise können zusätzlich weitere Kleriker und Laien hinzukommen, jedoch mit der Maßgabe, dass Akte der Leitungsgewalt den Geweihten vorbehalten bleiben (Art. 7 PastBon). Die Kongregationen bestehen ausschließlich aus Kardinälen und Bischöfen (Art. 3 § 3 PastBon). Den Dikasterien stehen Konsultoren und ein Beamtenstab zur Verfügung.

25   Die Zuständigkeit der Dikasterien ist nach sachlichen Gesichtspunkten bestimmt, sofern nicht etwas anderes ausdrücklich festgelegt ist (Art. 14 PastBon). Die einzelnen Kompetenzen und Aufgabenbereiche sind in der AK PastBon in den jeweiligen Abschnitten über die Dikasterien festgelegt. Über Kompetenzstreitigkeiten entscheidet die Apostolische Signatur (Art. 20 PastBon). Die Dikasterien können als Verwaltungsbehörden grundsätzlich nicht gesetzgeberisch tätig werden, es sei denn, sie haben hierzu ausnahmsweise die ausdrückliche Genehmigung des Papstes erhalten (Art. 18 Abs. 2 PastBon). Gem. Art. 19 § 2 PastBon sind grundsätzlich alle Angelegenheiten, die auf dem Rechtsweg zu prüfen sind, an die zuständigen Gerichte weiterzuleiten. Die Unterscheidung der drei Gewaltenfunktionen (vgl. c. 135 § 1 CIC: Gesetzgebung, Rechtsprechung und Verwaltung) ist aber

---

[301] Die AK „Pastor Bonus" ist in dt. Übersetzung sowie im lateinischen Original abgedr. in der im Verlag Butzon & Bercker in 5. Auflage 2001 erschienen lateinisch-deutschen Ausgabe des CIC (S. 771 ff.).
[302] AAS 91 (1999) 630 ff., erlassen vom Staatssekretariat gem. Art. 37 PastBon, vom Papst am 15. 4. 1999 approbiert, in Kraft getreten am 1. 7. 1999. Es trat an die Stelle des vorläufigen Regolamento v. 4. 2. 1992.
[303] Vgl. *W. Aymans/K. Mörsdorf*, Kanonisches Recht II, Einl. vor § 64.

§ 18. Hierarchische Organisationsstruktur

nicht strikt durchgehalten. Einzelne Dikasterien haben durchaus legislative und judikative Kompetenzen.[304] Entscheidungen von schwerwiegender Bedeutung müssen dem Papst zur Genehmigung vorgelegt werden, ausgenommen Urteile der Römischen Rota und der Apostolischen Signatur sowie Angelegenheiten, für die den Leitern der Dikasterien eine Spezialvollmacht erteilt wurde (Art. 18 Abs. 1 PastBon).

Das Staatssekretariat (Art. 39–47 PastBon) hilft dem Papst unmittelbar bei der Ausübung seines höchsten Amtes und nimmt so eine besondere Funktion ein. Ihm steht der Kardinalstaatssekretär vor. 26

Das Staatssekretariat besteht aus zwei Sektionen. Aufgabe der ersten Sektion (Art. 41–44 PastBon) ist es insbesondere, die Angelegenheiten zu erledigen, die den täglichen Dienst des Papstes betreffen, sowie solche, die außerhalb der speziellen Zuständigkeit der übrigen Dikasterien und Einrichtungen liegen. Hinzu kommt u. a. die Leitung des Dienstes der Gesandten des Heiligen Stuhls, die Abfassung und Übermittlung der päpstlichen Dokumente, die Erledigung der Personalangelegenheiten der Kurie sowie die Aufbewahrung des Bleisiegels und des Fischerringes, die Herausgabe der AAS, die Öffentlichkeitsarbeit, die Herausgabe der Zeitschrift L'Osservatore Romano, die Überwachung von Radio Vatikan und des Vatikanischen Fernsehzentrums. Die zweite Sektion (Art. 45–47 PastBon) hat alles zur Aufgabe, was im Zusammenhang mit den Beziehungen zu Staaten zu erledigen ist. In diesen Bereich fallen die diplomatischen Beziehungen zu den Staaten, die Konkordate und die Vertretung des Heiligen Stuhls bei internationalen Einrichtungen. In besonderen Fällen erledigt die zweite Sektion im Auftrag des Papstes alles, was die Besetzung der Teilkirchen sowie die Errichtung und Veränderung von Teilkirchen und ihrer Zusammenschlüsse betrifft. 27

Die Kongregationen sind kollegial verfasste Verwaltungsorgane. Ihre Mitglieder sind Kardinäle und Bischöfe. Sie sind grundsätzlich entsprechend ihren jeweiligen Aufgabengebieten für die gesamte römisch-katholische Kirche, also auch für die unierten Ostkirchen zuständig. 28

Es bestehen folgende Kongregationen:[305] die Kongregation für die Glaubenslehre (Art. 48–55 PastBon), die Kongregation für die orientalischen Kirchen (Art. 56–61 PastBon), die Kongregation für den Gottesdienst und die Sakramentenordnung (Art. 62–70 PastBon), die Kongregation für die Selig- und Heiligsprechungsprozesse (Art. 71–74 PastBon), die Kongregation für die Bischöfe (Art. 75–82 PastBon), die Kongregation für die Evangelisierung der Völker (Art. 85–92 PastBon), die Kongregation für den Klerus (Art. 93–98 PastBon), die Kongregation für die Institute des geweihten Lebens und für die Gesellschaften des apostolischen Lebens (Art. 105–111 PastBon) sowie die Kongregation für das katholische Bildungswesen (Art. 112–116 PastBon). 29

Zu den Gerichtshöfen der römischen Kurie zählen: die Apostolische Pönitentiarie (Art. 117–120 PastBon), die Apostolische Signatur (Art. 121–125 PastBon) und die Römische Rota (Art. 126–130 PastBon). 30

Ferner sind die päpstlichen Räte zu nennen. Bei ihnen handelt es sich um besondere Einrichtungen, die nach dem II. Vatikanischen Konzil gebildet wurden, um den wachsenden Anforderungen der Zeit besser als bis dahin gerecht werden zu können.[306] Es bestehen folgende Päpstliche Räte: der päpstliche Rat für die Laien (Art. 131–134 PastBon), der päpstliche Rat zur Förderung der Einheit der Christen (Art. 135–138 PastBon), der päpstliche Rat für die Familie (Art. 139–141 PastBon), der päpstliche Rat für Gerechtigkeit und Frieden (Art. 142–144 PastBon), der päpstliche Rat „Cor Unum" (Art. 145–148 PastBon), der päpstliche Rat für die Seelsorge für die Migranten und Menschen unterwegs (Art. 149–151 PastBon), der päpstliche Rat für die Pastoral im Krankendienst (Art. 152–153 PastBon), der päpstliche Rat für die Interpretation von Gesetzestexten (Art. 154–158 PastBon; seit einigen Jahren nennt er sich: päpstlicher Rat für Gesetzestexte – Pontificium Consilium Textibus), der päpstliche Rat für den interreligiösen Dialog (Art. 159–162 PastBon), der päpstliche Rat für den Dialog mit den Nichtglaubenden (Art. 163–165 PastBon), der päpstliche Rat für die Kultur (Art. 166–168 PastBon) und der päpstliche Rat für die sozialen Kommunikationsmittel (Art. 169–170 PastBon). 31

---

[304] Vgl. Art. 52 PastBon hinsichtlich der Glaubenskongregation, Art. 68 PastBon hinsichtlich der Kongregation für den Gottesdienst und die Sakramentenordnung.
[305] Die Kompetenzen und Aufgabenbereiche sind in den jeweiligen Abschnitten der AK PastBon aufgelistet.
[306] Vgl. *H. Schmitz*, in: HdbKathKR, § 32 VII (S. 376).

32 Schließlich bestehen noch diverse Kommissionen, die allerdings nur z.T. in der AK PastBon vorgesehen sind.[307]

33 **d) Gesandte des Papstes.** Nach c. 362 CIC hat der Papst das Recht, seine Gesandten zu ernennen und sie zu den Teilkirchen in den verschiedenen Nationen oder Regionen wie auch zu den Staaten und öffentlichen Autoritäten zu entsenden, zu versetzen oder abzuberufen. Dabei sind allerdings die Regeln des internationalen (weltlichen) Rechts zu beachten. Der Gesandte vertritt den Papst selbst (c. 363 § 1 CIC). Hat der Gesandte einen rein kirchlichen Auftrag, wird er als „Apostolischer Delegat" bezeichnet. Kommt die diplomatische Vertretung bei Staat und Regierung hinzu, handelt es sich um einen „Nuntius".[308] Hauptaufgabe der Legaten ist die Kontaktpflege zu den einzelnen Teilkirchen im Hinblick auf die Einheit der ganzen Kirche (c. 364 CIC). Darüber hinaus hat der Gesandte, soweit er dazu beauftragt ist, die diplomatischen Beziehungen zur weltlichen Führung des Staates zu pflegen (c. 365 CIC). Aufgrund seiner Aufgabe untersteht er grundsätzlich nicht der Leitungsgewalt des örtlich zuständigen Bischof (c. 366 CIC). Sein Amt endet grundsätzlich nicht mit der Vakanz des Apostolischen Stuhls (c. 367 CIC).

34 Die Regelungen des CIC über die päpstlichen Gesandten[309] bilden Rahmenrecht. Näher geregelt wird das päpstliche Gesandtschaftswesen im Motu Proprio „Sollicitudo Omnium Ecclesiarum", das von Papst *Paul VI.* am 24. 6. 1969 erlassen wurde.[310] Soweit der CIC keine abweichenden Regelungen trifft, gilt dieses Motu Proprio.[311]

III. Die Teilkirchen und ihre Autorität

1. Diözesen und Bischöfe

35 Die römisch-katholische Kirche mit dem Papst als Oberhaupt besteht aus der Lateinischen Kirche und den unierten Ostkirchen.[312] Jede dieser Rituskirchen eigenen Rechts hat ihre (teilweise historisch bedingten) eigenen Organisationsstrukturen.[313] Die Lateinische Kirche ist vor allem in Diözesen untergliedert.[314] Sie sind es, die c. 368 CIC als Teilkirchen bezeichnet. Nur die Diözese ist im eigentlichen und vollen Sinne Teilkirche.[315] Sie ist der Teil des Gottesvolkes, der dem Bischof in Zusammenarbeit mit dem Presbyterium (im Gegensatz zum ev. Verständnis ist dies die Gemeinschaft der Priester der Diözese) zu weiden anvertraut ist (c. 369 CIC). In den Worten des Katechismus (KKK 833): „Unter Teilkirche – das ist vor allem das Bistum oder die Eparchie[316] – versteht man eine Gemeinschaft von Christen, die mit ihrem in der apostolischen Sukzession stehenden Bischof im Glauben und in den Sakramenten vereint ist. Diese Teilkirchen sind nach dem Bild der Gesamtkirche gestaltet. In ihnen und aus ihnen besteht die eine und einzige katholische Kirche."

---

[307] Vgl. *H. Schmitz*, in: HdbKathKR, § 32 VIII.
[308] Näher *W. Aymans/K. Mörsdorf*, Kanonisches Recht II, § 67 B.
[309] Vgl. *P. Mikat*, in: HdbKathKR, § 33.
[310] AAS 61 (1969), S. 473 ff.
[311] Innerhalb der Römischen Kurie sind die Gesandten dem Staatssekretariat zugeordnet (Art. 41 § 1 und 46 Nr. 3 PastBon).
[312] Vgl. o. § 16 Rn. 2.
[313] Näher, auch für den Bereich der unierten Ostkirchen: *H. Schwendenwein*, Die Katholische Kirche, S. 272 ff.
[314] Der Diözese entspricht im CCEO die Eparchie (c. 177 § 1 CCEO).
[315] Vgl. *F. Kalde*, in: HdbKathKR, § 37 I (S. 420 m. w. N.).
[316] Vgl. c. 177 § 1 CCEO. Die Definition stimmt fast wörtlich mit derjenigen der Diözese überein.

§ 18. Hierarchische Organisationsstruktur

Neben der Diözese bestehen verschiedene diözesenähnliche Teilkirchen.[317] Vorsteher einer solchen Teilkirche muss nicht unbedingt ein Bischof sein. Es handelt sich um die Gebietsprälatur und Gebietsabtei (cc. 368, 370 CIC), das Apostolische Vikariat und die Apostolische Präfektur (cc. 368, 371 § 1 CIC) sowie die Apostolische Administration (cc. 368, 371 § 2 CIC). **36**

Diözesen und auch die anderen Arten von Teilkirchen sind in der Regel territorial genau abgegrenzt. Sie umfassen alle in diesem Gebiet wohnenden Gläubigen (c. 372 § 1 CIC). Unter bestimmten Umständen können jedoch innerhalb des jeweiligen Gebietes einer Teilkirche auch andere Teilkirchen errichtet werden, die nach dem Ritus der Gläubigen oder anderen vergleichbaren Gesichtspunkten verschieden sind (c. 372 § 2 CIC).[318] Die Errichtung von Teilkirchen ist ausschließlich Sache der höchsten Autorität. Sobald sie errichtet sind, haben sie Rechtspersönlichkeit (c. 373 CIC). Jede Teilkirche ist in Pfarreien aufzugliedern, die sich wiederum zu Dekanaten zusammenschließen können (c. 374 CIC). **37**

Einer Diözese steht der Diözesanbischof vor.[319] Alle übrigen Bischöfe werden Titularbischöfe genannt (c. 376 CIC). Es ist die Aufgabe des Papstes, die Bischöfe frei zu ernennen oder rechtmäßig Gewählte zu bestätigen (c. 377 § 1 CIC). Bei der Besetzung der Bischofsämter ist grundsätzlich das Verfahren nach cc. 377–380 CIC einzuhalten. In den deutschen Bistümern ist die Besetzung der Bischofsämter allerdings konkordatsrechtlich überlagert (c. 3 CIC). Dabei gibt es je nach Konkordat unterschiedliche (Wahl-) Verfahren.[320] **38**

Die persönlichen Voraussetzungen für das Bischofsamt sind in c. 378 § 1 CIC aufgelistet, wobei das endgültige Urteil über die Eignung allein dem Papst zusteht (c. 378 § 2 CIC). Ein zum Bischof Gewählter muss, bevor er von seinem Amt Besitz ergreift, die Bischofweihe erhalten (c. 379 CIC).[321] Vor der Amtsübernahme hat der Kandidat das Glaubensbekenntnis abzulegen und den Treueid gegenüber dem Apostolischen Stuhl zu leisten (c. 380 CIC).[322] **39**

Dem Diözesanbischof kommt in der ihm anvertrauten Diözese alle ordentliche, eigenberechtigte und unmittelbare Gewalt zu, die zur Ausübung seines Hirtenamtes erforderlich ist, abgesehen von den Angelegenheiten, die dem Papst oder einer **40**

---

[317] Diesen quasidiözesanen Teilkirchen entspricht im CCEO die Exarchie (c. 311 § 1 CCEO).

[318] Hier geht es z. B. um Teilkirchen der unierten Ostkirchen innerhalb einer lateinischen Diözese. Auch im Hinblick auf verschiedene Nationalitäten können solche Teilkirchen innerhalb einer anderen errichtet werden.

[319] Zum Amt des Diözesanbischofs statt vieler: *G. Bier*, Die Rechtsstellung des Diözesanbischofs nach dem Codex Iuris Canonici von 1983, 2001.

[320] Näher zur Bischofwahl in Deutschland: *G. Bier*, Kirchliche Findung und staatliche Mitwirkung bei der Bestellung des Diözesanbischofs, in: Grabenwarter/Lüdecke (Hrsg.), Standpunkte im Kirchen- und Staatskirchenrecht, S. 30 ff.; *St. Haering*, Mitwirkung von Domkapiteln an der Bischofsbestellung in Deutschland, in: FS f. J. Listl, 1999, S. 163 ff.; *Gergen*, Die Bischofsbestellung nach katholischem Kirchenrecht und deutschem Staatskirchenvertragsrecht – Verlauf und Probleme des Zusammenspiels zweier Rechtsquellen, ÖARR 2005, S. 38 ff.; *W. Aymans/K. Mörsdorf*, Kanonisches Recht II, § 73 A III 2; *H. Schmitz*, in: HdbKathKR, § 38 I 3 a; insbes. für Nordrhein-Westfalen: *Franzke*, Die Bestellung von Diözesanbischöfen in Nordrhein-Westfalen, NWVBl. 2002, 459 ff.; zur Bischofswahl in historischer Sicht vgl. nur *A. Glomb*, Sententia plurimorum. Das Mehrheitsprinzip in den Quellen des kanonischen Rechts und im Schrifttum der klassischen Kanonistik, S. 72 ff. m. w. N.

[321] Erst die Bischofsweihe bringt die volle apostolische Vollmacht, d. h. die sakramental begründete persönliche Qualifikation, das Bischofsamt ausüben zu können. Davon zu trennen ist die Zuweisung des konkreten Amtes als Diözesanbischof einer katholischen Diözese.

[322] Zum Treueid gegenüber dem Staat vgl. z. B. Art. 16 RK, abgedr. in: *J. Listl* (Hrsg.), Die Konkordate und Kirchenverträge in der Bundesrepublik Deutschland, Bd. I, S. 34 ff.; verfassungsrechtlich ist der Treueid des Bischofs gegenüber einer staatlichen Stelle (Ministerpräsident des Bundeslandes) nicht unproblematisch, dazu *Solte*, Die Ämterhoheit der Kirchen, in Listl/Pirson (Hrsg.), HdbStKR, Bd. I, S. 561 (569 f. m. w. N.).

anderen kirchlichen Autorität gesetzlich oder auf päpstliche Anordnung hin vorbehalten sind (c. 381 § 1 CIC). Der Diözesanbischof hat u. a. für die Unversehrtheit und Einheit der Glaubenslehre zu sorgen (c. 386 CIC). In seiner Diözese ist er persönlich mit gesetzgebender, richterlicher und ausführender Gewalt ausgestattet (c. 391 § 1 CIC). Die Gesetzgebung kann er nur persönlich ausüben. Die ausführende Gewalt übt er selbst oder durch den Generalvikar bzw. die Bischofsvikare, die richterliche Gewalt selbst oder durch den Gerichtsvikar (Offizial) und die (Diözesan-)Richter aus (c. 391 § 2 CIC). Der Diözesanbischof vertritt die Diözese in allen ihren Rechtsgeschäften (c. 393 CIC). Mit Vollendung des 75. Lebensjahres bietet der Diözesanbischof dem Papst seinen Amtsverzicht an (c. 401 § 1 CIC). Gleiches gilt für den Fall, dass der Diözesanbischof aus gesundheitlichen oder anderen schwerwiegenden Gründen nicht mehr in der Lage ist, seine Amtsgeschäfte wahrzunehmen (c. 401 § 2 CIC).

41 Bei der Erfüllung seines bischöflichen Dienstes stehen dem Diözesanbischof unter bestimmten Voraussetzungen ein Bischofskoadjutor[323] und Auxiliarbischöfe[324] zur Seite (cc. 403–411 CIC). Auxiliarbischöfe werden im deutschen Sprachraum Weihbischöfe genannt. Es handelt sich um „Hilfsbischöfe", deren Bestellung Sache des Papstes ist. Der Koadjutor und der mit besonderen Befugnissen ausgestattete Auxiliarbischof helfen dem Diözesanbischof bei der gesamten Leitung der Diözese und vertreten ihn bei Abwesenheit oder Verhinderung (c. 405 § 2 CIC). Beide, Koadjutor und Auxiliarbischof, haben die Bischofsweihe empfangen. Sie sind Titularbischöfe.

42 Das Amt des Diözesanbischofs wird auf Lebenszeit übertragen.[325] Ist er an der Ausübung seines Hirtendienstes gehindert (c. 412 CIC), steht die Leitung der Diözese, vorbehaltlich anderer Weisung des Heiligen Stuhls, dem Bischofskoadjutor zu, wenn ein solcher bestellt ist (c. 413 § 1 CIC). Ist kein Koadjutor bestellt oder ist er selbst an der Ausübung des Amtes gehindert, so übernimmt ein Auxiliarbischof, Generalvikar, Bischofsvikar oder ein anderer Priester nach einer vom Diözesanbischof festgelegten Reihenfolge die Leitung der Diözese (c. 413 § 1 CIC). Gibt es auch eine solche Liste nicht, so wählt das Konsultorenkollegium (c. 502 CIC) einen Priester, der die Diözese leitet (c. 413 § 2 CIC). Bei Vakanz des bischöflichen Stuhls wird ein bestellter Bischofskoadjutor sofort Bischof der Diözese (c. 409 § 1 CIC). Ist ein Koadjutor nicht bestellt, so geht bis zur Bestellung eines Diözesanadministrators die Leitung auf den (dienstältesten) Auxiliarbischof bzw., wenn es einen solchen nicht gibt, auf das Konsultorenkollegium über (c. 419 CIC). Derjenige, dem auf diese Weise die vorübergehende Leitung übertragen worden ist, hat unverzüglich für die Bestellung des sog. Diözesanadministrators zu sorgen. Dieser wird vom Konsultorenkollegium gewählt und leitet die Diözese weitgehend mit der einem Diözesanbischof zukommenden Gewalt bis zur Besitzergreifung der Diözese durch den neuen Diözesanbischof (cc. 427, 430 CIC).[326]

2. Die innere Ordnung der Teilkirchen

43 **a) Die Diözesansynode.** Die Diözesansynode[327] ist eine Versammlung von ausgewählten Priestern und anderen Gläubigen der Teilkirche, die zum Wohl der ganzen

---

[323] Der Koadjutor wird in erster Linie einem Diözesanbischof zur Seite gestellt, der aus gesundheitlichen oder anderen schwerwiegenden Gründen sein bischöfliches Amt nicht mehr (allein) bewältigen kann. Daher hat er auch das Recht zur Nachfolge, d. h. er übernimmt bei Vakanz des bischöflichen Stuhls ohne Weiteres das Amt des Diözesanbischofs, cc. 403 § 3 CIC, 409 § 1 CIC; vgl. W. Aymans/K. Mörsdorf, Kanonisches Recht II, § 73 C I.
[324] Das Bedürfnis nach einer Bestellung von Auxiliarbischöfen ergibt sich vor allem daraus, dass der Diözesanbischof in einer großen Diözese allein nicht in der Lage ist, die Firmung zu spenden (vgl. W. Aymans/K. Mörsdorf, Kanonisches Recht II, § 73 C I).
[325] Vgl. H. Schmitz, in: HdbKathKR, § 38 II 3.
[326] Zu den persönlichen Voraussetzungen für das Amt des Diözesanadministrators vgl. c. 425 CIC.
[327] Näher H. Schwendenwein, Die Katholische Kirche, S. 380 ff.; H. Schmitz, in: HdbKathKR, § 40 II.

Diözesangemeinschaft dem Diözesanbischof hilfreiche Unterstützung gewährt (c. 460 CIC). Neben den Vorschriften in cc. 460–468 CIC ist die Instruktion „In Constitutione Apostolica" über die Diözesansynode vom 19. 3. 1997 zu beachten, die von der Bischofskongregation sowie der Kongregation für die Evangelisierung der Völker erstellt wurde.[328] In dieser Instruktion werden die Vorschriften des CIC näher bestimmt und verdeutlicht. Das Recht zur Einberufung, Leitung, Unterbrechung und Auflösung der Synode steht allein dem Diözesanbischof zu. Lediglich bei der Leitung einzelner Sitzungen kann sich der Diözesanbischof vom Generalvikar oder einem Bischofsvikar vertreten lassen (c. 462 CIC). Die Verhandlungsgegenstände legt der Diözesanbischof fest, wobei es sich nur um solche Beratungsgegenstände handeln kann, die in den Zuständigkeitsbereich des Diözesanbischofs fallen.[329] Der Teilnehmerkreis setzt sich aus verbindlichen und fakultativen Mitgliedern zusammen (vgl. c. 463 CIC).[330] Die Synode hat als Gremium keine eigene Gesetzgebungskompetenz. Sie verbleibt beim Diözesanbischof (c. 466 CIC).

In der Praxis der deutschen Bistümer hat die Diözesansynode bisher keine bedeutende Rolle gespielt. Stattdessen haben sich auf Bistumsebene andere Formen diözesaner Kommunikation und Beratung entwickelt, die als Diözesanversammlung, Diözesanforum, Pastorales Forum oder Pastoralgespräch[331] bezeichnet werden.[332]

b) Die Diözesankurie. Die Diözesankurie[333] besteht aus Einrichtungen, Ämtern und Personen, die dem Bischof bei der Leitung der ganzen Diözese helfen, insbesondere bei der Leitung der pastoralen Tätigkeit, bei der Verwaltung der Diözese sowie bei der Ausübung der richterlichen Tätigkeit (c. 469 CIC). Die Ernennung der Personen, die in der Diözesankurie Ämter ausüben, steht allein dem Diözesanbischof zu (c. 470 CIC). Dabei müssen diese Personen das Versprechen ablegen, ihren Dienst nach Maßgabe des Rechts, insbesondere nach Weisung des Bischofs, getreu zu erfüllen (c. 471 Nr. 1 CIC). Zudem werden sie auf das Amtsgeheimnis verpflichtet (c. 471 Nr. 2 CIC).

In der Kurie ragen besonders die Ämter des Generalvikars und des Gerichtsvikars (Offizial) heraus. In jeder Diözese sind vom Diözesanbischof nach c. 475 § 1 CIC ein Generalvikar und nach c. 1420 § 1 CIC ein Gerichtsvikar zu ernennen. Beide sind ständige Stellvertreter (Vikare) des Diözesanbischofs.[334] Die Kurie gliedert sich somit in ein Generalvikariat (Ordinariat) und ein Offizialat (Konsistorium).

Der Generalvikar[335] vertritt den Diözesanbischof in der Verwaltung der Diözese, der Gerichtsvikar[336] im Gerichtswesen. Dem Generalvikar kommt kraft Amtes in der ganzen Diözese die

---

[328] AAS 89 (1997), S. 706 ff.
[329] Instruktion „In Constitutione Apostolica" (o. Fn. 328), IV 4.
[330] Näher dazu die Instruktion „In Constitutione Apostolica", II 3 Nr. 1 ff.
[331] Vgl. z. B. die Ordnung für das Pastoralgespräch v. 5. 1. 1993 in: KABl. Köln, 1993, S. 35 f.
[332] Näher *Klein*, Diözesansynode – Forum – Pastoralgespräch. Strukturen der Mitverantwortung in der Kirche im Wandel, in: R. Weigand (Hrsg.), Kirchliches Recht als Freiheitsordnung. Gedenkschrift f. Hubert Müller, 1997, S. 117 (129 ff. m. w. N.). Nach dem Wunsch des Apostolischen Stuhls sollen auf diese Gremien die Regelungen über die Diözesansynode angewendet werden (Vorwort der Instruktion „In Constitutione Apostolica", Abs. 3 u. 4, o. Fn. 328).
[333] Näher *L. Schick*, in: HdbKathKR, § 41; *W. Aymans/K. Mörsdorf*, Kanonisches Recht II, § 76; *H. Schwendenwein*, Die Katholische Kirche, S. 387 ff.; *H. Schmitz*, Probleme in der Diözesankurie zwischen Verwaltung und Rechtsprechung, in: FS f. K.-T. Geringer, S. 433 ff.
[334] *L. Schick*, in: HdbKathKR, § 41 I 2.
[335] Im Regelfall ist nur ein Generalvikar zu bestellen, es sei denn, die Größe der Diözese, die Zahl der Einwohner oder andere pastorale Gründe legen etwas anderes nahe (c. 475 § 2 CIC).
[336] Näher zum Gerichtsvikar (Offizial) u. § 19 Rn. 59.

ausführende Gewalt zu, die der Diözesanbischof von Rechts wegen inne hat. Ausgenommen sind nur die Verwaltungsakte, die der Diözesanbischof sich vorbehalten hat oder für die von Rechts wegen ein Spezialmandat[337] des Bischofs erforderlich ist (c. 479 § 1 CIC). Hinsichtlich der Gegenstände und Personen, die in der Kurie zur Ausübung der richterlichen Gewalt gehören, verweist c. 472 CIC auf cc. 1400 ff. CIC.[338] Die Gesetzgebung bleibt demgegenüber allein Sache des Diözesanbischofs selbst und ist nicht delegierbar (c. 391 § 2 i.V.m. c. 135 § 2 CIC). Generalvikar und Gerichtsvikar üben ihr Amt mit ordentlicher stellvertretender Vollmacht aus. Als Stellvertreter handeln sie nicht im eigenen, sondern im Namen des Vertretenen, also des Diözesanbischofs.[339] Durch ihre Tätigkeit wird der Bischof rechtlich verpflichtet und berechtigt. Der Diözesanbischof kann auch jederzeit selbst tätig werden, d. h. er kann sich Verwaltungs- und Gerichtsangelegenheiten vorbehalten oder später an sich ziehen (cc. 479 § 1, 1419 § 1 CIC).

48 Neben dem Generalvikar kann der Diözesanbischof im Bereich der Diözesanverwaltung nach Bedarf zusätzlich auch einen oder mehrere Bischofsvikare bestellen (c. 476 CIC). Der Bischofsvikar verfügt für seinen Zuständigkeitsbereich über dieselbe ordentliche Gewalt wie der Generalvikar. Er ist jedoch beschränkt auf einen genau festgelegten Teil der Diözese, auf einen näher beschriebenen Geschäftsbereich, auf Personen eines bestimmten Ritus oder auf einen anderen Personenkreis (cc. 476, 479 § 2 CIC). Der Bischofsvikar ist dem Generalvikar nicht untergeordnet. Hinsichtlich des geordneten Zusammenwirkens der General- und Bischofsvikare kann bei Bedarf vom Bischof ein Kurienmoderator (c. 473 § 2 CIC)[340] oder ein Bischofsrat (c. 473 § 4 CIC) eingesetzt werden. Der Generalvikar und der Bischofsvikar können vom Diözesanbischof frei ernannt und abberufen werden (c. 477 § 1 CIC). Sie müssen Priester sein und die in c. 478 CIC näher beschriebenen persönlichen Voraussetzungen erfüllen. Sie haben den Diözesanbischof über alle wichtigen Amtsgeschäfte zu unterrichten und dürfen niemals gegen den Willen und die Absicht des Diözesanbischofs handeln. Sie sind weisungsgebunden (c. 480 CIC). Ihr Amt endet mit dem des Diözesanbischofs, sofern sie nicht vorher aus anderem Grund ihres Amtes enthoben sind (c. 481 CIC). Aufgrund seiner engen Verknüpfung mit dem Diözesanbischof wird der Generalvikar traditionell auch „alter ego", das „andere Ich" des Bischofs genannt.[341] Gegen seine Entscheidungen kann folglich (ebenso wie gegen Entscheide des Gerichtsvikars) keine Beschwerde an den Diözesanbischof eingelegt werden.[342] Davon unberührt bleibt die Möglichkeit des Rekurses an die hierarchischen Oberen gem. cc. 1732–1739 CIC.[343]

49 Zur Diözesankurie gehören noch der Kanzler und die Notare (cc. 482–491 CIC)[344], der Vermögensverwaltungsrat und der Ökonom (cc. 492–494).[345]

50 c) **Weitere Beratungsgremien.** Der CIC sieht, teils obligatorisch, teils fakultativ, diverse weitere Gremien auf diözesaner Ebene vor, die nicht zur Diözesankurie gehören und in erster Linie der Beratung des Diözesanbischofs dienen. Hierzu gehören der Priesterrat (cc. 495–502 CIC)[346], das Konsultorenkollegium (c. 502 CIC)[347], das Kanonikerkapitel (cc. 503–510)[348] und der Diözesanpastoralrat (cc. 511–514 CIC).[349]

---

[337] Eine Auflistung solcher Bereiche, für die ein Spezialmandat des Bischofs erforderlich ist, findet sich bei *W. Aymans/K. Mörsdorf*, Kanonisches Recht II, § 76 B VI b.
[338] Näher dazu u. § 19 Rn. 56.
[339] Vgl. *L. Schick*, in: HdbKathKR, § 41 I 2.
[340] Im Normalfall geht das Amt des Kurienmoderators im Amt des Generalvikars auf (c. 473 § 3 CIC).
[341] Vgl. *L. Schick*, in: HdbKathKR, § 41 I 2.
[342] Vgl. *W. Aymans/K. Mörsdorf*, Kanonisches Recht II, § 76 B.
[343] Näher *K. Lüdicke*, in: HdbKathKR, § 114 II 4.
[344] Näher *L. Schick*, in: HdbKathKR, § 41 IV 1.
[345] Dazu *L. Schick*, in: HdbKathKR, § 41 IV 2.
[346] Näher zum Priesterrat *Hommens*, Artikel „Priesterrat", in: Lexikon des Kirchenrechts, Sp. 785 f.; *W. Aymans/K. Mörsdorf*, Kanonisches Recht II, § 77 A I; *H. Schmitz*, in: HdbKathKR, § 40 III.
[347] Näher *W. Aymans/K. Mörsdorf*, Kanonisches Recht II, § 77 A II; *H. Schmitz*, in: HdbKathKR, § 40 IV.
[348] Dazu *W. Aymans/K. Mörsdorf*, Kanonisches Recht II, § 77 B I u. II. Die Kanonikerkapitel sind im deutschen Sprachraum mehr unter den Bezeichnungen Dom- und Stiftskapitel bekannt.
[349] Näher *K. Hartelt*, Artikel „Diözesanpastoralrat", in: Lexikon des Kirchenrechts, Sp. 195 f. m. w. N.; *W. Aymans/K. Mörsdorf*, Kanonisches Recht II, § 77 C I u. II. Der Diözesanpastoralrat

§ 18. Hierarchische Organisationsstruktur

d) **Die Pfarreien.** Nach c. 374 § 1 CIC ist jede Diözese oder andere Teilkirche 51 organisatorisch in verschiedene Teile, d. h. Pfarreien[350], aufzugliedern. Solche Pfarreien können sich unter bestimmten Voraussetzungen wiederum in besonderen Zusammenschlüssen, z. B. zu Dekanaten, verbinden (c. 374 § 2 CIC). Die Pfarrei ist dabei zu verstehen als eine bestimmte Gemeinschaft von Gläubigen, die in einer Teilkirche auf Dauer errichtet ist und deren Hirtensorge unter der Autorität des Diözesanbischofs einem Pfarrer als ihrem Hirten anvertraut wird (c. 515 § 1 CIC). Pfarreien zu errichten, aufzuheben oder sie zu verändern, ist allein Sache des Diözesanbischofs, der jedoch den Priesterrat gehört[351] haben muss (c. 515 § 2 CIC). Jede rechtmäßig errichtete Pfarrei verfügt über Rechtspersönlichkeit (c. 515 § 3 CIC). Es handelt sich also um eine (öffentliche) juristische Person im Sinne des kanonischen Rechts.[352] In der Bundesrepublik Deutschland haben die Pfarreien für den weltlichen Bereich den Status von Körperschaften des öffentlichen Rechts und sind als solche im weltlichen Rechtskreis rechts- und handlungsfähig.[353] Im staatlichen Bereich wird meist der Begriff „Kirchengemeinde" verwendet.[354]

In Deutschland führen vor allem die rückläufige Zahl von Gläubigen, der Priestermangel und 52 finanzielle Probleme seit Jahren dazu, dass Pfarreien aufgelöst oder – in verschiedenen Formen – mit anderen Pfarreien organisatorisch verbunden werden. Dieser unvermeidliche Vorgang führt bei den Gläubigen nicht selten zu Unmut und Versuchen, den zuständigen kirchlichen Stellen mit juristischen Mitteln Widerstand entgegen zu setzen. Im Ergebnis kann das aber meist nicht erfolgreich sein.[355]

In theologischer Sicht stellt die Feier der Eucharistie den Mittelpunkt der Pfarrei 53 dar (c. 528 § 2 CIC).[356] Der Eucharistiefeier steht ein Priester, der Pfarrer, vor. Demgemäß heißt es im Katechismus der katholischen Kirche[357] zur Pfarrei: „Sie ist der Ort, wo sich alle Gläubigen zur sonntäglichen Eucharistiefeier versammeln können. Die Pfarrei führt das christliche Volk in das liturgische Leben ein und

---

i. S. d. cc. 511 ff. CIC hat seine Wurzel im Dekret des II. Vatikanischen Konzils über die Hirtenaufgabe der Bischöfe in der Kirche „Christus Dominus" (CD 27) und ist nicht zu verwechseln mit dem „Katholikenrat der Diözese", der oft auch „Diözesanrat der Katholiken" genannt wird. Dieser ist anders als der „Diözesanpastoralrat" i. S. der cc. 511 ff. CIC kein Organ der Kirchenverfassung und geht auf das Konzilsdekret „Apostolicam Actuositatem" (AA 26) zurück. Es handelt sich um ein Laiengremium auf Bistumsebene, das seine Grundlage in der in AA 26 anerkannten Autonomie des Laienapostolats findet. Näher zum Diözesanrat der Katholiken, der als solcher gesamtkirchlich im CIC nicht geregelt ist: *K. Lüdicke*, Vereinigungsrecht und Verfassungsrecht. Zur Stellung der Laienräte in der deutschen Kirche, HK 57 (2003), S. 425 ff. m. w. N.; *H. Schmitz*, in: HdbKathKR, § 40 VII; *K. Hartelt*, Artikel „Diözesanrat", in: Lexikon des Kirchenrechts, Sp. 196 f. m. w. N.

[350] Zur Pfarrei näher *P. Krämer/H. Paarhammer*, Artikel „Pfarrei", in: Lexikon des Kirchenrechts, Sp. 743 ff. m. w. N.; *H. Schwendenwein*, Die Katholische Kirche, S. 448 ff.
[351] Die Zustimmung des Priesterrates ist allerdings nicht erforderlich.
[352] Zu den Voraussetzungen einer juristischen Person i. S. d. kanonischen Rechts: cc. 113–123 CIC.
[353] Vgl. dazu z. B. Art. 13 RK.
[354] Im Einzelnen sind die einschlägigen Regelungen in den Bundesländern verschieden, vgl. Art. 13 RK. Für Nordrhein-Westfalen: § 1 Abs. 1 des Gesetzes über die Verwaltung des katholischen Kirchenvermögens v. 24. 7. 1924, GS S. 585, auch abgedr. in: v. Hippel-Rehborn, Gesetze des Landes Nordrhein-Westfalen, Nr. 86.
[355] Zu den Problemen um Veränderungen in den Pfarreistrukturen *B. Kämper*, Kirche im Umbruch – rechtliche Anfragen an kirchliche Umstrukturierungsprozesse, in: Grote u. a. (Hrsg.), Die Ordnung der Freiheit. FS f. Starck, S. 1129 ff.; *H. Schmitz*, Veränderungen der Pfarreienstruktur, AfkKR 174 (2005), S. 417 ff.; *H. Hallermann*, Die rechtliche Vereinigung von Pfarreien, Kirchengemeinden und Kirchenstiftungen, KuR 2005, S. 145 ff.
[356] Zum Dienst der Priester in den Pfarrgemeinden auch aus ekklesiologischer Sicht sei verwiesen auf die Instruktion der Kongregation für den Klerus „Der Priester, Hirte und Leiter der Pfarrgemeinde" v. 4. 8. 2003, in dt. Übersetzung abgedr. in: VAS Heft 157.
[357] KKK 2179; vgl. auch die Konstitution des II. Vatikanischen Konzils über die heilige Liturgie „Sacrosanctum Concilium" (SC) Nr. 42.

3. Teil. Katholisches Kirchenrecht

versammelt es bei dieser Feier; sie gibt die Heilslehre Christi weiter; sie übt in guten und brüderlichen Werken die Nächstenliebe des Herrn aus."

54 Im Regelfall ist die Pfarrei territorial genau abgegrenzt und umfasst alle in diesem Gebiet wohnenden Gläubigen (c. 518 CIC).[358] Nach c. 519 CIC steht der Pfarrer unter der Autorität des Diözesanbischofs der ihm übertragenen Pfarrei vor.[359] Das betrifft die Dienste des Lehrens, des Heiligens und der Leitung.[360] Der Pfarrer ist gewissermaßen lokaler Helfer des Bischofs, ohne selbst über die nur dem Bischof zukommende Fülle des Weihesakraments zu verfügen.[361] Er vertritt insbesondere die Pfarrei bei allen Rechtsgeschäften und hat für die ordnungsgemäße Vermögensverwaltung zu sorgen (c. 532 CIC)[362]. Nach Maßgabe des Rechts können ihm bei diesen Aufgaben andere Priester, Diakone oder auch Laien helfen. Dabei ist jedoch zu beachten, dass das Amt des Pfarrers durch diese Hilfspersonen nicht ersetzt werden kann. Damit jemand gültig zum Pfarrer bestellt werden kann, muss er die Priesterweihe empfangen haben (c. 521 § 1 CIC).[363] Die Besetzung des Pfarramtes ist Sache des Diözesanbischofs (c. 523 CIC), bei Vakanz des bischöflichen Stuhls in der Regel des Diözesanadministrators (c. 525 § 1 CIC).

55 Es besteht der Grundsatz, dass ein Pfarrer nur für eine Pfarrei eingesetzt ist (c. 526 § 1 CIC). Doch sind Ausnahmen hiervon vorgesehen. Sie betreffen in erster Linie den in Deutschland leider sehr aktuellen Fall des Priestermangels. Der CIC sieht dazu verschiedene Möglichkeiten vor[364]:
– Einem Pfarrer werden mehrere Pfarreien anvertraut (c. 526 § 1 CIC).
– Ein Priesterteam leitet eine oder mehrere Pfarreien solidarisch (c. 517 § 1 CIC, cc. 542–544 CIC).
– Nichtpriester oder Gemeinschaften werden an der Hirtensorge für eine Pfarrei beteiligt (c. 517 § 2 CIC).
– Die Leitung der Pfarrei erfolgt durch einen Pfarradministrator (cc. 539–540 CIC).

56 Im Falle des c. 517 § 1 CIC ist zu beachten, dass einem der betreffenden Priester die Leitung des „Teams" übertragen sein muss. Er vertritt die Pfarrei bzw. die Pfarreien in rechtlichen Angelegenheiten (c. 543 § 2 Nr. 3 CIC).[365] In ein und derselben Pfarrei darf es nur einen Pfarrer oder Leiter gem. c. 517 § 1 CIC geben (c. 526 § 2 CIC). In den Fällen des c. 517 § 2 CIC hat der Diözesanbischof einen Priester zu bestimmen, der, ohne Pfarrer zu sein, aber mit den Vollmachten und Befugnissen eines Pfarrers ausgestattet, die Hirtensorge leitet (c. 517 § 2 CIC).[366]

---

[358] Wenn die Umstände es erfordern, können auch Personalpfarreien gebildet werden, die etwa nach Ritus, Sprache oder Nationalität der Gläubigen bestimmt werden (c. 518 Halbs. 2 CIC).

[359] Unter den Voraussetzungen von c. 520 § 1 CIC kann der Diözesanbischof die Leitung einer Pfarrei auch einem Ordensinstitut anvertrauen.

[360] Näher zu den einzelnen Aufgaben des Pfarrers: cc. 528–535 CIC.

[361] Dazu o. § 18 Rn. 14.

[362] Partikularrechtlich wird hiervon z.T. abgewichen, so z.B. durch § 1 Abs. 1 Satz 2 VermVerwG, das als lex canonica innerkirchlich gilt (dazu u. § 19 Rn. 47). Nach dieser Vorschrift vertritt der Kirchenvorstand die Pfarrgemeinde, dem allerdings nach § 2 Abs. 1 Nr. 1 VermVerwG der Pfarrer vorsteht.

[363] In c. 521 § 2 CIC werden weitere persönliche Voraussetzungen aufgeführt, die ein Pfarrer erfüllen muss. Hierzu gehören Rechtgläubigkeit und Rechtschaffenheit. Nach Art. 14 RK muss der Pfarrer zudem die deutsche Staatsangehörigkeit, das Abitur oder einen vergleichbaren Abschluss aufweisen sowie ein wenigstens dreijähriges philosophisch-theologisches Hochschulstudium in Deutschland oder in Rom absolviert haben. Allerdings kann von diesen Erfordernissen abgesehen werden, wenn Staat und Kirche es vereinbaren.

[364] Näher zu Sonderformen der pfarrlichen Seelsorge W. Aymans/K. Mörsdorf, Kanonisches Recht II, § 78 A II c.

[365] Zu beachten sind zudem die näheren Bestimmungen der cc. 542–544 CIC. In diesen Vorschriften sind insbesondere die Vollmachten der einzelnen Priester normiert.

[366] Vgl. dazu auch Art. 4 § 1 der von verschiedenen römischen Kongregationen gemeinsam am 15. 8. 1997 erlassenen Instruktion „Zu einigen Fragen über die Mitarbeit der Laien am Dienst der Priester", in dt. Übersetzung abgedr. in: VAS Heft 129. Es geht eben nicht darum, dass die Nichtpriester oder Gemeinschaften das Amt (des Pfarrers) übernehmen, die Pfarrei zu leiten, zu koordinieren, zu moderieren oder zu verwalten. Das steht nur einem Priester zu. Es geht um eine

Der Pfarrer wird grundsätzlich auf unbegrenzte Zeit ernannt (c. 522 CIC) und 57
scheidet unter den Voraussetzungen des c. 538 CIC aus seinem Amt aus. Folgende
Fälle sind im CIC vorgesehen:
- Amtsenthebung oder Versetzung durch den Diözesanbischof nach Maßgabe des
  Rechts,
- Amtsverzicht von Seiten des Pfarrers,
- Ablauf der vorgesehenen Zeit, wenn der Pfarrer ausnahmsweise für eine bestimmte Zeit bestellt ist.

Für Amtsenthebung und Versetzung eines Pfarrers ist in cc. 1740–1752 CIC ein besonderes 58
Verfahren vorgesehen. In c. 1741 CIC sind zudem die wichtigsten Enthebungsgründe genannt.[367]
Bei Vakanz bzw. Behinderung der Pfarrstelle ist vom Diözesanbischof ein Pfarradministrator zu
ernennen, der Priester sein muss, und die Pfarrei bis zum Amtsantritt des neuen Pfarrers leitet
(cc. 539–541 CIC).

Dem Pfarrer stehen grundsätzlich bei der Ausübung seines Amtes verschiedene 59
Hilfspersonen zur Verfügung.[368] Das können Priester, Diakone und Laien sein
(c. 519 CIC). An erster Stelle ist hier der Pfarrvikar zu nennen, für den im
deutschen Sprachgebrauch verschiedene Bezeichnungen verwendet werden: Kaplan,
Vikar oder Kooperator.[369] Pfarrvikare müssen ebenfalls die Priesterweihe empfangen haben (c. 546 CIC). Sie werden je nach Bedarf vom Diözesanbischof ernannt
und unterstehen der Autorität des Pfarrers. Laienämter in der Pfarrei sind vor allem
der Pastoralreferent, der Gemeindereferent und der Gemeindehelfer.[370]

Der CIC sieht zudem für die Pfarrei zwei Gremien vor, den fakultativen 60
Pastoralrat (c. 536 CIC) sowie den obligatorischen Vermögensverwaltungsrat
(c. 537 CIC). Während sich der Pastoralrat unter dem Vorsitz des Pfarrers mit den
pastoralen Dingen der Pfarrei beschäftigt, hat sich der Vermögensverwaltungsrat,
ebenfalls unter dem Vorsitz des Pfarrers, mit der Verwaltung des pfarrlichen
Vermögens zu befassen.

Die in den deutschen Bistümern aufgrund diözesaner Satzungen auf pfarrlicher (Pfarrgemeinde- 61
räte) oder überpfarrlicher Ebene (Dekanatsräte) bestehenden Räte entsprechen nicht in vollem
Umfange den tatbestandlichen Vorgaben von c. 536 CIC. Anders als in c. 536 CIC vorgesehen, hat
in diesen Laienräten meist ein Laie den Vorsitz. Über die Beratung des Pfarrers hinaus kann der Rat

---

Beteiligung an den Aufgaben des Pfarrers. Der Apostolische Stuhl betrachtet die Möglichkeit des
c. 517 § 2 CIC als Ausnahmefall.
[367] Dazu gehören: Verhaltensweisen, die für die kirchliche Gemeinschaft schweren Schaden oder
Verwirrung verursachen; Unerfahrenheit oder dauernde geistige oder körperliche Schwäche, die den
Pfarrer zur erfolgreichen Wahrnehmung seiner Aufgaben unfähig machen; Verlust des guten Rufes
bei rechtschaffenen und angesehenen Pfarrangehörigen oder Abneigung gegen den Pfarrer, die
voraussichtlich nicht so bald behoben werden kann; grobe Vernachlässigung oder Verletzung der
pfarrlichen Amtspflichten, die trotz Verwarnung weiter andauern; schlechte Vermögensverwaltung,
verbunden mit einem schweren Schaden für die Kirche, sofern diesem Missstand nicht durch andere
Maßnahmen abgeholfen werden kann. Auch ist auf cc. 290–293 CIC zu verweisen, die sich mit dem
Verlust des klerikalen Standes befassen.
[368] Dazu näher *H. Heinemann*, in: HdbKathKR, § 47.
[369] Vgl. *H. Schwendenwein*, Die Katholische Kirche, S. 496. Mit Kaplan ist hier allerdings nicht
der Kaplan i. S. d. cc. 564–572 CIC (cappellanus) gemeint, der mit der seelsorgerischen Betreuung
einer besonderen Gemeinschaft, z. B. einer Vereinigung oder eines Frauenklosters, betraut ist. Ein
Subsidiar ist dagegen ein Priester, der hauptamtlich eine andere Aufgabe hat, aber neben dieser
hauptamtlichen Aufgabe seelsorgerische Dienste in der Pfarrei übernimmt (vgl. *H. Heinemann*, in:
HdbKathKR, § 47 I 3). Der Subsidiar ist nicht im CIC geregelt, sondern partikularrechtlich
vorgesehen, vgl. etwa die Ordnung für den Einsatz von Subsidiaren, KABl. Köln 1997, 121 ff.
[370] Daneben gibt es noch ein Vielzahl einzelner Dienste, die, soweit sie auf Dauer eingerichtet sind,
kirchliche Ämter darstellen. Hierzu zählen die Ministranten, die Pfarrhaushälterin, die Küster,
Organisten, Chorleiter.

auch eigene Sachbereiche abschließend entscheiden.[371] Die rechtliche Einordnung des Pfarrgemeinderates bzw. des Dekanatsrates ist insgesamt nicht eindeutig.[372]

62   Die Verwaltung des Vermögens ist konkordats-, gewohnheits- bzw. teilkirchenrechtlich bestimmt. Je nach Bistum bestehen Kirchenvorstände, Verwaltungsräte, Kirchenverwaltungen.[373] Für Nordrhein-Westfalen sei dazu auf das aus preußischer Zeit stammende Gesetz über die Verwaltung des katholischen Kirchenvermögens vom 24. 7. 1924, GS S. 585, auch abgedr. in: v. Hippel-Rehborn, Gesetze des Landes Nordrhein-Westfalen, Nr. 86, verwiesen.

63   Mehrere benachbarte Pfarreien können sich zusammenschließen, z. B. zu Dekanaten, um die Hirtensorge durch gemeinsames Handeln zu fördern (c. 374 § 2 CIC).[374] Einem solchen Dekanat steht der Dechant, der Priester sein muss, vor (c. 553 § 1 CIC). Er wird vom Diözesanbischof ernannt. Der Dechant hat sich neben überpfarrlichen Seelsorgeaufgaben um die Belange der Pfarrer und die Aufsicht über sie zu kümmern (c. 555 CIC). Neben den Dekanaten bestehen neuerdings Möglichkeiten der örtlichen Kooperation in Form von Pfarrverbänden.[375]

64   Der CIC enthält darüber hinaus Vorschriften über den sog. Kirchenrektor (cc. 556–563 CIC) sowie den Kaplan (cc. 564–572 CIC).[376] Der Kirchenrektor wird für die gottesdienstlichen Erfordernisse einer sog. Nebenkirche bestellt, also einer Kirche (c. 1214 CIC), die weder Pfarr- noch Kapitelskirche ist und somit nicht einer bestimmten Gruppe von Gläubigen (z. B. in einer Pfarrei) reserviert ist. Ein Kaplan i. S. d. cc. 564 ff. CIC ist ein Priester, dem unabhängig von einer Pfarrei und damit auch des zuständigen Pfarrers auf Dauer die Hirtensorge für eine Gemeinschaft oder für einen besonderen Kreis von Gläubigen übertragen wird. Er ist nicht zu verwechseln mit dem Pfarrvikar (c. 545 CIC), der im deutschen Sprachgebrauch oft als Kaplan bezeichnet wird.

3. Die Teilkirchenverbände

65   Im Laufe der Zeit haben sich auf der Ebene zwischen Gesamtkirche und Teilkirchen verschiedene Teilkirchenverbände gebildet. Das entspringt dem praktischen Bedürfnis, gemeinsame Angelegenheiten innerhalb eines überdiözesanen Gebietes auch gemeinsam zu beraten und Probleme zu lösen.[377] Die urtümlichste Form solcher Teilkirchenverbände sind die Kirchenprovinzen[378], die nach dem Vorbild des römischen Reiches errichtet wurden.[379] „Um ein gemeinsames pastorales Vorgehen der verschiedenen Nachbardiözesen entsprechend den persönlichen und örtlichen Umständen zu fördern und um die Beziehungen der Diözesanbischöfe untereinander besser zu pflegen, sind benachbarte Teilkirchen zu Kirchenprovinzen mit genau umschriebenem Gebiet zu verbinden" (c. 431 § 1 CIC).

---

[371] Vgl. z. B. die §§ 2 Abs. 1 u. 3 sowie 7 Abs. 2 der Satzung für Pfarrgemeinderäte im Erzbistum Köln, KABl. Köln 2005, S. 95 ff.

[372] Näher *F. Kalde*, in: HdbKathKR, § 48 I; *R. Althaus*, Die vielen Räte in der Kirche, in: ThGl 92 (2002), S. 14 ff.; *K. Lüdicke*, Vereinigungsrecht und Verfassungsrecht. Zur Stellung der Laienräte in der deutschen Kirche, HK 57 (2003), S. 425 ff. m. w. N.; *S. Demel*, Artikel „Pfarrgemeinderat", in: Lexikon des Kirchenrechts, Sp. 757 f.; *G. May*, Das Verhältnis von Pfarrgemeinderat und Pfarrer nach gemeinem Recht und nach Mainzer Diözesanrecht, S. 301 ff. Zu Abgrenzungsproblemen auf diözesaner Ebene o. Rn. 50 m. Fn. 349.

[373] Vgl. *F. Kalde*, in: HdbKathKR, § 48 II.

[374] Näher zum Dekanat *K.-T. Geringer*, in: HdbKathKR, § 44.

[375] Vgl. hierzu *P. Krämer*, in: HdbKathKR, § 49.

[376] Näher *H. Pree*, in: HdbKathKR, § 50 I u. II; *W. Aymans/K. Mörsdorf*, Kanonisches Recht II, § 80 (Kirchenrektor) u. § 81 (Kapläne).

[377] Vgl. *A. Hierold*, Gesamtkirche und Autonomie der Teilkirchenverbände, in: H. Marré/D. Schümmelfeder/B. Kämper (Hrsg.), Essener Gespräche zum Thema Stat und Kirche Bd. 37 (2003), S. 5 (7).

[378] Näher *H. Schwendenwein*, Die katholische Kirche, S. 285 ff.

[379] *A. Hierold*, Gesamtkirche und Autonomie der Teilkirchenverbände (o. Fn. 377), S. 5 (8).

§ 18. Hierarchische Organisationsstruktur

Die Errichtung, Aufhebung oder Veränderung von Kirchenprovinzen steht ausschließlich der höchsten kirchlichen Autorität zu (c. 431 § 3 CIC). Jede einzelne Diözese wird einer bestimmten Kirchenprovinz zugeschrieben (c. 431 § 2 CIC) und hat als solche Rechtspersönlichkeit im Sinne des kanonischen Rechts.[380] In ihr haben der Metropolit (Erzbischof) und das Provinzialkonzil Leitungsvollmacht (c. 432 CIC). Der Metropolit (Erzbischof) ist der Vorsteher der Kirchenprovinz (c. 435 CIC). Gleichzeitig ist er Diözesanbischof der Erzdiözese. Die übrigen Diözesen der Kirchenprovinz heißen Suffragandiözesen. Dem Metropoliten kommt gegenüber den Suffragandiözesen allerdings nur eine beschränkte Leitungsgewalt zu (c. 436 CIC).[381] Ihm obliegt es, mit Zustimmung der Mehrheit der Suffraganbischöfe nach Bedarf ein Provinzialkonzil einzuberufen (c. 442 § 1 Nr. 1 CIC).[382] Das Provinzialkonzil hat Leitungsgewalt, vor allem Gesetzgebungsgewalt (c. 445 CIC). Seine Kompetenzen gehen also über die des Metropoliten hinaus. In der Praxis finden Provinzialkonzilien bisher allerdings selten statt.

66

In Deutschland bestehen derzeit sieben Kirchenprovinzen:
– Kirchenprovinz Hamburg: Erzbistum Hamburg sowie die Suffraganbistümer Osnabrück und Hildesheim,
– Kirchenprovinz Köln: Erzbistum Köln sowie die Suffraganbistümer Aachen, Trier, Limburg, Essen, und Münster,
– Kirchenprovinz Paderborn: Erzbistum Paderborn sowie die Suffraganbistümer Fulda, Erfurt und Magdeburg,
– Kirchenprovinz Berlin: Erzbistum Berlin sowie die Suffraganbistümer Görlitz und Dresden-Meißen,
– Kirchenprovinz Freiburg: Erzbistum Freiburg sowie die Suffraganbistümer Rottenburg-Stuttgart und Mainz,
– Kirchenprovinz Bamberg: Erzbistum Bamberg sowie die Suffraganbistümer Eichstätt, Speyer und Würzburg,
– Kirchenprovinz München-Freising: Erzbistum München und Freising sowie die Suffraganbistümer Augsburg, Passau und Regensburg.

67

Wenn es zweckmäßig erscheint, kann der Heilige Stuhl benachbarte Kirchenprovinzen zu Kirchenregionen vereinigen (cc. 433, 434 CIC). Auch die Kirchenregionen haben Rechtspersönlichkeit im Sinne des kanonischen Rechts (c. 433 § 2 CIC).[383]

68

Von großer praktischer Bedeutung als Instanz zwischen Papst und den Einzelbischöfen sind heute die nationalen Bischofskonferenzen (cc. 447–459 CIC).[384] Die grundlegende Bestimmung in c. 447 CIC lautet[385]: „Die Bischofskonferenz, als ständige Einrichtung, ist der Zusammenschluss der Bischöfe einer Nation oder eines bestimmten Gebietes, die gewisse pastorale Aufgaben für die Gläubigen ihres Gebietes nach Maßgabe des Rechts gemeinsam ausüben, um das höhere Gut, das die Kirche den Menschen gewährt, zu fördern, besonders durch Formen und Methoden des Apostolates, die den zeitlichen und örtlichen Umständen in geeigneter Weise angepaßt sind." Zur Bischofskonferenz gehören nach cc. 448 § 1, 450 CIC:

69

---

[380] Zu den juristischen Personen im Sinne des kanonischen Rechts: cc. 113–123 CIC.
[381] Es handelt sich hierbei vor allem um Aufsichts- und Ergänzungsrechte, näher W. Aymans/ K. Mörsdorf, Kanonisches Recht II, § 71 A II u. III.
[382] Näher zum Provinzialkonzil: W. Aymans/K. Mörsdorf, Kanonisches Recht II, § 70 C I u. II.
[383] Der Kirchenregion steht ein Konvent der Bischöfe vor, dem jedoch letztlich von Rechts wegen keine Leitungsgewalt in der Region zukommt. Er ist nur beratend tätig, vgl. W. Aymans/K. Mörsdorf, Kanonisches Recht II, § 69 B.
[384] Zur Bischofskonferenz H. Schwendenwein, Die Katholische Kirche, S. 296 ff.; W. Aymans/ K. Mörsdorf, Kanonisches Recht II, § 69 A I-VIII; H. Schmitz, Neue Normen für Bischofskonferenzen, AfkKR 169 (2000), S. 30 ff.; H. Hallermann, Bischofskonferenzen, in: I. Riedel-Spangenberger (Hrsg.), Leitungsstrukturen der katholischen Kirche, S. 209 ff. Zur Deutschen Bischofskonferenz: H. Schmitz, Artikel „Bischofkonferenz" in: Lexikon des Kirchenrechts, Sp. 118 ff. m. w. N.
[385] Ihre konziliare Grundlage hat die Bischofskonferenz im Dekret des II. Vat. Konzils über die Hirtenaufgabe der Bischöfe in der Kirche „Christus Dominus" (CD 37 u. 38).

- alle Diözesanbischöfe,
- die ihnen rechtlich Gleichgestellten (c. 368 CIC), d. h. Gebietsprälaten, Gebietsäbte, Apostolische Präfekten, Apostolische Vikare, Apostolische Administratoren, Militärordinarien,
- alle Bischofskoadjutoren und Auxiliarbischöfe, d. h. Weihbischöfe,
- alle übrigen Titularbischöfe, denen im Gebiet der Bischofkonferenz vom Apostolischen Stuhl oder der Bischofskonferenz bestimmte Aufgaben übertragen sind.
- Es können Ordinarien eines anderen Ritus eingeladen werden, die dann aber nur beratende Stimme haben, also nicht stimmberechtigt sind.

70   Alle übrigen Titularbischöfe sowie der Gesandte des Papstes sind nicht von Rechts wegen Mitglieder der Bischofskonferenz (c. 450 § 2 CIC).

71   Bischofskonferenzen können ausschließlich von der höchsten kirchlichen Autorität errichtet, aufgehoben oder verändert werden und haben Rechtspersönlichkeit i. S. des kanonischen Rechts (c. 449 CIC).[386] Jede Bischofskonferenz hat eigene Statuten aufzustellen (c. 451 CIC)[387], einen Vorsitzenden zu wählen und einen Generalsekretär zu bestellen (c. 452 § 1 CIC).

72   Die Bischofskonferenzen haben mindestens einmal im Jahr eine Vollversammlung abzuhalten (c. 453 CIC). Stimmrecht haben dabei grundsätzlich nur die Diözesanbischöfe und die ihnen rechtlich Gleichgestellten, ferner die Bischofskoadjutoren (c. 454 § 1 CIC).[388] In den rechtlich vorgesehenen Fällen kann die Bischofskonferenz allgemeine Dekrete nach c. 29 CIC und allgemeine Ausführungsdekrete gem. cc. 31–33 CIC erlassen (c. 455 CIC).[389] Allgemeine Leitungsgewalt kommt ihr allerdings nicht zu. Leitungsgewalt der Bischofskonferenz ist auf die Fälle beschränkt, in denen das Recht sie explizit vorschreibt bzw. in denen der Apostolische Stuhl sie ihr überträgt (c. 455 § 1 CIC). Entsprechende Dekrete müssen vor der Promulgation vom Apostolischen Stuhl überprüft werden (c. 455 § 2 CIC). Ansonsten bleibt es bei der ausschließlichen Gesetzgebungskompetenz des jeweiligen Diözesanbischofs für seine Diözese (c. 455 § 4 CIC). Die besonderen Aufgaben des Ständigen Rates sowie des Generalsekretariates sind in cc. 457–458 CIC umschrieben. Es handelt sich um Aufgaben in der organisatorischen Verwaltung der Bischofskonferenz.

IV. Kirchliche Vereinigungen

73   C. 215 CIC gewährt allen Gläubigen das Recht, Vereinigungen für die Zwecke der Caritas oder der Frömmigkeit oder zur Förderung der christlichen Berufung frei zu gründen und zu leiten sowie Versammlungen abzuhalten, um diese Zwecke gemeinsam zu verfolgen. Die Vorschrift ist Rechtsgrundlage für alle Vereinigungen

---

[386] Die Bischofskonferenz hat allerdings nur im innerkirchlichen Bereich Rechtspersönlichkeit. Für den weltlichen Bereich haben sich 1968 die deutschen Diözesen zum „Verband der Diözesen Deutschlands" (VDD) zusammengeschlossen. Der VDD hat gem. Art. 140 GG i. V. m. Art. 137 Abs. 5 Satz 3 WRV den Status einer Körperschaft des öffentlichen Rechts und ist damit im weltlichen Bereich rechts- und handlungsfähig. Die Bischofskonferenz kann nach ihrem Statut (Art. 40 Abs. 2, abgedr. u. a. bei *R. Wenner*, Beschlüsse der Deutschen Bischofkonferenz, Loseblattwerk, 1999 ff.; s. auch Fn. 387) dem VDD Aufgaben übertragen. Dadurch wird die Bischofskonferenz im weltlichen Bereich handlungsfähig. Näher zum VDD *J. Listl*, in: HdbKathKR, § 35 V 1 b.
[387] Das Statut der deutschen Bischofskonferenz vom 4. 3. 1998 ist abgedr. in: KABl. Mainz 1999, S. 67 ff., sowie bei *R. Wenner*, Beschlüsse der Deutschen Bischofkonferenz, Loseblattwerk, 1999 ff.
[388] Zu den übrigen Mitgliedern und deren Stimmrecht: c. 454 § 2 CIC.
[389] Eine Auflistung der von der Deutschen Bischofskonferenz erlassenen Vorschriften findet sich bei: *J. Listl*, in: HdbKathKR, § 35 IV 5; ferner *R. Wenner*, Beschlüsse der Deutschen Bischofkonferenz, Loseblattwerk, 1999 ff.

in der katholischen Kirche.[390] Theologische Grundlage des Vereinigungswesens in der Kirche sind die Charismen, d. h. die jedem einzelnen Menschen durch den Heiligen Geist mitgeteilten persönlichen Gaben und Impulse.[391] In den Vereinigungen der Kirche[392] schließen sich Menschen zusammen, um bestimmte kirchliche Ziele zu verfolgen und auf diese Weise an der Sendung der Kirche teilzuhaben. Beispiele für solche Vereinigungen sind das Kolpingwerk, die Caritasverbände und die zahlreichen anderen katholischen Sozial- und Jugendverbände. Die Initiative zur Gründung solcher Vereinigungen geht vom Vereinigungswillen der Menschen (einschließlich der kirchlichen Autorität) aus.

74 Damit ist das kirchliche Vereinigungsrecht vom kirchlichen Verfassungsrecht abzugrenzen. Das kirchliche Verfassungsrecht befasst sich mit der von Gott selbst vorgegebenen Struktur der „communio" und umfasst so die Bereiche der Kirchengliedschaft mit den entsprechenden Rechten und Pflichten, die Differenzierung von Klerikern und Laien sowie die hierarchische Struktur der Kirche.[393] Die Vereinigungen dagegen sind Organisationen innerhalb der „communio".[394]

75 Innerkirchlich unterscheidet der CIC verschiedene Formen von Vereinigungen:
– die kanonischen Vereine (cc. 298–329 CIC),
– die Institute des geweihten Lebens, also Ordens- und Säkularinstitute (cc. 573–730 CIC),
– die Gesellschaften des apostolischen Lebens (cc. 731–746 CIC).[395]

76 Dabei handelt es sich zunächst um rein innerkirchliche Rechtsformen.[396] Die Gläubigen sind jedoch bei der Gründung von Vereinigungen nicht auf die genannten Formen beschränkt. Auf der Grundlage der Vereinigungsfreiheit aus c. 215 CIC können die Gläubigen auch auf weltliche Formen, z. B. die Gesellschaft bürgerlichen Rechts, den eingetragenen Verein nach §§ 21 ff. BGB oder die Gesellschaft mit beschränkter Haftung, zurückgreifen, um eine auch kirchlich anerkannte Vereinigung zu gründen.[397] Aus der jeweiligen Satzung muss sich allerdings ergeben, dass sich die in weltlicher Rechtsform errichtete Vereinigung kanonisch anerkannten Zielen[398] widmet und mit der kirchlichen Autorität verbunden ist.[399] Dies zeigt sich

---

[390] Vgl. *W. Aymans/K. Mörsdorf*, Kanonisches Recht II, § 83 A.
[391] Vgl. 1 Kor 12, 4–11; Röm 12, 6–8; 1 Petr 4, 10–11; KKK 799–801; Nachsynodales Apostolisches Schreiben „christifideles laici" vom 30. 12. 1988, Nr. 24, dt. Übersetzung in: VAS Heft 87.
[392] Zum kirchlichen Vereinigungsrecht, insbes. zu den kanonischen Vereinen: *W. Aymans/ K. Mörsdorf*, Kanonisches Recht II, §§ 82–89; *H. Hallermann*, Die Vereinigungen im Verfassungsgefüge der lateinischen Kirche, 1999; *R. Tillmanns*, Der Bund der Deutschen Katholischen Jugend und seine Mitgliedsverbände, 1999. Zum Ordensrecht: *B. Primetshofer*, Ordensrecht, 4. Aufl. 2003.
[393] Dazu o. § 17 Rn. 1 ff.
[394] Vgl. *W. Aymans/K. Mörsdorf*, Kanonisches Recht II, § 82 A I. Zur Frage der Mitgliedschaft von Nichtkatholiken in katholischen Vereinigungen *R. Tillmanns*, Die Mitgliedschaft von Nichtkatholiken in katholischen Vereinigungen, in: FS f. J. Listl, 2004, S. 479 ff.
[395] Nicht ganz eindeutig ist, ob auch die Personalprälaturen (cc. 294–297 CIC) zu den kirchlichen Vereinigungen zählen, dazu *W. Aymans/K. Mörsdorf*, Kanonisches Recht II, § 82 A II (S. 455 f. m. Fn. 4).
[396] Diese innerkirchlichen Rechtsformen sind als solche für den weltlichen Rechtsbereich irrelevant. Insoweit ist vielmehr allein das weltliche Recht maßgebend, vgl. *St. Muckel*, Kirchliche Vereine in der staatlichen Rechtsordnung, HdbStKirchR, Bd. I, S. 827 ff.
[397] Vgl. *W. Aymans/K. Mörsdorf*, Kanonisches Recht II, § 83 A. Nach heute verbreiteter Diktion wird eine unmittelbar auf c. 215 CIC gestützte Vereinigung als „freier Zusammenschluss" bezeichnet, näher *R. Tillmanns*, Der Bund der Katholischen Jugend und seine Mitgliedsverbände, Bd. 1, S. 188 ff. m. w. N.
[398] Eine kirchliche Vereinigung definiert sich vornehmlich nach ihrer Zielsetzung. Sie ist für die verschiedenen Vereinigungsformen jeweils unterschiedlich, vgl. cc. 215, 278, 294, 298 § 1, 301 § 1, 573, 607, 710, 731 CIC.
[399] Vgl. *W. Aymans/K. Mörsdorf*, Kanonisches Recht II § 83 B; die in kanonischer Rechtsform errichteten Vereinigungen gelten ohne weiteres als kirchliche Vereinigungen.

meist in einer in der Satzung verankerten Möglichkeit der Einflussnahme bzw. Aufsicht der kirchlichen Autorität.

77   Den Vereinigungen kommt, wenn auch in unterschiedlichem Umfang, Autonomie zu.[400] Gleichwohl sind sie immer der kirchlichen „communio" verpflichtet.[401] Praktisch spiegeln sich hierbei weitgehend die für die einzelnen Gläubigen in cc. 208 ff. CIC aufgeführten Rechte und Pflichten wider. Keine Vereinigung darf sich ohne entsprechende Genehmigung der zuständigen kirchlichen Autorität „katholisch"[402] nennen (vgl. cc. 216, 300 CIC).

78   Im Zusammenhang mit dem kirchlichen Vereinigungsrecht stellt sich auch die Frage nach der Einordnung der sog. Laienräte. Es handelt sich um die in vielfältiger Form und unterschiedlicher Bezeichnung bestehenden Pfarrgemeinde-, Dekanats- und Diözesanräte.[403] Auf Bundesebene besteht das Zentralkomitee der deutschen Katholiken (ZdK).[404] Die Laienräte sind streng von den in cc. 511, 536 CIC genannten Diözesanpastoral- bzw. Pfarrpastoralräten zu unterscheiden und im CIC nicht geregelt. Sie gehen auf eine Forderung des II. Vatikanischen Konzils in AA 26 zurück, während die im CIC geregelten Räte auf CD 27 basieren. Die sog. Laienräte beruhen auf dem Vereinigungsrecht[405], während die auf CD 27 zurückgehenden Räte zur kirchlichen Verfassung gehören.[406] In der Praxis bestehen auf diözesaner Ebene meist sowohl ein Rat nach c. 511 CIC als auch ein Diözesanrat. Auf Pfarrebene sind die Funktionen des Rates nach c. 536 CIC und die des Pfarrgemeinderates meist in einem Gremium kombiniert. Es kommt dabei nicht selten zu einer rechtlichen Doppelstruktur. Die Satzungen der Laienräte bieten eine bunte Vielfalt. Teilweise werden die Satzungen als Diözesangesetze erlassen, teilweise werden sie vom Diözesanbischof nur anerkannt bzw. genehmigt. Probleme können entstehen, wenn, wie in jüngerer Zeit vereinzelt geschehen, der Diözesanbischof einzelne Mitglieder solcher Laienräte aus diesen entfernen oder sogar die Räte auflösen will. Soweit der Diözesanbischof die Satzungen der Laienräte anerkennt bzw. genehmigt hat, ist er hinsichtlich der Frage der Mitgliedschaft oder Auflösung an die Satzung gebunden. Ihm bleibt dann nur die Möglichkeit, dem Verein bzw. dessen Satzung die kirchliche Anerkennung zu entziehen. Das aber beeinträchtigt die konkrete Satzung und die jeweilige Zusammensetzung des Vereins nicht. Etwas anderes gilt, wenn es sich bei der Satzung um ein von ihm erlassenes Diözesangesetz handelt.[407]

---

[400] Vgl. W. Aymans/K. Mörsdorf, Kanonisches Recht II, § 83 C.

[401] Zu den Kriterien der Kirchlichkeit: „Christifideles laici" (o. Fn. 391), Nr. 30, sowie die Kriterien der Deutschen Bischofskonferenz vom 23. 09. 1993 für die kirchenamtliche Genehmigung von Satzungen und Satzungsänderungen von katholischen Vereinigungen, in: AfkKR 162 (1993), S. 507 f.

[402] Dazu R. Tillmanns, Die Führung der Bezeichnung „katholisch" nach dem Recht der lateinischen Kirche, in: FS f. Mühlsteiger, 2006, S. 699 ff.

[403] Näher K. Lüdicke, Vereinigungsrecht und Verfassungsrecht. Zur Stellung der Laienräte in der katholischen Kirche, HK 57 (2003), S. 425 f.; Künzel, Apostolatsrat und Diözesanpastoralrat, 2002; dazu bereits o. Rn. 50 bzw. 61 m. Fn. 349 bzw. 372.

[404] Dazu Grossmann, Artikel „Zentralkomitee der deutschen Katholiken", in: Lexikon des Kirchenrechts, Sp. 1019 ff. m. w. N.

[405] Für den Diözesanrat K. Hartelt, Artikel „Diözesanrat", in: Lexikon des Kirchenrechts, Sp. 196 f.; einschränkend für den Pfarrgemeinderat S. Demel, Artikel „Pfarrgemeinderat", in: Lexikon des Kirchenrechts, Sp. 757.

[406] Vgl. K. Lüdicke, Vereinigungsrecht und Verfassungsrecht. Zur Stellung der Laienräte in der katholischen Kirche, HK 57 (2003), S. 425 (426).

[407] Zum Ganzen K. Lüdicke, Vereinigungsrecht und Verfassungsrecht. Zur Stellung der Laienräte in der katholischen Kirche, HK 57 (2003), S. 425 (427). Insbesondere zur Aufhebung des Diözesanrates in Regensburg: S. Demel, Vom bevormundeten zum mündigen Volk Gottes – und wieder zurück?, in FS f. K. Lüdicke, 2008, S. 99 (102 ff. m w. N.)

2. Abschnitt. Recht nach der Lehre der Kirche

§ 19. Rechtsetzung und Rechtsanwendung im kanonischen Recht

Literatur: *W. Aymans/K. Mörsdorf*, Kanonisches Recht, Bd. I, S. 141 ff.; *B. Eicholt*, Das Remonstrationsrecht der Diözesanbischöfe im katholischen Kirchenrecht, KuR 2001, S. 139 ff.; *St. Haering*, Rezeption weltlichen Rechts im kanonischen Recht, 1998; *H. Heimerl/H. Pree*, Kirchenrecht, 1983; *B. Jeand'Heur/St. Korioth*, Grundzüge des Staatskirchenrechts, 2000; *M. Jestaedt*, Auslegung nach kanonischem Recht, in: Grabenwarter/Lüdecke (Hrsg.), Standpunkte im Kirchen- und Staatskirchenrecht, 2002; *P. Krämer*, Kirchenrecht, Bd. II, S. 57 ff.; *J. Listl*, Die Konkordate und Kirchenverträge in der Bundesrepublik Deutschland, 2 Bde., 1987; *ders.*, Die Rechtsnormen, in: HdbKathKR, § 8; *K. Lüdicke*, Möglichkeit und Notwendigkeit einer partikularrechtlichen kirchlichen Gerichtsbarkeit, DPM 6, (1999), S. 55 ff.; *G. May/A. Egler*, Einführung in die kirchenrechtliche Methode, 1986; *S. Muckel*, Der Staatskirchenvertrag als Instrument zur Regelung des Verhältnisses von Staat und Kirche, in: Tillmanns (Hrsg.), Staatskirchenverträge im Freistaat Sachsen, 2001, S. 23 ff.; *L. Müller*, Der Rechtsbegriff im Kirchenrecht, 1999; *M. Nelles*, Summum Ius Summa iniuria?, 2004; *H. Pack*, Methodik der Rechtsfindung im staatlichen und kanonischen Recht, 2004; *R. Puza*, Katholisches Kirchenrecht, S. 112 ff.; *I. Riedel-Spangenberger*, „Apostolische Pönitentiarie", in: Lexikon des Kirchenrechts, 2004, Sp. 54.

I. Die kirchliche Gesetzgebung

Die Gesetzgebung ist eine der drei Funktionen der Leitungsgewalt (c. 135 § 1 CIC). In der Praxis der römisch-katholischen Kirche werden rechtserhebliche Umstände in erster Linie durch Gesetze geregelt. Insbesondere die Ausübung der beiden anderen Funktionen von Leitungsgewalt, die Verwaltung und die Rechtsprechung, wird durch Gesetze gesteuert.[408] Das Gesetz im kanonischen Recht darf dabei allerdings nicht in jeder Hinsicht mit dem Gesetz im Sinne der weltlichen Rechtsordnung gleichgesetzt werden. Anders als im weltlichen Recht muss im kanonischen Recht die Rückbindung an die theologischen Grundlagen beachtet werden. Das führt zu Besonderheiten bei kirchlichen Gesetzen, die der weltlichen Rechtsordnung fremd sind, wenngleich in vielerlei Hinsicht auch Parallelen aufgetreten sind.[409]

1. Kennzeichen und Entstehung eines kirchlichen Gesetzes

Der CIC enthält zwar Regelungen über Gesetze (cc. 7–22 CIC). Eine Definition des Gesetzes bietet er jedoch nicht. Das kanonische Recht hat diese Aufgabe traditionell der Wissenschaft überlassen, wobei insbesondere *Thomas von Aquin* und *Francisco Suárez* eine Vorreiterrolle einnahmen.[410] Bis heute haben letztlich alle unterschiedlichen Definitionsversuche gemeinsam, dass das kirchliche Gesetz durch

1

2

---

[408] Vgl. *J. Listl*, in: HdbKathKR, § 8 I 1.
[409] Näher *J. Listl*, in: HdbKathKR, § 8 I 3; *W. Aymans*, Artikel „Gesetze", in: Lexikon des Kirchenrechts, Sp. 351 ff.; *W. Aymans/K. Mörsdorf*, Kanonisches Recht I, §§ 12–16; *H. Heimerl/H. Pree*, Kirchenrecht, S. 31 ff.; *G. May*, Das Verhältnis von Gesetz und Gewissen angesichts der kanonischen Rechtsordnung, in: K. Lüdicke u. a. (Hrsg.), Neue Positionen des Kirchenrechts, 1994, S. 49 ff.
[410] Nachw. bei *W. Aymans/K. Mörsdorf*, Kanonisches Recht I, § 12; vgl. auch *R. Puza*, Katholisches Kirchenrecht, S. 7.

innere (inhaltliche) und äußere (formale) Wesenselemente zu bestimmen ist.[411] Mit Blick auf die Lehren des II. Vatikanischen Konzils formuliert *Winfried Aymans:*[412] „Das kanonische Gesetz ist eine mit den Mitteln der Vernunft gestaltete, auf die Förderung des Lebens der Communio ausgerichtete allgemeine rechtsverbindliche Glaubensweisung, die von der zuständigen kirchlichen Autorität für einen bestimmten Personenkreis erlassen und gehörig promulgiert ist." Damit werden insgesamt sechs Wesenselemente aufgestellt, die das kirchliche Gesetz ausmachen:[413]
– die allgemeine rechtsverbindliche Glaubensweisung,
– die Vernunft als Gestaltungsmittel,
– die Förderung des Lebens der communio,
– der Erlass durch einen zuständigen Gesetzgeber,
– ein bestimmter Personenkreis als Adressat sowie
– eine gehörige Promulgation.

3   Zur Charakterisierung des kirchlichen Gesetzes und auch zur Abgrenzung vom weltlichen (staatlichen) Gesetz ist das innere (inhaltliche) Merkmal der rechtverbindlichen „Glaubensweisung" (ordinatio fidei) von zentraler Bedeutung, weil es die Rückbindung an den Glauben zum Ausdruck bringt. Es ist die Funktion der Gesetze in der Kirche, dem göttlichen Recht zu dienen und so göttliche Glaubensvorgaben in der Welt konkret zur Entfaltung zu bringen, d. h. sie zu sichern, umzusetzen und für die communio praktisch handhabbar zu machen.[414] Das kirchliche Gesetz muss daher stets eine auf die Entfaltung des göttlichen Rechts und damit des Glaubens selbst bezogene verbindliche Regelung enthalten.[415] Für das kirchliche Gesetz ist die menschliche Vernunft ein Gestaltungsmittel, nicht aber, wie etwa beim weltlichen Gesetz, auch eine Erkenntnisquelle.[416] Allein die Offenbarung und damit der Glaube gibt dem jeweiligen kirchlichen Gesetzgeber inhaltlich vor, was zu tun ist.[417] Im Hinblick auf diese Vorgabe muss das kirchliche Gesetz vernünftig gestaltet, d. h. sittlich gut, gerecht und befolgbar sein.[418] Ein kirchliches Gesetz muss inhaltlich auf die Förderung des Gemeinwohls ausgerichtet sein, d. h. dem „bonum commune" in der Kirche dienen.[419] Gesetze in der Kirche sind ihrem Wesen nach Mittel zur Verwirklichung des Gemeinwohls in der Kirche, womit letztlich alles gemeint ist, was das Leben in der communio im Sinne des Sendungsauftrags der Kirche fördert.[420] Der kirchliche Gesetzgeber hat sich immer zu fragen, ob die beabsichtigte gesetzliche Entfaltung der göttlichen Vorgaben dem Leben der communio förderlich ist. Bei alledem erhebt das kirchliche Gesetz (nicht anders als das weltliche) Anspruch auf Befolgung durch die Adressaten (Rechtsverbindlichkeit).[421] Auch hat es „allgemein" zu sein, d. h. es muss auf Dauer und für

---

[411] *R. Puza*, Katholisches Kirchenrecht, S. 7; *W. Aymans*, Artikel „Gesetz", in: Lexikon des Kirchenrechts, Sp. 351 ff. m. w. N.
[412] *W. Aymans/K. Mörsdorf*, Kanonisches Recht I, § 12 VII; ähnlich: *H. Socha*, in MK, vor c. 7; *P. Krämer*, Kirchenrecht II, S. 57 ff.
[413] Vgl. *W. Aymans/K. Mörsdorf*, Kanonisches Recht I, § 12 I-VI.
[414] Vgl. o. § 16 Rn. 20 ff.
[415] Nach *W. Aymans/K. Mörsdorf*, Kanonisches Recht I, § 12 I, ist das Kirchengesetz in diesem Sinne ein „Produkt des Glaubens".
[416] Vgl. *W. Aymans*, Artikel „Gesetz", in: Lexikon des Kirchenrecht, Sp. 352.
[417] Vgl. *W. Aymans/K. Mörsdorf*, Kanonisches Recht I, § 12 II.
[418] Vgl. *P. Krämer*, Kirchenrecht II, S. 60 f.; *J. Listl*, in: HdbKathKR, § 8 I 4 a; *R. Puza*, Katholisches Kirchenrecht, S. 8.
[419] Vgl. *P. Krämer*, Kirchenrecht II, S. 60.
[420] Vgl. *W. Aymans/K. Mörsdorf*, Kanonisches Recht I, § 12 III.
[421] Hier klingt die Nähe des Gesetzesbegriffs zum Begriff des Rechts an (zu ihm bereits o. § 16 Rn. 12 ff. und Rn. 20 ff.), dessen Ausdruck es sein soll.

§ 19. Rechtsetzung und Rechtsanwendung 147

eine unbestimmte Vielzahl von Einzelfällen angelegt sein.[422] Hierin unterscheidet sich das Gesetz vom Verwaltungsakt[423], der einen konkreten Einzelfall regelt.

Die äußeren, formalen Elemente des kirchlichen Gesetzes haben deutlichere Parallelen zum weltlichen Recht als seine inhaltlichen Grundlagen. Diese formalen Elemente kommen in c. 7 CIC und c. 29 CIC zum Ausdruck und erinnern an staatliche Gesetze.[424] Allerdings wird in der hierarchischen Verfassung der Kirche ein Gesetzgebungsverfahren wie im staatlichen Recht nicht durchgeführt. Der aus dem weltlichen Recht bekannte Begriff des förmlichen Gesetzes, das von der Vertretung des Volkes in einem von der Verfassung vorgegebenen förmlichen Verfahren beschlossen wird,[425] ist dem kanonischen Recht daher fremd.[426] Kirchliche Gesetze bedürfen zu ihrer Gültigkeit keiner bestimmten Form und keines bestimmten Verfahrens.[427] Allerdings kann auch im kanonischen Recht nur jemand wirksam gesetzgeberisch tätig werden, dem hierzu vom Recht selbst die Gesetzgebungskompetenz zugewiesen ist. Handelt ein unzuständiger Gesetzgeber, so liegt kein verbindlich geltendes Gesetz vor.[428] 4

Der Umstand, dass kirchliche Gesetze zu ihrer Gültigkeit keiner bestimmten Form und keines bestimmten Verfahrens bedürfen, führt in der praktischen Arbeit nicht selten zu der Schwierigkeit, eine Rechtsnorm als solche zu identifizieren. Gerade für die Kirche gilt, dass das Recht nicht der einzige Bereich ist, in dem eine vorschreibende Sprache verwendet wird, sondern etwa auch in Angelegenheiten der Moral und der Sitte.[429] Deshalb sind in der kanonistischen Methodik Kriterien entwickelt worden, mit deren Hilfe geklärt werden kann, ob überhaupt Rechtsnormen, insbesondere Gesetze, vorliegen.[430] 5

Die Gesetzgebungskompetenz in der Kirche ist entsprechend der hierarchischen Verfassung auf verschiedene Träger verteilt. Für die Gesamtkirche haben der Papst (c. 331 CIC) und das Bischofskollegium (c. 336 CIC) Gesetzgebungskompetenz, in Ausnahmefällen und mit entsprechender Bevollmächtigung durch den Papst auch die Bischofssynode (c. 343 CIC) sowie Behörden der römischen Kurie. Auf der Ebene der Teilkirchenverbände kommt nach Maßgabe des Gesetzes den Partikularkonzilien (cc. 439, 440, 445 CIC) und der Bischofskonferenz (c. 455 CIC) Gesetzgebungskompetenz zu. In den Teilkirchen selbst haben der Diözesanbischof und die ihm Gleichgestellten (c. 368 CIC) für ihre jeweiligen Zuständigkeitsbereiche Gesetzgebungskompetenz (c. 381 CIC). Der CIC sieht zudem für bestimmte Situationen, wie etwa die „Behinderung" des bischöflichen Stuhls, Sonderregelungen vor (cc. 412 ff. CIC). 6

Als „allgemeine" Weisung bzw. Anordnung muss sich das kirchliche Gesetz an einen bestimmten Personenkreis innerhalb der „communio", in dem die zugehörigen Menschen durch irgendein Merkmal miteinander verbunden sind, und nicht 7

---

[422] Vgl. *W. Aymans/K. Mörsdorf*, Kanonisches Recht I, § 12 I; *P. Krämer*, Kirchenrecht II, S. 59; *G. May/A. Egler*, Einführung in die kirchenrechtliche Methode, S. 158 ff.; *R. Puza*, Katholisches Kirchenrecht, S. 6 ff.
[423] Dazu u. § 19 Rn. 49 ff.
[424] Vgl. *W. Aymans*, Artikel „Gesetz", in: Lexikon des Kirchenrechts, Sp. 352.
[425] Vgl. nur *J. Ipsen*, Staatsrecht I, Rn. 756, 913; *Battis/Gusy*, Einführung in das Staatsrecht, Rn. 216, 244; verbreitet ist auch die Bezeichnung Gesetz im formellen Sinne, vgl. etwa *H. Maurer*, Staatsrecht I, § 17 Rn. 7 ff.; *Zippelius/Würtenberger*, Deutsches Staatsrecht, § 45 I Rn. 1 f., jeweils m. w. N.
[426] Vgl. *J. Listl*, in: HdbKathKR, § 8 I 2.
[427] Vgl. *J. Listl*, in: HdbKathKR, § 8 I 2.
[428] Vgl. *G. May/A. Egler*, Einführung in die kirchenrechtliche Methode, S. 152 f.
[429] Vgl. *G. May/A. Egler*, Einführung in die kirchenrechtliche Methode, S. 149.
[430] *G. May/A. Egler*, Einführung in die kirchenrechtliche Methode, S. 152 ff.

an Einzelpersonen richten.⁴³¹ Wie dieser Personenkreis im konkreten Fall zugeschnitten ist, hängt ab von der jeweiligen Regelung des Gesetzes.

8   Die darüber hinaus geforderte Promulgation⁴³², also die Verkündung bzw. öffentliche Bekanntmachung des Gesetzes, soll seinen Adressaten die tatsächliche Kenntnisnahme des Gesetzes ermöglichen. Die Promulgation ist für das Gesetz konstitutiv, d. h. ohne sie existiert das Gesetz nicht (c. 7 CIC). Nicht erforderlich ist dagegen die tatsächliche Kenntnisnahme oder gar die Annahme des Gesetzes durch den Gesetzesadressaten.⁴³³

9   Gesetze der höchsten Autorität werden im offiziellen Publikationsorgan des Apostolischen Stuhls, den „Acta Apostolicae Sedis" (AAS) promulgiert, soweit nicht im Einzelfall eine andere Form der Promulgation festgelegt wird (c. 8 § 1 CIC).⁴³⁴ Partikulargesetze werden in den Publikationsorganen des jeweiligen Gesetzgebers promulgiert (c. 8 § 2 CIC). In den Diözesen sind dies die kirchlichen Amtsblätter bzw. kirchlichen Anzeiger. Die Deutsche Bischofskonferenz verfügt nicht über ein eigenes Publikationsorgan und promulgiert ihre Gesetze meist in den kirchlichen Amtsblättern der Diözesen. Für eine sachgerechte Promulgation ist demnach nur entscheidend, dass die Gesetzesadressaten das Gesetz auch tatsächlich zur Kenntnis nehmen können. Mit der Promulgation als solcher erlangt das Gesetz im Regelfall jedoch noch keine Rechts- bzw. Verpflichtungskraft. Vielmehr soll dem Gesetzesadressaten ausreichend Zeit zur Verfügung gestellt werden, sich auf das Gesetz einzustellen. Der CIC schreibt deshalb bis zum tatsächlichen Eintritt der Verpflichtungskraft des jeweiligen Gesetzes unterschiedliche Schwebezeiten vor (c. 8 §§ 1 u. 2 CIC).

10 Die verschiedenen Merkmale müssen kumulativ vorliegen, damit von einem kirchlichen Gesetz gesprochen werden kann. Fehlen einzelne Wesensmerkmale, so liegt kein verbindlich geltendes kirchliches Gesetz vor.⁴³⁵ Doch gibt es derzeit noch keine Möglichkeit, in einem gerichtlichen Verfahren verbindlich überprüfen zu lassen, ob die Voraussetzungen eines kirchlichen Gesetz erfüllt sind oder nicht bzw. ob ein Gesetz mit übergeordnetem oder anders lautendem Recht übereinstimmt.⁴³⁶ Das kanonische Recht kennt kein Normenkontrollverfahren, mit dem von einem Gericht die Ungültigkeit einer Norm verbindlich festgestellt werden kann (vgl. etwa Art. 93 Abs. 1 Nr. 2 GG, Art. 100 GG, § 47 VwGO).⁴³⁷ Es bleiben nur gesetzlich nicht geregelte Gegenvorstellungen⁴³⁸, um gegen gesetzgeberische Akte vorzugehen.

---

⁴³¹ Vgl. *G. May/A. Egler*, Einführung in die kirchenrechtliche Methode, S. 155; *R. Puza*, Katholisches Kirchenrecht, S. 9.
⁴³² Obwohl c. 7 CIC nur die Promulgation als solche zwingend vorschreibt, durchläuft jedes kanonische Gesetz in der Praxis vor der eigentlichen Promulgation üblicherweise zwei Stufen: Zuerst legt der Gesetzgeber den Inhalt des Gesetzes fest. Anschließend fertigt er das Gesetz aus. Allerdings entfalten diese beiden Phasen der Gesetzgebung nach außen hin keine verbindlichen Rechtswirkungen, näher *W. Aymans/K. Mörsdorf*, Kanonisches Recht I, § 12 VI; *G. May/A. Egler*, Einführung in die kirchenrechtliche Methode, S. 156.
⁴³³ Vgl. *W. Aymans/K. Mörsdorf*, Kanonisches Recht I, § 12 VI.
⁴³⁴ Zu den anderen Formen der Promulgation *H. Socha*, in: MK, c. 8 Rn. 4.
⁴³⁵ Vgl. *H. Socha*, in: MK, vor c. 7 Rn. 7; *R. Puza*, Katholisches Kirchenrecht, S. 7.
⁴³⁶ Vgl. *H. Socha*, in: MK, c. 7 Rn. 8. Eine in der Praxis weitgehend unabhängige Normenkontrolle kommt nur dem Päpstlichen Rat für Gesetzestexte (früher: Päpstl. Rat für Interpretation von Gesetzestexten) zu (Art. 158 PastBon). Der Päpstliche Rat entscheidet danach auf Antrag der Betroffenen darüber, ob partikulare Gesetze und allgemeine Dekrete (c. 29 CIC), die von Gesetzgebern unterhalb der höchsten Autorität erlassen wurden, mit den gesamtkirchlichen Gesetzen übereinstimmen oder nicht.
⁴³⁷ Dazu, allerdings auf der Grundlage des alten Rechts *R. Puza*, Die Prüfung fehlerhafter Gesetze im Kirchenrecht. Ein Beitrag zum Problem der Normenkontrolle, in: ÖAKR 26 (1975), S. 90 ff.
⁴³⁸ *J. Listl*, in: HdbKathKR, § 8 I 6 b (S. 110). Näher *H. Socha*, in: MK, c. 7 Rn. 7 m. w. N. Es geht dabei um das sog. Remonstrationsrecht der Bischöfe gegen päpstliche Gesetze und das sog. Supplikationsrecht aller Gläubigen gegen Gesetze der anderen Gesetzgeber. Zum bischöflichen Remonstrationsrecht auch *B. Eicholt*, Das Remonstrationsrecht der Diözesanbischöfe im katholischen Kirchenrecht, KuR 2001, S. 139 ff. m. w. N.

2. Erscheinungsformen kirchlicher Gesetze

Kirchliche Gesetze ergehen in der Praxis in höchst unterschiedlicher äußerer Form. **11**
Die im CIC oder CCEO kodifizierten Regelwerke entsprechen in ihrer äußeren
Form weitgehend weltlichen (staatlichen) Gesetzen, wenn auch die einzelnen Vorschriften anders bezeichnet werden. Die kirchlichen Gesetzesvorschriften werden hier
traditionell „canon" genannt.[439] Abgesehen davon entsprechen aber auch die „canones" in der äußeren Form Gesetzen der weltlichen Rechtsordnung mit Artikeln und
Paragrafen. Päpstliche Erlasse dagegen ergehen üblicherweise als „Bulle", „Breve"
oder „Brief",[440] sind also der äußeren Form nach (in unterschiedlichem Maße)
feierlich gehaltene Schreiben. Auch werden je nach Anlass und Inhalt eines päpstlichen Gesetzes unterschiedliche Bezeichnungen verwendet. So regelt die „Apostolische Konstitution" Angelegenheiten von höchster Wichtigkeit und bleibender Dauer
und ergeht in besonders feierlicher Form, formal meist als Bulle[441]. Als Beispiel sei die
Apostolische Konstitution über die Römische Kurie von 1988 (AK Pastor Bonus)
genannt.[442] Die Bezeichnung „Motu proprio" (lat.: „aus eigenem Antrieb", Abkz.:
MP) bringt zum Ausdruck, dass die Regelung der freien Initiative des Papstes
entspringt, der Papst also zur Rechtsetzung nicht durch Dritte veranlasst wurde. Sie
ergeht meist in der weniger feierlichen Briefform. In der Praxis der päpstlichen
Gesetzgebung ergehen Gesetze regelmäßig als „Apostolische Konstitution" oder
„Motu proprio". Aber auch Ansprachen, Medienbotschaften und Predigten des
Papstes können kirchliche Rechtsvorschriften beinhalten.[443] In der partikularrechtlichen Praxis, etwa auf Bistumsebene, finden sich ebenfalls keine vorgeschriebenen
Formen und Bezeichnungen, wenngleich sich heute partikulare Gesetze der äußeren
Form und Bezeichnung nach meist an weltlichen Gesetzen orientieren.[444]

Zu beachten ist jedoch immer, dass die äußeren Formen und Bezeichnungen für **12**
sich allein keinen Einfluss auf die rechtliche Qualifizierung einer konkreten Aussage
als kirchliches Gesetz haben. Ob tatsächlich ein kirchliches Gesetz vorliegt oder
nicht, ergibt sich in erster Linie aus dem Vorliegen der genannten Wesenselemente
des kirchlichen Gesetzes.[445] Deshalb ist immer zu beachten, dass weder in den
kirchlichen Gesetzbüchern noch in den sonstigen äußeren Quellen alle Aussagen,
die nach ihrem Wortlaut oder sonstigen Umständen den Anspruch der Verbindlichkeit erheben, automatisch Gesetzescharakter haben. Bei jeder Aussage, welche
äußere Form und Bezeichnung sie auch hat, sind daher immer alle Merkmale des
kirchlichen Gesetzes zu prüfen. Sind einzelne Voraussetzungen nicht erfüllt, liegt
kein verbindlich geltendes kirchliches Gesetz vor.[446]

---

[439] Näher *Wächter*, Artikel „Kanon", in: Lexikon des Kirchenrechts, Sp. 447 f. m. w. N.

[440] Näher, auch zur historischen Entwicklung W. *Aymans/K. Mörsdorf*, Kanonisches Recht I, § 4 I-III; H. *Heimerl/H. Pree*, Kirchenrecht, S. 32.

[441] Der Begriff ist dem lateinischen Wort „bulla" (Kapsel) entlehnt. Die Kapsel war mit einer Schnur an dem Schriftstück befestigt und enthielt u. a. das päpstliche Siegel, näher H. *Heimerl/ H. Pree*, Kirchenrecht, S. 46.

[442] Im lat. Original und in dt. Übersetzung abgedruckt in: Codex Iuris Canonici – Codex des kanonischen Rechts, 5. Aufl. 2001, S. 771 ff.

[443] Damit es sich um kirchliche Gesetze handelt, muss allerdings – wegen c. 7 CIC – eine ordnungsgemäße Promulgation i. S. d. c. 8 CIC erfolgen, vgl. G. *May/A. Egler*, Einführung in die kirchenrechtliche Methode, S. 156 f.; o. Rn. 2, 8.

[444] Beispiel: Mitarbeitervertretungsordnung – MAVO – für den Bereich der Erzdiözese Köln, KABl. Köln 2004, S. 160 ff.

[445] Dazu o. Rn. 2 ff.

[446] R. *Puza*, Katholisches Kirchenrecht, S. 7.

3. Die Verpflichtungskraft von Gesetzen

13 Das kirchliche Gesetz ist nicht als eine nur moralische Verpflichtung des Gewissens, als Rat, Empfehlung, Ermahnung oder gar Wunsch zu verstehen, sondern es beansprucht strikte Einhaltung und Beachtung durch die Gesetzesadressaten.[447] Rechtlich erzwingbar sind weite Teile des kanonischen Rechts nicht.[448] Die innere Zustimmung der Adressaten muss immer angestrebt werden. Die verpflichtende Kraft kirchlicher Gesetze unterliegt allerdings einer Reihe von Maßgaben und Einschränkungen.

14 **a) Geltungsbereiche kirchlicher Gesetze.** Der Geltungsbereich kirchlicher Gesetze hängt zunächst davon ab, wer konkret als Adressat des Gesetzes vorgesehen ist. Kirchliche Gesetze können sich an bestimmte Personenkreise unabhängig von deren Wohnsitz richten (personale Gesetze) oder für bestimmte Territorien (territoriale Gesetze) erlassen werden (cc. 12, 13 CIC).[449]

15 Nach c. 11 CIC werden allerdings durch kirchliche Gesetze nur diejenigen verpflichtet, die in der katholischen Kirche getauft oder in sie aufgenommen worden sind, hinreichenden Vernunftgebrauch besitzen und, falls nicht ausdrücklich etwas anderes im Recht vorgesehen ist, das siebente Lebensjahr vollendet haben. Göttliches Recht[450] dagegen bindet nach kirchlicher Vorstellung immer alle Menschen auf der Welt, gleichgültig ob sie getauft sind oder nicht.[451] Soweit der kirchliche Gesetzgeber also außerhalb des göttlichen Rechts aktiv wird, kann er grundsätzlich nur Katholiken rechtmäßig verpflichten. Nichtkatholische Christen und Angehörige anderer Religionen werden durch rein kirchliche Gesetze nicht verpflichtet.

16 Im Hinblick auf die zeitliche Geltung kirchlicher Gesetze kennt das kanonische Recht das auch dem weltlichen Recht bekannte Rückwirkungsverbot (c. 9 CIC). Das Rückwirkungsverbot dient der Rechtssicherheit und dem Vertrauensschutz.[452] Ein Gesetz kann danach in abgeschlossene Vorgänge und Verhältnisse nicht mehr nachträglich eingreifen, es sei denn, die konkreten Umstände zwingen dazu. Dann muss aber dem betreffenden Gesetz auch ausdrücklich rückwirkende Kraft beigemessen werden.[453] Eine besondere Ausformung des Rückwirkungsverbotes findet sich in c. 1313 § 1 CIC: „Wird nach Begehung einer Straftat ein Gesetz geändert, so ist das für den Täter günstigere Gesetz anzuwenden."

17 **b) Folgen der Missachtung kirchlicher Gesetze.** Ist durch Promulgation die Verpflichtungskraft des Gesetzes eingetreten (c. 8 CIC), sind die Adressaten an das Gesetz gebunden. Das gilt zunächst unabhängig davon, ob der Adressatenkreis das Gesetz als solches tatsächlich akzeptiert oder gar mit ihm einverstanden ist.[454] Um

---

[447] Vgl. *J. Listl*, in: HdbKathKR § 8 I 6; *R. Puza*, Katholisches Kirchenrecht, S. 7 f.

[448] Zu den Merkmalen von Recht gehört nach heute weithin gefestigter Auffassung seine Erzwingbarkeit nicht. Kirchenrecht ist daher Recht, auch wenn seine Einhaltung im Wesentlichen nicht erzwingbar ist, vgl. statt vieler *L. Müller*, Der Rechtsbegriff im Kirchenrecht, S. 315 ff.; *G. Robbers*, Kirchenrecht, Jura 1990, S. 567 (570); a. A. insoweit *G. May/A. Egler*, Einführung in die kirchenrechtliche Methode, S. 162. Beispiel für die begrenzte Erzwingbarkeit des kanonischen Rechts: *St. Muckel*, Die Schwangerschaftskonfliktberatung durch „Donum Vitae" als kirchenrechtliches Problem, ÖARR 2001, S. 223 (238). Zum Problem bereits o. § 16 Rn. 18.

[449] Auch die Kombination ist möglich, also eine Regelung für einen bestimmten, abgegrenzten Personenkreis in einem bestimmten Gebiet.

[450] Dazu o. § 16 Rn. 20 ff.

[451] Vgl. *W. Aymans*, Artikel „Ius divinum – Ius humanum", in: Lexikon des Kirchenrechts, Sp. 436 ff.

[452] Vgl. *W. Aymans/K. Mörsdorf*, Kanonisches Recht I, § 13 C I.

[453] Es sei in diesem Zusammenhang auf c. 4 CIC hingewiesen. Die Vorschrift hat gewährleistet, dass bei der Promulgation des CIC 1983 zu diesem Zeitpunkt bestehende Rechte und Privilegien nicht verloren gegangen sind.

[454] Vgl. *J. Listl*, in: HdbKathKR, § 8 I 6 b.

§ 19. Rechtsetzung und Rechtsanwendung

zu verhindern, dass das betreffende Gesetz möglicherweise durch Missachtung, also Nichtbeachtung oder Übertretung, ins Leere läuft, steht der kirchlichen Autorität ein Instrumentarium zur Verfügung, mit dem sie die Missachtung des Gesetzes sanktionieren kann. Die Missachtung des Gesetzes hat dann nachteilige Rechtsfolgen für den Betreffenden. Das kanonische Recht sieht als Sanktionen dabei vor allem[455] zweierlei vor, zum Einen die Strafe, zum Anderern die Nichtigkeit von Rechtshandlungen, die unter Missachtung von Gesetzen vorgenommen wurden.[456] Aber nicht jede Missachtung eines kanonischen Gesetzes führt zu einer kirchlichen Strafe. Kanonische Strafen können nur nach Maßgabe des Gesetzes verhängt werden (c. 221 § 3 CIC).[457] Auch die andere einschneidende Sanktion eines Gesetzesverstoßes, die Nichtigkeit – in der Diktion des CIC meist: Ungültigkeit – der jeweiligen Handlung tritt nur ein, wenn das betreffende Gesetz dies ausdrücklich („expresse") vorsieht, c. 10 CIC. Es handelt sich dann um eine „lex irritans", ein sog. irritierendes Gesetz (c. 10 CIC).[458]

Beispiele: C. 1108 CIC sieht vor, dass eine Eheschließung nur bei Einhaltung der hier gesetzlich vorgeschriebenen Form gültig ist.[459] Nach c. 842 § 1 CIC kann zu den übrigen Sakramenten nicht gültig zugelassen werden, wer die Taufe nicht empfangen hat. Demgegenüber führt etwa ein Verstoß gegen die Vorschriften des c. 844 CIC über die Frage, wer berechtigt ist, Sakramente zu spenden und zu empfangen, nicht zur Ungültigkeit. C. 844 CIC spricht nicht die Gültigkeit der Rechtshandlungen an, sondern ihre Erlaubtheit (z. B. c. 844 § 1 CIC: „Katholische Spender spenden die Sakramente erlaubt nur katholischen Gläubigen; ebenso empfangen diese die Sakramente erlaubt nur von katholischen Spendern; …"). C. 849 Halbs. 2 CIC sieht vor, was zur Gültigkeit der Taufe erforderlich ist. Ein Verstoß hiergegen hat nach c. 10 CIC die Ungültigkeit der Taufe zur Folge. Demgegenüber berührt ein Verstoß gegen die Bestimmungen über die Taufpaten in c. 874 § 1 CIC die Gültigkeit der Taufe nicht. In dieser Vorschrift ist die Sanktion der Ungültigkeit nicht ausdrücklich vorgesehen.

18

Ein Gesetz kann auch eine Person für unfähig erklären, eine bestimmte rechtliche Handlung gültig vorzunehmen bzw. an sich vornehmen zu lassen (c. 10 CIC: „lex inhabilitans" – inhabilitierendes Gesetz). So sieht z. B. c. 1024 CIC vor, dass nur getaufte Männer gültig die Priesterweihe empfangen können. Die Weihe einer Frau oder eines ungetauften Mannes ist daher ungültig.

19

Daneben sehen manche Gesetze die nachträgliche Aufhebbarkeit bzw. Vernichtbarkeit von rechtlichen Handlungen als Sanktion bei gesetzlichen Zuwiderhandlungen vor. Hier ist die rechtliche Handlung zunächst gültig. Sie kann aber nachträglich wieder aufgehoben werden. So ist z. B. nach c. 149 § 2 CIC die Übertragung eines Kirchenamtes an jemanden, der die erforderlichen Eigenschaften nicht aufweist, nur dann ungültig, wenn diese Eigenschaften gesetzlich ausdrücklich als Gültigkeitsvoraussetzungen normiert sind. Ist das nicht der Fall, so ist die Amtsübertragung trotz der fehlenden Eigenschaften gültig, kann aber von der zuständigen Autorität nachträglich wieder aufgehoben werden. Weitere Beispiele finden sich in cc. 125 § 2, 126 Halbs. 2, 166 § 2 CIC.

20

Die Missachtung der meisten kirchlichen Gesetze ist nicht mit einer ausdrücklichen gesetzlichen Sanktion verbunden.[460] Der Rechtsverstoß zieht also keine unmittelbaren Folgen nach sich. Solche Gesetze werden als unvollkommene Gesetze (leges imperfectae) bezeichnet.[461] Eine gegen das Gesetz verstoßende Hand-

21

---

[455] Näher *H. Heimerl/H. Pree*, Kirchenrecht, S. 36 ff.
[456] Vgl. *G. May/A. Egler*, Einführung in die kirchenrechtliche Methode, S. 162 f.
[457] Zum Strafrecht u. § 22.
[458] Vgl. nur *Nelles*, Artikel „Lex irritans, inhabilitans", in: Lexikon des Kirchenrechts, Sp. 643 m. w. N.
[459] Ein weiteres Beispiel ergibt sich aus c. 135 § 2 CIC a. E.: Danach kann von einem untergeordneten Gesetzgeber ein höherem Recht widersprechendes Gesetz nicht gültig erlassen werden. Mit dieser Vorschrift wird die Normenhierarchie im kanonischen Recht verankert.
[460] Beispiele: cc. 1249 ff., c. 1069 CIC.
[461] Vgl. nur *W. Aymans/K. Mörsdorf*, Kanonisches Recht I, § 1 B III 2.

lung ist dann zwar unerlaubt, zieht aber nicht unbedingt nachteilige Rechtsfolgen für den Betroffenen nach sich. Das steht der Durchsetzung solcher Gesetze durch hoheitliche Verwaltungstätigkeit und gerichtliche Geltendmachung zwar nicht entgegen.[462] Doch muss die kirchliche Autorität hier mit Ermahnung, Empfehlung und sonstiger Überzeugungsarbeit versuchen, die Gesetzesadressaten in der Hoffnung darauf, dass sie sich eines Besseren besinnen, zur Beachtung der Gesetze anzuhalten. Das entspricht den Prinzipien, die von der Generalversammlung der Bischofssynode im Oktober 1967 bei den Arbeiten für den neuen CIC vorgesehen wurden.[463]

22   c) **Zweifel, Irrtum, Unkenntnis über Gesetze.** Einschränkungen erfährt die verpflichtende Kraft kanonischer Gesetze bei Zweifeln, Irrtum und Unkenntnis (cc. 14 und 15 CIC). Bei den Zweifeln (c. 14 CIC) werden Rechtszweifel und Tatsachenzweifel unterschieden. Bei einem Rechtszweifel ist das Bestehen eines Gesetzes überhaupt, seine verpflichtende Kraft oder die Anwendbarkeit des Gesetzes auf einen bestimmten Sachverhalt zweifelhaft.[464] So kann beispielsweise zweifelhaft sein, ob mit einer bestimmten Tätigkeit ein Kirchenamt im Sinne der cc. 145 ff. CIC verbunden ist. Die Feststellung eines Rechtszweifels setzt eine sorgfältige Interpretation bzw. Auslegung des Gesetzes voraus. Erst wenn dann noch Unklarheit besteht, kann ein Rechtszweifel bestehen. Bei einem Tatsachenzweifel ist nicht sicher, ob die tatbestandlichen Voraussetzungen einer Norm erfüllt sind, ob z. B. alle tatsächlichen Voraussetzungen für eine Noteheschließung nach c. 1116 CIC gegeben sind. Bei einem Rechtszweifel verpflichtet das Gesetz nicht („lex dubia non obligat"[465]) – wie es auch bei irritierenden und inhabilitierenden Gesetzen der Fall ist. Bei einem Tatsachenzweifel kann die jeweils zuständige Autorität unter Einhaltung bestimmter Voraussetzungen vom Gesetz im Einzelfall dispensieren (c. 14 Halbs. 2 CIC).[466]

23   Unkenntnis und Irrtum bezüglich irritierender und inhabilitierender Gesetze behindern deren Geltung nicht, es sei denn, es wird etwas anderes ausdrücklich festgesetzt (c. 15 § 1 CIC). So gelten z. B. die Ehehindernisse der cc. 1073–1094 CIC auch dann, wenn die Beteiligten keine Kenntnis von diesen Regelungen haben (Unkenntnis) oder sich darüber in welcher Art auch immer eine fehlerhafte Vorstellung gemacht haben (Irrtum). Im Übrigen gilt der Grundsatz, dass die Übertretung eines Gesetzes dem schuldlos Nichtwissenden nicht, dem verschuldet Nichtwissenden je nach Schwere der Schuld vermindert zugerechnet wird (cc. 1323 Nr. 2, 1324 § 1 Nr. 8 CIC).[467] Unkenntnis und Irrtum werden nach c. 15 § 2 CIC grundsätzlich nicht vermutet, so dass sie im Einzelfall von dem bewiesen werden müssen, der sich auf sie beruft.

---

[462] Vgl. *H. Socha*, in: MK, vor c. 7 Rn. 13. Zu denken ist insbes. an Verwaltungsbefehle nach c. 49 CIC.
[463] In der Vorrede zum CIC 1983 (deutsche Übersetzung nach der lat.-dt. Textausgabe, 5. Aufl. 2001, S. XXXV) heißt es: „Um die Seelsorge soviel wie möglich zu fördern, sollen im neuen Recht außer der Tugend der Gerechtigkeit auch die der Liebe, der Mäßigung, der Menschlichkeit und der Behutsamkeit bedacht werden. Durch diese Tugenden soll Billigkeit angestrebt werden nicht allein in der Anwendung von Gesetzen seitens der Seelsorger, sondern in der Gesetzgebung selbst; und deshalb sollen zu strenge Normen vermieden werden; vielmehr soll lieber auf Ermahnungen und Empfehlungen zurückgegriffen werden, wo nicht wegen des Gemeinwohls und der allgemeinen kirchlichen Disziplin die Notwendigkeit besteht, strenges Recht anzuwenden."
[464] Vgl. *J. Listl*, in: HdbKathKR, § 8 I 6 c; *W. Aymans/K. Mörsdorf*, Kanonisches Recht I § 14 I 1.
[465] *W. Aymans/K. Mörsdorf*, Kanonisches Recht I § 14 I 1.
[466] Hingewiesen sei darauf, dass „die Dispens" hier im Gegensatz zum Sprachgebrauch des deutschen Verwaltungsrechts weiblich ist.
[467] Vgl. *J. Listl*, in: HdbKathKR, § 8 I 6 d. Der Grundsatz ist aus dem kirchlichen Strafrecht entwickelt worden. Unmittelbar aus c. 15 CIC ergibt er sich nicht.

§ 19. *Rechtsetzung und Rechtsanwendung* 153

d) Die Epikie. Der Gerechtigkeit im Einzelfall und zugleich dem Anliegen des 24
Kirchenrechts, dem Heil der Seelen zu dienen (das nach c. 1752 CIC immer das
oberste Gesetz sein muss), dient die Epikie.[468] Sie richtet sich an den einzelnen
Gesetzesadressaten und gewährt ihm unter bestimmten Umständen in einem konkreten Fall eine eigene Gewissensentscheidung darüber, ob er im Einzelfall an ein
bestimmtes Gesetz gebunden ist oder nicht.[469] In der Erkenntnis, dass die Rechtsordnung nicht von vornherein alle denkbaren Fallgestaltungen berücksichtigen
kann, ist der Einzelne aufgefordert, selbst situations- und sachgerecht zu urteilen,
unter Umständen auch gegen das Gesetz. Das Rechtsinstitut der Epikie setzt
außergewöhnliche Umstände voraus, die die Feststellung erlauben, dass der Gesetzgeber den konkreten Fall, wenn er ihn gekannt hätte, vom Gesetz ausgenommen
hätte.[470] Das trifft vor allem bei Wegfall des Gesetzeszweckes, bei Normenkollisionen und bei Unmöglichkeit der Gesetzeserfüllung zu. In einem solchen Fall verliert
das einschlägige Gesetz seine Verpflichtungskraft – für diesen Einzelfall. Im Übrigen bleibt es bei der vollen Verpflichtungskraft des kirchlichen Gesetzes.[471]

Auf die Epikie wird nicht selten im Sakramentenrecht hingewiesen. Die sog. wiederverheirateten 25
Geschiedenen können sich z. B. nach Ansicht mancher unter bestimmten Umständen (wenn sie etwa
am Scheitern der früheren Ehe eines Partners keine Schuld trifft) auf Epikie berufen.[472]

e) Das Ende der Verpflichtungskraft von Gesetzen. Die Verpflichtungskraft 26
eines Gesetzes endet mit dem Zeitpunkt, in dem es außer Kraft tritt. Das geschieht
bei einem auf bestimmte Dauer angelegten Gesetz mit Zeitablauf. Ansonsten muss
der Gesetzgeber, der das betreffende Gesetz geschaffen hat, es ganz oder teilweise
aufheben (c. 20 CIC). Er kann dabei das Gesetz ausdrücklich widerrufen, indem er
eine eindeutige Erklärung abgibt, dass das betreffende Gesetz außer Kraft tritt. Er
kann aber auch ein neues Gesetz dem alten Gesetz sachlich unmittelbar entgegensetzen oder die vom alten Gesetz geregelte Materie umfassend durch das spätere
Gesetz neu regeln. Im Zweifel wird dabei allerdings der Widerruf des alten Gesetzes
nicht vermutet. Vielmehr sind altes und neues Gesetz zueinander in Beziehung zu
setzen und nach Möglichkeit in Einklang zu bringen (c. 21 CIC). Aus Achtung vor
dem Partikularrecht hebt ein universales Gesetz ein schon bestehendes partikulares
Gesetz im obigen Sinne nur auf, wenn dies ausdrücklich im betreffenden Universalgesetz so vorgesehen ist (c. 20 Halbs. 2 CIC). Umgekehrt ist ein partikulares
Gesetz, das einem schon bestehenden universalen Gesetz widerspricht, ungültig
(c. 135 § 2 Halbs. 2 CIC).[473] Schließlich kann ein Gesetz auch durch eine entgegenstehende Gewohnheit außer Kraft treten.[474]

---

[468] Der Begriff „Epikie" stammt aus dem Griechischen und bedeutet soviel wie Billigkeit, Milde, Nachsicht, vgl. *R. Puza*, Katholisches Kirchenrecht, S. 80. Näher zur Epikie: *W. Aymans/K. Mörsdorf*, Kanonisches Recht I, § 14 III.
[469] Vgl. *R. Puza*, Katholisches Kirchenrecht, S. 82; *H. Heimerl/H. Pree*, Kirchenrecht, S. 12 f.
[470] Vgl. *W. Aymans/K. Mörsdorf*, Kanonisches Recht I, § 14 III; *J. Listl*, in: HdbKathKR, § 8 I 6 e.
[471] Näher zur Epikie *Nelles*, Summum Ius Summa Iniuria?, S. 309 ff. m. w. N.
[472] Beipiel von *F. Bernard*, Grundkurs Kirchenrecht, S. 12.
[473] Das ist Voraussetzung dafür, dass von einer Normenhierarchie gesprochen werden kann, vgl. bereits o. Fn. 459; näher *G. May/A. Egler*, Einführung in die kirchenrechtliche Methode, S. 166 ff.
[474] Es wird auch die Ansicht vertreten, ein Gesetz verliere trotz verbleibender formaler Existenz auch dann seinen verpflichtenden Charakter, wenn es auf Dauer von der gesamten Gemeinschaft nicht beachtet bzw. angewendet werde, sog. desuetudo, näher *W. Aymans/K. Mörsdorf*, Kanonisches Recht I, § 16 II 1; *J. Listl*, in: HdbKathKR, § 8 I 6 b u. f. Aus Gründen der Rechtssicherheit und Rechtsklarheit erscheint aber die Anwendung einer „desuetudo" in der Praxis fragwürdig, da sich eine allgemeine Nichtbeachtung durchweg nur sehr schwer feststellen lässt.

4. Die Auslegung von Gesetzen im kanonischen Recht

27 **a) Allgemeines.** Kanonische Gesetze bedürfen wie auch weltliche Gesetze der Auslegung bzw. Erläuterung. Lassen sich Unklarheiten und Zweifel über ihren Inhalt nicht im Wege der Auslegung beseitigen, kann ein Rechtszweifel i. S. des c. 14 CIC bestehen, der dem Gesetz den verpflichtenden Charakter nimmt.[475] Das kirchliche Gesetzbuch sieht verschiedene gesetzlich fixierte Auslegungsregeln vor (insbesondere in cc. 16–19 CIC).[476]

28 Im Zentrum der gesetzlichen Auslegungsregeln steht c. 17 CIC: „Kirchliche Gesetze sind zu verstehen gemäß der im Text und im Kontext wohl erwogenen eigenen Wortbedeutung; wenn sie zweifelhaft und dunkel bleibt, ist zurückzugreifen auf Parallelstellen, wenn es solche gibt, auf Zweck und Umstände des Gesetzes und auf die Absicht des Gesetzgebers." Mit dieser Vorschrift werden verschiedene Anknüpfungspunkte für die Auslegung vorgegeben. Ob dabei eine bestimmte Rangfolge der Auslegungsmittel vorgegeben wird, ist zwar umstritten, nach dem Wortlaut des c. 17 CIC aber wohl anzunehmen.[477] C. 17 CIC stellt zunächst auf die im Gesetzestext selbst tatsächlich gebrauchten Worte und deren eigene Bedeutung in Text und Kontext ab. Es ist insofern zu fragen, welche inhaltliche Bedeutung die im Gesetz benutzten Worte als solche haben, wobei der Sprachgebrauch zur Zeit der Entstehung des Gesetzes maßgebend ist (grammatikalische Auslegung). Die einzelnen Worte sind dabei zum Text und Kontext in Beziehung zu setzen (logische Auslegung).[478] Die vollständige Bedeutung eines Wortes kann sich erst ergeben, wenn man es im konkreten Satzgefüge selbst und darüber hinaus im Gefüge seines Kontextes betrachtet.[479] So kann erschlossen werden, wie der Gesetzgeber die einzelnen Worte des betreffenden Gesetzes tatsächlich verstanden wissen wollte. Die grammatikalische und die logische Auslegung beziehen sich somit ausschließlich auf den Gesetzestext als solchen.[480]

29 Erst wenn die grammatikalische und die logische Auslegung nicht zu einem Ergebnis führen, wenn also der Wortlaut des Gesetzes allein nicht weiterhilft, kommen die im zweiten Halbsatz des c. 17 CIC aufgeführten Regeln zur Anwendung, also der Rückgriff auf Parallelstellen etc.[481] Sie knüpfen nicht mehr an den Wortlaut des Gesetzes, sondern an das Gesetz als solches an.[482] Eine Rangfolge unter diesen „Aushilfsregeln" ist aus c. 17 CIC selbst nicht herzuleiten.

---

[475] Dazu bereits o. Rn. 22.
[476] Näher zur Auslegung *H. Pack*, Methodik der Rechtsfindung im staatlichen und kanonischen Recht, S. 99 ff.; *G. May/A. Egler*, Einführung in die kirchenrechtliche Methode, S. 183 ff.
[477] So *M. Jestaedt*, Auslegung nach kanonischem Recht, in: Grabenwarter/Lüdecke (Hrsg.), Standpunkte im Kirchen- und Staatskirchenrecht, S. 103; wohl auch *H. Pack*, Methodik der Rechtsfindung im staatlichen und kanonischen Recht, S. 102; *G. May/A. Egler*, Einführung in die kirchenrechtliche Methode, S. 202. A. A.: *H. Heimerl/H. Pree*, Kirchenrecht, S. 44; *R. Puza*, Katholisches Kirchenrecht, S. 127, die kein Stufenverhältnis sehen und wie im weltlichen Recht die Auslegungsmittel ranggleich nebeneinander stellen.
[478] Zur grammatikalischen und logischen Auslegung: *W. Aymans/K. Mörsdorf*, Kanonisches Recht I, § 15 III 1 a; *M. Jestaedt*, Auslegung nach kanonischem Recht, in: Grabenwarter/Lüdecke (Hrsg.), Standpunkte im Kirchen- und Staatskirchenrecht, S. 103 f.; *G. May/A. Egler*, Einführung in die kirchenrechtliche Methode, S. 195 ff.
[479] Vgl. *G. May/A. Egler*, Einführung in die kirchenrechtliche Methode, S. 201 f.
[480] Vgl. *G. May/A. Egler*, Einführung in die kirchenrechtliche Methode, S. 202.
[481] Vgl. *H. Pack*, Methodik der Rechtsfindung im staatlichen und kanonischen Recht, S. 102.
[482] Der Hinweis auf die Parallelstellen wird als „systematische" Auslegung bezeichnet, weil das Gesetz selbst im Kontext anderer Gesetzesstellen betrachtet wird (vgl. *W. Aymans/K. Mörsdorf*, Kanonisches Recht I, § 15 III 2 a aa). Die übrigen Regeln werden regelmäßig der „historischen"

Neben den zentralen Vorschriften in c. 17 CIC sieht das Gesetz weitere Auslegungsregeln vor: Nach c. 6 § 2 CIC sind die Canones des geltenden CIC von 1983, soweit sie altes Recht wiedergeben, auch unter Berücksichtigung der kanonischen Tradition zu würdigen. Bei der Auslegung von Gesetzen, die eine Strafe festsetzen oder die freie Ausübung von Rechten einschränken oder eine Ausnahme vom Gesetz enthalten, hat sich der Gesetzesanwender ganz eng am Wortlaut zu halten (c. 18 CIC). 30

b) **Authentische Auslegung von Gesetzen durch den Gesetzgeber.** In c. 16 CIC ist die sog. authentische Interpretation geregelt. Mit ihr legt der jeweilige Gesetzgeber selbst verbindlich fest, wie ein von ihm erlassenes Gesetz zu verstehen ist.[483] Damit kann der Gesetzgeber sicherstellen, dass sein Gesetz einheitlich und seinem Willen gemäß verstanden und angewendet wird.[484] Die Gerichte und Verwaltungsbehörden müssen eine authentische Interpretation bei ihrer Arbeit am Einzelfall beachten. Der Gesetzgeber kann seine authentische Interpretation nach Art eines Gesetzes, also allgemeingültig[485], verfassen. In diesem Fall muss die authentische Interpretation promulgiert werden und hat dieselbe Rechts- und Verpflichtungskraft wie das betreffende Gesetz selbst (c. 16 § 2 CIC). Erfolgt die authentische Auslegung im Rahmen von Urteilen und Verwaltungsakten, so hat sie nicht die Kraft eines Gesetzes und gilt nur in dem zu entscheidenden Einzelfall (c. 16 § 3 CIC).[486] Auf der Ebene der höchsten Autorität ist für die authentische Interpretation von universalkirchlichen Gesetzen, insbesondere von Vorschriften des CIC selbst, der Päpstliche Rat für die Interpretation von Gesetzestexten, inzwischen: „Päpstlicher Rat für Gesetzestexte",[487] eingerichtet worden (Art. 154–158 PastBon). Er ist im Sinne von c. 16 § 1 CIC vom Gesetzgeber, in diesem Fall dem Papst, zur authentischen Interpretation beauftragt (Art. 155 Past- 31

Auslegung zugerechnet, weil sie auf die Entstehung und den Werdegang des Gesetzes sowie auf den Willen des Gesetzgebers abstellen (vgl. *W. Aymans/K. Mörsdorf*, Kanonisches Recht I, § 15 III 2 a bb). Unklar ist dabei aber, ob mit der Regelung „ad legis finem" in c. 17 CIC die aus dem weltlichen Rechts bekannte „teleologische" Auslegung, die nach dem objektiven Sinn und Zweck des Gesetzes (ratio legis) zur Zeit der Auslegung fragt, gemeint ist. *M. Jestaedt*, Auslegung nach kanonischem Recht, in: Grabenwarter/Lüdecke (Hrsg.), Standpunkte im Kirchen- und Staatskirchenrecht, S. 103, verneint das. Er versteht Zweck, Umstände und Absicht i. S. d. c. 17 CIC historisch und sieht darin den Hinweis auf den Sinn und Zweck, den der Gesetzgeber mit dem Gesetz verbunden hat. Andere Autoren erkennen die „teleologische" Auslegung auch im kanonischen Recht an, vgl. etwa *H. Heimerl/H. Pree*, Kirchenrecht, S. 44; *G. May/A. Egler*, Einführung in die kirchenrechtliche Methode, S. 219 f.; *H. Pack*, Methoden der Rechtsfindung im staatlichen und kanonischen Recht, S. 102.
[483] Näher *W. Aymans/K. Mörsdorf*, Kanonisches Recht I, § 15 II.
[484] Authentisch kann nur der jeweilige Gesetzgeber selbst auslegen. Selbst ein übergeordneter Gesetzgeber kann kein Gesetz authentisch auslegen, das er nicht selbst geschaffen hat. Das gilt, obwohl der übergeordnete Gesetzgeber Gesetze des untergeordneten Gesetzgeber abändern und aufheben kann. Der übergeordnete Gesetzgeber kann also lediglich neues Recht setzen.
[485] Vgl. *W. Aymans/K. Mörsdorf*, Kanonisches Recht I, § 15 II 2 b.
[486] Dass der Gesetzgeber auch in Form von Gerichtsurteilen und Verwaltungsakten authentisch interpretieren kann, ist eine Folge der einheitlichen Leitungsgewalt, die gem. c. 135 § 1 CIC zwar formal in gesetzgeberische, vollziehende und rechtsprechende Funktionen aufgeteilt ist, aber institutionell jeweils in einer Hand liegt. Bei Urteilen und Verwaltungsakten wird der Rechtsanwender immer nur im Einzelfall tätig. Das ändert sich nicht dadurch, dass der Rechtanwender im zu entscheidenden Einzelfall zufällig auch Gesetzgeber war.
[487] Das nach Art. 154 ff. PastBon mit der Bezeichnung „Pontificium Consilium De Legum Textibus Interpretandis" (PCI) eingerichtete Gremium nennt sich seit einigen Jahren „Pontificium Consilium de legum textibus" (PCLT – Päpstlicher Rat für Gesetzestexte), vgl. etwa die Bezeichnung in AfkKR 174 (2005), S. 169 u. 171.

Bon).[488] Auf der Ebene der Teilkirchen besteht eine vergleichbare Institution nicht, obwohl dies rechtlich möglich wäre.

32 **c) Aequitas canonica – kanonische Billigkeit.** Der kanonische Gesetzgeber kann (wie auch der weltliche Gesetzgeber) nicht im Voraus alle möglichen Lebenssachverhalte vor Augen haben, die einer gesetzlichen Regelung bedürfen. Auch das kanonische Recht kennt daher die Notwendigkeit zur Schließung von nicht gewollten gesetzgeberischen Lücken bei der Rechtsanwendung im Einzelfall.[489] Gerichte und Verwaltungsbehörden müssen sich dann die Frage stellen, wie der Gesetzgeber, hätte er den konkreten Fall bedacht, die Sache entschieden hätte. Steht eine Lücke fest, fehlt es also für einen bestimmten Sachverhalt an einer gesetzlichen oder gewohnheitsrechtlichen Regelung (c. 19 CIC), so stützt sich die kanonische Lückenschließung auf das Instrument der Analogie.[490] Dabei hat der Rechtsanwender Gesetze für ähnlich gelagerte Fälle, allgemeine Rechtsprinzipien unter Wahrung der kanonischen Billigkeit (aequitas canonica), die Rechtsauffassung sowie Rechtspraxis der Römischen Kurie und die gemeinsame und ständige Ansicht der Fachgelehrten für seine Entscheidung heranzuziehen.

33 Das Prinzip der Aequitas canonica (kanonische Billigkeit) ist Ausdruck des Versuchs, die biblische Gerechtigkeit und Barmherzigkeit zu verrechtlichen.[491] Die Aequitas canonica bietet die Möglichkeit und auch die Pflicht des Gesetzesanwenders, im Einzelfall die konkreten Umstände näher zu berücksichtigen und für Einzelfallgerechtigkeit zu sorgen. Das kann dazu führen, dass gesetzliche Regelungen milder als vorgesehen angewandt werden. Es ist aber auch nicht ausgeschlossen, dass im Einzelfall über den Gesetzeswortlaut hinaus das Gesetz härter angewendet werden muss. Entscheidend sind immer die konkreten Umstände. Neben c. 19 CIC enthält allerdings nur noch c. 1752 CIC einen ausdrücklichen Hinweis auf die „Aequitas canonica".

34 Ein bestimmtes Stufenverhältnis zwischen den verschiedenen Auslegungsmitteln sieht c. 19 CIC nicht vor, so dass der Rechtsanwender frei darin ist, welchem Mittel er den Vorrang gewährt.[492] Für Strafangelegenheiten schließt c. 19 CIC die Rechtsschöpfung durch Lückenschließung ausdrücklich aus. Insoweit steht c. 19 CIC dem Analogieverbot des deutschen Verfassungsrechts nach Art. 103 Abs. 2 GG[493] nahe.

II. Das Gewohnheitsrecht

35 Neben der Gesetzgebung kennt das Kirchenrecht nicht anders als die weltliche Rechtsordnung Gewohnheitsrecht.[494] Die Gläubigen können unter den Voraussetzungen der cc. 23–28 CIC Gewohnheitsrecht bilden, das die gleiche Wirkung entfaltet wie ein durch den zuständigen Gesetzgeber geschaffenes kirchliches Gesetz (c. 23 CIC).

36 Geübte Gewohnheiten der Gläubigen können in unterschiedlichem Verhältnis zum Gesetzesrecht stehen. Es werden unterschieden gesetzmäßige, außergesetzliche und widergesetzliche Gewohn-

---

[488] Die Entscheide des PCLT werden in den AAS promulgiert. Eine Aufstellung der Entscheide bis 1. 5. 1999 ist in der lateinisch-deutschen Ausgabe des CIC, 5. Aufl. 2001, S. 967 f. abgedruckt.
[489] Näher zur Lückenschließung: W. Aymans/K. Mörsdorf, Kanonisches Recht I, § 15 IV; G. May/A. Egler, Einführung in die kirchenrechtliche Methode, S. 229 ff.
[490] Vgl. W. Aymans/K. Mörsdorf, Kanonisches Recht I, § 15 IV 1.
[491] Vgl. P. Krämer, Kirchenrecht II, 1993, S. 68 ff. Näher zur Aequitas canonica Nelles, Summum Ius Summa Iniuria?, S. 287 ff. m.w.N.; H. Müller, Artikel „Aequitas canonica", in: Lexikon des Kirchenrechts, Sp. 24 ff. m.w.N. Zu einem Beispiel: u. § 21 Rn. 45.
[492] Vgl. G. May/A. Egler, Einführung in die kirchenrechtliche Methode, S. 233.
[493] Auch in § 1 StGB.
[494] Näher zum Gewohnheitsrecht R. Puza, Katholisches Kirchenrecht, S. 131 ff.; W. Aymans/ K. Mörsdorf, Kanonisches Recht I, §§ 17, 18.

§ 19. Rechtsetzung und Rechtsanwendung

heiten.⁴⁹⁵ Die cc. 23–28 CIC befassen sich mit der außergesetzlichen und der widergesetzlichen Gewohnheit, während die gesetzmäßige Gewohnheit im CIC nicht explizit geregelt ist. Eine gesetzmäßige Gewohnheit liegt inhaltlich auf der Linie des bestehenden Gesetzes, interpretiert und konkretisiert durch die gewohnheitsmäßige Praxis den Gesetzesinhalt.⁴⁹⁶ Darauf bezieht sich c. 27 CIC, wonach die Gewohnheit die beste „Auslegerin der Gesetze" ist. Die außergesetzliche Gewohnheit betrifft Bereiche, in denen der Gesetzgeber noch nicht tätig geworden ist. Ihr kommt insbesondere bei der Schließung von Lücken i. S. d. c. 19 CIC erhebliche Bedeutung zu. Der hohe Stellenwert des Gewohnheitsrechts zeigt sich darin, dass auch Gewohnheiten, die gegen bestehendes Recht verstoßen, also widergesetzliche Gewohnheiten, zu rechtsverbindlichem Recht erstarken und unter den Voraussetzungen der cc. 23 ff. CIC bestehendes Gesetzes- und Gewohnheitsrecht brechen können.⁴⁹⁷

Nicht jede Gewohnheit der Gläubigen kann zu Gewohnheitsrecht erstarken. Für das Entstehen von Gewohnheitsrecht ist in jedem Fall die Mitwirkung des für die jeweilige Materie zuständigen kirchlichen Gesetzgebers als Träger der Leitungsgewalt notwendig.⁴⁹⁸ Daher bedarf die von der Gemeinschaft von Gläubigen eingeführte Gewohnheit der Genehmigung des zuständigen Gesetzgebers, um die Kraft eines Gesetzes zu erlangen (c. 23 CIC). Der Gesetzgeber kann seine Genehmigung ausdrücklich erteilen; das führt zur sofortigen Rechtswirksamkeit der Gewohnheit (c. 26 CIC). Er kann aber auch stillschweigend zustimmen, indem er einer ihm bekannten Gewohnheit nicht widerspricht (sog. allgemeiner Legalkonsens).⁴⁹⁹ Unter den Voraussetzungen der cc. 24–26 CIC gilt die Zustimmung als stillschweigend erteilt.⁵⁰⁰ 37

Für das Entstehen von Gewohnheitsrecht bildet das göttliche Recht die erste und wichtigste Grenze (c. 24 § 1 CIC). Gegen göttliches Recht kann kein Gewohnheitsrecht entstehen. Die Gewohnheiten müssen zudem vernünftig sein (c. 24 § 2 CIC).⁵⁰¹ Daran fehlt es jedenfalls, wenn die Gewohnheit durch ein Gesetz ausdrücklich verworfen wurde (c. 24 § 2 CIC a. E.).⁵⁰² Schließlich verlangt c. 25 CIC, dass die Gewohnheit von einer wenigstens passiv gesetzesfähigen Gemeinschaft⁵⁰³ mit der Absicht, Recht einzuführen, geübt wurde. Erforderlich ist also, dass die Gemeinschaft mit der tatsächlich geübten Gewohnheit auch verbindliches Recht hervorbringen wollte.⁵⁰⁴ Nur unverbindlich praktizierte Bräuche können und sollen nicht zu Recht erstarken. Recht soll nur entstehen, soweit dies auch gewollt ist. 38

III. Konkordate und weltliches Recht in der Kirche

Die katholische Kirche ist ungeachtet ihrer geistlichen Ausrichtung eine in der Welt bestehende und handelnde Gemeinschaft von Gläubigen.⁵⁰⁵ So kommt sie im 39

---

⁴⁹⁵ Vgl. *R. Puza*, Katholisches Kirchenrecht, S. 134 f.; *W. Aymans/K. Mörsdorf*, Kanonisches Recht I, § 17 II 1 u. 2.
⁴⁹⁶ Vgl. *J. Listl*, in: HdbKathKR, § 8 I 8 b; *W. Aymans/K. Mörsdorf*, Kanonisches Recht I, § 17 II 1.
⁴⁹⁷ Vgl. *W. Aymans/K. Mörsdorf*, Kanonisches Recht I, § 17 II 1.
⁴⁹⁸ Vgl. *W. Aymans/K. Mörsdorf*, Kanonisches Recht I, § 18 I 2.
⁴⁹⁹ Vgl. *W. Aymans/K. Mörsdorf*, Kanonisches Recht I, § 18 I 3 (S. 201).
⁵⁰⁰ Vgl. *W. Aymans/K. Mörsdorf*, Kanonisches Recht I, § 18 I 2.
⁵⁰¹ Damit wird eine Parallele zum Gesetz gezogen. Die Gewohnheit muss, wie Gesetze auch, mit den Mitteln der Vernunft gestaltet sein. Diese Vorgabe gilt für alle Formen von Gewohnheiten, auch für die gesetzeskonforme Gewohnheit. Sie wird zwar, anders als die außer- und widergesetzliche Gewohnheit, in c. 24 CIC nicht ausdrücklich genannt. Durch die Anbindung an das Gesetz wird die Vernunft hier aber unterstellt. Daher bedurfte es nur bezüglich der außer- und widergesetzlichen Gewohnheit einer ausdrücklichen Regelung.
⁵⁰² Beispiele: c. 526 § 2 CIC, c. 1076 CIC.
⁵⁰³ Zu diesem Begriff *W. Aymans/K. Mörsdorf*, Kanonisches Recht I, § 17 II 2 a.
⁵⁰⁴ Vgl. *W. Aymans/K. Mörsdorf*, Kanonisches Recht I, § 17 II 2 b.
⁵⁰⁵ Vgl. LG 8.

täglichen Leben durch die Teilnahme am weltlichen Rechtsverkehr in vielfältiger Weise in Kontakt mit der jeweiligen staatlichen Rechtsordnung. Der Freiraum, in dem die Kirche dabei eigenständig und unabhängig vom Staat ihre Angelegenheiten selbst regeln kann, ist in der Bundesrepublik Deutschland außerordentlich weit. Das ergibt sich aus den grundrechtlichen Garantien religiöser Freiheit in Art. 4 Abs. 1 und 2 GG (Religionsfreiheit) und aus dem Selbstbestimmungsrecht der Religionsgemeinschaften gem. Art. 140 GG i. V. m. 137 Abs. 3 WRV[506]. Nach dieser für das Wirken der Kirche besonders wichtigen verfassungsrechtlichen Regelung ordnet und verwaltet jede Religionsgemeinschaft ihre Angelegenheiten selbstständig innerhalb der Schranken des für alle geltenden Gesetzes. Die für alle geltenden staatlichen Gesetze, die das Selbstbestimmungsrecht der Kirche (wie jeder anderen Religionsgemeinschaft) einschränken, hat auch die Kirche zu achten. Um daraus folgende Spannungen zwischen staatlicher und kirchlicher Rechtsordnung so weit als möglich zu vermeiden, ist im Interesse des Staates wie der Kirche eine Abstimmung beider Bereiche sinnvoll. Sie kann zunächst dadurch erfolgen, dass Kirche und Staat vertragliche Regelungen über bestimmte Bereiche treffen. Darüber hinaus sieht das Kirchenrecht selbst in vielfältiger Weise die innerkirchliche Anerkennung und Geltung weltlicher Rechtsvorschriften vor.[507]

1. Verträge zwischen Kirche und Staat

40 Kirche und Staat können durch Vertrag ihre Beziehungen im Allgemeinen, aber auch besondere Angelegenheiten von beiderseitigem Interesse regeln.[508] Vertragliche Vereinbarungen zwischen dem Heiligen Stuhl und einem staatlichen Partner werden häufig „Konkordat" genannt.[509] Konkordate sind nach h. M. völkerrechtliche Verträge.[510] Neben dem Heiligen Stuhl können aber auch die Diözesanbischöfe im Rahmen ihrer (kirchenrechtlichen) Gesetzgebungskompetenz Verträge

---

[506] Dazu o. 2. Teil §§ 10 u. 11.
[507] Insbesondere in cc. 3, 22 CIC.
[508] Eine nähere Darstellung des Staatskirchenvertragsrechts ist hier nicht möglich. Dazu sei auf die umfangreiche Spezialliteratur verwiesen, u. a.: *A. v. Campenhausen/H. de Wall*, Staatskirchenrecht, S. 141 ff. (§ 18); *B. Jeand'Heur/St. Korioth*, Grundzüge des Staatskirchenrechts, Rn. 270 ff.; *A. Hollerbach*, Die vertragsrechtlichen Grundlagen des Staatskirchenrechts, in: HdbStKirchR, Bd. 1, 1994, S. 253 ff.; *ders*, Aspekte der neueren Entwicklung des Konkordatsrechts, in: Blankenagel/Pernice/Schulze-Fielitz (Hrsg.), Verfassung im Diskurs der Welt. Liber amicorum f. P. Häberle, 2004, S. 821 ff.; *H.-U. Anke*, Die Neubestimmung des Staat-Kirche-Verhältnisses in den neuen Ländern durch Staatskirchenverträge, 2000; *Wengenroth*, Die Rechtsnatur der Staatskirchenverträge und ihr Rang im staatlichen Recht, 2001; *M. Germann*, Artikel „Kirchenverträge", in: RGG, Bd. 4, 2001; *ders.*, Die Staatskirchenverträge der Neuen Bundesländer: Eine dritte Generation im Vertragsstaatskirchenrecht, in: St. Mückl (Hrsg.), Das Recht der Staatskirchenverträge, S. 91 ff.; konziser, knapp gehaltener Überblick bei *V. Wick*, Die Trennung von Staat und Kirche, S. 16 ff.; zur Entwicklung in Deutschland vgl. auch *St. Mückl*, Alexander Hollerbach und das Recht der Staatskirchenverträge, ebd., S. 11 f.; aus Sicht der katholischen Kirche: *A. Uhle*, Codex und Konkordat. Die Lehre der katholischen Kirche über das Verhältnis von Staat und Kirche im Spiegel des neueren Vertragsstaatskirchenrechts, ebd. S. 33 ff., jeweils m. w. N. Textsammlungen: *J. Listl* (Hrsg), Die Konkordate und Kirchenverträge in der Bundesrepublik Deutschland, 1987, 2 Bde.; *Burger*, Staatskirchenrecht in den neuen Bundesländern, 2000.
[509] Zur Begrifflichkeit: *W. Aymans/K. Mörsdorf*, Kanonisches Recht I, § 8 II; *B. Jeand'Heur/St. Korioth*, Grundzüge des Staatskirchenrechts, Rn. 274; *A. Hollerbach*, Die vertragsrechtlichen Grundlagen des Staatskirchenrecht, in: HdbStKirchR, Bd. 1, S. 253 (254). Das Kirchenrecht kennt für die Verträge zwischen Kirche und Staat neben der Bezeichnung „Konkordat" (c. 365 § 1 Nr. 2 CIC) weitere Begriffe, etwa „conventio" (c. 3 CIC).
[510] Statt vieler *B. Jeand'Heur/St. Korioth*, Grundzüge des Staatskirchenrechts, Rn. 280; *St. Mückl*, Alexander Hollerbach und das Recht der Staatskirchenverträge, in: ders. (Hrsg.), Das Recht der Staatskirchenverträge, S. 11 (18 f. m. w. N.).

§ 19. Rechtsetzung und Rechtsanwendung

mit staatlichen Partnern schließen. Es ist dann von „Bistumsverträgen" die Rede. Keine Befugnis zum Abschluss von Verträgen hat grundsätzlich die Bischofskonferenz. Etwas anderes gilt, wenn sie die ausdrückliche Genehmigung des Apostolischen Stuhl einholt.[511] Damit folgt letztlich die Kompetenz zum Vertragsschluss derjenigen für die Gesetzgebung.

Der Vertrag zwischen Kirche und Staat schafft sowohl staatliches als auch partikulares kirchliches Recht.[512] Konkordate und Bistumsverträge binden allerdings entsprechend ihrem Vertragscharakter zunächst nur die beiden Vertragspartner. Erst durch die ordnungsgemäße Umsetzung (Transformation) in innerstaatliches bzw. innerkirchliches Gesetzesrecht werden die Vertragsinhalte sowohl im staatlichen als auch im innerkirchlichen Bereich rechtsverbindlich.[513] Für den kirchlichen Bereich ist die ordnungsgemäße Promulgation notwendig.[514] Auf staatlicher Seite erfolgt die Umsetzung meist, indem der jeweilige Gesetzgeber (etwa der Deutsche Bundestag oder der Landtag des betr. Bundeslandes) ein Gesetz erlässt, das die Regelungen des Vertrags zu Bestandteilen des staatlichen Rechts erklärt. 41

Bei der Festlegung der Vertragsinhalte sind kirchliche Vertragspartner immer an das göttliche Recht gebunden. Vertragsinhalte, die gegen göttliches Recht verstoßen, können keine innerkirchliche Verbindlichkeit beanspruchen. Im Übrigen kann ein kirchlicher Vertragspartner nur im Rahmen seiner jeweiligen kirchlichen Gesetzgebungskompetenz Vertragsinhalte mit innerkirchlicher Verbindlichkeit vereinbaren, denn nur insofern kann er die Vertragsinhalte auch in kirchliche Gesetze transformieren. Für den Staat bildet sein Verfassungsrecht eine unüberwindliche Hürde.[515] 42

Der besondere Stellenwert, den das Kirchenrecht Verträgen zwischen Kirche und Staat zumisst, zeigt sich in c. 3 CIC.[516] Die bei Inkrafttreten des neuen CIC, also am 27. 11. 1983 bereits bestehenden Verträge des Apostolischen Stuhls mit Nationen und anderen politischen Gemeinschaften bleiben unberührt, selbst wenn ein Widerspruch zu Regelungen des neuen CIC besteht. Das betrifft etwa das Reichskonkordat von 1933.[517] 43

Der Umstand, dass die Kirche im Sommer 1933 mit dem nationalsozialistischen Regime ein Konkordat schloss, hat immer wieder[518] zu teilweise polemischer Kritik an der katholischen Kirche geführt. Wenn auch eingeräumt werden muss, dass gerade zu Beginn der nationalsozialistischen 44

---

[511] Vgl. *W. Aymans/K. Mörsdorf*, Kanonisches Recht I, § 8 II 3, auch zum Folgenden.
[512] Vgl. *W. Aymans/K. Mörsdorf*, Kanonisches Recht I, § 8 II 1 a.
[513] Vgl. *W. Aymans/K. Mörsdorf*, Kanonisches Recht I, § 8 II 1 b.; zur Transformation von völkerrechtlichen Normen in innerstaatliches Recht sei verwiesen auf *Kimminich/Hobe*, Einführung in das Völkerrecht, 7. Aufl. 2000, S. 215 f., 220 f., jeweils m. w. N.
[514] Der Staat hat ebenfalls seine Vorgaben zur Gesetzgebung zu beachten, hierzu: *B. Jeand'Heur/ St. Korioth*, Grundzüge des Staatskirchenrechts, Rn. 287; *St. Muckel*, Der Staatskirchenvertrag als Instrument zur Regelung des Verhältnisses von Staat und Kirche, in: R. Tillmanns (Hrsg.), Staatskirchenverträge im Freistaat Sachsen, S. 23 ff.
[515] Grundlegend: BVerfGE 6, 306 (365), sog. Konkordatsurteil.
[516] Näher zur Bedeutung des Staatskirchenvertragsrecht aus der Sicht des katholischen Kirchenrechts *A. Uhle*, Codex und Konkordat. Die Lehre der katholischen Kirche über das Verhältnis von Staat und Kirche im Spiegel des neueren Vertragsstaatskirchenrechts, in: St. Mückl (Hrsg.), Das Recht der Staatskirchenverträge, S. 33 ff. m. w. N.
[517] Das Reichskonkordat ist u. a. abgedr. bei: *J. Listl* (Hrsg.), Die Konkordate und Kirchenverträge in der Bundesrepublik Deutschland, Bd. I, S. 34 ff., und *M. Germann*, Staatskirchenrecht und Kirchenrecht. Textauswahl. Ausgabe für Köln 2008, Nr. 23 (S. 71 ff.).
[518] Vor allem seit dem Stück „Der Stellvertreter" des Schriftstellers *Rolf Hochhuth* von 1962; aus jüngerer Zeit: *Cornwell*, Pius XII. Der Papst, der geschwiegen hat, 1999, S. 106 ff.; mit Recht krit. *Hummel*, Überzogene Anklage. Anmerkungen zur neuen Diskussion über Pius XII., in: HK 54 (2000), S. 129 ff.

Herrschaft die Kirche in Deutschland in ihrem Auftreten gegenüber den neuen Machthabern unsicher war und verantwortliche Personen in der Kirche unglücklich agierten,[519] so ist doch der z. T. allzu pauschalen oder zumindest nicht hinreichend differenzierenden Kritik entgegen zu treten. Sie wird dem auf allen Ebenen des kirchlichen Lebens geleisteten Widerstand gegen den Nationalsozialismus, der im Laufe der Jahre nicht wenige Christen das Leben gekostet hat, aber auch eine Vielzahl von Menschen (auch und gerade jüdischen Glaubens[520]) gerettet hat, nicht gerecht. Im Hinblick auf das Reichskonkordat lautete der Vorwurf, die römische Kurie habe das Zentrum im Reichstag dazu bewegt, dem Ermächtigungsgesetz im März 1933 zuzustimmen (mit dem die verfassungsrechtliche Ordnung der Weimarer Reichsverfassung weitgehend außer Kraft gesetzt wurde[521]), um Hitlers Zustimmung zum Reichskonkordat zu erwirken. Die Haltlosigkeit dieses Vorwurfs steht seit Langem fest.[522] Dieses Ergebnis wird durch die seit einigen Jahren zugänglichen neuen Quellen in vatikanischen Archiven bestätigt.[523] Das Reichskonkordat bot der katholischen Kirche in der NS-Zeit trotz aller Verfolgungen und Anfeindungen eine rechtliche Basis zur Verteidigung ihrer Rechte, wenn sie auch im Unrechtsstaat nur sehr schwach war.[524] Die deutschen Bischöfe und die katholischen Parteien in Deutschland handelten 1933 vor dem Abschluss des Reichskonkordats selbstständig und nicht aufgrund einer römischen Weisung.[525] Ein Zusammenhang zwischen Ermächtigungsgesetz und Konkordat ist nicht nachweisbar.[526]

2. Die Geltung weltlicher Gesetze in der Kirche

45   Das kanonische Recht selbst bestimmt vielfach die Geltung des weltlichen Rechts für den innerkirchlichen Bereich.[527] Eine besondere Rolle spielt dabei c. 22 CIC. Danach gilt: „Weltliche Gesetze, auf die das Recht der Kirche verweist, sind im kanonischen Recht mit denselben Wirkungen einzuhalten, soweit sie nicht dem göttlichen Recht zuwiderlaufen und wenn nicht etwas anderes im kanonischen Recht vorgesehen ist." Die Bedeutung dieser Vorschrift für die tägliche Praxis der Kirchen ist nicht zu unterschätzen. Weltliche Gesetze im Sinne des c. 22 CIC sind nicht nur formelle staatliche Gesetze. Vielmehr gehören hierzu alle objektiven Rechtsnormen des betreffenden Gebietes, also z. B. auch das weltliche Gewohnheitsrecht.[528]

46   Die Reichweite der jeweiligen Verweisung ist unterschiedlich und durch Auslegung des verweisenden kirchlichen Gesetzes zu ermitteln.[529] Der inhaltlich am weitesten reichende Verweis ist die sog. Kanonisation. Hierdurch wird das weltliche Gesetz, auf das das Kirchenrecht verweist, als „lex canonicata" in die kirchliche

---

[519] Vgl. nur *Smolinsky*, Artikel „Nationalsozialismus. IV. Nationalsozialismus und Kirchen", in: LThK Bd. 7, Sp. 657 ff. m. w. N.
[520] Statt vieler: *Brechenmacher*, Der Vatikan und die Juden. Geschichte einer unheiligen Beziehung, 2005; *ders.*, Das Reichskonkordat 1933, 2007; *Lapide*, Rom und die Juden. Papst Pius XII. und die Judenverfolgung, 3. Aufl. 2005; *Hesemann*, Der Papst, der Hitler trotzte. Die Wahrheit über Pius XII., 2008, der – wie andere Autoren auch – die Zahl der Juden, die durch den Einsatz der Kirche unter *Papst Pius XII.* gerettet wurden, mit 850 000 angibt (etwa S. 186, 194, 196, 252).
[521] Näher *Zippelius/Würtenberger*, Deutsches Staatsrecht, § 16 Rn. 10; *Maurer*, Staatsrecht I, § 2 Rn. 72, jeweils m. w. N.
[522] Vgl. nur *H. Wolf*, Eine deutsche Mission und zwei Traumata, in F.A.Z. v. 9. 10. 2008, S. 8; *K. Repgen*, in: F.A.Z. v. 7. 4. 2008, S. 10 (Leserbrief).
[523] Vgl. nur *H. Wolf*, Wie der Papst zu Hitlers Machtantritt stand, in: F.A.Z. v. 28. 3. 2008, S. 38; *ders.*, Papst und Teufel. Die Archive des Vatikan und das Dritte Reich, 2008.
[524] Vgl. *J. Listl*, Artikel „Konkordat", in: LThK, Bd. 6, Sp. 263 (264); *Repgen* (o. Fn. 522).
[525] *Wolf* (o. Fn. 523).
[526] Vgl. auch den resümierenden Beitrag von *Hummel*, Fakten stören nur, in: Rheinischer Merkur v. 20. 3. 2003, S. 27; a. A. *J. Wasmuth*, Zum Engagement des Vatikans für das Zustandekommen des Reichskonkordats mit dem NS-Regime und seine Folgen für die Ansprüche der römisch-katholischen Kirche auf vermögensrechtliche Wiedergutmachung, in: Märker/Otto (Hrsg.), FS f. Weddig Fricke, 2000, S. 202 (203).
[527] Näher zum Ganzen *St. Haering*, Rezeption weltlichen Rechts im kanonischen Recht, 1998.
[528] Vgl. *H. Socha*, in: MK, c. 22 Rn. 3.
[529] Vgl. *H. Socha*, in: MK, c. 22 Rn. 5.

Rechtsordnung eingegliedert. Es gilt von nun an selbst als Kirchenrecht und entfaltet innerhalb der kirchlichen Rechtsordnung die gleiche Verbindlichkeit und Wirkung wie ein vom kirchlichen Gesetzgeber selbst erlassenes kirchliches Gesetz. Grenzen bilden nach c. 22 CIC nur das göttliche Recht und entgegenstehendes kanonisches Recht. Das in der Praxis wichtigste Beispiel für die Kanonisation weltlicher Gesetze bietet c. 1290 CIC:[530] „Was das weltliche Recht in einem Gebiet über Verträge im allgemeinen und im besonderen und über deren Erfüllung bestimmt hat, das ist im kanonischen Recht mit denselben Wirkungen hinsichtlich der der Leitungsgewalt der Kirche unterworfenen Angelegenheiten zu beachten, wenn das nicht dem göttlichen Recht widerspricht oder das kanonische Recht nicht eine andere Bestimmung trifft und unter Wahrung der Vorschrift von c. 1547." Hier wird das weltliche Vertragsrecht umfassend in die kanonische Rechtsordnung übernommen.[531] Damit vermeidet die Kirche, ein eigenes Vertragsrecht entwickeln zu müssen, und stimmt sich gleichzeitig mit der weltlichen Rechtsordnung ab. Vertragsangelegenheiten, etwa der Kauf eines Gegenstandes, werden also in der weltlichen und der kirchlichen Rechtsordnung grundsätzlich in gleicher Weise behandelt.

Die Verweisung des Kirchenrechts auf weltliches Recht kann durch Gesetzes-, Gewohnheits- oder auch Satzungsrecht erfolgen.[532] Ein Beispiel für eine gewohnheitsrechtliche Kanonisation dürfte das in Nordrhein-Westfalen fortgeltende preußische Gesetz über die Verwaltung des katholischen Kirchenvermögens vom 24. Juli 1924 sein.[533] Das kodifizierte Kirchenrecht verweist zwar nicht ausdrücklich auf dieses staatliche Gesetz. Jedoch wird es auch in der Kirche unwidersprochen angewendet.[534] 47

Nicht in jedem Verweis auf weltliches Recht liegt eine echte Kanonisation. Verschiedentlich geht es nur um die Akzeptanz staatlicher Regelungen für den innerkirchlichen Bereich.[535] Teilweise sollen die Adressaten eines kirchlichen Gesetzes nur darauf hingewiesen werden, Konformität mit der staatlichen Rechtsordnung zu wahren, um Konfliktsituationen zu vermeiden.[536] So sind z. B. gem. c. 1284 § 2 Nr. 3 CIC alle Verwalter gehalten, bei der Ausübung ihres Amtes u. a. die Vorschriften des weltlichen Rechts zu beachten. Die genaue Bedeutung eines Verweises muss durch Auslegung ermittelt werden. 48

IV. Kirchliche Verwaltung

Das Tätigkeitsspektrum der Verwaltungsbehörden in der Kirche ist in seiner Vielschichtigkeit durchaus vergleichbar mit dem weltlicher Verwaltungsbehörden. Vereinfacht ausgedrückt ist Verwaltung jegliches Handeln der Kirche, welches nicht Gesetzgebung oder Rechtsprechung ist.[537] Die kirchliche Verwaltung ist wie die Gesetzgebung und die Rechtsprechung eine Funktion der Leitungsgewalt (c. 135 § 1 CIC). 49

---
[530] Weitere Beispiele: cc. 98 § 2, 197 i. V. m. 1268, 1105 § 2, 1500, 1714 u. 1716 CIC.
[531] Näher R. *Althaus*, in: MK, c. 1290 CIC Rn. 3.
[532] Vgl. *H. Socha*, in: MK, c. 22 Rn. 4.
[533] Abgedr. in: *v. Hippel/Rehborn*, Gesetze des Landes Nordrhein-Westfalen, Nr. 86.
[534] Als kirchliches Gewohnheitsrecht bewertet: *H. Emsbach*, Rechte und Pflichten des Kirchenvorstandes, S. 12.
[535] Das gilt z. B. für cc. 1296, 877 § 3, 1692 §§ 2 u. 3 CIC. Vgl. *H. Socha*, in: MK, c. 22 Rn. 7.
[536] Beispiele: cc. 1286, 231 § 2 CIC. Vgl. *H. Socha*, in: MK, c. 22 Rn. 10 u. 11.
[537] Vgl. *H. Kalb*, in: HdbKathKR, § 9 B I, in Anlehnung an die im weltlichen Recht als klassisch geltende Definition *Otto Mayers*, dazu aus jüngerer Zeit *Maurer*, Allgemeines Verwaltungsrecht, § 1 Rn. 6 m. w. N.

1. Formen kirchlichen Verwaltungshandelns

50 Die Verwaltungsbehörde wird gegenüber den Gläubigen meist hoheitlich, also im Sinne der für das weltliche Recht in Deutschland prägenden Unterscheidung zwischen öffentlichem und privatem Recht öffentlich-rechtlich, tätig.[538] Die Regelungen des CIC bezüglich der Verwaltungstätigkeit betreffen demgemäß nur den Bereich dieser Hoheitsverwaltung. Beispiele für hoheitliches Verwaltungshandeln sind etwa die Errichtung eines Bistums, einer Pfarrei, die Ernennung eines Amtsträgers, die Erteilung einer Dispens, die Gewährung eines Privilegs, die Versetzung eines Pfarrers oder auch die Androhung oder Verhängung einer Strafe außerhalb eines Gerichtsverfahrens. Oberstes Ziel jeder kirchlichen Verwaltungstätigkeit ist immer die Förderung des Lebens der communio.[539]

51 Das der Verwaltungsbehörde zustehende hoheitliche Handlungsinstrumentarium lässt sich im Wesentlichen einteilen in Verwaltungsakte für Einzelfälle (cc. 35–93 CIC) und sog. Allgemeinregelungen der Verwaltung nach cc. 29–34 CIC (Allgemeine Dekrete und Instruktionen). Erneut zeigt sich, dass die Kirche die Trennung der drei Gewalten Gesetzgebung, Verwaltung, Rechtsprechung nicht in einer dem demokratischen Verfassungsstaat (Art. 20 Abs. 2 Satz 2 und Abs. 3 GG) vergleichbaren Weise umgesetzt hat. So erklärt sich, dass Allgemeinregelungen wie Gesetze eine unbestimmte Vielzahl von Fällen betreffen und durchaus rechtsetzenden Charakter haben.[540] Das „allgemeine Dekret" ist schon nach dem Wortlaut von c. 29 CIC eigentlich selbst ein Gesetz.[541] Wer lediglich ausführende Gewalt besitzt, kann daher ein allgemeines Dekret nach c. 29 CIC nicht erlassen, es sei denn er wird vom zuständigen Gesetzgeber ausdrücklich hierzu ermächtigt (c. 30 CIC).

52 Allgemeinregelungen sind auch die allgemeinen Ausführungsdekrete und die Instruktionen. Sie sind selbst keine Gesetze und können daher auch von Trägern nur ausführender Gewalt erlassen werden. Durch ein allgemeines Ausführungsdekret wird die Art und Weise der Anwendung eines bestimmten Gesetzes genauer bestimmt oder die Befolgung festgelegt (c. 31 § 1 CIC). Es bindet nur die Adressaten des jeweiligen Gesetzes (c. 32 CIC). Zudem ist es abhängig vom Bestand des Bezugsgesetzes und darf weder dem Bezugsgesetz noch anderen Gesetzen widersprechen (c. 33 § 1 CIC). Wegen seines generellen Charakters ordnet c. 31 § 2 CIC die Promulgation nach c. 8 CIC an. Instruktionen erläutern demgegenüber Gesetze und bestimmen Vorgehensweisen, die bei der Ausführung des Bezugsgesetzes zu beachten sind (c. 34 § 1 CIC).[542] Sie binden nur die Verwaltungsbehörden, die mit der konkreten Anwendung des betreffenden Bezugsgesetzes befasst sind. Eine Promulgation ist für sie nicht vorgesehen.

---

[538] Kirchliche Verwaltung kann auch rein privatrechtlich handeln. Das gilt sowohl in Bezug auf Gläubige als auch gegenüber Personen außerhalb der communio. Beispiel: Das Generalvikariat kauft bei einem Autohändler ein Auto. Hier tritt das Generalvikariat als Vertragspartner auf der Ebene der Gleichrangigkeit auf. Innerhalb der communio hat die Verwaltung die Wahl, ob sie hoheitlich (öffentlich-rechtlich) oder privatrechtlich handelt.
[539] *Amann*, Artikel „Verwaltung, kirchliche Verwaltung", in: Lexikon des Kirchenrechts, Sp. 988.
[540] Vgl. *H. Kalb*, in: HdbKathKR, § 9 B I.
[541] C. 29 CIC lautet in seiner deutschen Übersetzung: „Allgemeine Dekrete, durch die von dem zuständigen Gesetzgeber für eine passiv gesetzesfähige Gemeinschaft gemeinsame Vorschriften erlassen werden, sind im eigentlichen Sinn Gesetze und unterliegen den Vorschriften der Canones über die Gesetze." In c. 29 CIC finden sich einige der Wesensmerkmale der kichlichen Gesetze.
[542] Beispiele: „Instruktion zu einigen Fragen über die Mitarbeit von Laien am Dienst der Priester" v. 15. 8. 1997, in dt. Übersetzung abgedr. in: VAS Heft 129; Instruktion „Redemptionis Sacramentum" v. 25. 3. 2004, in dt. Übersetzung abgedr. in: VAS Heft 164.

2. Der Verwaltungsakt für den Einzelfall

In erster Linie greift die kirchliche Verwaltung auf den Verwaltungsakt für Einzelfälle (actus administrativus singularis) zurück, denn die Hauptbetätigung der Verwaltung besteht wie im weltlichen Bereich in der Anwendung und Umsetzung des Rechts auf konkrete Einzelfälle. Der CIC bietet, wie auch schon im Hinblick auf das kirchliche Gesetz, keine eigene Definition des Verwaltungsaktes. In c. 35 CIC[543] werden nur verschiedene Erscheinungsformen des Verwaltungsaktes genannt, nämlich Dekrete für Einzelfälle (decretum singulare), Verwaltungsbefehle (praeceptum singulare) und Reskripte. Das klassische[544] und allgemeine Instrument der Verwaltungsbehörde ist das Dekret für den Einzelfall gem. c. 48 CIC: „Unter einem Dekret für Einzelfälle versteht man einen von der ausführenden Autorität erlassenen Verwaltungsakt, durch den nach Maßgabe des Rechts eine Entscheidung für den Einzelfall getroffen wird oder eine Verleihung erfolgt, die ihrer Natur nach nicht voraussetzen, dass von jemandem ein Antrag gestellt wurde." Der Verwaltungsbefehl nach c. 49 CIC ist eine Unterart des Dekrets für Einzelfälle und dient vor allem der zwangsweisen Verwaltungstätigkeit: „Ein Verwaltungsbefehl für Einzelfälle ist ein Dekret, durch das einer Person oder bestimmten Personen unmittelbar und rechtmäßig ein Tun oder Unterlassen auferlegt wird, vor allem um die Befolgung eines Gesetzes einzuschärfen."[545]

53

Dem Dekret und dem Verwaltungsbefehl ist gemein, dass ein vorheriger Antrag nicht erforderlich ist, die Verwaltung vielmehr aus eigener Initiative tätig wird. Darin unterscheiden sich Dekret und Verwaltungsbefehl vom Reskript nach c. 59 § 1 CIC: „Unter einem Reskript versteht man einen von der zuständigen ausführenden Autorität schriftlich erlassenen Verwaltungsakt, durch den seiner Natur nach auf eine Bitte hin ein Privileg, eine Dispens oder ein anderer Gnadenerweis gewährt wird." Ein Privileg ist ein durch besonderen Rechtsakt gewährter Gnadenerweis zugunsten bestimmter physischer oder juristischer Personen, der vom Gesetzgeber wie auch von der ausführenden Autorität gewährt werden kann, der der Gesetzgeber diese Vollmacht übertragen hat (cc. 76 ff. CIC). Eine Dispens ist die Befreiung von einem rein kirchlichen Gesetz in einem Einzelfall. Sie kann innerhalb der Grenzen ihrer Zuständigkeit von denen gewährt werden, die ausführende Gewalt besitzen, sowie von jenen, denen die Dispensgewalt ausdrücklich oder einschlussweise zukommt, sei es von Rechts wegen, sei es kraft rechtmäßiger Delegation (cc. 85 ff. CIC). Zu beachten ist, dass Privileg und Dispens selbst keine Verwaltungsakte sind. Sie ergehen in der Praxis meist in Form eines Reskripts[546], also auf eine Bitte bzw. einen Antrag hin. Verwaltungsakt ist dabei aber immer das Reskript als solches. Enthält ein Reskript ein Privileg oder eine Dispens, so sind allerdings zusätzlich die Vorschriften über das Privileg (cc. 76 ff. CIC) bzw. die Dispens (cc. 85 ff. CIC) zu beachten (c. 75 CIC).

54

3. Das Verwaltungsverfahren

Dem CIC fehlt ein dem deutschen Verwaltungsverfahrensgesetz (VwVfG) vergleichbares einheitliches Regelwerk über das Verwaltungsverfahren für alle Formen von Verwaltungsakten.[547] Das bedeutet jedoch nicht, dass es gar keine Verfahrensvorgaben gibt und der kirchlichen Verwaltungsbehörde ein völlig freies Handeln

55

---

[543] Für Studierende der Rechtswissenschaften günstig: Die erste Vorschrift über Verwaltungsakte im kirchlichen Recht (c. 35 CIC) entspricht numerisch der grundlegenden Bestimmung im deutschen Verwaltungsrecht: § 35 VwVfG.
[544] So *W. Aymans/K. Mörsdorf*, Kanonisches Recht I, § 25 A I.
[545] Es sei auch auf cc. 1319, 1342 CIC hingewiesen. Durch Verwaltungsbefehl kann von der zuständigen Verwaltungsbehörde auch eine kirchliche Strafe angedroht, festgestellt oder verhängt werden. Vgl. u. § 22 Rn. 4.
[546] Die Form des Dekrets ist auch denkbar. Ferner können Dispens und Privileg in Gesetzesform ergehen.
[547] Vgl. *H. Kalb*, in: HdbKathKR, § 9 C II.

ermöglicht ist. Im CIC selbst finden sich vielmehr neben allgemeinen Vorschriften, die für alle Formen der Verwaltungsakte im Einzelfall gelten, besondere Regelungen für die einzelnen Formen des Verwaltungsaktes. Sie sehen formelle und materielle Voraussetzungen für den Verwaltungsakt selbst wie auch Vorgaben für die Art und Weise des Vollzugs vor. Steht beispielsweise ein Dekret für den Einzelfall im Sinne des c. 48 CIC in Rede, so sind die allgemeinen Vorgaben der cc. 35–47 CIC und die speziellen Regelungen für das Dekret, also die cc. 48–58 CIC zu beachten. Insofern hat jede Form des Verwaltungsaktes ein eigenes Verwaltungsverfahren.[548]

V. Kirchliche Rechtsprechung

56 Die Rechtsprechung ist gem. c. 135 § 1 CIC neben der Gesetzgebung und der vollziehenden Gewalt die dritte Funktion der Leitungsgewalt in der katholischen Kirche. Der CIC widmet dem Gerichts- und Prozesswesen das ganze Buch VII (cc. 1400–1752 CIC). Das kanonische Prozessrecht erinnert dabei in vielfältiger Weise an weltliches Prozessrecht. Es weist allerdings Besonderheiten auf, die durch die Eigenheiten der römisch-katholischen Kirche und ihren Auftrag zu erklären sind. Das kanonische Prozessrecht ist eine komplexe Materie, die hier nicht annähernd vollständig behandelt werden kann. Hierzu sei auf die einschlägige Spezialliteratur verwiesen.[549] Die folgenden Ausführungen beschränken sich auf wesentliche Strukturen und Verfahrensgegenstände.

1. Kirchliche Gerichte

57 **a) Kirchliche Gerichte nach dem CIC.** Wie im übrigen Bereich der Leitungsgewalt spiegelt sich in der Rechtsprechung die hierarchische Verfassung der katholischen Kirche wider. Kirchliche Gerichte finden sich daher sowohl auf der Ebene der Gesamtkirche als auch auf der Ebene der Teilkirche. Sie stehen ggf. durch eine zwingende[550] Instanzenordnung (cc. 1417 ff., 1438 CIC, Art. 121–130 PastBon) miteinander in Beziehung.

58 Der Papst ist gem. c. 1442 CIC oberster Richter für den gesamten katholischen Erdkreis und spricht Recht entweder persönlich oder durch die Gerichte des Apostolischen Stuhls oder durch von ihm gesondert delegierte Richter. Gerichte des Apostolischen Stuhls sind die Apostolische Signatur[551], die Römische Rota[552] und für Angelegenheiten des forum internum (das innere persönliche Verhältnis des Gläubigen zu Gott) die Apostolische Pönitentiarie[553] (Art. 117–130 PastBon).[554] Die

---

[548] Neben den genannten Regelungen des CIC finden sich sowohl im CIC als auch außerhalb des Gesetzbuchs weitere besondere Verfahren mit eigenen Bestimmungen, hierzu *H. Kalb*, in: HdbKathKR, § 9 C II, dort Fn. 54 m. w. N.
[549] Zu nennen sind vor allem die Kommentierungen von *K. Lüdicke*, in: MK, cc. 1400–1752 CIC, sowie die Beiträge von *May, Wirth, Assenmacher, Fahrnberger, Paarhammer, Lüdicke* und *Kalde* im HdbKathKR.
[550] C. 1440 CIC.
[551] Näher zur Apostolischen Signatur *R. Puza*, Artikel „Apostolische Signatur", in: Lexikon des Kirchenrechts, Sp. 55 f. m. w. N.
[552] Näher zur Römischen Rota *St. Haering*, Artikel „Rota", in: Lexikon des Kirchenrechts, Sp. 863 ff. m. w. N.
[553] Näher dazu *I. Riedel-Spangenberger*, Artikel „Apostolische Pönitentiarie", in: Lexikon des Kirchenrechts, Sp. 54 f. m. w. N.
[554] Beachte: Die cc. 1444, 1445 CIC sind nach c. 20 CIC abgelöst durch die entsprechenden Regelungen der Art. 126–130 PastBon über die Römische Rota sowie die Art. 121–125 PastBon zur Apostolischen Signatur.

Apostolische Signatur und die Römische Rota haben eigene Verfahrensordnungen, die nicht im CIC oder in der Apostolischen Konstitution „Pastor Bonus" geregelt sind.[555] Der Papst kann zu jeder Zeit jede (z. B. auch eine beim Diözesangericht) anhängige Prozesssache zur persönlichen Entscheidung an sich ziehen oder einem Gericht des Apostolischen Stuhls oder anderen besonderen Richtern zuweisen (c. 1405 § 1 Nr. 4 CIC). Ansonsten ergibt sich die Zuständigkeit des Papstes und der Gerichte des Apostolischen Stuhls aus c. 1405 CIC und den Art. 117–130 PastBon.

Auf der Ebene der Teilkirche ist der Diözesanbischof für sein Bistum der oberste Richter (c. 391 § 1 CIC). Er übt die richterliche Gewalt persönlich oder nach Maßgabe des Rechts durch den Gerichtsvikar (Offizial) und die Diözesanrichter aus (c. 391 § 2 CIC).[556] Er ist für alle Sachen zuständig, soweit sie nicht durch Vorgaben des CIC einem anderen Gericht ausdrücklich zugewiesen bzw. ihm vom Papst entzogen sind. Insofern ist der Diözesanbischof in der weit überwiegenden Zahl von Fällen Richter erster Instanz i. S. v. c. 1419 § 1 CIC. Das Gericht der zweiten Instanz ergibt sich aus c. 1438 CIC. Es handelt sich dabei regelmäßig um das Gericht des zuständigen Metropoliten. Dritte und höhere Instanz ist meist die Römische Rota (Art. 126 ff. PastBon). 59

Nach c. 1420 § 1 CIC ist jeder Diözesanbischof gehalten, einen Offizial mit ordentlicher richterlicher Gewalt zu bestellen. Der Offizial bildet mit dem Diözesanbischof ein Gericht, das Diözesangericht oder kurz Offizialat.[557] In den (Erz-)Diözesen München, Augsburg, Regensburg, Passau und Berlin heißt das Gericht Konsistorium. Durch den Offizial spricht der Bischof Recht. Der Offizial handelt also nicht in eigenem Namen, sondern im Namen des Bischofs.[558] Der Bischof kann sich zu jeder Zeit ausdrücklich Sachen zur persönlichen Entscheidung vorbehalten und damit dem Offizial entziehen (c. 1420 § 2 CIC). 60

Dem Offizial können nach c. 1420 § 3 CIC Helfer beigegeben werden, die die Bezeichnung „beigeordnete Gerichtsvikare" oder „Vizeoffiziale" führen. Das geschieht in der Regel, wenn die Anzahl der Gerichtssachen so groß ist, dass sie vom Offizial allein nicht bewältigt werden können. Die Vizeoffiziale unterstehen dem Offizial nur im Bereich der Gerichtsverwaltung.[559] Offizial und Vizeoffizial müssen Priester, gut beleumdet, Doktoren oder wenigstens Lizentiaten des kanonischen Rechts und mindestens 30 Jahre alt sein. Das sieht c. 1420 § 4 CIC ausdrücklich vor. Ihr Amt erlischt nicht mit der Sedisvakanz des bischöflichen Stuhls (c. 1420 § 5 CIC). 61

Neben dem Offizial und ggf. den Vizeoffizialen sind vom Diözesanbischof zusätzlich die Diözesanrichter zu bestellen, denn der CIC sieht für verschiedene wichtige Verfahrensarten vor, dass sie einem Kollegialgericht vorbehalten sind (cc. 1421, 1425 CIC). Hierzu gehören vor allem die Ehenichtigkeitsverfahren. Das Kollegialgericht besteht aus dem Offizial (bzw. Vizeoffizial) als Vorsitzendem und i. d. R. zwei Diözesanrichtern (cc. 1425, 1426 § 2 CIC). Der CIC schreibt zunächst vor, dass auch die Diözesanrichter Kleriker sein müssen (c. 1421 § 1 CIC). Allerdings kann die Bischofskonferenz die Erlaubnis erteilen, auch Laien zu Diözesanrichtern zu bestellen (c. 1421 § 2).[560] Davon hat die 62

---

[555] Für die Römische Rota: Normae S. Romanae Rotae Tribunalis vom 18. 4. 1994, AAS 86 (1994), 505 ff. Für die Apostolische Signatur: Normae Speciales in Supremo Tribunali Signaturae Apostolicae ad experimentum servandae post Constitutionem Apostolicam Pauli PP. VI. Regimini Ecclesiae Universae vom 25. 3. 1968, AfkKR 137 (1968), 177 ff.
[556] Neben dem Diözesanbischof kommen auch der Provinzial und der örtliche Abt als Richter erster Instanz in Betracht (c. 1427 CIC).
[557] Im deutschsprachigen Raum sind in nahezu allen Diözesen Offizialate errichtet worden. Teilweise haben mehrere Diözesen von der Möglichkeit Gebrauch gemacht, ein gemeinsames Offizialat i. S. v. c. 1423 CIC zu errichten.
[558] Zu diesem Fall der Stellvertretung bereits o. § 18 Rn. 40.
[559] So stellt der Offizial z. B. das Richterkollegium zusammen.
[560] C. 1421 § 2 CIC sieht dabei vor, dass Laienrichter nur in einem Kollegialgericht und nur, wenn es notwendig ist, herangezogen werden können. Darüber hinaus darf innerhalb des Kollegialgericht nur eine Person Laie sein. Zu der grundlegenden Frage nach der Ausübung von Leitungsgewalt durch Laien bereits o. § 17 Rn. 33 ff.

Deutsche Bischofskonferenz Gebrach gemacht.⁵⁶¹ In den deutschen Bistümern sind somit auch Laien als Diözesanrichter bestellt worden.⁵⁶² Alle Diözesanrichter, ob Kleriker oder Laien, müssen beleumundet und wenigstens Lizentiaten des kanonischen Rechts⁵⁶³ sein. Im Gegensatz zum Offizial und Vizeoffizial haben die Diözesanrichter nur delegierte richterliche Gewalt.

63 Zum Gerichtspersonal gehören zudem der Vernehmungsrichter⁵⁶⁴ (c. 1428 ff. CIC), der Kirchenanwalt (c. 1430 f. CIC), der Bandverteidiger (c. 1432 f. CIC) und der Notar (c. 1437 CIC). Der Kirchenanwalt wird für Streitsachen, in denen das öffentliche (kirchliche) Wohl gefährdet sein kann, und für Strafsachen obligatorisch im Bistum bestellt. Er ist von Amts wegen zur Wahrung des öffentlichen Wohls verpflichtet. Obligatorisch ist auch die Bestellung des Bandverteidigers für Weihenichtigkeitssachen, Ehenichtigkeitssachen oder Verfahren zur Auflösung einer Ehe. Er ist von Amts wegen verpflichtet, all das vorzubringen, was vernünftigerweise gegen die Nichtigkeit oder Auflösung ins Feld geführt werden kann. Kirchenanwalt und Bandverteidiger können auch Laien sein. Wie die Diözesanrichter müssen sie wenigstens Lizentiaten des kanonischen Rechts sein (c. 1435 CIC). Verpflichtend ist auch der Notar, dem die Ausfertigung von Akten und Urkunden obliegt.

64 **b) Kirchliche Arbeitsgerichte.** Neben den gesamtkirchlich vorgesehenen Gerichten bestehen auf dem Gebiet der Deutschen Bischofskonferenz besondere kirchliche Arbeitsgerichte.⁵⁶⁵ Zum 1. Juli 2005 trat die Kirchliche Arbeitsgerichtsordnung (KAGO) in Kraft.⁵⁶⁶ Die KAGO wurde in den Amtsblättern der Diözesen promulgiert.⁵⁶⁷ Es handelt sich um ein durch die Bischofskonferenz erlassenes Gesetz im Sinne von c. 455 CIC. Neben den erstinstanzlichen Arbeitsgerichten besteht ein Arbeitsgerichtshof als Revisionsinstanz (§§ 46 ff. KAGO).⁵⁶⁸ Unabhängig davon

---

⁵⁶¹ Die Deutsche Bischofskonferenz hat dies im Jahre 1995 mit Wirkung zum 1. 1. 1996 beschlossen, vgl. etwa KABl. Münster 1996, S. 19.
⁵⁶² Die Zulassung von Laien zum Amt des Diözesanrichters ist jedoch nicht unproblematisch, da das Amt zur Teilhabe von Laien an der Leitungsgewalt führt, die an sich Klerikern vorbehalten ist, dazu bereits o. § 17 Rn. 33 ff.
⁵⁶³ Die Voraussetzung des akademischen Grades eines Lizentiaten des kanonischen Rechts forderte der CIC 1917 noch nicht. Erst der CIC 1983 brachte diese Verschärfung. Damit entstand das Problem, dass viele bereits tätige Diözesanrichter diesen Grad nicht vorweisen konnten. Auch in der Folgezeit waren nicht immer genügend Kandidaten für das Richteramt zu finden, die über diese Ausbildung verfügten. Da im Bistum oder auf der Ebene der Bischofskonferenz wegen c. 87 § 1 CIC von den Vorgaben des CIC nicht dispensiert werden kann, bestand und besteht die Lösung nur darin, dass in jedem Einzelfall um eine Ausnahmegenehmigung des Apostolischen Stuhls nachgesucht wird. Bei Fehlen der Ausnahmegenehmigung ist die Bestellung nicht ungültig, aber jederzeit aufhebbar (c. 149 § 2 CIC).
⁵⁶⁴ Er ist nicht zu verwechseln mit dem Diözesanrichter. Der Vernehmungsrichter ist kein erkennender Richter, sondern nur mit der Beweiserhebung (vornehmlich Vernehmungen) beauftragt. Seine Bestellung erfolgt fakultativ. Es können Kleriker oder Laien berufen werden. Besondere akademische Grade werden nicht verlangt.
⁵⁶⁵ In Diözesen, die nach staatlichem Recht Körperschaften des öffentlichen Rechts sind (Art. 140 GG i. V. m. Art. 137 Abs. 5 Satz 1 WRV) und reguläre Kirchenbeamte haben, bestehen zudem teilweise kircheneigene Disziplinargerichte, vgl. z. B. Art. 205 der Dienst- und Disziplinarordnung für die Beamten des Bistums Osnabrück, in: KABl. Osnabrück 2001, S. 235 ff. Kirchenbeamte sind jedoch in der katholischen Kirche anders als in der evangelischen Kirche selten. Näher zum kirchlichen Beamtenrecht *Schlief*, Beamte in der katholischen Kirche, KuR 1999, S. 97 ff.
⁵⁶⁶ Näher zur KAGO *Thiel*, Kirchliche Arbeitsgerichtsordnung (KAGO) zum 1. Juli in Kraft gesetzt, ZMV 2005, S. 165 ff.; *Richardi*, Kirchliche Arbeitsgerichtsordnung für die Bistümer der katholischen Kirche, NJW 2005, 2744 ff.; *W. Frank*, Hintergründe und Interpretationen zur Kirchlichen Arbeitsgerichtsordnung der Deutschen Bischofskonferenz, ZMV 2006, S. 6 ff. u. 64 ff. m. w. N.; *J. Eder*, Kirchliche Arbeitsgerichte in der katholischen Kirche, ZTR 2005, S. 350 ff.; zur Entstehungsgeschichte: *W. Frank*, Die Entstehungsgeschichte der Kirchlichen Arbeitsgerichtsordnung (KAGO) von 1992 bis 1998, in: Schwaderlapp (Hrsg.), Aus der Praxis des Arbeitsrechts und Personalwesens in den deutschen Bistümern, S. 102 ff.
⁵⁶⁷ Vgl. etwa KABl. Köln 2005, S. 225.
⁵⁶⁸ Dekret der Deutschen Bischofskonferenz über die Errichtung des Kirchlichen Arbeitsgerichtshofs, KABl. Görlitz 2005, Nr. 61. Die Geschäftsstelle des Kirchlichen Arbeitsgerichtshofs ist beim Sekretariat der Deutschen Bischofskonferenz eingerichtet, die Dienstaufsicht über die Mitglieder des

§ 19. Rechtsetzung und Rechtsanwendung

bleibt die Anrufung des Heiligen Stuhls nach c. 1417 CIC möglich, wenngleich dies in der KAGO selbst nicht geregelt ist.[569]

Zum Erlass der KAGO durch die Bischofskonferenz war die Genehmigung des Apostolischen Stuhls notwendig, denn einerseits hat die Bischofskonferenz grundsätzlich keine Gesetzgebungskompetenz (c. 455 CIC), andererseits ging es um die Errichtung einer besonderen Gerichtsbarkeit, also einer Abweichung vom Prozessrecht des CIC. Die KAGO weicht in erheblichem Umfang, insbesondere in der Besetzung des Richterkollegiums von den Regelungen des CIC ab. Eine Dispens von den Regelungen des CIC über die Gerichte steht den Bischöfen aber wegen c. 87 § 1 CIC i. V. m. c. 1402 CIC nicht zu. C. 1402 CIC verpflichtet alle kirchlichen Gerichte zur Einhaltung der cc. 1403 CIC ff. Zudem hindert c. 87 § 1 CIC die Bischöfe an einer Dispensierung von den Prozessnormen. Der Apostolische Stuhl hat zunächst für eine Experimentierphase von fünf Jahren die Genehmigung zur Errichtung kirchlicher Arbeitsgerichte auf dem Gebiet der Deutschen Bischofskonferenz erteilt. Nach der Promulgation der KAGO haben die Diözesen mit der Errichtung der Gerichte begonnen, wobei z. T. mehrere Diözesen ein gemeinsames Arbeitsgericht errichtet haben.[570] 65

Die KAGO orientiert sich inhaltlich vor allem am deutschen Arbeitsgerichtsgesetz und an der Zivilprozessordnung. Die prozessualen Vorgaben des CIC sind kaum mehr erkennbar. Das zeigt sich schon an der Besetzung der Gerichte. Das Kirchliche Arbeitsgericht entscheidet in der Besetzung mit dem Vorsitzenden bzw. seinem Stellvertreter sowie je einem Beisitzer aus den Kreisen der Dienstgeber und Dienstnehmer (§ 16 Abs. 2 und 3 KAGO). Nach § 18 Abs. 1 KAGO kann zum Richter ernannt werden, „wer katholisch ist und nicht in der Ausübung der allen Kirchenmitgliedern zustehenden Rechte behindert ist sowie die Gewähr dafür bietet, dass er jederzeit für das kirchliche Gemeinwohl eintritt". Für den Vorsitzenden bzw. seinen Stellvertreter fordert die KAGO die Befähigung zum Richteramt nach dem Deutschen Richtergesetz (§ 18 Abs. 2 lit. a KAGO). Im Hinblick auf Kenntnisse des kanonischen Rechts fordert die KAGO nur noch, dass der Vorsitzende bzw. sein Stellvertreter „Erfahrung" haben soll (§ 18 Abs. 2 lit. c). Eine kanonistische Ausbildung ist nicht erforderlich. Ernannt werden die Richter nach Maßgabe der §§ 19 und 20 KAGO vom (Erz-) Bischof. Das Revisionsgericht, der Kirchliche Arbeitsgerichtshof fällt seine Entscheidungen in der Besetzung mit dem Präsidenten, einem Mitglied mit der Befähigung zum staatlichen Richteramt (§ 5 DRiG) und einem Mitglied mit der Befähigung zum kirchlichen Richteramt (c. 1421 § 3 CIC) sowie je einem beisitzenden Richter aus den Kreisen der Dienstgeber und Dienstnehmer (§ 22 Abs. 2 und 3 KAGO). Insgesamt können die Arbeitsgerichte und der Arbeitsgerichtshof also ausschließlich mit Laien besetzt werden.[571] Ernannt werden die Richter nach Maßgabe der §§ 25 und 26 KAGO vom Vorsitzenden der Deutschen Bischofskonferenz. 66

2. Verfahrensgegenstände

Mit welchen Rechtsfragen sich ein kirchliches Gericht nach dem CIC befassen muss, ergibt sich aus den cc. 1400 und 1401 CIC. Das Gesetz unterscheidet hier zwischen Streitverfahren (c. 1400 § 1 Nr. 1 CIC) und Strafverfahren (c. 1400 § 1 Nr. 2 CIC). Bei einem Streitverfahren geht es ganz allgemein um die Verfolgung oder den Schutz von Rechten natürlicher oder juristischer Personen und um die Feststellung rechtserheblicher Tatbestände. Strafverfahren haben die Feststellung und die Verhängung einer kirchlichen Strafe zum Gegenstand. Streitigkeiten aber, die sich hinsichtlich einer Maßnahme der ausführenden Gewalt ergeben, können 67

Arbeitsgerichtshofes übt der Vorsitzende der Deutschen Bischofskonferenz aus (§ 5 Abs. 1 u. 2 des Errichtungsdekrets).

[569] Vgl. *Thiel*, Kirchliche Arbeitsgerichtsordnung (KAGO) zum 1. Juli 2005 in Kraft gesetzt, ZMV 2005, S. 165 ff. (168).

[570] So die (Erz-)Diözesen Aachen, Essen, Köln, Münster (nordrhein-westfälischer Teil) und Paderborn. Das Errichtungsdekret ist abgedruckt in: KABl. Köln 2005, S. 324 ff. Die Geschäftsstelle des Arbeitsgerichts ist beim Offizialat in Köln eingerichtet, die Dienstaufsicht über die Mitglieder des Arbeitsgerichts übt der Erzbischof von Köln aus (§ 5 Abs. 2 u. 3 des Errichtungsdekrets).

[571] Das kann problematisch sein im Hinblick auf die Übertragung von Leitungsgewalt an Laien, o. § 17 Rn. 32 ff.

nur einer übergeordneten Verwaltungsinstanz oder einem Verwaltungsgericht zur Entscheidung vorgelegt werden (c. 1400 § 2 CIC).[572]

68 Die katholische Kirche nimmt für sich nicht in Anspruch, Streit- und Strafsachen jedweder Art zu entscheiden. Erforderlich ist immer ein spezifisch kirchlicher Charakter der konkreten Angelegenheit. Die kirchliche Gerichtsbarkeit dient allein zur Verwirklichung der kirchlichen Rechtsordnung.[573] Kraft eigenen und ausschließlichen Rechts entscheidet die Kirche zunächst in solchen Rechtsangelegenheiten, die geistliche und damit verbundene Sachverhalte zum Gegenstand haben (c. 1401 Nr. 1 CIC). Darüber hinaus entscheidet sie über Fälle, in denen kirchliche Gesetze verletzt werden, sowie über alle sündhaften Handlungen[574], soweit es dabei um die Feststellung von Schuld und um die Verhängung von Kirchenstrafen geht (c. 1401 Nr. 2 CIC). Leider bestimmt der CIC nicht näher, was genau unter geistlichen bzw. damit verbundenen Sachverhalten zu verstehen ist. Klar dürfte aber sein, dass jedenfalls Probleme im Zusammenhang mit den Sakramenten, der Verkündigung, dem kirchlichen Ämterrecht, Altargerät, Kirchenbauten und Reliquien erfasst sind.[575]

69 Das kirchliche Gericht ist zudem zuständig, wenn die Verletzung kirchlicher Gesetze in Rede steht. Das korrespondiert schon mit dem Recht der Gläubigen[576] aus c. 221 § 1 CIC, die Rechte, die sie in der Kirche haben, dort auch geltend zu machen.[577] Es geht dabei nicht nur um Rechte aus kanonischen Gesetzen i. S. v. c. 7 CIC.[578] Vielmehr müssen auch Rechte aus Gewohnheitsrecht und nicht zuletzt aus göttlichem Recht selbst eingeklagt werden können.[579] Auch sind kirchliche Gerichte zuständig für die Feststellung und Verhängung kirchlicher Strafen.[580] Damit ergibt

---

[572] Rechtsschutz gegenüber Maßnahmen der Verwaltungsbehörden (Verwaltungsakte) besteht derzeit nur in Form der sog. hierarchischen Beschwerde nach cc. 1732–1739 CIC. Dieses Beschwerdeverfahren kann theoretisch bis zur jeweils zuständigen Kongregation der Römischen Kurie betrieben werden. Gegen die Entscheidung der Kongregation ist dann gem. Art. 123 PastBon Klage bei der Apostolischen Signatur möglich. Ein Verwaltungsgericht, wie es in c. 1400 § 2 CIC genannt wird, besteht unterhalb der höchsten Autorität bisher nicht. Erst die Apostolische Signatur erfüllt die Aufgabe eines Verwaltungsgerichts, allerdings nur im Hinblick auf Verwaltungsakte der Kongregationen. Näher *K. Lüdicke*, Artikel „Verwaltungsgerichtsbarkeit", in: Lexikon des Kirchenrechts, Sp. 989 ff. m. w. N.

[573] Vgl. *K. Lüdicke*, in: MK, c. 1401 Rn. 2.

[574] Ansonsten gehören Fragen der Sünde in den Bereich der Buße und damit den des forum internum. Die kirchlichen Gerichte (abgesehen von der Apostolischen Pönitentiarie) befassen sich mit dem forum externum. Die Verhängung einer Kirchenstrafe oder die Feststellung von Schuld betrifft aber das forum externum. Deshalb müssen die Gerichte hierbei auch tätig werden.

[575] Näher *K. Lüdicke*, in: MK, c. 1401 Rn. 3.

[576] Nach c. 1476 CIC können auch Ungetaufte vor einem kirchlichen Gericht klagen und verklagt werden, also Prozesspartei sein. Das kommt immer dann in Betracht, wenn ein Ungetaufter mit dem Recht der Kirche direkt in Kontakt kommt, z. B. bei der Überprüfung der Ehe des Ungetauften, der nunmehr beabsichtigt, einen Katholiken zu heiraten. Näher zum Recht der Ungetauften im Prozess *K. Lüdicke*, in: MK, vor c. 1476 Rn. 3 und c. 1476 Rn. 2. Eine ganz andere Frage ist freilich, ob und ggf. inwieweit der Ungetaufte die kirchliche Gerichtsbarkeit anerkennt.

[577] Umgekehrt hat theoretisch auch die kirchliche Autorität die Möglichkeit, den Gläubigen auf die Einhaltung kirchlicher Gesetze vor dem kirchlichen Gericht zu verklagen (c. 221 § 2 CIC). In der Praxis wird allerdings die Autorität eher auf dem bloßen Verwaltungsweg tätig werden.

[578] Dazu sei auf c. 22 und insbes. auf c. 1290 CIC hingewiesen. Danach ist das weltliche Vertragsrecht weitgehend kanonisiert. So ist z. B. das kirchliche Gericht der Sache nach auch zur Klärung eines Streits über eine Kaufpreisforderung zwischen zwei Gläubigen berufen. Solche Fälle kommen in der Praxis nahezu nicht vor, da die Zuständigkeit der staatlichen Gerichte in diesen Bereichen nicht beseitigt werden kann. Im theoretischen Ansatz sind aber beide Gerichte unabhängig voneinander zuständig.

[579] Näher *K. Lüdicke* in MK, c. 1401 Rn. 4.

[580] Zu beachten ist aber, dass Strafen auch auf dem Verwaltungsweg verhängt werden können (c. 1319 CIC – Verwaltungsbefehle), dazu auch u. § 22 Rn. 4.

sich insgesamt ein recht breites Zuständigkeitsspektrum. In der Praxis befassen sich die kirchlichen Gerichte gleichwohl fast ausschließlich mit der Überprüfung von Ehen.

Die allermeisten Angelegenheiten des täglichen Lebens, wie z. B. Verträge, unterliegen (auch) der staatlichen Gerichtsbarkeit, deren Zuständigkeit nach weltlichem Recht von der Kirche nicht beseitigt werden kann. Ist die rechtliche Zuständigkeit des kirchlichen Gerichts aber einmal gegeben, ändert die gleichzeitige Zuständigkeit eines weltlichen Gerichts daran nichts. Wird das kirchliche Gericht angegangen, so muss es unabhängig vom weltlichen Gericht die Sache entscheiden. Eine anders lautende Kollisionsnorm kennt der CIC 1983 nicht. Das kirchliche Gericht kann nicht auf den staatlichen Rechtsweg verweisen und sich selbst für unzuständig erklären. So können – theoretisch – zwei Prozesse über dieselbe Angelegenheit laufen, am kirchlichen und am weltlichen Gericht. 70

Die sachliche Zuständigkeit der Kirchlichen Arbeitsgerichte ist nach § 2 KAGO für folgende Bereiche gegeben: Rechtsstreitigkeiten aus dem Recht der nach Art. 7 GrO[581] gebildeten Kommissionen zur Ordnung des Arbeitsvertragsrechts (Abs. 1), Rechtsstreitigkeiten aus dem Bereich der Mitarbeitervertretungsordnung und der diese Ordnungen ergänzenden Ordnungen einschließlich des Wahlverfahrensrechts und des Verfahrens der Einigungsstelle (Abs. 2). 71

Nach § 2 Abs. 3 KAGO sind die kirchlichen Arbeitsgerichte ausdrücklich nicht zuständig für Streitigkeiten aus dem Arbeitsverhältnis. Damit scheidet das gesamte Individualarbeitsrecht aus dem Zuständigkeitsbereich der kirchlichen Arbeitsgerichte aus. Das betrifft etwa Kündigungsstreitigkeiten, Abmahnungen, Vergütungsansprüche gegenüber dem Dienstgeber etc. Das kirchliche Arbeitsgericht ist also nur für das Kollektivarbeitsrecht zuständig. Hintergrund ist die Regelung in Art. 10 Abs. 1 GrO: „Soweit die Arbeitsverhältnisse kirchlicher Mitarbeiterinnen und Mitarbeiter dem staatlichen Arbeitsrecht unterliegen, sind die staatlichen Arbeitsgerichte für den gerichtlichen Rechtsschutz zuständig." Das ist bei Angestellten in kirchlichen Einrichtungen in der Regel der Fall. Streitigkeiten aus diesem Bereich werden daher von der zuständigen (§ 2 Abs. 1 ArbGG) staatlichen Arbeitsgerichtsbarkeit behandelt.[582] 72

§ 20. Verbindliches Lehren in der katholischen Kirche

Literatur: *W. Aymans*, Begriff, Aufgabe und Träger des Lehramts, in: HdbKathKR, § 63 A; *W. Aymans/K. Mörsdorf*, Kanonisches Recht, 3 Bde., 13. Aufl. 1991, 1997, 2007; *H. Denzinger/ P. Hünermann*, Kompendium der Glaubensbekenntnisse und kirchlichen Lehrentscheidungen, 2005; *N. Lüdecke*, Die Grundnormen des katholischen Lehrrechts in den päpstlichen Gesetzbüchern und

---

[581] Art. 7 GrO lautet: „(1) Das Verhandlungsgleichgewicht ihrer abhängig beschäftigten Mitarbeiterinnen und Mitarbeiter bei Abschluss und Gestaltung der Arbeitsverträge sichert die katholische Kirche durch das ihr verfassungsmäßig gewährleistete Recht, ein eigenes Arbeitsrechts-Regelungsverfahren zu schaffen. Rechtsnormen für den Inhalt der Arbeitsverhältnisse kommen zustande durch Beschlüsse von Kommissionen, die mit Vertretern der Dienstgeber und Vertretern der Mitarbeiter paritätisch besetzt sind. Die Beschlüsse dieser Kommissionen bedürfen der bischöflichen Inkraftsetzung für das jeweilige Bistum. Das Nähere, insbesondere die jeweiligen Zuständigkeiten, regeln die KODA-Ordnungen. Die Kommissionen sind an diese Grundordnung gebunden. (2) Wegen der Einheit des kirchlichen Dienstes und der Dienstgemeinschaft als Strukturprinzip des kirchlichen Arbeitsrechts schließen kirchliche Dienstgeber keine Tarifverträge mit Gewerkschaften ab. Streik und Aussperrung scheiden ebenfalls aus."

[582] Kontrovers diskutiert wird in diesem Zusammenhang, ob durch die Regelung des Art. 10 Abs. 1 GrO die kirchliche Gerichtsbarkeit insgesamt ausgeschlossen ist. Als gesichert darf gelten, dass das Kirchliche Arbeitsgericht wegen § 2 Abs. 3 KAGO nicht zuständig ist. Möglicweise ist aber das kirchliche Gericht nach CIC, also das Offizialat bzw. Konsistorium, zuständig. Vgl. dazu *K. Lüdicke*, Möglichkeit und Notwendigkeit einer partikularrechtlichen kirchlichen Gerichtsbarkeit, DPM 6 (1999), S. 55 ff.; *W. Frank*, Hintergründe und Interpretationen zur Kirchlichen Arbeitsgerichtsordnung der Deutschen Bischofskonferenz, ZMV 2005, S. 6 ff. (8, 9); *J. Eder*, Gerichtlicher Schutz im kirchlichen Arbeitsrecht, DPM 9 (2002), 211 (220 ff.); *ders.*, Individualverfahren vor kirchlichen Gerichten, ZMV 1999, S. 120 ff.

neueren Äußerungen in päpstlicher Autorität, 1997; *R. Miggelbrink*, Einführung in die Lehre von der Kirche, 2003; *H. Mussinghoff*, in: MK, c. 750; *I. Riedel-Spangenberger*, „Verkündigung", in: Lexikon des Kirchenrechts, 2004, Sp. 977; *O. Stoffel*, Die Verkündigung in Predigt und Katechese, in: HdbKathKR § 64.

I. Grundlagen

1   Die cc. 747 bis 833 CIC (Buch III) regeln den Verkündigungsdienst (munus docendi) der Lateinischen Kirche.[583] Um was es dabei im Kern geht, ergibt sich aus c. 747 CIC, dem Einleitungskanon des III. Buches: „§ 1. Christus der Herr hat der Kirche das Glaubensgut anvertraut, damit sie unter dem Beistand des Heiligen Geistes die geoffenbarte Wahrheit heilig bewahrt, tiefer erforscht und treu verkündigt und auslegt; daher ist es ihre Pflicht und ihr angeborenes Recht, auch unter Einsatz der ihr eigenen sozialen Kommunikationsmittel, unabhängig von jeder menschlichen Gewalt, allen Völkern das Evangelium zu verkünden. § 2. Der Kirche kommt es zu, immer und überall die sittlichen Grundsätze auch über die soziale Ordnung zu verkündigen wie auch über menschliche Dinge jedweder Art zu urteilen, insoweit die Grundrechte der menschlichen Person oder das Heil der Seelen dies erfordern." Zentrales Objekt des Verkündigungsdienstes ist demnach das der Kirche von *Jesus Christus* selbst anvertraute Glaubensgut (depositum fidei). Es umfasst alle unmittelbar im geschriebenen oder überlieferten Wort Gottes enthaltenen Wahrheiten zum Glauben und zu den Sitten (res fidei vel morum), die nach katholischem Verständnis als von Gott selbst geoffenbart gelten.[584] Der Kirche kommt im Rahmen des Verkündigungsdienstes die zentrale Aufgabe zu, dieses „depositum fidei" zu bewahren, zu erforschen, zu verkündigen und auszulegen (c. 747 § 1 CIC). Im Katechismus der katholischen Kirche heißt es: „Gott will, dass alle Menschen gerettet werden und zur Erkenntnis der Wahrheit gelangen (1 Tim 2, 4), das heißt zur Erkenntnis Jesu Christi. Deshalb muss Christus allen Völkern und Menschen verkündet werden und die Offenbarung bis an die Grenzen der Erde gelangen. Was Gott zum Heil aller Völker geoffenbart hatte, das sollte – so hat er in seiner großen Güte verfügt – auf ewig unversehrt fortdauern und allen Geschlechtern weitergegeben werden (DV 7)."[585] In Fragen von Sitte und Moral hält sich die Kirche zudem über den Bereich des eigentlichen „depositum fidei" hinaus grundsätzlich für zuständig, sofern die Grundrechte der menschlichen Person oder das Heil der Seelen dies erfordern (c. 747 § 2 CIC).[586]

2   Der Pflege des Glaubensgutes dient letztlich das gesamte Buch III des CIC. Neben einleitenden Vorschriften über das Lehramt und dessen verbindliches Lehren (cc. 747–755 CIC) befasst sich der CIC mit den folgenden Bereichen:
– Dienst am Wort Gottes, insbesondere Predigt und Katechese (cc. 756–780 CIC),[587]
– Missionstätigkeit der Kirche (cc. 781–792 CIC),[588]

---

[583] Grundlegend: *W. Aymans/K. Mörsdorf*, Kanonisches Recht III, §§ 107–118; *I. Riedel-Spangenberger*, Artikel „Verkündigung", in: Lexikon des Kirchenrechts, Sp. 977 ff. m. w. N.; *dies.*, Verkündigungsdienst und Lehrautorität der Kirche, in: FS f. H. Schmitz, 1994, S. 153 ff.; *dies.*, Artikel „Lehramt, kirchliches Lehramt", in: Lexikon des Kirchenrechts, Sp. 632 ff. m. w. N.; *N. Lüdecke*, Die Grundnormen des katholischen Lehrrechts in den päpstlichen Gesetzbüchern und neueren Äußerungen in päpstlicher Autorität, 1997.
[584] Vgl. *N. Lüdecke*, Die Grundnormen des katholischen Lehrrechts, S. 145 f.
[585] KKK 74.
[586] Vgl. *N. Lüdecke*, Die Grundnormen des katholischen Lehrrechts, S. 170.
[587] Näher zur Verkündigung in Predigt und Katechese: *W. Aymans/K. Mörsdorf*, Kanonisches Recht III, § 111; *O. Stoffel*, in: HdbKathKR, § 64.
[588] Dazu *W. Aymans/K. Mörsdorf*, Kanonisches Recht III, § 113; *O. Stoffel*, in: HdbKathKR, § 65.

§ 20. Verbindliches Lehren in der katholischen Kirche

- katholische Erziehung, insbesondere Schulen und Universitäten (cc. 793–821 CIC),[589]
- soziale Kommunikationsmittel (cc. 822–832 CIC),
- Ablegung des Glaubensbekenntnisses (c. 833 CIC).[590]

Im Zentrum des Verkündigungsdienstes stehen das Lehramt, die Verbindlichkeit seiner Lehräußerungen sowie der ihm geschuldete Gehorsam der Gläubigen. Dieser Themenkomplex ist von fundamentaler Bedeutung für das Verständnis des kirchlichen Verkündigungsdienstes.

II. Verbindliches Lehren und Gehorsam der Gläubigen

1. Träger des Lehramts

Nach katholischem Verständnis ist das „depositum fidei" der Kirche als ganzer anvertraut (KKK 84). Daher haben grundsätzlich alle Gläubigen ihren Anteil am Verkündigungsdienst,[591] wie es in c. 204 § 1 CIC auch zum Ausdruck kommt. Das „munus docendi" ist zu verstehen als die Fortführung des prophetischen Amtes Christi.[592] Im Katechismus heißt es hierzu unter Verweis auf das II. Vatikanische Konzil: „Christus, der große Prophet, ... erfüllt ... sein prophetisches Amt nicht nur durch die Hierarchie ..., sondern auch durch die Laien, die er daher sowohl als Zeugen einsetzt als auch mit einem Sinn für den Glauben und mit der Gnade des Wortes ausrüstet (LG 35)."[593] Alle Gläubigen, Kleriker und Laien, haben somit ein Leben aus dem Glauben zu führen und den Glauben zu bekennen.[594] Sie haben die Pflicht und das Recht, dazu beizutragen, dass die göttliche Heilsbotschaft immer mehr zu allen Menschen aller Zeiten auf der ganzen Welt gelangt (c. 211 CIC). Auf diese Weise sollen alle Gläubigen bereits durch ihr privates Zeugnis, d.h. ihr eigenverantwortliches Handeln in dieser Welt, der Verkündigung des Evangeliums dienen.[595]

Von dieser allgemeinen Aufgabe aller Gläubigen ist das hoheitliche (authentische) Lehramt zu unterscheiden.[596] Dem Lehramt kommt die ihm allein vorbehaltene Aufgabe zu, das geschriebene und überlieferte Wort Gottes authentisch auszulegen (KKK 85). Es ist in diesem Sinne zuständig für die die Gläubigen autoritativ bindende Darlegung aller Inhalte des Glaubens und der Sitte. Zugleich beinhaltet das Lehramt die Leitung und Aufsicht über den gesamten Bereich der Verkündigung.[597] Nach katholischem Verständnis kommt das Lehramt allein den Bischöfen zu (KKK 85; LG 25). Sie allein sind authentische, mit der Autorität Christi ausgerüstete Lehrer (LG 25, c. 753 CIC). Im Hinblick auf die Gesamtkirche wird

---

[589] Zur Erziehungs- und Bildungstätigkeit der Kirche: *W. Aymans/K. Mörsdorf* Kanonisches Recht III, §§ 114–118; *F. Pototschnig*, in: HdbKathKR, § 69 (Bildungswesen); Rees, in: HdbKathKR, § 70 (Religionsunterricht); *G. May*, in: HdbKathKR, § 71 (Hochschulen).
[590] Lehramtliche Stellungnahmen der Kongregation für die Glaubenslehre zur „Professio fidei", 1998, dt. Übersetzung: VAS Heft 144.
[591] Vgl. *I. Riedel-Spangenberger*, Artikel „Verkündigung", in: Lexikon des Kirchenrechts, Sp. 977; *W. Aymans*, in: HdbKathKR, § 63 A.
[592] Vgl. *Miggelbrink*, Einführung in die Lehre von der Kirche, S. 122.
[593] KKK 904.
[594] Vgl. *W. Aymans*, in: HdbKathKR, § 63 A; näher: KKK 905–907; LG 35.
[595] Vgl. c. 759 CIC.
[596] Näher *W. Aymans/K. Mörsdorf*, Kanonisches Recht III, § 108; *I. Riedel-Spangenberger*, Artikel „Lehramt, kirchliches Lehramt", in: Lexikon des Kirchenrechts, Sp. 632 ff. m. w. N.
[597] Vgl. *I. Riedel-Spangenberger*, Artikel „Lehramt, kirchliches Lehramt", in: Lexikon des Kirchenrechts, Sp. 633.

die Aufgabe des hoheitlichen Lehramtes in höchster Autorität vom Papst allein oder mit ihm zusammen vom Bischofskollegium wahrgenommen (cc. 749, 756 § 1 CIC). In den Teilkirchen üben die Ortsbischöfe, allein oder kollegial, diese Aufgabe aus (cc. 753, 756 § 2 CIC). Priester und Diakone sind ebenfalls zur kirchenamtlichen Verkündigung bestimmt (c. 757 CIC). Ihnen kommt aber das authentische, d. h. das die Gläubigen bindende Lehramt nicht zu. Trotz des Weihesakraments hängen sie in der Ausübung ihrer Verkündigungstätigkeit von einer entsprechenden Sendung durch den zuständigen Bischof („missio canonica") ab (LG 28). Im Zentrum ihrer Verkündigungstätigkeit stehen die Predigt, d. h. die Glaubensunterweisung im Gottesdienst, insbesondere innerhalb der Messfeier (Homilie: cc. 764, 767 CIC) sowie der Dienst am Wort im Bereich der Katechese, also der Glaubensunterweisung außerhalb des Gottesdienstes (cc. 773 ff. CIC).

6   Auch Laien können in begrenztem Umfang an der kirchenamtlichen Verkündigung mitwirken (cc. 228 § 1, 759 CIC).[598] Sie bedürfen hierzu ebenfalls einer kirchenamtlichen Beauftragung, einer „missio canonica", in der die Befugnisse klar geregelt sind. Laien werden in der Praxis insbesondere im Rahmen des Gottesdienstes und der Katechese eingesetzt. Anlass zur Diskussion hat in der Vergangenheit insofern immer wieder die sog. Laienpredigt geboten.[599] Nach c. 766 CIC können Laien durchaus im Rahmen eines Gottesdienstes mit der Predigt beauftragt werden, wenn auch das Gesetz dies nur als Ausnahme für besondere Situationen vorsieht. Die „Homilie", d. h. die Predigt innerhalb der Messfeier, bleibt allerdings dem Priester oder Diakon vorbehalten (c. 767 § 1 CIC).[600] Mitglieder der Institute des geweihten Lebens werden in der Verkündigung des Evangeliums vom Bischof in angemessener Weise zur Hilfe beigezogen (c. 758 CIC).

2. Unfehlbares Lehramt und geschuldeter Gehorsam der Gläubigen

7   a) Träger des unfehlbaren Lehramtes und Eigenheiten unfehlbarer Lehräußerungen. Die in c. 747 CIC dargelegte Aufgabe des Verkündigungsdienstes, insbesondere die vollständige und treue Bewahrung des „depositum fidei", erfordert nach katholischem Verständnis, dass das hoheitliche Lehramt mit letzter Verbindlichkeit darlegt, was inhaltlich zum „depositum fidei" gehört und was zu seiner Bewahrung und Auslegung, also zu seinem Schutz, tatsächlich geboten ist. Dabei ist das Lehramt nach katholischem Verständnis unter bestimmten Voraussetzungen mit dem Charisma der Unfehlbarkeit ausgestattet (LG 25).[601] Solche unfehlbar vorgelegten Lehren sind unwiderruflich und damit endgültig von den Gläubigen zu halten.[602] Sie beanspruchen unter Androhung von Sanktionen, von den Gläubigen beachtet zu werden. Im Katechismus der katholischen Kirche heißt es: „Die Sendung des Lehramtes ist mit dem endgültigen Charakter des Bundes verknüpft, den Gott in Christus mit seinem Volk geschlossen hat. Das Lehramt muß das Volk

---

[598] Näher Art. 2 u. 3 der Instruktion zu einigen Fragen über die Mitarbeit der Laien am Dienst der Priester v. 15. 8. 1997, in dt. Übersetzung abgedr. in: VAS Heft 129, S. 19 ff.

[599] Dazu O. *Stoffel*, in: HdbKathKR, § 64 I 3; R. *Zerfaß*, Artikel „Laienpredigt", in: Lexikon des Kirchenrechts, Sp. 620 ff. m. w. N.

[600] Vgl. hierzu auch die Ordnung für den Predigtdienst der Laien vom 24. 2. 1988, AfkKR 157 (1988), S. 192; ferner die Instruktion „Redemptionis Sacramentum" der Kongregation für den Gottesdienst und die Sakramentenordnung v. 25. 3. 2004, Nr. 64 ff., in dt. Übersetzung abgedruckt in: VAS Heft 164, S. 32, sowie in KABl. Köln 2004, 127 (133 f.). Vgl. auch Art. 3 der interdikasteriellen Instruktion zu einigen Fragen über die Mitarbeit der Laien am Dienst der Priester v. 15. 8. 1997, abgedr. in dt. Übersetzung in: VAS Heft 129, S. 20.

[601] Vgl. W. *Aymans*/K. *Mörsdorf*, Kanonisches Recht III, § 108 B I.

[602] Vgl. N. *Lüdecke*, Grundnormen des katholischen Lehrrechts, S. 263.

vor Verirrungen und Glaubensschwäche schützen und ihm die objektive Möglichkeit gewährleisten, den ursprünglichen Glauben irrtumsfrei zu bekennen. Der pastorale Auftrag des Lehramtes ist es, zu wachen, dass das Gottesvolk in der befreienden Wahrheit bleibt. Zur Erfüllung dieses Dienstes hat Christus den Hirten das Charisma der Unfehlbarkeit in Fragen des Glaubens und der Sitten verliehen."[603] Zu beachten ist aber, dass längst nicht alle lehramtlichen Äußerungen des Papstes oder des Bischofskollegiums als unfehlbar anzusehen sind. Vielmehr sind unfehlbare Lehräußerungen die Ausnahme. Ob eine konkrete Lehraussage in unfehlbarer Weise vorgelegt wird und damit endgültig und unwiderruflich von den Gläubigen zu halten ist, kann durchaus schwierig zu klären sein.

Der unfehlbaren Ausübung des universalkirchlichen Lehramtes durch Papst und Bischofskollegium sowie der von den Gläubigen geforderten Antworthaltung hierzu widmet sich der CIC in cc. 749–751.[604] Für die Klärung der Frage, ob und mit welcher Konsequenz eine konkrete Lehraussage unfehlbar vorgelegt wurde, ist es zunächst von Bedeutung, wer in welcher Weise die Lehre vorgelegt hat. Darüber hinaus kommt es entscheidend auf den Gegenstand der konkreten Lehre, mithin auf ihren Bezug zur Offenbarung an.[605]

Träger und damit Subjekte des unfehlbaren Lehramtes können nur der Papst allein oder mit ihm zusammen das Bischofskollegium sein. In cc. 749, 750 CIC wird dabei unterschieden zwischen dem sog. feierlichen oder außerordentlichen obersten Lehramt einerseits und dem allgemeinen und ordentlichen obersten Lehramt. Das feierliche bzw. außerordentliche Lehramt ist dadurch gekennzeichnet, dass es durch einen formellen Definitionsakt nach außen hin klar dokumentiert, dass eine Lehraussage als unfehlbar und damit endgültig vorgelegt wird.[606] Wie dieser formelle Definitionsakt konkret auszusehen hat, wird allerdings nicht festgelegt. Entscheidend ist, dass eine Lehraussage als unfehlbar und endgültig vorgelegt wird, und zwar in für die Gläubigen klar erkennbarer Weise (c. 749 § 3 CIC). Zum feierlichen Lehramt gehört zunächst der Papst, wenn er allein kraft seines Amtes durch einen formellen Defintionsakt eine Lehrausssage als unfehlbar und endgültig vorlegt (c. 749 § 1 CIC).[607] In solchen Fällen wird von einer Entscheidung „ex cathedra" („vom Lehrstuhl aus") gesprochen.

„Ex cathedra"-Entscheidungen durch den Papst hat es in der Geschichte bisher nur zweimal gegeben. Am 8. 12. 1854 definierte Papst *Pius IX.* in der Bulle „Ineffabilis Deus" die unbefleckte Empfängnis Mariens[608]. Papst *Pius XII.* definierte dann am 1. 11. 1950 in der Apostolischen Konstitution „Munificentissimus Deus" die Aufnahme Mariens in den Himmel[609].

Auch das Bischofskollegium kann in Gemeinschaft mit dem Papst durch formelle Definitionsakte Lehraussagen unfehlbar und damit endgültig vorlegen (c. 749 § 2

---

[603] KKK 890.
[604] Im CCEO: cc. 597 ff.
[605] Vgl. *W. Aymans/K. Mörsdorf*, Kanonisches Recht III, § 108 B I a-b.
[606] Vgl. *W. Aymans/K. Mörsdorf*, Kanonisches Recht III, § 108 B I b 2; *W. Aymans*, in: HdbKathKR, § 63 A I a (1).
[607] Die Unfehlbarkeit des Papstes wurde auf dem I. Vatikanischen Konzil in der Dogmatischen Konstitution „Pastor aeternus" vom 18. 7. 1870 festgelegt, abgedr. in lateinischer Originalversion und dt. Übersetzung bei: *Denzinger/Hünermann*, 3074. Dies führte bekanntlich zu erheblichen politischen und innerkirchlichen Auseinandersetzungen, die bis heute nachwirken; näher o. *H. de Wall*, Geschichtliche Grundlagen des Kirchenrechts, § 6 Rn. 13 ff.
[608] In lat. Originalfassung und dt. Übersetzung abgedr. in: *Denzinger/Hünermann*, 2800–2804 (2803).
[609] Abgedr. in lat. Originalfassung und dt. Übersetzung in: *Denzinger/Hünermann*, 3900–3904 (3903).

CIC). Dabei kann es zunächst in versammelter Gemeinschaft auf einem Ökumenischen Konzil tätig werden (c. 749 § 2 Halbs. 1 CIC).[610] Es kann auch außerhalb eines Konzils und ohne örtliche Versammlung durch einen kollegialen (Definitions-) Akt tätig werden (c. 749 § 2 Halbs. 2 CIC).[611] Die formalen Anforderungen an einen solchen kollegialen Akt sind allerdings nicht geregelt.[612] Unklar bleibt insbesondere, ob im Rahmen des c. 749 § 2 Halbs. 2 CIC die Vorgaben der cc. 337 § 2, 341 § 2 CIC einzuhalten sind. Danach wäre es notwendig, dass der Papst den Definitionsakt des Kollegiums in die Wege geleitet oder frei angenommen hätte und der Definitionsakt zudem vom Papst bestätigt und auf seine Anordnung hin promulgiert worden wird. Die Forderung des c. 749 § 3 CIC, dass eine Lehre nur dann als unfehlbar anzusehen ist, wenn dies offenkundig feststeht, spricht für die Anwendung der cc. 337 § 2, 341 § 2 CIC.

12 Im Gegensatz zum feierlichen bzw. außerordentlichen obersten Lehramt wird das allgemeine und ordentliche oberste Lehramt nicht durch einen solchen formellen Definitionsakt tätig.[613] Das allgemeine und ordentliche Lehramt wird durch die Gemeinschaft von Bischofskollegium und Papst gebildet und zeichnet sich durch eine in der Praxis beständige und übereinstimmende Lehre in einer bestimmten Angelegenheit durch die in der ganzen Welt verteilten Bischöfe in Gemeinschaft mit dem Papst aus.[614] Auch dieses allgemeine und ordentliche Lehramt kann in unfehlbarer Weise Lehraussagen endgültig vorlegen (c. 750 § 1 CIC). Allerdings stellt sich auch dabei das Problem der Erkennbarkeit für die Gläubigen; der CIC trifft keine Aussagen[615]. Eine solche Lehre kann der Papst[616] aber ausdrücklich bestätigen oder bekräftigen. Er handelt dann nicht im Sinne einer („ex cathedra"-) Definition, sondern gibt lediglich die formale Bestätigung, dass eine Lehraussage von der Kirche bereits in unfehlbarer Weise gelehrt wird und sich die Gläubigen daran zu halten haben.

13 Als Beispiel für eine solche vom allgemeinen und ordentlichen obersten Lehramt unfehlbar vorgelegte Lehraussage, die anschließend vom Papst bestätigt wird, kann die Lehre von der Männern vorbehaltenen Priesterweihe dienen. Sie hat Papst *Johannes Paul II.* mit dem Apostolischen Schreiben „Ordinatio sacerdotalis" vom 22. 4. 1994 als „endgültig" bestätigt.[617] In einer Rede vom 19. 11. 1999 vor den deutschen Bischöfen bezeichnete Papst *Johannes Paul II.* die Lehre von der Männern vorbehaltenen Priesterweihe ausdrücklich als unfehlbar: „Daher kommt dieser Lehre, dass das Priesteramt den Männern vorbehalten ist, kraft des ordentlichen und allgemeinen kirchlichen Lehramtes der Charakter der Unfehlbarkeit zu."[618]

---

[610] Beispiel hierfür ist die Definition der Unfehlbarkeit des Papstes durch das I. Vatikanische Konzil vom 18. 7. 1870 (Dogmatische Konstitution „Pastor aeternus", abgedr. in: *Denzinger/Hünermann*, 3074).

[611] Hierzu auch c. 337 § 2 CIC.

[612] Vgl. *Mussinghoff*, in: MK, § 749 Rn. 3.

[613] Vgl. *W. Aymans/K. Mörsdorf*, Kanonisches Recht III, § 108 B I b 1.

[614] Vgl. *W. Aymans*, in: HdbKathKR, § 63 A I 1 a (1)

[615] *W. Aymans*, HdbKathKR, § 63 A I 1 a [1] geht davon aus, dass der gesamte c. 749 CIC und damit auch c. 749 § 3 CIC nur für das feierliche Lehramt gilt; so wohl auch *Mussinghoff*, in: MK, c. 749 Rn. 3. Danach fehlt es im CIC an einer eigenen klarstellenden Regelung hinsichtlich der als solcher allerdings unbestrittenen Unfehlbarkeit des allgemeinen und ordentlichen Lehramtes. Unfehlbare Lehren des allgemeinen und ordentlichen Lehramtes sind danach nicht „definita" im Sinne des c. 749 § 3 CIC. Anders *N. Lüdecke*, Grundnormen des katholischen Lehrrechts, S. 273, 288, 293.

[616] Gleiches gilt auch für das Bischofskollegium.

[617] Das Apostolische Schreiben ist in dt. Übersetzung abgedr. u. a. in: KABl. Köln 1994, S. 109 f. Das lat. Original ist abgedr. in: AAS 86 (1994), S. 545 ff.; dazu auch die Erklärung der deutschen Bischöfe, abgedr. u. a. in: KABl. Münster 1994, 139 f.; aus der Lit. *W. Aymans*, Kanonistische Erwägungen zu dem Apostolischen Schreiben „Ordinatio sacerdotalis" im Lichte des Motu proprio „Ad tuendam fidem", in: AfkKR 167 (1998), S. 368 ff. (387).

[618] Wortlaut der Rede nach F.A.Z. v. 23. 11. 1999, S. 8.

Da in einem solchen Fall die konkret in Rede stehende Lehre bereits in unfehlbarer und damit endgültiger Weise vorliegt, bedarf es keiner formalen Definition durch das feierliche Lehramt mehr.[619] Die endgültige Bindung folgt hier also nicht aus der päpstlichen Bestätigung bzw. Bekräftigung, sondern allein aus dem tradierten Verhalten des allgemeinen und ordentlichen Lehramtes.[620] Nicht eindeutig und bislang, soweit ersichtlich, nicht näher diskutiert ist die Frage, ob diese päpstliche Bestätigung bzw. Bekräftigung als solche vom Charisma der Unfehlbarkeit erfasst ist.[621] Die Klärung dieser Frage hat Bedeutung für einen möglichen Irrtum des Papstes bei der Feststellung, ob tatsächlich das allgemeine und ordentliche oberste Lehramt eine bestimmte Lehre übereinstimmend tradiert hat.

Das feierliche Lehramt kommt in der Praxis erst dann zum Tragen, wenn es darum geht, eine konkrete Lehre, die bis dahin nicht in unfehlbarer Weise vorgelegt wurde (auch nicht vom allgemeinen und ordentlichen Lehramt), erstmals als unfehlbar und damit endgültig zu definieren. Das dürfte vor allem der Fall sein, wenn es im Weltepiskopat keine einheitliche Meinung in einer bestimmten Frage der Glaubens- und Sittenlehre gibt und dadurch die Einheit und Glaubwürdigkeit der Gesamtkirche bedroht ist. Die formelle Definition dient dann dazu, solche Streitfragen endgültig zu klären.

b) Gegenstände unfehlbarer Lehraussagen. Bisher war vom Subjekt der unfehlbaren Lehre die Rede. Unfehlbare Lehraussagen sind aber auch gegenständlich begrenzt.[622] Unfehlbarkeit beansprucht sowohl das feierliche als auch das allgemeine und ordentliche Lehramt ausschließlich in Fragen der Glaubens- und Sittenlehre (cc. 749 §§ 1 und 2 CIC, 750 §§ 1 und 2 CIC). Dabei ist für eine unfehlbare und damit endgültig zu haltende Lehrvorlage immer ein Offenbarungszusammenhang erforderlich.[623]

Zu den unfehlbaren Lehraussagen gehören somit zunächst alle Lehren göttlichen und katholischen Glaubens, die vom Lehramt als formell von Gott selbst geoffenbart vorgelegt werden und die als solche unabänderlich sind.[624] Das sind Lehren, die im geschriebenen oder überlieferten Wort Gottes enthalten sind und vom hoheitlichen Lehramt als von Gott geoffenbart vorgelegt werden (Dogmen). Es wird hier auch vom primären Gegenstandsbereich endgültiger Lehren gesprochen.[625] Nach c. 750 § 1 CIC müssen die Gläubigen solchen Lehren Glaubensgehorsam entgegenbringen (" … ea omnia credenda sunt …"). Die Gläubigen haben entgegenstehende Lehren jedweder Art zu meiden. Wer solche Glaubenswahrheiten nach Empfang der Taufe beharrlich leugnet oder beharrlich bezweifelt, erfüllt den Tatbestand der Häresie (c. 751 CIC) und zieht sich die Tatstrafe der Exkommunikation zu (c. 1364 § 1 CIC).[626]

---

[619] Vgl. *W. Aymans/K. Mörsdorf*, Kanonisches Recht III, § 108 B I b 1.
[620] Vgl. *W. Aymans*, Kanonistische Erwägungen zu dem Apostolischen Schreiben „Ordinatio sacerdotalis" im Lichte des Motu proprio „Ad tuemdam fidem", in: AfkKR 167 (1998), S. 368 ff. (387).
[621] Nach den Regelungen der cc. 749 § 1, 750 §§ 1 u. 2 CIC dürfte das nicht der Fall sein. Hier wird nur der formelle Definitionsakt im Hinblick auf die Unfehlbarkeit erwähnt.
[622] Näher zu den Verpflichtungsgraden: *W. Aymans/K. Mörsdorf*, Kanonisches Recht III, § 108 C m. w. N.
[623] Vgl. *N. Lüdecke*, Die Grundnormen des katholischen Lehrrechts, S. 257.
[624] Vgl. das I. Vatikanische Konzil in der Dogmatischen Kostitution „Pastor aeternus" vom 18. 7. 1870, in dt. Übersetzung abgedr. in: *Denzinger/Hünermann*, 3074.
[625] Vgl. *Mussinghoff*, in: MK, c. 750 Rn. 2.
[626] Die Ablehnung des Glaubens im Ganzen heißt Apostasie, die Verweigerung der Unterordnung unter den Papst oder der Gemeinschaft mit den diesem untergebenen Gliedern der Kirche Schisma (c. 750 CIC). Wie der Häretiker ziehen sich Schismatiker und Apostaten die Tatstrafe der Exkommunikation zu (c. 1364 § 1 CIC).

18 In diese Kategorie von Glaubenslehren gehören nach lehramtlicher Auffassung z. B.:[627]
- die Artikel des Glaubensbekenntnisses,
- die verschiedenen christologischen und marianischen Dogmen,
- die Lehre über die Einsetzung der Sakramente durch Christus und ihre Gnadenwirksamkeit,
- die Lehre von der wirklichen und substantiellen Gegenwart Christi in der Eucharistie sowie der Opfercharakter der Eucharistiefeier,
- die Gründung der Kirche durch Christus,
- die Lehre über den Primat und über die Unfehlbarkeit des Papstes,
- die Lehre über die Existenz der Erbsünde,
- die Lehre von der Unsterblichkeit der Seele und der unmittelbaren Vergeltung nach dem Tod,
- die Irrtumslosigkeit der inspirierten Heiligen Schriften,
- die Lehre, nach der die direkte und freiwillige Tötung eines unschuldigen Menschen ein schweres sittliches Vergehen ist.

19 Die Unfehlbarkeit des Lehramtes ist jedoch nicht beschränkt auf unmittelbar von Gott selbst geoffenbarte Glaubenswahrheiten (Dogmen). Sie kann auch vom hoheitlichen Lehramt endgültig vorgelegte Lehren umfassen, die als solche nicht unmittelbar von Gott geoffenbart sind, aber notwendig sind, um das Glaubensgut treu zu bewahren und auszulegen.[628] Dabei handelt es sich um den sog. Sekundärbereich endgültiger Lehren.[629] Solche Lehren sind von den Gläubigen fest anzunehmen und zu bewahren (c. 750 § 2 CIC: „... etiam amplectenda ac retinenda ..."). Wer solche endgültig zu haltende (" ... definitive tenendas ...") Lehren ablehnt, widerspricht der Lehre der katholischen Kirche. C. 750 § 2 CIC wurde im Zusammenhang mit der Neufassung des gem. c. 833 CIC abzulegenden Glaubenbekenntnisses („Professio fidei") durch das als „Motu Proprio" erlassene Apostolische Schreiben Papst *Johannes Pauls II.* „Ad tuendam fidem" vom 30.6/1. 7. 1998 nachträglich in den CIC eingefügt, um eine durch die Neufassung der „Professio fidei" entstandene Gesetzeslücke im Zusammenhang mit mittelbar aus der Offenbarung folgenden Glaubenwahrheiten zu schließen.[630] Wer derartige Lehren hartnäckig ablehnt, soll mit einer gerechten Strafe belegt werden (c. 1371 Nr. 1 CIC). Eine zur Exkommunikation führende Häresie liegt jedoch nicht vor.

20 Zu dieser Kategorie dürfte die bereits oben a) angesprochene Lehrverkündigung über die nur Männern vorbehaltene Priesterweihe gehören.[631]

21 Der Papst oder das Bischofskollegium mit ihm zusammen können in Glaubens- und Sittenfragen auch Lehraussagen vorlegen, ohne dass sie diese Lehren unfehlbar und damit als endgültig verpflichtend qualifizieren. Solchen Lehren haben die Gläubigen zwar keine Glaubenszustimmung, wohl aber religiösen Verstandes- und

---

[627] Die Liste ist übernommen aus dem lehrmäßigen Kommentar der Kongregation für die Glaubenslehre zur Schlussformel der „Professio fidei" v. 29. 6. 1998, in dt. Übersetzung abgedr. in: VAS Heft 144, S. 22 f. Die authentische Darlegung des Glaubens der katholischen Kirche, wie er nach katholischem Verständnis von der Heiligen Schrift, der apostolischen Überlieferung und vom kirchlichen Lehramt bezeugt wird, findet sich im Katechismus der katholischen Kirche (KKK).
[628] Vgl. *N. Lüdecke*, Die Grundnormen des katholischen Lehrrechts, S. 256 ff.
[629] Vgl. *Mussinghoff,* in: MK, c. 750 Rn. 2, 7 ff.
[630] AAS 90 (1998), S. 457 ff. In dt. Übersetzung wurde das Apostolische Schreiben abgedr. in: VAS Heft 144, S. 11 ff. Durch „Ad tuendam fidem" wurde auch c. 1371 CIC angepasst. Im CCEO wurden in c. 598 § 2 und 1436 die entsprechenden Änderungen vollzogen.
[631] Vgl. bereits o. Fn. 617 f.; ferner den lehrmäßigen Kommentar der Kongregation für die Glaubenslehre zur Schlussformel der „Professio fidei" vom 29. 6. 1998, in dt. Übersetzung abgedr. in: VAS Heft 144, S. 23 f. Dort werden weitere Beispiele aufgeführt. Die genaue kirchenrechts-dogmatische Einordnung des Apostolischen Schreibens „Ordinatio sacerdotalis" ist schwierig. Vgl. nur *W. Aymans,* Kanonistische Erwägungen zu dem Apostolischen Schreiben „Ordinatio sacerdotalis" im Lichte des Motu Propro „Ad tuendam fidem", in: AfkKR 167 (1998), S. 368 ff.; o. § 16 Rn. 23 m. Fn. 108.

Willensgehorsam entgegenzubringen (c. 752 CIC). Die Gläubigen müssen also sorgsam meiden, was einer solchen Lehre nicht entspricht. Andernfalls sollen sie mit einer gerechten Strafe belegt werden (c. 1371 Nr. 1 CIC). C. 754 CIC verpflichtet zudem die Gläubigen, die Konstitutionen und Dekrete zu befolgen, welche die rechtmäßige Autorität der Kirche zur Vorlage einer Lehre und zur Verwerfung irriger Auffassungen erlässt, vor allem solche des Papstes oder des Bischofskollegiums. Hierbei geht es um amtliche Lehrdokumente, mit denen die kirchliche Autorität die kirchliche Lehre erläutert oder irrige Ansichten verurteilt.[632]

Festzuhalten bleibt, dass es oft schwierig ist festzustellen, ob eine bestimmte Lehraussage als unfehlbar und damit endgültig vorgelegt wurde oder nicht. Das gilt sowohl im Hinblick auf die Formen, in denen das oberste Lehramt handeln kann, als auch im Hinblick auf die Gegenstände der konkreten Lehre. Letztlich bestimmt allerdings das Lehramt selbst, was in seine Kompetenz fällt und welche Bedeutung eine Aussage hat.[633]

3. Abschnitt. Besondere Bereiche des geltenden Kirchenrechts

§ 21. Die rechtliche Ordnung der Sakramente

Literatur: *R. Ahlers,* Communio Eucharistica, 1990; *dies.,* „Taufe", in: Lexikon des Kirchenrechts, 2004, Sp. 935; *G. Assenmacher,* Nichtigerklärung, Trennung und Auflösung der Ehe, in: HdbKathKR, § 90; *W. Aymans/K. Mörsdorf,* Kanonisches Recht, 3 Bde., 13. Aufl. 1991, 1997, 2007; *F. Bernard,* Grundkurs Kirchenrecht, 1997; *J. Cleve,* Die Interpretation von c. 915 CIC im Kontext der fundamentalen Pflichten und Rechte aller Gläubigen, in: FS f. Heribert Heinemann, 1995, S. 385 ff.; *F. Courth,* Die Sakramente, 1995; *E. M. Faber,* Einführung in die katholische Sakramentenlehre, 2002; *G. Fahrnberger,* Nichtigerklärung der Weihe, in: HdbKathKR, § 82; *L. Gerosa,* Das Recht der Kirche, 1995; *F. Hauck/G. Schwinge,* Theologisches Fach- und Fremdwörterbuch, 10. Aufl. 2005; *H. Heimerl/H. Pree,* Kirchenrecht, 1983; *J. Hirnsperger,* „Weihesakrament", in: Lexikon des Kirchenrechts, 2004, Sp.1005; *J. Höffner,* Christliche Gesellschaftslehre, 1997; *K. Lüdicke,* Dignitas Connubii, 2005; *J. Prader/H. J. F. Reinhardt,* Das kirchliche Eherecht in der seelsorgerischen Praxis, 4. Aufl. 2001; *I. Riedel-Spangenberger,* „Communio in sacris", in: Lexikon des Kirchenrechts, 2004, Sp. 160; *dies.,* „Firmung", in: Lexikon des Kirchenrechts, 2004, Sp. 298; *L. Schick,* „Meßstipendium", in: LThK, Bd. 7, Sp. 185 f.

I. Heiligungsdienst, Liturgie und Sakramente

Im Leben der römisch-katholischen Kirche nehmen die Sakramente eine zentrale Stellung ein. Die rechtliche Ordnung dieser Sakramente findet sich im Buch IV des CIC (cc. 834–1253) über den „Heiligungsdienst der Kirche" („munus sanctificandi").[634] Das Verständnis der cc. 834 ff. CIC wird (für theologisch nicht geschulte Leser) dadurch erschwert, dass das Gesetzbuch gerade hier oft Begriffe aus der Theologie verwendet, ohne sie zu definieren. So heißt es in c. 834 § 1 CIC, dass die Kirche den Heiligungsdienst in besonderer Weise durch die heilige Liturgie erfüllt:

---

[632] Vgl. *W. Aymans,* in: HdbKathKR, § 63 A I 1 b.
[633] Vgl. *Mussinghoff,* in: MK, c. 750 Rn. 12.
[634] Allgemein zum Heiligungsdienst: *R. Althaus,* in: MK, vor c. 834 Rn. 1 ff.; *W. Aymans/ K. Mörsdorf,* Kanonisches Recht III, Teil II (Heiligungsdienst).

„Den Heiligungsdienst erfüllt die Kirche in besonderer Weise durch die heilige Liturgie, die als Ausübung des priesterlichen Dienstes Jesu Christi zu betrachten ist; darin wird die Heiligung der Menschen durch sinnenhafte Zeichen bezeichnet und in der diesen je eigenen Weise bewirkt sowie von dem mystischen Leib Jesu Christi, von Haupt und Gliedern, der unverbrüchliche amtliche Gottesdienst vollzogen."

2 „Heilig" bedeutet „zum Göttlichen gehörig" und bildet den Gegensatz zum Begriff „profan" (weltlich).[635] Heiligung in cc. 834 ff. CIC meint demgemäß das Herausgenommensein des Menschen aus dem Bereich des Profanen in den Bereich Gottes.[636] Es geht um das neue Leben der Glaubenden aufgrund der Rechtfertigung (justificatio), die durch göttliche Gnade aus dem ungerechten und sündhaften Menschen einen gerechten Menschen im Sinne Gottes macht.[637] Dazu gehört „in besonderer Weise" (c 834 § 1 CIC) die Liturgie. Sie steht in ihrer ursprünglichen Bedeutung für einen Dienst in amtlicher Funktion.[638] Im allgemeinen Sprachgebrauch wird der Begriff der Liturgie heute meist für den amtlichen Gottesdienst verwendet.[639]

3 Ungeachtet mancher Unschärfe in den Begriffen umschreibt c. 834 § 1 CIC das Wesen der Liturgie.[640] Danach umfasst sie zweierlei, nämlich die Heiligung der Menschen und den Vollzug des amtlichen Gottesdienstes („cultus Dei").[641] Das liturgische Geschehen ist also kein privates, im Belieben der einzelnen Gläubigen stehendes Tun. Das amtliche Handeln in der Liturgie erfolgt im Namen der Kirche durch rechtmäßig dazu beauftragte Personen sowie Handlungen, die von der kirchlichen Autorität gebilligt sind (cc. 834 § 2 CIC, 837 § 1 CIC). Auf diese Weise wird gewährleistet, dass die von der kirchlichen Autorität geforderten Regeln auch eingehalten werden. Im Hinblick auf den anderen Wesenszug der Liturgie, „die Heiligung der Menschen durch sinnenhafte Zeichen", erlangen die Sakramente ihre besondere Bedeutung. Nach dem Glaubensverständnis der katholischen Kirche sind sie Ausdruck des gegenwärtigen Heilswirkens Christi.[642] Die Sakramente stehen damit nicht nur in engem Zusammenhang mit der Liturgie, sondern bilden ihren wichtigsten Bestandteil.[643] C. 840 CIC umschreibt im Sinne einer theologischen Einführung das Wesen der Sakramente so: „Die Sakramente des Neuen Bundes sind von Christus dem Herrn eingesetzt und der Kirche anvertraut; als Handlungen Christi und der Kirche sind sie Zeichen und Mittel, durch die der Glaube ausgedrückt und bestärkt, Gott Verehrung erwiesen und die Heiligung der Menschen bewirkt wird; so tragen sie in sehr hohem Maße dazu bei, dass die kirchliche Gemeinschaft herbeigeführt, gestärkt und dargestellt wird; deshalb haben sowohl die geistlichen Amtsträger als auch die übrigen Gläubigen bei ihrer Feier mit höchster Ehrfurcht und der gebotenen Sorgfalt vorzugehen."

---

[635] *F. Hauck/G. Schwinge*, Stichworte, „heilig", „profan", in: Theologisches Fach- und Fremdwörterbuch, S. 84 f. bzw. 163.
[636] *Zmijewaski*, Artikel „Heiligung", in: LThK, Bd. 4, Sp. 1331.
[637] Zu den Begriffen Heiligung u. justificatio (Rechtfertigung): *F. Hauck/G. Schwinge*, Theologisches Fach- und Fremdwörterbuch, S. 85 bzw. 101.
[638] Vgl. *F. Hauck/G. Schwinge*, Stichwort „Liturgie", in: Theologisches Fach- und Fremdwörterbuch, S. 122. Zum Begriff auch: KKK 1069 ff.
[639] Näher zur Liturgie: *H. Schmitz*, Artikel „Liturgie", in: Lexikon des Kirchenrechts, Sp. 644 ff. m. w. N.
[640] Näher zum gottesdienstlichen Handeln der Kirche: *W. Aymans/K. Mörsdorf*, Kanonisches Recht III, § 119.
[641] Vgl. *P. Krämer*, Kirchenrecht I, S. 63 f.
[642] KKK 1131 ff.
[643] SC 10; dazu *P. Krämer*, Kirchenrecht I, S. 63.

§ 21. Rechtliche Ordnung der Sakramente

Die römisch-katholische Kirche kennt sieben Sakramente, nämlich die Taufe, die Firmung, die Eucharistie, die Buße, die Krankensalbung, die Weihe und die Ehe.[644] Die kirchliche Lehre unterscheidet dabei die Sakramente der Initiation (Taufe, Eucharistie und Firmung), die Sakramente der Heilung (Buße und Krankensalbung) sowie die Sakramente des Dienstes für die Gemeinschaft (Weihe und Ehe).[645] Die Sakramente stehen analog zu wichtigen Stufen und Zeitpunkten im Leben eines Christen.[646] Insbesondere in diesen wichtigen Momenten im Leben eines Christen begegnet nach dem Glauben und der Lehre der katholischen Kirche der unsichtbare Christus dem Gläubigen. Er erfährt auf diese Weise gerade in diesen Situationen unmittelbar die heilbringende Nähe und Liebe Gottes. Christus selbst vermittelt dem Christen besondere, dem jeweiligen Sakrament immanente Gnaden.[647] Durch die Sakramente handelt also Christus selbst.[648]

4

Sakramente sind für jedermann sinnlich wahrnehmbare Handlungen, z.B. das Übergießen mit Wasser bei der Taufe. Nach dem Glauben der katholischen Kirche wird die zunächst rein äußerliche Handlung unter bestimmten Voraussetzungen zu einem Zeichen für die Begegnung mit Christus. Zugleich wird Christus selbst aktiv und vermittelt der empfangenden Person die dem jeweiligen Sakrament eigene Gnade.[649] Hierdurch wird, wie es in c. 840 § 1 CIC heißt, die Heiligung des einzelnen Menschen nicht nur bezeichnet, sondern auch und gerade bewirkt. Es versteht sich von selbst, dass das nur durch den Glauben fassbar ist. Das II. Vatikanische Konzil spricht deshalb auch von den Sakramenten des Glaubens.[650] Ohne den entsprechenden Glauben bleiben der übernatürliche Sinn und die Bedeutung der Sakramente verborgen. Die rein äußerliche Handlung bleibt rein äußerlich. Das Übergießen mit Wasser bleibt bloßes Übergießen mit Wasser – nicht mehr und nicht weniger. Für die dem Sakrament eigene Gnade ist nach kirchlicher Vorstellung der Glaube Voraussetzung.[651] Im Hinblick auf die tatsächliche Gnadenvermittlung durch Christus spricht die Kirche auch von der „Fruchtbarkeit" der Sakramente. „In Gläubigen, die sie mit der erforderlichen Haltung empfangen, bringen sie Frucht."[652]

5

Von den Sakramenten zu unterscheiden sind die „sonstigen" gottesdienstlichen Handlungen, die in den cc. 1166–1204 CIC behandelt werden. Es geht hier um die sog. Sakramentalien[653], die Feier des Stundengebetes, das kirchliche Begräbnis, die Heiligen-, Bilder- und Reliquienverehrung, das Gelübde und den Eid. All diese Handlungen sind wie die Sakramente Teil der „amtlichen" Liturgie. Es handelt sich also um Handlungen im Namen der Kirche mit dem Ziel der Heiligung des Menschen und der Verehrung Gottes. Im Unterschied zu den Sakramenten sind die sonstigen gottesdienstlichen Handlungen jedoch keine gnadenvermittelnden Handlungen Christi selbst, sondern Handlungen der Kirche, also von Menschen.

6

---

[644] Die Festlegung auf sieben Sakramente hat sich im 12. Jahrhundert herausgebildet, vgl. *E.-M. Faber*, Einführung in die katholische Sakramentenlehre, S. 39.
[645] Vgl. KKK 1211.
[646] KKK 1210.
[647] KKK 1131. Zum Begriff „Gnade": *F. Hauck/G. Schwinge*, Theologisches Fach- und Fremdwörterbuch, S. 79.
[648] KKK 1076.
[649] KKK 1131; dazu *P. Krämer*, Kirchenrecht I, S. 64 ff.
[650] SC 59.
[651] SC 59.
[652] KKK 1131.
[653] Gem. c. 1166 CIC sind Sakramentalien „heilige Zeichen, durch die in einer gewissen Nachahmung der Sakramente Wirkungen, besonders geistlicher Art, bezeichnet und kraft der Fürbitte der Kirche erlangt werden." Beispiele bieten die vielfältigen Formen von Segnungen und Weihungen, wie z.B. die Altarweihe. Näher zu den Sakramentalien: KKK 1667 ff.; ferner *H. J. F. Reinhardt*, in: HdbKathKR, § 92; *ders.*, Artikel „Sakramentalien", in: Lexikon des Kirchenrechts, Sp. 873.

7   Der CIC enthält in den cc. 1205–1253 Normen zu heiligen Orten und Zeiten.[654] Heilige Orte sind gem. c. 1205 CIC solche, die durch Weihung oder Segnung für den Gottesdienst oder das Begräbnis der Gläubigen bestimmt sind. Hierzu gehören die Kirchen (cc. 1214 ff. CIC), Kapellen und Privatkapellen (cc. 1223 ff. CIC), die Heiligtümer (cc. 1230 ff. CIC) sowie die Altäre (cc. 1235 ff. CIC) und Friedhöfe (cc. 1240 ff. CIC). Unter den heiligen Zeiten (cc. 1246 ff. CIC) sind die Feiertage und Bußtage zu verstehen.

8   Der Heiligungsdienst wird nicht nur durch die „amtliche" Liturgie vollzogen, sondern er kann auch in privater Form erfolgen. Im CIC kommt das in c. 839 CIC zum Ausdruck. Die hier genannten „anderen Mittel" des Heiligungsdienstes sind etwa Gebete, Werke der Buße und nicht zuletzt die Werke der Caritas auf dem weiten Bereich tätiger Nächstenliebe. Allerdings hat die kirchliche Autorität dafür zu sorgen, dass das Handeln der Gläubigen mit den Normen der Kirche übereinstimmt (c. 839 § 2 CIC).

II. Die rechtlichen Vorgaben des CIC für die einzelnen Sakramente

9   Im Folgenden werden die Vorgaben des CIC zu den sieben Sakramente der katholischen Kirche vorrangig unter dem Gesichtspunkt der rechtlichen Gültigkeit knapp dargestellt.[655] Zum dogmatisch-theologischen Hintergrund sei verwiesen auf den Katechismus der katholischen Kirche (KKK) sowie die einschlägige Literatur zur Sakramententheologie.[656] Die Ausführungen beschränken sich zudem auf die Regelungen der Lateinischen Kirche. Gerade in der Liturgie bestehen in den katholischen Ostkirchen nicht unerhebliche Unterschiede zur Lateinischen Kirche. Hierauf kann an dieser Stelle jedoch nicht näher eingegangen werden.[657]

1. Allgemeine Regelungen

10 Als von Jesus Christus eingesetzte und der Kirche anvertraute heilswirksame Zeichen stehen die Sakramente nicht im Belieben der Gläubigen. Gem. c. 841 CIC gilt vielmehr: „Da die Sakramente für die ganze Kirche dieselben sind und zu dem von Gott anvertrauten Gut gehören, hat allein die höchste kirchliche Autorität zu beurteilen oder festzulegen, was zu ihrer Gültigkeit erforderlich ist; dieselbe bzw. eine andere nach Maßgabe des c. 838 §§ 3 und 4 zuständige Autorität hat zu entscheiden, was für die Erlaubtheit zur Feier, zur Spendung und zum Empfang der Sakramente und was zu der bei ihrer Feier einzuhaltenden Ordnung gehört." In cc. 840–848 CIC finden sich zunächst allgemeine Vorschriften für alle Sakramente. In den darauf folgenden Regelungen werden die allgemeinen Vorgaben mit Blick auf die einzelnen Sakramente vor allem konkretisiert, teilweise aber auch modifiziert. Von zentraler Bedeutung für die rechtliche Praxis sind die Gültigkeit und die Erlaubtheit der Spendung von Sakramenten.

11 **a) Allgemeine Gültigkeits- und Erlaubtheitsbedingungen.** Bei der Frage der rechtlichen Gültigkeit eines Sakraments geht es, vereinfacht formuliert, um die Bedingungen, die erfüllt sein müssen, damit das jeweilige Sakrament aus Sicht der katholischen Kirche amtlich als gespendet gilt und so seine rechtliche Wirkung

---

[654] Näher *W. Aymans/K. Mörsdorf*, Kanonisches Recht III, §§ 150 u.151.
[655] Für ein vertieftes Studium wird insbesondere auf den von *Klaus Lüdicke* herausgegeben Münsterischen Kommentar des CIC verwiesen, der zudem viele Weiterarbeit bietet.
[656] Vgl. etwa *E.-M. Faber*, Einführung in die katholische Sakramentenlehre, 2002; *F. Courth*, Die Sakramente. Ein Lehrbuch für Studium und Praxis der Theologie, 1995.
[657] Meist finden sich in den Textstellen des KKK, auf den vielfach verwiesen werden wird, auch Hinweise auf die östlichen Riten.

§ 21. Rechtliche Ordnung der Sakramente

entfaltet.⁶⁵⁸ Die rechtliche Gültigkeit ist strikt von der „Fruchtbarkeit" des Sakraments zu trennen. Ob das jeweilige Sakrament fruchtbar ist, d. h. ob die dem Sakrament innewohnende Gnade tatsächlich von Gott erteilt wird, ist der Beurteilung durch die kirchliche Autorität entzogen. Das weiß nur Gott.⁶⁵⁹ Die kirchliche Autorität geht davon aus, dass die korrekte Einhaltung der von ihr festgelegten Gültigkeitsvoraussetzungen zugleich die Grundlage für die Fruchtbarkeit des Sakraments bildet. Die Gültigkeitsanforderungen sind danach Mindestbedingungen für die Fruchtbarkeit des Sakraments.⁶⁶⁰ Die Festlegung von Gültigkeitsbedingungen obliegt der höchsten kirchlichen Autorität, d. h. dem Papst (c. 331 CIC) oder dem Bischofskollegium zusammen mit dem Papst (c. 336 CIC).

Was konkret für die Gültigkeit eines Sakraments erforderlich ist, findet sich in den Vorschriften über die einzelnen Sakramente. Daneben sind für die Praxis immer auch die cc. 124 ff. CIC sowie c. 10 CIC zu beachten. Die Vorschriften in cc. 124 ff. CIC befassen sich mit der Frage, was im kanonischen Recht allgemein zur Gültigkeit einer Rechtshandlung erforderlich ist, so auch in Fällen, in denen die Handlung aufgrund von Irrtum, Unkenntnis, Täuschung, Furcht oder Zwang ausgeführt wurde. C. 10 CIC stellt klar, dass von der Ungültigkeit einer Handlung nur ausgegangen werden kann, wenn das betreffende Gesetz dies auch ausdrücklich vorsieht. Nach den Vorgaben des c. 124 § 1 CIC sind dabei folgende für die Gültigkeit relevanten Aspekte zu unterscheiden:⁶⁶¹ die Habilität (kirchliche Befähigung) der handelnden Personen, die jeweiligen wesensmäßigen Voraussetzungen der vorgenommenen Handlung und die vom Recht geforderten Förmlichkeiten und sonstigen Erfordernisse. **12**

Die Gültigkeit eines Sakraments setzt voraus, dass die gesetzlich vorgeschriebenen sichtbaren Zeichen verwendet werden in Verbindung mit den vorgeschriebenen Worten, aus denen hervorgeht, was mit dem Zeichen konkret bewirkt werden soll.⁶⁶² Das Zeichen wird dabei traditionell als „materia", die Worte werden als „forma" bezeichnet.⁶⁶³ Neben diesen allgemeinen Gültigkeitsvoraussetzungen sieht das Recht für die einzelnen Sakramente regelmäßig besondere Gültigkeitsbedingungen vor. Sie beziehen sich zum Teil auf die handelnden Personen (Spender, Empfänger), oft aber auch auf rein formale Aspekte, etwa die Form der Eheschließung (c. 1108 CIC). Die einzelnen Gültigkeitsmerkmale der Sakramente finden sich dabei nicht nur im CIC selbst, sondern auch in den liturgischen Büchern (c. 846 §§ 1–2 i. V. m. c. 2 CIC). Das gilt vor allem, wenn es um die Festlegung der rechten Zeichen und Worte geht.⁶⁶⁴ **13**

Ein aktiver Glaube der beteiligten Personen ist für die rechtliche Gültigkeit des Sakraments nicht erforderlich.⁶⁶⁵ Auf Seiten des Spenders genügt die Absicht, der Sache nach dasjenige zu tun, was die Kirche mit dem Sakrament verbindet. Beim Empfänger des Sakraments genügt es, wenn er der Gnade keinen Riegel (obex) vorschiebt⁶⁶⁶, wie es etwa der Fall ist, wenn der Empfänger das Sakrament nicht oder sogar entgegen den Vorgaben der Kirche empfangen will, wenn also z. B. bei **14**

---

⁶⁵⁸ Näher *E.-M. Faber*, Einführung in die katholische Sakramentenlehre, S. 36 f.; *F. Courth*, Die Sakramente, S. 56.
⁶⁵⁹ Vgl. *E.-M. Faber*, Einführung in die katholische Sakramentenlehre, S. 38 ff., insbes. S. 40; *F. Courth*, Die Sakramente, S. 56 f.
⁶⁶⁰ Vgl. *E.-M. Faber*, Einführung in die katholische Sakramentenlehre, S. 38 ff. (40); *F. Courth*, Die Sakramente, S. 56 f.
⁶⁶¹ Näher zu den Kriterien des c. 124 CIC: *W. Aymans/K. Mörsdorf*, Kanonisches Recht I, § 33.
⁶⁶² Vgl. *F. Courth*, Die Sakramente, S. 56 f.
⁶⁶³ Vgl. *E.-M. Faber*, Einführung in die katholische Sakramentenlehre, S. 40 f.
⁶⁶⁴ Den Ablauf der einzelnen liturgischen Feiern, die richtigen Zeichen und Worte werden anschaulich im katholischen Gebets- und Gesangbuch „Gotteslob" dargestellt, das von jedem Diözesanbischof für seine Diözese eingeführt wurde. Ein Verzeichnis der amtlichen liturgischen Bücher der Lateinischen Kirche findet sich im Münsterischen Kommentar zum CIC im Anhang zu c. 846.
⁶⁶⁵ Hier liegt ein wesentlicher Unterschied zur Fruchtbarkeit des Sakraments.
⁶⁶⁶ Vgl. *E.-M. Faber*, Einführung in die katholische Sakramentenlehre, S. 40.

der Buße die Reue oder bei der Eheschließung der Wille zur Ehe fehlt.[667] Das folgt letztlich daraus, dass die Sakramente nach katholischer Lehre als Handlungen Christi „ex opere operato", also durch die vollzogene Handlung selbst, wirksam sind, unabhängig von der gläubigen Einstellung der beteiligten Personen.[668] Es sei aber nochmals darauf hingewiesen, dass dies nur die Gültigkeit des Sakraments betrifft. Für die Fruchtbarkeit des Sakraments ist in jedem Falle die gläubige Annahme des Sakraments erforderlich.[669]

15 Von der Gültigkeit und Fruchtbarkeit eines Sakraments ist die Erlaubtheit seiner Spendung bzw. seines Empfangs zu unterscheiden. Besonders deutlich kommt die Unterscheidung zwischen Gültigkeit der Sakramente einerseits und Erlaubtheit ihrer Feier sowie Spendung andererseits in den Vorschriften des. c. 841 CIC mit Halbsatz 1 zur Gültigkeit und Halbsatz 2 zur Erlaubtheit zum Ausdruck. Der CIC enthält Vorschriften, die die Spendung bzw. den Empfang der Sakramente verbieten, ohne dass sich ein Verstoß gegen diese Vorschriften auf die Gültigkeit auswirkt. An den Verstoß gegen Erlaubtheitsvorschriften können negative Konsequenzen für Spender oder Empfänger des Sakraments geknüpft sein. Das Sakrament als solches bleibt jedoch in vollem Umfange gültig.

16 **Beipiel:** Ein Bischof, der wegen fundamentaler Opposition gegen die Lehren des II. Vatikanischen Konzils zunächst vom Papst suspendiert (c. 1333 CIC) und schließlich exkommuniziert wird (c. 1331 CIC), *darf* die Priesterweihe nicht mehr spenden. Seine Weihehandlungen sind unerlaubt. Da er aber nach wie vor die Voraussetzungen des c. 1012 CIC für die Gültigkeit der Weihe erfüllt, *kann* er die Priesterweihe weiterhin gültig spenden. Die Weihe ist unerlaubt, aber gültig. Das gilt, wie aus c. 1013 CIC folgt (päpstlicher Auftrag keine Gültigkeitsvoraussetzung), auch wenn er die Bischofsweihe spendet. Allerdings verwirkt er dadurch zusätzlich die Strafvorschrift des c. 1382 CIC. Würde er aber Frauen die Priesterweihe spenden wollen, wäre dies ungültig nach c. 1024 CIC: „Die heilige Weihe empfängt gültig nur ein getaufter Mann."

17 **b) Das Recht auf Empfang und die Pflicht zur Spendung der Sakramente.** C. 842 § 1 CIC bestimmt zunächst grundlegend, dass ein Mensch, der die Taufe nicht empfangen hat, zu den übrigen Sakramenten nicht gültig zugelassen werden kann. Damit ist die Taufe selbst das einzige Sakrament, das ein Nichtchrist wirksam empfangen kann. Erst durch die Taufe wird der Mensch der Kirche Christi eingegliedert (c. 96 CIC)[670]. Von diesem Zeitpunkt an ist der Mensch fähig, die übrigen Sakramente gültig zu empfangen.

18 Die Gläubigen haben einen Rechtsanspruch auf die Spendung der Sakramente (c. 213 CIC). Dem entspricht eine Pflicht der geistlichen Amtsträger, soweit sie nach den maßgeblichen Rechtsvorschriften dazu fähig sind. Die geistlichen Amtsträger (ministri sacri)[671] dürfen denen die Sakramente nicht verweigern, die gelegen darum bitten, in rechter Weise disponiert und rechtlich an ihrem Empfang nicht gehindert sind (c. 843 § 1 CIC). Sakramente werden also nicht aufgezwungen, sondern erbeten. Der geistliche Amtsträger muss aber nur demjenigen das Sakrament spenden, der hierzu auch bereit, d.h. entsprechend disponiert ist.[672] Demjenigen, der etwa zum Ausdruck bringt, dass er das Sakrament gar nicht oder nicht im Sinne

---

[667] Vgl. *F. Courth*, Die Sakramente, S. 56.
[668] Näher *E.-M. Faber*, Einführung in die katholische Sakramentenlehre, S. 38 ff.
[669] Vgl. *E.-M. Faber*, Einführung in die katholische Sakramentenlehre, S. 40.
[670] Dazu o. § 17 Rn. 10.
[671] Die Wendung „minister sacer" findet sich in der lat. Originalfassung von c. 207 § 1 CIC. In der dt. Übersetzung wird die Wendung „geistliche Amtsträger" verwendet. Im Recht werden diese geistlichen Amtsträger auch Kleriker genannt (c. 207 § 1 CIC). Geistliche Amtsträger sind daher entsprechend ihrer jeweiligen Weihestufe der Diakon, der Priester und der Bischof (c. 1009 § 1 CIC). Im Buch IV des CIC wird die lat. Wendung „minister" durchgängig als Bezeichnung für den „Spender" des Sakraments und der Sakramentalie verwendet.
[672] Deshalb fordert c. 843 § 2 CIC auch die Vorbereitung auf die Sakramente.

der Gültigkeitsbedingungen empfangen will, muss das Sakrament nicht gespendet werden. Ist einem Gläubigen durch das Recht ausdrücklich der Empfang eines Sakraments verboten ist, wie z. B. nach der Verhängung von Kirchenstrafen im Sinne der cc. 1331 und 1332 CIC, so entfällt der Anspruch auf die Spendung bzw. den Empfang des Sakraments.

c) **Interkonfessionelle Sakramentendisziplin.** C. 844 CIC[673] beschäftigt sich mit der grundsätzlichen Frage, ob und inwiefern zwischen den verschiedenen Konfessionen erlaubt[674] Sakramente gespendet und empfangen werden können (communicatio in sacris).[675] Grundsätzlich spendet ein katholischer Spender erlaubt nur an katholische Gläubige, umgekehrt empfangen katholische Gläubige erlaubt die Sakramente nur von katholischen Spendern (c. 844 § 1 CIC).[676] Volle Gemeinschaft bezüglich der Sakramente besteht nur zwischen der Lateinischen Kirche und den unierten Ostkirchen, wobei der Spender jedoch gem. c. 846 § 2 CIC die Sakramente nach seinem eigenen Ritus zu feiern hat. Allen anderen Kirchen und kirchlichen Gemeinschaften fehlt es an der erforderlichen vollen Gemeinschaft mit der römisch-katholischen Kirche (communio plena), wenn auch in unterschiedlichem Maße. 19

Vom Grundsatz des c. 844 § 1 CIC gibt es aber Ausnahmen, deren Voraussetzungen in den §§ 2–4 des c. 844 CIC sowie in c. 861 § 2 CIC aufgeführt sind. Es handelt sich dabei überwiegend um besondere Notsituationen im Hinblick auf die Sakramente der Buße, der Eucharistie und der Krankensalbung[677]. Darüber hinaus bestehen z. T. Sonderregelungen für einzelne Sakramente außerhalb des CIC, z. B. für die Eucharistie.[678] Entscheidend ist, dass die Sakramente nach dem Sakramentenverständnis der römisch-katholischen Kirche gespendet und empfangen werden. 20

2. Die Taufe

Das Wesen der Taufe[679] wird in c. 849 CIC umschrieben: „Die Taufe ist die Eingangspforte zu den Sakramenten; ihr tatsächlicher Empfang oder wenigstens das Verlangen danach ist zum Heil notwendig; durch sie werden die Menschen von den Sünden befreit, zu Kindern Gottes neu geschaffen und, durch ein untilgbares Prägemal Christus gleichgestaltet, der Kirche eingegliedert; sie wird nur durch Waschung mit wirklichem Wasser in Verbindung mit der gebotenen Form der Taufworte gültig gespendet." Erst durch die Taufe wird der Mensch der Kirche eingegliedert und in ihr zu einer mit Rechten und Pflichten ausgestatteten Person (vgl. auch c. 96 CIC).[680] Nur wer die Taufe empfangen hat, kann zu den übrigen Sakramenten gültig zugelassen werden (c. 842 § 1 CIC). Die Taufe ist die erste Stufe 21

---

[673] Ergänzt und konkretisiert wird c. 844 CIC durch das „Direktorium zur Ausführung der Prinzipien und Normen über den Ökumenismus" (DirOec/1993) des Päpstlichen Rates zur Förderung der Einheit der Christen vom 25. 3. 1993, AAS 85 (1993), S. 1039 ff., dt. Übersetzung: VAS Heft 110.
[674] In c. 844 CIC geht es nicht um die Gültigkeit.
[675] Näher zur Communicatio in sacris *I. Riedel-Spangenberger*, Artikel „Communicatio in sacris", in: Lexikon des Kirchenrechts, Sp. 160 ff. m. w. N. Zudem sei verwiesen auf die Richtlinien der Deutschen Bischofskonferenz für die ökumenische Praxis, abgedr. in: Arbeitshilfen, hrsg. von der DBK, Heft 39.
[676] Zur Zugehörigkeit zur katholischen Kirche o. § 17 Rn. 4 ff.
[677] Zu anderen Sakramenten finden sich für den Umgang mit anderen Konfessionen oder Religionen z. T. besondere Vorgaben bei diesen Sakramenten, z. B. in c. 1086 CIC zur religionsverschiedenen Ehe sowie in cc. 1124 ff. CIC zur konfessionsverschiedenen Ehe.
[678] Dazu u. Rn. 41 f. m. Fn. 713 ff.
[679] Näher zur Taufe aus Sicht der kath. Glaubenslehre: KKK 1213 ff.
[680] Zu den Folgen: o. § 17 Rn. 4 ff.

zur vollen christlichen Initiation, also zur Aufnahme in die Gemeinschaft der römisch-katholischen Kirche.[681]

22   Da die Taufe ein „untilgbares Prägemal" (c. 849 CIC) bewirkt, ist sie weder wiederholbar (c. 845 § 1 CIC) noch verlierbar.[682] Ist zweifelhaft, ob jemand gültig getauft worden ist, ist die Taufe „bedingungsweise" zu spenden (cc. 845 § 2 CIC, 869 § 1 CIC). Die Taufe wird nach der in den liturgischen Büchern vorgeschriebenen Ordnung gespendet (c. 850 CIC i. V. m. c. 846 § 1 CIC). In Notfällen ist allerdings nur dasjenige zu beachten, was zur Gültigkeit des Sakraments erforderlich ist (c. 850 CIC). Das umfasst die Waschung mit wirklichem Wasser und die in der gebotenen Form gesprochenen Taufworte (c. 849 Halbs. 2 CIC)[683], also z. B.: „Petra, ich taufe dich im Namen des Vaters und des Sohnes und des Heiligen Geistes" (sog. trinitarische Taufformel, Mt 28, 19; KKK 1240).

23   Nach derzeitigem Stand taufen aus Sicht der römisch-katholischen Kirche auch gültig: die orthodoxen Kirchen, die altkatholische Kirche, die evangelisch-lutherischen und die reformierten Kirchen, die evangelischen Gliedkirchen der Union, die anglikanische Kirche sowie die Mennoniten, die Herrnhuter-Gemeinde, die Siebenten-Tages-Adventisten, die Baptisten und die neuapostolischen Gemeinden.[684]

24   Der CIC macht in den cc. 851–860 CIC allgemeine Vorgaben über die Vorbereitung der Taufe, die Taufspendung selbst, die Namensgebung sowie Zeit und Ort der Taufspendung, die teilweise durch Partikularvorschriften konkretisiert bzw. ergänzt werden.[685] Die Gültigkeit der Taufe ist davon nicht betroffen.

25   Ordentlicher Spender der Taufe ist der Bischof, der Priester oder der Diakon (c. 861 § 1 CIC). Dabei bedeutet die Wendung „ordentlich", dass nur dann, wenn ein solcher Spender nicht zur Verfügung steht, die Taufe auch von jemand anderem gespendet werden kann, es also einen außerordentlichen Spender gibt. Ist ein ordentlicher Spender nicht anwesend oder verhindert, so kann auch der Katechist oder eine andere vom Ortsordinarius beauftragte Person taufen. In Notfällen kann sogar jeder Mensch, also auch ein Ungetaufter, soweit er nur von der entsprechenden Intention geleitet ist und die in c. 849 CIC genannten Voraussetzungen erfüllt werden, gültig taufen (c. 861 § 2 CIC). Zuständig für die Vornahme der Taufe ist der Ortspfarrer (c. 530 Nr. 1 CIC). Außerhalb eines Notfalls bedarf damit jeder andere Priester oder Diakon der Erlaubnis des örtlich zuständigen

---

[681] Näher zur christlichen Initiation: KKK 1229 ff. Volle Initiation in diesem Sinne ist dabei nicht rechtlich zu verstehen. Nach der Glaubenslehre der kath. Kirche erfolgt die volle Aufnahme in die christliche Gemeinschaft in Stufen, und zwar in der Reihenfolge Taufe, Firmung und Eucharistie. Diese drei Sakramente werden deshalb auch die Sakramente der christlichen Initiation genannt. Durch sie werden im katholischen Verständnis die Grundlagen des christlichen Lebens gelegt (vgl. KKK 1212). Die volle Initiation in diesem Sinne ist nicht zu verwechseln mit der vollen Gemeinschaft mit der katholischen Kirche im Sinne des c. 205 CIC.
[682] Vgl. R. Ahlers, Artikel „Taufe", in: Lexikon des Kirchenrechts, Sp. 936.
[683] Dazu R. Ahlers, Artikel „Taufe", in: Lexikon des Kirchenrechts, Sp. 936; W. Aymans/ K. Mörsdorf, Kanonisches Recht III, § 120 C.
[684] Quelle: J. Prader/H. J. F. Reinhardt, Das kirchliche Eherecht in der seelsorgerischen Praxis, S. 173. Alle anderen Gemeinschaften, etwa die Mormonen und die Zeugen Jehovas, taufen nach katholischem Verständnis nicht gültig (vgl. R. Althaus, in: MK, c. 869 Rn. 3 d). Diese Religionsgemeinschaften verbinden aus Sicht der katholischen Kirche im Hinblick auf Materie, Intention und Taufformel etwas anderes mit der Taufe als die katholische Kirche. So hat die Kongregation für die Glaubenslehre am 5. 6. 2001 (AAS 93 [2001], S. 476) zur Mormonentaufe festgestellt, dass die Mormonen ungültig taufen. Zur Begründung kann verwiesen werden auf die Publikation der Agentur ZENIT vom 18. 7. 2001 (www.zenit.org) zu einer Stellungnahme von P. Luis Ladaria gegenüber dem Osservatore Romano. Daraus ist ersichtlich, dass die Mormonen die trinitarische Formel nicht im Sinne der Dreifaltigkeit verstehen, sondern im Sinne von drei Göttern. Damit liegt von der Intention her keine Eingliederung in die Kirche Christi vor, wie sie der katholischen Glaubenslehre entspricht. Es kommt also entscheidend darauf an, dass die handelnden Personen, auch und gerade der Spender, mit dem Sakrament inhaltlich dasjenige verbinden und bezwecken, was auch die katholische Kirche damit verbindet und bezweckt (vgl. KKK 1256).
[685] Näher A. Hierold, in: HdbKathKR, § 76 A II 1–6.

Pfarrers. Außerhalb seiner Pfarrei bedarf wiederum der Pfarrer der Erlaubnis des im betreffenden Gebiet zuständigen Ortspfarrers (c. 862 CIC). Die Taufen von Erwachsenen sollen dem Diözesanbischof angetragen werden, damit er sie, soweit er dies für tunlich erachtet, selbst vornimmt (c. 863 CIC).

Fähig zum Empfang der Taufe ist jeder lebende (c. 871 CIC) Mensch, der noch nicht getauft ist (c. 864 CIC). In den cc. 865–868 CIC werden weitere Voraussetzungen für den Empfang der Taufe formuliert. Es handelt sich dabei nicht um Gültigkeitsbedingungen. Teilweise ist aber die Erlaubtheit der Taufe betroffen (etwa in c. 868 § 1 CIC). 26

Einem Täufling ist, soweit die Möglichkeit besteht, ein Pate beizugeben.[686] Das entspricht altem kirchlichen Brauchtum und ist in c. 872 CIC vorgesehen. Die Aufgabe des Paten besteht darin, dem erwachsenen Täufling bei der vollen christlichen Eingliederung beizustehen bzw. das zu taufende Kind zusammen mit den Eltern zur Taufe zu bringen und auch mitzuhelfen, dass der Getaufte ein der Taufe entsprechendes christliches Leben führt und die damit verbundenen Pflichten erfüllt (c. 872 CIC). Die einzelnen Voraussetzungen für die Übernahme des Patenamts regelt c. 874 § 1 CIC. Zu beachten ist vor allem, dass ein Getaufter, der einer nichtkatholischen kirchlichen Gemeinschaft angehört, nur zusammen mit einem katholischen Paten und nur als Taufzeuge zugelassen werden kann (c. 874 § 2 CIC). Ungetaufte werden in diesem Zusammenhang vom CIC nicht erwähnt. Es ist daher davon auszugehen, dass Ungetaufte weder als Paten noch als Taufzeugen zugelassen werden können. Jemand, der nach staatlichem Recht aus der katholischen Kirche „ausgetreten" ist, kann zum Patenamt nicht zugelassen werden (c. 874 § 1 Nrn. 3 u. 4 CIC). Das ergibt sich schon aus der kirchenrechtlichen Bewertung des Austritts als Kirchenstraftat.[687] 27

Der Beweis der Taufspendung erfolgt in der Regel durch Eintrag in das Taufbuch, in Ausnahmen durch Zeugen oder den Eid des Getauften selbst (cc. 875–878 CIC). 28

3. Die Firmung

C. 879 CIC umschreibt die Firmung wie folgt: „Das Sakrament der Firmung, das ein Prägemal eindrückt, beschenkt die Getauften, die auf dem Weg der christlichen Initiation voranschreiten, mit der Gabe des Heiligen Geistes und verbindet sie vollkommener mit der Kirche; es stärkt sie und verpflichtet sie noch mehr dazu, sich in Wort und Tat als Zeugen Christi zu erweisen sowie den Glauben auszubreiten und zu verteidigen." Der Katechismus der katholischen Kirche ergänzt: „Die Firmung vollendet die Taufgnade. Sie ist das Sakrament, das den Heiligen Geist verleiht, um uns in der Gotteskindschaft tiefer zu verwurzeln, uns fester in Christus einzugliedern, unsere Verbindung mit der Kirche zu stärken, uns mehr an ihrer Sendung zu beteiligen und uns zu helfen, in Wort und Tat für den christlichen Glauben Zeugnis zu geben".[688] 29

Wie die Taufe kann auch die Firmung nicht wiederholt werden und ist unverlierbar. Ggf. ist sie bedingt zu spenden (c. 845 §§ 1 u. 2 CIC). Das Firmsakrament wird im Hinblick auf „materia" und „forma" gem. c. 880 § 1 CIC gespendet durch:[689] die Salbung mit Chrisam[690] auf der Stirn, die unter Auflegung der Hand vollzogen 30

---

[686] Näher *H. Paarhammer*, Artikel „Pate, Patin", in: Lexikon des Kirchenrechts, Sp. 724 f. m. w. N.
[687] Dazu o. § 17 Rn. 39 ff.
[688] KKK 1316.
[689] Dazu *I. Riedel-Spangenberger*, Artikel „Firmung", in: Lexikon des Kirchenrechts, Sp. 298 f.; *W. Aymans/K. Mörsdorf*, Kanonisches Recht III, § 121 B.
[690] Dazu: cc. 847, 880 § 2 CIC.

wird, sowie den Gebrauch der in den gebilligten liturgischen Büchern vorgeschriebenen Worte. Diese sind: „Sei besiegelt durch die Gabe Gottes, den Heiligen Geist".[691] Auch bei der Firmung muss, wie allgemein bei den Sakramenten, die entsprechende Intention bei Spender und Empfänger zur Gültigkeit vorhanden sein.

31 Der ordentliche Spender der Firmung ist der Bischof (c. 882 CIC). Mit der von der zuständigen Autorität oder durch das Recht selbst erteilten Befugnis kann auch der Priester gültig das Sakrament spenden (c. 882 CIC). Priester oder gar sonstige Personen, die nicht mit einer solchen Befugnis ausgestattet sind, spenden somit das Sakrament ungültig. Gleiches gilt zudem, abgesehen von Fällen der Todesgefahr[692], für Priester, die zwar befugt sind, die Firmung zu spenden, jedoch außerhalb des ihnen zugewiesenen Gebiets das Sakrament spenden wollen (c. 887 Halbs. 2 CIC). C. 883 CIC sieht verschiedene Fälle vor, in denen die Befugnis zur Firmspendung von Rechts wegen als erteilt gilt. Der Diözesanbischof hat die Firmung persönlich zu spenden oder dafür zu sorgen, dass sie durch einen anderen Bischof gespendet wird. In Notlagen können auch Priester beauftragt werden (c. 884 § 1 CIC). In der Praxis erfolgt die Spendung regelmäßig durch die Weihbischöfe[693].

32 Empfänger der Firmung kann jeder Getaufte sein, soweit er noch nicht gefirmt ist (c. 889 § 1 CIC). Für den erlaubten Empfang ist erforderlich, dass der Firmling über Vernunftgebrauch verfügt, gehörig unterrichtet sowie recht disponiert ist und die Taufversprechen zu erneuern vermag (c. 889 § 2 CIC).

33 Dem Firmling soll nach c. 892 CIC, soweit möglich, ein Pate zur Seite gestellt werden. Dessen Aufgabe ist es, dafür zu sorgen, dass der Gefirmte sich wie ein wahrer Zeuge Christi verhält und die Verpflichtungen, die mit dem Sakrament verbunden sind, getreu erfüllt. Als Voraussetzungen für die Übernahme des Firmpatenamtes gelten die in c. 874 CIC genannten Anforderungen an Taufpaten entsprechend (c. 893 § 1 CIC). Demgemäß empfiehlt c. 893 § 2 CIC, als Firmpaten die Personen heranzuziehen, die bereits Taufpaten waren. Für den Nachweis der Firmspendung verweist c. 894 CIC auf c. 876 CIC, also auf das Taufrecht. C. 895 CIC sieht zudem die Eintragung in das Firmbuch der Diözesankurie sowie den Vermerk über die Firmung im Taufbuch vor.

4. Die Eucharistie

34 Die Eucharistie ist „Quelle und Höhepunkt des ganzen christlichen Lebens"[694]. Der Begriff der Eucharistie wird im Kathechismus der katholische Kirche mit „Danksagung" übersetzt.[695] In ihr wird die christliche Initiation vollendet.[696] Kirchenrechtlich kommt die besondere Bedeutung der Eucharistie in c. 897 CIC zum Ausdruck: „Das erhabenste Sakrament ist die heiligste Eucharistie, in der Christus der Herr selber enthalten ist, als Opfer dargebracht und genossen wird; durch sie lebt und wächst die Kirche beständig. Das eucharistische Opfer, die Gedächtnisfeier des Todes und der Auferstehung des Herrn, in dem das Kreuzesopfer immerdar

---

[691] KKK 1300.
[692] Vgl. c. 883 Nr. 3 CIC.
[693] Zu ihnen o. § 18 Rn. 41.
[694] LG 11; KKK 1324.
[695] KKK 1328; vgl. auch *F. Hauck/G. Schwinge*, Theologisches Fach- und Fremdwörterbuch, S. 66.
[696] KKK 1322; näher zu den theologischen Hintergründen der Eucharistie: KKK 1322 ff.; Papst *Johannes Paul II.*, Enzyklika „Ecclesia De Eucharistia" vom 17. 4. 2003, in dt. Übersetzung abgedr. in: KABl. Köln 2003, S. 113 ff., u. VAS Heft 159; ferner *E.-M. Faber*, Einführung in die katholische Sakramentenlehre, S. 98 ff.; *C. Haider*, Eucharistie erleben und verstehen, 2007; *Kard. Ratzinger*, Der Geist der Liturgie, 2000; krit. Besprechung von *A. Gerhards*, Der Geist der Liturgie, in: HK 2000, 263 ff.; insbesondere zum Opfercharakter der Eucharistie: *Laufen*, Ist die Eucharistie ein Opfer der Kirche? Auf dem Weg zu einer unmissverständlichen Liturgiesprache, in: Pastoralblatt 2000, 163 ff. m. w. N.

fortdauert, ist für den gesamten Gottesdienst und das gesamte christliche Leben Gipfelpunkt und Quelle; durch dieses Opfer wird die Einheit des Volkes Gottes bezeichnet und bewirkt sowie der Aufbau des Leibes Christi vollendet. Die übrigen Sakramente und alle kirchlichen Werke des Apostolats hängen nämlich mit der heiligsten Eucharistie zusammen und sind auf sie hingeordnet." Nach der Lehre der katholischen Kirche gehören zur Eucharistiefeier stets „die Verkündigung des Wortes Gottes, die Danksagung an Gott den Vater für alle seine Wohltaten, vor allem dafür, dass er uns seinen Sohn geschenkt hat, die Wandlung von Brot und Wein und die Teilnahme am liturgischen Mahl durch den Empfang des Leibes und des Blutes des Herrn. Diese Elemente bilden eine einzige Kulthandlung".[697] Die große Bedeutung der Eucharistie für das gesamte kirchliche Leben bringt es mit sich, dass sie im CIC sehr ausführlich geregelt ist. Im Folgenden können nur einige wichtige Aspekte kurz angesprochen werden.[698]

35 Die Rechtsgrundlagen für das Sakrament der Eucharistie finden sich nicht nur im CIC. Von erheblicher Bedeutung sind neben cc. 897 ff. CIC die Enzyklika „Ecclesia de Eucharistia" Papst *Johannes Pauls II.*[699] und die von der Kongregation für den Gottesdienst und die Sakramentenordnung am 25. 3. 2004 verkündete „Instruktion Redemptionis Sacramentum über einige Dinge bezüglich der heiligsten Eucharistie, die einzuhalten und zu vermeiden sind"[700].

36 Wie jede liturgische Handlung ihrer Natur nach eine gemeinsame Feier verlangt (c. 837 § 2 CIC), so ist für die Feier der Eucharistie die Versammlung der Gläubigen wesentlich. Bei der Eucharistie ist, anders als bei den übrigen Sakramenten, zwischen der Feier (Zelebration) und der Spendung des Sakraments zu unterscheiden. Zur Zelebration[701] gehört die Darbringung von Brot und Wein und deren Konsekration in der eucharistischen Danksagung, insbesondere also Hochgebet, Danksagungs- und Konsekrationsgebet sowie der Einsetzungsbericht, also das Sprechen der Wandlungsworte.[702] Von der Spendung bzw. dem Empfang wird nur im Rahmen der Kommunion gesprochen, in der die Gläubigen in Form der konsekrierten Hostie den Leib und in Form des Weins das Blut Christi empfangen.[703] Insbesondere mit Blick auf die kirchenrechtliche Gültigkeit der Eucharistie ist zu beachten, dass die Feier und die Spendung des Sakraments zu trennende Handlungen darstellen. Die Frage der Gültigkeit der Eucharistie stellt sich meist nur im Hinblick auf die Feier des Sakraments (Zelebration), zu Spendung und Empfang des Sakraments (Kommunion) nur die nach der Erlaubtheit (sieht man von c. 842 § 1 CIC ab[704]).

37 Der zur Gültigkeit des Sakraments vorgeschriebene Text in den verbindlichen liturgischen Büchern (die „forma"), insbesondere der der eucharistischen Hoch-

---

[697] KKK 1408; vgl. darüber hinaus vor allem Joh 6, 51: „Ich bin das lebendige Brot, das vom Himmel herabgekommen ist. Wer von diesem Brot isst, wird in Ewigkeit leben. Das Brot, das ich geben werde, ist mein Fleisch, (ich gebe es hin) für das Leben der Welt." Joh 6, 54: „Wer mein Fleisch isst und mein Blut trinkt, hat das ewige Leben, und ich werde ihn auferwecken am Letzten Tag." Joh 6, 56: „Wer mein Fleisch isst und mein Blut trinkt, der bleibt in mir und ich bleibe in ihm."
[698] Näher: *G. Mayer*, in: HdbKathKR, § 77; *L. Gerosa*, Das Recht der Kirche, S. 168 ff.; *R. Ahlers*, Communio Eucharistica, 1990.
[699] In dt. Übersetzung: KABl. Köln 2003, 113 ff., sowie VAS Heft 159.
[700] In dt. Übersetzung abgedr. in: KABl. Köln 2004, S. 127 ff., u. VAS Heft 164; näher zu der Instruktion: *H. Schmitz*, Die Liturgie-Instruktion Redemptionis Sacramentum von 2004.
[701] Näher zur Zelebration: *W. Aymans/K. Mörsdorf*, Kanonisches Recht III, § 124 B.
[702] KKK 1333, 1353.
[703] KKK 1355; zur im lat. Ritus gebräuchlichen Kommunion nur unter der Gestalt des Brotes: KKK 1390.
[704] Nach c. 842 § 1 CIC kann ein Ungetaufter nicht zu den übrigen Sakramenten gültig zugelassen werden, also auch nicht zur Eucharistie.

gebete, ist genau zu beachten. Niemand darf eigenständig etwas hinzufügen, weglassen oder ändern (c. 846 § 1 CIC).[705] Das entspricht den Regeln, die für alle Sakramente gelten (c. 838 § 2 CIC). Für den Ablauf der Eucharistiefeier[706] ist das Römische Messbuch (Missale Romanum) maßgeblich. Hierzu gibt es eine verbindliche deutschsprachige Fassung.[707] Da es mancherorts zu einem gewissen Wildwuchs in der liturgischen Praxis gekommen war, hat die Instruktion „Redemptionis Sacramentum" mit Nachdruck an die Pflicht zur korrekten Form erinnert: „Zu verwerfen ist der Missbrauch, dass die Feier der heiligen Messe für das Volk entgegen den Normen des Römischen Messbuches und der gesunden Tradition des römischen Ritus unter dem Vorwand, das ‚eucharistische Fasten' zu fördern, in willkürlicher Weise unterlassen wird."[708]

38 Die für die Gültigkeit der Eucharistie erforderliche „materia"[709] ist in c. 924 CIC bezeichnet. Danach muss das hochheilige eucharistische Opfer mit Brot und Wein, dem ein wenig Wasser beizumischen ist, dargebracht werden (c. 924 § 1 CIC). Das Brot muss aus reinem Weizenmehl bereitet und noch frisch sein, so dass keine Gefahr der Verderbnis besteht (c. 924 § 2 CIC). Es muss sich zudem um ungesäuertes Brot handeln (c. 926 CIC). Der Wein muss naturrein aus Weintrauben gewonnen sein und darf nicht verdorben sein (c. 924 § 3 CIC).

39 Zelebrant der Eucharistiefeier ist derjenige, der in der Person Christi das Sakrament der Eucharistie vollzieht. Dies kann nur ein gültig geweihter Priester (c. 900 § 1 CIC). Der Zelebrant steht der gesamten Eucharistiefeier vor, vollzieht sie und handelt dabei in der Person Christi (c. 900 § 1 CIC). Hier zeigt sich deutlich, dass nach katholischer Glaubenslehre Christus selbst als Haupthandelnder unsichtbar, aber dennoch gegenwärtig an der Spitze der Eucharistie steht und ihr vorsteht (c. 899 §§ 1–2 CIC; KKK 1348). Sichtbar wird er dabei repräsentiert durch den Bischof oder Priester (KKK 1348). Ohne einen gültig geweihten Priester als Zelebranten ist daher eine gültige Eucharistiefeier nicht möglich. Einem Laien fehlt schon deswegen die Befähigung zur Zelebration, weil er nicht „in persona Christi" handeln kann. Genau das wird aber für den Zelebranten in c. 899 § 1 CIC und c. 900 § 1 CIC vorausgesetzt. Somit sind gem. c. 124 § 1 CIC entsprechende Handlungen eines Laien ungültig. Auch der Diakon kann nicht gültig zelebrieren; c. 900 § 1 CIC schreibt das Handeln eines Priesters vor. Er kann zusammen mit anderen gültig geweihten katholischen Priestern die Eucharistiefeier gemeinsam abhalten, d. h. konzelebrieren (c. 902 CIC). Gem. c. 908 CIC ist es katholischen Priestern demgegenüber ausdrücklich verboten, mit nichtkatholischen Priestern oder Amtsträgern die Eucharistie zu konzelebrieren (sog. Interzelebration). Dies wird in c. 1365 CIC sogar unter Strafe gestellt.

40 Nach c. 907 CIC ist es Diakonen und Laien nicht erlaubt, innerhalb der Eucharistiefeier Gebete, insbesondere das eucharistische Hochgebet, vorzutragen oder Handlungen zu verrichten, die dem

---

[705] Vgl. auch die Instruktion „Redemptionis Sacramentum" (o. Fn. 700), Nr. 51 ff.

[706] Vgl. hierzu KKK 1348–1355; ferner Gotteslob. Katholisches Gebet- und Gesangbuch. Ausgabe für das Erzbistum Köln, Nr. 351 ff., 359 ff.

[707] Ein umfassendes Verzeichnis der lat. und deutschsprachigen amtlichen liturgischen Bücher findet sich als Anhang zur Kommentierung von c. 846 im Münsterischen Kommentar. Zur Verwendung des alten Römischen Messbuchs von 1962 (sog. trindentinische Liturgie) hat Papst *Benedikt XVI.* am 7. 7. 2007 das Motu Proprio „Summorum Pontificum" (lat. und dt. abgedruckt etwa in: KABl. Trier 2007, S, 362 ff.) erlassen. Aus liturgiewissenschaftlicher Sicht vgl. dazu das instruktive Buch von *Kunzler*, Die „Tridentinische" Messe. Aufbruch oder Rückschritt, 2008; ferner *A. Gerhards* (Hrsg.), Ein Ritus – zwei Formen. Die Richtlinie Papst Benedikts XVI. zur Liturgie, 2008.

[708] Redemptionis Sacramentum (o. Fn. 700), Nr. 115.

[709] Vgl. Redemptionis Sacramentum (o. Fn. 700), Nr. 48 ff.

§ 21. Rechtliche Ordnung der Sakramente

zelebrierenden Priester vorbehalten sind.[710] Es sei nochmals darauf hingewiesen, dass auch zur Gültigkeit der Eucharistie die Zelebration durch einen gültig geweihten Priester erforderlich ist. C. 907 CIC betrifft daher Tätigkeiten im Beisein des Priesters, die aber dem Priester selbst vorbehalten sind, wie etwa das Vortragen des Hochgebetes. Gerade mit solchen Fragen befasst sich die bereits genannte Instruktion „Redemptionis Sacramentum" vom 25. 3. 2004[711] ausführlich.

41 Ordentlicher Spender der heiligen Kommunion sind der Bischof, der Priester und der Diakon (c. 910 § 1 CIC).[712] Ausnahmsweise können auch andere Gläubige, soweit sie hierzu rechtmäßig beauftragt sind, die Kommunion austeilen, also spenden (cc. 910 § 2; 230 § 3 CIC). Unter den Voraussetzungen des c. 844 § 2 CIC kann die Kommunion auch von einem nichtkatholischen Spender empfangen werden.[713] Auch der Empfänger des Sakraments muss grundsätzlich katholisch sein. Der CIC sieht für Mitglieder von Kirchen, die nicht in der vollen Gemeinschaft mit der römisch-katholischen Kirche stehen (also insbesondere für evangelische Christen) in c. 844 § 4 nur sehr eng begrenzte Ausnahmefälle vor (Todesgefahr oder andere schwere Notlage). Doch hat die Enzyklika „Ecclesia De Eucharistia" Papst *Johannes Pauls II.* vom 17. 4. 2003 in diesem Punkt das Kirchenrecht erweitert. In Nr. 45 der Enzyklika ist vorgesehen, dass die Spendung der Eucharistie *„unter besonderen Umständen und an einzelne Personen,* die zu Kirchen oder kirchlichen Gemeinschaften gehören, die nicht in der vollen Gemeinschaft mit der katholischen Kirche stehen", statthaft ist. „In diesem Fall geht es nämlich darum, einem schwerwiegenden geistlichen Bedürfnis einzelner Gläubiger im Hinblick auf das ewige Heil entgegenzukommen, nicht aber um die Praxis einer *Interkommunion,* die nicht möglich ist, solange die sichtbaren Bande der kirchlichen Gemeinschaft nicht vollständig geknüpft sind."[714] Die Instruktion „Redemptionis Sacramentum" hat dies uneingeschränkt bestätigt[715]. Im Vorwort der Instruktion wird „mit großer Traurigkeit" festgestellt, dass ‚ökumenische Initiativen, die zwar gut gemeint sind, ... zu eucharistischen Praktiken verleiten, die der Disziplin widersprechen, mit der die Kirche ihren Glauben zum Ausdruck bringt'. Die Eucharistie ist jedoch ein zu großes Gut, um Zweideutigkeiten und Verkürzungen zu dulden'."[716] Die „offene Kommunion" für Nichtkatholiken bzw. „Interkommunion" ist also grundsätzlich unzulässig. Im Verständnis der katholischen Kirche kann die Eucharistie nicht als Instrument gesehen werden, um zu ökumenischen Fortschritten zu kommen, sondern umgekehrt: Kommuniongemeinschaft setzt Kirchengemeinschaft voraus.[717]

42 Auf der Grundlage der Regelung in Nr. 45 der Enzyklika „Ecclesia de Eucharistia" konnte z. B. der damalige *Kardinal Ratzinger* dem evangelischen Prior der ökumenischen Gemeinschaft von Taizé, Frere *Roger Schutz,* bei der Messe auf dem Petersplatz in Rom im Mai 2005 nach dem Tode von Papst *Johannes Paul II.* vor laufenden Fernsehkameras (und sehr zur Überraschung mancher Beobachter) die hl. Kommunion spenden.[718] Die Vorschrift in Nr. 45 der Enzyklika „Ecclesia de

---

[710] Dazu auch: Instruktion zu einigen Fragen über die Mitarbeit am Dienst der Priester vom 15. 8. 1997, Art. 6 ff., in dt. Übersetzung abgdr. in: VAS Heft 129; Instruktion „Redemptionis Sacramentum" vom 25. 3. 2004 (o. Fn. 700), Nr. 51 ff.
[711] O. Fn. 700.
[712] Näher zur Kommunion: *W. Aymans/K. Mörsdorf,* Kanonisches Recht III, § 124 C.
[713] Vgl. auch das Direktorium zur Ausführung der Prinzipien und Normen über den Ökumenismus vom 25. 3. 1993, in dt. Übersetzung abgdr. in: VAS Heft 110, Nr. 122 ff.
[714] O. Fn. 699 (Hervorhebungen im Original).
[715] Redemptionis Sacramentum (o. Fn. 700), Nr. 84 f.
[716] Redemptionis Sacramentum (o. Fn. 700), Nr. 8, die Enzyklika „Ecclesia de Eucharistia" (o. Fn. 699), Nr. 10, zitierend.
[717] Vgl. etwa „Kardinal Meisner zur offenen Kommunion. Aus einem Antwortbrief von Joachim Kardinal Meisner an Adressaten, die sich die sogenannte ‚offene Kommunion' wünschen", in: Pfarramtsblatt 2004, S. 73 (74).
[718] Dazu etwa Kirchenzeitung für das Erzbistum Köln Nr. 29–30/2005, S. 6.

Eucharistia" bildet auch die Rechtsgrundlage dafür, dass evangelische Familienangehörige im Rahmen von Familienfeiern, z. B. einer Hochzeit, ausnahmsweise die heilige Kommunion empfangen.

43   Gem. c. 912 CIC kann und muss jeder Getaufte, der rechtlich nicht daran gehindert ist, zur heiligen Kommunion zugelassen werden. Getaufte in diesem Sinne sind dabei zunächst die in der römisch-katholischen Kirche Getauften, denn nach katholischem Verständnis setzt die eucharistische Gemeinschaft, wie gesehen, volle Kirchengemeinschaft voraus.[719] Nur in engen Grenzen kann davon abgewichen werden[720] Die cc. 913, 914 CIC schreiben für Kinder, insbesondere im Hinblick auf die Kenntnis um das Wesen der Eucharistie, eine entsprechende Vorbereitung vor.[721] Nicht zugelassen werden dürfen Exkommunizierte und Interdizierte nach Verhängung oder Feststellung der Strafe sowie andere, die in einer offenkundigen schweren Sünde verharren (c. 915 CIC).

44   Das betrifft u. a. die vieldiskutierte Problematik der Zulassung wiederverheirateter Geschiedener zur heiligen Kommunion. Lehramtlich dürfte inzwischen entschieden sein, dass wiederverheiratete Geschiedene nicht zuzulassen sind.[722] Das stellt aber nur die Lösung des Problems in rechtlicher Perspektive dar. Die rechtliche Konsequenz, dass sie von der heiligen Kommunion ausgeschlossen (wenn auch nicht exkommuniziert[723]) sind, führt die Betroffenen regelmäßig erst zum eigentlichen Problem.

45   In der Praxis wirkt sich die Vorgabe des c. 915 CIC für wiederverheiratete Geschiedene allerdings oft nicht aus, weil die entsprechenden Umstände dem Spender der Kommunion meist nicht bekannt sind und Erkundigungen nicht eingezogen werden. Dem Spender der Kommunion kann dann ein rechtlicher Vorwurf nicht gemacht werden, weil c. 915 CIC Offenkundigkeit im Hinblick darauf verlangt, dass die Betroffenen in einer schweren Sünde verharren.[724] Zudem wird mit Recht geltend gemacht, aus pastoralen Gründen sei es zu vermeiden, die Kommunion öffentlich zu verweigern.[725] Kirchenrechtlich lässt sich eine milde Bewertung der Praxis, die wiederverheirateten Geschiedenen den Zugang zur hl. Kommunion nicht verwehrt, möglicherweise mit den Instrumenten der Aequitas canonica[726] bzw. der Epikie[727] begründen[728].

---

[719] Vgl. DirOec/1993, Nr. 129; c. 844 § 1 CIC.
[720] Vgl. c. 844 §§ 2–4 CIC; DirOec/1993, Nr. 122 ff.
[721] Zur Kinderkommunion vgl. etwa die den CIC präzisierenden partikularrechtlichen Regelungen des Bistums Trier: § 3 der Diözesanbestimmungen über das Sakrament der Eucharistie v. 15. 2. 2000, KABl. Trier 2000, 108 f.
[722] Im Einzelnen hierzu: KKK 1650; Papst *Johannes Paul II.*, Apostolisches Schreiben „Familiaris Consortio" v. 22. 11. 1981, in dt. Übersetzung abgedruckt in: VAS Nr. 84; Schreiben der Glaubenskongregation vom 14. 9. 1994 über die Zulassung von wiederverheirateten Geschiedenen zum Kommunionempfang, in: AAS 86 (1994), S. 974 ff.; Päpstlicher Rat zur Interpretation von Gesetzestexten (PCI), Erklärung vom 26. 6. 2000, dt. Übersetzung in AfkKR 169 (2000), S. 135 ff. Auf Möglichkeiten und Vorschläge zu stärker differenzierenden Lösungen verweist *R. Puza*, Katholisches Kirchenrecht, S. 400 ff. m. w. N. Solche Vorschläge können sich bestätigt sehen durch die Bischofsynode in Rom um Herbst 2005, von der berichtet wird, sie fordere größeres Verständnis und neue pastorale Anstrengungen für Geschiedene und Wiederverheiratete, die während der Messe die Kommunion empfangen möchten (F.A.Z. v. 20. 10. 2005, S. 6).
[723] Darauf weist *F. Bernard*, Grundkurs Kirchenrecht, S. 28, hin; vgl. auch die Ansprache Papst *Johannes Pauls II.* v. 14. 10. 2000 in Rom mit dem Titel „Kinder – Frühling der Familie und der Gesellschaft", in der der Papst ausdrücklich ausgeschlossen hat, „ein strenges distanziertes Urteil auszusprechen, sondern eher den Problemen so vieler menschlicher Dramen das Licht des Wortes Gottes zu geben, begleitet vom Zeugnis seiner Barmherzigkeit (...) Die Gläubigen, die geschieden und wiederverheiratet sind, sind nicht von der Gemeinschaft (der Kirche) ausgeschlossen; sie sind vielmehr eingeladen, an ihrem Leben teilzunehmen. Die Kirche möchte, ohne die Wahrheit der objektiven moralischen Unordnung, in der diese sich befinden, und die Konsequenzen, die daraus für die Sakramenten-Praxis (zum Beispiel den Ausschluss von der Kommunion) entspringen, zu verschweigen, ihre mütterliche Nähe zeigen." Zit. nach F.A.Z. v. 16. 10. 2000, S. 5.
[724] Vgl. dazu *H. Heimerl/H. Pree*, Kirchenrecht, S. 271 f.
[725] Vgl. etwa *J. Cleve*, Die Interpretation von c. 915 CIC im Kontext der fundamentalen Pflichten und Rechte aller Gläubigen, in: FS f. Heinemann, 1995, S. 385 (390 f. m. w. N.).
[726] Dazu o. § 19 Rn. 32 ff.
[727] Dazu o. § 19 Rn. 24 f.
[728] Vgl. *R. Puza*, Katholisches Kirchenrecht, S. 407 f.

Die cc. 934–944 CIC betreffen die Aufbewahrung und Verehrung der Heiligsten 46
Eucharistie. Hierbei ist nicht das Sakrament als solches gemeint, sondern die
„materia", also Brot und Wein. Brot und Wein wurden nach altem Sprachgebrauch
„eucharistiert", so dass diese Nahrung heute selbst auch „Eucharistie" genannt
wird.[729]

Die cc. 945–958 CIC schließlich behandeln die sog. Meß-Stipendien, also (Geld-)Gaben für die 47
Feier einer hl. Messe in einer bestimmten Meinung[730]. Nach altem Brauch ist es jedem zelebrierenden
Priester erlaubt, ein Mess-Stipendium anzunehmen, damit er die Messe in einer bestimmten Meinung
appliziert (c. 945 § 1 CIC). Es handelt sich hierbei meist um Geldbeträge. In jedem Falle ist von dem
Mess-Stipendium jeglicher Schein von Geschäft oder Handel fernzuhalten (c. 947 CIC).

5. Die Buße

Nach der Glaubenslehre der römisch-katholischen Kirche gilt: „Wer sündigt, 48
verletzt die Ehre und Liebe Gottes, seine eigene Würde als Mensch, der berufen
ist, Kind Gottes zu sein, und das geistliche Wohl der Kirche, deren lebendiger
Baustein jeder Christ sein soll."[731] Daran knüpft c. 959 CIC an: „Im Sakrament der
Buße erlangen die Gläubigen, die ihre Sünden bereuen und mit dem Vorsatz zur
Besserung dem rechtmäßigen Spender bekennen, durch die von diesem erteilte
Absolution von Gott Verzeihung ihrer Sünden, die sie nach der Taufe begangen
haben; zugleich werden sie mit der Kirche versöhnt, die sie durch ihr Sündigen
verletzt haben."[732]

Spender des Bußsakraments kann nur ein Priester sein, wobei zur gültigen 49
Absolution erforderlich ist, dass er über die Weihegewalt hinaus befugt ist, sie
gegenüber den Gläubigen auszuüben (cc. 965, 966 § 1 CIC).[733] Diese Befugnis
erhält der Priester von Rechts wegen (also nach cc. 967 f. CIC) oder durch Verleihung von der zuständigen Autorität nach Maßgabe des c. 969 CIC (c. 966 § 2
CIC). Wenn der Pönitent sich in Todesgefahr befindet, kann ein Priester ausnahmsweise auch ohne die erforderliche Befugnis gültig und erlaubt die Absolution
erteilen selbst dann, wenn ein Priester mit entsprechender Befugnis zugegen ist
(c. 976 CIC). Ein Priester, der an einem Verstoß gegen das sechste Gebot des
Dekalogs („Du sollst nicht die Ehe brechen!"[734]) beteiligt war, kann die Absolution
nicht gültig spenden, außer in Todesgefahr (c. 977 CIC).

Für den Pönitenten (also den Beichtenden, dem das Bußsakrament gespendet 50
werden soll) bestimmt c. 987 CIC: „Damit ein Gläubiger die heilbringende Hilfe
des Bußsakraments empfängt, muss er so disponiert sein, dass er sich unter Reue
über seine begangenen Sünden und mit dem Vorsatz zur Besserung Gott zuwen-
det." Er ist nach c. 988 CIC verpflichtet, alle nach der Taufe begangenen schweren
Sünden, deren er sich bewusst ist, nach Art und Zahl zu bekennen. Wenn der
Beichtvater keinen Zweifel an der rechten Disposition des Pönitenten hat und dieser
um die Absolution bittet, darf sie weder verweigert noch aufgeschoben werden
(c. 980 CIC). Dem Beichtvater steht dabei zwangsläufig ein gewisser Ermessens-

---

[729] Vgl. KKK 1355.
[730] Definition nach *L. Schick*, Artikel „Meßstipendium", in: LThK, Bd. 7, Sp. 185.
[731] KKK 1487; näher zu den theologischen Hintergründen der Buße: *E.-M. Faber*, Einführung in
die katholische Sakramentenlehre, S. 122 ff.
[732] Näher *H. Schmitz*, Artikel „Bußsakrament", in: Lexikon des Kirchenrechts, Sp. 140 ff.
m. w. N.; *L. Gerosa*, Das Recht der Kirche, S. 222 ff.; aus theologischer Sicht: *E.-M. Faber*, Einführung in die katholische Sakramentenlehre, S. 122 ff.
[733] Vgl. dazu *L. Gerosa*, Das Recht der Kirche, S. 226.
[734] Ex 20, 14.

spielraum zu. Die Einzelheiten zur Spendung des Sakraments ergeben sich aus den entsprechenden liturgischen Büchern.[735] Wesentlich sind zwei Elemente, nämlich:
- auf Seiten des Pönitenten das Bekenntnis der Sünden und die Reue sowie die Übernahme eines Bußwerkes zur Genugtuung für seine Sünden (KKK 1450 ff.);
- die Absolution durch die Kirche, die dabei für Gott handelt (KKK 1448). Die Absolutionsformel lautet: „Gott, der barmherzige Vater, hat durch den Tod und die Auferstehung seines Sohnes die Welt mit sich versöhnt und den Heiligen Geist gesandt zur Vergebung der Sünden. Durch den Dienst der Kirche schenke er dir Verzeihung und Frieden. So spreche ich dich los von deinen Sünden im Namen des Vaters und des Sohnes und des Heiligen Geistes." (KKK 1449).

51 Grundsätzlich wird das Bußsakrament in der Einzelbeichte gespendet.[736] Gem. c. 960 CIC bilden das persönliche sowie vollständige Bekenntnis und die Absolution den einzigen ordentlichen Weg, auf dem ein Gläubiger, der sich einer schweren Sünde bewusst ist, mit Gott und der Kirche versöhnt wird. Nur unter den engen Voraussetzungen von cc. 961 f. CIC kann mehreren Pönitenten gleichzeitig ohne vorheriges persönliches Bekenntnis die Absolution erteilt werden (Generalabsolution).

52 Der Beichtvater darf über das, was er in der Beichte erfährt, nicht mit Dritten sprechen. Er unterliegt dem Beichtgeheimnis (cc. 983 f. CIC). Das Beichtgeheimnis zu verletzen ist nach kirchlichem Recht strafbar (c. 1388 CIC). Auch der Gebrauch des aus der Beichte gewonnenen Wissens ist streng verboten (c. 984 CIC).[737] Nur der Beichtende kann von der Schweigepflicht entbinden. Das aus der Beichte gewonnene Wissen darf im Rahmen von kirchlichen Gerichtsverfahren nicht einmal als Anhaltspunkt für die Wahrheitsfindung genutzt werden (c. 1550 § 2 Nr. 2 CIC).

53 Die cc. 992–997 CIC betreffen den sog. Ablass. Dabei handelt es sich um den Erlass einer zeitlichen Strafe vor Gott für Sünden, deren Schuld schon getilgt ist (c. 992; KKK 1471).[738]

6. Die Krankensalbung

54 Das Sakrament der Krankensalbung[739], das früher als „letzte Ölung" bezeichnet wurde[740], soll Christen, die an einer schweren Krankheit leiden oder die mit dem Alter gegebene Schwierigkeiten durchleben, besondere Gnade verleihen (KKK 1527). In c. 998 CIC heißt es hierzu: „Durch die Krankensalbung empfiehlt die Kirche gefährlich erkrankte Gläubige dem leidenden und verherrlichten Herrn an, damit er sie aufrichte und rette; sie wird gespendet, indem die Kranken mit Öl gesalbt und die in den liturgischen Büchern vorgeschriebenen Worte gesprochen werden." Zur Gültigkeit der Spendung ist die Salbung mit gesegnetem Öl an mindestens einem Körperteil unter Aussprechen der vorgeschriebenen Spendefor-

---

[735] Ordo poenitentiae v. 2. 12. 1973, Typ. Pol. Vat. 1974. Siehe auch: Die Feier der Buße nach dem neuen Rituale Romanum. Studienausgabe 1974 (3. Aufl. 1985). Es sei zudem verwiesen auf das „Gotteslob" für das Erzbistum Köln, Nr. 60.
[736] Zu den verschiedenen liturgischen Formen des Bußsakraments: R. *Weigand*, in: HdbKathKR, § 78 I 3.
[737] Näher zum Beichtgeheimnis: H. *Schwendenwein*, Artikel „Beichtgeheimnis", in: Lexikon des Kirchenrechts, Sp. 94 ff. m. w. N.
[738] Näher *Henseler*, in: HdbKathKR, § 79; W. *Aymans*/K. *Mörsdorf*, Kanonisches Recht III, § 131; G. *Schütz*, Der Ablaß. Heilsangebot Jesu Christi und seiner Kirche, in: Pfarramtsblatt 1999, 241 ff.
[739] Näher zur Krankensalbung: H. *Paarhammer*, in: HdbKathKR, § 80; W. *Aymans*/K. *Mörsdorf*, Kanonisches Recht III, § 132.
[740] Vgl. *Greshake*, Artikel „Krankensalbung. II. Historisch-theologisch", in: LThK, Bd. 6, Sp. 419 (420 f.); H. *Paarhammer*, HdbKathKR, § 80 I (S. 863), auch zu den Hintergründen des Verständniswandels hin zur „Krankensalbung".

mel erforderlich. Nach dem römischen Ritus[741] erfolgt die Salbung auf Stirn und Hände; sie wird durch das liturgische Gebet begleitet (KKK 1531). In Notfällen reicht die Salbung auf der Stirn oder einem anderen Körperteil (meist einer Hand) unter gleichzeitigem Sprechen der Spendeformel (c. 1000 § 1 Halbs. 2 CIC). Die Formel lautet: „Durch diese heilige Salbung helfe dir der Herr in seinem reichen Erbarmen, er stehe dir bei mit der Kraft des heiligen Geistes. Der Herr, der dich von Sünden befreit, rette dich, in seiner Gnade richte er dich auf."[742]

Die Krankensalbung kann nur durch einen Priester gültig gespendet werden (c. 1003 § 1 CIC). Er hat, von Ausnahmesituationen abgesehen, die Salbung mit der eigenen Hand zu vollziehen (c. 1000 § 2 CIC). Gem. c. 1004 § 1 CIC kann die Krankensalbung dem Gläubigen gespendet werden, der nach Erlangung des Vernunftgebrauchs aufgrund von Krankheit oder Altersschwäche in Gefahr gerät. Das Sakrament ist nach c. 1004 § 2 CIC wiederholbar und nach c. 1005 CIC auch im Zweifel zu spenden. Im Falle hartnäckigen Verharrens in schwerer Sünde darf es jedoch nicht gespendet werden (c. 1007 CIC)[743]. 55

7. Die Weihe

In c. 1008 CIC, der theologischen Einführungsbestimmung zum Sakrament der Weihe[744], heißt es: „Durch das Sakrament der Weihe werden kraft göttlicher Weisung aus dem Kreis der Gläubigen einige mittels eines untilgbaren Prägemals, mit dem sie gezeichnet werden, zu geistlichen Amtsträgern bestellt; sie werden je dazu geweiht und bestimmt, entsprechend ihrer jeweiligen Weihestufe die Dienste des Lehrens, des Heiligens und des Leitens in der Person Christi des Hauptes zu leisten und dadurch das Volk Gottes zu weiden." Durch die gültige Weihe erhält der Empfänger des Sakraments die Weihegewalt.[745] Die Weihe ist nicht wiederholbar und unverlierbar (c. 845 § 1 CIC). Der Geweihte ist befähigt „in persona christi" (c. 1008 CIC) zu handeln. Allerdings kann die Ausübung der Weihegewalt untersagt werden.[746] 56

Die Gültigkeit der Weihe erfordert zunächst die kirchenrechtliche Befähigung des Weihespenders. Nach c. 1012 CIC kann nur der geweihte Bischof Spender der heiligen Weihe sein.[747] Zur Erlaubtheit der Bischofsweihe (nicht zu ihrer Gültigkeit[748]) ist zudem erforderlich, dass der Spender des Sakraments zuvor vom Papst mit der Weihe beauftragt worden ist (c. 1013 CIC). Außerdem sieht c. 1017 CIC für jedwede Weihe vor, dass ein Bischof außerhalb seines Gebietes die Erlaubnis des 57

---

[741] Der neue römische Ritus wurde von Papst *Paul VI.* am 10. 11. 1972 promulgiert: AAS 65 (1973), S. 5 ff.
[742] Vgl. „Gotteslob" für das Erzbistum Köln, Nr. 76.
[743] Vgl. im Hinblick auf die Zulassung zur hl. Kommunion c. 915 CIC; dazu o. Rn. 43 ff.
[744] Näher zum Weihesakrament: *W. Aymans/K. Mörsdorf*, Kanonisches Recht III, § 122; *Hirnsperger*, Artikel „Weihesakrament", in: Lexikon des Kirchenrechts, Sp. 1005 ff. m. w. N.; *E.-M. Faber*, Einführung in die katholische Sakramentenlehre, S. 150 ff.
[745] Zum Verhältnis der Weihegewalt zur Leitungsgewalt o. § 17 Rn. 28 ff.
[746] Vgl. *Hirnsperger*, Artikel „Weihesakrament", in: Lexikon des Kirchenrechts, Sp. 1005.
[747] Vielfach wird die Gültigkeit der Weihe auch von einer bestimmten Intention des Spenders abhängig gemacht, vgl. etwa *Fahrnberger*, HdbKathKR, § 82 (S. 881), mit der Forderung, auf Seiten des Spenders müsse „die aktuelle oder virtuelle Absicht, die Weihe in Übereinstimmung mit der Kirche spenden zu wollen" bestehen; ferner *Holkenbrink*, Artikel „Weiheempfang", in: A. v. Campenhausen/I. Riedel-Spangenberger/R. Sebott (Hrsg.), Lexikon f. Kirchen- und Staatskirchenrecht, Bd. 3, S. 864 (865): nach allg Lehrauffassung der Kirche gehöre zur gültigen Spendung der Weihe auf Seiten des weihenden Bischofs auch, „dass er bei der Ordination die Absicht hat zu tun, was die Kirche tut"; *Hirnsperger*, HdbKathKR, § 81 (S. 869): „rechte Intention"). Im CIC findet diese Sicht keine klare Rechtsgrundlage.
[748] Zum Unterschied zwischen Gültigkeit und Erlaubtheit kirchenrechtlich relevanter Handlungen o. Rn. 11 ff.

betreffenden Diözesanbischofs benötigt. Zur Gültigkeit der Weihe gehört allerdings die Einhaltung des Weiheritus, also Handauflegen („materia") und Sprechen des Weihegebets („forma"), c. 1009 § 2 CIC.[749]

58   Die Bischofsweihe ohne päpstlichen Auftrag erfüllt den Straftatbestand des c. 1382 CIC. Berühmter Fall: Erzbischof *Marcel Lefebvre* weihte am 30. 6. 1988 vier Bischöfe ohne päpstlichen Auftrag und zog sich die Strafe der Exkommunikation zu.[750]

59   Auf der Seite der Empfänger des Sakraments gilt: Gültig geweiht werden können nur getaufte Männer (c. 1024 CIC). Die vieldiskutierte Frage der Priesterweihe für Frauen in der römisch-katholischen Kirche ist lehramtlich (verneinend) entschieden.[751] Die Weihebewerber dürfen die entsprechende Weihe noch nicht empfangen haben und sich nicht innerlich gegen den Weiheempfang sperren (obex).

60   Zu unterscheiden sind die Weihestufen Episkopat, Presbyterat und Diakonat (c. 1009 § 1 CIC). Auf allen Stufen wird die Weihe erteilt durch die Handauflegung und das Weihegebet, welches die liturgischen Bücher für die einzelnen Weihestufen vorschreiben (c. 1009 § 2 CIC). Für die erlaubte Erteilung der Weihen des Presbyterats und des Diakonats formulieren die Vorschriften in cc. 1025 ff. CIC eine Reihe von Erfordernissen, die der Weihebewerber zu erfüllen hat. So muss er u. a. den ordnungsgemäßen Abschluss seines philosophisch-theologischen Studiums nachweisen (cc. 1025 § 1 Halbs. 2 i. V. m. c. 1050 Nr. 1 und c. 1032 CIC), er muss „einen ungeschmälerten Glauben haben" (c. 1029 CIC) und er muss mindestens 25 Jahre alt sein (c. 1031 CIC). Auch dürfen keine dauernden oder einfachen Weihehindernisse, z. B. Geisteskrankheit oder Ehe, bestehen (cc. 1040 ff. CIC).[752]

61   Die Weihe bildet die Grundlage für die rechtliche Stellung des Geweihten als Kleriker. Er unterliegt fortan den Pflichten der Kleriker, hat aber auch ihre Rechte. Die rechtlichen Regelungen dazu finden sich im zweiten Buch des CIC über das „Volk Gottes", dort im Titel III: „Geistliche Amtsträger oder Kleriker" (cc. 232–293 CIC). Hier findet sich auch die Pflicht zur Übernahme des Zölibats (c. 277 CIC), an die das Kirchenrecht in dem Abschnitt des CIC zum Sakrament der Weihe anknüpft (c. 1037 CIC).

---

[749] Zu den einzelnen Weihegebeten für die Bischöfe, Priester und Diakone: Pontifikale für die katholischen Bistümer des deutschen Sprachgebietes, hrsg. im Auftrag der Bischofskonferenzen Deutschlands, Österreichs und der Schweiz sowie der (Erz-)Bischöfe von Bozen-Brixen, Lüttich, Luxemburg und Straßburg. Bd. 1, 2. Aufl. 1994.

[750] Dazu *Schifferle*, Artikel „Lefebvre", in: LThK, Bd. 6, Sp. 738 m. w. N. Ende Januar 2009 hat Papst *Benedikt XVI.* die Exkommunikation vier Bischöfe aufgehoben; da einer von ihnen zuvor den Holocaust geleugnet hatte, führte der Schritt des Papstes zu ganz erheblicher Kritik, vgl. nur SZ v. 26.1.2009, S. 1; SZ v. 29.1.2009, S. 1; F. A. Z. v. 26.1.2009, S. 6; Kirchenrechtliche Bewertung des Vorgangs: *W. Aymans*, Der Fall „Pius-Bruderschaft", in: Die Tagespost v. 14.2.2009, S 4.

[751] Vgl. die Erklärung „inter insignores" v. 15. 10. 1976 der Kongregation für die Glaubenslehre, AAS 69 (1977), S. 98 ff.; Papst *Johannes Paul II.*, Apostolisches Schreiben „Ordinatio sacerdotalis" vom 22. 5. 1994, AAS 86 (1994), S. 545 ff., dt.: KABl. Köln 1994, 109 ff., (beide Dokumente sind in dt. Übersetzung auch abgedr. in: VAS Heft 117); zu „Ordinatio sacerdotalis" die Erklärung der deutschen Bischöfe, abgedr. u. a. in KABl. Münster 1994, 139 f.; Kongregation der Glaubenslehre, Responsum v. 28. 10. 1995, AAS 87 (1995), S. 1114. Aus der Lit. vgl. nur *K. Walf*, Einführung in das neue katholische Kirchenrecht, S. 173, auch zu der noch nicht abschließend beantworteten Frage nach der Diakonatsweihe für Frauen; ferner *P. Krämer*, Kirchenrecht I, S. 100; *F. Bernard*, Grundkurs Kirchenrecht, S. 32; mit Blick auf einen konkreten Fall: *S. Demel*, Die Aktion der „Priesterinnenweihe" und ihre rechtlichen Folgen, ÖARR 2004, 1 ff. Zur Frage, ob der Ausschluss der Frauen von der Priesterweihe als unfehlbare Lehre festgestellt ist, bereits o. § 20 Rn. 13. Fn. 617 f.

[752] Näher *Hirnsperger*, HdbKathKR, S. 872 ff.; *H. Hallermann*, Artikel „Weihespendung", in: A. v. Campenhausen/I. Riedel-Spangenberger/R. Sebott (Hrsg.), Lexikon für Kirchen- und Staatskirchenrecht, Bd. 3, S. 871 (872); *K. Walf*, Einführung in das neue katholische Kirchenrecht, S. 174 ff., jeweils m. w. N.

8. Die Ehe

Das Eherecht ist in der kirchenrechtlichen Praxis von erheblicher Bedeutung.[753] Die kirchlichen Gerichte sowohl auf der Bistumsebene (Offizialate) als auch am Apostolischen Stuhl (Römische Rota) beschäftigen sich überwiegend mit der Frage der Gültigkeit bzw. Nichtigkeit von Ehen.

a) Grundlagen des kanonischen Eherechts. Das im geltenden CIC geregelte kanonische Eherecht beruht auf der Ehelehre des II. Vatikanischen Konzils[754]: „Die innige Gemeinschaft des Lebens und der Liebe in der Ehe, vom Schöpfer begründet und mit eigenen Gesetzen geschützt, wird durch den Ehebund, d. h. durch den unwiderruflichen, personalen Konsens gestiftet. So entsteht durch den personalen freien Akt, in dem sich die Eheleute gegenseitig schenken und annehmen, eine nach göttlicher Ordnung feste Institution, und zwar auch gegenüber der Gesellschaft. Dieses heilige Band unterliegt im Hinblick auf das Wohl der Gatten und der Nachkommenschaft sowie auf das Wohl der Gesellschaft nicht mehr menschlicher Willkür. Gott selbst ist der Urheber der Ehe, die mit verschiedenen Gütern und Zielen ausgestattet ist."[755] Der CIC bietet keine Legaldefinition der Ehe, sondern umschreibt nur das Wesen des Eheschließungsaktes, den Ehebund. In dem für das gesamte Eherecht grundlegenden c. 1055 § 1 CIC heißt es: „Der Ehebund, durch den Mann und Frau unter sich die Gemeinschaft des ganzen Lebens begründen, welche durch ihre natürliche Eigenart auf das Wohl der Ehegatten und auf die Zeugung und Erziehung von Nachkommenschaft hingeordnet ist, wurde zwischen Getauften von Christus dem Herrn zur Würde eines Sakraments erhoben." Die Ehe ist danach bereits in der Schöpfungsordnung selbst vorhanden. *Jesus Christus* hat sie unter Getauften zum Sakrament erhoben.[756]

C. 1055 § 1 CIC stellt im Einklang mit der Lehre des Konzils auch heraus, dass die Ehe eine Gemeinschaft des ganzen Lebens zwischen Mann und Frau ist und dass sie auf das Wohl der Ehegatten und die Zeugung und Erziehung von Nachkommen hingeordnet ist. Das Wohl der Ehegatten und die Hinordnung auf Nachkommen werden gemeinhin als Wesensziele bzw. Wesenselemente der Ehe bezeichnet.[757] Daneben werden in c. 1056 CIC noch zwei Wesenseigenschaften der Ehe genannt, nämlich die Einheit (Einpaarigkeit) und ihre Unauflöslichkeit.

Nach der Lehre der Kirche kann es zwischen Getauften keinen gültigen Ehevertrag geben, ohne dass er zugleich Sakrament ist (c. 1055 § 2 CIC),[758] da der Ehebund von Christus selbst unter Getauften zur Würde eines Sakraments erhoben wurde[759]. Besteht also nach den Vorgaben des kanonischen Rechts eine gültige Ehe,

---

[753] Umfassend zum Eherecht: *W. Aymans/K. Mörsdorf*, Kanonisches Recht III, §§ 133–144; *J. Prader/H. J. F. Reinhard*, Das kirchliche Eherecht in der seelsorgerischen Praxis, 4. Aufl. 2001.

[754] Vgl. die Pastorale Konstitution über die Kirche von heute „Gaudium et spes" (GS 47 ff.). Theologisch vertieft wurde die Lehre im Apostolischen Schreiben „Familiaris Consortio" (FC 11), vom 22. 11. 1981, in dt. Übersetzung abgedruckt in: VAS Heft 33. Vgl. auch KKK 1601 ff. sowie das Kompendium der Soziallehre der Kirche, 2006, Nrn. 209 ff. Lesenswert auch *Höffner*, Christliche Gesellschaftslehre, S. 89 ff.

[755] GS 48.

[756] Zur theologiegeschichtlichen Entwicklung und sytematisch-theologischen Entfaltung der Ehe: *E.-M. Faber*, Einführung in die katholische Sakramentenlehre, S. 180 ff.

[757] GS 50.

[758] Zur Gleichsetzung von Vertrag und Sakrament: *P. Krämer*, Kirchenrecht I, S. 106 ff.; dazu auch u. Fn. 768.

[759] In c. 1055 § 2 CIC wird statt von Ehebund von Ehevertrag gesprochen und damit die vom Konzil (GS 48) bevorzugte theologisch orientierte Begrifflichkeit ausnahmsweise nicht gewählt. In rechtlicher Hinsicht ist damit jedoch dasselbe gemeint, vgl. *K. Lüdicke*, in: MK, c. 1055 Rn. 3, 5.

ist sie, wenn beide Ehepartner aus Sicht der katholischen Kirche gültig getauft sind, zugleich Sakrament. Nicht der Vertragsschluss als solcher, d. h. die Willensübereinstimmung beider Ehepartner über die Ehe, sondern die Gültigkeit der Ehe insgesamt ist Voraussetzung für das Sakrament. So muss ggf. auch die Eheschließungsform (c. 1108 § 1 CIC) eingehalten sein.[760]

66 Ihre Sakramentalität ist nach katholischem Verständnis im Wesen der christlichen Ehe begründet.[761] Die Spendung des Sakraments erfolgt mit dem Vertragsschluss.[762] Die katholische Kirche sieht in der Ehe unter Getauften ein Abbild und eine Vergegenwärtigung (Realsymbol) des Liebesbundes, d. h. der heilsbringenden Einheit Christi mit seiner Kirche.[763] Daraus ergibt sich, dass die Ehegatten nicht den Sinn und die Wirkung des Ehebundes selbst bestimmen können. Es gelten die Vorgaben Christi.[764] Die Sakramentalität gilt jedoch nur, (aber dann auch immer) für die Ehe zwischen Getauften.[765] Eine nichtsakramentale Ehe kann es zwischen Getauften nicht geben. Darüber hinaus erkennt die römisch-katholische Kirche aber auch nichtsakramentale Ehen, sofern die übrigen von der Kirche geforderten Gültigkeitsvoraussetzungen gegeben sind, als gültig an. Es geht dabei um Ehen zwischen einem Getauften und einem Nichtgetauften sowie um Ehen zwischen zwei Nichtgetauften.[766] Das folgt aus der naturrechtlichen Eheschließungsfreiheit (cc. 219, 1058 CIC).[767] Sobald aber beide Ehepartner im Verständnis der römisch-katholischen Kirche gültig getauft sind (was z. B. auch für die Ehe von zwei evangelischen Christen gilt), liegt automatisch eine sakramentale Ehe vor.[768] Die rechtliche Anerkennung nichtsakramentaler Ehen durch die Kirche folgt aus der natürlichen Wirklichkeit der Ehe, die aus der Schöpfungsordnung hergeleitet wird. Dadurch unterscheidet sich die sakramentale Ehe elementar von den anderen Sakramenten, für die die Kirche eine nichtsakramentale Wirklichkeit nicht anerkennt.[769]

67 Spender und Empfänger des Ehesakraments sind die Ehepartner selbst. Jeder spendet dem anderen und empfängt das Sakrament vom andern Partner.[770] Für den

---

[760] Vgl. *J. Prader/H. J. F. Reinhardt*, Das kirchliche Eherecht in der seelsorgerischen Praxis, S. 16 f.
[761] Vgl. *J. Prader/H. J. F. Reinhardt*, Das kirchliche Eherecht in der seelsorgerischen Praxis, S. 13; s. auch: FC 13.
[762] Vgl. *R. Puza*, Katholisches Kirchenrecht, S. 289; ferner *W. Aymans/K. Mörsdorf*, Kanonisches Recht III, § 135 C.
[763] Vgl. *J. Prader/H. J. F. Reinhardt*, Das kirchliche Eherecht in der seelsorgerischen Praxis, S. 7; auch GS 48.
[764] Vgl. *J. Prader/H. J. F. Reinhardt*, Das kirchliche Eherecht in der seelsorgerischen Praxis, S. 8.
[765] Vgl. *K. Lüdicke*, in: MK, c. 1055 Rn. 7.
[766] Vgl. *W. Aymans/K. Mörsdorf*, Kanonisches Recht III, § 133 C I.
[767] Vgl. *R. Puza*, Katholisches Kirchenrecht, S. 291; *P. Krämer*, Kirchenrecht I, S. 113 f.
[768] Vgl. *W. Aymans/K. Mörsdorf*, Kanonisches Recht III, § 135 B IV. Der Automatismus des c. 1055 § 2 CIC wird in der Literatur als „theologisch nicht unbedenklich" bezeichnet (so *F. Bernard*, Grundkurs Kirchenrecht, S. 33, 35), muss aber nach geltendem Kirchenrecht hingenommen werden.
[769] Vgl. FC 68; *Huber*, in: Ecclesia as Sacramentis. Theologische Erwägungen zum Sakramentsrecht, S. 85: „Wohl sind ihre äußeren Zeichen dem natürlichen Bereich entnommen, aber sie ändern im sakramentalen Zusammenhang ihr Wesen: Ein Bad ist noch keine Taufe, ein gemeinsames Essen noch keine Eucharistie. Einzig die Ehe bleibt auch als sakramentale das, was sie natürlicherweise ist: ganzheitliche Lebens- und Liebesgemeinschaft eines Mannes und einer Frau, die auf das Wohl der Partner und auf die Sorge um gemeinsame Kinder hingeordnet ist."
[770] Vgl. *W. Aymans/K. Mörsdorf*, Kanonisches Recht III, § 135 C; *K. Lüdicke*, in: MK, c. 1055 Rn. 8, der die Anwesenheit des assistenzberechtigten Beauftragten der Kirche (also i. d. R. des Priesters) als „Amtszeugenschaft" bezeichnet, nicht als sakramentales Handeln. Im Recht der unierten Ostkirchen ist dies etwas anders. Hier muss zum Konsens der Ehepartner der Segen des Priesters hinzukommen (KKK 1623 sowie c. 776 CCEO), so dass neben den Brautleuten zugleich auch der Priester als Spender anzusehen ist.

gültigen Empfang des Ehesakraments ist allerdings ein Mindestmaß an Glaubensbereitschaft notwendig.[771] Sie besteht, wenn Spender und Empfänger inhaltlich dasjenige bezwecken, was die Kirche mindestens für die Gültigkeit der Ehe fordert. Dagegen wird ein aktiver und bejahender Glauben für die Gültigkeit nicht gefordert.[772] Ob aber das Sakrament ohne einen solchen Glauben auch „fruchtbar" ist, ist eine andere Frage.[773]

Entscheidend ist nach c. 1057 § 1 CIC zunächst der Konsens der Partner: „Die Ehe kommt durch den Konsens der Partner zustande, der zwischen rechtlich dazu befähigten Personen in rechtmäßiger Weise kundgetan wird; der Konsens kann durch keine menschliche Macht ersetzt werden." Was mit Ehekonsens gemeint ist, wird sodann in c. 1057 § 2 CIC ausgeführt: „Der Ehekonsens ist der Willensakt, durch den Mann und Frau sich in einem unwiderruflichen Bund gegenseitig schenken und annehmen, um eine Ehe zu begründen."[774] Der Konsens ist die Wirkursache der Ehe.[775] Er bewirkt die Ehe und damit unter Getauften auch das Sakrament. Ohne gültigen Konsens kann eine Ehe nach kirchlichem Verständnis nicht zustande kommen. Konsens bedeutet in diesem Sinne die Übereinstimmung des Willens der Ehepartner über denselben Gegenstand: die Ehe.[776] Dass eine Ehe in diesem Sinne zustande kommt, hängt damit ausschließlich vom freien Willen der Ehepartner ab (GS 48).[777] Als Akt des personalen Willens der Ehepartner hat der Konsens naturrechtlichen Charakter. Deshalb kann er von keiner menschlichen Gewalt ersetzt werden. Der Ehebund weist insofern durchaus Parallelen zum Vertrag im Sinne des weltlichen Rechts auf.[778] Das Besondere des Ehebundes im kirchlichen Verständnis besteht darin, dass sein Inhalt nicht zur Disposition der „Vertragspartner" steht.[779] Die Verlobten können den genauen Inhalt der Ehe also nicht frei vereinbaren, sondern sind an die Vorgaben gebunden, die nach der Lehre der Kirche und nach dem Kirchenrecht für das Vorhandensein einer gültigen Ehe gefordert sind.[780] Es besteht Typenzwang.[781] Einem gültigen Ehekonsens fehlt nichts von dem, was die Kirche für eine wirkliche Ehe als wesensmäßig geboten ansieht.

Der Ehekonsens umfasst sowohl den inneren Willen, die Ehe mit dem gewählten Partner im Sinne der Kirche einzugehen, als auch die rechtmäßige Erklärung dieses Willens.[782] C. 1104 § 1 CIC schreibt vor, dass die Eheschließenden gleichzeitig anwesend sind, entweder persönlich oder durch einen Stellvertreter. Dabei haben die Eheschließenden ihren Ehewillen durch Worte[783] zum Ausdruck zu bringen (c. 1104

---

[771] FC 68.
[772] Vgl. FC 68; *K. Lüdicke*, in: MK, c. 1055, Rn. 9.
[773] Zur Unterscheidung von Gültigkeit, Erlaubtheit und Fruchtbarkeit eines Sakraments o. § 21 Rn. 11 ff.
[774] Insofern stimmt c. 1057 CIC mit c. 776 CCEO i. V. m. c. 817 CCEO überein.
[775] Vgl. *B. Primetshofer*, in: HdbKathKR, § 56 I 2; *J. Prader/H. J. F. Reinhardt*, Das kirchliche Eherecht in der seelsorgerischen Praxis, S. 9.
[776] Vgl. *B. Primetshofer*, in: HdbKathKR, § 56 I 1.
[777] Vgl. *J. Prader/H. J. F. Reinhardt*, Das kirchliche Eherecht in der seelsorgerischen Praxis, S. 7. Der Ehekonsens kann durch keine menschliche Macht ersetzt werden (c. 1057 § 1 CIC).
[778] Vgl. auch im Hinblick auf die Eheschließung nach weltlichem Recht *Schwab*, Familienrecht, Rn. 54: „Die Ehe wird durch einen gegenseitigen personenrechtlichen Vertrag (Ehekonsens) zwischen zwei Personen verschiedenen Geschlechts geschlossen."
[779] Vgl. *J. Prader/H. J. F. Reinhardt*, Das kirchliche Eherecht in der seelsorgerischen Praxis, S. 7.
[780] Über den von der Kirche geforderten Mindestinhalt hinaus können die Ehepartner weitere Bedingungen aufstellen (c. 1102 CIC).
[781] Vgl. *R. Puza*, Katholisches Kirchenrecht, S. 289.
[782] C. 1057 § 1 CIC fordert die Kundgabe des Konsens.
[783] Kann die Person nicht sprechen, so reicht die Abgabe gleichbedeutender Zeichen (c. 1104 § 2 CIC a. E.).

§ 2 CIC). Beides, innerer Wille und Äußerung dieses Willens, ist für das Zustandekommen der Ehe zwingend erforderlich. Zwischen beidem muss zudem Deckungsgleichheit bestehen, der innere Wille und seine Äußerung müssen sich entsprechen.[784]

70 Wenngleich der Konsens die alleinige Wirkursache der Ehe ist, so erfordert das Zustandekommen der Ehe neben dem Konsens zwingend sowohl die Einhaltung der geforderten Eheschließungsform (cc. 1108 ff. CIC) als auch das Fehlen von rechtlichen Hindernissen (cc. 1057 § 1 und 1058 CIC). Der gültige Konsens allein ist also noch nicht gleichbedeutend mit einer gültigen Ehe.

71 **b) Die Gültigkeit der kirchlichen Ehe. aa) Grundsätzliches.** Die gültige und vollzogene Ehe[785] kann durch keine menschliche Gewalt und aus keinem Grunde, außer durch den Tod, aufgelöst werden (c. 1141 CIC)[786]. Die Gültigkeit der Ehe setzt dreierlei voraus:
– Es bestehen keine Ehehindernisse (cc. 1057 § 1 und 1058 CIC).
– Es besteht ein hinreichender Konsens der Eheleute i. S. v. c. 1057 §§ 1 u. 2 CIC.
– Die Eheschließungsform gem. cc. 1108 ff. ist eingehalten.

72 Diese Voraussetzungen müssen im Zeitpunkt der Eheschließung (kumulativ) erfüllt sein. Spätere Veränderungen bzw. Entwicklungen, etwa die Zerrüttung der Ehe im Sinne des weltlichen Scheidungsrechts[787], sind für die Gültigkeit der Ehe nach kirchlichem Recht unbeachtlich. Die Gültigkeit der Ehe wird so lange vermutet, bis das Gegenteil bewiesen ist. C. 1060 CIC[788] drückt das so aus: „Die Ehe erfreut sich der Rechtsgunst; deshalb ist im Zweifelsfall an der Gültigkeit der Ehe so lange festzuhalten, bis das Gegenteil bewiesen wird." Diese „Rechtsgunst" („favor iuris" oder auch „favor matrimonii"[789]) hat vor allem zur Folge, dass die Ungültigkeit der Ehe in einem ordentlichen Verfahren (grundsätzlich in einem Ehenichtigkeitsprozess) festgestellt werden muss.[790] Die Beweislast für die Nichtigkeit der Ehe trägt dabei derjenige, der sich darauf beruft.

73 **bb) Die trennenden Hindernisse.** Nach c. 1058 CIC kann jeder die Ehe schließen, der rechtlich nicht daran gehindert ist. Die Eheschließung ist ein natürliches Recht eines jeden Menschen, das aber nicht uneingeschränkt gilt.[791] Das geltende Recht enthält in cc. 1073–1094 CIC Vorschriften über die sog. trennenden Ehehindernisse. Ein solches „trennendes" Hindernis macht eine Person unfähig (c. 124 § 1 CIC i. V. m. c. 10 CIC), eine Ehe gültig einzugehen (c. 1073 CIC).[792] Nach cc. 1078–1082 CIC kann von den trennenden Hindernissen dispensiert werden. Im Übrigen ist es allein Sache der höchsten kirchlichen Autorität, authentisch zu erklären, wann das göttliche Recht eine Ehe verbietet oder ungültig macht (c. 1075 § 1 CIC). Allein die höchste kirchliche Autorität hat auch das Recht, andere Hindernisse für die Getauften[793] aufzustellen (c. 1075 § 2 CIC). Die einzelnen trennenden Hindernisse des geltenden CIC sind folgende:

---

[784] Vgl. *J. Prader/H. J. F. Reinhardt*, Das kirchliche Eherecht in der seelsorgerischen Praxis, S. 39.
[785] Zum Vollzug c. 1061 § 1 CIC.
[786] Vgl. auch Gen 2, 24; Mk 10, 2; Eph 5, 31.
[787] §§ 1565 ff. BGB; dazu *Schwab*, Familienrecht, Rn. 299 ff.
[788] Vgl. c. 779 CCEO.
[789] Vgl. statt vieler *H. Heimerl/H. Pree*, Kirchenrecht, S. 177.
[790] Näher *H. Heimerl/H. Pree*, Kirchenrecht, S. 178 f.
[791] Vgl. *J. Prader/H. J. F. Reinhardt*, Das kirchliche Eherecht in der seelsorgerischen Praxis, S. 106.
[792] Davon zu trennen sind das Eheverbot i. S. d. c. 1077 CIC sowie das Trauungsverbot nach c. 1071 CIC.
[793] Richtig verstanden bezieht sich c. 1075 § 2 CIC, soweit es um Hindernisse rein kirchlichen Rechts geht, wegen c. 11 CIC nur auf Angehörige der Lateinischen Kirche. Beruht das Hindernis auf göttlichem Recht, gilt es für alle Menschen.

§ 21. Rechtliche Ordnung der Sakramente 199

– fehlende Ehemündigkeit (c. 1083 CIC),
– geschlechtliches Unvermögen (c. 1084 CIC),
– bereits bestehendes Eheband (c. 1085 CIC),
– Religionsverschiedenheit (c. 1086 CIC),
– Weihe (c. 1087 CIC),
– öffentliche, ewige Gelübde der Keuschheit (c. 1088 CIC),
– Entführung der Frau (c. 1089 CIC),
– Gattenmord (c. 1090 CIC),
– Blutsverwandtschaft (c. 1091 CIC),
– Schwägerschaft (c. 1092 CIC),
– öffentliche Ehrbarkeit[794] (c. 1093 CIC),
– gesetzliche Verwandtschaft aus Adoption (c. 1094 CIC).[795]

cc) **Die Konsensmängel.** Neben dem Fehlen von Ehehindernissen erfordert eine 74
gültige Ehe, wie dargelegt, den Konsens der Eheleute. Da sich der Konsens rechtlich
aus den übereinstimmenden Willenserklärungen der Ehepartner zusammensetzt, geht
es bei Konsensmängeln um die Beeinträchtigung des Willens eines oder beider Partner
zur gemeinsamen Ehe. Die Gültigkeit der Ehe setzt voraus, dass jeder Ehepartner den
Willen zur gemeinsamen Ehe frei und eigenverantwortlich sowie in voller Kenntnis
und mit vollem Willen aller hierzu notwendigen Umstände gebildet hat. Die wichtigsten
im CIC vorgesehenen Varianten des Konsensmangels sind die folgenden:[796]

An einem fehlerfrei gebildeten Willen fehlt es zunächst im Falle der sog. psy- 75
chischen Eheunfähigkeit (c. 1095 CIC). Dabei ist die betreffende Person aus psychischen
Gründen von vornherein nicht in der Lage, einen frei verantworteten Willen
zu bilden, etwa wegen Geisteskrankheit oder schwerer Geistesstörung (c. 1095 Nr. 1
CIC), schwerwiegender Mängel im Urteilsvermögen (c. 1095 Nr. 2 CIC) sowie
psychischen Unvermögens zur Übernahme der wesentlichen Verpflichtungen der
Ehe (c. 1095 Nr. 3 CIC). Die Gültigkeit der Ehe verlangt, dass die Ehegatten ein
notwendiges Mindestwissen über das Wesen der Ehe haben (c. 1096 § 1 CIC).
Gefordert wird insbesondere die Kenntnis über den Dauercharakter der Ehe und
über das geschlechtliche Zusammenwirken zur Zeugung von Nachkommen.[797]

Psychische Eheunfähigkeit nach c. 1095 Nr. 3 CIC lässt sich in der Praxis recht häufig nachweisen. 76
Sie besteht z. B., wenn einer der Brautleute vor der Eheschließung bekundet, keine Kinder haben zu
wollen. Nach kirchlichem Verständnis, wie es u. a. in c. 1055 § 1 CIC zum Ausdruck kommt, ist die
Ehe u. a. auf die Erzeugung von Nachkommenschaft ausgerichtet. Wenn einer der Ehepartner ein
solches Wesenselement der Ehe ausschließt, liegt u. U. auch eine sog. Partialsimulation[798] vor, die zur
Ungültigkeit der Ehe führt. Psychische Unfähigkeit i. S. v. c. 1095 Nr. 3 CIC kann aber auch durch
Persönlichkeitsstörungen verschiedener Art, etwa ödipale Bindungen und narzisstische Übersteigerungen
begründet sein.[799]

Ein Irrtum in der Person macht die Eheschließung ebenfalls ungültig (c. 1097 § 1 77
CIC). Ein solcher „error in persona" liegt vor, wenn das Ja-Wort nicht der Person

---

[794] Zu diesem Begriff *H. Heimerl/H. Pree*, Kirchenrecht, S. 208.
[795] Einzelheiten zu den Hindernissen bei *H. Heimerl/H. Pree*, Kirchenrecht, S. 198 ff.; *J. Prader/ H. J. F. Reinhardt*, Das kirchliche Eherecht in der seelsorgerischen Praxis, S. 106 ff.; *W. Aymans/ K. Mörsdorf*, Kanonisches Recht III, §§ 138; ferner die Kommentierungen bei *K. Lüdicke*, in: MK, cc. 1083–1094 CIC.
[796] Einzelheiten bei *H. Heimerl/H. Pree*, Kirchenrecht, S. 216 ff.; *J. Prader/H. J. F. Reinhardt*, Das kirchliche Eherecht in der seelsorgerischen Praxis, S. 129 ff.; *W. Aymans/K. Mörsdorf*, Kanonisches Recht III, § 139 B; *K. Lüdicke*, in: MK, cc. 1095 ff.
[797] Vgl. *J. Prader/H. J. F. Reinhardt*, Das kirchliche Eherecht in der seelsorgerischen Praxis, S. 133.
[798] Dazu noch u. Rn. 82 m. Fn. 806.
[799] Vgl. *Hoeren*, MDR 1993, 307 (308 f.) zu einem prominenten Fall.

gegenüber abgegeben werden sollte, gegenüber der es tatsächlich abgegeben worden ist, sondern einer anderen Person. Der „error in persona" als Nichtigkeitsgrund betrifft Sachverhalte, die heutzutage – jedenfalls in Europa – praktisch nicht mehr vorkommen.[800] Lediglich insoweit, als die Person, der man das Ja-Wort geben wollte, sich durch eine sog. individualisierende Eigenschaft auszeichnet, ist noch ein Anwendungsbereich von c. 1097 § 1 CIC denkbar.[801]

78 **Beispiel:** Eine Frau will ihren Ehewillen gegenüber dem tatsächlichen Erzeuger des von ihr erwarteten Kindes abgeben. Der Mann, dem sie schließlich das Ja-Wort gibt, ist aber nicht der Erzeuger ihres Kindes, was der Frau zum Zeitpunkt der Eheschließung nicht bekannt ist. Sie hält vielmehr die Person, der sie das Ja-Wort gibt, irrig für den Erzeuger ihres Kindes. Tatsächlicher Vater kann nur ein einziger bestimmter Mann sein. Die Eigenschaft, Erzeuger des Kindes zu sein, „individualisiert" so den Erzeuger des Kindes. Alle anderen Männer sind definitiv ausgeschlossen. Von einem Personenirrtum im Sinne des c. 1097 CIC kann aber nur ausgegangen werden, wenn sich der Ehewille der Frau ausschließlich auf den Erzeuger des Kindes bezieht, nicht auf die Person, der man das Ja-Wort letztlich gibt. Mit anderen Worten: Es soll nur der wahre Erzeuger des Kindes geheiratet werden, egal wer konkret diese Person ist. In diesem Fall kann nur das Ja-Wort gegenüber dem tatsächlichen Erzeuger die Ehe begründen.

79 Der Irrtum über eine Eigenschaft der tatsächlich auch als Ehepartner gewollten Person ist grundsätzlich unbeachtlich. Bedeutung erlangt ein solcher Irrtum erst, wenn die betreffende Eigenschaft „direkt und hauptsächlich" erstrebt war (c. 1097 § 2 CIC).

80 Klassisches Beispiel ist der Irrtum über die Vaterschaft[802]: Ein Mann heiratet nur, weil er glaubt, der Vater des Kindes zu sein, das die Frau erwartet. Ohne diese Vorstellung hätte er die Frau niemals geheiratet. Die vorgestellte Eigenschaft der Frau, Mutter des gemeinsamen Kindes zu sein, war der entscheidende Grund zum Entstehen des Ehewillens auf Seiten des Mannes. Die Frau als solche stand nicht im Interesse des Mannes. Stellt sich nun heraus, dass er gar nicht der Vater ist, das Kind also von einem anderen Mann gezeugt wurde, so ist die Ehe nach c. 1097 § 2 CIC ungültig.

81 Gem. c. 1098 CIC schließt eine Ehe ungültig, wer über eine Eigenschaft des anderen Partners arglistig getäuscht wird, wenn die Täuschung ihrer Natur nach die Gemeinschaft des ehelichen Lebens schwer stören kann. Dieser Ehenichtigkeitsgrund wurde durch den CIC 1983 neu eingeführt und steht in einer gewissen Nähe zu c. 1097 § 2 CIC. Die arglistige Täuschung kann sowohl durch den Ehepartner als auch durch einen Dritten begangen worden sein und muss kausal für die Abgabe der Willenserklärung gewesen sein.[803] Arglistig verschwiegen werden kann z.B. die Zeugungsunfähigkeit oder eine Erbkrankheit oder auch ein kriminelles Vorleben.[804]

82 Von erheblicher praktischer Bedeutung sind die Fälle der sog. Simulation, bei der ein Partner oder auch beide nach außen hin den Ehewillen erklärt haben, dies aber nicht ihrem inneren Wollen entspricht.[805] Nach c. 1101 § 1 CIC wird zwar vermutet, dass der innere Konsens mit den bei der Eheschließung gebrauchten Worten übereinstimmt. Wenn aber ein Partner durch einen positiven Willensakt die Ehe selbst innerlich ausschließt (sog. Totalsimulation) oder ein Wesenselement bzw. eine We-

---

[800] Denkbar ist der Personenirrtum etwa bei einer Eheschließung durch Stellvertreter (vgl. c. 1104 § 1 CIC).
[801] Vgl. *K. Lüdicke*, Die Beurteilung des Eigenschaftsirrtums nach geltender Rechtslage unter besonderer Berücksichtigung des Irrtums über die Vaterschaft, in: Recht als Heilsdienst. FS f. M. Kaiser, S. 242 (244, 253), mit dem im Text folgenden Beispiel.
[802] Zum Irrtum über die Vaterschaft näher: *K. Lüdicke*, Die Beurteilung des Eigenschaftsirrtums (o. Fn. 801), S. 242 ff.
[803] Vgl. *J. Prader/H. J. F. Reinhardt*, Das kirchliche Eherecht in der seelsorgerischen Praxis, S. 136.
[804] Beispiele von *J. Prader/H. J. F. Reinhardt*, Das kirchliche Eherecht in der seelsorgerischen Praxis, S. 223.
[805] Vgl. zu den Begriffen *I. Riedel-Spangenberger*, Grundbegriffe des Kirchenrechts, S. 218.

§ 21. Rechtliche Ordnung der Sakramente

senseigenschaft der Ehe (sog. Partialsimulation), ist die Eheschließung ungültig (c. 1101 § 2 CIC).[806] Das gilt freilich auch, wenn auf Seiten beider Partner eine Simulation vorliegt. Die Fälle der Simulation beruhen darauf, dass der Inhalt der Ehe nicht im Belieben der Ehepartner steht. Innere Vorbehalte gegen den von der Kirche vorgegebenen Inhalt, im Ganzen oder auch nur teilweise, bewirken, dass tatsächlich keine Ehe im Sinne der Kirche gewollt war. Das Erfordernis des „positiven Willensaktes" i.S. von c. 1101 § 2 CIC bedeutet, dass der innere Vorbehalt bewusst gesetzt ist, also bei der Eheschließung nach außen hin bewusst etwas anderes erklärt wird als innerlich gewollt ist.[807] Der Vorbehalt muss nicht geäußert werden.

Eine Totalsimulation liegt z.B. vor, wenn die Ehe nur zum Schein eingegangen wurde, um nach § 3 Abs. 1 Nr. 5 i.V.m. § 9 StAG die deutsche Staatsangehörigkeit zu erlangen, ein eheliches Zusammenleben jedoch ausgeschlossen wurde. Beispiele für die Partialsimulation bietet der Ausschluss der Nachkommenschaft oder der ehelichen Treue. 83

Über den von der Kirche geforderten Mindestinhalt der Ehe hinaus können die Partner im Rahmen einer Bedingung weitere Inhalte zum Gegenstand des Ehebundes machen (c. 1102 CIC).[808] So kann z.B. ein Ehepartner die Ehe davon abhängig machen[809], dass er tatsächlich der Vater des von seiner Partnerin erwarteten Kindes ist. Das setzt notwendig ernstliche Zweifel des betreffenden Ehegatten voraus.[810] Bei einer solchen auf die Vergangenheit oder Gegenwart bezogenen Bedingung (c. 1102 § 2 CIC) ist die Ehe gültig oder ungültig, je nachdem ob das Ausbedungene tatsächlich gegeben ist oder nicht. Eine Bedingung, die sich auf die Zukunft bezieht, ist unzulässig (c. 1102 § 1 CIC). Gültigkeitsbedingungen im Sinne von c. 1102 § 2 CIC dürfen nur beigefügt werden mit der schriftlichen Erlaubnis des Ortsordinarius (c. 1102 § 3). Diese Vorgabe dient der leichteren Nachweisbarkeit der entsprechenden Bedingung. Ein Verstoß gegen die Regelung des c. 1102 § 3 CIC beeinträchtigt aber nicht die Gültigkeit der Bedingung. 84

Eine Ehe ist schließlich ungültig, wenn sie aus Zwang oder Furcht geschlossen wurde: „Ungültig ist eine Ehe, die geschlossen wurde aufgrund von Zwang oder infolge von Furcht, wenn auch ohne Absicht, eingeflößter schwerer Furcht, der jemand, um sich davon zu befreien, die Wahl der Ehe aufzwingt" (c. 1103 CIC). In diesen Fällen geht es um die Freiheit der Eheschließung. Der betreffende Ehepartner befindet sich aufgrund einer von außen kommenden Situation in einer Zwangslage, aus der er sich nur durch die Eheschließung befreien zu können glaubt.[811] Entscheidend ist, ob und inwieweit die Willensfreiheit des betreffenden Ehepartners eingeschränkt wird. 85

dd) Die Eheschließungsform. C. 1108 § 1 CIC bestimmt: „Nur jene Ehen sind gültig, die geschlossen werden unter Assistenz des Ortsordinarius oder des Ortspfarrers oder eines von einem der beiden delegierten Priesters oder Diakons sowie vor zwei Zeugen, jedoch nach den Regeln der nachfolgenden Canones und unbeschadet der in den cc. 144, 1112 § 1, 1116 und 1127 §§ 1–2 genannten Ausnahmen." Nach c. 1108 § 2 CIC wird als der einer Eheschließung Assistierende nur verstanden, wer in persönlicher Anwesenheit die Kundgabe des Ehekonsenses der Eheschließenden erfragt und im Namen der Kirche entgegennimmt. Für die Zeugen sind bestimmte Voraussetzungen nicht vorgesehen. Als Trauzeugen kommen somit auch Minderjährige und Ungetaufte in Betracht.[812] 86

---

[806] Vgl. *H. Heimerl/H. Pree*, Kirchenrecht, S. 223 ff.
[807] Vgl. *J. Prader/H. J. F. Reinhardt*, Das kirchliche Eherecht in der seelsorgerischen Praxis, S. 138.
[808] Näher *B. Primetshofer*, in: HdbKathKR, § 86 I 2.
[809] Auch dies erfordert letztlich eine Willensbetätigung vor der Eheschließung. Allerdings muss diese Willensbetätigung nicht äußerlich kundgetan werden.
[810] Vgl. *J. Prader/H. J. F. Reinhardt*, Das kirchliche Eherecht in der seelsorgerischen Praxis, S. 143.
[811] Vgl. *J. Prader/H. J. F. Reinhardt*, Das kirchliche Eherecht in der seelsorgerischen Praxis, S. 145.
[812] Vgl. *J. Prader/H. J. F. Reinhardt*, Das kirchliche Eherecht in der seelsorgerischen Praxis, S. 152.

87 Die Eheschließungsform geht auf das Konzil von Trient[813] zurück und dient der Verhinderung sog. klandestiner (also heimlicher) Ehen, d. h. solcher Ehen, die ohne Beisein des Priesters durch bloßen Konsensaustausch geschlossen wurden.[814] Es handelt sich um rein kirchliches Recht, gilt also gem. c. 11 CIC nur für Angehörige der Lateinischen Kirche. Nach c. 1117 CIC muss die Form eingehalten werden, wenn wenigstens einer der Eheschließenden in der katholischen Kirche[815] getauft oder in sie aufgenommen wurde und nicht durch einen formalen Akt von ihr abgefallen ist.

88 Für die Praxis von Bedeutung ist die Frage, ob auch Menschen, die nach staatlichem Recht aus der römisch-katholischen Kirche ausgetreten sind, an die rein kirchliche Formpflicht gebunden sind.[816] Der Päpstliche Rat für Gesetzestexte bewertet den Kirchenaustritt nicht ohne Weiteres als Abfall von der Kirche im Sinne des c. 1117 CIC.[817] Dem PCLT zufolge liegt ein formaler Akt des Abfalls von der Kirche nur vor, wenn die Entscheidung, die Kirche zu verlassen, äußerlich bekundet und der zuständigen kirchlichen Stelle gegenüber bekanntgegeben wird[818]. Ist keiner der beiden Ehepartner Angehöriger der römisch-katholischen Kirche, so muss die Formpflicht des c. 1117 CIC ohnehin nicht eingehalten sein. Die Ehe zweier evangelischer Christen beispielsweise ist nicht formgebunden und kann daher auch ohne Einhaltung der cc. 1108 ff. CIC gültig sein.[819]

89 Unter bestimmten Voraussetzungen kann von der in c. 1108 § 1 CIC vorgesehenen Form abgewichen werden. Fehlen beispielsweise in einem Gebiet Priester und Diakone, so kann der Diözesanbischof nach Stellungnahme der Bischofskonferenz und mit Erlaubnis des Heiligen Stuhls auch Laien mit der Eheschließungsassistenz betrauen (c. 1112 § 1 CIC).[820] In besonderen Situationen reicht auch die Eheschließung nur vor zwei Zeugen (Noteheschließung, c. 1116 § 1 CIC).

90 **c) Konfessionsverschiedene und religionsverschiedene Ehe.** C. 1124 CIC bestimmt: „Die Eheschließung zwischen zwei Getauften, von denen einer in der katholischen Kirche getauft oder nach der Taufe in sie aufgenommen worden ist und nicht durch einen formalen Akt von ihr abgefallen ist, der andere Partner aber einer Kirche oder kirchlichen Gemeinschaft zugezählt wird, die nicht in voller Gemeinschaft mit der katholischen Kirche steht, ist ohne ausdrückliche Erlaubnis der zuständigen Autorität verboten." Erfasst sind hier also nur Ehen eines Katholiken mit einem nach katholischem Verständnis gültig Getauften.[821] Geregelt ist zudem nur die Erlaubtheit, nicht die Gültigkeit der Ehe. Die Ehe des Katholiken mit einem Ungetauften (religionsverschiedene Ehe) ist nach c. 1086 § 1 CIC grundsätzlich ungültig, es sei denn, eine Dispens wurde gem. c. 1086 § 2 CIC i. V. m. cc. 1125, 1126 CIC erteilt. Unter den gleichen Voraussetzungen kann vom Verbot des c. 1124 CIC dispensiert werden. Eine Dispens steht im Ermessen des Ortsordinarius und darf nur unter den strengen Voraussetzungen des c. 1125 Nrn. 1–3 CIC erfolgen. Darin zeigt sich zugleich der Hintergrund für das Verbot des c. 1124 CIC und die grundsätzliche Ungültigkeit in c. 1086 § 1 CIC. Es geht um den Schutz und die Gewährleistung der römisch-katholischen Glaubensgrundsätze,

---

[813] Dekret „Tametsi": 24. Sitzung (11. 11. 1563), abgedr. im lat. Original und dt. Übersetzung in: *Denzinger/Hünermann*, 1813 ff. (1816).
[814] Vgl. *W. Aymans/K. Mörsdorf*, Kanonisches Recht III, § 140 A I; *B. Primetshofer*, in: HdbKathKR, § 87 I 1.
[815] Mit katholischer Kirche ist auch hier gem. c. 11 CIC die Lateinische Kirche gemeint.
[816] Zum Kirchenaustritt o. § 17 Rn. 39 ff.
[817] Dazu bereits o. § 17 Rn. 44.
[818] PCLT v. 13. 3. 2006, in dt. Sprache: Communicationes 2006, 175 (dort Nr. 1); näher o. § 17 Rn. 44.
[819] Eine solche gültige Ehe zweier evangelischer Christen ist somit zugleich auch Sakrament, vgl. o. Rn. 65 ff.
[820] Zu beachten ist, dass eine solche Laientrauung nicht in Bezug auf die unierten Ostkirchen bzw. Orthodoxe gelten kann, da dort die priesterliche Segnung zur Gültigkeit der Ehe erforderlich ist (c. 828 §§ 1–2 CCEO).
[821] Vgl. *W. Aymans/K. Mörsdorf*, Kanonisches Recht III, § 133 C I.

insbesondere im Hinblick auf die Erziehung der Kinder. Der katholische Ehepartner hat sich bereit zu erklären, Gefahren für den Glaubensabfall zu beseitigen und gleichzeitig das Versprechen abzugeben, alles zu tun, damit die gemeinsamen Kinder in der katholischen Kirche getauft und erzogen werden (c. 1125 Nr. 1 CIC).[822] Hierüber ist der nichtkatholische Partner rechtzeitig zu informieren, damit er sich darauf einstellen kann (c. 1125 Nr. 2 CIC). Zudem sind beiden Partnern die Zwecke und die Wesenseigenschaften der Ehe darzulegen, die von keinem ausgeschlossen werden dürfen (c. 1125 Nr. 3 CIC). Nur wenn dies alles gewährleistet ist, darf der Ortsordinarius von seinem Ermessen Gebrauch machen und entsprechend dispensieren.[823]

Während das Kirchenrecht die konfessionsverschiedene Ehe als grundsätzlich unerlaubt und damit unerwünscht ansieht, steht Papst *Benedikt XVI.* ihr erkennbar offener gegenüber. Bei seinem Besuch in Polen im Mai 2006 hat er bei seiner Ansprache in der lutherischen Dreifaltigkeitskirche in Warschau zwar auf „Gefahren bezüglich des Glaubens und der Schaffung einer Familienordnung" hingewiesen. Der Papst hat aber auch ausgeführt, die Entscheidung für eine Ehe von „Menschen verschiedener Traditionen, Religionen und Konfessionen" könne „Anlass sein, ein praktisches Laboratorium der Einheit zu schaffen. Dafür sind gegenseitiges Wohlwollen nötig, Verständnis und Reife im Glauben beider Partner, aber auch der Gemeinschaften, aus denen sie stammen".[824] 91

Für die konfessionsverschiedene Ehe gilt die Formpflicht des c. 1108 CIC. Zur Gültigkeit einer Ehe mit einem orthodoxen Partner ist die Mitwirkung eines Priesters erforderlich (c. 1127 § 1). In den Fällen des c. 1127 § 2 CIC kann eine Dispens von der Formpflicht erfolgen. 92

d) Die Trennung der Ehegatten trotz gültiger Ehe. C. 1141 CIC schreibt den Grundsatz fest, dass eine gültige und vollzogene Ehe durch keine menschliche Gewalt und aus keinem Grunde, außer durch den Tod, aufgelöst werden kann. Nach katholischer Auffassung widerspricht eine Ehescheidung dem Willen des Schöpfers. Die Kirche bezieht sich dazu auf mehrere Schriftworte.[825] 93

Eine gültige, aber nicht durch geschlechtlichen Akt im Sinne des c. 1061 § 1 CIC vollzogene Ehe kann vom Papst auf Antrag eines Ehepartners aus gerechtem Grunde auch gegen den Willen des anderen Partner aufgelöst werden (c. 1142 CIC). Das entsprechende Prozessverfahren ist in den cc. 1697–1706 CIC geregelt (Inkonsummations– oder Nichtvollzugsverfahren). 94

Auch die nichtsakramentale (Natur-) Ehe, also die Ehe zwischen zwei Ungetauften sowie die Ehe zwischen einem Getauften und einem Ungetauften, ist grundsätzlich unauflöslich.[826] Wenn aber eine solche Ehe scheitert und die Eheleute sich trennen, besteht unter bestimmten Voraussetzungen die Möglichkeit, eine gültige und vollzogene Ehe aufzulösen. Dies kann geschehen aufgrund des sog. Paulinische Privilegs[827] sowie durch päpstlichen Auflösungsbescheid. 95

---

[822] Diese Regelung wird abgeschwächt durch die Kirchenrechtliche Regelung Nr. 6 der Vereinbarung zwischen der Evangelischen Kirche im Rheinland und dem Erzbistum Köln sowie den Bistümern Aachen, Essen, Münster und Trier zur gegenseitigen Anerkennung der Taufe, abgedr. u. a. in: Pfarramtsblatt 1996, Nr. 6: „Konfessionsverschiedene Partner sollen vor der Eheschließung im Respekt vor der gegenseitigen Gewissensüberzeugung entscheiden, in welcher Kirche die Kinder getauft und erzogen werden. Daher sind die geltenden Ordnungen der beiden Kirchen zu beachten."
[823] Zum Ganzen *J. Prader/H. J. F. Reinhardt*, Das kirchliche Eherecht in der seelsorgerischen Praxis, S. 174 f.
[824] Zit. n. Rheinischer Merkur 2006, Nr. 22, S. 25.
[825] Mk 10, 2–12; Mt 5, 27–32; Mt 19, 3–12; Lk 16, 18; 1 Kor 7, 10–16; Röm 7, 2 f.; danach soll der Mensch nicht trennen, was Gott verbunden hat.
[826] Vgl. o. Rn. 65 ff.
[827] Näher zum Paulinischen Privileg: *J. Prader/H. J. F. Reinhardt*, Das kirchliche Eherecht in der seelsorgerischen Praxis, S. 196 ff.; *G. Assenmacher*, in: HdbKathKR, § 90 IV; *K. Walf*, Einführung in das neue katholische Kirchenrecht, S. 214 ff.

96 Das Paulinische Privileg wird, wie der Name andeutet, auf Paulus (1 Kor 7, 12–15)[828] zurückgeführt. In c. 1143 § 1 CIC wird es ausdrücklich aufgeführt: „Die von zwei Ungetauften geschlossene Ehe wird aufgrund des Paulinischen Privilegs zugunsten des Glaubens jenes Partners, der die Taufe empfangen hat, dadurch von selbst aufgelöst, dass von jenem Partner eine neue Ehe geschlossen wird, sofern der ungetaufte Partner sich trennt." Erforderlich ist also eine nach katholischem Verständnis gültige Ehe zwischen zwei zunächst Ungetauften, sodann der gültige Empfang der Taufe eines[829] Partners sowie die Weigerung des anderen Partners, mit dem Getauften friedlich ohne Schmähung des Schöpfers zusammenzuwohnen (c. 1143 § 2 CIC). Verschuldet demgegenüber der getaufte Partner die Trennung, so ist das Paulinische Privileg nicht anwendbar (c. 1143 § 2 Halbs. 2 CIC).[830] Sind die Voraussetzungen des Paulinischen Privilegs erfüllt, hat der getaufte Partner das Recht, eine neue Ehe mit einem katholischen Partner einzugehen (c. 1146 CIC). Der Ortsordinarius kann ausnahmsweise auch die Neuheirat mit einem nichtkatholischen Getauften oder einem Ungetauften erlauben (c. 1147 CIC). Durch die erneute Heirat wird die frühere Ehe von selbst aufgelöst. Damit der Getaufte aber überhaupt gültig neu heiraten kann, muss durch Befragung des ungetauften Partners geklärt werden, dass die Voraussetzungen für die Anwendung des Paulinischen Privilegs tatsächlich erfüllt sind (cc. 1144–1146 CIC). Ist zweifelhaft, ob die Voraussetzungen für die Anwendung des Paulinischen Privilegs erfüllt sind, so wird vermutet, dass sie erfüllt sind (c. 1150 CIC). Im Zweifel ist also das Paulinische Privileg anzuwenden.

97 Neben dem Paulinischen Privileg kann im Falle des Scheiterns des Ehelebens eine nichtsakramentale Ehe zugunsten des Glaubens auch unmittelbar durch päpstlichen Auflösungsbescheid (Privilegium Petrinum) aufgelöst werden. Das ist jedoch nicht im CIC normiert. Rechtsgrundlage ist vielmehr die Instruktion „Normae de conficiendo processu pro solutione vinculi matrimonialis in favorem fidei" vom 30. 4. 2001 der Kongregation für die Glaubenslehre.[831] Voraussetzungen hierfür sind vor allem:[832]
- Wenigstens einer der Partner muss bei der Eheschließung ungetauft gewesen sein.
- Wenn beide Partner nach der Eheschließung die Taufe empfangen haben, darf die Ehe nicht mehr vollzogen worden sein.
- Im Moment der Gewährung des Privilegs darf keine Möglichkeit bestehen, das Eheleben wieder herzustellen.
- Ein neuer nichtkatholischer Ehepartner muss die freie Religionsausübung des katholischen Partners sowie die katholische Taufe und Erziehung der Kinder zusichern. Der katholische Partner muss erklären, bereit zu sein, die Gefahr, vom Glauben abzufallen, abzuwehren.

---

[828] 1 Kor 7, 12–15: „Den Übrigen sage ich, nicht der Herr: Wenn ein Bruder eine ungläubige Frau hat und sie willigt ein, weiter mit ihm zusammenzuleben, so soll er sie nicht verstoßen. Auch eine Frau soll ihren ungläubigen Mann nicht verstoßen, wenn er einwilligt, weiter mit ihr zusammenzuleben. Denn der ungläubige Mann ist durch die Frau geheiligt und die ungläubige Frau durch ihren gläubigen Mann geheiligt. Sonst wären eure Kinder unrein; sie sind aber heilig. Wenn aber der Ungläubige sich trennen will, so soll er es tun. Der Bruder oder die Schwester ist in solchen Fällen nicht wie ein Sklave gebunden; zu einem Leben in Frieden hat Gott euch berufen."
[829] Empfangen beide die Taufe, ist das Paulinische Privileg nicht anwendbar. Es liegt dann eine sakramentale Ehe vor, die unauflöslich ist.
[830] Vgl. *J. Prader/H. J. F. Reinhardt*, Das kirchliche Eherecht in der seelsorgerischen Praxis, S. 197.
[831] AfkKR 171 (2002), S. 161 ff.; in dt. Übersetzung abgedr. in: DPM 9 (2002), S. 357 ff. Näher *H. Heimerl/H. Pree*, Kirchenrecht, S. 263; *M. Weber*, Artikel „Privilegium Paulinum, Privilegium Petrinum", in: Lexikon des Kirchenrechts, Sp. 769 ff. m. w. N.; *K. Walf*, Einführung in das neue katholische Kirchenrecht, S. 217.
[832] Zu den z. T. (insbesondere in formaler Hinsicht) komplizierten Voraussetzungen des Privilegium Petrinum sei im Übrigen verwiesen auf den Text der Instruktion (o. Fn. 831).

Der Unterschied zum Privilegium Paulinum besteht im Wesentlichen darin, dass beim Privilegium 98
Paulinum die bestehende Ehe nicht durch eine neue Ehe gelöst wird, sondern durch Bescheid des
Papstes. Hierauf besteht anders als bei c. 1143 CIC kein Rechtsanspruch. Auch hat das Petrinische
Privil einen größeren Anwendungsbereich als das Paulinische.[833]

Die Auflösung der Ehe durch das Privilegium Paulinum oder das Privilegium 99
Petrinum erfolgt zugunsten des Glaubens. Deshalb wird auch vom Glaubensprivileg (privilegium fidei) gesprochen.[834] Die Auflösung der nichtsakramentalen Ehe
soll nur dann in Betracht kommen, wenn das Festhalten an der alten Ehe eine
Gefahr für den Glauben eines Partners bedeutet.[835] Im Übrigen hat nach katholischem Verständnis niemand, auch nicht der Papst, die Vollmacht, eine gültige und
vollzogene Ehe aufzulösen (c. 1141 CIC).[836]

Schließlich können sich die Ehegatten auch unter Beibehaltung des Ehebandes trennen. Gem. 100
c. 1151 CIC haben die Ehegatten die Pflicht und das Recht, das eheliche Zusammenleben zu wahren,
außer ein rechtmäßiger Grund entschuldigt sie davon. Liegt ein solcher Entschuldigungsgrund für
einen der Partner vor (etwa Ehebruch, c. 1152 CIC, oder Gefahr für Leib oder Leben des anderen
Ehegatten oder der Kinder, c. 1153 CIC), so besteht die Möglichkeit, dass er das von c. 1151 CIC
geforderte tatsächliche Zusammenleben mit seinem Gatten beendet. Es geht dabei nicht um die
Auflösung der Ehe selbst, sondern nur um das eheliche Zusammenleben.[837] Die Ehegatten bleiben
gültig verheiratet.

e) **Die Gültigmachung einer ungültigen Ehe.** In cc. 1156 ff. CIC ist – in 101
unelegantem aus dem Lateinischen übertragenen Deutsch – die „Gültigmachung
der Ehe" geregelt. Eine ungültige Ehe kann unter bestimmten Voraussetzungen
gültig werden. Dabei ist zu unterscheiden zwischen einer einfachen Gültigmachung
(convalidatio) und der sog. Heilung in der Wurzel (sanatio in radice).

Nach c. 1156 § 1 CIC ist für die (einfache) Gültigmachung einer wegen eines 102
trennenden Hindernisses (cc. 1083–1094 CIC) ungültigen Ehe erforderlich, dass das
Hindernis entfällt oder durch Dispens behoben wird und dass wenigstens der
Partner, der von dem Hindernis Kenntnis hat, den Konsens erneuert. Ohne Konsenserneuerung ist die Gültigmachung nicht möglich (c. 1156 § 2 CIC). Die Konsenserneuerung erfordert, dass der betreffende Ehepartner den Ehewillen erneut
bekundet, d.h. einen neuen Willensakt setzt (c. 1157 CIC). Ist das Hindernis
öffentlich, d.h. dem Beweise zugänglich, muss der Konsens zudem von beiden
Partnern in der kanonischen Form erneuert werden (c. 1158 § 1 CIC).[838] Ansonsten
reicht die private und geheime Erneuerung durch den Partner, dem das Hindernis
bekannt ist (c. 1158 § 2 CIC).

Fehlte es der Ehe bereits an einem hinreichenden Konsens, so muss derjenige, der keinen 103
Konsensakt gesetzt hatte, diesen nunmehr nachholen (c. 1159 § 1 CIC). Bei öffentlichem Konsensmangel muss der Konsens in kanonischer Form geleistet werden (c. 1159 § 3 CIC). Ansonsten reicht
die private und geheime Nachholung (c. 1159 § 2 CIC).

Eine wegen Formmangels ungültige Ehe muss zur Gültigmachung von neuem in der kanonischen 104
Form geschlossen werden, unbeschadet der Dispensmöglichkeit nach c. 1127 § 2 CIC (c. 1160 CIC).

Die sog. Heilung in der Wurzel (cc. 1161–1165 CIC) setzt einen hinreichenden 105
Konsens voraus (c. 1162 § 1 CIC). Er bildet die Wurzel der Eheschließung. Die Ehe

---

[833] Vgl. *H. Heimerl/H. Pree*, Kirchenrecht, S. 263.
[834] Vgl. *H. Heimerl/H. Pree*, Kirchenrecht, S. 262 f.
[835] Vgl. *G. Assenmacher*, in: HdbKathKR, § 90 IV 1.
[836] Vgl. Papst *Johannes Paul II.* in einer Ansprache anlässlich der Eröffnung des Gerichtsjahres der Römischen Rota „Unauflöslichkeit ist göttliches Gesetz", abgedr. in: Pfarramtsblatt 2000, 65 (68 ff.).
[837] Näher *J. Prader/H. J. F. Reinhardt*, Das kirchliche Eherecht in der seelsorglichen Praxis, S. 202 ff.
[838] Die Möglichkeit der Dispensierung nach c. 1127 § 2 CIC bleibt bestehen (c. 1158 § 1 CIC).

wird dabei durch die zuständige Autorität ohne Konsenserneuerung gültig gemacht. Gleichzeitig wird ggf. von der Form und etwaigen Hindernissen dispensiert, soweit dies rechtlich möglich ist (c. 1161 § 1 CIC i. V. m. c. 1163 § 2 CIC). Die Ehe kommt ex nunc zustande, die Wirkungen werden aber auf den Zeitpunkt der Eheschließung zurückbezogen (c. 1161 § 2 CIC). Zuständig sind nach Maßgabe des Rechts der Apostolische Stuhl oder der Diözesanbischof (c. 1165 CIC).

106 **f) Überblick über die kirchlichen Eheverfahren.** Nach c. 1060 CIC ist im Zweifelsfall solange an der Gültigkeit einer Ehe festzuhalten, bis das Gegenteil bewiesen ist. Der Beweis des Gegenteils erfolgt in der Praxis durch entsprechende amtliche Feststellungen der kirchlichen Autorität. Im Hinblick auf Probleme, die sich aus einer Ehe ergeben können, sieht das geltende Recht verschiedene Verfahrensarten vor. Dabei handelt es sich teilweise um gerichtliche Verfahren, teilweise aber auch um bloße Verwaltungsverfahren.

107 Die Trennung der Ehepartner nach cc. 1151 ff. CIC ist verfahrensrechtlich geregelt in cc. 1151–1155, 1692–1696 CIC. In dem Verfahren soll geklärt werden, ob die tatsächliche Trennung vom Ehegatten trotz weiterbestehenden Ehebandes aus kirchlicher Sicht berechtigt ist. Zuständig ist der Diözesanbischof selbst oder das kirchliche Gericht nach dem CIC. Das Verfahren kann also auf dem Verwaltungs- oder Gerichtsweg erfolgen.

108 Ein solches Verfahren findet in der Praxis nur selten statt. Nach kirchlicher Vorstellung setzt eine ordnungsgemäße Ehe auch das Zusammenleben voraus (c. 1151 CIC). Wenn es aus den in den cc. 1152 ff. CIC genannten Gründen, die als solche keine Nichtigkeit der Ehe herbeiführen, dennoch zu einer faktischen Trennung kommt, ist der Kirche daran gelegen, dies auch amtlich zu legitimieren. In einem solchen Fall ist das öffentliche Wohl und damit die kirchliche Außendarstellung betroffen (c. 1696 CIC).

109 Die übrigen Verfahren beschäftigen sich mit dem sog. Ledigenstand. Es geht dabei darum, dass amtlich geklärt wird, ob eine Person aus kirchlicher Sicht verheiratet ist oder nicht. Die Klärung des Ledigenstandes ist erforderlich im Hinblick auf c. 1066 und c. 1085 §§ 1 u. 2 CIC. Wer durch ein bestehendes Eheband noch gebunden ist, kann nicht gültig heiraten (c. 1085 § 1 CIC). Das gilt solange, wie die Nichtigkeit bzw. die Auflösung einer früheren Ehe nicht amtlich festgestellt ist (c. 1085 § 2 CIC). Eine neue Ehe kann erst geschlossen werden, wenn insoweit alles geklärt ist (c. 1066 CIC).

110 Soweit es um Fälle des Privilegium Paulinum geht, richtet sich das Verfahren nach cc. 1143–1147. Zuständig ist der Ortsordinarius, der auf einen entsprechenden Antrag hin tätig wird. Es handelt sich um ein reines Verwaltungsverfahren. Geklärt wird, ob derjenige, der sich auf das Privilegium Paulinum beruft, tatsächlich zur Wiederheirat berechtigt ist.[839] Es geht also um die Klärung des Rechts auf eine neue Ehe.[840] Werden die Voraussetzungen des Privilegium Paulinum dabei amtlich festgestellt, darf die betreffende Person neu heiraten. Dadurch wird die frühere Ehe automatisch aufgelöst.

111 Ebenfalls reine Verwaltungsverfahren sind das Nichtvollzugsverfahren (Inkonsummationsverfahren)[841] und das Verfahren zur Auflösung einer Ehe zugunsten des Glaubens (Privilegium Petrinum)[842]. Zuständig ist der Papst. Auch hier ist ein Antrag erforderlich. Beide Verfahren dienen der amtlichen Auflösung einer an sich gültigen Ehe. Mit der Auflösung der früheren Ehe darf erneut gültig geheiratet werden.

---

[839] Vgl. *J. Prader/H. J. F. Reinhardt*, Das kirchliche Eherecht in der seelsorgerischen Praxis, S. 198.
[840] Näher *J. Prader/H. J. F. Reinhardt*, Das kirchliche Eherecht in der seelsorgerischen Praxis, S. 198.
[841] cc. 1142, 1149, 1697–1706 sowie die Litterae Circulares der Sakramentenkongregation vom 20. 12. 1986, in: Communicationes 20 (1988), S. 78 ff.
[842] Vgl. c. 1148 und „Normae de conficiendo processu pro solutione vinculi matrimonialis in favorem fidei" v. 30. 4. 2001 der Kongregation für die Glaubenslehre, im Original abgedr. in AfkKR 171 (2002) S. 161 ff., in dt. Übersetzung DPM 9 (2002), S. 356 ff.

§ 21. Rechtliche Ordnung der Sakramente

Im Zentrum der kirchlichen Eheverfahren stehen diejenigen zur Feststellung der Gültigkeit bzw. Nichtigkeit einer Ehe wegen Ehehindernissen und Konsensmängeln sowie wegen Nichteinhaltung der kirchlichen Eheschließungsform. Hintergrund solcher Verfahren ist auch hier in der weit überwiegenden Anzahl der Fälle der Wunsch nach einer Wiederverheiratung, wenn einer der beiden Partner nach staatlichem Recht geschieden ist. Da die staatliche Scheidung für die Kirche nicht von Bedeutung ist, steht der Wiederverheiratung das Ehehindernis des c. 1085 § 1 CIC entgenen. Nach c. 1085 § 2 CIC muss die Nichtigkeit der früheren Ehe „sicher" festgestellt sein; vorher ist eine neue Eheschließung nicht erlaubt. 112

Die einschlägigen prozessualen Vorschriften für das Ehenichtigkeitsverfahren sind im CIC recht unübersichtlich angeordnet. Zunächst gelten die Regelungen über das ordentliche Streitverfahren (cc. 1501–1655 CIC). Zudem enthält der CIC in den cc. 1671–1691 besondere Vorschriften für das Ehenichtigkeitsverfahren. Was die Zuständigkeiten und Instanzen betrifft, ist wieder auf die allgemeinen Vorgaben der cc. 1400–1500 CIC zurückzugreifen. Der Päpstliche Rat für Gesetzestexte hat mit päpstlicher Approbation am 8. 2. 2005 die Instruktion „Dignitas Connubii" (DC) bekannt gemacht.[843] Es handelt sich zwar nicht um neues Recht, sondern um eine Instruktion im Sinne von c. 34 CIC. Sämtliche Vorschriften des CIC bleiben unberührt.[844] Die Instruktion stellt aber die für das Eheverfahren bislang verstreuten Vorschriften des materiellen Eherechts und des Prozessrechts in einer Art Leitfaden zusammen und ergänzt sie mit Erkenntnissen aus der Rechtsprechung, der übrigen Rechtspraxis sowie authentischen Interpretationen. Die Instruktion dient somit der besseren und vereinfachten Handhabung der Normen im Ehenichtigkeitsprozess. Wenn sie auch kein neues Recht schafft, so dürfte die Instruktion gleichwohl neuerdings das vorrangige Arbeitsmittel bei der Durchführung von Ehenichtigkeitsverfahren sein. Sie gilt nach Art. 7 § 1 DC nur für die Ehenichtigkeitsverfahren, nicht für sonstige Verfahren. 113

Im Rahmen der Überprüfung der Gültigkeit einer Ehe sind verschiedene Verfahrensarten zu unterscheiden. Geht es um die Nichtigerklärung einer Zivilehe von Katholiken, die der Eheschließungsform des c. 1108 CIC unterliegen, so wird in der Praxis der Verwaltungsweg beschritten. Ein gerichtliches Verfahren ist nicht erforderlich (Art. 5 § 3 DC).[845] Derartige Verfahren laufen meist über die Kirchenrechtsabteilungen der Generalvikariate. Alle übrigen Prüfungen der Gültigkeit einer Ehe werden im Gerichtsverfahren, also über das Offizialat bzw. Konsistorium, vorgenommen. Je nach Fallgestaltung kann dabei auch ein vereinfachtes Urkundsverfahren zum Tragen kommen (Art. 295 ff. DC). Das ist insbesondere der Fall bei urkundlich beweisbaren Ehehindernissen, von denen keine Dispens erteilt wurde.[846] Ansonsten findet ein ordentliches Gerichtsverfahren statt.[847] 114

Zunächst erfolgt dabei regelmäßig eine Beratung durch einen Mitarbeiter des Offizialats (Art. 113 DC). Zwingend ist das aber nicht. Es handelt sich nur um ein Angebot.[848] Das eigentliche Verfahren beginnt mit der Einreichung der Klageschrift (Art. 115 DC). Darauf erfolgt die Ernennung des Gerichtshofes (Art. 118 DC) und die Entscheidung über die Annahme oder Abweisung der Klageschrift (Art. 119 DC). Nach entsprechender Mitteilung an die Parteien wird die Prozessfrage festgelegt (Art. 135 DC). Sie bestimmt, aufgrund welcher Klagegründe die Gültigkeit der Ehe angefochten wird (Art. 135 § 3, 136 DC, c. 1677 § 3 CIC). Streitgegenstand ist also immer die Feststellung der Nichtigkeit aus einem bestimmten Klagegrund, d. h. einem Nichtigkeitsgrund, z. B. 115

---

[843] Lat. Originaltext in Communicationes 37 (2005), S. 11 ff. Eine dt. Übersetzung und Kommentierung bietet *K. Lüdicke*, Dignitas Connubii. Die Eheprozessordnung der katholischen Kirche. Text und Kommentar, 2005. Zu den Hintergründen der Instruktion vgl. die Vorrede, abgedr. in dt. Übersetzung bei *K. Lüdicke,* ebd., S. 1 ff.
[844] Vgl. die Vorrede zu DC, abgedr. in dt. Übersetzung bei *K. Lüdicke*, Dignitas Connubii, S. 7.
[845] Art. 5 § 3 DC greift hier die Authentische Interpretation des PCI vom 26. 6. 1984 auf, vgl. AAS 76 (1984), S. 747.
[846] Näher *K. Lüdicke*, Dignitas Connubii, Art. 295 Rn. 2.
[847] Ein Schaubild zum Ablauf des Verfahrens von der ersten bis zur dritten Instanz findet sich bei *K. Lüdicke*, Dignitas Connubii, S. IX ff.
[848] Näher *K. Lüdicke*, Dignitas Connubii, Art. 113 Rn. 1 f.

c. 1097 § 2 CIC – Irrtum über eine Eigenschaft der Person, nicht die Nichtigkeit allgemein. Das Gericht prüft von Amts wegen nicht umfassend die Nichtigkeit der Ehe.[849] Es folgt die Beweiserhebung durch Parteivernehmungen, Zeugenvernehmungen und ggf. Einholung von Gutachten (Art. 155 ff. DC). Nach der Beweiserhebung, der abschließenden Stellungnahme der Parteien und des Ehebandverteidigers erfolgt die Urteilsfindung (Art. 248 DC). Stellt das Gericht die Nichtigkeit der Ehe fest, werden die Akten von Amts wegen an das Berufungsgericht übersandt (Art. 264 DC).[850] Berufungsgericht ist für die Suffraganbistümer das Metropolitangericht; hat das Metropolitangericht selbst den Prozess in erster Instanz geführt, so geht es in zweiter Instanz an ein vom Metropoliten (mit Billigung des Apostolischen Stuhles) ein für allemal als Appellationsinstanz bestimmtes Diözesangericht (c. 1438 CIC).[851] Das Berufungsgericht kann ein Urteil der ersten Instanz, in dem die Nichtigkeit der Ehe festgestellt wurde, durch Dekret bestätigen (Art. 265 § 1 DC). Im anderen Fall leitet es ein ordentliches Verfahren zur umfassenden Neuprüfung ein (Art. 265 § 1 DC). Das Berufungsverfahren läuft dabei im Wesentlichen wie die erste Instanz ab. Erst bei der Bestätigung des erstinstanzlichen Urteils (Feststellung der Ehenichtigkeit) durch das Berufungsgericht steht die Nichtigkeit der Ehe endgültig fest. Wird die Nichtigkeit der Ehe in der ersten Instanz nicht festgestellt, steht der klagenden Partei das Rechtsmittel der Berufung offen (Art. 279 DC). Auch hier läuft das Berufungsverfahren verfahrenstechnisch weitgehend wie die erste Instanz ab (Art. 285 § 1 DC). Kommen erste und zweite Instanz zu unterschiedlichen Ergebnissen hinsichtlich der Nichtigkeit der betreffenden Ehe, muss eine dritte Instanz bemüht werden. Denn zur positiven Feststellung der Nichtigkeit der Ehe sind zwei gleichlautende Entscheidungen erforderlich. Dritte Instanz ist grundsätzlich die Römische Rota (Art. 27 DC), mit Genehmigung der Apostolischen Signatur auch ein Diözesangericht. Der Kläger kann erst dann kirchlich heiraten, wenn zwei Instanzen die Nichtigkeit der Ehe aus dem in der Prozessfrage konkret festgelegten Klagegrund (Nichtigkeitsgrund) festgestellt haben (Art. 301 § 1 DC).[852] Umgekehrt erwächst ein Urteil in Ehenichtigkeitssachen niemals in Rechtskraft (Art. 289 § 1 DC, c. 1643 CIC). Mit neuen Klagegründen oder neuem Beweismaterial kann erneut das Verfahren betrieben werden. Einer zwischenzeitlich neu eingegangenen Ehe steht jedoch rechtlich nichts im Wege (Art. 301 DC, c. 1684 § 1 CIC). Solange keine zwei Urteile vorliegen, die die Nichtigkeit der Ehe feststellen, gilt der Kläger aber als verheiratet. Er ist wegen c. 1085 § 1 CIC an einer erneuten Eheschließung gehindert.

116 Die Quote der Verfahren, die letztlich zur kirchengerichtlichen Feststellung der Nichtigkeit einer Ehe führen, ist seit einiger Zeit sehr hoch.[853] Die Bischofssynode in Rom im Oktober 2005 hat die kirchlichen Ehegerichte ausdrücklich aufgefordert, angesichts der Unsicherheiten in der modernen Gesellschaft gescheiterte katholische Ehen nicht zu streng zu beurteilen und Nachsicht bei neuen Bindungen walten zu lassen.[854] Damit soll den seelsorgerlichen Belangen der Gläubigen, die nicht selten am Scheitern einer früheren Ehe keine Schuld tragen, Rechnung getragen werden. Zugleich kann kirchenrechtlich unzulässigen Praktiken (z. B. Segnung von geschiedenen und standesamtlich wiederverheirateten Eheleuten in einer eigenen „Segnungsandacht") entgegen gewirkt werden. Während Papst *Johannes Paul II.* an

---

[849] Ein Klagegrund (Nichtigkeitsgrund), der nicht in der Prozessfrage angeführt ist, wird danach nicht durch das Gericht behandelt. Ein solcher Klagegrund muss von der klagenden Partei gesondert in den Prozess eingeführt werden.

[850] Einen Überblick über den Instanzenweg in Deutschland gibt *K. Lüdicke*, Dignitas Connubii, S. XII ff.

[851] Näher *G. Assenmacher*, HdbKathKR, § 111 I 2 (S. 1188) m. w. N.; für erstinstanzliche Entscheidungen des erzbischöflichen Offizialats in Köln ist z. B. das Offizialat in Münster das Berufungsgericht.

[852] Jeder Klagegrund ist isoliert zu behandeln. Das führt dazu, dass z. B. ein in zweiter Instanz neu eingeführter Klagegrund dort als erstinstanzlich bearbeitet wird. Der neu eingeführte Klagegrund muss unabhängig vom ersten Klagegrund ebenfalls in zwei gleichlautenden Entscheidungen als die Nichtigkeit der Ehe begründend festgestellt werden. Durch die Einführung neuer Klagegründe ist theoretisch ein unüberschaubar langer Prozess denkbar.

[853] Vgl. für das Erzbischöfliche Offizialat in Köln die in Kirchenzeitung Köln 7/2000, S. 8, veröffentlichten Zahlen: 371 abgeschlossene Eheverfahren im Jahre 1999, in 309 Fällen wurde die Nichtigkeit festgestellt, in 42 Fällen kam das Gericht zum gegenteiligen Ergebnis, 20 Fälle wurden anderweitig erledigt.

[854] F.A.Z. Nr. 24 v. 20. 10. 2005, S. 6.

den kirchlichen Ehegerichte noch deutliche Kritik geübt hat, scheint Papst *Benedikt XVI.* der gegenwärtigen Praxis in Ehenichtigkeitsverfahren wohlwollend gegenüberzustehen.[855]

§ 22. Das kirchliche Strafrecht

Literatur: *B. Eicholt,* Geltung und Durchbrechung des Grundsatzes „Nullum crimen nulla poena sine lege" im kanonischen Recht, insbesondere in c. 1399 CIC/1983, 2006; *M. A. Ling,* Zum gegenwärtigen kirchlichen Strafrecht, JZ 2004, S. 596 ff.; *K. Lüdicke,* Schutz durch das Recht?, in: Orientierung, 66 (2002), S. 178; *ders.,* „Kirchenstrafen", in: Lexikon des Kirchenrechts, 2004, Sp. 541; *ders.,* „Strafe", in: Lexikon des Kirchenrechts, 2004, Sp. 923; *H. Pree,* Die Ausübung der Leitungsvollmacht, in: HdbKathKR, § 12 I; *W. Rees,* Strafgewalt der Kirche, 1993; *ders.,* „Exkommunikation", in: Lexikon des Kirchenrechts, 2004, Sp. 277; *ders.,* Grundfragen des krichlichen Strafrechts, in: HdbKathKR, § 105; *R. Sebott,* Das kirchliche Strafrecht, 1992.

Die katholische Kirche nimmt traditionell für sich in Anspruch, „straffällig 1 gewordene Gläubige durch Strafmittel zurechtzuweisen" (c. 1311 CIC).[856] Umgekehrt haben die Gläubigen gem. c. 221 § 3 CIC Anspruch darauf, dass kanonische Strafen nur nach Maßgabe des Gesetzes verhängt werden.[857] Das kirchliche Strafrecht betrifft rein kirchliches Recht im Sinne von c. 11 CIC, so dass lediglich in der katholischen Kirche getaufte oder in sie aufgenommene Menschen davon betroffen sein können, soweit sie das siebente Lebensjahr vollendet haben.[858]

Das kirchliche Strafrecht ist strikt vom Bußsakrament abzugrenzen, obwohl es bis zum Mittelalter 2 eng mit der Bußdisziplin verbunden war.[859] Während es beim Bußsakrament um die Vergebung der Sünden vor Gott durch die Absolution geht (c. 959 CIC), ist das kirchliche Strafrecht das Mittel der kirchlichen Autorität, auf die Verletzung der äußeren Ordnung und Disziplin der Kirche zu reagieren.[860] Das Bußsakrament betrifft daher das sog. Forum internum, d. h. den inneren persönlichen Bereich im Verhältnis zu Gott. Das kirchliche Strafrecht dagegen betrifft das Forum externum, d. h. den äußeren und sichtbaren Bereich im Verhältnis zur Kirche als communio.[861]

In der Grundidee weist das kirchliche Strafrecht durchaus Parallelen zum welt- 3 lichen Strafrecht auf. Es geht darum, dass eine Person, die eine vom Gesetz mit Strafe bedrohte Tat begeht, von der kirchlichen Autorität in einem geordneten Verfahren mit einer Sanktion belegt wird.[862] Demnach verlangt auch das kanonische Recht die Prüfung, ob alle vom gesetzlichen Straftatbestand geforderten Tatbestandsvoraussetzungen erfüllt sind, Rechtfertigungsgründe fehlen und ob die Tat

---

[855] Vgl. einerseits Äußerungen von Papst *Johannes Paul II.,* wie sie in F.A.Z. v. 30. 1. 2002, S. 8, referiert werden: „Plädoyer gegen Ehescheidungen. Johannes Paul II. bekräftigt traditionelle Lehre/Kritik an Gerichten"; andererseits eine Äußerung Papst *Benedikts XVI.* vor Priestern italienischer Diözesen, in der der Papst für den Fall des Scheiterns einer Ehe ausdrücklich auf die Möglichkeit eines Ehenichtigkeitsverfahrens hingewiesen hat, vgl. die Dokumentation in Kirchenzeitung Köln 33/07, S. 16: „Von Christus geliebte Menschen".

[856] Im CCEO ist das Strafrecht in den cc. 1401–1467 geregelt.

[857] Dazu näher *B. Eicholt,* Geltung und Durchbrechungen des Grundsatzes „Nullum crimen nulla poena sine lege" im kanonischen Recht, insbesondere in c. 1399 CIC/1983, S. 2 ff., 160 ff., pass.

[858] Vgl. *K. Lüdicke,* Artikel „Strafe", in: Lexikon des Kirchenrechts, Sp. 923 f. m. w. N., sowie Artikel „Kirchenstrafen, Sp. 541 ff. m. w. N.; *Rees,* in: HdbKathKR, § 105 III 1; grundlegend zum kirchlichen Strafrecht *ders.,* Strafgewalt der Kirche, 1993; *R. Sebott,* Das kirchliche Strafrecht, 1992.

[859] Vgl. *K. Lüdicke,* Artikel „Strafe", in: Lexikon des Kirchenrechts, Sp. 923.

[860] Vgl. *Rees,* in: HdbKathKR, § 105 I 1 u. 2.

[861] Zu den Begriffen Forum internum und Forum externum: c. 130 CIC; im Zusammenhang mit dem kirchl. Strafrecht: *Ling,* Zum gegenwärtigen kirchlichen Strafrecht, JZ 2004, S. 596 (597 m. w. N.); *H. Pree,* in: HdbKathKR, § 12 I.

[862] Vgl. *K. Lüdicke,* Schutz durch das Recht?, in: Orientierung, 66 (2002), S. 178.

auch schuldhaft⁸⁶³, d. h. vorsätzlich oder fahrlässig (c. 1321 § 1 CIC), begangen wurde. Das kirchliche Strafrecht kennt auch aus dem weltlichen Strafrecht bekannte Phänomene wie besondere Täterqualifikationen (z. B. in c. 1382 CIC), Mittäterschaft (c. 1329 CIC), Vollendung und Versuch (cc. 1330, 1328 CIC) sowie Strafausschließungsgründe nach cc. 1322, 1323 CIC.

4   Das kirchliche Strafverfahren ist in cc. 1341 ff., 1717–1731 CIC geregelt. Herr der Strafgewalt und -verfolgung ist der Ortsordinarius (cc. 1717 § 1, 1412 CIC). Ihm stehen dabei grundsätzlich zwei verschiedene Verfahrenswege offen, nämlich das Gerichtsverfahren (Strafklage: c. 1721 CIC) oder das außergerichtliche Verwaltungsverfahren (Strafdekretverfahren: c. 1720 CIC).⁸⁶⁴

5   Die besonderen Ziele und Zwecke des kirchlichen Strafrechts werden in c. 1341 CIC genannt. Danach zielt das Strafrecht auf die Behebung des durch die Tat entstandenen Ärgernisses, die Wiederherstellung der Gerechtigkeit und die Besserung des Täters ab.⁸⁶⁵ Aus c. 1341 CIC ergibt sich auch die Subsidiarität des kirchlichen Strafrechts. Bevor der zuständige Ordinarius zum Strafrecht greift, muss er sicherstellen, dass mit anderen, pastoralen Mitteln die Ziele nicht zu erreichen sind.⁸⁶⁶ Die theologische Begründung des kirchlichen Strafanspruchs ist in ihren Einzelheiten derzeit allerdings noch sehr umstritten.⁸⁶⁷

6   Steht die rechtswidrige und schuldhafte Verwirklichung des gesetzlichen Straftatbestandes fest und greifen Strafausschließungsgründe nicht ein, muss unter Beachtung der gesetzlichen Strafmilderungsgründe (cc. 1324 f. CIC) und der dem Richter eingeräumten Möglichkeiten der cc. 1343–1350 CIC die Strafe festgelegt werden. Der CIC gibt keine Definition der Strafe, sondern beschränkt sich darauf, die Strafmittel zu nennen: einerseits die sog. Besserungs- oder Beugestrafen, andererseits die Sühnestrafen (c. 1312 § 1 Nr. 1 u. 2 CIC). Zu den „Besserungs- oder Beugestrafen" zählen die Exkommunikation⁸⁶⁸ (c. 1331 CIC), das Interdikt (c. 1332 CIC) sowie die Suspension (1333 CIC). Diese Strafen bezwecken hauptsächlich die Besserung des Täters, der wieder zu rechtstreuem Verhalten zurückgeführt werden soll.⁸⁶⁹ In den entsprechenden Vorschriften wird dabei im Einzelnen aufgeführt, was genau auf den Täter zukommt. So ist dem Exkommunizierten⁸⁷⁰ nach c. 1331 § 1 Nr. 1–3 CIC untersagt: jeglicher Dienst bei der Feier des eucharistischen Opfers oder bei irgendwelchen anderen gottesdienstlichen Feiern, die Spendung von Sakramenten oder Sakramentalien und der Empfang von Sakramenten sowie die Ausübung kirchlicher Ämter, Dienste oder Aufgaben oder der Leitungsgewalt.

7   Die Besserungs- oder Beugestrafen gelten wie grundsätzlich alle Strafen nur solange, bis sie nachgelassen werden.⁸⁷¹ Bei Beugestrafen muss ein solcher Strafnachlass aufgrund gesetzlicher Anordnung gewährt werden, wenn der Täter seine innere widergesetzliche Haltung (sog. contumacia) aufgegeben hat. Dazu muss er die Tat bereuen und eine angemessene Wiedergutmachung der

---

⁸⁶³ Zum Schuldprinzip: *Ling*, Zum gegenwärtigen kirchlichen Strafrecht, JZ 2004, S. 596 (598 f. m. w. N.)
⁸⁶⁴ Näher zum kirchlichen Strafverfahrensrecht: *Ling*, Zum gegenwärtigen kirchlichen Strafrecht, JZ 2004, S. 596 ff. (601 ff. m. w. N.).
⁸⁶⁵ Näher zu den Strafzwecken *K. Lüdicke*, in: MK, c. 1341.
⁸⁶⁶ Vgl. *K. Lüdicke*, Artikel „Strafe", in: Lexikon des Kirchenrechts, Sp. 923.
⁸⁶⁷ Näher *K. Lüdicke*, in: MK, vor c. 1311 Rn. 11, 16 ff.; *Rees*, in: HdbKathKR, § 105 I 2 m. w. N. Folgende Bibelstellen werden oft als Ausgangspunkt für das kirchliche Strafrecht insgesamt bzw. die Exkommunikation angeführt: Mt 18, 15–18; 1 Kor 5, 1–11; 1 Kor 11, 27–30; 2 Kor 2, 5–11.
⁸⁶⁸ Zur Exkommunikation *Rees*, Artikel „Exkommunikation", in: Lexikon des Kirchenrechts, Sp. 277 f. m. w. N.
⁸⁶⁹ Vgl. *Rees*, in: HdbKathKR, § 105 II 2.
⁸⁷⁰ Zu Interdikt und Suspension: cc. 1332 bzw. 1333 CIC.
⁸⁷¹ Allgemein zum Straferlass, durch den eine kirchliche Strafe aufgehoben wird: cc. 1354–1363 CIC.

§ 22. Das kirchliche Strafrecht 211

Schäden sowie eine Behebung des Ärgernisses leisten oder zumindest ernsthaft versprechen (c. 1358 § 1 CIC i. V. m. c. 1347 § 2 CIC).[872]

Sühnestrafen sind in c. 1336 § 1 Nr. 1–5 CIC aufgeführt:
- das Verbot oder Gebot, sich in einem bestimmten Ort oder Gebiet aufzuhalten;
- der Entzug einer Vollmacht, eines Amtes, einer Aufgabe, eines Rechtes, eines Privilegs, einer Befugnis, eines Gunsterweises, eines Titels, einer Auszeichnung, auch wenn sie nur ehrenhalber verliehen wurde, und das entsprechende Ausübungsverbot;
- die Versetzung auf ein anderes Amt;
- die Entlassung aus dem Klerikerstand.

Der Gesetzgeber (vgl. c. 1315 § 1 CIC) kann weitere Sühnestrafen vorsehen, die einem Gläubigen ein geistliches oder zeitliches (irdisches) Gut entziehen und mit dem übernatürlichen Ziel der Kirche vereinbar sind (c. 1312 § 2 CIC).[873] Darüber hinaus kann das Strafgesetz selbst die Strafe nach Art und Umfang festsetzen oder ihre Festsetzung dem klugen Ermessen des Richters überlassen (c. 1315 § 2 CIC). Im letzteren Fall spricht das Gesetz meist von der „iusta poena", der gerechten Strafe (etwa in c. 1379 CIC bei der Vortäuschung der Sakramentenspendung). Der Strafnachlass richtet sich nach den cc. 1354–1363 CIC. Anders als bei den Beugestrafen (c. 1358 § 1 CIC) hat der Täter bei den Sühnestrafen keinen Anspruch auf den Straferlass. Die einschlägigen Bestimmungen sind bloße Kann-Vorschriften.

Die kirchlichen Strafen sind meist sog. Spruchstrafen (c. 1314 CIC), d. h. solche, die in einem entsprechenden Verfahren durch das Gericht oder den Ordinarius ausgesprochen werden. Daneben kennt der CIC auch sog. Tatstrafen (c. 1314 CIC), die von selbst durch die Begehung der Straftat eintreten. Für den Fall, dass der Tatbestand einer Tatstrafe erfüllt ist, erklärt das Gesetz selbst den Täter schon durch die Begehung der Tat für bestraft.[874]

So bestimmt z. B. c. 1398 CIC, dass derjenige, der eine Abtreibung vornimmt, sich die Tatstrafe der Exkommunikation zuzieht. Mit der Ausführung der Abtreibung gilt der Täter bereits als bestraft, in diesem Fall mit der Exkommunikation. Ihn treffen also sofort die in c. 1331 CIC aufgeführten Folgen, wie das Verbot des Sakramentenempfangs. Ein Verfahren oder auch nur ein hoheitlicher Spruch ist nicht erforderlich[875], nicht einmal die Kenntnis durch eine andere Person. Vielmehr geht das Gesetz davon aus, dass sich der Täter selbst durch die Begehung der Tat als bestraft ansieht und sich an die Strafe, im Beispielsfall die Exkommunikation, hält, also etwa keine Sakramente empfängt, keine kirchlichen Ämter mehr bekleidet oder kirchliche Dienste ausübt. Tatstrafen finden eine innere Rechtfertigung darin, dass das kirchliche Recht auch die innere Akzeptanz des Rechts von jedem Gläubigen einfordert. Im CCEO gibt es keine Tatstrafen mehr.

In cc. 1364–1398 CIC sind gesamtkirchlich einzelnen Straftatbestände aufgeführt. Sie sind in folgende Gruppen aufgeteilt:
- Straftaten gegen die Religion und die Einheit der Kirche (cc. 1364–1369 CIC),
- Straftaten gegen die kirchlichen Autoritäten und die Freiheit der Kirche (cc. 1370–1377 CIC),
- Amtsanmaßung und Amtspflichtverletzung (cc. 1378–1389 CIC),
- Fälschungsdelikte (cc. 1390, 1391 CIC),

8

9

10

11

---

[872] Näher K. Lüdicke, in: MK, c. 1341 Rn. 3 ff.
[873] Nach K. Lüdicke, Schutz durch das Recht?, in: Orientierung, 66 (2002), S. 178 (179), finden die Sühnestrafen in den Geld- und Haftstrafen ihre weltlichen Parallelen.
[874] Dazu K. Lüdicke, Schutz durch das Recht?, in: Orientierung, 66 (2002), S. 178.
[875] In einem Strafverfahren kann jedoch nachträglich der Eintritt der Strafe offiziell, wenn auch deklaratorisch festgestellt werden. Dann treffen den Täter weitergehende Folgen, dazu etwa c. 1331 § 2 Nr. 1–5, c. 915 CIC.

– Straftaten gegen besondere Verpflichtungen (cc. 1392–1396 CIC),
– Straftaten gegen Leben und Freiheit des Menschen (cc. 1397, 1398 CIC).

12   Der Gesetzgeber kann nach Bedarf weitere Strafgesetze erlassen (c. 1315 § 1 CIC). Eine Besonderheit des kirchlichen Rechts bietet c. 1399 CIC, der als einen Art Auffangnorm an den Schluss des kodikarischen Strafrechts gestellt ist. Danach gilt: „Außer in den Fällen, die in diesem oder in anderen Gesetzen geregelt sind, kann die äußere Verletzung eines göttlichen oder eines kanonischen Gesetzes nur dann mit einer gerechten Strafe belegt werden, wenn die besondere Schwere der Rechtsverletzung eine Bestrafung fordert und die Notwendigkeit drängt, Ärgernissen zuvorzukommen oder sie zu beheben." Danach gilt in der katholischen Kirche das Prinzip „nulla poena sine lege" nur bedingt. Die Vorschrift ist in der Kanonistik umstritten[876], aber in der kirchlichen Praxis bislang weitgehend bedeutungslos. Für eine Anwendung von c. 1399 CIC wird sich wohl auch kaum Raum finden lassen.[877] Im CCEO findet sich keine entsprechende Bestimmung.[878]

§ 23. Das kirchliche Vermögensrecht

Literatur: *R. Althaus*, Aktuelle Probleme der Kirchenfinanzierung in der Bundesrepublik Deutschland, in: Grabenwarter/Lüdecke (Hrsg.), Standpunkte im Kirchen- und Staatskirchenrecht, 2002, S. 9 ff.; *H. Emsbach*, Rechte und Pflichten des Kirchenvorstandes. Eine Einführung in das Recht des Kirchenvermögens und seiner Verwaltung in den Bistümern des ehemaligen preußischen Staatsgebietes, 9. Aufl. 2006; *H. Heimerl/H. Pree*, Handbuch des Vermögensrechts der katholischen Kirche unter besonderer Berücksichtigung der Rechtsverhältnisse in Bayern und Österreich, 1993; *H. Marré/J. Jurina*, Die Kirchenfinanzierung in Kirche und Staat der Gegenwart, 4. Aufl. 2006; *H. Pree*, Grundfragen kirchlichen Vermögensrechts, in: HdbKathKR, § 99; *ders.*, „Kirchenvermögen", in: Lexikon des Kirchenrechts, 2004, Sp. 546; *R. Puza.*, Katholisches Kirchenrecht, 2. Aufl. 1993, S. 409 ff.; *R. Seer/B. Kämper* (Hrsg.), Bochumer Kirchensteuertag. Grundlagen, Gestaltung und Zukunft der Kirchensteuer, 2004.

1   Der CIC[879] enthält in seinem Buch V gesamtkirchliche Normen, die sich mit dem Vermögen der Kirche befassen (cc. 1254 ff. CIC).[880] Das gesamtkirchliche Vermögensrecht ist durch den CIC von 1983 völlig neu konzipiert worden. Die Vorschriften des neuen CIC stellen ein gesamtkirchliches Rahmenrecht dar, das in weitem Umfang partikularrechtlich ausgefüllt und ergänzt wird.[881] Dabei spielt die Erkenntnis, dass die Kirche sich in der vermögensrechtlichen Praxis weitgehend mit den örtlichen (Rechts-) Verhältnissen arrangieren und verzahnen muss, eine entscheidende Rolle. Das V. Buch des CIC ist daher vom Subsidiaritätsprinzip geprägt und enthält Regelungen, die nach der Vorstellung des gesamtkirchlichen Gesetzgebers weltweit erforderlich sind, um die Einheit der Kirche und ihrer Sendung zu

---

[876] Grundlegend *B. Eicholt*, Geltung und Durchbrechungen des Grundsatzes „Nullum crimen nulla poena sine lege" im kanonischen Recht, insbesondere in c. 1399 CIC/1983, 2006; ferner *W. Rees*, in: HdbKathKR, § 105 II 3 m. w. N.; *Ling*, Zum gegenwärtigen kirchlichen Strafrecht, JZ 2004, 596 (597).

[877] So die überzeugende Analyse von *B. Eicholt*, Geltung und Durchbrechungen des Grundsatzes „Nullum crimen nulla poena sine lege" im kanonischen Recht, insbesondere in c. 1399 CIC/1983, S. 175 ff.

[878] Vgl. *B. Eicholt*, Geltung und Durchbrechungen des Grundsatzes „Nullum crimen nulla poena sine lege" im kanonischen Recht, insbesondere in c. 1399 CIC/1983, S. 174 f. m. w. N.

[879] Im CCEO ist das Vermögensrecht in den cc. 1007–1057 geregelt.

[880] Näher zum Vermögensrecht der Kirche *H. Heimerl/H. Pree*, Handbuch des Vermögensrechts der katholischen Kirche unter besonderer Berücksichtigung der Rechtsverhältnisse in Bayern und Österreich, 1993.

[881] Vgl. *R. Puza*, Katholisches Kirchenrecht, S. 409.

§ 23. Das kirchliche Vermögensrecht

gewährleisten.[882] Die nähere Ausformung des Rechts mit Blick auf die örtlichen Verhältnisse erfolgt auf verschiedene Art. Neben differenzierten Verweisungen auf das örtlich geltende weltliche Recht[883] werden der Bischofskonferenz selbst[884] sowie anderen Gesetzgebern unterhalb der Bischofskonferenz[885] weitgehende Rechtsetzungskompetenzen zugesprochen. Hinzu kommen Konkordate[886] und staatliche Regelungen.[887] Das alles macht das geltende Vermögensrecht insgesamt zu einer schwer überschaubaren Materie, zumal es erhebliche Unterschiede zwischen den einzelnen Diözesen gibt. An dieser Stelle kann daher keine ausführliche Darstellung geboten werden, sondern lediglich ein kurzer Überblick zu zentralen Aspekten des kirchlichen Vermögensrechts.[888]

In c. 1254 § 1 CIC wird zunächst allgemein die Vermögensfähigkeit der Kirche 2 als solche festgestellt. Danach hat die katholische Kirche das angeborene Recht (ius nativum), unabhängig von der weltlichen Gewalt, Vermögen zur Verwirklichung der ihr eigenen Zwecke zu erwerben, zu besitzen, zu verwalten und zu veräußern. Solche Zwecke sind nach c. 1254 § 2 CIC vor allem:
– die geordnete Durchführung des Gottesdienstes,
– die Sicherstellung des angemessenen Unterhalts des Klerus und anderer Kirchenbediensteter,
– die Ausübung der Werke des Apostolats und
– der Caritas, vor allem gegenüber den Armen.

Die Vermögensfähigkeit der Kirche sowie die Legitimität entsprechenden Ver- 3 mögens ergeben sich aus der Tatsache, dass die Kirche im Sinne von LG 8 ungeachtet ihrer übernatürlichen Zielsetzung auch in der irdischen Welt besteht und zur Erfüllung ihrer Sendung finanzielle Mittel benötigt.[889] Die in c. 1254 § 2 CIC vorgenommene Aufzählung ist weder abschließend noch besteht eine Rangordnung zwischen den genannten Zwecken.[890] Allerdings zeigen die hier genannten Zwecke beispielhaft, wozu die Kirche nach ihrem Selbstverständnis überhaupt Vermögen erwerben und innehaben darf.[891] In Angelegenheiten finanzieller Art

---

[882] Vgl. *H. Pree*, in: HdbKathKR, § 99 A II.
[883] Das geschieht durch die förmliche Kanonisation gem. c. 22 CIC (vgl. cc. 1290, 1268 i. V. m. cc. 197–199 CIC) und die sonstige Beachtung weltlichen Rechts (z. B. cc. 668 § 1, 1259, 1286, 1297 CIC). Als lex canonicata ist etwa das in NRW fortgeltende Vermögensverwaltungsgesetz (u. Fn 887) mit seinen Regelungen über den Kirchenvorstand anzusehen
[884] CC. 1262, 1272, 1277, 1292 § 1, 1297 CIC.
[885] Z. B. in cc. 1264, 1275, 1284 § 3, 1263, 1276 § 2, 1308–1310 CIC.
[886] Vgl. z. B. Art. 18 RK, abgedr. bei *J. Listl* (Hrsg.), Die Konkordate und Kirchenverträge in der Bundesrepublik Deutschland, Bd. I, S. 34 ff.; Art. 20 u. 21 des Vertrags des Heiligen Stuhls mit dem Freistaat Sachsen vom 2. 7. 1996, abgedr. bei *Burger* (Hrsg.), Staatskirchenrecht in den neuen Bundesländern, 2000.
[887] Vgl. in Deutschland etwa die Vorgaben des Grundgesetzes: Art. 140 GG i. V. m. Art. 137 Abs. 6, 138 WRV. Darüber hinaus bestehen (landes-)rechtliche Regelungen, wie in NRW das Gesetz über die Verwaltung des katholischen Kirchenvermögens v. 24. 7. 1924, GS S. 585/SGV NRW 222, abgedr. auch in v. Hippel/Rehborn, Gesetze des Landes Nordrhein-Westfalen, Nr. 86, oder die Kirchensteuergesetze der Länder (für NRW: v. Hippel-Rehborn, Gesetze des Landes Nordrhein-Westfalen, Nr. 84).
[888] Näher zum kirchlichen Vermögensrecht: *H. Heimerl/H. Pree*, Handbuch des Vermögensrechts der katholischen Kirche unter besonderer Berücksichtigung der Rechtsverhältnisse in Bayern und Österreich, 1993; *H. Pree*, Artikel „Kirchenvermögen", in: Lexikon des Kirchenrechts, Sp. 546 ff. m. w. N.; *R. Puza*, Katholisches Kirchenrecht, S. 409 ff.; *H. Emsbach*, Rechte und Pflichten des Kirchenvorstandes. Eine Einführung in das Recht des Kirchenvermögens und seiner Verwaltung in den Bistümern des ehemals preußischen Staatsgebiets, 9. Aufl. 2006.
[889] Vgl. *R. Althaus*, Aktuelle Probleme der Kirchenfinanzierung in der Bundesrepublik Deutschland, in: Grabenwarter/Lüdecke (Hrsg.), Standpunkte im Kirchen- und Staatskirchenrecht, S. 9 (10).
[890] Vgl. *H. Pree*, in: HdbKathKR, § 99 F I.
[891] Vgl. *R. Althaus* (o. Fn. 889).

hat sich die Kirche daher immer an den in c. 1254 § 2 CIC aufgeführten Zwecken zu orientieren.[892]

4   Der Regelungsbereich des V. Buches bedarf der Präzisierung. In der lateinischen Originalversion spricht der CIC in der Überschrift zum Buch V von „bona Ecclesiae temporalia", also von zeitlichen (weltlichen) Gütern der Kirche. „Bona temporalia" sind dabei vermögenswerte Güter und Rechte jedweder Art.[893] Diese „bona temporalia" werden innerhalb der Kirche konkreten Rechtsträgern rechtlich zugeordnet. Gem. c. 1255 CIC haben die Gesamtkirche und der Apostolische Stuhl, die Teilkirchen und jedwede andere juristische Person (cc. 113–123 CIC)[894], sei sie öffentlich oder privat, die Fähigkeit, nach Maßgabe des Rechts „bona temporalia" zu erwerben, zu besitzen, zu verwalten und zu veräußern. Dabei steht das Eigentum an diesen „bona temporalia" der juristischen Person zu, die das Vermögen rechtmäßig erworben hat (c. 1256 CIC).[895] „Bona Ecclesiae temporalia" sind danach zunächst die „bona temporalia", die im Eigentum eines der in c. 1255 CIC aufgeführten Rechtsträger stehen.[896] Keine Erwähnung finden in diesem Zusammenhang physische (natürliche) Personen unabhängig davon, ob sie getauft sind oder nicht. Für sie beansprucht der kirchliche Gesetzgeber keine Regelungskompetenz. Das heißt aber nicht, dass ihnen von der Kirche die natürliche Vermögensfähigkeit abgesprochen wird. Es handelt sich lediglich um Privatvermögen, für das die Kirche keine eigenen Rechtsvorschriften aufstellt. Gleiches gilt für Vereinigungen rein weltlichen Rechts.[897] Damit gelten die Vorschriften des V. Buches des CIC von vornherein nicht für „bona temporalia", die sich im Eigentum von natürlichen Personen oder nichtkirchlichen juristischen Personen befinden. Das gilt auch dann, wenn sie für den kirchlichen Gebrauch bestimmt sind.[898]

5   Für die Anwendbarkeit der Normen des CIC ist weiter von Bedeutung, ob es sich um „bona temporalia" öffentlicher oder privater kirchlicher juristischer Personen handelt. Öffentliche juristische Personen sind nach c. 116 § 1 CIC Gesamtheiten von Personen oder Sachen, die von der zuständigen kirchlichen Autorität errichtet werden, damit sie innerhalb der für sich gesetzten Ziele nach Maßgabe der Rechtsvorschriften im Namen der Kirche („nomine Ecclesiae") die ihnen im Hinblick auf das öffentliche Wohl übertragene eigene Aufgabe erfüllen. Alle übrigen juristischen Personen sind private. Sie handeln stets in eigenem Namen, nicht im Namen der Kirche. C. 1257 CIC bestimmt, dass die cc. 1259 ff. CIC in vollem Umfange nur für die „bona temporalia" öffentlicher juristischer Personen in der Kirche gelten, also für die, die im Namen der Kirche handeln. Hierfür wird der Begriff „bona ecclesiastica" verwendet. Öffentliche juristische Personen sind neben der Gesamtkirche und dem Apostolischen Stuhl beispielsweise die Pfarrei (c. 515 CIC), die Teilkirche (c. 373 CIC), die Kirchenprovinz (c. 432 § 2 CIC), die Bischofskonferenz (c. 449 § 2 CIC), die Seminare (c. 238 § 1 CIC), die Religiosenverbände (c. 634 § 1 CIC), die Gesellschaften des Apostolischen Lebens (c. 741 § 1 CIC).

6   Für die „bona temporalia" der privaten kirchlichen juristischen Personen gelten die cc. 1259 ff. CIC nicht, es sei denn, etwas anderes wird ausdrücklich im CIC

---

[892] Vgl. GS 42 und 76; PO 17; ferner *H. Pree*, in: HdbKathKR, § 99 A II u. F II.
[893] Vgl. *H. Pree*, in: HdbKathKR, § 99 D I 2 a.
[894] Näher zu den kirchlichen juristischen Personen: *F. Pototschnig*, in: HdbKathKR, § 10 V 1 ff.
[895] Näher zu den einzelnen Rechtsträgern und den ihnen zugeordneten Vermögensmassen: *H. Pree*, in: HdbKathKR, § 99 G.
[896] Vgl. *H. Pree*, in: HdbKathKR, § 99 D I, auch zum Folgenden.
[897] Vgl. *H. Pree*, in: HdbKathKR, § 99 D II 2 Fn. 41.
[898] Vgl. *H. Pree*, in: HdbKathKR, § 99 D I, der als Beispiel den benedizierten Kelch im Privateigentum des Priesters anführt.

§ 23. Das kirchliche Vermögensrecht

geregelt (c. 1257 § 2 CIC). Vielmehr sind insofern im Regelfall nur die eigenen Statuten der privaten juristischen Person maßgeblich. Als „bona Ecclesiae temporalia" unterstehen sie jedoch dem Papst (cc. 1256, 1273 CIC) sowie der allgemeinen Aufsicht der jeweils zuständigen Autorität (cc. 117, 299 § 3, 305, 322 ff., 325, 1303–1305 CIC). Den privaten juristischen Personen gesteht das Recht somit größere Freiräume zu als den öffentlichen juristischen Personen, die im Namen der Kirche handeln und schon deshalb einer strengeren Einflussnahme unterliegen müssen. Folgerichtig bestimmt c. 1258, dass in den cc. 1259–1310 CIC mit dem Begriff „Kirche" jedwede öffentliche juristische Person zu verstehen ist, soweit sich nicht aus dem Wortzusammenhang oder der Natur der Sache etwas anderes ergibt.

„Bona temporalia" kann die Kirche nach c. 1259 CIC auf jede gerechte Weise **7** natürlichen oder positiven Rechts erwerben, in der es anderen gestattet ist. Dabei hat der CIC das früher bestehende Benefizialwesen[899] (vgl. c. 1409 CIC/1917), d. h. die Einkünfteerzielung aus der Bewirtschaftung von Grund und Boden, als zentrale Einnahmequelle aufgegeben (c. 1272 CIC).[900] Vielmehr treten verschiedenartige freiwillige und verpflichtende Abgaben der Gläubigen an die Stelle der Benefizien (cc. 1262, 1263, 1264, 1265 ff., 1299–1310 CIC), wenngleich bestehende Benefizien weiter in Geltung bleiben (c. 1272 CIC).[901] C. 222 § 1 CIC statuiert die Grundpflicht der Gläubigen, für die Erfordernisse der Kirche Beiträge zu leisten. Wichtigstes Finanzierungselement in der Bundesrepublik Deutschland ist dabei die Kirchensteuer.[902]

Die Vermögensverwaltung obliegt demjenigen, der die Person, der das Vermögen gehört, unmittelbar leitet, falls nicht das Partikularrecht, die Statuten oder eine rechtmäßige Gewohnheit etwas anderes vorsehen (c. 1279 § 1 CIC). Der Papst hat kraft seines Leitungsprimats die oberste Verwaltung und Verfügung über alle „bona ecclesiastica" (c. 1273 CIC). Das gilt auch bezüglich der „bona temporalia" der privaten juristischen Personen (c. 1256 CIC). Es geht dabei in erster Linie um Aufsichtsbefugnisse. Sie stehen zudem dem jeweiligen Ordinarius zu (c. 1287 § 1 CIC).[903] **8**

---

[899] Näher dazu *R. Schieffer/G. May*, Artikel „Benefizium, kirchliches Benefizium", in: Lexikon des Kirchenrechts, Sp. 99 ff. m. w. N.

[900] Vgl. *H. Schmitz*, Die Bestimmungen des c. 1272 CIC zum Benefizialrecht, AfkKR 155 (1986), S. 443 ff.

[901] Näher *R. Althaus* (o. Fn. 889), S. 12 ff.

[902] Zur Kirchensteuer *A. v. Campenhausen/H. de Wall*, Staatskirchenrecht, S. 226 ff.; *H. Marré*, in: HdbStKirchR Bd. I, § 37 (S. 1101 ff.); *H. Marré/J. Jurina*, Die Kirchenfinanzierung in Kirche und Staat der Gegenwart, S. 29 ff., 62 ff.; *A. Hollerbach*, in: HdbKathKR, § 101 (S. 1078 ff.); *J. Listl/ H. Kalb/L. Carlen*, Artikel „Kirchensteuer", in: Lexikon des Kirchenrechts, Sp. 533 ff.; *R. Seer/ B. Kämper* (Hrsg.), Bochumer Kirchensteuertag. Grundlagen, Gestaltung und Zukunft der Kirchensteuer, 2004, jeweils m. w. N.

[903] Näher zur Vermögensverwaltung: *R. Puza*, in: HdbKathKR, § 102 m. w. N.

4. Teil. Evangelisches Kirchenrecht

1. Abschnitt. Grundlagen des evangelischen Kirchenrechts

§ 24. Das evangelische Kirchenrecht und seine Grundlagenproblematik

I. Literatur zum evangelischen Kirchenrecht allgemein: *R. Sohm*, Kirchenrecht, 2 Bde., 1892/1923; *Ae. L. Richter/R. Dove/W. Kahl*, Lehrbuch der kath. und ev. Kirchenrechts[8], 1886; *E. Friedberg*, Lehrbuch des kath. und ev. Kirchenrechts[6], 1909; *G. Holstein*, Die Grundlagen des ev. K., 1928; *H. Liermann*, Deutsches Ev. K., 1933; *K. Barth*, Rechtfertigung und Recht[3], 1948; *J. Heckel*, Lex Charitatis[2] (1953), 1973; *E. Wolf*, Ordnung der Kirche, 2 Bde., 1960 f.; *H. Dombois*, Das Recht der Gnade, 3 Bde., 1961, 1974 u. 1983; *D. Pirson*, Universalität und Partikularität der Kirche, 1965; *W. Steinmüller*, Ev. Rechtstheologie, 1968; *S. Grundmann*, Abhandlungen zum Kirchenrecht, 1969; *H. Frost*, Strukturprobleme ev. Kirchenverfassung, 1972; *Th. Barth*, Elemente und Typen landeskirchlicher Leitung, 1995; *W. Maurer*, Die Kirche und ihr Recht, Ges. Aufs., 1976; *O. Friedrich*, Einführung in das K.[2], 1978; *A. Erler*, Kirchenrecht[5], 1983; *M. Honecker*, TRE 18, 1989, 724–7429; *A. Stein*, Ev. K.[3], 1992; *G. Grethlein/H. Böttcher/W. Hofmann/H.-P. Hübner*, Ev. K. in Bayern, 1994; *G. Rau/H.-R. Reuter/K. Schlaich* (Hrsg.), Das Recht der Kirche, 3 Bde., 1994 ff.; *A. v. Campenhausen/G. Wießner*, Kirchenrecht – Religionswissenschaft, 1994; *A. v. Campenhausen*, Ges. Schriften, 1995; *M. Heckel*, Ges. Schriften I – V, 1989, 1997, 2004; *K. Schlaich*, Ges. Aufsätze, 1997; *Chr. Link*, Staat und Kirche in der neueren Deutschen Geschichte, 2000; *A. Schilberg*, Ev. K. in Rheinland, Westfalen und Lippe, 2003; *W. Huber*, Gerechtigkeit und Recht[3], 2006, s. a. unten § 25 IX.

II. Literatur zur Grundlagenproblematik: *K. Barth*, Rechtfertigung und Recht, Zollikon 1938; *G. Bauer-Tornack*, Sozialgestalt und Recht der Kirche. Eine Untersuchung zum Verhältnis von Karl Barth und Erik Wolf, 1996; *W. Bock*, Der Begriff der Kirche in juristischer Sicht, in: *G. Rau/H.-R. Reuter/K. Schlaich* (Hrsg.), Das Recht der Kirche, Bd. I, 1997, S. 126–168; *H. Dombois*, Das Recht der Gnade, 1961; *R. Dreier*, Der Rechtsbegriff des Kirchenrechts in juristisch-rechtstheoretischer Sicht, in: *G. Rau/H.-R. Reuter/K. Schlaich* (Hrsg.), Das Recht der Kirche, Bd. I, 1997, S. 171–198; *H. Folkers*, Der Begriff der Kirche in philosophischer Sicht, in: *G. Rau/H.-R. Reuter/K. Schlaich* (Hrsg.), Das Recht der Kirche, Bd. I, 1997, S. 76–125; *M. Germann*, Der Status der Grundlagendiskussion in der evangelischen Kirchenrechtswissenschaft, ZevKR 53 (2008), S. 375–403; *S. Grundmann*, Kirchenrecht, C. Die rechtstheologischen Grundlagenentwürfe, EvStL[3], 1987, Bd. 1, Sp. 1657–1676; *ders.*, Das evangelische Kirchenrecht von Rudolph Sohm bis zur Gegenwart, Österreichisches Archiv für Kirchenrecht, 1965, S. 276–309; *ders.*, Der Lutherische Weltbund, Abschnitt 1 und 2, 1957; *J. Heckel*, Lex Charitatis. Eine juristische Untersuchung über das Recht in der Theologie Martin Luthers, 1954; *M. Heckel*, Rechtstheologie Luthers, Gesammelte Schriften, Bd. I., 1989, S. 324–365; *ders.*, Bekenntnis, VI. Rechtlich, RGG[4], Sp. 1265–1267; *E. Herms,* Theologische Ethik und Rechtsbegründung, in: *ders.*, Politik und Recht im Pluralismus, 2008, S. 285–316; *M. Honecker*, Kirchenrecht II. Evangelische Kirchen, TRE Bd. 18, 1989, S. 724–749; *ders.*, Recht in der Kirche des Evangeliums, 2008; *W. Huber*, Gerechtigkeit und Recht, 3. Aufl., 2006; *P. Landau*, Der Rechtsbegriff des Kirchenrechts in philosophisch-historischer Sicht, in: *G. Rau/H.-R. Reuter/K. Schlaich* (Hrsg.), Das Recht der Kirche, Bd. I, 1997, S. 199–235; *H. Liermann*, Die rechtliche Bedeutung der Bekenntnisschriften, in: *M. Heckel/K. Obermayer/D. Pirson* (Hrsg.), Der Jurist und die Kirche, 1973, S. 258 ff.; *ders.*, Der Jurist und die Kirche, ebd., S. 159 ff.; *Chr. Link*, Rechtstheologische Grundlagen des evangelischen Kirchenrechts, ZevKR 45 (2000), S. 73–88; *V. Mantey*, Kirche ohne Recht? ZevKR 49 (2004), S. 718–738; *W. Maurer*, Die Auseinandersetzung zwischen Harnack und Sohm und die Begründung des Evangelischen Kirchenrechts, Kerygma und Dogma 6 (1960), S. 194–213; *J. Mehlhausen*, Schrift und Bekenntnis, in: *G. Rau/H.-R. Reuter/K. Schlaich* (Hrsg.), Das Recht der Kirche, Bd. I, 1997, S. 417–447; *W. Pannenberg*, Christliche Rechtsbegründung, in: Handbuch der christlichen Ethik, Bd. 2, Freiburg 1978, S. 323–338; *D. Pirson*, Gesammelte Schriften, 2 Bde., 2008; *ders.*, Kirchen-

§ 24. Die Grundlagenproblematik

recht, II. Gegenwart, 2. Evangelische Kirche, RGG⁴, Sp. 1276–1279; *H.-R. Reuter*, Der Rechtsbegriff des Kirchenrechts in systematisch-theologischer Sicht, in: *G. Rau/H.-R. Reuter/K. Schlaich* (Hrsg.), Das Recht der Kirche, Bd. I, 1997, S. 236–286; *ders.*, Der Begriff der Kirche in theologischer Sicht, ebd. S. 23–75; *H.-R. Reuter.*, Rechtsethik in theologischer Perspektive, 1996; *G. Sauter*, Recht, EvStL³, 1987, Bd. 2, Sp. 2693–2706; *K. Schlaich*, Die Grundlagendiskussion zum evangelischen Kirchenrecht, Gesammelte Aufsätze, 1997, S. 269–287; *ders.*, Kirchenrecht und Kirche. Grundfragen einer Verhältnisbestimmung heute, Gesammelte Aufsätze, 1997, S. 288–321; *ders.*, Kirchenrecht, E. Einige Gesichtspunkte zur heutigen Gesprächslage, EvStL³, 1987, Sp. 1676–1682; *R. Sohm*, Kirchenrecht, 1892/1923; *A. Stein*, Inwieweit sind Schrift und Bekenntnis höherrangige Normen gegenüber dem positiven Recht? in: *ders.*, Kirchenrecht in theologischer Verantwortung, 1990, S. 23–39; *W. Steinmüller*, Evangelische Rechtstheologie, 1966; *E. Wolf*, Das Recht des Nächsten. Ein rechtstheologischer Entwurf, 1958; *ders.*, Ordnung der Kirche. Lehr- und Handbuch des Kirchenrechts auf ökumenischer Basis, 1961.

Im Anschluss an die Arbeitsdefinition des Kirchenrechts in § 1 Rn. 1 ist „evangelisches Kirchenrecht" das von einer evangelischen Kirche kraft ihrer Selbstbestimmung gesetzte Recht. Üblicherweise wird in Deutschland aber nur das Recht der in der Evangelischen Kirche in Deutschland (EKD) zusammengefassten Kirchen (Landeskirchen) und ihrer Zusammenschlüsse so bezeichnet – immerhin also bereits eine Vielzahl von Rechtsordnungen. Freilich existiert neben diesen Kirchen eine Fülle anderer evangelischer Kirchen, die ebenfalls mehr oder weniger ausgeprägte Rechtsordnungen haben. In diesem Lehrbuch wird nur das Recht der Landeskirchen und ihrer Zusammenschlüsse einschließlich der EKD behandelt. 1

Das Verständnis des evangelischen Kirchenrechts als des durch eine evangelische Kirche kraft ihrer Selbstbestimmung gesetzten Rechts ist historisch relativ neu und gibt auch in manchen anderen Staaten als der Bundesrepublik Deutschland nicht die Realität wieder. Es setzt voraus, dass die evangelische Kirche selbst die für ihren Bereich geltenden Regeln setzen kann. Aus dem Abriss der kirchlichen Rechtsgeschichte ist deutlich geworden, dass die evangelischen Kirchen in Deutschland durch Jahrhunderte in enger Verbindung zur weltlichen Obrigkeit, zum Staat, standen und ihre Organisation und innere Ordnung durch Landesherrn bzw. städtische Obrigkeiten maßgeblich bestimmt wurde. Das Recht der Kirche auf Selbstbestimmung gegenüber dem Staat, aber auch das eigene Bewusstsein, dass die evangelische Kirche als gegenüber dem Staat unabhängige Größe ihre Ordnung selbst bestimmen sollte, hat sich erst im zwanzigsten Jahrhundert durchgesetzt. 2

In manchen Ländern mit evangelischen Staatskirchen (Dänemark, Norwegen) wird noch heute die rechtliche Gestalt der evangelischen Kirchen durch staatliche Organe nachhaltig beeinflusst oder bestimmt. Hier ist das evangelische Kirchenrecht nicht durch sein Subjekt bestimmt – die evangelische Kirche als Gemeinschaft von Menschen, die für ihren eigenen Bereich rechtliche Regeln setzt – sondern durch seinen Gegenstand. Es ist insofern, um es plakativ zu formulieren, anders als nach dem in Deutschland herrschenden Verständnis nicht *durch*, sondern *für* die Kirche gesetztes Recht. Je mehr sich freilich das Recht der kirchlichen Selbstbestimmung auch in traditionellen Staatskirchensystemen durchsetzt, wie dies in jüngerer Zeit in Schweden weitgehend vollzogen wurde und wie das derzeit in Norwegen diskutiert wird, umso größer wird auch der Anwendungsbereich unserer knappen Definition für das evangelische Kirchenrecht.

Die Thesen Rudolf Sohms: „Das Kirchenrecht steht mit dem Wesen der Kirche in Widerspruch". „Das Wesen der Kirche ist geistlich; das Wesen des Rechts ist weltlich"[1] haben nicht nur in der römisch-katholischen Kanonistik, sondern auch in den evangelischen Kirchen die Diskussion um das Kirchenrecht und seine Rolle herausgefordert. Die Gegenüberstellung von Weltlichem und Geistlichem sowie die Zuordnung des Rechts zu ersterem und der Kirche zu letzterem markieren das Spannungsfeld, in dem sich die Diskussion um Wesen, Legitimation und Grenzen 3

---

[1] *R. Sohm*, Kirchenrecht Bd. I, 1892, S. 1, 700.

des Kirchenrechts, die sog. Grundlagenproblematik bewegt. Dass es in einer Gemeinschaft von Menschen, einem Sozialverbande, nun einmal der Regelungen bedarf, diese pragmatische Argumentation reicht schon vordergründig zur Begründung des Kirchenrechts nicht aus. Zum einen ist nämlich zu klären, was mit „Kirche" überhaupt gemeint ist und ob sie mit anderen Sozialverbänden gleichzusetzen ist, oder ob nicht wegen der Andersgeartetheit der Kirche gegenüber anderen Verbänden auch das Recht anders zu verstehen und zu begründen ist. Zum anderen ist der Begriff des Rechts zu diskutieren. Kann „Recht" so verstanden werden, dass es mit dem Wesen der „Kirche" in Einklang gebracht werden kann? Welche Funktion, welchen Stellenwert und welche Legitimation kann aus der Sicht der evangelischen Kirchen dem Recht allgemein und dem eigenen Kirchenrecht im besonderen eingeräumt werden und welche Besonderheiten gelten für das kirchliche Recht? Schließlich ist zu fragen, in welchem Verhältnis das Kirchenrecht zu dem steht, was die evangelischen Kirchen gegenüber anderen Kirchen auszeichnet und sie von ihnen unterscheidet – das evangelische Bekenntnis.

I. Der Begriff der Kirche

4 Martin Luther hat 1537 zum Begriff der Kirche folgendes formuliert: „... es weiß, Gott Lob, ein Kind von sieben Jahren, was die Kirche ist: nämlich die heiligen Gläubigen und die Schäflein, die ihres Hirten Stimme hören".[2] Schon diese – doch nach Luther für ein Kind verständliche – Definition wirft bei näherem Hinsehen erhebliche Probleme auf. Einerseits sollen die „heiligen Gläubigen" die Kirche bilden – also wohl diejenigen, die wahrhaft an das Evangelium von Jesus Christus glauben. Andererseits sind es die Schäflein, die ihres Hirten Stimme hören. Das ist natürlich bildlich gemeint als die „Herde" derjenigen Menschen, die sich zum Hören auf Gottes Wort versammeln. Sind damit nun alle gemeint, die überhaupt mit anderen gemeinsam das Evangelium hören? Oder sind davon nur die umfasst, die das Wort nicht nur wahrnehmen, sondern auch an das Evangelium glauben. Aus dem Zusammenhang des Artikels wird dann klar, dass Luther es im letzteren Sinne gemeint hat. Er stellt nämlich die Identität dieses Begriffs von Kirche mit der Kirche im Sinne des dritten Artikels des apostolischen Glaubensbekenntnisses heraus: „Ich glaube eine heilige christliche Kirche", die dort gekennzeichnet wird als „Gemeinschaft der Heiligen".

Diese Definition von Kirche konzentriert den Kirchenbegriff auf das geistliche Geschehen des Hörens auf das Evangelium und die geistliche Gemeinschaft der Hörenden. Sie wird nicht gekennzeichnet durch darüber hinausgehende, äußerliche Kennzeichen wie bestimmte Zeremonien oder eine bestimmte Organisation oder Hierarchie von Amtsträgern, von denen das Evangelium verkündet wird. Luther und die anderen Reformatoren halten dieses Verständnis von Kirche vor allem der römisch-katholischen Kirchenorganisation entgegen. Danach bedarf es nicht der Befolgung zusätzlicher, angeordneter Zeremonien und auch nicht einer bestimmten hierarchischen Ämterordnung, der Unterordnung unter die Bischöfe der zeitgenössischen Kirche, um Kirche zu sein. In diesem Sinne formuliert auch der für das Kirchenverständnis der lutherischen Kirchen zentrale Artikel 7 der Augsburgischen Konfession:

---

[2] In den Schmalkaldischen Artikeln, Teil III Art. 12. Hier zitiert nach *VELKD* (Hrsg.), „Unser Glaube – die Bekenntnisschriften der evangelisch-lutherischen Kirche", 4. Aufl. 2000, Rdnr. 455. Luther wurde vom sächsischen Kurfürsten mit der Abfassung dieser Artikel beauftragt. Sie sollten dem nicht zustande gekommenen Konzil in Mantua vorgelegt werden.

§ 24. Die Grundlagenproblematik

„Es wird auch gelehrt, dass allezeit eine heilige, christliche Kirche sein und bleiben muss, die die Versammlung aller Gläubigen ist, bei denen das Evangelium rein gepredigt und die heiligen Sakramente laut dem Evangelium gereicht werden. Denn das genügt zur wahren Einheit der christlichen Kirche, dass das Evangelium einträchtig im reinen Verständnis gepredigt und die Sakramente dem göttlichen Wort gemäß gereicht werden. Und es ist nicht zur wahren Einheit der christlichen Kirche nötig, dass überall die gleichen, von den Menschen eingesetzten Zeremonien eingehalten werden, …".[3]

Die Kirche wird also gekennzeichnet durch die reine, d.h. unverfälschte Verkündigung des Evangeliums und durch die evangeliumsgemäße Darreichung der Sakramente, nach evangelischem Verständnis sind das Taufe und Abendmahl.

Da die Kirche als eine Gemeinschaft der wahrhaft Glaubenden verstanden wird, kommt sie nach diesem Verständnis freilich als Gegenstand rechtlicher Regelungen nicht in Betracht. Sie ist zum einen, so wie Rudolf Sohm hervorgehoben hat, ein geistliches Geschehen. Sie ist aber, auch dies hat Sohm hervorgehoben, insofern der menschlichen Kenntnis verborgen – und damit auch dem Recht unzugänglich – als den Menschen nicht möglich ist zu erkennen, wer tatsächlich zu den Glaubenden gehört. Um die Frage, ob es insofern richtig ist, von der „unsichtbaren" oder eher von der „verborgenen" Kirche zu sprechen, sind erhebliche Auseinandersetzungen geführt worden. Sichtbar im Sinne von wahrnehmbar sind die Kennzeichen der Kirche, Wortverkündigung und Darreichung der Sakramente durchaus, verborgen bleibt aber menschlicher Erkenntnis, wer von denjenigen, die an diesen wahrnehmbaren Vollzügen teilnehmen, Glaubender ist, der Gemeinschaft der Glaubenden und damit der wahren Kirche angehört. Keinesfalls ist aber diese Gemeinschaft gekennzeichnet vom Vorhandensein bestimmter Verfassungsstrukturen (außer der Existenz des Predigtamts, dazu s. u.) oder der Einhaltung äußerer Zeremonien.

Dieser „geistliche" Kirchenbegriff erfasst aber nicht die gesamte Bedeutung des Begriffs der Kirche. „Kirche" ist auch eine Bezeichnung für eine Gemeinschaft konkreter Menschen, die sich zum Hören des Evangeliums zusammenfinden. Dieses gemeinschaftliche „Hören des Evangeliums" und die Verwaltung[4] (Darreichung) der Sakramente Taufe und Abendmahl bedarf aber der Organisation und Regeln in einem weiten Sinne: Wer trägt das Evangelium vor, wer reicht die Sakramente dar, wo geschieht dies, welche Übersetzung der Heiligen Schrift wird zugrunde gelegt – all dies bedarf der Regelung. Und die Gemeinschaft der Hörenden wird nach Verfestigung streben – man kann nicht das ganze Evangelium auf einmal hören; zum Verstehen als Grundlage des Glaubens gehört auch die immer neue Verkündigung und ihre Wiederholung. Die Darreichung des Abendmahls und die Taufe sind ja auch üblicherweise keine je spontanen Akte, sondern müssen organisiert werden. Also bedarf es einer gewissen verfestigten Organisationsstruktur, der Regelmäßigkeit und Regelhaftigkeit, der Verteilung von Aufgaben. Je größer die Gemeinschaft ist, je mehr Menschen sich zusammenfinden, umso größer ist der Regelungsbedarf: Wenn nun solche Regelungen getroffen werden, sind zumindest Vorformen eines Kirchenrechts bereits vorhanden. Wenn man Kirche also nicht nur im geistlichen Sinne versteht, sondern auch in ihrer konkreten Gestalt als Gemeinschaft von Menschen, dann wird man nicht mehr ohne weiteres formulieren können, dass das Wesen der Kirche mit dem Wesen des Kirchenrechts in Widerspruch steht. Eine solche Gemeinschaft bedarf nämlich der Regeln zu ihrer Organisation – und damit des Rechts.

---
[3] Zitiert nach *VELKD* (Hrsg.), Unser Glaube (Anm. 2), Rdnr. 13.
[4] Die in der theologischen Sprache übliche Bezeichnung „Sakramentsverwaltung" ist für den Juristen sehr missverständlich.

II. Die Kirche und die Kirchen

7   Nun wurde bisher von der Kirche im Singular gesprochen. Für den geistlichen Kirchenbegriff scheint das auch berechtigt zu sein. Wenn Kirche „die Gemeinschaft der Glaubenden ist", dann kann es eigentlich nur eine Kirche geben. Die Kirche als konkrete, organisierte Gemeinschaft von Menschen ist zwar auch als universale, alle Christen umspannende Organisation vorstellbar. Die Realität zeigt aber, dass erstens eine solche weltumspannende Gemeinschaft schwer zu organisieren ist, und dass zweitens tatsächlich eine Fülle von Organisationen bestehen, die für sich in Anspruch nehmen, Kirche zu sein. Die Christenheit, die Menschen, die Jesus Christus nachfolgen möchten, sind nicht in einer universalen Kirche, sondern in verschiedenen, mehr oder weniger großen Kirchentümern organisiert.

Das ist mit dem evangelischen Kirchenverständnis, wie es in dem zitierten Artikel 7 der Augsburgischen Konfession formuliert ist, ohne weiteres in Einklang zu bringen. Zwar muss es danach allezeit eine heilige, christliche Kirche geben. Aber deren Einheit wird durch die reine, schriftgemäße Verkündigung des Wortes und die evangeliumsgemäße Darreichung der Sakramente vermittelt – und das reicht aus zur wahren Einheit der Kirche. Die Organisation der Christenheit in unterschiedlichen Kirchentümern, die etwa national, regional, lokal, nach Sprachen, Stämmen oder Volksgruppen gegliedert ist, steht dieser wahren Einheit nicht prinzipiell entgegen. Es besteht auch kein Hindernis, diese unterschiedlichen Kirchentümer als Kirchen anzuerkennen, auch wenn sie unterschiedliche Organisationsstrukturen haben oder wenn in ihnen unterschiedliche „Zeremonien" bestehen. Dieses Verständnis konzentriert die Diskussion um die Ökumene und die Anerkennung anderer Kirchen auf die Frage, ob in der jeweiligen Kirche das Evangelium ordnungsgemäß verkündet wird und ob die von Jesus Christus selbst gestifteten Heilszeichen stiftungsgemäß „verwaltet" werden.[5]

8   Das Kirchenverständnis und die Frage der Anerkennung von Glaubensgemeinschaften als „Kirche" ist eine der wichtigen, aber ungelösten und nach dem derzeitigen Stand auch kaum lösbaren Fragen im Dialog zwischen den evangelischen Kirchen und der römisch-katholischen Kirche, für die aufgrund ihres abweichenden Kirchenbegriffs, nach dem die Kirche auch durch eine bestimmte – hierarchische – Organisationsform gekennzeichnet ist, eine Anerkennung anderer Gemeinschaften als vollwertige „Kirchen" nicht einfach möglich ist.

III. Der Begriff des Rechts

9   Hintergrund der Sohmschen These von der Wesensverschiedenheit von Kirche und Recht ist ein Rechtsbegriff, der vor allem auf den Zwangscharakter rechtlicher Regelungen abstellt. Zwang ist aber gerade nicht geistlich, sondern etwas höchst Weltliches. Heute ist es zwar auch durchaus nicht unüblich, zur Abgrenzung des

---

[5] Dies wird auch in dem Papier „Kirchengemeinschaft nach evangelischem Verständnis" der EKD aus dem Jahre 2001 (abrufbar unter: http://www.ekd.de/EKD-Texte/44637.html) verdeutlicht:
„Die eine, heilige, allgemeine und apostolische Kirche (3. Glaubensartikel, Nizänisches Glaubensbekenntnis) existiert geschichtlich in Raum und Zeit. Sie ist als universale Gemeinschaft aller Glaubenden immer die Kirche bestimmter Menschen in bestimmten Ländern und Gebieten ... Jede Einzelkirche kann darauf vertrauen, dass alle anderen Einzelkirchen, welche die Kennzeichen der wahren Kirche aufweisen (d. h. schriftgemäße Verkündigung des Wortes und evangeliumsgemäße Darreichung der Sakramente, Anmerkung des Verfassers), der Gemeinschaft des Leibes Christi zugehören und so geistlich mit einander verbunden sind."

Rechtes gegenüber anderen Regeln, etwa solchen moralischer Art, auf die zwangsweise Durchsetzbarkeit des Rechtes zu verweisen. Allerdings weiß der Jurist zum einen auch, dass die Rechtsordnung nicht allein auf die zwangsweise Durchsetzung des Rechtes setzen kann, weil man, bildlich gesprochen, nicht neben jeden Bürger einen Polizisten stellen kann: Recht ist auch auf freiwillige Befolgung angewiesen. Zum anderen gehören nicht nur Befehl und Zwang zu dem Mitteln des Rechtes, sondern auch Belohnung und Förderung oder auch der Appell. Zum dritten verstellt die Betonung des Zwangsmoment des Rechtes den Blick darauf, dass das Recht die Freiheit des Menschen nicht nur beschränkt, sondern dass es umgekehrt zu seinen Aufgaben zählt, diese Freiheit zu sichern: Indem es die Regeln enthält, unter denen die Freiheit des Einen neben der Freiheit des Anderen möglichst uneingeschränkt existieren kann. Das alles ändert aber nichts daran, dass das Recht in der Tat etwas höchst Weltliches und insofern nicht das wesensgemäße Herrschaftsinstrument der geistlichen Kirche im Sinne des dritten Glaubensartikels ist.

Das bedeutet aber keineswegs, dass für das evangelische Rechtsverständnis die Kirche als soziale Organisation und das Recht nicht vereinbar sind. In welcher Beziehung die Kirche zum Recht steht, ist vor dem Hintergrund der Rolle zu klären, die im evangelischen Verständnis dem Recht zukommt.

1. Die Lehre von den Zwei Reichen und Regimenten

Bereits in § 4 Rn. 3 wurde auf die Bedeutung der so genannten „Zwei-Reiche-Lehre" hingewiesen. Ihre Grundlage wurde in Luthers Schrift „Von weltlicher Obrigkeit -- wie weit man ihr Gehorsam schuldig sei" aus dem Jahre 1523 gelegt. Allerdings ist hier begrifflich zu präzisieren. Nicht nur in der Unterscheidung der beiden Reiche – dem der wahrhaft Glaubenden von dem der sündhaften Menschen in der gefallenen Welt – hat diese Lehre ihren Akzent, sondern auch und gerade in der Unterscheidung der diesen beiden Reichen zugeordneten Regierweisen – „Regimenten". Insofern ist die „Zwei-Reiche-Lehre" eine Zwei Reiche/Zwei Regimenten-Lehre: Das Reich der wahrhaft Glaubenden wird allein durch das Wort Gottes regiert. Darüber hinaus bedarf es keiner Regeln, erst recht ist Zwang nicht erforderlich. Ganz anders ist es im Reich der Welt. Hier bedarf es der Obrigkeit und des Rechts, um zwischen den Menschen Frieden zu stiften und die Grundlagen des menschlichen Zusammenlebens zu ordnen. Hier wird, bildlich gesprochen, mit dem Schwert regiert: Das Recht beinhaltet auch Zwangsregeln und bedarf zu seiner Durchsetzung notfalls körperlicher Gewalt. Dem geistlichen Regiment allein durch das Wort ist damit das weltliche Regiment, das Recht und Zwang beinhaltet, gegenübergestellt. Dabei ist Luther, anders als bisweilen behauptet wird, gegenüber dem Recht als einem Mittel dieses weltlichen Regiments keinesfalls negativ eingestellt, obwohl manche seiner Äußerungen über Juristen anderes vermuten lassen.[6] Das Recht ist nämlich notwendig, um das Zusammenleben der Menschen zu ordnen und damit die Voraussetzung für ein friedliches Zusammenlebens zu schaffen. Eben weil die Menschen nicht alle wahre Christen sind, die ihr eigenes Interesse dem Wohl des Nächsten opfern und es daher zu durch Zwang zu entscheidenden Streitigkeiten gar nicht kommen lassen, bedarf es der weltlichen Obrigkeit, um Ordnung zu schaffen und zu verhindern, dass der eine

---

[6] Vgl. nur *M. Luther*, Tischreden, in: *K. Aland* (Hrsg.), Luther Deutsch, Bd. 9³, 1960, S. 197 (= WA Ti 5, 5663): „Juristen wissen nicht, was die Kirche ist. Wenn sie ihre Bücher alle durchsuchten, so fänden sie nicht, was die Kirche sei; darum sollen sie uns auch hier nicht reformieren. (...) Ein jeglicher Jurist ist entweder ein Schalk oder ein Esel, der nichts kann in göttlichen Sachen. (...) Es ist ein altes Sprichwort: Ein Jurist, ein böser Christ. Und es ist wahr." – solche Äußerungen beziehen sich nicht auf das Recht, sondern auf seine Anwender oder auf seine konkrete Ausprägung.

den anderen übervorteilt oder gar körperlich bedrängt.[7] Um diese Ordnungsaufgabe zu erfüllen, ist das weltliche Regiment von Gott eingesetzt. Beides, sowohl geistliches als auch weltliches Regiment kann ohne das andere nicht sein – ist aufeinander angewiesen. In einem Zustand der Gewalt unter den Bürgern ist nämlich auch die Ausbreitung des Wortes mit den Mitteln des geistlichen Regiments nicht möglich.[8] Das weltliche Regiment und mit ihm das Recht ist auch eine Voraussetzung für die Ausbreitung des Evangeliums unter den Menschen: Nur in einer friedlichen Ordnung kann das Evangelium ungehindert gepredigt werden. Insofern hat diese weltliche Regierweise durchaus auch eine Bedeutung für das geistliche Regiment. Als göttliche Gabe und in ihrer Ordnungsfunktion, die auch für die Ausbreitung des Wortes Gottes Bedeutung hat, haben Obrigkeit und Recht eigene, besondere Legitimität.

Wenn nun dieser Unterscheidung der beiden Regimente die Unterscheidung der beiden Reiche korrespondiert, welche Rolle hat dann der Christ? Steht er als Angehöriger des Reiches der wahrhaft Glaubenden etwa nicht unter dem Recht – nimmt also der wahre Christ eine Sonderrolle für sich in Anspruch als jemand, für den das Recht nicht gilt? Das ist keineswegs der Fall. Dass der wahre Christ selbst das weltliche Regiment nicht nötig hat, bedeutet nicht, dass er sich nicht an die Gebote der Obrigkeit halten soll. Zwar verhält er sich selbst stets so, dass es zu Konflikt und Streit nicht kommt. Ihm gegenüber bedarf es des Zwanges nicht. Aber er weiß auch um die Notwendigkeit der weltlichen Ordnung und des Rechts. Er befolgt daher das Recht freiwillig und aus Einsicht, weil er so auch dem, der es nötig hat, ein Beispiel gibt. Darüber hinaus übt er auch selbst die Funktion der Obrigkeit aus, eben weil diese Obrigkeit dem Nächsten notwendig ist.[9] Insofern beinhaltet die Zwei-Reiche/Zwei-Regimenten-Lehre die Aufforderung an den Christen, sich selbst, in modernen Worten gesprochen, an der Gestaltung der sozialen Ordnung in Gesellschaft und Staat zu beteiligen.

11 Dabei ist es keineswegs beliebig, wie die Ordnung beschaffen ist. Zwar liegt in der Zwei-Reiche/Zwei-Regimenten-Lehre die Anerkennung der Ordnungsfunktion grundsätzlich jeder Rechtsordnung. Obrigkeit und Recht sind indes durch ihre Aufgabe, äußerlich Frieden zu schaffen und bösen Werken zu wehren, allein in ihrer Funktion, nicht aber inhaltlich hinreichend legitimiert. Wie Recht und Obrigkeit ausgeübt werden, ist Luther und ist den Reformatoren keineswegs gleichgültig. Die Obrigkeit als Rechtssetzerin ist durchaus an höhere Normen gebunden, nämlich an Vernunft und „natürlich Recht", die Luther als „des Rechts Brunnen" bezeichnet. Auch dieses „Naturrecht" liegt in Gottes Rechtswillen begründet, es ist das Gebot Gottes, aber in einer vom „Gesetz" vollkommener Gottes- und Nächstenliebe im Reich der wahrhaft Glaubenden fundamental unterschiedenen Form[10] – eben nicht als Erkenntnis der Liebe sondern als äußerlicher Befehl. Es hat u.a. Ausdruck im Dekalog (den Zehn Geboten) gefunden, der in den Geboten der zweiten Tafel

---

[7] *M. Luther*, Von weltlicher Obrigkeit, wie weit man ihr Gehorsam schuldig sei, in: *K. Aland* (Hrsg.), Luther Deutsch, Bd. 7², 1967, S. 14 ff. (= WA 11, 251 ff.); s. dazu *M. Heckel*, Rechtstheologie Luthers, in: *ders.*, Gesammelte Schriften, Bd. I, 1989, S. 324–365 (S. 356 f.).

[8] *Luther*, Von weltlicher Obrigkeit (Anm. 7), S. 15 f. (= WA 11, 251 f.): „Darum hat Gott die zwei Regimente verordnet: das geistliche, welches durch den heiligen Geist Christen und fromme Leute macht, unter Christus, und das weltliche, welches den Unchristen und Bösen wehrt, dass sie gegen ihren Willen äußerlich Friede halten und still sein müssen." Schließlich: „Deshalb muss man diese beiden Regimente mit Fleiß voneinander scheiden und beides bleiben lassen: eines, das fromm macht, das andere, das äußerlich Frieden schaffe und bösen Werken wehrt. Keines ist ohne das andere genug in der Welt."

[9] *Luther*, Von weltlicher Obrigkeit (Anm. 7), S. 19 ff. (= WA 11, 253 ff.).

[10] *M. Heckel*, Rechtstheologie Luthers (Anm. 7), S. 345.

Maßstäbe für das Zusammenleben der Menschen setzt. Das Naturrecht setzt dem weltlichen Recht, der Obrigkeit, die es in das positive Recht umsetzen soll, Maßstäbe. Seine Befolgung versetzt aber nicht in das Reich zur Rechten, sie führt nicht zum Glauben.[11] Das positive Recht gewinnt seine Qualität darin, dass es das u. a. in den Zehn Geboten zum Ausdruck kommende Naturrecht gleichsam umsetzt, jedenfalls seine Grenzen an ihm findet.

Die Zwei Reiche/Zwei-Regimenten-Lehre beinhaltet mehrere für das evangelische Rechtsverständnis fundamentale Aussagen. Sie betont die Erkenntnis, dass der Glaube nicht mit den Mitteln von Recht und Zwang zu erlangen oder herbeizuführen ist. Zum Glauben, der ein Geschenk ist, führt nur das Wort Gottes. Das geistliche Regiment regiert „sine vi, sed verbo". Keinesfalls darf mit den Mitteln des weltlichen Regiments versucht werden, den Glauben herbeizuführen. Vielmehr sind geistliches Regiment allein durch das Wort und weltliches Regiment mit Recht und Zwang streng voneinander zu trennen. Das weltliche Regiment dagegen, das mit Recht und Zwang regiert, hat die Aufgaben, den äußerlichen Frieden zu wahren und zu erhalten. Der Christ darf und soll sich an diesen Aufgaben beteiligen. Auch das weltliche Regiment muss sich am Maßstab von Gottes Geboten messen lassen.

2. Der Standort des Kirchenrechts in der Zwei-Reiche/Zwei Regimenten-Lehre

Wie ist nun die Kirche und damit das Kirchenrecht in dieser Zwei-Reiche/Zwei-Regimenten-Lehre zu verorten. Soweit es um die Kirche im geistlichen Sinne geht, die wahre Kirche des dritten Glaubensartikels, gehört sie zum Reich der wahrhaft Glaubenden. In ihr herrscht kein weltliches Regiment. Aber die Menschen können einander nicht in die Herzen schauen; nur Gott weiß, wer zu den wahrhaft Glaubenden gehört. Daher muss man davon ausgehen, dass die Kirche in ihrer rechtlich organisierten Gestalt auch Menschen umfasst, die nicht zu den wahrhaft Glaubenden zählen. Sie ist, wie es in der Apologie des Augsburger Bekenntnisses, Artikel 7 und 8, Absatz 1, unter Bezugnahme auf Mt. 13, 47–48 heißt, vergleichbar „mit einem Netz (…), in dem sich gute und schlechte Fische befinden"[12]. Sie ist demgemäß ein soziales Gebilde, in dem nicht notwendig jeder das richtige tut, nicht stets seine eigenen Ziele aus Nächstenliebe zurückstellt, sich nicht immer von der Liebe leiten lässt. Daher haben in ihr Maßnahmen des weltlichen Regiments, rechtliche Regeln, die auch Zwangswirkungen haben können, durchaus ihren Platz.

Dies könnte nun zu der Fehldeutung Anlass geben, dass kirchliches Recht und kirchliche Ordnung nicht anders zu gestalten seien als das staatliche Recht. Sie sind ja im Kern weltliche Angelegenheiten, deren Gestaltung man, da sie ohnehin nicht dem geistlichen Regiment zuzuordnen sind, für weitgehend ins Belieben der Kirche oder der für sie Verantwortlichen gestellt sehen könnte.[13] Dem gegenüber ist festzuhalten, dass zwar das Recht in der Kirche als sozialer Organisation, wie das Recht im Staat oder anderen Verbänden, dem weltlichen Regiment zuzuordnen ist. Allerdings findet das kirchliche Recht seinen Maßstab nicht in seiner bloßen Ordnungsfunktion.

---

[11] Seine verschiedenen Funktionen sind in der Lehre von den usus legis beschrieben, die hier nicht näher beleuchtet werden soll. Dazu *M. Heckel*, Rechtstheologie Luthers (Anm. 7), S. 337 ff.; *R. Mau*, Gesetz V. Reformationszeit, TRE Bd. 13 (1984), S. 82 f.; *F. W. Graf*, Gesetz VI. Neuzeit, ebd., S. 90 ff.; *H.-M. Barth/Y. Ishida*, Gesetz und Evangelium, ebd., S. 126 ff.; *E.-W. Böckenförde*, Geschichte der Rechts- und Staatsphilosophie, 2006, S. 412 f.
[12] Zitiert nach VELKD (Hrsg.), „Unser Glaube – die Bekenntnisschriften der evangelisch-lutherischen Kirche", 4. Aufl. 2000, Rdnr. 183.
[13] Die Geschichte des evangelischen Kirchenrechts weist lange Epochen aus, in denen die kirchliche Ordnung durch die weltliche Obrigkeit bestimmt wurde und in denen eine gewisse Gleichgültigkeit gegenüber dem Kirchenrecht vorhanden war.

Vielmehr ist es am Auftrag der Kirche zu messen und steht dabei auch in einer Beziehung zur Kirche im geistlichen Sinn. Die Kirche ist doch die Vereinigung derjenigen, die sich zum Hören des Evangeliums versammeln und die Gottes Wort in der Welt verbreiten sollen, wie es dem Missionsbefehl Jesu in Matth. 28; 19–20 entspricht: „Gehet hin und machet zu Jüngern alle Völker. Taufet sie auf den Namen des Vaters, des Sohnes und des heiligen Geistes und lehret sie halten alles, was ich Euch befohlen habe." Maßstab des kirchlichen Rechts ist daher, ob die Erfüllung dieses kirchlichen Auftrags gefördert wird oder nicht. Das bedeutet nicht nur, dass das kirchliche Recht die Rahmenbedingungen für die Predigt möglichst optimal zu gewährleisten hat – etwa dass geheizte Räume, ordentliche Verstärkeranlagen, gute Prediger zur Verfügung stehen. Vielmehr gehört auch die Glaubwürdigkeit des Zeugnisses der Kirche dazu. Diese ist gefährdet, wenn nicht dem Evangelium, sondern anderen Kriterien entsprechende Regeln in der Kirche getroffen werden.[14] Ein beschämendes historisches Beispiel dafür ist die Einführung des sog. Arierparagraphen in das evangelische Kirchenrecht zur Zeit des Nationalsozialismus (S. § 7 III). Der Übernahme kirchenfremder Maßstäbe in das Kirchenrecht ist Art. 3 der Barmer Theologischen Erklärung (s. dazu ebenfalls unter § 7 III) entgegenzuhalten:

„Die christliche Kirche ist die Gemeinde von Brüdern, in der Jesus Christus in Wort und Sakrament durch den Heiligen Geist als der Herr gegenwärtig handelt. Sie hat mit ihrem Glauben wie mit ihrem Gehorsam, mit ihrer Botschaft wie mit ihrer Ordnung mitten in der Welt der Sünde als die Kirche der begnadigten Sünder zu bezeugen, daß sie allein sein Eigentum ist, allein von seinem Trost und von seiner Weisung in Erwartung seiner Erscheinung lebt und leben möchte.

Wir verwerfen die falsche Lehre, als dürfe die Kirche die Gestalt ihrer Botschaft und ihrer Ordnung ihrem Belieben oder dem Wechsel der jeweils herrschenden weltanschaulichen und politischen Überzeugungen überlassen."

Schließlich folgen aus dem evangelischen Verständnis der Heiligen Schrift auch unmittelbar Konsequenzen für die Ordnung der Kirche, die in dem folgenden Abschnitt über „Kirchenleitung nach evangelischem Verständnis" dargestellt werden.

3. Monistisches oder dualistisches Kirchenrechtsverständnis

15   Zuvor soll vor dem Hintergrund des skizzierten Verständnisses des Kirchenrechts zur Frage Stellung genommen werden, ob das Kirchenrecht überhaupt „Recht" im üblichen Sinne ist, ob es sinnvollerweise ebenso unter den Begriff Recht zu subsumieren ist wie das staatliche Recht und dessen Wesensmerkmale teilt, oder ob das Kirchenrecht fundamental und in der Wurzel vom „weltlichen" Recht geschieden ist, mit dem staatlichen Recht keinerlei Gemeinsamkeit, allenfalls Ähnlichkeiten besitzt. Ersteres wird „monistisches", letzteres „dualistisches" Kirchenrechtsverständnis genannt.[15] Die Auseinandersetzungen, ob einem dualistischen oder einem monistischen Verständnis zu folgen ist, sind freilich zu wesentlichen Teilen müßig. Aus dem Ausgeführten sollte deutlich geworden sein, dass das Kirchenrecht durchaus Wesensmerkmale mit dem sonstigen Recht teilt. Wie dies enthält es normative Anordnungen, wie dieses kann es im Streitfall auch durchgesetzt werden, auch wenn es natürlich zum Bestreben der kirchlichen Rechts-

---

[14] Heute ist die Tendenz, Regelungen und Forderungen aus dem politischen Bereich ohne weiteres in den kirchlichen Bereich zu übertragen, Hinweis auf eine Anschauung, wonach nicht spezifisch kirchliche Maßstäbe für das kirchliche Recht gelten, sondern andere.

[15] Für das monistische Kirchenrechtsverständnis vgl. *K. Schlaich*, Kirchenrecht und Kirche, ZevKR 28 (1983), S. 337 ff.; *G. Robbers*, Grundsatzfragen der heutigen Rechtstheologie, ZevKR 37 (1992), S. 230 ff.; für das dualistische Kirchenrechtsverständnis vgl. u. a. *J. Heckel*, Kirche und Kirchenrecht nach der Zwei-Reiche-Lehre, ZRG Kan. Abt. 79 (1962), S. 222; *S. Grundmann*, Kirchenrecht, EvStL², Sp. 1208 ff.

ordnung gehört, Streitigkeiten zu vermeiden und Konflikte in geschwisterlicher Liebe auszutragen. Die nachfolgenden Abschnitte werden aber zeigen, dass sich in zahlreichen Einzelheiten kirchliches und staatliches Recht ähneln und dass man dies nicht nur als Abirrung vom kirchlichen Auftrag oder als historischen Zufall erklären kann. Vielmehr hat das Recht in der Kirche als sozialem Verband von Menschen weitgehend die gleichen Funktionen wie das Recht des Staates. Es stellt Regelhaftigkeit und Verlässlichkeit her, setzt den Handelnden Richtlinien und Grenzen und wirkt dadurch der Willkür entgegen. Das Kirchenrecht erfasst die selben Individuen wie das staatliche Recht – Kirchenmitglieder stehen ja nicht außerhalb der allgemeinen Rechtsordnung. Wie das staatliche Recht ist es auch in die Kultur des jeweiligen Ortes und der jeweiligen Epoche eingebunden. Auch damit sind Parallelen zwischen staatlichem Recht und kirchlichem Recht erklärbar.

Allerdings bestehen auch ganz erhebliche Unterschiede zwischen beiden Rechtsordnungen. Unterschieden ist das kirchliche Recht vom staatlichen nicht nur durch den Verband, durch den es gesetzt ist, nämlich die Kirche, sondern vor allem durch seinen Bezug zum Verkündigungsauftrag der Kirche, wie er oben beschrieben wurde. Es besitzt seine ganz eigene Aufgabe und daraus folgen auch eigene Maßstäbe für seine Ausgestaltung.

Sowohl monistische als auch dualistische Theorie haben ihren wahren Kern und ihre zutreffende Aussage. Die Verwendung eines dieser Etiketten vermag an der Aussagekraft des jeweils anderen nichts zu ändern.

IV. Kirchenleitung nach evangelischem Verständnis

Das evangelische Rechts- und Kirchenverständnis, wie es hier skizziert worden ist, hat unmittelbare Auswirkungen auf das Verständnis, was unter Leitung der Kirche zu verstehen ist und wie sie zu ordnen ist. Entsprechend der Lehre von den beiden Regimenten ist nämlich auch im Bereich der Kirche zwischen der geistlichen und der rechtlichen Leitung der Kirche zu unterscheiden.

Die geistliche Kirchenleitung, die in Art. 28 der Confessio Augustana in Auseinandersetzung mit dem zeitgenössischen römisch-katholischen Verständnis „potestas ecclesiastica" (Kirchengewalt), genannt wird, beinhaltet die Wortverkündigung, die Sakramentsverwaltung und die Handhabung der Schlüsselgewalt (potestas clavium), d. h. des Rechts der Kirche, „Sünden zu vergeben und zu behalten".[16]

In Confessio Augustana, Art. 28 wird die „Gewalt der Bischöfe" mit der „Potestas clavium" identifiziert und umfasst alle drei Komponenten: Evangeliumspredigt, Sündenvergebung und Sakramentsverwaltung.

Diese Kirchengewalt wird nun ohne menschliche Gewalt allein durch das Wort („sine vi sed verbo", Confessio Augustana, Art. 28) ausgeübt. Auch wenn dazu ausdrücklich das Recht gezählt wird „Lehre zu (be)urteilen und die Lehre, die gegen das Evangelium ist, zu verwerfen und die Gottlosen, deren gottloses Wesen offenkundig ist, aus der christlichen Gemeinde auszuschließen", darf auch dies nur ohne menschliche Gewalt, nur durch das Wort geschehen.

Davon zu unterscheiden ist die äußere oder rechtliche Kirchenleitung. Soweit außerhalb der Wortverkündigung und der Sakramentsverwaltung und Handhabung

---

[16] Mt 18, 18; Joh. 20, 21–23: Da sprach Jesus abermals zu ihnen: Friede sei mit euch! Wie mich der Vater gesandt hat, so sende ich euch. Und da er das gesagt hatte, blies er sie an und spricht zu ihnen: Nehmt hin den heiligen Geist! Welchen ihr die Sünden erlasst, denen sind sie erlassen; und welchen ihr sie behaltet, denen sind sie behalten.

der Schlüsselgewalt Aufgaben der Leitung in der Kirche wahrgenommen werden, ist dies nicht Ausübung der geistlichen Gewalt, sondern rechtliche Kirchenleitung, die von der geistlichen Kirchenleitung grundsätzlich zu unterscheiden ist. Beides ist streng auseinander zu halten. Der Erlass von Kirchengesetzen, Regelungen über die Rechtsstellung der bei der Kirche Beschäftigten, Entscheidungen kirchlicher Behörden oder Gerichte sind nicht geistliche, sondern rechtliche Kirchenleitung.

18 Solche Befugnisse zur rechtlichen Leitung der Kirche sind nach evangelischem Verständnis nicht etwa einem besonderen Stand der Geistlichen oder Kleriker vorbehalten. Einen besonderen Stand der Kleriker kennt das evangelische Kirchenrecht vielmehr gar nicht.

Nun gibt es auch in der evangelischen Kirche Amtsträger, insbesondere die Pfarrer, denen durch einen besonderen Akt der Kirche, die Ordination, Auftrag und Recht zur öffentlichen Wortverkündigung und zur Sakramentsverwaltung übertragen wird. Am Auftrag der Kirche, das Wort zu verkündigen, hat zwar jeder Christ teil (Priestertum aller Glaubenden). Allerdings darf nicht der eine Teilhaber an dieser Aufgabe zu Lasten des anderen sich anmaßen, öffentlich für die ganze Kirche zu sprechen und die Sakramente zu verwalten. Vielmehr bedarf es dazu einer besonderen Ermächtigung. Nur wenn diese vorliegt, kann auch solches Handeln eines Christen als Handeln der Kirche verstanden werden. Dementsprechend ist in Art. 14 der Confessio Augustana die Aussage enthalten, dass „niemand in der Kirche öffentlich lehren oder predigen oder die Sakramente reichen soll *ohne ordnungsgemäße Berufung*" (lat.: „nisi rite vocatus"). Dieses besondere Amt, das Predigtamt, wird mit der Ordination übertragen. Über diesen Auftrag hinaus besteht aber kein grundlegender Unterschied im Status von Pfarrern und „Laien". Mit der Ordination wird nur eine bestimmte Aufgabe oder Funktion übertragen, nicht aber die Zugehörigkeit zu einem gegenüber den anderen Christen hervorgehobenen „Stand" der Geistlichen begründet. Das Verhältnis des besonderen, durch die Ordination übertragenen Predigtamtes zum Priestertum aller Glaubenden wird i.ü. in der evangelischen Theologie nach wie vor kontrovers diskutiert.[17]

Was ordinierte Pfarrer und Laien unterscheidet, sind damit Auftrag und Recht zur öffentlichen Wortverkündigung im Namen der Kirche und zur Sakramentsverwaltung, die nur erstere haben. Bei der rechtlichen Leitung der Kirche können daher „Laien", d.h. Personen, die nicht Träger des geistlichen Amtes sind, in vollem Umfang teilhaben, sie können auch deren Träger sein. Das schließt nicht aus, dass Befugnisse zur rechtlichen Leitung der Kirche auch auf Träger des geistlichen Amtes übertragen werden. Sie haben insofern aber keine Sonderstellung.

19 Die äußeren, rechtlichen Leitungsbefugnisse beruhen nicht auf göttlichem, sondern allein auf menschlichem Recht. Anders als nach römisch-katholischem Verständnis sind der Verfassung der Kirche weder ein Monopol der Inhaberschaft rechtlicher Leitungsgewalt über die Kirche bei einem Stand der Geistlichen noch eine hierarchische Gliederung durch ius divinum (göttliches Recht) vorgeschrieben. Die Kirche ist keine „Communio hierarchica". Auch nach evangelischem Verständnis ist aber das Amt der geistlichen Leitung durch Wort und Sakrament vorgegeben, das sich etwa durch den Missionsbefehl und Joh. 20, 21–23 (und 2. Kor. 5, 19) aus der Bibel herleiten lässt. Dieses Predigtamt muss existieren und ausgeübt werden. In der Ausgestaltung der Ordnung der Kirche im übrigen besteht aber grundsätzlich Freiheit zur Gestaltung.

Diese Freiheit ist aber nicht als „Beliebigkeit" zu verstehen. Maßstab der Gestaltung der kirchlichen Ordnung und der Kirchenleitung ist vielmehr auch hier das Amt und das Zeugnis der Kirche. Die kirchliche Ordnung muss so eingerichtet werden, dass die möglichst besten Rahmenbedingungen für das Amt der Kirche bestehen und dass das Zeugnis der Kirche glaubwürdig ist. Sie ist damit nach den

---

[17] S. z.B. die unterschiedlichen Stellungnahmen von *U. Körtner* und *U. Wilckens*, in Kerygma und Dogma 52 (2006), 2 bzw. 25 und die im gleichen Band abgedruckten Stellungnahmen dazu.

eigenen Maßstäben der Kirche, die durch das Evangelium von Jesus Christus nach der Schrift begründet sind, zu gestalten.

Die rechtliche und die geistliche Leitung der Kirche stehen damit in einem engen Zusammenhang. Das Kirchenrecht hat gegenüber dem kirchlichen Auftrag einen dienenden Charakter. Dieser bildet Ziel und Maßstab alles kirchenleitenden Handelns, also auch der rechtlichen Leitung der Kirche. Diesen engen Zusammenhang stellen manche Kirchenverfassungen besonders heraus, wenn sie betonen, dass „Leitung der Kirche zugleich geistlicher und rechtlicher Dienst" ist (Art. 5 KVerf Bay).

V. Recht und Bekenntnis

Eine zentrale Kategorie für die Kirchen und ihr Recht ist das Bekenntnis. Der Begriff des Bekenntnisses ist in wichtigen und grundlegenden Regelungen und Zusammenhängen des kirchlichen Rechts von Bedeutung. So bestimmt sich etwa die Mitgliedschaft in einer Kirche nach dem Bekenntnis des Betreffenden. Die römisch-katholische Kirche und die evangelischen Kirchen werden durch ihre abweichenden Bekenntnisse voneinander unterschieden. Auch zwischen den in der EKD zusammengeschlossenen evangelischen Kirchen gibt es Unterschiede im Bekenntnisstand. Art. 1 Abs. 1 GO EKD lautet:

„Die Evangelische Kirche in Deutschland ist die Gemeinschaft ihrer lutherischen, reformierten und unierten Gliedkirchen. Sie versteht sich als Teil der einen Kirche Jesu Christi. Sie achtet die Bekenntnisgrundlage der Gliedkirchen und Gemeinden und setzt voraus, dass sie ihr Bekenntnis in Lehre, Leben und Ordnung der Kirche wirksam werden lassen."

Vorausgesetzt werden also Unterschiede im Bekenntnis der lutherischen, der reformierten und der unierten Kirchen. Daher ist näher darzulegen, was das Bekenntnis der Kirche ist und welche Bedeutung es für das evangelische Kirchenrecht hat.

1. Der Begriff des Bekenntnisses und die Bekenntnisschriften

Der Begriff des „Bekenntnisses" ist vieldeutig. In Gottesdiensten werden beispielsweise Glaubensbekenntnisse und Schuldbekenntnisse gesprochen. Glaubensbekenntnisse sind, allgemein gesagt, Bekräftigungen der Wahrheit des Evangeliums. Ein Schuldbekenntnis ist die Anerkennung, dass der Bekennende Schuld auf sich geladen und damit Verrat am Evangelium begangen hat. Die für das kirchliche Recht wichtigen Bekenntnisse sind vor allem Glaubensbekenntnisse, also Aussagen, in denen die Wahrheit des Evangeliums bekräftigt wird. Solche Bekenntnisse enthalten nicht nur die Bekräftigung, dass der Bekennende das Evangelium von Jesus Christus für wahr hält, sondern auch Aussagen darüber, *wie* nach dem jeweiligen Bekenntnis das Evangelium zu verstehen sei. Das wird am bekanntesten Glaubensbekenntnis, dem apostolischen Glaubensbekenntnis, deutlich, in dessen 3. Artikel das beschriebene Verständnis der Kirche als die „heilige, christliche Kirche, Gemeinschaft der Heiligen" formuliert wird. Das Nizänische Glaubensbekenntnis, das insbesondere an Festtagen in den Kirchen gesprochen wird, enthält ganz konkrete Aussagen zum Verständnis der Dreifaltigkeit, mit denen zeitgenössische theologische Streitpunkte des 4. Jahrhunderts entschieden wurden. Diese beiden Bekenntnisse sowie das Athanasianische Glaubensbekenntnis sind als die sog. „Altkirchlichen Bekenntnisse" in den evangelischen Kirchen anerkannt und verbinden sie mit der römisch-katholischen Kirche. Dies zeigt, dass die evangelischen Kirchen in einer Kontinuität mit der vorreformatorischen Kirche stehen – ebenso wie die römisch-katholische Kirche, die nach evangelischem Verständnis keinesfalls den Anspruch erheben kann, allein die Kontinuität der Kirche zu verkörpern.

22 Die Reformatoren, insbesondere Luther und Melanchthon, und ihre Anhänger haben nun im 16. Jahrhundert ihr Verständnis vom Evangelium in verschiedenen Bekenntnisschriften formuliert (s. o. § 4 Rn. 6). Dazu gehören neben dem kleinen und dem großen Katechismus Luthers das bereit mehrfach zitierte Augsburgische Bekenntnis von 1530 (Confessio Augustana)[18] und eine Reihe weiterer Schriften.[19]

Demgegenüber haben für die Anhänger der Lehren Zwinglis und Calvins, in deren Tradition die heutigen „reformierten" Kirchen bzw. Gemeinden stehen, bestimmte Bekenntnisschriften keine so überragende Bedeutung erlangt. Die wichtigste Bekenntnisschrift der reformierten Kirchen ist der Heidelberger Katechismus von 1563.

2. Auswirkungen des Bekenntnisses auf das Kirchenrecht

23 Als Bekräftigung und Zusammenfassung von Grundaussagen über die Lehre der Kirche hat das Bekenntnis naturgemäß auch Auswirkungen auf das kirchliche Recht. Mit den genannten Lehrsätzen der Confessio Augustana zur Gewalt der Bischöfe oder zum kirchlichen Amt ist etwa die Gestaltung der kirchlichen Ordnung nach dem hierarchischen Prinzip des römisch-katholischen Kirchenrechts nicht vereinbar, jedenfalls nicht, soweit sie den Anspruch erhebt, durch göttliches Recht vorgegeben zu sein. Damit sind die Fragen aufgeworfen, in welchem Verhältnis Bekenntnis und Recht zueinander stehen und ob das Bekenntnis selbst Rechtscharakter hat.

Letzteres ist freilich zu verneinen. Das Bekenntnis als Zeugnis der Gemeinde Jesu Christi von der Wahrheit des Evangeliums[20] bezieht seine Autorität allein aus der Schrift. Es ist nicht Teil einer Pyramide von Rechtsnormen, das etwa als eine Art Über-Verfassung über den Kirchenverfassungen stünde. Seine Aussagen gelten nicht kraft einer höherrangigen Rechtsnorm oder kraft eines vorausgesetzten Rechtssatzes, dass ihm zu gehorchen sei. Es ist insofern nicht selbst verpflichtend, sondern nur weil und sofern es eine schriftgemäße Bezeugung darstellt. Seine Verpflichtungskraft kann nur aus dem Glauben, nicht aus einer ihm von den Menschen beigelegten Autorität folgen. Sie gründet auf der Verbindlichkeit des Wortes Gottes. Dieses stellt aber keinen Corpus von Rechtssätzen dar. Zu ihm führt nur der Glaube.

24 Ist das Bekenntnis selbst keine Rechtsnorm, kann es doch aber als Aussage darüber, wie das Evangelium zu verstehen sei, nicht ohne Auswirkungen auf das Kirchenrecht bleiben.[21] Das Kirchenrecht soll ja das Zeugnis der Kirche glaubwürdig in die Rechtsordnung umsetzen, es darf ihm jedenfalls nicht zuwiderlaufen. Ein Kirchenrecht, das ohne Not einen Zwangszölibat für Pfarrer anordnete, wäre etwa mit Art. 23 CA nicht in Einklang zu bringen und würde das Bekenntnis insofern

---

[18] Zu dessen besonderer historischer Bedeutung s. o. § 4 Rn. 6.
[19] Freilich sind nicht alle dieser zusätzlichen Schriften in allen lutherischen Kirchen anerkannt. Für das heutige Kirchenrecht sind diese geringfügigen Abweichungen ohne Bedeutung.
[20] Zum Begriff des Bekenntnisses s. den Artikel Glaubensbekenntnis(se), TRE Bd. 13, 1984, S. 384 ff., hier insbesondere die Abschnitte IX (Dogmatisch) von *H. Schwarz* und X (Praktisch-theologisch) von *H. Schröer*.
[21] S. auch die Barmer Theologische Erklärung, III.; dazu *W. Maurer*, Bekenntnis und Kirchenrecht, 1963, S. 7 ff. Vgl. zum folgenden *M. Heckel*, Die theologischen Fakultäten im weltlichen Verfassungsstaat, 1986, S. 134 ff.

verdunkeln. Die Versuche, Kriterien der nationalsozialistischen Politik wie das Führerprinzip oder den sog. Arierparagraphen im Kirchenrecht zu etablieren, haben im Gegenzug die Forderung nach einem „bekennenden" Kirchenrecht hervorgerufen, einem Kirchenrecht also, in dessen Regelungen die Prägung der Kirche durch ihr Bekenntnis deutlich wird.

Das Bekenntnis bildet überdies beispielsweise das Unterscheidungsmerkmal der konfessionell unterschiedlichen Kirchen. Es ist Anknüpfungspunkt für die Kirchenmitgliedschaft und bestimmt damit die personelle Reichweite der Kirchenrechtsordnung. Es wirkt insofern für die einzelne Kirche integrierend und gegenüber den anderen Kirchen abgrenzend. Seine integrative Funktion für die einzelne Kirche wird dort besonders deutlich, wo kirchliche Amtsträger auf das Bekenntnis verpflichtet werden. Schließlich ist das Bekenntnis Maßstab für das Kirchenrecht und seine Auslegung.[22] Das Kirchenrecht dient dem Verkündigungsauftrag der Kirche und ist daran zu messen, ob es diesem Auftrag entspricht oder ob es ihm zuwiderläuft und ihn behindert. Das Bekenntnis ist daher Grundlage und Grenze auch für das Kirchenrecht. Das bedeutet freilich nicht, dass jedes technische Detail in gleicher Weise vom Bekenntnis geprägt oder gar unmittelbar aus ihm abgeleitet ist. Auch der eigenen Ordnungsfunktion der Rechtsordnung, Praktikabilitäts- und anderen Erwägungen verbleibt bei der Gestaltung der Kirchenrechtsordnung Raum.[23] Völlig ohne Bedeutung ist andererseits das Bekenntnis auch für scheinbar unbedeutende Einzelheiten nicht. Auch diese müssen daraufhin überprüfbar sein, ob sie dem Verkündigungsauftrag zuwiderlaufen.

Da das Bekenntnis nicht selbst Rechtsnormcharakter besitzt, kann es auch nicht einfach durch den kirchlichen Gesetzgeber geändert werden. Daher ordnen viele Kirchenverfassungen ausdrücklich an, dass das Bekenntnis nicht Gegenstand kirchlicher Gesetzgebung ist. Das bedeutet freilich nicht, dass das Bekenntnis unabänderbar ist. Da in ihm Menschen eine Aussage über das Evangelium und ihr Verständnis desselben treffen, ist es fehlbar – Menschen können irren, die Kirche als Organisation, als Vereinigung von Menschen kann ebenfalls irren. Aber der Akt der Bekenntnisbildung und -änderung ist kein Rechtssetzungsakt, sondern ein Akt des Glaubens. Bei einem individuellen Bekenntnis des Glaubens des Einzelnen, bei einem gemeinsamen Bekenntnis ein Akt übereinstimmender Glaubensaussagen aller, die die Glaubensaussage treffen. Die Vorstellung, dass mit Mehrheit oder mit hierarchischer Autorität über die Wahrheit des Evangeliums und sein Verständnis entschieden werden könnte, ist den evangelischen Kirchen fremd. Zu einer Rechtsnorm wird das Bekenntnis auch nicht dadurch, dass in vielen Kirchenverfassungen entweder auf bestimmte Bekenntnisschriften verwiesen wird oder eigenständige Bekenntnisaussagen formuliert werden.[24]

Als Bekräftigung der Wahrheit des Evangeliums und Aussage darüber, wie dies zu verstehen sei, steht das Bekenntnis natürlich unter dem Evangelium. So hat es zwar eine bestimmende, wegweisende Kraft für das Kirchenrecht und hat daher einen normativen Charakter – wobei man diese Normativität nach dem Gesagten nicht als die Normativität einer Rechtsnorm missverstehen darf. Es muss sich aber

---

[22] Vgl. *M. Heckel* (o. Anm.21), S. 139; *A. Stein*, Evangelisches Kirchenrecht[3], 1992, S. 21, 35; zum Rechtsgehalt der Bekenntnisschriften auch *E. Wolf*, Ordnung der Kirche, 1961, S. 480 ff., 484 f.
[23] Vgl. *M. Heckel* (o. Anm. 21), S. 141 f.
[24] Zur Problematik, ob und unter welchen Voraussetzungen solche Präambeln geändert werden können, s. *H. de Wall*, Die Änderung der Grundartikel evangelischer Kirchenverfassungen – Zum Urteil des Kirchlichen Verfassungs- und Verwaltungsgerichts der Evangelischen Kirche in Hessen und Nassau vom 1. März 1993, ZevKR 39 (1994), S. 249–270, insbes. S. 258 ff.

seinerseits am Evangelium messen lassen. Man fasst diesen Zusammenhang in die aus dem Lateinischen abgeleitete Kurzformel, das Bekenntnis sei norma normata, das Evangelium norma normans.

3. Die unterschiedlichen Bekenntnisstände der Gliedkirchen der EKD

27 Die in der Evangelischen Kirche in Deutschland (EKD) zusammengeschlossenen Kirchen haben kein einheitliches Bekenntnis mit einem einheitlichen Kanon bestimmter Lehrschriften oder -sätze. Vielmehr haben die Kirchen unterschiedliche Bekenntnisstände. Manche von ihnen sind lutherisch, d. h. sie legen das lutherische Bekenntnis zugrunde, das in den Bekenntnisschriften der lutherischen Tradition des 16. Jahrhunderts niedergelegt ist, andere folgen reformiertem Bekenntnis, wieder andere sind uniert.

Von den derzeit 22 der EKD angehörenden Landeskirchen zählen 9 zu den lutherischen Kirchen, nämlich die Landeskirchen Hannovers, Bayerns, Württembergs, Nordelbiens, Sachsens, Oldenburgs, Braunschweigs, Mecklenburgs und Schaumburg-Lippes.

Zwei der Mitgliedskirchen der EKD sind reformierte Kirchen, nämlich die Lippische Landeskirche und die Evangelisch-Reformierte Kirche.[25] Die Lippische Landeskirche umfasst neben der Mehrheit von reformierten Gemeinden auch Gemeinden lutherischen Bekenntnisses, die eine eigene „Klasse" in dieser Kirche bilden.

28 Streng genommen gehört die Lippische Landeskirche damit zu der dritten Gruppe, den unierten Landeskirchen. Unter diesen sind wiederum die Bekenntnisunionen von den Verwaltungsunionen zu unterscheiden. In den Verwaltungsunionen sind unter einem gemeinsamen organisatorischen Dach Gemeinden unterschiedlichen Bekenntnisstandes zusammengefasst. Zu den Verwaltungsunionen zählen die evangelischen Kirchen in Mitteldeutschland, Pommern, Kurhessen-Waldeck, Bremen, Westfalen, Rheinland, Hessen und Nassau, Anhalt, und die Evangelische Kirche Berlin-Brandenburg-schlesische Oberlausitz. Neben den Verwaltungsunionen stehen die so genannten Bekenntnis- oder Konsensusunionen, zu denen die evangelischen Kirchen Badens und der Pfalz gehören. Diese Kirchen haben ein einheitliches evangelisches Bekenntnis, das die Unterschiede zwischen reformiertem und lutherischem Protestantismus überwunden oder – je nach Standpunkt – eingeebnet hat. Eine Ironie der Geschichte ist, dass in manchen der übrigen unierten Kirchen neben reformierten und lutherischen Gemeinden auch solche mit einem unierten Bekenntnis existieren. Namentlich in Preußen, wo die Union ihren Ausgang nahm (s. dazu § 6 Rn. 8), hat dieser Einigungsversuch nicht zu einer Überwindung der bekenntnismäßigen Gestaltung des Protestantismus geführt, sondern einen dritten Bekenntnisstand hervorgebracht.

29 Freilich hat die Entwicklung der innerevangelischen Ökumene dazu geführt, dass die unterschiedlichen Bekenntnisstände im deutschen landeskirchlichen Protestantismus eine immer geringere Rolle spielen. Die Bekenntnisunterschiede werden nicht mehr – wie noch bis in die zweite Hälfte des zwanzigsten Jahrhunderts – als

---

[25] Eine Besonderheit der Evangelisch-Reformierten Kirche ist, dass sie kein fest umgrenztes Territorium besitzt, in dem – vorbehaltlich der Mitgliedschaft in anderen Kirchen – grundsätzlich alle Evangelischen ihr angehören, wie dies in den anderen Landeskirchen der Fall ist. In ihrem Hauptverbreitungsgebiet im Nordwesten Niedersachsens existieren zum Teil nebeneinander Gemeinden dieser Kirche neben Gemeinden der Hannoverschen Landeskirche. Im übrigen gehören der Evangelisch-Reformierten Kirche einzelne reformierte Kirchengemeinden auf dem Territorium anderer Landeskirchen an.

§ 24. Die Grundlagenproblematik

kirchentrennend betrachtet, sondern als unterschiedliche Traditionen, die eine Wahrheit des Evangeliums zu bekräftigen. Sie werden nicht mehr als unterschiedliche Verständnisse der Wahrheit des Evangeliums verstanden, sondern eher als Bekenntnisformulierungsunterschiede, also unterschiedliche Arten und Weisen, die eine Wahrheit des Evangeliums zum Ausdruck zu bringen. Sie können daher in einer Kirche nebeneinander bestehen, ohne ihre Einheit in Frage zu stellen. Nach protestantischer Lehre reicht es zur wahren Einheit der Kirche aus, dass über die Lehre des Evangeliums und die Verwaltung der Sakramente Übereinstimmung besteht („satis est consentire de doctrina evangelii et administratione sacramentorum", Art. 7 CA). Daher besteht kein Hindernis für eine kirchliche Gemeinschaft zwischen den verschiedenen evangelischen Konfessionen. Den meisten Mitgliedern der Gliedkirchen der EKD werden die Unterschiede zwischen den jeweiligen Bekenntnissen ebenso unbekannt sein wie sie häufig die Frage nicht werden beantworten können, welche Bekenntnisschriften in ihrer Kirche oder Gemeinde gelten. Ein Beispiel für die abnehmende Bedeutung der Bekenntnisunterschiede zwischen den evangelischen Kirchen ist, dass in der Evangelischen Kirche in Mitteldeutschland (EKM) seit dem 1. 1. 2009 die lutherische thüringische Landeskirche und die verwaltungsunierte Evangelische Kirche der Kirchenprovinz Sachsen vereinigt sind.

Für das Kirchenrecht sind die Bekenntnisunterschiede aber insofern von bleibender Bedeutung, als sie Hintergrund für unterschiedliche Organisationsformen und Typen der Gliedkirchen der EKD sind. Zwischen diesen bestehen nach wie vor nicht unerhebliche, aus den unterschiedlichen Bekenntnistraditionen erklärbare Unterschiede. Freilich werden auch diese Unterschiede geringer. Auf den folgenden Seiten sind die Gliedkirchen der EKD mit der jeweiligen üblichen Abkürzung, der Mitgliederzahl, dem Bekenntnisstand und der geltenden Kirchenverfassung aufgelistet.

Gliedkirche	Abkürzung	Mitgliederzahl[26]	Bekenntnis	Verfassung
Anhalt	EKiAnh	50 000	uniert	Verfassung der Evangelischen Landeskirche Anhalts (vom 14. 8. 1920, zuletzt geändert am 29. 11. 2005)
Baden	EKiBa	1 300 000	uniert	Grundordnung der Evangelichen Landeskirche in Baden (Neufassung vom 28. 4. 2007)
Bayern	ELKiBay, Bay	2 642 000	lutherisch	Verfassung der Evangelisch-Lutherischen Kirche in Bayern (Neufassung vom 6. 12. 1999, zul. geänd. am 6. 4. 2006)
Berlin-Brandenburg schlesische Oberlausitz	EKBO	1 165 000	uniert	Grundordnung der Evangelischen Kirche Berlin-Brandenburg-schlesische Oberlausitz (vom 21./24. 11. 2003, zul. geänd. am 4. 11. 2005)

30

[26] Die Mitgliederzahlen sind gerundet und entnommen aus: *Kirchenamt der EKD* (Hrsg.): gezählt 2008. Evangelische Kirche in Deutschland. Zahlen und Fakten zum kirchlichen Leben. 2007. Sie basieren auf einer Erhebung aus dem Jahr 2006.

Gliedkirche	Abkürzung	Mitgliederzahl[26]	Bekenntnis	Verfassung
Braunschweig	ELKiBswg	406 000	lutherisch	Verfassung der Evangelisch-lutherischen Landeskirche in Braunschweig (vom 6. 2. 1970, zul. geänd. am 19. 11. 2005)
Bremen	BremEKi	241 000	uniert	Verfassung der Bremischen Evangelischen Kirche (vom 14. 6. 1920, zul. geänd. am 29. 11. 2006)
Hannover	ELKiHan	3 034 000	lutherisch	Verfassung der Evangelisch-lutherischen Landeskirche Hannovers (i. d. F. vom 1. 7. 1971, zul. geänd. am 31. 7. 2006)
Hessen-Nassau	EKHN	1 795 000	uniert	Ordnung der Evangelischen Kirche in Hessen und Nassau (vom 17. 3. 1949, zul. geänd. am 25. 11. 2006)
Kurhessen-Waldeck	EKKW	950 000	uniert	Grundordnung der Evangelischen Kirche von Kurhessen-Waldeck (vom 22. 5. 1967, zul. geänd. am 5. 5. 2006)
Lippe	Lippe	193 000	reformiert	Verfassung der Lippischen Landeskirche (vom 17. 2. 1931, zul. geänd. am 12. 12. 2006)
Mecklenburg	ELM	209 000	lutherisch	Verfassung der Evangelisch-Lutherischen Landeskirche Mecklenburgs von 1921; Kirchgemeindeordnung, Kirchenkreisordnung, Propsteiordnung, Leitungsgesetz (jeweils mit verfassungsändernder Mehrheit beschlossen, ersetzen die entspr. Bestimmungen der Kirchenverfassung von 1921)
Evangelische Kirche in Mitteldeutschland	EKM	935 000	uniert	Verfassung der Evangelischen Kirche in Mitteldeutschland vom 5. 7. 2008
Nordelbien	NEK	2 110 000	lutherisch	Verfassung der Nordelbischen Evangelisch-Lutherischen Kirche (vom 12. 6. 1976, zul. geänd. am 7. 10. 2008)

§ 24. Die Grundlagenproblematik

Gliedkirche	Abkürzung	Mitgliederzahl[26]	Bekenntnis	Verfassung
Oldenburg	ELKiOldbg	463 000	lutherisch	Kirchenordnung der Evangelisch-Lutherischen Kirche in Oldenburg (vom 20. 2. 1950, zul. geänd. am 13. 6. 2003)
Pfalz	EKiPf	604 000	uniert	Verfassung der Evangelischen Kirche der Pfalz (Protestantische Kirche) (i. d. F. vom 25. 1. 1983, zul. geänd. am 7. 5. 2004)
Pommern	PomEK	103 000	uniert	Kirchenordnung der Pommerschen Evangelischen Kirche (vom 2. 6. 1950, zul. geänd. am 23. 10. 2005)
Reformierte Kirche	ERK	186 000	reformiert	Verfassung der Evangelisch-reformierten Kirche (vom 9. 6. 1988, i. d. F. vom 24. 11. 2006)
Rheinland	EKiR	2 920 000	uniert	Kirchenordnung der Evangelischen Kirche im Rheinland (vom 10. 1. 2003, zul. geänd. am 13. 1. 2006)
Sachsen	ELKiSa	823 000	lutherisch	Verfassung der Evangelisch-Lutherischen Landeskirche Sachsens (vom 13. 12. 1950, Neubekanntmachung vom 14. 2. 2007 in der ab 1. 1. 2008 geltenden Fassung)
Schaumburg-Lippe	ELKiSLi	61 000	lutherisch	Verfassung der Evangelisch-Lutherischen Landeskirche Schaumburg Lippe (vom 1. 1. 1996)
Westfalen	EKvW	2 607 000	uniert	Kirchenordnung der Evangelischen Kirche von Westfalen (i. d. F. vom 14. 1. 1999, zul. geänd. am 16. 11. 2007)
Württemberg	ELKiWü	2 304 000	lutherisch	Kirchliches Gesetz betreffend die Verfassung der Evangelischen Landeskirche in Württemberg (Kirchenverfassungsgesetz) (vom 24. 6. 1920, zul. geänd. am 30. 11. 2006)

§ 25. Quellen und Methoden des Kirchenrechts

Literatur: Th. Barth, Elemente und Typen landeskirchlicher Leitung, 1995; *G. Barwig*, Die Geltung der Grundrechte im kirchlichen Bereich, 2004; *D. Dehnen*, Kirchenverfassung und Kirchengesetz. in: *G. Rau/H.-R. Reuter/K. Schlaich* (Hrsg.), Das Recht der Kirche Bd. I, 1997, S. 448–473; *R. Dreier*, Methodenprobleme der Kirchenrechtslehre, ZevKR 23 (1978), S. 343–367; *H. Ehnes*, Grundrechte in der Kirche, in: *G. Rau/H.-R. Reuter/K. Schlaich* (Hrsg.), Das Recht der Kirche Bd. I, 1997, S. 545–568; *M. Germann*, Kriterien für die Gestaltung einer evangelischen Kirchenverfassung, epd 49/2006, S. 24 ff.; *S. Grundmann*, Das Gesetz als Kirchenrechtliches Problem, in: *ders.*, Abhandlungen zum Kirchenrecht, 1969, S. 53–67; *W. Heun*, Das Gesetz in Staat und Kirche, ZevKR 49 (2004) S. 443–464; *W. Huber*, Grundrechte in der Kirche, in: *G. Rau/H.-R. Reuter/K. Schlaich* (Hrsg.), Das Recht der Kirche Bd. I, 1997, S. 518–544; *H. Liermann*, Evangelisches Kirchenrecht, 1933, § 7; *K. W. Nörr*, Typen von Rechtsquellen und Rechtsliteratur als Kennzeichen kirchenrechtlicher Epochen, ZevKR 13 (1967/68), S. 225–238; *D. Pirson*, Gesetzgebung, kirchliche, RGG[4], Sp. 867–869; *ders.*, Kirchliches Verfassungsrecht, Eigenart und notwendiger Inhalt, ZevKR 45 (2000), S. 89–108; *K. Schlaich*, Kirchenrechtsquellen II, TRE Bd. XIX, S. 45–51; *H. de Wall*, Gesetz, kirchliches, LKStKR Bd. 2, S. 103–105; *ders.*, Gesetzgeber, ebd. S. 117–118; *ders.*, Gewohnheitsrecht, ebd. S. 142; *H. Weber*, Bindung der Kirchen an staatliche und innerkirchliche Grundrechte und das Verhältnis der Grundrechtsgewährleistungen zueinander, ZevKR 42 (1997), S. 282 ff.

I. Allgemeines

1   Eine Kodifikation des evangelischen Kirchenrechts nach Art des Codex Iuris Canonici der römisch-katholischen Kirche existiert nicht. Das evangelische Kirchenrecht ist partikulares Recht. Jede der einzelnen evangelischen Kirchen, also insbesondere jede der derzeit 22 Gliedkirchen der EKD, hat ihre eigene Rechtsordnung. Dazu kommen noch die Rechtsordnung der EKD selbst und anderer Zusammenschlüsse der Gliedkirchen innerhalb der EKD (= gliedkirchliche Zusammenschlüsse), namentlich der Vereinigten Evangelisch-Lutherischen Kirche Deutschlands (VELKD) und der Union Evangelischer Kirchen (UEK) und deren Vorläuferin, der Evangelischen Kirche der Union (EKU). Sowohl EKD als auch VELKD und UEK/EKU haben aber in wichtigen Teilbereichen vereinheitlichendes Recht gesetzt, zum Teil mit unmittelbarer Wirkung für die Gliedkirchen, zum Teil lediglich mit Richtlinienwirkung. Ganz so zersplittert, wie es die Zahl von (mindestens) 25 Rechtsordnungen allein für die in der EKD zusammengefassten Kirchen befürchten lassen könnte, ist das evangelische Kirchenrecht daher nicht. Es folgt überdies zum Teil einheitlichen Traditionen und Regeln und einheitlichen Vorbildern, auch solchen des staatlichen Rechts. Im Rahmen dieses Lehrbuches kann es weitgehend nur darum gehen, solche einheitlichen Grundlinien zu skizzieren und ggf. auf abweichende Regelungen hinzuweisen, wo diese besonders markant sind. Im übrigen wird auf die Einzelheiten der Rechtsetzungskompetenzen der EKD, der gliedkirchlichen Zusammenschlüsse und der Gliedkirchen und auf ihr Verhältnis zueinander im jeweiligen Zusammenhang eingegangen.

2   Das evangelische Kirchenrecht kennt, wie das staatliche Recht, eine Hierarchie der Rechtsquellen, an deren Spitze Kirchenverfassungen stehen. Darunter folgen Kirchengesetze, darunter wiederum untergesetzliche Rechtsnormen wie Verordnungen und Satzungen. Am Ende stehen Einzelentscheidungen wie kirchliche Verwaltungsakte oder die Entscheidungen kirchlicher Gerichte. Die Problematik, ob und inwieweit diese als Rechtsquellen einzustufen sind, stellt sich in ähnlicher Weise wie für das staatliche Recht. Das gleiche gilt für nicht nach außen, gegenüber dem einzelnen

Kirchenmitglied, sondern nur innerhalb der kirchlichen Behörden wirkende innerdienstliche Rechtsakte wie Verwaltungsrichtlinien und -anweisungen.

Aus dem im vorhergehenden Paragraphen (§ 24 Rn. 23) Ausgeführten ergibt sich, dass Bekenntnis und Evangelium nicht als Quelle rechtlich verbindlicher Anordnung aufgefasst werden. Insofern kennt das evangelische Kirchenrecht die Vorstellung unmittelbar geltenden göttlichen Rechtes (ius divinum) nicht. Die Bekenntnisbindung beinhaltet aber eine begrenzende und steuernde Funktion des Evangeliums für das evangelische Kirchenrecht, die ebenfalls vorstehend skizziert worden ist. 3

II. Die Verfassungen der evangelischen Kirchen

Wie im staatlichen Recht sind die Grundlagen der kirchlichen Organisation in Verfassungen geregelt. Diese werden, je nach Kirche, entweder als Kirchenverfassung oder schlicht Verfassung, oder aber als Ordnung oder Grundordnung bezeichnet. In dieser Einführung werden sie unter dem Begriff der „Kirchenverfassung" zusammengefasst: Wenn nichts Abweichendes vermerkt ist, sind von dem Begriff „Kirchenverfassung" auch die (Grund)Ordnungen umfasst. Hinter den unterschiedlichen Bezeichnungen stehen aber durchaus, z. T. auch durch die jeweilige Zeit des Erlasses bedingte, unterschiedliche Vorstellungen über Funktion und Inhalt der jeweiligen Kirchenverfassung. Während die als „Verfassung" oder Kirchenverfassung bezeichneten Regelwerke häufig eher knapp und auf die Regelung organisatorischer Grundlagen konzentriert sind, enthalten manche Kirchen- oder Grundordnungen sehr ausführliche und mit theologischen Grundaussagen angereicherte Regelungen zum gesamten kirchlichen Leben. Dies gilt namentlich für die Grundordnungen der Evangelischen Kirchen des Rheinlandes und Westfalens. Freilich ist das nur eine sehr grobe Tendenz. Es verdeutlicht aber, dass die Verfassungen erheblich voneinander abweichen. 4

Dessen ungeachtet enthalten die Kirchenverfassungen der Gliedkirchen der EKD, wie die staatlichen Verfassungen, Regelungen über die Organe der jeweiligen Kirchen und deren Kompetenzen, über das Verfahren der Rechtssetzung und über die kirchliche Rechtsprechung. Daneben stehen meist ausführliche Regelungen über die Organisation der Kirchengemeinden sowie über die (den staatlichen Landkreisen vergleichbare) kirchliche Mittelstufe. Meist stehen am Anfang der Kirchenverfassungen einleitende Regelungen und/oder Präambeln, in denen Aussagen über das Bekenntnis und über Grundlagen und Grundsätze der kirchlichen Organisation getroffen werden. Wie die staatlichen Verfassungen zeichnen sich die kirchlichen Verfassungen gegenüber den einfachen kirchlichen Gesetzen durch ihren Vorrang und durch die erschwerte Abänderbarkeit aus. Zu Ihrer Änderung ist meist eine Zwei-Drittel Mehrheit in der Synode erforderlich. 5

Eine Liste der Gliedkirchen und ihrer Verfassungen befindet sich bei § 24 Rn. 30.

III. Besonderheiten der Kirchenverfassungen – Grundrechte in der Kirche?

Ein wesentlicher Unterschied zwischen den Kirchenverfassungen einerseits und dem Grundgesetz und den meisten Länderverfassungen andererseits besteht darin, dass die Kirchenverfassungen, von kleineren Ansätzen abgesehen, keine Grundrechtskataloge enthalten. Das hat mehrere Gründe. In der geschichtlichen Entwicklung sind – erstens – die Grundrechte als Freiheitsrechte der Bürger gegenüber 6

Eingriffen der Staatsgewalt in seine Freiheit und sein Eigentum entstanden. Sie haben sich nicht gegen die Kirchen gerichtet bzw. nur soweit, wie diese selbst mit dem Staat verbunden waren. Die Grundrechte sind – zweitens – nach wie vor in erster Linie Abwehrrechte gegenüber dem Staat. In dieser Funktion dienen sie dazu, der Staatsgewalt Schranken zu setzen und damit die Freiheit des Bürgers vor der staatlichen Obrigkeit zu schützen. Da die Kirchen keine Staatsgewalt ausüben und da ihre Möglichkeit, in die Freiheit ihrer Mitglieder einzugreifen, unter der Herrschaft des staatlichen Gewaltmonopols beschränkt ist, können Grundrechte im kirchlichen Bereich nicht die gleiche Funktion erfüllen wie im staatlichen. In vielen Sachbereichen hätten grundrechtliche Freiheitsgewährleistungen im Rahmen des Kirchenrechts keinen Sinn: Die Freiheit der Person oder die Versammlungsfreiheit ihrer Mitglieder sind durch kirchliche Akte nicht gefährdet bzw. nach Lage der Dinge gar nicht einschränkbar.

Das Kirchenmitglied kann – drittens – den weltlichen Auswirkungen der Kirchengewalt entrinnen, indem er seine Mitgliedschaft beendet. Dies zu sichern, ist in der Rechtsordnung der Bundesrepublik eine aus der Religionsfreiheit (Art. 4 I, II GG) folgende Verpflichtung des Staates. Dagegen kann man aus der Rechtsordnung des Staates nicht einfach austreten. Auch wenn man die Staatsangehörigkeit wechselt, ist man, soweit man sich in Deutschland aufhält, der deutschen Staatsgewalt unterworfen und kann sich ihr nicht entziehen.

Das thematisch für die Religion einschlägige Grundrecht, die Glaubens-, Bekenntnis- und Religionsausübungsfreiheit, ist – viertens – in den kirchlichen Bereich überhaupt nicht übertragbar. Eine Glaubensgemeinschaft wie die Kirche ist eine Gemeinschaft von Menschen, die sich der gemeinsamen Pflege eines bestimmten religiösen Bekenntnisses widmet. Diesem gegenüber Freiheit einzufordern wäre sinnlos. Ein evangelischer Christ kann gegenüber seiner Kirche kein Recht darauf haben, den römisch-katholischen oder den muslimischen Glauben zu bekennen und zu praktizieren oder Atheist sein zu wollen. Eine andere Frage ist, wie eng die Grenzen sind, die die Kirche in Fragen ihrer Lehre zieht. Diese sind bei den evangelischen Kirchen sehr weit gesteckt, weil die evangelischen Bekenntnisse eine Fülle unterschiedlicher Auffassungen beinhalten können. Ein Kernbereich, etwa das Bekenntnis zum dreieinigen Gott, ist aber für jede Kirche unaufgebbar. Wiederum eine andere Frage ist auch, ob und inwieweit die Kirchen die Religionsfreiheit des Einzelnen gegenüber dem Staat akzeptieren. Die evangelischen Kirchen in Deutschland befürworten – wie auch die römisch-katholische Kirche – die Religionsfreiheit. In den innerkirchlichen Bereich ist die Religionsfreiheit aber kaum übertragbar.

7 Schon diese Erwägungen zeigen, dass die Grundrechtsidee auf die Kirchen nur beschränkt übertragbar ist. Dass die Kirchenverfassungen keine den Art. 1–19 GG vergleichbaren Grundrechtskataloge haben, ist daher sachlich begründet. Gleichwohl hat die Grundrechtsidee eine solche Anziehungskraft, dass über Grundrechte im kirchlichen Bereich nicht nur ausführliche und tiefe Diskussionen geführt worden sind, sondern dass diese Diskussionen vereinzelt auch Konsequenzen für die Kirchenverfassungen hatten. So formuliert § 2 der Verfassung der Reformierten Kirche ausdrücklich als „Grundrechte" etwa die Rechte, am Gottesdienst und am ganzen Leben der Kirchengemeinde teilzuhaben, und das Recht, Glied der Kirchengemeinde zu werden. Da das Evangelium von Jesus Christus allen Menschen gilt und da die Kirche den Auftrag hat, dieses Evangelium zu verkündigen und alle Menschen zu Jüngern Jesu Christi zu machen, wäre anderes mit dem Selbstverständnis der Kirche auch schwerlich vereinbar. Mit der Idee der Menschenrechte als bürgerliche Freiheiten hat dergleichen aber wenig gemein. Über die genannten

Erwägungen hinaus ist die Grundrechtsidee, wie hier ersichtlich wird, auch deshalb nur beschränkt auf den kirchlichen Bereich übertragbar, weil das Verhältnis des Christen zur Kirche ein anderes ist als das Verhältnis des Bürgers zum Staat. In der Kirche geht es um das Hören des Evangeliums und um seine Ausbreitung, an beidem hat der Christ in spezifischer Weise teil. Im Verhältnis des Staates zum Bürger geht es um die Sicherung der äußeren Ordnung des Zusammenlebens, auch und gerade gegenüber dem Bürger. In demokratischen Ordnungen hat der Bürger zwar auch an der Staatsgewalt teil. Die Grundrechte beziehen sich aber vor allem auf den Schutz der Freiheit des Bürgers vor der Staatsgewalt – eine Erwägung, die für das Verhältnis des Christen zu seiner Kirche keine zentrale Rolle spielt.

Damit soll nicht geleugnet werden, dass auch in den Kirchenverfassungen grundrechtsähnliche Gewährleistungen enthalten sind und auch sein dürfen – so z.B. ein Verbot der Benachteiligung wegen der Herkunft oder wegen des Geschlechtes, wie es ebenfalls in § 2 der Verfassung der Reformierten Kirche enthalten ist. Aber die Grundrechtsidee ist nur sehr eingeschränkt mit kirchlichen Verhältnissen kompatibel und solch grundrechtsähnliche Gewährleistungen beruhen, wie gezeigt, auf anderen Grundlagen als die staatlichen Grundrechte.

IV. Die Kirchengesetze

Im evangelischen Kirchenrecht ist ein Kirchengesetz[27] eine von der Synode als dem Gesetzgebungsorgan der gesetzgebenden Körperschaft (EKD, Gliedkirche oder gliedkirchlicher Zusammenschluss) im Gesetzgebungsverfahren erlassene kirchenrechtliche Regelung. Kirchengesetze sind auch, ähnlich den staatlichen Gesetzen, meist abstrakt-genereller Natur und haben Wirkungen nach außen. Freilich gibt es auch im Kirchenrecht dazu Ausnahmen, wie sie ähnlich auch im staatlichen Recht vorkommen, namentlich das Haushaltsgesetz. Im großen und ganzen kann für die Begriffsbildung und -abgrenzung auf die Lehrbücher zum staatlichen Recht verwiesen werden.[28] Allerdings sind dabei auch Besonderheiten zu bedenken.

Der Begriff des Kirchengesetzes ähnelt nicht nur dem des staatlichen Parlamentsgesetzes. Er ist auch in engem historischen Zusammenhang damit entwickelt worden. Da im Zuge der Herausbildung des landesherrlichen Kirchenregiments die kirchliche Rechtsetzung seit dem 16. Jahrhundert ganz unter den Einfluss der politischen Territorialgewalten geraten war, wurde das kirchliche Recht vom Landesherrn in den Rechtsformen erlassen, die auch für die staatliche Rechtsordnung geläufig waren, als Ordnungen, Edikte, Reskripte, Mandate, Instruktionen, Patente usw. Die Vielzahl der Formen verweist auf das Fehlen einer klaren Rechtsquellenlehre und -hierarchie, die wegen des Fehlens staatlicher Gewaltenteilung entbehrlich war. Das änderte sich aber im 19. Jahrhundert. Im staatlichen Bereich musste der Landesherr das Staatsvolk durch die Parlamente an der Gesetzgebung beteiligen. In einer gewissen Parallele dazu wurden die Synoden als kirchliche Gesetzgebungsorgane eingerichtet. Mit dem Ende des landesherrlichen Kirchenregiments rückten die Synoden dann vollständig in die Rolle des kirchlichen Gesetzgebers.

Zur Abgrenzung der von der parlamentarischen Mitwirkung abhängigen Gesetzgebung gegenüber den dem Monarchen vorbehaltenen sonstigen Staatsfunktionen wurde in der konstitutionellen Lehre des 19. Jahrhunderts das Parlamentsgesetz als Voraussetzung eines Eingriffs in Freiheit oder Eigentum der Bürger verstanden. Dies ist der Hintergrund des Gesetzesbegriffs im staatlichen Recht und des sogenannten Vorbehalts des Gesetzes. Diese Funktion des Gesetzesbegriffs ist aber auf die kirchliche Rechtsetzung nicht übertragbar, weil hier in aller Regel keine Eingriffe in Freiheit oder Eigentum der Bürger angeordnet werden, ja unter der Geltung des staatlichen Gewaltmonopols auch gegenüber den Mitgliedern der Kirchen kaum angeordnet werden können – gegenüber Nichtmitgliedern ist dies ohnehin nicht möglich. Der Vorbehalt des Gesetzes, also die Notwendigkeit eines Parlamentsgesetzes für Eingriffe in Freiheit und Eigentum, ist mittlerweile im staatlichen Recht

---

[27] Vgl. dazu *W. Heun*, Das Gesetz in Staat und Kirche, ZevKR 49 (2004), S. 443–464.
[28] S. z.B. *H. Maurer*, Staatsrecht I[5], 2007, S. 514 ff.

ausgeweitet worden. Der gesetzlichen Grundlage bedürfen nunmehr alle „wesentlichen" Regelungen, wobei zur Eingrenzung des denkbar unscharfen Begriffs der „Wesentlichkeit" die Bedeutung der Regelung für die Grundrechtsverwirklichung herangezogen wird. Auch diese Bestimmung der Funktion und des Begriffes des Gesetzes unter der staatlichen Rechtsordnung des Grundgesetzes ist offensichtlich nicht ohne weiteres auf das kirchliche Recht übertragbar: Bei Kirchengesetzen geht es nicht um die Verwirklichung der bürgerlichen Grundrechte gegenüber der Kirche, sondern um die Teilhabe und die Organisation der Erfüllung des kirchlichen Auftrages, das Evangelium zu verkündigen.

10 Dass die Lehre vom Vorbehalt des Gesetzes, wie sie im staatlichen Recht entwickelt wurde, nicht ohne weiteres auf das Kirchenrecht übertragbar ist, zeigt sich auch an den Kirchenverfassungen selbst. Häufig wird nämlich die Notwendigkeit der Gesetzesform in den Kirchenverfassungen nach dem Enumerationsprinzip für bestimmte Materien angeordnet, z. B. für Verfassungsänderungen, für das Dienstrecht, für die Ordnung der Gemeinden, für Regelungen des Kirchensteuerrechts usw. Es gibt in diesen Kirchen also keinen allgemeinen, sondern nur für spezielle Materien einzeln und ausdrücklich angeordnete Gesetzesvorbehalte. Wo solche Vorbehalte nicht bestehen, können kirchenrechtliche Regelungen – anders als im staatlichen Bereich – nach Maßgabe der Verfassungen (und z.T. auch ohne gesetzliche Ermächtigung) durch andere Organe in anderen Rechtsformen getroffen werden, etwa durch Verordnungen.

11 Umgekehrt entfalten freilich die Gesetzesvorbehalte in den Kirchenverfassungen keine Sperrwirkung: Kirchengesetze können auch in anderen als den genannten Regelungsbereichen erlassen werden. Manche Kirchen regeln auch lediglich lapidar, dass die Synode das Recht der kirchlichen Gesetzgebung hat, ohne einen Vorbehalt des Gesetzes für bestimmte Fälle anzuordnen (s. z.B. Art. 86 Nr. 1 Verf Lippe). Hier ist dann die Abgrenzung zur Befugnis zur Verordnungsgebung durch andere kirchliche Organe, wie sie ebenfalls eingeräumt wird, besonders schwierig (Art. 106 Nr. 13 Verf Lippe). Im Zweifel können Verordnungen erlassen werden, solange keine gesetzliche Regelung besteht. Liegt ein Kirchengesetz vor, ist dann (nur) noch der Erlass von Ausführungsbestimmungen möglich, die den Rahmen der Kirchengesetze ausfüllen. Vereinzelt ordnet die Kirchenverfassung an, dass „die Rechtsetzung innerhalb der Landeskirche" kirchengesetzlicher Regelung bedarf (Art. 92 lit. a) KVerf Bswg). Dann besteht eine Befugnis anderer Kirchenleitungsorgane zum Verordnungserlass nur zur Ausführung von Kirchengesetzen und innerhalb von deren Grenzen (Art. 98 KVerf Bswg).

12 Daneben kennen die Verfassungen in dringlichen Fällen auch gesetzesvertretende Verordnungen („Notverordnungen") durch andere kirchenleitende Organe. Dies beruht darauf, dass die Synoden der Kirchen als deren gesetzgebende Organe nicht ständig tagen. Solche Notverordnungen bedürfen aber der späteren Bestätigung durch die Synode. Anders als im aktuellen staatlichen Recht gibt es also im Recht der evangelischen Kirchen Verordnungen mit Gesetzesrang.

An Begriff und Vorbehalt des Kirchengesetzes wird deutlich, dass sich die Rechtsquellenlehre des evangelischen Kirchenrechts nicht unerheblich von der staatlichen unterscheidet. Zwar gilt der Grundsatz des Vorrangs des Gesetzes vor anderen Regelungen auch im evangelischen Kirchenrecht. Der Grundsatz des Vorbehalts des Gesetzes ist aber nicht übertragbar – vielmehr ist der Vorbehalt des Gesetzes, wie gesehen, je nach Kirchenverfassung unterschiedlich geregelt.

13 Zu den Quellen des evangelischen Kirchenrechts gehören auch die Vereinbarungen der Kirchen mit dem Staat, namentlich die grundlegenden und umfassenden Staatskirchenverträge[29], wie sie mittlerweile beinahe flächendeckend in der Bundesrepublik zwischen den Ländern und den jeweiligen evangelischen Kirchen geschlos-

---

[29] Zu deren Stellung als Rechtsquelle jetzt *H. U. Anke*, Die Stellung der Kirchenverträge im evangelischen Kirchenrecht, in: *St. Mückl* (Hrsg.), Das Recht der Staatskirchenverträge, Colloquium aus Anlass des 75. Geburtstags von Alexander Hollerbach, 2007, S. 59 ff.

sen wurden. Ihrem Regelungsgegenstand und ihrer Natur als Vereinbarungen mit dem Staat nach gehören sie vor allem zum Bereich des Staatskirchenrechts.[30] Freilich bedürfen sie nach den Regelungen der Kirchenverfassungen der Zustimmung der Synode in Form des Kirchengesetzes. Damit werden sie, ähnlich wie dies bei völkerrechtlichen Verträgen geläufig ist, im Rang eines Kirchengesetzes ins kirchliche Recht transformiert.[31] Darüber hinaus bedarf es auch im einzelnen der kirchengesetzlichen Umsetzung der vereinbarten Regelung.

V. Untergesetzliche Rechtsquellen

Kirchliche Verordnungen gehen den Kirchengesetzen grundsätzlich im Rang nach. Eine gewisse Ausnahme bilden nur die bereits erwähnten gesetzesvertretenden Verordnungen in dringlichen Fällen. Ähnlich wie im staatlichen Recht ist auch im evangelischen Kirchenrecht eine Verordnung eine durch ein Exekutivorgan gesetzte, untergesetzliche Rechtsnorm. Die Abgrenzung der Verordnungsgebung zur Gesetzgebung ist aber, wie sich bereits aus dem zu den Kirchengesetzen Ausgeführten ergibt, etwas anders als im staatlichen Recht und unterscheidet sich auch von Kirche zu Kirche. Eine Vorschrift wie Art. 80 GG, wonach eine Ermächtigung zur Verordnungsgebung nur durch Gesetz erteilt werden kann, das zudem Inhalt, Zweck und Ausmaß der Ermächtigung regelt, existiert im kirchlichen Recht nicht überall. Vielmehr kennt das Kirchenrecht vielfach neben gesetzesausfüllenden Verordnungen auch die allgemeine Befugnis kirchenleitender Organe zur Verordnungsgebung, für die es keiner besonderen gesetzlichen Ermächtigung bedarf. Eines förmlichen Kirchengesetzes bedarf es in diesen Kirchen nur in den enumerativ aufgezählten Regelungsbereichen. Freilich besteht auch im evangelischen Kirchenrecht eine Tendenz zu umfassender Gesetzgebung, die solche originären Befugnisse zur untergesetzlichen Rechtsetzung einschränkt. In vielen Kirchengesetzen sind dann wiederum Ermächtigungen der kirchenleitenden Organe zu konkretisierender Verordnungsgebung enthalten. Solche Gesetze enthalten dann einerseits eine Ermächtigung zu konkretisierender Normsetzung, bedeuten aber andererseits auch eine sachliche Begrenzung einer allgemeinen Verordnungskompetenz, indem sie vorrangiges Recht setzen und dem Verordnungsgeber lediglich die nähere Ausfüllung des Gesetzes gestatten.

Neben der Ermächtigung kirchenleitender Organe zur Verordnungsgebung kennt auch das evangelische Kirchenrecht, wie das staatliche Recht, die durch Verfassung oder Kirchengesetz eingeräumte Befugnis von selbständigen Rechtsträgern, in dem ihnen übertragenen Bereich der Selbstverwaltung ihre Angelegenheiten durch Satzung zu regeln. So haben beispielsweise die Kirchengemeinden ein Satzungsrecht.

Auch das Gewohnheitsrecht ist im Kirchenrecht als Rechtsquelle anerkannt. Die Voraussetzungen für die Entstehung des Gewohnheitsrechtes – eine lang andauernde praktische Übung in der Überzeugung, sie sei rechtlich geboten – sind die gleichen wie im staatlichen Recht. Wie dort verliert das Gewohnheitsrecht in dem Maße an Bedeutung, in dem die kirchlichen Normgeber für eine umfassende Reglementierung des kirchlichen Lebens sorgen. Gleichwohl hat es noch eine gewisse Bedeutung im Bereich traditioneller Rechtsinstitute des Kirchenrechts wie z. B. dem kirchlichen Patronatsrecht.

---

[30] S. dazu *A. v. Campenhausen/H. de Wall*, Staatskirchenrecht, 2006, § 18.
[31] Damit soll freilich keine Aussage über den Theorienstreit über die Natur und Funktion der Zustimmungsgesetze zu völkerrechtlichen Verträgen getroffen werden.

Unter Patronaten sind auf besonderen Titeln beruhende Rechte und Pflichten von Personen gegenüber einer Kirchengemeinde zu verstehen. Pflichten können dabei in Baulasten, d.h. der Verpflichtung zum baulichen Unterhalt eines Kirchengebäudes, bestehen, Rechte etwa in Form der Mitwirkung bei der Besetzung der der Kirche zugeordneten Pfarrstelle.[32]

VI. Die Lebensordnungen

17 Eine Besonderheit des evangelischen Kirchenrechts stellen die „Lebensordnungen" dar, zu denen etwa die Leitlinien kirchlichen Lebens der VELKD (LKL VELKD) und die Ordnung kirchlichen Lebens der EKU (OKL EKU) gehören, die in den meisten der Mitgliedskirchen dieser Zusammenschlüsse rezipiert worden sind. Sie enthalten Regelungen zum gottesdienstlichen Leben, zu den kirchlichen Amtshandlungen wie Taufe, Konfirmation, Trauung und Bestattung und allgemein zum Verhalten und zur Mitarbeit der Kirchenmitglieder, der Pfarrer und der sonstigen Mitarbeiter in der Kirchengemeinde etc. Die Lebensordnungen werden zwar z.T. ausdrücklich durch Kirchengesetze in Kraft gesetzt. Sie enthalten selbst aber vorwiegend theologische und praktische Orientierungen ohne rechtlichen Regelungscharakter. Daneben stehen freilich auch – besonders kenntlich gemachte – rechtlich verbindliche Festlegungen. Indes sind die Rechtswirkungen solcher Festlegungen in den Lebensordnungen und ihre Durchsetzbarkeit häufig eingeschränkt. Vielfach handelt es sich um Orientierungen für bestimmte Situationen, die schon in den Formulierungen Anwendungsspielraum für den Einzelfall lassen. In solchen Fällen trifft der einzelne Seelsorger eine selbstverantwortete Entscheidung, die durch Andere an rechtlichen Kriterien nur eingeschränkt überprüfbar ist. Immerhin enthalten aber die Lebensordnungen für bestimmte solcher Fälle – etwa wenn ein Pfarrer eine Taufe, Konfirmation oder Trauung verweigert – Beschwerdemöglichkeiten. Darauf wird im Zusammenhang mit diesen Amtshandlungen zurückzukommen sein. Im übrigen sind in den Lebensordnungen kaum Sanktionen für Verletzungen der dort enthaltenen rechtlichen Regeln enthalten. Soweit die Lebensordnungen, wie dies beispielsweise für das Mitgliedschaftsrecht der Fall ist, auf Regelungen in anderen kirchlichen Rechtsnormen verweisen oder diese wiederholen, gelten diese Normen mitsamt ihren Durchsetzungsmöglichkeiten. Darüber hinaus ist es denkbar, dass ein Pfarrer oder ein anderer kirchlicher Mitarbeiter, der nachhaltig den Anordnungen der Lebensordnung zuwiderhandelt, disziplinarrechtlich oder arbeitsrechtlich belangt wird.

VII. Die Veröffentlichung des Kirchenrechts

18 Wie wird nun der Zugang zu den Rechtsquellen der zahlreichen partikularen Rechtsordnungen des evangelischen Kirchenrechts eröffnet? Hier gilt, in Parallele zum staatlichen Recht, dass Rechtsnormen erst dann wirksam werden, wenn sie ordnungsgemäß promulgiert, d.h. verkündet werden. Als Publikationsorgane existieren dazu kirchliche Gesetz- und Verordnungsblätter bzw. Amtsblätter. Dem Rechtsanwender ist damit der Zugang und die Kenntnisnahme des kirchlichen Rechts eröffnet. Die Kirchengesetze der Gliedkirchen und der gliedkirchlichen Zusammenschlüsse werden nicht nur in deren jeweiligen eigenen Gesetzesblättern, sondern auch im Amtsblatt der EKD veröffentlicht. Das Amtsblatt der EKD (ABlEKD) ermöglicht damit die Übersicht über die wichtigsten kirchlichen Rechtsnormen. Die Amts- bzw. Gesetzes- und Verordnungsblätter sind bei den kirchli-

---

[32] Zu den Patronaten s. *H. Böttcher*, Patronat, LKStKR, Bd.3, S. 178 f.

chen Behörden, im übrigen auch in öffentlichen Bibliotheken zugänglich. Daneben werden für die meisten Kirchen Rechtssammlungen in Loseblattform geführt, die dem „Schönfelder" oder „Sartorius" vergleichbar sind. Sie werden teils durch die Kirchen selbst, teils durch den Verlagsbuchhandel veröffentlicht. Dabei handelt es sich aber nicht um offizielle Publikationsorgane, sondern um gleichsam inoffizielle Sammlungen, die freilich zuverlässig sind. Auch die Kirchen nutzen die Möglichkeiten der modernen Kommunikationsmittel. Daher sind viele Rechtstexte, auch kirchliche Gesetze, auf den web-Seiten der Kirchen über das Internet zugänglich.[33]

VIII. Die Methoden des Kirchenrechts

1. Subsumtion und Auslegung im Kirchenrecht

Damit ist auch die Frage nach den Methoden des Kirchenrechts und seiner Anwendung aufgeworfen. In der Wissenschaft des römisch-katholischen Kirchenrechts ist eine intensive Diskussion darüber geführt worden, ob das Kirchenrecht eine theologische oder eine juristische Disziplin mit theologischen oder juristischen Methoden sei. Für das evangelische Kirchenrecht ist diese Frage so nicht aufgeworfen worden. Hier ist unbestritten, dass das Kirchenrecht und seine Wissenschaft juristische Disziplinen sind, die mit juristischen Methoden arbeiten – was nicht ausschließt, dass dabei für das Kirchenrecht Besonderheiten zu berücksichtigen sind.

Zu dieser relativen Sicherheit über die Zuordnung des evangelischen Kirchenrechts zu den Disziplinen und über seine Methoden mag auch beitragen, dass das evangelische Kirchenrecht ganz überwiegend nicht von Theologen angewandt, gelehrt und wissenschaftlich bearbeitet wird, sondern von Juristen, die den üblichen Ausbildung im staatlichen Recht absolviert haben. Der akademische Standort des evangelischen Kirchenrechts in Deutschland ist die juristische Fakultät, nicht, wie (überwiegend) im römisch-katholischen Bereich, die theologische. Überdies werden kirchenleitende Funktionen bei den evangelischen Kirchen vielfach ebenfalls von „gelernten" Juristen des staatlichen Rechts, nicht wie in der katholischen Kirche von Geistlichen mit einer im Kern theologischen Ausbildung ausgeübt. Diese Eigenarten, die historisch mit der Verbundenheit der evangelischen Kirchen mit dem Staat unter dem landesherrlichen Kirchenregiment und theologisch mit der evangelischen Rechts-, Kirchen- und Ämterlehre erklärbar sind, haben ihre spezifischen Vor- und Nachteile, die hier nicht diskutiert werden sollen.

Die Aufgabe und die Methoden der Rechtsanwendung in der kirchenrechtlichen Praxis sind die gleichen wie bei der Anwendung des staatlichen Rechts. Hier wie dort geht es darum, Rechtsnormen auf Lebenssachverhalte anzuwenden, indem der Lebenssachverhalt unter die Tatbestandsmerkmale einer Rechtsnorm subsumiert wird und dadurch festgestellt werden kann, ob die in einem Rechtssatz angeordnete Rechtsfolge zu ziehen ist oder nicht. Hier wie dort müssen ferner Unklarheiten, die dabei auf Seiten der Rechtsnorm auftreten, durch Auslegung derselben beseitigt werden. Subsumtion unter und Auslegung von Rechtsnormen sind im kirchlichen wie im staatlichen Recht der Kern der Rechtsanwendung.

Bei der Auslegung von Rechtsnormen gelten ebenfalls grundsätzlich ähnliche Regeln. Hier wie dort ist vom Wortlaut einer Rechtsnorm auszugehen. Der mögliche Wortsinn bildet die Grenze der Auslegung. Innerhalb des dadurch gesteckten Rahmens kann der Sinn einer Rechtsnorm durch Einbeziehung des systematischen Zusammenhanges, in dem sie steht, durch die Ermittlung ihres Sinnes und Zweckes, ihrer Genese und ihres weiteren historischen Zusammenhangs ermittelt werden. Insofern kann auf die allgemeine juristische Methodenlehre verwiesen werden.

---

[33] Als Ausgangspunkt kann dabei die Internet-homepage der EKD, www.EKD.de, dienen.

Auch im evangelischen Kirchenrecht unterliegt die überkommene Methodenlehre mit dem Subsumtions- und Auslegungsmodell Zweifeln, weil sie u. a. den Eigenanteil des Rechtsanwenders bei der Rechtsbildung wohl unterschätzt. Für die Ausbildung des Juristen ist es aber unerlässlich, Hilfeleistung dabei zu bieten, wie er zu nachvollziehbaren Entscheidungen gelangt. Dabei ist die Orientierung an der Auslegungslehre mit ihren Topoi, der grammatikalischen, systematischen, teleologischen und „historischen" Auslegung, wie sie hier angedeutet wurden, nach wie vor hilfreich. Wichtig ist freilich die Erkenntnis, dass diese „Methoden" in der Tat häufig nicht zu eindeutigen Ergebnissen führen, sondern dass auch andere Aspekte bei der Entscheidungsfindung eine Rolle spielen.

2. Die Bedeutung theologischer und historischer Aspekte

22   Bei der Auslegung des kirchlichen Rechts spielen theologische Aspekte eine besondere Rolle.[34] Dies ergibt sich zum einen aus den Gegenständen des Kirchenrechts: dazu gehören die Kirchen, deren Organisation, Amtsträger und Mitarbeiter, die Kirchenmitglieder, die Tätigkeiten der Kirchengemeinde und dabei auch Verkündigung und Gottesdienst. Die Regelungen des Kirchenrechts betreffen theologische Sachverhalte und Institutionen. Das Recht dient der Kirche und ihrem Auftrag und deshalb muss beides natürlich auch bei der Auslegung des Rechts besonders berücksichtigt werden.

Viele Begriffe des Kirchenrechts sind in erster Linie theologische Begriffe, bei deren Interpretation zunächst die theologische Bedeutung zugrunde zu legen ist. Was Gottesdienst und Abendmahl, Taufe und Konfirmation, Pfarrer und Bischof, Ordination und Amt bedeuten, ist sonst gar nicht zu ermitteln. Ferner ergibt sich die Bedeutung theologischer Aspekte aus der Rolle, die Bekenntnis und Evangelium nach dem oben Ausgeführten für das Kirchenrecht spielen. Kirchliche Rechtsnormen sind im Zweifel so auszulegen, dass sie Evangelium und evangelischem Bekenntnis möglichst weitgehend entsprechen bzw. nicht widersprechen. Die sinngemäße Anwendung des Kirchenrechts setzt daher auch häufig Kenntnisse der theologischen Grundlagen voraus. Insofern ist das evangelische Kirchenrecht auf eine Zusammenarbeit mit der Theologie angewiesen und muss der Jurist sich bemühen, sich die theologischen Grundlagen des Kirchenrechts anzueignen und sie zu verstehen. Umgekehrt bringt dies für die Theologie die Aufgabe mit sich, ihre Erkenntnisse, sofern sie für das Recht Bedeutung haben können, so zu vermitteln, dass deren Konsequenzen für den Juristen nachvollziehbar sind und damit bei der Anwendung des Kirchenrechts eine Rolle spielen können.

Ob man die erforderliche Berücksichtigung theologischer Aspekte bei der Auslegung und Anwendung des Kirchenrechts nun als eine besondere Auslegungsmethode versteht oder lediglich als Modifizierung der üblichen Auslegungsmethode, ist eine Frage des terminologischen Geschmacks.

Nicht nur bei der Rechtsanwendung, auch bei der kirchlichen Rechtssetzung, der Fortbildung und Änderung des Kirchenrechts spielen Juristen eine Rolle. Ihr Sachverstand ist etwa bei der Erstellung von Gesetzesvorlagen oder Verordnungen gefragt. Auch dabei sind selbstverständlich die Grunderkenntnisse von der Funktion des Rechts in der Kirche ebenso zu berücksichtigen wie der theologische Hintergrund einzelner Regelungsmaterien.

Besonders wichtig sind theologische Fragen für die Theorie des Kirchenrechts, also beispielsweise die Frage, welche Rolle das Recht in der Kirche spielen kann, ob

---

[34] Das gilt freilich in unterschiedlichem Maße: Bei manchen Einzelfragen des Rechtslebens in der Kirche spielen theologische Aspekte keine oder nur eine sehr geringe Rolle. Vielfach geht es um rein administrative Tätigkeiten wie z. B. Kassen- und Aktenführung, Personal- oder Liegenschaftsverwaltung etc.

Recht und Kirche in einem Widerspruch zueinander stehen und wie dieser aufzulösen ist, welche Rolle Bekenntnis und Evangelium für das Recht spielen – Fragen, wie sie in diesem Kapitel skizziert wurden. Es ist durchaus hilfreich, zwischen der Dogmatik des Kirchenrechts und seiner Anwendung einerseits und der Theorie des Kirchenrechts zu unterscheiden. Theologische Aspekte sind hier wie dort von Bedeutung, bei letzterer aber in besonderem Maße.[35]

Auch rechtshistorische Aspekte sind bei Auslegung und Verständnis des Kirchenrechts vielfach von erheblicher Bedeutung. Viele Begriffe und Institutionen des Kirchenrechts haben eine lange Tradition und sind ohne Kenntnisse ihrer historischen Wurzeln gar nicht zu verstehen. Das Institut der Patronate, das oben (Rn. 16) genannt wurde, mag ein Beispiel dafür sein. Die historischen Wurzeln des evangelischen Kirchenrechts reichen auch über das Zeitalter der Reformation heraus und knüpfen an die römisch-katholische Kanonistik an. Das kanonische Recht des Corpus Iuris Canonici ist – mit den aus der abweichenden evangelischen Lehre folgenden Modifikationen – über Jahrhunderte subsidiär anwendbares evangelisches Kirchenrecht gewesen. Bis heute gilt es – ironischerweise anders als im römisch-katholischen Kirchenrecht – für das evangelische Kirchenrecht gewohnheitsrechtlich subsidiär als Rechtsquelle fort, auch wenn dies bei der aktuellen Rechtsanwendung eine geringe Rolle spielt.

IX. Studienliteratur zum evangelischen Kirchenrecht

Während das Kirchenrecht in früheren Zeiten ein selbstverständlicher Bestandteil der Juristenausbildung gewesen ist, hat es diese Rolle in den vergangenen Jahrzehnten verloren. Im Zuge der zurückliegenden Juristenausbildungsreform hat es aber im Rahmen der erweiterten Schwerpunktausbildung in einer Reihe juristischer Fakultäten in Deutschland einen neuen Standort gefunden. Seine Vernachlässigung in den Ausbildungsordnungen der vergangenen Jahrzehnte hat aber dazu geführt, dass die Tradition der für die Juristenausbildung an den Universitäten konzipierten Studienliteratur unterbrochen war. Die dadurch entstandene Lücke soll auch durch dieses Buch geschlossen werden. Eine Auswahl darüber hinaus für den Studierenden weiterführender Literatur und Hilfsmittel ist im folgenden genannt:

I. **Gesamtdarstellungen (evangelisches und katholisches Kirchenrecht)**
A. Erler, Kirchenrecht. Ein Studienbuch[5], 1983.
O. Kühn/J. Weier, Kirchenrecht, 1986.
E. Wolf, Ordnung der Kirche. Lehr- und Handbuch des Kirchenrechts auf ökumenischer Basis, 1961.

II. **Evangelisches Kirchenrecht**
A. v. Campenhausen/G. Wießner, Kirchenrecht – Religionswissenschaft, 1994.
H. Claessen, Grundordnung der Evangelischen Kirche in Deutschland, 2007.
O. Friedrich, Einführung in das Kirchenrecht, 2. Auflage, 1978.
G. Grethlein/H. Böttcher/W. Hofmann/H.-P. Hübner, Evangelisches Kirchenrecht in Bayern, 1994.
H. Liermann, Deutsches Evangelisches Kirchenrecht, 1933 (zur älteren Rechtslage).
A. Schilberg, Evangelisches Kirchenrecht in Rheinland, Westfalen und Lippe, 2003.
A. Stein, Evangelisches Kirchenrecht. Ein Lehrbuch, 3. Auflage, 1992.

---

[35] Vgl. *R. Dreier*, Methodenprobleme der Kirchenrechtslehre, ZevKR 23 (1978), S. 343 (S. 344 f., 358 f.).

III. Lexika

Evangelisches Staatslexikon (EvStL), 4. Aufl. 2006.
Evangelisches Kirchenlexikon, 5 Bde., 3. Aufl., 1986–1996.
Lexikon für Kirchen- und Staatskirchenrecht (LKStKR), hrsg. von A. v. Campenhausen u. a., 3 Bde., 2000 ff.
Lexikon für Theologie u. Kirche (LThK), 10 Bde, 3. völlig neu bearbeiteten Auflage, 1993–2000.
Religion in Geschichte und Gegenwart (RGG), 4. Aufl., 8 Bde. 1998 ff.
Staatslexikon, Recht – Wirtschaft – Gesellschaft, hrsg. von der Görres-Gesellschaft, 7. Aufl., 5 Bde., 1985–89.
Theologische Realenzyklopädie (TRE), 36 Bde. + 2 Bde. Gesamtregister, 1977–2007.

IV. Zeitschriften

Kirche und Recht (KuR), seit 1995.
Österreichisches Archiv für Recht und Religion (ÖARR), seit 1950 (bis 1999: Österreichisches Archiv für Kirchenrecht – ÖAKR).
Schweizerisches Jahrbuch für Kirchenrecht/Annuaire suisse de droit ecclésial, seit 1996.
Zeitschrift für evangelisches Kirchenrecht (ZevKR), seit 1951.
Zeitschrift der Savigny-Stiftung für Rechtsgeschichte. Kanonistische Abteilung (ZRG Kann. Abt.), seit 1911.

V. Textsammlungen

D. Kraus, Evangelische Kirchenverfassungen in Deutschland, 2001.
M. Germann (Hrsg.), Staatskirchenrecht und Kirchenrecht, Textauswahl, bisher erschienen: Ausgabe für Tübingen 2007, Ausgaben für Halle, Köln, Erlangen, Bonn, Berlin/Potsdam, je 2008.[36]

§ 26. Das Mitgliedschaftsrecht der evangelischen Kirchen

Literatur: *W. Bock*, Fragen des kirchlichen Mitgliedschaftsrechts, ZevKR 42 (1997) S. 319 ff.; *A. v. Campenhausen/H. de Wall*, Staatskirchenrecht[4], 2006, S. 149–162; *A. von Campenhausen/C. Thiele*, Zum Kirchenmitgliedschaftsrecht bei zuziehenden Ausländern, Göttinger Gutachten II, 2002; *A. v. Campenhausen*, Die staatskirchenrechtliche Bedeutung der Kirchenmitgliedschaft, in: HdbStKirchR I[2], S. 755 ff.; *ders.*, Fragen der Kirchenmitgliedschaft, in: *ders.*, Gesammelte Schriften, Bd. 1, 1995, S. 89 ff.; *ders.*, Der Austritt aus den Kirchen und Religionsgemeinschaften, in: HdbStKirchR I[2], S. 777 ff.; *ders.*, Entwicklungstendenzen im kirchlichen Gliedschaftsrecht, ZevKR 41 (1996), S. 129 ff.; *H. Engelhardt*, Kirchenmitgliedschaft im kirchlichen und staatlichen Recht, ZevKR 41 (1996), S. 142 ff.; *H. Folkers*, Das Recht der Kirchenmitgliedschaft, 1982; *M. Germann*, Was heißt es juristisch „zur Kirche zu gehören"? in: VELKD (Hrsg.), Konsultation zu Fragen der Kirchenmitgliedschaft, 2004, S. 23–40; *G. Grethlein/H. Böttcher/W. Hofmann/H.-P. Hübner*, Bayerisches Kirchenrecht in Bayern, 1994, S. 175–188; *M. Haß*, Der Erwerb der Kirchenmitgliedschaft nach evangelischem und katholischem Kirchenrecht, 1997; *J. Hermelink*, Praktische Theologie der Kirchenmitgliedschaft, 2000; *C. Thiele*, Erste Änderung des Kirchenmitgliedschaftsgesetzes der EKD, ZevKR 47 (2002), S. 79–89; *R. Rausch*, Die mitgliedschaftliche Erfassung Zuziehender, ZevKR 36 (1991), S. 337 ff.; *C. A. Stumpf*, Kirchen(mit)gliedschaft (J), EvStL, Neuausgabe 2006, Sp. 1183 ff.; *H. de Wall*, Einheit im Bekenntnis und Territorialer Partikularismus – Staatskirchenrechtliche Aspekte der Einheit der Evangelischen Kirche, in: *H. Marré/D. Schümmelfeder/B. Kämper* (Hrsg.), Universalität und Partikularität der Kirche, Essener Gespräche zum Thema Staat und Kirche 37 (2003), S. 123–136; *J. Winter*, Probleme des Territorialitätsprinzips im Mitgliedschaftsrecht der Ev. Kirche, KuR 1999, S. 1 ff.; *ders.*, Die neuere Entwicklung des Rechts der Kirchenmitgliedschaft bei Umzug ins Ausland, ZevKR 47 (2002), S. 544–554.

---

[36] Individuelle Edition ist bestellbar; weitere Informationen unter http://www2.jura.uni-halle.de/germann/SKRT/SKRT-Vorstellung.htm.

I. Gliedschaft und Mitgliedschaft

„Der Begriff der Kirchenmitgliedschaft geht auf die neutestamentliche Bezeichnung der Christinnen und Christen als „Glieder am Leib Christi" zurück (1 Kor. 12, 27)", so formulieren die Leitlinien des kirchlichen Lebens der VELKD. Damit werden zwei unterschiedliche Begriffe aufeinander bezogen, der der Gliedschaft und der der Mitgliedschaft. Beide Begriffe meinen Unterschiedliches. Die „Kirchen*glied*schaft" bezeichnet die auf die Taufe gegründete Zugehörigkeit zur Kirche Jesu Christi im Sinne der einen wahren Kirche des dritten Glaubensartikels. Sie ist eine geistliche Beziehung und rechtlicher Regelung unzugänglich. Dagegen ist die *Mitglied*schaft die Zugehörigkeit zu einem konkreten, rechtlich organisierten Kirchenwesen, etwa einer Deutschen Evangelischen Landeskirche. Diese ist, wie die Mitgliedschaft zu anderen Vereinigungen, eine rechtlich geregelte Beziehung, ein Rechtsverhältnis. 1

Für das Kirchenrecht ist die Mitgliedschaft in der Kirche von grundlegender Bedeutung. Sie markiert grundsätzlich die personelle Reichweite des Kirchenrechts, das in erster Linie die Mitglieder der jeweiligen Kirche betrifft. Zwar können kirchenrechtliche Regeln auch für Nicht-Mitglieder Bedeutung erlangen – etwa wenn sie eine kirchliche Einrichtung nutzen oder wenn sie ein Beschäftigungsverhältnis bei einer Kirche eingehen. Von solchen im Einzelfall begründeten besonderen Rechtsbeziehungen abgesehen sind es aber die Mitglieder der Kirche, die durch kirchenrechtliche Regelungen berechtigt oder verpflichtet sein können.

II. Das kirchliche Mitgliedschaftsrecht als Gegenstand kirchenrechtlicher und staatskirchenrechtlicher Regelungen

Die Regelung der Voraussetzungen der Mitgliedschaft, ihren Erwerb und Verlust sowie der aus ihr folgenden Rechte und Pflichten sind – staatskirchenrechtlich gesehen – eigene Angelegenheiten der Kirchen und damit gem. Art. 137 Abs. 3 WRV i. V. m. Art. 140 GG Gegenstände ihres Selbstbestimmungsrechtes „in den Schranken des für alle geltenden Gesetzes". Sie können dabei etwa bestimmen, dass ein Austritt nicht möglich ist. Auch wenn dies nicht die Perspektive des evangelischen Kirchenrechts ist: Nach dem Glaubens- und Rechtsverständnis einer Kirche kann das Band der Mitgliedschaft unlösbar sein, was der Staat grundsätzlich zu akzeptieren hat. Allerdings hat die Mitgliedschaft in einer Kirche oder anderen Religionsgemeinschaft konkrete, auch für den allgemeinen Rechtsverkehr relevante Folgen für das Mitglied, etwa in Form der finanziellen Beitragspflicht o.ä. Der Staat muss im Interesse der negativen Religionsfreiheit dafür Sorge tragen, dass sich der Einzelne davon lösen kann. Dies ist Hintergrund der staatlichen Regelung des Kirchenaustrittsrechtes in der Bundesrepublik durch Ländergesetze, das bezeichnenderweise z. T. in den Kirchensteuergesetzen enthalten ist. Sie begrenzen insofern das kirchliche Mitgliedschaftsrecht als „für alle geltende Gesetze". Das Recht der Kirchenmitgliedschaft ist daher in Deutschland sowohl durch kirchliche als auch zum Teil, soweit es um den Austritt mit Wirkung für den staatlichen Rechtskreis geht, durch staatliche Gesetze geregelt. 2

Das Recht der Mitgliedschaft in den evangelischen Landeskirchen Deutschlands gehört zu den Materien, die im Kern für alle Landeskirchen einheitlich in einem Gesetz der EKD geregelt sind, nämlich dem Kirchengesetz der EKD über die Kirchenmitgliedschaft, das kirchliche Meldewesen und den Schutz der Daten der 3

Kirchenmitglieder vom 10. November 1976 (KMitglG EKD) mit Änderung vom 8. November 2001. Dieses Gesetz enthält freilich Vorbehalte zugunsten des Rechtes der Gliedkirchen. Dementsprechend existieren auch landeskirchliche Regelungen zum Mitgliedschaftsrecht, die die vom KMitglG EKD freigelassenen Lücken ausfüllen, und zwar sowohl in Form von Kirchengesetzen als auch durch Vereinbarungen zwischen Landeskirchen. Auch die Verfassungen der Landeskirchen enthalten Regelungen über die Mitgliedschaft (s. z. B. Art. 9 KVerf Bay).

III. Grundsätze: Taufe – Wohnsitz – Bekenntnis

4   Die grundsätzlichen Voraussetzungen der Mitgliedschaft in den evangelischen Landeskirchen regelt § 1 KMitglG EKD:

(1) Innerhalb der Evangelischen Kirche in Deutschland sind Kirchenmitglieder die getauften evangelischen Christen, die ihren Wohnsitz oder gewöhnlichen Aufenthalt im Bereich einer Gliedkirche der Evangelischen Kirche in Deutschland haben, es sei denn, dass sie einer anderen evangelischen Kirche oder Religionsgemeinschaft angehören.
(2) Die Kirchenmitgliedschaft besteht zur Kirchengemeinde und zur Gliedkirche des Wohnsitzes des Kirchenmitglieds. Das Recht der Gliedkirchen kann bestimmen, dass die Kirchenmitgliedschaft unter besonderen Voraussetzungen auch zu einer anderen Kirchengemeinde begründet wird.

Sie lassen sich in den drei im Gesetzestext enthaltenen Merkmalen zusammenfassen: „Taufe, Wohnsitz, Bekenntnis". Die Taufe ist die allen christlichen Kirchen gemeinsame Voraussetzung für die Zugehörigkeit zur Kirche. Sie ist neben dem Abendmahl das zweite der beiden Sakramente nach evangelischem Verständnis. Das durch die Taufe begründete Band kann nicht gelöst werden. Sie hat einen unzerstörbaren Charakter (Character indelebilis). Sie wird daher nicht wiederholt, auch nicht beim Übertritt in eine andere Kirche oder beim Eintritt eines in einer anderen Kirche Getauften in eine evangelische Kirche. Da die Taufe allen christlichen Kirchen gemeinsam ist, ist es nur folgerichtig, dass die in einer Kirche erfolgte Taufe in Deutschland mittlerweile grundsätzlich auch in anderen Kirchen anerkannt wird.[37] In der Taufe als Voraussetzung kirchlicher Mitgliedschaft begegnen sich Gliedschaft und Mitgliedschaft.

5   Als allen christlichen Kirchen gemeinsames Merkmal kann die Taufe allein – solange es bekenntnismäßig und territorial unterschiedene Kirchentümer gibt – die rechtliche Mitgliedschaft in einer solchen partikularen Kirche nicht begründen. Dazu treten daher Bekenntnis und Wohnsitz. Die Voraussetzung des Bekenntnisses ist in dem Merkmal *evangelische* Christen enthalten. Nur der Christ evangelischen Bekenntnisses ist Mitglied einer Kirche der EKD. Die Zugehörigkeit zu einer der territorial unterschiedenen Kirchen wird durch den Wohnsitz oder gewöhnlichen Aufenthalt im Bereich einer Gliedkirche der EKD definiert.

Abgrenzungsprobleme ergeben sich hier daraus, dass es Gebiete gibt, die in den Bereich mehrerer Landeskirchen fallen, die aber einen unterschiedlichen Bekenntnisstand haben. Im Nordwesten Deutschlands überschneiden sich nämlich die Gebiete der Lutherischen Landeskirche Hannovers und der Reformierten Kirche. Hier bestehen besondere Vereinbarungen über die Behandlung Zuziehender etc.

Als negatives Merkmal statuiert § 1 Abs. 1 KMitglG EKD, dass der Betreffende nicht einer anderen evangelischen Kirche oder Religionsgemeinschaft angehören darf. Dieses Merkmales bedarf es, weil die in der EKD zusammengeschlossenen

---

[37] S. die Vereinbarung der Kirchen vom 29. 4. 2007; http://www.ekd.de/presse/pm86_2007_wechselseitige_taufanerkennung.html (4. 2. 2008).

evangelischen Landeskirchen nicht die Angehörigen der zahlreichen evangelischen Freikirchen, z. B. der Baptisten oder der Methodisten, oder auch lutherischer Freikirchen, als Mitglieder in Anspruch nehmen können.

Das Mitgliedschaftsverhältnis besteht nach § 1 Abs. 2 sowohl zur (lokalen) Kirchengemeinde als auch zur Gliedkirche des Wohnsitzes, also der jeweiligen Landeskirche. Damit ist die theologisch-ekklesiologische Frage nach Verhältnis und Vorrang der Kirchengemeinden oder der Landeskirchen für das kirchliche Mitgliedschaftsrecht ohne Belang. Ob die Landeskirche (nur) auf der Grundlage der Kirchengemeinden aufgebaut ist, oder ob umgekehrt die Landeskirche die eigentliche organisatorische Grundeinheit ist, bleibt unentschieden.

IV. Erwerb der Mitgliedschaft

Die Grundvoraussetzungen der Kirchenmitgliedschaft werden in §§ 6 ff. **6** KMitglG EKD und den entsprechenden und ergänzenden landeskirchlichen Vorschriften im Hinblick auf Erwerb und Verlust der Kirchenmitgliedschaft näher konkretisiert.

Das Gesetz unterscheidet den Erwerb durch *Taufe*, wobei es implizit von der Kindertaufe als Regelfall ausgeht, und die *Aufnahme*, die *Wiederaufnahme* und den *Übertritt*. Eine Besonderheit und gesondert geregelt ist schließlich der Erwerb der Mitgliedschaft durch den Zuzug Evangelischer aus dem Ausland und die Fortsetzung der Mitgliedschaft im Falle des Wohnsitzwechsels (s. dazu näher Rn. 9 und 12).

1. Der Erwerb der Mitgliedschaft durch die Taufe

Die Kirchenmitgliedschaft wird nach § 6 Abs. 1 KMitglG EKD durch die Taufe **7** in einer Kirchengemeinde erworben, die einer Gliedkirche der EKD angehört. Die Voraussetzungen der Taufe sind im KMitglG EKD nicht näher geregelt. Sie sind z. T. geistlicher Natur und damit rechtlicher Regelung nur beschränkt zugänglich. Dazu enthalten z. T. die kirchlichen Lebensordnungen Aussagen, die darüber hinaus auch einige rechtliche Voraussetzungen der Taufe benennen (s. dazu u. § 33 Rn. 7). So wird festgestellt, dass die Taufe eines religionsunmündigen Kindes nicht gegen den Willen der Eltern oder eines Sorgeberechtigten erfolgt. Mit dem Begriff der Religionsmündigkeit, die mit 14 Jahren erreicht wird, wird ein Begriff aus dem staatlichen Gesetz über die religiöse Kindererziehung (RKEG) in Bezug genommen, das die grundrechtlichen Rechtssphären der Kinder, die Träger der Religionsfreiheit sind, und der Eltern, denen das Erziehungsrecht des Art. 6 Abs. 1 GG – auch in religiöser Hinsicht – zusteht, voneinander abgrenzt. Auch hier überschneiden sich staatliches Recht und kirchliches Recht, das der Regelung des RKEG Rechnung tragen muss. Damit wird die (negative) Religionsfreiheit der Kinder und das Erziehungsrecht der Eltern auch im Mitgliedschaftsrecht der Kirche selbst geschützt. Rechtliche Bedenken gegen die Kindertaufe sind daher obsolet.

2. Aufnahme, Wiederaufnahme und Übertritt

Eine Neuregelung hat die Änderung des KMitglG EKD von 2001 für die **8** Erwerbstatbestände von Aufnahme, Wiederaufnahme und Übertritt gebracht.[38] Diese werden für den Geltungsbereich des Gesetzes in § 7 Abs. 2 KMitglG EKD folgendermaßen definiert:

---

[38] Dazu s. *C. Thiele*, Änderung des Kirchenmitgliedschaftsgesetzes, ZevKR 47 (2002), S. 79 ff.

„Im Sinne dieses Gesetzes ist
- Aufnahme der Erwerb der Kirchenmitgliedschaft durch eine zuvor aus einer anderen christlichen Kirche oder Religionsgemeinschaft mit bürgerlicher Wirkung ausgetretene Person,
- Wiederaufnahme das Zurückerlangen der Rechte und Pflichten aus der Kirchenmitgliedschaft durch eine zuvor aus einer Gliedkirche der Evangelischen Kirche in Deutschland mit bürgerlicher Wirkung ausgetretene Person,
- Übertritt der Erwerb der Kirchenmitgliedschaft unter Aufgabe der Mitgliedschaft in einer anderen christlichen Kirche oder Religionsgemeinschaft ohne vorherigen Austritt mit bürgerlicher Wirkung, sofern nicht das staatliche Recht einen vorherigen Austritt erfordert."

Erläuterungsbedürftig ist dabei der Übertritt aus einer anderen Kirche ohne vorherigen Austritt aus dieser mit bürgerlicher Wirkung. Für Christen, die konvertieren möchten, ist es an sich unangemessen, bei einem Wechsel der Konfession mit dem Kirchenaustritt ein Zeichen der Distanzierung liefern zu müssen. Der Wechsel der Mitgliedschaft aus einem der unterschiedlich verfassten Kirchentümer zu einem anderen berührt ja die Zugehörigkeit zur umfassenden Gemeinschaft der Getauften nicht. Allerdings setzt die Möglichkeit des Übertritts voraus, dass sowohl die „abgebende" als auch die „aufnehmende" Kirche diese Art des Mitgliedschaftswechsels anerkennt. Dies ist leider im Verhältnis zwischen den evangelischen Kirchen und der römisch-katholischen Kirche nicht der Fall.[39]

Neu ins Gesetz aufgenommen wurde die gegenseitige Anerkennung der Wiedereintrittsstellen, die die Landeskirchen z. T. zur Vereinfachung des (Wieder-)eintritts geschaffen haben: Nach § 7 a der Neuregelung kann die Kirchenmitgliedschaft zur Wohnsitzgemeinde in jeder Stelle im Bereich der EKD erworben werden, die nach dem jeweiligen gliedkirchlichen Recht zu diesem Zweck besonders errichtet wurde. Wenn also etwa bei einer durch die bayerischen Landeskirche dafür besonders eingerichteten Stelle in München die Mitgliedschaft erworben werden kann, wird mit der dort vollzogenen Aufnahme eines in Hannover ansässigen Getauften unmittelbar die Mitgliedschaft in der entsprechenden Kirchengemeinde der Evangelisch-Lutherischen Landeskirche Hannovers begründet. Im übrigen wird bei der Aufnahme und Wiederaufnahme die Mitgliedschaft nicht durch einseitigen Akt des (Wieder)eintretenden begründet, sondern aufgrund einer Entscheidung des jeweiligen Kirchenvorstandes/Presbyteriums, die in einem gesonderten gottesdienstlichen Akt nach der Agende (Gottesdienstordnung) der jeweiligen Kirche vollzogen wird. Bei der Aufnahme von Getauften, die einem anderen christlichen Bekenntnis angehört haben, geht der Aufnahme eine Unterweisung im jeweiligen evangelischen Bekenntnis voraus, bei der Aufnahme Ungetaufter eine Unterweisung im christlichen Glauben nach dem jeweiligen Bekenntnis.

V. Der Umzug von Kirchenmitgliedern

9   Für das kirchliche Mitgliedschaftsrecht ist die mangelnde organisatorische Einheit der evangelischen Kirchen von besonderer Bedeutung. So könnte man annehmen, dass ein evangelischer Christ nur Mitglied seiner Landeskirche ist, so dass er bei einem Umzug in den Bereich einer anderen Landeskirche dieser beitreten muss.

Den Regelungen über den Wohnsitzwechsel und den Zuzug Evangelischer liegt demgegenüber aber der Grundsatz der Einheit der evangelischen Kirchen innerhalb der EKD zugrunde. Nach § 8 KMitglG EKD setzt sich bei einem Wohnsitzwechsel in den Bereich einer anderen Gliedkirche die Kirchenmitgliedschaft in der Glied-

---

[39] Vgl. *E. v. Castell*, Der „Kirchenübertritt" aus römisch-katholischer Sicht, in: *A. Basdekis/K. P. Voß* (Hrsg.), Kirchenwechsel – ein Tabuthema der Ökumene? 2004, S. 74 (80 f.).

kirche des neuen Wohnsitzes fort. Das Mitgliedschaftsgesetz geht davon aus, dass die Gliedkirchen Teil einer umfassenden evangelischen Kirche in Deutschland sind (s. § 2 KMitglG EKD), so dass die Kirchenmitgliedschaft nicht endet, wenn man aus einer territorialen (Teil)kirche fortzieht, sondern sich in einer anderen EKD-Kirche am neuen Wohnort fortsetzt. Die evangelischen Kirchen sind eben nicht von einander getrennte, sondern zusammengehörende Kirchen.

Aus der Sicht des staatlichen Rechtes ist es ungewöhnlich, dass bei einem Wohnsitzwechsel die Mitgliedschaft in einer Vereinigung von selbst endet, um in einer anderen Vereinigung von selbst fortgesetzt zu werden. Dass die evangelischen Kirchen zuziehende Bekenntniszugehörige am neuen Wohnsitz als Kirchenmitglieder in Anspruch nehmen können, ist staatskirchenrechtlich ein aus dem Status der Kirchen als Körperschaften des öffentlichen Rechtes fließendes Recht, das sog. „Parochialrecht".[40] Es ist Ausdruck eines evangelischen Territorialitätsprinzips einerseits – die Landeskirchen umfassen im Grundsatz alle evangelischen Christen eines Territoriums – und eben der Zusammengehörigkeit der evangelischen Kirchen andererseits. Ihre Freiheit zur eigenständigen Organisation wird dadurch bestärkt, dass für die evangelischen Kirchen trotz ihrer territorialen Zersplitterung die Möglichkeit besteht, im Mitgliedschaftsrecht von einer Einheit der evangelischen Kirche auszugehen. Es bedarf nicht etwa einer Aufnahme am neuen und eines Austritts am alten Wohnort.

Dabei lässt die evangelische Kirche allerdings in für sie typischer Weise Ausnahmen zu: Obwohl ja die Kirchen in dieser Regelung voraussetzen, dass die weiterbestehenden Bekenntnisunterschiede zwischen den lutherischen, reformierten und unierten Kirchen der EKD an sich nicht kirchentrennend sind – anderenfalls wäre der Fortbestand der Mitgliedschaft beim Umzug von einer lutherischen in das Gebiet einer unierten Kirche nicht zu erklären –, halten sie für ihre Mitglieder die Möglichkeit einer anderen Bewertung offen. Nach § 8 S. 2 KMitglG EKD tritt die Fortsetzung der Kirchenmitgliedschaft in der Gliedkirche am neuen Wohnsitz nämlich nicht ein, wenn sich das zuziehende Kirchenmitglied einer anderen evangelischen Kirche im Bereich der Gliedkirche seines neuen Wohnsitzes anschließt. Der lutherische Bayer, der in den Bereich der unierten badischen Landeskirche verzieht, kann sich der dortigen lutherischen Freikirche anschließen und damit der „Möbelwagenkonversion" entgehen, die doch eigentlich nach Ansicht der Kirche keine für die Mitgliedschaft in einer Gliedkirche relevante Konversion (= Bekenntniswechsel) ist. Das kirchliche Recht räumt hier die Möglichkeit des Auseinanderfallens individueller und kirchlicher Erkenntnis über Bedeutung und Reichweite der Bekenntnisunterschiede ein.[41] Zieht der Betreffende wieder in den Bereich einer anderen Gliedkirche der EKD, wird er gem. § 9 Abs. 1 lit. a) KMitglG EKD durch Erklärung gegenüber der nach kirchlichem Recht zuständigen Stelle Mitglied dieser Kirche. Nach § 9 Abs. 3 gilt dabei die Angabe gegenüber der staatlichen Meldebehörde als eine solche Erklärung. Die Rechtslage ist hier die Gleiche wie bei aus dem Ausland zuziehenden Evangelischen, dazu s. sogleich.

VI. Mitgliedschaft Evangelischer bei Zuzug aus dem Ausland

Durch § 9 KMitglG EKD wird die Einheit der evangelischen Kirchen über die EKD hinaus zu einer internationalen Einheit ausgeweitet. Zum einen wird nämlich in § 9 Abs. 2 KMitglG EKD die Möglichkeit eingeräumt, auch mit einer außerdeutschen, evangelischen Kirche eine Vereinbarung über die Kirchenmitgliedschaft abzuschließen mit der Folge, dass zuziehende Mitglieder dieser Kirche die Kirchenmitgliedschaft

---

[40] *A. v. Campenhausen*, in: *v. Mangoldt/Klein/Starck*, GG III, 5. Aufl. 2005, Art. 137 WRV Rdnr. 61 f., 258.
[41] S. a. *A. v. Campenhausen*, Die staatskirchenrechtliche Bedeutung des kirchlichen Mitgliedschaftsrechts, HdbStKirchR I², S. 755 ff. (767).

nach den Bestimmungen dieser Vereinbarung erwerben.[42] Staatskirchenrechtlich sind solche Vereinbarungen nicht zu beanstanden, auch wenn es in solchen Fällen an einer konkreten Willensbekundung des neuen Mitglieds über seine Zugehörigkeit zur jeweiligen deutschen Landeskirche fehlt. Als Mitglied einer Religionsgemeinschaft – also auch der „abgebenden" – unterliegt der Betreffende aus der Sicht des deutschen Staatskirchenrechts deren Rechtsgewalt. Es gehört zu den Gegenständen des Selbstbestimmungsrechts, auch für die Mitglieder wirksame Regelungen über die Fortsetzung der Mitgliedschaft in einer bekenntnisverwandten Kirche im Ausland zu treffen.[43] Freilich muss die Möglichkeit des Austritts bestehen[44], was ja in Deutschland ohne weiteres nach den staatlichen Regelungen zum Kirchenaustritt der Fall ist.

12 Sofern solche Mitgliedschaftsvereinbarungen nicht bestehen, erwerben zuziehende Evangelische die kirchliche Mitgliedschaft durch bloße Erklärung gegenüber der nach kirchlichem Recht zuständigen Stelle, wenn sie bisher Mitglieder einer evangelischen Kirche oder Religionsgemeinschaft im Ausland waren (§ 9 Abs. 1 lit. b) KMitglG EKD). Es bedarf keiner gesonderten Aufnahme. Auch hier wird deutlich, dass sich die Kirchen in Deutschland als Teil einer Einheit evangelischer Kirchen in Europa und der Welt sehen. Auch das Kirchenmitglied ist Teil dieser Einheit, in welcher Landes- oder sonstigen Partikularkirche es sich auch befindet.

Auch diese Regelung ist an sich staatskirchenrechtlich nicht zu beanstanden.[45] Zwar besteht in diesen Fällen keine ausdrückliche Vereinbarung mit der „abgebenden" Kirche. Aber wegen der erforderlichen Erklärung gegenüber der nach kirchlichem Recht zuständigen Stelle ist hier ausgeschlossen, dass jemand ohne seinen Willen als Kirchenmitglied in Anspruch genommen wird. Die Problematik des EKD-Mitgliedschaftsgesetzes liegt darin, dass nach dem bereits erwähnten § 9 Abs. 3 KMitglG EKD Erklärungen gegenüber der staatlichen Meldebehörde als solche mitgliedschaftsbegründenden Erklärungen gelten. Daher tritt immer wieder der Fall ein, dass zuziehende Ausländer, die bei der staatlichen Meldebehörde ihre Religionszugehörigkeit angegeben haben, überrascht sind, zur Kirchensteuer als Folge der Mitgliedschaft herangezogen zu werden. Die Frage, ob und wie weit diese Regelung verfassungskonform ist, oder ob hier nicht Bürger ohne ihren Willen als Mitglieder der evangelischen Kirchen herangezogen werden, ist kontrovers diskutiert worden.[46] Zwar ist es auch in einem Rechtssystem, das die individuelle Religionsfreiheit besonders pflegt, vertretbar, wenn eine Kirche in ihrem Mitgliedschaftsrecht von der Fortsetzung der Mitgliedschaft bei entsprechender Konfessionsangabe bei der staatlichen Meldebehörde ausgeht. Allerdings scheint mir Voraussetzung dafür zu sein, dass der Erklärende über die Folgen seiner Erklärung aufgeklärt wird.[47] Praxis und Rechtsprechung sind hier zugunsten der Kirchen großzügiger.[48]

---

[42] Solche Vereinbarungen sind geschlossen worden mit den lutherischen Kirchen Finnlands und Italiens und mit den evangelischen Kirchen Frankreichs; s. dazu *M. Haß*, Der Erwerb der Kirchenmitgliedschaft nach evangelischem und katholischem Kirchenrecht, 1997, S. 171 f.

[43] S. dazu OVG Lüneburg, KirchE 26, 101 (105); *Haß*, Kirchenmitgliedschaft (Anm. 42), S. 172.

[44] Zu diesem Erfordernis s. BVerwG, ZevKR 36 (1991), 403 (407) = KirchE 29, 90 (93) unter Berufung auf BVerfGE 30, 415 (423 ff.) = KirchE 12, 101 (107 ff.).

[45] S. a. trotz seiner Kritik am Mitgliedschaftsrecht (dazu sogleich) *H. Engelhardt*, Kirchenmitgliedschaft im kirchlichen und staatlichen Recht, ZevKR 41 (1996), S. 142 ff (155 f.).

[46] Kritisch *Engelhardt*, Kirchenmitgliedschaft (Anm. 45), S. 156 f.; *K. Obermayer*, Der automatische Erwerb der Kirchenmitgliedschaft nach evangelischem Kirchenrecht, NVwZ 1985, S. 77; *Haß*, Kirchenmitgliedschaft (Anm. 42), S. 173 ff. mit ausführlicher Darlegung des Streitstandes. Dagegen halten die Regelung für unbedenklich BVerwG ZevKR 36 (1991), S. 403; BFH ZevKR 40 (1995), S. 354 mit zust. Anm. von *C. Meyer; A. v. Campenhausen*, Staatskirchenrechtliche Bedeutung (Anm. 41), S. 774 f.; *R. Rausch*, Die mitgliedschaftliche Erfassung Zuziehender, ZevKR 36 (1991), S. 337 ff.

[47] So auch OVG Lüneburg, KirchE 26, 101 (106); *J. Winter*, Probleme des Territorialitätsprinzips im Mitgliedschaftsrecht der Ev. Kirche, KuR 1999, S. 1 ff. (4 f.) = 550 S. 28 f.; früher *A. v. Campenhausen*, Die Kirchenmitgliedschaft nach dem Recht der evangelischen Kirche, HdbStKirchR I¹, S. 637 ff (656).

[48] S. ausdrücklich BVerwG ZevKR 36 (1991), 403 (407) = KirchE 29, 90 (93); BFH ZevKR 40 (1995), 354 (357) = KirchE 33, 5 (8), wobei in beiden Fällen auch darauf abgestellt wird, dass die Betroffenen in ihren Heimatstaaten ebenfalls einer Kirchensteuerpflicht unterlagen und daher mit einer entsprechenden Besteuerung auch bei einem Zuzug nach Deutschland rechnen mussten.

Die Frage bleibt, welches „Bekenntnis" bzw. welche Kirche von dieser Gemein- 13
schaft der evangelischen Kirchen umfasst wird. Wer gehört also i. S. d. § 9 Abs. 1
lit. b) KMitglG EKD einer „evangelischen Kirche oder Religionsgemeinschaft" an?
Aus staatlicher Sicht ist es Sache der Kirchen zu bestimmen, mit welcher Kirche
bzw. Religionsgemeinschaft im Ausland eine entsprechende Kirchengemeinschaft
besteht. Dies unterliegt daher ihrem Selbstbestimmungsrecht. Davon haben die
evangelischen Kirchen auch Gebrauch gemacht. Besonders hervorzuheben ist hier
die Konkordie Reformatorischer Kirchen in Europa vom 16. März 1973, die Leuenberger Konkordie. Sie hat zwar keine unmittelbare mitgliedschaftsrechtliche Wirkung[49]: Aus der Zugehörigkeit eines Zuziehenden zu einer Kirche der Leuenberger Kirchengemeinschaft folgt nicht gleichsam automatisch seine Mitgliedschaft in der Gliedkirche der EKD an seinem neuen Wohnort.[50] Allerdings ist angesichts der hier erklärten Kirchengemeinschaft davon auszugehen, dass die an der Konkordie teilnehmenden Kirchen „evangelische Kirchen" i. S. v. § 9 Abs. 1 lit. b) KMitglG EKD sind[51], so dass der Zuziehende „durch Erklärung gegenüber der nach kirchlichem Recht zuständigen Stelle" die Mitgliedschaft erwirbt. Auch der aus dem Ausland Zuziehende kann sich freilich einer anderen evangelischen Kirche an seinem neuen Wohnsitz anschließen und erwirbt, wenn er dies innerhalb eines Jahres der nach kirchlichem Recht zuständigen Stelle anzeigt, dann nicht die Mitgliedschaft in der evangelischen Landeskirche, § 9 Abs. 4 i. V. m. § 8 S. 2 KMitglG EKD.

VII. Das Ende der Mitgliedschaft

Nach § 10 KMitglG EKD endet die Kirchenmitgliedschaft mit dem Fortzug aus 14
dem Bereich der EKD, durch Übertritt zu einer anderen Kirche oder Religionsgemeinschaft und mit dem Wirksamwerden der nach staatlichem Recht zulässigen
Austrittserklärung. Zu erinnern ist aber an den Unterschied zwischen Gliedschaft
und Mitgliedschaft. Das kirchliche Mitgliedschaftsrecht bezieht sich allein auf
letzteres. Das durch die Taufe begründete geistliche Band kann kirchenrechtlich
nicht gelöst werden.

Der Fortzug führt dann nicht zur Beendigung der Mitgliedschaft, sondern
lediglich zur vorübergehenden Entbindung von den Mitgliedschaftspflichten (also
u. a. der Kirchensteuerpflicht), wenn der Wohnsitz im Inland nur vorübergehend
aufgegeben wird (§ 11 Abs. 1 KMitglG EKD). Wer beispielsweise für zwei Jahre für
seinen Arbeitgeber eine Tätigkeit im Ausland übernimmt und mit seiner Familie
seinen Wohnsitz dorthin verlegt, muss nach der Rückkehr nicht wieder eintreten,
sondern bleibt Kirchenmitglied. Kehrt er in das Gebiet einer anderen Landeskirche
zurück als der, aus der er ins Ausland verzogen ist, setzt sich seine Mitgliedschaft in
der Kirche des neuen Wohnsitzes fort (§ 11 Abs. 2 KMitglG EKD). Dass diese
Regelung erhebliche Probleme bereiten kann, wenn und weil nicht immer absehbar
ist, ob ein Auslandsaufenthalt vorübergehend ist oder nicht, sei hier nur erwähnt.

Dass die Kirchenmitgliedschaft auch mit dem Wirksamwerden der nach staatlichem Recht zulässigen Austrittserklärung endet, zeigt die Verknüpfung des kirchlichen Mitgliedschaftsrechts mit dem staatlichen Kirchenaustrittsrecht besonders

---

[49] S. auch *Engelhardt*, Kirchenmitgliedschaft (Anm. 45), S. 155; *Haß,* Kirchenmitgliedschaft (Anm. 42), S. 190 ff.
[50] Anders wohl *Rausch*, mitgliedschaftliche Erfassung (Anm. 46), S. 378 f.
[51] *A. von Campenhausen/C. Thiele*, Zum Kirchenmitgliedschaftsrecht bei zuziehenden Ausländern, Göttinger Gutachten II, 2002, S. 32. Auf die Leuenberger Konkordie hat auch das BVerwG, ZevKR 36 (1991), S. 403 (407) = KirchE 29, 90 (93) verwiesen.

deutlich. Das kirchliche Recht ordnet hier unzweideutig an, dass der Kirchenaustritt nach staatlichem Recht auch kirchenrechtlich zur Beendigung der Mitgliedschaft führt. Demzufolge hat der (in der Vergangenheit) häufige Versuch, gegenüber der für den Kirchenaustritt zuständigen staatlichen Stelle (je nach Bundesland Standesamt oder Amtsgericht) zu erklären, man wolle aus der Kirche nur als Steuerverband austreten, nicht jedoch aus der Kirche als geistlicher Gemeinschaft, weder nach kirchlichem noch nach staatlichem Recht Erfolg. Vielmehr ist in diesem Fall die Austrittserklärung gegenüber der staatlichen Stelle unwirksam. Nach staatlichem Recht darf die Austrittserklärung nämlich keine Vorbehalte, Bedingungen oder Zusätze enthalten. Das hat den Sinn, Unklarheiten und Zweifel über den Inhalt und die Reichweite der Austrittserklärung zu vermeiden und das kirchliche Mitgliedschaftsrecht zu schützen, das selbst zu bestimmen hat, wie diejenigen zu behandeln sind, die gegenüber dem Staat den Austritt aus der Kirche erklärt haben. Da das kirchliche Recht jedoch insofern auf das staatliche Recht verweist, bleibt der Betreffende auch nach kirchlichem Recht Kirchenmitglied.

VIII. Sonderfälle

15   Grundsätzlich besteht die Mitgliedschaft zur Landeskirche und zur Kirchengemeinde des Wohnsitzes. Hier gilt das Territorialitätsprinzip. Allerdings kann es legitime Gründe geben, weshalb ein Kirchenmitglied einer anderen Kirchengemeinde angehören möchte – etwa wenn ein in der einen Gemeinde aufgewachsenes und mit seiner Familie im Gemeindeleben integriertes Kirchenmitglied in einer größeren Stadt in eine neue Wohnung zieht, die der alten zwar nahe ist, aber in einer anderen Kirchengemeinde liegt. Das landeskirchliche Recht sieht daher die Möglichkeit der *„Umpfarrung"* (besser „Umgemeindung") vor. Das gleiche Problem kann sich aber auch im Grenzgebiet zweier Landeskirchen ergeben. Für diese Fälle bestehen zwischen einzelnen Gliedkirchen Vereinbarungen, die den Verbleib in der bisherigen Gemeinde und Landeskirche ermöglichen. Schließlich kann ein Mitglied einer deutschen Landeskirche, das ins benachbarte Ausland verzieht, in seiner Heimatkirche und -kirchengemeinde verbleiben wollen – beispielsweise weil er einer Kirchengemeinde im Rheinland angehört, aber wegen der günstigeren Immobilienpreise in den benachbarten belgischen Ort verzieht. Die Möglichkeit dazu eröffnet § 11 Abs. 4 KMitglG EKD, wenn die Lage des Wohnsitzes im Ausland eine regelmäßige Teilnahme am Leben einer inländischen Kirchengemeinde zulässt und ökumenische Belange nicht entgegenstehen. Letzteres dient dazu, Konflikte mit der ausländischen Kirche des Wohnsitzes zu vermeiden.

16   In den vergangenen Jahren ist immer wieder über eine *„Schnuppermitgliedschaft"* diskutiert worden[52]. Damit soll Menschen, die sich (noch) nicht zum Eintritt oder Wiedereintritt in die Kirche durchringen können, die Teilnahme am kirchlichen Leben mit einem fest umrissenen rechtlichen Status eingeräumt werden. Freilich ist die Möglichkeit der Teilnahme am Gemeindeleben ohnehin in vielen Fällen auch ohne Mitgliedschaft möglich, dies ist z.T. auch ausdrücklich geregelt (Art. 6 b III KMitglG Bay). Seelsorge und diakonische Dienste werden durch die Kirche schon nach ihrem Selbstverständnis auch Nichtmitgliedern geleistet. Andererseits lässt die Einräumung verschiedener Status und Stufen der Mitgliedschaft die fest umrissenen Konturen des kirchlichen Mitgliedschaftsrechtes verschwimmen, die auch staatskirchenrechtlich von Bedeutung sind. Daher bedarf es für einen solchen Schritt

---

[52] Dazu *J. Neie*, Gestufte Mitgliedschaft in der Evangelischen Kirche, KuR 2008, S. 238 ff.

besonderer Sorgfalt bei der Formulierung der Voraussetzungen und Wirkungen, sofern ein solcher „minderer" Mitgliedschaftsstatus kirchenpolitisch für hilfreich und wünschenswert erachtet wird.

IX. Rechte und Pflichten der Kirchenmitglieder

In §§ 3–5 KMitglG EKD werden die Rechte und Pflichten der Kirchenmitglieder nur recht allgemein umschrieben. Die genauen Regelungen enthält dann (zumeist) das gliedkirchliche Recht. Hier gibt es in einigen Kirchenverfassungen zusammenfassende Artikel zu den Rechten und Pflichten der Mitglieder (z. B. Art. 10 KVerf Bay). Die Umsetzung und Konkretisierung im einzelnen erfolgt aber durch die landeskirchlichen Regelungen zu den einzelnen Rechtsmaterien, vereinzelt auch durch das Recht der EKD oder der gliedkirchlichen Zusammenschlüsse (VELKD und EKU/UEK). Wo es staatskirchenrechtlich geboten ist, enthält auch das staatliche Recht Regelungen. So wird die Pflicht zur Leistung gesetzlich geordneter kirchlicher Abgaben (§ 4 Abs. 2 KMitglG EKD) durch die Kirchensteuergesetze der Bundesländer und die Kirchensteuererhebungsgesetze, Kirchensteuerordnungen etc. der Landeskirchen umgesetzt und konkretisiert. Die Frage der Grundrechte im Kirchenrecht ist bereits oben (§ 25 Rn. 6 f.) behandelt worden. 17

Zu den Rechten, die § 3 KMitglG EKD nennt, gehören der Dienst der Verkündigung (d. h. v. a. die Teilnahme am Gottesdienst), der Seelsorge und der Diakonie, den die Kirchen allen Mitgliedern anbieten. Besonders herausgehoben wird die Zulassung zum Sakrament des Abendmahls nach Maßgabe der Ordnungen der Gliedkirchen (§ 3 Abs. 1). Dazu tritt die Teilnahme an der Gestaltung des kirchlichen Lebens und die Mitwirkung bei der Besetzung kirchlicher Ämter und Bildung kirchlicher Organe (§ 3 Abs. 2 KMitglG EKD).

Die in § 3 Abs. 2 KMitglG EKD genannten „Rechte", die hier schon nicht in Form subjektiver Berechtigungen, sondern beschreibend formuliert werden, sind auch die als erstes in § 4 Abs. 1 KMitglG EKD genannten „Pflichten" der Kirchenmitglieder. Die Teilnahme am kirchlichen Leben und die Übernahme kirchlicher Ämter und Dienste werden aber nicht als strenge Rechtspflichten, sondern als „Soll"-Vorschriften und daher eher mit appellativem Charakter formuliert. Das gilt auch für die Bereitschaft zu Spenden. 18

Im Sinne eigentlicher Rechtspflichten wird dann die Leistung gesetzlich angeordneter kirchlicher Abgaben zur Förderung des Dienstes der Kirchen (§ 4 Abs. 2 KMitglG EKD) angeordnet. In Ergänzung dessen bestimmt § 5 KMitglG EKD, dass die Kirchenmitglieder verpflichtet sind, die Daten und Angaben mitzuteilen, die für die Wahrnehmung des Auftrages der Kirche in Verkündigung, Seelsorge und Diakonie erforderlich sind. Außerdem werden sie verpflichtet, bei den staatlichen oder kommunalen Meldebehörden ihre Bekenntniszugehörigkeit anzugeben. Diese Angaben sind ja zum einen für die Durchführung des KMitglG selbst erforderlich, da etwa die Vorschriften über die Fortsetzung der Kirchenmitgliedschaft beim Wohnsitzwechsel oder der Erwerb durch Zuziehende Evangelische von der Angabe bei der Meldebehörde abhängig sind. Zum anderen ist für die Durchführung der Kirchensteuer die Angabe der Konfessionszugehörigkeit bei der Meldebehörde erforderlich. Das Recht der Kirchensteuer gehört im übrigen zu den Materien des Staatskirchenrechts.

Dass als konkrete Rechtspflichten in § 4 Abs. 2 und in § 5 KMitglG EKD nur die Meldung von Daten und die Entrichtung von Beiträgen geregelt sind, dagegen die Teilhabe am Auftrag der Kirche durch Beteiligung am kirchlichen Leben nur als Soll-Vorschrift, darf allerdings nicht zu dem Missverständnis verleiten, als wäre letzteres weniger bedeutsam. Ganz im Gegenteil ist die Kirche auf das persönliche Glaubenszeugnis ihrer Mitglieder auch und gerade in Form der Teilnahme am kirchlichen Leben angewiesen. Dadurch wird sie zur „lebendigen" Kirche, ohne dass dabei der Beitrag der Amtsträger gering geschätzt würde. Nur als freiwillige Leistungen sind solche Dienste aber überzeugend. Das kirchliche Recht formuliert daher zu recht die Teilnahme am kirchlichen Leben und die Übernahme eines Amtes nur als „Soll"-Verpflichtungen.

Das kirchliche Mitgliedschaftsrecht wurde hier verhältnismäßig ausführlich behandelt, weil es mehreres besonders deutlich macht: Erstens die Abhängigkeit kirchlicher Regelungen von theologischen Voraussetzungen, wie sie etwa in der Taufe als Voraussetzung der Mitgliedschaft deutlich wird. Zugleich wird aber – zweitens – auch deutlich, dass rechtliche und geistliche Sachverhalte, auch wenn sie sich auf den ersten Blick ähneln, bisweilen deutlich auseinandergehalten werden müssen, wie die Unterscheidung von Gliedschaft und Mitgliedschaft zeigt. Überdies ist – drittens – das Mitgliedschaftsrecht ein Bereich, in dem Staatskirchenrecht und Kirchenrecht zusammenspielen. Beides sind keine isolierten Größen, sondern in den Teilbereichen, die für den allgemeinen Rechtsverkehr von besonderer Bedeutung sind, auch besonders aufeinander bezogen. Das Staatskirchenrecht enthält Begrenzungen für das kirchliche Recht bzw. Regelungen, die die autonome Rechtssetzung der Kirchen einhegen. Es ist aber auch angewiesen auf das kirchliche Mitgliedschaftsrecht: Nur wenn dieses die eindeutige Feststellung erlaubt, wer Mitglied einer Kirche ist und wer nicht, sind manche staatskirchenrechtlichen Regelungen und Institutionen funktionsfähig. Das gilt etwa für die Kirchensteuer, aber auch für die Frage, wer verpflichtet ist, am Religionsunterricht teilzunehmen.

2. Abschnitt. Die Gemeinde

A. Allgemeines

§ 27. Die Kirchengemeinde – Begriff und Bedeutung

Literatur: *H. Frost*, Strukturprobleme evangelischer Kirchenverfassung, 1972, S. 32–155; *G. Grethlein/H. Böttcher/W. Hofmann/H.-P. Hübner*, Evangelisches Kirchenrecht in Bayern, 1994, S. 413–477; *E. Hauschildt/U. Pohl-Patalong*, Gemeinde, EvStL, Neuausgabe 2006, Sp. 696 ff.; *G. Kehrer u. a.*, Gemeinde, RGG[4], Sp. 610–622; *H. G. Meyer*, Personale Seelsorgebereiche und Militärkirchengemeinden, ZevKR 26 (1981), S. 326 ff.; *H. Munsonius*, Das undeutliche Wort „Gemeinde", ZevKR 53 (2008), S. 61; *S. Rosenstock*, Die Selbstverwaltung evangelischer Kirchengemeinden, 2000; *A. Schilberg*, Evangelisches Kirchenrecht in Rheinland, Westfalen und Lippe, 2003, S. 36–68; *A. Stein*, Evangelisches Kirchenrecht[3], 1992, S. 75 ff.; *J. Winter*, Personalgemeinden im Recht der Evangelischen Landeskirche in Baden, in: *H. de Wall/M. Germann* (Hrsg.), Festschrift für Ch. Link, 2003, S. 181 ff.

I. Gemeinde und Kirchengemeinde

1   Nicht nur im Mitgliedschaftsrecht sind mit den Termini Gliedschaft und Mitgliedschaft zwei ähnlich klingende Begriffe zu unterscheiden. Im evangelischen Kirchenrecht wird auch bei den Regelungen zur Gemeinde unterschieden, und

§ 27. Die Kirchengemeinde – Begriff und Bedeutung   255

zwar zwischen „Gemeinde" und „Kirchengemeinde". Der allgemeine Begriff „Gemeinde"[53] bezeichnet „die Gemeinschaft der Menschen, die durch Wort und Sakrament zur Einheit des Glaubens, der Liebe und der Hoffnung gesammelt werden und dazu berufen sind, Jesus Christus als den Herrn und Heiland vor der Welt zu bezeugen" (Art. 4 Abs. 2 KVerf Bay). In diesem Sinne kann „Gemeinde" als universale Gemeinschaft aller Christen verstanden werden und entspricht damit der Kirche als ecclesia universalis bzw. der Christenheit. Allerdings wird der Begriff der Gemeinde in Abgrenzung dazu meist für eine enger umgrenzte Gemeinschaft verwendet. Dies gilt auch für die genannten Definitionen der Kirchenverfassung. Einerseits ist dort von der „Gemeinde" nicht als von einer bestimmten, rechtlich organisierten Größe die Rede. Andererseits ist „Gemeinde" auch nicht als abstrakte Größe gemeint, sondern als ein je aktuelles Geschehen: Sie ist überall dort, wo Menschen im Hören auf das Wort geeint sind. Dieser Begriff der Gemeinde ist damit unabhängig von einer bestimmten Organisationsform.

Demgegenüber ist die Kirchengemeinde „eine örtlich bestimmte Gemeinschaft 2
von Kirchenmitgliedern, die sich regelmäßig um Wort und Sakrament versammelt, und in der das Amt der Kirche ausgeübt wird." (Art. 20 II KVerf Bay, vgl. a. Art. 13 S. 1 GO EKiBa oder § 10 IV KVerf Sachsen). Mit „Kirchengemeinde" ist also eine konkrete organisatorische Einheit gemeint, die, wie die Kommunen des staatlichen Rechtes, örtlich bestimmt ist, die aber auch anders bestimmt sein kann, z. B. als Personalgemeinde; dazu s. u. Rn. 8.

II. Die Kirchengemeinde als Grundeinheit des kirchlichen Lebens und der Kirchenverfassung

Die für die Kirche nach evangelischem Verständnis (Confessio Augustana, Artikel 7) konstituierenden Funktionen, Wortverkündigung und Verwaltung der Sakramente, finden konkret in der Kirchengemeinde statt.[54] Der Gottesdienst wird in aller Regel von der örtlichen Kirchengemeinde organisiert, zu ihm finden sich die Mitglieder der Gemeinde vor Ort, er wird vom örtlichen Pfarrer geleitet. Daher liegt es nahe, dass die kirchliche Organisation von der Kirchengemeinde als Grundeinheit her aufgebaut ist. 3

Für die lutherische Tradition ist indes die Existenz von Kirchengemeinden als körperschaftlich verfassten Grundeinheiten des kirchlichen Lebens etwas vergleichbar Neues, keinesfalls Selbstverständliches. Eine ältere Definition der Gemeinde, diejenige der bayerischen Kirchengemeindeordnung vom 24. 9. 1912, verdeutlicht dies. Danach sind die Kirchengemeinden „rechtsfähige, zur Befriedigung der örtlichen Kirchenbedürfnisse organisierte Beitragsverbände". Hier wird nicht die Versammlung um Wort und Sakrament und damit das körperschaftliche, von den Mitgliedern ausgehende und auf diesen aufgebaute Wesen der Kirchengemeinde hervorgehoben, sondern diese quasi als Verbände zur Erhebung der sächlichen Mittel verstanden, die zur Erfüllung des Zweckes der Anstalt Kirche gebildet werden.[55]

---
[53] Vgl. dazu ausführlich S. *Rosenstock*, Die Selbstverwaltung evangelischer Kirchengemeinden, 2000, S. 66 ff., 133.
[54] Kirchengeschichtlich ist sie auch die ursprüngliche Organisationsform: Der Apostel Paulus hat die meisten seiner Briefe an bestimmte, örtlich bezeichnete Gemeinden gerichtet, an die Gemeinde zu Rom, zu Korinth etc.
[55] Dies beruht auf einem älteren, im 19. Jahrhundert verbreiteten Verständnis der Kirche als Anstalt, die ihrer Deutung als Körperschaft, die auch dem modernen Gemeindeverständnis zugrunde liegt, entgegengesetzt wurde. In der Kontroverse zwischen anstaltlichem und körperschaftlichem

4 Demgegenüber sind in der reformierten Tradition vor dem Hintergrund der in der reformierten Lehre besonders hervorgehobenen Gemeinde und Gemeindezucht, die sich auch in der Bedeutung des Presbyteramtes bzw. des Presbyteriums (Kirchenältester bzw. -vorstand) spiegelt, gemeindliche Strukturen von vornherein deutlicher ausgeprägt worden. Diese Traditionen setzen sich in der besonderen Betonung des Gemeindeprinzips in reformierten bzw. reformiert geprägten evangelischen Landeskirchen fort. Diese Kirchenverfassungen betonen in der Konsequenz auch presbyteriale und synodale Strukturen. Diese Kirchen sind also eher von der Kirchengemeinde her aufgebaut, während die Kirchen mit stärkerer lutherischer Tradition eher das Eigengewicht der Landeskirche betonen, die ja auch im allgemeinen Sinne Gemeinde ist.

5 Heute sind allerdings die Unterschiede, auch wenn sie z.T. konkrete rechtliche Auswirkungen haben[56], nicht mehr grundsätzlicher Natur. Auch in den lutherischen Kirchenverfassungen wird – ebenso wie presbyterial-synodale Strukturen – das Gemeindeprinzip durchgeführt. Auch in den reformierten bzw. reformiert geprägten Kirchen werden die Bedeutung der kirchengemeindeübergreifenden Einheit, die spezifischen Funktionen der Landeskirchen und ihrer kirchenleitenden Organe, ihr daraus abgeleitetes Gewicht und ihre daraus abgeleiteten Kompetenzen anerkannt und gesehen. Schließlich wird auch im reformierten Bereich das Gemeindeprinzip nicht im kongregationalistischen Sinne verstanden, wonach allein die örtlichen Kirchengemeinden „Gemeinde" sind und übergreifenden Strukturen keinen ekklesiologischen Eigenwert haben. So kann man sagen, dass das Gemeindeprinzip ein grundlegendes Prinzip der evangelischen Kirchenverfassungen ist, das in allen evangelischen Landeskirchen – in im einzelnen unterschiedlichem Maße – durchgeführt wird.

6 In allen Kirchenverfassungen wird aber auch die Bedeutung der Einbindung der Kirchengemeinden in den größeren Zusammenhang der Landeskirche und darüber hinaus betont. Auch wenn die Kirchengemeinde die Grundeinheit des kirchlichen Lebens ist, ist sie nicht die einzige Erscheinungsform der Kirche. Dies wird in der kurzen Formel veranschaulicht, dass die Kirchengemeinde zwar ganz Kirche, aber nicht die ganze Kirche ist. Sie ist Teil der Gemeinschaft der gesamten Christenheit, die ja nicht örtlich beschränkt ist. Sie steht aber vor allem in der engeren organisatorischen Gemeinschaft der Landeskirche, der sie angehört. Diese Gemeinschaft zeigt sich konkret darin, dass die jeweilige Landeskirche zum einen die Kirchen-

---

Verständnis der Kirche, die auch im Zusammenhang mit der Auseinandersetzung um die Demokratisierung des politischen Lebens im 19. Jahrhundert steht, wurde von den Vertretern der anstaltlichen Auffassung geltend gemacht, dass die Kirche einen unverfügbaren Auftrag habe, der von ihren Mitgliedern unabhängig sei und von ihnen nicht geändert werden könne. Das ist natürlich nicht zu leugnen. Das bedeutet aber nicht, dass nicht die Gemeinde zum Ausgangspunkt der Organisation der Kirche zur Erfüllung dieses Auftrags gemacht und die Kirche insofern „körperschaftlich" strukturiert sein kann. Hier zeigt sich, dass die auf das staatliche Recht zugeschnittenen Begriffe wie Anstalt und Körperschaft nicht ohne weiteres auf kirchliche Verhältnisse übertragen lassen. Im übrigen kann allein aus der begrifflichen Unterordnung unter einen solchen allgemeinen Begriff keine konkrete Folgerung über die Gestaltungsmöglichkeit gezogen werden.

[56] Ein Beispiel dafür, das bei den jüngsten Fusionsbestrebungen der Landeskirchen eine Rolle gespielt hat, ist die Verteilung der Finanzmittel: Während in den Kirchen mit reformierter oder preußisch-unierter Tradition die Einnahmen von den Gemeinden teilweise für eigene Zwecke einbehalten und nur z.T. an die Landeskirche abgeführt werden, fließt bei den zentralistischeren lutherischen Kirchen das Geld gleichsam umgekehrt von der Landeskirche an die Gemeinden. Allerdings gibt es auch zu dieser Regel Ausnahmen. Außerdem sind diese Eigenarten traditionell bedingt und können nicht aus dem Bekenntnis abgeleitet werden: Das lutherische Bekenntnis verlangt ebenso wenig eine zentralistische Mittelverwaltung wie das reformierte Bekenntnis eine gemeinsamen Verwaltung der Einnahmen durch die Landeskirche als Gemeinschaft aller Gemeinden ausschließt.

§ 27. Die Kirchengemeinde – Begriff und Bedeutung

gemeinde bei der Erfüllung ihrer Aufgabe unterstützt und hilft, indem sie wichtige sachliche, personelle und geistliche Rahmenbedingungen schafft und sichert – z. B. durch Ausbildung und Unterhalt der Pfarrer, deren Dienstherr sie ist. Zum anderen wacht aber die größere Gemeinschaft der Landeskirche (oder die von dieser gebildete kirchliche Mittelstufe, dazu s. u. § 42) auch darüber, dass in der Kirchengemeinde das Amt der Kirche ordnungsgemäß ausgeübt wird, dass also das Evangelium schriftgemäß und im Sinne des Bekenntnisses der Landeskirche, der die Gemeinde angehört, gepredigt und die Sakramente stiftungsgemäß verwaltet werden. Die Landeskirche wacht auch darüber, dass die rechtlichen Regeln dazu eingehalten werden etc. Beide, Kirchengemeinde und Landeskirche, sind aufeinander angewiesen und haben ihre eigenen Aufgaben und ihren eigenen Wert.

III. Der Rechtsstatus der Kirchengemeinden

Als Grundeinheit kirchlichen Lebens ist die örtlich bestimmte Kirchengemeinde (heute) überall die Grundlage des Verfassungsaufbaus der evangelischen Landeskirchen.

Sie ist überall als rechtsfähige, auf ihren Mitgliedern aufbauende Einheit, also als körperschaftlich strukturierte juristische Person organisiert. Die Eigenschaft als juristische Person, d. h. als selbständiges Zuordnungssubjekt von Rechten und Pflichten, kommt ihr sowohl nach kirchlichem wie nach staatlichem Recht zu. Nach staatlichem Recht haben die Kirchengemeinden die Rechtsform von Körperschaften des öffentlichen Rechts i. S. v. Art. 137 Abs. 5 WRV i. V. m. Art. 140 GG.[57]

Die Befugnis zur Schaffung und Auflösung von Kirchengemeinden liegt bei den Landeskirchen, und zwar zumeist bei dem konsistorialen Organ oder bei der institutionalisierten Kirchenleitung. Sie wurde z. T. auch auf die mittlere kirchliche Ebene (Kirchenkreis) übertragen. Staatskirchenrechtlich gehört die Befugnis zur Schaffung neuer Einheiten in den Organisationsformen des öffentlichen Rechts zur sogenannten „Organisationsgewalt", die eines der Elemente des Korporationsstatus im Sinne von Art. 137 Abs. 5 WRV i. V. m. Art. 140 GG ist.

Das Recht der Kirchengemeinden ist im Recht der Gliedkirchen meist an zentraler Stelle, nämlich in den Kirchenverfassungen, recht detailliert geregelt. Das unterstreicht die Bedeutung der Kirchengemeinden. Daneben kennen manche, aber nicht alle Landeskirchen noch eigenständige Gesetze, über die Ordnung der Kirchengemeinden. Überdies sind manche spezielle Bereiche des Kirchengemeinderechts, wie z. B. das Wahlrecht für die gemeindlichen Repräsentativorgane oder das Pfarrstellenbesetzungsrecht, in gesonderten Kirchengesetzen und Verordnungen geregelt.

IV. Nicht örtlich bestimmte Kirchengemeinden, andere Gemeindeformen und sonstige kirchliche Gemeinschaften

Eine Kirchengemeinde kann nicht nur örtlich abgegrenzt, sondern auch nach anderen Kriterien bestimmt sein, beispielsweise als sog. Anstalts- oder als Personalgemeinde. Personalgemeinden[58] können gebildet werden, um einen bestimmten Personenkreis – unabhängig von der örtlichen Zugehörigkeit – z. B. wegen einer be-

---
[57] Vgl. *S. Rosenstock*, Selbstverwaltung (Anm. 53) S. 102 f.
[58] S. dazu *J. Winter*, Personalgemeinden im Recht der Evangelischen Landeskirche in Baden, in: *H. de Wall/M. Germann* (Hrsg.), Festschrift für Ch. Link, 2003, S. 181 ff., dort auch zur theologischen und kirchlichen Problematik von Personalgemeinden. Vgl. außerdem *J. Ennuschat*, Evan-

stimmten theologischen Ausrichtung als Kirchengemeinde zu konstituieren. Auch der Militärseelsorgevertrag sieht vor, dass die Kirchen Militärkirchengemeinden als landeskirchliche Personalgemeinden bilden können.[59] Anstaltsgemeinden sind eine Möglichkeit, die Insassen bzw. Nutzer von bestimmten Einrichtungen, Altenwohnstiften o.ä., zu einer Kirchengemeinde zusammenzufassen. Allerdings kommen Anstalts- oder Personalgemeinden recht selten vor. Zumeist sind nämlich entsprechende Gottesdienstgemeinschaften in Anstalten oder entsprechende Personengruppen innerhalb der Landeskirchen nicht als eigenständige Körperschaften des öffentlichen Rechts mit der gleichen Rechtsstellung wie die (Orts-)Kirchengemeinden organisiert. Sie sind dann keine „Kirchengemeinden" im eigentlichen, rechtlichen Sinn und besitzen keine eigene Rechtspersönlichkeit. Entsprechendes gilt auch für die Evangelischen Studentengemeinden.[60] Üblicherweise wird für die Studentenschaft der jeweiligen Hochschule von der Landeskirche ein Spezialpfarramt eingerichtet, für das besondere Regelungen für die Stellenbesetzung und die Visitation gelten. Eine dazugehörige Kirchengemeinde als selbständiges Rechtssubjekt besteht aber nicht. Die Studierenden gehören vielmehr der für sie zuständigen örtlichen Kirchengemeinde an.

Das landeskirchliche Recht sieht auch die Möglichkeit zur Schaffung „Personaler Seelsorgebereiche" für besondere Personengruppen innerhalb einer Kirchengemeinde vor. Die Militärseelsorge wird in personalen Seelsorgebereichen ausgeübt, sofern die Landeskirchen keine Personalgemeinden errichten (Art. 6 Abs. 1, 2 Militärseelsorgevertrag).[61]

9   Neben den örtlichen Kirchengemeinden und den genannten anderen Gemeindeformen existieren noch zahlreiche andere Gemeinschaften, die sich zur evangelischen Kirche zählen und die diese als ihr zugehörig betrachtet. Beispiele sind ordensähnliche Gemeinschaften wie die Brüder- oder Schwesternschaften, Kommunitäten, der Johanniterorden oder die zahlreichen Vereinigungen, die auf dem Gebiet der Diakonie tätig sind. Diese Gemeinschaften sind häufig in der Rechtsform eines eingetragenen Vereins organisiert. Sie sind nicht Untergliederungen der „verfassten Kirche", sondern rechtlich selbständig, aber der Kirche durch eigene Satzungsbestimmungen oder durch Vereinbarungen mit der Landeskirche verbunden. Das Recht der Landeskirchen enthält besondere Regelungen über die Anerkennung und Zuordnung solcher Vereinigungen als kirchlich (s. dazu näher u. § 43 Rn. 6). Die organisatorischen Gestaltungsformen sind im übrigen vielfältig und können hier nicht näher dargestellt werden. Auf die Diakonie und ihre spezifische Struktur wird noch kurz zurückzukommen sein.

V. Die Zusammenarbeit von Kirchengemeinden

10 Die vielfältigen und rechtlich wie sachlich komplexen Aufgaben der Kirchengemeinden und ihrer Verwaltung, die z.T. in ländlichen Gebieten kleine Mitgliederzahl, die nahe liegende Kooperation benachbarter Kirchengemeinden bei der Erfüllung bestimmter Aufgaben in Großstädten, all dies sind Faktoren, die die

---

gelische Christen anderer Sprache oder Herkunft, ZevKR 52 (2007), S. 162 (170 ff.). Ein Beispiel für eine Personalgemeinde ist die Berliner Domgemeinde.
[59] S. dazu *H. G. Meyer*, Personale Seelsorgebereiche und Militärkirchengemeinden, ZevKR 26 (1981), S. 326 ff.; in der Hannoverschen Landeskirche besteht eine solche Militärkirchengemeinde in Munster.
[60] *M. Feist*, Die rechtliche Situation der Evangelischen Studentengemeinden, 1982.
[61] Als „Paragemeinden" werden Gruppen bezeichnet, die sich nur vorübergehend zusammenfinden. Sie sind nicht, wie die Kirchengemeinden, auf Dauer angelegt. Der Begriff der „Paragemeinde" ist kein kirchenrechtlicher, sondern ein kirchensoziologischer Begriff. Eine besondere Rechtsform oder rechtliche Anerkennung ist damit nicht verbunden.

Zusammenarbeit von Kirchengemeinden nahe legen. Dementsprechend kennen die Landeskirchen vielfältige Möglichkeiten rechtlich geregelter Kooperationen von Kirchengemeinden, die mit den Rechtsformen der Zusammenarbeit der staatlichen Kommunen nach den Gesetzen über die kommunale Zusammenarbeit vergleichbar sind. So kennt etwa das Recht der evangelischen Landeskirche Sachsens die Möglichkeit, dass sich mehrere Kirchengemeinden zu Kirchspielen zusammenschließen, § 5 KGStrukG Sachsen. Die Kirchengemeindeordnung der bayerischen Landeskirche sieht die Bildung von Gesamtkirchengemeinden vor, § 86 KGO Bay. Auch die Einrichtung eines gemeinsamen Kirchengemeinde- oder Kirchenverwaltungsamtes, in dem anspruchsvolle Verwaltungsaufgaben etwa im Bereich des Personal- oder Kindergartenwesens für mehrere Kirchengemeinden oder auch Verwaltungsaufgaben der kirchlichen Mittelinstanz und der Kirchengemeinden zusammengefasst werden können, ist vorgesehen, s. z. B. §§ 75, 97 KGO Bay, Art. 64 GO EKBO). Dadurch ist es auch möglich, fachlich spezialisiertes Verwaltungspersonal einzusetzen, wenn sich das für eine einzelne Kirchengemeinde nicht lohnt.

Die Rechtsformen sind vielfältig und die rechtlichen Regelungen differieren zwischen den einzelnen Landeskirchen.

§ 28. Gemeinde und Amt

Literatur: *R. Dreier*, Das kirchliche Amt, 1972; *H. Frost*, Das Diakonenamt im evangelischen Kirchenrecht, Ausgewählte Schriften zum Staats- und Kirchenrecht, 2001, S. 291–301; *G. Grethlein/H. Böttcher/W. Hofmann/H.-P. Hübner*, Evangelisches Kirchenrecht in Bayern, 1994, §§ 16–36; *S. Grundmann*, Der Lutherische Weltbund, 1957, 3. Abschnitt: Gemeinde und Amt – Amt und Gemeinde, S. 69 ff.; *S. Hartmann u. a.*, Amt/Ämter/Amtsverständnis I-VIII, TRE Bd. 2, S. 500–622 (für ev. Kirche insbes. S. 611–618); *G. Kehrer* u. a., Amt, RGG[4], Sp. 422–440; *C. Link*, Kirchenregiment, Evangelisches Kirchenlexikon, 3. Aufl., Göttingen 1989, Sp. 1176–1181; *J. Listl*, Das Amt in der Kirche, in: *ders.*, Kirche im freiheitlichen Staat – Schriften zum Staatskirchenrecht und Kirchenrecht, 2. Halbbd., 1996, S. 593; *H. de Wall*, Kirchengewalt und Kirchenleitung nach lutherischem Verständnis, ZevKR 47 (2002), S. 149–162; *D. Wendebourg*, Das Amt und die Ämter, ZevKR 45 (2000), S. 5–38; *G. Wenz/H.-P. Hübner*, Amt, ev., LKStKR, Bd. 1, S. 74–78; *U. Wilckens*, Kirchliches Amt und gemeinsames Priestertum aller Getauften im Blick auf die Kirchenverfassungen der Lutherischen Kirchen, Kerygma und Dogma 52 (2006), S. 25–57.

I. Das Verhältnis von Gemeinde und Predigtamt

In der bereits zitierten Definition der Kirchengemeinde als eine örtlich bestimmte Gemeinschaft von Kirchenmitgliedern, die sich regelmäßig um Wort und Sakrament versammelt, und in der das Amt der Kirche ausgeübt wird (Art. 20 II KVerf Bay) wird deutlich, dass in der evangelischen Kirche Gemeinde und Amt aufeinander bezogen werden. 1

> Gemeinde in diesem Sinn kann nicht nur die Kirchengemeinde als örtlich bestimmte Gemeinschaft sein, sondern allgemeiner jede Gemeinschaft, auf die sich die Ausübung des Amtes bezieht. Sie ist nicht nur als örtlich oder personal bestimmte Gemeinschaft von Personen evangelischer Konfession zu verstehen, sondern als Gemeinschaft, die sich regelmäßig um Wort und Sakrament sammelt und in der das Amt der Kirche ausgeübt wird. Auch die Kirchengemeinde ist freilich Gemeinde. Als Grundeinheit kirchlichen Lebens und kirchlicher Verfassung wird an ihr das Verhältnis von Gemeinde und Amt besonders deutlich.

> Das Amt der Kirche ist nämlich nicht sozusagen ein freischwebendes Abstraktum, sondern ist seinerseits auf die Gemeinde bezogen, der die Amtsausübung gilt.

2   Unter dem Amt der Kirche ist dabei das Predigtamt zu verstehen. Es bezeichnet die Aufgaben der Verkündigung des Evangeliums und der Verwaltung (Handhabung) der Sakramente. Indem in einer Gemeinschaft von Menschen das Wort verkündet und die Sakramente gereicht werden, wird in ihr das Amt der Kirche ausgeübt – also gegenüber einer ganz konkreten Gemeinschaft von Menschen, paradigmatisch gegenüber der Kirchengemeinde. Beides gehört damit zusammen und ist mit je unterschiedlichen Funktionen aufeinander bezogen und aufeinander angewiesen. Der Pfarrer als Träger des Amtes predigt nicht „ins Leere", sondern der Gemeinde. Die Gemeinde trifft sich im Gottesdienst dazu, das Wort zu hören und die Sakramente zu feiern. Die Bedeutung des Amtes für die Gemeinde und für die Kirche allgemein spiegelt sich in der Bedeutung, die der Pfarrer für die Kirchengemeinden hat. Er ist derjenige, der in der Öffentlichkeit vielfach als *der* Repräsentant der Kirchengemeinde oder sogar der Kirche insgesamt erscheint.

3   Der spezifische Dualismus der Größen des kirchlichen Lebens, Amt und Gemeinde, bildet sich in vielfältiger Weise in der kirchlichen Organisation ab: In der Kirchengemeindeverfassung bei den Regelungen zum Verhältnis des Pfarrers zur Gemeinde und ihrem Leitungsorgan, aber auch auf den übergeordneten Ebenen der Kirchenverfassung, bei den Kirchenkreisen und der Landeskirche. Auf diesen übergeordneten Ebenen gibt es Synoden als Vertretungskörperschaften mit hervorgehobenen Funktionen, in denen sowohl Pfarrer als auch „Laien" vertreten sein müssen. So repräsentieren die Synoden zum einen die Gemeinden in ihren Bestandteilen: die Pfarrer als Träger des Predigtamtes einerseits und die „Laien" andererseits. Zum anderen stehen sie auf der Ebene der lutherischen Landeskirche in gewisser Weise auch dem Bischof als Träger des Amtes der Einheit der Landeskirche gegenüber. Verständnis und Rechtsstellung des Bischofsamtes in den lutherischen Kirchen sind unten noch näher zu beleuchten (§ 39).

4   In der Theologie ist nun nach wie vor umstritten, in welcher Beziehung das Predigtamt, das in der Gemeinde durch den Pfarrer ausgeübt wird, zum Priestertum aller Gläubigen steht. Alle Gläubigen haben ja Teil am Verkündigungsauftrag der Kirche. Ob das besondere Amt der öffentlichen Wortverkündigung und der Sakramentsverwaltung aus dem allgemeinen Priestertum hervorgeht, oder ob und wie es von diesem wesensmäßig zu unterscheiden ist, das ist nach wie vor kontrovers. Jedenfalls aber gilt, dass „niemand in der Kirche öffentlich lehren oder predigen oder die Sakramente reichen (soll), ohne ordnungsgemäße Berufung" (nisi rite vocatus). Zur *öffentlichen* Predigt in (und für) die Kirche bzw. Gemeinde und zur Verwaltung der Sakramente (die sozusagen immer öffentlich ist) bedarf es der besonderen Berufung. Dies ist der Ausgangspunkt und die Legitimation des besonderen Predigtamtes der Pfarrer.[62]

5   Dieses besondere Amt wird, wie bereits oben dargelegt, durch die Ordination übertragen. So formuliert etwa § 4 Abs. 1 des Pfarrergesetzes der VELKD: „Mit der Ordination werden Auftrag und Recht zur öffentlichen Wortverkündigung und zur Sakramentsverwaltung übertragen". Mit der Ordination ist der betreffende „rite vocatus" – ordnungsgemäß berufen.[63]

---

[62] Dies kann gerade mit dem Priestertum aller Gläubigen begründet werden. So schreibt Luther in seiner Schrift „An den christlichen Adel deutscher Nation von des christlichen Standes Besserung" (1520, WA 6, 405 ff.), zitiert nach: *K. Aland* (Hrsg.), Luther Deutsch, Bd. 2, Stuttgart 1962, S. 161: „Denn weil wir alle gleich(mäßig) Priester sind, darf sich niemand selbst hervortun und sich unterwinden, ohne unser Bewilligen und Erwählen das zu tun, wozu wir alle gleiche Gewalt haben. Denn was allgemein ist, kann niemand ohne der Gemeinde Willen und Befehl an sich nehmen."

[63] Vgl. dazu *H. de Wall*, Ordination und Pfarrerdienstverhältnis im evangelischen Kirchenrecht, in: *I. Mildenberger* (Hrsg.), Ordinationsverständnis und Ordinationsliturgien – ökumenische Einblicke, Beiträge zu Liturgie und Spiritualität, 2007, S. 41–67.

In jüngster Zeit wird betont, dass es neben der Ordination andere Formen der Berufung in das Predigtamt gibt und geben darf. Solche anderen Formen der Berufung werden etwa Prädikanten erteilt, die anders als die Pfarrer das Predigtamt ehrenamtlich neben ihrem anderen Beruf ausüben und auch kein Studium der Theologie, sondern eine spezielle Ausbildung absolviert haben. Damit wird der traditionelle und eingeführte Wortgebrauch ohne Not verunklart. Üblicherweise wird der Begriff „Ordination" für die Übertragung des Predigtamtes i. S. v. Art. 14 CA verwendet, und zwar ohne dass dabei ein Unterschied besteht, ob dieses Amt haupt-, neben- oder ehrenberuflich ausgeübt wird. Nunmehr werden (mindestens) zwei Formen der Berufung i. S. v. Art. 14 CA eingeführt, die Ordination und die (sonstige) Berufung ins Predigtamt.

Die Ordination hat zwei Aspekte: Zum einen wird damit der Ordinierte beauftragt und ermächtigt, öffentlich zu predigen und die Sakramente darzureichen. Er darf das Evangelium im Namen der Kirche und in der Kirche predigen, darf taufen und das Abendmahl austeilen. Zum anderen bedeutet das aber auch, dass die Kirche sich die Predigt des Ordinierten zurechnen lässt. Dem Juristen ist diese doppelte Wirkung der Übertragung von Ämtern nicht fremd. Ähnliches beinhaltet ja die Vertretungsmacht von Organen juristischer Personen.

Wie bereits dargelegt (§§ 24 IV, 28), kennt das evangelische Amtsverständnis keine 6 hierarchische Abstufung des Predigtamtes. Auch sind mit dem Predigtamt, das ja die geistliche Leitung der Gemeinde durch Wort und Sakrament zum Inhalt hat, keine rechtlichen Leitungsbefugnisse verbunden. Insofern unterscheiden sich auch die lutherische und die reformierte Lehre nicht. Die reformierte Tradition ist indes zurückhaltender mit der Übertragung von rechtlichen Leitungsbefugnissen an den Pfarrer über sein eigentliches Predigtamt hinaus. Hier steht insofern das Leitungsgremium der Gemeinde, das Presbyterium noch weiter im Mittelpunkt. Überdies kennt das reformierte Verständnis eine aus der Bibel abgeleitete Unterscheidung verschiedener Ämter, nämlich neben dem Pfarrer das Amt der Ältesten und der Diakone, sowie das Amt der kirchlichen Lehrer. Damit ist freilich keine Ämterhierarchie nach katholischem Vorbild verbunden. Allerdings sind damit verschiedene Ämter in der Kirche vorstrukturiert. Ein zweiter Unterschied zwischen lutherischem und reformiertem Verständnis liegt in einer anderen Akzentsetzung im Verhältnis von Amt und Gemeinde: Während nach lutherischer Tradition Amt und Gemeinde einander in gewisser Weise gegenüberstehen, ist nach reformiertem Verständnis das Predigtamt stärker in der Gemeinde eingebunden und geht aus ihr hervor. Dies hat Auswirkungen auf die Regelungen über die Besetzung von Pfarrstellen. Während in der reformierten Tradition der Pfarrer stets durch die Gemeinde gewählt wird und damit gewissermaßen als ihr Funktionär erscheint, gibt es in den lutherischen Kirchen in Deutschland typischerweise ein alternierendes Stellenbesetzungsrecht, so dass einmal die Gemeinde den Pfarrer wählen kann, das andere Mal die Pfarrstelle durch ein Leitungsorgan der jeweiligen Landeskirche besetzt wird (z. B. Art. 26 Abs. 2 KVerf Bay).[64]

Gleichwohl bleibt darauf hinzuweisen, dass die Unterschiede im lutherischen und im reformierten Amtsverständnis heute nicht mehr als kirchentrennend verstanden und eher als Unterschiede in der Bekenntnistradition aufgefasst werden denn als Ergebnisse fundamentaler Differenzen im Verständnis der Heiligen Schrift.

II. Das Predigtamt und die anderen Dienste der Kirche

Obwohl es also nach evangelischem Verständnis ein einheitliches, nicht gestuftes 7 Predigtamt gibt, kennt natürlich auch die evangelische Kirche verschiedene Dienste:

---

[64] Auch in diesem Fall werden freilich die Gemeinden beteiligt, umgekehrt schlägt auch bei der Wahl des Pfarrers durch die Gemeinde das zuständige landeskirchliche Organ die Kandidaten vor.

Nicht nur in den reformierten, auch in den lutherischen Kirchen gibt es den Dienst von Diakonen. Dienst in der Kirche und für den Auftrag der Kirche tun auch viele andere, haupt-, neben- oder ehrenamtliche Beschäftigte. Auch sie haben Teil am Verkündigungsdienst und -auftrag der Kirche. Sie üben aber nicht das besondere Amt der öffentlichen Wortverkündigung aus – sie sind nicht zur Predigt in der Gemeinde berufen, sie verwalten auch nicht die Sakramente. Ihre Tätigkeit ist wichtige Teilnahme am Auftrag der Kirche, aber nicht Ausübung des eigentlichen Predigtamtes und daher auch nicht „ordinationspflichtig". Das darf aber nicht zu dem Missverständnis führen, dass allein die Pfarrer ein wichtiges Amt in der Kirche ausüben und alles andere nur Hilfs- und Unterstützungsdienste für den Pfarrer sind. Ihre Dienste sind nicht minderwertig oder untergeordnet, sondern nur anders geartet als der Dienst des Pfarrers.

B. Organe und Personen in der Kirchengemeinde

§ 29. Das Leitungsorgan der Kirchengemeinde: Kirchenvorstand, Kirchengemeinderat, Presbyterium

Literatur: *H. Frost*, Das Ältestenamt im deutschen evangelischen Kirchenrecht, in: *M. Baldus/M. Heckel/S. Muckel* (Hrsg.), Ausgewählte Schriften zum Staats- und Kirchenrecht, 2001, S. 276–290; *M. Germann*, Presbyter, Presbyterialverfassung (J), EvStL, Neuausgabe 2006, Sp. 1817–1820; *G. Grethlein/H. Böttcher/W. Hofmann/H.-P. Hübner*, Evangelisches Kirchenrecht in Bayern, 1994, §§ 47, 48; *G. Klostermann*, Presbyter, Presbyterialverfassung (Th), EvStL, Neuausgabe 2006, Sp. 1820–1825; *J. Mehlhausen*, Presbyterial-synodale Kirchenverfassung, TRE Bd. 27, 1997, S. 331–340; *H. Radtke*, Kirchenvorstand (ev.), LKStKR, Bd. 2, S. 545–548; *A. Schilberg*, Evangelisches Kirchenrecht in Rheinland, Westfalen und Lippe, 2003, S. 40 ff.

I. Bedeutung und Funktion

1   Das Organ, dem die rechtliche Leitung der Kirchengemeinden obliegt, wird in den evangelischen Landeskirchen unterschiedlich bezeichnet: als Kirchenvorstand, Kirchengemeinderat, Gemeindekirchenrat, Kirchenrat oder als Presbyterium.[65] Die Unterschiede in den Bezeichnungen spielen aber in der Sache keine Rolle. Überall ist der Kirchenvorstand bzw. Kirchengemeinderat oder das Presbyterium das Organ, in dem die die Kirchengemeinde betreffenden Angelegenheiten beraten und darüber entsprechende Beschlüsse gefasst werden und das die Kirchengemeinde im Rechtsverkehr vertritt. Die ebenfalls vorgesehenen Gemeindeversammlungen aller Mitglieder der Gemeinde haben dagegen meist informatorischen Charakter.[66]

Entgegen dem bisweilen vorherrschenden Eindruck ist also nicht der jeweilige Pfarrer das Organ der rechtlichen Leitung der Kirchengemeinde oder derjenige, der

---

[65] Darin spiegelt sich auch unterschiedliche Traditionen. Der Begriff Presbyterium verweist auf die reformierte Tradition, in der das Amt des Kirchenältesten (Presbyters) sowie die Bedeutung der örtlichen Kirchengemeinde besonders hervorgehoben ist. Dagegen stehen „Kirchenvorstand" und „Kirchengemeinderat" eher in einer beim Staat entlehnten Tradition mit Anleihen beim allgemeinen Vereinsrecht oder dem Kommunalrecht.

[66] Freilich kommen auch echte Entscheidungsbefugnisse vor, so kann z.B. nach § 42 I der Kirchenverfassung der Evangelisch-reformierten Kirche der Gemeindeversammlung die Wahl der Pfarrerinnen und Pfarrer und der Presbyter übertragen werden.

die Kirchengemeinde vertritt. Aufgabe des Pfarrers ist es vielmehr in erster Linie, das Amt der geistlichen Leitung durch Wortverkündigung und Sakramentsverwaltung in der Gemeinde auszuüben. Dagegen ist das Presbyterium bzw. der Kirchenvorstand das eigentliche Leitungsorgan der Kirchengemeinde. Da der Pfarrer aber als wichtigster hauptamtlicher Mitarbeiter in und für die Gemeinde eine besondere Stellung und Bedeutung hat – weil er die Kernaufgabe der Verkündigung und Sakramentsverwaltung in eigener Person erfüllt und ihm darüber hinaus zahlreiche Leitungs- und Verwaltungsaufgaben zugewiesen werden –, hat er auch einen Sitz im Leitungsgremium der Kirchengemeinde. Häufig führt er auch dessen Vorsitz und vertritt es nach außen. Dann erscheint der Pfarrer gleichsam in zweifacher Funktion: Als Inhaber des geistlichen Amtes und als Repräsentant der Kirchengemeinde. Hier spiegelt sich das komplizierte Verhältnis zwischen Amt und Gemeinde in der rechtlichen Regelung und der Praxis der kirchengemeindlichen Organisation.

Wie bereits ausgeführt, ist die Kirchengemeinde als örtlich bestimmte Gemeinschaft von Kirchenmitgliedern, die sich regelmäßig um Wort und Sakrament versammelt, die zentrale Organisationseinheit für das kirchliche Leben und den kirchlichen Auftrag. Daraus ergibt sich aber auch die zentrale Bedeutung des Organs dieser Gemeinschaft, dem Presbyterium bzw. Kirchenvorstand etc: Das Leitungsorgan hat keineswegs nur Verwaltungs-, bzw. „Managementaufgaben", sondern Verantwortung für die Erfüllung des Verkündigungsamtes der Kirche und damit eine geistliche Funktion, die im Alltag der Amtsgeschäfte nicht untergehen darf. Sie kommt in der Praxis des Gemeindelebens darin sinnfällig zum Ausdruck, dass Kirchenälteste bzw. Kirchenvorsteher, d.h. Mitglieder des Leitungsorgans der Kirchengemeinde, vielfältig in den Gottesdienst eingebunden sind, sei es bei der Begrüßung, bei den Lesungen oder als Abendmahlshelfer.

II. Aufgaben des gemeindlichen Leitungsorgans

Die Mitverantwortung der Gemeinde für Wortverkündigung und Sakramentsverwaltung äußert sich auch in den konkreten rechtlichen Regelungen zu den Aufgaben ihres Leitungsgremiums: So hat der Kirchenvorstand (bzw. das Presbyterium etc.) z.B. über die Gestaltung der Gottesdienste und liturgischen Handlungen sowie über die Einführung neuer Gottesdienste zu beschließen und entscheidet über Maßnahmen zur Sicherung und Förderung der kirchlichen Unterweisung. Er hat ferner dabei mitzuwirken, dass die rechte Lehre gewahrt, die kirchliche Ordnung und christliche Sitte erhalten und das kirchliche Leben nachhaltig gefördert wird (so etwa § 21 Nrn. 1, 2 und 4 KGO Bay, Art. 40 I lit. a, b, e Verf Lippe; § 26 I, II KGO EKHN). Wichtig ist in diesem Zusammenhang auch, dass der Kirchenvorstand bzw. das Presbyterium i.d.R. die Rechte der Gemeinde bei der Pfarrstellenbesetzung wahrnimmt.

Neben diese enger auf die geistliche Leitung der Gemeinde bezogenen Aufgaben treten vorsorgende und konzeptionelle Aufgaben. Die Verantwortung des Leitungsorgans für das gesamte Leben und das Wohlergehen der Gemeinde wird in seiner Aufgabe deutlich, dafür zu sorgen, dass Zwistigkeiten frühzeitig und brüderlich beigelegt werden. Er hat vorausschauend dafür Rechnung zu tragen, dass die Aufgaben der Kirche in der Gemeinde vertieft werden, dass Mitarbeiter für die Dienste in Gemeinde und Kirche gewonnen werden und dass kirchliche Fragen diskutiert und gesamtkirchliche Belange in der Gemeinde berücksichtigt und umgesetzt werden.

Schließlich trägt das Leitungsorgan der Kirchengemeinde die Verantwortung auf vermögensrechtlichem Gebiet und bei der Verwaltung. Es beschließt über den

Haushalt der Kirchengemeinde und verwaltet das Ortskirchenvermögen. Es ist in diesem Zusammenhang auch für die Verwaltung und Erhaltung der Gebäude der Kirchengemeinde zuständig. Wenn also ein Dritter ein Kirchengebäude oder den Gemeindesaal für eine Veranstaltung nutzen möchte, dann entscheidet darüber das Leitungsorgan der Kirchengemeinde. Es stellt auch die Mitarbeiter der Kirchengemeinde ein und erteilt ihnen Weisungen, vorbehaltlich anderer dienstrechtlicher Vorschriften der Landeskirche.

Ähnlich wie in den politischen Gemeinden der Gemeinderat erlässt das Leitungsorgan der Kirchengemeinde die örtlichen kirchlichen Satzungen. Die Einzelheiten zu den Aufgaben und Zuständigkeiten des Kirchenvorstandes, Kirchengemeinderates oder Presbyteriums etc. ergeben sich aus den Verfassungen der Landeskirchen und deren Kirchengemeindeordnungen.

III. Zusammensetzung, Geschäftsführung und Amtszeit

3   Mitglieder des kirchengemeindlichen Leitungsorgans sind zum einen der oder die Pfarrer der Kirchengemeinde. Z.T. haben die Vikare im Probedienst beratende Stimme. Dagegen gehören ihm andere Mitarbeiter der Kirchengemeinde i.d.R. nicht kraft Amtes an. Hierin zeigt sich die besondere Rolle der Pfarrer.[67]

Neben den Pfarrern sind zum anderen die Kirchenvorsteher oder Kirchenältesten (andere Bezeichnungen sind z.B. „Presbyter" oder „Kirchenräte") Mitglieder des Kirchenvorstandes bzw. Presbyteriums, dessen Amtszeit meist sechs Jahre beträgt. Ihre Zahl variiert je nach gliedkirchlichem Recht und nach Größe der Kirchengemeinde. Die überwiegende Anzahl von Kirchenvorstehern bzw. -ältesten wird durch die wahlberechtigten, d.h. i.d.R. die konfirmierten bzw. die über 14 oder 16-jährigen Kirchengemeindemitglieder, gewählt. Wählbar sind meist die volljährigen Mitglieder der Kirchengemeinde. Ausgeschlossen von der Wählbarkeit sind häufig die haupt- oder nebenamtlichen Mitarbeiter. Die Regelungen der Landeskirchen unterscheiden sich erheblich in den Einzelheiten.

Neben den gewählten Mitgliedern gehören auch – vom Leitungsorgan selbst – berufene Kirchenälteste oder Kirchenvorsteher diesem Gremium an. Die Berufung von Mitgliedern in Repräsentativorgane auf verschiedenen Ebenen – nicht nur der Gemeinde – ist eine Eigenart des kirchlichen Rechts. Die Berufung dient u.a. dazu, dass die verschiedenen kirchlichen Gruppen, die in der Gemeinde besondere Bedeutung haben, auch dann im Kirchenvorstand repräsentiert werden können, wenn kein Repräsentant zu den gewählten Mitgliedern des Kirchenvorstandes gehört.

4   Eine wichtige Rolle in der Gemeinde spielt der Vorsitzende des kirchengemeindlichen Leitungsorgans, der für die Durchführung der Sitzungen und die Tagesordnung verantwortlich ist und der dafür zu sorgen hat, dass der Kirchenvorstand etc. seine Aufgaben erfüllt. Die Regelungen über den Vorsitz sind unterschiedlich: z.T. bestimmen die Kirchengemeindeordnungen, dass i.d.R. der (bzw. ein) Pfarrer den Vorsitz führt (§ 35 KGO Bay, Art. 28 I GO EKKW), z.T. ist dagegen vorgesehen, dass i.d.R. ein Kirchenältester den Vorsitz führen soll (Art. 22 Abs. 1 GO EKBO, § 32 II KGO EKHN).

Neben dem Vorsitzenden wird in manchen Landeskirchen noch ein besonderer Vertrauensmann bzw. eine Vertrauensfrau (auch bezeichnet als „Stellvertreter" bzw.

---

[67] Soweit allerdings der Aufgabenbereich der Diakone, wie das nach landeskirchlichem Recht z.T. möglich ist, dem der Pfarrer weitgehend gleicht, ist eine Regelung, die sie nicht in den Kirchenvorstand einbezieht, kaum zu rechtfertigen und revisionsbedürftig.

„Stellvertreterin" des/der Vorsitzenden) durch den Kirchenvorstand gewählt, der bzw. die gerade nicht Pfarrer ist, sondern Kirchenvorsteher. Der Vertrauensmann bzw. die Vertrauensfrau unterstützt den Vorsitzenden und vertritt ihn (s. z. B. § 36 KGO Bay, Art. 67 I, Art. 68 I KO PomEK).

Wie in den staatlichen Gemeindeordnungen ist auch in den kirchlichen die Möglichkeit der Einsetzung von beschließenden oder beratenden Ausschüssen durch das Leitungsorgan vorgesehen. Allerdings spielt in den Kirchenvorständen etc. bei der Zusammensetzung ein Parteienproporz keine Rolle, weil es kirchliche Parteien oder Wählervereinigungen der aus dem politischen Bereich bekannten Art nicht gibt.

In der Regel aus der Mitte der Kirchenvorsteher bzw. Kirchenältesten werden ein oder mehrere Kirchenpfleger, Kirchmeister oder Kuratoren bestimmt, die für das Haushalts-, Kassen- und Rechnungswesen, für Vermögensangelegenheiten und z. T. auch für die Aufsicht über das Personal oder die Einrichtungen der Kirchengemeinde verantwortlich sind. Die Aufgaben und Bezeichnungen variieren nach dem gliedkirchlichen Recht.

Die Sitzungen des Leitungsorgans der Kirchengemeinde sind meist öffentlich, wobei in Personal- und anderen Angelegenheiten die Öffentlichkeit ausgeschlossen ist bzw. werden kann. Beschlüsse werden mit Mehrheit gefasst. Das kirchliche Recht betont aber das Bestreben, möglichst zu einmütigen Beschlüssen zu kommen (§ 39 Abs. 2 S. 2 KGO Bay, Art. 46 II Verf Lippe). Der kirchliche Charakter der Sitzungen wird dadurch bekräftigt, dass sie mit einer Andacht oder einem Gebet eröffnet und mit einem Gebet geschlossen werden (§ 39 Abs. 2 S. 1 KGO Bay, § 37 I KGO EKHN, Art. 46 III Verf Lippe).

§ 30. Das Recht der Pfarrer

Literatur: *R. Dreier*, Das kirchliche Amt, 1972; *M. Germann*, Pfarramt (J), EvStL, Neuausgabe 2006, Sp. 1780–1783; *G. Grethlein/H. Böttcher/W. Hofmann/H.-P. Hübner*, Evangelisches Kirchenrecht in Bayern, 1994, §§ 19–30; *C. Link*, Ruhestandsversetzung von Pfarrern wegen „nichtgedeihlichen Zusammenwirkens" mit der Gemeinde und kirchliches Selbstbestimmungsrecht, in: *J. Isensee/W. Rees/W. Rüfner* (Hrsg.), Festschrift für J. Listl, 1999, S. 503–518; *H. Maurer*, Die Pflichten des Pfarrers aus Ordination und Dienstverhältnis, Abhandlungen zum Kirchenrecht und Staatskirchenrecht, 1998, S. 46 ff.; *R. Mainusch*, Aktuelle kirchenrechtliche und kirchenpolitische Fragestellungen im Pfarrerdienstrecht, ZevKR 47 (2002), S. 1 ff. m. Nachw.; *G. Tröger*, Ein Pfarrerdienstgesetz der EKD?, in: *H. de Wall/M. Germann* (Hrsg.), Festschrift für C. Link, 2003, S. 159–179; *D. Pirson*, Pfarrer/Pfarrerin, RGG⁴, Sp. 1197–1211; *A. Schilberg*, Evangelisches Kirchenrecht in Rheinland, Westfalen und Lippe, 2003, S. 119 ff.; *R. Schmidt-Rost*, Pfarramt (Th), EvStL, Neuausgabe 2006, Sp. 1783–1786; *St. A. Sommer*, Teildienstverhältnisse bei Pfarrern in den Gliedkirchen der Evangelischen Kirche in Deutschland, 2007; *A. Stein* u. a., Das Amt des Pfarrers und der Pfarrerin, in: *G. Rau/H. – R. Reuter/R. Schlaich*, Das Recht der Kirche, Bd. III, 1995, S. 71–199; *W. Strietzel*, Das Disziplinarrecht der deutschen evangelischen Landeskirchen und ihrer Zusammenschlüsse, 1988; *P. v. Tiling*, Pfarrer, LKStKR Bd. 3; S. 214–215; *ders.* Pfarrergesetz, Pfarrerrecht, LKStKR, Bd. 3; S. 217–220; *ders.*, Ordination, LKStKR Bd. 3, S. 113–114; *ders.*, Die Versetzung von Pfarrern, insbesondere „mangels gedeihlichen Wirkens", ZevKR 43 (1998), S. 55 ff.; *H. Weber*, Die Rechtsstellung des Pfarrers, insbesondere des Gemeindepfarrers, ZevKR 28 (1983), S. 1 ff.

Die besondere Stellung, die dem Pfarrer aus seinem Predigtamt erwächst, wirkt sich auf mehreren rechtlichen Ebenen aus. Im Anschluss an das soeben Ausgeführte sind im folgenden zunächst die Konsequenzen für die rechtliche Ausgestaltung seiner Stellung in der Gemeinde darzulegen. Sodann wird das Dienstverhältnis des Pfarrers zu seiner Landeskirche, seine persönliche Rechtsstellung gegenüber der

Kirche beleuchtet. Im Interesse einer gerafften und auf das Typische beschränkten Darstellung bleiben die besonderen Vorschriften für Pfarrer in allgemeinkirchlichen Aufgaben, d. h. solchen Pfarrern, die nicht in einer Kirchengemeinde, sondern in anderen Funktionen eingesetzt sind (z. B. als Studentenpfarrer, Krankenhausseelsorger, Leiter von kirchlichen Bildungseinrichtungen) und in kirchenleitenden Ämtern außer Betracht.

I. Die Stellung des Pfarrers in der Kirchengemeinde

1. Predigtamt – Kanzelrecht – Dimissoriale und Zession

2   In der Gemeinde übt der Pfarrer das Amt der Wortverkündigung und Sakramentsverwaltung aus (§ 31 PfarrerG VELKD). Dabei kann ihm nicht nur eine Kirchengemeinde anvertraut sein. Vielmehr kommt es insbesondere in ländlichen Gebieten mit kleinen Kirchengemeinden nicht selten vor, dass ein Pfarrer sein Amt in mehreren Kirchengemeinden ausübt. Sein Amtsbezirk, der z. T. als „Pfarrei" bezeichnet wird, kann also mehrere Kirchengemeinden umfassen. Umgekehrt ist es in großen Kirchengemeinden auch üblich, dass einer Kirchengemeinde mehrere Pfarrstellen zugeordnet sind. Dann üben also mehrere Pfarrer das Predigtamt in einer Gemeinde aus, die dafür in persönliche Zuständigkeitsbereiche eines Pfarrers (Sprengel) eingeteilt ist. In seiner Lehre ist der Pfarrer bei der Ausübung des Predigtamtes in noch zu erläuternden Grenzen frei. In der bzw. den ihm anvertrauten Kirchengemeinde(n) das Predigtamt auszuüben, ist seine zentrale und grundlegende Aufgabe. Sie wird in vielen Landeskirchen dadurch betont, dass dem Pfarrer das Kanzelrecht zusteht, d. h. das Recht darüber zu bestimmen, wer Gottesdienste und Amtshandlungen in der Gemeinde vornehmen darf und von wem Amtshandlungen an Gemeindegliedern vorgenommen werden dürfen.[68] In anderen Landeskirchen ist das Leitungsorgan der Kirchengemeinde Träger dieses Rechts (§ 18 Verfassung der Reformierten Kirche).

3   Dieses Kanzelrecht wird durch zwei Rechtsinstitute verfahrensrechtlich gesichert, das Dimissoriale (Abmelde- oder Entlassungsschein) und die Zession. Wenn ein Pfarrer Amtshandlungen an Gliedern einer anderen Gemeinde vornehmen möchte, muss er sich grundsätzlich (zur Zuständigkeit jedes Pfarrers für Amtshandlungen in Notfällen s. z. B. § 35 IV PfarrerG VELKD) einen Abmeldeschein vorlegen lassen. Wenn beispielsweise das Paar B sich nicht in seiner derzeitigen Gemeinde, sondern in der „Heimatgemeinde" der Braut vom dortigen Pfarrer trauen lassen möchte, muss diesem Pfarrer ein Abmeldeschein des zuständigen Pfarrers vorgelegt werden (z. B. § 35 II PfarrerG VELKD, Art. 57 KO EKiR). Für Gottesdienste und andere Amtshandlungen im Bereich einer anderen Gemeinde bedarf es in vielen Landeskirchen der Zustimmung des für diese Gemeinde zuständigen Pfarrers, der Zession. In anderen Landeskirchen entscheidet darüber allein das Presbyterium. Der Jurist kennt den Begriff der Zession (= Abtretung) aus dem bürgerlichen Recht: Bei der kirchenrechtlichen Zession tritt quasi der zuständige Gemeindepfarrer sein Kanzelrecht für eine bestimmte Amtshandlung an einen anderen Pfarrer ab.

In der Gemeinde ist der Pfarrer allerdings nicht allein für die Wortverkündigung verantwortlich. Vielmehr besteht dafür auch eine Mitverantwortung der Gemeinde, die damit mehr ist als bloße Empfängerin des Wortes oder „Resonanzboden" des Predigtamtes. Wahrgenommen wird diese Verantwortung vor allem durch das

---

[68] Dazu und zu den Einzelheiten *P. v. Tiling*, Das Kanzelrecht, ZevKR 40 (1995), S. 418.

2. Die Verwaltungsaufgaben des Pfarrers und das Pfarramt

Über das öffentliche Predigtamt hinaus werden dem Pfarrer durch die Kirchenverfassungen und Kirchengemeindeordnungen zahlreiche Aufgaben der rechtlichen oder äußeren Gemeindeleitung eingeräumt. Dabei ist seine Stellung in den einzelnen Kirchen in den Einzelheiten unterschiedlich ausgestaltet. Er ist Mitglied des Leitungsorgans der Kirchengemeinde und damit an dessen Aufgaben der rechtlichen Gemeindeleitung, namentlich der Finanz-, Personal- und Liegenschaftsverwaltung, beteiligt. Führt er dort den Vorsitz, gilt das natürlich in besonderem Maße. Aber auch wenn das nicht der Fall ist, hat der Pfarrer bei der täglichen Arbeit in der Kirchengemeinde allein durch seine ständige Präsenz und die damit verbundenen Kenntnisse, durch seine Funktion und seine Eigenschaft als Ansprechpartner eine überragende Stellung. 4

Der Pfarrer ist üblicherweise mit der Geschäftsführung des gemeindlichen Pfarramtes betraut. Sind mehrere Pfarrer in einer Kirchengemeinde vorhanden, wird diese Aufgabe üblicherweise einem von ihnen übertragen. Daneben ist dort häufig nicht mehr als eine weitere berufliche Kraft, z.T. auch nur in Teilzeit tätig. Das Pfarramt ist die „Verwaltungsbehörde" der Kirchengemeinde. Es ist zuständig für die Wahrnehmung der vielgestaltigen, in der Kirchengemeinde anfallenden administrativen Aufgaben, z.B. in Personal- Liegenschafts-, Vermögens-, Kindergarten-, Kirchenbuchangelegenheiten etc.[69] Freilich sind häufig auch bestimmte Verwaltungstätigkeiten auf zentralisierte Behörden übertragen, die für mehrere Kirchengemeinden zuständig sind. Auch dann verbleibt aber noch eine Vielfalt an verwaltender Tätigkeit beim Gemeindepfarramt und damit beim Gemeindepfarrer.

Darüber hinaus fungiert der Pfarrer vielfach auch als Organisator und Begleiter der Aktivitäten in kirchengemeindlichen Gruppen, ist als Repräsentant der Kirche bei öffentlichen Veranstaltungen gefragt etc.

II. Das Dienstverhältnis des Pfarrers in der Kirche

1. Das Pfarrdienstverhältnis als öffentlich-rechtliches Dienst- und Treueverhältnis

Die persönliche Rechtsstellung des Pfarrers ist durch zwei unterschiedliche Aspekte geprägt: Zum einen durch die Ordination, mit der er den Auftrag, aber zugleich auch das Recht zur öffentlichen Wortverkündigung und zur Sakramentsverwaltung im Sinne von CA 14 erhält[70]; zum anderen durch sein Dienstverhältnis als Pfarrer. Beides ist streng zu unterscheiden. Die Ordination allein begründet noch kein Dienstverhältnis – es gibt Ordinierte, die ihr Predigtamt außerhalb eines Dienstverhältnisses als Pfarrer ehrenamtlich wahrnehmen. 5

Das Dienstverhältnis der Pfarrer teilt wesentliche Merkmale des staatlichen Beamtenverhältnisses und ist wie dieses öffentlich-rechtlicher Natur. Charakteristisch dafür ist der Charakter als lebenslanges, umfassendes Dienst- und Treueverhältnis und die einseitige Regelung der rechtlichen Beziehungen zwischen dem

---

[69] Der Begriff „Pfarramt" wird daher in einem doppelten Sinn verwendet, sowohl als Zusammenfassung der Tätigkeitsbereiche des Pfarrers als auch für die Stelle, die die Verwaltungsaufgaben der Kirchengemeinde wahrnimmt.
[70] Zur Bedeutung der Ordination siehe oben § 24 IV. Rn. 18, § 28 II Rn. 5. Ferner *A. Stein*, Ordination, in: *G. Rau/H. R. Reuter/K. Schlaich*, Das Recht der Kirche, Bd. 3, 1994, S. 73 ff.

Pfarrer und seinem Dienstherrn durch Kirchengesetz. Das Recht der Pfarrer ist daher, soweit es nicht die verfassungsrechtliche Position in der Gemeinde, sondern die persönliche Rechtsstellung gegenüber dem Dienstherren, d. h. i. d. R. der Landeskirche betrifft, in den Pfarrergesetzen der Landeskirchen bzw. der gliedkirchlichen Zusammenschlüsse VELKD und UEK/EKU geregelt. Die Existenz der einheitlichen Pfarrergesetze von VELKD und EKU mit Wirkung für deren Gliedkirchen hat in diesem Bereich zu einer gewissen Vereinheitlichung des Rechts geführt. Staatskirchenrechtlich beruht die Befugnis der Kirchen, solche öffentlich-rechtlichen Dienstverhältnisse zu begründen, auf der im Status einer Körperschaft des öffentlichen Rechts gem. Art. 137 Abs. 5 WRV i. V. m. Art. 140 GG enthaltenen Dienstherrenfähigkeit der Kirchen.

6   Die öffentlich-rechtliche Ausgestaltung des Dienstverhältnisses ist eine besonders funktionsgerechte Form für die Wahrnehmung des Pfarramtes. Wie das Predigtamt ist nämlich auch das öffentlich-rechtliche Dienstverhältnis nicht auf einen bestimmten Zeitraum beschränkt, sondern auf lebenslange Dauer angelegt. Als lebenslanges Dienst- und Treueverhältnis, bei dem eine Kündigung durch den Dienstherrn nicht in Frage kommt, sichert es in besonderer Weise die Unabhängigkeit des Pfarrers in seiner Verkündigung, die ihre Bindung nur in Schrift und Bekenntnis findet. Als umfassendes Dienst- und Treueverhältnis trägt es aber auch dem Umstand Rechnung, dass die glaubhafte Verkündigung der Botschaft des Evangeliums voraussetzt, dass der Pfarrer in seiner ganzen Person vom Evangelium durchdrungen und ergriffen ist, und daraus Konsequenzen nicht nur für einen beschränkten Ausschnitt seines Lebens, sondern für sein gesamtes Verhalten zu ziehen bereit ist. Zudem lassen sich Verkündigung und die mit ihr verbundene Seelsorge nicht auf einen eingeschränkten Zeitrahmen bzw. auf bestimmte Dienststunden beschränken.[71]

2. Voraussetzungen für die Berufung in das Pfarrdienstverhältnis

7   Besondere persönliche Voraussetzungen für die Berufung in das Pfarramt sind die Konfessionszugehörigkeit, die persönliche Eignung und die innere Berufung des Kandidaten für das Amt der Wortverkündigung. Dagegen spielt in den deutschen evangelischen Landeskirchen, anders als in anderen protestantischen Kirchen, das Geschlecht keine Rolle. Das Amt des Pfarrers steht Männern und Frauen offen. Diese Einsicht ist allerdings noch relativ jung und ist erst seit gut 30 Jahren Allgemeingut in den Gliedkirchen der EKD.

Das Predigtamt und die starke Betonung der Heiligen Schrift im Protestantismus setzt eine gründliche theologische Vorbildung der Anwärter auf das Pfarramt voraus.[72] Diese durchlaufen ein Studium der evangelischen Theologie von etwa 5 Jahren Dauer. Das bedeutet natürlich auch, dass in der Regel zur persönlichen Eignung des Kandidaten die allgemeine Hochschulreife gehört. Vor dem eigentlichen Studium steht auch noch – soweit erforderlich – eine Grundausbildung in den für die Theologie erforderlichen Sprachen Hebräisch, Griechisch und Latein. Das

---

[71] Um die durch die Landeskirchen in erheblichem Umfang eingeführte Möglichkeit von Teildienstverhältnissen hat es daher immer wieder juristische und rechtspolitische Diskussionen gegeben, s. dazu *S. A. Sommer*, Teildienstverhältnisse bei Pfarrern in den Gliedkirchen der Evangelischen Kirche in Deutschland, 2007; *R. Mainusch*, Aktuelle kirchenrechtliche und kirchenpolitische Fragestellungen im Dienstrecht der Pfarrer, ZevKR 47 (2002), S. 1 (S. 6 ff.); *H. de Wall*, Der „Typenzwang" im kirchlichen Dienstrecht und die Teildienstverhältnisse bei Pfarrern, ZevKR 49 (2004), S. 369–384.

[72] *H. M. Müller*, Werden und Wandel evangelischer Pfarrerausbildung, ZevKR 39 (1994), S. 19 ff.

anspruchsvolle Studium, das in der Regel an der evangelisch-theologischen Fakultät einer staatlichen Universität oder auch an einer kirchlichen Hochschule absolviert wird, endet mit einem kirchlichen Examen. Daran schließt sich dann als zweiter Ausbildungsabschnitt ein als „Vikariat" bezeichneter Vorbereitungsdienst an, in dem dem Anwärter insbesondere die erforderlichen praktischen Kenntnisse des Pfarramtes, und zwar sowohl in praktisch-theologischer Hinsicht (Gottesdienst, Seelsorge, Gemeindearbeit) als auch im Bezug auf die rechtlichen Leitungsfunktionen vermittelt werden sollen. Auch dieser Ausbildungsabschnitt endet mit einem kirchlichen Examen, an das sich wiederum eine Probezeit im Pfarramt anschließt, bevor der Betreffende endgültig und auf Lebenszeit in das Amt des Pfarrers berufen werden kann.

3. Die Bedeutung der Ordination

Zwar sind die Ordination (s. dazu o. § 24 Rn. 18 und § 28 Rn. 5) und das Dienstverhältnis der Pfarrer zu unterscheiden. Sie stehen aber gleichwohl in einem Zusammenhang. Nach dem geltenden Kirchenrecht soll die Ordination nur erfolgen, wenn die Begründung eines Pfarrerdienstverhältnisses beabsichtigt ist.[73] Dass es hier „soll" heißt, verweist aber darauf, dass beides nicht das Gleiche ist. Es kommt vor, dass eine Ordination ohne die Begründung eines Pfarrerdienstverhältnisses erfolgt.[74] Die Ordination ist ein in erster Linie geistlicher Akt. Mit ihm wird der Betreffende allgemein in das Predigtamt berufen. Sie ist ein einmaliger Akt und wird bei späteren Veränderungen des Amtes, wenn etwa ein Pfarrer eine andere Pfarrstelle übernimmt, in das Amt des Bischofs eingeführt wird oder nach dem Ruhen eines Amtes erneut „aktiviert" wird, nicht wiederholt. Die Ordination ist gleichwohl nach evangelischem Kirchenrecht – anders als die Weihe nach römisch-katholischem Verständnis – kein Sakrament.

Durch die Ordination erhält der Betreffende nicht nur Auftrag und Recht zur Wortverkündigung und Sakramentsverwaltung, sondern auch die Pflicht dazu. Damit verbunden sind weitere sich aus der Ordination ergebende Pflichten. Insbesondere gehört dazu die Pflicht, sich sowohl bei der Ausübung des Amtes als auch im privaten Bereich so zu verhalten, wie es die Wahrnehmung und Glaubwürdigkeit des Predigtamtes erfordern. Daraus folgen besondere Anforderungen an das Verhalten des Pfarrers im Dienst und im öffentlichen, insbesondere im politischen Bereich. Sie können aber auch das private Verhalten, etwa in der Ehe des Ordinierten, betreffen.[75] Die Pflichten aus der Ordination sind bei den Pfarrern eng mit den Pflichten verbunden, die sich aus ihrem Dienstverhältnis zur jeweiligen Landeskirche ergeben, ja die Pflichten aus der Ordination gelten nach evangelischem Kirchenrecht (auch) als Pflichten aus dem Dienstverhältnis. Sie werden daher hier gemeinsam mit diesen näher erläutert. Da zumeist in zeitlicher Nähe zur Ordination auch ein Dienstverhältnis begründet wird, spielt dieser Unterschied in der Regel keine Rolle.

---

[73] Dazu tritt als dritter, von Ordination und Begründung des Dienstverhältnisses rechtlich zu unterscheidender Akt die Übertragung des konkreten Dienstpostens – der Stelle des Pfarrers in der Gemeinde X.
[74] S. Art. 10 a PfarrerG VELKD mit den Anwendungsbestimmungen für die Evangelisch-Lutherische Kirche in Bayern. Auch Theologieprofessoren an (staatlichen) theologischen Fakultäten sind häufig ordiniert und können das öffentliche Predigtamt ausüben, Gottesdienste präsidieren und Sakramente austeilen.
[75] Dazu im einzelnen die in Anm. 85 Genannten.

4. Die Pflicht des Pfarrers zur Wahrnehmung des Predigtamtes und seine Lehrfreiheit

10   Die wichtigste Pflicht des Pfarrers ist die, sein Amt wahrzunehmen, d. h. öffentlich das Evangelium zu verkünden und die Sakramente zu verwalten.[76] So heißt es in § 31 PfarrerG VELKD: „... der Pfarrer ist durch die Ordination verpflichtet, das Evangelium, das in der Heiligen Schrift gegeben und im Bekenntnis der evangelisch-lutherischen Kirche bezeugt ist, in ausschließlichem Gehorsam gegen Gott rein zu lehren." Diese Formulierung verdeutlicht zugleich die Bindung des Pfarrers an Schrift und Bekenntnis und die große Unabhängigkeit, die der Pfarrer bei seiner Lehre hat: Er ist es, der das Amt der öffentlichen Wortverkündigung ausübt und er ist dabei – in der ausschließlichen Verantwortung vor Gott – unabhängig von anderen Instanzen, sei es der Gemeinde, der er ja das Wort verkündigen soll und die ihm daher nicht vorschreiben kann, was er zu verkündigen hat, sei es von sonstigen kirchlichen Instanzen, etwa einem Bischof oder der Kirchenleitung. Die evangelische Kirche kennt daher auch kein institutionalisiertes Lehramt im Sinne einer Person oder eines Gremiums, das mit rechtlicher Verpflichtungskraft eine bestimmte Lehre verwerfen oder für verbindlich erklären dürfte.[77] Dies hat erhebliche Bedeutung auch für die Möglichkeit von Sanktionen gegen den Pfarrer wegen Verletzung seiner Pflichten. Das ist noch näher zu erläutern (s. u. Rn. 21). Die Unabhängigkeit des Pfarrers in seiner Lehre wird durch eine ganze Reihe von besonderen Rechten gesichert: So ist er grundsätzlich unversetzbar, d.h. er kann nur in engen Ausnahmefällen gegen seinen Willen auf eine andere Pfarrstelle versetzt werden.[78] Damit ist er sowohl gegenüber Einwirkungen seitens der Kirchenleitungen wegen möglicherweise missliebiger Lehre geschützt, als auch gegenüber der Kirchengemeinde, der er die Wahrheit predigen kann, auch wenn es für die Gemeinde möglicherweise unangenehm ist. Konsequenzen für seine Stellung und seine persönliche und insbesondere wirtschaftliche Existenz muss er deshalb nicht befürchten. Dabei ist auch zu vergegenwärtigen, dass es in den evangelischen Kirchen ganz erhebliche Meinungsunterschiede bei der theologischen Bewertung unterschiedlicher Fragen gibt. So ist aktuell etwa die Frage der Behandlung von homosexuellen Paaren hochumstritten. Die Unabhängigkeit des Pfarrers ist gerade in solchen Situationen, bei denen es um nicht nur theologisch, sondern auch politisch hochumstrittene Fragen geht, von hohem Wert. Der Pfarrer wird dadurch in die Lage versetzt, allein die Wahrheit des Evangeliums nach seinem Gewissen zu predigen und nicht einer politisch gerade vorherrschenden Richtung zu dienen.

5. Rechte und Pflichten des Pfarrers im öffentlich-rechtlichen Dienstverhältnis

11   Die Unabhängigkeit des Pfarrers wird darüber hinaus auch durch die Eigenart des Dienstverhältnisses geschützt, in das er berufen wird. Dieses öffentlich-rechtliche Dienstverhältnis teilt, wie erwähnt, die wichtigsten Merkmale des staatlichen

---

[76] *H. Maurer*, Die Pflichten des Pfarrers aus Ordination und Dienstverhältnis, Abhandlungen zum Kirchenrecht und Staatskirchenrecht, 1998, S. 53 f.
[77] Zum Lehramt in der evangelischen Kirche siehe *M. Heckel*, Die theologischen Fakultäten im weltlichen Verfassungsstaat, 1986, S. 127 ff.
[78] *P. von Tiling*, Die Versetzung von Pfarrern, insbesondere „mangels gedeihlichen Wirkens", ZevKR 43 (1998), S. 55 ff. Rechtspolitisch wird freilich erwogen, die Versetzung von Pfarrern zu erleichtern – in Anbetracht der gewachsenen Mobilität, die den Wechsel der Arbeitsstelle zur Normalität werden lässt, auch wenn er durch den Arbeitgeber veranlasst wird, erscheint es in der Tat zweifelhaft, ob die Versetzbarkeit des Pfarrers seine Unabhängigkeit beeinträchtigen würde.

Beamtenverhältnisses.[79] So ist es ein lebenslanges Dienst- und Treueverhältnis. Der Pfarrer ist daher unkündbar. Die Unabhängigkeit des Pfarrers wird auch durch sein Recht auf Alimentation gesichert: Er und seine Familie erhalten einen amtsgemäßen Unterhalt in Form eines monatlichen Gehalts, das ungefähr der Besoldung eines Akademikers in der staatlichen Verwaltung entspricht. Damit wird der Pfarrer in die Lage versetzt, in wirtschaftlich gesicherter Position und Unabhängigkeit seinen Amtspflichten nachzukommen. Er braucht sich bei der Erfüllung seines Amtes auch nicht darum zu kümmern, besonders wichtigen Geldgebern zu gefallen etc.[80]

Die Freiheit und Unabhängigkeit des Pfarrers ist aber natürlich nicht unbegrenzt.[81] Eine Begrenzung ergibt sich aus der bereits erwähnten Bindung des Pfarrers an Schrift und Bekenntnis. Darüber wird noch zu reden sein. Seine Unabhängigkeit betrifft ferner den Inhalt seiner Lehre und Predigt, nicht aber deren Äußerlichkeiten und Form. So ist auch der Pfarrer an die Agende (Gottesdienstordnung) gebunden und kann nicht sozusagen Privatformen des Gottesdienstes entwickeln. Hier kann die Abgrenzung freilich schwierig sein. Auch bezieht sich die Unabhängigkeit des Pfarrers nur auf das Predigtamt, nicht auf sonstige Bereiche des Lebens und Wirkens des Pfarrers. So kann etwa seine politische Betätigung – gerade im Interesse des Predigtamtes, eingeschränkt werden. Die Unabhängigkeit der Lehre bezieht sich überdies auch nicht auf diejenigen seiner Dienstpflichten, die dem Pfarrer neben dem Predigtamt und darüber hinaus übertragen werden. Bei der pfarramtlichen Geschäftsführung, der Verwaltung der Personal- und Vermögensangelegenheiten der Gemeinde, bei den Kirchenbüchern etc. steht ihm die Lehrfreiheit nicht zu und ist sein Dienst Gegenstand vielfältiger rechtlicher Regelungen und Pflichten. Solche Pflichten betreffen seine Amtsführung, sein Verhalten gegenüber der Gemeinde, gegenüber den anderen Pfarrern und gegenüber der Kirchenleitung, sein Verhalten in der Öffentlichkeit und auch im privaten Leben.

Unter den auf die Amtsführung bezogenen Pflichten finden sich solche, die ausschließlich verwaltungstechnische Aufgaben betreffen, aber auch solche, die das Verhältnis zu anderen Menschen oder die persönliche Rechtsstellung des Pfarrers berühren. Die Pfarrer unterliegen einer Residenz- und Präsenzpflicht. Sie müssen innerhalb ihrer Gemeinde nicht nur ihren Wohnsitz nehmen, häufig in einer Dienstwohnung im Pfarrhaus, sondern grundsätzlich auch dauernd anwesend sein, wenn sie nicht beurlaubt oder sonst vom Dienst befreit sind. Damit wird sichergestellt, dass die Pfarrer mit den Gegebenheiten der Gemeinde vertraut sind und ständig vor Ort der Seelsorge nachkommen können.[82]

In der Vergangenheit ist die Pflicht der Pfarrer zu politischer Mäßigung immer wieder Gegenstand von Auseinandersetzungen gewesen.[83] Grundsätzlich ist das staatsbürgerliche Recht des Pfarrers zur politischen Betätigung anerkannt. Aller-

---

[79] Zur staatskirchenrechtlichen Problematik einer „Bindung" an das staatliche Beamtenrecht *H. de Wall*, in: Der „Typenzwang" im kirchlichen Dienstrecht und die Teildienstverhältnisse bei Pfarrern, ZevKR 49 (2004), S. 369 ff.
[80] Freilich birgt diese Unabhängigkeit auch die Gefahr, dass der Pfarrer sich um die Attraktivität seiner Predigt, ihre Verständlichkeit bei seiner Gemeinde, kurz: um die Rezipientenperspektive zu wenig kümmert.
[81] Dazu insbesondere *Maurer*, Die Pflichten des Pfarrers (Anm. 76), S. 46 ff.
[82] Dazu *E. Winkler*, Kirchentheoretische Überlegungen zur Dienstwohnungspflicht der Pfarrer, ZevKR 49 (2004), S. 578 ff.
[83] Dazu *H. Maurer*, Freiheit und Bindung kirchlicher Amtsträger, Abhandlungen zum Kirchenrecht und Staatskirchenrecht, 1998, S. 3 ff.; zur Problematik im katholischen Kirchenrecht s. *J. Listl*, Die „Erklärung der Deutschen Bischofskonferenz zur parteipolitischen Tätigkeit der Priester" vom 27. September 1973 (1975), in: *ders.*, Kirche im freiheitlichen Staat, 2. Halbbd., 1996, S. 600 ff.

dings muss er sich dabei Mäßigung auferlegen: Er dient allen Gemeindegliedern ungeachtet ihrer politischen Anschauungen. Daher soll bei ihm nicht der Eindruck übergroßer Parteilichkeit entstehen, die seine Seelsorge beeinträchtigt. Dabei kann freilich auch von den Gemeindegliedern Toleranz gegenüber dem Pfarrer erwartet werden. Die politische Tätigkeit des Pfarrers darf nicht in Widerspruch zu seinem Dienst am Wort geraten. Die Betätigung in betont atheistischen Parteien ist daher ausgeschlossen.

Ebenfalls immer wieder Anlass von Problemen sind die Pflichten des Pfarrers im Bezug auf seine private Lebensführung. Große Diskussionen werden in letzter Zeit etwa über die Frage geführt, inwieweit homosexuelle Beziehungen bzw. Partnerschaften von Pfarrern geduldet werden können.[84]

14 Erläuterungsbedürftig sind die Regelungen mit Bezug auf die Ehe der Pfarrerinnen und Pfarrer.[85] Bekanntlich kennen die protestantischen Kirchen keinen Zölibat. Pfarrer können (und sollen) verheiratet sein. Es gilt dabei nach wie vor das Leitbild der christlichen Ehe.[86] Damit sie dieses Leitbild glaubhaft vermitteln können, bildet ein entsprechendes Verhalten auch eine Dienstpflicht der Pfarrer. Ehebrecherische Beziehungen etwa stellen daher auch Dienstpflichtverletzungen dar. Nach evangelischem Verständnis ist die Ehe kein Sakrament, sondern „weltlich Ding". Die Möglichkeit menschlichen Scheiterns muss einbezogen werden. Daher ist ausnahmsweise eine Ehescheidung möglich. Freilich ist die Ehe auch im Protestantismus eine lebenslange, grundsätzlich unauflösbare Beziehung. Daher stellt auch die Ehescheidung grundsätzlich einen Vorgang dar, der für das Dienstverhältnis des Pfarrers relevant ist.[87] Die Pfarrergesetze ordnen daher Anzeigepflichten über eine beabsichtigte Ehescheidung an. Wenn die Ehe gleichwohl geschieden wird, besteht die Möglichkeit der Versetzung des Pfarrers etc.[88] Allerdings ist die Ehescheidung, anders als in älterer Zeit, nicht per se eine Verletzung einer Dienstpflicht, sondern nur, wenn sie auf einem Verhalten des Pfarrers beruht, das seinerseits eine Dienstpflichtverletzung ist. Dessen ungeachtet ist nicht nur die Vorbildfunktion des Pfarrers und das Leitbild der christlichen Ehe zu berücksichtigen. Vielmehr ist der Ehepartner des Pfarrers regelmäßig in besonderer Weise in das Leben der Gemeinde eingebunden, so dass im Fall der Auseinandersetzungen zwischen Pfarrer und Ehegatten immer auch die Gefahr der Rückwirkung auf das Gemeindeleben gegeben ist. Dienstrechtliche Maßnahmen aus Anlass einer Ehescheidung dienen auch dazu, solche Rückwirkungen zu verhindern. Sie sind daher nicht in erster Linie als Sanktion gegenüber dem Pfarrer zu verstehen.

---

[84] Dazu *R. Mainusch*, Aktuelle kirchenrechtliche und kirchenpolitische Fragestellungen im Pfarrerdienstrecht, ZevKR 47 (2002), S. 35 ff.

[85] *K. v. Notz*, Lebensführungspflichten im evangelischen Kirchenrecht, 2003, S. 189 ff.; *P. Koller*, Lebensführung und Pfarrerdienstrecht aus der Sicht eines Theologen, und *R. Tompert*, Lebensführung und Pfarrerdienstrecht aus der Sicht eines Juristen, beide in: Rau/Reuter/Schlaich, (Anm. 70), S. 153 ff. und 169 ff.; *H. Maurer*, Bestehen für die Lebensführung von Pfarrern und Kirchenbeamten besondere rechtliche Anforderungen?, Abhandlungen zum Kirchenrecht und Staatskirchenrecht, 1998, S. 75 ff.; *R. Mainusch*, Aktuelle kirchenrechtliche und kirchenpolitische Fragestellungen im Pfarrerdienstrecht, ZevKR 47 (2002), S. 12 ff.

[86] Dazu Kirchenleitung der VELKD, Die Ehe als Leitbild christlicher Orientierung, ZevKR 42 (1997), S. 183 ff.; *H. M. Müller*, Theologische Bemerkungen zum christlichen Eheverständnis, ZevKR 47 (2002), S. 530 ff.; *G. Robbers*, Ehe und Familie in evangelischer Sicht, Essener Gespräche 35 (2001), S. 81 ff.

[87] *Maurer*, Die Pflichten des Pfarrers (Anm. 6), S. 67 ff.

[88] Dazu *P. v. Tiling*, Ehescheidung als Versetzungsgrund, ZevKR 47 (2002), S. 706.

6. Insbesondere: Beicht- und Seelsorgegeheimnis – Amtsverschwiegenheit

Die Wahrung des Beichtgeheimnisses und der seelsorgerlichen Verschwiegenheit 15
gehört zu den Amtspflichten des Pfarrers (§ 37 PfDG EKU; § 41 PfarrerG
VELKD). Das Beichtgeheimnis ist immer wieder Gegenstand besonderen Interesses
in der Öffentlichkeit, aber auch in Rechtsprechung und Schrifttum. Daher soll sein
Schutz im evangelischen Kirchenrecht hier kurz erläutert werden.

Auch die evangelischen Kirchen und ihr Recht kennen die Beichte. Sie ist
gekennzeichnet durch das Bekenntnis des Beichtenden, dass er vor Gott gesündigt
habe und der Bitte um Zuspruch der Vergebung (Absolution), den die Kirche in
Ausübung der Schlüsselgewalt (s. o. § 24 Rn. 16) erteilen kann. Üblicherweise wird
in der evangelischen Kirche die Beichte in Form der Gemeindebeichte im Gottesdienst vollzogen, d. h. ohne dass ein Individuum im vertraulichen Gespräch konkret
benannte Sünden beichtet. Auch eine solche Einzel- oder Ohrenbeichte ist aber
möglich.

Das Bekenntnis konkreter Sünden in der Beichte setzt das Vertrauen in die 16
Verschwiegenheit desjenigen voraus, dem gebeichtet wird, d. h. vor allem des
Pfarrers. Daher ist nach den in den Kirchenverfassungen, den kirchlichen Lebensordnungen und den Pfarrergesetzen enthaltenen Vorschriften über alles in der
Beichte Erfahrene Stillschweigen zu bewahren.[89] Das gilt aber nicht nur im Fall
der durch die beiden genannten Elemente gekennzeichneten Beichte, sondern
allgemein in der Seelsorge. Demgemäß ist das Beichtgeheimnis Teil des allgemeinen
Seelsorgegeheimnisses. Dieses umfasst alles, was einem Pfarrer in seiner Eigenschaft
als Seelsorger – auch außerhalb der Beichte – bekannt geworden ist

Sowohl Beicht- als auch Seelsorgegeheimnis unterliegen aus der Sicht des Kirchenrechts strengem Schutz. Zwar wird nach dem Recht mancher Landeskirchen
insoweit differenziert, als das Beichtgeheimnis ausnahmslos unverbrüchlich zu
wahren ist, wohingegen das bei einer Entbindung vom Seelsorgegeheimnis nicht in
gleicher Weise gilt. Allerdings ist hier der Schutz nur dann abgeschwächt, wenn der
Seelsorger vom Betreffenden von der Schweigepflicht entbunden wird. Selbst dann
hat aber der Seelsorger zu prüfen, ob er Wissen aus der Seelsorge offenbaren darf.
Dies verdeutlicht, dass das Seelsorgegeheimnis selbst dann, wenn der Betreffende
auf die Geheimhaltung keinen Wert legt, weiterhin der Verantwortung des Seelsorgers unterliegt. Dagegen führt selbst die Entbindung von der Schweigepflicht
durch den Beichtenden nicht zur Aufhebung des Beichtgeheimnisses.

Die Verletzung des Beicht- oder des Seelsorgegeheimnisses stellt kirchenrechtlich
einen schweren Verstoß gegen die Amtspflichten der Pfarrer dar. Sie müssen auch
Nachteile, die aus dem Schutz des Beicht- und Seelsorgegeheimnisses erwachsen,
auf sich nehmen. Würde etwa ein staatliches Gericht oder eine Behörde eine
Aussage erzwingen wollen, müsste der Pfarrer entsprechende Zwangsmaßnahmen,
etwa eine Beugehaft, nach dem Kirchenrecht erdulden.

Allerdings erkennt das staatliche Recht in Deutschland als Konsequenz des grund- 17
rechtlichen Schutzes eines Kernbereichs privater Lebensgestaltung ebenfalls den
Schutz des Beicht- und Seelsorgegeheimnisses an. Zwar ist der Bruch des Beichtoder des Seelsorgegeheimnisses nach staatlichem Recht nicht strafbar – dies deshalb,
weil der Schutz des Beicht- und Seelsorgegeheimnisses inklusive der Sanktionen für
seine Verletzung zu den Gegenständen des Selbstbestimmungsrechts der Religions-

---

[89] S. z. B. die Regelungen zu Beichtgeheimnis und seelsorgerlicher Verschwiegenheit in §§ 41 f.
PfG VELKD und Art. 77 OKL EKU.

gemeinschaften i. S. v. Art. 137 III WRV i. V. m. Art. 140 GG zählt. Die staatlichen Prozessordnungen räumen aber Geistlichen und deren Gehilfen das Recht der Aussageverweigerung über alles ein, was sie in ihrer Eigenschaft als Seelsorger erfahren haben (§ 53 I Nr. 1 StPO; § 383 I Nr. 4 ZPO). Insoweit besteht für Geistliche auch keine Verpflichtung zur Anzeige geplanter Straftaten (§ 139 II StGB).

18 Seelsorge und Beichte sind nicht allein den Pfarrern vorbehalten. Vielmehr sind auch andere kirchliche Mitarbeiter mit Aufgaben der Seelsorge betraut. Nach den kirchenrechtlichen Bestimmungen haben auch sie das Beicht- und Seelsorgegeheimnis genauso zu wahren wie die Pfarrer.[90]

Nach evangelischem Verständnis kann jeder Christ seinem Nächsten Seelsorge leisten, die Beichte hören und die Vergebung der Sünden zusprechen. Auch wer solche „Laienseelsorge" betreibt, ist nach dem kirchlichen Recht zur Verschwiegenheit verpflichtet (s. z. B. Abschnitt D. 2 LKL VELKD). Ihm stehen aber die Aussageverweigerungsrechte des staatlichen Rechts nicht zu, so dass er selbst zu prüfen und zu verantworten hat, ob er Beicht- und Seelsorgegeheimnis wird wahren können.

19 Vom Beicht- und Seelsorgegeheimnis zu unterscheiden ist die Amtsverschwiegenheit des Pfarrers bzw. das Dienstgeheimnis (s. z. B. § 36 PfDG EKU). Hier geht es nicht um Beichte oder Seelsorge, sondern um die übrigen Tätigkeiten des Pfarrers, in deren Rahmen er von zahlreichen Angelegenheiten erfährt, die vertraulich sind. Auch über dienstliche Angelegenheiten hat der Pfarrer daher grundsätzlich Verschwiegenheit zu bewahren. Das Dienstgeheimnis wird, ähnlich wie im staatlichen Recht, dadurch abgesichert, dass der Pfarrer für Aussagen gegenüber Gerichten und Behörden einer Aussagegenehmigung bedarf.

7. Disziplinarrecht, Disziplinarverfahren und Lehrbeanstandung

20 Verletzungen der Dienstpflichten des Pfarrers werden in einem besonderen Verfahren geahndet, dem Disziplinarverfahren, das wiederum – mit kirchlichen Besonderheiten – z. T. dem Disziplinarverfahren des staatlichen Beamtenrechts ähnelt und diesem nachempfunden ist.[91] Dabei wird in einem rechtsstaatlich ausgestalteten Verfahren durch Kirchenbehörden und -gerichte festgestellt, ob eine Verletzung der Dienstpflichten vorliegt. Daraus werden dann entsprechende Konsequenzen gezogen, die von einem Verweis über Besoldungskürzungen bis zur (seltenen) Entfernung aus dem Dienst führen können.[92]

21 Vom Disziplinarverfahren zu unterscheiden ist das Lehrbeanstandungsverfahren, das seit Beginn des 20. Jahrhunderts in den evangelischen Kirchen eingeführt wurde.[93] Da in den evangelischen Kirchen grundsätzliche Lehrfreiheit der Pfarrer

---

[90] Der BGH hat insofern auch festgestellt, dass zu den „Geistlichen", die nach der StPO ihr Zeugnis verweigern können, nicht nur geweihte katholische Priester oder ordinierte evangelische Pfarrer gehören können, sondern auch andere durch die Kirche mit Aufgaben der Seelsorge betraute Personen. Wie weit dieser Personenkreis zu ziehen ist, ist freilich im einzelnen ungeklärt. Näher s. BGH NJW 2007, 307 (308); BVerfG NJW 2007, 1865; *H. de Wall*, Der Schutz des Seelsorgegeheimnisses (nicht nur) im Strafverfahren, NJW 2007, S. 1856–1859.
[91] Allerdings ist das staatliche Disziplinar(verfahrens)recht in den letzten Jahren grundlegend umgestaltet worden, wohingegen das kirchliche Verfahren bisher dem „alten" staatlichen Recht angenähert ist. Vereinheitlichende Reformen sind aber geplant.
[92] Dazu *W. Strietzel*, Das Disziplinarrecht der deutschen evangelischen Landeskirchen und ihrer Zusammenschlüsse, 1988; *G. Tröger*, Überlegungen zu einigen Problemen im kirchlichen Disziplinarrecht, insbesondere im Disziplinargesetz der VELKD, ZevKR 49 (2004), Heft 1 (= Festheft für Axel v. Campenhausen), S. 221 ff.
[93] Dazu *Strietzel* (Anm. 92), S. 208 ff. mit Nachweisen; *A. Stein*, Probleme evangelischer Lehrbeanstandung, 1967; *W. Härle/H. Leipold* (Hrsg.), Lehrfreiheit und Lehrbeanstandung, 2 voll., 1985;

besteht und da der Inhalt der Lehre eine Frage des theologischen Gewissens ist, können Abweichungen der Lehre eines Pfarrers von der im Protestantismus ansonsten üblichen und konsentierten theologischen Auffassung nicht einfach als Dienstpflichtverletzung geahndet werden. Der Glaube kennt keinen Zwang; daher kann es „credenda" oder „docenda" in dem Sinne, dass der Gläubige oder Pfarrer zur Übernahme bestimmter Glaubenssätze rechtlich verpflichtet wäre, nicht geben. Die evangelischen Kirchen kennen, wie erwähnt, auch kein institutionalisiertes Lehramt, das „ex cathedra" über die Richtigkeit von Glaubenssätzen entscheiden könnte.[94] Allerdings kann man nicht sagen, dass es in der evangelischen Kirche überhaupt kein Lehramt gäbe. Zum Amt gehört es gerade auch, „Lehre zu (be)urteilen und die Lehre, die gegen das Evangelium ist, zu verwerfen", wie es zum Amt der Bischöfe in Art. 28 der Confessio Augustana heißt. Allerdings ist das Mittel dazu lediglich das Wort – nicht aber menschliche Gewalt, d. h. aber auch nicht (disziplinar)rechtliche Maßnahmen. Was wahre Lehre der Kirche ist, wird nach evangelischem Verständnis nicht einseitig festgelegt. Vielmehr ist es das gemeinsame Zeugnis von der Wahrheit des Evangeliums, also das Bekenntnis, was die Einheit der Kirche ausmacht (CA 7, s. o.). Was insofern „wahre" Lehre ist, ist Gegenstand des Konsenses der Kirche. Hier ist dann der Ansatzpunkt, wie die oben erwähnte Bindung der Pfarrer an Schrift und Bekenntnis begründet und auch praktisch umgesetzt werden kann. Wer den – sehr weit gefassten – Konsens der evangelischen Kirche über die Wahrheit des Evangeliums verlässt, der begeht zwar kein Disziplinarvergehen wie derjenige, der etwa zu eigenen Gunsten „in die Pfarrkasse greift." Er kann aber auch nicht im Namen und für die Kirche das öffentliche Predigtamt ausüben, dessen Inhalt ja darin besteht, die Wahrheit des Evangeliums nach dem gemeinsamen Zeugnis der Kirche zu verbreiten. Wer also diesen Konsens verlässt und insofern Schrift und Bekenntnis preisgibt, der ist nicht mehr geeignet, das öffentliche Predigtamt für die Kirche wahrzunehmen. Dadurch wird die Gemeinde vor falscher Verkündigung und Lehre geschützt. Um festzustellen, ob der Pfarrer die Wahrheit des Evangeliums preisgegeben hat, ist nun auch die Form eines juristischen Disziplinarverfahrens völlig unangebracht. Hier muss vielmehr ein theologisches Lehrgespräch durchgeführt werden, um entscheiden zu können, ob der Konsens in den Grundwahrheiten des Evangeliums noch besteht. Ist dies nicht der Fall, verliert der Pfarrer seine Rechte aus der Ordination und scheidet aus seinem Dienstverhältnis aus. Dazu ist in den evangelischen Kirchen ein besonderes Verfahren, das Lehrbeanstandungsverfahren mit besonderen Spruchkörpern unter maßgeblich theologischer Leitung eingerichtet worden. Dieses trifft letztlich die Feststellung, dass ein Pfarrer den Konsens der Kirche über Schrift und Bekenntnis verlassen hat. Unter anderem wegen der weiten Grenzen des evangelischen Bekenntnisses ist dieses Verfahren freilich extrem selten. Beispiele sind aber ein Fall, in denen ein Pfarrer Gott als mathematische Formel hat fassen wollen, oder ein anderer Fall, in dem ein Pfarrer das römisch-katholische Verständnis des Papstamtes auch für die evangelischen Kirchen für verbindlich eingestuft hat.

8. Dienstaufsicht, Visitation

Dem staatlichen Beamtenrecht vergleichbar ist das Institut der Dienstaufsicht über den Pfarrer. Nach § 62 PfarrerG VELKD ist es Sinn und Zweck der Dienst-

---

W. *Huber*, Lehrbeanstandung in der Kirche der Lehrfreiheit, in: *Rau/Reuter/Schlaich*, (Anm. 70), 118 ff.; G. *Robbers*, Lehrfreiheit und Lehrbeanstandung, ebd., S. 138 ff.
[94] O. bei Anm. 77.

aufsicht, die Pfarrer „bei der Erfüllung der ihnen obliegenden Aufgaben zu beraten, sie anzuleiten, zu ermahnen und notfalls zu rügen." Sie kann freilich nicht lediglich zu einer Rüge führen. Als konkretere dienstaufsichtliche Maßnahmen kommen vielmehr die Beigabe einer Hilfskraft an den Pfarrer auf dessen Kosten, wenn er bei der Erledigung von Verwaltungsaufgaben säumig ist, oder die Untersagung der Ausübung des Dienstes bis zur Dauer von drei Monaten in Betracht (§§ 63, 64 PfarrerG VELKD).[95] Schließlich kann die Dienstaufsicht in ein Disziplinarverfahren münden, wenn dabei festgestellt wird, dass Pfarrer und Pfarrerinnen ihre Amtspflichten verletzt haben. Die Dienstaufsicht über die Pfarrer wird typischerweise von den Konsistorien bzw. Kirchenleitungsgremien der Landeskirchen, von den „Regionalbischöfen" oder von den Superintendenten bzw. Dekanen etc., also den leitenden Pfarrern der kirchlichen Mittelstufe geführt.

23   Die Dienstaufsicht über die Pfarrer steht neben einer traditionsreichen Institution des Kirchenrechts, die teilweise ähnliche Funktionen erfüllt, der Visitation. Das Wort leitet sich vom lateinischen „visitare" = „besuchen" ab. Nicht jeder Besuch eines Bischofs oder eines anderen kirchlichen Amtsträgers ist freilich bereits eine Visitation. Die Visitation ist vielmehr ein rechtlich geordneter, institutionalisierter Besuch. Nach § 61 Abs. 2 PfarrerG VELKD leistet die Kirche in der Visitation durch die Inhaber und Inhaberinnen der geistlichen Leitungs- und Aufsichtsämter den Pfarrern und Pfarrerinnen und der Gemeinde einen besonderen Dienst. § 1 der Visitationsordnung der evangelisch-lutherischen Kirche in Bayern beschreibt diesen Dienst etwas näher so: „Die Visitation ist kirchlicher, brüderlicher Besuchsdienst. Sie will die Verbundenheit in der einen Kirche Jesu Christi stärken". In anderen Visitationsordnungen wird neben dem helfenden, brüderlichen Aspekt der Aufsichtscharakter der Visitation etwas deutlicher hervorgehoben. So beschreibt die Visitationsordnung der Ev. – Luth. Landeskirche Mecklenburgs vom 18. 7. 1963 in Abschnitt A 1. Nr. 1, dass in der Visitation die Kirche durch Beauftragte darüber „*wacht* ..., dass das Wort schriftgemäß gepredigt wird, dass die Sakramente stiftungsgemäß gereicht werden und sich in den Gemeinden vom Gottesdienst her Kirche Jesu Christi lebendig und vielgestaltig entfaltet." Nach Abschnitt A 1. Nr. 4 gibt die Kirche „dem Pfarrer und seinem Haus sowie allen Mitarbeitern Weisung, Mahnung und Tröstung zu ihrem Dienst". Hier tritt der nicht nur geschwisterliche, sondern auch aufsichtliche Charakter der Visitation deutlich hervor, was in Abschnitt A 2. Nr. 1 verdeutlicht wird, wonach „Die Visitation kirchenleitende Funktion (hat) und zugleich helfender Dienst ..." ist. Einzelheiten der Visitation, die nicht allein dem Pfarrer, sondern auch der Gemeinde gilt, werden im Abschnitt über die Aufsicht über die Gemeinde erörtert.

24   Dienstaufsicht und Visitation haben z. T. gemeinsame Zwecke. Sie ersetzen aber einander nicht, sondern haben ihre je spezifische Funktion. So fehlt der Dienstaufsicht der das gesamte Leben der Gemeinde umfassende Charakter der Visitation. Es geht hier allein um die Überprüfung der Erfüllung der den *Pfarrern* obliegenden Aufgaben. Die Gemeinde kommt dabei allenfalls mittelbar in den Blick. Die Dienstaufsicht hat demgemäß auch nicht zum Ziel, die Einbindung der Gemeinde in die Gesamtheit der Kirche zu verdeutlichen. Umgekehrt sind die Folgen der Dienstaufsicht deutlich weiterreichender als die der Visitation, die in einen Visitationsbericht mündet und allenfalls die Mahnung des Pfarrers zur Folge hat.

Neben Dienstaufsicht und Visitation sind in jüngerer Zeit neue Formen getreten, nämlich Supervision und Personalentwicklungsgespräch. Von der Visitation unterscheiden sich diese aktuellen Formen der Aufsicht (in einem weitesten Sinne) darin, dass sie – wie die Dienstaufsicht – nicht das

---

[95] Daneben steht eine Verpflichtung zum Schadensersatz, § 65 PfarrerG VELKD.

gesamte Leben der Gemeinde, sondern allein die Amtsführung des Pfarrers im Blick haben. Von der Dienstaufsicht unterscheiden sie sich sowohl durch ihren Anwendungsbereich als auch durch ihre Methodik. Danach sind Supervision und Personalentwicklungsgespräche gar nicht in erster Linie als Element der Aufsicht zu werten. Die Supervision ist eine besondere Form der Beratung in Anbetracht besonderer Probleme und Konfliktlagen insbesondere im Bereich der Seelsorge.[96] Auch Personalentwicklungsgespräche dienen nicht in erster Linie der Aufsicht, sondern, wie schon der Namen sagt, der Personalführung und Entwicklung. Auch wenn bei einem verpflichtenden, regelmäßigen Gespräch mit einem Vorgesetzten natürlich unweigerlich Elemente einer Aufsicht jedenfalls im Bewusstsein der Betroffenen kaum auszuschließen sind, geht es hier nicht so sehr um die Feststellung einzelner Defizite der Amtsführung, sondern um den möglichst effektiven Einsatz der personellen Ressourcen der Kirche unter Einbeziehung und in Kommunikation gerade mit dem Personal.

9. Veränderungen und Beendigung des Dienstverhältnisses, der Wartestand

Ähnlich wie im staatlichen Beamtenrecht kann auch das Dienstverhältnis des Pfarrers geändert werden, d. h. bei grundsätzlichem Weiterbestehen einen anderen Inhalt bekommen, z. B. hinsichtlich der dienstlichen Verpflichtungen. Änderungen des Dienstverhältnisses sind ihren Voraussetzungen und Folgen nach in den Pfarrergesetzen geregelt. Dazu gehören z. B. die Versetzung auf eine andere Pfarrstelle oder die Übertragung einer allgemeinkirchlichen Aufgabe, Abordnung und Beurlaubung, die Übernahme durch eine andere Gliedkirche, die Zuweisung zu einem anderen Dienstherren oder die Umwandlung in ein Kirchenbeamtenverhältnis. 25

Daneben kennt das evangelische Kirchenrecht einen besonderen Wartestand, in den der Pfarrer in gesetzlich bestimmten Fällen versetzt werden kann.[97] Mit der Versetzung in den Wartestand verliert der Pfarrer die ihm übertragene Pfarrstelle und die sonst ihm übertragenen Aufgaben. Er ist aber zur Übernahme zumutbarer Aufgaben verpflichtet. Er erhält nicht die (volle) Besoldung, sondern lediglich ein Wartegeld. Der Wartestand endet mit der (erneuten) Übertragung einer Pfarrstelle oder mit Versetzung in den Ruhestand. Die Versetzung in den Wartestand kann Sanktion eines disziplinarrechtlichen Verfahrens sein, aber auch erfolgen, wenn aufgrund einer Änderung der Organisation der kirchlichen Ämter keine Möglichkeit für eine weitere Amtsführung mehr gegeben ist (Art. 99 a PfarrerG Bay). 26

Die Versetzung in den Wartestand ist auch die Rechtsfolge der Feststellung, dass ein gedeihliches Wirken des Pfarrers auf der bisherigen Pfarrstelle nicht zu erwarten ist (§ 86 I, 87 III PfarrerG VELKD, § 84 I Nr. 2, 88 I PfDG EKU).[98] Im Unterschied zur Versetzung in den Wartestand infolge eines Disziplinarverfahrens muss der Grund dafür nicht im Verhalten des Pfarrers liegen. So kann z. B. auch die mangelnde Bereitschaft oder Kompromissfähigkeit des Kirchenvorstandes, mit einem Pfarrer zusammenzuarbeiten, eigentliche Ursache für das mangelnde gedeihliche Wirken des Pfarrers sein. Die Versetzung in den Wartestand „mangels gedeihlichen Wirkens" hat erhebliche Auswirkungen auf die Rechtsstellung des Pfarrers und bisweilen auch auf sein persönliches Ansehen. Sie ist daher immer wieder Gegenstand rechtlicher und kirchenpolitischer Auseinandersetzungen.[99] Jedenfalls ist von ihr nur unter restriktiver Auslegung des Begriffs „mangelndes 27

---

[96] Zur Supervision s. *I. Karle*, RGG[4], 2004, Sp. 1905.
[97] Zur geschichtlichen Entwicklung s. *H.-E. Dietrich*, Die Versetzung von Pfarrern in der protestantischen Tradition und die Einführung des Wartestandes, ZevKR 53 (2008), S. 141 ff.
[98] Näher s. *J. Ennuschat*, Gedeihliches Wirken und Inamovibilität der Pfarrer, ZevKR 53 (2008), S. 113 ff. m. w. N., auch zu Beispielen aus der kirchengerichtlichen Rechtssprechung; *P. v. Tiling*, Die Versetzung von Pfarrern, insbesondere „mangels gedeihlichen Wirkens", ZevKR 43 (1998), S. 55 ff.
[99] *Ennuschat*, Gedeihliches Wirken (Anm. 98), S. 113 ff.; *P. v. Tiling,* Die Versetzung von Pfarrern (Anm. 98), S. 66 ff.; *A. Stein*, Neue Aspekte im Pfarrdienstrecht – Soll der Pfarrer kündbar werden?, in: KuR 3/95, S. 27 ff.

gedeihliches Wirken" und mit größtmöglicher verfahrensmäßiger Sorgfalt Gebrauch zu machen.[100] Keinesfalls darf sozusagen aus Bequemlichkeit, wegen der leichteren Feststellbarkeit „mangelnden gedeihlichen Wirkens" gegenüber dem Nachweis einer schuldhaften Verletzung der Dienstpflicht das förmliche Disziplinarverfahren umgangen werden.

28 Eine Änderung des Dienstverhältnisses, nicht etwa dessen Beendigung, ist auch die Versetzung des Pfarrers in den Ruhestand. Das Pfarrdienstverhältnis ist ja, wie das Beamtenverhältnis, ein lebenslanges Dienst- und Treueverhältnis und endet daher nicht mit dem Erreichen einer Altersgrenze: „Mit dem Beginn des Ruhestands sind Pfarrer und Pfarrerinnen unter Aufrechterhaltung des Pfarrdienstverhältnisses der Pflicht zur Dienstleistung enthoben. Im übrigen unterstehen sie weiter der Lehrverpflichtung und der Amtspflicht und damit der Lehraufsicht und der Disziplinargewalt" (§ 109 I PfarrerG VELKD). Sie erhalten, wie die Beamten des Staates, nicht ihre vollen Dienstbezüge, sondern Versorgungsbezüge. Die Versetzung in den Ruhestand erfolgt i.d.R mit dem Ende des Monats, in dem der Pfarrer das 65. Lebensjahr erreicht. Das Pfarrerdienstrecht folgt hier dem staatlichen Beamtenrecht, so dass die Altersgrenze in Zukunft höher liegen wird. Auch der Pfarrer, der aus gesundheitlichen Gründen dauernd dienstunfähig wird, wird in den Ruhestand versetzt.

29 Die Beendigung des Pfarrdienstverhältnis bei Lebzeiten erfolgt dagegen (lediglich) bei Entlassung aus dem Dienst auf Antrag, bei Ausscheiden aus dem Dienst (das etwa bei Austritt aus der Kirche, als Rechtsfolge nach einem Lehrbeanstandungsverfahren oder aber auch bei Übertritt in ein öffentlich-rechtliches Dienstverhältnis zu einem anderen Dienstherren eintritt), oder bei der Entfernung aus dem Dienst als der schärfsten disziplinarrechtlichen Sanktion.

10. Rechtsschutz für Pfarrer

30 Es gehört zu den rechtsstaatlichen Selbstverständlichkeiten, dass Pfarrern und anderen kirchlichen Bediensteten gegen die Maßnahmen ihres Dienstherren Rechtsschutz gewährt wird. Auch in der Kirche kann es bei der Rechtsanwendung zu Irrtümern kommen und können solche Irrtümer im dienstrechtlichen Bereich Rechte der Pfarrer beeinträchtigen. Die evangelischen Kirchen gewähren hier Rechtsschutz nicht nur durch Rechtsbehelfe beim Dienstherrn selbst, also durch Gegenvorstellung o. dgl., sondern haben auch eine eigene, rechtsstaatlichen Anforderungen an eine unabhängige Gerichtsbarkeit genügende Gerichtsbarkeit errichtet, die bei Streitigkeiten dienstrechtlicher Art durch den Pfarrer angerufen werden kann. Solche Streitigkeiten können vielfältige Bereiche betreffen, sei es die unberechtigte Versetzung eines Pfarrers in den Wartestand, seien es disziplinarrechtliche Maßnahmen oder schlicht die Überweisung eines zu gering berechneten Gehaltes. Für Disziplinarangelegenheiten bestehen besondere Regelungen mit einer besonderen Disziplinargerichtsbarkeit nach den kirchlichen Disziplinargesetzen. Im übrigen können in sonstigen dienstrechtlichen Streitigkeiten die (allgemeinen) kirchlichen Verwaltungsgerichte angerufen werden.[101] Für Streitigkeiten vermögensrechtlicher Art ist häufig der Rechtsweg zu den staatlichen Verwaltungsgerichten eröffnet, wie es in § 135 S. 2 des Beamtenrechtsrahmengesetzes des Bundes ermöglicht wird. Die zahlreichen prozessualen Einzel- und Besonderheiten können hier nicht behandelt werden. Nicht unerwähnt darf aber bleiben, dass der Rechtsschutz in kirchlichen

---

[100] S. auch *Ennuschat*, Gedeihliches Wirken (Anm. 98), S. 120 ff., 135 f.
[101] Zur Gerichtsbarkeit s. a. u. § 41.

Angelegenheiten zu den umstrittensten Materien des Staatskirchenrechts gehört.[102] Die staatlichen Gerichte lehnen überwiegend eine Zuständigkeit in Kirchensachen grundsätzlich ab, wenn die Kirchen den Rechtsweg zu den staatlichen Gerichten nicht selbst eingeräumt haben. Dies ist deshalb wenig überzeugend, weil zum Rechtsstaatsgrundsatz auch die Pflicht des Staates zu zählen ist, für Rechtsstreitigkeiten unter seinen Bürgern die Möglichkeit gerichtlicher Klärung zu gewährleisten (sog. Justizgewährleistungsanspruch). Dazu gehören auch die rechtlichen Streitigkeiten zwischen einem Pfarrer und seinem Dienstherrn. Die Gerichte berufen sich dagegen auf das Selbstbestimmungsrecht der Religionsgemeinschaften aus Art. 140 GG i. V. m. Art. 137 Abs. 3 WRV und verkennen dabei, dass dieses Selbstbestimmungsrecht nicht ohne Schranken besteht, sondern nur in den Schranken des für alle geltenden Gesetzes. Ferner wird nicht hinreichend gewürdigt, dass das Selbstbestimmungsrecht keinen höheren Rang als der Justizgewährleistungsanspruch des Bürgers besitzt. Das Erstere schließt letzteren nicht aus. Vielmehr ist dem Selbstbestimmungsrecht der Religionsgemeinschaften dadurch Rechnung zu tragen, dass in der Entscheidung der staatlichen Gerichte die Ergebnisse eines durch die Kirchen selbst eingeräumten gerichtlichen Verfahrens, das rechtsstaatlichen Mindestanforderungen genügt, als zutreffend hingenommen werden. Auf die Einzelheiten dieser schwierigen Problematik ist hier nicht einzugehen. Festzuhalten bleibt lediglich, dass die Pfarrer nach Durchschreiten des kirchlichen Rechtsweges um Rechtsschutz vor den staatlichen Gerichten nachsuchen können – vorher wird für ein Verfahren vor den staatlichen Gerichten kein Rechtsschutzbedürfnis bestehen. Die staatlichen Gerichte wiederum sind grundsätzlich an die Auslegung des streitigen kirchlichen Rechts durch die kirchlichen Gerichte gebunden und können deren Entscheidungen nur auf die Einhaltung rechtsstaatlicher Mindestanforderungen und des sog. ordre public überprüfen, der freilich unter Berücksichtigung des Selbstbestimmungsrechtes der Kirchen zu ermitteln ist.

§ 31. Die anderen Mitarbeiter in der Kirche

Literatur: *G. Buttler*, Kirchliche Berufe, TRE Bd. 19, 1990, S. 191–213; *A. v. Campenhausen/H. de Wall*, Staatskirchenrecht, 2006, § 21, S. 177–185; *J. Frank*, Grundsätze des Dienst- und Arbeitsrechts der Evangelischen Kirche, Essener Gespräche, Bd. 10, 1976; *G. Grethlein/H. Böttcher/W. Hofmann/ H.-P. Hübner*, Evangelisches Kirchenrecht in Bayern, 1994, §§ 16, 17, 31–36; *U. Hammer*, Kirchliches Arbeitsrecht, Handbuch, 2002; *H. M. Müller*, Evangelischer Diakonat als kirchliches Amt, ZevKR 45 (2000), S. 57–72; *D. Pirson*, Das kircheneigene Dienstrecht der Geistlichen und Kirchenbeamten, in: HdbStKirchR II², 1995, S. 845 ff.; *R. Richardi*, Arbeitsrecht in der Kirche⁵, 2008; *W. Rüfner*, Individualrechtliche Aspekte des kirchlichen Dienst- und Arbeitsrechts, in: HdbStKirchR II², 1995, S. 901 ff.; *A. Schilberg*, Rechtsschutz und Arbeitsrecht in der evangelischen Kirche, 1992; *G. Thüsing*, Kirchliches Arbeitsrecht, 2006; *ders.*, 20 Jahre „Dritter Weg" – Rechtsnatur und Besonderheiten kirchlicher Arbeitsverhältnisse, RdA 1997, 163 ff.; *P. v. Tiling*, Die karitativen Werke und Einrichtungen im Bereich der evangelischen Kirche, in: HdbStKirchR II², 1995, S. 809 ff.; *D. Vogt*, Der „dritte Weg" der evangelischen Kirchen und die Tarifautonomie, 1989.

Nach einer Statistik aus dem Jahre 2005 sind im Dienst der Kirchen der EKD mehr als 22 000 Theologinnen und Theologen beschäftigt, darunter mehr als 20 000 im Pfarrdienst.[103] Die Gesamtzahl der hauptberuflich im Bereich der „verfassten Kirche" (d. h. der Kirche ohne die rechtlich verselbständigten Werke insbes.

1

---

[102] *A. v. Campenhausen/H. de Wall*, Staatskirchenrecht, 2006, S. 309 ff., *K.-H. Kästner*, Staatliche Justizhoheit und religiöse Freiheit, 1991, insbes. S. 97 ff., 139 ff., 160 ff.
[103] *Kirchenamt der EKD* (Hrsg.), Gezählt – Zahlen und Fakten zum kirchlichen Leben, 2007, S. 21.

4. Teil. Evangelisches Kirchenrecht

der Diakonie) Beschäftigten betrug aber über 225.000. Ehrenamtlich waren für die evangelischen Kirchen und ihre Einrichtungen gar über eine Million Menschen tätig. Hier zeigt sich, dass für die Kirche viel mehr Menschen tätig sind als nur die in der Öffentlichkeit häufig im Vordergrund stehenden Pfarrer. Auch unter den hauptberuflich Tätigen bilden die Pfarrer eine kleine Minderheit. Dementsprechend ist das Recht der Pfarrer nur ein Teil des Rechts der kirchlich Beschäftigten. Die nachfolgenden kurzen Ausführungen zu den Rechtsverhältnissen der übrigen bei der Kirche Tätigen bezieht sich nicht nur auf Personen, die in den Kirchengemeinden, sondern auch auf diejenigen, die bei anderen kirchlichen Rechtsträgern und Einrichtungen beschäftigt sind.

Unter den Beschäftigungsverhältnissen bei den Kirchen ist grundsätzlich zwischen zwei Rechtsformen zu unterscheiden – den öffentlich-rechtlichen Dienstverhältnissen und den privatrechtlichen Beschäftigungsverhältnissen.

I. Privatrechtliche Beschäftigungsverhältnisse – kirchliches Arbeitsrecht

2   Die Mehrzahl der kirchlichen Beschäftigungsverhältnisse ist privatrechtlicher Natur. Dazu gehören auch die Rechtsverhältnisse der Mitarbeiter der rechtlich verselbständigten Einrichtungen und Werke der Kirchen, insbesondere der Diakonie, die Teil am kirchlichen Auftrag haben und insofern als Teil der Kirche zu verstehen sind. Sie machen sogar die Mehrzahl der Beschäftigten aus. Im Jahr 2006 hatte die Diakonie insgesamt mehr als 210 000 Teil- und mehr als 220 000 Vollzeitbeschäftigte. Beispiele für privatrechtlich Beschäftigte in kirchlichen Arbeitsverhältnissen sind Sekretariatsmitarbeiter im Pfarramt oder in den Landeskirchenverwaltungen, Küster, Hausmeister, Erzieher und Erzieherinnen in kirchlichen Kindergärten, Beschäftigte in Sozialstationen, Alten- und Pflegeheimen, Ärzte und Pflegekräfte in kirchlichen Krankenhäusern usw. Die evangelischen Kirchen haben davon abgesehen, was denkbar wäre, ein völlig eigenständiges Recht der Arbeitsverhältnisse zu entwickeln. Stattdessen bedienen sie sich in der Regel der Rechtsformen des staatlichen privaten Arbeitsrechts. Solche kirchlichen Arbeitsverhältnisse richten sich daher grundsätzlich nach dem staatlichen privaten Arbeitsrecht. Freilich bedarf dies erheblicher Modifikationen, die staatskirchenrechtlich im Recht kirchlicher Selbstbestimmung begründet sind. So wird es jedermann einleuchten, dass zwar der „normale" Arbeitgeber seine Mitarbeiter nicht nach deren Religion aussuchen und im Fall des Kirchenaustritts auch keine arbeitsrechtlichen Konsequenzen ziehen darf. Bei den Kirchen muss das aber anders sein. So bestehen im Bereich des individuellen Arbeitsrechts etwa besondere Loyalitätsanforderungen an kirchliche Mitarbeiter. Dazu ist am 1. September 2005 eine Richtlinie des Rates der EKD „über die Anforderungen der privatrechtlichen beruflichen Mitarbeit in der EKD und des Diakonischen Werkes der EKD" in Kraft getreten, deren Umsetzung den Gliedkirchen und Diakonischen Werken empfohlen wird.

3   Erhebliche Besonderheiten bestehen auch im kollektiven Arbeitsrecht. Meist werden die kollektiven Regeln der Arbeitsbedingungen nicht – wie bei Arbeitsverhältnissen außerhalb des kirchlichen Bereichs – durch Koalitionen i. S. d. Art. 9 Abs. 3 GG, also Gewerkschaften und Arbeitgeberverbände, in Tarifverträgen ausgehandelt, die im Falle großer Interessenkonflikte durch Arbeitskämpfe erstritten werden. Dieser Weg wird vielmehr für kirchliche Verhältnisse als unangemessen angesehen, weil diese von einer durch den Glauben geprägten Gemeinschaft bei der Erfüllung des kirchlichen Auftrages ausgehen („kirchliche Dienstgemeinschaft"), so dass der

Interessengegensatz zwischen „Kapital" und „Arbeit" nicht auf kirchliche Verhältnisse übertragbar ist. Stattdessen werden die Arbeitsbedingungen in gemeinsam durch kirchliche Arbeitnehmer und Vertreter der Organe der kirchlichen Arbeitgeber gebildeten arbeitsrechtlichen Kommissionen ausgehandelt, wobei ein Arbeitskampf mit Streik und Aussperrung ausgeschlossen ist (sog. „Dritter Weg", neben einseitiger Festsetzung durch den Arbeitgeber und Tarifvertragsmodell).

Schließlich ist auch das Recht der betrieblichen Mitbestimmung bei den Kirchen im Rahmen der kirchlichen Mitarbeitervertretungsgesetze anders geregelt als sonst im privaten Arbeitsrecht.

Das für die privatrechtlichen Beschäftigungsverhältnisse geltende Arbeitsrecht, das ein Amalgam aus allgemeinen Regeln des staatlichen Arbeitsrechtes und kirchlichen Besonderheiten ist, kann hier nicht dargestellt werden. Hierfür ist auf die einschlägige Spezialliteratur zu verweisen.[104] Aus den wiedergegebenen Zahlen, die für den katholischen Bereich ähnlich sind, ergibt sich die praktische Bedeutung des kirchlichen Arbeitsrechts.

II. Öffentlich-rechtliche Dienstverhältnisse – Pfarrer und Kirchenbeamte

Kraft ihrer besonderen Rechtsstellung als Körperschaften des Öffentlichen Rechts gem. Art. 137 Abs. 5 WRV i. V. m. Art. 140 GG haben die evangelischen Kirchen die Dienstherrenfähigkeit, d. h. die Befugnis, öffentlich-rechtliche Dienstverhältnisse zu begründen. Gegenüber den privatrechtlichen zeichnen sich die öffentlich-rechtlichen Dienstverhältnisse dadurch aus, dass sie grundsätzlich lebenslange Dienst- und Treueverhältnisse sind, die nicht wie die privatrechtlichen Arbeitsverhältnisse durch Vertrag begründet werden, sondern durch einseitigen (freilich mitwirkungsbedürftigen) Hoheitsakt. Die Regelungen des Dienstverhältnisses erfolgen auch nicht durch individuelle, vertragliche Vereinbarung oder Tarifvertrag, sondern werden einseitig durch Kirchengesetz geregelt. Zu den öffentlich-rechtlichen Dienstverhältnissen zählt neben dem Pfarrerdienstverhältnis (dazu s. den vorigen Abschnitt) das Kirchenbeamtenverhältnis. Im Kirchenbeamtenverhältnis werden z. B. Beschäftigte – insbes. solche mit Leitungsfunktionen – in den kirchlichen Verwaltungen (wie z. B. juristische Oberkirchenräte), Lehrer und Hochschullehrer im kirchlichen Dienst, z. T. auch Diakone beschäftigt. Das Recht der Kirchenbeamten ähnelt, von Modifikationen wie der erforderlichen Bekenntnisbindung des Beamten abgesehen[105], dem staatlichen Beamtenrecht noch stärker als das Pfarrerdienstrecht. Es ist in den Kirchenbeamtengesetzen geregelt. Für die Mitgliedskirchen der Vereinigten Evangelisch-Lutherischen Kirche Deutschlands (VELKD) und der ehemaligen Evangelischen Kirche der Union (EKU, jetzt UEK) galten bisher die jeweiligen Kirchenbeamtengesetze dieser Zusammenschlüsse, die durch landeskirchliche Regelungen ergänzt wurden. Das kirchliche Dienstrecht der öffentlich-rechtlichen Dienstverhältnisse war daher auch bisher einheitlicher als die Zahl von damals 23 Landeskirchen mit je eigenen Gesetzgebungen befürchten lassen könnte. Im Jahr 2005 wurde das Kirchenbeamtengesetz der EKD (KBG.EKD) beschlossen, das nach seiner Annahme und Umsetzung in den Gliedkirchen der EKD zu einer weitgehenden Vereinheitlichung des Kirchenbeamtenrechts führt.

---

[104] S. insbes. *R. Richardi*, Arbeitsrecht in der Kirche⁵, 2008; *G. Thüsing*, Kirchliches Arbeitsrecht, 2006; *U. Hammer*, Kirchliches Arbeitsrecht, 2002.

[105] Ein Angehöriger einer anderen Konfession oder ein Atheist kann nicht in einem Treueverhältnis zu einer Kirche stehen.

III. Das Diakonenamt

5   Eine besondere Erwähnung verdienen die Diakone und Diakoninnen. Wie der Name schon andeutet, der vom griechischen Wort für „Dienst" abgeleitet ist, nehmen die Träger des Amtes eines Diakonen Dienste wahr, und zwar solche „der helfenden Liebe und ... mit dem Wort". Beides, der Dienst der helfenden Liebe und der Dienst mit dem Wort gehört „untrennbar zusammen", so die Präambel des Diakonengesetzes der EKU. Dort heißt es weiter: „Im Diakonat nimmt die Gemeinde ihren Dienst der Liebe verantwortlich wahr. Mitarbeiterinnen und Mitarbeiter im Diakonat der Kirche sind Frauen und Männer mit unterschiedlicher Ausbildung, die gemeinsam mit anderen Mitarbeiterinnen und Mitarbeitern den diakonischen Auftrag in Sozial- und Bildungsarbeit, in pflegerischen und erzieherischen Tätigkeiten sowie in Verkündigung, Seelsorge und Beratung ausführen. In ihrem Dienst soll die wechselseitige Abhängigkeit von Gottesdienst und Dienst in der Welt erkennbar werden." Im Amt des Diakonen wird also der Zusammenhang von sozialen Aufgaben der tätigen Nächstenliebe und ihren theologischen Grundlagen besonders deutlich. Diakone nehmen nicht nur pflegerische, erziehende etc. Aufgaben wahr, sondern auch solche der Wortverkündigung, der Seelsorge und der Beratung. Damit gewinnt die Abgrenzung des Diakonenamtes zum Amt des Pfarrers besondere Bedeutung. Typischerweise hat der Diakon aber nicht die Aufgabe, das Amt der Wortverkündigung und Sakramentsverwaltung voll im Sinne dieser beiden Aspekte auszuüben, sondern ist zumeist – je nach seinem Dienstauftrag – berufen, in einem begrenzten Rahmen an der Wortverkündigung mitzuwirken. Insofern umfasst sein Amt nur einen Teilaspekt des öffentlichen Predigtamtes.[106]

Voraussetzung für die Berufung in ein Diakonenamt ist eine Ausbildung, die die Qualifikation zu einem pflegerischen oder erzieherischen Beruf o.ä. vermittelt, und zusätzlich eine theologische Ausbildung umfasst. Die Diakone sind meist mit einer diakonischen Brüder- bzw. Schwesternschaft verbunden. In Bayern können etwa nur Diakone der Rummelsberger Brüderschaft oder Diakoninnen der Rummelsberger Gemeinschaft in ein öffentlich-rechtliches Dienstverhältnis als Diakon nach dem Diakonengesetz oder dem Diakoninnengesetz berufen werden, das dem Kirchenbeamtenverhältnis ähnelt. Hieraus wird deutlich, dass Diakone in öffentlich-rechtlichen Dienstverhältnissen tätig sein können. Allerdings ist für sie überwiegend das privatrechtliche Dienstverhältnis gebräuchlich.

Nicht zu verwechseln sind die Diakoninnen mit den Diakonissen. Dabei handelt es sich zwar auch um Frauen, die im Bereich der Diakonie tätig sind. Allerdings sind Diakonissen Frauen, die in die Gemeinschaft einer Schwesternschaft eingebunden sind und sich zu Ehelosigkeit, Armut und Gehorsam gegenüber ihrem „Mutterhaus" verpflichtet haben.[107]

---

[106] Daher bedarf der Diakon in der Regel auch keiner Ordination i.S.v. Art. 14 CA (s.o.). Allerdings ist etwa im Diakonengesetz der bayerischen Landeskirche (§ 9 I 3 Bay DiakG) vorgesehen, dass zur Ausübung des Dienstes nach der jeweiligen Dienstordnung des Rechtsträgers, bei dem der Diakon eingesetzt ist, auch die öffentliche Wortverkündigung und Sakramentsverwaltung im vollen Umfang i.S.v. Art. 7 CA gehören kann. Konsequenterweise ist dann für diesen Fall geregelt, dass die Berufung zum Diakon auch eine Berufung i.S.v. Art. 14 CA bedeutet (§ 12 II 1 Bay DiakG). Dabei wird freilich, die Sache eher verunklarend, der Begriff „Ordination" vermieden.
[107] *J. Winter*, Diakonisse, LKStKR, Bd. 1, S. 425 ff.

IV. Das Ehrenamt

Ohne in einem privatrechtlichen oder öffentlich-rechtlichen Dienstverhältnis zu stehen, werden die in eindrucksvoller Zahl tätigen ehrenamtlichen Mitarbeiter in der Kirche aktiv. Die große Bereitschaft, „um Gotteslohn" am Auftrag der Kirchen mitzuarbeiten, ist für diese von unschätzbarem Wert und verwirklicht in besonderer Weise den Charakter der Kirche als Gemeinschaft der Glaubenden, die das Evangelium in Wort und Tat zu den Menschen bringen. Die ehrenamtlichen Tätigkeiten sind außerordentlich vielfältig. Sie umfassen beispielsweise die Mitwirkung in den Synoden von der Kreisebene über die Landeskirche bis zur Synode der EKD. Dazu gehört aber auch die für die Kirchengemeinde so bedeutende Tätigkeit als Kirchenvorsteher, als Kindergottesdienst- oder Jugendgruppenleiter usw. Ehrenamtliche werden in vielen sozialen Aufgaben und Einrichtungen tätig und wirken als Prädikanten oder Lektoren auch im Verkündigungsdienst mit. Wenn in der öffentlichen Diskussion bisweilen vom mangelnden gesellschaftlichen Engagement der Bürger die Rede ist, ist das in hohem Maße gedankenlos gegenüber der beeindruckenden Zahl von Menschen, die sich in vielen Vereinen, aber eben ganz besonders auch in den Kirchen und kirchlichen Einrichtungen engagieren. Die Vielzahl der Ehrenämter lässt eine zusammenfassende Darstellung „des Ehrenamtes" nicht zu. Hier werden nur einzelne Ehrenämter, etwa das des Presbyters oder Kirchenvorstandes, im jeweiligen Zusammenhang angesprochen. Einige allgemeine Regelungen zum Ehrenamt sind in den Ehrenamtsgesetzen einzelner Landeskirchen (z. B. Bayern, Braunschweig) getroffen worden, die Bestimmungen zu Beauftragung und Begleitung, zur Fortbildung, zur Interessenvertretung, zum Auslagenersatz etc. enthalten. Hinzuweisen ist auch darauf, dass Personen, die für öffentlich-rechtliche Religionsgemeinschaften und deren Einrichtungen ehrenamtlich tätig werden, nach § 2 Abs. 1 Nr. 10 b) SGB VII gesetzlichen Unfallversicherungsschutz genießen.

C. Das Leben in der Kirchengemeinde

§ 32. Das Recht des Gottesdienstes

Literatur: *G. Heinrich/K. Blaschke*, Die Taufe, das Brot und das Evangelium – Grundlinien für das kirchliche Handeln, 1992, S. 131 ff.; *G. Lanczkowski* u.a.: Gottesdienst, TRE Bd. 14, S. 1–97; *J. Neijenhuis* (Hrsg.) Evangelisches Gottesdienstbuch und Kirchenrecht, 2002; *G. Scheidhauer*, Das Recht der Liturgie, 2001; *H.-M. Müller*, Gottesdienst (ev.), LKStKR Bd. 2; S. 167–169.

I. Das ius liturgicum

In dem in den Kirchenverfassungen niedergelegten Verständnis der Kirchengemeinde als Gemeinschaft der Menschen, die sich regelmäßig um Wort und Sakrament versammelt, wird deutlich, dass die Feier des Gottesdienstes Kern der *Aufgaben* der Kirchengemeinden und der Kirche überhaupt ist. Daher ist auch das Recht des Gottesdienstes, nicht anders als in anderen Kirchen, ein Kernbereich des evangelischen Kirchenrechts. Man kann das gesamte evangelische Kirchenrecht als eine Normenordnung verstehen, die die Aufgabe hat, die Verkündigung des Wortes Gottes als Auftrag der Kirche und damit den Gottesdienst als eine wesentliche Form zur Erfüllung dieses Auftrages zu ermöglichen und seine Rahmenbedingungen zu schaffen: Die kirchliche Organisation, die Ordnung der Gemeinde, das Recht der Pfarrer, die Regelungen über die Nutzung der Kirchengebäude, all dies dient dazu, die erforderlichen organisatorischen Vorkehrungen für die Verkündigung des Wortes und die Feier der Sakramente zu schaffen.

2 In einem engeren Sinn umfasst das Recht des Gottesdienstes die Regelungen, die den Ablauf und die Gestaltung des Gottesdienstes selbst unmittelbar betreffen. Diese Rechtsmaterie wird traditionell mit dem Begriff „ius liturgicum" bezeichnet[108], wobei damit sowohl die Gesamtheit der Regeln über den Gottesdienst, also das Recht im objektiven Sinn, als auch die Befugnis verstanden wird, die Ordnung des Gottesdienstes zu regeln, also das Recht im subjektiven Sinn.

Während im katholischen Kirchenrecht die Zuordnung des ius liturgicum, die Regelungsbefugnis in liturgischen Fragen, eindeutig geregelt ist (can. 838 § 1 cic: „Die Regelung der heiligen Liturgie steht allein der Autorität der Kirche zu: Sie liegt beim Heiligen Stuhl und, nach Maßgabe des Rechtes, beim Diözesanbischof"), ist das ius liturgicum im evangelischen Kirchenrecht nicht eindeutig einem bestimmten Träger oder Organ zugeordnet. So sind in den Verfassungen der Landeskirchen Vorschriften enthalten, wonach die Synoden (durch Kirchengesetz) über die Einführung der Agenden, d. h. der Gottesdienstordnungen, bestimmen können. Darüber hinaus bestimmt aber auch die Verfassung der VELKD, dass diese sich Ordnungen für den Gottesdienst gibt, insbesondere Agende und Gesangbuch, die die Gemeinsamkeit in der Vereinigten Evangelisch-Lutherischen Kirche fördern sollen. Die Gliedkirchen sollen diese Ordnungen für ihren Bereich einführen. Auf dieser Grundlage hat die VELKD eine Reihe von Gottesdienstordnungen (Agenden) erlassen, die auch in den Gliedkirchen der VELKD, zum Teil freilich mit Modifikationen, umgesetzt wurden. Zuletzt wurde auf der Grundlage dieser Vorschrift das im Rahmen der EKD erarbeitete Evangelische Gottesdienstbuch beschlossen und wird in den Gliedkirchen eingeführt. Ähnlich ist die Rechtslage in der EKU bzw. UEK und deren Gliedkirchen. Allerdings umfasst das Evangelische Gottesdienstbuch nur einen Teil der Gottesdienstformen und lässt seinerseits Raum für Variationen.

3 Damit ist also nicht der gesamte Bereich des ius liturgicum abgedeckt. Es würde der Stellung der Kirchengemeinde vor Ort als dem eigentlichen Ort der Verkündigung in Wort und Sakrament nicht entsprechen, wenn nicht auch sie Anteil am ius liturgicum hätte. Zwar ist es nicht zutreffend, wenn behauptet wird, dass die Gemeinde die einzige Trägerin des ius liturgicum sei. Wenn man mit „Gemeinde" nur die örtliche Kirchengemeinde meint, entspricht dies ganz offensichtlich nicht den geltenden kirchenrechtlichen Regelungen. Diese sehen aber durchaus eine Beteiligung der örtlichen Kirchengemeinden am ius liturgicum vor. So heißt es in § 21 KGO Bay: „Der Kirchenvorstand hat im Rahmen der kirchlichen Ordnungen vor allem 1. über die Gestaltung der Gottesdienste und liturgischen Handlungen sowie über die Einführung neuer Gottesdienste zu beschließen und Gottesdienstzeiten festzusetzen." Hier wird deutlich, dass die Kirchengemeinde, deren Organ der Kirchenvorstand ist, im Rahmen der durch die Landeskirche gesetzten Ordnungen ein eigenes ius liturgicum zur Gottesdienstgestaltung besitzt. Über das Verhältnis des gemeindlichen zum übergemeindlichen, landeskirchlichen ius liturgi-

---

[108] Dazu *G. Reingrabner*, Das ius liturgicum und die Frage der Verbindlichkeit von Agenden. In: *J. Neijenhuis* (Hrsg.) Evangelisches Gottesdienstbuch und Kirchenrecht, 2002, S. 93–115.

cum ist im Zusammenhang mit der Einführung der kirchlichen Agenden diskutiert worden. Diese Diskussion hat dazu geführt, dass für den Bereich der VELKD „Thesen zur Verbindlichkeit von Ordnungen des Gottesdienstes" vom 25.10 1977 formuliert und amtlich veröffentlicht wurden (Abl. VELKD 1981, S. 219), in denen zum einen festgehalten wird, dass das „ius liturgicum" keiner Person, keinem Amt oder Organ der Kirche originär zusteht, zum anderen aber auch dargelegt wird, dass die von einer Kirche (der Synode) „allgemein in Geltung gesetzten und in einer Gemeinde eingeführten Gottesdienstordnungen auch in ihrer Anwendung Bestimmungen eigener Art" sind, die zwar in einem näher ausgeführten Sinn für die Gemeinde verpflichtend sind, die aber ihrerseits genügend Spielraum für die Gemeinden zur Gestaltung ihres Gottesdienstes im Einzelnen lassen müssen. In dieser und weiteren Formulierungen dieser amtlichen Thesen wird ebenfalls das spannungsreiche Verhältnis zwischen Gemeinde und Landeskirche deutlich. Man mag dies als für das evangelische Kirchenrecht typische, mangelnde juristische Präzision werten – dahinter verbirgt sich aber eine ungelöste und ebenfalls spannungsreiche ekklesiologische Grundfrage, die mit einer klaren rechtlichen Regelung nicht gelöst werden kann, nämlich der nach dem Verhältnis zwischen der einzelnen Kirchengemeinde und der (Landes)Kirche. Dieses Verhältnis kann kaum mit einer alle Zweifelsfälle lösenden Formel gefasst werden. Vielmehr bedarf seine rechtliche Umsetzung in die kirchliche Organisation der Konkretisierung und Aktualisierung im konkreten Regelungszusammenhang. Sie ist vom historischen Kontext abhängig und unterliegt damit Änderungen und den durch die Dynamik des Lebens verursachten Unklarheiten. Die rechtlich geteilte Zuordnung des ius liturgicum in den evangelischen Kirchen ist ein Beispiel hierfür. Im Falle der Agenden tritt noch ein weiterer Faktor hinzu: nämlich der jeweilige Pfarrer. Die Gestaltung des Gottesdienstes liegt ja buchstäblich in seiner Hand. Hinter liturgischen Formen stecken auch theologische Fragen, deren Beurteilung – im Rahmen der Grenzen seiner Lehrfreiheit – zu den Aufgaben des Pfarrers gehört. Dementsprechend regeln die Leitlinien des Kirchlichen Lebens der VELKD, dass die Verantwortung für die gottesdienstliche Gestaltung im Rahmen der jeweils geltenden Agende im Konsens von Kirchenvorstand und Pfarrerin oder Pfarrer wahrgenommen wird, wobei auch die für die Kirchenmusik Verantwortlichen einzubeziehen sind.

II. Der Ablauf und die Ordnung des Gottesdienstes

Die Gottesdienstordnungen (Agenden, Formulare) regeln den liturgischen Ablauf 4 der verschiedenen Arten der Gottesdienste zu verschiedenen Anlässen, also den einfachen Wortgottesdienst, den Gottesdienst mit Abendmahl, die Gottesdienste zu bestimmten Festtagen, dann die Gottesdienste mit Amtshandlungen, wie Taufen, Konfirmationen, Traugottesdienste etc. Die einzelnen Inhalte dieser Gottesdienstordnungen sind keine durch den Juristen darzustellenden und zu bewertenden Materien. Das Recht kann auch nicht garantieren, dass im Gottesdienst das Wort Gottes recht verkündet wird und dass Predigt und Liturgie den einzelnen Teilnehmer am Gottesdienst erreichen. Das Kirchenrecht kann nur die äußeren Rahmenbedingungen des Gottesdienstes regeln. Auch insofern ist aber große Zurückhaltung geboten, um nicht die Vielfalt der örtlichen Gewohnheiten gleichsam zu ersticken und um nicht durch allzu starre Regelungen den Gottesdienst eher zu behindern als zu fördern. Regelungen zum Gottesdienst sind daher vor allem in den Kirchlichen Lebensordnungen mit ihren spezifischen Eigenarten (dazu s. o. § 25 Rn. 17) enthalten.

5   In den Leitlinien des Kirchlichen Lebens (LKL) der VELKD und in der Ordnung des Kirchlichen Lebens (OKL) der (ehemaligen) EKU ist dabei u. a. geregelt, dass die Gemeinde an jedem Sonntag, dem Tag der Auferstehung des Herrn, Gottesdienst feiern soll. Gottesdienste sollen auch an allen kirchlichen Feiertagen stattfinden und können darüber hinaus an anderen Wochentagen gefeiert werden. Gottesdienste finden in Kirchengebäuden oder an anderen geeigneten Orten statt. Zeiten und Orte der Gottesdienste bestimmt grundsätzlich der Kirchenvorstand bzw. Kirchengemeinderat oder Presbyterium, nach den LKL der VELKD gemeinsam mit der Pfarrerin oder dem Pfarrer.

Ein wichtiger Grundsatz ist der der Öffentlichkeit des gemeindlichen Gottesdienstes. Die Verkündigung des Wortes Gottes richtet sich an jeden Menschen. Jeder Mensch hat daher auch das Recht, am Gottesdienst teilzunehmen. Gemeindegottesdienste als geschlossene Privatveranstaltungen sind daher grundsätzlich ausgeschlossen. Der Gottesdienst ist öffentlich bekanntzugeben.

6   Ein in der Praxis immer wieder zu Verunsicherungen führendes Problem ist das des Fotografierens oder Filmens im Gottesdienst. Zum Teil existieren dazu besondere landeskirchliche Vorschriften.[109] Neuere Regelungen enthalten aber auch die Lebensordnungen von VELKD und EKU. Darin wird darauf hingewiesen, dass der Gottesdienst eine öffentliche Veranstaltung ist und dass die Kirche ein Interesse daran hat, dass ihr gottesdienstliches Leben in der Öffentlichkeit wirksam dargestellt und in der privaten Erinnerung erhalten bleibt. Allerdings sind dabei, so die entsprechende Regelung in der Lebensordnung der EKU, „bestimmte Regeln einzuhalten, um die Würde des Gottesdienstes und der Amtshandlungen sowie die Privatsphäre der Menschen zu achten. Zurückhaltung ist beim Filmen und Fotografieren geboten, vor allem während der Feier des Abendmahls, der Taufhandlung, bei der Einsegnung der Konfirmandinnen und Konfirmanden, bei der Segnung von Brautpaaren und bei Ordinationen und Amtseinführungen." Im übrigen obliegt die Regelung der Einzelheiten dem Kirchenvorstand, Gemeindekirchenrat, Kirchengemeinderat bzw. Presbyterium.

III. Die mit der Feier des Gottesdienstes beauftragten Amtsträger – Pfarrer, Prädikanten, Lektoren

7   Die öffentliche Predigt, die vor allem im Gottesdienst stattfindet, und die Feier von Taufe und Abendmahl, die ebenfalls in den Gottesdienst gehören, sind die Kernaufgaben des Amtes des Pfarrers. Daher wird der Gottesdienst in der Regel von ordinierten Pfarrern geleitet. Daneben können Gottesdienste von besonders dazu beauftragten Personen geleitet werden. Auf jeden Fall muss, wer im Gottesdienst eigenverantwortlich für die Kirche predigt, der Abendmahlsfeier vorsteht oder die Taufe durchführt, dazu ordnungsgemäß berufen sein („rite vocatus" i. S. v. Art. 14 CA).[110]

8   Zu den Personen, die neben den Pfarrern mit der Leitung des Gottesdienstes beauftragt werden können, zählen die Prädikanten oder Predigthelfer bzw. Ältes-

---

[109] S. z. B. die „Richtlinien für das Fotografieren in Kirchen und während kirchlicher Handlungen" vom 3. 3. 1961 (!) der Evangelisch-Lutherischen Kirche in Bayern.
[110] Während man traditionell die Ordination als „vocatio" (=Berufung) in diesem Sinn verstanden hat, werden in jüngerer Zeit neben der Ordination andere Formen der Berufung als vocatio i. S. v. Art. 14 CA verstanden (s. dazu o. § 28 Rn. 5). Damit wird freilich die Begrifflichkeit eher verunklart.

tenprediger.¹¹¹ Dabei handelt es sich um Personen, die nicht ein theologisches Studium absolviert haben, in diesem Sinne also „Laien" sind, dennoch aber zum Dienst der öffentlichen Wortverkündigung und Sakramentsverwaltung eingesetzt werden. Der Prädikant erhält einen auf eine bestimmte Gemeinde beschränkten Auftrag für das Amt der Wortverkündigung und Sakramentsverwaltung. Auch wenn er die übliche Ausbildung des Pfarrers mit Studium und Vorbereitungsdienst nicht absolviert hat, wird er natürlich für sein Amt entsprechend ausgebildet und förmlich für den Predigtdienst in einer bestimmten Gemeinde eingesetzt. In einigen Kirchen wird diese Übertragung des Predigtamtes auf Prädikanten konsequenterweise als Ordination bezeichnet, in anderen wird dieser Begriff vermieden, um den Unterschied zwischen den Prädikanten und den Pfarrern zu betonen. Das ändert aber nichts daran, dass diese Personen im Sinne von Art. 14 CA „rite vocvati", ordnungsgemäß berufen sind. Nach dem Recht einiger Landeskirchen sind die Prädikanten in ihrem Predigtamt insofern eingeschränkt, als sie zwar das Abendmahl darreichen, aber keine Taufen vornehmen dürfen.

Daneben gibt es meist als Lektoren bezeichnete Personen, die zwar einem Wortgottesdienst, aber keiner Sakramentsfeier vorstehen können. Sie sind überdies darauf beschränkt, von Anderen angefertigte, von der Kirche zur Verfügung gestellte Lesepredigten vorzutragen. Bei diesen Personen wird also gerade nicht der Anspruch erkennbar, dass sie selbst mit ihrer eigenen Person das Wort selbständig verkündigen wollen. Daher bedarf es bei ihnen auch keiner Berufung im Sinn von Art. 14 CA, weil sie nicht das Predigtamt für sich in Anspruch nehmen.¹¹² Aber selbstverständlich werden auch sie für ihre Aufgabe ausgebildet und erhalten eine förmlich Beauftragung für den Dienst als Lektoren.

Schließlich werden im Gottesdienst neben den Pfarrern oder den Prädikanten und Lektoren auch andere Personen tätig, so etwa Abendmahlshelfer oder Personen, die die im Gottesdienst vorgesehenen Lesungen aus der Heiligen Schrift vortragen. Auch letzterer Dienst wird Lektorendienst genannt.

IV. Das Recht des Abendmahls

Das Verständnis des Abendmahls und seiner Feier ist nicht nur zwischen der römisch-katholischen Kirche und den evangelischen Kirchen umstritten. Vielmehr war es auch Gegenstand tiefgreifender Dissense zwischen den evangelischen Konfessionen. Die Auseinandersetzungen zwischen Luther und Zwingli um das Abendmahlsverständnis gehören zu den Ausgangspunkten der Spaltung der evangelischen Konfessionen. Diese Auseinandersetzungen und die theologischen Grundlagen des Abendmahls können nicht Gegenstand einer Einführung in das evangelische Kirchenrecht sein. Sie betreffen zutiefst theologische Fragen, von denen nur einige rechtliche Konsequenzen angedeutet werden können. Zudem ist die Feier des Abendmahls natürlich ein geistlicher Vorgang, nicht eine rechtliche Prozedur. Auch hier gilt, dass das Recht nur einige Rahmenbedingungen regeln kann. Die eigentliche geistliche Dimension ist aber nicht Gegenstand rechtlicher Regelung.

---

¹¹¹ S. dazu *H. de Wall*, Ordination und Pfarrerdienstverhältnis im evangelischen Kirchenrecht, in: *I. Mildenberger* (Hrsg.), Ordinationsverständnis und Ordinationsliturgien – ökumenische Einblicke, 2007, S. 41–67.
¹¹² Entsprechendes gilt für die Vikare, die im Vorbereitungsdienst für den Beruf des Pfarrers stehen, soweit erkennbar bleibt, dass sie nicht die selbständige Ausübung des Predigtamtes für sich beanspruchen, sondern unter der Verantwortung ihres Mentors stehen, d. h. des Pfarrers, dem sie zur Ausbildung zugewiesen sind.

Die Bedeutung des Abendmahls in den evangelischen Kirchen kann mit den Worten der LKL VELKD verdeutlicht werden. Dort heißt es in dem Abschnitt „Biblische Grundlagen und theologische Orientierung" zum Abendmahl:

„Indem die im Gottesdienst versammelte christliche Gemeinde Abendmahl feiert, erinnert sie sich an das Leiden und Sterben Jesu. Sie verkündigt damit, dass durch den Tod Jesu Christi Gott die Welt mit sich versöhnt und einen neuen Bund mit ihr begründet hat (1 Kor 11, 26; 2 Kor 5, 19–20). So empfangen wir im Abendmahl durch Jesus Christus die Vergebung der Sünden sowie die Erweckung und Stärkung unseres Glaubens (Augsburger Bekenntnis Artikel 10; 13). Wir erleben die in der Taufe begründete Zusammengehörigkeit mit ihm und untereinander immer wieder neu (1 Kor 10, 16) und freuen uns dankbar über die Vergewisserung unserer Hoffnung auf das endgültig gemeinsame Leben mit ihm in seinem zukünftig vollendeten Reich.
So ist das Abendmahl Sakrament: Es ist Gottes freie Handlung, in der der Heilige Geist an uns Menschen wirkt. Zur Handlung gehört das Wort, mit dem Jesus Christus das Brot und den Kelch an seine Jünger reichte. Die darin enthaltene Verheißung gilt auch uns heute ..."

Zwar formuliert die OKL EKU im entsprechenden Abschnitt anders. Dennoch wird auch dort deutlich, dass im grundlegenden Verständnis des Abendmahls zwischen den Gliedkirchen der EKD keine trennenden Unterschiede mehr vorhanden sind, so dass die volle Abendmahlsgemeinschaft zwischen ihnen besteht, wie sie in der Leuenberger Konkordie von 1973 formuliert und vereinbart worden ist.

11   Die rechtlichen Regelungen zum Abendmahl sind in den evangelischen Kirchen zwar z.T. unterschiedlich formuliert, im Kern aber weitgehend gleich. So wird bestimmt, dass das Abendmahl nach der geltenden Agende (Gottesdienstordnung) gefeiert wird und dass für den Wortlaut der Einsetzungsworte des Abendmahls die agendarische Form gilt. Das bedeutet, dass für das Abendmahl keine Privatzeremonien erfunden werden dürfen. Das Abendmahl ist nicht Gegenstand beliebiger Gestaltung, sondern wird in einer festen Zeremonie gefeiert. Nur eine danach und mit den festgelegten Einsetzungsworten gestaltete Feier ist als Abendmahlsfeier zulässig. Die Verantwortung dafür liegt bei dem für den Dienst Ordinierten oder Beauftragten.

Der Abendmahlsfeier vorstehen und die Einsetzungsworte sprechen dürfen nur Personen, die im Sinne von Art. 14 CA „rite vocati" – ordnungsgemäß berufen sind, d.h. in der Regel ordinierte Pfarrer, im Ausnahmefall Prädikanten o.ä. ordnungsgemäß berufene Personen. Andere Personen dürfen einer Abendmahlsfeier nicht vorstehen. Bei der Austeilung können freilich Kirchenvorsteher oder andere Personen als Abendmahlshelfer mitwirken. Die Elemente des Abendmahls sind Brot und Wein, die nach evangelischem Verständnis grundsätzlich beide gereicht werden. Die Verwendung von Traubensaft ist zulässig.

12   Zum Abendmahl zugelassen sind alle getauften Glieder der evangelischen Kirche und anderer Kirchen, mit denen Kanzel- und Abendmahlsgemeinschaft besteht. Das sind die Kirchen, die in der Leuenberger Kirchengemeinschaft, jetzt GEKE (dazu s. u. § 46 Rn. 3), zusammengeschlossen sind. Überdies ist mit einigen anderen Kirchen „eucharistische Gastfreundschaft" vereinbart worden, d. h. deren Mitglieder sind zum Abendmahl eingeladen, obwohl noch keine volle Übereinkunft über das Verständnis des Abendmahls erzielt worden ist. Dazu zählen beispielsweise die Anglikanischen Kirchen. Auch ohne solche Vereinbarung sind getaufte Glieder anderer christlicher Kirchen zum Abendmahl eingeladen, selbst wenn diese Gastbereitschaft nicht erwidert wird. Das gilt namentlich für römisch-katholische Christen. Diese können also am Abendmahl in den evangelischen Kirchen teilnehmen, auch wenn evangelische Christen grundsätzlich nicht zur Eucharistie in der römisch-katholischen Kirche zugelassen werden.

13   Zum Abendmahl sind die Kirchenglieder zugelassen, die konfirmiert oder im Erwachsenenalter getauft worden sind. Nicht konfirmierte erwachsene Kirchen-

glieder können nach entsprechender Unterweisung nach Maßgabe des Rechts der Gliedkirchen zugelassen werden. Getaufte Kinder können in Begleitung ihrer Eltern oder anderer christlicher Bezugspersonen am Abendmahl teilnehmen, wenn sie entsprechend darauf vorbereitet worden und imstande sind, in altersgemäßer Weise die Bedeutung des Abendmahls zu verstehen. Letztere Regelung zeigt, dass die Konfirmation als Voraussetzung für die Zulassung zum Abendmahl an Bedeutung verloren hat. Während sie früher auch als Abschluss der Unterweisung verstanden wurde, die erforderlich ist, um die Gabe des Abendmahls richtig zu erfassen, wird heute von dieser förmlichen Funktion der Konfirmation abgesehen. Immerhin beinhaltet aber nach wie vor jedenfalls die Konfirmation die Berechtigung, selbstverantwortlich am Abendmahl teilzunehmen.

Die Zulassung zum Abendmahl geht durch den Kirchenaustritt oder durch den Ausschluss vom Abendmahl verloren. Mit ersterem gibt ja der Betreffende zu erkennen, dass er nicht mehr der Gemeinschaft angehören möchte, die im Abendmahl ihren Ausdruck findet. Der Ausschluss vom Abendmahl (Exkommunikation) ist eine im Rahmen der Kirchenzucht als Konsequenz der Verletzung von Pflichten des Kirchengliedes mögliche Maßnahme. Die Kirchenzucht hat aber in den evangelischen Kirchen, wie bereits erwähnt, praktisch keine Bedeutung mehr.[113]

§ 33. Amtshandlungen (Kasualien)

Literatur: *K. Dienst/W. Neidhart*, Konfirmation I, II, TRE Bd. 19, S. 437–451; *P. Gerlitz u. a.*, Taufe I – VIII, TRE Bd. 32, S. 659–741; *G. Heinrich/K. Blaschke*, Die Taufe, das Brot und das Evangelium, Grundlinien für das kirchliche Handeln, 1992; *H.-P. Hübner*, Amtshandlungen, LKStKR, Bd. 1 S. 88–90; *F. Kalb*, Grundriss der Liturgik, 1985³; *Th. Müller*, Konfirmation – Hochzeit – Bestattung, 1988; *D. Prößdorf*, Trauung, TRE Bd. 34, S. 50–56; *G. Scheidhauer*, Das Recht der Liturgie, 2001; *W. Steck*, Kasualien, TRE Bd. 17, S. 673–686; *A. Stein*, Evangelisches Kirchenrecht 1992³; *ders.*, Rechtstheologische Vorbemerkungen zu einer Reform der kirchlichen Amtshandlungen, WPKG 66 (1977), S. 231–244; *E. Winkler*, Kasualien, RGG⁴, Sp. 843–844; *H. Wissmann u. a.*, Bestattung I – V, TRE Bd. 5, S. 730–757.

Unter dem Begriff Amtshandlungen oder Kasualien werden üblicherweise die 1 kirchlichen Feiern von Taufe, Konfirmation, Trauung und Bestattung zusammengefasst. Dabei handelt es sich freilich nicht um einen fest definierten Rechtsbegriff, so dass auch andere Segenshandlungen darunter gefasst werden können. Die aus dem lateinischen „casus" (= Fall, Vorfall, Gelegenheit) abgeleitete Bezeichnung als Kasualien verdeutlicht dabei, dass jeweils ein bestimmter Anlass im Leben eines Menschen zugrunde liegt. In soziologischer Hinsicht sind diese Amtshandlungen auch als „Passageriten" darstellbar, d. h. als Riten, durch die der Übergang in eine neue Lebensphase hervorgehoben und gefeiert wird. Freilich trifft dies den geistlichen Kern dieser Handlungen nicht und verfehlt deren Würde und Ernsthaftigkeit. Der Begriff der „Amtshandlung" verweist darauf, dass diese Handlungen zumeist von Pfarrern als Amtsträgern der Kirche durchgeführt werden. Dabei tritt in den Hintergrund, dass in das zugehörige gottesdienstliche Geschehen die gesamte Gemeinde eingebunden ist.

Im übrigen haben die so genannten Amtshandlungen auch durchaus unterschiedliche theologische Qualität. Die Taufe als Sakrament und die Bestattung als Seelsorge an den Hinterbliebenen stehen nicht nur an den denkbar am weitesten

---

[113] Dazu s. *H. de Wall*, Kirchenzucht (J), EvStL, Neuausgabe 2006, Sp. 1248–1251.

auseinander stehenden Punkten des Lebens, sondern sind auch in ihrer theologischen Bedeutung sehr unterschiedlich.

I. Die Taufe und das Patenamt

2   Die Taufe ist ein Sakrament, das heißt ein Heilsmittel der Kirche. Als solches ist die Taufe zu allererst ein geistlicher Akt, mit dem der Täufling zum Glied am Leibe Christi berufen wird. Dass die Taufe aber auch rechtliche Aspekte besitzt, ist bereits aus ihrer Bedeutung für das Mitgliedschaftsrecht zu ersehen. Die Taufe ist damit ein besonders plastisches Beispiel dafür, dass das Heilshandeln der Kirche auch rechtliche Bedeutung haben kann, dass insofern geistliche und rechtliche Aspekte zu unterscheiden sind, aber im engen Zusammenhang miteinander stehen.

Die Taufe ist allen christlichen Kirchen gemeinsam. Ungeachtet vieler theologischer Differenzen wird die in den evangelischen Landeskirchen vollzogene Taufe in Deutschland von vielen anderen Kirchen, namentlich der römisch-katholischen anerkannt (und umgekehrt). Diese gegenseitige Anerkennung unter den wichtigsten christlichen Kirchen ist erst 2007 durch eine gemeinsame Vereinbarung bekräftigt worden.[114] Sie hat etwa zur Konsequenz, dass beim Wechsel von der evangelischen in die römisch-katholische Kirche keine erneute Taufe stattfindet. Die Taufe vermittelt eben ein unauflösliches Band und ist insofern unzerstörbar, kann daher aber auch nicht wiederholt werden.

3   In den evangelischen Landeskirchen Deutschlands wird wie in der römisch-katholischen Kirche die Kindertaufe durchgeführt, die zahlenmäßig die weitaus größte Bedeutung hat. Auf der Basis einer Erhebung von 2006 waren von mehr als 213 000 evangelischen Taufen im Bereich der evangelischen Landeskirchen über 189 000 Kindertaufen und knapp 24 000 Erwachsentaufen. Die Begründung der Kindertaufe wird beispielsweise in Nr. 76 OKL EKU so verdeutlicht:

„In der Taufe werden Menschen unabhängig von ihrem Lebensalter der Gnade Gottes teilhaftig. Die Taufe von Kindern und Erwachsenen gründet gleichermaßen im rettenden Handeln Gottes. Die Taufe eines Kindes bringt auf unüberbietbare Weise die Bedingungslosigkeit der göttlichen Heilszusage zum Ausdruck. Demgegenüber macht die Taufe eines Erwachsenen den verpflichtenden Charakter der Taufe stärker bewusst".

In staatskirchenrechtlicher Hinsicht ist die Taufe von Kindern solange unproblematisch, wie die dadurch erzeugten mitgliedschaftsrechtlichen Wirkungen von den Erziehungsberechtigten bzw. gesetzlichen Vertretern des Kindes gewünscht werden. Das evangelische Kirchenrecht trägt dem dadurch Rechnung, dass ein Taufwunsch abzulehnen ist, wenn eine Sorgeberechtigte oder ein Sorgeberechtigter der Taufe widerspricht. Darüber hinaus ist die Taufe in der Regel auch abzulehnen, wenn ein heranwachsendes Kind bei der Taufvorbereitung Widerspruch gegen den Vollzug der Taufe erkennen lässt. Mit dem Erreichen der so genannten Religionsmündigkeit, das heißt mit 14 Jahren, kommt es für den Taufwunsch auf den Willen des Kindes an.

4   Der Taufe geht eine Taufvorbereitung voraus. Im Fall der Kindertaufe wird dazu ein Taufgespräch mit den Eltern bzw. Sorgeberechtigten und, wenn möglich, mit den Patinnen und Paten geführt. Die heranwachsenden Kinder sind ihrem Lebensalter entsprechend einzubeziehen. Für ungetaufte Jugendliche führt der Konfirmandenunterricht zur Taufe. Sie kann während der Unterrichtszeit oder im Konfirma-

---

[114] Vereinbarung der Kirchen vom 29. 4. 2007; http://www.ekd.de/presse/pm86_2007_wechselseitige_taufanerkennung.html (Zugriff vom 9. 11. 2007).

tionsgottesdienst erfolgen, vgl. Nr. 1 Abs. 3 LKL VELKD. Ältere Jugendliche und Erwachsene werden in Gesprächen auf den christlichen Glauben hingeführt.

5 Bei der Taufe von Kindern versprechen die Patinnen und Paten, für die Erziehung des Kindes im christlichen Glauben zu sorgen. Wenn die Eltern die Taufvorbereitung oder die evangelische Erziehung des Kindes ablehnen, ist auch die Taufe abzulehnen. Grundsätzlich kann das Versprechen, die Kinder im christlichen Glauben nach evangelischem Verständnis zu erziehen, nur von evangelischen Eltern abgegeben werden. Gehört ein Elternteil allerdings nicht der evangelischen oder einer anderen Kirche an, so ist seine Zustimmung zur Taufe und seine Bereitschaft erforderlich, eine christliche Erziehung des Täuflings nicht zu behindern (Nr. 4 Abs. 3 LKL VELKD).

Von nicht unerheblicher praktischer Bedeutung ist die Frage, wer das Patenamt übernehmen kann. Pate bzw. Patin sind Zeugen des Taufvollzugs und übernehmen Mitverantwortung für die Erziehung des Kindes im christlichen Glauben. Dies tun sie im Auftrag der Gemeinde. Die Paten repräsentieren also gleichsam die christliche Gemeinde bei der Taufe und der Erziehung des Kindes. Bei der Taufe eines Kindes ist mindestens ein Pate erforderlich. Pate oder Patin kann sein, wer der evangelischen Kirche angehört und zum Abendmahl zugelassen ist. Häufig wird sich aber die Frage stellen, ob ein Andersonfessioneller, insbesondere ein Mitglied der römisch-katholischen Kirche, bei einer evangelischen Taufe das Patenamt übernehmen kann. Die evangelischen Kirchen vertrauen darauf, dass auch die Angehörigen anderer christlicher Kirchen, nämlich solcher, die der Arbeitsgemeinschaft christlicher Kirchen (ACK)[115] angehören, die christliche Erziehung eines Kindes im evangelischen Sinn gewährleisten können. Daher können auch römisch-katholische Christen das Patenamt bei einer evangelischen Taufe übernehmen. Freilich soll in diesem Fall eine (weitere) Patin oder ein (weiterer) Pate des Kindes der Evangelischen Kirche angehören.

6 Die Taufe wird im Gottesdienst nach der dazu erlassenen Agende vollzogen. Da die Taufe die Aufnahme des Täuflings in die Gemeinde bedeutet, soll die Taufe im Gemeindegottesdienst stattfinden. Nur in begründeten Ausnahmefällen können Haustaufen oder Taufen außerhalb des Gemeindegottesdienstes stattfinden. Die Taufe wird von den ordinierten Pfarrern vorgenommen. In Notfällen können alle Getauften die Taufe vollziehen. In einem solchen Fall ist die Taufe möglichst bald dem zuständigen Pfarrer zur Bestätigung und Eintragung in das Kirchenbuch mitzuteilen.

Über die Taufe wird eine Urkunde ausgestellt und sie wird im Kirchenbuch eingetragen. Dies gewährleistet, dass die Mitglieder der Kirche erfasst werden und die Mitgliedschaft dokumentiert ist. Die Kirchenbücher sind darüber hinaus von unschätzbarem archivarischen Interesse.

7 In den entsprechenden kirchenrechtlichen Regelungen, namentlich den Lebensordnungen, sind die Gründe verzeichnet, aus denen eine Taufe abgelehnt werden kann: fehlendes Einverständnis der Eltern bzw. Sorgeberechtigten, Ablehnung der evangelischen Erziehung eines Kindes, Ablehnung der Taufvorbereitung, mangelnde Ernsthaftigkeit des Taufwunsches. Über die Versagung entscheidet in den lutherischen Kirchen zunächst der Pfarrer unter Beratung mit dem Kirchenvorstand, in den Kirchen, in denen die OKL EKU gilt (und in manchen anderen Kirchen) entscheidet das Presbyterium bzw. der Kirchengemeinderat, wenn der

---

[115] Die ACK ist, wie der Name schon andeutet, ein loser Zusammenschluss christlicher Kirchen aller Konfessionen in Deutschland. Ihr gehören also neben der EKD auch die römisch-katholischen Diözesen und orthodoxe Kirchen in Deutschland an, daneben zahlreiche Freikirchen.

Pfarrer Bedenken hat, die Taufe zu vollziehen. Gegen die Entscheidung des Pfarrers in den lutherischen Kirchen ist die Beschwerde zum leitenden Pfarrer der kirchlichen Mittelstufe (Dekan, Superintendent usw.) möglich. Dieser schafft die Voraussetzungen, dass die Taufe stattfinden kann, wobei nicht in Betracht kommt, den Pfarrer, der an seinen Bedenken festhält, zur Taufe zu verpflichten. In diesem Fall muss ein anderer Pfarrer gefunden werden. Entsprechendes gilt auch in den anderen Kirchen. Im Bereich der EKU findet allerdings die Beschwerde nicht zum Superintendenten, sondern zu einem anderen Leitungsorgan der kirchlichen Mittelstufe (Kreiskirchenrat, Kreissynodalvorstand) statt.

II. Die Konfirmation

8   Die Konfirmation wird verstanden als die Antwort des Getauften auf den Zuspruch der Gnade in der Taufe. Diese Antwort, ein Bekenntnis des Getauften zu der ihm geschenkten Gnade, setzt seine Kenntnis über den Glauben voraus. Sie erfolgt daher nach vorheriger Unterweisung in einem Alter, in dem der Getaufte zu der nötigen eigenständigen und eigenverantworteten Entscheidung in der Lage ist. Die Konfirmation hat einen engen Bezug zur Taufe und zum Abendmahl. Anders als diese ist die Konfirmation aber nach evangelischem Verständnis kein Sakrament.

Regelungen über die Konfirmation sind wiederum vor allem in den Lebensordnungen der Kirchen enthalten. Diese stellen die Konfirmation in einen Zusammenhang mit dem Lernen und dem Lehren des christlichen Glaubens. Sie betonen die Bedeutung des Konfirmandenunterrichts und der Konfirmandenarbeit zur Vorbereitung der Konfirmation. Die Einladung zu Konfirmandenunterricht und Konfirmandenarbeit richtet sich danach in der Regel an Jugendliche im Alter zwischen 12 und 15 Jahren. Sofern die Konfirmanden die Religionsmündigkeit noch nicht erreicht haben, das heißt unter 14 Jahre alt sind, erfolgt die Anmeldung durch Eltern oder Erziehungsberechtigte, von der Erreichung der Religionsmündigkeit an mit Zustimmung der Eltern durch den Konfirmanden selbst.

9   Die Konfirmation setzt die Taufe voraus. Darüber hinaus müssen die Konfirmandinnen und Konfirmanden am Konfirmandenunterricht und den für die Konfirmandenarbeit verbindlichen Veranstaltungen in der Gemeinde teilgenommen und sich angemessen am Gemeindeleben beteiligt haben. Sie müssen sich in diesem Rahmen mit den Grundlagen und Lebensvollzügen des christlichen Glaubens vertraut gemacht haben. Hat ein Pfarrer Zweifel, ob die Konfirmation vollzogen werden kann, ob mit anderen Worten die genannten Voraussetzungen vorliegen, hat er diese Zweifel in einem eingehenden Gespräch mit dem Konfirmanden bzw. der Konfirmandin und gegebenenfalls mit den Erziehungsberechtigten zu erörtern. Kommt der Pfarrer zu der Überzeugung, dass die Konfirmation zurückgestellt oder abgelehnt werden muss, so muss er nach dem Recht der EKU eine Entscheidung des Kirchengemeinderats herbeiführen bzw. nach dem Recht der VELKD sich mit dem Kirchenvorstand beraten und über die Zulassung zur Konfirmation entscheiden. Gegen die Entscheidung können die Erziehungsberechtigten oder der religionsmündige Betroffene selbst Beschwerde einlegen, und zwar nach dem Recht der EKU beim Kreiskirchenrat (Kreissynodalvorstand), nach dem Recht der VELKD beim leitenden Pfarrer der kirchlichen Mittelstufe. Die Konfirmation wird im Kirchenbuch beurkundet und über sie ein Schein ausgestellt.

10   Auch Erwachsene, die zwar getauft, aber nicht im üblichen Alter konfirmiert worden sind, können nach entsprechender Vorbereitung konfirmiert werden. Dazu bedarf es entweder eines Beschlusses des kirchengemeindlichen Leitungsorgans

(Kirchenvorstand, Gemeindekirchenrat, Presbyterium) oder seiner Information durch den Pfarrer, je nach gliedkirchlichem Recht. Werden Erwachsene getauft, so erübrigt sich die Konfirmation, weil in diesem Fall die Taufe und das Bekenntnis zum christlichen Glauben zusammenfallen.

Zwar ist auch eine Teilnahme nicht Konfirmierter am Abendmahl möglich und auch zunehmend gebräuchlich. Eine der Wirkungen der Konfirmation ist aber, dass der Konfirmierte zur *eigenverantworteten* Teilnahme am Abendmahl berechtigt ist. Darüber hinaus berechtigt die Konfirmation zur Übernahme des Patenamtes. Schließlich kann, je nach gliedkirchlichem Recht, die Konfirmation Voraussetzung für die Ausübung des kirchlichen Wahlrechts und die Übernahme kirchlicher Ämter sein. 11

III. Die kirchliche Trauung

Art. 57 OKL EKU verdeutlicht das evangelische Verständnis von Ehe und kirchlicher Trauung. Er lautet: „Die kirchliche Trauung ist eine gottesdienstliche Handlung, in der die eheliche Gemeinschaft unter Gottes Gebot und Verheißung gestellt wird. Deshalb beginnen Christen ihren Ehestand mit der kirchlichen Trauung. Dabei bringen die Eheleute zum Ausdruck, dass sie einander aus der Hand Gottes in Liebe annehmen und ihr Leben lang beieinander bleiben wollen. Die Gemeinde erbittet für die Eheleute Gottes Beistand und Segen." 12

Die Ehe ist die unlösbare, lebenslange Gemeinschaft zwischen Mann und Frau. Nach evangelischem Verständnis ist die Ehe – anders als im römischen Katholizismus – kein Sakrament. Sie ist ein „weltlich Ding". Ihre rechtliche Regelung im einzelnen unterliegt dem menschlichen Recht. Die evangelische Kirche kennt keine eigenen Regeln über den Eheschluss, die Rechtswirkungen der Ehe etc.[116] Die kirchliche Trauung beinhaltet auch nicht die Eheschließung. Vielmehr wird die Ehe, die nach deutschem Recht mit bürgerlicher Wirkung nur vor dem Standesbeamten wirksam geschlossen werden kann (§ 1310 I BGB – „obligatorische Zivilehe"), in der kirchlichen Trauung „unter Gottes Verheißung gestellt" – sie ist aber bereits vorher durch die standesamtliche Trauung geschlossen. Eine evangelische Trauung wird daher auch nur gehalten, nachdem die Eheschließung nachgewiesen worden ist (Art. 60 I OKL EKU, Nr. 2 III LKL VELKD).[117]

Die Trauung setzt voraus, dass die Eheleute einer christlichen Kirche angehören und einer von ihnen Mitglied der evangelischen Kirche ist. Besondere Regelungen gelten für den praktisch wichtigen Fall, dass der andere Ehepartner der römisch-katholischen Kirche angehört. In diesem Fall kann der Traugottesdienst entweder nach dem evangelischen oder nach dem katholischen Trauritus unter Beteiligung 13

---

[116] Zum evangelischen Eheverständnis und seinen rechtlichen Konsequenzen s. *D. Pirson*, Gesammelte Beiträge zum Kirchenrecht und Staatskirchenrecht, 2. Halbbd., 2008, S. 599–660.

[117] Nach der verfassungsrechtlich angreifbaren, aber sanktionslosen früheren Regelung der §§ 67, 67 a a. F. des (staatlichen) Personenstandsgesetzes (PStG) handelte ordnungswidrig, wer eine kirchliche Trauung oder die religiöse Feierlichkeit einer Eheschließung vor der standesamtlichen Eheschließung vornahm. Die Streichung dieser anachronistischen, der Epoche des Kulturkampfes zu verdankenden Regelung hat für erhebliche Diskussionen gesorgt, weil man befürchtet, dass nun religiöse Ehen zu Umgehung der obligatorischen Zivilehe geschlossen werden und die Rechtslage der Eheleute damit verunklart werde. Da aber die bürgerlichen Wirkungen der Ehe nur durch die standesamtliche Eheschließung erzeugt werden, ist die Rechtslage denkbar klar und bedeutet ein sanktionsbewehrtes Verbot der Voraustrauung einen schwer zu rechtfertigenden Eingriff in die Freiheit, in einer religiösen Zeremonie die Gemeinschaft von Mann und Frau zu feiern und ihr religiöse Wirkungen zuzuordnen.

der zur Trauung Berechtigten (Pfarrer oder Pfarrerin der ev. Kirche, einer der in can. 1108 § 1 Genannten auf katholischer Seite) beider Kirchen erfolgen. Die Kirchen haben hierüber eine Vereinbarung getroffen.[118]

Gehört einer der Partner keiner christlichen Kirche an, kann nach einer eigenen liturgischen Ordnung ein Gottesdienst zur Eheschließung gefeiert werden, wenn dies dem ausdrücklichen Wunsch des evangelischen Ehepartners entspricht, der andere Ehepartner zustimmt und sich bereit erklärt, das christliche Verständnis der Ehe zu achten. Die liturgische Ordnung eines solchen Gottesdienstes, der keine Trauung im eigentlichen Sinne ist, ist der jeweiligen Situation anzupassen, beispielsweise wenn der nichtevangelische Ehepartner einer nichtchristlichen Religionsgemeinschaft angehört o. ä. Im Ausnahmefall kann auch ein regulärer Traugottesdienst stattfinden, wenn es das Recht der jeweiligen Landeskirche zulässt.

Anders als nach katholischem Kirchenrecht ist eine kirchliche Trauung Geschiedener möglich. Zwar ist die Ehe nach evangelischem Verständnis unauflöslich. Allerdings ist auch zu bedenken, dass es – wie überall – auch in der Ehe Gefährdungen, menschliche Schuld und menschliches Scheitern gibt. Dazu führen die LKL VELKD weiter aus: „Menschen werden in Beziehungen vielfach schuldig, sie fügen einander Leid zu und tragen oft schwer an ihrem Versagen. Für viele Betroffene, insbesondere, wenn sie das Scheitern ihrer Ehe erleben, ist die in Joh. 8 überlieferte heilsame Begegnung Jesu mit der Ehebrecherin von großer Bedeutung. Durch seinen Verzicht auf Verurteilung befreit Jesus diese Frau und in ihr alle, die in Beziehungen schuldig werden, von der Vergangenheit und eröffnet der von Gott in der Schöpfung angelegten Bestimmung zu erfülltem Zusammenleben von Frau und Mann wieder eine Zukunft. Entsprechend ist nach evangelischem Verständnis auch eine Trauung Geschiedener möglich, wenn in der Verkündigung deutlich wird, dass die Ehe grundsätzlich auf Dauer angelegt ist." In einem solchen Fall ist im Traugespräch, das allen Trauungen vorausgeht, seelsorgerlich u. a. darauf zu achten, ob die bzw. der Geschiedene mit dem Scheitern der ersten Ehe verantwortlich umgeht und welche Konsequenzen sie bzw. er daraus für das Eheverständnis zieht, so Nr. 5 Abs. 2 LKL VELKD.

14 Nach den LKL VELKD kann die Trauung aufgeschoben oder abgelehnt werden, wenn die genannten Voraussetzungen nicht erfüllt sind. Die OKL EKU ordnet in Art. 61 an, dass die Trauung abgelehnt werden kann, wenn Anzeichen dafür vorhanden sind, dass das Trauversprechen kein ernstes Anliegen vor Gott ist. Darüber hinaus soll die Trauung abgelehnt werden, wenn die Ehefrau oder der Ehemann den christlichen Glauben offenkundig leugnet oder verächtlich macht. Trotz der unterschiedlichen Formulierungen dürften das Recht der VELKD und der EKU in der Sache insoweit nicht differieren. Für die Beschwerde gegen die Ablehnung der Trauung gilt das für die anderen Amtshandlungen bereits Ausgeführte entsprechend, einschließlich der charakteristischen Unterschiede im Beschwerdeverfahren zwischen dem Recht der VELKD-Kirchen und der Kirchen der Union.

15 Zuständig für die Trauung oder einen Gottesdienst zur Eheschließung ist der Pfarrer der Kirchengemeinde, zu der die Ehefrau oder der Ehemann gehört oder nach der Eheschließung gehören wird. Soll die Trauung durch einen anderen Pfarrer (Gastpfarrer) durchgeführt werden, bedarf es der Zession, soll sie in einer

---

[118] Vgl. *Deutsche Bischofskonferenz/Rat der EKD* (Hrsg.), Gemeinsame Feier der kirchlichen Trauung. Ordnung der kirchlichen Trauung für konfessionsverschiedene Paare unter Beteiligung der zur Trauung Berechtigten beider Kirchen, 3. Auflage, 2005.

§ 33. Amtshandlungen (Kasualien)

anderen Gemeinde durchgeführt werden, einer Abmeldebescheinigung (Dimissoriale) gemäß dem oben zum Kanzelrecht (§ 30 Rn. 3) Ausgeführten. Die Trauung wird in das Kirchenbuch der Kirchengemeinde eingetragen, in der sie stattgefunden hat. Die Wohnsitzkirchengemeinde ist ggf. zu benachrichtigen. Über die Trauung wird eine Bescheinigung ausgestellt.

Erhebliche Diskussionen hat die Frage der kirchlichen Feier bei anderen Lebensformen, insbesondere bei gleichgeschlechtlichen Gemeinschaften, ausgelöst.[119] Dazu wird in Nr. 16 Abs. 3 LKL VELKD ausgeführt: „Im Rahmen der noch nicht abgeschlossenen Diskussion über gottesdienstliche Handlungen anlässlich der Eingehung einer eingetragenen Lebenspartnerschaft muss gewährleistet sein, dass diese mit einer kirchlichen Trauung nicht verwechselt werden können."[120]   16

IV. Die Bestattung

Die kirchliche Bestattung ist eine gottesdienstliche Handlung. Die LKL VELKD formulieren ihren Inhalt wie folgt: „Der Gottesdienst zur Bestattung soll der Hoffnung auf die Auferstehung der Toten Ausdruck geben. Er soll das zu Ende gegangene Leben des verstorbenen Gemeindegliedes und die hinterbliebenen Angehörigen im Blick haben." Hierbei wird besonders deutlich, dass die Bestattung vor allem „Seelsorge an den Hinterbliebenen" ist. Daher versteht sich von selbst, dass vor der Bestattung ein seelsorgliches Gespräch mit den Hinterbliebenen geführt wird, bei dem auch Inhalt und Ablauf des Gottesdienstes zur Sprache kommen.   17

Die kirchliche Bestattung setzt grundsätzlich voraus, dass die oder der Verstorbene der evangelischen Kirche angehörte. Das gebieten der Sinn des Gottesdienstes als Gedenken der Gemeinde an ihr Mitglied und der Respekt vor dem Bekenntnis des Verstorbenen. Dass es davon aber Ausnahmen gibt, ist eben Konsequenz der Aussage, dass die Bestattung Seelsorge an den Hinterbliebenen ist. So sollen etwa ungetaufte und tot geborene Kinder auf Bitte der Eltern kirchlich bestattet werden. Nur ausnahmsweise kann die kirchliche Bestattung erfolgen, wenn der Verstorbene einer anderen christlichen Kirche angehörte. Vorher muss versucht werden, mit der Pfarrerin oder dem Pfarrer der anderen Kirche Kontakt aufzunehmen (Nr. 4 Abs. 4 LKL VELKD, Art. 68 III OKL EKU).   18

Die kirchliche Bestattung von Verstorbenen, die keiner christlichen Kirche angehörten, kann nach Art. 68 IV OKL EKU bzw. Nr. 4 Abs. 5 LKL VELKD in Ausnahmefällen geschehen,
– wenn die evangelischen Angehörigen den Wunsch nach einer kirchlichen Bestattung geäußert haben und andere Formen des Gedenkens und der kirchlichen Begleitung aus seelsorglichen Gründen nicht angemessen sind,
– wenn das Verhältnis der Verstorbenen zur Kirche und der Gemeinde so war, dass eine kirchliche Bestattung zu verantworten ist,
– wenn möglich ist, während der Trauerfeier aufrichtig gegenüber den Verstorbenen und ihrem Verhältnis zur Kirche zu sein, und
– wenn die seelsorgliche Entscheidung vor der Gemeinde verantwortet werden kann.

---

[119] Vgl. dazu *J. Winter*, Die Trauung als kirchliche Amtshandlung, Zur Frage der gottesdienstlichen Begleitung gleichgeschlechtlicher Lebenspartnerschaften, ZevKR 47 (2002), S. 697 ff.
[120] Anlass zu Missverständnissen können auch kirchliche Zeremonien anlässlich einer Ehescheidung geben, wie sie z. T. vorgeschlagen werden. Auch nach evangelischem Verständnis ist die Ehe grundsätzlich unauflöslich. Die Auflösung der Ehe bedeutet ein Scheitern. Durch eine Zeremonie aus Anlass dieses Scheiterns kann dies verunklart werden. Im übrigen könnte dadurch das Missverständnis hervorgerufen werden, als sei die Ehescheidung ein kirchlicher Akt. Das ist aber keineswegs der Fall.

Die LKL VELKD betonen dabei besonders, dass der zu Lebzeiten geäußerte Wunsch des Verstorbenen nicht entgegenstehen darf. Dies hat für die Behandlung aus der Kirche Ausgetretener Bedeutung. Da der im Austritt manifest gewordene Wille des Verstorbenen zu respektieren ist, ist eine kirchliche Bestattungsfeier grundsätzlich nur dann möglich, wenn der Pfarrer zuverlässig weiß, dass der Verstorbene nur durch den Tod am Wiedereintritt gehindert worden ist. Da die kirchliche Begräbnisfeier Verkündigung und geistliche Tröstung der Lebenden ist, kann sie darüber hinaus im Ausnahmefall aus Gründen der Seelsorge an den Hinterbliebenen in Betracht kommen, wenn sie nicht dem ausdrücklichen Willen des Verstorbenen widerspricht.

Im Gegensatz zu älteren Zeiten wird (selbstverständlich) eine kirchliche Bestattung von Selbstmördern gewährt. Auch der Feuerbestattung stehen keine grundsätzlichen Bedenken entgegen. Sie stellt Hoffnung auf und Glaube an die Auferstehung der Toten nach heutigem Verständnis nicht in Frage.

19 Für die Bestattung ist grundsätzlich der Pfarrer der Kirchengemeinde zuständig, der der Verstorbene angehörte. Soll die kirchliche Bestattung von einer anderen Pfarrerin oder einem anderen Pfarrer gehalten werden, ist ein Abmeldeschein (Dimissoriale) des zuständigen Pfarramtes erforderlich, sofern nichts anderes geregelt ist. Für die Verweigerung der kirchlichen Bestattung und das Beschwerdeverfahren gilt das für die anderen Amtshandlungen Ausgeführte entsprechend.

§ 34. Weitere Tätigkeitsbereiche der Kirchengemeinden

Literatur: *J. Gaedke*, Handbuch des Friedhofs- und Bestattungsrechts, 2004; *R. Kümmerling*, Rechtsprobleme kirchlicher Friedhöfe, 1997; *R. Mainusch*, Friedhofsrecht, EvStL, Neuausgabe 2006, Sp. 680–682; *H.-R. Müller-Hannemann* (Hrsg.), Lexikon Friedhofs- und Bestattungsrecht, 2002; *B. Kämper*, Kindergarten, LKStKR, Bd. 2, S. 412–413; *ders.*, Kindergärten in kirchlicher Trägerschaft, 1991; *A. Elgeti*, Rechtsprobleme bei Kindergärten in kirchlicher Trägerschaft, ZevKR 34 (1989), S. 144 ff.; *G. Schnitzspahn*, Kindergarten, RGG[4], Sp. 977–979.

1 Der Zusammenhang der kirchlichen Bestattungsfeier mit dem Bestattungswesen überhaupt leitet über zu den anderen Tätigkeitsbereichen der Kirchengemeinden – außerhalb von Gottesdienst und Verkündigung. Die Kirchengemeinden sind nämlich in diesem Bereich nicht nur bei der Bestattung und der Bestattungsfeier selbst engagiert, die selbstverständlich auch auf Friedhöfen in kommunaler Trägerschaft stattfindet und stattfinden darf. Vielmehr unterhalten sie auch eigene Bestattungseinrichtungen, namentlich Friedhöfe, in großer Zahl. Das Friedhofs- und Bestattungsrecht ist ein eigenes, praktisch wichtiges Rechtsgebiet, das aber in der akademischen Lehre und Forschung kaum eine Rolle spielt. Es wirft eine Fülle von Fragen auf, die häufig staatskirchenrechtlicher Natur sind. Auf seine Bedeutung kann hier nur hingewiesen werden.

Das Gleiche gilt für den Betrieb von Kindertageseinrichtungen durch Kirchengemeinden (und andere kirchliche Träger), die in ein enges Regelwerk sozialrechtlicher Normen des SGB VIII und landesrechtlicher Bestimmungen eingebunden sind. Die Kirchengemeinden kommen hier in ganz erheblichem Umfang dem christlichen Erziehungsauftrag nach und fördern damit zugleich, ganz im Sinne des Grundsatzes der Subsidiarität, das Gemeinwohl durch bürgerschaftliches Engagement. Das gilt auch für die vielfältigen sonstigen Formen der Gemeindetätigkeit, in der Jugendarbeit in- und außerhalb des Konfirmandenunterrichts, bei der Kirchenmusik, bei der Seelsorge und anderen Angeboten für Kranke, Alte usw. Der rechtliche Rahmen für dies alles kann im Rahmen dieser Einführung nicht dargestellt werden.

§ 35. Vermögensverwaltung und Haushaltswesen

Literatur: *A. Burgsmüller*, Rechtliche Bindungen kirchlicher Praxis und Tendenzen ihrer Entwicklung, ZevKR 28 (1983), S. 125–160; *C. Frerk*; Finanzen und Vermögen der Kirchen in Deutschland, 2002; *F. Hammer*, Kirchenvermögen, EvStL., Neuausgabe 2006, Sp. 1245–1248; *H. D. Hessler/ W. Strauß*, Kirchliche Finanzwirtschaft, 1990; *C. Meyer*, Die Vermögensverwaltung und das Stiftungsrecht im Bereich der evangelischen Kirche, in: HdbStKirchR I², S. 907–946

Natürlich benötigt die Gemeinde zur Erfüllung ihrer vielfältigen Aufgaben die erforderlichen materiellen Mittel. Sie braucht dazu Geld, aber auch anderes Vermögen wie Liegenschaften (Kirchengebäude, Gemeindehaus etc.) oder bewegliche Sachen (solche zum gottesdienstlichen Gebrauch wie Abendmahlsgerät oder auch Gesangbücher, aber auch Gegenstände, die außerhalb des Gottesdienstes gebraucht werden, wie etwa Diaprojektor, Büromaterial, Fotokopierer oder Musikinstrumente). Die hier exemplarisch angedeutete Vielfalt verdeutlicht, dass Haushaltswesen und Vermögensverwaltung der Kirchengemeinden und der übrigen Rechtsträger der Kirche komplexe und vielfältige Rechtsgebiete sind. Hier können nur wenige Grundbegriffe und Grundlinien angedeutet werden.

Charakteristisch für das kirchliche Vermögensrecht ist, dass hier Rechtsinstitute und Vermögensmassen mit erheblicher Tradition zu bewältigen und zu administrieren sind. Ein Beispiel für solche alten Institute und Vermögen sind die Pfründestiftungen. Dabei handelt es sich um eine rechtlich verselbständigte Gesamtheit von Vermögensgegenständen, die der Versorgung des Pfarrers einer Gemeinde dienen. In früheren Zeiten gab es noch nicht, wie heute, eine einheitliche Besoldung der Pfarrer, dieser wurde vielmehr u. a. durch die Pfründe versorgt, deren Ertragskraft durchaus unterschiedlich war. Es gab fette und weniger fette Pfründe – als Redensart hat sich das Bewusstsein davon bis heute erhalten. Mittlerweile hat sich die Finanzierung der Pfarrer – wie der Kirchen insgesamt – ganz erheblich gewandelt. Die Pfarrer werden nicht mehr auf örtlicher Ebene unterhalten, sie erhalten vielmehr aufgrund landeskirchlicher Gesetzgebung eine einheitliche, der Beamtenbesoldung nicht unähnliche Alimentierung, die auch nicht durch die örtliche Kirchengemeinde, sondern durch zentrale Verwaltungseinheiten verwaltet wird. In dieses Besoldungs- und Versorgungswesen sind auch die Pfründestiftungen, die nach wie vor für die Pfarrstellen existieren, integriert worden. Die Pfründestiftungen sind aber nicht das einzige Beispiel für ältere Vermögensmassen. Das Vermögen der Ortskirchengemeinde kann dieser selbst als Rechtsträgerin zugeordnet sein. Daneben bestehen aber z. T. noch verselbständigte Vermögensmassen in Form von ortskirchlichen Stiftungen, die ebenfalls dem Finanzbedarf der Kirchengemeinde dienen (§§ 63, 77 KGO Bay).

Die Verwaltung des Vermögens der Kirchengemeinde zählt zu den Aufgaben des kirchengemeindlichen Leitungsorgans (Kirchenvorstand, Kirchengemeinderat Presbyterium). Die Grundsätze der Vermögensverwaltung sind denjenigen der Kommunen nicht unähnlich. Im kirchlichen Bereich besonders streng ausgeformt ist der Grundsatz der Erhaltung des Vermögens. Wird rentierendes Vermögen veräußert, ist es durch Vermögenswerte zu ersetzen, die dauernden Ertrag bringen. Für veräußerte Grundstücke sind grundsätzlich wiederum Grundstücke zu beschaffen (s. z. B. § 66 KGO Bay).

3   Zur Sicherung der Grundsätze der Vermögensverwaltung bestehen zahlreiche besondere kirchenaufsichtliche Genehmigungsvorbehalte, so z. B. für die Veräußerung, den Erwerb oder die Belastung von Grundstücken oder aber auch für die Aufnahme von Darlehen. Der konservative Grundzug kirchlicher Vermögensverwaltung mag in wirtschaftlich dynamischen Zeiten als schwerfällig erscheinen und dazu führen, dass denkbare Erträgnisse oder Verwendungsmöglichkeiten kirchlichen Vermögens nicht realisiert werden können. Allerdings ist die Kirche mit diesen Grundsätzen über einen Zeitraum gut gefahren, der erheblich weiter zurückreicht, als die Funktionäre staatlicher Rechtsträger denken können – zu schweigen von Privaten und ihren Unternehmen. Das hat dazu beigetragen, dass Kirchen und ihre Gemeinden finanziell erheblich günstiger dastehen als ihre den politischen und wirtschaftlichen Moden unterworfenen, freilich auch sehr viel größeren weltlichen Gegenstücke, die Kommunen.

4   Neben der Verwaltung des Vermögens gehört auch die Festlegung und Führung des Haushaltes der Kirchengemeinde und die Abrechnung (Jahresrechnung) zu den Aufgaben des Kirchenvorstandes. Die Kirchengemeindeordnungen sehen vor, dass ein für das Haushalts-, Kassen- und Rechnungswesen besonders beauftragtes Gemeindeglied bestellt wird (Kirchenpfleger, Kirchmeister, Kuratoren). Auch die kirchlichen Regelungen zum Haushaltswesen und zur Aufsicht in diesem Bereich ähneln dem bei den Kommunen und beim Staat üblichen.

Die Mittel zur Deckung des Haushaltes der Kirchengemeinden stammen aus verschiedenen Quellen. Dazu gehört der Anteil der Kirchengemeinden an den Kirchensteuern und an anderen Einnahmen, die im Rahmen eines Ausgleichs zwischen der Landeskirche, den anderen übergemeindlichen Einheiten der Landeskirchen und den Kirchengemeinden verteilt werden. Dazu kommen das als Beitrag von allen Kirchenmitgliedern erhobene (allgemeine) Kirchgeld, das freilich auch eine besondere Form der Kirchensteuer ist, Erträgnisse des Kirchengemeindevermögens, Kirchengemeindegebühren (z. B. Friedhofsgebühren), freiwillige Gaben, Kollekten etc.

§ 36. Gemeindeaufsicht und Visitation

Literatur: *W. Bock,* Visitation (J), EvStL, Neuausgabe 2006, Sp. 2636–2638; *G. Keil,* Gedanken zur Visitation, ZevKR 30 (1985), S. 317–331; *C. Meyer,* Die Vermögensverwaltung und das Stiftungsrecht im Bereich der evangelischen Kirche, in: HdbStKirchR I², S. 907–946; *H. P. Meyer,* Die Visitation als Aufsicht mit dem Wort und den Mitteln des Rechts, ZevKR 18 (1973), S. 164–177; *C. Peters,* Visitation (Th), EvStL, Neuausgabe 2006, Sp. 2638–2642; *C. Peters/F. Krause,* Visitation, TRE, Bd. 35, S. 151–166; *H. de Wall,* Rechtliche Rahmenbedingungen der Visitation, in: *K. Grünwaldt/U. Hahn* (Hrsg.), Visitation, 2006, S. 29–50.

1   Ähnlich wie die Kommunen der staatlichen Kommunalaufsicht, unterliegen die Kirchengemeinden einer Aufsicht durch die Landeskirchen. Aufgabe der Aufsicht ist es, den Kirchengemeinden dazu zu verhelfen „ihre Aufgaben in Bindung an die kirchlichen Ordnungen zu erfüllen, sie vor Schaden zu bewahren und ihre Verbundenheit mit der ganzen Kirche zu fördern" (§ 100 Abs. 1 KGO Bay). Der Aufsicht stehen neben der Beratung und Empfehlungen auch rechtlich schärfere Mittel zur Verfügung, die im einzelnen in ihren Voraussetzungen und ihrer Reichweite durch landeskirchliches Recht geregelt sind – auch in der Kirche gilt, dass die Aufgabe der Aufsicht noch nichts über den Umfang der Mittel aussagt. Zu den Aufsichtsmitteln zählen Besichtigungs- und Prüfungsrechte, Anzeigepflichten der

Kirchengemeinden, Genehmigungsvorbehalte, etwa im Bereich der Vermögensverwaltung und im Bauwesen, Beanstandungsrechte und das Recht zur Aufhebung von Beschlüssen des Kirchenvorstands. Die Aufsicht wird geführt durch die leitenden Pfarrer der kirchlichen Mittelstufe (Dekan, Superintendent, Probst etc.) und durch kirchenleitende Organe der Landeskirche. Besonders wichtig ist die Aufsicht durch das Leitungsgremium der Landeskirche (Landeskirchenrat o.ä.) bzw. das Verwaltungsorgan der Landeskirche (Konsistorium, Landeskirchenamt). Die Einzelheiten sind je nach Landeskirche unterschiedlich geregelt.

Neben dieser Gemeindeaufsicht ist die Visitation, die bereits im Abschnitt über 2 das Recht der Pfarrer (s. o. § 30 Rn. 23) angesprochen wurde, eine besondere Form der Aufsicht über die Kirchengemeinde. Sie kann sich darüber hinaus auch auf die Kirchenkreise und auf die kirchlichen Werke und Einrichtungen beziehen. Die Visitation dient der Feststellung, ob in der Gemeinde „das Wort Gottes schriftgemäß verkündet, die Sakramente stiftungsgemäß verwaltet werden und sich daraus in den Gemeinden die Kirche Jesu Christi lebendig und vielgestaltig entfaltet" (Richtlinie der Bischofskonferenz der VELKD über die Visitation vom 8. 11. 1963/20. 10. 1983). Sie „erstreckt sich auf das Leben der Gemeinde und auf die Amtsführung der Pfarrer ... Sie soll dazu verhelfen, das geistliche Leben der besuchten Gemeinde zu fördern, die Pfarrer ... zu beraten und zu stärken, die kirchliche Ordnung zu sichern und die Einheit der Kirche zu festigen" (§ 99 I KGO Bay). Sie verbindet damit nicht nur ein Element der Kontrolle mit der Seelsorge in Form eines „brüderliche(n) Besuchsdienstes". Überdies bezieht sie sich gleichermaßen auf den Pfarrer und die Gemeinde und kann daher auch insofern zu einem umfassenderen Bild über das Gemeindeleben verhelfen als die bloße Dienstaufsicht über den Pfarrer oder die Gemeindeaufsicht über die Gemeinde und ihren Kirchenvorstand.

Nach den Visitationsordnungen der Landeskirchen der EKD sollen Visitationen 3 der Kirchengemeinden etwa alle 6 bis 8 Jahre stattfinden. Die Visitationspraxis ist freilich sehr unterschiedlich – z.T. auch innerhalb der Landeskirchen.

Zur Vorbereitung einer Visitation wird u. a. ein Gemeindebericht erstellt und eine Gemeindebefragung durchgeführt. Zur Visitation selbst, die mehrere Tage dauert, gehören ein Visitationsgottesdienst und das – einzelne und gemeinsame – Gespräch mit dem Kirchenvorstand bzw. Presbyterium, den Pfarrern und anderen Mitarbeitern. Dazu kommt die Prüfung des Kirchenbuch-, Finanz- und Bauwesens. Zusätzlich können Begegnungen mit Gemeindegruppen, Vertretern des öffentlichen Lebens, anderen Kirchen und Religionsgemeinschaften vorgesehen werden. Über die Ergebnisse der Visitation wird vom Visitator ein Bericht erstellt, der dem Leitungsorgan der Kirchengemeinde (bzw. der visitierten sonstigen Körperschaft oder Einrichtung) und der Kirchenleitung zugeleitet wird.

Visitator ist üblicherweise ein Inhaber eines kirchlichen Leitungsamtes (z.B. Bischöfe, Superintendenten, Dekane). In den lutherisch geprägten Kirchen gehört, wie in der katholischen, die Visitation zu den typischen bischöflichen Funktionen. In anderen Kirchen obliegt die Visitation auch anderen kirchenleitenden Gremien (z.B. Landeskirchenrat oder auch Kreissynodalvorstand). Üblicherweise wird die Visitation nicht durch den Visitator allein durchgeführt, sondern durch eine Visitationskommission, der auch Nicht-Theologen angehören.

3. Abschnitt. Die Landeskirche

§ 37. Das Landeskirchentum in Deutschland

Literatur: *Th. Barth*, Elemente und Typen landeskirchlicher Leitung, 1995; *O. v. Campenhausen*, Die Organisationsstruktur der evangelischen Kirche, in: HdbStKirchR I², S. 383 ff. (insbes. S. 389–392); *H. Frost*, Strukturprobleme evangelischer Kirchenverfassung, 1972; *R. Gebhard*, Landeskirche (Th), EvStL, Neuausgabe 2006, S. 1389–1394; *W. Göbell*, Die Entwicklung der ev. Kirchenverfassung vom 18. bis zum 20. Jahrhundert, 1966; *C. Görisch*, Landeskirche, RGG⁴, Sp. 59–61; *W. Hammer*, Die Organisationsstruktur der evangelischen Kirche, HdbStKirchR I¹, Sp. 327–340; *D. Kraus*, Die Verfassungen der evangelischen Kirchen in Deutschland (Textsammlung), 2001; *Chr. Link*, Typen evangelischer Kirchenverfassungen, in: *A. Boluminski* (Hrsg.), Kirche, Recht und Wissenschaft, Festschrift für A. Stein, 1995, S. 87–117; *H. M. Müller*, Landeskirche, LKStKR Bd. 2, S. 682–683; *D. Pirson*, Kirchenverfassung (V. Gegenwart), RGG⁴, Sp. 1343–1349; *ders.*, Kirchliches Verfassungsrecht. Eigenart und notwendiger Inhalt, ZevKR 45 (2000), S. 89–108; *ders.*, Landeskirchentum, Gesammelte Schriften, 2008, S. 163–169; *J. Winter*, Landeskirche (J), EvStL, Neuausgabe 2006, S. 1386–1389; *ders.*, Aufgaben und Rechtsformen landeskirchlicher Kooperation, ZevKR 45 (2000), S. 341–355; *D. Wendebourg*, Der lange Schatten des Landesherrlichen Kirchenregiments, ZThK 100 (2003), S. 420–465.

I. Die landeskirchliche Organisation, ihre Entwicklung und ihre Probleme

1 Aufsicht und Visitation leiten über zur Landeskirche als der neben der Gemeinde zweiten wesentlichen Ebene der Organisation der evangelischen Kirchen in Deutschland. Die Aufsicht über die Kirchengemeinden wird ja in der Regel durch landeskirchliche Organe ausgeübt. In der Visitation besucht ein Amtsträger (meist) der Landeskirche die einzelne Kirchengemeinde und verdeutlicht so ihre Eingebundenheit in einen größeren Zusammenhang. Bereits oben wurde darauf hingewiesen, dass die Kirchengemeinde vor Ort zwar eine besonders wichtige, aber nicht die einzige Einheit ist, in der sich die Gemeinschaft der Menschen verwirklicht, „die durch Wort und Sakrament zur Einheit des Glaubens, der Liebe und der Hoffnung gesammelt werden und dazu berufen sind, Jesus Christus als den Herrn und Heiland vor der Welt zu bezeugen" (Art. 4 Abs. 2 KVerf Bay) – so eine Definition von „Gemeinde" in einem weiteren Sinn, die auch ortsübergreifende Einheiten umfasst – eben auch die Landeskirchen.

In der historischen Entwicklung ist in Deutschland die Landeskirche die für das Recht der evangelischen Kirchen zentrale Einheit geworden. Sie ist insoweit mit den Diözesen der römisch-katholischen Kirche vergleichbar, ja sie geht darüber noch hinaus, weil die evangelischen Kirchen nicht als „Weltkirche" organisiert sind, sondern, wenn nicht als Freikirchen, als National- oder eben Landeskirchen. Die Landeskirchen sind also – rechtlich gesehen – Organisationen der höchsten Ordnung, nicht Untergliederung einer übergeordneten Gesamtkirche.

2 Freilich hat die Evangelische Kirche in Deutschland (EKD) in den letzten Jahrzehnten zunehmende Bedeutung erlangt. Dennoch wird man sie derzeit noch nicht als eine deutsche Gesamtkirche bezeichnen können, weil sie lediglich in einzelnen Sachbereichen kirchliche Aufgaben wahrnimmt. Daher bleibt es dabei, dass für das deutsche evangelische Kirchenrecht die Landeskirchen die zentralen Einheiten sind: es ist i. w. landeskirchliches Recht. Die Diskussionen um die (Neu-)Organisation

der evangelischen Kirchen erweisen aber, dass dies nicht ein unabänderlicher – schon gar nicht ein durch ius divinum oder Schrift und Bekenntnis vorgegebener Zustand ist. Es ist vielmehr Ergebnis einer historischen Entwicklung, die nicht abgeschlossen, sondern weiterhin offen ist.

Die Landeskirchen differieren ganz erheblich in ihren Größen. Den großen Kirchen mit jeweils über 2 bis mehr als 3 Millionen Mitgliedern, wie den evangelischen Kirchen Nordelbiens, Württembergs, Westfalens, Bayerns, des Rheinlands und Hannovers, stehen Kirchen mit 100 000 Mitgliedern oder weniger gegenüber wie die Pommersche Evangelische Kirche oder die Evangelischen Kirchen Schaumburg-Lippes und Anhalts. Diese Kirchen erreichen von der Mitgliederzahl gerade den Umfang eines Kirchenkreises bzw. Dekanats einer der größeren Landeskirchen. Ob für solche Kirchen der Aufwand einer eigenen Gesetzgebung und eigenen Kirchenverwaltung zu rechtfertigen ist, ist zumindest begründungsbedürftig. Im übrigen ist, so unterschiedlich wie die Größe der Kirchen, so unterschiedlich auch ihre Finanzkraft.

II. Landeskirche, Provinzialkirche, Gliedkirche

Aus heutiger Sicht ist auch der Begriff Landeskirche missverständlich. Er deutet an sich darauf hin, dass für jedes Bundesland eine Kirche besteht. Allerdings stimmt nur die Evangelisch-Lutherische Kirche in Bayern in ihren territorialen Grenzen vollständig mit einem Bundesland überein. Der Begriff der Landeskirche und das Landeskirchentum beruhen darauf, dass, wie im historischen Teil ausgeführt, das Regiment über die evangelischen Kirchen durch den jeweiligen Landesherrn bzw. in den Reichsstädten durch den städtischen Senat geführt wurde. Insofern existierte tatsächlich für jedes evangelische Territorium eine eigene Kirche bzw. eben eine Landeskirche. Nach dem Ende der Monarchie und mit der Weimarer Reichsverfassung endete auch das landesherrliche Kirchenregiment in Deutschland. Damit hatten aber auch die staatlichen Organe der deutschen Länder, keinen unmittelbaren Einfluss mehr auf ihre jeweiligen Landeskirchen. Diese waren auch in der Bestimmung ihrer territorialen Gliederung frei. Das bedeutete umgekehrt auch, dass sie nicht den Veränderungen der territorialen Gliederung auf staatlicher Seite folgten.[121] So spiegelten die territorialen Verhältnisse der evangelischen Kirche zu Beginn der Weimarer Zeit den Zuschnitt der Länder zum Ende des Kaiserreichs. Noch heute existieren eine ganze Reihe von Landeskirchen, die in ihrem Gebietsstand politische Verhältnisse des 19. Jahrhunderts wiedergeben und insofern die Kirchen längst vergangener Länder sind (Hannover, Oldenburg, Braunschweig, Schaumburg-Lippe, Lippe, Mecklenburg, Anhalt, Kurhessen-Waldeck, Baden, Württemberg). Auch die übrigen Kirchen sind in ihrem Zuschnitt nicht den neueren politischen Verhältnissen angepasst.

Einige Gliedkirchen der EKD sind nicht aus ehemaligen Landeskirchen hervorgegangen, sondern aus den Kirchen der Provinzen des preußischen Staates. Das gilt für die Evangelischen Kirchen im Rheinland, in Westfalen, Pommern und für die evangelische Kirche Berlin-Brandenburg-schlesische Oberlausitz.[122] Sie sind insofern nicht Landeskirchen sondern Provinzialkirchen. Freilich wird mittlerweile der Begriff der Landeskirche auch für diese Kirchen verwendet. Auch in diesem Lehrbuch sind im Zweifel, wenn von Landeskirchen die Rede ist, auch die Provinzial-

---

[121] Das war auch bereits im Kaiserreich nicht immer der Fall: In den von Preußen in der zweiten Hälfte des 19. Jahrhunderts annektierten Gebieten (Hannover, Schleswig-Holstein) wurden die evangelischen Landeskirchen nicht in die Preußische eingegliedert, vgl. *H. M. Müller*, Landeskirche, LKStKR Bd. 2, S. 683.
[122] Das gilt auch für die evangelische Kirche der Kirchenprovinz Sachsen, die freilich seit dem 1. 1. 2009 nicht mehr als selbständige Kirche existiert, dazu sogleich im Text.

kirchen mit umfasst. Sie stehen rechtlich und tatsächlich auf einer Stufe mit den Landeskirchen. Art. 1 Abs. 1 GO EKD spricht nicht (mehr) von Landes- und Provinzialkirchen, sondern benutzt den Begriff „Gliedkirchen". Damit wird die Einbindung der Kirchen in die EKD besonders hervorgehoben.

4   Spiegeln sich so in den Landeskirchen vielfach alte territoriale Verhältnisse, sind die Kirchen auch nicht auf dem Stand von 1919 stehen geblieben. Es hat durchaus Anpassungen an die politischen Gegebenheiten gegeben. Eine größere Flurbereinigung fand bereits in den 20er Jahren des 20. Jahrhunderts in Thüringen statt, hier auch in Parallele zur Bildung des Freistaates Thüringen aus zahlreichen kleinen politischen Herrschaftsgebilden. Die Evangelisch-Lutherische Kirche in Thüringen ist damals als Zusammenschluss aus 8 Landeskirchen der früheren thüringenschen Kleinstaaten gebildet worden. Seit dem 1. 1. 2009 ist sie mit der Evangelischen Kirche der Kirchenprovinz Sachsen zur Evangelischen Kirche in Mitteldeutschland vereinigt. Neben kleineren Änderungen und Begradigungen der Kirchengrenzen, hat es auch nach dem zweiten Weltkrieg größere territoriale Neugliederungen gegeben. So ist die Evangelische Kirche in Hessen und Nassau 1947 aus drei Landeskirchen gebildet worden. In den 70er Jahren des zwanzigsten Jahrhunderts ist die Nordelbische Kirche als Zusammenschluss der evangelischen Kirchen in Hamburg, Eutin und Lübeck mit der Landeskirche Schleswig-Holsteins entstanden. Bereits ins 21. Jahrhundert fällt die Vereinigung der Evangelischen Kirche Berlin-Brandenburg mit der sehr kleinen evangelischen Kirche der schlesischen Oberlausitz. Die Synoden der Evangelischen Kirchen Mecklenburgs, Pommerns und Nordelbiens beschlossen, Verhandlungen über eine Fusion zu einer „Nordkirche" aufzunehmen. Damit würde sich die Zahl der Landeskirchen in Zukunft von jetzt 22 auf 20 reduzieren.

5   Die Widerstände gegen solche Fusionspläne, die immer wieder auftauchen, sind durchaus verständlich. Bedingt durch die unterschiedlichen Traditionen haben die Landeskirchen unterschiedliche Leitungsstrukturen und Verwaltungskulturen, die eine Fusion zu einer im Detail aufwendigen Aufgabe machen. Auch die Tradition selbst ist durchaus achtenswert, sind doch die Landeskirchen zum Teil die einzigen verbliebenen sichtbaren Elemente einer früher eigenständigen Staatlichkeit, die zu unterschiedlichen regionalen Identitäten und Traditionen geführt hat. Es gibt (oder gab) beispielsweise in mancher Hinsicht weniger eine niedersächsische, wohl aber eine hannoversche, oldenburgische oder braunschweigische Identität. Eine Beseitigung dieser Unterschiede setzt sich dann zumindest dem Vorwurf aus, allein an organisations- und verwaltungstechnischen Motiven orientiert zu sein, die kulturellen Traditionen und Bedürfnisse vor Ort aber außen vor zu lassen. Insofern ist auch durchaus zu würdigen, dass die landeskirchliche Gliederung des deutschen Protestantismus ihre Stärken hat: nämlich die Nähe zu den Menschen in einer Region. Daher ist die Skepsis, mit der den in dem Impulspapier des Rates der EKD „Kirche der Freiheit" (2006)[123] wiedergegebenen Plänen einer Verringerung der Zahl der Landeskirchen auf 8 bis 12 begegnet wurde, durchaus nachvollziehbar. Die Neugliederung des Landeskirchentums verlangt eine Diskussion darüber, welche Aufgaben die Landeskirchen erfüllen können und erfüllen sollen, welches dafür eine sinnvolle Größe ist und ob der mit der Neustrukturierung verbundene Aufwand und der zu erzielende Erfolg, wenn er überhaupt sicher voraussehbar ist, in einem angemessenen Verhältnis stehen. Schließlich ist dabei auch zu berücksichtigen, ob und inwiefern

---

[123] Dazu *F. Hauschildt*, Zum Impulspapier des Rates der EKD „Kirche der Freiheit" – Ein Versuch, diesen Impuls kritisch weiterzudenken, ZevKR 53 (2008), S. 28.

nicht andere Formen der Kooperation, wie sie auch bisher geübt wurden (zum Beispiel in der Konföderation der evangelischen Kirchen in Niedersachsen) die gleichen Ziele mit weniger Aufwand erreichen können. Dessen ungeachtet dürfte aber im Ergebnis unbestritten sein, dass die territoriale und organisatorische Gliederung des evangelischen Landeskirchentums in Deutschland reformbedürftig war und ist.

Eines der Strukturprobleme, die die landeskirchliche Organisation des deutschen Protestantismus mit sich bringt, ist nämlich die bereits oben erwähnte Zersplitterung des evangelischen Kirchenrechts. Das evangelische Kirchenrecht allein in Deutschland zerfällt in 22 weitgehend autonome Rechtsordnungen der Landeskirchen. Dazu kommen die Rechtsordnungen der kirchlichen Zusammenschlüsse, vor allem die der EKD, der VELKD und der UEK bzw. (früheren) EKU. Zwar haben die letztgenannten, konfessionellen Zusammenschlüsse in wichtigen Bereichen zu einer Vereinheitlichung des Rechts geführt. Das ändert aber nichts an dem Befund, dass in vielen Bereichen eine bunte Fülle landeskirchlicher Regelungen besteht. 6

Die Gliederung in Landeskirchen vergrößert den Aufwand für die Ordnung und Verwaltung der Kirchen. Alle Landeskirchen unterhalten eigene Kirchenverwaltungen, eigene Kirchenleitungen und eigene gesetzgebende Organe. Wenn sich etwa auf Grund staatlicher Gesetzgebung im Bereich des Bundes die Rahmenbedingungen für kirchliche Tätigkeiten ändern und dadurch ein Anpassungsbedarf für das Kirchenrecht entsteht, müssen demgemäß in 22 parallelen Gesetzgebungsprozessen die entsprechenden Kirchengesetze geändert werden. Da meistens auf dem Gebiet eines Bundeslandes mehrere Landeskirchen existieren, gilt auch bei Änderungen der Landesgesetzgebung Ähnliches in geringerem Maßstab. Entsprechendes gilt, wenn aus Gründen eigener, kirchlicher Erkenntnisse das Kirchenrecht geändert wird, wobei es dann nicht selten dazu kommt, dass in jeder Landeskirche ähnliche Fragen diskutiert werden, die Lösungen aber mehr oder weniger differieren – sei es in der Sache oder auch nur in der Formulierung.

III. Gemeinsamkeiten und Grundstrukturen der evangelischen Kirchenverfassungen

Die große Fülle unterschiedlicher rechtlicher Regelungen spiegelt sich auch in den Verfassungen wider, in denen die Organisation der Landeskirchen in ihren Grundlagen festgelegt ist. Ungeachtet der unterschiedlichen Traditionen und der nicht unerheblichen Unterschiede im einzelnen können für das kirchliche Verfassungsrecht grundlegende Übereinstimmungen in wichtigen Strukturelementen konstatiert werden. So kann man, mit gewissen Abstrichen, von einem gemeinsamen Kern evangelischen Kirchenverfassungsrechtes sprechen. Es gibt einen Grundbestand an organisatorischen Strukturen, der in fast allen Landeskirchen gleich ist.[124] 7

Eines der Kernelemente des evangelischen Kirchenverfassungsrechtes ist bereits beschrieben worden, nämlich das *Gemeindeprinzip*. Auf der Ebene der landeskirchlichen Organisation bildet das mit dem Gemeindeprinzip in einem engen Zusammenhang stehende *synodale Prinzip* ein Grundelement aller Kirchenverfassung. Es bedeutet, dass die allgemeinen, grundlegenden Entscheidungen der rechtlichen Kirchenleitung, insbesondere die kirchliche Gesetzgebung, in Synoden getroffen werden, das heißt in Organen, die aus Vertretern der Kirchengemeinden, und zwar sowohl Pfarrern als auch Laien, zusammengesetzt sind. Sie sind auch zuständig für die Wahl der wichtigsten Amtsträger der Kirchen. 8

---

[124] Einen gewissen Sonderfall bildet freilich die Bremische Landeskirche, in der die Autonomie der Kirchengemeinden eine besondere Bedeutung besitzt und deren Verfassung in vielem wie die Ordnung eines Gemeindeverbandes erscheint und nicht wie eine übergeordnete Einheit.

9   Drei für das evangelische Kirchenverfassungsrecht typische Organe sind, bei unterschiedlichen Bezeichnungen, in nahezu allen Kirchenverfassungen vorgesehen, nämlich neben der *Synode* (*Kirchensynode, Landessynode,* in Bremen: *Kirchentag* genannt) ein *Konsistorium* (u. a. auch bezeichnet als *Landeskirchenamt, Landeskirchenrat* oder *Kirchenverwaltung*) als verwaltendes Organ und ein *personales Leitungsamt,* als *Bischof,* als *Präses* der Synode oder als *Präsident.* Viele landeskirchliche Verfassungen[125] sehen darüber hinaus ein aus Vertretern dieser drei Organe zusammengesetztes weiteres Verfassungsorgan vor, das gleichsam als Kirchenregierung grundlegende Leitungsfunktionen ausübt (*Kirchensenat, Oberkirchenrat, Landeskirchenrat, Kirchenleitung* o. ä.).

10 Als einen Grundsatz evangelischer Kirchenverfassungen kann man auch bezeichnen, dass die Leitungsorgane nicht in einer Hierarchie einander über- oder untergeordnet sind, sondern ihre Aufgaben in *arbeitsteiliger Gemeinschaft und gegenseitiger Verantwortung* wahrnehmen. In gewisser Weise kann dieser Grundsatz nicht nur dem Grundsatz der bischöflichen Hierarchie nach römisch-katholischem Beispiel, sondern auch dem Grundsatz der Gewaltenteilung, wie er aus dem staatlichen Recht geläufig ist, entgegengesetzt werden. Zentraler Aspekt der staatlichen Gewaltenteilung ist die Abgrenzung und Trennung der Gewalten im Interesse ihrer wechselseitigen Kontrolle. Dass dieser Aspekt nicht einfach in den kirchlichen Bereich übernommen werden kann, ergibt sich bereits aus der einfachen Überlegung, dass das kirchliche Recht dem Auftrag der Kirche möglichst effektive Rahmenbedingungen verschaffen soll. Dagegen tritt der der Gewaltenteilung im staatlichen Bereich zugrunde liegende Gedanke der Hemmung und Eindämmung der Staatsgewalt im Interesse des Schutzes der bürgerlichen Freiheit zurück. Aufgaben der staatlichen und der kirchlichen Verfassung sind nicht dieselben, so dass die unterschiedlichen Verfassungsprinzipien nicht unbesehen übertragbar sind. Das schließt aber selbstverständlich nicht aus, dass auch im kirchlichen Bereich die verschiedenen Aufgaben so auf unterschiedliche Organe verteilt werden, dass sie möglichst sachgerecht ausgeübt werden können und dass auch im kirchlichen Bereich der Gefahr des Missbrauchs von Befugnissen entgegengewirkt wird. Dies geschieht aber in der Kirchenverfassung auf andere Weise und mit anderen Akzenten als in der staatlichen Verfassung. Dementsprechend betonen manche Kirchenverfassungen ausdrücklich den Grundsatz der arbeitsteiligen Gemeinschaft und gegenseitigen Verantwortung. Dieser Grundsatz gilt freilich insofern mit Einschränkungen, als in manchen Landeskirchen nach dem Verfassungstext die Synode besonders hervorgehoben wird und die anderen Kirchenorgane gleichsam als Organe der Landessynode erscheinen.

11 Die Abgrenzung der Funktionen und die Zuordnung der Verfassungsorgane zueinander machen die Spezifika der einzelnen Kirchenverfassungen aus. In diesen Aspekten unterscheiden sich die einzelnen Verfassungen zum Teil nicht unerheblich voneinander. Um die Unterschiede besser würdigen, ihre Hintergründe herausarbeiten und sie einordnen zu können, kann man die Kirchenverfassung typisieren und Grundmodelle herausarbeiten. Dies ist in einer Reihe von grundlegenden Arbeiten zum kirchlichen Verfassungsrecht geschehen.[126] Ganz grob kann man unterscheiden zwischen – erstens – solchen Kirchenverfassungen, in denen die Synode hervorgehoben wird und in denen die anderen Kirchenleitungsorgane ihre Aufgaben als synodale Organe ausüben (synodale Kirchenleitung: Rheinland, Westfalen, Evangelisch-Reformierte Kirche), – zweitens – solchen, in denen der Bischof dadurch eine besondere Rolle spielt, dass er zugleich eigenständiges Kirchen-

---

[125] S. dazu die Übersicht u. § 40 I Rn. 2.
[126] *H. Frost,* Strukturprobleme evangelischer Kirchenverfassung, 1972; *Th. Barth,* Elemente und Typen landeskirchlicher Leitung, 1995; *Chr. Link,* Typen evangelischer Kirchenverfassungen, in: *A. Boluminski* (Hrsg.), Kirche, Recht und Wissenschaft, Festschrift für A. Stein, 1995, S. 87–117.

verfassungsorgan und Vorsitzender des Landeskirchlichen Regierungs- und Verwaltungsorgans ist (episkopal-behördliche Kirchenleitung: Bayern, Württemberg) und – drittens – Kirchenverfassungen mit gemischter Kirchenleitung, in denen ein aus Mitgliedern der Synode, dem leitenden Geistlichen (Bischof, Kirchenpräsident) und Mitgliedern des Kirchlichen Verwaltungsorgans (Konsistorium) zusammengesetztes Kirchenregierungsorgan besteht.

In diesem Grundriss soll auf eine genauere Typisierung verzichtet und demgegenüber größerer Wert auf die vereinheitlichende Darstellung der wichtigsten Grundprinzipien des kirchlichen Verfassungsrechts gelegt werden. Dies geschieht freilich allein aus didaktischem Interesse und aus Raumgründen. Eine Distanzierung von den Systematisierungsversuchen ist darin keinesfalls zu sehen.

Der besseren Übersichtlichkeit halber seien hier noch einmal vier Grundmerkmale der Verfassungen der evangelischen Landeskirchen in Deutschland genannt: 12
– Das Gemeindeprinzip
– Das synodale Prinzip
– Die Verteilung der Aufgaben der Kirchenleitung auf drei (oder vier) Organe: Synode, Konsistorium und personales Leitungsamt, sowie (wo vorhanden) die Kirchenregierung
– Die arbeitsteilige Gemeinschaft und gegenseitige Verantwortung der kirchenleitenden Organe

§ 38. Die Synoden

Literatur: *T. Barth*, Elemente und Typen landeskirchlicher Leitung, 1995, S. 19–117; *H. Beermann/ T. Gundlach*, Synode (Th), EvStL, Neuausgabe 2006, Sp. 2436–2439; *A. v.* Campenhausen, Synoden in der ev. Kirche (1971), Ges. Schriften, 1995, S. 50–55; *J. E. Christoph*, Synode (J), EvStL, Neuausgabe 2006, Sp. 2432–2436; *J. Hägele*, Das Geschäftsordnungsrecht der Synoden der evangelischen Landeskirchen und gesamtkirchlichen Zusammenschlüsse, 1973; *W.-D. Hausschild/R. Brandt/M. Germann*, Synode, RGG⁴, Sp. 1970–1976; *W. Maurer*, Typen und Formen aus der Geschichte der Synoden (1955), in: *ders.*, Die Kirche und ihr Recht, 1976, S. 76–98; *H. Närger*, Das Synodalwahlsystem in den deutschen evangelischen Landeskirchen im 19. und 20. Jahrhundert, 1988; *H. Frost*, Gedanken über das reformierte Kirchenverfassungsrecht am Niederrhein (1974), in: *ders.*, Ausgewählte Schriften zum Staats- und Kirchenrecht, 2001, S. 116–173; *ders.*, Die Mitglieder von Landessynoden (1995), ebd. S. 302–311; *ders.*, Strukturprobleme evangelischer Kirchenverfassung, 1972, S. 314 ff.; *W. Huber*, Synoden und Konziliarität, in: *Rau, G./Reuter, H.-R./Schlaich, K.* (Hrsg.), Das Recht der Kirche, Bd. III, 1994, S. 319–348; *K. Bielitz*, Probleme heutiger Synodalpraxis, ebd. S. 349–369; *G. Ris*, Der „kirchliche Konstitutionalismus", 1988; *R. Smend*, Zur neueren Bedeutungsgeschichte der evangelischen Synode, ZevKR 10 (1963/64), S. 248–264; *Ch. Link*, Staat und Kirche in der neueren dt. Geschichte, 2000; *H. de Wall*, Synode (ev.), LKStKR Bd. 3, S. 644–647.

I. Allgemeines

In allen Landeskirchen ist eine Synode (bzw. Landessynode oder Kirchensynode) 1 ein zentrales Organ der Kirchenleitung. Es ist dasjenige Organ, in dessen Struktur, Aufgaben und Kompetenzen sich die Kirchenverfassungen am meisten ähneln. Synoden existieren nicht nur auf der landeskirchlichen Ebene, sondern auf allen übergemeindlichen Stufen der Kirchenverfassung vom Kirchenkreis über die Landeskirche bis zu den gliedkirchlichen Zusammenschlüssen (VELKD und (bis 2003) EKU) und zur EKD.[127]

---

[127] In der neu gebildeten Union Evangelischer Kirchen (UEK), die an die Stelle der EKU und der Arnoldshainer Konferenz getreten ist, wird das synodale Element durch deren Kirchenkonferenz verwirklicht, die als eine Mischung zwischen einem föderativen Organ und einer Synode konzipiert ist, s. u. § 45 II Rn. 14.

Die Synoden sind das Organ der Kirchenleitung, das die Gemeinschaft der Getauften repräsentiert und die Kirche insbesondere durch gemeinschaftliche Willensbildung leitet. Ihnen kommt damit für die übergemeindliche Ebene eine ähnliche Funktion zu wie auf gemeindlicher Ebene dem Presbyterium. Die Synoden verkörpern „Einheit und Mannigfaltigkeit der Gemeinden, Einrichtungen und Dienste" (Art. 42 Abs. 1 KVerf Bay). Hieran wird deutlich, dass die Synoden nicht in erster Linie die Gesamtheit der Kirchenmitglieder als Individuen repräsentieren, sondern vor allem die (Kirchen)gemeinden. Sie sind nicht Kirchenvolksvertretungen, sondern Gemeindevertretungen. Freilich sollte dies nicht dahingehend verstanden werden, dass das einzelne Kirchenmitglied keine Bedeutung für den Aufbau der Kirche hätte. In den Synoden kommt aber zum Ausdruck, dass es in die Gemeinde vor Ort bzw. in den Zusammenhang von Einrichtungen und Diensten eingebunden ist.

Die (Kirchen)gemeinde ist ihrerseits durch zwei Aspekte geprägt – einmal durch ihre Eigenschaft als Gemeinschaft der Gläubigen vor Ort, zum anderen als die Gemeinschaft, die sich zum Hören auf das Wort und zur Feier der Sakramente gesammelt hat. Das Wort und die Sakramente werden dabei der Gemeinde von einem ordnungsgemäß dazu Berufenen – Ordinierten – verkündigt bzw. dargereicht – eben dem Pfarrer mit seinen spezifischen Funktionen für die und in der Gemeinde. Daher gehört es zu den Merkmalen der Synoden, dass in ihnen diese beiden Elemente des Gemeindelebens, die Pfarrer (Amt) und die „Laien" (Gemeinde) repräsentiert werden – nicht im Sinne einer Gegenüberstellung, sondern damit der theologische Sachverstand und die besonderen Kenntnisse und Erfahrungen der Pfarrer als Träger des Predigtamtes einerseits und die Perspektive der nichtordinierten Gemeindemitglieder andererseits angemessen berücksichtigt werden.

2   In den Kirchen mit reformierter Tradition spielen als Konsequenz der dort besonders starken Betonung des Gemeindeprinzips auch die Synoden eine besondere Rolle. Sie erscheinen hier als die höchsten Organe der Kirchen. Nach den Verfassungen dieser Kirchen (besonders deutlich – neben der Evangelisch-Reformierten Kirche insofern die Rheinische und die Westfälische Kirche) leiten die anderen kirchenleitenden Organe ihre Position aus ihrer Stellung in der Synode ab bzw. erscheinen z. T. sogar gleichsam als deren Hilfsorgane.

In der Realität dürften sich freilich die Unterschiede relativieren – ob Kirchenleitung, Landeskirchenamt oder der Präses im Rheinland im Vergleich zu den vergleichbaren Organen einer lutherischen Kirche wie Oldenburg, Braunschweig oder Nordelbien tatsächlich eine gegenüber der Synode untergeordnete Stellung haben, ist schon mehrfach bezweifelt worden.[128] Immerhin bleiben aber deutliche Unterschiede zwischen den Verfassungen. Diese zeigen sich aber weniger in Zusammensetzung und Aufgaben der Synoden selbst, sondern bei den anderen Organen. So kennen die genannten Kirchen mit presbyterial-synodaler Tradition das Amt eines Bischofs nicht. Darauf ist noch im Zusammenhang mit dem Amt des leitenden Geistlichen einzugehen.

II. Zusammensetzung, Aufgaben und Arbeitsweise

3   Die Einzelheiten der Zusammensetzung der Synode und ihre Größe sind unterschiedlich. Natürlich sind in sehr kleinen Landeskirchen auch die Synoden kleiner

---

[128] *A. v. Campenhausen*, Synoden in der evangelischen Kirche, in: *ders.*, Gesammelte Schriften, 1995, S. 54 f; *Chr. Link*, Typen evangelischer Kirchenverfassungen, in: *A. Boluminski* (Hrsg.), Kirche, Recht und Wissenschaft, 1995, S. 112.

als in den großen. Die Synoden haben zwischen 30 und 250 Mitgliedern. Die meisten dieser Synodalen werden durch Wahl bestimmt.[129] Die Wahl erfolgt zumeist nicht unmittelbar durch die Kirchenmitglieder, sondern durch Kirchenvorstände/Presbyter oder durch Synoden der kirchlichen Mittelstufe („Siebwahlsystem"). Lediglich in Württemberg werden die Synodalen unmittelbar durch die Kirchenmitglieder gewählt.[130] Für das passive Wahlrecht wird dagegen meist nur die Wählbarkeit zum Kirchenvorstand vorausgesetzt, wählbar sind dann auch die „einfachen" Kirchenmitglieder. In einigen Kirchen sind dagegen nur die Mitglieder der Wahlgremien wählbar.

Dass, wie erwähnt, Träger des geistlichen Amtes (Pfarrer) und Laien repräsentiert sind, wird durch eine Quotierung sichergestellt – meist ist ein Verhältnis von 1/3 Ordinierten und 2/3 „Laien" vorgesehen.

Neben die gewählten („gekorenen") treten z.T. „geborene" Synodale, die kraft eines anderen Amtes der Synode angehören (so ist bspw. in manchen Landeskirchen der Bischof auch Mitglied der Synode). Z.T. entsenden auch einzelne Korporationen bzw. Institutionen und Einrichtungen (z.B. theologische Fakultäten) Synodale. Eine kirchliche Besonderheit stellt die anderen kirchenleitenden Organen oder der Synode selbst eingeräumte Möglichkeit dar, zusätzlich zu den Gewählten eine bestimmte Anzahl von Synodalen zu berufen. Damit wird es ermöglicht, Repräsentanten wichtiger Institutionen des kirchlichen Lebens in die kirchliche Willensbildung zu integrieren, auch wenn sie bei der Wahl nicht zum Zuge gekommen sind, oder Inhaber besonderen Sachverstandes in die Synodenarbeit einzubinden. Nicht unüblich ist es auch, auf diese Weise Repräsentanten der wichtigsten politischen Strömungen bzw. Parteien und gesellschaftlicher Organisationen (z.B. Gewerkschaften) in die Synoden zu berufen. Dies dient auch dazu, den Anschluss und die Diskussionsfähigkeit der kirchlichen Gesetzgeber an die allgemeine politische Diskussion zu gewährleisten (und umgekehrt). Die Amtszeit der Synoden beträgt meistens sechs Jahre.

Den Synoden kommen zentrale kirchenleitende Funktionen zu. Besonders die Funktion der kirchlichen Gesetzgebung und der Beschlussfassung über den Haushaltsplan prägt die Arbeit der Synoden. Sie nehmen daher innerhalb der evangelischen Kirche die Funktionen wahr, die in der staatlichen Organisation die Parlamente haben. Wie dort gehört es daneben auch zu den Aufgaben der Synoden, die Inhaber anderer kirchenleitender Ämter, namentlich – wo dieses Amt existiert – den Bischof („synodales Bischofsamt") und die anderen leitenden Geistlichen zu wählen.

Die Aufgaben der Synoden erschöpfen sich aber nicht in Gesetzgebung und Wahlakten – und damit in der Teilhabe an der rechtlichen Leitung der Kirche. Vielmehr haben sie auch eine Mitverantwortung für die geistliche Leitung der Kirche, die in unterschiedlichen Formen wahrgenommen wird. So können die Synoden Kundgebungen an die Gemeinden richten. Daneben haben sie meist auch das ausdrückliche Recht, sich mit Kundgebungen an die Öffentlichkeit zu wenden und so am Öffentlichkeitsauftrag der Kirche teilzunehmen. Besonders deutlich wird die Mitverantwortung der Synoden für die geistliche Leitung der Kirche daran, dass sie über die Einführung von Agenden, Gesangbüchern und kirchlichen Lebensordnungen (mit)entscheiden.

---

[129] N. Närger, Das Synodalwahlsystem, 1988; Th. Barth, Elemente und Typen landeskirchlicher Leitung, 1995.
[130] Dies wird auch für andere Landeskirchen angeregt, K. Blaschke, In Zukunft Direktwahlen zur Nordelbischen Synode, ZevKR 49 (2004), S. 109–119.

5   Die Synoden sind keine ständigen Organe, sondern tagen meist ein- bis zweimal jährlich, in manchen Landeskirchen an wechselnden Orten innerhalb der jeweiligen Landeskirche. Die Arbeitsweise innerhalb der Synoden weist Parallelen zu den staatlichen Parlamenten auf, was mit der Sachgesetzlichkeit der Willensbildung in Repräsentativorganen erklärbar ist. Dazu gehören nicht nur Ansätze zur Bildung von fraktionsähnlichen synodalen Gruppen, die freilich nicht den im politischen Raum üblichen Grad an organisatorisch-parteilicher Verfestigung erreichen. Vor allem wird, wie in den Parlamenten, die Willensbildung, namentlich im Bereich der Gesetzgebung, durch Arbeit in Ausschüssen vorbereitet, strukturiert, intensiviert und erleichtert. Üblich ist auch die mehrfache Lesung von Gesetzesvorlagen.

In Manchem unterscheidet sich aber auch die Arbeitsweise der Synoden erheblich von der der Parlamente. Die Sitzungen der Synoden werden durch feierliche Gottesdienste eingeleitet, zu Beginn und Ende der Sitzungstage finden üblicherweise Andachten statt. Die Synode ist insofern auch eine gottesdienstliche Versammlung. Die Synoden beschäftigen sich nicht nur mit Wahlen, der Gesetzgebung etc. Sie haben für ihre jeweilige Sitzungswoche häufig auch ein bestimmtes Sachthema aus den Bereichen Kirche, Diakonie oder Theologie, zu dem Experten eingeladen werden und referieren – nicht nach Art eines auf ein Gesetzgebungsverfahren gerichteten „Hearings" verschiedener Sachkundiger und Interessierter, sondern als Element gemeinsamer geistiger und geistlicher Arbeit.

III. Die Synode als „Kirchenparlament"?

6   In der Öffentlichkeit, namentlich den Medien, werden die Synoden häufig als „Kirchenparlamente" bezeichnet. Die damit gezogene Parallele zu den staatlichen Volksvertretungen ist insofern nicht falsch, als die Synode mit Gesetzgebung, Haushaltsrecht und Wahlen ähnliche Aufgaben hat wie ein Parlament. Auch ihre Zusammensetzung mit gewählten Repräsentanten erinnert an die politischen Volksvertretungen. Freilich wird hier bereits ersichtlich, dass die Parallelen nicht zu weit gezogen werden können: Die Berufung von Synodalen, die Repräsentanz spezieller Institutionen, Quoten von Geistlichen und Laien sind Beispiele für Regelungen, die nach dem heutigen Verständnis des Parlamentarismus' im staatlichen Bereich keinen Platz haben, im kirchlichen Bereich dagegen nicht nur geltendes Recht sind, sondern auch ihren guten Sinn haben. Angesichts der Unterschiede in Zusammensetzung, (auch geistlicher) Funktion und daraus abgeleiteter Aufgaben, ihres Charakters als gottesdienstliche Versammlung, wegen des unterschiedlichen Subjekts der Repräsentation (Gemeinde und nicht Volk) und wegen der erheblichen Strukturunterschiede kirchlicher und staatlicher Verfassungen im übrigen ist die Bezeichnung der Synoden als „Kirchenparlamente" missverständlich.

IV. Die Synodalausschüsse – Das Verhältnis der Synoden zu anderen kirchenleitenden Organen

7   Eine Reihe von Kirchenverfassungen sehen einen aus Mitgliedern der Synode gebildeten Synodalausschuss – z.T. als eigenes kirchenleitendes Organ (Bayern, Hannover, Oldenburg) – vor, der synodale Rechte und Funktionen in der Zeit zwischen den Sitzungen wahrnimmt. Dieses Organ kann erhebliches Gewicht in der Verfassungsstruktur erlangen, insbesondere, wo es – wie in Bayern und Oldenburg oder auch Württemberg – kein aus Vertretern der anderen Leitungsorgane zusam-

mengesetztes, zusätzliches Gremium neben Konsistorium/Landeskirchenrat, Bischof und Synode gibt.

Trotz ihrer großen Aufgabenfülle und der damit verbundenen Bedeutung im Verfassungsgefüge sind die Synoden den anderen kirchenleitenden Organen meist nicht übergeordnet, sondern leiten die Kirche „in arbeitsteiliger Gemeinschaft und gegenseitiger Verantwortung" (Art. 41 I KVerf Bay) mit diesen. Das wird nicht nur an den spezifischen Aufgaben des Bischofs als Träger des geistlichen Amtes und der konsistorialen Organe deutlich, sondern auch an Einspruchsrechten der Bischöfe gegenüber synodalen Entscheidungen, wie sie manche Kirchenverfassungen kennen, oder darin, dass die Kirchenverfassungen z. T. ein besonderes zusätzliches Kirchenleitungsorgan aus synodalen, episkopalen und konsistorialen Elementen vorsehen. Selbst dort, wo die Kirchenverfassungen in reformierter, presbyterial-synodaler Tradition hervorheben, dass alle Kirchenleitung durch Presbyterien und Synoden erfolgt, wird man eine arbeitsteilige Gemeinschaft und gegenseitige Verantwortung aller Organe konstatieren können. Auch hier können die nur in beschränkten Sitzungsperioden tagenden Synoden die Aufgabe der Kirchenleitung nicht ständig und umfassend wahrnehmen. Dafür sind ihnen vielmehr andere Organe zugeordnet. Auch wenn diese den Synoden formal untergeordnet sind, haben sie durch ihre Befugnisse und Funktionen erhebliches Eigengewicht.

§ 39. Das personale Leitungsamt – Bischof, Präses, Präsident

Literatur: *I. Asheim/V. R. Gold*, Kirchenpräsident oder Bischof? 1968; *Th. Barth*, Elemente und Typen landeskirchlicher Leitung, 1995, S. 121–196; *A. v. Campenhausen*, Evangelisches Bischofsamt und apostolische Sukzession in Deutschland, in: *K.- H. Kästner* (Hrsg.), Festschrift für Martin Heckel zum siebzigsten Geburtstag, 1999, S. 37 ff.; *H. Frost*, Strukturprobleme evangelischer Kirchenverfassung, 1972, S. 323 ff.; *W. Fleischmann-Bisten*, Bischofsamt (Th), EvStL, Neuausgabe 2006, Sp. 236–240; *G. Grethlein/H. Böttcher/W. Hofmann/H.-P. Hübner*, Evangelisches Kirchenrecht in Bayern, 1994, § 40; *B. Guntau*, Bischofsamt (J), EvStL, Neuausgabe 2006, Sp. 233–236; *B. Kämper*, Bischof, LKStKR, Bd. 1, S. 266; *W. Maurer*, Das synodale evangelische Bischofsamt in Deutschland seit 1933, in: *ders.* (Hrsg.), Die Kirche und ihr Recht, 1976, S. 388–448; *G. Müller*, Das Bischofsamt – historische und theologische Aspekte, ZevKR 40 (1995). S. 257–279; *A. Schilberg*, Evangelisches Kirchenrecht in Rheinland, Westfalen und Lippe, 2003, S. 100 f.; *I. Tempel*, Bischofsamt und Kirchenleitung, 1966; *G. Tröger*, Das Bischofsamt in der evangelisch-lutherischen Kirche, 1966; *H. de Wall*, Bischof, III. Dogmatisch-kirchenrechtlich, 3. Evangelisch, RGG⁴, Sp. 1621–1623; *D. Wendebourg*, Das bischöfliche Amt, ZevKR 51 (2006), S. 534.

I. Einleitung

Während sich die Regelungen der Kirchenverfassungen zu Zusammensetzung und Aufgaben der Synoden ähneln, unterscheiden sich die Kirchen im Bezug auf das Amt einer leitenden Person bzw. eines leitenden Pfarrers erheblich. Ein bedeutender Unterschied ist schon mit einem Blick auf die Kirchenverfassungen zu erkennen: Während die Mehrzahl der Landeskirchen (14) das Amt eines Bischofs oder Landesbischofs als eigenständiges kirchliches Leitungsamt kennt, gibt es doch auch eine erhebliche Anzahl von Kirchen (8), bei denen das nicht der Fall ist (Evangelisch-Reformierte Kirche, Bremen, Lippe, Rheinland, Westfalen, Anhalt, Hessen-Nassau, Pfalz). Diese Kirchen haben stattdessen einen Präses oder einen Kirchenpräsidenten. Im folgenden soll zuerst das Amt des Bischofs nach evangelischem Verständnis und seine Ausprägung in den evangelischen Kirchenverfassungen Deutschlands skizziert werden. Danach wird auf die Ämter der Präsides oder Kirchenpräsidenten eingegangen.

II. Das Bischofsamt nach evangelischem Verständnis

2   Im Gegensatz zum hierarchischen Verständnis des Bischofsamtes im römischen Katholizismus, wonach dem Bischof, anders als den Pfarrern, die Fülle des Weihesakraments zukommt, auf der kraft göttlichen Rechts seine geistliche und seine rechtliche Leitungsgewalt beruht, betont die Reformation die Einheit des Amtes der Wortverkündigung: Der Bischof ist danach mit dem gleichen geistlichen Amt ausgestattet wie jeder Pfarrer, nämlich „das Evangelium predigen, Sünde vergeben, Lehre urteilen und die Lehre, so dem Evangelio entgegen, verwerfen und die Gottlosen, dero gottlos Wesen offenbar ist, aus christlicher Gemein ausschließen, ohn menschliche Gewalt allein durch Gottes Wort" (CA 28). Dadurch ist allerdings die Einrichtung eines Bischofsamtes nicht ausgeschlossen. Nicht nur eine einzelne Gemeinde kann Predigtbezirk eines Pfarrers sein. Auch eine übergeordnete territoriale Einheit wie eine Diözese oder eine Landeskirche kann der Amtsbezirk eines Trägers des Predigtamtes sein. Dieser stellt dementsprechend die Einheit der Kirche über die einzelnen Gemeinden hinaus dar. Der Bischof nach evangelischem Verständnis ist insofern ein Pfarrer mit einem erweiterten, über eine Kirchengemeinde hinausgehenden Amtsbezirk. Sein Amt verkörpert die über die einzelne Gemeinde hinausgehende Einheit der Kirche.

Einem solchen Amtsträger können auch jenseits der öffentlichen Wortverkündigung und Sakramentsverwaltung Aufgaben der rechtlichen Leitung der Kirche zugeordnet werden. Er kann insofern Leitungsfunktionen in der Kirche und für die Kirche ausüben. Die klassischen Instrumente, mit denen solche rechtliche Kirchenleitung wahrgenommen wurde und wird, sind die Visitation der Gemeinden, Einrichtungen und Amtsträger und die Ordination der Pfarrer. Sie sind gleichsam die „klassischen", typischen bischöflichen Aufgaben. Das Verständnis von der Einheitlichkeit des geistlichen Predigtamtes und die Ablehnung einer Hierarchie, einer Über- und Unterordnung in diesem Amt, schließt also nicht aus, dass man kirchenleitende Funktionen einem besonderen Pfarrer übertragen kann. Wie der römisch-katholische Bischof hat also auch der evangelische Bischof Aufgaben der rechtlichen Leitung der Kirche.

Allerdings sind solche über das Predigtamt hinausgehende Aufgaben und Funktionen nach evangelischem Verständnis nicht kraft göttlichen Rechts einem bestimmten, in einer Weihe- oder Amtshierarchie stehenden Amt vorbehalten. Vielmehr werden sie kraft menschlichen Rechts durch die Kirche übertragen. Die rechtliche Leitung der Kirche ist nicht beim Bischof monopolisiert. Vielmehr können Aufgaben der rechtlichen Leitung auch anderen Organen übertragen sein und sind dies in den evangelischen Kirchen auch. Der Bischof ist nach evangelischem Verständnis insofern ein Organ neben anderen. In einer Reihe von evangelischen Kirchen besteht auch das Amt eines Bischofs gar nicht. In diesen Kirchen werden die anderswo dem Bischof eingeräumten Funktionen der rechtlichen Leitung durch andere Organe wahrgenommen, ohne dass diese Kirchen aus evangelischer Sicht in irgendeiner Weise an einem Mangel leiden.

Ein Bischof ist also nach evangelischem Verständnis ein Pfarrer mit einem überörtlichen Amtsbezirk, dem durch menschliches Recht Aufgaben der rechtlichen

Leitung der Kirche, typischerweise Visitation und Ordination[131], zugewiesen werden. Auch andere Aufgaben der Kirchenleitung können ihm, je nachdem, ob es sinnvoll erscheint, übertragen werden. Keinesfalls kommen dem Bischof aber kraft göttlichen, der menschlichen Gestaltung entzogenen Rechts besondere, über Wortverkündigung und Sakramentsverwaltung hinausgehende Leitungsbefugnisse zu. Ebenso wenig darf die geistliche Leitung „sine vi, sed verbo" mit solchen zusätzlichen Befugnissen oder gar mit weltlicher Gewalt sachlich vermengt werden.

Trotz dieses eigenständigen Verständnisses des Bischofsamtes hat es in den evangelischen Kirchen vor dem 20. Jahrhundert nur vereinzelt Amtsträger mit dem Titel eines Bischofs gegeben. Grund dafür ist die Inanspruchnahme bischöflicher Befugnisse der rechtlichen Kirchenleitung durch die Territorialherrscher im Rahmen des landesherrlichen Kirchenregiments und die Tatsache, dass der Bischofstitel auch ein Begriff der Reichsverfassung war. Allerdings wurden die bischöflichen Aufgaben von den Superintendenten (s.o. § 4 Rn. 14) erfüllt, deren Titel eine Latinisierung des aus dem Griechischen entstammenden Begriffs „Episkopos" = Bischof ist. Diese evangelischen Bischöfe waren freilich nicht die Leiter einer unabhängigen Kirche, sondern Amtsträger des landesherrlichen Kirchenregiments. 3

Die Frage, ob es evangelische Bischöfe geben dürfe, war in den Diskussionen um die Kirchenverfassungen der Weimarer Zeit heftig umstritten. Hier ging es vor allem um die Abgrenzung zum römisch-katholischen Verständnis des Bischofsamtes. Dessen ungeachtet bildeten zahlreiche Kirchenverfassungen der Weimarer Zeit ein bischöfliches Amt aus, wenn auch nicht immer mit dieser Bezeichnung. Heute kennen alle lutherischen und viele unierte Landeskirchen Deutschlands das Amt des Bischofs, meist als „Landesbischof" bezeichnet.

1. Die kirchenverfassungsrechtliche Stellung der Bischöfe – Aufgaben und Funktionen

Die kirchenverfassungsrechtliche Stellung der heutigen evangelischen Bischöfe in Deutschland ist zunächst geprägt von ihrer Eigenschaft als Träger des geistlichen Amtes. Sie sind Pfarrer, deren Seelsorgebezirk die gesamte Landeskirche ist.[132] Sie üben insofern die gleichen Aufgaben geistlicher Leitung aus wie sie jeder andere Pfarrer auch erfüllen kann. Diese geistlichen Aufgaben sind aber vom überörtlichen Zuschnitt ihres Seelsorgebezirks besonders geprägt. Dies kommt zum Beispiel in ihrem Recht zum Ausdruck, in jeder Kirche ihres Amtsbezirks zu predigen. Daneben haben sie auch eine eigene feste Predigtstätte. Ihr Amt der öffentlichen Verkündigung des Wortes können sie aber nicht nur in den Kirchengemeinden und in ihrer Predigtstätte wahrnehmen. Sie können es auch durch Verlautbarungen an die Kirchenglieder ausüben, – ein Recht, das sich freilich auch auf andere Gegenstände bezieht. Zu ihren geistlichen Leitungsaufgaben zählt auch ihre Verantwortung für die kirchliche Lehre. Diese Verantwortung üben sie aus, indem sie bei- 4

---

[131] Mit diesem Verständnis des Bischofsamtes steht es auch im Einklang, wenn einzelne Kernfunktionen bei anderen Organen liegen oder nur gemeinsam mit anderen Organen ausgeübt werden. Visitation und Ordination sind eben nur „typische", nicht notwendige Aufgaben des evangelischen Bischofs.

[132] Eine gewisse Besonderheit bildet die aus einem Zusammenschluss mehrerer Kirchen hervorgegangene Nordelbische Kirche. Sie hatte bis 2008 drei Bischöfe mit ihrem je eigenen Sprengel. Nunmehr hat sie einen Landesbischof und daneben zwei Bischöfe mit eigenem Sprengel, Art. 88 I, 90 V Verf. NEK. Die drei Bischöfe bilden einen Bischofsrat, Art. 93 Verf. NEK. Zur Neuregelung s. *P. Unruh*, Das Bischofsamt in der Nordelbischen Ev.-Luth. Kirche, in: *A. Göhres/U. Stenzel/ P. Unruh*, Bischöfinnen und Bischöfe in Nordelbien, 2008, S. 41–55 (49 ff.).

spielsweise die Lehre anderer Pfarrer explizit oder implizit beurteilen, indem sie selbst – abweichend oder zustimmend – zu geistlichen Tendenzen in der Landeskirche (und darüber hinaus), in ihrer Predigt oder in anderer Weise Stellung beziehen. Zu ihrem geistlichen Amt gehört es auch, das Gespräch mit den Gemeinden und insbesondere, als Pastores Pastorum (Hirten der Hirten), mit den Pfarrern zu führen.

5   Als spezifisch bischöfliche Funktionen der rechtlichen Kirchenleitung über ihr geistliches Amt hinaus haben sie zum anderen meist die Rechte der Visitation und der Ordination.[133] Da die Visitation auch ein Zeichen der Eingebundenheit der Gemeinden in die Landeskirche ist, wird in dieser Aufgabe die Funktion des Bischofsamtes als Amt der Einheit besonders deutlich. Auch der Vollzug der Ordination als Beauftragung mit dem Predigtamt für die gesamte Kirche weist darauf hin. Die Sorge für die Theologenausbildung, die den Bischöfen häufig obliegt, gehört ebenfalls in diesen Zusammenhang.

Darüber hinaus gehört es zu den Aufgaben der Bischöfe, die Einheit der Gemeinden, kirchlichen Dienste und Werke zu fördern. Aber nicht nur die Einheit der Landeskirche ist ihr Arbeitsfeld. Vielmehr repräsentieren sie die Kirche auch im Bereich der Ökumene, kümmern sich also um die Aufgabe der Einheit der gesamten Christenheit. Darüber hinaus haben sie allgemein die Aufgabe, die Kirche in der Öffentlichkeit zu vertreten. Damit ist nicht die rechtliche Vertretung gemeint, sondern die Repräsentanz im öffentlichen Leben, in den Medien, gegenüber gesellschaftlichen und politischen Institutionen und Personen.[134]

Neben diesen allgemein formulierten Leitungsaufgaben haben die Bischöfe zusätzliche Funktionen in den Institutionen und Organen der Kirchenleitung. So führen sie meist den Vorsitz in den kirchlichen Verwaltungs- und Regierungsorganen. Sie haben das Recht der Rede in den Synoden, erstatten diesen ihre Berichte und haben z.T. Vetorechte gegenüber den Beschlüssen der Synode oder das Recht der Auflösung der Synode. Die Bischöfe besitzen damit eine starke Stellung, die das Gewicht ihres Amtes in der Kirche und der Öffentlichkeit unterstreicht.

2. Wahl und Amtszeit

6   Die Bischöfe werden durch die Synoden gewählt. Freilich bedeutet dieses Wahlrecht der Synoden nicht, dass andere kirchenleitende Organe bei der Auswahl der Bischöfe nicht beteiligt wären. Häufig regeln nämlich die Bischofswahlgesetze, dass eine Kommission mit Vertretern aller kirchenleitenden Organe gebildet wird, die der Synode einen Wahlvorschlag vorlegt. Zum Teil sind auch andere Personen, etwa die früheren Bischöfe, beteiligt. Die Synode trifft dann ihre Wahl aufgrund dieses Vorschlages. Damit soll sichergestellt werden, dass der Bischof breite Unterstützung innerhalb der Kirche und bei deren Leitungsorganen findet und in seinem Amt wirklich Repräsentant und geistlicher Leiter der gesamten Kirche ist. Dazu dienen auch entsprechende Quoren für die Wahl des Bischofs, etwa eine Zweidrittelmehrheit in der Synode. In der Rechtspraxis führt das bisweilen dazu, dass zahlreiche Wahlgänge erforderlich sind.

Als Träger des Predigtamtes müssen die Bischöfe selbstverständlich ordiniert sein. Nicht notwendigerweise müssen sie der jeweiligen Landeskirche angehören – auch

---

[133] Auch dazu gibt es Ausnahmen: So hat in der Oldenburgischen Landeskirche nicht der Bischof, sondern der Oberkirchenrat das Visitationsrecht.

[134] Dagegen obliegt die rechtliche Vertretung meist dem konsistorialen Organ bzw. der Kirchenleitung, wird dann aber bisweilen durch den Bischof als dessen bzw. deren Leiter ausgeübt.

ein Ordinierter aus einer anderen evangelischen Kirche kann gewählt werden. Dabei kommt es auch vor, dass ein Pfarrer aus einer Kirche mit einem anderen evangelischen Bekenntnisstand gewählt wird – weiteres Beispiel für die geschwundene Bedeutung der Bekenntnisunterschiede im Protestantismus.

Das Amt der Bischöfe endet spätestens mit dem Erreichen einer Altersgrenze, häufig 65 oder 68 Jahre. Darüber hinaus ist mittlerweile in den meisten Kirchenverfassungen eine Befristung des Bischofsamtes vorgesehen, z.B. auf zehn oder zwölf Jahre. Davon unberührt bleiben Ordination und Stellung des Betreffenden als Träger des Predigtamtes. Die Befristung verdeutlicht aber, dass die über das Predigtamt hinausgehenden Rechte des Bischofs auf menschlichem Recht beruhen, und daher auch entziehbar sind. Freilich spricht gegen eine solche Befristung, dass sie die Autorität und die Unabhängigkeit des personalen geistlichen Leitungsamtes, mit dem die Aufgabe verbunden ist, gegebenenfalls auch unangenehme Wahrheiten zu verkünden, beeinträchtigen kann, namentlich dann, wenn eine Wiederwahl möglich ist. Allerdings ist dieses Problem häufig durch das Lebensalter der Kandidaten und die Altersgrenze abgemildert. In jedem Fall ist es eine nach Zweckmäßigkeit zu entscheidenden Frage, wobei Maßstab der Zweckmäßigkeit – wie stets bei der kirchlichen Rechtssetzung – die Verwirklichung des kirchlichen Auftrages ist.

7

Das Amt des Bischofs kann häufig, außer durch Rücktritt, auch durch Abberufung durch die Synode enden, wobei dafür in der Regel ein besonderer Grund vorliegen muss, etwa mangelndes gesundheitliches Vermögen des Amtsträgers oder eine Verletzung der Pflichten seines Amtes. Außerdem ist eine qualifizierte Mehrheit in der Synode erforderlich.

3. Das Verhältnis des Bischofs zu den anderen Organen – das synodale Bischofsamt und die „apostolische Sukzession"

Damit ist das Verhältnis des Bischofs bzw. Landesbischofs zu den anderen kirchenleitenden Organen angesprochen. Sie ist gekennzeichnet durch seine besondere Beziehung zur Synode einerseits, durch seine Einbeziehung in die Kirchenregierung und -verwaltung andererseits. Dass der Bischof meist den Vorsitz in den konsistorialen Organen bzw. der „Kirchenregierung" führt, wurde bereits erwähnt. Damit ist er in das „tägliche Geschäft" der Kirchenleitung eingebunden, gewinnt Information und den angemessenen Einfluss auf die Leitung der Kirche über seine repräsentativen Funktionen und sein Predigtamt hinaus.

8

Ein gewisses Charakteristikum für die lutherische Prägung des Bischofsamtes ist die Gegenüberstellung des Bischofs als Träger des Amtes der Wortverkündigung einerseits und der Synode als Repräsentantin der Gemeinde andererseits. Dies kommt darin zum Ausdruck, dass der Bischof zum Teil nicht Mitglied der Synode sein darf, die Synode auflösen kann oder dass er selbst oder das Kirchenleitungsgremium, dem er angehört, ein Vetorecht gegen Beschlüsse der Synode hat. Diese wiederum hat die Rechte der Wahl und Abberufung des Bischofs. Dabei darf diese Gegenüberstellung nicht überbetont werden – durch sein Rederecht und durch seine Berichte hat der Bischof auch erhebliche Bedeutung für die Arbeit in den Synoden. Die Aufgabe der Kirchenleitung obliegt allen kirchenleitenden Organen gemeinsam und dient dem gemeinsamen Ziel der Verwirklichung des Auftrages der Kirche.

Nicht nur, aber vor allem weil der Bischof durch die Synode gewählt wird, wird der in den gegenwärtigen evangelischen Kirchenverfassungen herausgebildete Typus des Bischofsamtes als „synodales Bischofsamt" bezeichnet. Dem wird nicht nur das hierarchische Bischofsamt (u.a.) des römischen Katholizismus gegenüberge-

9

stellt. Es wird auch vom historischen Bischofsamt unterschieden, wie es in der anglikanischen, aber auch in einigen lutherischen Kirchen Skandinaviens und des Baltikums verstanden wird. Hier sieht man die Bischöfe in der durch eine ununterbrochene Kette von Bischofsweihen mit Handauflegung versinnbildlichten, historisch vermittelten „apostolischen Sukzession". Freilich begründet dies bei den genannten lutherischen Kirchen keinen Unterschied in den oben dargelegten, vom römischen Katholizismus grundverschiedenen Grundaussagen über das Bischofsamt, sondern wird eher als eine ergänzende, wertvolle Tradition verstanden. Freilich sollte dabei das Missverständnis vermieden werden, als wäre die historische Sukzession eine notwendige Voraussetzung für ein „wirkliches" Bischofsamt oder würde auch nur einen qualitativen Vorsprung des Amtes oder der Würde des jeweiligen Amtsträgers begründen. Die wahre „apostolische Sukzession", Nachfolge der Apostel, ist die Nachfolge in der Wahrheit des Evangeliums, die durch eine ununterbrochene Kette von Amtsträgern oder gar durch historisch kontingente Vorgänge wie das Handauflegen oder die Anwesenheit anderer Bischöfe bei der Einsetzung in das Amt nicht begründet werden kann, auch wenn man sie als Zeichen der Verbundenheit und Einheit der Kirche wertschätzt. Allerdings steht die historische Sukzession der apostolischen auch nicht notwendig entgegen.[135]

4. Weitere Träger eines bischöflichen Amtes

10 Wegen ihrer außerordentlichen Aufgabenfülle kennen viele Landeskirchen neben dem Bischof bzw. Landesbischof eine Mehrzahl von Amtsträgern mit den typischen bischöflichen Aufgaben, allerdings mit einem eingeschränkten Amtsbezirk: Sie sind nicht wie der Landesbischof Pfarrer der gesamten Landeskirche, sondern nur eines Teils derselben.

Diese Amtsträger werden aber meist nicht als Bischöfe bezeichnet, sondern als General- oder Landessuperintendenten, Pröpste, Prälaten o. dgl. In der bayerischen Landeskirche führen sie den Titel eines Regionalbischofs.[136] Neben ihren typisch bischöflichen Funktionen sind auch sie in unterschiedlicher Weise in die rechtliche Kirchenleitung eingebunden – etwa als Mitglieder anderer Kirchenverfassungsorgane wie der Kirchenregierung bzw. dem Landeskirchenrat etc. Da sie, von ihrem gegenüber dem (Landes)Bischof eingeschränkten Amtsbezirk abgesehen, alle Merkmale des Bischofsamtes nach evangelischem Verständnis erfüllen, indem sie Träger des Predigtamtes mit einem Amtsbezirk, der sich über mehrere Gemeinden erstreckt und mit Funktionen in der übergemeindlichen rechtlichen Kirchenleitung sind, besteht kein Anlass, sie nicht auch als Bischöfe zu bezeichnen. Freilich besitzen ihre Amtsbezeichnungen keine untergeordnete Dignität gegenüber dem Bischofstitel. Namentlich der Titel des Superintendenten als latinisierte Form des Bischofstitels verweist auf die evangelische Tradition des Amtes mit bischöflichen Funktionen.

Von den genannten Begriffsmerkmalen des Bischofsamtes werden grundsätzlich auch die leitenden Pfarrer der kirchlichen Mittelstufe – zwischen Landeskirche und örtlicher Kirchengemeinde – erfasst, die ebenfalls unterschiedliche Amtsbezeich-

---

[135] Das historische Verständnis der „apostolischen Sukzession" wird im übrigen von der römisch-katholischen Kirche nicht anerkannt. Nach deren Verständnis gehört zur apostolischen Sukzession die Eingebundenheit in die Gemeinschaft der Bischöfe der hierarchisch verfassten römisch-katholischen Kirche.
[136] Diesen Titel führen sie freilich nur, wenn sie sich in ihrem Amtsbezirk befinden, wenn sie dagegen ihre Aufgaben als Mitglied des Landeskirchenrates wahrnehmen, führen sie die Amtsbezeichnung „Oberkirchenrat im Kirchenkreis." Diese Regelung kann nur als kurios bezeichnet werden.

nungen tragen: Superintendenten, Dekane, Kreispfarrer, Pröpste[137] o.ä. Wenn sie zu den bischöflichen Amtsträgern gezählt werden, dann liegt dies allein darin begründet, dass sie eben nicht in die Kirchenleitung auf der landeskirchlichen Ebene einbezogen sind. In der Sache üben auch sie das Amt eines Bischofs nach evangelischem Verständnis aus.

III. Die leitenden Pfarrer in den Landeskirchen ohne Bischofsamt – Präses und Kirchenpräsident

Während also in den meisten Landeskirchen als personales Amt der geistlichen und rechtlichen Kirchenleitung das Amt des Bischofs oder Landesbischofs als eigenständiges Organ der Landeskirche herausgebildet wurde, ist u. a. den reformierten und den stärker reformiert geprägten unierten Kirchenverfassungen ein solches eigenständiges Bischofsamt unbekannt. 11

Das geht – unter anderem – darauf zurück, dass in der Ämterlehre Calvins das Bischofsamt nicht vorkommt. Die Kirchenleitung wird danach vielmehr auf Gemeindeebene durch das consistoire ausgeübt, das aus pastores (Pfarrer) und seniores (Kirchenältesten) gebildet wird. Auf übergemeindlicher Ebene wurden in den reformierten Kirchenverfassungen entsprechend zusammengesetzte Synoden als alleinige Kirchenleitungsorgane eingesetzt. Allerdings haben auch reformierte Kirchen das Amt des Bischofs eingeführt, wenn es – etwa in einer Diasporasituation – angezeigt erschien (Polen, Ungarn).

Dem entspricht es, dass leitende Pfarrer in besonders reformiert geprägten Kirchenverfassungen ihr Amt gleichsam als Funktionäre der Synoden ausüben. Ihre Amtsbezeichnung lautet in Rheinland und in Westfalen „Präses", was darauf zurückzuführen ist, dass sie (auch) der Synode präsidieren. Daneben üben sie aber weitere kirchenleitende Funktionen aus. Da sie auch Pfarrer sind, führen sie im wesentlichen das gleiche Amt wie die Bischöfe der anderen Kirchen, wenn man davon absieht, dass ihr Amt im Verfassungstext nicht als eigenständiges Verfassungsorgan, sondern als Funktion der Synode verstanden wird. Der Präses der Reformierten Kirche, der der Synode vorsteht, aber auch Mitglied des Moderamens der Gesamtsynode, der „Kirchenregierung", ist, muss dagegen nicht unbedingt ein Pfarrer sein, insofern ist sein Amt nicht unbedingt ein leitendes geistliches Amt. Dieses führt in der Reformierten Kirche vielmehr der Kirchenpräsident, der ein Pfarrer sein muss (§ 78 I Verf RK). Insofern ist der Kirchenpräsident, der ebenfalls dem Moderamen der Gesamtsynode angehört, der leitende Pfarrer dieser Kirche. Auch er übt dieses Amt als Organ der Synode aus (§ 65 I Verf RK).

In anderen Kirchen, die das Amt eines „Kirchenpräsidenten" kennen (Pfalz, Anhalt), ist dies darauf zurückzuführen, dass deren Verfassungen aus den zwanziger Jahren des 20. Jahrhunderts stammen, als die Legitimität eines evangelischen Bischofsamtes noch hoch umstritten war. Damals konnte das personale Leitungsamt häufig auch durch Personen geführt werden, die nicht Pfarrer waren. In der Evangelischen Kirche der Pfalz enthält die Kirchenverfassung auch heute keine Vorschrift, die vorschreibt, dass der Kirchenpräsident Pfarrer sein muss, auch wenn de facto nur Ordinierte zu Pfälzischen Kirchenpräsidenten gewählt werden. Dagegen muss der Landessuperintendent der Lippischen Kirche ausdrücklich Pfarrer sein. Diese drei Verfassungen ähneln sich darin, dass hier der Präsident bzw. der Landessuperintendent in erster Linie als Mitglieder der kirchlichen Leitungsbehörde erscheinen. 12

---

[137] Z. T. werden also als „Pröpste" die leitenden Geistlichen der kirchlichen Mittelstufe bezeichnet (z. B. Nordelbien), z. T. auch leitende Geistliche, die regional über der Mittelstufe anzusiedeln und der Ebene der Landeskirche zuzuordnen sind (Kurhessen-Waldeck, Hessen-Nassau).

Demgegenüber kennt die Verfassung der Bremischen Kirche zwar einen Kirchenpräsidenten. Dieser ist Vorsitzender des Kirchenausschusses, also des Organs, das die Geschäfte der Bremischen Evangelischen Kirche zwischen den Kirchentagssitzungen führt und die Beschlüsse des synodalen Organs, des Kirchentages, umsetzt. Er darf aber kein Pfarrer sein. Das Amt eines leitenden Pfarrers existiert in der Bremischen Kirche nicht – Ausdruck des Charakters dieser Kirche als im Vergleich zu den anderen Landeskirchen wenig integrierter Zusammenschluss von Kirchengemeinden.

Eine Besonderheit bildet schließlich das Amt des Kirchenpräsidenten in Hessen-Nassau. In der Evangelischen Kirche in Hessen und Nassau werden die Funktionen, die in den meisten Landeskirchen von einem Bischof erfüllt werden, zwar auch von einem eigenständigen Kirchenverfassungsorgan ausgeübt. Dieses besteht aber nicht aus einer Person, sondern aus dem Kirchenpräsidenten, seinem Stellvertreter und den Pröpsten. Dieses Amt ist als „Bischofsamt zur gesamten Hand" oder als „kollektives Bischofsamt" bezeichnet worden. Das Amt des Kirchenpräsidenten der Hessen-Nassauischen Kirche ist aber dessen ungeachtet nicht allein als Mitglied des leitenden geistlichen Amtes oder der Kirchenleitung in der Verfassung geregelt, sondern als eigenständiges Verfassungsorgan, wenn auch – außerhalb des leitenden geistlichen Amtes – in deutlicher Abhängigkeit von der Synode. Dass er nicht das Amt und den Titel eines Bischofs führt, liegt also darin begründet, dass er „nur" Teil eines Organs ist, das die bischöflichen Aufgaben hat.[138]

Insgesamt unterscheiden sich die leitenden Geistlichen, die kein Amt des Bischofstypus' führen, von den Bischöfen bzw. Landesbischöfen weniger durch ihre Aufgaben und Funktionen, die denen der Bischöfe in vielem gleichen. Die Präsides der Rheinischen oder der Westfälischen Kirche oder der Kirchenpräsident der Evangelischen Kirche in Hessen und Nassau stehen insofern den Landesbischöfen und Bischöfen nicht nach. Der hauptsächliche Unterschied besteht vielmehr darin, dass ihr Amt nach der Verfassung in einer besonderen Beziehung bzw. Abhängigkeit von einem anderen kirchenleitenden Amt ausgestaltet ist, nicht als in gleicher Weise unabhängiges oberstes Kirchenorgan. Damit ist freilich nicht gesagt, dass diese leitenden Geistlichen in ihrer Amtsführung in der Realität des Verfassungslebens weniger unabhängig oder einflussreich sind als die Bischöfe der evangelischen Landeskirchen, die dieses Amt kennen.

§ 40. Kirchenleitung und -verwaltung

Literatur: *Th. Barth,* Elemente und Typen landeskirchlicher Leitung, 1995; S. 197–297; *ders.,* Kirchenleitung, RGG⁴, Sp. 1207–1208; *ders.,* Konsistorium, ebd., Sp. 1617; *K. Blaschke,* Konsistorium, LKStKR, Bd. 2, S. 625–626; *A. v. Campenhausen,* Kirchenleitung, ZevKR 29 (1984), S. 1 ff.; *ders.* Gesammelte Schriften, 1995, S. 27–49; *H. Frost,* Strukturprobleme evangelischer Kirchenverfassungen, 1972, S. 329 ff.; *R. Gebhard,* Kirchenleitung (Th), EvStL, Neuausgabe 2006, Sp. 1177–1183; *G. Grethlein/H. Böttcher/W. Hofmann/H.-P. Hübner,* Evangelisches Kirchenrecht in Bayern, 1994, § 41; *B. Guntau,* Kirchenleitung (J), EvStL, Neuausgabe 2006, Sp. 1173–1177; *W. Heun,* Konsistorium, TRE Bd. 19, S. 483–488; *A. Kienitz,* Das Verhältnis der kirchleitenden Organe zueinander nach lutherischem Verständnis, KuR 4 (1998), S. 9 ff.; *A. Schilberg,* Evangelisches Kirchenrecht in Rhein-

---

[138] Im Rahmen eines Entwurfs zur Reform der Kirchenordnung der EKHN ist vorgeschlagen worden, das leitende Geistliche Amt aufzugeben und das Amt eines leitenden Pfarrers mit dem Titel „Bischof" an die Stelle des bisherigen Kirchenpräsidenten zu setzen. Damit würde die Evangelische Kirche in Hessen und Nassau zu den Kirchen mit einem evangelischen Bischofsamt der üblichen Prägung zählen. Die Diskussion über diese Verfassungsreform ist noch im Gang.

land, Westfalen und Lippe, 2003, S. 90–100, 102–104; *R. Smend*, Die Konsistorien in Geschichte und heutiger Bewertung, ZevKR 10 (1963/64), S. 134–143; *H. de Wall*, Kirchengewalt und Kirchenleitung nach lutherischem Verständnis, ZevKR 47 (2002), S. 149–162.

I. Das Verhältnis von Kirchenleitung und Kirchenverwaltung

Neben den Synoden und dem Amt des leitenden Geistlichen kennen die Verfassungen der evangelischen Kirchen Organe der ständigen Leitung und Verwaltung. Für die ständige Leitung und die Verwaltung der Kirche sind Ämter des leitenden Geistlichen wegen dessen im Kern geistlichen Aufgaben und der Synoden als nicht ständig tagender, gesetzgebender Körperschaften weniger geeignet. Zu den Funktionen einer solchen Leitung gehören nämlich, um nur Beispiele aus einer Fülle von Tätigkeiten zu nennen, zum einen der Vollzug der Kirchengesetze und die Aufsicht über die kirchlichen Körperschaften und Einrichtungen und das Personal, zum anderen aber auch die Vorbereitung der kirchlichen Rechtssetzung, die Planung der kirchlichen Aufgaben und der Ressourcen. Die ständige Leitung und Verwaltung der Kirchen ist somit vergleichbar mit der staatlichen Exekutive, die ja ebenfalls in die Bereiche der Gesetzesanwendung einerseits, in die planende und lenkende Komponente andererseits zerfällt.

Die Regelungen über die kirchenleitenden und -verwaltenden Organe sind zwischen den Landeskirchen unterschiedlich. So werden in drei Landeskirchen die Aufgaben der „Regierung" und „Verwaltung" einem einzigen Organ anvertraut (so in Bayern dem Landeskirchenrat, in Oldenburg und Württemberg dem Oberkirchenrat). Dagegen existieren in den meisten Landeskirchen nebeneinander ein aus Vertretern aller anderen kirchlichen Organe (also aus Vertretern des Verwaltungsorgans, der Synode und dem Bischof/den Bischöfen) zusammengesetztes besonderes Organ der Kirchenregierung bzw. Kirchenleitung (Kirchensenat, Kirchenleitung, Landeskircherat, Kirchenregierung) und ein Organ der Kirchenverwaltung, das als Landeskirchenrat, Oberkirchenrat, (Landes)Kirchenamt, oder auch als Konsistorium (Pommern, Berlin-Brandenburg-Schlesische Oberlausitz) bezeichnet wird. Dass die Bezeichnungen dieser Organe nicht einheitlich sind, so dass in einer Landeskirche die Kirchenregierung, in einer anderen die Kirchenverwaltung als „Landeskirchenrat" bezeichnet wird, oder der „Oberkirchenrat" einmal das Verwaltungsorgan (Baden, Mecklenburg), ein anderes mal das gemeinsame Regierungs- und Verwaltungsorgan (Oldenburg und Württemberg) ist, trägt zur Transparenz des evangelischen Kirchenverfassungsrechts nicht eben bei. Bisweilen sind die Aspekte der Verwaltung und Leitung auch schwer voneinander zu trennen und einander zuzuordnen. Die folgende Tabelle stellt daher lediglich einen Versuch dar, die Verfassungslage jedenfalls in diesem Aspekt zu verdeutlichen, wobei Einzelheiten der Zuordnung durchaus diskussionswürdig sind.[139]

---

[139] Etwa die Fragen, ob die Kirchenleitung in der Pfalz nicht als abhängiges Organ der Synode zu bezeichnen ist oder ob der Kirchenverwaltung der Hessen-Nassauischen Kirche wirklich Organqualität zukommt, oder ob der Landeskirchenausschuss in Württemberg nicht als Kirchenleitung zu bezeichnen wäre.

2 Organe der Kirchenleitung und -verwaltung in den Landeskirchen
(In Klammern jeweils §/Art. der Kirchenverfassung)

Landeskirche	Regierungsorgan	Verwaltungsorgan	Gemeinsames Organ
Anhalt	Kirchenleitung (57)	Landeskirchenrat (60)	
Baden	Landeskirchenrat (81)	Ev. Oberkirchenrat (78)	
Bayern			Landeskirchenrat (66)
Berlin-Brandenburg-Schles. Oberlausitz	Kirchenleitung (80)	Konsistorium (92)	
Braunschweig	Kirchenregierung (75)	Landeskirchenamt (81)	
Bremen	s. im Text Rn. 4, 11		
Hannover	Kirchensenat (100)	Landeskirchenamt (92)	
Hessen und Nassau	Kirchenleitung (47)	*Kirchenverwaltung* 57	
Kurhessen-Waldeck	Rat der Landeskirche (128)	Landeskirchenamt (134)	
Lippe	Landeskirchenrat (103)	Landeskirchenamt (114)	
Mecklenburg	Kirchenleitung (22)	Oberkirchenrat (18)	
Ev. Kirche in Mitteldeutschland	Landeskirchenrat (61)	Kollegium des Landeskirchenamts (63, 64)	
Nordelbien	Kirchenleitung (78)	Nordelb. Kirchenamt (102)	
Oldenburg			Oberkirchenrat (99)
Pfalz	Kirchenregierung (81)	Landeskirchenrat (93)	
Pommern	Kirchenleitung (132)	Konsistorium (139)	
Evang.-Reformierte Kirche	*Moderamen der Gesamtsynode* (71)	*Kirchenpräsident* (78) und *Kirchenamt* (81)	
Rheinland	*Kirchenleitung* (148)	*Landeskirchenamt* (159)	
Landeskirche Sachsens	Kirchenleitung (36)	Landeskirchenamt (31)	
Schaumburg-Lippe	Landeskirchenrat (42)	Landeskirchenamt (47)	
Westfalen	*Kirchenleitung* (142)	*Landeskirchenamt* (154)	
Württemberg			Oberkirchenrat (36)

„unselbständige" Organe *kursiv*

II. Die Organe der kirchlichen Verwaltung (Konsistorien)

3 Die Organe der kirchlichen Verwaltung setzen die Tradition der evangelischen Konsistorien fort, die die Kirchenbehörden unter dem landesherrlichen Kirchenregiment waren (dazu s.o. § 4 Rn. 14). Sie sind damit dasjenige Element der

evangelischen Kirchenverfassungen, das trotz wechselhafter Geschichte die längste Kontinuität aufweisen kann. Diese Kontinuität bezieht sich nicht nur auf die Bezeichnung, sondern jedenfalls zu einem Teil auch auf die Funktion als administrativer Kern der evangelischen Landeskirche, die deren Charakter als „Behördenkirche" mitgeprägt hat. Gerade die Konsistorien (die übrigens auch früher schon unterschiedlich bezeichnet wurden) sind im 19. Jahrhundert aber auch ein Element der Emanzipation der evangelischen Kirchen vom Staat gewesen. Die langsame Trennung von Staat und Kirche erfolgte auch durch Verselbständigung der kirchlichen Behörden. Nach dem Ende des landesherrlichen Kirchenregiments stellten sie ein Element der Kontinuität der kirchlichen Leitung und Verwaltung dar. Durch die synodale Verfassung der evangelischen Landeskirchen und die Einführung des Amtes leitender Geistlicher als Verfassungsorgane hat das Konsistorium freilich eine andere Stellung als unter dem landesherrlichen Kirchenregiment.

Die kirchenverfassungsrechtlichen Regelungen zu den Organen der ständigen Kirchenverwaltung unterscheiden sich in den Einzelheiten erheblich. Auch hier sind die Verfassungen, die eine eigenständige Organstellung des Verwaltungsorgans vorsehen, von den Verfassungen zu unterscheiden, in denen es dem Verfassungstext nach nur eine Hilfsfunktion für andere Organe ausübt. Dazu gehört das Landeskirchenamt im Rheinland, dem nach der Kirchenordnung der Evangelischen Kirche im Rheinland (= Kirchenverfassung) die Aufgabe zukommt, die Kirchenleitung zu unterstützen, die ihrerseits „Präsidium der Landessynode" ist. Es erscheint daher dem Verfassungswortlaut nach als bloßes Hilfsorgan für ein Organ, bei dem seinerseits die Funktion für die Synode im Vordergrund steht. Das Landeskirchenamt der evangelischen Kirche von Westfalen oder die Kirchenverwaltung der Evangelischen Kirche in Hessen und Nassau sind ebenfalls nach den Verfassungstexten Institutionen, die die Kirchenleitung unterstützen. Der Kirchenausschuss der bremischen Kirche ist lediglich ein (besonderer) Ausschuss des Kirchentages, des synodalen Organs. Hier gibt es also so etwas wie ein konsistoriales Verfassungsorgan gar nicht.[140] In den übrigen Landeskirchen erscheint dagegen das Verwaltungsorgan als eigenständige Größe im Verfassungsleben, was auch seiner faktischen Bedeutung entspricht.

1. Zusammensetzung

Charakteristisch für die kirchlichen Verwaltungsorgane ist zweierlei: zum einen haben sie „geistliche" (das heißt ordinierte Pfarrer) und andere Mitglieder, d.h. Nichttheologen bzw. Mitglieder anderer Professionen – häufig Juristen. In früheren Zeiten sprach man wegen des starken juristischen Elements in den Konsistorien von der evangelischen Kirche als einer Juristenkirche. Auch für Verwaltungsfunktionen qualifizierte Angehörige anderer Berufe – z. B. Ökonomen – kommen aber selbstverständlich in Betracht. Zu den „geistlichen" Mitgliedern gehören häufig die leitenden Geistlichen (Kirchenpräsidenten bzw. (Landes)bischöfe), daneben weitere Pfarrer im kirchenleitenden Amt.

Zum anderen sind die Kirchenverwaltungsorgane als Kollegien grundsätzlich gleichberechtigter Mitglieder verfasst. Die wesentlichen Entscheidungen werden von der Mehrheit der Mitglieder des konsistorialen Organs gefällt. Anders als bei den meisten staatlichen Behörden, namentlich den Ministerien, ist der Aufbau der Verwaltung also nicht hierarchisch, sondern an der Spitze kollegial. Freilich führen

---

[140] Die Kirchenkanzlei der Bremischen Evangelische Kirche ist lediglich so etwas wie die Geschäftsstelle des Kirchenausschusses.

daneben Mitglieder des Konsistoriums typischerweise eine Abteilung der dem Kollegium zugeordneten Behörde (s. sogleich).

6 Die Mitglieder des Konsistoriums werden, soweit sie ihm nicht ohnehin kraft Amtes angehören, gewählt, und zwar meist durch die Synoden oder durch Gremien mit synodaler Beteiligung. Dabei haben häufig andere kirchenleitende Organe (Bischof, Kirchenpräsident, Kirchenregierung) Vorschlagsrechte, so dass die Wahl des Konsenses mehrer kirchenleitender Organe bedarf. Zum Teil ist die Wahl auch aufgeteilt, so dass die Synode und die Kirchenleitung je einen Teil der Kollegiumsmitglieder wählen. Die Mitglieder des Verwaltungskollegiums üben ihr Amt meist hauptamtlich aus. Dies entspricht dem professionellen und ständig wahrzunehmenden Charakter der Verwaltungsaufgaben. Es gibt aber in einzelnen Landeskirchen auch nebenamtliche Kollegiumsmitglieder (Hannover, Oldenburg, Kurhessen-Waldeck). Die Amtszeit der gewählten Mitglieder ist unterschiedlich. In manchen Landeskirchen amtieren sie auf Lebenszeit, in anderen ist ihre Amtsdauer beschränkt – etwa zwischen acht und zehn Jahren, wobei die Wiederwahl möglich ist. Die gewählten Mitglieder des Verwaltungsgremiums führen häufig Amtsbezeichnungen wie Konsistorialrat, (Ober)landeskirchenrat oder, so die gängigste Bezeichnung, Oberkirchenrat.[141] Diese typisch evangelischen Titel, Landeskirchenrat und Oberkirchenrat, können daher sowohl ein Organ der kirchlichen Verwaltung (und Leitung) bezeichnen, als auch Amtsbezeichnung eines Mitglieds eines solchen Organs sein.

2. Aufgaben und Stellung der kirchlichen Verwaltungsorgane[142]

7 Zu den typischen Aufgaben der kirchlichen Verwaltungsorgane zählen der Vollzug der kirchlichen Gesetze und des Haushaltsplans der Kirche, der dazu erforderliche Erlass allgemeiner Verwaltungsanordnungen und -richtlinien sowie die Verwaltung des Vermögens der Landeskirche. Daneben ist die Aufsicht über die Kirchengemeinden, die sonstigen kirchlichen Rechtsträger und Kirchenbehörden und die kirchlichen Einrichtungen eine wesentliche Aufgabe der Kirchenverwaltung. Das Konsistorium führt aber nicht nur die Aufsicht im Sinne einer Kontrolle über die Einrichtungen. Es hat vielmehr auch für deren Einrichtung und Funktionsfähigkeit zu sorgen, etwa bei kirchlichen Ausbildungsstätten etc. Darüber hinaus zählt der wichtige Bereich der Dienstaufsicht über das Personal zu den typischen Aufgaben der Konsistorien. Hinzu tritt die Pflege der Verbindungen mit den anderen Landeskirchen und der EKD, die Sorge für die Erfüllung kirchlicher Aufgaben wie dem Religionsunterricht, der Anstaltsseelsorge und der kirchlichen Öffentlichkeitsarbeit. Nicht nur reiner Gesetzesvollzug zählt zu ihren Aufgaben. Den Konsistorien obliegen darüber hinaus auch die Vorbereitung der Fortentwicklung des kirchlichen Rechts, aber auch die Vorbereitung und Aufstellung des landeskirchlichen Haushaltsplans. Auch die Unterstützung und Betreuung der Arbeit der anderen kirchlichen Organe zählt zu den Aufgaben der Konsistorien. Häufig vertritt das Verwaltungsorgan auch die Kirche im Rechtsverkehr, sofern diese Aufgabe nicht der Kirchenregierung zugewiesen ist. Zweierlei verdient hervorgehoben zu werden: Die Aufgabenfülle der Konsistorien verdeutlicht die Vielfalt kirchlicher Tätigkeit überhaupt und die Anforderungen, die daraus für die kirchliche Verwaltung entstehen. Nur mit hoher Professionalität und Kenntnis der Praxis

---

[141] „Oberkirchenrat" ist also nicht etwa die erste Beförderungsstufe des kirchlichen höheren Dienstes, was wegen der parallelen Bezeichnung der „Oberregierungsräte" in der staatlichen Verwaltung nahegelegt werden könnte.

[142] S. dazu *A. v. Campenhausen*, Gesammelte Schriften, 1995, S. 47 ff.

§ 40. Kirchenleitung und -verwaltung   321

lassen sich diese Aufgaben bewältigen. Da die Synoden als jährlich oder halbjährlich jeweils einige Tage zusammentretende Gremien diese Kenntnis nicht haben können, erhalten die Landeskirchenämter bzw. Konsistorien unweigerlich ein erhebliches Gewicht im kirchlichen Entscheidungsfindungsprozess. Das gilt auch dort, wo dem Verwaltungsorgan nach dem Verfassungstext eine untergeordnete Hilfsfunktion zugebilligt wird. Zum anderen wird an Aufgaben wie der Sorge für die Ausbildung und den Pfarrernachwuchs, der Öffentlichkeitsarbeit, der Sorge für Religionsunterricht und Mission etc. deutlich, dass die Aufgaben der Verwaltungsorgane sich nicht in bloßen technischen Verwaltungs- und Vollzugsfunktionen erschöpfen. Sie haben vielmehr erheblichen Anteil an und Verantwortung für die geistlichen Aufgaben der Kirche. Auch hier wird deutlich, dass Kirchenleitung immer zugleich rechtlicher und geistlicher Dienst ist.

3. Das Verhältnis der Konsistorien zu anderen Organen

Sehr unterschiedlich ist das Verhältnis der Konsistorien zu den anderen Verfassungsorganen der Kirche ausgestaltet. Dass in manchen Kirchen nach dem Verfassungstext das konsistoriale Organ lediglich als unselbständiges Hilfsorgan genannt ist, wurde bereits dargelegt. Der Verfassungstext dürfte dabei dem tatsächlichen Gewicht der Verwaltung nicht ganz gerecht werden. Während in manchen Verfassungen das Kirchenverwaltungsorgan in einer besonderen Nähebeziehung zur Synode oder zu einer besonders synodal geprägten Kirchenleitung steht (Rheinland, Westfalen), sind andere Kirchenverwaltungen dadurch geprägt, dass der Landesbischof oder Bischof ihnen kraft Amtes angehört und ihnen vorsitzt. Man kann also zwischen eher bischöflichen und eher synodalen Kirchenverwaltungen unterscheiden. Ein markantes Unterscheidungsmerkmal zwischen den Kirchenverfassungen bildet daneben die Beziehung des Konsistoriums zur Kirchenregierung bzw. Kirchenleitung. Während einige Konsistorien – wie erwähnt – gleichzeitig die Funktion der Kirchenregierung besitzen (Oldenburg, Württemberg, Bayern), haben andere Landeskirchen eigenständige Kirchenleitungs- bzw. -regierungsorgane, die neben den leitenden Geistlichen und Vertretern der Synoden meistens auch Mitglieder aus den Konsistorien haben. Während dabei vereinzelt alle Mitglieder des Konsistoriums auch der Kirchenleitung angehören (Baden) („Oberkirchenratsmodell"), gehören anderen Kirchenregierungen nur einige der Oberkirchenräte an („Senatsmodell"). 8

Besonders erwähnt werden muss noch das Verhältnis des Kirchenverwaltungsorgans zum Kirchenamt bzw. Landeskirchenamt als Behörde. Dies deshalb, weil vereinzelt in den Kirchenverfassungen neben dem Kirchenverwaltungsorgan noch die Kirchenverwaltungsbehörde gesondert genannt wird (in Bayern „Landeskirchenamt" neben „Landeskirchenrat"). Indessen lässt das nicht auf einen eigenständigen Charakter der Verwaltungsbehörde gegenüber dem Verwaltungsorgan schließen. Vielmehr kann hier – wie in den anderen Landeskirchen – das Verhältnis so beschrieben werden, dass das Landeskirchenamt als Verwaltungsbehörde die dem Konsistorium als Kirchenverwaltungsorgan zugeordnete, unselbständige Behörde ist. Dass in anderen Landeskirchen das kollegiale Kirchenverwaltungsorgan selbst als „Landeskirchenamt" bezeichnet wird, erleichtert die Verständlichkeit nicht. 9

III. Die Organe der institutionellen Kirchenleitung (Kirchenregierung)

In den meisten Landeskirchen besteht neben der Synode, dem personalen Leitungsamt (Bischof oder Kirchenpräsident) und dem Verwaltungsorgan (Konsistori- 10 um) ein weiteres kirchenleitendes Organ, das Aufgaben einer Art Kirchenregierung erfüllt. Dabei trägt es unterschiedliche Bezeichnungen – Landeskirchenrat, Kirchenregierung, Kirchensenat oder Kirchenleitung. In letzterer Bezeichnung wird deutlich, dieses Organ auch eine Art Koordinierungsfunktion für die Aufgaben der anderen Kirchenleitungsorgane hat. Dementsprechend setzt es sich auch aus Mitgliedern der anderen Kirchenleitungsorgane zusammen. Historisch gesehen ist dieses Organ in vielen Landeskirchen gleichsam Erbe des landesherrlichen Kirchenregiments. Synoden und Konsistorien waren ja bereits unter dem landesherrlichen Kirchenregiment als kirchliche Organe geläufig. Dagegen wurden die personalen Leitungsämter (Bischof, Kirchenpräsident) in den Kirchenverfassungen der Weimarer Zeit neu konzipiert. Die Diskussion um das Bischofsamt verdeutlicht, dass eine monokratische, bischöfliche Leitung wie in der katholischen Kirche für die evangelischen Kirchen nicht in Frage kam. Daher lag es nahe, als Regierungsorgan und Nachfolger des landesherrlichen Kirchenregiments ein Organ zu schaffen, das sich aus Mitgliedern der anderen kirchenleitenden Organe zusammensetzt.

1. Episkopalbehördliche und synodale Kirchenleitungen

11   Auch in den Verfassungen (Bayern, Oldenburg, Württemberg), nach denen die Funktionen der Kirchenregierung und Kirchenverwaltung durch ein einziges Organ ausgeübt werden, wird dem Wunsch Rechnung getragen, an der Kirchenregierung die anderen kirchenleitenden Organe zu beteiligen. Hier ist nämlich der jeweilige (Landes)Bischof zugleich Mitglied (und Vorsitzender) dieses Organs. Die Beteiligung der Synoden an der Kirchenleitung erfolgt durch ein besonderes synodales Organ ((Landes)synodalausschuss bzw. in Württemberg Landeskirchenausschuss), das Informations-, Beratungs- oder auch Wahlrechte in Bezug auf die Kirchenleitung hat.

Im übrigen ist die Ausgestaltung des institutionellen Kirchenleitungsorgans bzw. der Kirchenregierung in den Kirchenverfassungen unterschiedlich. Auch insofern gilt, dass in manchen Landeskirchen, in denen die Stellung der Synode besonders betont wird, auch die Kirchenregierung gleichsam als Organ der Synode erscheint, so das „Moderamen der Gesamtsynode" in der Reformierten Kirche oder die Kirchenleitung der Rheinischen Kirche, die das Präsidium der Landessynode ist (Art. 192 II KO EKiR). In der bremischen evangelischen Kirche werden die Befugnisse der Kirchenleitung entweder durch das synodale Organ – den Kirchentag – selbst ausgeübt, oder durch den Kirchenausschuss, der aus dem Synodalvorstand und weiteren Mitgliedern der Synode besteht.

Man kann diese Modelle synodaler Kirchenleitung auch dadurch kennzeichnen, dass in ihnen die Eigenständigkeit des Leitungsorgans fehlt oder sehr schwach ausgeprägt ist. Insofern ähneln sie den genannten Verfassungen, in denen Kirchenregierung und -verwaltung durch ein einziges Organ wahrgenommen werden. Da in letzteren der Bischof eine besondere Rolle im Kirchenleitungs- und Verwaltungsorgan spielt, kann man beide Konzepte, wie bereits erwähnt auch als entgegengesetzte Typen bezeichnen – die Kirchenleitung durch ein unter bischöflicher Leitung stehendes Konsistorium („episkopalbehördliche Kirchenleitung") und die synodale Kirchenleitung.

2. Gemischte Kirchenleitungen

12   Die anderen Kirchenverfassungen, die demgegenüber die Eigenständigkeit der Kirchenregierung als eines Organs betonen, das aus Mitgliedern der anderen

Organe besteht, bilden demgegenüber einen dritten Typus. Dieser wird meistens als „gemischte" Kirchenleitung bezeichnet. Auch innerhalb dieses Typus' lassen sich freilich erhebliche Unterschiede in Zusammensetzung und Rechtsstellung des Kirchenregierungsorgans feststellen. Einen Sonderfall bilden die Kirchenleitungen, in denen kein Mitglied des Kirchenamtes als der Verwaltungsbehörde vertreten ist, sondern (lediglich) Mitglieder der Synoden und Inhaber personaler Leitungsämter (Bischöfe, Generalsuperintendenten) (so in Nordelbien oder Berlin-Brandenburg-schlesische Oberlausitz). Sie nähern sich den synodalen Modellen an. Auch dort, wo die Kirchenleitung Mitglieder aus dem Verwaltungsorgan hat, gibt es Verfassungen, in denen das Regierungsorgan von einem besonderen zahlenmäßigen Gewicht der synodalen Mitglieder geprägt ist (z.B. Pfalz, Lippe, Westfalen, Hessen-Nassau, Pommern), und andere, in denen eher ein Gleichgewicht zwischen den Vertretern der anderen kirchenleitenden Organe hergestellt wird. Bereits hingewiesen wurde auf den Unterschied zwischen „senatorischer" Kirchenleitung und dem badischen „Oberkirchenratsmodell". Die Unterschiede und die Variationsbreite in den Einzelheiten sind also erheblich.

3. Zusammensetzung und Wahl der Kirchenleitungen

Die Bandbreite der Zusammensetzung der Kirchenregierungsorgane ist damit 13
bereits angedeutet. Ebenso unterschiedlich ist die Art und Weise des Erwerbs der Mitgliedschaft in diesen Organen. Während einige Mitglieder kraft eines anderen kirchenleitenden Amtes auch zur Kirchenregierung gehören – so etwa die Bischöfe –, werden andere Mitglieder der Kirchenregierung durch das Organ ausgewählt, das sie in die Kirchenregierung entsendet – also v.a. die synodalen Vertreter der Synoden und ausgewählte Mitglieder der Konsistorien. Daneben kommt aber auch die synodale Wahl von Mitgliedern in die Kirchenregierung vor, die nicht ohne weiteres als Vertreter der Synode verstanden werden können, weil sie der Synode nicht angehören müssen. Schließlich kommt es auch vor, dass Mitglieder eines anderen kirchenleitenden Organs nicht durch ihr Organ, sondern durch die Synode in die Kirchenregierung gewählt werden.

Die Mitgliedschaft von Vertretern der Synode in den Kirchenregierungen hat zur Folge, dass diese in der Regel auch ehrenamtliche Mitglieder haben, während die Kirchenverwaltungsorgane bei vereinzelten Ausnahmen aus hauptamtlichen Mitgliedern bestehen.

4. Aufgaben und Kompetenzen

Die Aufgaben und Befugnisse der Kirchenregierungsorgane sind wiederum unter- 14
schiedlich geregelt. Bei vielen ihrer Aufgaben differiert zwischen den Landeskirchen die Aufteilung der einzelnen Kompetenzen zwischen Kirchenverwaltungsorgan und Kirchenregierung. In allen Landeskirchen handelt es sich aber um grundlegende und meist über die tägliche Verwaltungsarbeit hinausweisende Leitungsfunktionen. Dazu gehören auch Kompetenzen im Bereich der Normsetzung. Ähnlich wie im staatlichen Bereich die Landesregierungen oder die Bundesregierung hat auch das Kirchenregierungsorgan üblicherweise das Recht der Gesetzesinitiative. Die Bedeutung der Kirchenregierung wird z.T. auch durch ein suspensives Veto gegen Beschlüsse der Synode betont, das sich auch auf Kirchengesetze bezieht. Besonders stark ist die Stellung des hannoverschen Kirchensenats. Jedes Gesetz bedarf seiner Zustimmung. Verweigert er diese, bedarf es für das Zustandekommen des Gesetzes einer Zweidrittelmehrheit in der Synode (Art. 119 II KVerf Hannover).

Das kirchliche Recht kennt vielfach ein „Notverordnungsrecht", wonach die Kirchenregierung in Eilfällen eine Verordnung mit Gesetzeskraft erlassen kann. Das beruht darauf, dass die Synoden als die zur Gesetzgebung befugten Organe nicht ständig tagen, so dass bei dringendem Bedarf eine Möglichkeit zur gesetzesvertretenden Normsetzung bestehen muss. Solche Verordnungen bedürfen dann der Bestätigung durch die Synode. Auch der Erlass von „normalen" Verordnungen und allgemeinen Verwaltungsvorschriften gehört z.T. zu den Aufgaben des Kirchenregierungsorgans, ebenso die Sorge für den Vollzug der Beschlüsse der Landessynode und die Aufsicht über das Kirchenverwaltungsorgan. In manchen Landeskirchen vertritt auch das Kirchenregierungsorgan die Landeskirche im Rechtsverkehr.

Bei der Wahl und der Ernennung von anderen kirchlichen Organen und leitenden Amtsträgern und Pfarrern hat die Kirchenregierung zumeist zumindest Mitwirkungsrechte. Dasselbe gilt für die Bildung und Auflösung von Kirchengemeinden etc. Zum Teil führt die Kirchenleitung die Aufsicht über die Pfarrer und Kirchenbeamten, sofern diese nicht durch das Kirchenverwaltungsorgan geführt wird. In vielen Landeskirchen ordnet sie Visitationen an. Sie hat häufig für die geistliche Versorgung der Gemeinden und die Ausbildung der Pfarrer zu sorgen bzw. die allgemeinen Regeln dazu zu erlassen. Auch die Anordnung der Ordination zum geistlichen Amt gehört zu ihren Aufgaben. Hervorgehoben wird des öfteren die planerische Funktion der Kirchenregierung. Dazu gehört nicht nur die Aufstellung und Vorlage des Haushaltsplans, sondern auch allgemein die Planung notwendig werdender Veränderungen.

§ 41. Die Gerichte der evangelischen Kirchen

Literatur: *A. v. Campenhausen*, Der staatliche Rechtsschutz im kirchlichen Bereich, AöR 112 (1987), S. 623 ff.; *ders.*, Neues zum staatlichen Rechtsschutz im kirchlichen Bereich, ZevKR 45 (2000), S. 622–625; *A. v. Campenhausen/H. de Wall*, Staatskirchenrecht, 2006, § 37; *D. Ehlers*, Rechtsfragen der Vollstreckung kirchlicher Gerichtsentscheidungen, ZevKR 49 (2004), S. 496–518; *M. Germann*, Gerichtsbarkeit (kirchliche), Evangelische Kirche, RGG[4], Sp. 740–741; *ders.*, Die Gerichtsbarkeit der evangelischen Kirche, Habilitationsschrift, 2001 (Druck in Vorbereitung); *B. Guntau*, Die Neuordnung der Rechtspflege in der EKD durch das KiGG.EKD, ZevKR 51 (2006), S. 327–351; *K. Hansch*, Die Disziplinargerichtsbarkeit in der evangelischen Kirche, 1961; *K.-H. Kästner*, Staatliche Justizhoheit und religiöse Freiheit, 1991; *ders.*, Zur Funktion kirchlicher Gerichte im Bereich der evangelischen Kirchen, in: *A. Weiß/S. Ihli* (Hrsg.), Festschrift für R. Puza, 2003, S. 539–553; *ders.*, Entscheidungsmaßstäbe und Prüfungsbefugnis kirchlicher Gerichte in den evangelischen Kirchen, in: *S. Muckel* (Hrsg.), Festschrift für W. Rüfner, 2003, S. 423–441; *ders.*, Evangelische Kirchengerichtsbarkeit zwischen Selbstbehauptung und Selbstüberschätzung, ZevKR 49 (2004), S. 171–190; *H. Maurer*, Die Verwaltungsgerichtsbarkeit der evangelischen Kirche, 1958; *ders.*, Grundprobleme der kirchlichen Gerichtsbarkeit, ZevKR 17 (1972), S. 48–87 (s. auch *ders.*, Abhandlungen zum Kirchenrecht und Staatskirchenrecht, 1998, S. 137–177); *ders.*, Kirchenrechtliche Streitigkeiten vor den allgemeinen Verwaltungsgerichten, in: *ders.*, Abhandlungen zum Kirchenrecht und Staatskirchenrecht, 1998, S. 178–199; *W. Rüfner*, Rechtsschutz gegen kirchliche Rechtshandlungen und Nachprüfung kirchlicher Entscheidungen durch staatliche Gerichte, in: HdbStKirchR[1] Bd. 1, S. 758; *E. Ruppel*, Die Verwaltungsgerichtsbarkeit in der evangelischen Kirche, Essener Gespräche Bd. 7 (1972), S. 53–69; *U. Scheuner*, Grundfragen einer kirchlichen Verwaltungsgerichtsbarkeit, ZevKR 6 (1957/58), S. 337–364; *H. Schliemann*, Die neue Ordnung der Kirchengerichtsbarkeit in der Evangelischen Kirche in Deutschland, NJW 2005, S. 393–396; *E.-L. Solte*, Gerichtsbarkeit, kirchliche, EvStL, Neuausgabe 2006, Sp. 748–754; *A. Stein*, Gerichtsbarkeit (kirchliche), TRE Bd. 12, S. 497 ff.; *ders.* Evangelische Lehrordnung als Frage kirchenrechtlicher Verfahrensgestaltung, ZevKR 19 (1974), S. 253–275; *ders.*, Neue Entwicklungen im Lehrrecht, ZevKR 22 (1977), S. 413–417; *ders.*, Weitere Entwicklungen im Lehrrecht, ZevKR 26 (1981), S. 77–79.

I. Die Gerichtsbarkeit der evangelischen Kirche

Im kirchlichen wie im staatlichen Recht ist Rechtsprechung – funktional gesehen – die abschließende Entscheidung von Rechtsstreitigkeiten durch unabhängige Gerichte auf der Grundlage von Rechtsnormen und in einem geordneten Verfahren. Hier wie dort gewährleisten Gerichte rechtliche Ordnung und Rechtsfrieden und kontrollieren im Streitfall die Anwendung des Rechts durch die anderen kirchlichen Organe. 1

Die Existenz einer Gerichtsbarkeit ist Konsequenz der Existenz eines kirchlichen Rechts überhaupt. Da es bei der Anwendung von Rechtssätzen auf den konkreten Fall zu Meinungsverschiedenheiten über den Inhalt des Rechts und über seine Anwendung auf den Sachverhalt kommt, entsteht in jeder Rechtsordnung auch das Bedürfnis, eine verbindliche Entscheidung über solche Streitigkeiten herbeizuführen. Der Akzeptanz und Qualität einer solchen Entscheidung kommt es zugute, wenn die Aufgabe der Rechtsprechung in die Hand unabhängiger Gerichte gelegt wird, die den Streitenden als neutrale Instanz gegenüber stehen. Das gilt für das Recht der Kirche nicht grundsätzlich anders als für das staatliche Recht, auch wenn selbstverständlich bei der kirchlichen Gerichtsbarkeit gegenüber der staatlichen Besonderheiten zu berücksichtigen sind, die aus der Eigengeartetheit kirchlichen Rechts folgen.

Eine solche Besonderheit stellen die geistlichen Entscheidungen dar. Bestimmte Angelegenheiten sind von der Nachprüfung durch kirchliche Gerichte ausgeschlossen, obwohl sie zumindest in ihren Folgen von rechtlicher Relevanz sind. Wird etwa die Taufe oder die Konfirmation durch einen Pfarrer verweigert, findet zwar eine Nachprüfung durch Pfarrer in Leitungsfunktionen (meist den Superintendenten bzw. Dekan) statt, die ggf. die Durchführung der Amtshandlung durch einen anderen Pfarrer veranlassen können. Eine gerichtliche Verurteilung zur Erteilung der Taufe ist aber ausgeschlossen. Das liegt daran, dass solchen Amtshandlungen eine geistliche, durch den jeweiligen Pfarrer höchstpersönlich zu verantwortende Entscheidung zugrunde liegt, die durch ein gerichtliches Urteil nicht überprüft werden kann. Entsprechendes gilt etwa auch für die Ordination. Ob der Ordinand die erforderliche geistliche Berufung zum Amt der Wortverkündigung und Sakramentsverwaltung besitzt, muss der Ordinator in einem Ordinationsgespräch herauszufinden versuchen. Seine Entscheidung ist eine unüberprüfbare, allein auf geistlichen Kriterien beruhende Entscheidung. 2

Staatskirchenrechtlich ist die Existenz einer kirchlichen Gerichtsbarkeit vom Selbstbestimmungsrecht der Religionsgemeinschaften gem. Art. 140 GG i.V.m. Art. 137 Abs. 3 WRV umfasst. Trotz dessen einschränkender Formulierung, dass die Religionsgesellschaften ihre Angelegenheiten selbständig „ordnen und verwalten", ist unbestritten, dass dies auch die abschließende Entscheidung von Streitigkeiten über die eigene Ordnung – also Rechtsprechung – beinhaltet. Staatskirchenrechtlich kontrovers ist aber die Frage, ob bei Streitigkeiten über die Anwendung des kirchlichen Rechts, namentlich (aber nicht nur) dann, wenn Amtsträger der Kirche mit ihrem Dienstherrn streiten, der Rechtsweg zu den staatlichen Gerichten eröffnet ist und welche Rolle dabei die Gewährleistung des Rechtsschutzes durch kirchliche Gerichte spielt (s. bereits o. § 30 Rn. 30). Dafür kann auf die staatskirchenrechtliche Literatur verwiesen werden.[143] 3

Die Gerichtsbarkeit der evangelischen Kirche ist nicht einheitlich aufgebaut – ein Gericht oder eine einheitliche Art von Gerichten zur Entscheidung grundsätzlich 4

---

[143] *A. v. Campenhausen/H. de Wall,* Staatskirchenrecht, 2006, S. 309 ff., *K.-H. Kästner,* Staatliche Justizhoheit und religiöse Freiheit, 1991, insbes. S. 97 ff., 139 ff., 160 ff.

aller Streitigkeiten, so wie etwa die Amts- und Landgerichte des Staates als allgemeine Gerichte für die ordentliche Gerichtsbarkeit konzipiert sind, existiert nicht. Vielmehr gibt es unterschiedliche Gerichte für unterschiedliche Arten von Rechtsstreitigkeiten und differieren Aufbau, Zuständigkeiten und Gerichtsverfassung – außer bei Streitigkeiten im Bereich der Mitarbeitervertretung – zwischen den Landeskirchen. Eine gewisse Vereinheitlichung wird aber durch die Gerichte der gliedkirchlichen Zusammenschlüsse (VELKD, UEK/EKU sowie die Konföderation evangelischer Kirchen in Niedersachsen) erreicht. Auch darüber hinaus haben einige Landeskirchen gemeinsame Gerichte gebildet (s. näher unten Rn. 7). Auf der Ebene der EKD wurde die Rechtsprechung durch das Kirchengerichtsgesetz vom 6. 11. 2003 bei den neu eingerichteten Gerichten Kirchengericht, Kirchengerichtshof und Verfassungsgerichtshof konzentriert. Damit konnte eine weitgehende Vereinheitlichung erreicht werden[144] – allerdings mit Ausnahme der wichtigen dienstrechtlichen Streitigkeiten.

Grundsätzlich lassen sich vier Gerichtszweige unterscheiden. Neben der Verfassungs- und der allgemeinen Verwaltungsgerichtsbarkeit der Kirchen stehen als spezielle Gerichte für bestimmte Sachbereiche die für Angelegenheiten der Mitarbeitervertretung zuständigen Gerichte und die Disziplinargerichte. Spezielle Spruchkörper existieren darüber hinaus für Lehrbeanstandungsverfahren, die aber nur mit Einschränkungen zur Gerichtsbarkeit gezählt werden können (Näheres s. unten Rn. 12).

1. Gerichte für mitarbeitervertretungsrechtliche Streitigkeiten

5   Da die Kirchen im Rahmen ihres Selbstbestimmungsrechtes auch die Ausgestaltung ihrer Arbeitsorganisation selbständig regeln können, sind sie von der Geltung des Betriebsverfassungsgesetzes, das die betriebliche Mitbestimmung der Arbeitnehmer in einem privaten Betrieb regelt, ausgenommen (§ 118 II BetrVG). Sie haben stattdessen eigene Regelungen über die Vertretung ihrer Mitarbeiter in kirchlichen und diakonischen Einrichtungen geschaffen. Die Mitarbeitervertretungen in der evangelischen Kirche entsprechen also den Betriebsräten bei nicht kirchlichen Arbeitgebern. Das Mitarbeitervertretungsrecht gehört zu den wenigen Materien, die für die meisten Gliedkirchen der EKD einheitlich durch ein Gesetz der EKD, das Mitarbeitervertretungsgesetz, geregelt sind.[145] Als erstinstanzliches Gericht ist für Mitarbeitervertretungsstreitigkeiten im Bereich der EKD, ihres Diakonischen Werkes und der ihm angeschlossenen Einrichtungen das Kirchengericht der EKD zuständig. Die Gliedkirchen der EKD und ihre gliedkirchlichen Zusammenschlüsse können ebenfalls die Zuständigkeit des Kirchengerichts der EKD begründen. Sie können aber auch eigene Kirchengerichte für mitarbeitervertretungsrechtliche Streitigkeiten bilden, wie dies beispielsweise die Evangelisch-lutherische Kirche in Bayern getan hat. Rechtsmittelgericht für mitarbeitervertretungsrechtliche Streitigkeiten ist für die Beschlüsse aller Kirchengerichte der Kirchengerichtshof der EKD.

---

[144] Dazu *H. Schliemann*, Die neue Ordnung der Kirchengerichte in der Evangelischen Kirche in Deutschland, NJW 2005, 393–396.
[145] Das Gesetz ist bisher noch nicht gem. § 64 III 1 MVG.EKD für alle Gliedkirchen in Kraft getreten, da nicht alle Gliedkirchen ihr Einverständnis hierzu erklärt haben. Die meisten Gliedkirchen haben das MVG.EKD jedoch gem. § 64 III 2 MVG.EKD für sich in Kraft gesetzt. Ausnahmen bilden die Kirchen von Hannover, Braunschweig, Schaumburg-Lippe, Kurhessen-Waldeck und Württemberg, die eigene Kirchengesetze, allerdings in Anlehnung an das MVG.EKD erlassen haben und die Evangelische Kirche in Hessen und Nassau, für die ein eigenes Kirchengesetz ohne nähere Bezüge zum MVG.EKD gilt, vgl. *U. A. Andelewski/I. Küfner-Schmitt/J. Schmitt*, Berliner Kommentar zum Mitarbeitervertretungsgesetz der EKD, 2007, Einleitung, Rn. 71 ff.

2. Disziplinargerichte

Wie bei den staatlichen Beamten kann auch gegen die Pfarrer und die anderen 6
Bediensteten der Kirchen, die in einem öffentlich-rechtlichen Dienstverhältnis stehen,
ein Disziplinarverfahren durchgeführt werden. Es dient der Feststellung, ob ein
solcher Bediensteter seine Dienstpflichten verletzt hat und der Festlegung der Sanktionen dafür. Das Disziplinarrecht ist in den Disziplinargesetzen der EKD und der
VELKD geregelt, die auch für die Gliedkirchen gelten, also das Disziplinargesetz der
VELKD für deren Gliedkirchen, das Disziplinargesetz der EKD für die übrigen
Kirchen der EKD[146], insbes. die Gliedkirchen der UEK.[147] Bestimmte, besonders
schwerwiegende Sanktionen sind dabei – wie auch im staatlichen Beamtenrecht –
Gerichten vorbehalten. Dafür besteht ein zweistufiger Gerichtsweg aus Disziplinarkammern und Disziplinarhof/Disziplinarsenat. Als erste Instanz sind bei den Gliedkirchen bzw. bei EKD und VELKD Disziplinarkammern eingerichtet. Für die
Gliedkirchen der UEK ist die Disziplinarkammer der Evangelischen Kirche in Berlin-Brandenburg-schlesische Oberlausitz zuständig. Zur Entscheidung über das Rechtsmittel der Berufung gegen die Urteile der Disziplinarkammern ist im Bereich der
VELKD deren Disziplinarsenat zuständig. Die Aufgaben des Disziplinarhofes der
UEK, also der Rechtsmittelinstanz, nimmt der Kirchengerichtshof der EKD wahr.

3. Allgemeine Verwaltungsgerichtsbarkeit

Das Disziplinarrecht ist eine Sondermaterie des öffentlichen Dienstrechtes der 7
Kirchen mit einer speziellen Gerichtsbarkeit. Die evangelischen Kirchen haben aber
auch eine allgemeine Verwaltungsgerichtsbarkeit eingerichtet, die meist ebenfalls
zweistufig aufgebaut ist.

Eingangsinstanz sind die bei den Landeskirchen und bei VELKD und UEK
eingerichteten Verwaltungsgerichte. Streitigkeiten aus den Dienstverhältnissen der
Kirchenbeamten der EKD und der von der EKD entsandten Auslandspfarrer
(eigene Pfarrer hat die EKD nicht) werden in erster Instanz durch den Rechtshof
der Konföderation evangelischer Kirchen in Niedersachsen und in zweiter Instanz
durch das Verfassungs- und Verwaltungsgericht der VELKD entschieden. Eine
allgemeine Verwaltungsgerichtsbarkeit für die EKD existiert nicht, ist aber jenseits
der genannten Fälle mangels Zuständigkeiten der EKD in für den Verwaltungsrechtschutz einschlägigen Materien bisher nicht erforderlich. Das Beispiel des
Rechtshofs der Konföderation evangelischer Kirchen in Niedersachsen zeigt, dass
die Landeskirchen z. T. auch gemeinsame Gerichte für Verwaltungsrechtsstreitigkeiten eingerichtet haben. Dieses Gericht ist für Verwaltungsrechtstreitigkeiten der
auch der VELKD angehörenden Landeskirchen Hannovers, Braunschweigs und
Schaumburg-Lippes sowie der oldenburgischen Landeskirche zuständig. Gemeinsame Verwaltungsgerichte unterhalten die die Lippische und die Evangelisch-reformierte Kirche. Für die Evangelischen Kirchen Anhalts und Pommerns und für die
UEK besteht ebenfalls ein gemeinsames Verwaltungsgericht.

Zweite Instanz für verwaltungsrechtliche Streitigkeiten bei der VELKD und
ihren Gliedkirchen ist das Verfassungs- und Verwaltungsgericht der VELKD. Für
die UEK und für die Gliedkirchen der ehemaligen Evangelischen Kirche der Union
ist der Verwaltungsgerichtshof der UEK Rechtsmittelinstanz.

---

[146] W. *Strietzel*, Disziplinarrecht, RGG[4], Sp. 880–882.
[147] Das Disziplinarrecht der evangelischen Kirchen soll vereinheitlicht werden. Ein einheitliches
Disziplinargesetz ist in Vorbereitung.

Einige Materien fallen aus dem Bereich der kirchlichen Verwaltungsgerichtsbarkeit deshalb heraus, weil für sie ein Rechtsweg zu den staatlichen Gerichten eröffnet ist. So sind vermögensrechtliche Streitigkeiten aus einem kirchlichen öffentlich-rechtlichen Dienstverhältnis meist ausgeschlossen und werden von den staatlichen Verwaltungsgerichten entschieden, was das staatliche Recht ermöglicht (§ 135 BRRG). In Kirchensteuersachen sind die staatlichen Finanz- oder Verwaltungsgerichte zuständig.

4. Verfassungsgerichtsbarkeit

8   Recht unterschiedlich ist auch die Einrichtung einer Verfassungsgerichtsbarkeit innerhalb der Kirchen der EKD geregelt. Eine eigene Verfassungsgerichtsbarkeit haben die Nordelbische Kirche, die Evangelische Kirche in Hessen und Nassau und die Pfälzische Landeskirche. Der Verfassungsgerichtshof der EKD entscheidet über Streitigkeiten über die Grundordnung der EKD. Streitigkeiten über die Verfassung der VELKD entscheidet deren Verfassungs- und Verwaltungsgericht. Es ist auch Verfassungsgericht für die Evangelische Kirche Mecklenburgs.

Wie im staatlichen Recht gilt auch bei der Verfassungsgerichtsbarkeit der evangelischen Kirche das Enumerationsprinzip: Nur in den ausdrücklich im Gesetz aufgeführten Fällen dürfen die Gerichte über kirchenverfassungsrechtliche Streitigkeiten entscheiden. Die Regelungen sind unterschiedlich. Üblich ist die Zuständigkeit der Verfassungsgerichte für Streitigkeiten der kirchlichen Verfassungsorgane, ähnlich dem Organstreitverfahren bei den Landesverfassungsgerichten oder beim Bundesverfassungsgericht. Darüber hinaus ist auch die (konkrete, zum Teil auch die abstrakte) Normenkontrolle geläufig.

II. Die Zusammensetzung der Gerichte und das Gerichtsverfahren

9   Die Vielfalt der kirchlichen Gerichte bedingt auch die Unterschiedlichkeit der Regeln über die Zusammensetzung der Gerichte und das Verfahren. Das Bestreben nach einer Vereinheitlichung ist aber vorhanden und hat in der Neuordnung der Kirchengerichte der EKD Ausdruck gefunden. Evangelischem Amtsverständnis gemäß ist die rechtliche Leitung der Kirche, wozu auch die Rechtsprechung gehört, nicht an einen geistlichen Stand o. dgl. gebunden. Eine prinzipielle Sonderstellung der Pfarrer gegenüber theologischen „Laien" gibt es daher nicht. Sie ist bei der Verhandlung von Rechtsstreitigkeiten und der Entscheidung von Rechtsfragen auch schwer zu begründen. Konsequenterweise sind die kirchlichen Gerichte überwiegend mit Richtern besetzt, die die Befähigung zum Richteramt nach staatlichem Recht haben. Auch juristische „Laien" (d.h. juristisch nicht voll Ausgebildete) nehmen aber richterliche Aufgaben als Beisitzer in Spruchkörpern der kirchlichen Gerichte wahr. Denn Entscheidungen in Rechtsstreitigkeiten im Kirchenrecht verlangen häufig auch den Sachverstand des Theologen bzw. es ist nützlich, Vertreter des betroffenen Berufsstandes (etwa bei Dienstrechtsstreitigkeiten der Pfarrer) in die Entscheidung einzubinden. Dergleichen ist ja auch in der staatlichen Gerichtsbarkeit geläufig. Die Spruchkörper der kirchlichen Gerichte haben daher meist auch ordinierte Pfarrer als Mitglieder.

Die Richter sind nicht hauptamtlich tätig. Die Juristen, die als Vorsitzende oder als Beisitzer in einem kirchlichen Spruchkörper fungieren, sind meist erfahrene Richter aus der staatlichen Gerichtsbarkeit. Auch dadurch wird die hohe juristische Professionalität der Kirchengerichtsbarkeit sichergestellt. Auch die übrigen Richter, also die im juristischen Sinne „Laien", sind in ihrem Hauptamt anderweitig tätig, etwa als Pfarrer. Wie sich aus dem Gesagten schon ergibt, haben die kirchlichen Gerichte kollegiale, mit mehreren Richtern besetzte Spruchkörper. Die Richter müssen selbstverständlich Mitglied einer evangelischen Landeskirche und für kirchliche Ämter wählbar sein. Sie genießen richterliche Unabhängigkeit und sind nur an das Kirchenrecht, die Heilige Schrift und das jeweilige Bekenntnis der Kirche gebunden. Bei unierten Kirchen, die Gemeinden mit unterschiedlichen evangelischen Bekenntnissen umfassen, kommt es bisweilen vor, dass einer der beisitzenden Pfarrer dem jeweiligen Bekenntnis des Betroffenen angehören muss, z.B. bei disziplinarischen Streitigkeiten.

Die Regelung des Verfahrens ist dem staatlichen Recht nachempfunden und genügt rechtsstaatlichen Standards. Dazu gehört zum Beispiel der Grundsatz des rechtlichen Gehörs, der auch im kirchlichen Prozessrecht gilt. Dazu gehört auch das Recht der Beteiligten, sich rechtlichen Beistandes zu bedienen. Wer vor einem evangelischen Kirchengericht auftritt, muss aber zur Verhandlung imstande sein, d.h. auch die Bezüge und Prägung des Rechts durch Schrift und Bekenntnis nachvollziehen können. Er muss daher zumindest einer christlichen Kirche angehören, die den evangelischen Kirchen nahe steht. Dies wird vielfach dadurch sichergestellt, dass seine Mitgliedschaft in einer der Kirchen der EKD (so § 22 DisziplinarG VELKD und § 24 I DisziplinarG EKD) oder – großzügiger – nur in einer der Arbeitsgemeinschaft Christlicher Kirchen angehörenden Kirche verlangt wird (§ 21 KiGG EKD) (sog. „ACK-Klausel", die auch in anderen Bereichen des Kirchenrechts geläufig ist). Dies ist äußerst großzügig.[148] Eine Beschränkung auf Mitglieder einer der EKD angehörenden Kirche oder auf solche Kirchen, mit denen volle Kirchengemeinschaft besteht, wäre ebenfalls nicht zu beanstanden.

Das Verfahren verdeutlicht auch die spezifische kirchliche Bindung der kirchlichen Gerichte. So beginnt die Verhandlung mit Schriftlesung und Gebet und wird das Bemühen um eine gütliche Einigung besonders hervorgehoben.

Eine besondere, vor allem staatskirchenrechtliche Problematik ergibt sich daraus, dass der Kirche keine Möglichkeit zusteht, die Entscheidung ihrer Gerichte selbst zu vollstrecken, soweit sie der Vollstreckung bedürfen. Das Gewaltmonopol, wozu auch die zwangsweise Durchsetzung eines gerichtlichen Titels gehört, liegt beim Staat. Es bedarf daher einer staatlichen Vollstreckung. Deren Voraussetzungen sind jedoch streitig.[149] In vielen Fällen bedürfen aber die Entscheidungen der kirchlichen Gerichte keiner derartigen Vollstreckung. Das gilt etwa für Gestaltungs- oder Feststellungsurteile, oder dann, wenn kirchliche Behörden unmittelbar zu einem Tun oder Dulden verpflichtet werden. Auch beispielsweise die in einem Disziplinarverfahren angeordnete Gehaltskürzung zu Lasten eines Pfarrers kann ohne Zuhilfenahme staatlicher Vollstreckungsmaßnahmen durch kirchliche Behörden vollzogen werden, indem das Gehalt einfach nur in der gekürzten Höhe überwiesen wird.

Die Rechtsprechung der kirchlichen Gerichte wird jährlich in der Rechtsprechungsbeilage zum Amtsblatt der EKD, die regelmäßig mit dessen 4. Heft ausgeliefert wird, veröffentlicht, darüber hinaus in den einschlägigen Fachzeitschriften, vor allem

---

[148] Der ACK gehört etwa auch die römisch-katholische Kirche mit ihrem fundamental unterschiedlichen Kirchen- und Amtsverständnis an. Dass ein katholischer Rechtsbeistand in Streitigkeiten über evangelisches Kirchenrecht zu sachlichem Vortrag befähigt ist, ist durchaus nicht zweifelsfrei. Im umgekehrten Fall lässt freilich auch das katholische Kirchenrecht einen Nichtkatholiken als Prozessbevollmächtigten, grundsätzlich aber nicht als Anwalt zu, c. 1483. cic.
[149] S. *D. Ehlers*, Rechtsfragen der Vollstreckung kirchlicher Gerichtsentscheidungen, ZevKR 49 (2004), S. 496–518.

der Zeitschrift für evangelisches Kirchenrecht. In deren Bänden 35, 41 und 46 sind überdies Fundstellenregister für die kirchliche Rechtsprechung enthalten.

III. Das Lehrbeanstandungsverfahren

12 Nur bedingt als Gerichtsverfahren kann das Lehrbeanstandungsverfahren bezeichnet werden, für das besondere Spruchkörper eingerichtet sind. Es ist in den Lehr(verfahrens)ordnungen der Kirchen besonders geregelt. In ihm soll festgestellt werden, ob ein Pfarrer dadurch seine Lehrverpflichtung verletzt, dass er öffentlich durch Wort oder Schrift in der Darbietung der christlichen Lehre oder in seinem gottesdienstlichen Handeln in Widerspruch zum Bekenntnis der Kirche tritt (vgl. § 66 I PfarrerG VELKD). Auf den Hintergrund dieses Verfahrens wurde bereits hingewiesen (§ 30 Rn. 21). Es ist nicht deshalb nur mit Einschränkungen zu den Gerichtsverfahren zu zählen, weil in ihm keine rechtlich relevanten Entscheidungen getroffen würden. Die Konsequenz der Feststellung im Lehrbeanstandungsverfahren kann sein, dass der Betreffende die Rechte aus der Ordination verliert und dass sein Dienstverhältnis beendet wird. Das Verfahren wird auch vor Spruchkörpern mit richterlicher Unabhängigkeit und in einem rechtsförmlichen Verfahren ausgetragen, das rechtsstaatlichen Anforderungen genügt. Allerdings ist sein Gegenstand nicht in erster Linie eine Rechtsfrage, sondern die Auslegung des Evangeliums und die Feststellung, ob die Lehre des Betreffenden den dabei bestehenden, in den evangelischen Kirchen sehr weiten Spielraum verlassen hat und ob er daher das Evangelium nicht mehr als Amtsträger der Kirche in und für die Kirche verkündigen kann. Das sind genuin theologische Fragen, die in einem theologischen Gespräch im Bemühen um den Konsens der Beteiligten geklärt werden müssen. Dies lässt das Lehrbeanstandungsverfahren als Sonderfall erscheinen, der aus dem Rahmen der übrigen Gerichtsbarkeit fällt. Die Eigenart des Lehrbeanstandungsverfahrens wirkt sich auch auf dessen Einzelregelungen, wie die Zusammensetzung der Spruchkörper, aus. Ihre Mitglieder sind überwiegend Theologen. Theologen, nicht Juristen haben die nötige Fachkompetenz für ein theologisches Lehrgespräch. Freilich gehört den Spruchkörpern regelmäßig auch ein Jurist mit Befähigung zum Richteramt an, um die rechtliche Professionalität des Verfahrens zu sichern.

§ 42. Die kirchliche Mittelstufe

Literatur: *K. Blaschke*, Superintendent, LKStKR, Bd. 3, S. 638–639; *H. Frost*, Strukturprobleme evangelischer Kirchenverfassung, 1972, §§ 18–24; *M. Germann*, Dekan/Dekanat, RGG⁴, Sp. 634; *G. Grethlein/H. Böttcher/W. Hofmann/H.-P. Hübner*, Evangelisches Kirchenrecht in Bayern, 1994, § 54; *H. Junghans*, Superintendent, TRE Bd. 32, S. 463–467; *A. Schilberg*, Evangelisches Kirchenrecht in Rheinland, Westfalen und Lippe, 2003, S. 69–84; *C. Thiele*, Propst, RGG⁴, Sp. 1716–1717; *V. Weymann/U. Hahn* (Hrsg.), Die Superintendentur ist anders, 2005.

I. Aufgaben und Bedeutung der kirchlichen Mittelstufe

1 Die Organisation der evangelischen Landeskirchen ist meist[150] dreistufig. Zwischen der Ebene der Kirchengemeinden und der Landeskirche stellen aus einer Mehrzahl von Kirchengemeinden gebildete Organisationen die kirchliche Mittel-

---

[150] Eine Ausnahme bildet die Bremische Evangelische Kirche.

stufe dar. Sie ist im staatlichen Bereich am ehesten mit den Landkreisen vergleichbar. Ihre Bezeichnung ist je nach Landeskirche unterschiedlich, z. B. Kirchenkreis, Kirchenbezirk, Dekanatsbezirk, Propstei, Superintendentur, Klasse oder Synodalverband[151] (in der reformierten Kirche). Dafür werden im folgenden die Begriffe „Kirchenkreis" oder „kirchliche Mittelstufe" verwendet.

Die kirchliche Mittelstufe hat in den vergangenen Jahrzehnten zunehmende Bedeutung erlangt. Das liegt u. a. daran, dass die kirchliche Tätigkeit vielfältig und komplex ist. Sie bringt in einem zunehmenden Maß sachliche, rechtliche und verwaltungstechnische Anforderungen mit sich, die von den Kirchengemeinden allein nicht zu erfüllen sind. Manche Aufgaben mussten daher auf eine andere, „höhere" Ebene übertragen werden. Soweit kirchliche Aufgaben nach wie vor von den Gemeinden ausgeübt werden, bedarf es darüber hinaus in manchen Bereichen der Koordinierung, der Unterstützung und auch der Kontrolle. Diese Aufgaben zu erfüllen, ist die zentrale landeskirchliche Organisation nicht immer geeignet, weil sie zu ortsfern ist. Daher bedarf es einer mittleren Ebene. Ähnlich ist ja auch die Situation im kommunalen und staatlichen Bereich.

Trotz ihrer großen Bedeutung soll die kirchliche Mittelstufe aus mehreren Gründen hier nur knapp behandelt werden. Zum einen sind die Regelungen des landeskirchlichen Rechts zur kirchlichen Mittelstufe – zu ihren Aufgaben, ihrer Organisation und ihrer Stellung im Verfassungsgefüge – äußerst differenziert.[152] Sie sperren sich einer zusammenfassenden Darstellung in einem vertretbaren Umfang. Daher muss man sich in diesem Bereich ganz besonders auf Grundstrukturen beschränken. Zum anderen haben die Kirchenkreise, Dekanatsbezirke etc. zwar große Bedeutung für die praktische Verwaltung und für die Anwendung des Kirchenrechts. Für die Gestaltung des Kirchenrechts, die Rechtssetzung, spielen sie aber keine Rolle; sie obliegt den Landeskirchen. Anders als die Kirchengemeinden ist die kirchliche Mittelstufe auch nicht die Trägerin der kirchlichen Grundvollzüge, der Gottesdienste, Amtshandlungen etc. Sie ist nicht der Ort, an dem das Predigtamt ausgeübt wird und anhand dessen Beispiel sich seine rechtliche Ordnung demonstrieren lässt. Schließlich sind die Grundstrukturen kirchlicher Verfassung (Gemeindeprinzip und Rolle der Pfarrer, Territoriale Gliederung, Aufgabe und Struktur der Kirchenleitung, synodale Verfassung, Problematik des personalen Leitungsamtes, Tradition des Konsistoriums, Zusammenwirken der kirchlichen Organe) an der gemeindlichen und der landeskirchlichen Ebene am besten darzustellen – auch ihre Unterschiede zwischen den Landeskirchen.

Häufig haben die Kirchenkreise, Dekanatsbezirke etc. eine Doppelfunktion. Sie sind zum einen Zusammenschlüsse von Kirchengemeinden mit besonderen, überparochialen[153] (übergemeindlichen) Aufgaben. Als solche haben sie eigene Rechtspersönlichkeit und eine körperschaftliche Struktur und haben den Status von Körperschaften des öffentlichen Rechts i. S. v. Art. 137 Abs. 5 WRV i. V. m. Art. 140 GG. Zum anderen

2

---

[151] Die Synodalverbände der reformierten Kirche haben eine besondere Stellung: Während in den meisten Kirchen die Mittelstufe tatsächlich eine Zwischenstruktur eher verwaltungsmäßiger Bedeutung ist, bilden die Synodalverbände der reformierten Kirche nach dem Text der Kirchenverfassung die Grundlage der übergemeindlichen Kirchenverfassung. Diese Kirche ist konsequent „von unten" aufgebaut.

[152] Zusammenfassende aktuellere Literatur dazu fehlt völlig – und auch in den wenigen Publikationen zum gliedkirchlichen Recht wird die kirchliche Mittelstufe nur knapp behandelt.

[153] „Parochie" war ursprünglich die Bezeichnung für den Amtsbezirk eines Pfarrers. Dem korrespondierte aber zunächst keine Gemeinde als verfasste Körperschaft. Heute wird der Begriff, neben seiner ursprünglichen Bedeutung, auch für den territorialen Bezirk der Kirchengemeinde oder auch für diese selbst verwandt.

sind sie aber auch bloße Verwaltungs- bzw. Aufsichtsbezirke der Landeskirche.[154] Dementsprechend nimmt der leitende Pfarrer Aufgaben sowohl als Organ der jeweiligen Körperschaft, als auch für die Landeskirche wahr. Die Doppelfunktion der Kirchenkreise und von deren leitenden Pfarrern ist rechtlich unterschiedlich deutlich ausgebildet. Bisweilen werden die beiden Funktionen des Kirchenbezirks nicht von einander unterschieden, aber die besondere Bedeutung des leitenden Pfarrers (Superintendenten) für die Ausführung der Beschlüsse der Landeskirche (z. B. Art. 81 IV KO Pommern) oder sein gesamtkirchlicher Auftrag hervorgehoben (Art. 53 I GO EKBO). In anderen Kirchenverfassungen wird ein Unterschied zwischen der Erfüllung der eigenen Aufgaben des Kirchenkreises und seiner Mitwirkung beim Vollzug landeskirchlicher Aufgaben gemacht (Art. 32 GO Baden). In wieder anderen Verfassungen wird die Doppelstellung des Kirchenkreises als Körperschaft und als Aufsicht- und Verwaltungsbezirk deutlich hervorgehoben (Art. 27 I, II KVerf. Bay, vgl. a. § 1 II KirchenbezirksG Sachsen; Art. 34 II Verf. EKM).

3   Die kirchliche Mittelstufe ist meist territorial begrenzt. Die Kirchenkreise etc. sind gebietsmäßig voneinander abgegrenzt – das gesamte Gebiet der Landeskirche ist in Kirchenkreise eingeteilt, jeder Fleck des Territoriums der Landeskirche gehört einer Kirchengemeinde und diese dem dazugehörigen Kirchenkreis an. Daneben existiert aber in manchen Landeskirchen auch eine bekenntnismäßige Gliederung in Kirchenkreise: In manchen unierten Kirchen, in denen neben einer Mehrheit lutherischer Gemeinden eine geringere Zahl reformierter Gemeinden stehen, sind die reformierten Gemeinden zu einem reformierten Kirchenkreis zusammengeschlossen (Art. 52 Verf. EKM, Art. 65 GO EKBO). In der reformierten Lippischen Kirche existiert entsprechend eine lutherische Klasse, in der die lutherischen Gemeinden dieser überwiegend reformierten Kirche zu einem Kirchenkreis zusammengefasst sind.

4   Die Aufgaben des Kirchenkreises werden meist generell umschrieben. Ihm obliegt es, die Zusammenarbeit der Kirchengemeinden zu fördern und übergemeindliche Aufgaben wahrzunehmen, insbes. in den Bereichen Diakonie, Erziehungs- und Bildungsarbeit, Ökumene und Öffentlichkeitsarbeit. Daneben treten die wichtigen Aufgaben, die im Kirchenkreis als Verwaltungsbezirk wahrgenommen werden. Dazu zählt insbes. die Mitwirkung bei der Dienstaufsicht über die Mitarbeiter und vor allem die Pfarrer. Daneben haben die Kirchenkreise die Aufgabe, die Kirchengemeinde bei der Verwaltung zu unterstützen (z. B. § 2 II lit. e) Dekanatsbezirksordnung Bay). Das landeskirchliche Recht enthält z. T. Regelungen darüber, dass die Verwaltungsaufgaben von Kirchengemeinden und -kreisen durch gemeinsame Ämter wahrgenommen werden (Art. 64 GO EKBO, § 75 KGO Bay).

5   Nicht dieser kirchlichen Mittelstufe zuzurechnen sind die Amtsbezirke der Regionalbischöfe, Prälaten, Landessuperintendenten etc. (s. zu diesen o. § 39 Rn. 10). Ihr Gebiet umfasst üblicherweise mehrere Kirchenkreise. Anders als bei der kirchlichen Mittelstufe ist dieser Amtsbezirk aber nicht körperschaftlich und mit eigenen Organen verfasst – sondern er ist allein der territoriale Ausschnitt der Landeskirche, in dem der entsprechende Amtsträger sein Amt ausübt. Dieser Amtsträger selbst – der Regionalbischof – ist der Ebene der landeskirchlichen Verfassung zuzuordnen. Verwirrenderweise trägt ein solcher Amtsbezirk eines Regionalbischofs bisweilen die gleich Bezeichnung, wie in anderen Landeskirchen der Bezirk der kirchlichen Mittelstufe.[155]

---

[154] Die Situation ist vergleichbar mit den Landkreisen in den Ländern, in denen das Landratsamt neben den Aufgaben des eigenen und des übertragenen Wirkungskreises auch staatliche Aufgaben wahrnimmt – insofern ist dann der Landkreis Amtsbezirk des Landratsamtes.
[155] So ist in der Evangelisch-lutherischen Kirche in Bayern der Kirchenkreis der Amtsbezirk des Regionalbischofs, in Westfalen und in Hannover die Bezeichnung für die kirchliche Mittelstufe.

II. Organe der kirchlichen Mittelstufe, insbes. die Superintendenten

Die Organstruktur der Kirchenkreise ist – bei erheblichen Unterschieden im Detail – erstaunlich einheitlich. Die Kirchenkreise haben üblicherweise drei Organe – eine Kreissynode, einen Kirchenkreisvorstand und einen leitenden Pfarrer. Die Bezeichnungen dieser Organe sind freilich sehr unterschiedlich.

6

Die Synode bildet dabei das Repräsentativorgan, dem die grundlegenden Beschlüsse im Kirchenkreis obliegen. Die Kirchenkreissynoden setzen sich üblicherweise aus von den Kirchenvorständen der Gemeinden des Kirchenkreises entsandten Kirchenvorstehern, aus Pfarrern der Kirchengemeinden und dem leitenden Pfarrer zusammen. Auch die Berufung von Mitgliedern ist üblich, ebenso die Zugehörigkeit der im Kirchenkreis ansässigen Mitglieder der jeweiligen Landessynode. Diese Zusammensetzung verdeutlicht die Funktion der Synode als Repräsentanz der Kirchengemeinden, aber auch als Ort, an dem die Vertreter der Gemeinden über die Angelegenheiten der Landeskirche informiert werden können und in dem die gesamtkirchliche Sicht zu berücksichtigen ist.

Der Kirchenkreisvorstand ist ein engeres Leitungsgremium, das häufig neben Planungs-, Koordinierungs- und Ausführungsfunktionen für die Aufgaben des Kirchenkreises auch zur rechtlichen Vertretung berufen ist. Der Kirchenkreisvorstand wird typischerweise durch den leitenden Pfarrer, den oder die Vorsitzenden der Kreissynode und anderen aus der Mitte der Kreissynode gewählten Mitgliedern gebildet.

7

Ein traditionsreiches und für die kirchliche Mittelstufe besonders bedeutendes Organ ist der leitende Pfarrer. Seine Amtsbezeichnung ist je nach Landeskirche unterschiedlich. Sie reicht vom nüchtern klingenden „Oberpfarrer" über den Titel des Dekans, wie er auch im Hochschulwesen geläufig ist, über den typisch kirchlichen Titel des „Propstes" zur für die Geschichte der evangelischen Kirchenverfassung besonders charakteristischen Bezeichnung „Superintendent", der insbesondere in den norddeutschen Kirchen gebräuchlich ist. „Superintendent" ist die lateinische Form des Titels „Bischof" und verdeutlicht insofern in besonderer Weise die Funktion des Superintendenten als Pfarrer eines übergemeindlichen Amtsbezirks, der neben der geistlichen Leitung seines übergemeindlichen Amtsbezirks auch vielfältige Funktionen der rechtlichen Kirchenleitung erfüllt. Eine dieser typischen Funktionen ist häufig die der Visitation der Kirchengemeinden. Insgesamt üben die Superintendenten, wie ihre anders bezeichneten Amtskollegen, damit in der Sache bischöfliche Aufgaben aus. Dass sie dennoch üblicherweise nicht als „Bischöfe" bezeichnet werden, lässt sich nur daraus erklären, dass ihr Amt nicht auf der Ebene der Landeskirche angesiedelt ist, sondern dass sie eingegliedert sind in den demgegenüber untergeordneten Bereich der kirchlichen Mittelstufe.

8

Die Doppelfunktion der kirchlichen Mittelstufe wird (meist) an der Person des leitenden Pfarrers besonders deutlich. Dieser hat neben seiner Funktion als Organ der Körperschaft „Kirchenkreis" auch landeskirchliche Aufgaben in seinem Amtsbezirk auszuüben (s. z.B. Art. 74 II, III Verf Lippe). Daraus erklärt sich die besondere Bedeutung, aber auch die besondere Schwierigkeit seines Amtes als leitender Pfarrer des Kirchenkreises und als Vollzugsorgan für die (landes)kirchliche Verwaltung. In seinen Funktionen gegenüber den anderen Pfarrern seines Amtsbezirks, die ihm häufig zugewiesen werden, ist das besonders auffällig. Er soll die Pfarrer (und die Gemeinden) beraten und ihnen Seelsorge leisten, ist aber auch z.B. für die Regelung ihres Urlaubs und ihrer Vertretung zuständig: Überdies beaufsichtigt er ihre Amtsführung. Auch für die Überprüfung der Entscheidungen der Pfarrer ist der Superintendent im Streitfall meist zuständig (vgl. o. II. Teil 08). Er ist also z. T. sowohl Seelsorger der Pfarrer als auch in deren Dienstaufsicht eingebunden – eine nicht unproblematische Doppelstellung. Überdies führt er häufig auch die Aufsicht über die Kirchengemeinden. Meist hat er als Pfarrer auch noch eine Gemeindepfarrstelle inne bzw. ist einer Kirchengemeinde zugeordnet. Dabei wird er aber dann von den üblichen Gemeindeaufgaben entlastet.

Die Doppelfunktion des leitenden Pfarrers der kirchlichen Mittelstufe als deren Organ und bei der Durchführung landeskirchlicher Aufgaben hat ihre Konsequenzen auch für seine Wahl bzw. Berufung. Dabei wirken Landeskirche und Kirchenkreis nämlich meist zusammen. Soweit sein Amt mit einer bestimmten Pfarrstelle verbunden ist, wie das z. B. in der bayerischen Landeskirche der Fall ist, bestehen Sonderbestimmungen über die Besetzung dieser Pfarrstellen, um die Berücksichtigung der Interessen aller Beteiligten, Kirchengemeinde, Kirchenkreis und Landeskirche, zu gewährleisten.

9   Zu den besonderen Institutionen der kirchlichen Mittelstufe gehört die Versammlung der Pfarrer des Kirchenkreises, die als Pfarrkapitel, Pfarrkonvent o.ä. bezeichnet wird. Sie dient als Gremium zur Besprechung gemeinsamer dienstlicher Angelegenheiten der Pfarrer, aber auch zu deren Fortbildung.

§ 43. Kirchliche Werke und Einrichtungen – die Diakonie

Literatur: *Th. Bauer*, Die GmbH als Rechtsform karitativer Einrichtungen der Kirche, 2003; *P. Bartmann*, Diakonie, EvStL, Neuausgabe 2006, Sp. 368–374; *ders.* Diakonisches Werk, ebd. Sp. 374–378; *A. v. Campenhausen/H.-J. Erhardt*, Kirche, Staat, Diakonie, 1982; *A. v. Campenhausen/H. de Wall*, Staatskirchenrecht, 2006, § 20; *J. E. Christoph*, Das Werkegesetz der VELKD, in: *H. de Wall/M. Germann* (Hrsg.), Bürgerliche Freiheit und Christliche Verantwortung, FS für C. Link, 2003, S. 67–87; *ders.* Kirchliche Rechtsetzung im diakonischen Bereich, ZevKR 34 (1989), S. 406 ff.; *A.-R. Glawatz*, Die Zuordnung privatrechtlich organisierter Diakonie zur evangelischen Kirche, Frankfurt a. M. 2003; *dies.*, Die Zuordnung der Diakonie zur Kirche, ZevKR 51 (2006), S. 352–373; *F. Herrmann*, Die rechtliche Organisation international tätiger kirchlicher Hilfswerke, 2006; *J.-C. Kaiser u.a.*, Diakonie, RGG[4], Sp. 792–801; *H. M. Müller*, Diakonie in Deutschland, ZevKR 47 (2002), S. 475 ff.; *P. Müller*, Diakonie, LKStKR Bd. 1, Sp. 415 ff.; *A. Schilberg*, Evangelisches Kirchenrecht in Rheinland, Westfalen und Lippe, 2003, S. 202–207; *Th. Strohm*, Diakonie zwischen Gemeindepraxis und sozialstaatlicher Wirklichkeit, in: *G. Rau/H.-R. Reuter/K. Schlaich* (Hrsg.), Das Recht der Kirche, 1994, S. 203 ff.; *P. v. Tiling*, Die karitativen Werke und Einrichtungen im Bereich der evangelischen Kirche, in: HdbStKR II[2], S. 809 ff.; *G. Wendt*, Das Diakoniegesetz. Vorgeschichte, Ziel, Aufgabe und Inhalte, in: Auf Dein Wort., Wegstrecken der Diakonie in Baden, 1990, S. 25 ff.; *J. Winter*, Die Kirche und ihr Diakonisches Werk, in: *G. Rau/H.-R. Reuter/K. Schlaich* (Hrsg.), Das Recht der Kirche, 1994, S. 238 ff.

I. Allgemeines zu den kirchlichen Werken und Einrichtungen und zur Diakonie

1   Viele kirchliche Tätigkeiten werden nicht durch die Kirchengemeinden oder die Landeskirchen und ihre Verwaltungen selbst durchgeführt, sondern durch mehr oder weniger verselbständigte Einrichtungen und Werke. Die Bereiche und Arten solcher Tätigkeiten sind vielfältig. Hier seien nur beispielhaft genannt: das Erziehungs- und Bildungswesen auf allen Stufen: vom Elementarbereich (Kindergärten), über Primar- und Sekundarstufe in den allgemeinbildenden Schulen, über Einrichtungen der beruflichen Bildung bis zu Hochschulen und Erwachsenenbildungseinrichtungen einschließlich (Heim-)Volkshochschulen und Akademien. Dazu gehören auch Ein-

richtungen der stationären Erziehung wie Kinder- und Jugendheimstätten. Kirchliche Einrichtungen sind im Bereich der ambulanten und stationären Kranken- und Altenpflege und bei der Betreuung von Behinderten tätig. Sie leisten im Ausland Entwicklungshilfe. Es gibt umfangreiche publizistische Aktivitäten, von den klassischen Printmedien über Rundfunk und Fernsehen zum Internet. Vielfältig ist der Bereich der Kulturpflege, namentlich in der Kirchenmusik. Wie bei den Tätigkeitsfeldern der Kirchengemeinden (s. o. § 34) schon angedeutet, sind viele dieser Bereiche in den Zusammenhang der jeweiligen Regelungsmaterien des staatlichen Rechts eingebettet: in das Kinder- und Jugendhilferecht, das Schulrecht, das Recht der medizinischen Versorgung usw.

Die rechtlichen Formen, in denen diese Tätigkeitsbereiche organisiert sind, sind 2 vielfältig: Es gibt unselbständige Einrichtungen der Landeskirchen und sonstiger kirchlicher Rechtsträger, aber auch rechtlich gegenüber der Kirche selbständige Träger. Für deren Organisation kommen im Bereich der Kirchen sowohl öffentlich-rechtliche Rechtsformen (Anstalten, Körperschaften und Stiftungen) als auch privatrechtliche Rechtsformen in Betracht, namentlich der nichtrechtsfähige oder der rechtsfähige Verein, sowie die gGmbH.

Kirchliche Tätigkeit durch gegenüber der „verfassten Kirche" rechtlich selbst- 3 ständige Träger in Privatrechtsform ist vor allem im Bereich der Diakonie, d. h. der tätigen christlichen Nächstenliebe geläufig, der viele der genannten Tätigkeitsfelder zuzurechnen sind. Dies ist Ergebnis einer charakteristischen geschichtlichen Entwicklung, die auch im Bereich des römisch-katholischen Gegenstücks zur Diakonie, der Caritas, ähnlich stattgefunden hat (s. a. § 6 Rn 6).

Armen- und Krankenfürsorge als die Kernbereiche der Diakonie erfuhren im 19. Jahrhundert gegenüber mittelalterlichen und frühneuzeitlichen Formen einen grundlegenden Wandel, der auf die vielschichtigen Prozesse der Industrialisierung, des Bevölkerungswachstums und der Migration, der Verstädterung, der Veränderung der Rolle der Obrigkeit mit der Entwicklung des modernen Flächenstaates usw. zurückzuführen war. Hilfe für die Betroffenen der mit diesen Entwicklungen verbundenen sozialen Spannungen und Verwerfungen zu leisten und zu organisieren, wurde nicht in erster Linie als Aufgabe der evangelischen Territorial- bzw. Landeskirchen aufgefasst, die landesherrliche Organisationen waren. Vielmehr war es die private Initiative evangelischer (wie auf der anderen Seite katholischer) Christen, die sich in dieser Situation der tätigen Nächstenliebe zugunsten der Bedürftigen widmeten. So entstand ein ausgedehntes, auf privatrechtlicher Basis organisiertes Vereinswesen im Bereich der „Inneren Mission", wie die Diakonie im 19. Jahrhundert in Anlehnung an die („Äußere") Mission unter den Heiden außerhalb Europas genannt wurde. Das Verhältnis zur „Amtskirche" war dabei spannungsvoll. Erst im 20. Jahrhundert kommt es dann zu einer „Verkirchlichung" der Diakonie, die sowohl von ihren Akteuren als auch von der Kirche als genuin kirchliche Aufgabe verstanden wird: Die Diakonievereine leisteten (und leisten) den Bedürftigen Hilfe aus bewusst christlicher Haltung, eben als Werke tätiger Nächstenliebe, und begreifen ihre Tätigkeit als Teil des kirchlichen Auftrags. Ebenso verstehen die „verfassten" Kirchen die Diakonie als Teil ihres Auftrags, auch wenn sie von rechtlich selbständigen Organisationen betrieben wird.

II. Die staatskirchenrechtliche Bedeutung der Zuordnung der Diakonie und anderer rechtlich selbständiger Einrichtungen und Werke zur Kirche

In staatskirchenrechtlicher Hinsicht ist die rechtliche Verbindung der selbständi- 4 gen Träger der Diakonie mit der Kirche von erheblicher Bedeutung. So sind die Gerichte vor die Frage gestellt worden, ob die rechtlich unabhängigen Träger diakonischer Aufgaben vom Selbstbestimmungsrecht der Religionsgesellschaften i. S. v. Art. 137 III WRV i. V. m. Art. 140 GG profitieren. Das ist deshalb von entscheidender Bedeutung, weil z. B. die Besonderheiten des kirchlichen Arbeitsrechtes (s. o. § 31 I Rn 2 f.) ihre Grundlage in eben diesem Selbstbestimmungsrecht haben. Das Bundesverfassungsgericht hat zu recht entschieden, dass nicht nur die verfassten Kirchen selbst, sondern alle den Kirchen bzw. Religionsgesellschaften in irgendeiner Weise zugeordneten Einrichtungen ohne Rücksicht auf ihre Rechtsform am Selbstbestimmungsrecht der Religionsgesellschaften teilhaben und daher in ihrer Ordnung und Verwaltung grundsätzlich frei sind, wenn sie nach kirchlichem Selbstverständnis ihrem Zweck oder ihrer Aufgabe entsprechend berufen sind, ein Stück des Auftrages der Kirche wahrzunehmen und zu erfüllen.[156] Voraussetzung dafür ist aber, dass der Zweck der Vereinigung gerade auf die – und sei es auch nur partielle – Entfaltung der Religion ihrer Mitglieder gerichtet ist. Maßgebendes Kriterium für die Zuordnung einer Einrichtung zur Kirche ist danach nicht notwendig die organisatorisch-institutionelle Einbindung in dieselbe; es genügt vielmehr, dass die fragliche Einrichtung der Kirche so nahe steht, dass sie „an der Verwirklichung eines Stücks Auftrag der Kirche im Geist christlicher Religiosität, im Einklang mit dem Bekenntnis der christlichen Kirche und in Verbindung mit den Amtsträgern der Kirche" teilhat.[157] Drei Kriterien für die Zuordnung sind daraus ableitbar, nämlich 1. Teilhabe am kirchlichen Auftrag, 2. Übereinstimmung mit dem Bekenntnis der Kirche und 3. Verbindung mit den Amtsträgern der Kirche. Diese Kriterien dienen nicht als schematische Checkliste, sondern sind in eine wertende Gesamtwürdigung einzustellen. Wenn danach ein selbständiger Träger diakonischer Aufgaben der Kirche zuzuordnen ist, kann er gegenüber dem Staat das Recht der Selbstbestimmung aus Art. 140 GG i. V. m. Art. 137 Abs. 3 WRV geltend machen und fällt damit unter den Schutzbereich des Art. 140 GG i. V. m. Art. 137 Abs. 3 WRV.[158]

Allerdings ist dieses Selbstbestimmungsrecht kein ursprünglich eigenes, sondern von der jeweiligen Religionsgesellschaft abgeleitet. Im Konflikt des Selbstbestimmungsrechtes selbständiger Rechtsträger mit dem der Religionsgesellschaft, der sie zugeordnet sind, ist allein auf letzteres abzustellen. Die Religionsgesellschaft kann einem Träger diakonischer (und anderer) Einrichtungen auch den Schutz des Selbstbestimmungsrechtes entziehen, wenn sie dessen Zuordnung zu sich nicht mehr anerkennt. Für die Rechtsstellung der rechtlich selbständigen Träger diakonischer und anderer Aufgaben ist es daher von grundlegender Bedeutung, dass sie der Kirche zugeordnet werden können.

III. Rechtliche Regelungen zur Verbindung der selbständigen Träger kirchlicher Einrichtungen und Werke mit der Kirche

5   Aber nicht nur aus diesen staatskirchenrechtlichen Gründen, sondern auch im Interesse der kirchlichen Ordnung selbst ist es geboten, dass die Verbundenheit der Diakonie und anderer, selbständiger Träger zur Kirche auch rechtlich geregelt wird. Die Kirche profitiert davon, wenn die spezifischen Belange der Diakonie und anderer Tätigkeitsbereiche durch sachkompetente, mit der Erfüllung der Aufgaben selbst vertraute Vertreter in ihre eigene Entscheidungsfindung einbezogen werden. Sie haben daher ein eigenes Interesse daran, dass Vertreter der Diakonie auch in kirchlichen Gremien mitwirken. Daran sind natürlich auch die Träger der Diakonie interessiert:

---

[156] BVerfGE 42, 312 (325 f.); 53, 366 (390); *A. v. Campenhausen/H. de Wall*, Staatskirchenrecht[4], S. 103; *Ehlers*, in: Sachs, GG, Art. 140/Art. 137 WRV Rdnr. 5; *K. Hesse*, in: HdbStKirchR[2] I, S. 534 f.; *B. JeandHeur/S. Korioth*, Grundzüge des Staatskirchenrechts, 2000, S. 133 f.
[157] BVerfGE 46, 73 (87); 53, 366 (392).
[158] Zu den Einzelheiten, insbes. den Kriterien für die Zuordnung s. *A.-R. Glawatz*, Die Zuordnung privatrechtlich organisierter Diakonie zur evangelischen Kirche, 2003, S. 53 ff.

§ 43. Kirchliche Werke und Einrichtungen

Wenn über das kirchliche Arbeitsrecht oder die Aufgaben der Kirche in der Zukunft entschieden wird, muss dabei auch der Standpunkt der Diakonie eingebracht werden können. Umgekehrt ist es auch sinnvoll, dass Vertreter der „verfassten Kirche" in die Entscheidungsbildung der Träger diakonischer und sonstiger Aufgaben einbezogen werden. Beide Aufgaben, die Zuordnung der Einrichtungen und Werke zur Kirche zu manifestieren und die Berücksichtigung der jeweiligen Belange bei der Kirche und ihren Werken zu sichern, werden durch eine Reihe rechtlicher Regelungen erfüllt.

So enthalten die Kirchenverfassungen bzw. Kirchenordnungen Vorschriften, in denen die Einrichtungen und Werke und ihr Verhältnis zur Kirche in den Grundsätzen beschrieben werden.[159] Dabei wird z.T. ausdrücklich hervorgehoben, dass die Einrichtungen und Werke unter dem Schutz der Kirche stehen (s.z.B. Art. 39 I KVerf Bay). Das Nähere über Voraussetzungen und Verfahren der kirchlichen Anerkennung der Einrichtungen und Werke und damit ihre Zuordnung zur Kirche und ihrem Selbstbestimmungsrecht, wird in Kirchengesetzen geregelt, und zwar in allgemeinen Anerkennungs- oder Werkegesetzen (s.z.B. Das Werkegesetz der VELKD oder das Anerkennungs- und Zuwendungsgesetz der Bayerischen Landeskirche) und/oder in Gesetzen über einzelne Tätigkeitsbereiche. So ist insbesondere das Verhältnis der Kirchen zur Diakonie, dem wichtigsten Arbeitsbereich rechtlich selbständiger Werke, durch die Diakoniegesetze der Kirchen geregelt, die darüber hinaus Vorschriften über die Organisation und Zusammenarbeit der Träger diakonischer Einrichtungen enthalten.[160] Die einzelnen Träger diakonischer Einrichtungen sind organisatorisch in den Diakonischen Werken der Landeskirche zusammengefasst, die ihrerseits meist in der Rechtsform eines e.V. organisiert sind. Durch die Zugehörigkeit zu einem diakonischen Werk wird auch die Zuordnung der Mitgliedsverbände zur Kirche vermittelt. Die Dachorganisation der Diakonischen Werke der Landeskirchen ist das Diakonische Werk der EKD e.V. Es hat zusätzlich Fachverbände, die EKD selbst und einige Freikirchen als Mitglieder.

In den einschlägigen Gesetzen ist zur institutionellen Sicherung der Verbundenheit der Werke mit der Kirche beispielsweise vorgesehen, dass bei der Bestellung der Mitglieder der leitenden Organe Mitwirkungsrechte bestehen, dass Änderungen der Satzungen der Zustimmung kirchlicher Leitungsorgane bedürfen und dass der kirchlichen Rechnungsprüfung Einblick in die Haushalts- und Rechnungsunterlagen gewährt wird. In den Diakoniegesetzen wird die organisatorische Verbindung weiter dadurch gesichert, dass Vertreter der Kirchenleitungen in den Vorständen der Diakonischen Werke vertreten sein müssen.

Die besondere Verbundenheit der Kirche mit ihren Werken und das Bestreben, die Willensbildung beider aufeinander abzustimmen wird auch dadurch verwirklicht, dass die Kirchen Kammern für Dienste und Werke einrichten, die besondere Konsultationsbefugnisse haben und die beiderseitigen Interessen in die Willensbildung der verfassten Kirchen und nach Außen einbringen. Die Beteiligung an der Willensbildung erfolgt also nicht allein nach Art einer Einbahnstrasse von den Kirchen in die Werke. In diesem Zusammenhang sind die Einrichtungen und Werke auch z.T. in den Synoden vertreten und bringen dadurch ihren Standpunkt unmittelbar in die kirchliche Rechtssetzung ein. Dies wird zum Teil dadurch bewerkstelligt, dass Vertreter der Dienste bzw. Werke der Synode kraft Amtes angehören oder gewählt werden (z.B. Art. Art. 57 I Nr. 4 Verf EKM, Art. 71 IV Verf NEK). In anderen Kirchen ist auch die Berufung von Vertretern aus Werken bzw. Diakonie

---
[159] Nachweise bei *Glawatz*, Zuordnung (Anm. 3); S. 59 Fn. 252.
[160] Nachweise bei *Glawatz*, Zuordnung (Anm. 3), S. 149 ff.

als berufene Synodale durch die Kirchenleitungen möglich, z. T. ausdrücklich mit einer Quote vorgesehen (§ 16 II Landessynodalwahlgesetz Bayern).

7   Eine grundlegende Frage ist, wieweit durch kirchliche Rechtssetzung auf die Träger der Diakonie Einfluss genommen werden kann, ob m. a. W. die kirchlichen Gesetze für sie gelten. Soweit die Träger, wie z. B. Kirchengemeinden oder rechtlich unselbständige Werke und Einrichtungen der Kirchen, in den Aufbau der „verfassten" Kirche eingebunden sind, ist dies unproblematisch der Fall. Das gleiche gilt für rechtlich verselbständigte, aufgrund der Eigenschaft der Kirchen als Körperschaft des öffentlichen Rechts und der daraus abgeleiteten Befugnis, sich öffentlich-rechtlicher Rechtsformen zu bedienen, in öffentlich-rechtlicher Rechtsform organisierte Träger kirchlicher Einrichtungen und Werke. Privatrechtlich organisierten, rechtlich selbständigen Trägern steht aber die privatrechtliche (Satzungs)autonomie zu. Sie haben daher grundsätzlich das Recht, selbst über ihre Organisation und ihre Zwecke zu entscheiden. Insofern kann nur über die Definition der Voraussetzungen der kirchlichen Anerkennung Einfluss auf diese Träger ausgeübt werden. Diese können aber ihrerseits im Einzelfall oder generell durch Satzungsbestimmung die Anwendung des kirchlichen Rechts für sich vorsehen (und dies kann wiederum Voraussetzung für die kirchliche Anerkennung sein).

4. Abschnitt. Die EKD und die Zusammenschlüsse von Kirchen

§ 44. Die Evangelische Kirche in Deutschland (EKD)

Literatur: *H. Barth/Ch. Thiele*, Evangelische Kirche in Deutschland, EvStL, Neuausgabe 2006; Sp. 525 ff.; *H. Brunotte*, Die Grundordnung der Evangelischen Kirche in Deutschland, 1954; *ders.*, Die Evangelische Kirche in Deutschland. Geschichte, Organisation und Gestalt der EKD, 1964; *H. Claessen*, Die Grundordnung der Evangelischen Kirche in Deutschland, 2007; *M. Droege*, Zur Einheit im deutschen Protestantismus – Kirchliche Zusammenschlüsse in der Strukturreform, KuR 2007, S. 10, *B. Guntau*, Evangelische Kirche in Deutschland, LKStKR Bd.1, S. 645–648; *ders.*, Das (neue) Gesetzgebungsrecht in der GO, ZevKR 47 (2002), S. 639 ff.; *D. Hauschild*, EKD, TRE Bd. 10, S. 656–677; *C. Heckel*, Die Kirchengemeinschaft in der evangelischen Kirche in Deutschland, 1995, *ders.*, Die aktuelle Strukturreform der Evangelischen Kirche in Deutschland und ihre Vorgeschichte, ZRG Kann. Abt. 93 (2006), S. 603–628; *A. Schilberg*, Evangelisches Kirchenrecht in Rheinland, Westfalen und Lippe, 2003, S. 140–145; *ders.*, Aufbruch bei der kirchlichen Selbstorganisation der Evangelischen Kirche in Deutschland?, ZevKR 52 (2007) S. 198; *Ch. Thiele*, Rat der EKD und Vorsitzender des Rates der EKD, LKStKR Bd. 3, S. 326–328; 851–853; *ders.*, Einigungsbestrebungen im deutschen Protestantismus im 19. und 20. Jahrhundert, ZRG Kan. Abt. 89 (2003), S. 420–465; *E. Wolf*, Zur Entstehung der Grundordnung der Evangelischen Kirche in Deutschland, ZevKR 4, (1955) S. 1.

I. Die EKD als Gemeinschaft ihrer Gliedkirchen

1   Bereits in § 37 I wurde die grundlegende Problematik erörtert, die mit der Organisation des deutschen Protestantismus in Landeskirchen verbunden ist. Die Evangelische Kirche in Deutschland stellt den Versuch dar, bei grundsätzlicher Anerkennung der landeskirchlichen Gliederung zu einer größeren Gemeinsamkeit zu gelangen. Bereits im Namen der EKD wird die Spannung zwischen Landeskirchentum und Streben nach Einheit des Protestantismus auf nationaler Ebene

deutlich: Die Abkürzung EKD steht nicht etwa für „Evangelische Kirche Deutschlands", sondern für „Evangelische Kirche in Deutschland". Die EKD ist nicht die evangelische „Einheitskirche" ganz Deutschlands, sondern repräsentiert die verschiedenen Landeskirchen, soll sie aber auch zu einer größeren Einheit zusammenführen.

Das zeigt sich auch in der Terminologie der Grundordnung der EKD: Hier ist nicht etwa von den Landeskirchen als *Mit*gliedern die Rede, sondern von den *Gliedkirchen*, was die Zugehörigkeit zu einer Einheit verdeutlichen soll. Dass die Integration der EKD und ihrer Gliedkirchen seit deren Gründung ein gutes Stück vorangekommen ist, verdeutlicht die Änderung von Art. 1 I ihrer Grundordnung. Lautet er in der ursprünglichen Fassung 1948, dass die EKD ein „Bund lutherischer, reformierter und unierter Kirchen" sei, heißt es nunmehr seit 1991: „ Die Evangelische Kirche in Deutschland ist die *Gemeinschaft* ihrer lutherischen, reformierten und unierten Gliedkirchen." Der Integrationsprozess schreitet seither auf den Ebenen der Organisation der EKD und der Vereinheitlichung des Rechts der Gliedkirchen in wichtigen Bereichen weiter voran.

Der fortschreitende Integrationsprozess zeigt sich auch an den Diskussionen um die Frage, ob die EKD selbst eine Kirche ist.[161] In der eben zitierten früheren Fassung von Art. 1 I GO EKD spiegelt sich die frühere Auffassung, dass die EKD selbst keine Kirche ist, sondern nur ein Bund von Kirchen. Für die mangelnde Kirchenqualität der EKD in ihren Anfangsjahren sprach unter anderem, dass man die Bekenntnisunterschiede zwischen ihren Gliedkirchen noch für so gravierend erachtete, dass unter ihnen noch keine volle Kanzel- und Abendmahlsgemeinschaft hergestellt war. Da ein in den Grundlagen gemeinsames Verständnis des Evangeliums für die Einheit der Kirche konstituierend ist (s. o. § 24 Rn. 20 ff., 29) erscheint das auch im Rückblick als konsequent. Inzwischen ist aber im Anschluss an die Leuenberger Konkordie die volle Kanzel- und Abendmahlsgemeinschaft zwischen allen Gliedkirchen der EKD hergestellt und werden die Unterschiede im Bekenntnisstand zwischen ihnen nicht mehr als kirchentrennend angesehen. Darüber hinaus kann man von einem in den Grundlagen gemeinsamen Verständnis des Evangeliums im Sinne einer gemeinsamen Bekenntnisgrundlage der EKD ausgehen. Es spricht daher nichts dagegen, der EKD eigene Kirchenqualität zuzubilligen. Für die konkrete rechtliche Ordnung ihrer Organisation und ihrer Aufgaben, wie sie in der GO EKD grundlegend geregelt ist, ist die Frage, ob die EKD selbst Kirche ist, ohnehin von nachrangiger Bedeutung.

II. Aufgaben und Tätigkeitsbereiche der EKD

Eine allgemeine Aufgabenbeschreibung der EKD ist in § 6 ihrer Grundordnung enthalten. Nach dessen Absatz I bemüht sich die EKD „um die Festigung und Vertiefung der Gemeinschaft unter den Gliedkirchen, hilft ihnen bei der Erfüllung ihrer Aufgaben und fördert den Austausch ihrer Kräfte und Mittel." Nach Absatz 2 wirkt sie dahin, „dass die Gliedkirchen, soweit nicht ihr Bekenntnis entgegensteht, in den wesentlichen Fragen des kirchlichen Lebens und Handelns nach übereinstimmenden Grundsätzen verfahren." Diese Aufgabenstellung erscheint recht vage. Sie wird aber in den folgenden Artikeln 7–20 der Grundordnung, in denen einzelne Aufgabenfelder und Kompetenzen besonders genannt und geregelt werden, konkretisiert. Aus diesen Einzelregelungen wird aber ersichtlich, dass der Schwerpunkt

---

[161] Dazu s. *C. Heckel*, Die Kirchengemeinschaft in der Evangelischen Kirche in Deutschland, 1995.

der Tätigkeit der EKD weniger im Bereich der Rechtsetzung liegt, als vielmehr in der Vertretung der Kirchen, ihrer Anliegen und Interessen in der Öffentlichkeit.

Nach Art. 7 GO EKD fördert und unterstützt die EKD Einrichtungen und Arbeiten von gesamtkirchlicher Bedeutung. Einige Arbeitsfelder werden dabei ausdrücklich benannt, nämlich die wissenschaftliche Forschung auf dem Gebiet der Theologie und des Kirchenrechts, die Kirchenmusik, die kirchliche Kunst und die Herausgabe kirchlichen Schrifttums. Dazu unterhält die EKD wissenschaftliche Institute wie das Konfessionskundliche Institut und das Kirchenrechtliche Institut der EKD, das als ein sog. An-Institut an der Universität Göttingen geführt wird. Daneben sind ein sozialwissenschaftliches Institut, ein Institut für Kirchenbau und Kirchenkunst oder die Evangelische Zentralstelle für Weltanschauungsfragen zu nennen.

Besonders öffentlichkeitswirksam ist die Herausgabe der Bibel nach dem zuletzt 1984 revidierten Luthertext, der in den evangelischen Kirchen der gebräuchlichste und vor allem im Gottesdienst üblicherweise verwendete ist.[162] Auch das evangelische Gesangbuch, das einen in allen Landeskirchen einheitlichen Stammteil und daneben je nach in den Landeskirchen regional gebräuchlichen Liedern unterschiedliche Regionalteile enthält, wird von der EKD herausgegeben.

Nach Art. 15 GO EKD gehört auch die Diakonie zu den Aufgaben der EKD. Das Diakonische Werk der EKD, das als Dachverband auch die diakonischen Werke der Landeskirchen repräsentiert (s. dazu o. § 43 Rn. 5), ist Ausdruck dieser Tätigkeit.

Nach Art. 18 GO EKD erfüllt die EKD gemeinsam mit ihren Gliedkirchen die Aufgabe der Militärseelsorge. Sie ist Partei des Militärseelsorgevertrages mit der Bundesrepublik Deutschland, der die Einzelheiten der Militärseelsorge regelt. Dies ist insofern eine Besonderheit, als für die Materien, die ansonsten in den Staatskirchenverträgen geregelt werden, auf kirchlicher Seite die Landeskirchen, auf staatlicher Seite die Länder zuständig sind, die dementsprechend auch die Parteien dieser Staatskirchenverträge sind.

4 Ein wichtiger und markanter Tätigkeitsbereich der EKD ist ihre Arbeit im Ausland. Zum einen betreut die EKD die evangelischen Auslandsgemeinden der deutschsprachigen Protestanten, die bei ihren meist vorübergehenden Auslandsaufenthalten damit kirchlich versorgt werden. Die geistliche Leitung dieser Gemeinden führt der Bischof für Ökumene und Auslandsarbeit der EKD (Auslandsbischof). Zum anderen wirkt die EKD in der Ökumene mit und repräsentiert hier den deutschen Protestantismus. Freilich hat die EKD insofern kein Monopol. Vielmehr sind auch die Landeskirchen selbst und die konfessionellen Zusammenschlüsse, denen die Gliedkirchen angehören, im Bereich der Ökumene aktiv, so etwa die VELKD. Zum dritten gehört der wichtige Bereich der Äußeren Mission, zu dem v.a. die kirchliche Entwicklungshilfearbeit gehört, zu den Aufgaben der EKD. Insofern kann man die entsprechenden Organe der EKD und Abteilungen in deren Kirchenamt durchaus als eine Art „Außen- und Entwicklungshilfeministerium" der deutschen evangelischen Kirchen bezeichnen.

5 Einen Schwerpunkt der Tätigkeit der EKD bildet die ihr in Art. 19 GO EKD zugewiesene Aufgabe, die gesamtkirchlichen Anliegen gegenüber allen Inhabern öffentlicher Gewalt zu vertreten. Die EKD nimmt insofern den Öffentlichkeits-

---

[162] Entgegen dem etwas missverständlichen Titel ist die „Einheitsübersetzung", eine andere Bibelausgabe, nicht etwa die in allen Kirchen verwendete deutsche Ausgabe der Bibel. Vielmehr handelt es sich um die einheitliche Übersetzung für die römisch-katholischen Diözesen in Deutschland, in denen früher unterschiedliche Übersetzungen in Gebrauch waren.

§ 44. Die Evangelische Kirche in Deutschland (EKD) 341

auftrag der Kirchen, d.h. deren Anspruch, zu öffentlichen, auch politischen Angelegenheiten auf der Grundlage ihres Bekenntnisses Stellung zu nehmen, wahr. Die EKD und ihre Organe sind in der Mediengesellschaft diejenigen, deren Stimme am ehesten in der allgemeinen Diskussion zum Tragen kommt. Darüber mag bisweilen der unzutreffende Eindruck entstehen, dass die EKD tatsächlich so etwas wie die übergeordnete evangelische Gesamtkirche Deutschlands mit den Gliedkirchen als bloßen regionalen Untergliederungen ist. Das ist freilich nicht der Fall. Vielmehr ist die EKD nach wie vor die Gemeinschaft ihrer Gliedkirchen.

Wichtige Mittel bei der Vertretung der kirchlichen Anliegen in der Öffentlichkeit sind Kundgebungen der Synode, Erklärungen des Rates der EKD und von dessen Vorsitzenden. Besondere Aufmerksamkeit haben in den vergangenen Jahrzehnten die ausführlichen Denkschriften der EKD erlangt, die, unter Beteiligung von Experten zum jeweilgen Thema ausgearbeitet und vom Rat der EKD veröffentlicht, in sachlich äußerst fundierter Weise zu grundlegenden Fragen des öffentlichen Zusammenlebens Stellung nehmen.[163] Diese Aufmerksamkeit ist noch stärker, wenn Rat der EKD und die katholische Deutsche Bischofskonferenz gemeinsame Stellungnahmen abgeben.

Die noch gesondert zu behandelnden Regelungs- und Gesetzgebungszuständigkeiten der EKD, insbesondere ihre Befugnis, Rechtsnormen mit Wirkung für die und in den Gliedkirchen zu erlassen, sind in den Art. 9–12 GO EKD geregelt. Sie sind sachlich beschränkt, gewinnen aber an Bedeutung. Dennoch bleibt zu konstatieren, dass die Befugnis zur Rechtssetzung in erster Linie bei den Gliedkirchen und ihren Zusammenschlüssen liegt und damit das evangelische Kirchenrecht insgesamt vom gliedkirchlichen Recht geprägt ist.

III. Die Organe der EKD und das Kirchenamt

Der organisatorische Aufbau der EKD weicht in charakteristischer Weise von 6
dem ihrer Gliedkirchen, den Landeskirchen ab. Die EKD kennt nämlich kein eigenständiges personales Leitungsamt, also keinen Bischof oder Kirchenpräsidenten der EKD. Die drei Leitungsorgane der EKD sind die Synode, die Kirchenkonferenz und der Rat.

1. Die Synode der EKD

Wie bei den Landeskirchen ist die Synode das Gesetzgebungsorgan und die Repräsentanz der Kirchengemeinden und -glieder. Die Synode setzt sich, ebenfalls vergleichbar den Synoden der Landeskirchen, aus gewählten und vom Rat der EKD berufenen Mitgliedern nach Maßgabe von Art. 24 GO EKD zusammen. 106 Synodale, von denen höchstens die Hälfte Theologen sein dürfen, werden von den Synoden der Landeskirchen gewählt. Dabei entfallen auf jede Gliedkirche mindestens zwei Synodale, im übrigen richtet sich die Zahl der Synodalen nach der Größe der Gliedkirchen. 20 Synodale werden vom Rat berufen. Die Amtszeit der Synode beträgt 6 Jahre. Sie tagt in der Regel einmal jährlich.

Als Ergebnis der jüngsten Strukturreform der EKD und der gliedkirchlichen Zusammenschlüsse VELKD und EKU/UEK (dazu s.u. § 45 Rn. 17) werden in

---

[163] Diese Denkschriften, die zum Teil bleibenden Wert in der Diskussion haben, sind im Internet aufgelistet und z.T. auch abrufbar unter der Adresse http://www.ekd.de/EKD-Texte/2013.html. Entsprechendes gilt für die im Text angesprochenen gemeinsamen Stellungnahmen: http://www.ekd.de/EKD-Texte/2064.html.

Zukunft die von den Gliedkirchen der VELKD gewählten 42 Synodalen und die der VELKD zuzurechnenden 8 berufenen Synodalen, die in einem komplizierten Verfahren gemeinsam von den Organen der VELKD und der EKD bestimmt werden, gleichzeitig die Generalsynode der VELKD bilden. (zu den Einzelheiten s. Art. 16 Abs. 3 Verf VELKD). Entsprechend wird auch das Verhältnis zur Vollkonferenz der UEK sein.

7   Die Aufgaben und Zuständigkeiten der Synode sind in Art. 23 I GO EKD geregelt. Neben der allgemeinen Aufgabe, der Erhaltung und dem inneren Wachstum der Evangelischen Kirche in Deutschland zu dienen, obliegt der Synode der Beschluss über Kirchengesetze. Da es zur Feststellung des Haushaltsplans gem. Art. 10 II c) GO EKD eines Kirchengesetzes bedarf, hat die Synode, den staatlichen Parlamenten vergleichbar, neben dem Gesetzgebungs- auch das Budgetrecht.

Eine aus dem unterschiedlichen Bekenntnisstand der Gliedkirchen folgende Besonderheit regelt Art. 27 GO EKD für den Fall, dass gegen eine Vorlage Bedenken mit der Begründung erhoben werden, sie verstoße gegen das lutherische, reformierte oder unierte Bekenntnis. Falls diese Bedenken nicht durch eine Aussprache in der Synode ausgeräumt werden können, versammeln sich die Synodalen, die dem Bekenntnis angehören, zu einem Konvent, in dem die Bedenken diskutiert werden (§ 27 Abs. 1 GO EKD). Bestätigt dieser Konvent die Bedenken und können sie auch nach nochmaliger Beratung in der Synode nicht ausgeräumt werden, so kann nicht gegen die Stellungnahme des Konvents entschieden werden. Dieses Verfahren entspricht der sog. „Itio in partes" zwischen katholischen und evangelischen Reichsständen, die der westfälische Frieden für den Reichstag des alten Reiches in Fragen von religiöser Bedeutung vorsah. Auch danach galt, dass solche Fragen nur durch gütlichen Vergleich (amicabilis compositio), nicht durch die Mehrheit entschieden werden konnten.

Im übrigen gilt für die Synode das gleiche wie für die Synoden der Landeskirchen: Der Geschäftsgang ähnelt demjenigen in den staatlichen Parlamenten, allerdings mit der charakteristischen Abweichung, dass die synodalen Arbeitskreise, zu denen sich Synodale zur Diskussion ihrer Willensbildung zusammenfinden, keine den Fraktionen vergleichbaren Organisationen von Parteien sind. Weder haben sie eine ähnlich verfestigte Struktur noch gibt es – trotz der Mitgliedschaft von prominenten Politikern in der Synode der EKD -Kirchenparteien in einem organisatorisch den politischen Parteien vergleichbaren Sinn, als deren synodaler Arm die Arbeitskreise gelten könnten. Eine deutliche Parallele zum Gesetzgebungsverfahren im Bundestag zeigt Art. 26 a I GO EKD. So wie nach Art. 76 II, III GG Gesetzesvorlagen, die nicht aus der Mitte des Bundestages eingebracht werden, in einem „ersten Durchgang" entweder von der initiativberechtigten Bundesregierung dem Bundesrat vorgelegt werden müssen oder umgekehrt, ist es auch in der Synode der EKD. Bringt der Rat der EKD, der einem Regierungsorgan vergleichbar ist, einen Gesetzesentwurf ein, muss dieser zunächst dem föderativen Organ, der Kirchenkonferenz, vorgelegt werden und umgekehrt. Kirchengesetze bedürfen i.ü. einer zweimaligen Beratung (Lesung), Art. 26 a II GO EKD. Die Synode beschließt nach Art. 26 II GO EKD mit Stimmenmehrheit. Änderungen der Grundordnung und Gesetze zu Staatskirchenverträgen der EKD bedürfen einer Zwei-Drittel-Mehrheit (Art. 26 a III GO EKD). Solche Grundordnungsänderungen und Vertragsgesetze, sowie die Änderung oder Aufhebung von Kirchengesetzen der EKD bedürfen ferner der Zustimmung durch die Kirchenkonferenz (Art. 26 a IV GO EKD). Das gilt auch für solche Kirchengesetze, die nach Art. 10 a GO EKD mit unmittelbarer Wirkung für die Gliedkirchen erlassen werden. Nur das Haushaltsgesetz ist von diesem Zustimmungserfordernis ausgeschlossen (Art. 10 a I S. 2 i. V. m. Art. 33 II GO EKD).

2. Die Kirchenkonferenz

Die Kirchenkonferenz ist, wie bereits erwähnt, das föderative Organ der EKD. Sie wird aus den Kirchenleitungen der Gliedkirchen gebildet, von denen jede jeweils zwei Mitglieder in die Kirchenkonferenz entsendet. Diese Mitglieder dürfen nicht dem Rat der EKD angehören (Art. 28 II GO EKD). Die Stimmengewichtung in der Konferenz richtet sich nach der Mitgliederzahl der Gliedkirchen: Die Gliedkirchen mit mehr als zwei Millionen Mitgliedern haben zwei, die anderen eine Stimme.[164] Nach Art. 28 I GO EKD hat die Kirchenkonferenz die Aufgabe, „über die Arbeit der Evangelischen Kirche in Deutschland und die gemeinsamen Anliegen der Gliedkirchen zu beraten und Vorlagen oder Anregungen an die Synode und den Rat gelangen zu lassen". Diese Aufgabenbeschreibung, die eine bloße Initiativ- und Konsultativfunktion vermuten lässt, macht die große Bedeutung der Kirchenkonferenz nicht recht deutlich. Dass sie gewichtige Entscheidungs-, nicht nur Beratungskompetenzen besitzt, wurde bereits beim Gesetzgebungsverfahren deutlich. Hier hat die Kirchenkonferenz nicht nur das Initiativrecht und das Recht zur Beteiligung im „ersten Durchgang" des Gesetzgebungsverfahrens. Vielmehr bedürfen die meisten Gesetze mit Ausnahme des Haushaltsgesetzes der Zustimmung der Kirchenkonferenz. Sie ist insofern eine Art „zweiter Kammer" der Gesetzgebung. Ferner wirkt sie bei den Wahlen des Rates der EKD und dessen Vorsitzenden mit, der wiederum, wie die anderen Mitglieder des Rates, an den Sitzungen der Kirchenkonferenz ohne Stimmrecht teilnimmt. Den Vorsitz über die Konferenz führt ebenfalls der Vorsitzende des Rates der EKD.

Eine der derzeitigen Integrationsphase der gliedkirchlichen Zusammenschlüsse (VELKD, UEK) in die EKD geschuldete Besonderheit bildet Art. 28 a I GO EKD. Danach bilden die Vertreter der zu einem gliedkirchlichen Zusammenschluss gehörenden Gliedkirche in der Kirchenkonferenz einen Konvent. Dieser kann mit Zustimmung des zuständigen Organs des gliedkirchlichen Zusammenschlusses die Zuständigkeit zur Erfüllung bestimmter Aufgaben an den jeweiligen gliedkirchlichen Zusammenschluss übertragen (Art. 28 a II S. 1 GO-EKD). Hieran wird die bleibende Bedeutung der gliedkirchlichen Zusammenschlüsse auch nach ihrer Integration in den Verfassungsaufbau der EKD deutlich.

3. Der Rat der EKD und sein Vorsitzender

Dasjenige Organ der EKD, das wohl den höchsten Bekanntheitsgrad in der Öffentlichkeit hat, ist der Rat der Evangelischen Kirche in Deutschland. Er bildet das Leitungs- und Verwaltungsorgan der EKD – insofern ähneln sich die Verfassungsstruktur der EKD und der Landeskirchen, die ebenfalls nicht zwischen Kirchenverwaltungsorgan (Konsistorium) und Kirchenregierung bzw. -leitung unterscheiden, wie z.B. der bayerischen Landeskirche mit ihrem Landeskirchenrat. Die besondere Öffentlichkeitswirksamkeit ergibt sich nicht nur daraus, dass er das ständige Leitungsorgan ist, sondern vor allem daraus, dass er die EKD in der Öffentlichkeit vertritt (Art. 29 I GO EKD), und zwar sowohl im Sinne rechtlicher Vertretung als auch im Sinne der Meinungskundgabe und Repräsentanz. Diese Aufgabe kann die Synode naturgemäß nur sehr eingeschränkt erfüllen, obwohl auch sie sich mit Kundgaben an die Öffentlichkeit wenden kann.

Die Zusammensetzung des Rates ist in § 30 GO EKD geregelt: Er besteht aus 15 Mitgliedern. Davon werden 14 von der Synode und der Kirchenkonferenz

---

[164] Dies ist geregelt im Kirchengesetz über die Verteilung der Stimmen in der Kirchenkonferenz.

gemeinsam mit Zweidrittelmehrheit gewählt. Als „geborenes" Mitglied gehört dem Rat auch der Präses der Synode an, der freilich wiederum von der Synode gewählt wird. Der Charakter der EKD als Gemeinschaft von Gliedkirchen mit unterschiedlichem Bekenntnisstand wird in Art. 30 II GO EKD deutlich, wonach bei der Wahl der Mitglieder des Rates die bekenntnismäßige und landschaftliche Gliederung der EKD zu berücksichtigen ist. Die Amtszeit des Rates beträgt 6 Jahre.

10 Aus der Mitte der Ratsmitglieder werden von Synode und Kirchenkonferenz gemeinsam mit Zweidrittelmehrheit der (oder die) Vorsitzende des Rates und sein (bzw. ihr) Stellvertreter gewählt, Art. 30 III GO EKD. In der Regel wird einer derjenigen leitenden Geistlichen (Bischof oder Präses) einer Landeskirche gewählt, die auch dem Rat der EKD angehören. Die Aufgabe des oder der Vorsitzenden wird in der GO EKD nicht näher umschrieben. Sie besteht tatsächlich darin, dem Rat (und der Kirchenkonferenz, Art. 28 IV GO-EKD) vorzusitzen und sie nach Außen zu vertreten. Dessen ungeachtet ist der Ratsvorsitzende derjenige, dem unter allen Repräsentanten des Protestantismus überhaupt wohl die größte Aufmerksamkeit zuteil wird. Da er der Vorsitzende des ständigen Leitungsorgans ist, zu dessen Aufgaben die Vertretung der EKD in der Öffentlichkeit gehört, und da die EKD selbst wiederum die Aufgabe hat, die gesamtkirchlichen Anliegen in der Öffentlichkeit zu vertreten, ist das wenig verwunderlich. Entgegen dem bisweilen entstehenden Eindruck ist der Ratsvorsitzende aber nicht etwa ein den Landesbischöfen vergleichbarer Bischof der EKD. Deren Grundordnung kennt kein Amt eines leitenden Geistlichen. Ebenso wenig ist der Vorsitzende des Rates der EKD ein Ober- bzw. Nationalbischof für die Gesamtheit der Evangelischen Kirchen in Deutschland, auch wenn bisweilen dieser Eindruck entstehen sollte, weil er in besonderer Weise den Protestantismus repräsentiert. Entsprechendes gilt übrigens auch für sein römisch-katholisches Gegenüber – den Vorsitzenden der Deutschen Bischofskonferenz. Das ändert aber nichts daran, dass der Vorsitzende des Rates der EKD tatsächlich wohl der wichtigste Repräsentant des Protestantismus' in Deutschland ist.

4. Das Kirchenamt der EKD und andere Einrichtungen

11 Anders als die Konsistorien in vielen Landeskirchen ist die Verwaltungsbehörde der EKD nicht als deren Organ ausgestaltet. Vielmehr hat es dem Text der Grundordnung nach eine Hilfsfunktion: Nach Art. 31 I GO EKD dient nämlich das Kirchenamt, das seinen Sitz in Hannover hat, „den Organen der EKD sowie der gliedkirchlichen Zusammenschlüsse ... zur Erfüllung ihrer Aufgaben. Es führt die Verwaltung und die laufenden Geschäfte nach Richtlinien und Weisungen des Rates ...". In § 31 II GO EKD werden diese Aufgaben konkretisiert. Dabei wird deutlich, dass dem Kirchenamt nicht bloße administrative Hilfstätigkeiten obliegen, sondern dass es eine wichtige Planungs- und Vorbereitungsfunktion besitzt, also sogar teilweise typische Aufgaben einer Regierung erfüllt: Es hat nämlich „Arbeiten und Planungen der EKD einzuleiten und Entscheidungen der Organe, insbesondere auf dem Gebiet der Rechtssetzung, vorzubereiten". Zudem nimmt es die ökumenischen Verbindungen der EKD wahr und vertritt gesamtkirchliche Anliegen gegenüber staatlichen und anderen Stellen im Rahmen von Regelungen des Rates, soweit die Vertretung nicht besonderen Bevollmächtigten übertragen ist.

Das Kirchenamt der EKD wird, wie bei kirchlichen Verwaltungsorganen üblich, von einem Kollegium geleitet. Diesem Kollegium sitzt der Präsident des Kirchenamtes vor, der vom Rat im Benehmen mit der Kirchenkonferenz berufen wird.

Zu den eben erwähnten Bevollmächtigten, denen die Vertretung gesamtkirchlicher Anliegen gegenüber den staatlichen und anderen Stellen übertragen ist, gehört der Bevollmächtigte des Rates der EKD bei der Bundesrepublik Deutschland und der Europäischen Union mit Sitz in Berlin und einer Außenstelle, dem Büro der EKD in Brüssel. Als Vertreter der Evangelischen Kirche in Deutschland gegenüber der Bundesregierung und den anderen Bundesorganen und gegenüber den Organen der EU ist er gleichsam der „Chefdiplomat" der EKD.

Ebenfalls keine Organe der EKD, sondern Beratungs- und Vorbereitungsgremien sind die Kammern der EKD, z.B. die Kammer für öffentliche Verantwortung oder die Kammer für Bildung und Erziehung, Kinder und Jugend. Diese mit Experten besetzten Gremien bereiten z.B. die Denkschriften vor.

IV. Die Gesetzgebung der EKD

Bei der Gesetzgebung der EKD sind zwei Aspekte zu unterscheiden. Zum einen hat die EKD gem. Art. 10 I GO EKD das Recht, ihre Angelegenheiten und ihre Beziehungen zu Kirchen im Ausland durch Kirchengesetz zu regeln. Art. 10 II GO EKD statuiert dabei einen Vorbehalt des Kirchengesetzes: Eines Kirchengesetzes bedarf es danach für Änderungen der Grundordnung und zur Änderung und Aufhebung von Kirchengesetzen, für Regelungen, die Staatskirchenverträge der EKD betreffen, und für die Feststellung des Haushaltsplans. Auf der Grundlage von Art. 10 GO EKD sind zahlreiche Kirchengesetze erlassen worden. Diese haben vor allem die Organisation der EKD und ihrer Organe und Einrichtungen sowie die Rechtsstellung des Personals der EKD zum Gegenstand.

12

Ein für die Einheit der deutschen evangelischen Landeskirchen besonders wichtiger Aspekt der Tätigkeit der EKD ist der zweite Typ der Gesetzgebung der EKD, der Erlass von Kirchengesetzen mit Wirkung für bzw. in den Gliedkirchen. Dass die Möglichkeit zu solcher, unmittelbar in den Gliedkirchen wirkender Gesetzgebung für die Rechtseinheit in den Kirchen der EKD und damit für deren Zusammenwachsen insgesamt von entscheidender Bedeutung ist, ist evident. Umgekehrt ist die geringe Zahl solcher Gesetze der EKD Zeichen für die geringe Integration der Kirchen. Nach dem bis 2002 bestehenden Rechtszustand konnte die EKD nur dann Gesetze mit Wirkung für die Gliedkirchen erlassen, wenn alle Gliedkirchen zustimmten. Dies erscheint zunächst nicht ungewöhnlich: In diesem Fall mussten (und müssen) ja die Gliedkirchen auf das eigentlich ihnen zustehende Gesetzgebungsrecht verzichten. Sie haben das aber nur selten getan. Auf der Grundlage der früheren Regelung sind mit Wirkung für die Gliedkirchen nur Gesetze der EKD über die Militärseelsorge, über die Mitgliedschaft und über den Datenschutz erlassen worden. Zu diesem geringen Umfang der Gesetzgebung der EKD hat maßgeblich beigetragen, dass die Zustimmung der Gliedkirchen zur Gesetzgebung durch die EKD endgültig und unwiderruflich zur Beendigung der Gesetzgebungsbefugnis der Gliedkirche in dem betreffenden Bereich führte. Die Gliedkirchen hatten damit keine Möglichkeit mehr, bei späteren Änderungen der Gesetzgebung ihr Gesetzgebungsrecht zurückzuholen, auch wenn diese spätere Regelung möglicherweise ihren Grundsätzen widersprach.

13

Mit der Änderung der Grundordnung der EKD im Jahr 2002 ist dies geändert worden. Nunmehr kann ein Kirchengesetz der EKD, das Wirkung für die Landeskirchen haben soll, vorsehen, dass die Gliedkirchen bzw. die gliedkirchlichen Zusammenschlüsse das Kirchengesetz auch nach ihrer Zustimmung jederzeit außer Kraft setzen können (Art. 10a III GO EKD). Dadurch ist eine „Motivationsbremse" für die Gliedkirchen und die gliedkirchlichen Zusammenschlüsse, Gesetzgebungsbefugnisse auf die EKD zu übertragen, gelöst worden. Dies hat bereits zu neuer, bedeutsamer legislativer Aktivität der EKD geführt: So ist ein Kirchenbeamtengesetz der EKD erlassen worden, das in seinem § 96 eine entsprechende Befugnis der Gliedkirchen enthält, das Gesetz für ihren Bereich jederzeit außer Kraft zu setzen. Entsprechend dem eben ausgeführten ist es nur auf den ersten Blick paradox, dass gerade durch diese Möglichkeit der Gliedkirchen, das EKD-Recht nachträglich außer Kraft zu setzen, der Weg zu einer Vereinheitlichung des Kirchenbeamtenrechts frei geworden ist. Diskutiert und z.T. bereits auf den Weg gebracht sind weitere vereinheitlichende Gesetzgebungsprojekte in den wichtigen Bereichen des Disziplinarrechts der Pfarrer und der Kirchenbeamten und – besonders markant – im Dienstrecht der Pfarrer. Sollten diese Projekte zum Erfolg führen, wäre das ein wesentlicher Schritt zur Rechtseinheit in der EKD.

14 Im einzelnen ist die Kompetenz der EKD zum Erlass von Kirchengesetzen mit Wirkung für die Gliedkirchen folgendermaßen geregelt:

Die EKD kann ein solches Gesetz für ein bestimmtes Sachgebiet für alle oder für mehrere Gliedkirchen bzw. gliedkirchliche Zusammenschlüsse zum einen dann erlassen, wenn dieses Sachgebiet bereits einheitlich für alle Gliedkirchen geregelt war (oder entsprechend wenn ein Sachgebiet in mehreren Gliedkirchen einheitlich geregelt war mit Wirkung für diese), Art. 10 a Abs. 1 GO-EKD. Dies bedeutet nicht mehr als die Möglichkeit, eine vereinheitlichte Materie weiter anzupassen und damit den erreichten Vereinheitlichungsstand beizubehalten.

Die Möglichkeit einer weitergehenden Vereinheitlichung besteht nach wie vor nur auf der Grundlage einer entsprechenden Zustimmung der Gliedkirchen: Die EKD kann nach Art. 10 a Abs. 2 GO EKD ein noch nicht vereinheitlichtes Sachgebiet mit Wirkung für alle Gliedkirchen regeln, wenn alle Gliedkirchen zustimmen, für mehrere Gliedkirchen, wenn diese zustimmen und für gliedkirchliche Zusammenschlüsse und die ihnen angehörenden Kirchen, wenn der jeweilige Zusammenschluss zustimmt.[165] Letzteres eröffnet die Möglichkeit, die bisher von den gliedkirchlichen Zusammenschlüssen (VELKD, EKU, Konföderation evangelischer Kirchen in Niedersachsen, s. dazu § 45) in wichtigen Gebieten, etwa dem Pfarrerdienstrecht, ausgeübte Gesetzgebungsbefugnis unmittelbar auf die EKD zu übertragen. In jedem Fall bedarf ein Kirchengesetz der EKD mit Wirkung für die Gliedkirchen der Zustimmung der Kirchenkonferenz, in der wiederum alle Gliedkirchen vertreten sind, Art. 26 a Abs. 4 GO EKD. Nicht nur durch ihre Zustimmung, sondern auch über die Kirchenkonferenz können die Gliedkirchen also Einfluss auf die Gesetzgebung der EKD nehmen. Freilich gilt in der Kirchenkonferenz grundsätzlich das Mehrheitsprinzip, so dass die Vertreter der Gliedkirchen mit ihren möglichen Bedenken „überstimmt" werden können.

15 Neben der Gesetzgebung mit unmittelbarer normativer Wirkung hat die EKD im Rahmen von Art. 9 GO EKD die Möglichkeit, in bestimmten Bereichen Richtlinien zu erlassen, die dann durch die Gliedkirchen aufgenommen werden können. Auf dieser Grundlage wurden etwa Richtlinien über die Versorgung der Pfarrer und Kirchenbeamten oder über das Archiv-, Bibliotheks- und das Siegelwesen erlassen. Ferner wurde eine Rahmenordnung für die erste theologische Prüfung(zur Vereinheitlichung der Theologenausbildung), erlassen. Trotz des Fehlens eines unmittelbaren und für die Landeskirchen zwingenden Charakters solcher Richtlinien darf ihre Vereinheitlichungswirkung nicht unterschätzt werden.

---

[165] Näher s. *H. Munsonius*, Die Zustimmung der Gliedkirchen zu der Regelung eines Sachgebiets durch Kirchengesetz der EKD nach Art. 10 a Abs. 2 GO EKD, ZevKR 50 (2005), S. 231 ff.

Die EKD hat überdies eine (beschränkte) Funktion der Kontrolle und Koordinierung der Gesetzgebung in den Gliedkirchen. Nach Art. 12 GO EKD haben die Gliedkirchen Kirchengesetze und sonstige Ordnungen mit Gesetzeskraft (z. B. gesetzesvertretende (Not-)Verordnungen) dem Rat der EKD vorzulegen. Sie sind verpflichtet, diese zu ändern, wenn der Rat mitteilt, dass sie gegen gesamtkirchliche Ordnungen (d. h. solche der EKD) verstoßen.

§ 45. Zusammenschlüsse von Gliedkirchen der EKD

Literatur: *J. E. Christoph*, Vereinigte Evangelisch-lutherische Kirche Deutschlands (J), EvStL, Neuausgabe 2006, Sp. 2536–2538; *H. Claessen*, Grundordnung der Evangelischen Kirche in Deutschland, 2007; *M. Droege*, Zur Einheit im deutschen Protestantismus, KuR 2007, 10; *K. Grünwaldt*, Vereinigte Evangelisch-lutherische Kirche Deutschlands (Th), in EvStL, Neuausgabe 2006, Sp. 2538–2542; *B. Guntau*, Union evangelischer Kirchen (UEK) (J), EvStL, Neuausgabe 2006, Sp. 2503–2506; *W. Hammer*, Die EKD und die Zusammenschlüsse ihrer Gliedkirchen – Chancen und Probleme, in: Festschrift für Hofmann, 1981, S. 101 ff.; *F. Hausschildt/U. Hahn* (Hrsg.), Bekenntnis und Profil, Auftrag und Aufgaben der VELKD, 2003; *C. Heckel*, Die aktuelle Strukturreform der Evangelischen Kirche in Deutschland und ihre Vorgeschichte, ZRG Kan. Abt. 92 (2006), S. 603 ff.; *W. Hüffmeier*, Union Evangelischer Kirchen (Th), EvStL, Neuausgabe 2006, Sp. 2506–2508; *J. Rogge*, EKU, TRE Bd. 10, S. 677 ff.; *J. Rohde*, Die Union Evangelischer Kirchen in der EKD, ZevKR 52 (2007), S. 593 ff.; *F. O. Scharbau*, VELKD, TRE Bd. 34, S. 581–592; *A. Schilberg*, Evangelisches Kirchenrecht in Rheinland, Westfalen und Lippe, 2003, dort zur UEK: S. 146–149; *Ch. Thiele*, Arnoldshainer Konferenz, in LKStKR Bd. 1, S. 167–169; *ders.*; Die Arnoldshainer Konferenz, 1997; *J. Winter*, Die UEK als Beitrag zur Strukturreform der EKD, ZevKR 49 (2004), S. 239 ff.

Die EKD ist nicht der einzige Zusammenschluss von Landeskirchen in Deutschland. Vielmehr bestehen eine ganze Reihe anderer Gemeinschaften von Kirchen mit unterschiedlichen Zielsetzungen, Aufgabenbereichen und organisatorischer Integration. Die Existenz solcher Zusammenschlüsse ist auch in Art. 21, 21 a GO EKD vorgesehen, die auch die Grundlinien des Dreiecksverhältnisses zwischen Gliedkirchen, EKD und Zusammenschluss regeln. Nach Art. 21 III GO EKD steht nämlich jede Gliedkirche der EKD, unbeschadet ihrer Zugehörigkeit zu einem konfessionell oder territorial bestimmten gliedkirchlichen Zusammenschluss, im unmittelbaren Verhältnis zur Leitung der EKD. Außerdem bedarf nach Art. 21 II GO EKD sowohl der Zusammenschluss, die Neubildung und die Auflösung von Gliedkirchen als auch der Zusammenschluss von Gliedkirchen ohne Aufgabe ihres rechtlichen Bestandes des Benehmens mit der EKD.

Die wichtigsten gliedkirchlichen Zusammenschlüsse sind die Vereinigte Evangelisch-Lutherische Kirche Deutschlands (VELKD) und die aus der Vereinigung der früheren Evangelischen Kirche der Union (EKU) mit der Arnoldshainer Konferenz (AKf) hervorgegangene Union Evangelischer Kirchen in der EKD (UEK). Seit Beginn dieses Jahrhunderts hat die Diskussion um eine zeitgerechte Organisation der evangelischen Kirchen und die Vermeidung von „Doppelstrukturen", insbesondere die Erledigung kirchlicher Aufgaben durch mehrere Organisationen nebeneinander, neuen Auftrieb erhalten. Dies hat nicht nur zu Diskussionen über die Rolle von VELKD und EKU geführt, sondern auch zu konkreten Ergebnissen in Form einer stärkeren Integration dieser gliedkirchlichen Zusammenschlüsse in die Organisationsstrukturen der EKD nebst der erforderlichen Änderungen der GO EKD.

I. Die Vereinigte Evangelisch-Lutherische Kirche Deutschlands (VELKD)

1. Allgemeines

2   Während man zur Zeit der Entstehung der EKD davon ausging, dass diese (u. a.) wegen der Bekenntnisverschiedenheit der Gliedkirchen nicht selbst Kirche ist, sondern ein Bund von Kirchen, weist bereits der Name der, wie die EKD, 1948 gegründeten VELKD auf deren Selbstverständnis hin, selbst Kirchenqualität zu besitzen. Die VELKD ist der Zusammenschluss von acht der zehn Gliedkirchen der EKD, die einem einheitlichen, lutherischen Bekenntnis folgen, nämlich der evangelisch-lutherischen Kirchen in Bayern, Braunschweig, Hannover, Mecklenburg, Nordelbien, Sachsen, Schaumburg-Lippe und der Evangelischen Kirche in Mitteldeutschland, die die Mitgliedschaft der in ihr aufgegangenen Landeskirche Thüringens weiterführt. Die beiden verbleibenden lutherischen Kirchen, Oldenburg und Württemberg, haben sich der VELKD nicht angeschlossen. Dabei war ein Motiv, dass die Einheit aller Evangelischen Kirchen in Deutschland nicht durch einen Zusammenschluss einzelner Kirchen gefährdet werden sollte. Dabei sind sie bis heute geblieben, obwohl die VELKD, zumal nach den jüngsten Strukturreformen, nicht als Hindernis der Einheit der Kirchen verstanden werden kann. Ihre rechtliche Grundlage ist die Verfassung der VELKD vom 8. 7. 1948 in der Fassung der Bekanntmachung vom 3. März 2007, geändert am 14. 10. 2008. Nach deren Art. 1 Abs. 2 ist die VELKD ein „Zusammenschluss von evangelisch-lutherischen Kirchen (Gliedkirchen), die sich in ihrer Verkündigung und Sakramentsverwaltung wie auch in ihrer Ordnung, Leitung und Verwaltung sowie im gesamten Handeln der Kirche an das (lutherische) Bekenntnis gebunden wissen." Sie ist nach Art. 1 Abs. 3 Verf. VELKD Körperschaft des Öffentlichen Rechts i. S. v. Art. 137 V WRV i. V. m. Art. 140 GG.

3   Als aus Kirchen gleichen Bekenntnisses zusammengesetzte Kirche hat sie Bedeutung in wichtigen Bereichen kirchlicher Aufgaben erlangt, die so durch die EKD kaum hätten erfüllt werden können. Das gilt insbesondere für die Vereinheitlichung der Gottesdienstordnungen (Agenden) und für die Leitlinien kirchlichen Lebens, die als Neufassung der früheren Ordnung kirchlichen Lebens 2002 verabschiedet wurden. Darüber hinaus hat sie wichtige Aufgaben im Bereich der Ökumene mit den anderen lutherischen Kirchen, aber auch im Verhältnis zu anderen Kirchen, namentlich der römisch-katholischen Kirche. Dies mag auch daran liegen, dass ökumenische Gespräche mit einer Kirche mit einheitlicher Bekenntnisgrundlage leichter zu führen sind als wenn Bekenntnisschriften unterschiedlicher Tradition zu berücksichtigen sind. Ihrer Tätigkeit dienen die Einrichtungen der VELKD, das Theologische Studienseminar in Pullach, das v. a. der Fortbildung der Pfarrer dient, das Gemeindekolleg in Celle, das diese Aufgabe für die Kirchenvorstände erfüllt und das liturgiewissenschaftliche Institut an der Universität Leipzig.

4   Auch im Bereich des Kirchenrechts hat die VELKD erhebliche Bedeutung erlangt. Zwar hat sie von ihrer Befugnis, mit Wirkung für ihre Gliedkirchen Recht zu setzen, die i.ü. tatbestandlich äußerst vage und nicht weiter eingeschränkt ist (Art. 6 Abs. 1 Verf. VELKD), nicht sehr häufig Gebrauch gemacht. Allerdings bezieht sich ihre Rechtssetzung auf sachliche Kernbereiche des kirchlichen Rechts, nämlich – neben den Leitlinien kirchlichen Lebens mit ihrer spezifischen Rechtsqualität (dazu s. o. § 25 Rn. 17) – das Pfarrerdienstrecht und das Recht der Kirchenbeamten mit dem zugehörigen Disziplinargesetz für Pfarrer und Kirchenbeamte. Überdies sind die Lehrordnung und – als deren Teil – das Kirchengesetz über das Lehrbeanstandungsverfahren als Rechtsakte der VELKD ergangen, so dass auch

Recht und Verfahren der Lehrbeanstandung bei Pfarrern innerhalb der VELKD weitgehend einheitlich geregelt sind. Überdies hat die VELKD über die Einrichtung des Verfassungs- und Verwaltungsgerichtshofs der VELKD (dazu s. o. § 41 Rn. 7) mit dem zugrunde liegenden Kirchengesetz für die Rechtseinheit ihrer Gliedkirchen gewirkt. Mit ihrer Tätigkeit in den zentralen Bereichen der Gottesdienstordnung, der Lebensordnung, des Rechts der Pfarrer und Kirchenbeamten, der Lehrordnung und der Verfassungs- und Verwaltungsgerichtsbarkeit ist die VELKD gegenüber der EKD der rechtlich stärker integrierte Zusammenschluss von Landeskirchen. Erst mit den jüngsten Gesetzgebungsakten und -projekten der EKD beginnt sich dies zugunsten der EKD zu verändern.

2. Organe der VELKD

In der inneren Organisationsstruktur weicht die VELKD charakteristisch von der EKD ab. Anders als die EKD hat die VELKD kein der Kirchenkonferenz der EKD vergleichbares „bündisches" oder föderatives Organ der Kirchenleitungen ihrer Gliedkirchen – auch dies ein Zeichen für die größere innere Einheit der VELKD. Anders als die EKD hat die VELKD zudem – neben ihrer Generalsynode und ihrer Kirchenleitung – eine Bischofskonferenz als Repräsentanz der leitenden Geistlichen ihrer Gliedkirchen, aus deren Mitte auch ein leitender Bischof der VELKD gewählt wird. 5

Da alle acht Gliedkirchen der VELKD das Bischofsamt als personales geistliches Leitungsamt kennen, besteht die **Bischofskonferenz** dementsprechend aus den Bischöfen und Bischöfinnen aller Gliedkirchen und fünf weiteren ordinierten Inhabern oder Inhaberinnen eines kirchenleitenden Amtes. Da die Nordelbische Kirche drei Bischöfe hat, dient letzteres dem Ausgleich der Größenverhältnisse der Landeskirchen. So werden von den großen Landeskirchen Bayern und Hannover je zwei und von der mittelgroßen Landeskirche Sachsens ein weiterer ordinierter Inhaber eines kirchenleitenden Amtes entsandt. Insgesamt hat die Bischofskonferenz damit fünfzehn Mitglieder. Ihre Aufgaben bestehen gem. Art. 9 Verf. VELKD in der Mitwirkung bei der Rechtssetzung und beim Erlass kirchlicher Ordnungen und Richtlinien sowie im Erlass von Kundgebungen und von Empfehlungen, die das gottesdienstliche Leben und die Tätigkeit des geistlichen Amtes betreffen.

Aus der Mitte der Bischofskonferenz wird durch die Generalsynode ein Bischof als **Leitender Bischof der VELKD** gewählt, Art. 13 I Verf VELKD. Selbstverständlich ist auch die Wahl einer Frau als Leitende Bischöfin möglich. Seine bzw. ihre Amtszeit beträgt drei Jahre, die Wiederwahl ist möglich, Art. 13 V Verf VELKD. Der Leitende Bischof ist gem. Art. 12 II Verf VELKD Vorsitzender der Bischofskonferenz und der Kirchenleitung. Er verkündet die Gesetze und er vertritt die VELKD nach Außen. Dass er auch eine geistliche Funktion hat, wird aus Art. 12 I Verf VELKD ersichtlich: Danach ist der Leitende Bischof der erste Pfarrer der Vereinigten Kirche. Er hat das Recht, auf allen Kanzeln der Vereinigten Kirche zu predigen und kann Hirtenbriefe erlassen. Er kann also sein geistliches Amt der Wortverkündigung durch Predigt in der gesamten Vereinigten Kirche ausüben. 6

Die **Generalsynode** ist das gesetzgebende Organ der VELKD. Ihre Stellung ist derjenigen der Synoden der Landeskirchen vergleichbar. Ihre Amtszeit beträgt sechs Jahre. Ihre Zusammensetzung ist in Art. 16 Verf VELKD geregelt. Sie besteht aus 50 Mitgliedern, von denen 42 Mitglieder(davon 15 Ordinierte) nach einem an der Mitgliederzahl der Gliedkirchen orientierten Schlüssel von deren synodalen Organen gewählt werden. Zudem werden acht Synodale, unter ihnen höchstens drei Ordinierte, nach einem komplizierten Abstimmungsverfahren mit der EKD auf Vorschlag der Bischofskonferenz und der Kirchenleitung durch den Leitenden 7

Bischof berufen, Art. 16 III Verf VELKD. Dieses komplizierte Verfahren ist erforderlich, weil die Mitglieder der Generalsynode in Zukunft, d. h. ab der 2009 beginnenden Synodalperiode, gleichzeitig die den VELKD-Kirchen zuzurechenden Mitglieder der EKD-Synode sind. Umgekehrt wird die Generalsynode damit aus einem Teil der Mitglieder der EKD-Synode gebildet, so dass eine Personalunion zwischen VELKD-Generalsynodalen und EKD-Synodalen besteht. Dies ist Ergebnis der jüngsten Strukturreform der EKD, die noch zusammenfassend zu behandeln sein wird (s. unten Rn. 17). Innere Struktur und Geschäftsgang in der Generalsynode sind derjenigen der Landessynoden vergleichbar. Die Generalsynode tritt üblicherweise einmal jährlich für mehrere Tage zusammen.

8   Die **Kirchenleitung** der VELKD erfüllt im Verfassungsgefüge der VELKD die Funktionen der Regierung und der Verwaltung, wie dies bei den evangelischen Kirchen nicht untypisch ist. Ihr gehören der leitende Bischof und sein Stellvertreter, ein weiteres Mitglied der Bischofskonferenz, der Präsident der Generalsynode und neun weitere, durch die Generalsynode aus ihren Mitgliedern oder deren Stellvertretern zu wählende Mitglieder an, Art. 19 I Verf VELKD. Die Kirchenleitung ist gem. Art. 18 I Verf VELKD für alle Aufgaben zuständig, die nicht anderen Organen beigelegt sind. Die Kirchenleitung kann nach Art. 18 II Verf VELKD Verordnungen mit Gesetzeskraft erlassen, die der nächsten Generalsynode vorzulegen sind. Diese kann sie abändern oder aufheben.

9   Die Verwaltung und die Zuarbeit für die Organe der VELKD und ihre Ausschüsse werden vom Amt der VELKD im Kirchenamt der EKD durchgeführt. Ihm obliegt die allgemeine kirchliche Verwaltung einschließlich der Finanzverwaltung im Rahmen der Verfassung, der Kirchengesetze und Verordnungen sowie der Beschlüsse der Kirchenleitung, Art. 21 I Verf VELKD. Wie die Bezeichnung schon verdeutlicht, ist auch das Amt der VELKD in das Organisationsgefüge der EKD integriert. Ihm steht ein Leiter vor, der gleichzeitig theologischer Vizepräsident des Amtes der EKD ist und eine von dessen Hauptabteilungen leitet. Der Leiter und die Referenten werden vom Rat der Evangelischen Kirche in Deutschland im Einvernehmen mit der Kirchenleitung der VELKD, der Leiter oder die Leiterin zugleich im Benehmen mit der Bischofskonferenz berufen. Auch hier zeigt sich die neue, enge organisatorische Verzahnung von VELKD und EKD.

II. Die Union Evangelischer Kirchen in der EKD (UEK) und die Evangelische Kirche der Union (EKU)

1. Allgemeines

10 Der zweite große Zusammenschluss von Gliedkirchen in der EKD ist die „Union Evangelischer Kirchen in der EKD" (UEK). Ihr gehören alle unierten und reformierten Gliedkirchen der EKD an. Bis auf die lutherischen Kirchen Oldenburgs und Württembergs gehören damit alle Gliedkirchen der EKD entweder der UEK oder der VELKD an, für deren Integration in die EKD besondere Vorschriften und Vereinbarungen gelten. Wie ihr Name schon zeigt, ist die UEK auf eine enge Integration in die EKD angelegt. Sie ist bewusst als Schritt zur Vertiefung der Einheit der EKD gegründet worden. Dies kommt in Art. 1 II ihrer Grundordnung (GO UEK) zum Ausdruck: „Die Mitgliedskirchen der Union sind einig in dem Ziel, die Gemeinsamkeit in den wesentlichen Bereichen des kirchlichen Lebens und Handelns zu fördern und damit die Einheit der Evangelischen Kirche in Deutschland zu stärken." Charakteristisch für dieses Ziel ist auch, dass im Vertrag über die

Gründung der UEK ihre Auflösung bereits vorgesehen ist. In diesem Vertrag bestimmt § 7: „Jeweils ein Jahr vor Ablauf der Amtszeit wird die Vollkonferenz prüfen, ob die Verbindlichkeit des gemeinsamen Lebens und Handelns innerhalb der Evangelischen Kirche in Deutschland so weit verwirklicht worden ist, dass ein Fortbestand der Union in ihrer bisherigen Form entbehrlich ist." Dass eine kirchliche Organisation mit dem Ziel gegründet wird, möglichst rasch überflüssig zu werden und sich aufzulösen, ist eine Ausnahme. Auch in der Organisationsstruktur der UEK sind, wie zu zeigen sein wird, Konsequenzen aus diesem Ziel gezogen worden.

Die Union Evangelischer Kirchen in der EKD ist durch Mitgliedskirchen der 11 früheren Arnoldshainer Konferenz (AKf) gegründet worden. Diese hatte zu einer Zeit, als zwischen den Kirchen der EKD die volle Kirchengemeinschaft noch nicht erreicht war, das Ziel, durch Vereinbarung der Kanzel- und Abendmahlsgemeinschaft die Einheit der Kirchen in der EKD voranzubringen. Sie war daher bewusst nicht auf Kirchen eines Bekenntnisses beschränkt, sondern umfasste reformierte, unierte und lutherische Kirchen. Im Ergebnis gehörten ihr, außer der lediglich in einem Gaststatus mitarbeitenden Württembergischen Landeskirche, alle Gliedkirchen der EKD an, die nicht Gliedkirchen der VELKD waren, d. h. alle reformierten und unierten Gliedkirchen sowie die Lutherische Landeskirche Oldenburgs. Bis auf letztere haben alle Mitgliedskirchen der Arnoldshainer Konferenz im Jahr 2002 den Vertrag über die Bildung einer Union Evangelischer Kirchen in der EKD geschlossen. Nach dessen § 4 Abs. 1 ist „Grundlage der Union (...) die Grundordnung der Union Evangelischer Kirchen in der Evangelischen Kirche in Deutschland. Der Wortlaut der Grundordnung wird in übereinstimmenden Beschlüssen der Vollkonferenz der Arnoldshainer Konferenz und der Synode der Evangelischen Kirche der Union festgestellt". Dass nicht allein die Vollkonferenz der Arnoldshainer Konferenz, sondern auch die Synode der Evangelischen Kirche der Union (EKU) als eine der Mitgliedskirchen der AKf der Grundordnung zustimmen musste, verweist auf die besondere Bedeutung der EKU.

Die Evangelische Kirche der Union (s. § 7 Rn. 12) war ein der VELKD vergleichbarer Zusam- 12 menschluss von Gliedkirchen der EKD – gleichsam das Gegenstück zur VELKD. Allerdings war die EKU kein auf einem einheitlichen, gemeinsamen Bekenntnis der Gliedkirchen beruhender Zusammenschluss wie die VELKD. Vielmehr gehörten der EKU durchweg verwaltungsunierte Kirchen an, also solche Kirchen, die Gemeinden lutherischen, reformierten und unierten Bekenntnisses umfassen. Darunter waren stark lutherisch geprägte Kirchen wie die Pommersche, die Berlin-Brandenburgische oder die Evangelische Kirche der Kirchenprovinz Sachsen, in denen mit einer starken lutherischen Mehrheit von Kirchengemeinden einige wenige reformierte Gemeinden zusammengeschlossen waren. Daneben standen Kirchen mit bedeutend stärkerer reformierter Prägung wie namentlich die Evangelischen Kirchen Westfalens und des Rheinlandes. Grundlage des Zusammenschluss dieser Kirchen war die Eigenschaft ihrer Gliedkirchen als Provinzialkirchen der früheren preußischen Provinzen.[166] Als einzige nicht-preußische Kirche hat sich die Evangelische Kirche Anhalts der EKU angeschlossen. Die EKU verstand sich selbst nicht lediglich als Bund von Kirchen sondern, wie die VELKD, selbst als Kirche und war, anders als die VELKD und über diese hinausgehend, selbst Mitgliedskirche der EKD und auch Mitglied der AKf.

Die EKU war und ist für die Gründung und die heutige Gestalt der UEK in mehrerlei Hinsicht von besonderer Bedeutung: Zum einen bildete sie einen relativ

---

[166] Die EKU ist nämlich ihrerseits hervorgegangen aus der Evangelischen Kirche der Altpreußischen Union – Altpreußisch deshalb, weil die („neupreußischen") Kirchen der von Preußen 1866 annektierten Länder (Hannover, Kurhessen, Nassau, Frankfurt/M., ebenso die Kirchen in Schleswig-Holstein) ihre Selbständigkeit als Landeskirchen behielten und nicht in die Preußische Kirche integriert wurden. Dass die preußischen Kirchen uniert waren, geht auf den Aufruf des Preußischen Königs Friedrich Wilhelm III. von 1817 (dazu s. o. § 6 Rn. 8) zurück.

stark integrierten Zusammenschluss der nach der Mitgliederzahl größten Mitgliedskirchen der AKf mit eigener Verfassung und organisatorischer Struktur, mit eigener Rechtssetzung – z.T. mit Wirkung innerhalb der Gliedkirchen, mit eigenen Kirchenleitungsorganen, eigener Gerichtsbarkeit und einem eigenen Kirchenamt, der Kirchenkanzlei der EKU. Kirchenkanzlei und Gerichte bestehen als Einrichtungen der UEK fort. Zum zweiten setzt die UEK nach Art. 1 I ihrer Grundordnung den Rechtsstatus der Evangelischen Kirche der Union als Körperschaft des öffentlichen Rechts fort. Nach Art. 15 III GO UEK gehen die Zuständigkeiten der Synode oder des Rates der Evangelischen Kirche der Union auf die Vollkonferenz oder das Präsidium der UEK über. Nach Art. 15 I GO UEK gehen auch die Rechte und Verbindlichkeiten der Evangelischen Kirche der Union auf die UEK über, soweit keine andere Regelung getroffen wird.

13   Für das Kirchenrecht am wichtigsten ist aber Art. 15 II GO UEK: Danach gelten Kirchengesetze, Verordnungen und sonstige Beschlüsse, die von den nach dem Recht der Evangelischen Kirche der Union zuständigen Organen erlassen worden sind, als Recht der Union in ihrem bisherigen Geltungsbereich fort. Die EKU konnte, wie die VELKD, Kirchengesetze mit Wirkung für die Gliedkirchen erlassen und hat davon in praktisch wichtigen Bereichen Gebrauch gemacht. Insoweit hatte und hat das Recht der EKU ähnliche Reichweite und Bedeutung wie das der VELKD: Auch für den Bereich der ehemaligen EKU sind das Recht der Pfarrer und der Kirchenbeamten, aber auch das Recht der Pfarrerausbildung, das Recht der Diakone, das Archivwesen und die Kirchenmusik durch Gesetz der EKU geregelt. Auch die erst 2002 erlassene Ordnung Kirchlichen Lebens der EKU gilt weiter, sofern sie von den Gliedkirchen der EKU rezipiert worden war. Da diese Gesetze in ihrem bisherigen Geltungsbereich – d.h. nur in den EKU-Kirchen, nicht in den übrigen Mitgliedskirchen der UEK – fortgelten, wäre es aber missverständlich, von einem Pfarrdienstgesetz der UEK etc. zu sprechen. Obwohl nach der genannten Vorschrift die EKU Gesetze als Gesetze der Union, d.h. der UEK, weitergelten, werden sie in diesem Lehrbuch als Pfarrdienstgesetz der EKU etc. bezeichnet. Allerdings ist das Kirchengesetz über die kirchliche Verwaltungsgerichtsbarkeit am 15.2.2005 als Kirchengesetz der UEK neu verkündet worden (ABl. EKD S. 86). Es regelt die Verwaltungsgerichtsbarkeit für die gesamte UEK, so dass insofern ohne die Gefahr von Missverständnissen von einem UEK-Gesetz gesprochen werden kann.

2. Organe der UEK

14   Organe der UEK sind die Vollkonferenz und das Präsidium. Die **Vollkonferenz** hat nach Art. 5 I GO UEK alle Entscheidungen, insbesondere solche von grundlegender Bedeutung, zu treffen, es sei denn, dass in der Grundordnung etwas anderes bestimmt wird. Demgemäß ist die Vollkonferenz nach Art. 5 II GO UEK das gesetzgebende Organ und übt auch das Haushaltsrecht aus. In die Vollkonferenz entsendet jede Mitgliedskirche mit mehr als einer Million Mitgliedern je vier, die anderen Mitgliedskirchen je drei Mitglieder, derzeit hat die Vollkonferenz 44 Mitglieder. Darunter sollen in der Regel die leitenden Theologinnen oder Theologen sein, Art. 7 II GO UEK. Näheres bestimmt die Grundordnung nicht. Über die Auswahl der Mitglieder entscheiden vielmehr die Gliedkirchen. In der Sache wird die Zusammensetzung der Vollkonferenz im wesentlichen durch die Synoden der Gliedkirchen der UEK bestimmt. Auch wenn auf die Bezeichnung „Synode" verzichtet wurde und in der Soll-Vorschrift über die Mitgliedschaft der leitenden Theologen Ähnlichkeiten mit einer Kirchenkonferenz, wie sie die EKD besitzt,

erkennbar werden, stellt die Vollkonferenz nach Aufgabe, Zusammensetzung und Legitimation das synodale Element der Verfassung der UEK dar.[167]

Die Befugnis der UEK zur **Gesetzgebung** ist gem. Art. 6 II, V GO UEK im wesentlichen so ausgestaltet wie bei der EKD: Die UEK – konkret die Vollkonferenz[168] – kann die Kirchengesetze erlassen, welche die Union selbst betreffen. Ferner kann sie Gesetze mit unmittelbarer Wirkung für die Gliedkirchen erlassen, sofern diese zustimmen. Die Gliedkirchen, die einem solchen Gesetz zugestimmt haben, können die Kirchengesetze nachträglich außer Kraft setzen. 15

Das **Präsidium** ist für alle Aufgaben zuständig, die nicht der Vollkonferenz zugeordnet sind. Es besteht aus dem Vorsitzenden der Vollkonferenz und seinen beiden Stellvertretern, vier weiteren Mitgliedern der Vollkonferenz, den Vorsitzenden des Theologischen Ausschusses und des Rechtsausschusses der UEK und dem Leiter der Kirchenkanzlei. Das Präsidium stellt die Kirchenleitung bzw. Kirchenregierung der UEK dar. Die beiden genannten Ausschüsse, Rechtsausschuss und Theologischer Ausschuss, haben beratende Funktion. Die Kirchenkanzlei schließlich „führt die laufenden Geschäfte der Union im Rahmen der geltenden Ordnung und der Beschlüsse der Vollkonferenz und des Präsidiums. Sie unterstützt die Vollkonferenz, das Präsidium und die Ausschüsse und arbeitet ihnen zu" (Art. 12 II GO UEK). Sie ist insofern kein Organ mit eigenständigen Entscheidungsbefugnissen, sondern fungiert als Amtsstelle für die UEK und ihre beiden Organe. Zur Erfüllung der Aufgaben der UEK dient inzwischen das Kirchenamt der EKD. Im Kirchenamt der EKD ist ein Amt der UEK eingerichtet, das die Funktionen der Kirchenkanzlei ausübt. Damit ist – wie im Falle des Kirchenamtes der VELKD, die Verwaltung der UEK in das Kirchenamt der EKD eingefügt. Auch im übrigen gilt insofern das gleiche wie bei der VELKD. 16

III. Die Integration von VELKD und UEK in die EKD – das Verbindungsmodell

Seit dem Beginn des 21. Jahrhunderts ist die Diskussion über die organisatorische Gestalt des evangelischen Landeskirchentums und der EKD intensiviert worden. Dabei war – neben der Frage nach der sinnvollen Zahl und Größe der Landeskirchen und ihrem territorialen Zuschnitt – die Rolle der gliedkirchlichen Zusammenschlüsse VELKD und EKU ein Hauptpunkt. Insbesondere ging es darum, entbehrliche Doppelstrukturen zu beseitigen, bzw. die Erledigung identischer Aufgaben durch mehrere kirchliche Einrichtungen und Gremien zu vermeiden. Wurden solche Doppelstrukturen auch in der Existenz der gliedkirchlichen Zusammenschlüsse vermutet, ist auf der anderen Seite deren Wert als besonders stark integrierte Gemeinschaften für die Einigung des deutschen Protestantismus in der Diskussion erkannt worden, ebenso ihre Bedeutung im theologischen Gespräch und in der Ökumene. Daher sind Fortschritte bei der organisatorischen Integration der evangelischen Kirche nicht durch Abschaffung von VELKD und UEK angestrebt worden, sondern durch ihre Einbindung in die Organisationsstrukturen der EKD, das sogenannte Verbindungsmodell.[169] Als Grundlage dafür sind am 31. 8. 2005 Verträge zwischen VELKD und EKD einerseits und zwischen UEK und EKD andererseits unterzeichnet worden, die 17

---

[167] S. dazu *J. Rohde*, Die Union Evangelischer Kirchen in der EKD, ZevKR 52 (2007), S. 601 f.
[168] In Eilfällen ist, wie in den evangelischen Kirchen üblich, die Kirchenleitung, hier das Präsidium, zum Erlass gesetzesvertretender Verordnungen befugt, die aber von der Vollkonferenz bestätigt werden müssen, Art. 9 III GO UEK.
[169] S. zum ganzen *M. Droege*, Zur Einheit im deutschen Protestantismus, KuR 2007, 10.

zum 1. 1. 2007 in Kraft getreten sind. Zusätzlich wurden die durch diese Vereinbarungen nötig gewordenen Änderungen an der Grundordnung der EKD vorgenommen.[170] Die Einzelheiten sind bereits im jeweiligen Zusammenhang dargestellt worden. Grundlage der Verbindung der gliedkirchlichen Zusammenschlüsse mit der EKD ist Art 21 a GO EKD, wonach sie ihren Auftrag in der EKD wahrnehmen können und näheres durch Vertrag geregelt wird. Wesentliche konkrete Elemente sind die Verbindung der Generalsynode der VELKD und der Vollkonferenz der UEK mit der Synode der EKD, die Bildung von Bekenntniskonventen in der Kirchenkonferenz gem Art. 28 a GO EKD, und, für die tägliche Arbeit und als sichtbares Zeichen besonders wichtig: die Integration der Kirchenämter von UEK und VELKD in das Kirchenamt der EKD: Es gibt nur noch ein Kirchenamt, eine gemeinsame Verwaltung für UEK, VELKD und EKD.

IV. Der Reformierte Bund und die Konföderation evangelischer Kirchen in Niedersachsen

18   Zwei weitere Zusammenschlüsse von Gliedkirchen der EKD sind noch zu nennen, die freilich nicht die gleiche Bedeutung für das Kirchenrecht haben wie VELKD und UEK und die deshalb hier nicht näher betrachtet werden sollen. *Der Reformierte Bund* ist ein freier Zusammenschluss von Kirchengemeinden, Kirchen, Einzelpersonen und anderen in der Rechtsform eines eingetragenen Vereins. Ihm gehören von den Gliedkirchen der EKD die Lippische Landeskirche und die Evangelisch-Reformierte Kirche an. Er dient vor allem der Kooperation der Kirchen reformierten Bekenntnisses, der Vertiefung von deren Gemeinschaft und der Vertretung der besonderen Anliegen des reformierten Protestantismus' in Deutschland. Etwas andere Motive liegen dagegen der Bildung der *Konföderation evangelischer Kirchen in Niedersachsen* zugrunde.[171] Hier ging es zunächst darum, im Bereich der gemeinsamen Angelegenheiten von Staat und Kirche die Interessenvertretung der evangelischen Kirchen im Land Niedersachsen zu koordinieren. Solche Angelegenheiten ergaben sich insbesondere aus dem Loccumer Vertrag von 1955, dem niedersächsischen Staatskirchenvertrag, der eine Vorbildrolle für die anderen Staatskirchenverträge in der Bundesrepublik übernommen hat.[172] Inzwischen hat die Konföderation Bedeutung auch im innerkirchlichen Bereich, etwa im Bereich des Personalwesens und der kirchlichen Gerichtsbarkeit erlangt (s. o. § 41 Rn. 7). Ihre Bedeutung wird dadurch unterstrichen, dass sie Gesetze mit Wirkung in ihren Gliedkirchen erlassen kann. Der Konföderation gehören die Gliedkirchen der EKD auf dem Gebiet des Landes Niedersachsen (Hannover, Braunschweig, Oldenburg, Ev. Reformierte Kirche, Schaumburg-Lippe) an.

§ 46. Weitere Zusammenschlüsse und kirchliche Organisationen

1   Obwohl er eines der wichtigsten Ereignisse im Leben der evangelischen Kirchen Deutschlands und ein besonders wirksames Mittel zur Verdeutlichung der kirchlichen Anliegen in der Öffentlichkeit ist, ist der *Deutsche Evangelische Kirchentag*

---

[170] Zusammenfassung des Prozesses und Dokumentation der Rechtsgrundlagen unter http://www.ekd.de/strukturreform.html (4. 12. 2008).
[171] *H. Claessen*, Grundordnung der EKD, Art. 21 Abs. 2, S. 396.
[172] *A. v. Campenhausen/H. de Wall*, Staatskirchenrecht, 2006, S. 45.

kein Organ und keine Einrichtung der EKD und auch keine Einrichtung und kein Zusammenschluss der Gliedkirchen der EKD. Der Kirchentag ist eine alle zwei Jahre stattfindende, mehrtägige Großveranstaltung mit Diskussionen, Arbeitsgruppen, Konzerten, Ausstellungen etc. Er wird von einem privatrechtlich organisierten Trägerverein veranstaltet, dem „Verein zur Förderung des Deutschen Evangelischen Kirchentags e. V.". Seine Mitglieder sind Einzelpersonen, nicht Organisationen – die EKD oder ihre Gliedkirchen sind also nicht Mitglieder des Trägervereins. Trotz dieser rechtlichen Unabhängigkeit ist aber der Kirchentag den Evangelischen Kirchen eng verbunden – Mitglieder des Trägervereins bzw. seiner Organe sind in der Regel Persönlichkeiten, die auch in den Kirchen Funktionen ausüben. Gastgeber des Kirchentages ist jeweils eine Landeskirche, die bei seiner Durchführung erhebliche organisatorische Hilfe leistet.

Im übrigen ist die Zahl der Organisationen im Bereich der Kirchen unüberschaubar. Einige besonders wichtige Zusammenschlüsse von Kirchen sollen dabei nur genannt werden. Für Deutschland besonders bedeutend ist die *Arbeitsgemeinschaft Christlicher Kirchen (ACK)*. Sie ist ein Zusammenschluss der wichtigsten christlichen Kirchen in Deutschland. Auch die römisch-katholische Kirche arbeitet in ihr mit.

Groß ist die Zahl internationaler Zusammenschlüsse. Aus der bereits erwähnten Leuenberger Konkordie ist die Leuenberger Kirchengemeinschaft hervorgegangen, in der sich die evangelischen Kirchen zusammengeschlossen haben, die im Rahmen der Konkordie eine Kirchengemeinschaft vereinbart haben. Aus ihr ist die *Gemeinschaft Evangelischer Kirchen in Europa (GEKE)* hervorgegangen. Sie ist für das evangelische Kirchenrecht auch insofern von Bedeutung, als eine Kirche, die sich der Leuenberger Kirchengemeinschaft angeschlossen hat, im Zweifel als „evangelische Kirche" gelten kann, wenn das Kirchenrecht diesen Begriff verwendet.

Der Vertretung gemeinsamer Interessen unterschiedlicher, nicht nur evangelischer Kirchen auf europäischer Ebene dient die *Konferenz Europäischer Kirchen* (KEK), der freilich die römisch-katholische Kirche nicht angehört. Auch in der weltumspannenden Kirchenorganisation, dem *Ökumenischen Rat der Kirchen* (ÖRK) mit Sitz in Genf[173], hat die römisch-katholische Kirche nur einen Beobachterstatus.[174] Der ÖRK ist so etwas wie die internationale Stimme der christlichen Kirchen, aber auch eine Plattform für die Kommunikation zwischen den Kirchen.[175]

Als weltweite Zusammenschlüsse evangelischer Kirchen auf konfessioneller Basis sind der *Reformierte Weltbund* und der *Lutherische Weltbund* (LWB) zu nennen. Letzterer ist unter anderem als Partner der römisch-katholischen Kirche bei der Gemeinsamen Erklärung über die Rechtfertigungslehre von 1999[176] hervorgetreten.

---

[173] Näher dazu s. *E. Stiller*, Der Ökumenische Rat der Kirchen, seine Rechtsnatur und seine Rechtsbeziehungen zur Evangelischen Kirche in Deutschland, ZevKR 43 (1998) S. 71 ff.
[174] Das liegt freilich nicht daran liegt, dass die römisch-katholische Kirche nicht zur Mitgliedschaft eingeladen wäre. Hintergrund ist vielmehr ihr Selbstverständnis als eigentliche Verkörperung der wahren Kirche Jesu Christi, das mit einer gleichberechtigten Mitgliedschaft neben anderen Kirchen in einer gemeinsamen Organisation schwer vereinbar ist. Mit ihrem differenzierten Kirchenbegriff haben die evangelischen Kirchen, die sich zwar auch als Verkörperung der Kirche Jesu Christi verstehen, dabei aber keinen Exklusivitäts- oder Vorranganspruch erheben, keine Probleme. Das führt auch dazu, dass die protestantischen Kirchen nicht nur im Bereich des ÖRK, sondern überhaupt im Bereich der ökumenischen Zusammenarbeit organisationsfreudiger sind.
[175] Der ÖRK hat in jüngster Zeit unter erheblichen inneren Auseinandersetzungen zwischen einigen seiner orthodoxen Mitgliedskirchen und den evangelischen Kirchen zu leiden.
[176] Text s. http://www.lutheranworld.org/Events/DE/jd97d.pdf; allg. zum LWB s. *J. H. Schjorring/P. Kumari/N. Hjelm* (Hg), Vom Weltbund zur Gemeinschaft. Geschichte des Lutherischen Weltbundes 1947–1997, Hannover o. J., *S. Grundmann*, Der Lutherische Weltbund, 1957.

Dem LWB gehören nicht nur die lutherischen Gliedkirchen der EKD an, sondern auch die unierte Pommersche Kirche und die Lippische Landeskirche mit ihrer Lutherischen Klasse. Die Aufgaben des Deutschen Nationalkomitee des Lutherischen Weltbundes werden z. T. von Organen bzw. Einrichtungen der VELKD erledigt, die selbst nicht Mitglied des LWB ist.

Sachverzeichnis

Die **fett** gesetzten Zahlen verweisen auf die Paragraphen dieses Buches, die mageren auf deren Randnummern. Die Abkürzungen „ev." und „kath." verweisen auf die Bedeutung des Stichwortes im evangelischen oder katholischen Kirchenrecht.

Abendmahl (ev.) **25** 22, **26** 4, 17, **32** 10
– Abendmahlsgemeinschaft **32** 12, **44** 2, **45** 11
– (s. a. communicatio in sacris)
– Ausschluss **32** 13
– Feier **32** 11
– Leitung **32** 11
– Ordnung **32** 11
– Voraussetzungen **32** 13
– zugelassene Personen **32** 12, 13
Ablass **21** 53
Absolution **21** 48, **22** 2
Acta Apostolicae Sedis **16** 29, **19**, 9
Ad tuendam fidem **21** 114
Aequitas canonica **21** 45, **19** 32 f.
Agende s. Gottesdienstordnung
Agendenstreit, preußischer **6** 8
Älteste **2** 2
Ältestenprediger (ev.), s. Prädikant
Amicabilis compositio **5** 3
Amt (ev.), s. Predigtamt
Amt und Gemeinde (ev.) **28** 3, 4
Ämterordnung
– frühe Kirche **2** 3
Amtsblatt, kirchlich (ev.) **25** 18
– der EKD **25** 18
Amtshandlungen, kirchlich (ev.) **25** 17, **33** 1, 2
– Bestattung (ev.) **25** 17
– Konfirmation **25** 17, 22
– Trauung (ev.) **25** 17
Annuario Pontificio **16** 2, **18** 12
Apostel **2** 2
Apostelkollegium
– kath. Verständnis **17** 6, **18** 15
Apostolische Administration **18** 23
Apostolische Kammer **18** 23
Apostolische Konstitution **19** 11
Apostolische Pönitentiarie **18** 30, **19** 58
Apostolische Präfektur **18** 36
Apostolische Signatur **19** 58, 67 Fn. 572
Apostolische Sukzession **39** 9
Apostolischer Stuhl, s. Heiliger Stuhl
Arbeitsgemeinschaft Christlicher Kirchen (ACK) **46** 2
Arbeitsgericht, kirchliches (kath.) **19** 64 ff.
Arbeitsrecht, kirchliches (ev.) **31** 2, 3
Arianismus **2** 9
Armenpfleger **2** 2
Arnoldshainer Konferenz (AKf) **45** 11

Augsburger Religionsfrieden **4** 8
Augsburgische Konfession **4** 6
Ausführungsdekrete **18** 72, **19** 52
Auslegung
– von Gesetzen (kath.) **19** 22, **27** ff.
– von Rechtsnormen (ev.) **25** 21 ff.
Auxiliarbischof s. Weihbischof

Barmer Theologische Erklärung **24** 14
Baulast **25** 16
Beichte (ev.) **30** 15
Beichte (kath.), s. Buße (kath.)
Beichtgeheimnis (ev.) **30** 15, 16, 18
– Laien **30** 18
Beichtgeheimnis (kath.) **21** 52
Beichtgeheimnis (Staat) **30** 17
Bekenntnis, (ev.) **24** 3, 20 ff., **25** 5, 22, **26** 5, 8, 10, 13
– Abänderbarkeit **24** 25
– Bedeutung **24** 24, **25** 3
– Begriff **24** 21
– Bekenntnis und Evangelium **24** 26
– Charakter **24** 23
– evangelisch **26** 5, 13
– Lehrbeanstandung **30** 21
– lutherisch **24** 20, 27
– reformiert **24** 20, 27
– uniert **24** 20, 27
Bekenntnisschriften **24** 22
Bestattung (ev.)
– Ausgetretener **33** 18
– Seelsorge an Hinterbliebenen **33** 17
– Voraussetzungen **33** 18
– Zuständigkeit **33** 19
Bestattungswesen (ev.) **34** 1
Beugestrafen **22** 6 ff.
Billigkeit, kanonische, s. Aequitas canonica
Bischof, Bischofsamt (allgemein)
– frühe Kirche **2** 3 f.
– hierarchisch **39** 9
– Investitur **3** 3
– monarchisches **2** 3
– weltliche Herrschaft **3** 1 f.
Bischof, Bischofsamt (ev.) **39** 1 ff.
– als Pfarrer **39** 4
– Amtszeit **39** 6 f.
– Aufgaben **39** 5
– Begriff **39** 2

- Funktion **39** 5
- Geschichte **39** 3
- Geschichte **4** 14
- Regionalbischof (ev.) **39** 10
- synodales **39** 8, 9
- Verhältnis zu anderen Organen **39** 8
- Verständnis **39** 2
- Wahl **39** 6 f.
Bischof (kath.), s. Diözesanbischof
Bischofsernennung **6** 2
Bischofskoadjutor **18** 41 f., 69, 72
Bischofskollegium (kath.) **17** 22, **18** 5, 14 ff., **19** 6, **20** 5 ff.
Bischofskonferenz (kath.) **6** 12, **17** 28 f., **18** 69 ff., **19** 6, 9
- Freisinger B. **6** 12
- Fuldaer B. **6** 12
Bischofsrat (kath.) **18** 48
Bischofssynode (kath.) **18** 17, **19** 6
Bischofsvikar (kath.) **18** 40, 42, 43, 48
Bischofsweihe (kath.) **17** 30, **18** 3, 7, 14, 20, **21** 57 f.
Bistum, s. auch Diözese **18** 35 f., 65 ff.
Bistumsverträge **19** 40 f.
Bona temporalia (kath.) **23** 4 ff.
Bonum commune, s. Gemeinwohl
Breve **19** 11
Breviarium Extravagantium **3** 7
Brief **19** 11
Briefkonzil **18** 15
Bulle **19** 11
Buße (kath.) **21** 4, 8, 14, 20, 48 ff.
Byzanz **2** 10

Caesaropapismus **2** 10
Calvinismus **4** 7
- Ämterverfassung **4** 7
Caritas **6** 6
Christentum
- Staatskirche **2** 9
- Staatsreligion **2** 8
Christenverfolgung **2** 8
Christifideles, s. Gläubige (kath.)
Circumskription **6** 2
Civitas terrena und Civitas Dei **2** 12
Clementinen **3** 10
Cluniazensische Reformen **3** 3
Codex Iuris Canonici von 1917 (CIC/1917) **6** 16
Codex Iuris Canonici **7** 15 f., **25** 1
Codex, s. auch Gesetzbücher **16** 15 ff., 26
Communicatio in sacris **21** 19
Communio **16** 10 f. **17** 1 ff. **18** 44 **19** 51
- communio non plena **17** 8, 11
- communio plena **17** 8 ff., **18** f. **18** 1 ff. **21** 19
Communitas **16** 10
Confessio Augustana **4** 6
Corpus Catholicorm **5** 4
Corpus Evangelicorum **5** 4
Corpus Iuris Canonici (CorpIC) **3** 4 ff., **25** 23
- Ausgabe **3** 13

- Bedeutung im ev. Kirchenrecht **5** 7
- Begriff **3** 12
Corpus Iuris Civilis **2** 10, **3** 4
Cuius regio eius religio **4** 9
Cultus Dei, s. auch Gottesdienst **21** 3
Cura religionis **4** 15
Custodia utriusque tabulae **4** 15

Dechant **18** 63
Decretum Gratiani **3** 4
- Aufbau **3** 5
- Zitierweise **3** 5
Definition einer Lehraussage, s. Lehramt
Dekan (ev.), s. Superintendent
Dekanat (kath.) **18** 37, 51, 63
Dekanat, Dekanatsbezirk (ev.), s. Mittelstufe, kirchlich
Dekanatsräte (kath.) **18** 61
Dekret (kath.)
- Allgemeines Dekret **18** 72, **19** 51 f.
- Ausführungsdekret **18** 72, **19** 51 f.
- der Bischofskonferenz **18** 72
- Einzelfalldekret **19** 53 f.
- konziliares **18** 15
- päpstliches **18** 9
Dekretalen **3** 4
Dekretalisten **3** 14
Dekretisten **3** 6
Delegation (kath.) **17** 29, 37, **19** 54
Denkschriften der EKD **44** 5
Depositum fidei **16** 22, **21** 1, 3, 7
Deutscher Evangelischer Kirchenausschuss **6** 11
Deutscher Evangelischer Kirchenbund **6** 11
Deutscher Evangelischer Kirchentag **6** 6, **46** 1
Deutscher Katholikentag **6** 6
Diakon **2** 3 f.
Diakone (ev.) **31** 5
Diakone (kath.) **20** 5 f., **21** 25, **39** ff., 60, 86, 89
Diakonie (ev.) **6** 6, **27** 9, **43** 1
- Kirchengesetze **43** 7
- und Kirche **43** 3, 5
- und Selbstvertretungsrecht **43** 4
Diakonisches Werk der EKD **44** 3
Diakonisse **31** 5
Dienstgeheimnis (ev.) **30** 19
Dienstrecht der Pfarrer, s. Pfarrer, Pfarrerdienstverhältnis
Dignitas Connubii **21** 113
Dikasterien **18** 22 ff., 27
Dimissoriale **30** 3, **33** 15, 19
Diözesanadministrator **18** 4 f., 54
Diözesanbischof **18** 38 ff., 43 ff., 51, 57 ff., 66, 72, 78, **19** 6, 59 ff., **21** 31, 105, 107
Diözesanforum **19** 44
Diözesangericht **19** 58, 60, **21** 115
Diözesankurie **18** 45 ff.
Diözesanrat **18** 78, 50 Fn. 349
Diözesanrichter **19** 59, 62 f.
Diözesansynode **18** 43 f.
Diözesanversammlung **18** 44
Diözese (kath.) **18** 4, 35 ff., **19** 9
Diözese **2** 9

Direktorium zur Ausführung der Prinzipien und Normen über den Ökumenismus **17** 11
Dispens (kath.) **19** 22, 50, 54, 65, **21** 90
Disziplinarrecht **30** 20
Dogma, Dogmen **16** 24, **21** 17 ff.
Dogmatik **16** 4, 12, **17** 22, 34
Dominus Iesus, Erklärung (kath.) **16** 1 Fn. 4, **17** 6 Fn. 142
Domkapitel **18** 51 Fn. 348
Drei-Stände-Lehre **5** 5

Ecclesia de Eucharistia **21** 35, 41 f.
„Ecclesia vivit lege Romana" **2** 9
Ehe (ev.), s. a. Trauung (ev.) **33** 12
Ehe (kath.) **21** 62 ff.
- Bedingungen **21** 84
- Ehehindernisse **21** 70 f., 73 f., 102, 105, 112, 114
- Eheschließungsform **21** 86 ff., 92, 102 ff., 112, 114
- Eheverfahren **21** 106 ff.
- Gültigkeit **21** 71 ff., 86, 106, 112 ff.
- Gültigmachung **21** 101 ff.
- Konfessionsverschiedene **17** 12, **21** 90 ff.
- Konsens **21** 63, 68 ff., 71, 74 f., 82, 102, 105
- Konsensmängel **21** 74 ff., 103, 112
- Naturehe **21** 95
- Nichtigkeitsverfahren **21** 112 ff.
- Privilegium Paulinum **21** 95 ff., 110
- Privilegium Petrinum **21** 97 ff.
- religionsverschiedene **21** 90 ff.
- Sakramentalität **21** 66
- Simulation **21** 76, 82
- Trennung trotz gültiger Ehe **21** 93 ff., 107
- Vertrag **21** 65 f., 68
- Wesenseigenschaften **21** 64, 82, 90
- Wesenselemente **21** 64, 76, 82
Ehebandverteidiger **20** 63, **21** 115
Eheschließungsform
- Tridentinische **4** 19
Eigenkirchenwesen **3** 1
Eisenacher Konferenz **6** 11
EKD **24** 1, 20, 27, **25** 1, **26** 17
- Aufgaben **44** 2, 4 f.
- Auslandsarbeit **44** 4
- Auslandsbischof **44** 4
- Gesetzgebung **44** 12 ff.
- Gesetzgebungsverfahren **44** 7
- Gesetzeswirkung **44** 13 f.
- Gliedkirche **44** 1
- Gliedkirchliche Zusammenschlüsse **45** 1 ff., 17
- Itio in Partes **44** 7
- Kammern **44** 11
- Kirchenamt **44** 11
- Kirchengemeinschaft **44** 1
- Kirchenkonferenz **44** 8
- Kirchenqualität **44** 2
- Konvent **44** 8
- Organe **44** 6
- Rat **44** 9
- Ratsvorsichtender **44** 10
- Richtlinien **44** 15

- Synode **44** 6, 7
- Verbindungsmodell **45** 17
Ekklesiologie (kath.) **16** 5 ff., 12 ff., **17** 2, 5 ff., 34
Eparchie **18** 35
Epikie **19** 24 f. **21** 45
Episkopalismus **5** 11
Episkopalsystem **5** 5
Episkopen **2** 3
Erzbischof, s. auch Metropolit **18** 24, 49, 66
Erzdiözese **18** 66
Erziehungsrecht der Eltern **26** 7
Eucharistie **20** 18, **21** 4, 20, 34 ff.
- Kommunion **21** 36, 41 ff.
- Zelebration (Feier) **21** 34 ff.
Eucharistische Gastfreundschaft (ev.) **32** 12
Evangelische Kirche der Union (EKU) **45** 12
- Fortgeltung der Kirchengesetze **45** 13
- Kirchengesetze **45** 13
Evangelische Kirche in Deutschland, s. EKD
Evangelischer Bund **6** 11
Evangelischer Oberkirchenrat
- preußischer **6** 9
Exkommunikation (ev.) **32** 13
Exkommunikation (kath.) **17** 42, **18** 14, **20** 17, 19, **22** 6, 10
Extravagantes **3** 11

Facultas (kath.) **17** 32
Firmpaten (kath.) **21** 33
Firmung (kath.) **21** 4, 29 ff.
Fischerring (kath.) **18** 27
Forum externum (kath.) **16** 18, **19** 68 Fn. 574, **21** 2, 18
Forum internum (kath.) **16** 18, **19** 58, 68 Fn. 574, **21** 2
Freikirche **26** 5
Fürsten, geistliche **5** 11
Fürstentum
- geistliches **3** 2

Gebietsabtei **17** 36, **18** 1 Fn. 247, 4 Fn. 255
Gebietsprälatur **17** 36, **18** 1 Fn. 247, 4 Fn. 255
Gegenreformation **4** 20
Gehorsam, Glaubensgehorsam (kath.), s. auch Lehramt **17** 15, **20** 2 ff., 17
Geistlicher Vorbehalt **4** 10
Gemeinde (ev.), s. a. Kirchengemeinde (ev.) **27** 1
- und Predigtamt **28** 1
Gemeindeaufsicht (ev.) **36** 1
Gemeindehelfer (kath.) **18** 59
Gemeindereferent (kath.) **18** 59
Gemeines Recht **3** 15
Gemeinschaft Evangelischer Kirchen in Europa (GEKE) **46** 3
Gemeinwohl, s. auch bonum commune **17** 15, **19** 3
Generalabsolution **21** 51
Generalvikar **18** 46 ff.
Generalvikariat **17** 38, **18** 46
Gerichte, kirchliche (ev.)
- Aufbau **41** 4
- Disziplinargerichte **41** 6

– Gerichtsverfahren 41 9
– Güteentscheidung 41 2
– Lehrbeanstandungsverfahren 41 12
– Mitarbeitervertretung 41 5
– Organisation 41 4
– staatskichenrechtliche Grundlagen 41 3
– Verfassungsgerichte 41 8
– Veröffentlichung der Rechtsprechung 41 12
– Verwaltungsgerichte 41 7
– Vollstreckung 41 11
– Zusammensetzung 41 9
Gerichte, kirchliche (kath.) 19 56 ff.
– Arbeitsgerichte 17 34, 19 64 ff.
– Gerichtshöfe des Papstes 18 23, 30
– Offizialat 18 46, 19 60, 21 62, 114 f.
– Rechtsprechung 19 56 ff.
– Verfahrensgegenstände 19 67 ff.
Gerichtsbarkeit, kirchliche, s. Gerichte, kirchliche (ev.) bzw. (kath.)
Gerichtsvikar, s. auch Offizial 18 47 f.
Gerichtsvikariat, s. Gerichte, kirchliche – Offizialat
Gesandte des Papstes, s. auch Nuntius, Delegat 18 33 f., 70
Geschiedene
– im Sakramentenrecht (kath.) 19 25, 112, 116
– Zulassung zur Kommunion (kath.) 21 44 f.
Gesellschaften des apostolischen Lebens 18 29, 75
Gesetze (ev), s. Kirchengesetz
Gesetze (kath.) 19 1 ff.
– Auslegung 19 27 ff.
– Definition 19 2 f.
– Erscheinungsformen 19 11 f.
– Geltungsbereich 19 14 ff.
– Gesetzgebungskompetenz 19 6
– Gesetzgebungsverfahren 19 4
– Inhabilitierende 19 17 f.
– Irritierende 19 17 f.
– Irrtum 19 22 f.
– Kanonisation weltlicher Gesetze 19 46 ff., 23 1 Fn. 883
– Lücken 19 32, 34, 36
– Missachtung 19 17 ff.
– Päpstlicher Rat für Gesetzestexte 19 31
– Promulgation 19 46 ff.
– Rechtszweifel 19 22 f.
– Rückwirkungsverbot 19 16
– Tatsachenzweifel 19 22 f.
– Unkenntnis 19 22 f.
– Verpflichtungskraft 19 13 ff.
Gewalt, s. Leitungsgewalt
Gewaltmonopol 1 3
Gewissensfreiheit 10 26
Gewohnheit (kath.) 16 19, 25, 19 38, 23 8
Gewohnheitsrecht (ev.) 25 16
Gewohnheitsrecht (kath.) 19 35 ff., 45, 47
Glaubens- und Sittenlehre (kath.) 18 9, 20 15
Glaubensgehorsam s. Gehorsam
Gläubige (kath.) 17 9
– Rechte/Pflichten s. dort

Gleichheit, religiöse 6 3
Gleichheitsgrundsatz
– nach dt. Staatskirchenrecht s. Parität
Gliedkirche der EKD, s. auch Landeskirche
– Begriff 37 3
– Liste der Gliedkirchen 24 30
Gliedkirchliche Zusammenschlüsse in der EKD 24 1, 25 1, 17, 26 17
– EKU 25 1, 17
– UEK 25 1
– VELKD 25 1, 17
Glossa Ordinaria 3 14
Gottesdienst (ev.) 27 3, 32 1 ff.
– berufene Personen 32 7 ff.
– Filmaufnahmen 32 6
– Fotografieren 32 6
– Leitung 32 7 ff.
– Öffentlichkeit 32 5
– Zeit und Ort 32 5
Gottesdienst (kath.), s. auch Liturgie 20 5 f., 21 2 ff.
Gottesdienstordnung (ev.) 26 8, 30 12, 32 2, 4
Göttliches Recht, s. ius divinum
Grundlagenproblematik 24 3
Grundordnung, s. Kirchenverfassung
Grundrechte
– Geschichte 6 3
Grundrechte, kirchlich (ev.) 25 6 f.

Handauflegung 17 28, 21 57, 60
Häresie 20 17, 19
Heilige Orte und Zeiten 21 7
Heiliger Stuhl 18 13, 22
Heiligung 17 15, 26, 30, 32, 18 3, 21 1 ff.
Heiligungsdienst 21 1 ff.
Heilsgeschichte 16 10
Hirtengewalt, s. Leitungsgewalt
Historische Sukzession 39 9
Homilie 20 5 ff.

Imperium und Sacerdotium 2 12
In persona Christi-Handlung 17 25, 21 39, 56
Index Librorum Prohibitorum 4 20
Innere Mission 6 6
Inquisition 4 20
Institute des geweihten Lebens s. auch Ordensinstitute 18 75, 20 6
Instruktionen (kath.) 19 51 f.
Instrumentum Pacis Osnabrugense 5 1
Interdikt 22 6
Interkommunion 21 41
Interzelebration 21 39
Investiturstreit 3 3
Itio in partes 5 4
Ius circa sacra 5 6, 6 9
Ius divinum (ev.) 24 19
Ius divinum (kath.) 16 20 ff., 17 16, 20, 24, 34, 36, 38, 19 15, 38, 42
Ius emigrandi 4 9
Ius humanum s. Ius mere ecclesiasticum
Ius in sacra 5 6

Sachverzeichnis

Ius liturgicum (ev.) **32** 2
- Begriff **32** 2
- Kirchengemeinde **32** 3
- Pfarrer **32** 3
- Träger **32** 2, 3
Ius mere ecclesiasticum **16** 20, **17** 36
Ius Publicum Ecclesiasticum **5** 12, **6** 14, **16** 14 f.
Ius reformandi **4** 9, 13, **5** 1

Josephinismus **5** 9
Jurisdiktion (kath.) **18** 7, 27, 29 ff., 34
Jurisdiktionsgewalt (kath.) **18** 27, 29 ff.
Jurisdiktionsprimat **18** 7
Juristen (in der Kirche) (ev.) **25** 20, 22
Juristenpäpste **3** 6

Kanon, Begriff **16** 1
Kanonikerkapitel s. Domkapitel
Kanonisation weltlicher Gesetze, s. Gesetz
Kanonisches Recht **1** 1
- Bedeutung **3** 15
- Funktion **16** 12 ff.
- Gegenstand und theologische Grundlegung **16** 4 ff.
- Gesetzbücher **16** 26 ff.
- Grundlagen **16** 1 ff.
- klassisches **3** 4
- Quellen **16** 19 ff.
- Rechtsanwendung **19** 1 ff.
- Rechtsetzung **19** 1 ff.
- Theologische Begründung **16** 12 ff.
Kanonisten **3** 14
Kanonistik **3** 4, 6, 15
Kanzelgemeinschaft (ev.) **44** 2, **45** 11
Kanzelparagraph **6** 15
Kanzler (kath.) **18** 49
Kaplan **18** 59, 64
Kardinäle **18** 9 ff., **19** f., 24
Kardinalstaatssekretär **18** 26
Kasualie, s. Amtshandlung
Katechismus (kath.) **16** 5, 7, **18** 5
Katechumenen **17** 20
Kirche
- Begriff (ev.) **4** 4 f., **24** 2, 4, 5, 6, 7, 8, 14
- Begriff (kath.) **4** 5
- Hierarchie **4** 2
- und Staat **4** 5
Kirche, römisch-katholisch **24** 8
- Gegenstand des kanonischen Rechts **16** 5 ff.
- Hierarchische Organisationsstruktur **18** 1 ff.
- Kirchenbegriff und theologische Grundlagen **16** 6 ff.
- Kirchengliedschaft, s. dort
- Rituskirche/Rechtskreise **16** 2, **18** 35
- Verfassung **17** 1 ff., **18** 1 ff.
- Zugehörigkeit s. auch Kirchengliedschaft **17** 4 ff.
Kirchen
- Bedeutung **1** 7
- statistisch **1** 7
Kirchenälteste, s. Kirchenvorstand (ev.)
Kirchenamt, s. Konsistorium (ev.)

Kirchenanwalt (kath.) **19** 63
Kirchenaustritt (kath.) **17** 21, 39 ff., **21** 27, 88
Kirchenaustritt (ev.) **26** 2, 14
Kirchenbeamte (ev.) **31** 4
Kirchenbezirk, s. kirchliche Mittelstufe
Kirchenfinanzierung **6** 5
Kirchengemeinde (ev.) **25** 5, 15, **26** 5, 15, 27, 1 ff., **29** 1
- Anstaltsgemeinde **27** 8
- Aufgabe **34** 1
- Bedeutung (lutherisch, reformiert) **27** 3, 4, 5
- Begriff **27** 2
- Haushaltswesen **35** 4
- Kindertageseinrichtungen **34** 1
- Kirchengemeinde und Landeskirche **27** 6
- Kirchenvorstand **29** 1
- Leitungsorgan **29** 1
- Personalgemeinde **27** 2, 8
- Rechtsstatus **27** 7
- und Predigtamt **28** 1
- Vermögensverwaltung **35** 1
- Zusammenarbeit von Kirchengemeinden **27** 10
Kirchengemeinde (kath.), s. Pfarrei (kath.)
Kirchengemeinderat, s. Kirchenvorstand (ev.)
Kirchengemeinschaft **24** 29, **26** 13
Kirchengerichte, s. Gerichte, kirchliche
Kirchengesetz (ev.) **25** 2, 8 f., 11, 13, 17, 18
- Begriff **25** 8
- Vergleich mit Parlamentsgesetz **25** 9
- Verkündung **25** 18
- Vorbehalt des Gesetzes **25** 10, 11, 12
- Vorrang des Gesetzes **25** 12
Kirchengewalt (ev.) **4** 2
Kirchengewalt (kath.) **4** 2
Kirchengliedschaft (ev.), s. a. Kirchenmitgliedschaft **26** 1, 4, 17, 18
Kirchengliedschaft (kath.) **17** 4 ff., 18, **19** 74
- Austritt aus der Kirche s. Kirchenaustritt
- Beschränkungen in der Ausübung **17** 17 ff.
- Ekklesiologische Grundlagen **17** 5 ff.
- gestufte **17** 18
- Grundstatus der Gläubigen **17** 1, 25
- Kleriker- und Laienstatus **17** 25
- korporative **17** 13
- Leitungsvollmacht **17** 27 ff.
- Rechte und Pflichten **17** 14 ff.
- Regelungen des CIC **17** 9 ff.
- Zugehörigkeit zur Kirche **17** 4 ff.
Kirchenkreis (ev.), s. Mittelstufe, kirchlich
Kirchenleitung (ev.) (Funktion)
- geistlich **24** 16, 19
- rechtlich **24** 16, 17, 18, 19
Kirchenleitung (ev.) (Organ) **4** 2, **24** 16 ff., **40** 1, 10
- Aufgabe **40** 14
- Typen **40** 11
- Überblick **40** 2
- Zusammensetzung **40** 13
Kirchenmitgliedschaft (ev.) **26** 1 ff.
- Aufnahme **26** 8
- Ende **26** 14

- Erwerb **26** 6, 7, 8
- Fortsetzung **26** 9, 10
- Mitgliedschaftsrechte und Pflichten **26** 17, 18
- Schnuppermitgliedschaft **26** 16
- Übertritt **26** 8, 14
- Voraussetzungen **26** 4, 5
- Wiederaufnahme **26** 8
- Zuzug aus dem Ausland **26** 11, 12, 13

Kirchenmitgliedschaftsgesetz der EKD **26** 3 ff.
Kirchenpfleger **29** 5
Kirchenpräsident (ev.) **39** 1, **39** 11
- und Bischof **39** 12
Kirchenprovinzen **18** 65 ff. **23** 5
Kirchenrat, s. Kirchenvorstand (ev.)
Kirchenrecht (allgemein)
- Bedeutung **1** 7
- Begriff **1** 1, **2** 2
- Regelungsgegenstand **1** 6
- und staatliches Recht **1** 2, 5
Kirchenrecht (ev.)
- Begriff **24** 1, 2, 6, 13, 14, 15
- Gliederung **25** 1
- Methode der Anwendung **25** 19, 21, 22
- Rechtsquellen **25** 2, 13, 16, 23
- Veröffentlichung **25** 18
Kirchenrecht (kath.), s. Kanonisches Recht
Kirchenrechtliches Institut der EKD **44** 3
Kirchenrechtsquellen
- frühe **2** 5
Kirchenregierung (ev.), s. Kirchenleitung (Organ)
Kirchenregion **18** 68
Kirchenrektor **18** 64
Kirchensenat, s. Kirchenleitung (Organ)
Kirchensteuer **6** 5, **35** 4
Kirchensteuer (ev.) **26** 17
Kirchensteuer (kath.) **17** 39 f., **43** f., **23** 7
Kirchenstrafen **16** 18, **17** 21, **19** 17, **21** 18, 68 f., **22** 1 ff.
Kirchensynode, s. Synode (ev.)
Kirchentum **24** 7
Kirchenverfassung (ev.) **25** 4, 5, **37** 7
- arbeitsteilige Gemeinschaft **37** 10
- Gemeindeprinzip **37** 8
- Grundsätze **37** 7, 12
- Organe **37** 9
- synodales Prinzip **37** 8
- Typen **37** 11
Kirchenverwaltung (ev.), s. a. Kirchenleitung, Konsistorium **40** 1
Kirchenvorstand (ev.) **26** 8, **27** 4, **29** 1 ff.
- Amtszeit **29** 3
- Aufgabe **29** 1, 2, **35** 2
- Ausschüsse **29** 5
- Bedeutung **29** 1
- Funktion **29** 1
- Geschäftsführung **29** 3
- Geschäftsführung **29** 5
- Mitverantwortung für Predigtamt **29** 2
- Pfarrer und Kirchenvorstand **29** 4
- Vertrauensmann **29** 4

- Vorsitzender **29** 4
- Zusammensetzung **29** 3
Kirchenvorsteher, s. Kirchenvorstand (ev.)
Kirchenzucht (ev.) **1** 6, **32** 13
Kirchgeld **35** 4
Kirchliche Angelegenheit **1** 6
Kirchliche Mittelstufe (ev.), s. Mittelstufe, kirchlich (ev.)
Kirchliche Verwaltungsbehörde (ev.) **40** 9
Kirchliche Werke und Einrichtungen (ev.) **43** 1
- Rechtsformen **43** 2
- und Kirche **43** 5
Kirchliches Selbstbestimmungsrecht **17** 44, **19** 39
Kirchmeister **29** 5
Klasse, s. kirchliche Mittelstufe
Kleriker **16** 18, **17** 1, 16, 23 ff., **18** 74, **20** 4, **21** 61, **22** 8
Kleriker **2** 4 f.
- und Laien (ev.) **4** 2
Koadjutor, s. Bischofskoadjutor
Kollegialsystem **5** 6
Kölner Wirren **6** 14
Kommunion s. Eucharistie
Konferenz Europäischer Kirchen (KEK) **46** 4
Konfession **4** 6
Konfessionalisierung **4** 18
Konfessionswechsel **17** 13
Konfirmation
- Ablehnung **33** 9
- Erwachsene **33** 10
- Voraussetzungen **33** 9
- Wesen **33** 8
- Wirkung **33** 11
Konföderation evangelischer Kirchen in Niedersachsen **45** 18
Kongregationen, s. Kurie
Konklave **18** 10, 11 Fn. 270, 19
Konkordate **3** 19, **6** 2
- kath. Kirchenrecht **18** 13, **19** 39 ff., **23** 1
- Reichskonkordat **19** 43 f.
Konkubinat **3** 3
Konsistorium (ev.), **4** 14, **6** 9, **40** 1
- Aufgabe **40** 7
- Stellung **40** 4
- Überblick **40** 1
- Verfassungsorgan **40** 3
- Verhältnis zu anderen Organen **40** 8
- Verhältnis zur Verwaltungsbehörde **40** 9
- Zusammensetzung **40** 5
Konsistorium (kath.) **18** 19, 46, **20** 60, **21** 114
Konstitutionalismus, kirchlicher (ev.) **6** 10
Konversion **17** 23
Konzil **2** 6, **4** 17
- ökumenisches **2** 6
Konzil von Trient **4** 17 ff.
- Reformen **4** 19
Konzil, ökumenisches **18** 15, **20** 54 f.
Konziliarismus **3** 18
Kooperator **18** 59
Körperschaft des öffentlichen Rechts s. Religionsgemeinschaft

Krankensalbung **21** 4, 20, 54 f.
Kulturexamen **6** 15
Kulturkampf **6** 14 ff.
Kurie
– Diözesane **18** 45 ff.
– Kongregationen **18** 23 f., 28 f.
– Römische **17** 26, **18** 13, 21 ff., **19** 6
Kurienmoderator **18** 48

Laien **2** 4 f.
Laien (ev.) **4** 2
Laien (kath.) **17** 1, 16, 23 ff.
– Begriff **17** 23 f.
– Laienpredigt **20** 6
– Laienräte **18** 61, 78
– Laienrichter **17** 36, **19** 62, 66
– Leitungsgewalt **17** 29 f., 33 ff.
Laieninvestitur **3** 1
Laizismus/Laizität **13** 6
Landesbischof, s. Bischof (ev.)
Landesherrliches Kirchenregiment **4** 4 ff., **25** 6, 20
– im 17. und 18. Jahrhundert **5** 5, 10, **6** 7
– Umfang **4** 16
Landesherrlicher Summepiskopat **4** 14
Landeskirche / Landeskirchentum **24** 1, **26** 5, 15, **27** 5, 6, **37** 1 ff.
– Bedeutung **37** 1
– Begriff **37** 3
– Liste der Landeskirchen **24** 30
– Lutherisch **24** 27
– Reform **37** 4, 5, 6
– Reformiert **24** 27
– Strukturprobleme **37** 6
– Territorien **37** 4
– Übersicht zur Struktur der Kirchenleitung **40** 3
– und EKD **37** 2
– Uniert **24** 28
Landeskirchenrat, s. Kirchenleitung (Organ), Konsistorium (ev.)
Landessuperintendenten, s. Regionalbischof
Landessynode, s. Synode (ev.)
Lebensordnung, kirchlich (ev.) **25** 17, **26** 7
– Leitlinien kirchlichen Lebens **25** 17, **26** 1
– Ordnung kirchlichen Lebens **25** 17
Legat, päpstlicher, s. Gesandter des Papstes
Lehramt (ev.) **30** 21
Lehramt (kath.) **17** 22, **18** 9, **20** 1 ff.
– Definition einer Lehraussage **20** 7 ff.
– Gehorsam **20** 7 f., 17, 19
– Grundlagen **20** 1 ff.
– Träger des Lehramtes **20** 4 ff., 9 ff.
– Unfehlbarkeit **20** 7 ff., 16 ff.
– Verbindlichkeitsgrade der Lehraussagen **20** 9 ff.
Lehrbeanstandungsverfahren (ev.) **30** 21
Leitender Geistlicher (ev.) **39** 1
Leitendes geistliches Amt (EKHN) **39** 12
Leitungsgewalt (ev.), s. Kirchenleitung (ev.) (Funktion)
Leitungsgewalt (kath.) **17** 27 ff., 31, **19** 1
– Ausübung **17** 33 ff., **18** 8, 20, 24, 66, 72

– Laien s. dort
– potestas regiminis s. dort
– Rechtstheologische Grundlagen **17** 28 ff.
Leitungsvollmacht, s. Leitungsgewalt
Lektor (ev.) **32** 9
Leuenberger Konkordie **26** 13
Lex aeterna **16** 21
Liber Extra **3** 8
– Aufbau **3** 8
– Verbindlichkeit **3** 8
– Zitierweise **3** 8
Liber Sextus **3** 9
Liturgie **16** 1, **21** 1 ff.
Lutherischer Weltbund (LWB) **46** 5

Menschliches Recht, s. ius humanum
Messbuch **21** 37
Mess-Stipendium **21** 47
Metropolit, s. auch Erzbischof **18** 49, 66
Militärseelsorge **27** 8, **44** 3
Minister sacer **17** 24, **21** 18 Fn. 671
Mischehe **6** 14, s. auch Ehe
Missale Romanum s. Messbuch
Missio canonica **20** 5 f.
Mitarbeiter (ev.) **31** 1 ff.
– Ehrenamt **31** 6
– öffentlich-rechtlich **31** 4
– privatrechtlich **31** 2
– Zahl **31** 1
Mittelstufe, kirchlich (ev.) **25** 5, **27** 7, **42** 1 ff.
– Aufgabe **42** 1, 4
– Doppelfunktion **42** 2
– Organe **42** 6 ff.
Mönchstum **2** 13
Motu proprio **19** 11
Munus docendi, s. auch Lehramt **20** 1, 4
Munus sanctificandi **21** 1

Naturrecht (ev.) **24** 11
Naturrecht (kath.), s. auch ius divinum **16** 21 f.
Neutralität des Staates
– nach dt. Staatskirchenrecht **13** 4
Nichtkatholiken in kath. Kirche **17** 7 Fn. 143, 20, **19** 15, **21** 41
Normaljahresregelung **5** 1
Normen, s. Gesetze
Notar (kath.) **18** 49, **19** 63
Nuntius, s. auch Gesandte des Papstes **18** 33

Oberkirchenrat (ev.), s. Kirchenleitung (Organ), Konsistorium (ev.)
Oberpfarrer (ev.), s. Superintendent
Offenbarungsrecht, s. ius divinum
Öffentlichkeitsauftrag der Kirchen **44** 5
Öffentlich-rechtliches Dienstverhältnis **31** 4
Offizial (kath.) **18** 40, 46
Offizialat s. Gerichte, kirchliche
Ökonom (kath.) **18** 49
Ökumene **24** 7, 29
Ökumenischer Rat der Kirchen (ÖRK) **46** 4
Ökumenisches Konzil s. Konzil
Ökumenismus (kath.) **17** 6, 11

Orden **2** 13
Ordensähnliche Gemeinschaften (ev.) **27** 9
Ordensinstitute (kath.), s. auch Institute des
 geweihten Lebens **17** 16, **18** 54 Fn. 359
Ordinariat, s. auch Generalvikariat **18** 46
Ordinarius/Ortsordinarius s. Diözesanbischof
Ordinatio fidei **19** 3
Ordination (ev.) **24** 18, **25** 22, **28** 5, **30** 5
– Pflichten **30** 9
– Rechte **30** 9
– und Pfarrerdienstverhältnis **30** 8
– Verlust der Rechte **30** 21
Ordination (kath.), s. auch Weihe **17** 29, **21** 59
 Fn. 747
Orthodoxe Kirche(n) **2** 11
Ortskirche, s. Teilkirche
Ostkirchen, unierte **16** 2, 26, **18** 35, **21** 19

Papst **2** 10, **16** 1 ff., **17** 22, 26, **18** 4 ff.
– Amt **18** 6 ff.
– Jurisdiktionsprimat des P. **6** 13
– Päpstliche Titel **18** 12 ff.
– Päpstlicher Jurisdiktionsprimat **18** 7
– Papstwahl **3** 3, **18** 10 f.
– Unfehlbarkeit **6** 13, **20** 7 ff.
Papsttum
– Geschichte **2** 6 f., 12, **3** 3, 16
– und Kaisertum **3** 16 ff.
Papstwahl s. Papst
Parität, religiöse
– Geschichte **4** 12; **5** 3
– gestufte **6** 3
– nach dt. Staatskirchenrecht **13** 5
Parochialrecht **26** 9
Partikularität **18** 1 ff.
Partikularkirchenrecht (kath.) **16** 29
Partikularkonzilien **16** 29, **19** 6
Pastor aeternus **16** 22 Fn. 106
Pastor Bonus **16** 26, **18** 21, **19** 11, 58
Pastorales Forum **18** 44
Pastoralgespräch **18** 44
Pastoralrat, pfarrlich **18** 60
Pastoralreferent **18** 59
Pate, Patenamt (ev.) **33** 5
Patriarch, Patriarchat **2** 9, 11
Patronat **25** 16, 23
Paulskirchenverfassung **6** 4
Pentarchie **2** 9
Person, juristische
– kath. Kirchenrecht **23** 5 ff.
Personalentwicklungsgespräch **30** 24
Personalprälaturen **18** 75 Fn. 395
Pfarradministrator **18** 55, 58
Pfarramt (Behörde) (ev.) **30** 4
Pfarrei (kath.) **18** 4, 37, 51 ff., 55, **23** 5
Pfarrer (ev.) **24** 18, **25** 17, 22, **28** 2 ff., **30** 1 ff.
– Abordnung **30** 25
– Aufgaben **30** 2, 4
– Ausbildung **30** 7
– Beurlaubung **30** 25
– Bindung **30** 12
– Dienstaufsicht **30** 22

– Dienstrecht **30** 5
– Dienstverhältnis **30** 1, 5, 6
– Disziplinarrecht **30** 20
– Ehe, Ehescheidung **30** 14
– Entlassung **30** 29
– Gedeihliches Wirken **30** 27
– Kanzelrecht **30** 2
– Lebensführung **30** 13
– Mäßigungspflicht **30** 13
– Öffentliches Recht **30** 6
– Ordination (ev.) **28** 5, **30** 5, 8
– Pflichten **30** 10, 12, 13, 14, 15, 16
– Predigtamt **28** 2, 4, **30** 10
– Rechte **30** 11
– Rechtsschutz **30** 30
– reformiert **28** 6
– Residenzpflicht **30** 13
– Ruhestand **30** 28
– Stellenbesetzung **28** 6
– Unabhängigkeit **30** 11, 12
– und andere Dienste **28** 7
– und Gemeinde **28** 6, **30** 1, 2, 3
– Versetzung **30** 25
– Versetzung **30** 27
– Verwaltungsaufgaben **30** 4
– Visitation **30** 23
– Voraussetzung **30** 7
– Wartestand **30** 26, 27
Pfarrer (kath.), s. auch Pfarrei **18** 4, 51 ff., 55,
 21 25
Pfarrerdienstverhältnis (ev.) **30** 5
– Änderungen **30** 25
– Beendigung **30** 29
– Wartestand **30** 26
Pfarrgemeinderat (kath.) **18** 61
Pfarrkapitel (ev.) **42** 9
Pfarrkonvent (ev.) **42** 9
Pfarrvikar (kath.) **18** 59, 64
Pfründestiftung **35** 2
Pontifex Maximus **2** 7
Potestas regiminis, s. auch Leitungsgewalt
 17 32, **18** 23 f.
Prädikant (ev.) **32** 8
Präfekt, Präfekturen **18** 69
Prälat (ev.), s. Regionalbischof
Präses (ev.) **39** 1, 11
– und Bischofsamt **39** 12
Predigtamt (ev.) **4** 2 f., **25** 22, **28** 1 ff., **30** 2 ff., 8, 10
– Begriff **28** 2
– Bindung **30** 12
– keine Hierarchie **28** 6
– Ordination **28** 5
– Pfarrer **28** 2
– Priestertum aller Gläubigen **28** 4
– reformiert **28** 6
– Träger **28** 2
– Umfang **28** 6
– Unabhängigkeit **30** 12
– und andere Dienste **28** 7
– und Gemeinde **28** 1, 3, 4, 6
Predigthelfer (ev.), s. Prädikant
Presbyter (ev.), s. Kirchenvorstand (ev.)

Sachverzeichnis

Presbyterial-synodale Verfassung **6** 10
Presbyterium (ev.), s. Kirchenvorstand (ev.)
Presbyterium (kath.) **18** 35
Preußische Verfassung von 1850 **6** 4
Preußisches Allgemeines Landrecht **5** 8, **6** 9
Priestermangel **18** 52, 55
Priesterrat **18** 50 f.
Priesterstand **2** 4
Priesterteam **18** 55
Priestertum, s. Kleriker
– aller Gläubigen (ev.) **28** 4
– aller Gläubigen (kath.) **17** 25
Privileg **19** 50, 54
Privilegium Paulinum, s. Ehe .
Privilegium Petrinum, s. Ehe
Professio fidei **20** 19
Promulgation, s. Gesetze
Propst (ev.), s. Superintendent, Regionalbischof
Propstei (ev.), s. kirchliche Mittelstufe
„Protestanten"
– Begriff **4** 6
Protestantismus
– Einigungsbestrebungen **6** 11
Provinz **2** 9
Provinzialkirche (ev.) **37** 3, **45** 12
Provinzialkonzil (kath.) **18** 66

Quinque compilationes antiquae **3** 7

Radio Vatikan **18** 27
Recht, Begriff **2** 2, **24** 9, 12
Rechte/Pflichten der Gläubigen (ev.) **26** 17, 18
Rechte/Pflichten der Gläubigen (kath.) **17** 14 ff.
– Ausübung von Rechten **17** 17 ff.
– Christliche Pflichten **17** 14 ff.
– Christliche Rechte **17** 14 ff.
– Rechtlicher Grundstatus **17** 1, 25
– Rechtsbeschränkungen **17** 17 ff.
– Rechtsfähigkeit **17** 10, 14, 18
Rechtsfähigkeit in der Kirche (kath.), s. Rechte/ Pflichten der Gläubigen
Rechtskreise in der kath. Kirche **16** 2, 26
Rechtspersönlichkeit in der Kirche, s. auch Rechtsfähigkeit in der Kirche
– kath. **18** 37, 51, 66, 68, 71
Rechtsprechung, kirchlich (ev.) **25** 5
Rechtsquellen
– kath. Kirchenrecht **16** 26 ff.
Reformation **4** 1 ff., **25** 23
– Anlass **4** 1
– und Kirchenrecht **4** 2
– und Kirchenverfassung **4** 2
– und Recht **4** 2
– „Zweite Reformation" **4** 7
Reformierte **4** 7, 9, **5** 3
Reformierter Bund **45** 18
Reformierter Weltbund **46** 5
Regiment (ev.)
– geistlich **24** 10, 12
– weltlich **24** 10, 11, 12, 13, 14

Regionalbischof (ev.) **39** 10
– Amtsbezirk **42** 5
Regolamento generale della Curia Romana **18** 21
Regula Benedicti **2** 13
Reichsdeputationshauptschluss **6** 1 ff.
Reichskirchensystem **3** 2
Reichskonkordat, s. Konkordate
Rekonziliation **17** 43
Rekurs, hierarchischer **18** 48
Religionsausübung
– Verfassung des Alten Reichs **5** 2
Religionsfreiheit
– im 19. Jahrhundert **6** 3
– im evangelischen Kirchenrecht **25** 6, **26** 2, 7, 12
– im Grundgesetz **10** 1 ff., **19** 39 f.
– in Europ. Grundrechte-Charta **9** 1
– in Europ. Menschenrechtskonvention **9** 1
– negative Seite **10** 7, 17, 21, 24
Religionsgemeinschaft **5** 8, **11** 1, 3
– Körperschaft des öffentlichen Rechts **14** 1 ff.
– muslimische Gemeinschaften **14** 9
– Recht zur Bildung **10** 25
Religionsgesellschaft s. Religionsgemeinschaft
Religionsmündigkeit **26** 7
Religionsrecht s. Staatskirchenrecht – Begriff
Religionsverfassungsrecht s. Staatskirchenrecht – Begriff
Reskript **19** 53 f.
Ritus (kath.) **16** 2, **18** 37, 48, **21** 19, 37, 54
– Rituskirche **18** 35
– Rituszugehörigkeit **17** 12
Römische Kurie, s. Kurie
Römische Rota, s. auch Gerichte – Gerichtshöfe des Papstes **18** 25, 30, **19** 58 f., **21** 62, 115
Rückwirkungsverbot
– kan. Recht, s. Gesetze

Sacra Potestas (kath.), s. auch Leitungsgewalt **17** 31
Sakramentenrecht (ev.) **32** 10 ff., **33** 2 ff.
Sakramentenrecht (kath.) **21** 1 ff.
– allgemeine Gültigkeits- und Erlaubtheitsbedingungen **21** 11 ff.
– Anspruch auf Empfang **21** 18
– Ehe s. dort
– Eucharistie s. dort
– Firmung s. dort
– Heiligungsdienst **21** 1 ff.
– Krankensalbung s. dort
– Liturgie s. dort
– Pflicht zur Spendung **21** 17 ff.
– Sakramentengemeinschaft /-disziplin **21** 19 f.
– Taufe s. dort
– Weihe s. dort
Säkularinstitute **18** 75
Säkularisation **6** 1
Sanktionen, kirchliche (kath.) **18** 61, 76, 78, **19** 47
Satzung, kirchlich (ev.) **25** 2, 15
Satzungen, kirchliche (kath.) **18** 61, 76, 78, **19** 47

Schisma **16** 2, **17** 42, 44 Fn. 246
- abendländisches **3** 17
Schmalkaldischer Krieg **4** 8
Schulwesen
- Staatskirchenrecht **12** 2
Scientology-Church **10** 11, 16
Sedisvakanz **18** 11, **19** 61
Seelsorgegeheimnis (ev.) **30** 15, 16
- Laien **30** 18
Seelsorgegeheimnis (Staat) **30** 17
Selbstbestimmungsrecht der Kirchen u. Religionsgemeinschaften **1** 3 ff., **6** 4, 14, **8** 1, **11** 1 ff., **24** 2, **26** 2
- Grenzen **1** 4 f.
Sendung, kirchliche (kath.) **16** 10, **17** 9, 19, 25 f., **18** 1 f., 9, 73, **19** 3, **20** 5
Simonie **3** 3
„Sine vi sed verbo" **4** 2, **24** 12, 16
Sittengesetz, natürliches **16** 21
Societas perfecta **5** 12, **6** 14, **16** 14
Spruchstrafen **23** 9
Staat und Kirche
- staatliches Recht **1** 2 ff.
- Wechselbeziehung mit dem Kirchenrecht **8** 1, **11** 2
Staatskirche **2** 9, **24** 2
Staatskirchenhoheit **6** 14
Staatskirchenrecht **1** 2, **8** 1 ff., **25** 13
- Begriff **8** 2 ff.
- Rechtsquellen **9** 1 ff.
Staatskirchenverträge **25** 13
Staatssekretariat **18** 23, **26** f.
Stolgebühr **6** 5
Strafrecht, kirchliches (kath.) **23** 1 ff.
- Strafdekretverfahren **23** 4
- Strafen **16** 18, **17** 21, **19** 16, **23** 1 ff.
- Strafgewalt **23** 4
- Strafklage **23** 4
- Strafnachlass **23** 7, 9
- Straftatbestand/Straftatbestände **23** 3, 6, 11
- Sühnestrafen **23** 6, 8 f.
- Tatstrafen **20** 17, **23** 9 f.
Studienliteratur **25** 25
Subsidiar **18** 59 Fn. 369
Suffragandiözesen **18** 66 f.
Sühnestrafen, s. Strafrecht, kirchliches (kath.)
Sukzession, apostolische **2** 3, 7, **17** 26, **18** 35
Summorum Pontificum **20** 37 Fn. 707
Summus episcopus **6** 7
Superintendent (ev.) **4** 14, **42** 8
- Aufgabe **42** 8
- Bischofsamt **42** 8
Superintendentur, s. kirchliche Mittelstufe
Supervision **30** 24
Supplikationsrecht **19** 10 Fn. 438
Suspension (kath.) **23** 6
Syllabus errorum **6** 14
„Symphonie" von Staat und Kirche **2** 10
Synodalausschuss (ev.) **38** 7
Synodale Kirchenleitung **38** 2
Synodalverband, s. kirchliche Mittelstufe

Synode
- frühe Kirche **2** 6
Synode (ev.) **4** 7, **6** 10, **25** 5, 8, 9, 12, 13, **28** 3, 38, 1
- als Gemeindevertretung **38** 1
- als Kirchenparlament **38** 6
- Arbeitsweise **38** 5
- Aufgabe **38** 4
- Funktion **38** 1, 4
- Synodalausschuss **38** 7
- Verhältnis zu anderen Organen **38** 2, 7
- Zusammensetzung **38** 1, 3

Tatsachenzweifel, s. Gesetze
Tatstrafen, s. Strafrecht, kirchliches (kath.)
Taufe (ev.) **25** 17, 22, **26** 4, 7
- Ablehnung **33** 7
- Anerkennung **33** 2
- Kindertaufe **33** 3
- Taufgottesdienst **33** 6
- Taufvorbereitung **33** 4
Taufe (kath.) **16** 10, **17** 4, 7, 9 ff., 14, 21, 25, 41, **18** 1, **21** 4 f., 17, 21 ff., 41
Teilkirchen/Ortskirchen (kath.) **18** 1 ff., 35 ff.
Teilkirchenverbände (kath.) **18** 65 ff.
Temporaliensperre **6** 15
Territorialismus **5** 5
Territorialitätsprinzip **26** 15
Theologie (kath.) **16** 4, **17** 2
Theologische Grundlegung des Kirchenrechts
- ev. **25** 4 ff., 22
- kath. **16** 12 ff.
Toleranzpolitik **5** 8 f.
Tradition, kirchliche (kath.) **16** 22, **18** 6, **19** 30
Trauung (ev.)
- Ablehnung **33** 14
- Gemischtkonfessionelle **33** 13
- Geschiedener **33** 13
- Gleichgeschlechtliche Lebensgemeinschaft **33** 16
- Voraussetzungen **33** 13
- Wesen **33** 12
- Zuständigkeit **33** 15
Trennung von Staat und Kirche
- Laizismus/Laizität s. dort
- nach dt. Staatskirchenrecht **13** 1 ff.
Treueid des Bischofs
- kath. **18** 39
Tria vincula **18** 19

Überlieferung, kirchliche (kath.) **16** 22, **20** 18 Fn. 627
Ultramontanismus **6** 14
Umgemeindung **26** 15
Unfehlbarkeit einer Lehraussage s. auch Papst, **16** 22, **18** 9, **20** 7 ff., **19** ff.
Ungetaufte
- im kath. Kirchenrecht **17** 7 f., 10 f., **20**, **21** 27, 86, 90, 95 ff.
Union, (ev.)
- Bekenntnisunion **24** 28
- Unionsbewegung, Unionsbekenntnis **6** 8
- Verwaltungsunion **24** 28

Union Evangelischer Kirchen in der EKD (UEK) **45** 10 ff.
– Amt der UEK **45** 16
– Gesetzgebung **45** 15
– Gründung **45** 11
– Kirchengesetze **45** 13
– Organe **45** 14
– Präsidium **45** 16
– und EKD **45** 17
– und Evangelische Kirche der Union (EKU) **45** 10, 13, 16
– Vollkonferenz **45** 14
Universalkirche (kath.) **18** 2, 22
Universität
– kath. Kirchenrecht **18** 1 ff.
Urgemeinde **2** 2

Vatikan
– Vatikanische Bibliothek **18** 13
– Vatikanisches Geheimarchiv **18** 23
– Vatikanstaat **18** 13
Vatikanisches Konzil, Erstes **6** 3
Vatikanisches Konzil, Zweites **7** 15 f.
Vereine, Vereinigungen (kath.) **18** 73
Vereinigte Evangelisch-Lutherische Kirche Deutschlands (VELKD)
– Allgemeines **45** 2
– Amt der VELKD **45** 9
– Aufgabe **45** 3
– Bischofskonferenz **45** 5
– Generalsynode **45** 7
– Gesetzgebung **45** 4
– Grundlage **45** 2
– Kirchenleitung **45** 8
– Leitender Bischof **45** 6
– Organe **45** 5
– und EKD **45** 9, **45** 17
Verfassungsrecht
– ev. Kirche, s. Kirchenverfassung (ev.)
– kath. Kirche **17** 1 ff.
Verkündigung
– ev., s. Predigtamt, **4** 2 f., **25** 22, **28** 1 ff., **30** 2 ff., 8, 10
– kath., s. Lehramt, **16** 10, **17** 26, **19** 68, **20** 1 ff.
Vermögensrecht, kirchliches (kath.) **23** 1 ff.
Vermögensverwaltungsrat (kath.) **18** 49, 60
Vernunftgebrauch **17** 20, **18** 10, **19** 15
Verordnung, kirchlich (ev.) **25** 2, 10, 11, 12, 14

– Begriff **25** 14
– gesetzesvertretende **25** 12, 14
– gesetzesausfüllende **25** 14
Vertragsstaatskirchenrecht **9** 3, **15** 1 ff., **18** 40 ff.
Verwaltung, kirchliche (ev.), s. Kirchenverwaltung
Verwaltung, kirchliche (kath.) **19** 49 ff.
– Handlungsformen **19** 50 ff.
– Verwaltungsakte **19** 53 ff.
– Verwaltungsbefehle **19** 53
– Verwaltungsverfahren **19** 55
Visitation (ev.) **4** 14, **30** 23, **36** 1
– und Dienstaufsicht **30** 24
– Verfahren **36** 3
Visitationsordnung (ev.) **36** 3
Vizeoffizial **19** 61 f.
Volk Gottes (kath.) **16** 6 f., 10, **17** 9, **21** 61
Vorreformatorisches landesherrliches Kirchenregiment **3** 19

Weihbischof (kath.) **18** 41, 69, **21** 31
Weihe (kath.) **21** 56 ff.
Weihegebet (kath.) **17** 28, **21** 57, 60
Weihevollmacht (kath.) **17** 27, **18** 7
Weltliches Recht in der Kirche (kath.) **19** 39 ff., **45** ff.
Westfälischer Frieden **5** 1 ff.
Wiedereintrittsstelle (ev.) **26** 8
Wiederverheiratung Geschiedener (ev.) **33** 13
Wiederverheiratung Geschiedener (kath.) **18** 25, **21** 44 f., 112, 116
Wöllnersches Religionsedikt **5** 8
Wormser Konkordat **3** 3

Zeitliche Güter der Kirche, s. bona temporalia
Zelebration, s. Eucharistie
Zentralkomitee der deutschen Katholiken **18** 78
Zession **30** 3
Zivilehe, obligatorische **6** 15
Zölibat **17** 23
Zugehörigkeit zur Kirche (ev.), s. Kirchenmitgliedschaft
Zugehörigkeit zur Kirche (kath.), s. Kirchengliedschaft
Zwei Reiche/Zwei Regimenten-Lehre **4** 3, **24** 10 ff.
Zwei-Schwerter-Lehre **2** 12, **3** 16 ff.